JN208604

ADVANCE

アドバンス
金融商品取引法

第3版
3rd Edition

長島・大野・常松法律事務所 編

商事法務

第３版はしがき

2009年４月および2014年２月にそれぞれ出版された本書の初版および第２版は幸い多くの実務家にご支持いただいた。第２版の残部が少なくなり，また前回の改訂後行われた多くの改正により，アップデートが必要な箇所も多くなり，今般改訂することにした。本書では，2019年５月31日に成立した2019年３月15日国会提出法案，すなわち「情報通信技術の進展に伴う金融取引の多様化に対応するための資金決済に関する法律等の一部を改正する法律案」による金融商品取引法の改正までカバーされている。

金融商品取引法は，比較的新しい法律であるが，金融商品をめぐる社会の進展に合わせほぼ毎年改正されている。第２版の後にも，クラウドファンディングに関する改正，第二種金融商品取引業者への規制強化，私募ファンドへの規制強化，高速取引についての登録制の導入，フェア・ディスクロージャー・ルールの導入など実務に与える影響の大きな法改正がなされてきた。本年国会に提出された前記法案では暗号資産（旧称仮想通貨）に関する改正が行われている。加えて，政府令・ガイドラインの改正，新たな金融庁のQ&A，裁判例や決定事例の蓄積などによる法改正以外の実務の変化も見過ごせない。これらについて本第３版に組み込むことにした。

本書は非常に大部であり，新たに加えるべき項目により更にページ数が増えることから，従来の記述を大幅に削除することも検討した。しかし，実務で使用していただく際に有益と思われる箇所は維持しようと思うと従来からある項目についてのページ数を減らすことは困難であった。１冊に収める限界のページ数となってしまったが，御理解賜りたい。

今回も長島・大野・常松法律事務所において金融商品取引法について日頃アドバイスしている中堅弁護士が分担して執筆にあたり，小西真機と清水啓子が取りまとめを行った。

本書が今後も読者の方々に有用な実務書であるように皆様から叱咤激励をいただき，今後も改訂をしていきたいと思うが，大部な書物であることから，短期間で改訂をすることは困難であり，この第３版も従来の版同様数年間はご利用いただきたいと願っている。

本書刊行にあたり，株式会社商事法務の岩佐智樹氏，下稲葉かすみ氏および辻有里香氏から多大なご支援とご尽力を賜った。ここに改めて御礼申し上げる。

令和元年６月

執筆者を代表して

長島・大野・常松法律事務所

弁護士　**石塚　洋之**

第２版はしがき

2009年４月に出版された本書の初版は幸いなことに執筆者の予想を超える多くの読者にご支持いただいた。実務家にとって重要だと思われる事項を幅広く記述した点がご支持いただいたものと思われ，張り詰めた中作業していた執筆・編集した者一同嬉しく感じるとともに，機会があれば，より良い内容にするべく努力をしていかなければならないと思うに至った。

金融商品取引法は関係者により慎重に検討されて立案された法律であったが，金融商品に関する取引環境の変化や問題の発生に伴い，毎年相当程度の改正が行われている。インサイダー取引規制の強化，課徴金の加重，企業開示，特に売出し規制の大幅な改正，店頭デリバティブの決済，総合的な取引所の創設，格付機関の規制，金融ADRの創設など思い付くものだけでも幅広く，かつ実務的に重要な改正が多い。加えて，政令や内閣府令，ガイドライン，監督指針の改正も行われ，それ以外に金融庁からのQ&Aの公表も行われてきている。このような中，今般，出版社より機会を頂き，初版と同様に上場会社関係者，金融商品取引業に従事されている方，法律実務家，銀行，保険会社の方々の実務に役立つ本にするために改訂作業を進めてきた。

読者のターゲットは初版と同じであり，長島・大野・常松法律事務所において日常的に金融商品取引法に関するアドバイスをしている中堅弁護士が分担して執筆に当たっている点にも変化はない。取りまとめの作業は，小西真機と清水啓子が中心になって行った。

改訂にあたっては，分量が増えすぎないように実務上重要性が乏しくなった記述を削除したものの，条文数が増えていることもあり，多少増加してしまった。

脱稿直前の平成25年12月25日に金融審議会「新規・成長企業へのリスクマネーの供給のあり方等に関するワーキング・グループ」の報告書が公表された。金融商品取引法改正の提案が含まれており，本年もまた実質的な改正が行われそうである。実際に法案を見ないと実務上の影響はわからないこと，またこの提案内容を織り込むと出版が遅れてしまうことから本書では同報告書には言及していない。もう少し頻繁に改訂をした方がよいのであろうが，複数の弁護士で協議しながら時間をかけて書き，編んでいることから，本版についてもおそらく短期間で改訂することは困難だと思われる。しばらくは本書をご利用いただければ幸いである。

初版同様，執筆者一同少しでも本書が読者の方々にお役に立つことを希望しており，また忌憚のないご批判，ご意見をお待ちしている。

最後に，執筆者を叱咤激励していただき，本書を刊行にまで導いていただいた株式会社商事法務の小野寺英俊氏，川戸路子氏にお礼を申し上げる。

平成26年１月

執筆者を代表して
長島・大野・常松法律事務所
弁護士　**石塚　洋之**

は し が き

金融商品取引法（昭和23年4月13日法律第25号）は，平成18年6月に公布された改正のための法律（「証券取引法等の一部を改正する法律」および「証券取引法等の一部を改正する法律の施行に伴う関係法律の整備等に関する法律」）により，旧金融先物取引法，旧投資顧問業法，旧抵当証券業法，旧外国証券業者に関する法律および投資信託及び投資法人に関する法律の一部などを旧証券取引法に統合した法律であり，平成19年9月30日に施行された。金融商品取引法は，このように幅広い事項をカバーしているのみならず，銀行法，保険業法，信託業法などにおいて，重要な規定が準用されており，実務に大きな影響を与えている。

本書は，上場会社関係者や証券会社やアセット・マネジメント会社の社員など金融商品取引業に関連する方，法律実務家のみならず，銀行や保険会社の方々をも読者として想定している。銀行法，保険業法などにおいて準用される規定を含めた金融商品取引法全般について，施行後1年半に積み重ねられた実務を踏まえ，実務家にとって重要と思われる事項に重点を置いて解説した。

執筆は，長島・大野・常松法律事務所において日常的に金融商品取引法に関するアドバイスをしている中堅弁護士が分担し，主担当者以外の執筆者がチェックをした。取りまとめの作業は，小西真機，門田正行，清水啓子，酒井敦史，石塚の5名で行った。

取り扱う範囲が広いことから，執筆者は，金融庁において金融商品取引法の立案過程に関与した者，証券会社の規制を取り扱う者，不動産ファンド，プライベート・エクイティファンドの規制を取り扱う者，投信・投資顧問会社にアドバイスしている者，銀行・保険会社にアドバイスしている者，上場会社のM&Aを扱っている者，キャピタルマーケットでの資金調達に関与している者，上場会社のインサイダー取引規制などの株式関連についてアドバイスしている者などさまざまである。このように多様なバックグラウンドを持つ執筆者が協議・協力して執筆した。普段取り扱っている仕事は異なるが，本書の執筆にあたり協議していく過程で，直接扱っていない金融商品取引法の規定の存在や解釈が相互に関連していることを再確認させられた。

本書執筆者のバックグラウンドが異なるように，読者の方々の関心事も異なるものと思われる。本書の編成は，おおむね法律の条文に合わせているが，必ずしも最初から読んでいただく必要はなく，関連する部分を読んでいただければ，ご理解いただけるように書かれている。

平成20年，特に９月以降の，欧米を中心とした金融機関の業績悪化に端を発した世界的な不況により，各国で金融規制の見直しが行われている。すでに空売り規制の強化や自己株式取得規制の緩和など金融商品市場に関連する改正は短期間に立案され，施行された。本書に書かれていることの一部については，１～２年で大きく変わる事項もあろうが，金融商品取引法は，旧証券取引法が第二次世界大戦後に成立してから幾度となく試行錯誤の上改正されてきた結果であり，金融商品取引法という形に大改正される際の基本的な方向性も，バブル崩壊後の不況下において検討されてきたことであり，今般の不況により大きく方向転換することはないように思われる。

今後の金融商品取引法の方向性については明確ではないが，現行法に則って実務は動いているのであり，現行法の理解が実務関係者にとってもっとも重要なことであろう。本書が読者の現行の金融商品取引法およびその実務の理解にお役に立てば幸いである。また執筆者の理解不足等もあると思われるので，忌憚のないご批判，ご意見をいただきたい。

最後に，本書執筆者を叱咤激励いただき，刊行まで導いていただいた株式会社商事法務の小野寺英俊氏，川戸路子氏に対してお礼を申し上げる。この方々のご尽力がなければ，本書の完成はなかったはずである。

平成21年２月

執筆者を代表して

長島・大野・常松法律事務所

弁護士　**石塚　洋之**

目　　次

第６編　金融商品取引業者に係る行為規制等　*819*

第９編　金融商品取引所・外国金融商品取引所

第 14 編　金融商品取引業者等の監督と投資者保護　1325

実務のポイント・目次

第１編　総　　則

第２編　企業内容等の開示

第5編　業規制

第6編　金融商品取引業者に係る行為規制等

第13編　有価証券の取引等に関する規制

凡　　例

1　法令等の引用

法令は，原則として，平成30年４月１日現在の内容に基づいている。

法令名の表記は，正式名称を用いるほか，以下に示す略称を用いることとする。条数のみの表示は，金融商品取引法の条数を示す。

金融商品取引法により改正・廃止された法令の平成19年９月29日以前のものに言及する場合は，特段の指示がない限り，改正か廃止かを問わず，「旧○○法」とする。

同一法令については「・」でつなぎ，別法令を示すときは「,」でつないでいる。

正式名称	略称
金商法関連法令	
金融商品取引法	金商法
金融商品取引法制	金商法制
金融商品取引法施行令	金商法施行令
金融商品取引法第二条に規定する定義に関する内閣府令	定義府令
企業内容等の開示に関する内閣府令	企業開示府令
外国債等の発行者の内容等の開示に関する内閣府令	外債府令
証券情報等の提供又は公表に関する内閣府令	証券情報府令
特定有価証券の内容等の開示に関する内閣府令	特定有価証券開示府令
発行者による上場株券等の公開買付けの開示に関する内閣府令	自社株買付府令
発行者以外の者による株券等の公開買付けの開示に関する内閣府令	他社株買付府令
株券等の大量保有の状況の開示に関する内閣府令	大量保有開示府令
金融商品取引業等に関する内閣府令	金商業等府令
金融商品取引業協会等に関する内閣府令	協会府令

金融商品取引所等に関する内閣府令	取引所等府令
有価証券の取引等の規制に関する内閣府令	取引規制府令
金融商品取引法第六章の二の規定による課徴金に関する内閣府令	課徴金府令
金融商品取引法令に違反する行為を行った者の氏名等の公表に関する内閣府令	氏名公表府令
財務諸表等の用語，様式及び作成方法に関する規則	財務諸表等規則
財務諸表等の監査証明に関する内閣府令	監査証明府令
連結財務諸表の用語，様式及び作成方法に関する規則	連結財務諸表規則
中間財務諸表等の用語，様式及び作成方法に関する規則	中間財務諸表等規則
中間連結財務諸表の用語，様式及び作成方法に関する規則	中間連結財務諸表規則
財務計算に関する書類その他の情報の適正性を確保するための体制に関する内閣府令	内部統制府令
四半期財務諸表等の用語，様式及び作成方法に関する規則	四半期財務諸表等規則
四半期連結財務諸表の用語，様式及び作成方法に関する規則	四半期連結財務諸表規則
証券取引法	証取法
証券取引法等の一部を改正する法律（平成18年法律第65号）	証取法等改正法
証券取引法施行令（平成19年政令第233号の整備政令による改正前）	証取法施行令
開示用電子情報処理組織による手続の特例等に関する内閣府令	開示用情報処理組織特例府令
その他関係法令	
外国為替及び外国貿易法	外為法
産業活力の再生及び産業活動の革新に関する特別措置法	産活法

産業競争力強化法	産競法
信託業法施行規則	信託業法規則
商品先物取引法	商先法
商品投資に係る事業の規制に関する法律	商品ファンド法
宅地建物取引業法	宅建業法
社債，株式等の振替に関する法律	社債等振替法
会社法施行規則	会社法規則
金融商品の販売等に関する法律	金融商品販売法
金融商品の販売等に関する法律施行令	金融商品販売法施行令
銀行法施行規則	銀行法規則
保険業法施行規則	保険業法規則
貸金業法施行規則	貸金業法規則
資産の流動化に関する法律	資産流動化法
資産の流動化に関する法律施行令	資産流動化施行令
上場株式の議決権の代理行使の勧誘に関する内閣府令	委任状勧誘府令
金融機関の信託業務の兼営等に関する法律	兼営法
金融機関の信託業務の兼営等に関する法律施行令	兼営法施行令
金融機関の信託業務の兼営等に関する法律施行規則	兼営法規則
店頭デリバティブ取引等の規制に関する内閣府令	店頭デリバティブ府令
投資事業有限責任組合契約に関する法律	投資事業有責組合法
投資事業有限責任組合契約に関する法律施行令	投資事業有責組合法施行令
投資信託及び投資法人に関する法律	投信法
投資信託及び投資法人に関する法律施行令	投信法施行令
投資信託及び投資法人に関する法律施行規則	投信法規則
私的独占の禁止及び公正取引の確保に関する法律	独占禁止法
担保付社債信託法	担信法
協同組織金融機関の優先出資に関する法律	優先出資法
株式等の取引に係る決済の合理化を図るための社債等の振替に関する法律等の一部を改正する法律	決済合理化法

すでに廃止されたもの	
金融先物取引法	旧金先法
株券等の保管及び振替に関する法律	株券振替法
証券会社の行為規制等に関する内閣府令	旧行為規制府令
有価証券に係る投資顧問業の規制等に関する法律	旧投資顧問業法
外国証券業者に関する法律	旧外証法
金融庁パブリックコメント回答	
「証券取引法等の一部を改正する法律の一部の施行に伴う関係政令の整備等に関する政令（案），金融機関の証券業務に関する内閣府令等の一部を改正する内閣府令（案），投資者保護基金に関する命令の一部を改正する命令（案），労働金庫法施行規則の一部を改正する命令（案），農業協同組合及び農業協同組合連合会の信用事業に関する命令等の一部を改正する命令（案）および事務ガイドライン（案）に対するパブリックコメントの結果について」（平成16年11月11日公表）中の「コメントの概要とコメントに対する金融庁の考え方」	平成16年11月11日パブコメ
「企業内容等の開示に関する内閣府令等の一部を改正する内閣府令案に対するパブリックコメントの結果について」（平成16年11月24日公表）	平成16年11月24日パブコメ
「証券取引法等の一部を改正する法律の施行に伴う関係政令の整備等に関する政令（案），証券取引法の審判手続における参考人及び鑑定人の旅費及び手当に関する政令（案），証券取引所及び証券取引所持株会社に関する内閣府令等の一部を改正する内閣府令(案)，取扱有価証券に関する内閣府令（案）および証券取引法第七十九条の三及び第百十六条に規定する最終の価格がない場合にこれに相当するものを定める内閣府令（案）に対するパブリックコメントの結果について」（平成17年２月15日公表）	平成17年２月パブコメ
「「証券会社の行為規制等に関する内閣府令等の一部を改正する内閣府令（案）」に対するパブリックコメントの結果について」（平成18年10月４日公表）中の	平成18年10月パブコメ

「提出されたコメントの概要とコメントに対する金融庁の考え方」	
「「証券取引法等の一部改正に伴う証券取引法施行令等の改正（案）」に対するパブリックコメントの結果について」（平成18年12月13日公表）中の「コメントの概要及びコメントに対する金融庁の考え方」	平成18年12月パブコメ
「「金融商品取引法制に関する政令案・内閣府令案等」に対するパブリックコメントの結果等について」（平成19年７月31日公表）中の「コメントの概要及びコメントに対する金融庁の考え方」	平成19年７月パブコメ
「「証券取引法等の一部を改正する法律の施行等に伴う関係ガイドライン（案）」に対するパブリックコメントの結果について」（平成19年10月２日）中の「「証券取引法等の一部を改正する法律の施行等に伴う関係ガイドライン（案）」に対するパブリックコメントの概要及びそれに対する金融庁の考え方」	平成19年10月パブコメ
「「企業内容等の開示に関する内閣府令等の一部を改正する内閣府令（案）」等に対するパブリックコメントの結果について」（平成20年５月30日公表）中の「コメントの概要及びコメントに対する金融庁の考え方」	平成20年５月パブコメ
「平成20年金融商品取引法等の一部改正に係る政令案・内閣府令案等に対するパブリックコメントの結果等について」（平成20年12月２日公表）中の「コメントの概要及びコメントに対する金融庁の考え方」	平成20年12月パブコメ
「平成20年金融商品取引法等の一部改正のうち，ファイアーウォール規制の見直し及び利益相反管理体制の構築等に係る政令案・内閣府令案等に対するパブリックコメントの結果等について」（平成21年１月20日公表）中の「パブリックコメントの概要及びコメントに対する金融庁の考え方」	平成21年１月20日パブコメ
「「金融商品取引業者等向けの総合的な監督指針の一部改正（案）」に対するパブリックコメントの結果等について」（平成21年１月30日公表）中の「コメントの概要及びコメントに対する金融庁の考え方」	平成21年１月30日金商業者監督指針パブコメ

「「主要行等向けの総合的な監督指針」，「中小・地域金融機関向けの総合的な監督指針」，「保険会社向けの総合的な監督指針」，「少額短期保険業者向けの監督指針」及び「金融コングロマリット監督指針」の一部改正（案）に対するパブリックコメントの結果等について」（平成21年１月30日公表）中の「コメントの概要及びコメントに対する金融庁の考え方」	平成21年１月30日主要行監督指針などパブコメ
「「金融商品取引業等に関する内閣府令の一部を改正する内閣府令（案）」等に対するパブリックコメントの結果等について」（平成21年７月31日公表）中の「コメントの概要及びそれに対する金融庁の考え方」	平成21年７月パブコメ
「「企業内容等の開示に関する内閣府令の一部を改正する内閣府令（案）」等に対するパブリックコメントの結果等について」（平成21年12月11日公表）中の「コメントの概要及びそれに対する金融庁の考え方」	平成21年12月11日パブコメ
「平成21年金融商品取引法等の一部改正に係る政令案・内閣府令案等に対するパブリックコメントの結果等について」（平成21年12月22日公表）中の「コメントの概要及びコメントに対する金融庁の考え方」	平成21年12月22日パブコメ
「平成21年金融商品取引法等の一部改正等に係る企業内容等の開示制度における内閣府令案等に対するパブリックコメントの結果について」（平成21年12月28日公表）中の「コメントの概要及びコメントに対する金融庁の考え方」	平成21年12月28日パブコメ
「「株券等の公開買付けに関するQ&A」の追加について」（平成22年３月31日公表）中の「主要なご意見等の概要及びそれに対する金融庁の考え方」	平成22年３月パブコメ（公開買付け）
「「企業内容等の開示に関する内閣府令（案）等に対するパブリックコメントの結果等について」（平成22年３月31日公表）中の「コメントの概要及びコメントに対する金融庁の考え方」	平成22年３月31日パブコメ
「「企業内容等の開示に関する内閣府令（案）」等に対するパブリックコメントの結果等について」（平成22年４月21日公表）中の「コメントの概要及びコメントに対する金融庁の考え方」	平成22年４月パブコメ

「「企業内容等の開示に関する留意事項について（企業内容等開示ガイドライン）の一部改正（案）」に対するパブリックコメントの結果等について」（平成22年6月4日公表）中の「コメントの概要及びそれに対する金融庁の考え方」	平成22年6月パブコメ
「金融商品取引法施行令の一部を改正する政令（案），金融商品取引法第二条に規定する定義に関する内閣府令等の一部を改正する内閣府令（案），「連結財務諸表の用語，様式及び作成方法に関する規則に規定する金融庁長官が定める企業会計の基準を指定する件」の一部改正（案）等に対するパブリックコメントの結果等について」（平成23年4月6日公表）中の「コメントの概要及びコメントに対する金融庁の考え方」	平成23年4月パブコメ
「「株券等の公開買付けに関するQ&A」の追加等について」（平成23年7月1日公表）の中の「主要なご意見等に対する金融庁の考え方」	平成23年7月パブコメ
「企業内容等の開示に関する内閣府令の一部を改正する内閣府令（案）」等に対するパブリックコメントの結果等について」（平成23年8月5日公表）中の「主要なご意見等に対する金融庁の考え方」	平成23年8月パブコメ
「平成23年金融商品取引法等改正（6ヶ月以内施行）に係る政令・内閣府令案等に対するパブリックコメントの結果等について」（平成23年11月11日公表）中の「コメントの概要及びコメントに対する金融庁の考え方」	平成23年11月パブコメ
「平成23年金融商品取引法改正（1年以内施行）に係る政令・内閣府令案等に対するパブリックコメントの結果等について」（平成24年2月10日公表）中の「コメントの概要及びコメントに対する金融庁の考え方」	平成24年2月パブコメ
「平成24年金融商品取引法等改正（1年以内施行）等に係る政令・内閣府令案に対するパブリックコメントの結果等について」（平成25年8月30日公表）中の「コメントの概要及びコメントに対する金融庁の考え方」	平成25年8月パブコメ

「平成25年金融商品取引法等改正（１年以内施行）等に係る内閣府令案等に対するパブリックコメントの結果等について」（平成26年２月14日公表）の「コメントの概要及びそれに対する金融庁の考え方」	平成26年２月パブコメ
「企業内容等の開示に関する留意事項について（企業内容等開示ガイドライン）等の改正案に対するパブリックコメントの結果等について」（平成26年８月27日公表）中の「コメントの概要及びコメントに対する金融庁の考え方」	平成26年８月パブコメ
「平成26年金融商品取引法等改正（１年以内施行）等に係る政令・内閣府令案等に対するパブリックコメントの結果等について」（平成27年５月12日公表）中の「コメントの概要及びそれに対する金融庁の考え方」	平成27年５月パブコメ
「有価証券の取引等の規制に関する内閣府令の一部を改正する内閣府令（案）」及び「金融商品取引法等に関する留意事項について」（金融商品取引法等ガイドライン）の一部改正（案）に対するパブリックコメントの結果並びにインサイダー取引規制に関するQ＆Aの追加等について」（平成27年９月２日公表）中の「コメントの概要及びそれに対する金融庁の考え方」	平成27年９月パブコメ
「平成27年金融商品取引法等改正（１年以内施行）等に係る政令・内閣府令案等に対するパブリックコメントの結果等について」（平成28年２月３日公表）中の「コメントの概要及びそれに対する金融庁の考え方」	平成28年２月パブコメ
「金融商品取引業等に関する内閣府令案に対するパブリックコメントの結果等について」（平成28年６月30日公表）中の「コメントの概要及びそれに対する金融庁の考え方」	平成28年６月30日パブコメ
「企業内容等の開示に関する内閣府令等の改正案に対するパブリックコメントの結果等について」（平成29年２月14日公表）中の「コメントの概要及びそれに対する金融庁の考え方」	平成29年２月パブコメ
「平成29年金融商品取引法改正に係る政令・内閣府令案等に対するパブリックコメントの結果等について」（平成29年12月27日公表）中の「コメントの概要及び	平成29年12月パブコメ

それに対する金融庁の考え方」	
「企業内容等の開示に関する内閣府令等の改正案に対するパブリックコメントの結果等について」（平成30年１月26日公表）中の「コメントの概要及びそれに対する金融庁の考え方」	平成30年１月パブコメ
「金融商品取引法第27条の36の規定に関する留意事項について（フェア・ディスクロージャー・ルールガイドライン）」に対するパブリックコメントの結果等について」（平成30年２月６日公表）中の「コメントの概要及びそれに対する金融庁の考え方」	平成30年２月パブコメ
公表資料	
金融審議会第一部会「中間整理（第一次）」（平成11年７月６日公表）	第一部会・中間整理（第一次）
金融審議会金融分科会第一部会「公開買付制度等ワーキング・グループ報告～公開買付制度等のあり方について～」（平成17年12月22日公表）	公開買付けWG報告
金融庁・証券取引等監視委員会「金融商品取引法の疑問に答えます」（平成20年２月21日公表）	金商法質疑応答集
金融庁総務企画局「株券等の公開買付けに関するQ&A」（平成21年７月３日公表，平成24年８月３日追加まで）※問の番号は「全体版」による	公開買付けQ&A
金融庁総務企画局「株券等の大量保有報告に関するQ&A」（平成22年３月31日公表，平成24年１月23日追加まで）	大量保有Q&A
財務省・関東財務局ホームページ「大量保有報告書に関するよくあるご質問」（http://kantou.mof.go.jp/disclo/tairyou/qanda.htm）（平成30年６月１日更新）	関東財務局・大量保有よくあるご質問
金融庁・証券取引等監視委員会「インサイダー取引規制に関するQ&A」（平成20年11月18日公表，平成27年９月２日最終改訂）	インサイダーQ&A
金融審議会インサイダー取引規制に関するワーキング・グループ「近年の違反事案及び金融・企業実務を踏まえたインサイダー取引規制をめぐる制度整備について」（平成24年12月25日公表）	インサイダーWG・24年報告

金融庁「情報伝達・取引推奨規制に関するQ&A」(平成25年9月12日公表)	情報伝達取引推奨Q&A
監督指針・ガイドライン	
金融商品取引業者等向けの総合的な監督指針	金商業者監督指針
信用格付業者向けの監督指針	格付業者監督指針
信託会社等に関する総合的な監督指針	信託会社監督指針
保険会社向けの総合的な監督指針	保険監督指針
主要行等向けの総合的な監督指針	主要行監督指針
中小・地域金融機関向けの総合的な監督指針	中小監督指針
企業内容等の開示に関する留意事項について(企業内容等開示ガイドライン)	企業開示ガイドライン
特定有価証券の内容等の開示に関する留意事項について(特定有価証券開示ガイドライン)	特定有価開示ガイドライン
金融商品取引法等に関する留意事項について(金融商品取引法等ガイドライン)	金商法等ガイドライン

2　判例の引用

民集　最高裁判所民事判例集
刑集　最高裁判所刑事判例集
裁判集刑事　最高裁判所裁判集刑事
判時　判例時報
判タ　判例タイムズ
金判　金融・商事判例

3　参考文献

≪証券取引法関連≫

●河本＝関・逐条解説証取法〔3訂版〕
　　河本一郎＝関要監修『逐条解説証券取引法〔3訂版〕』(商事法務，2008)
●神崎ほか・証取法

神崎克郎＝志谷匡史＝川口恭弘『証券取引法』(青林書院，2006)

●鈴木＝河本・証取法

鈴木竹雄＝河本一郎『証券取引法〔新版〕』(有斐閣，1984)

●横畠・インサイダー取引規制

横畠裕介『インサイダー取引規制と罰則』(商事法務研究会，1989)

●証券法令解釈事例集

証券法令解釈事例集（金融庁ウェブサイト）

http://www.fsa.go.jp/common/law/jireishu/sec/index.html

●損失補てん規制Q&A

大蔵省・法務省内証券取引法令研究会編『損失補てん規制Q&A』(財経詳報社，1992)

●５％ルールの実務

５％ルール実務研究会編『５％ルールの実務とQ&A』(大蔵財務協会，1991)

≪金融商品取引法関連≫

●三井ほか・一問一答

三井秀範＝池田唯一監修・松尾直彦編著『一問一答　金融商品取引法〔改訂版〕』(商事法務，2008)

●池田ほか・逐条解説2008年金商法改正

→池田唯一＝三井秀範＝増田直弘＝井藤英樹＝新発田龍史＝大来志郎＝齋藤将彦『逐条解説　2008年金融商品取引法改正』(商事法務，2008)

●池田ほか・逐条解説2009年金商法改正

→池田唯一＝三井秀範＝齊藤将彦＝高橋洋明＝谷口義幸＝中島康夫＝野崎彰『逐条解説　2009年金融商品取引法改正』(商事法務，2009)

●古澤ほか・逐条解説2011年金商法改正

→古澤知之＝藤本拓資＝尾崎有＝澤飯敦＝出原正弘＝谷口義幸＝野崎彰＝齊藤将彦＝本村彩＝山田貴彦『逐条解説　2011年金融商品取引法改正』(商事法務，2011)

●齋藤ほか・逐条解説2014年金商法改正

→齋藤通雄＝油布志行＝井上俊剛＝中澤亨監修，齋藤将彦＝古角壽雄＝小長谷章人＝今井仁美＝齋藤哲＝大谷潤＝笠原基和編著『逐条解説　2014年金融商品取引法改正』(商事法務，2015)

●金商法コンメンタール３巻

→神田秀樹＝黒沼悦郎＝松尾直彦編著『金融商品取引法コンメンタール３』(商事法務，2012)

●金商法コンメンタール４巻

→神田秀樹＝黒沼悦郎＝松尾直彦編著『金融商品取引法コンメンタール４』

（商事法務，2011）

●注釈金融商品取引法１巻

→岸田雅雄監修『注釈金融商品取引法第１巻』（金融財政事情研究会，2011）

●注釈金融商品取引法３巻

→岸田雅雄監修『注釈金融商品取引法第３巻』（金融財政事情研究会，2010）

●池田ほか・新しい公開買付制度

池田唯一＝大来志郎＝町田行人編著『新しい公開買付制度と大量保有報告制度』（商事法務，2007）

●三井ほか・詳説Ｑ＆Ａ

→三井秀範＝土本一郎編『詳説　公開買付制度・大量保有報告制度Ｑ＆Ａ』（商事法務，2011）

●池田ほか・セミナー（公開買付け・大量保有報告）

→池田唯一＝岩原紳作＝神作裕之＝神田秀樹＝武井一浩＝永井智亮＝藤田友敬＝松尾直彦＝三井秀範＝山下友信『金融商品取引法セミナー〔公開買付け・大量保有報告編〕』（有斐閣，2010）

●岩原ほか・セミナー（開示制度・不公正取引・業規制）

→岩原紳作＝神作裕之＝神田秀樹＝武井一浩＝永井智亮＝藤田友敬＝藤本拓資＝松尾直彦＝三井秀範＝山下友信『金融商品取引法セミナー〔開示制度・不公正取引・業規制編〕』（有斐閣，2011）

●松尾・金商法

→松尾直彦『金融商品取引法〔第５版〕』（商事法務，2018）

●松尾ほか・実務論点金商法

松尾直彦＝松本圭介編著『実務論点金融商品取引法』（金融財政事情研究会，2008）

●川村ほか・金商法

川村正幸編『金融商品取引法〔第５版〕』（中央経済社，2014）

●河本＝大武＝川口・新金商法読本

河本一郎＝大武泰南＝川口恭弘『新・金融商品取引法読本』（有斐閣，2014）

●神崎ほか・金商法

→神崎克郎＝志谷匡史＝川口恭弘『金融商品取引法』（青林書院，2012）

●近藤ほか・金商法入門

→近藤光男＝吉原和志＝黒沼悦郎『金融商品取引法入門〔第４版〕』（商事法務，2015）

●石塚・Q&A金商法

石塚洋之『Q&A130　金融商品取引法ポイント解説』（日本経済新聞出版社，2007）

●黒沼・金商法入門

黒沼悦郎『金融商品取引法入門〔第7版〕』(日本経済新聞出版社, 2018)

●長島大野常松・理論と実務

→長島・大野・常松法律事務所編『公開買付けの理論と実務〔第3版〕』(商事法務, 2016)

●町田・詳解大量保有

→町田行人著『詳解　大量保有報告制度』(商事法務, 2016)

●河本ほか・金商法の理論と実務

河本一郎＝龍田節編「金融商品取引法の理論と実務」別冊金融・商事判例(2007)

●別冊・商事法務No.318

松尾直彦編著『金融商品取引法・関係政府令の解説』別冊・商事法務318号(2008)

第1編 総　則

■本編では，金商法の目的・改正の経緯および有価証券・デリバティブの定義について解説する。

第１章
金商法の目的・改正の経緯等

本章のサマリー

◇本章では，金商法の規制範囲，目的，証取法・金商法の改正の経緯を概説している。

◇証取法の規制範囲との違いを中心に金商法の規制範囲を解説し，下位の政令・内閣府令の構造を説明し，金商法に至る前を含めて法改正の経緯について簡潔に述べる。

❖第１節❖　金商法の規制範囲・他法との関係

金商法は，第３節で説明する目的の下，主として，有価証券および一定のデリバティブに関して，開示や業者規制，自主規制機関規制，市場開設や決済などの市場規制，不公正取引禁止規制などを定める法律である。証取法を改正した法律であるが，従来の証取法よりも規制範囲は広がっている。すなわち，証取法を改正し，金商法にするとともに，旧外証法，旧投資顧問業法，旧抵当証券業法，旧金先法が廃止され，金商法に実質的に組み込まれた。さらに，投信法のうち投資信託委託業および投資法人資産運用業の認可などについての規制が削除され，金商法に移された。

また，金商法自体の適用をせずに金商法と同様の規制を行うため，金商法を準用する規定および金商法と同内容の規定を加える改正が各種の法律で行われている。銀行法，保険業法，信託業法，商品取引所法，不動産特定共同事業法などで，このような改正がなされている。

さらに，金商法の改正に併せて，金融商品販売法も改正されている。

❖第２節❖　法律・政令・内閣府令の構成

金商法施行に併せて政令，内閣府令，告示，ガイドライン，検査マニュアルなどの大幅な改正も行われた(1)。

金商法に直接関係する政令・内閣府令は，以下のとおりである。

1　政　　令

⑴　金融商品取引法施行令（金商法に関する主たる政令。本書では「金商法施行令」）

⑵　金融商品取引法の審判手続等における参考人及び鑑定人の旅費及び手当に関する政令（審判手続に関する政令）

2　内閣府令

⑴　定義に関する内閣府令

金融商品取引法第二条に規定する定義に関する内閣府令（以下「定義府令」）

⑵　開示に関する内閣府令

・企業内容等の開示に関する内閣府令（以下「企業開示府令」）
・外国債等の発行者の内容等の開示に関する内閣府令（以下「外債府令」）
・特定有価証券の内容等の開示に関する内閣府令（以下「特定有価証券開示府令」）
・発行者以外の者による株券等の公開買付けの開示に関する内閣府令（以下「他社株買付府令」）

---

(1)　松尾ほか・実務論点金商法11頁以下

・発行者による上場株券等の公開買付けの開示に関する内閣府令（以下「自社株買付府令」）
・株券等の大量保有の状況の開示に関する内閣府令（以下「大量保有開示府令」）
・証券情報等の提供又は公表に関する内閣府令（以下「証券情報等府令」）
・金融商品取引法第二章の六の規定による重要情報の公表に関する内閣府令（以下「重要情報公表府令」）
・上場株式の議決権の代理行使の勧誘に関する内閣府令（以下「委任状勧誘府令」）
・開示用電子情報処理組織による手続の特例等に関する内閣府令（以下「開示用電子情報処理組織府令」）
・財務諸表等の用語，様式及び作成方法に関する規則（以下「財務諸表等規則」）
・連結財務諸表の用語，様式及び作成方法に関する規則（以下「連結財務諸表規則」）
・中間財務諸表等の用語，様式及び作成方法に関する規則（以下「中間財務諸表等規則」）
・中間連結財務諸表の用語，様式及び作成方法に関する規則（以下「中間連結財務諸表規則」）
・四半期財務諸表等の用語，様式及び作成方法に関する規則（以下「四半期財務諸表等規則」）
・四半期連結財務諸表の用語，様式及び作成方法に関する規則（以下「四半期連結財務諸表規則」）
・財務諸表等の監査証明に関する内閣府令（以下「監査証明府令」）
・財務計算に関する書類その他の情報の適正性を確保するための体制に関する内閣府令（以下「内部統制府令」）

⑶　金融商品取引業者などに関する内閣府令

・金融商品取引業等に関する内閣府令（以下「金商業等府令」）
・金融商品取引業者営業保証金規則
・金融商品取引業協会等に関する内閣府令（以下「協会府令」）
・金融商品取引所等に関する内閣府令（以下「取引所等府令」）

・金融商品取引清算機関等に関する内閣府令
・投資者保護基金に関する命令
・金融システム改革のための関係法律の整備等に関する法律附則第四十三条第一項に規定する資金の貸付けを定める命令
・証券金融会社に関する内閣府令
・金融商品取引法第五章の五の規定による指定紛争解決機関に関する内閣府令
・金融商品取引法第百六十一条の二に規定する取引及びその保証金に関する内閣府令
・店頭デリバティブ取引等の規制に関する内閣府令
・特定金融指標算出者に関する内閣府令

⑷　公正取引その他に関する内閣府令

・有価証券の取引等の規制に関する内閣府令（以下「取引規制府令」）
・証券取引等監視委員会の職員が検査及び犯則事件の調査をするときに携帯すべき証票等の様式を定める内閣府令
・金融庁等の職員が検査の際に携帯すべき身分証明書等の様式を定める内閣府令
・金融商品取引法第六章の二の規定による課徴金に関する内閣府令（以下「課徴金府令」）
・金融商品取引法に基づく課徴金等の納付手続の特例に関する省令
・金融商品取引法令に違反する行為を行った者の氏名等の公表に関する内閣府令

❖第３節❖　法の目的とその意義

金商法は，証取法と同様，１条に目的規定を置いている。証取法からは，以下に説明するとおり，一部改正されている。改正の主な点は，最近の法律の立法例に合わせて，目的規定の中で，目的を達成するための方策を前半に加えていること（後記⑶），直接的な目的として，資本市場の機能の発揮による公正な価格形成を加えていること（下記(2)⑤），最終的な目的を最後に移動していることの3点である[(2)]。

すなわち，この目的規定は，(1)金商法の最終な目的を，①国民経済の健全な発展に資することおよび②投資者の保護に資することに置き，(2)直接的な目的を，③有価証券の発行および金融商品等の取引等を公正にし，④有価証券の流通を円滑にし，⑤資本市場の機能の十全な発揮による金融商品等の公正な価格形成等を図ることに置き，(3)そのための手段として，⑥企業内容等の開示の制度を整備し，⑦金融商品取引業を行う者に関し必要な事項を定め，⑧金融商品取引所の適切な運営を確保すること等を定めていると解されている。証取法では上記(3)の手段の規定がなかったが，金商法で新たに加えられ，直接的な目的として③および④に加え，⑤を規定している。この改正は，金商法が市場法としての役割を担っていることを明確にする改正といわれている[(3)]。

❖第4節❖　改正の経緯[(4)]

1　証取法・投信法・旧投資顧問業法・旧外証法・旧金先法の制定

明治以降第2次世界大戦前まで，証券取引に関しては，取引所条例や取引所法などによる取引所規制や有価証券割賦販売法や有価証券業取締法，有価証券引受業法による業者規制がなされていた。

第2次世界大戦後，昭和23年にアメリカ合衆国の証券法（Securities Act of 1933）および証券取引所法（Securities Exchange Act of 1934）を参考に証取法が制定された。当時のアメリカの制度を参考にしているため，当初から銀・証分離

---

(2)　神田秀樹ほか「〔座談会〕新しい投資サービス法制 ── 金融商品取引法の成立」旬刊商事法務1774号8頁〔松尾直彦発言〕(2006)

(3)　この目的規定の解釈論争と金商法の解釈については，上村達男「金融商品取引法 ── 目的規定の意義を中心に ── 」法律のひろば59巻11号50頁以下（2006）参照。

(4)　河本＝大武＝川口・新金商法読本8頁以下，河本一郎「最善の金融システムを求めて ── 金商法に至る金融ビッグバン以後10年の軌跡」ビジネス法務8巻7号36頁以下（2008），神崎ほか・証取法32頁以下

が規定されていた。この法律制定後，幾多も改正が行われ，現在の金商法に至っている。

昭和26年，証券投資信託法が制定された。現在の投信法につながる法律であるが，現在，投信法が対象にしている投資信託・投資法人のうち，当初は，投資信託の一部である証券投資信託のみが規定され，実質的に他の投資信託や投資法人は認められていなかった。平成10年，証券投資法人が認められるようになり，平成12年の改正により，証券以外の資産に投資する投資信託や投資法人も認められた。この制度の下，不動産に投資をする不動産投資法人が多数設立され，その発行する投資証券が上場されるようになった。証取法が金商法になるにあたって，この投信法の業者規制に関する多くの部分が削除され，金商法の投資運用業の規制に統合された。

昭和46年に旧外証法が制定された。この旧外証法自体は，金商法施行にあたって廃止され，金商法に組み込まれている。

昭和61年，旧投資顧問業法が制定された。証券投資の助言については登録制を，投資一任業務については認可制を採用していたが，すべて登録制にして，金商法に組み込まれ，旧投資顧問業法自体は廃止された。

昭和63年，旧金先法が制定された。当初，原則として，取引所取引を規制する法律であったが，相対取引として行われていた外国為替証拠金取引について，適切な規制がなされていなかったことにより，個人投資家に被害が広がったこともあって，平成16年の改正により，広く相対取引も規制対象に含めた。旧金先法は，金商法施行にあたって廃止され，金商法に組み込まれ，規制対象を広げた。

2　証取法の改正

昭和40年，証券会社について，それまでは登録制であったところ，免許制に改正された。当時，証券業界が不況にあり，証券会社の健全性の向上を図るための改正であった。この免許制は，平成10年の金融システム改革法施行により証券業を登録制に改めるまで，維持されていた。

昭和46年，企業開示制度について大改正が行われた。届出直後に勧誘を開始できる現在の募集・売出し制度に改正され，継続開示制度として，有価証券報告書に加えて，半期報告書，臨時報告書が導入され，民事責任も強化された。有価証券届出書の参照方式，発行登録の制度は昭和63年の改正により導入された。

昭和63年の改正により，インサイダー取引規制，大量保有報告制度（５％ルール）が導入され，公開買付けについての規制が大幅に改正された。大量保有報告制度および公開買付けについては，金商法施行直前の大改正前までの基本的な枠組みがこの改正により作られた。インサイダー取引規制は平成元年に施行され，５％ルールは平成２年に施行された。

平成３年，大手証券会社を含めた多数の証券会社による大口顧客に対する損失補填が発覚し，証券市場への信頼が傷つけられた。この問題に対処するため，同年，損失補填禁止の規定が整備された。

同様に，証券市場への信頼を回復するため，平成４年の改正により，平成５年に証券取引等監視委員会が設置された。

金融制度および証券制度に関する改革を目指して同じ平成４年に成立した改正により，銀行などの金融機関の子会社が証券業務への参入を認められ，それに伴ってファイアーウォール規制が置かれた。また，有価証券の概念がコマーシャル・ペーパー（CP）等に拡大されたほか，公募（募集・売出し）概念が整理された。現在の第一項有価証券についての募集概念は，この改正に基づいている。

平成10年に金融監督庁が設置され，平成12年に金融庁が発足した。

平成10年，金融システム改革法が成立し，この中で証取法も以下のとおり大幅に改正された。証券会社が登録制になり，専業義務は撤廃された。株式売買委託手数料が自由化された。証取法がカバーする有価証券が増加し，有価証券店頭デリバティブが解禁され，私設取引システム（PTS）が導入された。原則として，連結ベースの開示になった。銀行による投資信託の窓口販売も認められることになった。

平成12年の改正により，継続開示などに利用される電子的な開示システムであるEDINETが導入された。

平成15年の改正により，証券仲介業の制度が導入され，さらに，翌年の改正により，金融機関に証券仲介業への参入が認められた。

平成16年の改正で，課徴金制度が導入された。当初は，発行開示書類の虚偽記載，風説の流布，一定の相場操縦行為，インサイダー取引規制違反に対象が限られていたが，翌年の改正により，継続開示書類の虚偽記載にも拡大された。平成20年の金商法改正により，さらに対象範囲が拡大されている。

また平成16年には，流通市場における民事責任規定を強化する改正も行われた。発行開示規制においては，発行者の無過失責任や因果関係，損害額についての特別の規定が置かれていたところ，継続開示については，発行者の役員等の責任の規定は置かれていたが，発行者自体の責任の規定は置かれていなかった。そこで，発行者の民事責任の規定を置くとともに，無過失責任，因果関係，損害額についての特別の規定を定めた。さらに，組合型ファンドの権利を有価証券に加えた。

3　金商法に至る改正とその後の改正

平成18年６月に証取法を金商法と改める改正が行われた。金商法の本格的な施行は平成19年９月30日であったが，前倒しで施行された部分もある。有価証券届出書虚偽記載罪やインサイダー取引規制違反の罪などについての罰則強化は平成18年７月から施行された。また，公開買付けおよび大量保有報告制度についての大改正も行われ，大量保有報告制度については，同年12月以降，３回に分けて施行され，公開買付制度については，同年12月から施行された。上場会社に適用される財務報告に関する内部統制報告制度および四半期報告制度については，平成20年４月１日以降に開始される事業年度から施行されている。

金商法が本格施行されて１年も経たない平成20年６月，金商法はさらに改正され，同月13日に公布された。⑴多様な資産運用・調達機会の提供（プロ向け市場の創設，上場投資信託（ETF）等の多様化），⑵多様で質の高い金融サービスの提供（ファイアーウォール規制の見直し，利益相反管理体制の構築や銀行等・保険会社の業務範囲の見直し），および⑶公正・透明で信頼性のある市場の構築（課徴金制度の見直し，開示書類に係る公衆縦覧の制限等）に関し改正を行うものである。一部を除き平成20年12月12日に施行された。

翌平成21年６月には次のような改正がなされた（同月24日公布）。すなわち，信用格付業者に対する規制の導入，金融ADR制度の創設，特定投資家と一般投資家の移行手続の見直し，有価証券店頭デリバティブへの分別管理義務の導入，金融商品取引所と商品取引所の相互乗入れ，社債等の発行登録制度の見直し，有価証券の売出しの定義の見直しである。

平成22年５月には次のような改正がされた（同月19日公布）。すなわち，店頭デリバティブ取引等の決済の安定性・透明性を高めるため，清算機関の整備等，金融商品取引業者等のグループ全体での実効的な監督を可能とするための措置，当局に金融商品取引業者に対する破産手続開始の申立てを可能とする改正を行った。

平成23年５月には次のような改正が行われた（同月17日公布）。すなわち，ライツ・オファリングを実施するにあたり障害となりうる点の改正，プロ向けの投資運用業の規制緩和，外国の発行体による英文開示の許容範囲の拡大，無登録業者による未公開株等の取引に対する対応，投資助言・代理業の登録拒否事由の拡充を行った。

平成24年９月には次のような改正が行われた（同月12日に公布）。すなわち，課徴金制度・インサイダー取引規制の見直し，証券・金融，商品を横断的に一括して取り扱う「総合的な取引所」実現のための施策，国際的な議論を踏まえた店頭デリバティブ規制の整備が行われた。

平成25年６月には次のような改正が行われた（同月19日公布）。すなわち，いわゆる増資インサイダー事件等を受けてインサイダー取引規制において情報伝達・取引推奨行為に対する規制を導入し，これに伴う課徴金の規定を加えるとともに，運用対象資産として他人の計算でインサイダー取引規制違反をした場合の課徴金を引き上げた。従来，投資法人の発行する投資証券等については，インサイダー取引規制の対象ではなかったが，これを対象に加える等その他インサイダー取引規制の改正を行った。AIJ事件を受けて，資産運用規制を強化し，その他投資信託等の継続募集における開示制度の特例を設けたほか，公開買付規制，大量保有報告規制，報告徴求規制等について若干の改正を行っている。

平成26年５月には次のような改正が行われた（同月30日公布）。すなわち，まず，新規・成長企業へのリスクマネー供給促進等のため，投資型クラウドファンディングを取り扱う金商業者の参入要件を緩和し，他方，詐欺的な行為を排除するため行為規制を導入し，また証券会社により組成された発行会社の役職員等の投資グループのメンバーについては，非上場株式であっても証券会社による勧誘を許容する制度を設けた。新規上場の促進や資金調達の円滑化のため，新規上場後一定期間は内部統制報告書に対する公認会計士監査の免除を選択できるようにし，発行会社の継続開示における虚偽記載等について無過失責任から過失責任主義に変更し，自社株式の取得・処分について大量保有報告の対処から除外した。市場の信頼性確保のため，第二種金商業者の規制を強化し，金融指標の算出者への規制を導入した。

平成27年５月には次のような改正が行われた（同年６月３日公布）。すなわち，私募ファンドにおいて被害を受ける投資家が急増していたことから適格機関投資家等特例業務に関し，届出における欠格事由の導入，提供情報の拡充，公表義務の導入，行為規制の拡充，問題業者への対応手段の拡充などの対応を行った。

平成29年５月には次のような改正が行われた（同月24日公布）。すなわち，株式等の高速取引（HFT）の実態などを当局が確認できるよう，登録制の導入・情報提供等の措置をとり，取引所グループの業務範囲の柔軟化をはかり，さらに上場会社による公平な情報開示のためいわゆるフェア・ディスクロージャー・ルールを導入した。

令和元年（2019年）５月には，次のような改正が行われた（同年６月７日公布）。すなわち，暗号資産（旧称仮想通貨）を用いたデリバティブ取引および資金調達取引に関する規制が整備された。これにより，いわゆるICOへの対応も整備された。また，暗号資産を用いた不公正な行為に関する規制の整備，顧客に関する情報をその同意を得て第三者に提供する業務等に係る規定の整備，電磁的記録に係る犯則調査手続等の整備なども併せて行われた。

第2章
有価証券の定義

本章のサマリー

◇本章では，金商法における有価証券概念を他法における有価証券概念と比較・解説し，有価証券に該当した場合の効果を述べたうえで，個別の有価証券の定義について詳述する。

❖第1節❖　有価証券に該当した場合の効果

1　有価証券の定義

⑴　他の法律との比較

民商法上，有価証券とは，手形・小切手を典型例（完全有価証券）として，株券や倉庫証券などを指し，それらの全部または一部に共通の法的な性質（文言証券性，無因証券性，設権証券性，要式証券性，呈示証券性，受戻証券性）について，横断的な分析・取扱いがなされている。逆にいうと，かかる性質を有する証券について共通の取扱いを行うための範囲を画するために定義が考えられている。民商法上の有価証券は，このような目的から，財産的価値のある私権を表章する証券（紙）であって，その権利の移転または行使がその証券によってなされることを必要とするものを指すとされている（有力説）。

有価証券偽造の罪に関する刑法上の定義によると，財産上の権利が証券に表示され，その表示された財産上の権利の行使につき，その証券の所持を必要とするものをいい，取引上，流通性を有するかどうかを問わない。これについても，刑法の有価証券偽造罪の保護法益などからかかる定義が導き出されている。電車の乗車券も含まれている。

⑵　金商法上の有価証券

金商法では，民商法や刑法とは目的が異なることから，その範囲も異なっている。金商法上，有価証券の定義は，２条１項・２項に定められている。１項では，紙である証券が発行されるタイプの有価証券が列挙され，２項においては，証券が発行されることもあるが発行されていない状態の権利やまったく証券が発行されないタイプの権利が列挙されている。金商法上，これらの規定に列挙されているものが有価証券となる。また，金融商品販売法など多くの法律において，金商法上の有価証券の定義が引用されている（金融商品販売法２条１項５号）。

⑶　金商法上の有価証券に該当した場合の効果

従来，証取法上の有価証券は，民商法上の有価証券から手形小切手などの一定のものを除いたものを中心に列挙し，有価証券に該当すると，原則として開示・業者規制・不公正取引禁止などの規定が一括して適用されていた。

しかし，現在の規制においては，多くの例外が定められており，個別に検討していく必要がある。

たとえば，有価証券投資事業権利等や有価証券表示権利を除く証券に表章されていないみなし有価証券は，企業開示制度の対象になっていない（３条３号）。発行者以外の者による公開買付規制は有価証券報告書提出義務の対象となっている株券等のみを対象とし（27条の２第１項），自己株式の買付けに関する公開買付規制については，上場株券等のみを対象とし（27条の22の２第１項），大量保有報告についても，原則として上場している株券などに限って対象になっている（27条の23第１項）。

業者規制においても，取り扱う有価証券によって規制が異なっている（28条１項１号・２項２号参照）。銀行などの金融機関については，現在でも有価証券に関する業務が規制されているが，取扱いの可否が商品ごとに細かく規定されている（33条２項・33条の２第２号参照）。

インサイダー取引規制の対象は上場会社の株式などの特定有価証券等であり（166条1項），相場操縦規制の対象も上場有価証券などであるが（159条1項・2項），不公正取引の一般的な禁止規定（157条）や風説の流布，偽計，暴行，脅迫の禁止規定（158条）は，すべての有価証券が対象になっている。

2　ペーパーレス化と第一項有価証券

前述のとおり，証券に表示されることもある権利で，証券に表示されていないものも有価証券となりうる。条文では，2条1項1号～15号に掲げる有価証券，同項17号に掲げる有価証券（同項16号に掲げる有価証券の性質を有するものを除く）および同項18号に掲げる有価証券に表示されるべき権利ならびに同項16号に掲げる有価証券，同項17号に掲げる有価証券（同項16号に掲げる有価証券の性質を有するものに限る）および同項19号～21号に掲げる有価証券であって内閣府令で定めるものに表示されるべき権利（「有価証券表示権利」）は，有価証券表示権利について当該権利を表示する当該有価証券が発行されていない場合においても，当該権利を当該有価証券とみなすと規定されている（2条2項前段）。

典型的には，株券電子化施行前の上場会社の株式のように，定款において株券を発行する旨定めた株券発行会社（会社法214条参照）は，株式の発行後，遅滞なく株券を発行しなければならず（同法215条1項），株式発行後，株券未発行の状態であれば，株券に表示されるべき権利であることは明らかなので，これに該当する。

それでは，株券を発行する旨の定款規定のない会社の株式や新株予約権証券を発行する旨定められていない新株予約権（会社法236条1項10号）についても，有価証券表示権利といえるのであろうか。かかる場合には，株券や新株予約権証券は発行されない。また株券電子化施行後の上場株式についても株券は発行されない。しかし，これらも，株券，新株予約権証券という証券に，一般論として表示することが可能な権利なので，有価証券表示権利に該当すると考えられている。当該株式に譲渡制限が付されていたとしても，有価証券表示権利であることに変わりはない。

それでは，株式会社制度を有する外国において，株券が一切発行されないペーパーレス制度を採用している場合は，どうであろうか。この場合，条文を厳格に解釈すると，日本の株券（２条１項９号）の性質を有する外国の者が発行する証券（同項17号）に該当する証券がないので，それに表示すべき権利がないようにも思える。しかし，このような場合であっても，日本の株式と類似している権利で，流通性を持つことが可能な制度の下での権利であれば，該当すると考えるべきであろう。他方，およそ流通性を持ちえない制度の下での権利であれば，株式に類似しているとはいえず，むしろ合同会社の社員権の性質を有するか否か（同条２項４号）を検討すべきであろう。

3　発行者および発行時期

金商法において，「発行者」とは，原則として，有価証券を発行し，または発行しようとする者をいい，証券または証書に表示されるべき権利以外の権利で２条２項の規定により有価証券とみなされるものについては，権利の種類ごとに内閣府令で定める者が内閣府令で定める時に当該権利を有価証券として発行するものとみなすと定められている（同条５項）。株式など伝統的な有価証券については，発行者や発行時期について問題になることはないが，各種信託受益権など一定の有価証券については，個別に発行者と発行時期について，定義府令14条で定められており，信託受益権については，発行者は必ずしも受託者ではなく，また発行時期は信託設定時とも限らない。かかる個別の取扱いがなされている有価証券については，主として第２編第１章第１節■２(1)で解説する。

❖第２節❖　伝統的な有価証券（第一項有価証券）

1　国　　債

条文上は，国債証券（２条１項１号）および国債証券に表示されるべき権利

(同条2項柱書）が有価証券となると規定されている。企業内容等の開示規制（発行開示および継続開示規制）の適用はない（3条1号)。

2　地方債

条文上は，地方債証券（2条1項2号）および地方債証券に表示されるべき権利（同条2項柱書）が有価証券となると規定されている。たとえば，東京都債はこれに該当し，振替制度に基づいて発行され，券面が発行されないものも，有価証券表示権利として，有価証券に該当する。国債と同様，発行開示および継続開示義務が免除されている（3条1号)。

3　特別の法律により法人の発行する債券

条文上は，特別の法律により法人の発行する債券（資産流動化法上の特定社債ならびに投資法人債券および外国投資法人債券を除く。2条1項3号）およびかかる債券に表示されるべき権利（同条2項柱書）と規定されている。たとえば，長期信用銀行法に定める長期信用銀行債[(5)]はこれに該当する。国立大学法人が発行する債券もこれに該当する（国立大学法人法33条参照)。これらについても，政令で定められているものを除き発行開示および継続開示義務が免除されている（3条2号)。医療法に規定する社会医療法人債券については開示義務がある（金商法施行令2条の8)。

4　資産流動化法の特定社債

条文上は，資産流動化法に規定する特定社債券（2条1項4号）およびかかる債券に表示されるべき権利と規定されている（同条2項柱書)。特定目的会社（いわゆるTMK）が発行する債券である。

(5)　現在長期信用銀行法に基づく長期信用銀行は存在していない。しかし，普通銀行へ転換されても，同法に基づく債券は一定期間発行することが認められており，完全に消滅はしていない。

■5　社　　債

条文上は，社債券（相互会社の社債券を含む。２条１項５号）およびかかる社債券に表示されるべき権利（同条２項柱書）と規定されている。

会社法では，社債は，「この法律の規定により会社が行う割当てにより発生する当該会社を債務者とする金銭債権であって，会社法676条各号に掲げる事項についての定めに従い償還されるもの」と定義されている（会社法２条23号）。商法が会社法になったことに伴い，株式会社に限らず，合同会社，合資会社，合名会社も社債を発行できることとされ，したがって，これらの会社が発行する社債も金商法上，有価証券になる。これらに加えて，金商法では，相互会社の発行する社債も含まれる。

株式会社などが，外国などで，会社法の定義に該当しない債券を発行することは会社法上禁止されていない。当然のことながら，そのような債券については，会社法上は社債には該当しない。それでは，金商法上も，社債に該当せず，有価証券に該当しないのであろうか。上記の会社法上の定義により，会社法では，外国会社が発行する日本の社債に相当する有価証券，たとえばサムライ債やユーロ市場，米国市場で発行されているノート，ボンド，ディベンチャーなどとよばれている債券は，「社債」に該当しないと解されている。金商法では，後記■17のとおり，外国の者が発行するこれら社債の性質を有する債券は「社債」そのものでなくても有価証券に該当すると定められている。しかし，この規定は日本の者が発行する場合には適用されない。したがって，本号に該当しないとなると，金商法の有価証券には該当せず，投資家保護にもとる危険がある。同じ市場で発行した同じような広い意味での金融商品が発行体の属性によって変わる，しかも日本の投資家が投資する可能性の高い日本の発行体が発行したものが有価証券に該当しないというのは，バランスを失しているように思われる。金商法では，会社法上の社債の定義自体には言及していないので，会社法上の社債に該当しなくても，金商法では社債に該当すると解釈することも可能だと思われる。もっとも，現状，日本の会社が海外で外国法を準拠法として発行するミディアム・ターム・ノートなどについても，会社法上の社債であると整理して発行の手続をしていると思われ，実務上問題になることは少ない。

■6　特別の法律により設立された法人の発行する出資証券

条文では，特別の法律により設立された法人の発行する出資証券（以下の■7，■8および■11に含まれる出資証券は除かれる。2条1項6号）およびかかる出資証券に表示されるべき権利（同条2項柱書）と定められている。たとえば，日本銀行の出資証券がこれに該当する。これらについては，政令で定められているものを除き発行開示および継続開示義務が免除されている（3条2号）。

■7　優先出資法に規定する優先出資証券

条文では，優先出資法に規定する優先出資証券（2条1項7号）とかかる優先出資証券に表示されるべき権利（同条2項柱書）と定められている。信用金庫，信用組合の優先出資証券が例として挙げられる。

次の特定目的会社の優先出資証券と混同しないように注意する必要がある。金商法上，開示規制などで，株式会社の株券と同様の取扱いがなされることが多い。

■8　資産流動化法に規定する優先出資証券および新優先出資引受権

条文では，資産流動化法に規定する優先出資証券およびこれに表示すべき権利ならびに新優先出資引受権およびこれを表示する証券と定められている（2条1項8号・2項柱書）。

開示関連の規定で単に優先出資証券というと■7の優先出資証券を指すことが多い（金商法施行令1条の4第1号参照）。混同しないように留意すべきである。

■9　株式および新株予約権

条文では，株券および新株予約権証券（２条１項９号）ならびにこれらに表示されるべき権利（同条２項柱書）と定められている。

前述のとおり，株券を発行しない会社の株式や新株予約権証券を発行しない新株予約権もこの規定で有価証券に該当する。譲渡制限が付されている場合も同じである。

■10　投信法に規定する投資信託の受益証券および外国投資信託の受益証券

条文では，投信法に規定する投資信託および外国投資信託の受益証券（２条１項10号）ならびにこれらに表示されるべき権利（同条２項柱書）と定められている。

金商法により，広く信託受益権一般が有価証券に含まれることになった（■14および第３節■１参照）。国内では，投信法上の投資信託と同じような投資対象に別の信託形式を利用して，合同運用で投資する仕組みも認められている。また，投資信託であっても，勧誘の結果，１名の投資家に販売して，組成されることもある。国内の仕組みについては，それぞれの根拠法令に従って区別すればよいが，外国投資信託については，下記のとおり，他の有価証券との区別が問題になるので，実務上取扱いが決まっていないような商品については，個別具体的に見ていく必要がある。

外国投資信託とは，投信法上，外国において外国の法令に基づいて設定された信託で，投資信託に類するものと定義されている（同法２条24項）。投信法上の外国投資信託であれば，金商法でも外国投資信託と扱われるが，投信法上，上記の定義では「信託」と明記されているにもかかわらず，伝統的に契約型の投資ビークルで，国内の投資信託に類する機能を有するものは信託でなくとも外国投資信託と扱われてきている。

なお，金商法では，外国投資信託以外の外国信託受益権（２条２項２号）や外国集団投資スキームの持分も有価証券として指定されている（第３節■２および■6参照）ため，ある投資ビークルが外国投資信託と外国信託受益権（2条2項2号）や外国集団投資スキームのいずれに当たるのかは，慎重に検討する必要がある。第5編第6章第3節の**実務のポイント・5−8**も参照。たとえば，外国投資信託における運用は国内から直接設定・指図をしない限り投資運用業として規制されない（定義府令16条1項9号の2参照）のに対し，外国信託受益権や外国集団投資スキームにおける運用は投資運用業として規制される（2条8項15号ロ・ハ）という点では，外国投資信託のほうが規制が緩やかともいえる。特に外国信託受益権に該当する場合，適格機関投資家等特例業務（第5編第6章第4節）の適用もなく，有価証券やデリバティブに運用する信託であるとすると登録せざるをえなくなる。したがって，従前のように，外国投資信託に当たるかどうかが不明な場合であっても，念のため当たるものとして投信法に基づく届出（投信法58条1項）を行えば保守的であると一律にいうことはできないと考えられる。外国投資信託と外国信託受益権や外国集団投資スキームの具体的な区別基準については，従来の公募案件などで確定した実務の取扱いに加えて，今後の実務の蓄積を見ていく必要がある。たとえば，ヨーロッパのFonds commun de placementは，信託ではなく，共有型の集団投資のためのスキームであるが，伝統的に外国投資信託として取り扱われてきた。権利能力なき社団に該当する可能性もあるかもしれないが，契約型であることから，投信法が投資法人を認め，外国投資法人という概念が認められた後も外国投資信託として扱われてきている。また，券面は一切発行されない場合が多いが，後述の組合型のみなし有価証券とは取り扱われていない。

■11　投信法に規定する投資証券，新投資口予約権証券，投資法人債券および外国投資証券（外国投資法人債を含む）

条文では，投信法に規定する投資証券，新投資口予約権証券もしくは投資法人債券または外国投資証券（2条1項11号），またこれらに表示されるべき権利（同条2項柱書）と定められている。平成25年金商法改正に伴う投信法の改正により新投資口予約権が導入されることになり，これも有価証券に加えられた。

投資証券，新投資口予約権証券および投資法人債券については，解釈上問題になることはあまりないが，外国投資証券については，争いになることがあるので，解説する。

ここで「外国投資証券」とは，外国投資法人の発行する投資証券，新投資口予約権証券または投資法人債券に類する証券をいう（投信法220条１項柱書）。このうち投資法人債券に類するものを「外国投資法人債券」ということがある（特定有価証券開示府令11条１号）。単に「外国投資証券」というだけであれば，原則として，投資証券，新投資口予約権証券に類するタイプの証券も，投資法人債に類するタイプの証券も含まれるので注意を要する（ただし，同府令11条１号の３のように外国新投資口予約権証券および外国投資法人債券を除く旨規定されている場合もある）。

いずれにしても外国投資法人が発行する証券である必要があるが，この「外国投資法人」の定義が明確ではないので，問題となる。具体的には，外国投資証券なのか，外国法人が発行する資産流動化法上の優先出資証券に類する証券なのか，外国法人の発行する株式，合同会社の社員権または社債に類する証券なのかの区別が実務上問題になることがある。

投信法で「外国投資法人」とは，外国の法令に準拠して設立された法人たる社団または権利能力のない社団で，投資証券，新投資口予約権証券または投資法人債券に類する証券を発行するものをいう（同法２条25項）とされているが，この定義からだけでは，循環論に陥ってしまうので，実務上，以下のように考えるべきである。

すなわち，まず，投資証券と優先出資証券との違いは，その証券自体についての配当の内容にあるのではなく，発行体および発行体から委託された者の業務の内容の差異にあり，投資証券については，専門家の運用に期待して投資されるところ，優先出資証券については，あらかじめ決まっている資産から生み出される資金に期待して投資される点に大きな差異がある。したがって，余裕資金の運用を除き投資対象が定款や契約などで確定している案件においては，外国投資証券にはならないと解する（もっとも，投資対象が確定している場合であっても，すべて外国の者が発行する上記優先出資証券に類する証券になるわけではない）。

次に，投資証券，新投資口予約権証券および投資法人債と株式，新株予約権および社債との違いについても，その証券の要項の差異にあるのではなく，その発行体の差異にある。たとえば，通常，確定期限がある点，利率が定められている点などについて，投資法人債と社債との間に差異はない。株式会社でも純粋持株会社のように，その法人自体では独自の事業を行っておらず，有価証券を取得・保有・処分および投資先会社の管理などをしている会社は証券に投資する投資法人と類似しており，また主として不動産に投資し，それを保有・管理している不動産会社は不動産投資法人と類似している。これらの会社においても，資産流動化法上の特定目的会社と違って，資産の入替えが起こることは予定されており，少なくとも，投資対象が定款などで確定されていることは通常ない。結局投資法人と会社との差異は，投資法人であれば，その資産運用を外部の専門家に委託しなければならない（投信法198条1項）ところ，株式会社などであれば，外部の投資委員会を任意で設けるところもあるものの，原則として，取締役会などの会社内部の決定および業務執行に委ねられているところにある。したがって，原則として，外国の法人または権利能力なき社団で，外部にインベストメント・マネージャーなどの投資について一任を受けている者がいる発行者が発行するエクイティやデットの証券は，外国投資法人に該当する可能性が高いと考えられる。もっとも，この点については，他にも検討すべき要素があるので，慎重に判断すべきである。

12　貸付信託の受益証券

条文上は，貸付信託の受益証券（2条1項12号）およびかかる証券に表示すべき権利（同条2項柱書）と定められている。貸付信託法上，貸付信託とは，1個の信託約款に基づいて，受託者が多数の委託者との間に締結する信託契約により受け入れた金銭を，主として貸付または手形割引の方法により，合同して運用する金銭信託であって，当該信託契約に係る受益権を受益証券によって表示するものをいう（同法2条1項）。なお，現在，貸付信託を取り扱っている信託銀行はないようである。

これらについては，政令で定められているものを除き発行開示および継続開示義務が免除されている（3条2号）。貸付信託法に公告による開示が若干定められている。

■13　資産流動化法に規定する特定目的信託の受益証券

条文上は，資産流動化法に規定する特定目的信託の受益証券（２条１項13号）および当該受益証券に表示されるべき権利（同条２項柱書）と定められている。特定目的信託とは，資産流動化法の定めるところにより設定された信託であって，資産の流動化を行うことを目的とし，かつ，信託契約の締結時において委託者が有する信託の受益権を分割することにより複数の者に取得させることを目的とするものをいう（同法２条13項）。特定目的会社と同様に資産流動化法上のビークルである。

この有価証券について「発行者」と扱われる者は，信託の原委託者および受託者である（２条５項，定義府令14条２項１号）。

■14　信託法に規定する受益証券発行信託の受益証券

条文上は，信託法に規定する受益証券発行信託の受益証券（２条１項14号）および当該受益証券に表示されるべき権利（同条２項柱書）と定められている。証取法から金商法に変わったことにより，新たに有価証券になったものの１つである。信託法上，信託行為において信託法第８章の定めるところにより一または二以上の受益権を表示する証券を発行する旨の定めのある信託を受益証権発行信託という（同法185条３項）。実務上，受益権証書という名称の証拠証券が作成されることがあるが，上記の要件を満たさない限り，受益証券発行信託には該当しない。いわゆる日本版預託証券（JDR）は，この受益証券に該当する。

受益証券発行信託の受益証券の発行者は，通常の有価証券とは異なった取扱いがなされている。第２編第１章第１節■２(1)参照。

■15　コマーシャル・ペーパー

条文上は，法人が事業に必要な資金を調達するために発行する約束手形のうち内閣府令で定めるもの（２条１項15号）およびかかる約束手形に表示されるべき権利（同条２項柱書）と定められている。内閣府令では，当該法人の委任によりその支払いを行う銀行，信用金庫などの金融機関が交付した「CP」の文字が印刷された用紙を使用して発行するもの（定義府令２条）と定められている。通常コマーシャル・ペーパーまたはCPとよばれているものである。なお，このコマーシャル・ペーパーには，上記のように有価証券表示権利が含まれているが，株式会社などが発行する通常電子CPとよばれているものは，社債等振替法に基づいて発行される「社債」であり，■５に含まれる。

このコマーシャル・ペーパーに該当しない限り，約束手形は金商法上の有価証券には該当しない。多数の約束手形を資金調達の目的のために振り出しても金商法上の開示規制などには服さない。

■16　抵当証券

条文上は，抵当証券法に規定する抵当証券と定められている（２条１項16号）。抵当証券法上，土地，建物または地上権を目的とする抵当権を有する者はその登記を管轄する登記所に抵当証券の交付を申請することができる旨定められている（同法１条１項）。かかる申請に基づいて交付された証券が抵当証券である。一方，これに表示されるべき権利は抵当権であるが，抵当権一般を有価証券とみなした場合には実務に不要な影響を与えるおそれが大きいため，そのようなことはせず，抵当権のうち「内閣府令で定めるもの」のみを有価証券とみなすこととしている（２条２項柱書）。なお，平成31年４月１日時点でこれに相当する内閣府令の定めはない。

抵当証券については，抵当証券法11条に規定する手続またはこれに準ずる手続により当該有価証券の交付を受けた者が発行者となる（２条４項，定義府令14条２項５号）。

■17　外国（国家）または外国の者の発行する次の証券または証書

条文上，外国（国家）または外国の者の発行する次の証券または証書で，■18を除くもの（２条１項17号）およびかかる証券または証書に表示されるべき権利（抵当証券の性質を有するものを除く。同条２項柱書）と定められている。以下，個別の有価証券ごとに解説する。

(1)　外 国 債

米国債などがその例である。海外で発行されたもの，サムライ債のように国内で日本法を債券の準拠法として発行されたもののいずれも含まれる。日本国債は開示義務の免除を受けているが，外国債の場合には免除されていない（27条参照）。もっとも，半期報告書および臨時報告書の提出は免除されている（金商法施行令５条）。また，有価証券届出書や有価証券報告書についても，民間企業の場合と異なり，外債府令に開示事項が定められており，概して，民間企業に比べて開示事項の量は少ない。

これに対して，単独の国家ではなく，国際機関の発行する証券の場合(6)には，開示の免除を受けているものがある。すなわち，日本国の加盟する条約により設立された機関が発行する債券で，当該条約によりその本邦内における募集または売出しにつき日本国政府の同意を要することとされているもの（３条５号，金商法施行令２条の11）は開示の免除を受けている。国内で頻繁に募集・売出しされている国際復興開発銀行（世界銀行）の債券はこの免除を受けて募集などがされている。

(2)　地 方 債

外国の州や都市が発行している債券がこれに該当する。たとえば，カナダのマニトバ州が発行する債券が挙げられる。これらも外国債と同様の開示規制になっている。半期報告書および臨時報告書の提出が免除されている点も同じである。

(6)　厳密には国家ではないので，(3)の外国の特別の法律により法人の発行する債券に該当する。

⑶　外国の特別の法律により法人の発行する債券

国内の特別の法律により法人の発行する債券には，一般の株主がコントロールしている発行体が発行する長期信用銀行法に基づく長期信用銀行債が含まれることは前述した。この定義規定を素直に読むと，ある国において，一般の社債の発行規定の他に当該法人に適用される法律があり，それに基づいて発行される債券がこれに該当するようにも思われる。しかし実務上は，本債券についても，以下で述べるように，開示について特別の免除規定があることから，民間が保有している法人が発行する限り，特別の法律が当該国家に存在していたとしても，本規定に基づく債券とは取り扱われていない。外国国家が議決権の過半数を保有しているなどの要件を満たすことが必要で，実際に募集・売出しをする場合には，関東財務局に事前に確認をしたうえで，行われている。

本規定の債券については，当該発行者の半期報告書および臨時報告書の提出を要しないこととしても公益または投資者保護に欠けることがないものとして金融庁長官が指定した発行者については，これらの報告書の提出が免除される（金商法施行令5条）。

⑷　外国法人の発行する資産流動化法の特定社債の性質を有するもの

これについては，実際には⑸との区別が問題になることが多いが，いずれに該当するかの重要性はそれほど大きくない。開示において，特定有価証券に該当するか否かは重要であるが，⑸であっても特定有価証券に該当しうる。第2編第1章第1節■2⑷⑦参照。

⑸　外国法人の発行する社債の性質を有するもの

国内の一般の会社が発行する限り，前述のように会社法に基づかない社債を外国などで発行する場合を除き，あまりこの規定の適用の有無が問題になることはない。しかし，外国法人が発行する債務を負担する証券については，判断が難しい場合もある。一般に外国においては，日本のように会社法に該当する法律に社債の規定がないことが多く，手形・小切手と社債の区別をつけるのが難しい限界事例があるのである。外国会社がローンを借りる場合，転売可能なノートを貸主に発行する場合があるが，かかるプロミサリー・ノートは日本の手形に類するものなので，通常は社債には該当しないが（■15参照），このようなプロミサリー・ノートを細分化し，多数発行するような場合には本号の外国法人債に該当する可能性がある。

⑹　外国法人の発行する日本における特別の法律により設立された法人の発行する出資証券の性質を有するもの

⑺⑻に該当する場合は除かれる。本規定についても，実務上，⑼との区別が問題になることがあると思われる。本規定の出資証券の性質を有するものは，原則として，企業開示府令ではなく，外債府令により開示される（同府令１条１号イ参照）ので，区別する実益がある。

⑺　外国法人の発行する日本における優先出資法に規定する優先出資証券の性質を有するもの

これについても，⑼との区別は問題となりうるが，双方とも企業開示府令の適用があり，大きな問題となることはあまりない。

⑻　外国法人の発行する日本における資産流動化法に規定する優先出資証券および新優先出資引受権の性質を有するもの

これについても，⑼との区別が問題になる。もっとも，外国会社の発行する株式の性質を有するもので，①当該有価証券の発行を目的として設立または運営される法人（特別目的法人）に直接または間接に所有者から譲渡（取得を含む）される金銭債権その他の資産（譲渡資産）が存在し，②特別目的法人が当該有価証券を発行し，当該有価証券（当該有価証券の借換えのために発行されるものを含む）上の債務の履行について譲渡資産の管理，運用または処分を行うことにより得られる金銭を充てる場合には，特定有価証券に該当し（５条１項，金商法施行令２条の13第８号，特定有価証券開示府令８条４号・２号），本規定の有価証券も同じ規定で特定有価証券に該当することから，適用される開示のルールは同じである。したがって，⑼との区別が問題になるようなケースであっても，開示における差異は通常ない。

⑼　外国法人の株式および新株予約権の性質を有するもの

新株予約権の性質を有するものとしては，実務上外国会社のストック・オプションが多くみられる。日本の会社法でも新株予約権「証券」を発行しない新株予約権が原則になっている。外国においても，通常「証券」は発行されておらず，契約上の権利義務になっているものも多い。このような発行会社が義務を負う自社の会社の株式を対象とするコールオプションは一般に新株予約権の性質を有するものと取り扱われている。さらに，従業員株式買取りプラン（Employee Stock Purchase Plan）とよばれている，参加すると給料日ごとに一定金額が引き落とされ，一定期間ごと（たとえば四半期末ごと）にその時の終値から一定の割引きを受けて会社から従業員が自社の株式を買う契約も，外国会社が発行する新株予約権の性質を有するものとして，開示の対象となっている。オプションの要素はあまりないにもかかわらず，ストック・オプションと同様の取扱いになっているのは以下のような理由に基づくものと思われる。すなわち，実質的にストック・オプションと同様の目的で付与される権利であり，かつストック・オプションと同様に当初に開示をさせ，個々の引落しや買付け自体を申込みや受渡しとして開示させることは実態に合っていないとの実務上の考慮から，発行会社により自社の株式の募集または売出しとは取り扱われず，新株予約権の募集として取り扱われているものと思われる。

外国会社は，ファントム・オプションやストック・アプリシエーション・ライトといった権利を従業員に付与することもある。これらについては，有価証券に該当せず，第３章第２節■３⑶で述べるとおり，通常，デリバティブ取引としても規制されないと考える。

⑽　外国の者の発行する貸付信託の受益証券の性質を有するもの

⑾　外国の者の発行する資産流動化法に規定する特定目的信託の受益証券の性質を有するもの

⑿　外国の者の発行する信託法に規定する受益証券発行信託の受益証券の性質を有するもの

発行者と扱われる者について，特別の規定がある。第２編第１章第１節■２⑴参照。

⒀　外国法人が発行するコマーシャル・ペーパー

約束手形にCPと印刷するタイプのコマーシャル・ペーパーは，日本独自のものであり，かかる形式が類似しているものは少ないと思われる。また，前述のように国内の法人が発行する電子CPはコマーシャル・ペーパーとしては扱われていないことから，現在実際にこの規定に該当するものがどの程度あるのか，定かではない。

⒁　外国の者が発行する抵当証券の性質を有するもの

この証券については，抵当証券法11条に規定する手続に準ずる手続により当該有価証券の交付を受けた者が発行者となる。

18　外国の者の発行する証券または証書で銀行業を営む者その他の金銭の貸付けを業として行う者の貸付債権を信託する信託の受益権およびこれに類する権利を表示するもののうち，内閣府令で定めるもの

条文では，外国の者の発行する証券または証書で銀行業を営む者その他の金銭の貸付けを業として行う者の貸付債権を信託する信託の受益権またはこれに類する権利を表示するもの（２条１項18号，定義府令３条）およびかかる証券または証書に表示されるべき権利（２条２項柱書）と定められている。

典型的にはCARDs（Certificates for Amortizing Revolving Debts）が対象となる。カードローン債権などを信託した商品である。

■19　オプションを表示する証券または証書

いわゆるカバードワラントである。もっとも，典型的なカバードワラントといわれている証券よりは，広い意味を有している。すなわち，条文上は，⑴金融商品市場において金融商品市場を開設する者の定める基準および方法に従い行う２条21項３号に掲げる取引に係る権利，⑵外国金融商品市場において行う取引であって同号に掲げる取引と類似の取引（商品に係る取引を除く）に係る権利または⑶金融商品市場および外国金融商品市場によらないで行う同条22項３号もしくは４号に掲げる取引に係る権利を表示する証券または証書と定められている（同条１項19号）。⑴の権利が市場オプションであり，⑵の権利が外国市場オプションで，⑶の権利が店頭オプションで，これらを総称して単にオプションと定義されている。このオプションを表示する証券または証書が，ここでいう有価証券である。有価証券表示権利については，内閣府令の規定が設けられれば，有価証券になる（同条２項柱書）が，平成31年４月１日時点でかかる内閣府令の規定はないため，券面がない場合には有価証券とはならない。券面のないオプションはデリバティブ取引に基づく権利そのものであり，これを有価証券とみなした場合には，デリバティブ取引としての規制と有価証券としての規制が競合するおそれがあるため，仮にこれを有価証券とみなす内閣府令の規定を設ける場合には，この規制の競合について何らかの調整が必要になるものと考えられる。

なお，自社の株式を対象にする発行会社が義務を負うコールオプションは新株予約権なので，ここには含まれない。外国会社が発行する場合にも，新株予約権に類する権利と取り扱われる。これに対して，対象資産が株式以外であれば，発行会社が義務を負うコールオプションであっても，この規定の有価証券に含まれる。

さらに，原資産は有価証券に限られないので注意が必要である。

■20　預託証券（デポジタリー・レシート）

■１～■19に記載の有価証券の預託を受けた者が当該証券または証書の発行

された国以外の国において発行する証券または証書で，当該預託を受けた証券または証書に係る権利を表示するものを指す（２条１項20号）。

預託証券には，有価証券表示権利は含まれていない。海外のDRについては，証券や証書が発行されないタイプのものもあるが，内閣府令の規定がないので，有価証券表示権利にはならない（２条２項柱書）(7)。もっとも，そのような場合に何らの有価証券にも該当しないと考えるべきか，それとも実質的に預託されている証券そのものと取り扱われるべきかについては，具体的に検討する必要があろう。

また，預託されている証券については，有価証券表示権利も含まれると解される。たとえば，フランスの会社の券面が発行されていない株式や株券電子化施行後の日本の上場株式が預託され発行されたアメリカ預託証券も本号に該当すると解する。

預託証券については，預託機関ではなく，それに表示される権利に係る有価証券，つまりアンダーライイング証券となる株式などを発行し，または発行しようとする者が発行者となる（定義府令14条２項５号）。第２編第１章第１節■２⑴参照。

21　政令指定証券

⑴　外国法人の発行する譲渡性預金（海外CD）

条文では，譲渡性預金（払戻しについて期限の定めがある預金で，指名債権でないもの）の預金証書のうち，外国法人が発行するものと定められている（２条１項21号，金商法施行令１条１号）。これについても有価証券表示権利は含まれていない。

なお，本邦銀行が発行する譲渡性預金は有価証券とは扱われていない。

⑵　学校法人債

条文では，学校法人等(8)が行う割当てにより発生する当該学校法人等を債務

(7)　平成19年７月パブコメ１頁No.３

(8)　私立学校法３条に規定する学校法人または同法64条４項に規定する法人をいう。

者とする金銭債権（指名債権でないものに限る）を表示する証券または証書であって，①当該学校法人等の名称，②当該学校法人債券に係る金銭債権の金額，③当該学校法人債券に係る金銭債権の償還の方法および期限ならびに④当該学校法人債券に係る金銭債権の利息ならびにその支払いの方法および期限を表示するものと定められている（金商法施行令1条2号，定義府令4条）。■3のとおり，国立大学法人法に基づき国立大学法人が発行する債券はここにいう学校法人債には該当しない。券面が発行されない学校債については，第3節■7参照。

22　特定電子記録債権

電子記録債権法上の電子記録債権のうち，流通性その他の事情を勘案し，社債券その他の金商法2条1項各号に掲げる有価証券とみなすことが必要と認められるものとして政令で定められるものは，特定電子記録債権として，有価証券とみなされる（2条2項中段）。このみなし有価証券は，有価証券表示権利と同様に開示に関して第一項有価証券として取り扱われる（同条3項）。ただ，平成31年4月1日時点で政令の定めはない。

23　電子記録移転権利

令和元年金商法改正により，投資性のあるICOのトークン（トークン表示権利）は，暗号資産を拠出する場合であっても集団投資スキーム上の権利に含まれることになる（2条の2参照）。そして，この改正により，金銭を拠出するか，暗号資産を拠出するかにかかわらず，トークン表示権利が電子記録移転権利に該当すると第一項有価証券として扱われることになる（2条3項）。詳しくは第3節■5参照。従前からの集団投資スキーム上の権利は第二項有価証券であり，電子記録移転権利とは扱いが異なるので注意を要する。

❖第３節❖　第二項有価証券

■1　一般の信託受益権

第２節■10の投資信託の受益証券に表示されるべきものおよび■12〜■14の証券に表示されるべきもの以外の，広く一般の信託受益権を指す（２条２項１号）。

金商法で新たに有価証券とみなされることになった権利である。

一般の信託受益権については，その発行者および発行時期について特別の規定が置かれている。第２編第１章第１節■２(1)参照。

主として有価証券またはデリバティブ取引に係る権利に投資する場合には自己運用業務規制に服することになり（２条８項15号），これについては適用除外がない。

■2　外国の者に対する権利で■1の権利の性質を有するもの

これも新たに有価証券とみなされることになった権利である。第２節■10の外国投資信託の受益証券に表示されるべきものならびに第２節■17および■18に掲げる有価証券に表示されるべきものは除かれる（２条２項２号）。

発行者および発行時期については，■１と同じく，第２編第１章第１節■２(1)参照。自己運用規制については，■１と同じである。

■3　合同会社の社員権ならびに一定の合同会社および合資会社の社員権

条文上，(1)合同会社の社員権，(2)その社員のすべてが株式会社または合同会社である合名会社の社員権，(3)その無限責任社員のすべてが株式会社または合同会社である合資会社の社員権（２条２項３号，金商法施行令１条の２）が有価証券とみなされる旨が定められている。

この権利については，業務を執行する社員が発行者とみなされる（定義府令14条3項2号）。

また，当該社員権に係る社員になろうとする者が社員となる時および当該社員権に係る社員の加入の効力が発生する時が発行時期となる（定義府令14条4項2号）。

4　外国法人の社員権で3の権利の性質を有するもの

アメリカ合衆国の各州法に基づくリミテッド・ライアビリティ・カンパニー（LLC）のメンバーたる地位・権利については，合同会社の社員権などが有価証券になる前は，後述の組合に類似する権利に該当する可能性があると考えられていた。現在でもその可能性は否定できないものの，通常は，この合同会社の社員権に類似する権利として考えればよいと思われる（2条2項4号）。もっとも，このLLCを投資ビークルとして利用し，インベストメント・マネージャーが投資についての一任を受けているような場合には，外国投資法人に該当する可能性がある。

発行者は，業務を執行する者とされ（定義府令14条3項3号），発行時期については，■3と同じである（同条4項2号）。

5　一定の集団的投資スキーム上の権利（地位）

組合などの集団投資スキームを指す。以前は原則として有価証券などに投資するビークルについての権利に限定されていた[9]が，金商法では投資以外の事業を行う組合その他に広がっている（2条2項5号）。

単に範囲が広がっているのみならず，規制の態様も大きく改正されている。詳しくは，第2編第1章第1節■1(2)③にて解説するが，金商法では，有価証券投資事業権利等（3条3号）に該当しない限り，開示規制には服せず，有価証券投資事業権利等に該当したとしても，私募要件については，株式などの第一項有価証券と比べると緩やかな規制になっている一方で，集団投資スキーム

(9)　もっとも，金商法の施行前から，有限責任事業組合の権利は有価証券とみなされていた。

に該当するといわゆる自己募集規制に服し，また主として有価証券またはデリバティブ取引に係る権利に投資している場合には自己運用業務規制に服することになり，原則として，金融商品取引業の登録をしなければならない建付けになっている。一般に集団投資スキームを採用する場合に金融商品取引業の登録をすることは過大な負担になることが多く，法令が準備しているさまざまな例外規定を利用できないかについて確認することになる。まず，そもそも，以下で述べる集団投資スキームの定義に該当するか否かを確認し，該当する場合には，業規制の例外に該当しないか（2条8項，金商法施行令1条の8の6，定義府令16条）の検討をし，かかる例外に該当せず，かつ自己募集業務，自己運用業務に該当すると考えられる場合には，適格機関投資家等特例業務（63条以下）により登録ではなく，届出で足りるという扱いができないかについて検討していくことになる。詳しくは，第5編第6章参照。

集団投資スキームの定義規定自体が複雑なので，以下詳細に説明する。すなわち，⑴①民法667条1項に規定する組合契約に基づく権利，②商法535条に規定する匿名組合契約に基づく権利，③投資事業有責組合法3条1項に規定する投資事業有限責任組合契約に基づく権利，④有限責任事業組合契約に関する法律3条1項に規定する有限責任事業組合契約に基づく権利，⑤社団法人の社員権その他の権利（外国の法令に基づくものを除く）のうち，⑵当該権利を有する者（出資者）が，⑶出資または拠出をした①金銭，②有価証券，③為替手形，④約束手形，⑤2条2項1号・2号・5号・6号に掲げるみなし有価証券を有する者から出資または拠出を受けた金銭の全部を充てて取得した競走用馬を充てて行う事業[(10)]（出資対象事業）から，⑷生ずる収益の配当または当該出資対象事業に係る財産の分配を受けることができる権利であって，⑸次の①〜④のいずれにも該当しないもの（第2節に掲げる有価証券に表示される権利および本節の他で掲げる有価証券とみなされる権利を除く）がこれに該当する。

令和元年金商法改正において暗号資産（資金決済に関する法律2条5項に規定する暗号資産で，旧称仮想通貨）が金銭とみなされることになり（令和元年金商法改正後2条の2），暗号資産を拠出するICO（Initial Coin Offering）のトークン（トークン表示権利）が集団投資スキーム上の権利に該当しうることになる。集

⑽　金商法施行令1条の3，定義府令5条

団投資スキーム上の権利であっても（条文上は2条2項の他の号に該当する場合であっても），電子情報処理組織を用いて移転することができる財産的価値（電子機器その他の物に電子的方法により記録されるものに限る）に表示される場合は，内閣府令で除外されない限り，電子記録移転権利となり（令和元年金商法改正後2条3項），第一項有価証券として扱われる。投資性のあるICOのトークン表示権利は通常これに該当することになると考えられる。

ローンパーティシペーションのような取引についても，該当しそうにも見えるが，一般的には該当しないと考えられる（金商業等府令68条4号において貸出参加契約の締結等は，兼業業務として挙げられている）。

① 出資者の全員が出資対象事業に関与する場合として政令で定める場合における当該出資者の権利（2条2項5号イ）[11]

② 出資者がその出資または拠出の額を超えて収益の配当または出資対象事業に係る財産の分配を受けることがないことを内容とする当該出資者の権利（同号ロ）

③ 保険業法2条1項に規定する保険業を行う者が保険者となる保険契約，農業協同組合法10条1項10号に規定する事業を行う同法4条に規定する組合と締結した共済契約，消費生活協同組合法10条2項に規定する共済事業を行う同法4条に規定する組合と締結した共済契約，水産業協同組合法11条1項11号，93条1項6号の2もしくは100条の2第1項1号に規定する事業を行う同法2条に規定する組合と締結した共済契約，中小企業等協同組合法9条の2第7項に規定する共済事業を行う同法3条に規定する組合と締結した共済契約または不動産特定共同事業法2条3項に規定する不動産特定共同事業契約に基づく権利（2条2項5号ハ）

④ ①～③に掲げるもののほか，当該権利を有価証券とみなさなくても公益または出資者の保護のため支障を生ずることがないと認められるものとして政令で定める権利（同号ニ）

この④については，金商法施行令1条の3の3において，以下の権利が列挙されている。

(a)保険業法2条1項各号に掲げる事業に係る契約に基づく権利，(b)本邦の法

(11) 金商法施行令1条の3の2に具体的要件が記載されている。

令に基づいて設立された法人（公益社団法人以外の一般社団法人および公益財団法人以外の一般財団法人を除く）に対する出資または拠出に係る権利（2条1項6号～9号および11号に掲げる有価証券に表示される権利ならびに同条2項の規定により有価証券とみなされる同項3号に掲げる権利を除く），(c)分収林特別措置法2条3項に規定する分収林契約に基づく権利，(d)次の(i)～(ix)に掲げる者のみを当事者とする組合契約等（民法667条1項に規定する組合契約その他の継続的な契約をいう）に基づく権利であって，当該権利に係る出資対象事業がもっぱら次に掲げる者の業務を行う事業であるもの（(i)公認会計士，(ii)弁護士（外国法事務弁護士を含む），(iii)司法書士，(iv)土地家屋調査士，(v)行政書士，(vi)税理士，(vii)不動産鑑定士，(viii)社会保険労務士，(ix)弁理士），(e)株券または投信法上の投資証券の発行者の役員，従業員その他の内閣府令で定める者[(12)]（「役員等」）が当該発行者の他の役員等と共同して当該発行者の株券または投資証券の買付けを，一定の計画に従い，個別の投資判断に基づかず，継続的に行うことを約する契約のうち，各役員等の1回当たりの拠出金額が100万円に満たないもの[(13)]に該当するものに基づく権利，(f)(a)～(e)に掲げるものに準ずるものとして内閣府令で定めるもの[(14)]（2条2項5号）。

集団投資スキームの権利については，発行者および発行時期について特別の規定がある[(15)(16)]。第2編第1章第1節■2(1)参照。

■6　外国の法令に基づく権利であって，■5の権利に類するもの（外国集団投資スキーム）

リミテッド・パートナーシップのリミテッド・パートナー（LP）の権利などが，通常これに該当する（2条2項6号）。

発行者および発行時期については，■5と同様に取り扱われる。第2編第1

(12)　定義府令6条1項に定められている。子会社および孫会社の役員，従業員が含まれている。

(13)　定義府令6条2項

(14)　関係会社持株会，取引先持株会およびコンテンツの製作委員会等に関する出資持分が定義府令7条に定められている。

(15)　定義府令14条3項4号

(16)　定義府令14条4項3号

章第1節■2(1)参照。

■7　政令指定権利（学校法人債）

いわゆる学校法人債のうち券面を発行しないタイプのものが指定されている。具体的には，次の(1)および(2)の双方に該当する学校法人等[17]に対する貸付けに係る債権をいう。(1)当該貸付けに係る利率および弁済期[18]が同一で，複数の者が行うもの（当該貸付けが無利息であるものを除く）であり，かつ(2)当該貸付けの全部または一部が次の①または②のいずれかに該当すること。①当該貸付けを受ける学校法人等の設置する学校（私立学校法2条1項に規定する学校をいい，同条2項に規定する専修学校および各種学校を含む）に在学する者，学校に在学する者の父母その他これらに準ずる者で授業料その他在学に必要な費用を負担する者，学校法人等の設置する学校を卒業した者，学校法人等の役員（私立学校法35条1項に規定する役員をいう），評議員（同法に規定する評議員をいう）および職員（同法38条5項に規定する職員をいう）（「利害関係者」）以外の者が行う貸付けであり，または②当該貸付けに係る債権の利害関係者以外の者に対する譲渡が禁止されていないこと[19]。

この権利については，学校法人等が発行者となり[20]，当該債権の発生の時に発行されるものとみなされる[21]。

■8　特定電子記録債権

開示については第一項有価証券扱いであり，本書においては，便宜的に第2節■22で解説した。

---

(17)　私立学校法3条に規定する学校法人または同法64条4項に規定する法人をいう（金商法施行令1条2号）。

(18)　定義府令8条1項

(19)　金商法施行令1条の3の4，定義府令8条2項

(20)　定義府令14条3項6号

(21)　定義府令14条4項4号

第３章

デリバティブの定義

本章のサマリー

◇本章では，複雑なデリバティブの定義の構造について解説した後，具体的な取引類型ごとに説明する。

❖第１節❖　規制対象内と対象外のデリバティブ

従来，デリバティブ取引については，有価証券デリバティブについて証取法が，金融デリバティブについて旧金先法が，商品デリバティブについて商先法の前身である商品取引所法や海外商品市場における先物取引の受託等に関する法律が取り扱っていた。その他，クレジットデリバティブなどまったく規制されていなかった取引も多々存在していた。金商法が施行されるに伴い，従来，証取法と旧金先法が取り扱っていたデリバティブが金商法に取り込まれ，また現在商先法が規制している商品デリバティブ以外のその他のデリバティブが広く金商法で規制されることになった(22)。金商法で対象にしているデリバティブについては，以下で詳しく述べるが，排出量に関するデリバティブについては，平成31年４月１日時点で規制されていない。

---

(22)　ただし，平成24年改正（１年６カ月以内施行分）により，デリバティブ取引の原資産を定める「金融商品」の定義に，商先法に規定されている商品のうち一定の要件を満たすものとして政令で指定されたものを追加し，商品関連市場デリバティブ取引を金融商品取引所において取り扱うことが可能になり，また商品関連市場デリバティブ取引に関する一定の行為（自己取引以外の媒介，取次ぎ，代理など）が金商法で規制されることになった。

❖第２節❖　概念の整理

1　デリバティブ取引

(1)　デリバティブ取引の定義規定の構造

金商法上，デリバティブ取引とは，同法が定める市場デリバティブ取引，店頭デリバティブ取引および外国市場デリバティブ取引を意味する（２条20項）。前述のとおり，証取法，旧金先法に比べて規制されるデリバティブの範囲が広がっているので，注意を要する。

しかし，集団投資スキームのような包括的な定義規定は置かれておらず，２条20項以下および金商法施行令・定義府令で詳細な定義規定が置かれている。包括的な定義規定が置かれていない理由は，規制の透明性・予見可能性の観点から規制は明確な方が望ましいこと，またデリバティブの定義に該当し，それを取り扱える業者が取り扱う限り，賭博罪や常習賭博罪の構成要件に該当したとしても，正当業務行為として違法性が阻却される関係にあるとされていることから，罪刑法定主義の観点からも明確にすることが望ましいことにある，と説明されている。しかし，デリバティブの定義に該当するか否かと違法性が阻却されるか否かは直接関係ないとの見解も有力である[(23)]。

このように包括的な定義規定は定められず，市場デリバティブ，店頭デリバティブ，外国市場デリバティブの定義規定が置かれている。

このうち，外国市場デリバティブは，「外国金融商品市場において行う取引であって，市場デリバティブと類似の取引をいう」と定義されており（２条23項），残りの市場デリバティブと店頭デリバティブについては，詳細な取引類型ごとの定義が定められている。

本書においては，以上の取引に関係する原資産としての金融商品の定義および参照指標としての金融指標の定義について，以下解説し，その後に具体的な取引類型ごとに，特に実務上該当するか否かの検討を要する店頭デリバティブから順番に説明をする。

---

(23)　河本ほか・金商法の理論と実務16頁〔黒沼悦郎〕

⑵　デリバティブを組み込んだ商品

ローンなどの別の取引にデリバティブ取引を組み込んだとしても，別の取引に組み込まれていることのみを理由として後述のデリバティブ取引に該当しないことになるわけではない。通貨売買オプション取引が組み込まれている預金については，個別にデリバティブの定義から除外され，銀行法などにおいて金商法の行為規制が準用されている（２条22項，金商法施行令１条の15第１号，銀行法施行規則14条の11の４第３号など。■３⑴参照）。上記のような例外に該当しない組込デリバティブについて，デリバティブ取引として金商法の規制の対象となるか，それとも，組み込まれた別の取引の条件の一部にすぎないものと評価されるかは，解釈の問題である。実務上確立された判断基準は存在しないが，たとえば会計基準における考え方[24]なども参考になるものと思われる[25]。

それでは，社債などの有価証券に組み込まれている場合はどうか。日経225や個別の株価に連動し，償還価額や償還する対価（金銭または株式）が変わる外国の者が発行する債券は従来から日本で売り出されており，通常の有価証券として取り扱われていた。従来より，デリバティブ取引が内在しているものの，有価証券に含まれてしまっている限り，デリバティブとは取り扱われず，店頭デリバティブを取り扱うことはできない業者が当該有価証券の売出人となることも多かった。この点については，金商法施行により規制が変わったわけではないので，従来どおり取り扱うことで，実務上は問題ないものと思われ，実際に，金商法施行後もこの実務は変わっていない。

㉔　企業会計基準適用指針第12号（その他の複合金融商品（払込資本を増加させる可能性のある部分を含まない複合金融商品）に関する会計処理）は，組込デリバティブを区分処理する場合の要件の一つとして，「組込デリバティブのリスクが現物の金融資産又は金融負債に及ぶ可能性があること」を挙げた上で（３項），「組込デリバティブのリスクが現物の金融資産又は金融負債に及ぶとは，利付金融資産又は金融負債の場合，原則として，組込デリバティブのリスクにより現物の金融資産の当初元本が減少又は金融負債の当初元本が増加若しくは当該金融負債の金利が債務者にとって契約当初の市場金利の２倍以上になる可能性があることをいう」（５項）としている。

㉕　この会計基準における考え方は，たとえば，元本割れのリスクがあるデリバティブ組込型預金について，これに組み込まれたデリバティブを，預金とは区別して規制する考え方につながりやすいと思われる。これに対し，全国銀行協会の「デリバティブを内包する預金に関するガイドライン」は，元本割れのリスクがあるデリバティブ組込型預金も，預金としての規制の対象になるという考え方に立っているように思われる。このように，デリバティブ組込型商品の規制の適用関係については，様々な考え方があり得る。

2　金融商品・金融指標

(1)　金融商品

上記のとおり，デリバティブの定義は市場，店頭，海外市場のそれぞれのデリバティブ取引に取引類型ごとの定義が置かれている。クレジット・デリバティブのような原資産，参照指標にリンクさせないで構成できるデリバティブもあるが，デリバティブの多くは，原資産，参照指標にリンクした取引である。そこで本書では，まず，原資産である金融商品について解説する。

２条24項の金商法のデリバティブの原資産である金融商品の定義には，以下が列挙されている。すなわち，

① 有価証券

② 預金契約に基づく債権その他の権利または当該権利を表示する証券もしくは証書であって政令で定めるもの[(26)]（①に掲げるものを除く）

③ 通貨

④ 商先法２条１項に規定する商品のうち政令で指定するもの

⑤ ①～④に掲げるもののほか，同一の種類のものが多数存在し，価格の変動が著しい資産であって，当該資産に係るデリバティブ取引（デリバティブ取引に類似する取引を含む）について投資者の保護を確保することが必要と認められるものとして政令で定めるもの（商品先物取引法２条１項に規定する商品を除く）

⑥ ①もしくは②に掲げるものまたは⑤に掲げるもののうち内閣府令で定めるものについて，金融商品取引所が，市場デリバティブ取引を円滑化するため，利率，償還期限その他の条件を標準化して設定した標準物

である。

これらに加え，令和元年金商法改正により⑦暗号資産が加えられている。資金決済に関する法律２条５項に規定する暗号資産であり，従前仮想通貨と呼ばれていたものである。

このうち，①は証取法の有価証券デリバティブについての原資産を引き継い

(26)　政令では，外為法６条に定める「支払手段」（通貨に該当するものを除く），「証券」および「債権」を定めている（金商法施行令１条の17）。旧金融先物取引法施行令よりは少し拡大している。

だものであり，②および③は旧金先法を引き継いでいる。平成24年改正（１年６カ月以内施行分）により証券や金融デリバティブと農産物や鉱物等のコモディティを対象とする商品デリバティブの双方を取り扱う総合的な取引所を実現するため，金商法に定める金融商品取引所の開設する金融商品市場でこれらの双方を取り扱うことを可能にする改正が行われた。これにより④は「金融商品」に含められた。コメは当面含められない予定とのことである(27)。コモディティのデリバティブのみを取り扱う取引所は引き続き農林水産省・経済産業省が管轄し，金商法の対象にはなっていない（２条14項参照)。また，コモディティの店頭デリバティブおよび外国市場デリバティブは，金商法上の店頭デリバティブおよび外国市場デリバティブには含まれてない。⑤については，新たに政令指定により原資産として加えられるようにした，つまり金商法で規制できるデリバティブの原資産として加えられたものであるが，平成31年４月１日時点では政令規定は設けられていない。

(2)　金融指標

デリバティブの参照指標である金融指標の定義としては，以下のものが列挙されている（２条25項)。すなわち，

①　金融商品の価格または金融商品（通貨および商品を除く）の利率等
②　気象庁その他の者が発表する気象の観測の成果に係る数値
③　その変動に影響を及ぼすことが不可能もしくは著しく困難であって，事業者の事業活動に重大な影響を与える指標（②に掲げるものを除く）または社会経済の状況に関する統計の数値であって，これらの指標または数値に係るデリバティブ取引（デリバティブ取引に類似する取引を含む）について投資者の保護を確保することが必要と認められるものとして政令で定めるもの（商先法２条２項に規定する商品指数であって，商品以外の物品の価格に基づいて算出されたものを除く）
④　①～③に掲げるものに基づいて算出した数値

である。

(27)　笠原基和「平成24年改正金商法等の解説(2)「総合的な取引所」の実現に向けた制度設備」旬刊商事法務1981号５頁（2012）

このうち①が主として証取法および旧金先法から引き継いだものであり，②，③が金商法で新たに規制されることになったものである。平成24年改正（1年6カ月以内施行分）により証券や金融デリバティブと農産物や鉱物等のコモディティを対象とする商品デリバティブの双方を取り扱う総合的な取引所を実現するため，金商法に定める金融商品取引所の開設する金融商品市場でこれらの双方を取り扱うことを可能にする改正が行われた。これにより，政令指定された商品の価格（①）およびこれに基づいて算出された数値（④）も金融指標に含まれることになった。

このうち②は，天候デリバティブについての参照指標である。

③としては，金商法施行令1条の18で次のものが指定されている。(a)気象庁その他の者が発表する地象，地動，地球磁気，地球電気および水象の観測の成果に係る数値，(b)統計法2条4項に規定する基幹統計の数値，同条7項に規定する一般統計調査の結果に係る数値ならびに同法24条1項および25条の規定による届出のあった統計調査の結果に係る数値，(c)(b)に掲げるものに相当する外国の統計の数値，(d)行政機関（地方公共団体を含む）が法令の規定に基づき，または一般の利用に供することを目的として定期的に発表し，または提供する不動産の価格または2以上の不動産の価格の水準を総合的に表した数値，不動産に関連する業務を行う団体が投資者の利用に供することを目的として定期的に発表し，または提供する不動産の価格または2以上の不動産の価格の水準を総合的に表した数値，(e)行政機関（地方公共団体を含む）が法令の規定に基づき，または一般の利用に供することを目的として定期的に発表し，または提供する不動産の賃料等（賃料，稼働率，空室率その他の不動産の価値または収益に関する数値をいう）または2以上の不動産の賃料等の水準を総合的に表した数値（定義府令21条の2第1号），(f)不動産に関連する業務を行う団体が投資者の利用に供することを目的として定期的に発表し，または提供する不動産の賃料等または2以上の不動産の賃料等の水準を総合的に表した数値（同項2号）である。特に統計数値の範囲が広いので注意を要する。たとえば，WHO等の国際機関が公表する感染症に関する発症数，死者数等のデータに係る数値は，上記(c)に該当する外国の統計の数値に該当すると解されている[28]。

(28)　金融庁「金融商品取引法第2条に規定する定義に関するQ&A」（平成28年12月26日公表）問1

なお，平成26年金商法改正により，金融指標の算出者への規制が導入された。

3　店頭デリバティブ取引

(1)　店頭デリバティブの定義

店頭デリバティブ取引とは，金融商品市場および外国金融商品市場によらないで行う，以下に列挙した取引をいうが（2条22項），その内容等を勘案し，公益または投資者の保護のため支障を生ずることがないと認められるものとして政令で定めるものは除かれている。なお，平成24年改正により金融商品や金融指標の定義が改正された後も，商品またはこれに係る金融指標を原資産または参照指標とする取引は金商法上の店頭デリバティブ取引には含まれず，商品先物取引法が適用され続ける。店頭デリバティブ取引は当然のことながら金融商品取引所で取引されているものではないので，市場デリバティブ取引に比べて，実務上該当するか否かが一見して明確でない場合が多い。そこで，以下では，個別の要件に従って，詳細に検討することにする。

店頭デリバティブからの適用除外を定める政令規定には，以下のものが列挙されている（金商法施行令1条の15）。①預金保険法2条2項に規定する預金等および農水産業協同組合貯金保険法2条2項に規定する貯金等の受入れを内容とする取引に付随する金商法2条22項3号（ロを除く）に掲げる取引（通貨の売買に係るものに限る）（つまり通貨オプション付きの預金・貯金等），②保険業法2条1項に規定する保険業および同項各号に掲げる事業に係る契約の締結（つまり保険・共済契約），③債務の保証に係る契約の締結（つまり債務保証契約），④貸付けに係る債務の全部または一部の弁済がなされないこととなった場合において，その債権者に対してその弁済がなされないこととなった額の一部を補填することを内容とする契約の締結（③に掲げるものを除く。つまり損害填補契約）。①は，個別にそれぞれの業法で特定預金等として規制するので，金商法のデリバティブからは除外されており，②～④は，クレジット・デリバティブが店頭デリバティブの定義に含まれる結果，外形上定義に含まれることになるが，以前から一般に存在していて，かつ金商法で特段規制する必要がない取引である。

これらの例外に該当しない限り，前述のとおり，別の取引を伴って行う場合にも店頭デリバティブ取引の定義に該当すれば，店頭デリバティブ取引として扱われる。もっとも，店頭デリバティブ取引を業として行う場合でも，金融商品取引業の定義から除外されることもあるので，注意を要する（2条8項柱書。第5編第1章第4節参照）。

実務のポイント・1－1

◆デリバティブと保険

店頭デリバティブ取引の定義から除外される取引の一つとして，保険契約の締結が挙げられている（金商法施行令1条の15第2号)。店頭デリバティブ取引の取引類型のうち，クレジット・デリバティブの定義（2条22項6号）は広範であり，保険契約の締結と重複しうる内容となっている。しかし，保険契約の締結は，保険業法により規律されるべきものであるため，これを金商法が重複して規律することを避ける観点から，上記の除外規定が設けられたものと考えられる。

したがって，ある取引がデリバティブや保険に該当するかが問題となる場合，検討の順序としては，まず当該取引が保険に該当するか（保険業法により規律されるべきものか）を検討し，該当しない場合にはそれがデリバティブに該当するか（金商法により規律されるべきものか）を検討することになる。

デリバティブと保険の区別基準については，さまざまな考え方がある（たとえば，山下友信『保険法(上)』23頁以下（有斐閣，2018））が，実務上は，実損填補性の有無により区別することが多いように思われる。すなわち，保険は，実際に生じた損害を填補するものであるのに対し，デリバティブは，必ずしも実際に生じた損害を填補するものではないという違いに着目する考え方である。たとえば，ある企業の発行した社債を参照債務とし，当該社債がデフォルトした場合に支払いを行うクレジット・デリバティブは，当該社債を保有しない者（すなわち，当該社債のデフォルトにより損害を被ることがない者）であっても行うことがある。また，約定した気温と現実の気温の差に基づいて支払いを行う天候デリバティブでは，あらかじめ合意した方法により支払額が計算されるが，その支払額は，気温の差により実際に受取人が被った損害の額と必ずしも一致するものではない。

(2)　先渡取引

一般に市場取引については先物取引とよび，店頭取引については先渡取引とよんでいるので，ここでもその例にならう。また，指標先渡取引については，(3)で述べる。

金商法で規制される先渡取引は，金融商品市場および外国金融商品市場によらないで行う，売買の当事者が将来の一定の時期において金融商品（商品先物取引法に定める商品および金商法２条24項５号に掲げるもの（標準物）を除く）およびその対価の授受を約する売買であって，当該売買の目的となっている金融商品の売戻し，買戻しまたは当該売買の当事者がその売買契約を解除する行為をしたときは差金の授受によって決済することができる取引と定められている（２条22項１号，金商法施行令１条の16)。したがって，単に金融商品の授受を将来約束する契約（いわゆるアウトライトのフォワード取引）であれば，該当せず，差金決済が認められていなければ，店頭先渡取引には該当しない。たとえば，Ａが３カ月後にＢに対して，Ｘ社の普通株式100株を１億円で売る契約は，これだけでは先渡取引にはならず，３カ月後に，その時の時価による差金決済ができるような定めが契約に含まれていなければデリバティブ取引にはならない。アウトライトのフォワード取引を行い，その受渡しの際に別途，再売買の契約を行い，代金を相殺することもありうるが，これも，単なるアウトライトのフォワード取引と直物（スポット）取引，相殺の組合せにすぎず，デリバティブ取引にはならない。

アウトライトのフォワード取引といわゆる為替スワップとの関係については，後述する。

(3)　指標先渡取引

店頭指標先渡取引とは，金融商品市場および外国金融商品市場によらないで行う，約定数値（当事者があらかじめ金融指標として約定する数値）と現実数値（将来の一定の時期における現実の当該金融指標の数値）の差（商品先物取引法に定める商品および金商法２条24項５号に掲げる金融商品（標準物）に係る数値の差を除く）に基づいて算出される金銭の授受を約する取引またはこれに類似する取引をいう（２条22項２号)。

たとえば，３カ月後のＸ社の株価が100万円を超えている場合には，その差額に100を乗じた金額をＢがＡに支払うことを約束し，その対価として，ＡがＢに100万円を支払う取引がこれに該当する。

それでは，ファントム・オプションまたはストック・アプリシエーション・ライトとよばれる従業員向けの株式連動の報酬も指標先渡取引に該当するであろうか。これは日本の会社でも導入されたことがあるが，主に欧米の会社が当該会社のグループ会社の従業員向けに付与するもので，たとえば，今後5年間当該企業グループに勤務し続けることを条件に上記のような5年後市場価格が一定の株価を超えた場合，その金額を支払う約束をするものであり，通常当該権利の付与を受けるに際して，従業員側からの支払いは要求されていない。このような取引は，一方が他方に付与するだけで対価を受けないところから，店頭デリバティブ取引として規制する必要性に乏しく，また文言上も会社が従業員に対し一方的に支払うかまたはまったく支払わないかであり，従業員が支払うことはないことから「授受」はないと考えられるので，指標先渡取引には該当しないと考えられる。

⑷　店頭オプション取引

店頭オプション取引とは，金融商品市場および外国金融商品市場によらないで行う，当事者の一方の意思表示により当事者間において次に掲げる取引を成立させることができる権利を相手方が当事者の一方に付与し，当事者の一方がこれに対して対価を支払うことを約する取引またはこれに類似する取引をいう（2条22項3号）。商品オプション取引は含まれない。

①　金融商品の売買（先渡取引を除く）

②　⑵，⑶および⑹〜⑻までに掲げる取引（つまり店頭指標オプション取引以外の店頭デリバティブ取引の契約）

たとえば，1年後にX社の株式を100万円で買い取る権利をBがAに付与し，その対価（オプション・プレミアム）として，契約時にAがBに10万円を支払う取引は，上記の①に該当するので，店頭オプション取引に該当する。

また1年後に物理的に株式を買い取る権利だけではなく，差金決済の権利も付与されている場合には，②の⑵の取引をする権利に該当するので，同様に店頭オプション取引に該当する。もっとも，この例では，あらかじめ定められた株価という金融指標とその時の株価という金融指標との差額を支払うことになるので，⑸の店頭指標オプション取引にも該当する可能性がある。

この例で，1年後のX社の株価が100万円を超えていれば，Aは通常オプション権を行使するはずであるが，行使し忘れることもありうる。そのようなことが起こらないように，Ａが行使すべき株価が100万円を超えている場合であれば，具体的なＡの権利行使を要さず，自動的に権利行使される，つまり一定の条件を満たしていれば，Ｂは差金をＡに支払うことをあらかじめ約束している契約はこの店頭オプション取引（または店頭指標オプション）に該当するであろうか。これも経済的にはオプションの性質を有する契約であり，少なくとも，前記の要件（または⑸の要件）である「これに類似する取引」には該当し，これらのオプション取引に該当すると解する。

⑸　店頭指標オプション取引

店頭指標オプション取引とは，金融商品市場および外国金融商品市場によらないで行う，当事者の一方の意思表示により当事者間において当該意思表示を行う場合の金融指標としてあらかじめ約定する数値と現に当該意思表示を行った時期における現実の当該金融指標の数値の差に基づいて算出される金銭を授受することとなる取引を成立させることができる権利を相手方が当事者の一方に付与し，当事者の一方がこれに対して対価を支払うことを約する取引またはこれに類似する取引をいう（２条22項４号)。ただし，商品に係る指標オプション取引は除かれる。

たとえば，来年の８月の仙台での降水量がＸmmを超えていれば，現実の降水量（mm）とＸとの差と100万円の積の支払いを請求する権利をＢがＡに与え，その対価として，Ａは契約時にＢに1,000万円を支払うという契約が考えられる。

WHOが公表する感染症に関する発症数等のデータに係る数値を指標とし，当該数値が一定の値を超えた場合に，当事者の一方の意思表示により相手方が金銭の支払うこととなる取引を成立させることができる権利を付与し，他方当事者に対して対価を支払う取引もかかるオプション取引に該当する[(29)]。

⑹　スワップ取引

スワップ取引とは，金融商品市場および外国金融商品市場によらないで行う，当事者が元本として定めた金額について当事者の一方が相手方と取り決め

---

(29)　金融庁「金融商品取引法第２条に規定する定義に関するQ&A」（平成28年12月26日公表）問１

た金融商品（通貨を除く）の利率等（利率ならびに金融商品に係る収益その他これに準ずるものの配当率および割引の方法により発行された金融商品の割引率[30]をいう）もしくは金融指標（金融商品（通貨を除く）の利率等およびこれに基づいて算出した数値を除く。以下この⑹において同じ）の約定した期間における変化率に基づいて金銭を支払い，相手方が当事者の一方と取り決めた金融商品（通貨を除く）の利率等もしくは金融指標の約定した期間における変化率に基づいて金銭を支払うことを相互に約する取引（これらの金銭の支払いとあわせて当該元本として定めた金額に相当する金銭または金融商品を授受することを約するものを含む）またはこれに類似する取引をいう（２条22項５号）。ただし，商品に係るスワップは除かれる。

スワップ取引は，金商法になり，初めて規制されるようになったデリバティブである。これには，金利スワップや通貨スワップが該当すると説明されている。

金利スワップとは，たとえば，半年ごとに100億円の２％，つまり２億円とその支払日の半年と２営業日前に発表される当該半年間の一定の銀行間預金の年利率（たとえば６カ月円LIBOR）に0.3％を加えた率の２分の１（半年分なので）に100億円を掛けた金額とを５年間にわたって交換する契約が挙げられる。

通貨スワップとは，たとえば，100億円の２％，つまり２億円と１億ドルの４％，つまり400万ドルを毎年一定期日に５年間にわたって交換する契約である。この通貨スワップは，分解すると店頭デリバティブ取引に該当しないアウトライトのフォワード取引になるが，このように合わせて典型的な通貨スワップ取引として行われると店頭デリバティブとして取り扱われることになる。

⑺　広義のクレジット・デリバティブ取引

当事者の一方が金銭を支払い，これに対して当事者があらかじめ定めた次に掲げる①または②のいずれかの事由が発生した場合において相手方が金銭を支払うことを約する取引（当該事由が発生した場合において，当事者の一方が金融商品，金融商品に係る権利または金銭債権（金融商品であるものおよび金融商品に係る権利であるものを除く）を移転することを約するものを含み，上記⑶～⑹に掲げるも

---

(30)　２条21項４号，定義府令19条

のを除く）またはこれに類似する取引を指す（２条22項６号）。

① 法人の信用状態に係る事由その他これに類似するものとして政令で定めるもの

② 当事者がその発生に影響を及ぼすことが不可能または著しく困難な事由であって，当該当事者その他の事業者の事業活動に重大な影響を与えるものとして政令で定めるもの（①に掲げるものを除く）

①については，法人の信用状態に係る事由のほか，法人でない者の信用状態に係る事由（金商法施行令１条の13），債務者の経営再建または支援を図ることを目的として行われる金利の減免，利息の支払猶予，元本の返済猶予，債権放棄その他の債務者に有利となる取決め（同条，定義府令20条）が定められている。いわゆるクレジット・デリバティブである。

②としては，(a)暴風，豪雨，豪雪，洪水，高潮，地震，津波，噴火その他の異常な自然現象，(b)戦争，革命，内乱，暴動，騒乱，(c)外国政府，外国の地方公共団体その他これらに準ずる者により実施される為替取引の制限もしくは禁止，私人の債務の支払いの猶予もしくは免除について講ずる措置，またはその債務に係る債務不履行宣言が定められている（金商法施行令１条の14，定義府令21条）。天候デリバティブや地震デリバティブ等である(31)。当事者の一方が金銭を支払い，これに対して，WHOにより公表される感染症に関する一定のデータがあらかじめ定めた値を超え，感染症の大流行（パンデミック）が発生したと判断される場合において相手方が金銭を支払うことを約する取引は上記(a)に該当すると解されている。感染症の大流行は人為的な操作によらず自然界に存在するウィルスや細菌等が原因となり大流行する状況だからとのことである(32)。

---

(31) 天候デリバティブ等は，この２条22項６号の取引ではなく，同項２号の取引（前記(2)の指標先渡取引）として組成されることも多い。たとえば，天候デリバティブは，気温（現実数値）が一定の数値（約定数値）を上回った（または下回った）回数に基づいて補償金の額を算出するという取引形態が典型的であり，このような取引形態は，通常，指標先渡取引に該当すると考えられる。いわゆる特定金融商品取引業務の特例（33条の８）も，その対象となる天候デリバティブを，指標先渡取引と位置づけている。

(32) 金融庁「金融商品取引法第２条に規定する定義に関するQ&A」（平成28年12月26日公表）問２

⑻　政令指定デリバティブ取引

以上に加えて，これらと同様の経済的性質を有する取引であって，公益または投資者の保護を確保することが必要と認められるものとして政令で定める取引は店頭デリバティブであると定められている（２条22項７号）。しかし，平成31年４月１日時点で，かかる政令の定めはない。

4　市場デリバティブ取引

⑴　市場デリバティブ取引の定義

市場デリバティブ取引とは，金融商品市場において，金融商品市場を開設する者の定める基準および方法に従い行う法令に列挙された取引をいう（２条21項）。一般に金融商品取引所で取引されていることから，その該当性が問題になる場面はあまりない。個別の文言の解釈については，■３の店頭デリバティブについての解釈を参照されたい。

⑵　先物取引

売買の当事者が将来の一定の時期において金融商品およびその対価の授受を約する売買であって，当該売買の目的となっている金融商品の転売または買戻しをしたときは差金の授受によって決済することができる取引をいう（２条21項１号）。

⑶　指標先物取引

当事者があらかじめ金融指標として約定する数値（「約定数値」）と将来の一定の時期における現実の当該金融指標の数値（「現実数値」）の差に基づいて算出される金銭の授受を約する取引をいう（２条21項２号）。

⑷　オプション取引・指標オプション取引

当事者の一方の意思表示により当事者間において次の①または②に掲げる取引を成立させることができる権利を相手方が当事者の一方に付与し，当事者の一方がこれに対して対価を支払うことを約する取引をいう（２条21項３号）。

① 金融商品の売買（⑵の先物取引を除く）

② ⑵，⑶および⑸～⑺までに掲げる取引（⑶または⑸に掲げる取引に準ずる取引で金融商品取引所の定めるものを含む）

⑸ スワップ取引

当事者が元本として定めた金額について当事者の一方が相手方と取り決めた金融商品（通貨および商品を除く）の利率等（利率ならびに金融商品に係る収益その他これに準ずるものの配当率および割引の方法により発行された金融商品の割引率[(33)]をいう）または金融指標（金融商品（通貨および商品を除く）の利率等およびこれに基づいて算出した数値を除く。以下この文において同じ）の約定した期間における変化率に基づいて金銭を支払い，相手方が当事者の一方と取り決めた金融商品（通貨および商品を除く）の利率等または金融指標の約定した期間における変化率に基づいて金銭を支払うことを相互に約する取引（これらの金銭の支払いと併せて当該元本として定めた金額に相当する金銭または金融商品を授受することを約するものを含む）を指す（２条21項４号）。

かかるスワップ取引に加えて平成24年改正（１年６カ月以内施行分）により商品スワップ取引・商品指数スワップ取引も加えられた（同項４号の２）。商先法との平仄をとるため想定元本として数量を定めることとされている点がその他の市場スワップ取引の定義と異なっている。

平成31年４月１日時点で，金融商品取引市場でスワップ取引は取り扱われていない。

⑹ 広義のクレジット・デリバティブ取引

当事者の一方が金銭を支払い，これに対して当事者があらかじめ定めた次の①または②のいずれかの事由が発生した場合において相手方が金銭を支払うことを約する取引（当該事由が発生した場合において，当事者の一方が金融商品，金融商品に係る権利または金銭債権（金融商品であるものおよび金融商品に係る権利であるものを除く）を移転することを約するものを含み，⑶～⑸に掲げるものを除く）を指す（２条21項５号）。

---

(33) 定義府令19条

① 法人の信用状態に係る事由その他これに類似するものとして政令で定めるもの

② 当事者がその発生に影響を及ぼすことが不可能または著しく困難な事由であって，当該当事者その他の事業者の事業活動に重大な影響を与えるものとして政令で定めるもの（①に掲げるものを除く）

①および②の具体的な内容は，■3(7)参照。

(7) 政令指定取引

(2)〜(6)に掲げる取引に類似する取引であって，政令で定めるものも市場デリバティブである旨定められているが（2条21項6号），平成31年4月1日時点で具体的な政令規定は存在していない。

■5 外国市場デリバティブ取引

外国市場デリバティブ取引とは，外国金融商品市場において行う取引であって，市場デリバティブ取引と類似の取引をいう。なお，平成24年改正（1年6カ月以内施行分）により金融商品や金融指標の定義が改正された後も，商品またはこれに係る金融指標を原資産または参照指標とする取引は金商法上の外国市場デリバティブ取引には含まれず，商品先物取引法が適用され続ける。

ここで外国金融商品市場とは，取引所金融商品市場に類似する市場で外国に所在するものをいう（2条8項3号ロ）。

ニューヨーク証券取引所のような典型的な取引所であれば，これに該当するであろうが，2006年に取引所に移行する前のNASDAQのような市場は該当するのであろうか。このような大規模な市場については，該当すると解釈すべき場面が多いようにも思われる。しかし，たとえば，企業開示府令9条の6第2項2号に「外国金融商品市場に準ずるものとして外国に開設された店頭売買有価証券市場（法第六十七条第二項に規定する店頭売買有価証券市場をいう。……）の性質を有する市場を開設する者」という概念があり，かつてのNASDAQのような大規模な市場については想定されていないと思われるが，文言上は，店頭売買有価証券市場の性質を有する市場であるとして，外国金融商品市場に該当しないとの解釈もありうる。この解釈によると，かかる市場で取引されているデリバティブは店頭デリバティブということになる。

また，ニューヨーク証券取引所のように外国金融商品市場であることが明らかな市場において行われていたとしても，「市場デリバティブ取引」と類似していなければ，外国市場デリバティブ取引には該当しない。たとえば，排出量に関する先物取引は平成31年４月１日時点で市場デリバティブには含まれていないことから，類似しているとはいえず，外国市場デリバティブには該当しない。

第2編 企業内容等の開示

■本編では，金商法第２章「企業内容等の開示」と，これに関連する民事責任・課徴金・罰則などの規定について解説する。

第１章
発行市場における開示

本章のサマリー

- 本章では，金商法２条の２～23条の13をカバーし，主として有価証券届出書の提出を通じた発行市場における企業内容の開示および発行市場における取引規制について解説する。
- また，金商法では，有価証券の流動性に着目した開示制度の整備の一環として，流動性の低い，いわゆる集団投資スキーム持分などの第二項有価証券について，原則として有価証券届出書制度を含めた開示規制を適用しないこととしている（３条３号）。ただし，主として有価証券に対する投資を事業とする集団投資スキーム持分などの第二項有価証券については，有価証券投資事業権利等として例外的に開示規制の対象としている。
- 有価証券の募集・売出しの意義について，金商法で第二項有価証券の募集・売出しの意義が追加された。また，株券，社債券などの伝統的な有価証券を含む第一項有価証券の募集の意義に関しても，有価証券の募集に該当するか否かの判定にあたり，勧誘の相手方から除外する適格機関投資家の数の制限を撤廃する一方，プロ私募と同様の規制を課すこととした（２条３項１号，金商法施行令１条の４）。さらに，売出しの定義において，取引所金融商品市場における取引および私設取引システム（PTS）における上場有価証券の取引について有価証券の売出しに該当しない旨が規定された（２条４項，金商法施行令１条の７の３）。
- 企業の合併・買収などの組織再編成に関する情報開示の充実を図る観点から，組織再編成による株式などの発行またはすでに発行された株式などの交付のうち，一定の場合について，有価証券の募集・売出しと同様の開示規制を課すこととした（２条の２・４条）。
- 平成20年金商法改正により，プロ向け市場創設のための規定が追加された。
- 平成21年金商法改正により，有価証券の売出しに係る開示規制について，大幅な見直しが行われ，「均一の条件」という形式的な要件ではなく，有価証券の募集と同様の詳細な開示規制を課すことにし，他方で，売出しから除外される取引が拡大された（２条４項）。
- 平成23年金商法改正により，ライツ・オファリングにおける開示制度が整備された。また，英文開示の範囲が拡大され，有価証券届出書などによる発行開示についても英文開示が認められ，また，臨時報告書についても英文開示が認められた。
- 平成25年金商法改正により，投資信託の受益証券などの一定の特定有価証券について，有価証券届出書を提出する代わりに，簡易な事項を記載した募集事項等記載書面を有価証券報告書とあわせて提出したときに，有価証券届出書を提出したものとみなされる制度が整備された（５条10項～12項）。

❖第１節❖　発行市場における開示規制

1　届出制度の適用範囲（適用除外証券，募集・売出しの意義，届出免除，有価証券通知書の提出）

(1)　概　　要

有価証券届出書制度を含む開示規制が適用される有価証券について，募集または売出しが行われる場合には原則として有価証券届出書の提出による届出が要求される（４条１項）。

有価証券届出書を通じた発行開示制度は，有価証券の発行者が投資家の投資判断に有益な資料として当該発行者にかかる正確な情報を公平に投資家に提供する制度であり，直接的には投資家保護を目的としたものであるが，同制度を通じて投資家による有価証券の投資判断を助けることにより，発行者による円滑な資金調達を可能とするものでもある。もっとも，新たに開示を行わなくても発行者にかかる情報がすでに開示されている場合や，発行価額・売出価額が少額であるため，発行者に発行開示の経済的・事務的な負担を課してまで投資家を保護する必要性が低い場合などの一定の場合には，届出を要求するのは適当ではないため，届出義務は免除される。有価証券の届出が免除される場合であっても，金商法による投資家保護の徹底および金商法の円滑な施行のため，届出を要しない有価証券についての発行などに関する実態を把握する必要がある場合には，有価証券通知書の提出が要求される。なお，発行市場における開示規制ではなく，流通市場における開示規制に含まれる制度であるが，発行者が継続開示企業の場合，有価証券の海外における発行や募集に該当しない発行などについて，有価証券届出書制度の適用はなくとも企業内容に関して発生した重要な事実で，特に投資家に適時に開示した方がよい事項として臨時報告書の提出が必要となる場合もある。

新規発行または既発行の第一項有価証券および第二項有価証券のそれぞれに関する有価証券届出書提出の必要性の判断方法の全体像については，**図表2－1～図表2－3**参照。

図表2−1　新規発行の第一項有価証券および自己株式の処分の場合に関する届出の要否

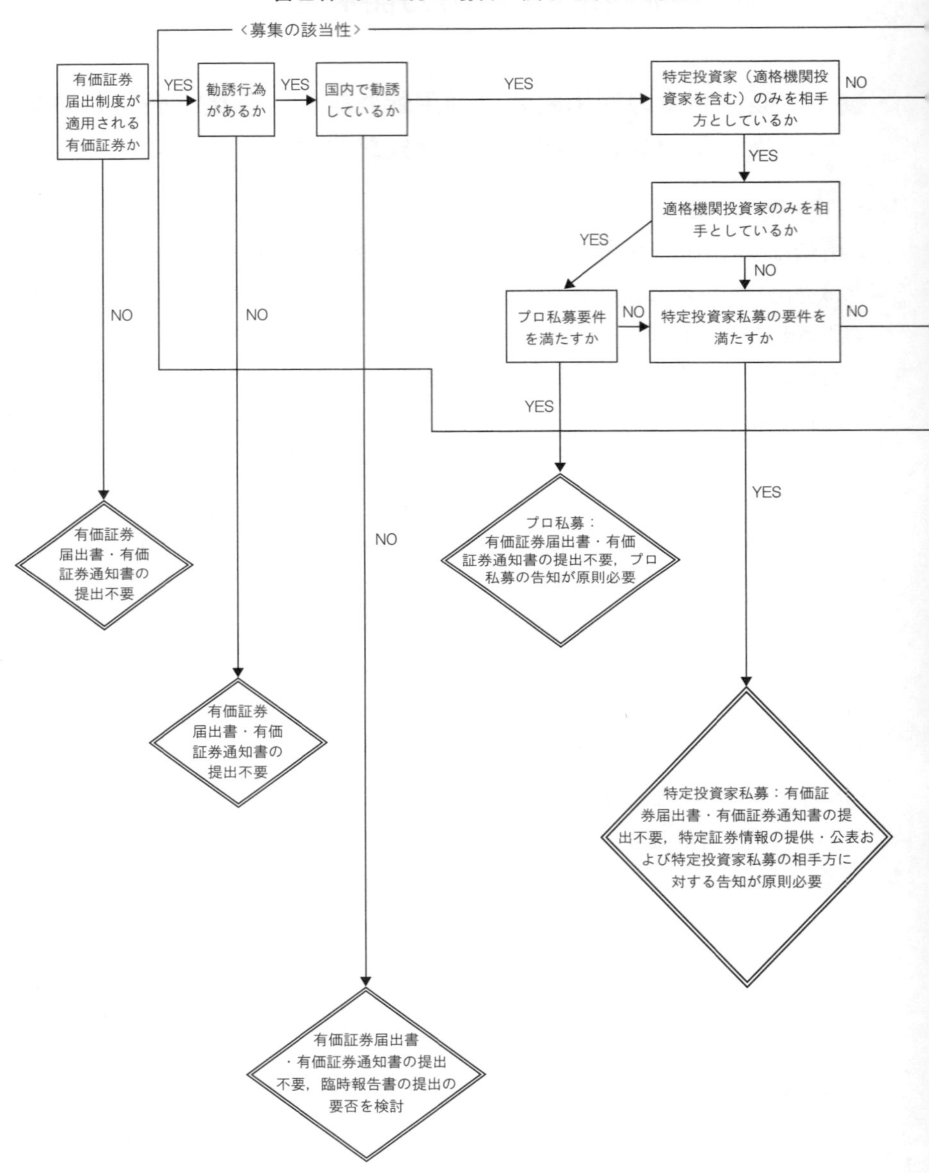

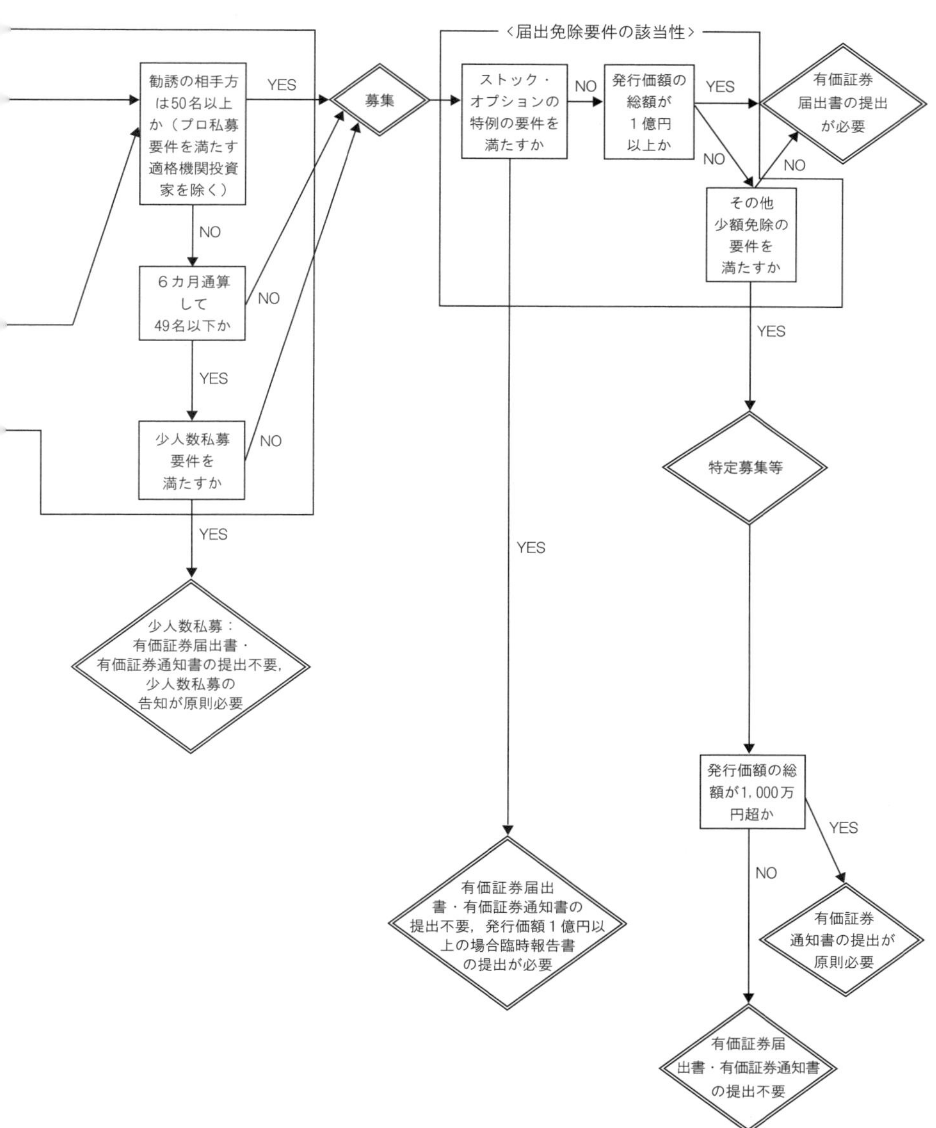

勧誘の相手方は50名以上か（プロ私募要件を満たす適格機関投資家を除く）
YES
NO
6カ月通算して49名以下か
NO
YES
少人数私募要件を満たすか
NO
YES
少人数私募：有価証券届出書・有価証券通知書の提出不要，少人数私募の告知が原則必要
募集
〈届出免除要件の該当性〉
ストック・オプションの特例の要件を満たすか
NO
YES
有価証券届出書・有価証券通知書の提出不要，発行価額1億円以上の場合臨時報告書の提出が必要
発行価額の総額が1億円以上か
YES
NO
有価証券届出書の提出が必要
その他少額免除の要件を満たすか
NO
YES
特定募集等
発行価額の総額が1,000万円超か
YES
NO
有価証券通知書の提出が原則必要
有価証券届出書・有価証券通知書の提出不要

図表2－2　既発行の第一項有価証券（自己株式の処分を除く）に関する届出の要否

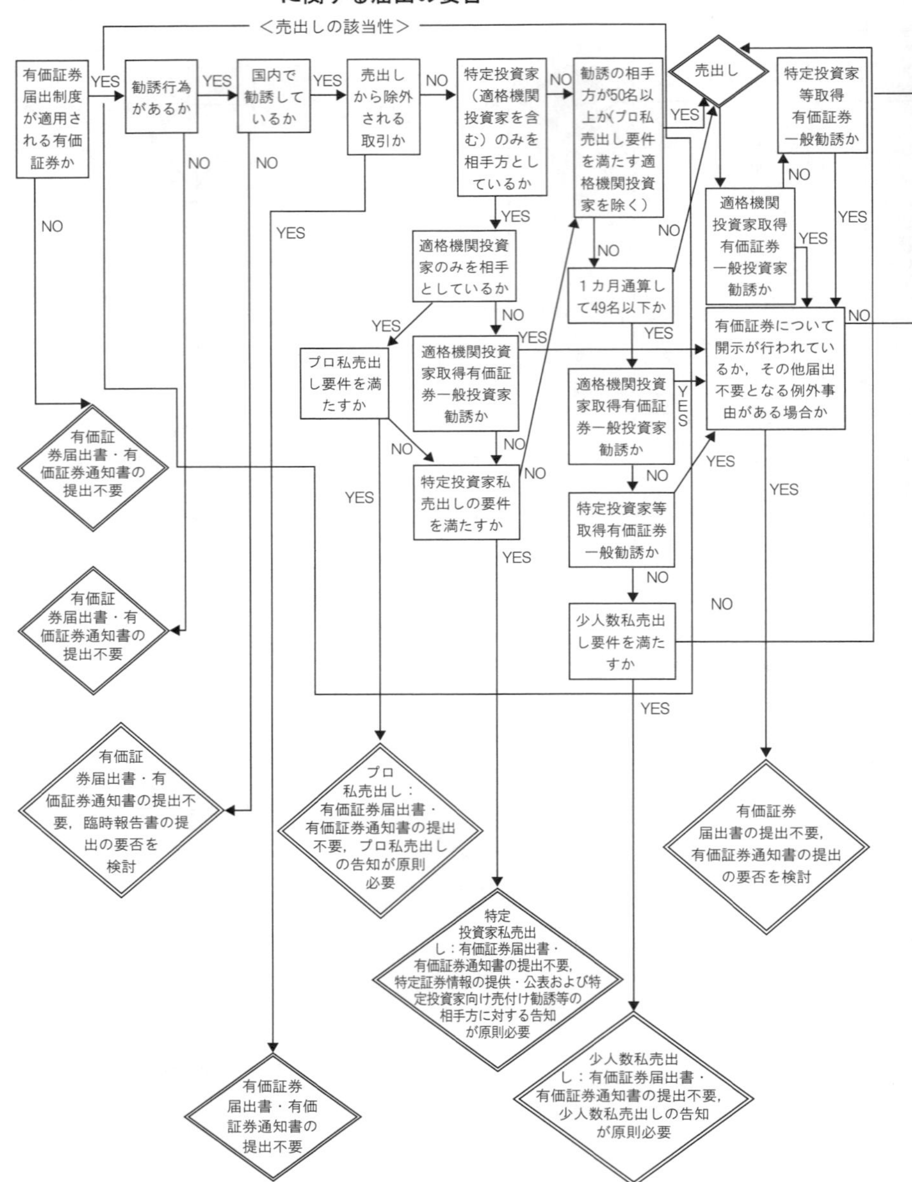

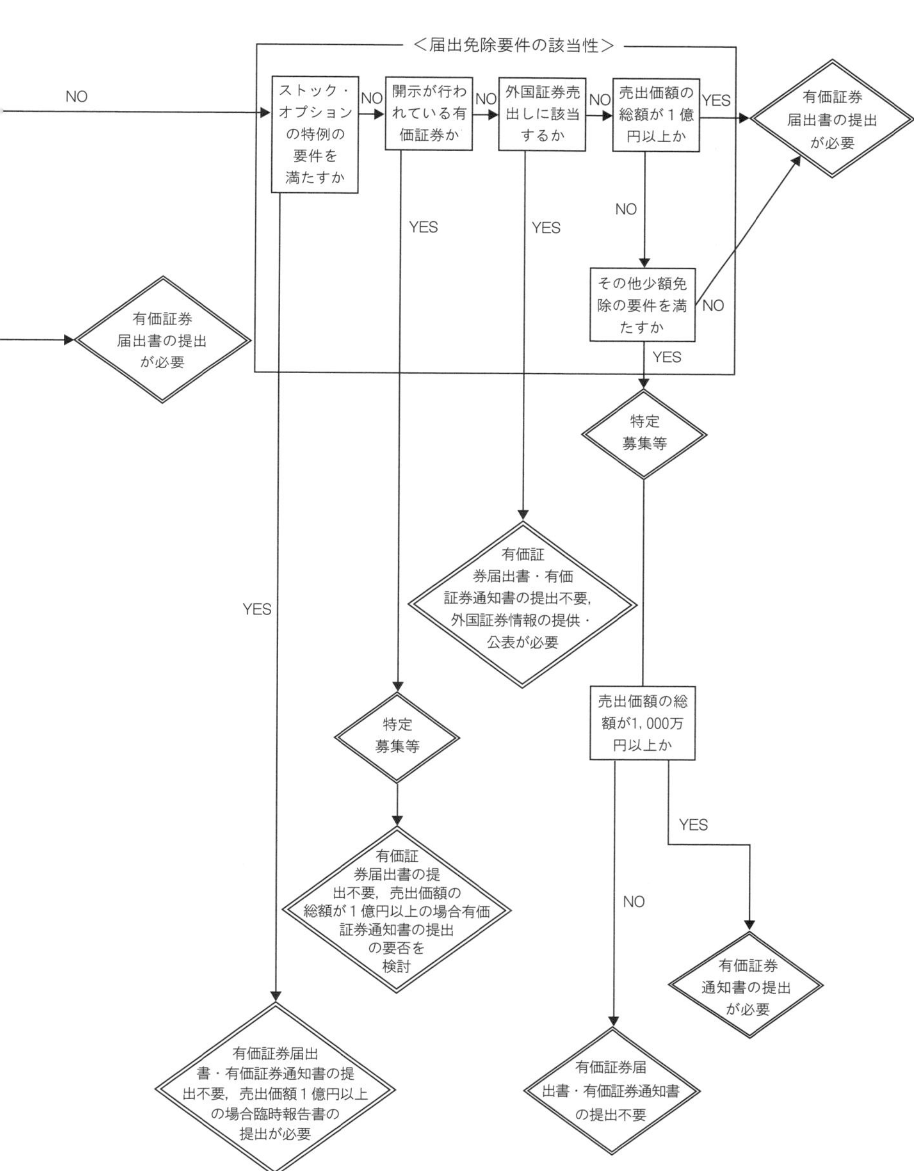

＜届出免除要件の該当性＞
NO
ストック・オプションの特例の要件を満たすか
NO
開示が行われている有価証券か
NO
外国証券売出しに該当するか
NO
売出価額の総額が1億円以上か
YES
有価証券届出書の提出が必要
NO
その他少額免除の要件を満たすか
NO
YES
有価証券届出書の提出が必要
特定募集等
有価証券届出書・有価証券通知書の提出不要，外国証券情報の提供・公表が必要
YES
YES
YES
売出価額の総額が1,000万円以上か
特定募集等
有価証券届出書の提出不要，売出価額の総額が1億円以上の場合有価証券通知書の提出の要否を検討
YES
NO
有価証券通知書の提出が必要
有価証券届出書・有価証券通知書の提出不要，売出価額1億円以上の場合臨時報告書の提出が必要
有価証券届出書・有価証券通知書の提出不要

図表2－3　新規発行・既発行の第二項有価証券の届出の要否

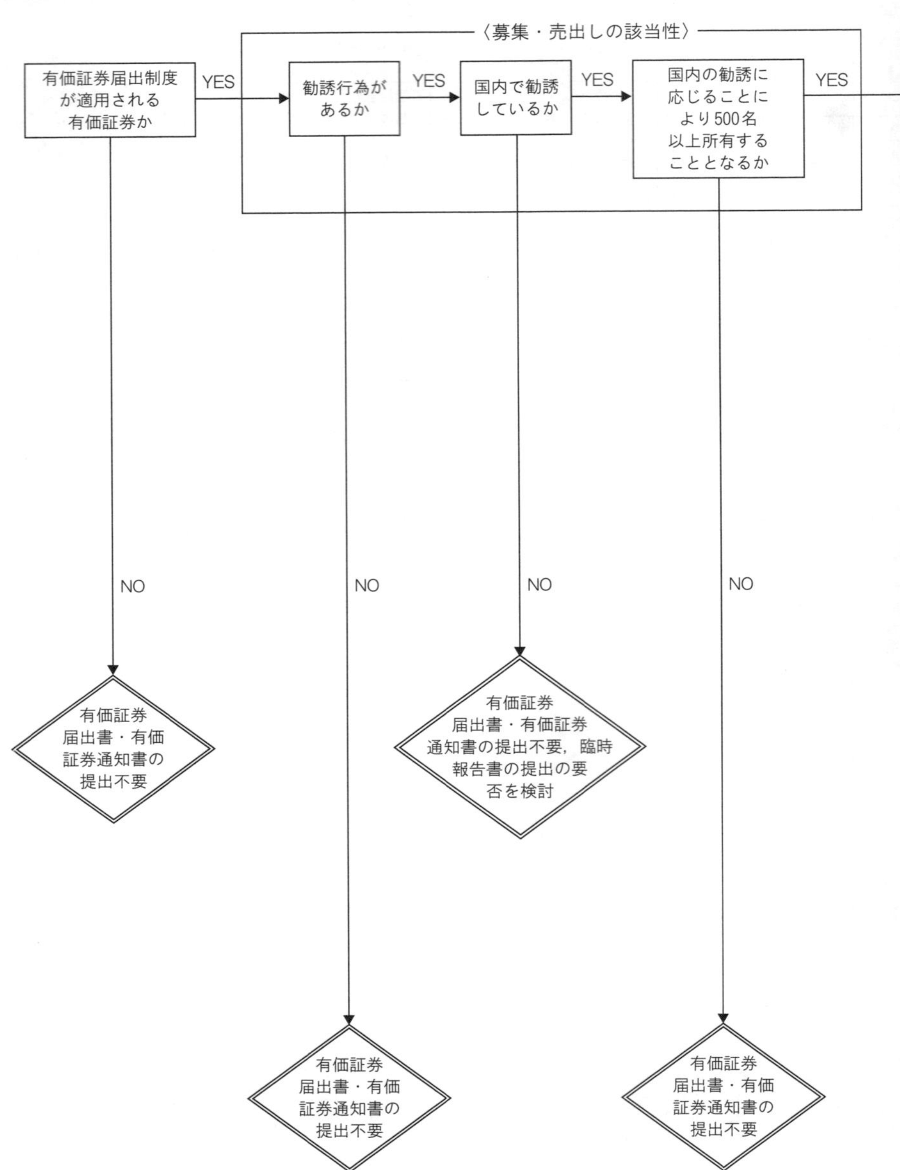

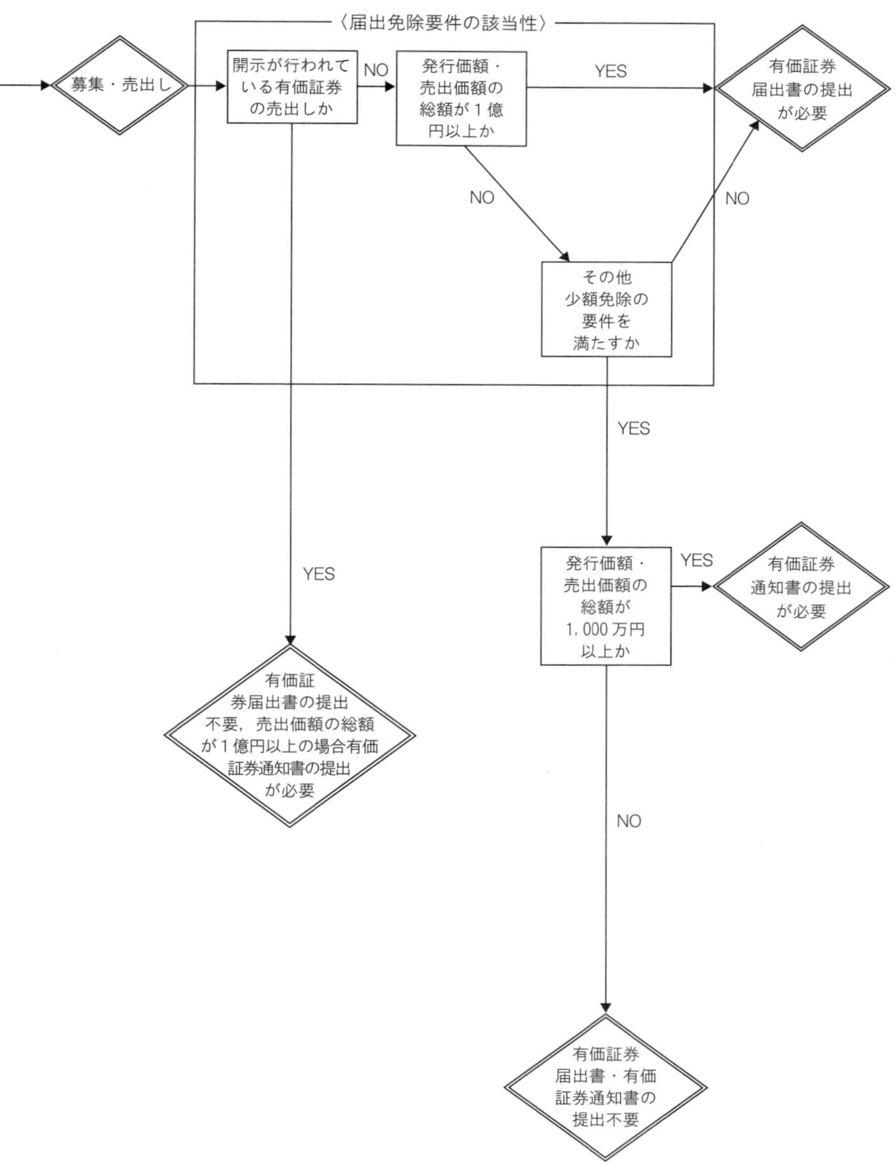
〈届出免除要件の該当性〉
募集・売出し
開示が行われている有価証券の売出しか
NO
発行価額・売出価額の総額が１億円以上か
YES
有価証券届出書の提出が必要
NO
NO
その他少額免除の要件を満たすか
YES
YES
有価証券届出書の提出不要，売出価額の総額が１億円以上の場合有価証券通知書の提出が必要
発行価額・売出価額の総額が1,000万円以上か
YES
有価証券通知書の提出が必要
NO
有価証券届出書・有価証券通知書の提出不要

実務のポイント・2－1

◆金商法の発行開示規制の国際的適用範囲

金商法には，国際的な適用範囲を明示的に定める規定はない。この点，発行開示との関係では，本邦以外の地域での募集・売出しが行われる場合を臨時報告書の提出事由としていることなどから，有価証券届出書制度を含む開示規制は原則として国内における募集・売出し，すなわち国内において勧誘行為が行われた場合に適用されると考えられている（近藤ほか・金商法入門88頁も，発行市場規則は，勧誘行為が行われる場所を基準とすることになるとする）。金融庁も，二項有価証券の募集・売出しに関する２条３項３号および同条４項３号における「相当程度多数の者」の人数に含められるべき所有者について，勧誘行為が行われた場所が日本国内であると判断されるものについて，その結果として有価証券を所有するに至った者を意味するとしている（平成19年７月パブコメ29頁No. 53）。これは，金商法が日本の法律である以上，日本国内の投資家保護が主要な目的であることからも根拠づけられるものといえる。勧誘行為が日本国内で行われたかどうかの判断基準としては，勧誘を受ける投資家が日本国内に所在するか，および海外に所在したとしても日本国内で勧誘活動（ex. 説明会）が行われたかどうかによることになり，たとえば勧誘者が海外から電話などで日本国内の投資家に勧誘をする場合には通常国内における勧誘があったことになると考えられる。他方で，勧誘者が国内に所在していたとしても，日本国内の投資家が当該勧誘の対象となる有価証券を取得できないのであれば，当該有価証券についてメール・電話等により国内から海外の投資家に対して販売活動を行ったとしても，通常，かかる販売行為をもって勧誘行為が日本国内で行われたと判断する必要はないと考えられる。

なお，海外の投資家に対し海外でのみ勧誘活動をすることにより日本の発行開示規制の適用を受けない取引については，投資家への説明文書などの記載にも注意を払うことが多い。この点，業規制に関する規定であり，直接発行開示に関するものではないが，金商業者監督指針Ｘ-1-2において外国証券業者がインターネット等を利用して有価証券関連業に係る行為に関する広告などをする行為について勧誘に当たらないために必要な措置が規定されており，これは参考となるように思われる。具体的には，日本国内の投資家が当該サービスの対象とされていない旨の文言が明記され（担保文言），また，日本国内にある投資者との間の有価証券関連業に係る行為を防止するための措置（取引防止措置）が講じられていることが必要とされ，担保文言，取引防止措置のそれぞれについて詳細に規定されている。

以下では，有価証券届出書制度を含む開示規制が適用される有価証券の範囲（適用除外証券の範囲），募集・売出しの意義，届出免除，有価証券通知書の提出の順に解説していく。臨時報告書については，第２章第１節参照。

第２編第１章第１節■１　細目次

(2)　適用除外証券

①　概　　要

２条に挙げられた有価証券のうち，以下の有価証券については有価証券届出書制度を含む開示規制の適用が除外され，それ以外の有価証券については有価証券届出書制度を含む開示規制が適用される（３条。なお，２条に挙げられた有価証券については，第１編第２章参照）。有価証券届出書制度を含む開示規制が適用される有価証券については，**図表2－4**参照。なお，令和元年金商法改正により，暗号資産（仮装通貨）を対価としたトークンのうち一定のものについて，電子記録移転権利として開示規制の適用対象とされることとなった。

(a)　国債証券（２条１項１号・３条１号）

(b)　地方債証券（２条１項２号・３条１号）

(c)　特別の法律により法人の発行する債券（ただし，資産流動化法に規定する特定社債券，投信法に規定する投資法人債券，医療法に規定する社会医療法人債券を除く。２条１項３号・３条２号，金商法施行令２条の８）

(d)　特別の法律により設立された法人の発行する出資証券（優先出資法に規定する優先出資証券，資産流動化法に規定する優先出資証券・新優先出資引受権を表示する証券，投信法に規定する投資証券・新投資口予約権証券・外国投資証券を除く。２条１項６号・３条２号）

(e)　貸付信託の受益証券（２条１項12号・３条２号）

(f)　信託受益権，集団投資スキーム持分など２条２項各号に掲げる有価証券である第二項有価証券（ただし，後述する有価証券投資事業権利等を除く）（３条３号，金商法施行令２条の９・２条の10）。なお，本編において，２条２項５号に該当する組合などを「集団投資スキーム」といい，集団投資スキームに基づく権利を「集団投資スキーム持分」という。

(g)　政府が元本の償還および利息の支払いについて保証している社債券（３条４号）

(h)　政令が定める有価証券として，外国・外国の者の発行する証券・証書で金商法２条１項１号～９号または12号～16号に掲げる証券・証書の性質を有するもの（２条１項17号）のうち日本国の加盟する条約により設立された機関が発行する債券で，当該条約によりその日本国内における募集または売出しにつき日本国政府の同意を要することとされているもの（３条５号，金商法施行令２条の11）

図表2−4　有価証券届出書制度を含む開示規制が適用される有価証券

区　分		有価証券の種類	条　文
第一項有価証券	①	医療法に規定する社会医療法人債券	２条１項３号・３条２号，金商法施行令２条の８
	②	資産流動化法に規定する特定社債券	２条１項４号
	③	社債券	同項５号
	④	優先出資法に規定する優先出資証券	同項７号

⑤	資産流動化法に規定する優先出資証券または新優先出資引受権を表示する証券	同項８号
⑥	株券または新株予約権証券	同項９号
⑦	投信法に規定する投資信託・外国投資信託の受益証券	同項10号
⑧	投信法に規定する投資証券，新投資口予約証券，投資法人債券，外国投資証券	同項11号
⑨	資産流動化法に規定する特定目的信託の受益証券	同項13号
⑩	信託法に規定する受益証券発行信託の受益証券	同項14号
⑪	コマーシャル・ペーパー	同項15号 定義府令２条
⑫	抵当証券法に規定する抵当証券	２条１項16号
⑬	外国・外国の者の発行する証券・証書で２条１項１号～９号または12号～16号に掲げる証券・証書の性質を有するもの（日本国の加盟する条約により設立された機関が発行する債券で，当該条約によりその日本国内における募集または売出しにつき日本国政府の同意を要することとされているものを除く）	同項17号・３条５号，金商法施行令２条の11
⑭	外国の者の発行する証券・証書で銀行業を営む者その他の金銭の貸付けを業として行う者の貸付債権を信託する信託受益権またはこれに類する権利を表示する証券（外国貸付債権信託受益証券など）	２条１項18号， 定義府令３条
⑮	オプションを表示する証券または証書	２条１項19号
⑯	預託証券	同項20号
⑰	譲渡性預金の預金証書のうち外国法人が発行するもの（海外CD）	同項21号， 金商法施行令１条１号
	学校債券	２条１項21号，

	⑱		金商法施行令１条２号
	⑲	①～⑪，⑬（⑫の性質を有するものを除く），⑭に表示されるべき権利で当該権利を表示する有価証券が発行されていないもの（有価証券表示権利）	２条２項
	⑳	特定電子記録債権	同項中段
第二項有価証券		有価証券投資事業権利等	同項各号・３条３号，金商法施行令１条の３の４・２条の９・２条の10

②　適用除外となる第一項有価証券

①の(a)国債証券，(b)地方債証券および(g)政府が元本の償還および利息の支払いについて保証している社債券については，債務不履行がほとんど考えられないため，有価証券届出書などを通じた情報開示により投資家を保護する必要がないとされている。なお，外国国債，外国地方債については，外国政府，外国地方政府に関する情報開示が必要なため，有価証券届出書制度を含む開示制度の適用除外証券とされていない[(1)]。

①の(c)特別の法律により法人の発行する債券および(d)特別の法律により設立された法人の発行する出資証券については，それぞれ特別法の規定により行政当局の関与があるため，(e)貸付信託の受益証券については，貸付信託法によりその募集に関して特別の情報開示が要求されているため，有価証券届出書制度を含む開示制度の適用は除外されている。もっとも，これらのうち企業内容などの開示を行わせることが公益または投資家保護のため必要かつ適当なものとして政令で定めるものについては，有価証券届出書制度を含む開示制度が適用されることとされている（３条２号かっこ書）。現在，医療法に規定する社会医療法人債券が，有価証券届出書制度を含む開示制度の適用のある有価証券として政令により指定されている（金商法施行令２条の８）。

(1)　平成19年７月パブコメ119頁No.１

③　適用除外となる第二項有価証券（有価証券投資事業権利等以外）

信託受益権や集団投資スキーム持分を含む①の(f)第二項有価証券については，権利の移転・行使がそれにより行われることとなる有価証券としての券面が発行されないことなどから一般に流動性に乏しく，公衆縦覧型の開示規制を課す必要性が低いと考えられ，原則として有価証券届出書制度を含む開示制度は適用しないこととされた。投資家に対する情報提供は，第二項有価証券を販売・勧誘する者に対し，金融商品取引業者としての登録を義務づけ，当該金融商品取引業者に対して顧客に対する契約締結前交付書面の交付義務などの行為規制を課すことにより図られる。なお，信託受益権であっても，有価証券が発行される投資信託，貸付信託や資産流動化法に規定する特定目的信託の受益証券や，平成19年９月施行の新信託法により有価証券を発行することが可能となった信託である受益証券発行信託の受益証券などについては，第一項有価証券として有価証券届出書制度を含む開示制度が適用される。

このように第二項有価証券については原則として有価証券届出書制度を含む開示制度が適用されないが，主として有価証券に対する投資を事業として行う投資型の集団投資スキーム持分などは有価証券投資事業権利等として有価証券届出書制度を含む開示制度が適用される（３条３号イ・ロ。なお，集団投資スキーム持分，有価証券投資事業権利等という第二項有価証券関連の用語の関係については，**図表2－5**参照)。有価証券投資事業権利等について開示規制を課す理由は，有価証券投資事業権利等で投資規模などに照らして相当の広がりを持つものについての情報は，その集団投資スキームへの直接の出資者はもとより，市場におけるほかの投資家の投資判断にとって重要な情報であると考えられるため，その投資運用の状況などについて定期的に開示させるためであると立案担当者は説明する(2)。

上記に加え，金商法施行令１条の３の４に規定する学校法人等（私立学校などの設置を目的とする法人をいう。同施行令１条２号）に対する貸付けに係る債権（学校貸付債権。企業開示府令１条６号の７）についても有価証券投資事業権利等として有価証券届出書制度を含む開示制度が適用される（３条３号ハ，金商法

---

(2)　谷口義幸＝野村昭文「金融商品取引法制の解説(3)企業内容等開示制度の整備」旬刊商事法務1773号43頁（2006）

図表2－5　第二項有価証券関連の用語の関係

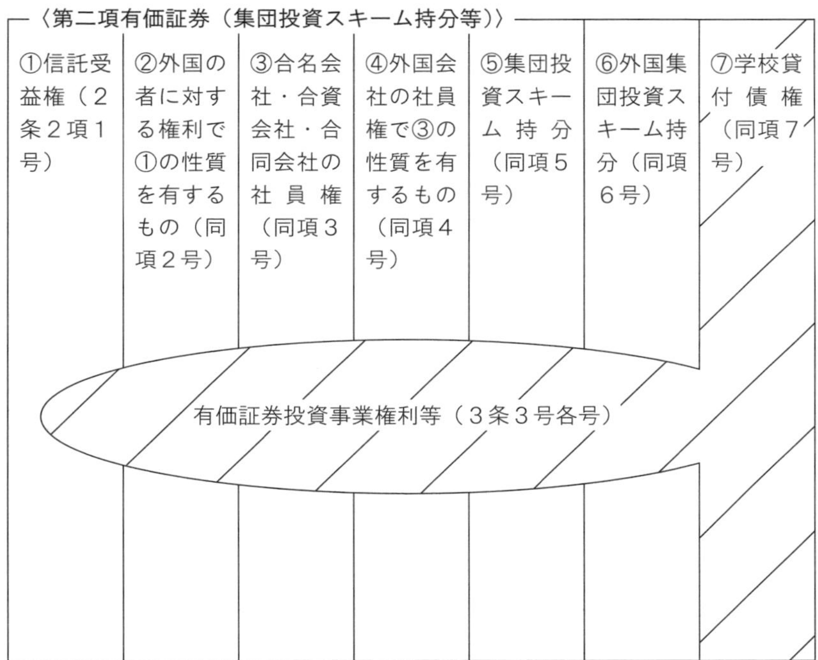

（注）「集団投資スキーム持分」，「集団投資スキーム持分等」はいずれも条文上用いられている用語ではないが，それぞれ2条2項5号に規定される権利，第二項有価証券全体のことを示すために使用する。

施行令2条の10第2項）。

より具体的に解説すると，有価証券投資事業権利等と定義される以下の権利については，有価証券届出書制度を含む開示制度が適用される。

(a)　出資者が出資・拠出した金銭その他の財産の価額の合計額の50％超を有価証券に投資する事業に係る集団投資スキーム持分，およびこの性質を有する外国法令に基づく権利（3条3号イ，金商法施行令2条の9第1項・2条の10第1項5号）。

ただし，①商品ファンドによる出資・拠出の全部が一の法人へ出資されるが，当該法人が当該出資その他の財産の額の50％超を有価証券に投資せず，かつ当該法人が二以上の者から出資を受けることが禁止されている場合の当該商品ファンドの持分，および②金銭出資を受けた集団投資スキームなどが，出資金銭をあてて競走用馬を取得し，当該競走用馬のみをあててほかの者に現物出資をする場合で，当該現物出資を受ける者が二以上の者から出資を受けることが禁止され，かつ当該現物出資を受ける者が当該競走用馬をもって有価証券を取得しない場合の，当該集団投資スキーム持分などは除かれる（金商法施行令２条の９第１項１号・２号。特定有価証券開示府令１条の３）。前者の例としては，商品ファンドがSPCを通じて主として有価証券以外に投資する場合（SPCの持分も有価証券となりうるため，出資者による出資の額の50%超を有価証券に投資する事業に該当しうるが，有価証券投資事業権利等に該当しない）が，後者の例としては，いわゆる競走馬ファンドとして，投資家が匿名組合契約に基づき法人Ａに金銭出資し，法人Ａが出資金銭をあてて競走用馬を購入し，当該競走用馬を匿名組合契約に基づき法人Ｂに出資するような場合（法人Ａの法人Ｂに対する出資は有価証券に対する出資になるため，出資者による出資の額の50%超を有価証券に投資する事業に該当するが，有価証券投資事業権利等に該当しない）が挙げられる。

有価証券届出書提出義務との関係では，当該権利の取得の申込みの勧誘（取得勧誘。２条３項。２条の２第２項に規定する組織再編成発行手続を含む）・売付けの申込みまたは買付けの申込みの勧誘（売付け勧誘等。２条４項。２条の２第３項に規定する組織再編成交付手続を含む）を行う時点において，当該権利に係る出資・拠出を受ける金銭その他の財産の価額の合計額の50%超の額をあてて有価証券に対する投資を行う見込みである，または行っている場合には，有価証券投資事業権利等に該当するものとして取り扱われる[(3)]（特定有価開示ガイドライン3-1①）。かかる取扱いに基づけば，取得勧誘，売付け勧誘等を行う時点では出資された財産の50%以内のみを有価証券に対する投資にあてることを想定していた集団投資スキームについて，事後に有価証券に対する投資額が出資された財産の額の50%超となった場合には必ずしも有価証券届出書を提出する必要はないこととなる。もっとも，平成19年７月パブコメ120頁No.４によれば，このような場合でも，結果的には，有価証券届出書の提出が必要であったと判断される場合もありうるとする。実際には，有価証券に対する投資額が出資された財産の額の50%超となった場合に，取得勧誘，売付け勧誘等を行う時点で

(3)　平成19年７月パブコメ120頁No.３・No.４

は50％以内となる見込みであったことを立証するのは困難である場合もあり，有価証券届出書提出義務があるのにこれに反して届出なく募集・売出しをした場合には刑事罰（197条の2第1号）および課徴金納付命令（172条1項）の対象となりうることも考慮すると，実務的には，結果として50％を超えないような管理体制を設けるなどの工夫が必要となろう。

継続開示との関係では，当該権利に係る特定期間（特定有価証券開示府令23条で定められる期間をいう。同府令4条の3第2項1号）の末日において，当該権利に係る出資・拠出された金銭その他の財産の価額の合計額の50％超の額をあてて有価証券に投資を行っている場合には，有価証券投資事業権利等に該当するものとして取り扱われる[4]（特定有価開示ガイドライン3-1②）。したがって，募集・売出し時には，有価証券投資事業権利等であったものが，継続開示の時点においては，そうでなくなったり，その逆となる場合があり得ることとなる。前者の場合，当初有価証券届出書を提出し，24条1項ただし書の届出書提出義務の免除要件に該当しない場合でも有価証券報告書の提出は不要となるであろう（第2章第1節参照）。後者の場合については，募集・売出し時においては発行開示義務を負わなかったにもかかわらず，継続開示義務を負うこととなるものであり（外形基準を満たす場合），継続開示に関する書類作成の負担などを考えると，実務的には，やはり，募集・売出し時だけでなく，その後も有価証券への投資額が出資総額の50％を超えないような管理体制を設けるなどの工夫が重要となる。

なお，この50％の計算方法については，法令などに具体的な規定はなく，集団投資スキームなどにかかる財務諸表などにおいて適切に算定されるべきであるとされるのみである[5]。集団投資スキームなどにおける有価証券の帳簿価額に関する合理的な会計処理に従うこととなるものと思われるが，仮に企業会計における金融商品会計のように，時価評価が求められるような場合には，保有有価証券の時価が上昇してきたような場合には，50％以下に抑えるためにその一部を売却するなどの措置が必要となることとなる。また，そもそもそのような会計処理が明確でない場合もありうるが，有価証券届出書提出義務があるの

---

(4)　平成19年7月パブコメ120頁No.3・No.4
(5)　平成19年7月パブコメ121頁No.6

にこれに反して届出なく募集・売出しをした場合には刑事罰（197条の２第１号）および課徴金納付命令（172条１項）の対象となりうることも考慮すると，実務的には，保守的な処理を求められる場面もあろう。なお，条文を素直に読む限り，この50％という基準は，出資・拠出額の50％であり，借入金などを含めた資本・負債の総額の50％ではないようである。しかし，かかる解釈は，下記(b)の信託受益権の場合に借入金を含む信託財産の50％が基準となっていることと整合的ではない。有価証券への投資事業を本来の目的としない事業型の集団投資スキームの場合であっても，出資に比して多額の借入れなどを行って事業を営んでいるような場合，その出資金の50％超の金額の余剰資金などを国債などの有価証券などで運用すると，有価証券投資事業権利等に該当することとなる場合もありうると思われ，結果的には，そのような事業型集団投資スキーム持分の運用手段を制限することにつながることにもなりうる。

この問題は，第５編第６章第３節において述べる，いわゆる自己運用に該当する「主として有価証券又はデリバティブ取引に係る権利に対する投資」の解釈問題と類似する。すなわち，２条８項15号に規定される「主として有価証券又はデリバティブ取引に係る権利に対する投資」の意味について，原則として運用財産の50％超が有価証券またはデリバティブ取引に係る権利への投資に充てられる場合を意味するものと解されているが(6)，この運用財産には借入金なども含まれるかという問題である。いずれの問題についても，借入金などを含めた資本・負債の総額の50％とするのが合理的であると思われ，かかる解釈の定着，必要な政令の文言の変更が行われることが望まれる。

(b)　信託受益権のうち，その信託財産に属する資産の価額の総額の50％超を有価証券に対する投資にあてて運用を行う信託の受益権，およびこの受益権の性質を有する外国の者に対する権利（ただし，改正前の厚生年金保険法に基づく厚生年金などの年金に係る信託契約，社債等振替法の規定により締結する加入者保護信託契約の分別管理に係る信託契約などを除く。３条３号ロ，金商法施行令２条の10第１項１号・２号）

有価証券届出書提出義務との関係では，当該権利の取得勧誘・売付け勧誘等を行う時点において，当該権利に係る信託財産に属する資産の価額の総額の

(6)　平成19年７月パブコメ79頁No.190など

50%超の額を有価証券に対する投資にあてて運用を行う見込みである，または行っている場合には，有価証券投資事業権利等に該当するものとして取り扱われる（特定有価開示ガイドライン3-2①）。

継続開示との関係では，当該権利に係る特定期間の末日において，当該権利に係る信託財産に属する資産の価額の総額の50%超の額を有価証券に対する投資にあてて運用を行っている場合には，有価証券投資事業権利等に該当するものとして取り扱われる（特定有価開示ガイドライン3-2②）。

ただし，信託を受けた有価証券の管理を目的とする信託であり，当該信託財産である有価証券をもって新たに「有価証券に対する投資にあてて運用」を行わない限りにおいては，当該信託の受益権については，有価証券投資事業権利等に該当しない（特定有価開示ガイドライン3-2ただし書）。なお，条文の文言上，50%という基準は，信託財産の50%であり，信託財産には委託者により信託設定された財産に限らず借入れなどにより信託財産となった財産も含まれる点，集団投資スキーム持分や(c)の合名会社などの社員権とは異なるように思われる。

(c)　合名会社，合資会社，合同会社の社員権のうち，その出資総額の50%超を有価証券に対する投資にあてて事業を行うもの，およびこの性質を有する外国の法令に基づく権利（３条３号ロ，金商法施行令２条の10第１項３号・４号）

有価証券届出書提出義務との関係では，当該権利の取得勧誘・売付け勧誘等を行う時点において，当該権利に係る出資総額の50%超の額を有価証券に対する投資にあてて事業を行う見込みである，または行っている場合には，有価証券投資事業権利等に該当するものとして取り扱われる（特定有価開示ガイドライン3-3①）。

継続開示義務との関係では，当該権利に係る特定期間の末日において，当該権利に係る出資総額の50%超の額を有価証券に対する投資にあてて事業を行っている場合には，有価証券投資事業権利等に該当するものとして取り扱われる（特定有価開示ガイドライン3-3②）。

(d)　学校貸付債権，すなわち学校法人等に対する次の要件のすべてに該当する貸付けに係る債権（３条３号ハ，金商法施行令１条の３の４・２条の10第２

項，定義府令８条)。

① 当該貸付けに係る利率および弁済期が同一で，複数の者が行うものであること（ただし，当該貸付けが無利息である貸付けを除く）

② 当該貸付けの全部または一部が次のいずれかに該当すること

(i) 当該貸付けを受ける学校法人等の設置する学校に在学する者その他利害関係者として内閣府令で定める者（在学生の父母，卒業生など。以下，(d)において「利害関係者」という）以外の者が行う貸付けであること

(ii) 当該貸付けに係る債権の利害関係者以外の者に対する譲渡が禁止されていないこと

③ 当該貸付けの全部または一部が次のいずれかに該当すること

(i) 銀行その他の法令の規定により当該貸付けを業として行うことができる者（以下，③において「銀行等」という）以外の者が行う貸付けであること

(ii) 当該貸付けに係る債権の銀行等（債権管理回収業に関する特別措置法２条３項に規定する債権回収会社を含む）以外の者に対する譲渡が禁止されていないこと

金商法の施行により証券・証書の発行される学校債券が有価証券とされ，証券・証書の発行されない場合でも上記のとおり複数の利害関係者以外の者が債権の所有者になりうる形で貸付けが行われるような場合には第二項有価証券とされることとなったが（第１編第２章第３節参照），このような場合には一般に流動性に乏しいとまではいえず，公衆縦覧型の開示規制を課す必要性があると考えられたのであろう。

なお，これら有価証券届出書制度を含む開示制度が適用される第二項有価証券である有価証券投資事業権利等については，募集・売出しの意義が株式や社債などの第一項有価証券と異なる（(3)参照)。また，これら有価証券投資事業権利等に係る有価証券届出書における開示内容については，学校貸付債権を除き特定有価証券（５条１項）として発行者が行う資産の運用等の開示が要求されている（同項・５項，金商法施行令２条の13第７号）（■２(4)参照)。

(3) 募集・売出しの意義

① 概　　要

適用除外証券以外の有価証券の発行・売付けが「募集」・「売出し」に当たり，発行価額・売出価額の総額が１億円以上である場合には原則として有価証券届出書による開示が必要となり，有価証券の発行・売付けが「募集」・「売出し」に当たらない場合には有価証券届出書による開示は不要である。このような募集・売出しの意義について，証取法では有価証券の種類を問わず一律同じであった。これに対し，金商法では発行・売付けの対象となる有価証券が第一項有価証券か第二項有価証券かにより募集・売出しの意義が異なることとされている。このうち，第一項有価証券とは，株券，社債券など２条１項に掲げる有価証券，およびおおむねこれら同項に掲げる有価証券に表示されるべき権利であってその権利を表示する証券・証書が発行されていないものを意味する有価証券表示権利をいう（第１編第２章第２節参照）。令和元年金商法改正により，暗号資産（仮装通貨）を対価としたトークンのうち一定のものについて電子記録移転権利として第一項有価証券とされることとなった。第二項有価証券とは，信託受益権，集団投資スキーム持分など２条２項各号に掲げる有価証券をいう（第１編第２章第３節参照）。もっとも，(2)に記載のとおり，第二項有価証券については有価証券投資事業権利等を除いて有価証券届出書制度の適用が除外されているため，有価証券届出書制度の適用との関係では，実際には有価証券投資事業権利等のみが問題となる。

以下では，第一項有価証券と第二項有価証券とに分けて，それぞれ募集および売出しの意義を解説する。

② 第一項有価証券（株券，社債券など）

(a) 概　　要

株券，社債券などの第一項有価証券の募集は「新たに発行される有価証券」の取得の申込みの勧誘（取得勧誘。２条３項）のうち一定のものをいい，売出しは，「既に発行された有価証券」の売付けの申込みまたはその買付けの申込みの勧誘（売付け勧誘等。同条４項）のうち一定のものをいい，募集と売出しは対象となる有価証券が新規発行か既発行かで区別される。平成21年金商法改正により，第一項有価証券の売出しについて，「均一な条件で，多数の者を相手方として行う場合」とされていた定義が大幅に見直され，募集と同様の詳細な定義が規定された（(c)参照）。会社法199条の規定による自己株式の処分は，平成21年金商法改正前まではすでに発行されているものの売付けの申込みまたはその買付けの申込みの勧誘として売出しの該当性のみが問題となったが（その結果，平成21年金商法改正前の売出しの定義によれば，たとえば，上場株式を１人の者に処分する場合，売出しに該当せず，何ら開示は必要とされなかった），同改正により取得勧誘に類するもの（取得勧誘類似行為。２条３項柱書）として，募集の該当性のみが問題となることとなった（同項，定義府令９条１号）。その結果，自己株式である上場株式を１人の者に処分する場合も，募集に該当し，法定開示が必要となる。

後述する第二項有価証券においては，新規発行有価証券を対象とするか，既発行有価証券を対象とするかという点で募集と売出しは区別されるものの，募集に該当する要件と売出しに該当する要件が同一であるのに対し，第一項有価証券の募集に該当する要件と売出しに該当する要件は異なる。このため，以下では募集と売出しに分けてそれぞれの要件を解説する。

(b)　第一項有価証券の募集の意義

(i)　概　　要

第一項有価証券の募集は，新たに発行される有価証券の取得の申込みの勧誘（取得勧誘）のうち以下の場合をいう（２条３項）。

① 多数の者（50名以上の者をいう。金商法施行令１条の５。ただし，一定の条件を満たす場合には適格機関投資家を除く）を相手方として行う取得勧誘の場合（特定投資家のみを相手方とする場合を除く。以下，本編において「多人数向け取得勧誘」という。２条３項１号）

② 多人数向け取得勧誘以外で，(イ)適格機関投資家のみを相手方として行う場合であって，当該有価証券がその取得者から適格機関投資家以外の者に譲渡されるおそれが少ない場合（以下，本編において「プロ私募」という），(ロ)特定投資家のみを相手方として行う場合であって，一定の要件を満たす場合（プロ私募の場合を除く。以下，本編において「特定投資家私募」という），ならびに(ハ)多人数向け取得勧誘，プロ私募および特定投資家私募の

図表2－6　第一項有価証券の募集の意義

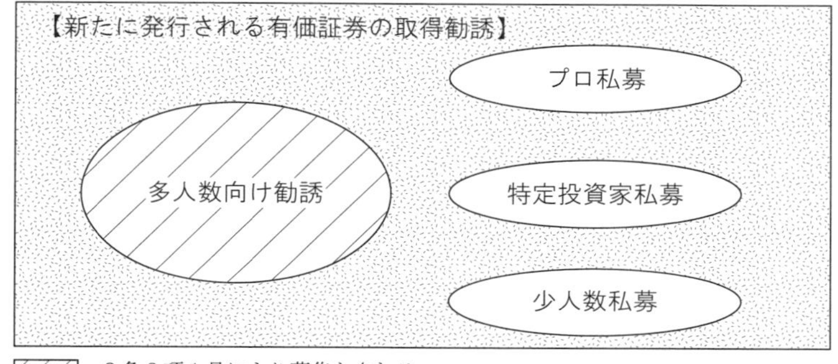

場合を除き，当該有価証券がその取得者から多数の者に譲渡されるおそれが少ない場合（以下，本編において「少人数私募」という）のいずれにも該当しない場合（同項２号）

これを図解すると**図表2－6**のようになり，結局新たに発行される有価証券の取得勧誘が行われる場合にはプロ私募，特定投資家私募または少人数私募に該当しない限り募集に該当することになる。特に，多人数向け取得勧誘に該当する場合には，私募の要件を検討するまでもなく募集となる。

以下で解説するように第一項有価証券について，多人数向け取得勧誘，プロ私募，少人数私募，特定投資家私募に該当するかどうかは，勧誘対象者が50名以上かどうかという人数基準と，勧誘対象者が適格機関投資家・特定投資家かどうかの属性基準により決定される。

以下では，取得勧誘の意義を解説したうえで，多人数向け勧誘，プロ私募，少人数私募，特定投資家私募の意義をそれぞれ解説する。

(ii)　取得勧誘

金商法では，新たに発行される有価証券の取得の申込みの勧誘（およびこれに類するもの）が取得勧誘と定義されている（２条３項柱書）。勧誘対象者に対して直接文書による場合のほか，口頭または広告の方法による場合も有価証券の募集に該当する取得勧誘に当たりうる。すなわち，有価証券の募集または売出しに関する文書（新株割当通知書および株式申込証を含む）を頒布すること，株主などに対する増資説明会において口頭による説明をすること，および新聞，雑誌，立看板，テレビ，ラジオ，インターネットなどにより有価証券の募集または売出しに係る広告をすることは，有価証券の募集または売出し行為に該当する（企業開示ガイドラインB4-1)。募集・売出しに直接言及しない場合でも，結果的に投資家による有価証券の取得を促進することとなる行為は勧誘に該当しうる（勧誘の意義の詳細については，第２節■１参照)。取得の対価は金銭に限定されておらず，金銭以外の財産を対価とする場合も有償である限り「取得勧誘」に含まれる(7)。

上記のとおり，会社法199条の規定による自己株式の処分は，平成21年金商法改正により取得勧誘類似行為として，募集の該当性が問題となることとなった（２条３項，定義府令９条１号)。

特定目的信託の受益証券，外国・外国の者の発行する証券・証書でその性質を有するもの，受益証券発行信託の受益証券・外国・外国の者の発行する証券・証書でその性質を有するもの，信託受益権・外国の者に対する規制でその性質を有するものであって信託の効力が生ずるときにおける受益者が委託者であるもの（ただし，信託契約が１個の信託約款に基づくものであって，当該信託契約に係る信託財産の管理・処分が，当該信託約款に基づいて受託者がほかの委託者との間に締結する信託契約に係る信託財産の管理・処分と合同して行われる信託（信託受益権・外国・外国の者の発行する証券・証書でその性質を有するもので兼営法６条の規定により元本の補填の契約のある金銭信託を除く）に係るものを除く）などについて，原委託者が当該有価証券を譲渡するために行う当該有価証券の売付けの申込みなどは，取得勧誘類似行為として取得勧誘に含まれる（２条３項柱書かっこ書，定義府令９条２号・３号・６号)。抵当証券法に規定される手続に基づき抵当証券の交付を受けた者が当該抵当証券を譲渡するために行う売付けの申込みなども，同じく取得勧誘に含まれる（定義府令９条４号)。

取得勧誘を伴わない有価証券の発行は募集には当たらないが，取得勧誘を伴わない有価証券の発行としては，以下の例が挙げられる（企業開示ガイドラインB2-4)。

---

(7)　神崎ほか・金商法219頁

①　会社の設立に際し，会社法25条の規定により株式の全部を発起人引受けにより発行する場合

②　準備金の資本組入れまたは剰余金処分による資本組入れに伴い株式を発行する場合（発行価額の一部を株主に払い込ませて発行する場合を除く）

③　取得請求権付株式について当該株主による取得請求により有価証券を発行する場合

④　取得条項付株式について取得事由が生じたことまたは全部取得条項付種類株式についてその全部を取得する旨の株主総会の決議があったことにより有価証券を発行する場合

⑤　会社法185条の規定による株式無償割当てにより株式を発行する場合

⑥　取得条項付新株予約権証券または新株予約権付社債券に付されている取得条項付新株予約権について取得事由が生じたことにより有価証券が発行される場合

⑦　新株予約権証券または新株予約権付社債券に付されている新株予約権の行使により株式を発行する場合

⑧　株式の分割により株式を発行する場合（②の場合を除く）

⑨　株式の併合により株式を発行する場合

⑤に記載のとおり，株式の無償割当てにより株式を発行する場合は取得勧誘がないとされている。これは，株式の無償割当てでは株主からの申込みを要求することなく基準日現在の株主に自動的に株式が割り当てられるため，取得の申込みの勧誘はないためである。これに対し，会社法277条の規定による新株予約権無償割当てでは，同様に株主からの申込みを要求することなく基準日現在の株主に自動的に新株予約権が割り当てられるのにもかかわらず取得勧誘に該当することとされている（企業開示ガイドラインB2-3）。この点に関し平成19年10月パブコメ1頁No.2では，新株予約権の行使時の払込みを含めて考えると実質的には株主割当てによる株式の募集と同様であると考えられるためであると説明されている。実務的には，新株予約権無償割当ては，買収防衛策やライツ・オファリングなどにおいて使われる。なお，ライツ・オファリングが行われる場合等については，第2節■2(2)参照。

また，現物配当と株式配当の選択権が投資者にある場合で，投資者が株式配

当を選択する場合には，取得勧誘に該当する場合がありうるとされていることにも留意が必要である[8]。

さらに，平成21年12月施行の企業開示府令改正により，第三者割当を行う場合であって，割当予定先が限定され，当該割当予定先から当該第三者割当に係る有価証券が直ちに転売されるおそれが少ない場合に該当するときにおける，割当予定先を選定し，または当該割当予定先の概況を把握することを目的とした届出前の割当予定先に対する調査，当該第三者割当の内容等に関する割当予定先との協議その他これに類する行為は，有価証券の取得勧誘に該当しないとされた（企業開示ガイドラインB2-12①）（第2節■1参照）。

上記に加えて，平成26年8月施行の企業開示ガイドラインの改正において，プレヒアリング（需要調査），有価証券届出書等の提出日の1カ月以上前に行われる一定の情報発信，通常の業務の過程における情報提供，アナリスト・レポートなどについても取得勧誘に該当しないとされた（企業開示ガイドラインB2-12）（第2節■1参照）。

(iii)　多人数向け取得勧誘

「多数の者」を相手方として新たに発行される有価証券の取得勧誘が行われる場合，多人数向け取得勧誘として募集となる（2条3項1号）。ここで，勧誘の相手方が多数である場合とは，50名以上の者を相手方として有価証券の取得勧誘を行う場合をいう（金商法施行令1条の5）。ただし，特定投資家のみを相手方とする場合は除かれる。また，一定の条件を満たす場合，「多数の者」の50名のカウントからは適格機関投資家を除外することができる（以下，本編において「プロ除外」という）。適格機関投資家でない限り，特定投資家を上記50名のカウントから除外することはできない。この勧誘の相手方の人数から除外することのできるプロ除外の要件とは，当該有価証券がその取得者である適格機関投資家から適格機関投資家以外の者に譲渡されるおそれが少ない場合として政令に定める場合をいい（2条3項1号かっこ書），金商法施行令1条の4において，後述するプロ私募で必要とされる要件と同じ要件が定められている

(8)　平成19年10月パブコメ7頁No.30。なお，集団投資スキームにおいて取得した有価証券の現物分配について，平成19年7月パブコメ19頁No.3を，会社分割後の対価の現物配当について，平成19年7月パブコメ119頁No.5を，それぞれ参照。

（(iv)**プロ私募**参照）。

なお，証取法では，「多数の者」から除くことのできる適格機関投資家の数は250名を上限としており，また除くことのできる要件も取得した有価証券を適格機関投資家以外の者に譲渡しない旨などを定めた譲渡契約を締結することを取得の条件として勧誘を行うことであり，プロ私募における要件とは異なっていた。また，有価証券を取得した適格機関投資家が適格機関投資家以外の者に譲渡しようとする場合の届出義務が規定されておらず，プロ私募の場合と異なり，転売制限が徹底されていなかった。金商法では，プロ私募とのバランスを考慮して250名の上限人数を撤廃し，プロ除外の要件もプロ私募の場合と同一のものとした。また，かかる適格機関投資家の取得した有価証券の一般向け勧誘については，プロ私募の場合と同様に，届出義務が適用されることとなった（平成21年金商法改正前４条２項１号）（後記(d)**適格機関投資家取得有価証券一般勧誘**参照）。なお，当該規定は，プロ除外の場合のプロが取得した有価証券の一般向け勧誘に関するものであることが不明確であったため，平成21年金商法改正により明確にするための改正が行われている（同項柱書・２号）[(9)]。

取得勧誘の相手方の人数とは，勧誘の対象となった人数をいい，勧誘に応じて実際に有価証券を取得した人数ではない。したがって，たとえ実際に有価証券を取得した人数が49名以下でも50名以上に対して勧誘が行われた場合には募集に該当する。これは，後述③**第二項有価証券**において用いられている取得者数基準とは異なる。

(iv)　プロ私募

［概　　要］

有価証券の取得勧誘の相手方が有価証券に対する投資に係る専門的知識および経験を有する適格機関投資家（いわゆるプロ）のみであり，当該有価証券がその取得者から適格機関投資家以外の者に譲渡されるおそれが少ない場合として政令で定める場合には，募集に該当しない（２条３項２号イ）。これは，有価証券に対する投資について専門的知識および経験を有する適格機関投資家は自己の能力において必要な情報を収集・分析して投資判断を下すことができると考えられるから，取得勧誘の相手方が適格機関投資家のみである場合には有価

---

(9)　池田ほか・逐条解説2009年金商法改正168頁

証券届出書を通じた詳細な開示による保護は必ずしも必要でないからである。

なお，証取法ではプロ私募のことを「適格機関投資家向け勧誘」と定義していたが，金商法では「適格機関投資家向け勧誘」という用語は，プロ私募に加え，取得勧誘の相手方の人数計算からプロ除外される適格機関投資家を相手方として行う勧誘，および■３において述べる適格機関投資家のみが組織再編成対象会社株主等である場合の組織再編成発行手続を含み，さらに，平成21年金商法改正後は後記(v)において述べるプロ私売出しおよび売付け勧誘の人数計算からプロ除外される者への勧誘も含むようになった（23条の13第１項）。

［適格機関投資家の意義］

適格機関投資家の範囲については，証取法上におけるそれと比べて拡大されており，特に金融機関以外の者で適格機関投資家となることができる者の範囲は大幅に拡大されている。すなわち，証取法の下では有価証券報告書を提出している会社であって有価証券残高100億円を有する会社のみが届出を行うことにより適格機関投資家となることができたが，金商法の下では有価証券残高基準が100億円から10億円に引き下げられ，また，有価証券報告書を提出している会社のみでなく，これ以外の会社，会社以外の法人，さらには有価証券残高10億円以上で金融商品取引業者等（金融商品取引業者または登録金融機関をいう。34条，定義府令１条３項７号）に口座を開設してから１年を経過していることを条件として個人についても届出を行うことにより適格機関投資家となることができる（２条３項１号，定義府令10条１項23号イ・24号イ）。また，組合の契約に係る有価証券残高が10億円以上ですべての組合員の同意を得ている業務執行組合員である法人・個人なども届出を行うことにより適格機関投資家となることができる（定義府令10条１項23号ロ・24号ロ）。さらに，管理型のものを除く信託会社・外国信託会社も適格機関投資家の範囲に含まれるようになった（定義府令10条１項21号・22号）。なお，適格機関投資家と似た概念として，金商法では「特定投資家」という概念が新たに設けられた（２条31項）。適格機関投資家が有価証券の発行者に適用される開示規制においてプロとして取り扱われる者であるのに対し，特定投資家は主に金融商品取引業者等に適用される行為規制においてプロとして取り扱われる者であり，特定投資家のほうが該当する者の範囲は広い（特定投資家については，第６編第１章第１節参照）。なお，平成20年金商法改正により，プロ向け市場の創設のため，一定の要件を満たす特定投資家向けの取得勧誘を新たに私募とする規定が追加された（(vi)特定投資家私募参照）。

適格機関投資家は，具体的には以下の者をいう（２条３項１号，定義府令10条１項。以下の見出し番号は，同項の号番号に一致する）。

① 金融商品取引業者（有価証券関連業に該当する第一種金融商品取引業（第一種少額電子募集取扱業務のみを行うものを除く）または投資運用業を行う者に限る）

② 投信法２条12項に規定する投資法人

③ 投信法２条25項に規定する外国投資法人

④ 銀行

⑤ 保険会社

⑥ 保険業法２条７項に規定する外国保険会社等

⑦ 信用金庫・信用金庫連合会，労働金庫・労働金庫連合会

⑧ 農林中央金庫，株式会社商工組合中央金庫

⑨ 信用協同組合のうち金融庁長官に届出を行った者・信用協同組合連合会，業として預金・貯金の受入れまたは共済に関する施設の事業をすることができる農業協同組合連合会・共済水産業協同組合連合会

なお，信用協同組合については，証取法では届出なく適格機関投資家とされていたが，有価証券の取引などにあたり目論見書の交付や金融商品取引業者からの説明を希望するものが相当数あるとの指摘や，ほかの金融機関に比べて有価証券運用の規模が小さいことなどから適格機関投資家を希望する場合に届出を求めることとされた。

⑩ 株式会社地域経済活性化支援機構（株式会社地域経済活性化支援機構法22条１項１号・２号イおよびハ・３号・５号・９号ならびに10号に掲げる業務を行う場合に限る）

⑩－２ 株式会社東日本大震災事業者再生支援機構（株式会社東日本大震災事業者再生支援機構法16条１項１号ならびに２号イおよびハに掲げる業務を行う場合に限る）

⑪ 財政融資資金の管理および運用をし，ならび財政投融資計画の執行（財

政融資資金の管理および運用に該当するものを除く）をする者

⑫　年金積立金管理運用独立行政法人

⑬　株式会社国際協力銀行および沖縄振興開発金融公庫

⑭　株式会社日本政策投資銀行

⑮　業として預金または貯金の受入れをすることができる農業協同組合・漁業協同組合連合会

⑯　金商法施行令１条の９第５号に掲げる者（金商法33条の２の規定により登録を受けたものに限る。いわゆる短資会社で一定の有価証券関連業の登録を受けたもの）

⑰　銀行法規則17条の３第２項12号に掲げる業務を行う株式会社（いわゆるベンチャー・キャピタル会社）のうち，当該業務を行う旨が定款において定められ，かつ，届出の時における資本金の額が５億円以上であるものとして金融庁長官に届出を行った者

⑱　投資事業有責組合法２条２項に規定する投資事業有限責任組合

⑲　存続厚生年金基金であって改正前の厚生年金保険法176条２項の規定による届出がされているもののうち最近事業年度に係る年金経理に係る貸借対照表（廃止前の厚生年金基金令39条１項の規定により提出されたものに限る）における流動資産の金額および固定資産の金額の合計額から流動負債の金額，支払備金の金額および過剰積立金残高の金額の合計額を控除した額が100億円以上であるものとして金融庁長官に届出を行った者，企業年金基金のうち最近事業年度に係る年金経理に係る貸借対照表（確定給付企業年金法施行規則117条３項１号の規定により提出されたものに限る）における流動資産の金額および固定資産の金額の合計額から流動負債の金額および支払備金の金額の合計額を控除した額が100億円以上であるものとして金融庁長官に届出を行った者ならびに企業年金連合会

⑳　都市再生特別措置法29条１項１号に掲げる業務を行うものとして同項の承認を受けた者（同項１号に掲げる業務を行う場合に限る。民間都市機構のうち，出資や社債の取得により認定事業者に支援を行うもの）および同法71条１項１号に掲げる業務を行うものとして同項の承認を受けた者（同号に掲げる業務を行う場合に限る）

㉑　信託業法２条２項に規定する信託会社（同条４項に規定する管理型信託会社を除く）のうち金融庁長官に届出を行った者

㉒　信託業法２条６項に規定する外国信託会社（同条７項に規定する管理型外国信託会社を除く）のうち金融庁長官に届出を行った者

㉓　次に掲げるⓐⓑのいずれかに該当するものとして金融庁長官に届出を行った法人（存続厚生年金基金を除き，ⓑに該当するものとして届出を行った法人にあっては，業務執行組合員等（組合契約を締結して組合の業務の執行を委任された組合員，匿名組合契約を締結した営業者，有限責任事業組合契約を締結して組合の重要な業務の執行の決定に関与し，かつ，当該業務を自ら執行する組合員または外国の法令に基くこれらに類する者をいう。定義府令10条１項23号）として取引を行う場合に限る）

ⓐ　当該届出を行おうとする日の直近の日（以下，㉓および㉔において「直近日」という）における当該法人が保有する有価証券の残高が10億円以上であること

なお，「有価証券」には２条１項・２項の有価証券をすべて含み[10]，また保有する有価証券の残高は，原則として時価により計算し，時価がないものについては公正妥当な基準により算定した額により計算する[11]。また，「直近日」とは，有価証券残高を確認することができる最近日を意味し，たとえば，法人の場合はその直近の事業年度末日における貸借対照表，個人の場合は金融商品取引業者が発行する最新の取引残高報告書などに基づき，当該届出を行おうとする者が自ら確認し，届出を行うこととされている[12]。

ⓑ　当該法人が業務執行組合員等であって，次に掲げるすべての要件に該当すること（ⓐに該当する場合を除く）

ⓘ　直近日における当該組合契約，匿名組合契約，有限責任事業組合契約または外国の法令に基づくこれらに類する契約に係る出資対象事業により業務執行組合員等として当該法人が保有する有価証券の残高が

⑽　平成19年７月パブコメ23頁No.22。以下，㉓および㉔において同じ。
⑾　平成19年７月パブコメ23頁No.21。以下，㉓および㉔において同じ。
⑿　平成19年７月パブコメ23頁No.20

10億円以上であること

ⅱ　当該法人が当該届出を行うことについて，当該組合契約に係る組合のほかのすべての組合員，当該匿名組合契約に係る出資対象事業に基づく権利を有するほかのすべての匿名組合契約に係る匿名組合員，当該有限責任事業組合契約に係る組合のほかのすべての組合員または外国の法令に基づくこれらに類する契約に係るすべての組合員その他の者の同意を得ていること

ⓑに該当し，適格機関投資家となった業務執行組合員等が交代した場合，新しい業務執行組合員等が適格機関投資家になるためには改めてⓑの要件を満たし，届出をする必要がある(13)。また，銀行など㉓以外の適格機関投資家に該当する場合や当該法人が自ら保有する有価証券残高が10億円以上であり届出を行った場合には，業務執行組合員等として取引する場合も適格機関投資家として取り扱われるため，ⓑの要件を満たすことに基づき届出をする必要はない(14)。

㉓－2　次に掲げるⓐⓑのいずれかに該当するものとして金融庁長官に届出を行った特定目的会社（資産流動化法2条3項に規定する特定目的会社をいう。以下この節において同じ）

ⓐ　資産流動化法4条1項の規定による届出が行われた資産流動化法2条4項に規定する資産流動化計画（当該資産流動化計画の変更に係る資産流動化法9条1項の規定による届出が行われた場合には，当該変更後の資産流動化計画）における特定資産（資産流動化法2条1項に規定する特定資産をいう。以下この節において同じ）に有価証券が含まれ，かつ，当該有価証券の価額が10億円以上であること

ⓑ　資産流動化法200条1項の規定により，特定資産（その取得勧誘（2条3項に規定する取得勧誘をいい，2条の2第2項に規定する組織再編成発行手続を含む）が2条3項2号イに掲げる場合（すなわちプロ私募の場合）に該当するものである有価証券に限る。ⓒにおいて同じ）の管理および処分に係る業務を行わせるため信託会社等（資産流動化法33条1項に規定する信

---

(13)　平成19年7月パブコメ25頁No.31。以下，㉔において同じ。

(14)　平成19年7月パブコメ25頁No.32参照

託会社等のうち，適格機関投資家に該当する者をいう）と当該特定資産に係る信託契約を締結しており，かつ，当該届出を行うことについての当該特定目的会社の社員総会の決議があること

ⓒ　資産流動化法200条２項の規定により，特定資産の管理および処分に係る業務を当該特定資産の譲渡人である金融商品取引業者（投資運用業を行う者に限る）または当該特定資産の管理および処分を適正に遂行するに足りる財産的基礎および人的構成を有する金融商品取引業者に委託しており，かつ，当該届出を行うことについての当該特定目的会社の社員総会の決議があること

㉔　次に掲げるⓐⓑのいずれかに該当するものとして金融庁長官に届出を行った個人（外国の個人を含む。ⓑに該当するものとして届出を行った個人にあっては，業務執行組合員等として取引を行う場合に限る）

ⓐ　次に掲げるすべての要件に該当すること

ⅰ　直近日における当該個人が保有する有価証券の残高が10億円以上であること

ⅱ　当該個人が金融商品取引業者等に有価証券の取引を行うための口座を開設した日から起算して１年を経過していること

ⓑ　当該個人が業務執行組合員等であって，次に掲げるすべての要件に該当すること（ⓐに該当する場合を除く）

ⅰ　直近日における当該組合契約，匿名組合契約，有限責任事業組合契約または外国の法令に基づくこれらに類する契約に係る出資対象事業により業務執行組合員等として当該個人が保有する有価証券の残高が10億円以上であること

ⅱ　当該個人が当該届出を行うことについて，当該組合契約に係る組合のほかのすべての組合員，当該匿名組合契約に係る出資対象事業に基づく権利を有するほかのすべての匿名組合契約に係る匿名組合員，当該有限責任事業組合契約に係る組合のほかのすべての組合員または外国の法令に基づくこれらに類する契約に係るすべての組合員その他の者の同意を得ていること

㉕　外国の法令に準拠して外国において次に掲げる業を行う者（個人を除く）

で，この号の届出の時における資本金・出資の額または基金の総額がそれぞれ次に定める金額以上であるものとして金融庁長官に届出を行った者

ⓐ　第一種金融商品取引業（有価証券関連業に該当するものに限り，第一種少額電子募集業務と同種類の業務のみを行うものを除く）……5,000万円

ⓑ　投資運用業……5,000万円

ⓒ　銀行法２条２項に規定する銀行業……20億円

ⓓ　保険業法２条１項に規定する保険業……10億円

ⓔ　信託業法２条１項に規定する信託業（同条３項に規定する管理型信託業以外のものに限る）……１億円

㉖　外国政府，外国の政府機関，外国の地方公共団体，外国の中央銀行および日本国が加盟している国際機関のうち金融庁長官に届出を行った者

㉗　外国の法令に準拠して設立された厚生年金基金または企業年金基金に類するもののうち，次に掲げるⓐⓑのすべてを満たすものとして金融庁長官に届出を行った者

ⓐ　外国において主として退職年金，退職手当その他これらに類する報酬を管理し，または給付することを目的として運営されていること

ⓑ　最近事業年度に係る財務計算に関する書類であって貸借対照表に相当するものにおける資産の総額から負債の総額を控除して得た額（純資産額）が100億円以上であること

⑮以外の者については金融庁長官が指定する者を除き，⑮については金融庁長官が指定するものに限る。

⑨，⑰，⑲または㉑～㉗の規定により金融庁長官に届出を行うためには，所定の事項を記載した書面を提出することを要する（定義府令10条３項）。当該届出が行われた日の翌々月の初日から２年間，適格機関投資家となる（同条５項）。なお，平成20年５月施行の定義府令改正前は１月と７月の年２回であった届出時期が，同改正により１月，４月，７月，10月の年４回となり，さらに平成23年４月施行の定義府令改正で届出を随時行うことができることとなった。㉓ⓐおよび㉔ⓐについては，届出後に適格機関投資家となるために必要であった有価証券残高10億円を下回ることになった場合でも，当該期間内は，適格機関投資家として取り扱われる[(15)]。このように届出により適格機関投資家

になった者の氏名・名称，住所，適格機関投資家に該当する期間などが官報に公告され（同条８項），また金融庁ホームページにおいて公表される[16]。届出事項に変更があった場合には変更届の提出が必要となる（同条６項）。

なお，有価証券の取得勧誘または売付け勧誘等（「売付け勧誘等」の意義については(c)第一項有価証券の売出しの意義(ⅱ)売付け勧誘等参照）を適格機関投資家に該当する者に対して行う場合で，たとえば以下のような者に該当することを知りながら勧誘を行うときは，当該相手方は適格機関投資家には該当しないものとして取り扱うものとされている（企業開示ガイドラインＢ2-5）。

① 信託に係る適格機関投資家以外の者（一般投資者。企業開示ガイドラインＢ2-5）との契約など，一般投資家に有価証券が交付されるおそれのある信託の契約に基づいて有価証券を取得し，または買い付けようとする信託銀行

② 一般投資者との投資一任契約に基づいて有価証券を取得し，または買い付けようとする投資運用業を行う金融商品取引業者

③ 一般投資者による有価証券の取得または買付けに係る注文を取り次ぐために自己の名において有価証券を取得し，または買い付けようとする第一種金融商品取引業を行う金融商品取引業者

④ 組合等の適格機関投資家以外の組合員に現物配当することを目的として特定の有価証券の取得のみのために組成された組合等の業務執行組合員等

⑤ 投資事業有限責任組合の適格機関投資家以外の組合員に現物配当することを目的として，特定の有価証券の取得のみのために組成された投資事業有限責任組合

⑥ 取得し，または買い付けようとする有価証券の権利と実質的に同一の内容の権利を表示する資産対応証券（資産流動化法２条11項に規定する資産対応証券をいう）を発行し，一般投資家に取得させようとする特定目的会社

［プロ私募要件］

当初は適格機関投資家のみを相手方として取得勧誘がされたとしても，発行後に適格機関投資家以外の者に転売されるおそれが多い場合にまで募集に該当

---

(15)　平成19年７月パブコメ23頁No.23

(16)　平成19年７月パブコメ26頁No.36

しないとすると，容易に有価証券届出書を通じた開示規制の回避・潜脱が行われてしまう。そこで，当該有価証券がその取得者から適格機関投資家以外の者に譲渡されるおそれが少ない場合として政令で定める場合にのみ募集に該当しないこととされている（２条３項２号イ）。適格機関投資家以外の者に譲渡されるおそれが少ない場合は，いわゆるプロ私募要件として，以下のとおり有価証券の種類ごとに定められている。前述したとおり，「多数の者」を相手方として取得勧誘を行う場合には多人数向け取得勧誘として募集に該当するが，このような「多数の者」から適格機関投資家を除くために必要な要件（プロ除外の要件）は，プロ私募要件と同じものとされている。このプロ除外の要件は，証取法では，プロ私募要件と異なっていたものが，金商法では，プロ私募要件と同じものと改正された。また，平成20年金商法改正により，勧誘の対象となる有価証券と同一種類の有価証券が特定投資家向け有価証券である場合には，プロ私募が認められないこととなった（金商法施行令１条の４第１号ロ・２号イ・ハ・３号ロ）。なお，平成20年１月施行の証券決済制度等の改革による証券市場の整備のための関係法律の整備等に関する法律により，社債等登録法が廃止されたことに伴い，従来定められていた登録社債に関するプロ私募の要件は削除された。また，平成21年金商法改正により有価証券の売出しに関する開示規制が見直されたことに伴い，プロ私募要件について整理が行われた。

①　株券等（金商法施行令１条の４第１号）

株券（外国株券，優先出資法に規定する優先出資証券および資産流動化法に規定する優先出資証券ならびに外国の者の発行する証券・証書でこれらの性質を有するもの，投信法に規定する投資証券および外国投資証券で投資証券に類する証券を含む）および外国の者の発行する証券・証書で特別の法律により設立された法人の発行する出資証券の性質を有するもの（平成21年金商法改正前は「外国出資証券」と定義されていたもの）（株券等。金商法施行令１条の４第１号）の場合に適格機関投資家以外の者に譲渡されるおそれが少ないといえるためには，次に掲げるⓐ～ⓒのすべての要件に該当することが必要である。

ⓐ　当該株券等の発行者が，当該株券等と同一の内容を表示した株券等であって金商法24条１項各号（27条において準用する場合を含む）のいずれかに該当するものをすでに発行している者でないこと，すなわち，当該株券

等の発行者が，当該株券等と同一の内容を表示した株券等について有価証券報告書の提出義務要件を満たさないこと

ⓑ　当該株券等と同一種類の有価証券として定義府令10条の２第１項で定めるものが特定投資家向け有価証券でないこと

ⓒ　当該株券等を取得した者が当該株券等を適格機関投資家以外の者に譲渡を行わない旨を定めた譲渡に係る契約を締結することを取得の条件として，取得勧誘または組織再編成発行手続が行われること

ⓐについては，当該発行者が，当該株券等と同一の内容を表示した株券等について，ⅰ金融商品取引所に上場された株券等（特定上場有価証券を除く），ⅱ認可金融商品取引業協会に登録する店頭売買有価証券に該当する株券等（特定店頭売買有価証券を除く），ⅲ募集・売出しの届出をした株券等またはⅳ最近５事業年度末のいずれかにおいて所有者が1,000名以上（特定投資家向け有価証券の場合は，特定投資家を除く）である株券等のいずれかに該当する株券等をすでに発行している者でないことが必要となる（24条１項各号，金商法施行令１条の４第１号イ・３条・３条の６第２項・４項)。このため，上場されていることなどにより，有価証券報告書の提出義務のある株券等については，プロ私募は認められないこととなる。なお，「同一の内容」については，株式（優先出資法に規定する優先出資および資産流動化法に規定する優先出資を含む）もしくは出資に係る剰余金の配当，残余財産の分配，利益を用いて行う出資の消却または優先出資法15条１項（２号に係る部分に限る）の規定による優先出資の消却についての内容に限るとされており，発行者が株式に係る剰余金の配当，残余財産の分配などに関して内容の異なる数種の株券等を発行している場合には，発行しようとしている株券等と同種の内容を表示した株券等が上場証券，店頭売買証券，募集・売出しの届出をした証券，所有者が1,000名以上である証券でなければ，このプロ私募の要件は満たす（金商法施行令１条の４第１号イかっこ書)。たとえば，上場証券である普通株式を発行している株式会社であっても，未上場の種類株式を発行する場合にはプロ私募の要件を満たしうる。平成15年改正前の証取法では，転売制限の実効性を担保できないことを理由として株券等についてプロ私募は認められていなかったが，同改正以降，転売制限の実効性を特に担保するのが困難と思われる，有価証券報告書の提出義務のある広く流通してい

る株券等を除いて株券等にもプロ私募が認められるようになった。ただし，企業開示ガイドラインCⅢ(1)④において，金商法24条1項各号のいずれかに該当する株券（有報提出対象株券。同④）についての取得請求権が付されている種類株券が第三者割当により発行される場合であって，割当予定先または発行体等の自由な裁量などにより，短期間に有報提出対象株券の発行が相当程度見込まれるものについては，金商法2条3項2号ハに規定する「多数の者に所有されるおそれが少ないもの」には該当しないものと考えられるとされていることには留意が必要である。

また，ⓑは平成20年金商法改正により，設けられた要件である。同一種類の株券等が特定投資家向け有価証券でなければ，他に特定投資家向け有価証券を発行している発行者であってもプロ私募は可能となる。なお，同一種類の有価証券の意義については，(v)**少人数私募［6カ月通算］**を，特定投資家向け有価証券の意義については，(e)**特定投資家等取得有価証券一般勧誘**を参照。

ⓒに記載のとおり，株券等にプロ私募が認められるためには，上記に加え，当該有価証券を取得した者が当該有価証券を適格機関投資家以外の者に譲渡しない旨を定めた譲渡に係る契約を締結することを取得の条件として取得勧誘または組織再編成発行手続が行われる必要がある（金商法施行令1条の4第1号ハ）。これは，実効性のある転売制限を実現させるための要件である。後述するように適格機関投資家向けの有価証券を適格機関投資家以外の投資家に転売する場合（適格機関投資家取得有価証券一般勧誘。4条2項）には，原則として有価証券届出書の提出（同項）および目論見書の交付（15条2項）が必要となり，これらに違反すれば罰則の適用があり（197条の2第1号），さらに，平成20年金商法改正により課徴金納付命令の対象になった（172条1項）（(d)**適格機関投資家取得有価証券一般勧誘**参照）

②　新株予約権証券等（金商法施行令1条の4第2号，定義府令11条1項）

新株予約権証券および新株予約権，資産流動化法に規定する新優先出資引受権または優先出資証券に転換する権利が付された有価証券ならびに外国有価証券のうちこれらの有価証券の性質を有するものならびに新投資口予約証券および外国投資証券で新投資口予約証券に類する証券（新株予約権証券等。金商法施行令1条の4第2号）の場合に適格機関投資家以外の者に譲渡されるおそれが少ないといえるためには，次に掲げるⓐ〜ⓓのすべての要件に該当することが必要である。

ⓐ　当該新株予約権証券等に表示された権利の行使により取得され，引き受けられ，または転換されることとなる株券の発行者ならびに当該株券，新株予約権証券および新投資口予約権証券がそれぞれ①ⓐおよびⓑに掲げる要件に該当すること

ⓑ　当該新株予約権証券等（新株予約権証券および新投資口予約権証券を除く。以下ⓑおよびⓒにおいて同じ）の発行者が，当該新株予約権証券等と同一種類の有価証券として定義府令10条の2第1項で定めるものであって金商法24条1項各号（27条において準用する場合を含む）のいずれかに該当するものをすでに発行している者でないこと，すなわち，当該新株予約権証券等の発行者が，当該新株予約権証券等と同一種類の有価証券について有価証券報告書の提出義務要件を満たさないこと

ⓒ　当該新株予約権証券等と同一種類の有価証券として定義府令10条の2第1項で定めるものが特定投資家向け有価証券でないこと

ⓓ　当該新株予約権証券等（当該新株予約権証券等が新優先出資引受権付特定社債券（資産流動化法に規定する新優先出資引受権付特定社債券をいう。以下同じ）である場合であって，特定社債券（資産流動化法に規定する特定社債券をいう。以下同じ）と分離して新優先出資引受権のみを譲渡することができるときは，当該特定社債券およびこれとともに発行される新優先出資引受権証券（資産流動化法に規定する新優先出資引受権証券をいう。以下同じ））に，内閣府令で定める方式に従い，これを取得し，または買い付けた者が当該新株予約権証券等を適格機関投資家に譲渡する場合以外の譲渡が禁止される旨の制限が付されていることその他当該新株予約権証券等がこれに準ずるものとして内閣府令で定める要件に該当すること

ⓐについては，①と同様に，当該新株予約権証券等に表示された権利の行使により取得され，引き受けられ，または転換されることとなる株券の発行者が有価証券報告書の提出義務要件を満たさないこととともに，当該株券と同一種類の有価証券が特定投資家向け有価証券でないことおよび当該新株予約権証券と同一種類の有価証券が特定投資家向け有価証券でないことが必要となる（金

商法施行令1条の4第1号イ・ロ・2号イ)。有価証券報告書の提出義務の詳細については，①の株券などについて述べたところと同様である。

ⓑ・ⓒについては，当該新株予約権証券等（新株予約権証券を除く）の発行者が，当該新株予約権証券等と同一種類の有価証券であって有価証券報告書の提出義務要件を満たすものをすでに発行している者でないこと（金商法施行令1条の4第2号ロ)，当該新株予約権証券等（新株予約権証券を除く）と同一種類の有価証券が特定投資家向け有価証券でないことも必要である（同号ハ)。

ⓓに記載のとおり，新株予約権証券等にプロ私募が認められるためには，ⓐ～ⓒに加え，当該有価証券（当該有価証券が新優先出資引受権付特定社債券である場合であって，特定社債券と分離して新優先出資引受権のみを譲渡することができるときは，その特定社債券およびこれとともに発行される新優先出資引受権証券）に，次のⓘ～ⓘⓘⓘのいずれかの方式に従い，これを取得しまたは買い付けた者が当該有価証券を適格機関投資家に譲渡する場合以外の譲渡が禁止される旨の制限（転売制限。定義府令11条1項1号）が付されている必要がある（金商法施行令1条の4第2号ニ，定義府令11条1項)。この点は，新株予約権付社債などについては平成21年改正前と同じである。

ⓘ　当該有価証券に転売制限が付されている旨が当該有価証券に記載され，当該有価証券の取得者に当該有価証券が交付されること

ⓘⓘ　当該有価証券の取得者に交付される当該有価証券に関する情報を記載した書面において，当該有価証券に転売制限が付されている旨の記載がされていること

ⓘⓘⓘ　社債等振替法の規定により加入者が当該有価証券に転売制限が付されていることを知ることができるようにする措置がとられていること

ⓘⓘは，金商法の下で新たに認められたものであり，会社法上の社債券不発行の新株予約権付社債など，券面のない新株予約権付社債券などの場合には転売制限が付されている旨を券面に記載することができないために，これに代えてその旨を記載した書面を取得勧誘の相手方に交付することを選択することを認めたものである。かかる書面の交付を受けるべき者の承諾を得られれば，書面交付者はかかる書面の交付に代えて書面に記載すべき転売制限情報を電子メールなどの電磁的方法により提供することができる（定義府令11

条３項)。

③　①および②以外の有価証券（金商法施行令１条の４第３号）

ⓐ　普通社債など（金商法施行令１条の４第３号ハ，定義府令11条２項１号）

①および②以外の有価証券の場合に適格機関投資家以外の者に譲渡されるおそれが少ないといえるためには，次に掲げるⓘ～ⓘⓘⓘのすべての要件に該当することが必要である。

ⓘ　当該有価証券の発行者が，当該有価証券と同一種類の有価証券として定義府令10条の２第１項で定めるものであって金商法24条１項各号(27条において準用する場合を含む）のいずれかに該当するものをすでに発行している者でないこと，すなわち，当該有価証券の発行者が，当該有価証券と同一種類の有価証券であって有価証券報告書の提出義務要件を満たすものをすでに発行している者でないこと

ⓘⓘ　当該有価証券と同一種類の有価証券として定義府令10条の２第１項で定めるものが特定投資家向け有価証券でないこと

ⓘⓘⓘ　②に準じて内閣府令で定める要件に該当すること

ⓘの有価証券報告書の提出義務の詳細については，①参照のこと。

ⓘⓘⓘの内閣府令で定める要件については，定義府令11条２項１号で以下のいずれかの要件に該当することが必要であるとされている。

㋑　当該有価証券に転売制限が付されている旨が当該有価証券に記載され，当該有価証券の取得者に当該有価証券が交付されること

㋺　当該有価証券の取得者に交付される当該有価証券に関する情報を記載した書面において，当該有価証券に転売制限が付されている旨の記載がされていること

㋩　社債等振替法の規定により加入者が当該有価証券に転売制限が付されていることを知ることができるようにする措置がとられていること

普通社債などについては，上記の要件を充足すれば，プロ私募が認められることになる。しかし，以下の有価証券については，本ⓐにおいて述べた要件に加えて，有価証券の区分に応じてそれぞれさらに以下の要件も満たす必要がある。

㋺の要件は，社債のグローバル・オファリングに際して生じていた実務的な問題に対処するために平成16年の証取法改正で導入されたものである。すなわち，「転売制限が付されていることが明白となる名称」を付した証券を海外で販売することや日本国内で販売される有価証券にだけ独自の名称をつけることは実務的に困難であるため，当該普通社債券等に転売制限が付されている旨を記載した書面が交付されている場合には，転売制限が付されていることが明白となる名称が付されていることが不要となるようにしたものである(17)。

ⓑ　有価証券信託受益証券など（金商法施行令１条の４第３号ハ，定義府令11条２項２号イ）

有価証券信託受益証券および外国の者の発行する証券または証書で有価証券信託受益証券の性質を有するものの場合，受託有価証券が株券等，新株予約権証券等，それら以外のいずれに該当するかに応じて，当該受託有価証券が，それぞれ前記①，②および③ⓐの要件も充足する必要がある。

ⓒ　オプションを表示する証券または証書（金商法施行令１条の４第３号ハ，定義府令11条２項２号ロ）

いわゆるカバード・ワラントであるオプションを表示する証券または証書の場合，次のいずれかの要件を充足する必要がある。

ⅰ　オプションの行使により売買その他の取引の対象となる原有価証券（定義府令11条２項２号ロ⑴）が株券等，新株予約権証券等，それら以外のいずれに該当するかに応じて，原有価証券が，それぞれ前記①，②および③ⓐの要件を充足すること

ⅱ　オプションの行使により有価証券の売買その他の取引が行われないこと

ⓓ　預託証券または預託証書（金商法施行令１条の４第３号ハ，定義府令11条２項２号ハ）

預託証券または預託証書の場合，次のいずれかの要件を充足する必要がある。

---

(17)　平成16年11月24日パブコメ

ⓘ　当該預託証券または預託証書に表示される権利に係る証券または証書が，株券等，新株予約権証券等，それら以外のいずれに該当するかに応じて，当該証券または証書が，それぞれ前記①，②および③ⓐの要件を充足すること

ⓘⓘ　当該預託証券または預託証書に表示される権利の行使により有価証券の売買その他の取引が行われないこと

ⓔ　転換債券（金商法施行令1条の4第3号ハ，定義府令11条2項2号ニ）

社債券および外国の者の発行する証券または証書で社債券の性質を有するものであって，株券等，新株予約権証券等，オプションを表示する証券もしくは証書，または預託証券もしくは預託証書（当該社債券の発行者以外の者が発行したものに限る）により償還される旨または償還することができる旨の特約が付されているもの（転換債券。定義府令11条2項2号ニ）の場合，当該償還により取得する有価証券（償還有価証券。定義府令11条2項2号ニ）が株券等，新株予約権証券等，オプションを表示する証券もしくは証書，または預託証券もしくは預託証書のいずれに該当するかに応じて，償還有価証券が，それぞれ前記①，②，③ⓒおよび③ⓓの要件を充足することが必要である。

ただし，償還有価証券が株券等の場合において，当該償還有価証券が新たに発行される有価証券でなく，かつ，当該償還有価証券の発行者が当該転換債券の発行者の親会社または子会社でない場合（既発行償還有価証券である場合。定義府令11条2項2号ニ(1)）には，前記①で述べた要件のうち，当該株券等の発行者が有価証券報告書の提出義務要件を満たさないこと（当該株券等の発行者が，当該株券等と同一種類の有価証券であって有価証券報告書の提出義務要件を満たすものをすでに発行している者でないこと）という要件は充足する必要はない（定義府令11条2項2号ニ(1)）。これは，平成21年金商法改正において改正された点であり，国内の上場株券等に転換するいわゆる他社株転換社債（EB）の私募を一定の要件の下で認めたものである[18]。

また，償還有価証券が新株予約権証券等の場合についても，当該償還

(18)　平成21年12月28日パブコメ8頁No.26・9頁No.30

有価証券が既発行償還有価証券である場合には，前記②で述べた要件のうち，当該新株予約権証券等（新株予約権証券を除く）の発行者が，当該新株予約権証券等と同一種類の有価証券であって有価証券報告書の提出義務要件を満たすものをすでに発行している者でないことという要件は充足する必要はない（定義府令11条２項２号ニ(2)）。

［プロ私募の告知］

上記のとおり，プロ私募においては一定の転売制限が要求されるが，この転売制限の実効性を確保するため，当該有価証券に関して開示が行われている場合または発行価額もしくは譲渡価額の総額が１億円未満で内閣府令で定める場合を除き，プロ私募における勧誘者は，勧誘の相手方に対し，①当該取得勧誘がプロ私募に該当することにより当該取得勧誘に関し４条１項の規定による届出が行われていないこと，および②適格機関投資家以外の者に譲渡されるおそれが少ないとされるために付された条件・要件の内容または有価証券に付された転売制限の内容を告知することが要求されている（23条の13第１項，企業開示府令14条の14，特定有価証券開示府令19条，外債府令11条の13）。この場合，勧誘者はあらかじめまたは同時に勧誘の相手方に対して告知すべき事項を記載した書面を交付することを要する（23条の13第２項）。かかる書面の交付を受けるべき者の承諾を得られれば，書面交付者はかかる書面の交付に代えて書面に記載すべき転売制限情報を電子メールなどの電磁的方法により提供することができる（27条の30の９，企業開示府令23条の２・23条の３，特定有価証券開示府令32条の２・32条の３）。

なお，かかる告知は，あらかじめ包括的に告知内容を記載した書面を交付したうえで，適格機関投資家の同意があれば，個別取引ごとの告知は不要とされている[(19)]。また，取得勧誘の相手方の人数計算からプロ除外される適格機関投資家を相手方とする取得勧誘についても，上記のとおり，プロ私募と合わせて「適格機関投資家向け勧誘」という定義に含まれ，その勧誘者に対しては，上記のプロ私募の際の告知義務と同様の義務が課される（23条の13第１項柱書かっこ書・２号）。発行の際にプロ私募に該当するものであった有価証券またはプロ除外された適格機関投資家が取得した有価証券を，その取得者である適格機関

(19)　平成21年12月22日パブコメ５頁No.４，平成21年12月28日パブコメ７頁No.25

投資家がほかの適格機関投資家に譲渡しようとする場合も，同様の義務が課されることについては，(d)**適格機関投資家取得有価証券一般勧誘**参照。

［外国会社の国内代理人設置義務］

適格機関投資家向け勧誘の対象となる有価証券を発行する外国会社は，国内代理人，すなわち，日本国内に住所を有し，当該有価証券の譲渡に関する行為につき当該外国会社を代理する権限を有するものを定めなければならない（企業開示府令２条の２，特定有価証券開示府令３条，外債府令１条の３）。

(v)　少人数私募

［概　　要］

多人数向け取得勧誘，プロ私募および特定投資家私募以外の場合で，かつ，プロ除外された適格機関投資家を除いて50名以上の特定投資家のみを相手方とする場合以外で当該有価証券がその取得者から多数の者に譲渡されるおそれが少ない場合として政令で定める場合には，少人数私募として募集に該当しない（２条３項２号ハ，金商法施行令１条の７第１号）。これは，勧誘対象者の数が少ない場合には，一般に，勧誘対象者は相対関係に基づき発行者から必要な情報を直接入手しうる立場にあると考えられるので，有価証券届出書を通じた詳細な開示による保護は必ずしも必要でないからとされる。以上から，少人数私募とは，49名（プロ除外の要件を満たした適格機関投資家の人数を除く）以下の者を相手方として取得勧誘を行う場合で，プロ私募または特定投資家私募に該当しない場合に一定の要件を満たした場合に認められる。

なお，証取法では少人数私募のことを「少人数向け勧誘」と定義していたが，金商法では「少人数向け勧誘」という用語は，少人数私募に加え，■**３**において述べる組織再編成対象会社株主等が50名未満で組織再編成発行手続に係る有価証券が多数の者に所有されるおそれが少ないものとして政令で定める場合の組織再編成発行手続を含み，さらに，平成21年金商法改正後は後記(c)(vi)において述べる少人数私売出しも含むようになった（23条の13第４項）。

［６カ月通算］

上記のとおり，49名以下の者を相手方として取得勧誘を行う場合は少人数私募に該当しうるが，多数の者に対する取得勧誘を分割し，１回あたり49名以下の取得勧誘を繰り返すことを無制限に認めてしまうと，有価証券届出書を通じた開示規制が容易に回避・潜脱されてしまう。そこで，過去6カ月以内に当該有価証券と「同一種類」の有価証券について別の少人数私募が行われ，当該少人数私募における勧誘の相手方の人数と今回の勧誘の相手方の人数を合算し，50名以上となる場合には少人数私募は認められないこととされている（金商法施行令1条の6。以下，かかる合算を本章において「6カ月通算」という)。「同一種類」の意義については，定義府令10条の2において有価証券の種類ごとに定められており，主なものは**図表2－7**記載のとおりである。同一種類の有価証券が過去6カ月以内に発行されても，それがプロ私募に該当する場合，ストック・オプションの特例が適用される場合（後述⑷②参照。平成23年4月施行の企業開示府令改正により追加された)，または募集に該当し有価証券届出書もしくは発行登録追補書類の提出が行われた場合には，勧誘対象者の合算は行われない。また，発行しようとする有価証券の勧誘の相手方または過去6カ月以内に行われた発行における勧誘の相手方に，プロ除外された適格機関投資家がいる場合，当該適格機関投資家は6カ月通算の関係でも勧誘の相手方の人数の計算から除外される。

なお，発行しようとする有価証券の取得勧誘の相手方に過去6カ月以内に発行された同一種類の有価証券の取得勧誘を行った相手方と同一の者が含まれる場合には，当該者も含めた延べ人数により計算することとされている（企業開示ガイドラインB2-2)。

6カ月通算により募集に該当する場合でも，新たに発行しようとする有価証券に関してのみ有価証券届出書による開示が必要となり，通算の対象となった過去分の発行に関する開示は要求されない。

図表2－7　主な有価証券に関する「同一種類」の意義

	有価証券の種類	「同一種類」の意義
①	社債券（注1）および学校債券（定義府令10条の2第1項3号）	ⓐ　償還期限および利率（割引社債券の場合は償還期限のみ） ⓑ　金額を表示する通貨（当該有価証券に係る金額を表示するものについて単一の通貨で表示することとされている場合に限る）

②	新株予約権付社債券（同項４号）	ⓐ　償還期限および利率（割引社債券の場合は償還期限のみ） ⓑ　金額を表示する通貨（当該有価証券に係る金額を表示するものについて単一の通貨で表示することとされている場合に限る） ⓒ　新株予約権の行使により発行され，または移転される株式１株の発行価額および当該株式に係る ⅰ　剰余金の配当の内容 ⅱ　残余財産の分配の内容 ⅲ　株式の買受けの内容 ⅳ　議決権を行使することができる事項の内容
③	他社株転換社債券（同項５号）	ⓐ　償還期限および利率（割引社債券の場合は償還期限のみ） ⓑ　金額を表示する通貨（当該有価証券に係る金額を表示するものについて単一の通貨で表示することとされている場合に限る） ⓒ　償還により発行され，または移転される株式の発行者 ⓓ　償還により発行され，または移転される株式に係る ⅰ　剰余金の配当の内容 ⅱ　残余財産の分配の内容 ⅲ　株式の買受けの内容 ⅳ　議決権を行使することができる事項の内容
④	新株予約権付社債券など以外の権利が表示された社債券（同項６号）	ⓐ　償還期限および利率（割引社債券の場合は償還期限のみ） ⓑ　金額を表示する通貨（当該有価証券に係る金額を表示するものについて単一の通貨で表示することとされている場合に限る） ⓒ　当該社債券に表示された権利の内容

⑤	株券（同項９号）[注２]	ⓐ　剰余金の配当の内容 ⓑ　残余財産の分配の内容 ⓒ　株式の買受けの内容 ⓓ　議決権を行使することができる事項の内容
⑥	新株予約権証券（同項10号）	新株予約権の行使により発行され，または移転される株式に係る ⓐ　剰余金の配当の内容 ⓑ　残余財産の分配の内容 ⓒ　株式の買受けの内容 ⓓ　議決権を行使することができる事項の内容
⑦	外国会社の発行する①〜⑥の有価証券（同項16号）	それぞれ①〜⑥に記載の事項
⑧	外国国債証券，外国地方債証券（同項17号）	ⓐ　償還期限および利率（割引社債券の場合は償還期限のみ） ⓑ　金額を表示する通貨

（注１）　社債券とは，社債券に特定社債券，投資法人債券，外国投資証券で投資法人債券に類するものおよび社会医療法人債券を含み，これらから短期社債などを除いたものである。コマーシャル・ペーパーについては，６カ月通算の規定が適用されないところ，短期社債もコマーシャル・ペーパーと経済的には同様の機能を果たすものであるため，短期社債にも６カ月通算の規定の適用がないこととされたものである。

（注２）　会社法108条１項では，譲渡制限に関する事項など定義府令10条の２第１項４号・５号・９号・10号に列挙された事項以外について異なる種類株式を発行できることとされている。このような事項について異なる種類株式が「同一種類」に該当するかどうかについては，これらの規定に列挙された事項が同一である限り，条文上は「同一種類」に該当するようにも読めるが，企業開示ガイドラインＢ2-6では「会社法108条第１項に規定する異なる種類の株式（例えば，普通株と優先株)」は，定義府令10条の２第１項９号に定める事項が同一でないとされている。ただし，企業開示ガイドラインＣⅢ⑴④に記載される種類株式による届出の潜脱については留意が必要である。

［少人数私募要件］

当初は49名以下の者を相手方として取得勧誘がされたとしても，発行後に多数の者に転売されるおそれが多い場合にまで募集に該当しないとする場合には，容易に有価証券届出書を通じた開示規制の回避・潜脱が行われてしまう。そこで，当該有価証券がその取得者から多数の者に譲渡されるおそれが少ない場合として政令で定める場合にのみ，募集に該当しないこととされている（２

条３項２号ハ)。多数の者に譲渡されるおそれが少ない場合は，プロ私募の場合と同様に，以下のとおり有価証券の種類ごとに定められている。なお，以下に加え，平成21年金商法改正により，当該取得勧誘が特定投資家のみを相手方とし，かつ，50名以上の者（当該者が取得勧誘の相手方の人数計算から除外される適格機関投資家を除く）を相手方として行う場合でないことも少人数私募に必要な要件に追加された（金商法施行令１条の７第１号)。これは，50名以上の特定投資家のみを相手方とする取得勧誘で，特定投資家私募に該当しない場合，その有価証券の転売先は特定投資家に限定されず，多数の一般投資家に譲渡されるおそれがあるため，このような場合には少人数私募に該当しないとされたものである[20]。また，平成21年金商法改正により有価証券の売出しに関する開示規制が見直されたことに伴い，以下の少人数私募要件について整理が行われた。

①　株券等（金商法施行令１条の７第２号イ）

株券（外国株券，優先出資法に規定する優先出資証券および資産流動化法に規定する優先出資証券ならびに外国の者の発行する証券・証書でこれらの性質を有するもの，投信法に規定する投資証券および外国投資証券で投資証券に類する証券を含む）および外国の者の発行する証券・証書で特別の法律により設立された法人の発行する出資証券の性質を有するもの（平成21年金商法改正前は「外国出資証券」と定義されていたもの）（株券等。金商法施行令１条の４第１号）の場合に多数の者に譲渡されるおそれが少ないといえるためには，次に掲げるⓐおよびⓑの要件に該当することが必要である。

ⓐ　当該株券等の発行者が，当該株券等と同一の内容を表示した株券等であって金商法24条１項各号（27条において準用する場合を含む）のいずれかに該当するものをすでに発行している者でないこと，すなわち，当該株券等の発行者が，当該株券等と同一の内容を表示した株券等について有価証券報告書の提出義務要件を満たさないこと

ⓑ　当該株券等と同一種類の有価証券として定義府令10条の２第１項で定めるものが特定投資家向け有価証券でないこと

---

(20)　谷口義幸「「有価証券の売出し」に係る開示規制の見直しの概要〔上〕」旬刊商事法務1902号43頁（2010）参照

ⓐについては，プロ私募の場合と同様に，当該発行者が，当該株券等と同一の内容を表示した株券等について，ⓘ金融商品取引所に上場された株券等（特定上場有価証券を除く），ⓘⓘ認可金融商品取引業協会に登録する店頭売買有価証券に該当する株券等（特定店頭売買有価証券を除く），ⓘⓘⓘ募集・売出しの届出をした株券等またはⓘⓥ最近5事業年度末のいずれかにおいて所有者が1,000名以上（特定投資家向け有価証券の場合は，特定投資家を除く）である株券等のいずれかに該当する株券等をすでに発行している者でないことが必要となる（24条1項各号，金商法施行令1条の7第2号イ・3条・3条の6第2項・4項）。このため，プロ私募の場合と同様に，上場されていることなどにより，有価証券報告書の提出義務のある株券などについては，少人数私募は認められないこととなる一方で，発行者が株式に係る剰余金の配当，残余財産の分配などに関して内容の異なる数種の株券などを発行している場合には，発行しようとしている株券などと同種の内容を表示した株券などが上場証券，店頭売買証券，募集・売出しの届出をした証券，所有者が1,000名以上である証券でなければ，少人数私募の要件を満たすため，たとえば，上場証券である普通株式を発行している株式会社であっても，未上場の種類株式を発行する場合には少人数私募の要件を満たしうる（金商法施行令1条の7第2号イ(1)かっこ書）。ただし，企業開示ガイドラインCⅢ(1)④に記載される種類株式による届出の潜脱については留意が必要である。(iv)プロ私募［**プロ私募要件**］参照。

また，ⓑはプロ私募の場合と同様に，平成20年金商法改正により設けられた要件である。

株券等の少人数私募については，平成21年金商法改正以前と同様に，プロ私募の場合と異なり，上記に加えて特段の転売制限は要件とされていない。

② 新株予約権証券等（金商法施行令1条の7第2号ロ，定義府令13条1項・2項）

新株予約権証券および新株予約権，資産流動化法に規定する新優先出資引受権または優先出資証券に転換する権利が付された有価証券ならびに外国有価証券のうちこれらの有価証券の性質を有するものならびに新投資口予約権証券および外国投資証券で新投資口予約権証券に類する証券（新株予約権証券等。金商法施行令1条の4第2号）の場合に多数の者に譲渡されるおそれが少ないといえるためには，次に掲げるⓐ～ⓓのすべての要件に該当することが必要である。

ⓐ　当該新株予約権証券等に表示された権利の行使により取得され，引き受けられ，または転換されることとなる株券の発行者ならびに当該株券，新株予約権証券および新投資口予約権証券がそれぞれ①ⓐおよびⓑに掲げる要件に該当すること

ⓑ　当該新株予約権証券等（新株予約権証券および新投資口予約権証券を除く。以下，②において同じ）の発行者が，当該新株予約権証券等と同一種類の有価証券として定義府令10条の２第１項で定めるものであって金商法24条１項各号（27条において準用する場合を含む）のいずれかに該当するものをすでに発行している者でないこと，すなわち，当該新株予約権証券等の発行者が，当該新株予約権証券等と同一種類の有価証券について有価証券報告書の提出義務要件を満たさないこと

ⓒ　当該新株予約権証券等と同一種類の有価証券として定義府令10条の２第１項で定めるものが特定投資家向け有価証券でないこと

ⓓ　当該新株予約権証券等（当該新株予約権証券等が新優先出資引受権付特定社債券である場合であって，特定社債券と分離して新優先出資引受権のみを譲渡することができるときは，当該特定社債券およびこれとともに発行される新優先出資引受権証券）に，内閣府令で定める方式に従い，これを取得し，または買い付けた者（当該者がプロ除外される適格機関投資資に該当するときは，当該適格機関投資家を除く）が当該新株予約権証券等を一括して他の一の者に譲渡する場合以外の譲渡が禁止される旨の制限が付されていることその他これに準ずるものとして内閣府令で定める要件に該当すること

ⓐおよびⓑの詳細については，①およびプロ私募について述べたところと同様である。また，新株予約権証券については，平成21年金商法改正前と同様に，ⓐのみが要件となる。

ⓓに記載のとおり，新株予約権証券等などに少人数私募が認められるためには，ⓐ～ⓒに加え，次のⓘ～ⓘⓥのいずれかの要件を満たす必要がある（金商法施行令１条の７第２号ロ⑷，定義府令13条１項・２項）。この点は，新株予約権社債券などについては，平成21年金商法改正前と同じであるが，外国会社の発行する新株予約権証券については平成21年改正前と異なる取扱いとなっている。

しかしながら，この点について，内国会社の新株予約権証券と取扱いを異ならせる必要はないと考えられ，改正が望まれる。

ⅰ　当該有価証券にこれを取得しまたは買い付けた者がその取得または買付けに係る有価証券を一括して譲渡する場合以外に譲渡することが禁止される旨の制限（転売制限。定義府令13条1項1号）が付されている旨が当該有価証券に記載され，当該有価証券の取得者に当該有価証券が交付されること

ⅱ　当該有価証券の取得者に交付される当該有価証券に関する情報を記載した書面において，当該有価証券に転売制限が付されている旨の記載がされていること

ⅲ　社債等振替法の規定により加入者が当該有価証券に転売制限が付されていることを知ることができるようにする措置がとられていること

ⅳ　次に掲げる㋑および㋺の双方に該当すること

㋑　次に掲げる㋐および㋑の双方に該当すること。

㋐　当該有価証券（当該有価証券の発行される日以前6月以内に発行された同種の新規発行証券（当該同種の新規発行証券の取得勧誘を行った相手方がプロ除外される適格機関投資家であって，当該適格機関投資家が取得したものを除く）を含む）の枚数または単位の総数が50未満であること

㋑　当該有価証券の性質によりその分割ができない場合を除き，当該有価証券に表示されている単位未満に分割できない旨の制限が付されていること

㋺　次に掲げる㋐ないし㋒のいずれかの要件に該当すること

㋐　㋑㋑の制限が付されている旨が当該有価証券に記載され，当該有価証券の取得者に当該有価証券が交付されること

㋑　当該有価証券の取得者に交付される当該有価証券に関する情報を記載した書面において，当該有価証券に㋑㋑の制限が付されている旨の記載がされていること

㋒　社債等振替法の規定により加入者が当該有価証券に㋑㋑の制限が付されていることを知ることができるようにする措置がとられてい

ること

なお，上記のとおり，当該有価証券の取得勧誘を行う相手方が適格機関投資家であって，当該有価証券が適格機関投資家から適格機関投資家以外の一般投資家に譲渡されるおそれが少ないときとして金商法施行令１条の４で定める要件を満たす場合，すなわち，取得勧誘の相手方の人数計算からプロ除外される当該適格機関投資家については，ⓐ～ⓒの要件に重ねてⓓの要件を満たす必要はない（金商法施行令１条の７第２号ロ(4)かっこ書）。

③　①および②以外の有価証券（金商法施行令１条の７第２号ハ）

ⓐ　普通社債など（金商法施行令１条の７第２号ハ，定義府令13条３項１号）

①および②以外の有価証券の場合に多数の者に譲渡されるおそれが少ないといえるためには，次に掲げるⓘ～ⓘⓘⓘのすべての要件に該当することが必要である。

ⓘ　当該有価証券の発行者が，当該有価証券と同一種類の有価証券として定義府令10条の２第１項で定めるものであって金商法24条１項各号（27条において準用する場合を含む）のいずれかに該当するものをすでに発行している者でないこと，すなわち，当該有価証券の発行者が，当該有価証券と同一種類の有価証券であって有価証券報告書の提出義務要件を満たすものをすでに発行している者でないこと

ⓘⓘ　当該有価証券と同一種類の有価証券として定義府令10条の２第１項で定めるものが特定投資家向け有価証券でないこと

ⓘⓘⓘ　②に準じて内閣府令で定める要件に該当すること

ⓘの有価証券報告書の提出義務の詳細については，①参照のこと。

ⓘⓘⓘの内閣府令で定める要件については，定義府令13条３項で以下のいずれかの要件に該当することが必要であるとされている。

㋑　当該有価証券に以下の㋐または㋑に掲げるいずれかの制限（転売制限。定義府令13条３項１号イ）が付されている旨が当該有価証券に記載され，当該有価証券の取得者に当該有価証券が交付されること

㋐　当該有価証券を取得し，または買い付けた者がその取得または買付けに係る当該有価証券を一括して譲渡する場合以外に譲渡することが禁止される旨の制限

㋑　当該有価証券の枚数または単位の総数が50未満である場合において，当該有価証券の性質によりその分割ができない旨または当該有価証券に表示されている単位未満に分割できない旨の制限

㋺　当該有価証券の取得者に交付される当該有価証券に関する情報を記載した書面において，当該有価証券に転売制限が付されている旨の記載がされていること

㋩　社債等振替法の規定により加入者が当該有価証券に転売制限が付されていることを知ることができるようにする措置がとられていること

普通社債等については，上記の要件を充足すれば，少人数私募が認められることになる。しかし，以下の有価証券については，本ⓐにおいて述べた要件に加えて，有価証券の区分に応じてそれぞれさらに以下の要件も満たす必要がある。

ⓑ　有価証券信託受益証券など（金商法施行令1条の7第2号ハ，定義府令13条3項2号イ）

有価証券信託受益証券および外国の者の発行する証券または証書で有価証券信託受益証券の性質を有するものの場合，受託有価証券が株券等，新株予約権証券等，それら以外のいずれに該当するかに応じて，当該受託有価証券が，それぞれ前記①，前記②および前記③ⓐの要件も充足する必要がある。

ⓒ　オプションを表示する証券または証書（金商法施行令1条の7第2号ハ，定義府令13条3項2号ロ）

いわゆるカバード・ワラントであるオプションを表示する証券または証書の場合，次のいずれかの要件を充足する必要がある。

ⓘ　オプションの行使により売買その他の取引の対象となる原有価証券（定義府令11条2項2号ロ⑴）が株券等，新株予約権証券等，それら以外のいずれに該当するかに応じて，原有価証券が，それぞれ前記①，前記②および前記③ⓐの要件を充足すること

ⓘⓘ　オプションの行使により有価証券の売買その他の取引が行われないこと

ⓓ　預託証券または預託証書（金商法施行令1条の7第2号ハ，定義府令13条3項2号ハ）

預託証券または預託証書の場合，次のいずれかの要件を充足する必要がある。

ⓘ　当該預託証券または預託証書に表示される権利に係る証券または証書が，株券等，新株予約権証券等，それら以外のいずれに該当するかに応じて，当該証券または証書が，それぞれ前記①，②および③ⓐの要件を充足すること

ⓘⓘ　当該預託証券または預託証書に表示される権利の行使により有価証券の売買その他の取引が行われないこと

ⓔ　転換債券（金商法施行令１条の７第２号ハ，定義府令13条３項２号ニ）

社債券および外国の者の発行する証券または証書で社債券の性質を有するものであって，株券等，新株予約権証券等，オプションを表示する証券もしくは証書，または預託証券もしくは預託証書（当該社債券の発行者以外の者が発行したものに限る）により償還される旨または償還することができる旨の特約が付されているもの（転換債券。定義府令13条３項２号ニ）の場合，当該償還により取得する有価証券（償還有価証券。定義府令13条３項２号ニ）が株券等，新株予約権証券等，オプションを表示する証券もしくは証書，または預託証券もしくは預託証書のいずれに該当するかに応じて，償還有価証券が，それぞれ前記①，②，③ⓒおよび③ⓓの要件を充足することが必要である。

ただし，償還有価証券が株券等の場合において，当該償還有価証券が新たに発行される有価証券でなく，かつ，当該償還有価証券の発行者が当該転換債券の発行者の親会社または子会社でない場合には，前記①で述べた要件のうち，当該株券等の発行者が有価証券報告書の提出義務要件を満たさないこと（当該株券等の発行者が，当該株券等と同一種類の有価証券であって有価証券報告書の提出義務要件を満たすものをすでに発行している者でないこと）という要件は充足する必要はない（定義府令13条３項２号ニ(1)）。これは，プロ私募要件のところで述べたとおり，平成21年金商法改正において改正された点であり，国内の上場株券等に転換するいわゆる他社株転換社債（EB）の私募を一定の要件の下で認めたものである[21]。

また，償還有価証券が新株予約権証券等の場合についても，当該償還有価

(21)　平成21年12月28日パブコメ８頁No.26・９頁No.30

証券が新たに発行される有価証券でなく，かつ，当該償還有価証券の発行者が当該転換債券の発行者の親会社または子会社でない場合には，上記②で述べた要件のうち，当該新株予約権証券等（新株予約権証券を除く）の発行者が，当該新株予約権証券等と同一種類の有価証券であって有価証券報告書の提出義務要件を満たすものをすでに発行している者でないことという要件は充足する必要はない（定義府令13条3項2号ニ(2)）。

［少人数私募の告知］

上記のとおり，少人数私募においては一定の転売制限が要求されるが，この転売制限の実効性を確保するため，当該有価証券に関して開示が行われている場合または発行価額もしくは譲渡価額の総額が1億円未満で内閣府令で定める場合を除き，少人数私募における勧誘者は，勧誘の相手方に対し，①当該取得勧誘が少人数私募に該当することにより当該取得勧誘に関し4条1項の規定による届出が行われていないこと，および②多数の者に譲渡されるおそれが少ないとされるために付された転売制限の内容または付された要件のうち当該有価証券の所有者の権利を制限するものの内容を告知することが要求されている(23条の13第4項，企業開示府令14条の15，特定有価証券開示府令20条，外債府令11条の14)。ただし，少人数私募要件として転売制限の付されていない株券および新株予約権証券に加え，新優先出資引受権証券，コマーシャル・ペーパー，特定短期社債，社債等振替法に規定する短期社債，保険業法に規定する短期社債，短期投資法人債，短期外債については，告知義務が課されない（23条の13第4項，金商法施行令3条の3）。なお，平成21年金商法改正前は，株券，新株予約権の意味については**［少人数私募要件］**①に記載するところと同じとされ，外国株券，外国新株予約権証券などについても告知義務が課されないこととされていたが，同改正により，これらの証券については告知義務が課されることとなった。これについては金融庁により，少人数私募に加えて少人数私売出しが追加されたため，株券等がどの取引により取得されたかについて告知する必要があると考えられることから改正がされたとの説明がなされている[22]。告知することが必要な場合，勧誘者はあらかじめまたは同時に勧誘の相手方に対して告知すべき事項を記載した書面を交付することを要する（23条の13第5

---

(22)　平成21年12月22日パブコメ28頁No.97

項)。かかる書面の交付を受けるべき者の承諾を得られれば，書面交付者はかかる書面の交付に代えて書面に記載すべき転売制限情報を電子メールなどの電磁的方法により提供することができる（27条の30の９，企業開示府令23条の２・23条の３，特定有価証券開示府令32条の２・32条の３)。

(vi)　特定投資家私募

平成20年金商法改正により，情報収集能力・分析能力が十分備わっているプロ投資家としての特定投資家のみが参加できる自由度の高い，効率的な取引の場としてのプロ向け市場[23]のための制度が創設され，この一環として一定の要件を満たす特定投資家向けの取得勧誘が新たに私募とされ，有価証券届出書の提出を不要とすることとされた。

特定投資家とは，適格機関投資家，国，日本銀行および上場会社，資本金の額が５億円以上の株式会社，金融商品取引業者などの内閣府令で定められる法人をいう（２条31項，定義府令23条。特定投資家については，第６編第１章第１節参照)。平成20年金商法改正では，このような特定投資家のみを相手方とする取得勧誘であって，①当該取得勧誘の相手方が国，日本銀行，適格機関投資家以外の者である場合には金融商品取引業者等（金融商品取引業者および登録金融機関をいう。34条）が顧客からの委託によりまたは自己のために当該取得勧誘を行うものであり，かつ，②当該有価証券がその取得者から特定投資家または非居住者（外為法６条１項６号に規定する非居住者のうち，当該特定投資家向け有価証券を⒜金融商品取引業者等または外国証券業者（証券関連業者。金商法施行令１条の５の２第１項１号）の媒介，取次ぎまたは代理によって居住者から取得する非居住者または⒝当該有価証券を証券関連業者または他の非居住者から取得する非居住者（２条３項２号ロ⑵，金商法施行令１条の５の２第１項)。特定投資家とあわせて「特定投資家等」と定義される。２条３項２号ロ⑵）以外の者に譲渡されるおそれが少ないものとして政令で定める場合に該当するときには（特定投資家向け取得

⒇　東京証券取引所とロンドン証券取引所が共同で運営するプロ向け市場「TOKYO AIM」が平成21年６月に開設された。その後平成24年３月にロンドン証券取引所が保有するTOKYO AIMの全株式を東京証券取引所グループが譲り受け，同年７月に東京証券取引所がTOKYO AIMを吸収合併し，統合に伴い，プロ投資家向け株式市場「TOKYO PRO Market」と改称し東京証券取引所の新しい市場とされた。なお，プロ投資家向け債券市場「TOKYO PRO-BOND Market」も東京証券取引所の市場としてスタートした。

勧誘。４条３項１号），募集に該当しないものとされている（２条３項２号ロ）。①については，発行者自身は取得勧誘の相手方が特定投資家であるか否かを確認することが困難な場合が想定されるため，取得勧誘の相手方が適格機関投資家などである場合を除き，取得勧誘を金融商品取引業者等に委託して行わせることを特定投資家私募の要件とすることで，相手方の範囲に関する実効性を確保することとしている(24)。②の政令の具体的内容は，有価証券の種類ごとに規定されている（金商法施行令１条の５の２第２項，定義府令11条の２）。たとえば，株券等の場合には，当該有価証券と同一種類のものについて有価証券報告書が提出されておらず，かつ，発行者と取得者との間および勧誘者と取得者との間において特定投資家等以外の者に譲渡を行わない旨などを定めた譲渡制限契約を締結することを取得の条件として勧誘を行うことが要件とされている（金商法施行令１条の５の２第２項１号，定義府令11条の２）。

また，当該有価証券について開示が行われている場合を除き，特定投資家私募の相手方に対する告知義務が課されている（23条の13第３項）。この特定投資家私募の告知の方法は，取引の形態により異なり，たとえば取引所金融商品市場において行う取引またはこれに密接に関連する取引に係る売付け勧誘等については，当該取引所金融商品市場を開設する金融商品取引所を介して行う方法など当該金融商品取引所の定める規則において定める方法によることとされている（企業開示府令14条の14の２第１項，特定有価証券開示府令19条の２第１項）。このような告知の主な内容は，①特定投資家私募・特定投資家私売出しに関し届出が行われていないこと，②その有価証券が特定投資家向け有価証券に該当しまたは該当することとなること，③特定投資家以外の者に譲渡しない旨を内容とする契約の締結を取得の条件とすること，④当該有価証券の一般投資家向け勧誘について４条３項・５項・６項の適用があること，⑤当該有価証券についてすでに特定証券等情報・発行者等情報などが公表されている場合にはその旨および公表の方法，⑥当該有価証券の所有者に発行者等情報の提供または公表が行われることである（企業開示府令14条の14の２第２項，特定有価証券開示府令19条の２第２項）。

なお，プロ私募や少人数私募において，有価証券を取得させ，または売り付

---

(24)　池田ほか・逐条解説2008年金商法改正132頁・133頁

ける者は，その相手方に対して告知すべき事項を記載した書面を交付しなければならないこととされているのに対し，特定投資家私募については，告知の内容を記載した書面の交付は義務付けられていない。

上記に従い私募とされ，有価証券届出書を通じた開示規制が適用されない特定投資家私募を行うためには，有価証券の発行者が当該有価証券および当該発行者に関して投資者に明らかにされるべき基本的な情報として内閣府令で定める情報（特定証券情報）を取得勧誘の相手方に提供または公表しなければならない（27条の31）。また，このような有価証券の発行者は，原則として少なくとも年1回以上，発行者に関する情報で内閣府令で定める情報（発行者情報）を当該有価証券の所有者に提供または公表しなければならない（27条の32）。これらの情報の具体的な内容については，第2節■3および第2章第4節参照。

(c)　第一項有価証券の売出しの意義

(i)　概　　要

株券，社債券などの第一項有価証券の売出しの意義については，平成21年金商法改正により大幅な見直しが行われた。同改正前の第一項有価証券の売出しは，すでに発行された有価証券の売付けの申込みまたはその買付けの申込みの勧誘のうち，均一の条件で，多数の者（50名以上をいう）を相手方として行う場合をいうものとされていた。

これに対し，平成21年金商法改正により，第一項有価証券の売出しは，すでに発行されている有価証券の売付けの申込みまたはその買付けの申込みの勧誘（取得勧誘類似行為に該当するものその他定義府令13条の2で定めるものを除く。売付け勧誘等。2条4項）のうち以下の場合をいうものとされた（同項）。

①　多数の者（50名以上の者をいう。金商法施行令1条の8。ただし，一定の条件を満たす場合には適格機関投資家を除く）を相手方として行う売付け勧誘等の場合（特定投資家のみを相手方とする場合を除く。以下，本編において「多人数向け売付け勧誘等」という。2条4項1号）

②　多人数向け売付け勧誘等以外で，ⓐ適格機関投資家のみを相手方として行う場合であって，当該有価証券がその取得者から適格機関投資家以外の者に譲渡されるおそれが少ない場合（以下，本編において「プロ私売出し」という），ⓑ特定投資家のみを相手方として行う場合であって，一定の要

件を満たす場合（プロ私募の場合を除く。以下，本編において「特定投資家私売出し」という），ならびにⓒ多人数向け売付け勧誘等，プロ私売出しおよび特定投資家私売出しの場合を除き，当該有価証券がその取得者から多数の者に所有されるおそれが少ない場合（以下，本編において「少人数私売出し」という）のいずれにも該当しない場合（同項２号）

また，平成21年金商法改正前も上記定義に形式的に該当しうる取引であっても，ⅰ取引所金融商品市場における有価証券の売買およびⅱ私設取引システム（いわゆるPTS）を通じた上場有価証券の売買（特定上場有価証券の場合は，特定投資家等のみが当事者となる場合に限る）については，売出しに該当しないとされてきたが，同改正により，売出しから除外される取引が大幅に拡大された。

平成21年金商法改正による上記売出しの定義の見直しは，有価証券取引の実務では，「均一の条件」という形式的な要件を当てはめることにより弊害をもたらすとの指摘がなされていたことから行われたと説明されている。すなわち，たとえば，情報開示義務を求めることが必要な場合でも，勧誘の相手方49名ごとに売出価格をわずかに変えることにより，「均一の条件」の要件に該当しないこととして，「有価証券の売出し」に係る開示規制を免れる運用がなされたり，逆に，外国の金融商品取引所の上場有価証券についての投資者による買い注文に応じるため，証券会社が自己の勘定でいったん仕切った当該有価証券の販売を行う場合，証券会社は単に「取次ぎ」を行ったものにすぎず，開示規制の対象にする必要性は小さいと考えられるのに，同じ価格で50名以上の投資者に販売する場合には「有価証券の売出し」に該当してしまったりする等の弊害が指摘されたとのことである。このような指摘等を踏まえ，平成21年金商法改正では，有価証券の売出しについて，「均一の条件」という形式的な要件ではなく，その販売勧誘において，有価証券やその発行者に関する情報が十分に提供されておらず，また，その有価証券の流通市場が不十分であることにより，販売サイドと投資者サイドの間に情報格差があり，その是正を必要とする状況（プライマリー的な状況）であるか，流通市場と顧客との間の取次ぎ的な状況（セカンダリー的な状況）であるかによって判断し，プライマリー的な場合について開示規制の対象とすることとされた[(25)]。

---

(25)　谷口・前掲注(20)36頁以下

図表2－8　第一項有価証券の売出しの意義

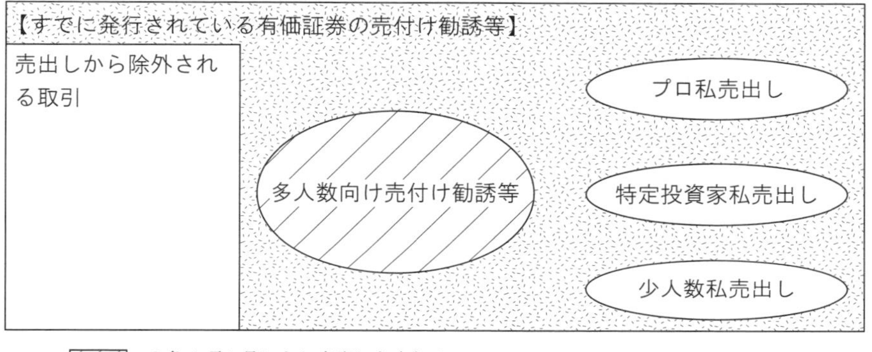

上記を図解すると**図表2－8**のようになり，結局すでに発行された第一項有価証券の売付け勧誘等が行われる場合には，売出しから除外される取引，プロ私売出し，特定投資家私売出しまたは少人数私売出しに該当しない限り売出しに該当することになる。特に，売出しから除外される取引に該当しない場合で，多人数向け売付け勧誘等に該当する場合には，私売出しの要件を検討するまでもなく売出しとなる。

以下で解説するように第一項有価証券について，多人数向け売付け勧誘等，プロ私売出し，少人数私売出し，特定投資家私売出しに該当するかどうかは，勧誘対象者が50名以上かどうかという人数基準と，勧誘対象者が適格機関投資家・特定投資家かどうかの属性基準により決定される。

以下では，売付け勧誘等の意義を解説したうえで，売出しから除外される取引，多人数向け売付け勧誘等，プロ私売出し，少人数私売出し，特定投資家私売出しの意義をそれぞれ解説する。

なお，売出しに該当する場合でも，その有価証券に関して開示が行われている場合など，一定の場合には有価証券届出書の提出義務は免除される（4条1項3号～5号。詳細については，(4)参照）。特に，平成21年金商法改正により，金融商品取引業者等による外国証券の売出しのうち，一定の要件を満たすもの（外国証券売出し）について届出が免除されることになった（同項4号。(4)④参照)。また，平成21年金商法改正により，法定開示が行われている有価証券の売出しについて，それまで要求されていた有価証券通知書の提出および目論見書の作成・交付が原則として免除されることとなった（詳細については，(5)，第2節■2(2)参照)。

(ii)　売付け勧誘等

勧誘対象者に対して，直接文書による場合のほか口頭または広告の方法による場合も有価証券の売付け勧誘等に当たりうること，募集・売出しに直接言及しない場合でも勧誘に該当しうることなどについては，募集に関する取得勧誘の場合と同様である（(b)(ii)取得勧誘および第2節■1参照)。

また，募集において取得勧誘を伴わない有価証券の発行が募集には当たらないのと同様に，売付け勧誘等を伴わない有価証券の移転も有価証券の売出しには当たらない。売付け勧誘等を伴わない有価証券の移転としては以下の例が挙げられる（企業開示ガイドラインB2-11)。

① 取得請求権付株式について当該株主による取得請求により有価証券を移転する場合
② 取得条項付株式について取得事由が生じたことまたは全部取得条項付種類株式についてその全部を取得する旨の株主総会の決議があったことにより有価証券を移転する場合
③ 会社法185条の規定による株式無償割当てにより株式を移転する場合
④ 取得条項付新株予約権証券または新株予約権付社債券に付されている取得条項付新株予約権について取得事由が生じたことにより有価証券を移転する場合
⑤ 新株予約権証券または新株予約権付社債券に付されている新株予約権の行使により株式を移転する場合

さらに，売付け勧誘等から除外する取引として，ⓐ67条の19に規定する通知その他法令上の義務の履行として行う当該有価証券に関する情報の提供，およびⓑ認可金融商品取引業協会その他金融商品取引業者等を会員とする協会その他の団体に対して，当該協会その他の団体の規則に基づき行われる当該有価証券に関する情報の提供が規定されている（2条4項，定義府令13条の2)。これは平成21年金商法改正で追加された規定である。定義府令13条の2各号の規定に定められていないものでも，実態が単なる情報の提供にすぎないと認められるものは，売付け勧誘等には当たらないと考えられる(26)。

また，現金配当と株式配当の選択権が投資者にある場合で，投資者が株式配当を選択する場合に，売付け勧誘等に該当する場合がありうるとされていることも取得勧誘の場合と同様である（(b)(ii)取得勧誘参照）(27)。

(iii)　売出しから除外される取引

平成21年金商法改正により，販売勧誘における販売サイドと投資者サイドとの間の情報格差，経済実態等に着目し，発行開示を求める必要性が低いと考えられる有価証券取引については，定義をそのまま当てはめれば有価証券の売出しに該当する場合であっても，有価証券の売出しに該当しないものとして開示規制の適用を免除することとされた（２条４項柱書かっこ書）。取引において情報の非対称性が存在しない場合（たとえば，業者間の取引である場合），取引において販売圧力が存在しない場合（たとえば，大量の有価証券の譲渡でない場合，多数の者への譲渡でない場合）またはその取引が売買の委託の取次ぎ等に該当する場合については，基本的に開示規制を課す必要は低いものと考えられることからこれらの場合に該当すると考えられる有価証券取引について「有価証券の売出し」に該当しないとされた。

具体的には，以下の有価証券取引が売出しに該当しない取引と規定された。

①　取引所金融商品市場における有価証券の売買（金商法施行令１条の７の３第１号）

上記のとおり，これについては，平成21年金商法改正前から（平成18年証取法改正により）有価証券の売出しに該当しないものとされていたものである。また，平成19年７月パブコメでは，この取引所金融商品市場における有価証券の売買には立会外取引も含まれ，立会外取引において均一の条件で，50名以上を相手方とする売付け勧誘等が行われても売出しには該当しないこととされている(28)。もっとも，たとえば売りと買いのバランスが悪くて販売圧力がかかるような場合には，市場取引であっても売出しに該当させるべき

(26)　池田ほか・逐条解説2009年金商法改正98頁参照

(27)　平成19年10月パブコメ７頁No.30

(28)　平成19年７月パブコメ30頁No.57

との見解もある[29]。

② 店頭売買有価証券市場における有価証券の売買（金商法施行令１条の７の３第２号）

店頭売買有価証券市場における有価証券の売買も①と区別する理由がないため平成21年金商法改正により売出しから除外される取引に追加された。なお，店頭売買有価証券市場は現在は存在しない。

③ 金融商品取引所に上場されている有価証券および店頭売買有価証券のPTS取引（金商法施行令１条の７の３第３号）

金融商品取引所に上場されている有価証券のいわゆるPTS取引（２条８項10号に掲げる行為による有価証券の売買）については，平成21年金商法改正前から有価証券の売出しに該当しないものとされていたものである。平成21年金商法改正において，店頭売買有価証券のPTS取引も売出しから除外される取引に追加された。

④ 金融商品取引業者等または特定投資家が他の金融商品取引業者等または特定投資家と行う取引所金融商品市場によらないで行う上場有価証券の売買のうち，当該有価証券の公正な価格形成および流通の円滑を図るために行うものであって，取引所金融商品市場における当該有価証券の売買価格を基礎として取引状況を勘案した適正な価格で行うもの（金商法施行令１条の７の３第４号）

いわゆるブロックトレードなどの場合を指し，金融商品取引業者等（金融商品取引業者および登録金融機関をいう。34条，金商法施行令１条の５の２第１項１号）または特定投資家が他の金融商品取引業者等または特定投資家との間で行う取引で，ⓐ当該有価証券の公正な価格形成および流通の円滑を図るために行われるものという目的要件と，ⓑ取引所金融商品市場における当該有価証券の売買価格を基礎として取引状況を勘案した適正な価格で行うものという価格要件を満たすものをいう。このうちⓐは，「その有価証券の売買を取引所金融商品市場において行うことにより，市場価格に大きな影響を及ぼすと懸念される場合において，市場価格に影響を及ばさず，その有価証券

(29)　証券取引法研究会編『金融商品取引法の検討〔１〕』別冊・商事法務308号85頁以下〔黒沼悦郎発言〕〔加藤貴仁発言〕（2007）など

の流通が円滑に行われるように行う有価証券の売買」という趣旨とされ[30]，「公正な価格形成を図るために行うもの」とは，結果として「公正な価格形成を損なわずに行うもの」と同じ意味であるとされている[31]。また，ⓑについては，基本的には，その売買価格は取引所金融商品市場における売買価格に近似する価格に限られるものと考えられるが，その売買価格は取引所金融商品市場の取引時間外に当該発行会社に発生した事象，海外の金融商品市場における売買価格等が反映されるとされ[32]，また，金融商品取引所等の有価証券の価格を基準として，手数料およびリスク等を考慮したものであると考えられるとされる[33]。

⑤　58条の2ただし書の規定により，外国証券業者が金融商品取引業者等または適格機関投資家に対して行う譲渡制限のない海外発行証券の売付け（金商法施行令1条の7の3第5号）

58条の2ただし書，金商法施行令17条の3第1号および2号により，外国証券会社は一定の金融商品取引業者や金融機関などを相手方とする有価証券関連業に当たる行為を行うことが認められているが，このような例外規定に基づいて外国証券業者が行う有価証券の売付けを売出しから除外するものである。

ここで，「譲渡制限のない海外発行証券」とは，外国ですでに発行された当該有価証券（国内ですでに発行された有価証券でその発行の際にその有価証券発行勧誘等（4条2項に規定する有価証券発行勧誘等をいう）が国内で行われなかったものを含む）で，適格機関投資家私売出し，特定投資家私売出しまたは少人数私売出しのほか，組織再編成交付手続のうち，組織再編成対象会社株主等が適格機関投資家のみであって当該組織再編成交付手続に係る有価証券がその取得者から適格機関投資家以外の者に譲渡されるおそれが少ない場合または当該組織再編成交付手続に係る有価証券が多数の者に所有されるおそれが少ない場合に該当するものが行われておらず，譲渡制限が付されていないものをいう（金商法施行令1条の7の3第5号。以下，本(iii)において同じ)。

---

(30)　平成21年12月22日パブコメ9頁No.21
(31)　平成21年12月22日パブコメ10頁No.24
(32)　平成21年12月22日パブコメ9頁No.22
(33)　平成21年12月22日パブコメ10頁No.23

⑥　譲渡制限のない海外発行証券を取得した金融商品取引業者等または適格機関投資家（売付け金融商品取引業者等。金商法施行令１条の７の３第６号）による他の金融商品取引業者等（当該譲渡制限のない海外発行証券を他の者に取得させる目的で買い付ける者に限る。買付け金融商品取引業者等。同号）に対する当該譲渡制限のない海外発行証券の売付け（当事者の少なくとも一方が日本証券業協会の会員である売付けに限る）であって，当該売付け金融商品取引業者等（当該売付け金融商品取引業者等が日本証券業協会の会員でない場合は，買付け金融商品取引業者等）が，当該譲渡制限のない海外発行証券に関する一定の事項を日本証券業協会に報告するもの（同号）

上記⑤により譲渡制限のない海外発行証券を取得した金融商品取引業者等は，この規定に基づき，当該譲渡制限のない海外発行証券を他の者に取得させる目的で買い付けようとする他の金融商品取引業者等に譲渡制限を付さずに売り付けることができる。ただし，売り手側は買い手側に対して，転売目的であるか否かについて確認した上で販売する必要がある[(34)]。

また，売付け金融商品取引業者等（当該売付け金融商品取引業者等が日本証券業協会の会員でない場合は，買付け金融商品取引業者等）は，当該譲渡制限のない海外発行証券に関する事項を日本証券業協会に報告しなければならない。これは，金融商品取引業者等に報告を求めることにより，情報開示が行われず，譲渡制限も付されていない海外発行証券が一般投資者に譲渡されることを防止するとともに，日本証券業協会が，この報告をもって，譲渡制限のない海外発行証券の流通状況を把握することにより，譲渡制限のない海外発行証券が一般投資者に譲渡されていないかを確認しようとするものとされている。当該報告は事後的な報告で足りるものとされ，また，報告を行わなかった場合における有価証券の売買については，有価証券法理に従い，善意の第三者は保護されるものと説明されている[(35)]。日本証券業協会に報告されるのは次の事項である（定義府令13条の３第１項）。

ⓐ　発行者の名称および本店所在地

ⓑ　銘柄

---

(34)　平成21年12月28日パブコメ43頁No.181

(35)　平成21年12月28日パブコメ43頁No.182

ⓒ　定義府令10条の2第1項各号の区分に応じ，当該各号に定める事項

ⓓ　当該譲渡制限のない海外発行証券を識別するために必要な事項として日本証券業協会が定める事項（ⓐ～ⓒに掲げる事項を除く）

⑦　譲渡制限のない有価証券の売買であって，次に掲げる者以外の者が所有するものの売買（金商法施行令1条の7の3第7号）

ⓐ　当該譲渡制限のない有価証券の発行者

ⓑ　当該譲渡制限のない有価証券の発行者である法人（外国法人を含む。以下，本⑦において同じ）の役員（取締役，執行役，会計参与および監査役（理事および監事その他これらに準ずる者を含む）をいう。以下，本⑦において同じ）または発起人その他これに準ずる者（当該法人の設立後に当該法人の役員または株主その他の構成員のいずれにも該当しない期間があり，かつ，当該期間が連続して5年を超える場合の発起人その他これに準ずる者を除く）

ⓒ　当該譲渡制限のない有価証券の発行者である法人の主要株主（自己または他人の名義をもって総株主等の議決権の100分の10以上の議決権を保有している株主をいう。163条1項，金商法施行令1条の7の3第7号ハ）または当該主要株主（法人である場合に限る）の役員もしくは発起人その他これに準ずる者（当該主要株主である法人の設立後に当該法人の役員または株主その他の構成員のいずれにも該当しない期間があり，かつ，当該期間が連続して5年を超える場合の発起人その他これに準ずる者を除く）

ⓓ　当該譲渡制限のない有価証券の発行者である法人の子会社等（29条の4第4項に規定する子会社その他これに準ずる法人をいう。以下本⑦において同じ）または当該子会社等の役員もしくは発起人その他これに準ずる者（当該子会社等の設立後に当該子会社等の役員または株主その他の構成員のいずれにも該当しない期間があり，かつ，当該期間が連続して5年を超える場合の発起人その他これに準ずる者を除く）

ⓔ　金融商品取引業者等

発行者やその関係者または金融商品取引業者等以外の者が所有する譲渡制限のない有価証券の売買については，情報の非対称性，販売圧力が存在しないと考えられることから，有価証券の売出しとして開示規制の対象としない

趣旨である。この規定により，たとえば上場会社の株主であって，役員や主要株主等に該当しない一般投資家による当該上場会社の株式の処分は市場外で多数の者に向けて行われても「有価証券の売出し」に該当しないことになる。

ここで，「譲渡制限のない有価証券」とは，プロ私募，特定投資家私募，少人数私募，適格機関投資家私売出し，特定投資家私売出しまたは少人数私売出しのほか，組織再編成発行手続のうち，組織再編成対象会社株主等が適格機関投資家のみであって，当該組織再編成発行手続に係る有価証券がその取得者から適格機関投資家以外の者に譲渡されるおそれが少ない場合または当該組織再編成発行手続に係る有価証券が多数の者に所有されるおそれが少ない場合に該当するもの，および組織再編成交付手続のうち，組織再編成対象会社株主等が適格機関投資家のみであって当該組織再編成交付手続に係る有価証券がその取得者から適格機関投資家以外の者に譲渡されるおそれが少ない場合または当該組織再編成交付手続に係る有価証券が多数の者に所有されるおそれが少ない場合に該当するものが行われておらず，譲渡制限が付されていないものをいう（金商法施行令１条の７の３第７号柱書）。

なお，平成24年10月施行の金商法施行令・企業開示府令の改正前は，有価証券の売出しに該当する（売出しから除外されない）発行者関係者の範囲と，有価証券通知書の提出および目論見書の作成が必要となる発行者関係者の範囲に不一致があったが，同改正により，当該不一致は是正された（上記発行関係者の範囲の記載は同改正を踏まえたものである）。

⑧　譲渡制限のない有価証券の売買（当該売買の当事者の双方が⑦のⓐ～ⓔに掲げる者であるもの（当該売買の当事者の双方が金融商品取引業者等であるものを除く）に限る）（金商法施行令１条の７の３第８号）

発行者やその関係者または金融商品取引業者等の間での譲渡制限のない有価証券の売買については，情報の非対称性，販売圧力は存在しないと考えられることから，有価証券の売出しに該当しないものとする趣旨である。ただし，専門業者間取引として他の規定が適用されるため金融商品取引業者等間での売買は除かれている[(36)]。

(36)　平成21年12月22日パブコメ15頁No.48

⑨　国債証券，社債券（新株予約権付社債券を除く），投資法人債券などの定義府令13条の3第2項で規定する有価証券に係る買戻しまたは売戻条件付売買であって，買戻しまたは売戻価格および買戻しの日または売戻しの日があらかじめ定められているもの（金商法施行令1条の7の3第9号）

いわゆる現先取引を対象とするものである。現先取引は債券に限って行われていることから，この規定の対象も債券等に限定されていると説明されている。また，貸借取引は，実質的に譲渡でないものといえる場合，売付けに該当しないものとされている(37)。

⑩　発行者または当該発行者に対する当該有価証券の売付けを行おうとする者（当該者に対する当該有価証券の売付けを行おうとする者を含む）に対する当該有価証券の売付け（金商法施行令1条の7の3第10号）

たとえば発行者による買入消却に際し，有価証券の保有者が，発行者や発行者に売り付けるために買い取る者に売り付ける行為がこれに該当する(38)。なお，この規定は「有価証券の売出し」に該当しない場合を定めたものであり，適格機関投資家私募・私売出しによる転売制限の付されている有価証券について，発行者等に対して適格機関投資家取得有価証券一般勧誘（4条2項）を行う場合の届出義務を免除する趣旨ではない(39)。適格機関投資家取得有価証券一般勧誘については，(d)**適格機関投資家取得有価証券一般勧誘**参照。

⑪　金融商品取引業者等が顧客のために取引所金融商品取引市場または外国金融商品市場（2条8項3号ロに規定する外国金融商品市場をいう）における有価証券の売買の取次ぎを行うことに伴う有価証券の売買（金商法施行令1条の7の3第11号）

この規定の対象となる取引は，基本的に，金融商品取引業者等による積極的な勧誘がない場合であって，顧客からの注文に対し当該注文に応じるための取引であるとされている(40)。金融商品取引業者等が購入し，保有している在庫の一覧表（この規定の対象となる有価証券以外の有価証券が含まれている場

(37)　平成21年12月28日パブコメ15頁No.55
(38)　高山泰之「「有価証券の売出し」の改正と実務上の対応」金融法務事情1900号106頁（2010）
(39)　平成21年12月28日パブコメ21頁No.83
(40)　平成22年3月31日パブコメ55頁No.180

合を除き，取引価格が含まれていないものに限る）を顧客に提供する行為は，ここで規定する有価証券の売買の取次ぎを行うことに伴う有価証券の売買の一連の行為として取り扱うこととされている（企業開示ガイドラインＢ2-10)。ただし，顧客からの要望がないにもかかわらず，顧客にこのような在庫一覧表をファックス等で提供する場合は，このような一連の行為に該当しないと考えられている[41]。

⒤　多人数向け売付け勧誘等

上述のとおり，売出しから除外される取引に該当しない場合で，多数の者を相手方として行う場合として政令で定める場合に該当する場合には，多人数向け売付け勧誘等として私売出しの要件を検討するまでもなく売出しに該当する（２条４項１号)。この多数の者を相手方として行う場合として政令で定める場合とは，募集の場合と同様に50名以上の者を相手方として行う場合とされている（金商法施行令１条の８)。売付け勧誘等の相手方の人数は勧誘の対象となった人数をいい，勧誘に応じて実際に有価証券を取得した人数ではないことは，募集における取得勧誘の場合と同じである（なお，特定投資家のみを相手方とする場合を除くのも募集と同じである)。上述のとおり，平成21年金商法改正前までは，「均一の条件」であることが必要とされていたのが，同改正により当該要件はなくなった。同改正前は，「均一の条件」であることが必要とされることから売渡期日が異なる売付け勧誘等は売出しには該当せず，募集の場合の６カ月通算のような通算ルールはなかった（改正前企業開示ガイドライン2-9)。これに対し，同改正後は，「均一の条件」であることが必要でなくなったこともあって，売出しについても後述する１カ月通算が適用されることとなった。

また，同改正前は，募集の場合と異なり，売出しの場合には勧誘の相手方の人数から適格機関投資家の人数をプロ除外する規定はなかったが，同改正により，募集と同様にプロ除外がされるようになった。売出しの場合のプロ除外の要件については，金商法施行令１条の７の４において，後述するプロ私売出しで必要とされる要件と同じ要件が定められている（⒱プロ私売出し参照)。

⑷1　谷口・前掲注⒇41頁

(v)　プロ私売出し

［概　　要］

上述のとおり，平成21年金商法改正前は既発行有価証券については，新規発行有価証券におけるプロ私募や少人数私募に該当する概念はなかった。しかしながら，既発行有価証券であっても，その流通段階において（公法上，強制力のある）転売制限を付すことが可能であると考えられることから，プロ私募や少人数私募と同様の制度を設けることとされた(42)。すなわち，既発行有価証券の売付け勧誘等の相手方が有価証券に対する投資に係る専門的知識および経験を有する適格機関投資家（いわゆるプロ）のみであり，当該有価証券がその取得者から適格機関投資家以外の者に譲渡されるおそれが少ない場合として政令で定める場合には，売出しに該当しないこととされた（2条4項2号イ)。

なお，適格機関投資家の定義に関しては，(b)(iv)プロ私募［**適格機関投資家の意義**］参照。

［プロ私売出し要件］

プロ私売出しの要件は，基本的にプロ私募の要件と同様であり，有価証券の種類ごとに次のように規定されている。

①　株券等（金商法施行令1条の7の4第1号)

株券（外国株券，優先出資法に規定する優先出資証券および資産流動化法に規定する優先出資証券ならびに外国の者の発行する証券・証書でこれらの性質を有するもの，投信法に規定する投資証券および外国投資証券で投資証券に類する証券を含む｡）および外国の者の発行する証券・証書で特別の法律により設立された法人の発行する出資証券の性質を有するもの（株券等。金商法施行令1条の4第1号）の場合に適格機関投資家以外の者に譲渡されるおそれが少ないといえるためには，次に掲げるⓐ～ⓒのすべての要件に該当することが必要である。

ⓐ　当該株券等の発行者が，当該株券等と同一の内容を表示した株券等であって24条1項各号（27条において準用する場合を含む）のいずれかに該当するものをすでに発行している者でないこと，すなわち，当該株券等の発行者が，当該株券等と同一の内容を表示した株券等について有価証券報告書の提出義務要件を満たさないこと

(42)　谷口・前掲注(20)41頁

ⓑ　当該株券等と同一種類の有価証券として定義府令10条の2第1項で定めるものが特定投資家向け有価証券でないこと

ⓒ　当該株券等を取得した者が当該株券等を適格機関投資家以外の者に譲渡を行わない旨を定めた譲渡に係る契約を締結することを取得の条件として，売付け勧誘等または組織再編成交付手続が行われること

ⓐについては，プロ私募の場合と同様に，当該発行者が，当該株券等と同一の内容を表示した株券等について，ⅰ金融商品取引所に上場された株券等（特定上場有価証券を除く），ⅱ認可金融商品取引業協会に登録する店頭売買有価証券に該当する株券等（特定店頭売買有価証券を除く），ⅲ募集・売出しの届出をした株券等またはⅳ最近5事業年度末のいずれかにおいて所有者が1,000名以上（特定投資家向け有価証券の場合は，特定投資家を除く）である株券等のいずれかに該当する株券等をすでに発行している者でないことが必要となる（24条1項各号，金商法施行令1条の7の4第1号イ・3条・3条の6第2項・4項）。このため，プロ私募の場合と同様に，上場されていることなどにより，有価証券報告書の提出義務のある株券等については，プロ私売出しは認められないこととなる一方で，発行者が株式に係る剰余金の配当，残余財産の分配などに関して内容の異なる数種の株券等を発行している場合には，発行しようとしている株券等と同種の内容を表示した株券等が上場証券，店頭売買証券，募集・売出しの届出をした証券，所有者が1,000名以上である証券でなければ，プロ私売出しの要件を満たしうる（金商法施行令1条の7の4第1号イかっこ書）。ただし，企業開示ガイドラインCⅢ(1)④に記載される種類株式による届出の潜脱については留意が必要である。(b)(iv)プロ私募［**プロ私募要件**］参照。

また，ⓑについても，プロ私募の場合と同様である。

さらに，ⓒに記載のとおり，プロ私募の場合と同様に，株券等にプロ私売出しが認められるためには，上記に加え，当該有価証券を取得した者が当該有価証券を適格機関投資家以外の者に譲渡しない旨を定めた譲渡に係る契約を締結することを取得の条件として売付け勧誘等または組織再編成交付手続が行われる必要がある（金商法施行令1条の7の4第1号ハ）。

②　新株予約権証券等（金商法施行令1条の7の4第2号，定義府令13条の4第

１項)

新株予約権証券および新株予約権，資産流動化法に規定する新優先出資引受権または優先出資証券に転換する権利が付された有価証券ならびに外国有価証券のうちこれらの有価証券の性質を有するものならびに新投資口予約権証券および外国投資証券で新投資口予約権証券に類する証券（新株予約権証券等。金商法施行令１条の４第２号）の場合に適格機関投資家以外の者に譲渡されるおそれが少ないといえるためには，次に掲げるⓐ～ⓓのすべての要件に該当することが必要である。

ⓐ　当該新株予約権証券等に表示された権利の行使により取得され，引き受けられ，または転換されることとなる株券の発行者ならびに当該株券，新株予約権証券および新投資口予約権証券がそれぞれ①ⓐおよびⓑに掲げる要件に該当すること

ⓑ　当該新株予約権証券等（新株予約権証券および新投資口予約権証券を除く。以下ⓑおよびⓒにおいて同じ）の発行者が，当該新株予約権証券等と同一種類の有価証券として定義府令10条の２第１項で定めるものであって金商法24条１項各号（27条において準用する場合を含む）のいずれかに該当するものをすでに発行している者でないこと，すなわち，当該新株予約権証券等の発行者が，当該新株予約権証券等と同一種類の有価証券について有価証券報告書の提出義務要件を満たさないこと

ⓒ　当該新株予約権証券等と同一種類の有価証券として定義府令10条の２第１項で定めるものが特定投資家向け有価証券でないこと

ⓓ　当該新株予約権証券等（当該新株予約権証券等が新優先出資引受権付特定社債券である場合であって，特定社債券と分離して新優先出資引受権のみを譲渡することができるときは，当該特定社債券およびこれとともに発行される新優先出資引受権証券）に，内閣府令で定める方式に従い，これを取得し，または買い付けた者が当該新株予約権証券等を適格機関投資家に譲渡する場合以外の譲渡が禁止される旨の制限が付されていることその他当該新株予約権証券等がこれに準ずるものとして内閣府令で定める要件に該当すること

ⓐ～ⓒの詳細については，①およびプロ私募について述べたところと同

様である。

ⓓに記載のとおり，新株予約権証券等などにプロ私売出しが認められるためには，プロ私募の場合と同様に，ⓐ～ⓒに加え，当該有価証券（当該有価証券が新優先出資引受権付特定社債券である場合であって，特定社債券と分離して新優先出資引受権のみを譲渡することができるときは，その特定社債券およびこれとともに発行される新優先出資引受権証券）に，次のⓘ～ⓘⓘⓘのいずれかの方式に従い，これを取得しまたは買い付けた者が当該有価証券を適格機関投資家に譲渡する場合以外の譲渡が禁止される旨の制限（転売制限。定義府令13条の4第1項1号）が付されている必要がある（金商法施行令1条の7の4第2号ニ，定義府令13条の4第1項）。

ⓘ　当該有価証券に転売制限が付されている旨が当該有価証券に記載され，当該有価証券の取得者に当該有価証券が交付されること

ⓘⓘ　当該有価証券の取得者に交付される当該有価証券に関する情報を記載した書面において，当該有価証券に転売制限が付されている旨の記載がされていること

ⓘⓘⓘ　社債等振替法の規定により加入者が当該有価証券に転売制限が付されていることを知ることができるようにする措置がとられていること

③　①および②以外の有価証券（金商法施行令1条の7の4第3号）

ⓐ　普通社債など（金商法施行令1条の7の4第3号ハ，定義府令13条の4第2項1号）

①および②以外の有価証券の場合に適格機関投資家以外の者に譲渡されるおそれが少ないといえるためには，プロ私募の場合と同様に，次に掲げるⓘ～ⓘⓘⓘのすべての要件に該当することが必要である。

ⓘ　当該有価証券の発行者が，当該有価証券と同一種類の有価証券として定義府令10条の2第1項で定めるものであって金商法24条1項各号（27条において準用する場合を含む）のいずれかに該当するものをすでに発行している者でないこと，すなわち，当該有価証券の発行者が，当該有価証券と同一種類の有価証券であって有価証券報告書の提出義務要件を満たすものをすでに発行している者でないこと

ⓘⓘ　当該有価証券と同一種類の有価証券として定義府令10条の2第1項

で定めるものが特定投資家向け有価証券でないこと

ⅲ　②に準じて内閣府令で定める要件に該当すること

ⅰの有価証券報告書の提出義務の詳細については，①およびプロ私募について述べたところと同様である。

ⅲの内閣府令で定める要件については，定義府令13条の４第２項１号で以下のいずれかの要件に該当することが必要であるとされている。

㋑　当該有価証券に転売制限が付されている旨が当該有価証券に記載され，当該有価証券の取得者に当該有価証券が交付されること

㋺　当該有価証券の取得者に交付される当該有価証券に関する情報を記載した書面において，当該有価証券に転売制限が付されている旨の記載がされていること

㋩　社債等振替法の規定により加入者が当該有価証券に転売制限が付されていることを知ることができるようにする措置がとられていること

普通社債などについては，上記の要件を充足すれば，プロ私売出しが認められることになる。しかし，以下の有価証券については，プロ私募の場合と同様に，本ⓐにおいて述べた要件に加えて，有価証券の区分に応じてそれぞれさらに以下の要件も満たす必要がある。

ⓑ　有価証券信託受益証券など（金商法施行令１条の７の４第３号ハ，定義府令13条の４第２項２号イ）

有価証券信託受益証券および外国の者の発行する証券または証書で有価証券信託受益証券の性質を有するものの場合，プロ私募の場合と同様に，受託有価証券が株券等，新株予約権証券等，それら以外のいずれに該当するかに応じて，当該受託有価証券が，それぞれ前記①，②および③ⓐの要件も充足する必要がある。

ⓒ　オプションを表示する証券または証書（金商法施行令１条の７の４第３号ハ，定義府令13条の４第２項２号ロ）

いわゆるカバード・ワラントであるオプションを表示する証券または証書の場合，プロ私募の場合と同様に，次のいずれかの要件を充足する必要がある。

ⓘ　オプションの行使により売買その他の取引の対象となる原有価証券（定義府令11条2項2号ロ(1)）が株券等，新株予約権証券等，それら以外のいずれに該当するかに応じて，原有価証券が，それぞれ前記①，②および③ⓐの要件を充足すること

ⅱ　オプションの行使により有価証券売買その他の取引が行われないこと

ⓓ　預託証券または預託証書（金商法施行令1条の4第3号ハ，定義府令11条2項2号ハ）

預託証券または預託証書の場合，次のいずれかの要件を充足する必要がある。

ⓘ　当該預託証券または預託証書に表示される権利に係る証券または証書が，株券等，新株予約権証券等，それら以外のいずれに該当するかに応じて，当該証券または証書が，それぞれ前記①，②および③ⓐの要件を充足すること

ⅱ　当該預託証券または預託証書に表示される権利の行使により有価証券の売買その他の取引が行われないこと

ⓔ　転換債券（金商法施行令1条の7の4第3号ハ，定義府令13条の4第2項2号ニ）

社債券および外国の者の発行する証券または証書で社債券の性質を有するものであって，株券等，新株予約権証券等，オプションを表示する証券もしくは証書，または預託証券もしくは預託証書（当該社債券の発行者以外の者が発行したものに限る）により償還される旨または償還することができる旨の特約が付されているもの（転換債券。定義府令11条2項2号ニ）の場合，プロ私募の場合と同様に，当該償還により取得する有価証券（償還有価証券。定義府令13条の4第2項2号ニ）が株券等，新株予約権証券等，オプションを表示する証券もしくは証書，または預託証券もしくは預託証書のいずれに該当するかに応じて，償還有価証券が，それぞれ前記①，②，③ⓒおよび③ⓓの要件を充足することが必要である。

ただし，償還有価証券が株券等の場合において，当該償還有価証券が

新たに発行される有価証券でなく，かつ，当該償還有価証券の発行者が当該転換債券の発行者の親会社または子会社でない場合（既発行償還有価証券である場合。定義府令13条の４第２項２号ニ(1)）には，前記①で述べた要件のうち，当該株券等の発行者が有価証券報告書の提出義務要件を満たさないこと（当該株券等の発行者が，当該株券等と同一種類の有価証券であって有価証券報告書の提出義務要件を満たすものをすでに発行している者でないこと）という要件は充足する必要はない（定義府令13条の４第２項２号ニ(1)）。これは，プロ私募の場合と同様に，国内の上場株券等に転換するいわゆる他社株転換社債（EB）の私売出しを一定の要件の下で認めたものである[43]。

また，償還有価証券が新株予約権証券等の場合についても，当該償還有価証券が既発行償還有価証券である場合には，前記②で述べた要件のうち，当該新株予約権証券等（新株予約権証券を除く）の発行者が，当該新株予約権証券等と同一種類の有価証券であって有価証券報告書の提出義務要件を満たすものをすでに発行している者でないことという要件は充足する必要はない（定義府令13条の４第２項２号ニ(2)）。

［プロ私売出しの告知］

上記のとおり，プロ私売出しにおいては一定の転売制限が要求されるが，この転売制限の実効性を確保するため，プロ私募の場合と同様に，当該有価証券に関して開示が行われている場合または発行価額もしくは譲渡価額の総額が１億円未満で内閣府令で定める場合を除き，プロ私売出しにおける勧誘者は，勧誘の相手方に対し，①当該売付け勧誘等がプロ私売出しに該当することにより当該売付け勧誘等に関し４条１項の規定による届出が行われていないこと，および②適格機関投資家以外の者に譲渡されるおそれが少ないとされるために付された条件・要件の内容または有価証券に付された転売制限の内容を告知することが要求されている（23条の13第１項，企業開示府令14条の14，特定有価証券開示府令19条，外債府令11条の13）。平成21年金商法改正前は，プロ私募で発行された有価証券を転売する目的で勧誘行為を行う場合に，当該有価証券がプロ私募で発行されたために届出がされていないことや転売制限が付されていること

---

(43)　平成21年12月28日パブコメ８頁No.26・９頁No.30

を告知することとされていた。その際に，プロ私募で発行された有価証券に発行時に付された転売制限は，その後も存続するのが原則であるから，発行時にどのような転売制限が付されていたかを告知することとされていた。しかし，平成21年金商法改正により，私売出し制度が導入され，ある有価証券に発行時に付された転売制限の内容が私売出しにより変更される場合がある。このため，勧誘時にどのような転売制限が付されているかを告知することとされた[44]。この場合，勧誘者はあらかじめまたは同時に勧誘の相手方に対して告知すべき事項を記載した書面を交付することを要すること（23条の13第2項），かかる書面の交付を受けるべき者の承諾を得られれば，書面交付者はかかる書面の交付に代えて書面に記載すべき転売制限情報を電子メールなどの電磁的方法により提供することができる（27条の30の9，企業開示府令23条の2・23条の3，特定有価証券開示府令32条の2・32条の3）こともプロ私募の場合と同様である。

売付け勧誘等の相手方の人数計算からプロ除外される適格機関投資家を相手方とする売付け勧誘等についても，「適格機関投資家向け勧誘」という定義に含まれ，その勧誘者に対しては，上記のプロ私売出しの際の告知義務と同様の義務が課されるのもプロ私募の場合と同様である。

［外国会社の国内代理人設置義務の不存在］

プロ私募の場合とは異なり，プロ私売出しの場合には，外国の者の発行した有価証券であっても，国内代理人を定める必要はない。

(vi)　少人数私売出し

［概　　要］

多人数向け売付け勧誘等，プロ私売出し，特定投資家私売出し以外の場合で，かつ，プロ除外された適格機関投資家を除いて50名以上の特定投資家のみを相手方とする場合以外で，当該有価証券がその取得者が多数の者に所有されるおそれが少ない場合として政令で定める場合には，少人数私売出しとして，売出しに該当しない（2条4項2号ハ，金商法施行令1条の8の4）。すなわち，少人数私売出しとは，49名（プロ除外の要件を満たした適格機関投資家の人数を除く）以下の者を相手方として売付け勧誘等を行う場合でプロ私売出しまたは特定投資家私売出しに該当しないケースで一定の要件を満たした場合をいう。

(44)　池田ほか・逐条解説2009年金商法改正181頁・182頁

［１カ月通算］

上記のとおり，49名以下の者を相手方として売付け勧誘等を行う場合は少人数私売出しに該当しうるが，売付け勧誘等の相手方の人数が49名以下でも，その売付け勧誘等の勧誘者にその売付け勧誘等を行う日以前１カ月以内に行われた同一種類の他の有価証券として定義府令10条の２で定めるものの売付け勧誘等における勧誘者を合計して50名以上となる場合には，売出しに該当することになる（２条４項２号ハ，金商法施行令１条の８の３）。「同一種類」の意義については，(b)(v)少人数私募**［６カ月通算］**に記載のとおり，定義府令10条の２第１項各号において有価証券の種類ごとに規定されるところによる（**図表2－7**参照）。ただし，プロ除外の要件を満たした適格機関投資家の人数は除き，以下の有価証券については，上記の同一種類の他の同一の有価証券から除くものとされている（金商法施行令１条の８の３かっこ書・各号）。

①　その売付け勧誘等の際にプロ私売出しに該当した有価証券

②　その売付け勧誘等の際にその売付け勧誘等が金商法施行令２条の12に規定する場合（ストック・オプションの特例が適用される場合。(4)②参照）

③　その売付け勧誘等が有価証券の売出しに該当し，かつ，当該有価証券の売出しに関して有価証券届出書または発行登録追補書類の提出が行われた有価証券

④　その売付け勧誘等が外国証券売出しに該当し（(4)④参照），外国証券情報（第２節■**４**参照）の提供または公表が行われた有価証券

なお，少人数私募における６カ月通算の場合と同様に，売付けまたは買付けようとする有価証券の売付け勧誘等の相手方に同種の既発行有価証券の売付け勧誘等を行った相手方と同一の者が含まれる場合には，当該者も含めた延べ人数により計算することとされている（企業開示ガイドラインＢ2-9）。

［少人数私売出し要件］

少人数私募により発行された有価証券については，多数の者に譲渡されないよう少人数私募の転売制限が付されているところ，当該有価証券について少人数私募の転売制限に従って売付け勧誘等を行う場合には，多数の者に譲渡されるおそれが少ない場合に該当し，私売出しに該当することとされている（金商法施行令１条の８の４第２号）[(45)]。

少人数私募により発行された有価証券以外の有価証券にかかる少人数私売出しの要件は，基本的に少人数私募の要件と同様であり，有価証券の種類ごとに次のように規定されている。なお，これらに加え，少人数私募の場合と同様に，当該取得勧誘が特定投資家のみを相手方とし，かつ，50名以上の者（当該者が売付け勧誘等の相手方の人数計算から除外される適格機関投資家を除く）を相手方として行う場合でないことも少人数私売出しに必要な要件とされている（金商法施行令1条の8の4第1号）。

①　株券等（金商法施行令1条の8の4第3号イ）

株券（外国株券，優先出資法に規定する優先出資証券および資産流動化法に規定する優先出資証券ならびに外国の者の発行する証券・証書でこれらの性質を有するもの，投信法に規定する投資証券および外国投資証券で投資証券に類する証券を含む）および外国の者の発行する証券・証書で特別の法律により設立された法人の発行する出資証券の性質を有するもの（株券等。金商法施行令1条の4第1号）の場合に多数の者に譲渡されるおそれが少ないといえるためには，次に掲げるⓐおよびⓑの要件に該当することが必要である。

ⓐ　当該株券等の発行者が，当該株券等と同一の内容を表示した株券等であって金商法24条1項各号（27条において準用する場合を含む）のいずれかに該当するものをすでに発行している者でないこと，すなわち，当該株券等の発行者が，当該株券等と同一の内容を表示した株券等について有価証券報告書の提出義務要件を満たさないこと

ⓑ　当該株券等と同一種類の有価証券として定義府令10条の2第1項で定めるものが特定投資家向け有価証券でないこと

ⓐの詳細については，プロ私募，少人数私募，プロ私売出しの場合に述べるところと同じである。

プロ私募および少人数私募の場合と同様に，上場されていることなどにより，有価証券報告書の提出義務のある株券などについては，少人数私売出しは認められないこととなる。

株券等の少人数私売出しについては，少人数私募の場合と同様に，上記に加えて特段の転売制限は要件とされていない。

---

(45)　谷口・前掲注(20)43頁

実務のポイント・2－2

◆売出し規制の見直しに伴う上場株式の売却における留意点

平成21年金商法改正前までは，上場株式の第三者に対する売却は，その所有者の属性や発行会社との関係にかかわらず，均一の条件で50名以上の者を相手方として勧誘する場合でなければ売出しに該当することはなく，有価証券届出書または有価証券通知書の提出や目論見書の作成・交付は不要とされていた。しかしながら，同改正における売出し規制の見直しにより，既発行の第一項有価証券の売付け勧誘等は，①売出しから除外される取引，または②私売出しのいずれかに該当しない限り原則として売出しに該当し，有価証券届出書または有価証券通知書の提出および目論見書の作成・交付が必要となることとなった。そして，私売出しは有価証券報告書提出義務要件を満たさない場合のみ認められるため，上場株式の売却は私売出しの要件を満たさず，上場株式の売却は，売出しから除外される取引に該当しない限り，原則として売出しに該当することとなった。

この点，発行会社，発行会社の主要株主や役員を含む発行会社の一定の関係者または金融商品取引業者等以外の者が所有する譲渡制限のない有価証券の売買は売出しに該当しないこととされている（金商法施行令１条の７の３第７号）。このため，売出しへの該当性が主に問題となるのは，発行会社の主要株主（総株主の議決権の10％以上の議決権を保有する株主，163条１項）や発行会社またはその子会社の役員などの発行会社の関係者がその所有する発行会社の株式を売却するような場合である。このような場合，相手方が１名でも原則として売出しに該当して，有価証券通知書の提出および目論見書の作成・交付が必要となり，取引所の規則に基づき売出しに関する適時開示が必要となる可能性もある。

このような場合に，売出しから除外されるためには，他の除外規定に該当する必要があるが，実務上は①発行会社または発行会社の（他の）主要株主や役員などの発行会社の一定の関係者や金融商品取引業者等を相手方とした売買（金商法施行令１条の７の３第８号），②金融商品取引所における売買（同条１号），または③いわゆるブロックトレードとしての売買（同条４号）が考えられる。②の金融商品取引所における売買については，ToSTNeTを利用した立会外取引も文理上除外の対象から除かれていない。③のいわゆるブロックトレードとしての売買については，たとえば，当該株券の所有者が金融商品取引業者等または特定投資家であるか，そうでない場合は証券会社などの金融商品取引業者等を間に入れたうえで（当該売買は上記①に該当），金融商品取引業者等または特定投資家を相手方に，(a)当該有価証券の公正な価格形成および流通の円滑を図るために，(b)市場価格を基礎として取引状況を勘案した適正な価格で行う場合には売出しに該当しないこととなる。このうち(b)の「市場価格を基礎として取引状況を勘案した適正な価格」の具体的な意味については必ずしも明らかではないが，実務上，取引実施日の直近日における終値から，東京証券取引所における単一銘柄取引（ToSTNeT-1）で認められる取引価格を参考に上下７％以内のプレミアム／ディスカウントに収まるよう配慮されることがある。このような配慮がなされた価格が「市場価格を基礎として取引状況を勘案した適正な価格」であることには異論はないものの，文言上はかかる価格に限定される必然性はなく，取引対象となる株券の取引状況を勘案した結果，取引実施日から合理的な期間を遡った日から直近日までの期間における終値平均を基礎とすることや，プレミアム／ディスカウントを7％以上とすることも許容されるべきと考える。なお，①については，主要株主の親会社や兄弟会社などが含まれていないが，このような者を相手方としたグループ内の株式の異動といえる取引について開示規制が必要かという点には疑問もある。また，M&A取引などにおいて，売出しに該当し，有価証券通知書，目論見書の作成などが必要となる場合の，有価証券通知書の提出前の相手方との事前交渉，協議についてどのように考えるかという問題があるが，**実務のポイント・2－3**で詳述するように，企業開示ガイドラインB2-12による限度で可能という考え方には合理性が認められるように思われる。

実務のポイント・2－3

◆上場会社の主要株主や役員などの公開買付けへの応募と売出し規制

平成21年金商法改正により，上場会社の主要株主や役員などが，当該上場会社の株式を売却する場合には，相手方が1名でも原則として売出しに該当することとなったため，上場会社の主要株主や役員などが，当該上場会社の株券を対象とした公開買付けに応じる場合に，売出しに該当し，有価証券通知書の提出や目論見書の作成・交付が必要になるか（さらには取引所規則に基づき売出しに関する適時開示が必要となるか）が問題となりうる。

この点，公開買付けに応じる場合には，勧誘行為はなく「売出し」に該当しないとのパブコメ回答（平成21年12月28日パブコメ16頁No.62）がある。このことから，公開買付けへの応募行為自体が勧誘行為に該当しないことは明らかになったが，公開買付けの開始前に公開買付者との間で応募契約を締結するために交渉する行為などが「売出し」に該当しないのか否かについては，このパブコメ回答からは必ずしも明らかでない。

この点に関連して，平成21年の改正で導入された第三者割当における事前調査に関する企業開示ガイドラインB2-12において，一定の要件を満たす第三者割当に伴う事前の調査，協議などについては勧誘行為に該当しないことが明確にされている。当該規定における「第三者割当」の定義の文言上「売出し」の場合が含まれており（企業開示府令19条2項1号ヲ参照），また，当該企業開示ガイドラインの規定においても「売付け勧誘等」についても記載されているため，一般的な「第三者割当」の語感とは離れると思われるものの，当該規定の文理上，当該規定は発行体以外の第三者が売却する場合も含むように読める。また，実質的にも，特定の者に対して売却し，ただちに転売されるおそれが小さい場合は事前勧誘規制をかけないとすることには問題が少ないように思われる。このため，上場会社の主要株主や役員などが，当該上場会社の株券を対象とした公開買付けの開始前に公開買付者との間で応募契約を締結するために交渉する行為なども，企業開示ガイドラインB2-12の文言に照らし，売付け勧誘等に該当しないと考えることも十分合理性があると思われる。

②　新株予約権証券等（金商法施行令１条の８の４第３号ロ，定義府令13条の７第１項・２項）

新株予約権証券および新株予約権，資産流動化法に規定する新優先出資引受権または優先出資証券に転換する権利が付された有価証券ならびに外国有価証券のうちこれらの有価証券の性質を有するものならびに新投資口予約権証券および外国投資証券で新投資口予約権証券に類する証券（新株予約権証券等。金商法施行令１条の４第２号）の場合に多数の者に譲渡されるおそれが少ないといえるためには，次に掲げるⓐ～ⓓのすべての要件に該当することが必要である。

ⓐ　当該新株予約権証券等に表示された権利の行使により取得され，引き受けられ，または転換されることとなる株券の発行者ならびに当該株券，新株予約権証券および新投資口予約権証券がそれぞれ①ⓐおよびⓑに掲げる要件に該当すること

ⓑ　当該新株予約権証券等（新株予約権証券および新投資口予約権証券を除く。以下，②において同じ）の発行者が，当該新株予約権証券等と同一種類の有価証券として定義府令10条の２第１項で定めるものであって金商法24条１項各号（27条において準用する場合を含む）のいずれかに該当するものをすでに発行している者でないこと，すなわち，当該新株予約権証券等の発行者が，当該新株予約権証券等と同一種類の有価証券について有価証券報告書の提出義務要件を満たさないこと

ⓒ　当該新株予約権証券等と同一種類の有価証券として定義府令10条の２第１項で定めるものが特定投資家向け有価証券でないこと

ⓓ　当該新株予約権証券等（当該新株予約権証券等が新優先出資引受権付特定社債券である場合であって，特定社債券と分離して新優先出資引受権のみを譲渡することができるときは，当該特定社債券およびこれとともに発行される新優先出資引受権証券）に，内閣府令で定める方式に従い，これを取得し，または買い付けた者（当該者がプロ投資家であり，当該投資がプロ除外される適格機関投資に該当するときは，当該適格機関投資家を除く）が当該新株予約権証券等を一括して他の一の者に譲渡する場合以外の譲渡が禁止される旨の制限が付されていることその他これに準ずるものとして内閣府令で定める要件に該当すること

ⓐ～ⓒの詳細については，①，プロ私募，少人数私募およびプロ私売出しについて述べたところと同様である。

ⓓに記載のとおり，新株予約権証券等などに少人数私募が認められるためには，ⓐ～ⓒに加え，次のⓘ～ⓘⓥのいずれかの要件を満たす必要がある（金商法施行令１条の８の４第３号ロ⑷，定義府令13条の７第１項・２項）。

ⓘ　当該有価証券にこれを取得しまたは買い付けた者がその取得または買付けに係る有価証券を一括して譲渡する場合以外に譲渡することが禁止される旨の制限（転売制限。定義府令13条の７第１項１号）が付されている旨が当該有価証券に記載され，当該有価証券の取得者に当該有価証券が交付されること

ⓘⓘ　当該有価証券の取得者に交付される当該有価証券に関する情報を記載した書面において，当該有価証券に転売制限が付されている旨の記載がされていること

ⓘⓘⓘ　社債等振替法の規定により加入者が当該有価証券に転売制限が付されていることを知ることができるようにする措置がとられていること

ⓘⓥ　次に掲げる㋑および㋺の双方に該当すること

㋑　次に掲げる㋐および㋑の双方に該当すること

㋐　当該有価証券（当該有価証券の発行される日以前６カ月以内に発行された同種の既発行証券（当該同種の既発行証券の売付け勧誘等を行った相手方がプロ除外される適格機関投資家であって，当該適格機関投資家が取得したものを除く）を含む$^{9)}$）の枚数または単位の総数が50未満であること

㋑　当該有価証券の性質によりその分割ができない場合を除き，当該有価証券に表示されている単位未満に分割できない旨の制限が付されていること

㋺　次に掲げる㋐ないし㋒のいずれかの要件に該当すること

㋐　㋑㋑の制限が付されている旨が当該有価証券に記載され，当該有価証券の取得者に当該有価証券が交付されること

㋑　当該有価証券の取得者に交付される当該有価証券に関する情報を記載した書面において，当該有価証券に㋑㋑の制限が付されて

いる旨の記載がされていること

㋒　社債等振替法の規定により加入者が当該有価証券に㋑ⓘの制限が付されていることを知ることができるようにする措置がとられていること

なお，上記のとおり，当該有価証券の売付け勧誘等を行う相手方が適格機関投資家であって，当該有価証券が適格機関投資家から適格機関投資家以外の一般投資家に譲渡されるおそれが少ないときとして金商法施行令１条の７の４で定める要件を満たす場合，すなわち，取得勧誘の相手方の人数計算からプロ除外される当該適格機関投資家については，ⓐ～ⓒに重ねてⓓの要件を満たす必要はない（金商法施行令１条の８の４第３号ロ(4)かっこ書）。

③　①および②以外の有価証券（金商法施行令１条の８の４第３号ハ）

ⓐ　普通社債など（金商法施行令１条の８の４第３号ハ，定義府令13条の７第３項１号）

①および②以外の有価証券の場合に多数の者に譲渡されるおそれが少ないといえるためには，次に掲げるⓘ～ⓘⓘⓘまでのすべての要件に該当することが必要である。

ⓘ　当該有価証券の発行者が，当該有価証券と同一種類の有価証券として定義府令10条の２第１項で定めるものであって金商法24条１項各号（27条において準用する場合を含む）のいずれかに該当するものをすでに発行している者でないこと，すなわち，当該有価証券の発行者が，当該有価証券と同一種類の有価証券であって有価証券報告書の提出義務要件を満たすものをすでに発行している者でないこと

ⓘⓘ　当該有価証券と同一種類の有価証券として定義府令10条の２第１項で定めるものが特定投資家向け有価証券でないこと

ⓘⓘⓘ　②に準じて内閣府令で定める要件に該当すること

ⓘの有価証券報告書の提出義務の詳細については，①，プロ私募，少人数私募およびプロ私売出しについて述べたところと同様である。

ⓘⓘⓘの内閣府令で定める要件については，定義府令13条の７第３項で以下のいずれかの要件に該当することが必要であるとされている。

㋑　当該有価証券に以下のⓐまたはⓘに掲げるいずれかの制限（転売制

限。定義府令13条の7第3項1号イ）が付されている旨が当該有価証券に記載され，当該有価証券の取得者に当該有価証券が交付されること

㋐　当該有価証券を取得し，または買い付けた者がその取得または買付けに係る当該有価証券を一括して譲渡する場合以外に譲渡することが禁止される旨の制限

㋑　当該有価証券の枚数または単位の総数が50未満である場合において，当該有価証券の性質によりその分割ができない旨または当該有価証券に表示されている単位未満に分割できない旨の制限

㋺　当該有価証券の取得者に交付される当該有価証券に関する情報を記載した書面において，当該有価証券に転売制限が付されている旨の記載がされていること

㋩　社債等振替法の規定により加入者が当該有価証券に転売制限が付されていることを知ることができるようにする措置がとられていること

普通社債等については，上記の要件を充足すれば，プロ私募が認められることになる。しかし，以下の有価証券については，本ⓐにおいて述べた要件に加えて，有価証券の区分に応じてそれぞれさらに以下の要件も満たす必要がある。

ⓑ　有価証券信託受益証券など（金商法施行令1条の8の4第3号ハ，定義府令13条の7第3項2号イ）

有価証券信託受益証券および外国の者の発行する証券または証書で有価証券信託受益証券の性質を有するものの場合，受託有価証券が株券等，新株予約権証券等，それら以外のいずれに該当するかに応じて，当該受託有価証券が，それぞれ前記①，②および③ⓐの要件を充足する必要がある。

ⓒ　オプションを表示する証券または証書（金商法施行令1条の8の4第3号ハ，定義府令13条の7第3項2号ロ）

いわゆるカバード・ワラントであるオプションを表示する証券または証書の場合，次のいずれかの要件を充足する必要がある。

ⓘ　オプションの行使により売買その他の取引の対象となる原有価証券（定義府令11条2項2号ロ(1)）が株券等，新株予約権証券等，それら以

外のいずれに該当するかに応じて，原有価証券が，それぞれ前記①，②および前記③ⓐの要件を充足すること

ⅱ　オプションの行使により有価証券売買その他の取引が行われないこと

ⓓ　預託証券または預託証書（金商法施行令１条の８の４第３号ハ，定義府令13条の７第３項２号ハ）

預託証券または預託証書の場合，次のいずれかの要件も充足する必要がある。

ⅰ　当該預託証券または預託証書に表示される権利に係る証券または証書が，株券等，新株予約権証券等，それら以外のいずれに該当するかに応じて，それぞれ前記①，②および③ⓐの要件を充足すること

ⅱ　当該預託証券または預託証書に表示される権利の行使により有価証券の売買その他の取引が行われないこと

ⓔ　転換債券（金商法施行令１条の８の４第３号ハ，定義府令13条の７第３項２号ニ）

社債券および外国の者の発行する証券または証書で社債券の性質を有するものであって，株券等，新株予約権証券等，オプションを表示する証券もしくは証書，または預託証券もしくは預託証書（当該社債券の発行者以外の者が発行したものに限る）により償還される旨または償還することができる旨の特約が付されているもの（転換債券。定義府令13条の７第３項２号ニ）の場合，当該償還により取得する有価証券（償還有価証券。同号ニ）が株券等，新株予約権証券等，オプションを表示する証券もしくは証書，または預託証券もしくは預託証書のいずれに該当するかに応じて，償還有価証券が，それぞれ前記①，②，③ⓒおよび③ⓓの要件を充足することが必要である。

ただし，償還有価証券が株券等の場合において，当該償還有価証券が新たに発行される有価証券でなく，かつ，当該償還有価証券の発行者が当該転換債券の発行者の親会社または子会社でない場合には，前記①で述べた要件のうち，当該株券等の発行者が有価証券報告書の提出義務要件を満たさないこと（当該株券等の発行者が，当該株券等と同一種類の有価

証券であって有価証券報告書の提出義務要件を満たすものをすでに発行している者でないこと）という要件は充足する必要はない（定義府令13条の７第３項２号ニ(1)）。これは，プロ私募要件，少人数私募要件およびプロ私売出し要件のところで述べたとおり，平成21年金商法改正において改正された点であり，国内の上場株券等に転換するいわゆる他社株転換社債（EB）の私売出しを一定の要件の下で認めたものである(46)。

また，償還有価証券が新株予約権証券等の場合についても，当該償還有価証券が新たに発行される有価証券でなく，かつ，当該償還有価証券の発行者が当該転換債券の発行者の親会社または子会社でない場合には，前記②で述べた要件のうち，当該新株予約権証券等の発行者が，当該新株予約権証券等と同一種類の有価証券であって有価証券報告書の提出義務要件を満たすものをすでに発行している者でないことという要件は充足する必要はない（定義府令13条の７第３項２号ニ(2)）。

［譲渡制限のない海外発行証券の少人数私売出し］

外国で発行された有価証券が少人数私売出しの形で国内に持ち込まれる場合，複数の金融商品取引業者等が別々に独立して同一銘柄の有価証券を販売することになるため，勧誘を行う各金融商品取引業者等が当該有価証券について50名未満の者を相手方として勧誘を行っても，結果的にきわめて多数の者に勧誘が行われることになる。このような事態を防ぐため，譲渡制限のない海外発行証券に係る少人数私売出しの要件として，上記の要件に加えて次のすべての要件に該当することが求められている（金商法施行令１条の８の４第４号，定義府令13条の７第９項・10項）(47)。

①　金融商品取引業者等（日本証券業協会の会員に限る）が譲渡制限のない海外発行証券の売付け勧誘等を行った場合には，以下の事項を日本証券業協会に報告することとされていること

ⓐ　当該譲渡制限のない海外発行証券の銘柄

ⓑ　当該売付け勧誘等により当該譲渡制限のない海外発行証券を取得し，かつ，現に所有する者の数

---

(46)　平成21年12月28日パブコメ８頁No.26・９頁No.30

(47)　谷口・前掲注(20)45頁

ⓒ　当該譲渡制限のない海外発行証券の発行者の名称および本店所在地

ⓓ　当該譲渡制限のない海外発行証券について同一種類の有価証券とされるための要件に該当する事項

ⓔ　当該譲渡制限のない海外発行証券を識別するために必要な事項として日本証券業協会が定める事項（ⓒおよびⓓに規定する事項を除く）

②　①に規定する報告を受けた日本証券業協会は，日本証券業協会の規則の定めるところにより，譲渡制限のない海外発行証券の銘柄ごとの所有者数の総数を算出し，公表することとされていること

③　②の譲渡制限のない海外発行証券の銘柄ごとの所有者数の総数が1,000を超えないものであること

なお，すでに前記(b)(iv)プロ私募［**プロ私募要件**］（定義府令11条），同(v)［**少人数私募要件**］（定義府令13条），前記(v)［**プロ私売出し要件**］（定義府令13条の４）および前記［**少人数私売出し要件**］（定義府令13条の７）に記載される転売制限が付されている有価証券を取得した金融商品取引業者等が，当該転売制限に従って売付け勧誘等を行う場合には，この規定の適用はない（企業開示ガイドラインB2-13）。

［少人数私売出しの告知］

上記のとおり，少人数私売出しにおいては一定の転売制限が要求されるが，この転売制限の実効性を確保するため，当該有価証券に関して開示が行われている場合または発行価額もしくは譲渡価額の総額が１億円未満で内閣府令で定める場合を除き，少人数私売出しにおける勧誘者は，勧誘の相手方に対し，①当該取得勧誘が少人数私売出しに該当することにより当該売付け勧誘等に関し４条１項の規定による届出が行われていないこと，および②多数の者に譲渡されるおそれが少ないとされるために付された転売制限の内容または付された要件のうち当該有価証券の所有者の権利を制限するものの内容を告知することが要求されている（23条の13第４項，企業開示府令14条の15，特定有価証券開示府令20条，外債府令11条の14)。ただし，少人数売出し要件として転売制限の付されていない株券および新株予約権証券に加え，新優先出資引受権証券，コマーシャル・ペーパー，特定短期社債，社債等振替法に規定する短期社債，保険業法に規定する短期社債，短期投資法人債，短期外債については，告知義務が課

されない（金商法施行令３条の３）。告知することが必要な場合，勧誘者はあらかじめまたは同時に勧誘の相手方に対して告知すべき事項を記載した書面を交付することを要する（23条の13第５項）。かかる書面の交付を受けるべき者の承諾を得られれば，書面交付者はかかる書面の交付に代えて書面に記載すべき転売制限情報を電子メールなどの電磁的方法により提供することができる（27条の30の９，企業開示府令23条の２・23条の３，特定有価証券開示府令32条の２・32条の３）。

(vii)　特定投資家私売出し

(b)(vi)**特定投資家私募**記載のとおり，平成20年金商法改正により，プロ向け市場のための制度が創設され，この一環として一定の要件を満たす特定投資家向けの取得勧誘を新たに私募とし，有価証券届出書の提出を不要とすることとされた。これと同様に，一定の要件を満たす特定投資家向けの売付け勧誘等についても特定投資家私売出しとして売出しに該当しないこととされ，有価証券届出書の提出が不要とされている。なお，金商法において売出しから除外される取引以外で，特定投資家私売出しにかかる以下の要件を満たすものは「特定投資家向け売付け勧誘等」と定義されている（２条６項）。

特定投資家私売出しとして売出しに該当しないための要件は，特定投資家私募とされるための要件と基本的に同じであり，特定投資家のみを相手方とする売付け勧誘等であって，①当該売付け勧誘等の相手方が国，日本銀行，適格機関投資家以外の者である場合には金融商品取引業者等が顧客からの委託によりまたは自己のために当該売付け勧誘等を行うものであり，かつ，②当該有価証券がその取得者から特定投資家等以外の者に譲渡されるおそれが少ないものとして政令で定める場合に該当することである（２条４項２号ロ）。②の政令の具体的内容は，有価証券の種類ごとに規定されている（金商法施行令１条の８の２，定義府令13条の５・13条の６）。たとえば，株券等の場合には，当該有価証券と同種のものについて有価証券報告書が提出されておらず，かつ，特定投資家等以外の者に譲渡を行わない旨などを定めた譲渡制限契約を締結することを買付けの条件として勧誘を行うことが要件とされている（金商法施行令１条の８の２第１号）。

また，当該有価証券について開示が行われている場合を除き，特定投資家私売出しの相手方に対する告知義務が課される（23条の13第３項）。なお，特定投資家向け有価証券の売付け勧誘等については，特定投資家私売出しに該当しない場合でも，後述の特定投資家等取得有価証券一般勧誘に該当し届出書の提出が必要となる場合を除き，告知義務が課される（同項２号）。

上記に従い売出しに該当しないとされ有価証券届出書を通じた開示規制が適用されない特定投資家向けの売付け勧誘等を行うためには，有価証券の発行者が特定証券情報および発行者情報を売付け勧誘等の前およびその後継続的に売付け勧誘等の相手方または当該有価証券の所有者に提供または公表しなければならない点は特定投資家私募の場合と同様である（27条の31，27条の32。(b)(vi)，第２節■**3**および第２章第４節参照）。

(d)　適格機関投資家取得有価証券一般勧誘

適格機関投資家が，プロ私募もしくはプロ私売出しまたはこれらと同様の要件を満たす組織再編成発行手続または組織再編成交付手続に該当する取引で取得された有価証券，または少人数私募または少人数私売出しにおいてプロ除外の要件を満たす適格機関投資家が所有する有価証券（以下，本節において「適格機関投資家取得有価証券」という）を，適格機関投資家以外の一般投資家に対して行う場合（適格機関投資家取得有価証券一般勧誘。４条２項柱書本文）には，売出しに該当するか否かにかかわらず原則として有価証券届出書の提出が必要となる（４条２項）。例外として，当該有価証券に関して開示が行われている場合，内閣府令で定めるやむをえない理由により行われることその他の内閣府令で定める要件を満たす場合は届出が不要となる（４条２項柱書ただし書）。現在，やむをえない理由として内閣府令で定める事由はないが，その他の内閣府令で定める要件を満たす場合としては，当該有価証券が株券等であり，適格機関投資家取得有価証券一般勧誘が当該有価証券の発行者である会社に対して行われる場合，または当該適格機関投資家取得有価証券一般勧誘が外国有価証券売出しに該当し，かつ，当該適格機関投資家取得有価証券一般勧誘が当該有価証券の売出しとして行われる場合には届出が不要とされている（企業開示府令２条の４第１号・２号，特定有価証券開示府令３条の２，外債府令１条の３の２）（外国証券売出しについては，(4)④参照）。ただし，この場合，特定募集に該当することがあり，その場合は有価証券通知書の提出が必要となる。

適格機関投資家取得有価証券については，前述のとおり，適格機関投資家に譲渡する場合以外の譲渡が禁止される旨の転売制限が付されているため，一般投資家に譲渡されることは本来ないはずである。しかし，転売制限に反して一般投資家に譲渡される場合も完全には否定できず，このような場合に備えて一般投資家保護のための規定が置かれている。勧誘の相手方が１名でも，また発行価額の総額が１億円未満でも届出が必要となりうる。

プロ除外された適格機関投資家が取得した有価証券，プロ私募に係る有価証券を，相手方が，たとえば以下のような者に該当することを知りながら勧誘を行うときは，適格機関投資家取得有価証券一般勧誘には該当するとされている（企業開示ガイドラインＢ2-5，Ｂ4-16)。

① 信託に係る適格機関投資家以外の者（一般投資者。企業開示ガイドラインＢ2-5）との契約など，一般投資家に有価証券が交付されるおそれのある信託の契約に基づいて有価証券を取得し，または買い付けようとする信託銀行

② 一般投資者との投資一任契約に基づいて有価証券を取得し，または買い付けようとする投資運用業を行う金融商品取引業者

③ 一般投資者による有価証券の取得または買付けに係る注文を取り次ぐために自己の名において有価証券を取得し，または買い付けようとする第一種金融商品取引業を行う金融商品取引業者

④ 組合等の適格機関投資家以外の組合員に現物配当することを目的として特定の有価証券の取得のみのために組成された組合などの業務執行組合員等

⑤ 投資事業有限責任組合の適格機関投資家以外の組合員に現物配当することを目的として，特定の有価証券の取得のみのために組成された投資事業有限責任組合

⑥ 取得し，または買い付けようとする有価証券の権利と実質的に同一の内容の権利を表示する資産対応証券（資産流動化法２条11項に規定する資産対応証券をいう）を発行し，一般投資家に取得させようとする特定目的会社（同条３項に規定する特定目的会社をいう）

有価証券届出書の提出に加え，目論見書の交付（15条２項）が必要となり，

これらの有価証券届出書の提出義務，目論見書の交付義務に違反すれば罰則の適用がある（197条の２第１号）。さらに，平成20年金商法改正により，課徴金納付命令の対象になっている（172条１項）。有価証券の発行の際に取得勧誘を受けたときは適格機関投資家であったものの，その後，適格機関投資家ではなくなった者が当該有価証券の売付け勧誘等を行う場合には，依然適格機関投資家に該当するものとみなして当該有価証券を一般投資家に対して売付け勧誘等する場合には４条２項の届出が必要となる（定義府令10条２項）。なお，有価証券の発行の際の取得勧誘を受けたときに適格機関投資家であった者が，その後適格機関投資家ではなくなったとしても，当該有価証券を売却することは要求されていない[48]。

適格機関投資家向け証券の発行者は，４条２項に違反して有価証券の譲渡が行われたことを知ったときは，その旨を遅滞なく関東財務局長に通知しなければならない（企業開示府令２条の３，特定有価証券開示府令４条，外債府令１条の４）。また，プロ私募を行う外国会社は国内代理人を定めなければならないが（同府令２条の２。(b)(iv)プロ私募［**外国会社の国内代理人設置義務**］参照），かかる国内代理人も，４条２項に違反して有価証券の譲渡が行われたことを知ったときは，その旨を遅滞なく関東財務局長に通知しなければならない（企業開示府令２条の３，特定有価証券開示府令４条，外債府令１条の４）。

(e)　特定投資家等取得有価証券一般勧誘

取得勧誘が特定投資家私募であった有価証券などの特定投資家向け有価証券（４条３項）の有価証券交付勧誘等（売付け勧誘等および組織再編成交付手続をいう。同条２項）で金融商品取引業者等に委託して特定投資家等に対して行う場合以外の場合は，原則として特定投資家等取得有価証券一般勧誘（同条３項柱書本文）として，売出しに該当するか否かにかかわらず，有価証券届出書の提出が必要となる（同項）。

ここで，特定投資家向け有価証券とは，①取得勧誘が特定投資家私募であった有価証券，②売付け勧誘等が特定投資家私売出しであった有価証券，③①・②の有価証券の発行者が発行する有価証券で，①・②の有価証券と同一種類の有価証券（同一種類の有価証券として定義府令10条の２第１項各号において有価証

(48)　平成19年７月パブコメ26頁No.37

券の種類ごとに規定されるところによる。企業開示府令2条の8，特定有価証券開示府令4条の5，外債府令1条の8，**図表2－7**参照)，④特定上場有価証券・特定上場有価証券であった有価証券，⑤特定店頭売買有価証券・特定店頭売買有価証券であった有価証券をいう（4条3項，金商法施行令2条の12の4第3項)。ただし，①～⑤の有価証券に該当する場合でも，有価証券報告書の提出義務の対象となる有価証券または多数の特定投資家に所有される見込みが少ないと認められるものとして政令で定めるものについては,「特定投資家向け有価証券」に該当せず，このような有価証券については一般投資家に譲渡したからといってただちに有価証券届出書の提出が必要となるわけではない（4条3項柱書)。この「多数の特定投資家に所有される見込みが少ないと認められるもの」とは，3事業年度連続して，そのすべての末日における所有者数が300名に満たない場合であって，金融庁長官の承認を受けた有価証券とされている（金商法施行令2条の12の4第1項)。

前述のとおり，金融商品取引業者等に委託して特定投資家等に対して行うものである場合には特定投資家等取得有価証券一般勧誘に含まれず，これ以外でも，ⅰ国，日本銀行，適格機関投資家に対して行う有価証券交付勧誘等，ⅱ金融商品取引業者等が自己のために特定投資家等に対して行う有価証券交付勧誘等，ⅲ外国証券業者に委託して非居住者に対して行う有価証券交付勧誘等，ⅳ公開買付けに応じて行う株券等の売付けの申込み，ⅴ特定投資家向け有価証券の発行者の役職員持株会に対して行う株券・外国株券等の有価証券交付勧誘等については特定投資家等取得有価証券一般勧誘には該当せず（金商法施行令2条の12の4第2項)，有価証券届出書の提出が必要となるわけではない。

さらに，特定投資家等取得有価証券一般勧誘に該当する場合であっても，当該有価証券に関して開示が行われている場合，および届出が行われなくても公益または投資者保護に欠けることがないものとして内閣府令で定める場合については，有価証券届出書の提出は不要とされている（4条3項ただし書)。ただし，この場合，特定募集の要件に該当することがあり，その場合，有価証券通知書の提出が必要となる。この内閣府令で定める場合として，ⓐ特定投資家向け有価証券の発行者，議決権の50％超を所有する発行者の役員（特定役員。企業開示府令2条の7第1項1号）または特定社員の被支配法人等に対して勧誘を行う場合，ⓑ特定投資家向け有価証券の発行者の総株主等の議決権（29条の４第２項）の50％超を自己または他人の名義で所有する会社に対して勧誘を行う場合，ⓒ特定投資家私募・特定投資家私売出しが行われた有価証券と同一種類の有価証券として特定投資家向け有価証券に該当することとなった有価証券の所有者（発行者を除く）がその該当することとなった日前から所有する当該有価証券について，当該日から起算して１年間を経過する日までの間に勧誘を行う場合が規定されている（企業開示府令２条の７，特定有価証券開示府令４条の４，外債府令１条の７）。

特定投資家向け有価証券の有価証券交付勧誘等で特定投資家等取得有価証券一般勧誘として４条３項本文の適用がない場合は，当該有価証券について開示が行われている場合を除き，特定投資家私売出しに該当するか否かにかかわらず，勧誘の相手方に対する告知義務が課される（23条の13第３項２号，企業開示府令14条の14の２，特定有価証券開示府令19条の２）。

③　第二項有価証券（有価証券に対する投資を事業として行う集団投資スキーム持分など）

(a)　概　　要

有価証券に対する投資を事業とする集団投資スキーム持分などの第二項有価証券についても，第一項有価証券と同様に，募集は「新たに発行される有価証券」の取得の申込みの勧誘（取得勧誘。２条３項）のうち一定のものをいい，売出しは，「既に発行された有価証券」の売付けの申込みまたはその買付けの申込みの勧誘（売付け勧誘等。２条４項）のうち一定のものをいうこととされている。もっとも，第二項有価証券については，新規発行有価証券を対象とするか，既発行有価証券を対象とするかという点以外は募集に該当する要件と売出しに該当する要件が同一とされている。このため，以下では募集と売出しを一緒にその要件を解説する。

(b)　第二項有価証券の募集・売出しの意義

(i)　概　　要

第二項有価証券については，その取得勧誘・売付け勧誘等に応じることにより当該取得勧誘に係る有価証券を500名以上の者が所有することとなる取得勧誘・売付け勧誘等が，募集・売出しとされている（２条３項３号・４項３号，金商法施行令１条の７の２・１条の８の５)。募集に該当しない場合，すなわち取得勧誘に応じることにより499名以下の者が当該取得勧誘に係る有価証券を所有することとなる場合には，私募となる。なお，第一項有価証券と異なり，第二項有価証券については，勧誘の相手方の人数にかかわらず適格機関投資家のみを相手方とすることにより私募となるプロ私募のような概念や特定投資家私募・特定投資家私売出しのような概念は存在しない。

(2)③において述べたとおり，信託受益権や集団投資スキーム持分を含む第二項有価証券については，一般に流動性に乏しく，公衆縦覧型の開示規制を課す必要性が低いと考えられることから，原則として有価証券届出書制度を含む開示制度の適用が除外されるが，例外として主として有価証券に対する投資を事業とする有価証券投資事業権利等についてのみ有価証券届出書制度を含む開示制度が適用される（趣旨などについては(2)③参照)。投資規模などに照らして相当の広がりを持つものの判断は，後述する発行総額が１億円以上であることの金額基準に加え（(4)⑤参照)，勧誘に応じることによる所有者の数を基準とする。勧誘の相手方の数ではなく，勧誘に応じることによる所有者の数を基準とする理由について立案担当者は以下の説明をしている。すなわち，集団投資スキーム持分などは，株券，社債券などの商品内容が確定している有価証券と異なり，一般に，その組成において，投資家の需要などを踏まえながらその内容を確定させていく方法などが取られる場合が多い。このため，いつの時点の行為が集団投資スキーム持分等の「取得の申込みの勧誘」に該当するのかを判定することが困難であるため，勧誘の相手方の人数ではなく，勧誘に応じることによる所有者の数を基準としたとされる[49]。

(ii)　**取得勧誘・売付け勧誘等**

第二項有価証券の取得勧誘・売付け勧誘等についても，②(b)(ii)**取得勧誘**および(c)(ii)**売付け勧誘等**記載の第一項有価証券の場合とで，基本的な考え方において異なるところはないが，その解釈が特に問題となる場合としては，下記のような場合がある。

まず，信託受益権に関して，一般に，法令などにおいて，事業者が顧客から

---

(49)　三井ほか・一問一答126頁以下

預託を受けた金銭を保全するための分別管理義務が定められている場合であって，当該義務の履行として信託を行う旨を当該事業者が当該顧客に伝えるような行為は，基本的に信託受益権の取得勧誘には該当しないとされている(50)。

次に，集団投資スキーム持分に関して，いわゆるキャピタル・コールに応じて行われる出資，つまり，組合契約の規定に従って組合成立後に組合員が無限責任組合員などの要求に従って行う出資については，組合員などについて何ら前提条件もなく当該払込みを行う義務が定められているような場合には，原則としてすでに締結された組合契約の履行を求めるものにすぎないものとして，取得勧誘または売付け勧誘等に該当しないとされる(51)。一方で，前提条件が定められているような場合には，当該条件の内容次第では，新たな取得勧誘または売付け勧誘等があるものと解されうることとなる。なお，組合などの事業活動の一環として，当該組合などが投資事業により取得した有価証券を組合員に現物分配（清算時も含む）することは，原則として有価証券の売付け勧誘等には該当しないとされている(52)。ただし，個別事案に応じて検討する必要があり，たとえば，特定の有価証券の取得だけのために組成された事業活動の実態がないような組合などが組合員に現物分配するような場合は，実質的には有価証券の売出しを行っていると考えられる(53)。また，②(b)(ii)**取得勧誘**および②(c)(ii)**売付け勧誘等**記載のとおり，現金配当と株式配当の選択権が投資者にある場合で投資者が株式配当を選択する場合には取得勧誘・売付け勧誘等に該当する場合がありうると考えられている(54)。

(iii)　取得者数基準

500名の判断において，勧誘の相手方の人数ではなく，取得勧誘・売付け勧誘等に応じることによる所有者の数を基準とするため，たとえ500名以上に対する取得勧誘・売付け勧誘等を行う場合でも，結果として所有者が499名以下となるような取得勧誘・売付け勧誘等であれば募集・売出しに該当しない。ま

---

(50)　平成19年７月パブコメ18頁No. 1

(51)　平成19年７月パブコメ20頁No. 4

(52)　平成19年７月パブコメ19頁No. 3

(53)　平成19年７月パブコメ19頁No. 3

(54)　平成19年10月パブコメ７頁No.30。なお，集団投資スキームにおいて取得した有価証券の現物分配について，平成19年７月パブコメ19頁No. 3を参照。

た，第二項有価証券の取得勧誘・売付け勧誘等が募集・売出しに該当するかどうかは，当該取得勧誘・売付け勧誘等を開始しようとする時点において判断されるものである。したがって，結果的に所有者が499名以下でも，取得勧誘・売付け勧誘等開始時に所有者が500名以上になる見込みがあれば募集・売出しに該当する[55]。第二項有価証券の取得勧誘・売付け勧誘等を私募の形または売出しに該当しない形で行いたい場合には，所有者が500名以上になる可能性を排除するため，499名以下の者に対してのみ勧誘するか，勧誘の相手方の数・応募者の数にかかわらず499名以下の者にしか取得させない前提にするかのいずれかが必要となろう。

第一項有価証券の募集の要件とは，主として以下の点において異なる。

① 500名以上の者が当該取得勧誘・売付け勧誘等に係る有価証券を所有することとなる場合の判断の際に，勧誘の相手方が適格機関投資家であるかどうかは無関係であり[56]，また，上記のとおり，第一項有価証券におけるプロ私募や特定投資家私募・特定投資家私売出しに相当する概念はない。

② 第一項有価証券の少人数私募において要求される転売制限などが付されなくても，499名以下の者が当該取得勧誘・売付け勧誘等に係る有価証券を所有することとなる場合であれば募集・売出しに該当しない。この点，第二項有価証券の中には証取法におけるみなし有価証券として有価証券届出書を通じた開示規制に服していたものがあるが，証取法の下では，私募となるためには49名以下に対する勧誘か否かが基準であったのに対し，金商法では所有者が499名以下になるか否かが基準とされ，さらにみなし有価証券の少人数私募において要求されていた転売制限も不要となった。

③ 第一項有価証券における６カ月通算のように同種の有価証券について取得勧誘された者を通算する規定はない。したがって，複数回にわたって勧誘が行われた場合，個々の勧誘に応じることによる所有者の数が499名以下であれば，過去の異なる勧誘により当該有価証券を所有することになった者の数に関係なく募集・売出しに当たらない。

もっとも，連続した，または一定の期間をおいて行われる取得勧誘・売

---

(55)　平成19年７月パブコメ30頁No.55

(56)　平成19年７月パブコメ29頁No.52

付け勧誘等が，一つの勧誘なのか，異なる勧誘なのかの区別は必ずしも明確でない場合がありうる。すなわち第二項有価証券の取得勧誘・売付け勧誘等は，第一項有価証券の売出しのように均一の条件で行われる必要はないため，発行価額や発行日などの条件が異なる場合でも一つの勧誘とされる場合がありうる。また，第一項有価証券の募集のように6カ月通算規定がある場合には，逆に6カ月以上前の取得勧誘は異なる取得勧誘であることが明確であるが，第二項有価証券の募集・売出しについてはこのような通算規定もないため，異なる取得勧誘・売付け勧誘等に該当するかどうかについて勧誘の時期による明確な基準もない。第二項有価証券の新たな取得勧誘・売付け勧誘等が従前の取得勧誘・売付け勧誘等と異なるものかどうかは，個別事例ごとに実態に即して実質的な判断をする必要があり[57]，実質的に同一の勧誘と評価されるものであれば，全体の勧誘に応じることによる所有者の数を合わせて考える必要がある。特に，集団投資スキーム持分については，明確な勧誘期間を特に設定せず，継続的に長期間にわたって勧誘が行われていると解される場合も多いものと思われ，そのような場合には，勧誘全体に応じることによる所有者の数を合算する必要があろう。また，たとえ個々の勧誘に応じることによる所有者の数が499名以下で募集に当たらない場合でも，すべての勧誘により全体で所有者が500名以上となれば原則として有価証券報告書の提出が必要となる（24条1項4号・同条4項，金商法施行令4条の2第5項，第2章第1節■1参照）。

よって，実務的には，有価証券報告書の提出義務を避けるためには，当初の取得勧誘・売付け勧誘等の際だけでなく，継続的に所有者が500名以上とならないような管理態勢を設けるなどの工夫が必要となり，また，その場合には，仮にすべての取得勧誘・売付け勧誘等が実質的に同一の勧誘と評価されることがあったとしても，募集に該当することはない。

取得勧誘・売付け勧誘等に応じることによる所有者の数は有価証券ごとに計算し，勧誘の対象となる有価証券が異なる場合には勧誘に応じることによる所有者の数を合算することはないが，そもそも同一の有価証券に該当するかどうかの判断が難しい場合がありうる。この点，後述する届出免除の一つとしての

---

(57)　平成19年7月パブコメ28頁No.48

少額免除の該当性を判断するための金額通算の場面では，「同一の種類」に該当するための基準が規定され（特定有価証券開示府令1条10号・2条1号の2。⑷⑤参照），また，継続開示義務の所有者数の計算の場面でも「同一」に該当するための基準が規定されているが（同府令26条の2），取得勧誘・売付け勧誘等に応じることによる所有者の数を計算する際に同一の有価証券に該当するかどうかを判断するための基準に関しては明文規定はない。このため，個別事例ごとに実態に即して実質的に判断するほかないが，金融庁は以下の点を指摘している。

まず，匿名組合持分の場合，同一の営業者が同一の出資対象事業に出資する場合，同一の有価証券と考えられる[58]。また，無限責任組合員を同じくする複数の組合が存在し，各組合のそれぞれの投資決定が別々に行われる場合，無限責任組合員が同一であることをもって，必ずしも当該組合などの出資持分が同一の有価証券と認められることとなるとは限らないものの，形式的には別の組合契約などに基づく権利であっても，当該組合などが行う出資対象事業が同一であるような場合には，有価証券の募集・売出しへの該当性の判断にあたっては，これらの組合などの持分は同一の有価証券と認められる可能性がある[59]。

また，金融庁は，同内容の信託契約に係る信託財産を合同して運用する場合には，委託者・受益者ごとに別の信託契約が締結されている場合でも，各信託契約に係る信託受益権を同一の有価証券とみなして，当該信託受益権の取得者の人数を合計して募集・売出しに該当するかどうかを判断すべきとしているようである[60]。さらに，所有者数の数え方につき，所有者となる者が民法上の組合や投資事業有限責任組合などの場合，これらの組合などが当該第二項有価証券の取得勧誘と合わせて組成されるなどの法を潜脱する目的で組成されるものではなく，当該組合などが当該第二項有価証券の取得勧誘と無関係に独立して事業を行うものとして組成されているようなものであれば，当該組合の業務執行者などをもって1名の保有者と数えることとされている[61]。

⑸8　平成19年7月パブコメ29頁No.50
⑸9　平成19年7月パブコメ29頁No.51
⑹0　平成19年7月パブコメ28頁No.47
⑹1　平成19年7月パブコメ29頁No.49

(iv)　少人数向け勧誘等の告知

当該有価証券に関して開示が行われている場合または発行価額の総額が1億円未満である場合を除き，第二項有価証券の私募で4条1項本文の適用を受けないものにおける勧誘者は，勧誘の相手方に対し，①当該有価証券の取得勧誘が少人数向け勧誘に該当することにより当該勧誘に関し4条1項の規定による届出が行われていないこと，および②当該有価証券が2条2項各号に掲げる権利であることを告知することが要求されている（23条の13第4項，特定有価証券開示府令20条）。告知することが必要な場合，勧誘者はあらかじめまたは同時に勧誘の相手方に対して告知すべき事項を記載した書面を交付することを要する（23条の13第5項）。かかる書面の交付を受けるべき者の承諾を得られれば，書面交付者はかかる書面の交付に代えて書面に記載すべき転売制限情報を電子メールなどの電磁的方法により提供することができる（27条の30の9，特定有価証券開示府令32条の2・32条の3）。

(4)　届出免除

①　概　　要

有価証券届出書制度の適用のある有価証券の取得勧誘・売付け勧誘等が募集・売出しに該当する場合には，原則として届出が必要となるが（4条1項），以下の場合には届出義務が免除される（4条1項ただし書）。

(a)　有価証券の募集・売出しの相手方が当該有価証券および当該有価証券の発行者に関する情報をすでに取得し，または容易に取得することができる場合として政令で定める場合（同項1号）

(b)　組織再編成発行手続・組織再編成交付手続のうち，(i)吸収合併消滅会社などの組織再編成対象会社が発行者である株券などに関して開示が行われていない場合または(ii)発行・交付される有価証券に関してすでに開示が行われている場合（同項2号）

(c)　その有価証券に関して開示が行われている場合における当該有価証券の売出し（同項3号）

(d)　外国ですでに発行された有価証券またはこれに準ずるものとして政令に定める有価証券の売出し（金融商品取引業者等が行うものに限る）のうち，

国内における当該有価証券に係る売買価格に関する情報を容易に取得することができることなどの要件を満たすもの（同項4号）

(e)　発行価額・売出価額の総額が1億円未満の有価証券の募集・売出し（同項5号）

このうち，(b)については，■3で解説するため，ここでは(a)，(c)，(d)，(e)について解説する。なお，第二項有価証券については，(a)，(d)に該当するものは規定されておらず，(b)，(c)，(e)の場合のみ届出が免除される。

②　ストック・オプションの特例

届出免除が認められる有価証券の募集・売出しの相手方が，当該有価証券および当該有価証券の発行者に関する情報をすでに取得し，または容易に取得することができる場合として，金商法施行令では，新株予約権証券，外国会社の発行する新株予約権証券の性質を有するもの（新株予約権証券等。金商法施行令2条の12）で譲渡制限が付されているものの発行者である会社が，当該会社または当該会社の完全子会社もしくは完全孫会社の取締役，会計参与，監査役，執行役または使用人のみを相手方として，当該新株予約権証券等の取得勧誘・売付け勧誘等を行う場合が定められている（4条1項1号，金商法施行令2条の12，企業開示府令2条1項・2項）。この点，証取法では，ストック・オプションとして付与される譲渡制限の付された新株予約権の取得勧誘・売付け勧誘等の相手方の人数から役員・従業員の人数を除外する取扱いであったが，金商法では，ストック・オプションとして付与される新株予約権の取得勧誘・売付け勧誘等は募集・売出しに該当するものの届出義務が除外される取扱いとされた。

届出が不要とされるためには新株予約権証券等に譲渡制限が付される必要があるが，内国会社が発行する新株予約権証券の場合には新株予約権の内容として会社法236条1項6号に掲げる事項，すなわち「譲渡による当該新株予約権の取得について当該株式会社の承認を要することとする」旨が定められている必要があり，外国会社が発行する有価証券で新株予約権証券の性質を有するものの場合には当該有価証券の譲渡が禁止される旨の制限が付される必要がある（金商法施行令2条の12，企業開示府令2条1項）。新株予約権証券，外国会社が発行する有価証券で新株予約権証券の性質を有するもののいずれの場合でも，譲渡制限が有価証券の内容になっている必要があり，会社と対象者との間で締結される契約上の譲渡制限のみでは届出免除の要件を満たさない[62]。有価証券の内容にするため，譲渡制限が新株予約権証券等の要項に記載される必要があると考える。

届出免除が認められる勧誘の相手方は，発行者である会社または当該会社の完全子会社もしくは完全孫会社の取締役，会計参与，監査役，執行役または使用人である。ここでの完全子会社とは，新株予約権証券等の発行者である会社が発行済株式の総数を所有する会社のことをいう（企業開示府令2条2項）。なお，この完全子会社（や完全孫会社）とは，ある会社に発行済株式の総数を所有されている会社をいい，子会社（や孫会社）が自己株式を保有している場合で，当該ある会社が当該自己株式以外のすべての株式を所有している場合は該当しないと取り扱われているようであるが，このような場合に届出書の提出を求める合理性はないと思われるので，議決権の総数を保有しているか否かを基準にするように府令改正が行われることが望まれる[63]。平成23年4月施行の企業開示府令改正までは完全子会社の子会社の役員，従業員などに対する勧誘については届出が免除されていなかったが，同改正により，完全孫会社（新株予約権証券等の発行者である会社および完全子会社または完全子会社が他の会社の発行済株式の総数を所有する場合における当該他の会社）の取締役，会計参与，監査役，執行役または使用人に対する勧誘も届出免除の対象とされるようになった（企業開示府令2条2項2号）。対象の相手方に発行者またはその完全子会社もしくは完全孫会社の役員，従業員など以外の者が1人でもいると届出の免除は認められない（企業開示ガイドラインB4-2）。また，新株予約権証券（ストック・オプション）の募集または売出しについて，取締役会でその相手方の区分ごとに別議案として決議する場合，翌日に決議を行う場合などであっても，投資者保護の観点から，一の新株予約権証券の募集または売出しとして取り扱うことが適切な場合もあるものと考えられていることには留意が必要である[64]。継続

---

(62)　平成19年7月パブコメ122頁No.2

(63)　平成23年4月パブコメ9頁No.26参照

(64)　平成23年4月パブコメ1頁No.2～3頁No.5

開示会社が新株予約権証券の取得勧誘を行う場合，少人数私募・プロ私募が認められないため，特定投資家私募の要件を満たす場合を除き発行者またはその完全子会社もしくは完全孫会社の役員，従業員など以外の者が１人でもいる場合には常に募集に該当する。未公開会社の場合，発行者またはその完全子会社もしくは完全孫会社の役員，従業員などの数と，それ以外の者の数を足して49名以下（プロ私募の要件を満たす適格機関投資家を除く）であることにより少人数私募の要件を満たすか，プロ私募または特定投資家私募の要件を満たす場合以外は募集に該当する。なお，平成23年４月施行の金商法施行令の改正により，ストック・オプションの特例が適用される勧誘の相手方については，勧誘対象者の合算は行われないこととされた。

また，上記のストック・オプションの特例により届出が免除された場合で，発行価額・売出価額の総額が１億円以上の場合は，臨時報告書を提出する必要がある（24条の５第４項，企業開示府令19条２項２号の２）。

実務のポイント・2−4

◆外国会社による日本子会社従業員へのストック・オプションその他のインセンティブプランの付与

外国会社による日本子会社の役員・従業員などへの外国親会社の株式関連のインセンティブプランの付与については，金商法上，いくつかの問題点を検討する必要がある。

１．ストック・オプションの開示義務

ストック・オプション付与については，通常，外国会社の発行する，新株予約権証券に類する証券の募集または私募に該当し，募集の場合，有価証券届出書の提出を要求される場合がある。まず，金商法上，株式などに関して継続開示義務を負う会社か否かが問題になる。株式などに関して継続開示義務を負わない会社であれば，サムライ債の公募をしていても，少人数向け私募が利用できる。株式などに関する継続開示会社であり少人数向け私募が利用できない場合や対象者が50名以上いる場合には，届出書の提出免除（ストック・オプションの特例）が認められるか否かが問題となる。この要件は当該新株予約権証券の発行会社またはその直接完全子会社もしくは完全孫会社の取締役，会計参与，監査役，執行役または使用人に対するストック・オプションを付与する場合に限られているため（４条１項１号，金商法施行令２条の12，企業開示府令２条１項・２項），日本子会社が，ストック・オプションを発行する外国会社の直接完全子会社または完全孫会社でない場合（たとえばひ孫会社である場合や，99%出資の子会社である場合など。なお，実務では，この完全子会社（または完全孫会社）とは発行済株式の総数を所有している場合に限られ，子会社（または孫会社）が自己株式を保有している場合は該当しないと取り扱われているようである）には，要件を満たさない。そうすると行使価額を含め金商法上の継続開示義務を負わない外国会社であっても，50人以上に対する総額1億円以上のストック・オプション付与には届出書の提出が要求されることになる。

2．ストック・パーチャス・プランの開示制度上の扱い

外国親会社が子会社従業員に一定期間ごと（たとえば毎四半期末期ごと）にその時の市場価格から一定程度ディスカウントした価格で株式を取得する権利を与えることもある（ストック・パーチャス・プラン）。この場合，価格が最後まで確定せず，株式の売出し等と取り扱うと最終訂正が難しく，届出の効力を発生させることが技術的に困難であることやストック・オプションと同様インセンティブプランであることから，開示制度上，外国会社の発行する新株予約権証券に類する証券と扱われている。

3．リストリクテッド・ストックの開示制度上の扱い

また，外国親会社が株式を無償で付与し，一定期間，譲渡制限等が課され，継続して勤務すれば完全な権利を付与し，退職した場合には株式を含めた権利を剥奪するプランもある（リストリクテッド・ストック）。この場合，株式を無償で付与していることから，勧誘が存在せず，募集に該当しない。または該当したとしても1億円未満なので，届出義務は生じないと解されている。もっとも，当該プランに関連して従業員に対して資料を配付する場合には，金商法4条1項本文の適用を受けないものである旨の表示を行う必要がある。

4．ストック・アプリシエーション・ライツ（ファントム・ストック・オプション）の扱い

この他，ストック・オプションと経済的に似ているが，実際の株式を取得する権利は付与せず，付与時と将来の一定時点との株価を比べ，株価が上昇している場合，その上昇分を支払うファントム・ストック・オプションまたはストック・アプリシエーション・ライトが付与されることもある。これは有価証券ではないので，届出義務の問題は生じないが，店頭デリバティブに該当しないか一応問題になる。この点該当しないと考える（第1編第3章第2節■3(3)参照）。

5．子会社の業者規制

さらに，ストック・オプション等の付与において，対象役職員の勤務先である日本の子会社，特に人事部門等は関連有価証券の付与について役職員に説明や手続等の事務を行うことが多い。これらの行為が有価証券の私募や募集の取扱いに該当しないかという点も一応問題になる。毎年一定の時期に行ったり，新たな幹部職員が勤務することになる度に行うものの，通常「業」には該当せず，業者登録は不要と介して問題ないと考える。

6．届出義務が生じた場合に実務上の問題

以上から，インセンティブプランについては，有価証券届出書の提出の有無が実務上重要な問題となる。届出が必要な場合，届出書提出までは対象役職員に説明できず（事前勧誘規制），ストック・オプションの実際の付与のためには届出書の効力発生が必要となり（ただし，具体的に何が「付与」なのか事案によって検討を要する），また付与対象者に付与以前に目論見書を交付しなければならないなど，付与スケジュールに大きな影響を与えることがある。加えて，届出書をいったん提出すると継続開示会社となる

ため，日本において有価証券を上場していない会社であっても，有価証券報告書，半期報告書，臨時報告書などの開示書類を提出しなければならず，当該外国会社にとって大きな負担となる（ただし，英文開示によりある程度は負担が緩和される場合もある）。

③　開示が行われている場合の売出し

売出しに該当する場合でも，その有価証券に関して開示が行われている場合には，その情報を新たに開示する意義は少ないため，有価証券届出書の提出義務は免除される（４条１項３号）。開示が行われている場合とは，以下の場合をいう。

(a)　当該有価証券自体についてすでに行われた募集・売出し，適格機関投資家取得有価証券一般勧誘または特定投資家等取得有価証券一般勧誘に関する届出がその効力を生じている場合（当該有価証券の発行者が24条１項ただし書の規定に基づき有価証券報告書の提出義務を免除されている場合を除く。４条７項１号）

(b)　当該有価証券と同一の発行にかかる有価証券についてすでに行われた売出しまたは当該有価証券と同種の有価証券（同一種類の有価証券として定義府令10条の２第１項各号において有価証券の種類ごとに規定されるところによる。**図表2－7**参照。以下，(c)において同じ）についてすでに行われた募集・売出し（適格機関投資家取得有価証券一般勧誘および特定投資家等取得有価証券一般勧誘を含む（企業開示府令１条11号，特定有価証券開示府令１条12号）。(c)において同じ）に関する届出がその効力を生じている場合（当該有価証券の発行者が24条１項ただし書の規定に基づき有価証券報告書の提出義務を免除されている場合を除く。４条７項２号，企業開示府令６条１号，特定有価証券開示府令７条１号，外債府令３条の２第１号）

(c)　当該有価証券または当該有価証券と同種の有価証券の募集・売出しについてすでに行われた発行登録がその効力を生じており，かつ，当該発行登録に係る有価証券のいずれかの募集・売出しについて発行登録追補書類がすでに提出されている場合（当該有価証券の発行者が24条１項ただし書の規定に基づき有価証券報告書の提出義務を免除されている場合を除く。４条７項２号，企業開示府令６条２号，特定有価証券開示府令７条２号，外債府令３条

の２第２号）

(d)　当該有価証券が上場・店頭登録され，上場・店頭登録された直前事業年度・特定期間に係る有価証券報告書が提出されている場合（４条７項２号，企業開示府令６条３号，特定有価証券開示府令７条３号，外債府令３条の２第３号）

(e)　当該有価証券が外形基準に該当する（外形基準につき第２章第１節■１参照）場合で，該当することとなった事業年度以後のいずれかの事業年度に係る有価証券報告書が提出されている場合（当該有価証券の発行者が24条１項ただし書の規定に基づき有価証券報告書の提出義務を免除されている場合を除く。４条７項２号，企業開示府令６条４号）

上記の場合には，売出しには該当するものの有価証券届出書の提出義務が免除される。たとえば，上場株式の売出し（売出しに該当する自己普通株式の処分を含む）の場合は通常上記(a)〜(d)のいずれかの場合に該当するため有価証券届出書の提出義務が免除される。

第二項有価証券を含む特定有価証券については，上記(a)，(b)，(c)，(d)の場合届出が免除されるが，(e)の外形基準に該当することにより有価証券報告書が提出されている場合の届出免除はない（特定有価証券開示府令７条参照）。

平成21年金商法改正前は，開示が行われている場合の売出しについては，有価証券届出書の提出義務は免除されていたものの，有価証券通知書の提出，目論見書の作成・交付は原則として免除されていなかった。しかし，開示が行われている有価証券については，開示用電子情報処理組織（EDINET）により有価証券報告書等の開示情報を容易に取得することが可能であることから，平成21年金商法改正に伴い，開示が行われている場合の売出しについては，原則として，目論見書の作成・交付は免除され（13条１項，企業開示府令11条の４），有価証券通知書の提出も免除されるようになった（４条６項ただし書）。

ただし，発行者および発行者関係者などが所有する株券，新株予約権証券など一定の場合の売出しについては，従前どおり，目論見書の作成・交付を求めることとされ（13条１項・15条２項，企業開示府令11条の４），また，有価証券通知書の提出も求めることとされた（４条６項ただし書，企業開示府令４条４項）。詳細については，**(5)**および第２節■**２(2)**参照。

④　外国証券売出し

外国ですでに発行された有価証券または国内ですでに発行された有価証券でその発行の際に勧誘行為が国内で行われなかった有価証券の売出しで，金融商品取引業者等が行うもののうち，国内における当該有価証券に係る売買価格に関する情報を容易に取得することができることその他の政令で定める要件を満たすものについては，有価証券届出書の届出義務は免除される（４条１項４号，金商法施行令２条の12の２・２条の12の３）一方で，簡易な情報提供として「外国証券情報」の提供または公表が義務づけられる（27条の32の２第１項，第２節■４参照）。

これは平成21年金商法改正で追加された免除規定であり，以下の趣旨から届出義務を免除するものとされている。すなわち，外国ですでに発行された有価証券または国内ですでに発行された有価証券でその発行の際に勧誘行為が外国で行われたものが国内で売買されているものの中には，流通市場が存する外国の法令または上場している外国金融商品取引所の規則等に基づき当該有価証券およびその発行者に関する情報が開示され，これらの情報が国内でも容易に入手することができるものもある。このような有価証券について，国内における売買価格情報を容易に入手することができる場合，当該有価証券の売出しに係る有価証券届出書の提出を求める必要性は低いことから，このような有価証券の売出しを行う場合，簡易な情報提供として「外国証券情報」の提供または公表を義務付ける一方で，基本的に，法定開示義務を免除することとされている[(65)]。

届出義務が免除される対象となるのは，外国ですでに発行された有価証券または国内ですでに発行された有価証券でその発行の際に勧誘行為が国内で行われなかったもの（４条１項４号，金商法施行令２条の12の２）の売出しであって，金融商品取引業者等が行うものに限られる。

また，有価証券の種類に応じて，金商法施行令２条の12の３に定める要件を充足する必要がある。この要件は要約すると，それぞれの有価証券について(a)インターネットなどの利用により，当該海外発行証券に係る国内での売買価格

(65)　谷口義幸「「有価証券の売出し」に係る開示規制見直しの概要〔下〕」旬刊商事法務1903号28頁(2010)

に関する情報の取得が容易であること，(b)外国において当該海外発行証券が継続して売買されていること，(c)インターネット等の利用により，当該発行証券の発行者に関する情報の取得が容易であることである。

有価証券ごとの具体的な要件は，有価証券の種類に応じて，金商法施行令２条の12の３に規定されている。なお，外国証券売出しの対象となるのは同条に規定されている有価証券のみである。

上述したように，外国証券売出しにより有価証券を売り付ける場合には，外国証券情報（当該有価証券および当該有価証券の発行者に関する情報）をあらかじめまたは同時に，その相手方に提供し，または公表しなければならない（27条の32の２第１項）。詳細については，第２節■４参照。

⑤　少額免除

(a)　概　　要

発行価額・売出価額の総額が１億円未満の有価証券の募集・売出しについては，原則として届出が免除される（４条１項５号）。これは，開示の目的と開示に伴う有価証券の発行者の負担を考慮すると，発行価額・売出価額が少額であるときは，発行者に発行開示の経済的・事務的な負担を課してまで投資家を保護する必要は小さいからである。少額免除される場合でも，後述のとおり発行価額・売出価額の総額が1,000万円超の場合は，有価証券通知書の提出が必要となる（４条５項・６項，企業開示府令４条５項，特定有価証券開示府令５条４項，外債府令２条４項。(5)参照）。

後述のとおり有価証券届出書は，取得勧誘・売付け勧誘等開始前に提出する必要があるが（■２(2)参照），取得勧誘・売付け勧誘等開始時に発行価額・売出価額が決定していないことは多い。このような場合には，当該有価証券の募集・売出しの開始時において合理的に見込まれる発行価額・売出価額で届出の要否を判断せざるをえない。当初発行価額・売出価額の総額が１億円以上になると判断して有価証券届出書を提出したものの，その後１億円未満となった場合には有価証券届出書を取り下げることとなる（企業開示ガイドラインB4-13。■２(7)参照）。一方で，当初発行価額・売出価額の総額が１億円未満になると合理的に見込んで有価証券届出書を提出しなかったものの，その後時価の騰貴などにより1億円以上になると見込まれることになったときには，有価証券届出書を提出しない限り，そのとき以降の募集・売出しをすることができなくなる（企業開示ガイドラインB4-15）。

第二項有価証券についても，発行価額・売出価額の総額が1億円未満となる場合には届出は免除される。第二項有価証券の場合，発行価額・売出価額の総額は，募集・売出しに係る払込予定金額の総額をもって算定する（特定有価開示ガイドライン4-1）。

発行価額・売出価額の総額が1億円未満の有価証券の募集・売出しであっても，発行価額・売出価額の総額が1億円以上の募集・売出しを分割し，複数回に分けて募集・売出しを行うことによる届出義務の回避・潜脱の防止などのために，一定の場合には届出義務が免除されず，有価証券届出書の提出が必要となる（4条1項5号，企業開示府令2条4項，特定有価証券開示府令2条，外債府令1条の2）。以下では，このような場合について解説していく。

(b)　新株予約権証券などの場合

募集・売出しに係る有価証券が新株予約権証券や新投資口予約権証券などで，当該新株予約権証券などの発行価額・売出価額の総額に当該新株予約権証券に係る新株予約権などの行使に際して払い込むべき金額（以下，本章において「行使価額」という）を合算した額が1億円以上となる場合には，届出が必要となる（4条1項5号，企業開示府令2条4項1号，特定有価証券開示府令2条1号）。

以下の(c)～(g)の各場合においても，募集・売出しに係る有価証券が新株予約権証券や新投資口予約権証券などの場合には，当該新株予約権証券や新投資口予約権証券などの発行価額・売出価額の総額に当該新株予約権証券や新投資口予約権証券などに係る新株予約権や新投資口予約権証券などの行使価額を合算した額を発行価額・売出価額の総額として考える（企業開示府令2条4項2号かっこ書，特定有価証券開示府令2条1号の2）。

(c)　1年通算

募集・売出しに係る有価証券の発行価額・売出価額の総額に，当該募集・売出しを開始する日の前1年以内に募集・売出しが行われた同一の種類の有価証券の発行価額・売出価額の総額を合算した金額が1億円以上となる場合には届出が必要となる（４条１項５号，企業開示府令２条４項２号，特定有価証券開示府令２条１号の２，外債府令１条の２第１号)。発行価額・売出価額の総額が１億円以上の募集・売出しを分割し，複数回に分けて募集・売出しを行うことにより届出義務を回避・潜脱することを防ぐため，届出の免除された過去の募集・売出しが通算される。必ずしもかかる趣旨からの論理的帰結ではないが，通算は，募集と募集，売出しと売出しの間のみでなく，募集と売出しの間でも行われ，また，売出人が異なる複数の売出しの間でも行われる。もっとも，有価証券届出書・発行登録追補書類の提出された募集・売出しおよびそれ以前に行われた発行価額・売出価額の総額が１億円未満の募集・売出しについては通算されない（企業開示府令２条４項２号かっこ書，特定有価証券開示府令２条１号の２かっこ書，外債府令１条の２第１号かっこ書，企業開示ガイドラインB4-7)。また，平成23年４月施行の企業開示府令改正により，ストック・オプションの特例が適用される募集・売出しについても通算されないこととされた（企業開示府令２条４項２号かっこ書)。

募集・売出しを開始する日の前１年以内に行われた募集・売出しとは，過去１年以内に募集・売出しを開始したもの（有価証券通知書を提出した日の翌日をもって開始した日とみなす）および過去１年以内に募集・売出しの払込期日・受渡期日が到来したものをいい，起算の始期は当該募集・売出しを開始する日の前日とされる（企業開示ガイドラインB4-6)。通算の対象とされるすでに完了した募集・売出しに係る有価証券の発行価額・売出価額は，実際に発行・売り付けた有価証券の発行価額・売出価額の総額による（企業開示ガイドラインB4-8)。

ここで，同一の種類の有価証券とは，金商法２条１項各号・２項各号に掲げる有価証券ごとの区分が同一のものをいう（企業開示府令１条２号，特定有価証券開示府令１条10号，外債府令１条２号)。すなわち，株券，社債券などという有価証券の区分が同じであれば，会社法上異なる種類の株式であることや償還期限，利率の異なる社債であることなどは関係なく，同じ種類と扱われる。これは，前述した第一項有価証券における勧誘の相手方の６カ月通算の場合とは異なる（(3)②(b)(v)少人数私募［６カ月通算］参照)。なお，新株予約権証券は株券と同じ種類とされ（２条１項９号)，新株予約権付社債券も，株券・新株予約権証券と同じ種類の有価証券とされる（企業開示府令２条４項２号）。新株予約権付社債券の募集・売出しに係る届出の要否は当該新株予約権付社債券の発行価額・売出価額の総額によるが，新株予約権付社債券とすでに募集が行われた株券とを通算する場合は，新株予約権付社債券に付与されている新株予約権の行使により発行・移転する株券の発行価額の総額によるものとされる（企業開示ガイドラインB4-5。(f)**並行募集・売出しの場合**も同じ）。第二項有価証券である信託受益権，集団投資スキーム持分などについても，条文を素直に読む限り，信託財産または出資対象財産にかかわらず，同じ発行者に係る信託受益権または集団投資スキーム持分などであれば，それぞれ同一の種類の有価証券とされ，金額が通算されてしまうことが考えられる（「発行者」の意義については■**2**(1)参照)。この点，金融庁は発行体が同一であっても出資対象事業が異なるものについては「同一の種類」に該当しない考え方を示しているが[66]，根拠が必ずしも明らかでなく，金融庁の示す考え方に沿った規定の整備が望まれる。

(d)　６カ月通算により募集に該当する場合

前述したとおり，49名以下の者を相手方として取得勧誘が行われる場合でも，過去６カ月以内に当該有価証券と「同一種類」の有価証券について別の少人数私募が行われた場合には，当該少人数私募における勧誘の相手方の人数と今回の勧誘の相手方の人数を合算し，50名以上となる場合には少人数私募は認められない（いわゆる６カ月通算。金商法施行令１条の６。(3)②(b)(v)**少人数私募［６カ月通算］**参照)。６カ月通算により募集に該当することとなった場合，たとえ当該募集に係る有価証券の発行価額の総額が１億円未満でも，当該募集に係る有価証券の発行価額の総額に，当該有価証券の発行される日以前６カ月以内に発行された同種の新規発行証券の発行価額の総額を合算した金額が１億円以上となる場合には届出が必要になる（企業開示府令２条４項３号，特定有価証券開示府令２条２号，外債府令１条の２第１号の２）。なお，通算の対象とされるすでに完了した募集に係る有価証券の発行価額は，実際に発行した有価証券の発行価額の総額によることは，(c)の１年通算の場合と同じである（企業開示ガイドラインB4-9）。

---

(66)　平成19年７月パブコメ122頁No.７

(e)　１カ月通算により売出しに該当する場合

前述したとおり，49名以下の者を相手方として売出し勧誘等が行われる場合でも，過去１カ月以内に当該有価証券と「同一種類」の有価証券について別の少人数私売出しが行われた場合には，当該少人数私売出しにおける勧誘の相手方の人数と今回の勧誘の相手方の人数を合算し，50名以上となる場合には少人数私売出しは認められない（いわゆる１カ月通算。金商法施行令１条の８の３。(3)②(c)(vi)少人数私売出し［**１カ月通算**］参照)。１カ月通算により売出しに該当することとなった場合，たとえ当該売出しに係る有価証券の売出価額の総額が１億円未満でも，当該売出しに係る有価証券の売出価額の総額に，当該有価証券の発行される日以前１カ月以内に発行された同種の新規発行証券の売出価額の総額を合算した金額が１億円以上となる場合には届出が必要になる（企業開示府令２条４項３号の２，特定有価証券開示府令２条２号の２，外債府令１条の２第１号の３)。なお，通算の対象とされるすでに完了した売出しに係る有価証券の売出価額は，実際に売り付けた有価証券の売出価額の総額によることは，(c)の１年通算の場合と同じである（企業開示ガイドラインＢ4-10)。

(f)　並行募集・売出しの場合

並行して行われる同一の種類の有価証券の２組以上の募集・売出しに係る有価証券の発行価額・売出価額の総額の合計額が１億円以上となる場合，以下のとおり届出が必要となる。まず，並行して行われる有価証券の募集・売出しの発行価額・売出価額の総額がいずれも１億円未満であっても，それらを合算した金額が１億円以上であれば，それぞれの募集・売出しに届出が必要となる（企業開示府令２条４項４号，特定有価証券開示府令２条３号，外債府令１条の２第２号)。また，発行価額・売出価額の総額が１億円以上の募集・売出しと，並行して行われる同一の種類の有価証券の募集・売出しは，その発行価額・売出価額の総額が１億円未満であっても届出が必要となる（企業開示府令２条４項５号，特定有価証券開示府令２条４号，外債府令１条の２第３号)。さらに，(c)の１年通算をして発行価額・売出価額が１億円以上となる募集・売出しと並行して行われる同一の種類の有価証券の募集・売出しは，その発行価額・売出価額の総額が１億円未満であっても届出が必要となる（企業開示府令２条４項５号，企業開示ガイドラインＢ4-12)。これに対し，１年通算して発行価額・売出価額が１億円未満であるが，１年通算した発行価額・売出価額の総額と並行して行われる同一の種類の有価証券の募集・売出しの発行価額・売出価額の総額を合算すると１億円以上となる場合には，条文の建付け上，届出は必要とならないように読める。たとえば，発行価額5,000万円の募集と売出価額4,000万円の売出しが並行して行われ，別途６カ月前に同一種類の有価証券に係る発行価額3,000万円の募集が行われているような場合には，すべてを合算すると１億円以上であるが，条文の建付け上届出は必要とならないように読める。

ここで募集・売出しが「並行して」行われるとは，払込期日・受渡期日がおおむね同じことをいう（企業開示ガイドラインＢ4-11）。また，「同一の種類の有価証券」とは，(c)の１年通算の場合と同様に，金商法２条１項各号・２項各号に掲げる有価証券ごとの区分が同一のものをいう。また，新株予約権証券は株券と同じ種類とされ，新株予約権付社債券も，株券と同じ種類の有価証券とされることも，(c)の１年通算の場合と同じである。

なお，平成23年４月施行の企業開示府令改正においても，(c)の場合と異なり，(f)の場合は，ストック・オプションの特例が適用される募集・売出しについて，明文上は通算対象から除かれていない。しかし，平成19年10月パブコメ３頁No.11において，当該募集・売出しは，４号の並行募集・売出し，５号の１億円以上の募集・売出しに含まれないとされている。

(g)　届出の効力停止処分などを受けた場合

有価証券届出書に重要な事項について虚偽記載などがある場合，内閣総理大臣は，届出の効力の停止または待機期間の延長を命ずることができる（10条１項・11条１項。第３章第３節参照）。また，同様に有価証券届出書に重要な事項について虚偽記載などがある場合，内閣総理大臣は，その届出者が当該有価証券届出書を提出した日から１年以内に提出するほかの有価証券届出書・発行登録書・発行登録追補書類の届出・発行登録の効力の停止または待機期間の延長をすることができる（11条１項。第３章第３節参照）。さらに，発行登録書・発行登録追補書類に重要な事項について虚偽記載などがある場合，内閣総理大臣は，同様に発行登録の効力の停止または待機期間の延長，１年以内に提出するほかの有価証券届出書・発行登録書・発行登録追補書類の届出・発行登録の効力の停止または待機期間の延長をすることができる（23条の10第３項・23条の11

第1項。第3章第3節参照)。このような効力停止処分，待機期間の延長処分を受けた届出者が，その処分を受けている期間内に行う新たな有価証券の募集・売出しについては，その発行価額・売出価額の総額が1億円未満であっても届出が必要となる（企業開示府令2条4項6号・7号，特定有価証券開示府令2条5号・6号，外債府令1条の2第4号・5号)。

(h)　公開直前の株式の募集・売出しの場合

国内の金融商品取引所に発行株式（発行優先出資を含む）を上場しようとする会社，または認可金融商品取引業協会に発行株式を店頭登録しようとする会社で，継続開示会社でないものが行う金融商品取引所・認可金融商品取引業協会の規則による発行株式の募集・売出しについては，発行価額・売出価額の総額が1億円未満であっても届出が必要である（企業開示府令2条4項8号)。このような公開直前の株式については，公開後に多くの投資者の間で流通することが予想される一方で，公開前には発行会社およびその発行する有価証券の情報が十分開示されていない可能性があるため，投資者保護のために発行価額・売出価額の総額が1億円未満であっても届出が必要とされる。

(5)　有価証券通知書の提出

有価証券の届出が免除される場合であっても，「特定募集等」に該当する一定の場合には，発行者は有価証券通知書を提出しなければならない（4条6項)。これは，投資者保護の観点から，届出が必要となる募集・売出しが届出なしに行われていないか，開示が行われている有価証券の売出しにつき，適正に開示がされているか，目論見書が開示書類に従って作成されているかなどのチェックを当局が行うためとされる[67]。

ここで，「特定募集」とは，以下のものをいうこととされている（4条1項5号・2項ただし書・3項ただし書・5項)。

①　発行価額・売出価額の総額が1億円未満の有価証券の募集・売出しで内閣府令で定めるもの（ただし，4条1項1号～4号に掲げるもの（**(4)届出免除**参照）を除く）

(67)　注釈金融商品取引法1巻143頁～144頁〔川口恭弘〕，池田ほか・逐条解説2009年金商法改正172頁

② 適格機関投資家取得有価証券一般取得であって４条２項ただし書により届出が免除されているもの，または特定投資家等取得有価証券一般勧誘であって４条３項ただし書により届出が免除されているもののうち，(a)売出しに該当するものもしくは(b)売出しに該当せず，かつ，開示が行われている場合に該当しないもの

「特定募集等」とは，上記の特定募集に加えて，開示が行われている有価証券の売出し（ただし，４条１項１号・２号に掲げるもの（(4)**届出免除**参照）を除く）をいうこととされている（同条６項）。

特定募集等が行われる場合には，原則として有価証券通知書の提出が必要となるが，以下の場合には有価証券通知書の提出が不要とされている（４条６項ただし書，企業開示府令４条４項・５項，特定有価証券開示府令５条３項・４項，外債府令２条３項・４項）。

(a) 開示が行われている場合における有価証券の売出し（４条４項に規定する有価証券の売出しをいい，売出しに該当しない適格機関投資家一般勧誘・特定投資家等取得有価証券一般勧誘などを含む）でその売出価額の総額が１億円未満のもの

(b) 開示が行われている有価証券の売出しで，当該有価証券の発行者その他の内閣府令で定める者以外の者が行うもの

(c) 発行価額・売出価額の総額が１億円未満の有価証券の募集・売出しで１年通算・６カ月通算などにより発行価額・売出価額の総額が１億円以上となる場合など内閣府令で定めるものでその発行価額・売出価額が1,000万円以下のもの

(b)の内閣府令の内容を踏まえると，企業開示府令が適用される有価証券（■**2**(**4**)参照）については，開示が行われている有価証券の売出しのうち，以下の者が行うもので，売出価額が１億円以上のものについてのみ，有価証券通知書の提出が必要とされている（４条６項ただし書，企業開示府令４条４項）。

(i) 有価証券の売出しに係る有価証券（株券，新株予約権証券，新株予約権が付されている有価証券もしくは株券に転換しうる有価証券またはこれらの有価証券の性質を有する外国証券に限る。(ii)(ロ)〜(v)において同じ）の所有者である当該有価証券の発行者

(ii)　有価証券の売出しに係る有価証券の所有者であって，次に掲げる者

(イ)　当該有価証券の発行者の子会社等（29条の4第4項に規定する子会社その他これに準ずる法人をいう。(ハ)において同じ）または主要株主（163条1項に規定する主要株主をいう。(ハ)において同じ）

(ロ)　当該有価証券の発行者の役員（21条1項1号に規定する役員をいう。以下本(ロ)および(ハ)において同じ）または発起人（当該発行者の役員または株主のいずれにも該当しない期間が連続して5年を超える発起人を除く）

(ハ)　当該有価証券の発行者の子会社等または主要株主（法人である場合に限る）の役員または発起人その他これに準ずる者（当該子会社等または主要株主である法人の役員または株主その他の構成員のいずれにも該当しない期間が連続して5年を超える発起人その他これに準ずる者を除く）

(ニ)　当該有価証券の発行者が外国会社その他の会社以外の者の場合においては，(イ)～(ハ)に掲げる者に類するもの

(iii)　当該有価証券を他の者に取得させることを目的として(i)または(ii)に掲げる者から当該有価証券を取得した金融商品取引業者等

(iv)　有価証券の売出しに係る引受人（買取引受けに係る引受人を除く）に該当する金融商品取引業者等

(v)　2条6項3号に規定する契約に基づき取得した新株予約権証券または当該新株予約権証券に係る新株予約権を行使することにより取得した有価証券に係る有価証券の売出しを行う金融商品取引業者等（同号に規定する契約を行う引受人に該当するものに限る），すなわちいわゆるコミットメント型のライツ・オファリングにおいて，コミットメントに基づき未行使の新株予約権の交付を受けたうえで行使を行い，その結果取得する株式について行う売出しを行う金融商品取引業者等

特定有価証券（■2(4)参照）については，開示が行われている有価証券の売出しのうち，以下の者が行うもので，売出価額が1億円以上のものについてのみ，有価証券通知書の提出が必要とされている（4条6項ただし書，特定有価証券開示府令5条3項）

(i)　当該有価証券の売出しに係る有価証券の所有者である当該有価証券の発行者

(ii)　当該有価証券を他の者に取得させることを目的として当該有価証券の発行者から当該有価証券を取得した金融商品取引業者等

(iii)　当該有価証券の売出しに係る引受人（買取引受けに係る引受人を除く）に該当する金融商品取引業者等

(iv)　２条６項３号に規定する契約に基づき取得した新株予約権証券または当該新株予約権証券に係る新株予約権を行使することにより取得した有価証券に係る有価証券の売出しを行う金融商品取引業者等（同号に規定する契約を行う引受人に該当するものに限る），すなわちいわゆるコミットメント型のライツ・オファリングにおいて，コミットメントに基づき未行使の新株予約権の交付を受けたうえで行使を行い，その結果取得する株式について行う売出しを行う金融商品取引業者等

これは，上述のとおり，平成21年金商法改正により，開示が行われている場合の売出しについて，原則として，有価証券通知書の提出は免除されるようになったためである。

なお，前述のとおり，平成24年８月施行の金商法施行令・企業開示府令の改正前は，有価証券の売出しに該当する（売出しから除外されない）発行者関係者の範囲と，有価証券通知書の提出および目論見書の作成が必要となる発行者関係者の範囲に不一致があったが，同改正により，当該不一致は是正された（上記発行関係者の範囲の記載は同改正を踏まえたものである）。

また，特定募集に該当する場合に使用する資料には，当該特定募集が４条１項本文，２項本文または３項本文の規定の適用を受けないものである旨を表示しなければならないこととされている（４条５項）。

有価証券通知書の提出が必要な場合，当該有価証券通知書は，当該特定募集等が開始される前までに発行者の本店の所在地を管轄する財務（支）局長に提出しなければならない（４条６項，企業開示府令４条１項）。特定有価証券の場合には，当該特定募集等が開始される前までに関東財務局長に提出しなければならない（特定有価証券開示府令５条１項）。平成26年金商法改正前までは有価証券届出書と異なり，募集の日ではなく，特定募集等が開始される日の前日までに提出が必要とされていたが，同改正により募集等が開始される前までに提出すればよいこととなった。有価証券通知書の記載内容は，企業開示府令にお

いて内国会社，外国会社の別に応じて，また，特定有価証券開示府令において有価証券の種類に応じて様式が定められている（企業開示府令４条１項，特定有価証券開示府令５条１項）。たとえば，内国会社であれば第１号様式により，新規発行・売出し有価証券の情報，有価証券の募集・売出しの方法および条件，有価証券の引受けの概要，過去１年以内における募集・売出しの状況について記載することになる。また，有価証券通知書には，内国会社，外国会社の別，有価証券の種類に応じて必要な添付書類を添付する必要がある（企業開示府令４条２項，特定有価証券開示府令５条２項）。たとえば，内国会社の場合，定款，当該有価証券の発行につき取締役会の決議・株主総会の決議などがあった場合における当該取締役会・株主総会の議事録の写しなど，当該有価証券の募集・売出しに際し目論見書が使用される場合における当該目論見書の添付が必要となる（企業開示府令４条２項１号）。提出された有価証券通知書は，有価証券届出書とは異なり，公衆縦覧の対象とはならない。このため，虚偽記載などによる民事責任に関する特別の規定はなく，また，虚偽記載などによる刑事責任規定もない（第３章参照）。

有価証券届出書の提出が要求されない場合でも，開示が行われている有価証券の売出しで，一定の売出しについては目論見書の作成・交付義務が課せられ，この場合には当該目論見書に有価証券届出書に記載すべき事項に関する内容を記載することになる（第２節■**2**⑶参照）。かかる目論見書に虚偽記載などがある場合には，民事責任，刑事責任などが課される（第３章参照）。

有価証券通知書は，原則として募集・売出しごとに提出する必要があるが，有価証券通知書の提出の必要な募集・売出しが並行して行われる場合は，同一の有価証券通知書によって提出することができる（企業開示ガイドラインＢ4-20）。また，当初発行価額・売出価額の総額が１億円以上になると判断して有価証券届出書を提出したものの，その後１億円未満となったため，有価証券届出書の取下げ願いを提出した場合，当該有価証券届出書の取下げ願いの提出があった日に有価証券通知書の提出があったものとみなされる（企業開示ガイドラインＢ4-14）。

証取法の下では，いわゆる６条通知として，証取法の下での企業開示府令６条（および特定有価証券開示府令７条）に基づき，有価証券報告書の提出義務を負わない会社が，発行価額の総額が１億円以上の株式を募集によらないで発行する場合，有価証券通知書の提出が要求されていたが，金商法ではこのような場合の有価証券通知書の提出義務は廃止された。

2　届出の手続

第２編第１章第１節■２　細目次

(1)　届出義務者（発行者）

①　概　　要

有価証券届出書の提出による届出の義務を負うのは，募集・売出しをしようとする有価証券の発行者である（4条1項)。売出しの場合，発行者以外の者が売出しの主体になるのが通常であるが，この場合でも届出の義務を負うのは発行者である。もっとも，届出を行わないで売出しを行った場合の民事責任・刑事責任および課徴金は売出人に課せられる（16条・172条1項・197条の2第1号。第3章参照)。このため，売出しをしようとする者は，届出義務者である発行者に対して届出をするよう要請する必要があり，発行者が届出をしなければ売出しはできない。このように発行者が届出義務者とされるのは，有価証券届出書制度により開示が求められる企業内容に関する情報については，発行者自身に準備させるのが適当であるからである。なお，外国会社は，有価証券届出書または訂正届出書を提出する場合には，日本国内に住所を有する者であって，当該募集・売出しの届出に関する一切の行為につき，当該外国会社を代理する権限を有するものを定めなければならないとされる（企業開示府令7条1項，企業開示ガイドラインB7-11）。実務では，発行者に対して有価証券届出書作成のアドバイスをする弁護士がかかる代理人となる場合が多い。

発行者とは，一般的に有価証券を発行し，または発行しようとする者をいう（2条5項)。株券，社債券などの場合には，通常発行者が誰であるかが明確であるが，有価証券の中には誰が発行者であるかが明確でないものもある。金商法ではこのような場合，開示に必要な情報を確実に入手して提供できる者を発行者としてとらえることとしている。たとえば，以下において詳細を記載するが，受益証券発行信託の受益証券や信託受益権のうち，委託者非指図型のものについては，自益信託で金銭を信託財産とするものは「受託者」が，それ以外の場合は「委託者及び受託者」が発行者となることとされている（2条5項かっこ書，定義府令14条2項2号ロ・ハ・同条3項1号ロ・ハ)。信託財産に金銭以外の財産が含まれる場合や信託財産が金銭である場合でも他益信託の場合は，発行時点で受託者が信託財産を含む信託の内容に関する詳細な情報を有しないことが通常であることから，適切な情報開示のため，委託者および受託者双方が発行者とされている[(68)]。なお，このように発行者が複数となる場合には，発行者に義務付けられる届出などはすべて連名で行い，発行者の一部が届出などに関し虚偽記載などを行った場合の責任は，すべての発行者が連帯して負担することになる[(69)]。なお，「発行者」概念の業規制との関係での問題点などについては，第5編第1章第3節■2⑵参照。

以下では，第一項有価証券と第二項有価証券とに分けて，発行者の具体的な意義を解説する。

---

(68)　平成19年7月パブコメ32頁No. 6
(69)　平成19年7月パブコメ31頁No. 5

②　第一項有価証券の発行者

発行者とは，有価証券を発行し，または発行しようとする者をいう（２条５項)。第一項有価証券のうち，株券，社債券などについては，かかる定義により発行者の意味は明確であるが，以下の第一項有価証券については，以下に定める者が発行者とみなされる（２条５項かっこ書，定義府令14条１項・２項)。

(a)　特定目的信託の受益証券および外国・外国の者の発行する証券・証書のうち特定目的信託の受益証券の性質を有するものについては，当該有価証券に係る信託の原委託者および受託者が発行者とみなされる（定義府令14条２項１号)。

(b)　受益証券発行信託の受益証券（有価証券信託受益証券を除く）および外国・外国の者の発行する証券・証書のうち受益証券発行信託の受益証券の性質を有するものについては，次に掲げる場合の区分に応じ，それぞれ次に定める者が発行者とみなされる（同項２号)。

(i)　委託者指図型の場合，すなわち委託者または委託者から指図の権限の委託を受けた者（受託者と密接な関係を有する者として信託業法施行令２条各号に掲げる者以外の者である場合に限る）のみの指図により信託財産の管理または処分が行われる場合……当該有価証券に係る信託の委託者（同号イ）

(ii)　委託者非指図型の自益信託で金銭を信託財産とするもの，すなわち(i)に掲げる場合以外の場合（委託者非指図型の場合）で，当該有価証券に係る信託の効力が生ずるときにおける受益者が委託者であるもの（自益信託）であって，金銭を信託財産とする場合……当該有価証券に係る信託の受託者（同号ロ）

なお，金銭を信託財産とするかどうかは，信託の設定に際して委託者から受託者に移転された財産が金銭か否かにより判断される[70]。

(iii)　(i)，(ii)に掲げる場合以外の場合，すなわち委託者非指図型の自益信託で信託財産に金銭以外の財産が含まれる場合や委託者非指図型の信託財産が金銭である場合でも他益信託の場合……当該有価証券に係る信託の委託者および受託者（同号ハ）

---

(70)　平成19年７月パブコメ31頁No.３

(c)　有価証券信託受益証券については，当該有価証券に係る受託有価証券を発行し，または発行しようとする者が発行者とみなされる（同項3号）。有価証券信託受益証券には，いわゆるJDR（Japanese Depositary Receipts，日本版預託証券），すなわち受益証券発行信託の受益証券のうち，外国株券を信託財産とするものであって，当該信託財産である外国株券に係る権利と同等の権利を当該信託の受益証券とするものが含まれる。JDRは，信託財産である外国株券の発行者が関与しないで発行される場合がありうるが，このような場合でも当該外国株券の発行者が当該JDRの発行者とされ，当該JDRの募集・売出しを行おうとする者は当該外国株券の発行者の協力を得て届出をする必要がある。この場合の利害状況は有価証券の売出しの場合と同様と考えられ，届出を行わないで募集・売出しを行った場合の民事責任・刑事責任および課徴金は，発行者ではなく，当該JDRの募集・売出しを行った者に課せられると考えるべきであろう（16条・172条1項・197条の2第1号。第3章参照）。

(d)　抵当証券および外国・外国の者の発行する証券・証書のうち抵当証券の性質を有するものについては，当該有価証券の交付を受けた者が発行者とみなされる（定義府令14条2項4号）。

(e)　預託証券については，当該有価証券に表示される権利に係る有価証券を発行し，または発行しようとする者が発行者とみなされる（同項5号）。

③　第二項有価証券の発行者・発行時期

第二項有価証券については，以下の有価証券の種類ごとに，以下に定める者が発行者とみなされ，以下に定める時に有価証券として発行するとみなされる（2条5項後段，定義府令14条3項・4項）。

(a)　信託受益権（外国の者に対する権利で信託受益権の性質を有するものを含む。以下③において同じ）については，次に掲げる場合の区分に応じ，それぞれ次に定める者が発行者とみなされる（定義府令14条3項1号）。

(i)　委託者指図型の場合……当該権利に係る信託の委託者（同号イ）

(ii)　委託者非指図型の自益信託で金銭を信託財産とするもの……当該権利に係る信託の受託者（同号ロ）

(iii)　(i)，(ii)に掲げる場合以外の場合，すなわち委託者非指図型の自益信託で信託財産に金銭以外の財産が含まれる場合や委託者非指図型の他益信託の場合……当該権利に係る信託の委託者および受託者（同号ハ）

信託受益権は，次に掲げる場合の区分に応じ，それぞれ次に定める時に有価証券として発行するとみなされる（定義府令14条４項１号）。

(イ)　自益信託の場合，すなわち信託の効力が生ずるときにおける受益者が委託者である場合（ただし，いわゆる合同金信などの信託契約が１個の信託約款に基づくものであって，当該信託契約に係る信託財産の管理・処分が，当該信託約款に基づいて受託者がほかの委託者との間に締結する信託契約に係る信託財産の管理・処分と合同して行われる信託（兼営法６条の規定により元本の補填の契約のある金銭信託を除く）に係るものを除く）……当該権利に係る信託の委託者が当該権利（委託者が譲り受けたものを除く）を譲渡する時（同号イ）

(ロ)　(イ)に掲げる場合以外の場合，すなわち自益信託のうちいわゆる合同金信などの場合や他益信託の場合……当該権利に係る信託の効力が生ずる時（同号ロ）

(b)　合名会社・合資会社・合同会社の社員権については，業務を執行する社員が発行者とみなされる（同条３項２号）。

当該権利に係る社員になろうとする者が社員となる時および当該権利に係る社員の加入の効力が生ずる時に有価証券として発行するとみなされる（同条４項２号）。

(c)　外国法人の社員権で合名会社・合資会社・合同会社の社員権の性質を有するものについては，業務を執行する者が発行者とみなされる（同条３項３号）。

当該権利に係る社員になろうとする者が社員となる時および当該権利に係る社員の加入の効力が生ずる時に有価証券として発行するとみなされる（同条４項２号）。

(d)　集団投資スキーム持分については，次に掲げる権利の区分に応じ，それぞれ次に定める者が発行者とみなされる（同条３項４号）。

(i)　組合契約に基づく権利……当該組合契約によって成立する組合の業務

の執行を委任される組合員（同号イ）

(ii)　匿名組合契約に基づく権利……当該匿名組合契約における営業者（同号ロ）

(iii)　投資事業有限責任組合契約に基づく権利……当該投資事業有限責任組合契約によって成立する組合の無限責任組合員（同号ハ）

(iv)　有限責任事業組合契約に基づく権利……当該有限責任事業組合契約によって成立する組合の重要な業務の執行の決定に関与し，かつ，当該業務を自ら執行する組合員（同号ニ）

(v)　(i)～(iv)に掲げる権利以外の権利……出資対象事業に係る重要な業務の執行の決定に関与し，かつ，当該業務を自ら執行する者（無限責任組合員に類する者があるときは，当該無限責任組合員に類する者）（同号ホ）

集団投資スキーム持分については，当該権利に係る契約の効力が生ずる時に有価証券として発行するとみなされる（同条4項3号）。

(e)　外国の法令に基づく権利であって，集団投資スキーム持分に類するものについては，上記(d)(i)～(v)に掲げる権利に類する権利の区分に応じ，それぞれ上記(d)(i)～(v)に定める者に類する者が発行者とみなされる（同条3項5号）。

外国の法令に基づく権利であって，集団投資スキーム持分に類するものについては，次に掲げる権利の区分に応じ，それぞれ次に定める時に有価証券として発行するとみなされる（同項4項3号）。

(i)　上記(d)(i)～(v)に掲げる権利に類する権利……当該権利に係る契約の効力が生ずる時（同号イ）

(ii)　法人に対する出資または拠出に係る権利……当該権利に係る社員になろうとする者が社員となる時および当該権利に係る社員の加入の効力が生ずる時（同号ロ）

(f)　学校貸付債権については，当該学校法人等が発行者とみなされ（同条3項6号），当該債権の発生の時に有価証券として発行するとみなされる（同条4項4号）。

⑵　届出時期

①　概　　要

一般的に届出の時期について特に制限はない。有価証券の募集・売出しに該当し，届出が必要な場合には，有価証券届出書提出前の勧誘は禁止される（事前勧誘禁止規制）（４条１項，第２節■１参照）。また，届出の効力が発生するまでは（効力の発生時期については⑹参照），有価証券の取得・買付けの契約を締結することができない（15条１項。第２節■２⑴参照）。このため実務的には，勧誘行為を開始する時期，効力発生の時期，会社法その他の法令および新規上場や適時開示に関する関連する金融商品取引所の規則上必要な手続につき法令・規則上または実務的に要する期間などを考慮して届出の時期を決定することになる。

実務のポイント・2－5

◆代表的な募集・売出し概観――IPOの例

IPOにおける株式の募集（不特定多数の投資者を対象とした募集）の一般的な日程の目安は，以下のとおりである。

（日程）	（イベント）
X	取締役会決議（１回目。公募による募集株式発行を決定） 有価証券届出書提出（ローンチ）・プレスリリース
X以降	機関投資家などへのヒアリング
X＋約２週間	取締役会決議（２回目。払込金額・仮条件の決定） 払込金額・仮条件を記載した訂正届出書の提出・プレスリリース 訂正届出書において会社法に基づく募集事項の開示をすれば，通知・公告（会社法201条３項・４項）は不要（同条５項）。募集事項である払込金額が決定したこの時点で，通知・公告に代わる開示が行われたことになる。 （この日（仮条件決定日）を便宜上Y日とする）
Y以降	需要調査の期間（ブックビルディング期間）
Y＋数日	発行価格（募集価格）などの決定（プライシング）（取締役会決議で授権された取締役が決定する。取締役会決議は不要） 発行価格などを記載した最終訂正届出書の提出・引受契約の締結・プレスリリース
同日（X＋15以後）	
	届出書の効力発生 IPOの場合，組込方式・参照方式の利用適格が通常はないため，当初届出書の受理日より効力発生まで少なくとも中15日が必要（８条１

項。なお，IPOではマーケティング期間が通常15日を優に超えるので，実際には中15日以上の期間が必要となる）。また，最終訂正届出書提出後，期間短縮により通常は即日または翌日の効力発生が可能（８条３項，企業開示ガイドラインＢ8-3）。

同日以後　申込期間（効力発生後，払込期日前までの数日間）開始

Ｙ＋15以後　払込期日（クロージング）・上場日
訂正届出書における公告事項の開示から少なくとも中14日必要（会社法201条３項）。実際にはクロージングまでにはそれ以上の期間がかかる。

実務のポイント・２－６

◆代表的な募集・売出し概観――上場後の株式の募集・売出し（PO）の例

上場後の株式の公募の一般的な日程は以下のとおりである（ブックビルディング方式を用いた新株発行の例。参照方式を利用する場合）。

（日程）	（イベント）
Ｘ	取締役会決議（公募による募集株式発行を承認） 有価証券届出書提出（ローンチ）・プレスリリース 届出書において会社法に基づく募集事項の開示をすれば，通知・公告（会社法201条３項・４項）は不要（同条５項）。払込金額は，ブックビルディング方式（日本証券業協会の有価証券の引受け等に関する規則25条に定める方式）により決定する旨記載すれば会社法上の開示として足りる（会社法201条２項。IPOでは市場価格がまだないため，この開示方式は利用できない）。
Ｘ以降	需要調査の期間（ブックビルディング期間）
Ｘ＋数日	発行価格（募集価格）・払込金額など発行条件の決定（プライシング）（当初取締役会決議で授権された取締役が決定する。取締役会決議は不要） 発行条件を記載した訂正届出書の提出･引受契約の締結･プレスリリース
同日（Ｘ＋８以後）	届出書の効力発生 参照方式の場合は当初届出書の受理日より少なくとも中７日が必要（８条３項，企業開示ガイドラインＢ8-2）。また，訂正届出書提出後，期間短縮により通常は即日または翌日の効力発生が可能（８条３項，企業開示ガイドラインＢ8-3）。
同日以後	申込期間（効力発生後，払込期日前までの数日間）開始
Ｘ＋15以後	払込期日（届出書における公告事項の開示から少なくとも中14日。会社法201条３項）

②　株主割当の場合

株主割当による株式・新株予約権の発行などのように，有価証券の募集・売出しが一定の日の株主名簿（優先出資法に規定する優先出資者名簿を含む）上の株主（優先出資者を含む）に対して行われる場合には，当該募集・売出しに関する届出は，当該一定の日（以下，本節において「割当権付与の基準日」という）の25日前までにしなければならない（４条４項本文）。有価証券の募集・売出しが株主名簿上の株主に対して行われる場合とは，割当権付与の基準日における株主に株式・新株予約権の割当てを受ける権利を与える方式による株式・新株予約権の募集を行う場合および割当権付与の基準日における株主に優先的に応募資格を与える募集・売出しを行う場合をいい，これらの場合には割当権付与の基準日の前日から起算して25日前の日の前日まで，つまり中25日をおいて届出書を提出しなければならない（企業開示ガイドラインB4-18・B4-19）。これは，株主に対し，募集・売出しに応じて有価証券の取得・買付けをすべきかどうかの判断を，権利落ちの前に行うことを可能にするためである。すなわち，新株式の株主割当を例にとって考えると，取引所における決済の手続などのため，株主割当を受ける権利を得るためには割当権付与の基準日の３取引日前に株式を保有している必要がある。このため，新株式の株主割当が時価より低い価額で行われる場合，当該株式については，通常株主割当を受ける権利がなくなる割当権付与の基準日の２取引日前から株価が下落する。この株価下落前に，株主に熟慮し，選択する時間を与える必要があるため，割当権付与の基準日の25（暦）日前までに届出が要求される。

もっとも，権利落ちの生じない以下の有価証券の募集または売出しを行う場合には，割当権付与の基準日の25日前に届出をすることは要求されない（４条４項ただし書，企業開示府令３条）。

(a)　株券（優先出資証券を含む。以下，(b)～(d)において同じ），新株予約権証券，新株予約権付社債券以外の有価証券（同条１号）

(b)　時価または時価に近い一定の価格により発行する株券（同条２号）

(c)　時価または時価に近い一定の価格により発行・移転する株券を取得することとなる新株予約権が付与されている新株予約権付社債券（同条３号）

(d)　有価証券を上場・店頭登録している会社以外の会社の発行する有価証券

((a)～(c)に掲げるもの，および外国の金融商品取引所において上場されているものを除く。同条４号）

(e)　会社法277条に規定する新株予約権無償割当てに係る新株予約権証券であって，取引所金融商品市場において売買を行うこととなるもの（同条５号）

(e)は，平成22年４月改正企業開示府令により追加されたものであり，これにより，ライツ・オファリングに係る有価証券届出書の提出時期が短縮化され，会社法277条に規定する新株予約権無償割当てに係る新株予約権証券で，取引所金融商品市場において売買を行うこととなるものについても，基準日の25日前までの届出を行う必要はないとされた（企業開示府令３条５号)。なお，新株予約権無償割当てを行う場合でその対象となる株主を確定するための基準日公告は，新株予約権証券の取得勧誘に該当すると解されており，その公告を行う前に有価証券届出書の提出が必要と解されている[(71)]。

実務のポイント・2－7

◆代表的なライツ・オファリング概観

新株予約権無償割当てを使ったライツ・オファリングについては，平成22年以降の関連する金商法令の改正以前は，利用にあたっての実務的な障害が多く，それを一因として，上場企業によるエクイティ・ファイナンスは実務的には第三者割当増資や公募増資により行われてきたわけであるが，これが既存株主の権利の希薄化やヘッジファンド等による空売り等を招き，資本市場に悪影響を与えるものとの批判があった。他方で，欧州等では，いわゆるライツ・オファリングによる増資が広く行われていたことから，これらを背景として，ライツ・オファリングに係る実務的な障害を取り除くための関連金商法令の改正が行われてきたところである。

ライツ･オファリングには，コミットメント型とノンコミットメント型が存在するが，コミットメント型ライツ・オファリングとは，新株予約権無償割当てが行われた株主等により新株予約権が行使されなかった場合に，発行会社が新株予約権の取得条項に基づき取得した未行使の当該新株予約権について，金融商品取引業者のあらかじめの合意（コミットメント）に従って取得したうえで行使を行い，その結果取得する株式を市場等で売却する方法によるものをいい，かかるコミットメントのないノンコミットメント型ライツ・オファリングの場合と比べて，あらかじめ想定していた資金使途に充当できる資金調達額を確定できるというメリットがある。また，コミットメント型かノンコミットメント型かにかかわらず，新株予約権を取引所に上場する場合には，新株予約権を行使

(71)　平成22年４月パブコメ１頁No. 2

しない株主も未行使の新株予約権を取引所市場で売却することにより，未行使に伴う株式価値の希薄化により生じる不利益の全部または一部をカバーすることができるというメリットがある。かかるライツ・オファリングのうちノンコミットメント型については客観的な立場からその合理性を評価する仕組みが確保されていないことや，新株予約権の市場価格が理論価格に比べて割安となっていることなどの問題点があるとの指摘があり（平成26年７月25日付「我が国におけるライツ・オファリングの定着に向けて」東京証券取引所上場制度整備懇談会。なお，平成26年６月末までの公表案件のうち９割弱がノンコミットメント型であり，英国などではノンコミットメント型は例外的にしか行われていないこととは対照的であるとの指摘もある），東証は平成26年10月にライツ・オファリングに関する上場制度を改正した。改正の内容は，新株予約権証券の上場基準として，ノンコミットメント型ライツ・オファリングについては，証券会社による増資の合理性についての審査または株主総会決議などによる株主の意思確認のいずれかの手続を経て発行されるものであることと，発行者の経営成績および財政状態に関する基準（２期連続経常赤字でなく，債務超過でないこと）が追加された。また，新株予約権株主割当通知について，行使期間の開始日の２週間前までに行う必要はなく，行使期間の末日から２週間前の日までに交付すれば足りることとした平成26年の会社法改正に合わせて，新株予約権証券の上場日は行使期間の初日以後の日とされた。かかる会社法改正および新株予約権証券の上場日の改正により，実務的には新株予約権無償割当ての効力発生日と行使期間の開始日と上場日は同一日とされることになると考えられ[72]，ライツ・オファリングのローンチから行使期間の終了日までの期間について，１カ月程度の期間を短縮することが可能となっている。

上記の平成26年会社法改正および東証の上場基準の見直しを踏まえたライツ・オファリングの日程の一例は，以下のとおりである（新株予約権無償割当ておよび新株予約権を上場する方法による場合。また，組込方式・参照方式を利用する場合）。

（日程）	（イベント）
W	取締役会決議（新株予約権無償割当ての決議） 有価証券届出書提出（ローンチ）・プレスリリース 届出書において会社法に基づく募集事項の開示をすれば，通知・公告（会社法201条３項・４項）は不要（同条５項）。 新株予約権行使期間終了までに公表・提出を予定している決算書類・継続開示書類につき，その公表・提出予定時期などを届出書に記載すれば，当該書類の公表・提出に伴う効力発生後の訂正は不要 株主の意思確認として株主総会決議を得る場合は，株主確定日までの間に株主総会に係る手続が必要となる

(72)　佐藤寿彦「ライツ・オファリングに係る上場制度改正の概要」旬刊商事法務2046号32頁注16(2014)

W＋１	基準日設定公告（割当基準日を設定する場合） 日刊新聞公告（届出書提出日，EDINETアドレス）。これにより，目論見書の作成・交付は不要
W＋８以後	届出書の効力発生 参照方式の場合は当初届出書の受理日より少なくとも中７日が必要（８条３項，企業開示ガイドラインB8-1）
W＋15（X）	基準日・株主確定日（基準日を設定せず，保振手続上の株主確定日を設定する場合は，W＋８（X）以後。株主の意思確認として株主総会決議を得る場合は，株主総会に係る手続を経た後となる）
X＋１	新株予約権無償割当ての効力発生日 新株予約権上場日 新株予約権行使期間開始
X＋３週間程度（Y）	新株予約権株主割当通知
【ノンコミットメント型】	
Z－５営業日	新株予約権売買最終日
Z－４営業日	新株予約権上場廃止
Z（X＋２カ月以内，Y＋２週間以上）	新株予約権行使期間終了（行使期間満了日が割当ての基準日などから２カ月以内であることが，新株予約権の上場基準の一つ（東証有価証券上場規程施行規則306条１項２号。なお，各新株予約権の対象となる株式が１株であることとする東証の上場基準については，会社法の要請により，実務上は株式１株に新株予約権１個が割り当てられる一方，各新株予約権の対象となる株式を１株未満とする要請もあるため，平成21年に廃止された）
【コミットメント型】	
Z－７営業日	新株予約権売買最終日
Z－６営業日	新株予約権上場廃止
Z－２営業日	発行会社の未行使新株予約権の取得日 取得公告（会社法275条４項・５項）
Z－１営業日	引受証券会社の新株予約権の取得
Z（X＋２カ月以内，Y＋２週間以上）	新株予約権行使期間終了

また，1933年米国証券法上，ライツ・オファリングにおいて株式の募集を行う行為は，原則として登録（日本での有価証券届出書による届出に相当するもの）が必要とされているが，かかる登録に伴う負担を回避するため，実務的には，原則として米国人は新株予約権を行使できない旨の行使条件を付すことがある（なお，かかる行使制限については，株主平等原則違反とならないかという会社法上の論点がある。この点，平成23年９月16日金融庁公表の「開示制度ワーキング・グループ　法制専門研究会報告～ライ

ツ・オファリングにおける外国証券規制への対応と株主平等原則の関係について〜」では，①行使制限なしにライツ・オファリングを実施することにより，外国の規制による当局に対する登録等の手続を履行するために事務・コスト負担を要し，円滑な資金調達に支障を来たす場合には，行使制限を利用する必要性があり，②行使制限が存在したとしても，新株予約権が取引所に上場されることにより流動性が確保され，新株予約権の行使を制限される外国居住株主は新株予約権を市場価格で取引することにより経済的利益の回収が可能な状況にあり，かつ，当該外国居住株主が株式が上場されている市場で株式を購入することができ，かかる株式の購入により持分割合を維持することができる場合には，行使制限に相当性もあり，株主平等原則の趣旨に反しないと解釈することができるとする。)。他方，当該会社の米国居住株主比率が，新株予約権無償割当ての基準日の原則60日前以降，30日後以前の任意の日の発行済株式総数の10%以下であり，その他，転売条件やレジェンドなどの一定の要件を充足する場合には，日本における勧誘文書の英訳を，Form CBにより米国証券取引委員会に提出することにより，登録義務を免れることができる（Rule 800，802）。

なお，大株主が新株予約権を行使するか否かを有価証券届出書の提出前に調査することは，コミットメント型ライツ・オファリングの場合は引受証券会社による引受リスクを判断するため，また，ノンコミットメント型ライツ・オファリングの場合は発行会社による資金調達の額を予想するために有益であるとされているが，他方で，これが事前「勧誘」に該当するのではないかという問題がある。この点について，事前の需要動向の調査（プレ・ヒアリング）と「勧誘」の区別が明確ではなく，金融商品取引業者による引受けを伴う国内公募においては，プレ・ヒアリングは原則禁止されているが（日本証券業協会「協会員におけるプレ・ヒアリングの適正な取扱いに関する規則」９条)，ライツ・オファリングは公募と異なり，新株予約権が各株主に対して割り当てられることは確定しており，その点において株式の割当てを受けることが未確定である通常の公募とは異なり，販売圧力が生じる要素は低いとも考えられる（金融法委員会「ライツ・オファリングと金商法上の勧誘規制についての中間論点整理」旬刊商事法務1998号121頁（2013）では，ライツ・オファリングと公募との上記のような違いを前提として，ライツ・オファリングにおける事前調査は，当該株式に対する関心を高めることにならないとする)。また，ライツ・オファリングの場合，株主は対象となる株式について一定の情報をすでに有していることが想定されるのであり，これらの点を考慮して，一定の要件を満たすライツ・オファリングについては，目論見書による直接開示は不要とされている。以上を勘案すると，このように販売圧力が生じる要素が低く，かつ，当該調査の対象が大株主などの一定の範囲の株主に限られるのであれば，投資家保護を目的とした事前勧誘規制を形式的に適用する必要はなく，企業開示ガイドラインB2-12において「勧誘」に該当しないとされている，割当予定先が限定され当該割当予定先からただちに転売されるおそれが少ない場合における割当予定先に対する事前の調査・協議と同様に，「勧誘」に該当しないとの考えもありうると思われる。この点については，ガイドラインの改正を含む立法的な手当てによる明確化が図られることが望まれていたところであるが，平成26年８月に公表，施行された企業開示ガイドラインの改正により，ライツ・オファリングにおける新株予約権の想定される行使価額における行使数量の見込みの調査等についても，プレヒアリングに該当し，調査対象者を特定投資家または５％以上の大株主とし，かつ，金商業等府令117条１項15号に規定する措置またはこれに準じる措置を講じて行うものは届出前勧誘に該当しないものとされた（企業開示ガイドラインB2-12②，平成26年８月パブコメ５頁No.13）。なお，調査主体において法令遵守管理に関する業務を行う部門が存しない場合には，当該調査などが適切であることについて，その他の適切な部門や外部の専門家の承認を受けることで，上記金商業等府令117条１項15号イ①に規定する措置に「準ずる措置」を講じたということができるとされる（平成26年８月パブコメ２頁No.７））。

③　事前相談

有価証券届出書などについては，提出後に記載内容に重要な事項の不備があることが発見され，訂正届出書が提出された場合，効力が予定どおり生じないなど当初予定された日程の変更が避けられないことがありうる。そのため，このような書類を含め，財務局担当課室は，開示書類の記載内容等について事前の相談に応じることとしている（企業開示ガイドラインA1-2-4)。

実務においては，個別事案に応じて異なりうるものの，いわゆる「日程相談」として，有価証券届出書提出のおおむね２週間前（新規上場案件などは１カ月前）までに財務局への事前相談が行われるのが一般的である[(73)]。第三者割当の場合の事前相談に関しては(4)②(b)(ii)証券情報［**第三者割当に係る開示**］参照。

(3)　届出先・公衆縦覧

有価証券の募集・売出しに係る届出は，有価証券届出書を内閣総理大臣に提出することにより行う（５条１項)。内閣総理大臣は，金商法による権限（政令で定める一部の権限を除く）を金融庁長官に委任し（194条の７第１項)，金融庁長官は，有価証券届出書・発行登録書などの発行開示書類や有価証券報告書・四半期報告書などの流通開示書類を受領する権限，第３章第３節にて解説するこれらの書類に関する行政処分の権限など，企業内容等の開示等に関する権限を基本的に財務（支）局長に委任している（194条の７第６項，金商法施行令39条２項)。どの財務局長宛に提出するかは，有価証券届出書の提出日現在における会社の状況に応じて以下のとおり定められている（金商法施行令39条２項，企

(73)　平成22年６月パブコメ２頁No.５参照

業開示府令20条１項・２項，企業開示ガイドラインＢ5-44，特定有価証券開示府令33条２項)。

①　内国会社のうち，資本金の額・基金の総額・出資の総額が50億円以上で，かつその発行する有価証券で金融商品取引所に上場されているものがある会社……関東財務局長

②　内国会社のうち，①以外の会社（ただし，内国投資信託受益証券，内国投資証券，内国資産流動化証券，内国資産信託流動化受益証券，内国信託受益証券，内国信託社債券，内国抵当証券，内国信託受益権，内国有価証券投資事業権利等，特定有価証券信託受益証券（発行者が内国会社である場合に限る)，特定預託証券（発行者が内国会社である場合に限る）の発行者である会社がこれらの有価証券を発行する場合を除く）……本店または主たる事務所の所在地を管轄する財務局長（所在地が福岡財務支局の管轄区域内にある場合は，福岡財務支局長)

③　外国会社その他上記①，②以外の者……関東財務局長

有価証券届出書の実際の提出は，開示用電子情報処理組織（以下,「EDINET」という）を使用してなされる必要がある（27条の30の２・27条の30の３。第４章参照)。

有価証券を金融商品取引所に上場し，または認可金融商品取引業協会に店頭登録している発行者は，募集・売出しの届出をしたときは，遅滞なく有価証券届出書およびその添付書類の写しをそれらの金融商品取引所・認可金融商品取引業協会に提出しなければならない（６条，金商法施行令３条)。有価証券届出書がEDINETを通じて提出される場合は，写しの送付の代わりに記載内容の通知が必要となるが，EDINETを通じた開示をすることによって当該通知がされたことと推定されるため，実際には有価証券届出書をEDINETを通じて提出するほか特段の手続をとることは必要とされない（27条の30の６。第４章参照)。

有価証券届出書およびその添付書類は，次のとおり公衆縦覧に供される。まず，(a)関東財務局および当該書類の提出会社の本店・主たる事務所（提出会社が外国会社の場合は，代理人）の所在地を管轄する財務局等（財務局または福岡財務支局をいう。企業開示府令21条柱書）に提出日から５年間，備え置かれ，公衆の縦覧に供され（25条１項，企業開示府令21条，特定有価証券開示府令31条)，

EDINETを通じた公衆縦覧も行われる（27条の30の7。第4章第3節参照）。また，(b)募集・売出しの届出をした有価証券の発行者は，提出日から5年間，有価証券届出書およびその添付書類の写しを，その本店・主たる事務所および主要な支店に備え置いて，公衆の縦覧に供しなければならない（25条2項，企業開示府令22条1項，特定有価証券開示府令32条）。さらに，(c)有価証券届出書およびその添付書類の写しの提出を受けた金融商品取引所・認可金融商品取引業協会は，その写しの提出日から，5年間それらの書類を事務所に備え置いて，公衆の縦覧に供しなければならない（25条3項，企業開示府令23条）。ただし，有

図表2−9　各種開示書類の公衆縦覧期間

	開示書類	公衆縦覧期間
発行開示書類	有価証券届出書（参照方式以外），訂正届出書	5年
	有価証券届出書（参照方式），訂正届出書	1年
	発行登録書，発行登録追補書類，訂正発行登録書	発行登録が効力が失うまで（発行登録から1年または2年）
継続開示書類	有価証券報告書，訂正報告書	5年
	四半期報告書，訂正報告書	3年
	半期報告書，訂正報告書	3年
	臨時報告書，訂正報告書	1年
	有価証券報告書の記載内容に係る確認書，訂正確認書	5年
	四半期報告書・半期報告書の記載内容に係る確認書，訂正確認書	3年
	内部統制報告書，訂正報告書	5年
	親会社等状況報告書，訂正報告書	5年
	自己株券買付状況報告書，訂正報告書	1年

（注1）　各開示書類の添付書類を含む。
（注2）　各開示書類は，公衆縦覧期間内EDINETのホームページ（https://disclosure.edinet-fsa.go.jp/）で閲覧することができる。

価証券の発行者が，(a)〜(c)により公衆縦覧に供される有価証券届出書またはその添付書類の一部につき，事業上の秘密の保持の必要により公衆の縦覧に供しないことを内閣総理大臣に申請し，内閣総理大臣の承認を得た場合は，その部分について公衆の縦覧に供しないことができる（25条４項）。各種開示書類の公衆縦覧期間については，**図表2－9**参照。

内閣総理大臣は，25条１項各号に掲げる開示書類の訂正に係る書類の提出命令を発する場合には，当該開示書類の全部または一部を公衆の縦覧に供しないものとすることができる（25条６項・27条の30の７第１項・２項）。これは，平成20年１月のテラメント株式会社に対する大量保有報告書の訂正命令を契機として，平成20年金商法改正により導入された規定である。この場合，発行者の本店・主要な支店，金融商品取引所・認可金融商品取引業協会において縦覧書類の写しを公衆縦覧に供する義務もなくなる（25条７項・８項）。なお，公開買付届出書などの公衆縦覧の制限については，第３編第３章第２節を，大量保有報告書の公衆縦覧の制限については，第４編第６章第２節をそれぞれ参照。

また，内閣総理大臣は，公益または投資者保護のため必要かつ適当であると認めるときは，開示書類の訂正に係る書類の提出命令を発した旨その他の投資者の投資判断に重要な影響を及ぼす関連情報を，EDINETにおいて，当該開示書類に併せて，公衆の縦覧に供することができる（27条の30の７第５項）。

(4)　有価証券届出書の記載方式・内容

①　概　　要

発行者が会社（外国会社を含む）である場合において，当該発行者が提出する有価証券届出書には，(a)有価証券の募集・売出しに関する事項（証券情報），(b)有価証券の発行会社の商号，発行会社の属する企業集団，発行会社の経理の状況その他事業の内容に関する重要な事項（企業情報），(c)その他の公益または投資家保護のため必要かつ適当なものとして内閣府令で定める事項を記載する必要がある（５条１項）。このうち，証券情報については，各募集・売出しごとに特有の事項であるため，募集・売出しごとに有価証券届出書に直接記載する必要がある。これに対し，企業内容を記載する企業情報については，継続開示される事項を利用することが可能である。金商法の下では，有価証券届出書の記載方式として，企業情報を含めてすべての事項を記載する通常方式に加え，一定の要件を満たす会社について企業情報について有価証券報告書などによる継続開示情報の流用を認める組込方式，参照方式が認められる。

通常方式は，すべての届出者が利用することのできる原則的な方式で，一般的には組込方式・参照方式が利用できない場合，すなわち１年以上継続して有価証券報告書を提出していない会社の場合に利用される（５条１項・３項・４項，企業開示府令９条の３・９条の４，特定有価証券開示府令11条の２・11条の３，外債府令６条の２・６条の３）。通常方式においては，証券情報に加え，企業情報についても有価証券届出書に直接にすべて記載する（企業開示府令８条１項・第２号様式など）。なお，通常方式・組込方式・参照方式以外の有価証券届出書の記載方式としては，内国会社の株式新規公開の場合は，株式公開情報を加えた様式で開示が行われる（企業開示府令８条２項）。また，一定の要件を満たす発行者が，発行価額・売出価額の総額が５億円未満の募集・売出しを行う場合で内閣府令で定めるもの（少額募集等。５条２項柱書）については，有価証券届出書における開示内容に特例が認められる（５条２項，企業開示府令８条１項２号）。

組込方式は，１年以上継続して有価証券報告書を提出している者が利用できる（５条３項，企業開示府令９条の３第１項，特定有価証券開示府令11条の２第１項，外債府令６条の２第１項）。組込方式では，企業情報につき，直近の有価証券報告書およびその提出以後に提出される四半期報告書または半期報告書などの写しをとじ込み，当該有価証券報告書の提出後に生じた重要な事実を追完情報として記載する方法により有価証券届出書を作成する（５条３項。③参照）。

参照方式は，１年以上継続して有価証券報告書を提出し，かつ，その者の企業内容に関する情報がすでに公衆に広く提供されているものとして，その者が発行者である有価証券ですでに発行されたものの取引所金融商品市場における取引状況などに関して定められた基準（いわゆる周知性の基準）に該当する者が利用できる（５条４項，企業開示府令９条の４，特定有価証券開示府令11条の３，外債府令６条の３）。参照方式では，直近の有価証券報告書およびその提出以後に提出される四半期報告書または半期報告書などを参照すべき旨を記載することで企業情報を記載したこととみなされる（５条４項。④参照）。

なお，優先出資証券の発行者である協同組織金融機関，保険業法に基づく相互会社，社会医療法人債の発行者である医療法人，学校債券や学校貸付債権の発行者である学校法人等などの指定法人（財務諸表等規則1条1項に規定する指定法人をいう。企業開示府令1条20号の5）は会社ではないため，金商法5条は直接適用されず，27条に基づき，5条の規定は準用されることとなるが，開示様式については，会社の場合と同様，企業開示府令が適用される（企業開示府令15条1項柱書かっこ書）。

資産流動化証券，投資信託証券など，発行体の保有する資産をその価値の裏づけとするいわゆる資産金融型証券については，株券，社債券など企業としての発行体自体の信用力にその価値を置くいわゆる企業金融型証券とは異なる開示が必要となる。金商法では，資産金融型証券は特定有価証券として企業金融型証券とは別の開示が要求され（5条1項・5項），その具体的な開示様式については，特定有価証券開示府令に規定されている。なお，投資法人，特定目的会社など特定有価証券の発行者が会社以外の者の場合には，金商法5条は直接適用されず，27条に基づき，5条の規定は準用されることとなる。証取法でも特定有価証券の概念自体はあったが，金商法では，特定有価証券の定義を明確にし，開示内容の充実を図った。学校貸付債権を除き，有価証券投資事業権利等も特定有価証券として取り扱われる（金商法施行令2条の13第7号）。

外国政府，外国の地方公共団体，国際機関，外国の政府関係機関などが発行する債券およびこれらに係る権利を表示する預託証券（外国債等。外債府令1条1号）の場合には，発行者が会社ではないため，金商法27条に基づき，5条の規定は準用されることとなり，開示様式については，企業開示府令ではなく，外債府令にその定めが置かれている。

以下では，通常方式（株式新規公開・少額募集等の場合以外），組込方式，参照方式，株式新規公開，少額募集等，特定有価証券，外国債等に分けて開示内容・添付書類を解説する。なお，有価証券届出書は，募集・売出しごとに提出するのが原則であるが，届出を必要とする有価証券の募集・売出しが並行して行われる場合にはそれらの届出を同一の有価証券届出書によってすることができる（企業開示ガイドラインB5-1）。また，上場株式の募集と，届出を要せずかつ有価証券通知書の提出が必要な売出しが並行して行われる場合も同一の有価証券届出書によってすることができ，その場合，当該売出しについては有価証券通知書の提出があったものとみなされる（企業開示ガイドラインB5-1)。実務でも，たとえば上場会社の株式の募集と同時に行うオーバーアロットメント売出しにつき，募集とあわせて届出書を提出することが行われている。

②　通常方式（新規株式公開・少額募集等以外）

(a)　適用場面

前述のとおり，通常方式は，すべての届出者が利用できる原則的な方式で，通常は組込方式・参照方式が利用できない場合，すなわち１年以上継続して有価証券報告書を提出していない会社の場合に利用される（５条１項・３項・４項，企業開示府令９条の３・９条の４)。

(b)　開示内容

(i)　概　要

開示内容は企業開示府令の様式に規定されており，通常方式の場合，内国会社は第２号様式，外国会社は第７号様式により作成することとされている（企業開示府令８条１項１号・４号)。前述のとおり，証券情報，企業情報の双方について有価証券届出書に直接すべて記載される。

(ii)　証券情報

証券情報としては，大きく分けて，①「募集要項」，②「売出要項」，③「第三者割当の場合の特記事項」，④「その他の記載事項」の各欄があり，募集，売出しの別，さらには発行する有価証券の別に応じて，当該募集・売出しの条件などに関して記載すべき内容が詳細に様式に定められている。たとえば，株券の募集の場合，①の募集要項として，「新規発行株式」，「株式募集の方法及び条件」，「株式の引受け」，「新規発行による手取金の使途」の各項目について様式に従って記載する。なお，「手取金の使途」の欄については，平成21年１月の企業開示府令改正により開示内容が充実され，提出者が取得する手取金の使途を設備資金，運転資金，借入金返済，有価証券の取得，関係会社に対する出資または融資等に区分し，手取金の総額ならびにその使途の区分ごとの内容，金額および支出予定時期を具体的に記載することとされている（企業開示府令第２号様式記載上の注意(20)ａ)。また，たとえば，直接の使途を預貯金とした後，最終的な使途を設備資金とするなど，直接の使途に加え，最終的な使途が決定されている場合は両者とも記載するなど，個別の事情等に応じ詳細な記載を行うものとされている（企業開示ガイドラインＢ5-8-3）。さらに，当該手取金を事業の買収にあてる場合には，その事業の内容および財産について概要を説明することとされている。これらの開示内容に重要な変更が生じた場合には，その内容を継続開示書類（有価証券報告書，四半期報告書および半期報告書）で開示することとされている（企業開示府令第３号様式記載上の注意(23)ｃ，第４号の３様式記載上の注意(14)ｃ，第５号様式記載上の注意(20)ｃなど）。④その他の記載事項については，工場，製品などの写真，図面その他特に目論見書に記載しようとする事項がある場合には，その旨および目論見書の記載箇所を示すこととされ（企業開示府令第２号様式記載上の注意(24)），実務では発行会社のロゴを表紙に書いたり，カラーの図表や写真を使って会社の概要などを目論見書の最初に記載したりすることがあり，それらの場合には，その旨および目論見書の記載箇所を示すこととなる。なお，投資判断資料として誤解を生ぜしめるような記載は行ってはならず，たとえば「当社は○○業界においては異色であり，又世界でも屈指の○○メーカーである」などの当該会社の宣伝をするような記載や「当社製品の○○はその多用途性等の特徴により世界で最も脚光を浴びている製品である」など写真説明に付されている説明が主観的な表現となっている記載，「当社の○月の主力製品○○における営業利益は前年同月比○％増加した」などの根拠が不明と考えられる計数の記載は行ってはならない（企業開示ガイドラインＢ5-10)。有価証券の募集・売出しに関する情報で特に記載すべき事項がある場合には，②売出要項の次に「募集又は売出しに関する特別記載事項」の項を設けて当該事項を記載することができる（企業開示ガイドラインＢ5-3)。実務では，募集される有価証券の上場に関する事項，グローバル・オファリングの場合における海外オファリングに関する事項，オーバーアロットメントによる売出し（引受会社が,募集・売出しに係る株券等について，募集・売出予定数量のほかに，同一条件で追加的に売出しを行うこと（日本証券業協会・有価証券の引受け等に関する規則２条20号））に関する事項，ロックアップに関する事項などが記載される。

有価証券届出書の記載事項は，有価証券届出書の提出時にすべて記載することを原則とするが，発行価格・売出価格の決定前に募集・売出しを行う必要がある場合など内閣府令で定める場合には，内閣府令で定める事項を記載しないで有価証券届出書を提出することが認められる（５条１項ただし書）。企業開示府令９条において，時価発行による株式発行など，一定の事項を記載しないで有価証券届出書を提出できる場合と，それぞれの場合ごとに記載しないことが認められる事項が定められている。実務では，第三者割当の場合などを除き，通常は時価発行で募集・売出しを行うが，この場合証券会社・投資家が価格下落リスクを受けるのを極力避けるために，発行価格・売出価格の決定前に募集・売出しを開始するのが通常である。なお，このように発行価格などを記載しないで届出書を提出する場合には，その決定予定時期などを記載することが必要となる（企業開示府令第２号様式記載上の注意(9)ｃ・(10)ｄ）。また，有価証券届出書に記載しなかった事項が決定された場合は，訂正届出書を提出することになる（７条，企業開示府令11条３号。(5)参照）。

［ライツ・オファリングに係る開示］

平成24年の改正企業開示府令により，コミットメント型ライツ・オファリングの開示として，「新株予約権証券の引受け」の項目において，「引受けの条件」の欄に，引受けの態様（引受人が発行者から新株予約権証券を取得するか，引受人が取得した新株予約権について自ら行使するか，第三者に行使させるかなど）[(74)]，引受人が会社から新株予約権を取得する際の対価の金額などを記載することとされる（企業開示府令第２号様式記載上の注意(12)ｑ(b)）。また，コミットメントを行う引受証券会社については新株予約権の取得日から起算して５営業日の間は，大量保有報告制度上，当該新株予約権を株券等保有割合に算入しないものとされることから（後記第４編第２章第１節■４(2)①(b)参照），それまでの引受人の保有状況を開示させる観点から，引受人が引受け対象となる新株予約権証券をすべて取得することとなったと仮定した場合のその新株予約権の数，および，このような場合に，引受人の株券等保有割合が５％を超えることとなるときは，その旨と届出書提出日の５営業日前の日の引受人の株券等保有割合を注記することとされる（企業開示府令第２号様式記載上の注意(12)ｑ(c)・(f)）。なお，このような注記を行った場合で，実際に引受人が取得することとなった新

(74)　平成24年２月パブコメ４頁No.12

株予約権の数が異なる場合でも訂正届出書を提出する必要はないとされている[75]。また，届出書の提出時点で引受人が決定しておらずその決定予定時期を記載して届出書を提出し，その後引受人を決定して訂正届出書を提出した場合，引受人の株券等保有割合が５％を超える場合のその算定時点は当該訂正届出書提出日の５営業日前の日とされる[76]。

なお，ノンコミットメント型ライツ・オファリングについては，上記の引受けに関する開示は必要ではないが，これまでに行われたノンコミットメント型ライツ・オファリングの実務においては，このようなオファリングにおける開示の特殊性として，「募集又は売出しに関する特別記載事項」の項において，ノンコミットメント型ライツ・オファリングを選択した理由，大株主の権利行使予定，発行条件の合理性などについて，適時開示された内容と整合的な開示が行われることが多い。

［第三者割当に係る開示］

平成21年12月施行の企業開示府令改正により，会社が第三者割当により資金調達を行う場合の有価証券届出書における開示の充実が図られた。これは，一部において，十分な情報開示がなされないまま，実体が明らかでない海外のファンドに大量に株式を割り当てたものの最終的に発行会社に資金が入らなかったり，既存株主の議決権の極端な希釈化をもたらしたりするなど，投資者保護の観点から大きな問題を生じうる第三者割当が見受けられたこと，また，発行市場における不適切なファイナンスが，株価操縦や粉飾決算などの流通市場における不正事件につながっている場合があるとの指摘があることを背景として行われた改正である。

ここで，「第三者割当」とは，株券，新株予約権証券または新株予約権付社債券の募集または売出しが当該有価証券に係る株式または新株予約権を特定の者に割り当てる方法（会社法202条１項の規定による株式の割当ておよび同法241条１項または同法277条の規定による新株予約権の割当てによる方法（外国会社にあってはこれらに準ずる方法）ならびに，オーバーアロットメントによる売出しのための引受人への割当て，ストック・オプションとしての新株予約権の割当ておよび一定

(75)　平成24年２月パブコメ４頁No.13

(76)　平成24年２月パブコメ６頁No.17

の役員等への株式報酬のための割当てを除いたもの）と定義されている（企業開示府令19条２項１号ヲ）。

第三者割当の場合には，有価証券届出書の記載事項として，「第三者割当の場合の特記事項」欄において，以下の事項に関する開示が必要となる（企業開示府令第２号様式記載上の注意(23-2)以下参照）。

①　割当予定先の状況（企業開示府令第２号様式記載上の注意(23-3)参照）

割当予定先の状況として，割当予定先の概要，提出者と割当予定先との間の関係，割当予定先の選定理由，割り当てようとする株式の数，株券等の保有方針，払込みに要する資金等の状況，割当予定先の実態の開示が必要となる。

このうち，割当予定先の概要については，割当予定先が法人の場合には割当予定先の名称，本店の所在地および主たる出資者などについて開示が必要となり，割当予定先が有価証券報告書提出会社の場合には具体的な情報を記載することに代えて直近の継続開示書類の提出日を記載することとされている（同様式記載上の注意(23-3)ａ）。

また，提出者と割当予定先との間の関係については，提出者と割当予定先との間に出資，人事，資金，技術または取引などにおいて重要な関係がある場合には，その内容を具体的に記載することとされている。割当予定先がファンドの場合には，その業務執行組合員等との重要な関係についても開示が求められる（同様式記載上の注意(23-3)ｂ）。

払込みに要する資金等の状況としては，割当予定先がこの届出書に係る第三者割当に対する払込みに要する資金または財産を保有することを確認した結果およびその確認の方法を具体的に記載することとされている（同様式記載上の注意(23-3)ｆ）。その方法については，割当予定先に対するヒアリング，残高証明書などの提示を求めて確認することなど，さまざまな方法が考えられるが，いずれの方法によった場合であっても，その方法を具体的に記載する必要があるとされている。また，割当予定先が借入れにより払込みを実施する場合には，借入先の名称および借入れの重要な前提条件があればその概要などを記載する必要があるとされている[77]。

---

(77)　平成21年12月11日パブコメ２頁No.９・No.10

割当予定先の実態については，割当予定先の株券等について，株主として権利行使を行う権限もしくはその指図権限または投資権限を実質的に有する者が存在する場合には，その旨およびこれらの権限の内容を具体的に記載することとされている。また，暴力もしくは威力を用い，または詐欺その他の犯罪行為を行うことにより経済的利益を享受しようとする個人，法人その他の団体を「特定団体等」と定義し，割当予定先が特定団体等であるか，および割当予定先が特定団体等と何らかの関係を有しているか否かについて確認した結果ならびにその確認方法を具体的に記載することとされている（同様式記載上の注意(23-3)ｇ）。この点については，たとえば，公開情報に基づく調査，割当予定先に対するヒアリング，信用調査機関の利用などが考えられる[(78)]。

②　株券等の譲渡制限（企業開示府令第２号様式記載上の注意(23-4)参照）

③　発行条件に関する事項（企業開示府令第２号様式記載上の注意(23-5)参照）

発行条件については，まず，発行価格の算定根拠および発行条件の合理性に関する考え方を具体的に記載することが必要となる（同様式記載上の注意(23-５)ａ）。

また，第三者割当による有価証券の発行が会社法上有利発行に該当するものと判断した場合には，その理由および判断の過程ならびに当該発行を有利発行により行う理由を具体的に記載することとされている。当該発行が有利発行に該当しないものと判断した場合には，その理由および判断の過程を具体的に記載することとされている（同様式記載上の注意(23-5)ｂ）。

さらに，当該発行に係る適法性に関して監査役が表明する意見または当該判断の参考にした第三者による評価があればその内容を記載することとされている（同様式記載上の注意(23-5)ｂ）。第三者による評価については，たとえば，第三者算定機関が新株予約権の理論価格などの評価を行った場合，当該算定機関の名称，当該算定機関による評価対象および評価の概要について，開示可能な範囲で，投資家にわかりやすく開示することが必要とされている[(79)]。

(78)　平成21年12月11日パブコメ３頁No.14
(79)　平成21年12月11日パブコメ３頁No.16

④　大規模な第三者割当に関する事項（企業開示府令第2号様式記載上の注意(23-6)参照）

次のⓐ，ⓑまたはⓒに掲げる場合に該当するときには大規模な第三者割当とされ，該当する旨およびその理由を記載することが必要となる。

ⓐ　第三者割当による議決権の希釈化率が25％以上となる場合（同様式記載上の注意(23-6)ａ）

提出する有価証券届出書に係る第三者割当により割り当てられる株式または新株予約権（株式等。同様式記載上の注意(23-6)ａ）に係る議決権の数（当該議決権の数に比して，当該株式または当該新株予約権の取得と引換えに交付される株式または新株予約権に係る議決権の数が大きい場合は，当該議決権の数のうち最も大きい数をいう。割当議決権数。同様式記載上の注意(23-6)ａ）の数に割当議決権数に準じて算出した当該届出書提出前6カ月以内に行われた第三者割当により割り当てられ，または割り当てられた株式等に係る議決権の数（加算議決権数。同様式記載上の注意(23-6)ａ）を提出者の総株主の議決権の数から加算議決権数を控除した数で除した数が0.25以上となる場合

ⓑ　第三者割当によって支配株主となる者が生じる場合（同様式記載上の注意(23-6)ｂ）

ここで，支配株主とは，提出者の親会社または提出者の総株主の議決権の過半数を直接もしくは間接に保有する主要株主（自己の計算において所有する議決権の数と次のⓘおよびⓘⓘに掲げる者が所有する議決権の数とを合計した数が提出者の総株主の議決権の100分の50を超える者に限る）をいう（同様式記載上の注意(23-6)ｂ）。

ⓘ　その者の近親者（二親等内の親族をいう。ⓘⓘにおいて同じ）

ⓘⓘ　その者およびその近親者が当該総株主の議決権の過半数を自己の計算において所有している法人その他の団体（法人等。同様式記載上の注意(23-6)ｂ）ならびに当該法人等の子会社

ⓒ　当該届出書に係る第三者割当により特定引受人（会社法206条の2第1項または244条の2第1項に規定する特定引受人をいう）となる者が生じる場合（同様式記載上の注意(23-6)ｃ）

⑤　第三者割当後の大株主の状況（企業開示府令第2号様式記載上の注意(23-7)参照）

⑥　大規模な第三者割当の必要性（企業開示府令第2号様式記載上の注意(23-8)参照）

大規模な第三者割当に該当する場合には，当該大規模な第三者割当を行うこととした理由および当該大規模な第三者割当による既存の株主への影響についての取締役会の判断の内容について，具体的に記載することとされている（同様式記載上の注意(23-8)ａ）。

さらに，大規模な第三者割当を行うことについての判断の過程（経営者から独立した者からの当該大規模な第三者割当についての意見の聴取，株主総会決議における株主の意思の確認その他の大規模な第三者割当に関する取締役会の判断の妥当性を担保する措置を講じる場合は，その旨および内容を含む）についても具体的に記載することとされている（同様式記載上の注意(23-8)ｂ）。

⑦　株式併合等予定の有無および内容（企業開示府令第2号様式記載上の注意(23-9)参照）

提出者の株式に係る議決権を失う株主が生じることとなる株式併合その他同等の効果をもたらす行為（すなわち，いわゆるキャッシュアウトなどのための行為）が予定されている場合には，当該行為の目的，予定時期，方法および手続，当該行為後の株主の状況，株主に交付される対価その他当該行為に関する内容を具体的に記載することとされている。

⑧　その他参考になる事項（企業開示府令第2号様式記載上の注意(23-10)参照）

また，平成22年6月施行の企業開示ガイドラインの改正により，第三者割当における資金使途や割当先などの開示に関する具体的な審査基準として「「Ⅲ　株券等発行に係る第三者割当」の記載に関する取扱いガイドライン」が追加された。

審査対象は原則として，上場会社における第三者割当に係る届出書であって，ⓐ大規模な第三者割当に該当する場合，またはⓑ割当予定先の属性について周知性が低いと考えられる第三者割当である場合とされた。ただし，ⓐまたはⓑに該当しない第三者割当に係る届出書であっても，提出者がおおむね最近6カ月の間に他の第三者割当を行った場合，提出者が直近に授権資本枠を拡大した場合，提出者がその株式を上場する金融商品取引所の債務超過もしくは上場時価総額基準に抵触している場合，過去に提出者が行った第三者割当で失権があった場合，過去に同じ割当予定先に第三者割当を行っている場合，その他審査の必要があると考えられる場合には審査対象となるとされている。なお，金商法24条1項各号のいずれかに該当する株券，すなわち有価証券報告書提出義務の対象となる株券（「有報提出対象株券」と定義される）についての取得請求権が付されている種類株券が第三者割当により発行される場合であって，割当予定先または発行体などの自由な裁量などにより，短期間に有報提出対象株券の発行が相当程度見込まれるものについては，金商法2条3項2号ハに規定する「多数の者に譲渡されるおそれが少ないもの」には該当しないものとされている。このような種類株券の取得勧誘については，臨時報告書を提出し，有価証券届出書の提出を回避することは法令違反に該当する可能性があり，有価証券届出書の必要性について入念な審査が必要とされている（企業開示ガイドラインC.Ⅲ「株券等発行に係る第三者割当」の記載に関する取扱いガイドライン(1)）。

企業開示ガイドラインでは，審査要領として，ⅰ手取金の使途，ⅱ割当予定先の状況，ⅲ発行条件に関する事項，ⅳ大規模な第三者割当の必要性，ⅴその他参考になる事項のそれぞれについて具体的な審査事項が記載されている。

また，第三者割当の審査については，審査事項が多岐にわたることから，提出者に対し積極的に事前の相談制度を活用するよう慫慂することとされている。上述のとおり，実務においては有価証券届出書の提出に際しての事前相談の一環として，おおむね提出日の2週間前までに，提出者との間でいわゆる日程相談が行われているが，第三者割当の審査については，審査事項が多岐にわたることもあるのでできるだけ早めに事前相談が行われることが必要と考えられる。

なお，上記の審査対象に該当する場合には，原則中15日の有価証券届出書の効力発生までの期間は短縮されないものとされている（8条1項，企業開示ガイドラインB8-2④）。届出の効力発生については，(6)参照。

［行使価額修正条項付新株予約権付社債券等に係る開示］

平成21年12月施行の企業開示府令改正により，いわゆるMSCBなどの行使価額修正条項付新株予約権付社債券等に係る開示の充実も図られた。

ここで，「行使価額修正条項付新株予約権付社債券等」とは，会社法２条18号に規定する取得請求権付株式に係る株券もしくは金商法２条１項17号に掲げる有価証券でこれと同じ性質を有するもの，新株予約権証券または新株予約権付社債券（取得請求権付株券等。企業開示府令19条８項）であって，当該取得請求権付株券等に表示された権利の行使により引き受けられ，もしくは取得されることとなる株券の数または当該取得請求権付株券等に表示された権利の行使に際して支払われるべき金銭その他の財産の価額が，当該取得請求権付株券等が発行された後の一定の日または一定の期間における当該取得請求権付株券等の発行者の株価を基準として決定され，または修正されることがある旨の条件が付されたものをいう（同項）。行使価額の修正の頻度に限定はなく，加えて，行使価額等の修正ではなく，発行時において行使価額などが未定であり，発行後一定期間経過後の株価により行使価額などが決定されるようなものも含んでいることには留意が必要である。また，第三者割当により発行されるものだけでなく，公募により発行されるものも対象にしている。一方で，時価以下による新株発行，株式併合または組織再編などを理由に行使価額などを調整する旨の調整条項のみが付されたものについては「行使価額修正条項付新株予約権付社債券等」に該当しないとされている[80]。

なお，有価証券とデリバティブ取引その他の取引を一体として見た場合に行使価額修正条項付新株予約権付社債券等と同じ性質を有するようなものについても行使価額修正条項付新株予約権付社債券等とみなして開示の充実が求められる（同条９項）。

有価証券届出書の表紙には届出の対象とした有価証券の種類として，たとえば，「新株予約権証券」，「新株予約権付社債券」などと記載する必要があるが，行使価額修正条項付新株予約権付社債券等に係る有価証券届出書の場合，これらの記載に併せて行使価額修正条項付新株予約権付社債券等であることを記載することが必要である（企業開示府令第２号様式記載上の注意(4)）。

---

(80)　平成21年12月11日パブコメ７頁No.５

また，行使価額修正条項付新株予約権付社債券等の発行に係る有価証券届出書については，「新株予約権の内容等」または「新株予約権付社債に関する事項」に「当該行使価額修正条項付新株予約権付社債券等の特質」という欄を設け，①株価の下落により，割当株式数が増加し，または資金調達額が減少するものである場合はその旨，②行使価額等の修正基準およびその修正頻度，③行使価額等の下限，割当株式数の上限（発行済株式総数に対する割合を含む）および資金調達額の下限（当該行使価額修正条項付新株予約権付社債券等が新株予約権証券である場合は，当該新株予約権証券に係る新株予約権がすべて行使された場合の資金調達額の下限および新株予約権が行使されない可能性がある旨）ならびにこれらが定められていない場合はその旨およびその理由，④提出会社の決定による当該行使価額修正条項付新株予約権付社債券等の全額の繰上償還または全部の取得を可能とする旨の条項の有無について記載することとされている（企業開示府令第2号様式，企業開示ガイドラインB5-7-2)。

さらに，「当該行使価額修正条項付新株予約権付社債券等の特質」欄の欄外に以下の事項を記載することが必要とされる（企業開示府令第2号様式記載上の注意(8)d・(12)i・(14))。

ⓐ　行使価額修正条項付新株予約権付社債券等の発行により資金の調達をしようとする理由

ⅰ行使価額修正条項付新株予約権付社債券等の発行による資金調達の検討の経緯（他の方法による資金調達の検討の有無およびその内容を含む)，ⅱ現在および将来における発行済株式総数の増加が提出会社の株主に及ぼす影響，ⅲ当該行使価額修正条項付新株予約権付社債券等の発行により資金の調達をすることが提出会社の株主にとって有利または不利である点（他の方法による資金調達との比較を含む）をわかりやすく，かつ，具体的に記載するものとされている（企業開示ガイドラインB5-7-4)。

ⓑ　企業開示府令19条9項に規定する場合（有価証券とデリバティブ取引その他の取引を一体としてみなした場合に行使価額修正条項付新株予約権付社債券等と同じ性質を有することとなる場合）に該当する場合にあっては，同項に規定するデリバティブ取引その他の取引として予定する取引の内容

ⓒ　当該行使価額修正条項付新株予約権付社債券等に表示された権利の行使

に関する事項（当該権利の行使を制限するために支払われる金銭その他の財産に関する事項を含む）について割当予定先との間で締結する予定の取決めの内容（締結する予定がない場合はその旨）

ⓓ　提出者の株券の売買（金商法施行令26条の２の２第１項に規定する空売りを含む）について割当予定先との間で締結する予定の取決めの内容（締結する予定がない場合はその旨）

ⓔ　提出者の株券の貸借に関する事項について割当予定先と提出者の特別利害関係者等との間で締結される予定の取決めがあることを知っている場合にはその内容

ⓕ　その他投資者の保護を図るため必要な事項

(ⅲ)　企業情報

企業情報としては，内国会社の場合，大きく分けて，①「企業の概況」，②「事業の状況」，③「設備の状況」，④「提出会社の状況」，⑤「経理の状況」，⑥「提出会社の株式事務の概要」，⑦「提出会社の参考情報」を記載するものとされ，それぞれ記載すべき内容が詳細に様式で定められている。外国会社の場合，上記に加え，「本国における法制等の概要」，「外国為替相場の推移」を記載するものとされる。

①企業の概況としては，「主要な経営指標等の推移」，「沿革」，「事業の内容」，「関係会社の状況」，「従業員の状況」を，②事業の状況としては，「経営方針，経営環境及び対処すべき課題等」，「事業等のリスク」，「経営者による財政状態，経営成績及びキャッシュ・フローの状況の分析」，「経営上の重要な契約等」，「研究開発活動」をそれぞれ記載する。

このうち，「経営方針，経営環境及び対処すべき課題等」については，平成29年２月施行の企業開示府令の改正前は，「対処すべき課題」として，経営環境ならびに事業上および財務上の対処すべき課題について，その内容，対処方針等を具体的に記載することとされていたが，同改正により，これに加えて，経営方針・経営戦略等を定めている場合には，当該経営方針・経営戦略等の内容を記載することとされ，また，経営上の目標の達成状況を判断するための客観的な指標等がある場合には，その内容について記載することとされている。なお，「経営上の目標の達成状況を判断するための客観的な指標等」の内容については，目標の達成度合を測定する指標，算出方法，なぜその指標を利用するのかについての説明などを記載することが考えられ，経営計画等の具体的な目標数値については任意で記載することは妨げられないが，義務付けられるものではないとされている[81]。また，平成30年１月施行の企業開示府令の改正前は，「業績等の概要」，「生産，受注及び販売の状況」という項目があったが，「財政状態，経営成績及びキャッシュ・フローの状況の分析」に統合された。また，いわゆる買収防衛策として，株式会社が当該株式会社の財務および事業の方針の決定を支配する者の在り方に関する基本方針を定めている場合には，会社法施行規則127条各号に定める事項として，基本方針の内容，取組みの具体的な内容などを「経営方針，経営環境及び対処すべき課題等」欄に記載することが必要となる（企業開示府令第２号様式記載上の注意(32)）。平成31年１月施行の企業開示府令の改正により，令和２年３月31日以後に終了する事業年度の財務諸表を記載すべきとなる有価証券届出書については，市場の状況，競争優位性，主要製品・サービス，顧客基盤，販売網などについての経営者の認識を含めて経営方針・経営戦略などについて記載をすることが求められることとなった。

「事業等のリスク」は，届出書に記載した事業の状況，経理の状況などに関する事項のうち，財政状態，経営成績およびキャッシュ・フローの状況の異常な変動，特定の取引先・製品・技術などへの依存，特有の法規制・取引慣行・経営方針，重要な訴訟事件などの発生，役員・大株主・関係会社などに関する重要事項など，投資者の判断に重要な影響を及ぼす可能性のある事項を記載するものであり，提出会社が将来にわたって事業活動を継続するとの前提に重要な疑義を生じさせるような事象または状況その他提出会社の経営に重要な影響を及ぼす事象（重要事象等）が存在する場合には，その旨およびその具体的な内容を記載するものとされている。また，将来に関する事項については，届出書提出日現在において判断したものである旨の記載が必要となる（企業開示府令第２号様式記載上の注意(31)）。これらの具体的な記載例については，企業開示ガイドラインの「C　個別ガイドラインⅠ「事業等のリスク」に関する取扱いガイドライン」において詳細に定められている。なお，平成31年１月施行の

(81)　平成29年２月パブコメ１頁No. 2

企業開示府令の改正により，令和２年３月31日以後に終了する事業年度の財務諸表を記載すべきとなる有価証券届出書については，リスクの顕在化する可能性の程度や時期，リスクの事業へ与える影響の内容，リスクへの対応策の説明が求められることとなった（同様式記載上の注意(31))。

また，「経営者による財政状態，経営成績及びキャッシュ・フローの状況の分析」（いわゆるMD&A（Management's Discussion and Analysis)）は，届出書に記載した事業の状況，経理の状況などに関して投資者が適正な判断を行うことができるよう，提出会社の代表者による財政状態，経営成績およびキャッシュ・フロー（経営成績等）の状況の概要を記載した上で，経営者の視点による当該経営成績等の状況に関する分析・検討内容を記載するものである（企業開示布令第２号様式記載上の注意(32))。平成30年１月施行の企業開示府令の改正により，前記のとおり，「業績等の概要」,「生産，受注及び販売の状況」が「財政状態，経営成績及びキャッシュ・フローの状況の分析」に統合されて記載内容の整理がされ，さらに経営成績等の分析・検討の記載を充実させる観点から事業全体およびセグメント別の経営成績等に重要な影響を与えた要因について経営者の視点による認識および分析と，経営者が経営方針・経営戦略などの中長期的な目標に照らして経営成績等をどのように分析・評価しているかについての記載が求められるようになった。なお，経営方針・経営戦略などまたは経営上の目標の達成状況を判断するための客観的な指標などがある場合には，それに照らして分析・検討をすることが求められているが，これは，経営計画などの具体的な目標数値の記載を義務付けるものではないものの，そのような指標などがある場合については，目標の達成度合を測定する指標やその指標の算出方法の記載が求められ，このほか，なぜその指標を利用するのかについての説明，具体的な目標数値などを記載することも考えられるとされている(82)。また，「事業等のリスク」において，重要事象等が存在する旨およびその内容を記載した場合には，当該重要事象等についての分析・検討内容および当該重要事象等を解消し，または改善するための対応策を記載することとされている（企業開示府令第２号様式記載上の注意(31))。さらに，平成31年１月施行の企業開示府令の改正により，令和２年３月31日以後に終了する事業年度の財務諸表

(82)　平成30年１月パブコメ３頁No.５

を記載すべきとなる有価証券届出書については，会計上の見積りや見積りに用いた仮定について，不確実性の内容やその変動により経営成績に生じる影響などに関する経営者の認識についても記載が求められることとなった（同様式記載上の注意(32) a (g))。「事業等のリスク」および「財政状態および経営成績等」の分析・検討内容は開示の充実・強化を図るため，米国証券法を参考にして，平成15年の証取法改正で導入されたものである。

③設備の状況としては，「設備投資等の概要」，「主要な設備の状況」，「設備の新設，除却等の計画」を，④提出会社の状況としては，「株式等の状況」，「自己株式の取得等の状況」（内国会社の場合のみ)，「配当政策」，「株価の推移」，「役員の状況」，「コーポレート・ガバナンスの状況等」をそれぞれ記載する。

このうち，「コーポレート・ガバナンスの状況等」は，企業統治の実態を積極的に開示することにより企業統治の強化への取組みを市場に明らかにするため，平成15年証取法改正で導入されたものである。平成20年４月施行の企業開示府令の改正により，監査報酬の内容などについて提出会社に一層の情報開示が求められ，また，平成22年３月施行の企業開示府令の改正でもコーポレート・ガバナンスの状況について開示の充実が図られ，さらに，平成31年１月施行の企業開示府令の改正により，建設的な対話の促進に向けた情報の提供のため，役員の報酬と政策保有株式などについて開示の充実が図られた。その結果以下に関する事項について開示が必要とされている(同様式記載上の注意(54))。

ⓐ　コーポレート・ガバナンスの概要（同様式記載上の注意(54))

上場会社の場合には，コーポレート・ガバナンスに関する基本的な考え方を記載した上で，企業統治の体制（企業統治に関して任意に設置する委員会その他これに類するものを含む）の概要（設置する機関の名称，目的，権限および構成員の氏名（社外取締役または社外監査役に該当する者についてはその旨を含む)）および当該企業統治の体制を採用する理由を具体的に記載することとされている。また，企業統治に関するその他の事項（たとえば，内部統制システムの整備の状況，リスク管理体制の整備の状況，提出会社の子会社の業務の適正を確保するための体制整備の状況）などについても，具体的に，かつ，分かりやすく記載することとされている。平成31年１月施行の企業開示府令の改正により，令和２年３月31日以後に終了する事業年度の財務諸表を記載すべきとなる有価証券届出書については，監査の状況として，監査役監査の状況，上場会社の場合には内部監査の状況，監査法人による継続監査期間やネットワークファームに対する監査報酬などの会計監査の状況について記載が求められることとなった（同様式記載上の注意(56)）。

ⓑ　役員報酬（同様式記載上の注意(57)）

平成31年１月施行の企業開示府令の改正により役員の報酬に関する開示の充実が図られ，上場会社である場合には，役員の報酬などについて，いわゆる報酬プログラムとして，役員の報酬などの額またはその算定方法の決定に関する方針の内容，報酬プログラムに基づく報酬実績などとして，役員区分ごとに，報酬などの総額，報酬などの種類別の総額および対象となる役員の員数，役員の報酬などの額またはその算定方法の決定に関する方針の決定権限を有する者の氏名または名称，その権限の内容および裁量の範囲などについて記載することとされている（同様式記載上の注意(57)）。

ⓒ　株式の保有状況（同様式記載上の注意(58)）

株式の保有状況については，平成31年１月施行の企業開示府令の改正により，政策保有株式に関する開示の充実が図られた。この結果，上場会社である場合には，株式の保有状況について，(i)投資有価証券のうち保有目的が純投資目的である投資株式と純投資目的以外の目的である投資株式の区分の基準や考え方，(ii)保有目的が純投資目的以外の目的である投資株式について，保有方針および保有の合理性を検証する方法，(iii)保有目的が純投資目的以外の目的である投資株式について，個別銘柄の保有の適否に関する取締役会などにおける検証の内容，(iv)保有目的が純投資目的以外の目的である投資株式のうち，最近事業年度およびその前事業年度のそれぞれについて，銘柄別による貸借対照表計上額が資本金額の100分の１を超えるものまたは（当該株式の銘柄数の合計が60に満たない場合には）当該貸借対照表計上額の大きい順の60銘柄について，銘柄ごとに(a)銘柄，(b)株式数，(c)貸借対照表計上額，(d)保有目的，(e)提出会社の経営方針・経営戦略など，事業の内容およびセグメント情報と関連付けた定量的な保有効果，(f)（株式数が増加した銘柄については）株式数が増加した理由，(g)当該株式の発行者による提出会社の株式の保有の有無などについて記載をすることとされている（同様式記載上の注意(58))。

また，「株式等の状況」の一つとして，「ライツプランの内容」の開示が求められている。これは，基本方針に照らして不適切な者によって，当該会社の財務および事業の方針の決定が支配されることを防止するための取組み（いわゆる買収防衛策）の一環として，新株予約権を発行している場合にその内容の開示が求められるものであり（企業開示府令第２号様式記載上の注意(40))，平成18年証取法改正で導入された。

なお，いわゆる買収防衛策自体については，上記のとおり「経営方針，経営環境及び対処すべき課題等」欄に記載すべきであり，「ライツプランの内容」欄には，新株予約権が発行済みである場合のみ，当該新株予約権の内容を記載することとなる（同様式記載上の注意(40)参照)。

⑤経理の状況としては，原則として最近２連結会計年度分の連結財務諸表（連結貸借対照表，連結損益計算書，連結包括利益計算書，連結損益および包括利益計算書，連結株主資本等変動計算書，連結キャッシュ・フロー計算書（国際会計基準などによる場合はこれらに相当するもの)）および最近２事業年度分の（単体の）財務諸表（貸借対照表，損益計算書，株主資本等変動計算書）を記載する（企業開示府令第２号様式記載上の注意(59)以下)。連結キャッシュ・フロー計算書が作成されていない場合は，単体のキャッシュ・フロー計算書を記載する（同様式記載上の注意(71))。四半期報告書を提出する会社については，最近連結会計年度の次の連結会計年度（有価証券届出書提出日が属する連結会計年度）の開始日からそれぞれ３カ月，６カ月，９カ月に提出期間として45日を加えた日以降に提出する有価証券届出書にはそれぞれ第１四半期，第２四半期，第３四半期に係る四半期連結財務諸表および（単体の）四半期財務諸表を記載する（同様式記載上の注意(61)以下)。同様に，半期報告書を提出する会社が，最近連結会計年度の次の連結会計年度（有価証券届出書提出日が属する連結会計年度）の開始日から９カ月を経過した日以降に提出する有価証券届出書には，中間連結財務諸表および（単体の）中間財務諸表を記載する（同様式記載上の注意(61)以下)。なお，提出会社が銀行や保険会社などの特定事業会社（企業開示府令17条の15第２項・第２号様式記載上の注意(61)ａ）の場合は，６カ月に45日ではなく，

60日を加えた日以降に提出する有価証券届出書に第２四半期に係る中間連結財務諸表（中間連結財務諸表を作成していない場合は，（単体の）中間財務諸表）を記載することとされる。

ⅳ　保証会社情報・特別情報

証券情報，企業情報に加え，当該届出に係る社債が保証の対象となっている場合などには「提出会社の保証会社等の情報」として，当該保証会社などについて記載する。また，提出会社および保証会社などの最近５事業年度の貸借対照表，損益計算書，株主資本等変動計算書，キャッシュ・フロー計算書（キャッシュ・フロー計算書については省略可）のうち，企業情報に記載されていないものを「特別情報」として開示する必要がある（企業開示府令第２号様式記載上の注意(83)・(84)）。ただし，提出会社または保証会社などが継続開示会社（有価証券届出書を提出しようとする会社（指定法人を含む）のうち，当該提出の日前に有価証券届出書または有価証券報告書を提出している会社（指定法人を含む）をいい，24条１項ただし書の規定に基づき有価証券報告書の提出義務を免除されている場合を除く。企業開示府令１条28号）である場合には当該会社に係る財務書類を記載する必要はない（企業開示府令第２号様式記載上の注意(1)ｅ）。また，平成24年10月施行の企業開示府令の改正により，外国会社について，最近５事業年度分の財務書類の記載に代えて，最近３事業年度分の財務書類の記載を選択することが可能となった（同府令第７号様式記載上の注意(65)）。

当該届出に係る有価証券に関して連動子会社（提出会社が発行する株式の剰余金の配当が特定の子会社の剰余金の配当または会社法454条５項に規定する中間配当に基づき決定される旨が当該提出会社の定款で定められている場合における当該子会社をいう。企業開示府令19条３項）その他投資判断に重要な影響を及ぼすと判断される保証会社以外の会社の企業情報について記載することが必要となる（同府令第２号様式記載上の注意(81)）。このような会社には，当該届出に係る有価証券がカバード・ワラントの場合はオプションの行使の対象となる有価証券の発行者，預託証券の場合は預託を受ける者，有価証券信託受益証券の場合は受託者がある（同様式記載上の注意(81)）。また，他社株式転換可能債券の届出をする場合には，転換先株式の発行会社がこの「投資判断に重要な影響を及ぼすと判断される保証会社以外の会社」に該当することとなる（企業開示ガイドラインB5-23)。

(v)　財務諸表

有価証券届出書に含まれる財務諸表・四半期財務諸表・中間財務諸表・連結財務諸表・四半期連結財務諸表・中間連結財務諸表については，一般に公正妥当であると認められるところに従って内閣府令で定められる用語，様式および作成方法により作成しなければならないとされる（193条）。このような用語，様式および作成方法を定めた内閣府令として，財務諸表等規則，四半期財務諸表等規則，中間財務諸表等規則，連結財務諸表等規則，四半期連結財務諸表規則，中間連結財務諸表規則があり，これらの規則については，それぞれ金融庁によりガイドラインが定められている。これらの規則に定めがない事項については，一般に公正妥当と認められる企業会計の基準に従うこととされる（財務諸表等規則１条１項など)。企業会計審議会（企業会計基準や監査基準の設定などに関して調査審議し，その結果を金融庁長官などに対して報告・建議する審議会）により公表された企業会計の基準（たとえば，企業会計原則，連結財務諸表原則など）は，一般に公正妥当と認められる企業会計の基準に該当するものとされている（財務諸表等規則１条２項など)。

一般に，財務諸表等規則などにおいては，財務諸表などの表示方法についてのみ規定し，会計処理基準は規定していない。このため，会計処理基準については，企業会計審議会の定めた基準およびその他一般に公正妥当と認められる企業会計の慣行に従って行われる。企業会計審議会は，会計基準の設定に関して金融庁長官などに報告・建議する権限を有するが，現状は，会計基準の開発は企業会計基準委員会（ASBJ。日本経済団体連合会，日本公認会計士協会，全国証券取引所協議会，日本証券業協会などの民間10団体が設立支援団体となって設立された，公益財団法人財務会計基準機構（FASF）内に設けられた委員会）のみで行われている。また，企業会計審議会や企業会計基準委員会の定めた基準についての実務的に必要となる補足的な基準を定めるため，日本公認会計士協会が設定した各種実務指針などが公表されている。金融庁長官は，告示（平成21年12月11日金融庁告示69号，70号）により，企業会計基準委員会の公表した会計基準を一般に公正妥当と認められる企業会計の基準として指定している。

外国会社の財務計算に関する書類に関しては，財務諸表ではなく，財務書類というよび方をする（企業開示府令16条の２第２号）。外国会社の財務書類については，金融庁長官が公益または投資者保護に欠けることがないものとして認める場合は，その本国またはその本国以外の日本国外地域において開示している財務計算に関する書類を財務書類として提出することが認められる（財務諸表等規則131条１項・２項）。外国，外国の地方公共団体などの外国債等の発行者については，外国会社と異なり財務諸表等規則の適用はない（⑧(b)開示内容参照）。また，財務諸表等規則別記に掲げられる事業（別記事業。財務諸表等規則２条）を営む株式会社・指定法人については，当該事業の所管官庁に提出する財務諸表の用語，様式および作成方法について，特に法令の定めがある場合または当該事業の所管官庁が財務諸表等規則に準じて制定した財務諸表準則がある場合には，それに従う必要がある（財務諸表等規則２条）。

また，いわゆるIFRSの適用として，国際的な財務活動または事業活動を行う会社として一定の要件を満たすものは，「特定会社」と定義され，国際会計基準のうち，公正かつ適正な手続の下に作成および公表が行われたものと認められ，また，公正妥当な企業会計の基準として認められることが見込まれるものとして金融庁長官が定めるもの（指定国際会計基準。連結財務諸表規則93条）に従うことができるとされている（連結財務諸表規則93条など）。この「国際会計基準」とは，国際会計基準審議会（IASB）において作成が行われた企業会計の基準であって，国際会計基準審議会の名において公表が行われたものをいい（平成21年12月11日金融庁告示69号２条），国際会計基準の中から金融庁長官が告示により指定国際会計基準を指定している。

有価証券届出書に含まれる財務諸表・四半期財務諸表・中間財務諸表・連結財務諸表・四半期連結財務諸表・中間連結財務諸表については，発行者と特別の利害関係のない公認会計士・監査法人の監査証明を受けなければならない（193条の２，監査証明府令１条１号〜６号・16号）。ただし，これらの書類のうち，従前提出した有価証券届出書，有価証券報告書，四半期報告書，半期報告書などに含まれるものについては監査証明は必要とされない（監査証明府令１条１号〜６号・16号）。また，財務諸表については，最近事業年度およびその直前事業年度に係るもののみ監査証明が要求される（監査証明府令１条１号）。このため，特別情報として記載される財務諸表については監査証明は不要となる。

監査証明制度は，有価証券届出書の開示内容の中心をなす連結財務諸表，財務諸表などについて，その記載内容の正確性を担保するために公認会計士・監査法人による監査を求めるものである。監査証明の基準および手続については，監査証明府令で定められ，財務諸表・連結財務諸表の監査は監査報告書により，中間財務諸表・中間連結財務諸表の監査は中間監査報告書により，四半期財務諸表・四半期連結財務諸表の監査は四半期レビュー報告書によりそれぞれ行うものとされている（監査証明府令３条１項）。監査報告書，中間監査報告書，四半期レビュー報告書は，一般に公正妥当と認められる監査に関する基準および慣行に従って実施された監査，中間監査，四半期レビューの結果に基づいて作成されなければならない（同条２項）。この一般に公正妥当と認められる監査に関する基準および慣行には，企業会計審議会が公表する監査に関する基準（たとえば，監査基準，中間監査基準，四半期レビュー基準）が含まれる（同条３項）。かかる基準を実務的に補足するため，日本公認会計士協会により実務指針が公表されている。

なお，指定法人が提出する財務諸表については監査証明は必要とされない（監査証明府令１条１号）。また，外国，外国の地方公共団体などの外国債の発行者についても，監査証明を付すことは要求されない（⑧(b)開示内容参照）。さらに，①外国または外国の者の発行する証券・証書のうち，株券または新株予約権証券の性質を有するものその他金商法施行令35条２項に規定される有価証券の発行者が，外国監査法人等（公認会計士法１条の３第７項に規定する外国監査法人等をいう。193条の２第１号）から監査証明府令１条の２で定めるところにより監査証明に相当すると認められる証明を受けた場合，②①の発行者が，外国会社等財務書類（外国または外国の者の発行する証券・証書のうち，株券または新株予約権証券の性質を有するものの発行者などが金商法の規定により提出する財務書類をいう。公認会計士法34条の35第１項）について公認会計士法２条１項の業務に相当すると認められる業務を行う者に対する監督を行う外国の行政機関その他これに準ずるものの適切な監督を受けると認められる者として内閣府令で定めるものから内閣府令で定めるところにより監査証明に相当すると認められる証明を受けた場合（ただし，現状ではこれらの内閣府令は定められていない），

③監査証明を受けなくても公益または投資者保護に欠けることがないものとして監査証明府令１条の３で定めるところにより内閣総理大臣の承認を受けた場合には監査証明を受ける必要はない（193条の２第１項１号～３号）。

公認会計士・監査法人が監査証明を行うにあたって，対象会社における法令に違反する事実その他の財務計算に関する書類の適正性の確保に影響を及ぼすおそれがある事実を発見したときは，当該事実の内容および当該事実に係る法令違反の是正その他の適切な措置をとるべき旨を遅滞なく対象会社の監査役または監事その他これらに準ずる者に書面で通知しなければならず（監査証明府令７条），当該通知を行った日から一定の期間が経過してもなお法令違反事実などが財務計算に関する書類の適正性の確保に重大な影響を及ぼすおそれがあり，かつ対象会社が適切な措置をとらないと認める場合であって，重大な影響を防止するために必要があると認めるときは当該法令違反事実などに関する意見を内閣総理大臣に申し出なければならない（193条の３）。

(c)　添付書類

内国会社が通常方式に従い提出する有価証券届出書の添付書類は，企業開示府令10条１項１号に，外国会社が通常方式に従い提出する有価証券届出書の添付書類は，企業開示府令10条１項４号に，それぞれ規定されている。なお，添付書類が日本語以外の言語で記載されている場合には日本語訳を付さなければならない（企業開示府令10条２項）。

③　組込方式

(a)　利用適格

組込方式は，１年以上継続して有価証券報告書を提出している者が利用できる（５条３項，企業開示府令９条の３第１項）。この「１年間継続して有価証券報告書を提出している者」とは，次のいずれかに該当する者であって，当該有価証券届出書提出日前１年の応当日（企業開示ガイドラインＢ5-26）以後，組込方式を利用しようとする有価証券届出書提出日までの間において適正に継続開示義務を履行している者をいう（企業開示ガイドラインＢ5-26）。

(i)　応当日において有価証券報告書を提出している者

(ii)　それまで継続開示義務のない会社が発行者である有価証券の募集・売出

しにつき有価証券届出書の提出義務が発生したために，原則として，直前事業年度に係る有価証券報告書を遅滞なく提出する義務を負う場合で，(イ)その該当することとなった日がその日の属する事業年度開始の日から３カ月を経過している場合や，(ロ)当該有価証券届出書に直前事業年度に係る財務諸表が記載されている場合であるため，直前事業年度にかかる有価証券報告書の提出義務が免除されることにより（企業開示府令16条の２），応当日において有価証券報告書を提出していない者で，以後組込方式を利用しようとする有価証券届出書提出日までに有価証券報告書を提出した者

有価証券届出書を提出しようとする者が株式移転により設立された完全親会社の場合，完全親会社自身が１年以上継続して有価証券報告書を提出していない場合でも，完全子会社の継続開示の状況を考慮して一定の場合に組込方式の利用が認められる（以下，③において「株式移転完全親会社の特例」という）。すなわち，有価証券届出書を提出しようとする者が，当該者の最近事業年度に係る有価証券報告書提出前２年３カ月以内に行われた株式移転により設立された完全親会社であって，次の要件のいずれかに該当する場合には，株式移転の日の前日において参照方式の利用適格要件（④参照）を満たした株式移転完全子会社（適格株式移転完全子会社。企業開示府令９条の３第３項）が株式移転の日前に提出した直近の有価証券報告書の提出日（適格株式移転完全子会社が複数ある場合にはもっとも先に提出された日）から完全親会社の有価証券届出書の提出日までの期間，当該株式移転完全親会社およびすべての適格株式移転完全子会社が適正に継続開示義務を履行していれば，組込方式の利用が認められる（企業開示府令９条の３第３項，企業開示ガイドラインＢ5-27）。上記期間が１年以上であることは必要ではない。

・当該株式移転の日の前日において，適格株式移転完全子会社の数がすべての株式移転完全子会社の数の３分の２以上であった場合
・当該株式移転の日の前日において，適格株式移転完全子会社の株主の数の合計数がすべての株式移転完全子会社の株主の数の３分の２以上であった場合

なお，株式移転完全子会社となる会社が発行者である有価証券で金融商品取引所に上場されていたもの，または店頭売買有価証券として認可金融商品取引

業協会に登録されていたものが，当該株式移転に伴い，当該株式移転の日前において当該金融商品取引所において上場が廃止され，または当該認可金融商品取引業協会において登録が取り消された場合は，当該有価証券が当該株式移転の日の前日において当該金融商品取引所に上場されており，または当該認可金融商品取引業協会に登録されているものとみなして適用することとされている（企業開示ガイドラインＢ5-28）。

(b)　開示内容

組込方式の場合，内国会社は企業開示府令第２号の２様式，外国会社は第７号の２様式により有価証券届出書を作成することとされている（企業開示府令９条の３条第４項）。組込方式では，証券情報は通常方式同様に，有価証券届出書に直接すべて記載することが要求される。企業情報については，直近の有価証券報告書およびその添付書類，当該有価証券報告書以後に提出される四半期報告書・半期報告書，これらの訂正報告書の写しを組込情報としてとじ込み，当該有価証券報告書の提出後に生じた重要な事実を追完情報として記載する方法により有価証券届出書を作成する（５条３項）。なお，直近の有価証券報告書の添付書類は，とじ込まないことができるものとされているが，定款をとじ込まないこととした場合においては，当該有価証券届出書に当該定款を添付することが必要となる（企業開示ガイドラインＢ5-24）。

追完情報として記載すべき事項は，企業開示府令第２号の２様式の記載上の注意(2)に列挙されており，(i)金商法７条１項前段に規定される効力発生前の訂正届出書の提出事由（**(5)**参照），(ii)企業開示府令19条２項各号・３項・19条の２に規定される臨時報告書の提出事由（第２章第１節■**3(4)**参照），(iii)その他財政状態および経営成績に重要な影響を及ぼす事象，(iv)組込情報にある有価証券報告書の提出日以後有価証券届出書提出日までの資本金の増減や「事業等のリスク」の記載についての変更，(v)有価証券報告書に連結財務諸表を記載し，かつ四半期報告書を提出する会社が最近連結会計年度の次の連結会計年度開始後おおむね３カ月，６カ月，９カ月を経過した日以後に有価証券届出書を提出する場合は当該次の連結会計年度開始後それぞれ３カ月，６カ月，９カ月の業績の概要，(vi)有価証券届出書提出日の直近の株主総会において自己株式に係る株主総会決議があった場合には，組込情報にある有価証券報告書の提出日以後有価証券届出書の提出日の間における当該自己株式の取得状況（企業開示ガイドラインB5-25参照）などが挙げられている。

(c)　添付書類

内国会社が組込方式に従い提出する有価証券届出書の添付書類は，企業開示府令10条１項２号に，外国会社が組込方式に従い提出する有価証券届出書の添付書類は，企業開示府令10条１項５号に，それぞれ規定されている。

④　参照方式

(a)　利用適格

参照方式は，１年以上継続して有価証券報告書を提出し，かつ，その者の企業内容に関する情報がすでに公衆に広く提供されているものとして，その者が発行者である有価証券ですでに発行されたものの取引所金融商品市場における取引状況などに関して定められた基準（いわゆる周知性の基準）に該当する者が利用できる（５条４項，企業開示府令９条の４）。１年間の継続開示の考え方については，組込方式の場合と同じである（③参照）。

周知性の基準は，届出者が発行する株券が国内の金融商品取引所に上場しているか，認可金融商品取引業協会に店頭登録されている場合は，(i)平均売買金額と平均時価総額が100億円以上（企業開示府令９条の４第５項１号イ～ハ），(ii)平均時価総額が250億円以上（同号ニ），(iii)過去５年間において，その募集または売出しに係る有価証券届出書または（後述する）発行登録追補書類（■４(5)参照）を提出することにより発行し，または交付された社債券の券面総額または振替社債の総額が100億円以上であること（同号ホ），(iv)法令により優先弁済を受ける権利を保障されている社債券（新株予約権付社債券を除く）をすでに発行していること（同号ヘ）のいずれかに該当する場合に満たされる（企業開示府令９条の４第５項）。

平成22年４月施行の企業開示府令の改正以前は，上記(iii)の要件の代わりに，金融庁長官が指定した格付機関から届出者がすでに発行した社債券に金融庁長官が指定する格付以上の格付（特定格付。改正前の企業開示府令９条の４第５項１号ホ）が付与され，かつ別の指定格付機関からすでに発行した社債券または届出をしようとしている社債券に特定格付が付与されていることが要件とされていたが，同改正により，このような格付による要件は撤廃され，これに代わる要件として，上記(iii)の要件が設けられた。また，同改正により，指定外国金融商品取引所（外国の金融商品取引所のうち，上場されている有価証券およびその発行者に関する情報の開示の状況ならびに売買高その他の状況を勘案して金融庁長官が指定するもの。金商法施行令２条の12の３第４号ロ，企業開示府令２条３項６号。平成22年金融庁告示第41号「金融商品取引法施行令第２条の12の３第４号ロに規定する外国の金融商品取引所を指定する件」参照）に上場されている株券を発行しており，かつ，当該株券について，外国金融商品市場における基準時時価総額が1,000億円以上であることを満たせば周知性の要件は満たされることとされた（企業開示府令９条の４第５項３号）。

さらに，社債券（外国の者が発行する社債券と同じ性質を有するものを含む）にかかる有価証券届出書については，届出者が発行する株券が国内の金融商品取引所に上場しておらず，認可金融商品取引業協会にも店頭登録されていない場合であっても，(iii)を満たせば，周知性の基準が満たされる（企業開示府令９条の４第５項４号）。このことにより，実務では，日本の金融商品取引所には上場していない外国会社が日本国内で募集・売出しを行う社債券であるいわゆるサムライ債などに係る参照方式の有価証券届出書や（後述する）発行登録書（■4参照）が，同項３号または４号の要件を満たすことにより提出されることがある。

組込方式の場合と同様に，有価証券届出書を提出しようとする者が株式移転により設立された完全親会社の場合，完全親会社自身が１年以上継続して有価証券報告書を提出していない場合でも，完全子会社の継続開示の状況を考慮して一定の場合に参照方式の利用が認められる（以下，本④において「株式移転完全親会社の特例」という）。すなわち，有価証券届出書を提出しようとする者が，当該者の最近事業年度に係る有価証券報告書提出前２年３カ月以内に行われた株式移転により設立された完全親会社であって，次の要件のいずれかに該当する場合には，株式移転の日の前日において参照方式の利用適格要件を満たした株式移転完全子会社（適格株式移転完全子会社。企業開示府令９条の３第３項）が株式移転の日前に提出した直近の有価証券報告書の提出日（適格株式移転完全子会社が複数ある場合にはもっとも先に提出された日）から完全親会社の有価証券届出書の提出日までの期間，当該株式移転完全親会社およびすべての適格株式移転完全子会社が適正に継続開示義務を履行していれば，参照方式の継続開示要件を満たし，周知性の基準を満たせば参照方式の利用が認められる（企業開示府令９条の４第４項，企業開示ガイドラインＢ5-27)。上記期間が１年以上であることは必要ない。

・当該株式移転の日の前日において，適格株式移転完全子会社の数がすべての株式移転完全子会社の数の３分の２以上であった場合

・当該株式移転の日の前日において，適格株式移転完全子会社の株主の数の合計数がすべての株式移転完全子会社の株主の数の３分の２以上であった場合

なお，株式移転完全子会社となる会社が発行者である有価証券で金融商品取引所に上場されていたもの，または店頭売買有価証券として認可金融商品取引業協会に登録されていたものが，当該株式移転に伴い，当該株式移転の日前において当該金融商品取引所において上場が廃止され，または当該認可金融商品取引業協会において登録が取り消された場合に，当該有価証券が当該株式移転の日の前日において当該金融商品取引所に上場されており，または当該認可金融商品取引業協会に登録されているものとみなして適用することとされていることは組込方式の場合と同じである（企業開示ガイドラインＢ5-28)。

コマーシャル・ペーパーの発行者がそのコマーシャル・ペーパーの募集・売出しに係る有価証券届出書を提出しようとする場合には，当該発行者が本邦において当該有価証券届出書の提出日以前５年間にその募集または売出しに係る有価証券届出書または発行登録追補書類を提出することにより発行し，または交付されたコマーシャル・ペーパーの発行価額または売出価額の総額が100億円以上である場合にも参照方式を利用することができる（企業開示府令９条の５)。コマーシャル・ペーパーについても，平成22年４月施行の企業開示府令の改正までは，２つの指定格付機関による格付が一定以上の場合には周知性の要件が満たされるものとされていたが，同改正によりこのような格付要件は廃止された。

(b)　開示内容

参照方式の場合，内国会社は企業開示府令第２号の３様式，外国会社は第７

号の３様式により有価証券届出書を作成することとされている（企業開示府令9条の4条１項）。証券情報については，通常方式・組込方式同様に，有価証券届出書に直接すべて記載することが要求される。実務では，株券の公募を参照方式の有価証券届出書を使用して行う場合などは，一般に証券情報のうち，その他の記載事項として株価，PERや大量保有報告書などの状況について書くことが多い（企業開示ガイドラインB５-11参照）。企業情報については，参照方式では，直近の有価証券報告書およびその添付書類，当該有価証券報告書以後に提出される四半期報告書・半期報告書・臨時報告書，これらの訂正報告書を参照すべき旨を記載することで企業情報を記載したこととみなされる（５条４項）。組込方式の場合と異なり，参照される有価証券報告書提出後に生じた重要な事実を追完情報として有価証券届出書に記載する必要はないが，後述のとおり，一定の重要な事実については，その内容を記載した書類を添付する必要がある。もっとも，参照される有価証券報告書提出日以後有価証券届出書提出日までの間に「事業等のリスク」の記載の変更などが生じた場合には，その旨および内容を参照書類の参照情報として書かなければならないこととされている（企業開示府令第２号の３様式記載上の注意(2)ｃ）。

(c)　添付書類

内国会社が参照方式に従い提出する有価証券届出書の添付書類は，企業開示府令10条１項３号に，外国会社が参照方式に従い提出する有価証券届出書の添付書類は，同項６号に，それぞれ規定される。なお，かかる添付書類の一つとして，参照される有価証券報告書提出日以後，連結財務諸表が作成され，決算短信として公表された場合や届出書提出会社について親会社の異動，代表取締役の異動があった場合など，一定の重要な事実が生じた場合で，当該事実を記載した四半期報告書・半期報告書・臨時報告書・訂正報告書が当該有価証券届出書の参照書類に含まれていない場合には，当該重要な事実の内容を記載した書類を添付する必要がある（企業開示府令10条１項３号ホ，企業開示ガイドラインB７-３・７-４・７-６参照）。

⑤　株式新規公開

(a)　適用場面・開示内容

内国会社の株式新規公開の場合，すなわち国内の金融商品取引所への上場・認可金融商品取引業協会への店頭登録をしようとする内国会社が当該金融商品取引所・認可金融商品取引業協会の規則により，発行株式の募集・売出しを行う場合は，企業開示府令第２号の４様式により有価証券届出書を作成する（企業開示府令８条２項１号)。第２号の４様式では，証券情報，企業情報，特別情報に加え，株式公開情報として，(i)「特別利害関係者等の株式等の移動状況」，(ii)「第三者割当等の概況」，(iii)「株主の状況」の記載が要求される。このような株式公開情報は，株式公開前の不明朗な株式取引を抑制するために開示が求められる。

(i)については，最近事業年度の末日の２年前の日から届出書提出日までの間，特別利害関係者等（届出書提出会社の役員，役員の配偶者・二親等内の血族，大株主上位10名，人的・資本的に関係のある一定の会社などの者をいう。この判定は株式などの移動時に行う。企業開示府令１条31号，企業開示ガイドラインＢ5-37）が届出書提出会社の発行する株式，新株予約権，新株予約権付社債の譲渡・譲受け（株式等の移動。企業開示府令第２号の４様式記載上の注意(24)ａ）（新株予約権および新株予約権付社債に係る新株予約権の行使，相続，合併による株式などの包括承継を含む。企業開示ガイドラインＢ5-39）を行った場合に移動年月日，移動前所有者・移動後所有者の氏名・住所，移動前所有者・移動後所有者の届出書提出会社との関係，移動株数，価格，移動理由などの開示が求められる。

(ii)については，最近事業年度の末日の２年前から有価証券届出書提出日までの間において，その会社が株主割当以外の方法（第三者割当等。企業開示府令第２号の４様式記載上の注意(25)ａ(a)）による新株発行・新株予約権・新株予約権付社債の発行を行った場合について，発行年月日，発行価格を含む発行の内容，取得者の氏名，住所，提出会社との関係を含む取得者の概況，第三者割当等により取得した株式を最近事業年度の末日の１年前の日から有価証券届出書提出日までの間に譲渡した場合などに，(i)に準じて記載される取得者の株式等の移動状況の開示が求められる。なお，使用人に対してストック・オプションの付与がなされ，付与されたストック・オプションの数が少ない場合には，個々の使用人についての詳細な情報の開示は求められず，全体の人数および付与個数の合計数を記載すればよいこととされている。具体的には，取得者が，有価証券届出書の提出会社またはその被支配会社等（定義府令６条３項に定義される）の使用人であり，当該提出会社の特別利害関係者等に該当せず，取得された有価証券が新株予約権証券で会社法236条１項６号に規定される譲渡制限が付されたいわゆるストック・オプションであり，取得した当該新株予約権証券の目的である株式の総数が1,000株以下である場合には，該当する取得者の人数および割当株数を欄外に記載したうえで，全体の人数および付与個数の合計数を記載すればよいこととされた（企業開示府令第２号の４様式記載上の注意(25) b (a))。

(iii)については，有価証券届出書提出日現在の所有株式数の多い順に50名程度の株主の状況の開示が求められる。なお，平成26年８月施行の企業開示府令の改正により，有価証券届出書に掲げる財務諸表の年数が５事業年度分から２事業年度分に短縮された。これは，平成25年12月25日付け金融審議会「新規・成長企業へのリスクマネーの供給のあり方等に関するワーキング・グループ報告」の提言を踏まえ，新規上場時の負担を軽減するために行われたものである。

また，新規株式公開前の株式取引については，金商法の下での開示義務のほかに，各金融商品取引所が定める公募前規制が課せられる。

実務のポイント・2－8

◆金融商品取引所による株式新規公開に伴う公募前規制その他の実務上の論点

株式公開前の不明朗な株式取引を抑制するため，金商法において株式公開情報として(1)「特別利害関係者等の株式等の移動状況」，(2)「第三者割当等の概況」，(3)「株主の状況」の開示が求められるが，これに加えて東京証券取引所などの金融商品取引所においても公募前規制が課される。たとえば，東京証券取引所では，①上場前の株式等の譲受けまたは譲渡について開示・記録の保存を求め，また，②第三者割当等により割り当てられた株式等について一定期間，継続所有が求められる。

まず，上場前の株式等の譲受けまたは譲渡についての開示については，基本的に企業開示府令第２号の４様式で求められるのと同様の開示が有価証券報告書Ⅰの部において求められる。また，申請会社は上場日から５年間，上場前の株式等の移動の状況に関する記載の内容についての記録を保存するものとされる。

次に，申請会社が，上場申請日の直前事業年度の末日の１年前の日以後において，「第三者割当等」による募集株式の割当てを行っている場合は，当該申請会社および割当てを受けた者の二者が，書面により当該募集株式の継続所有，譲渡時および東証からの当該所有状況に係る照会時の東証への報告ならびに当該書面および報告内容の公衆縦覧その他の東証が必要と認める事項について確約し，当該書面を東証に提出する必要がある。このうち，継続所有については，割当てを受けた者は，割当てを受けた株式を，割当てを受けた日から上場日以後6カ月間を経過する日（当該日において割当株式に係る払込期日以後1年間経過していない場合には，払込期日以後1年間を経過する日）まで所有することとされている。なお，上記のような公募前規制のほか，申請会社が優先株式を発行している場合や申請会社と株主との間または申請会社の主要な株主間で株主間契約が締結されている場合には，金融商品取引所からは，通常，株式公開前に，優先株式の取得（普通株式への転換）および株主間契約の解除を行うことが求められる。これらは上場申請前に完了させることが原則とされているが，実際には，上場承認の直前に行われることもある。

(b)　添付書類

内国会社の株式新規上場の場合の添付書類は，内国会社の通常方式において要求される添付書類と同じである（企業開示府令10条1項1号・3号の2）。

⑥　少額募集等

(a)　適用場面

一定の要件を満たす発行者が，発行価額・売出価額の総額が5億円未満の募集・売出しを行う際には，少額募集等として有価証券届出書における開示内容につき，単体ベースでの企業情報の開示が認められる（5条2項，企業開示府令8条1項2号）。この一定の要件を満たす発行者とは，継続開示会社ではなく（第2章第1節■1参照），かつ，過去に少額募集等の特例に基づかない有価証券届出書，有価証券報告書，四半期報告書，半期報告書を提出したことがない内国会社をいう（5条2項各号）。これは，連結ベースでの金商法上の開示書類の作成がいまだ義務付けられていない発行者の経済的・事務的負担と投資家を保護する必要性を考慮して設けられた制度である。

少額免除において，複数回に分けて募集・売出しを行うことによる届出義務の回避・潜脱の防止などのために新株予約権の場合の行使価額の合算や1年通算などが規定されている（■1(4)⑤参照）のと同様に，少額募集等においても，以下の場合に通常方式による届出が必要とされる（5条2項，企業開示府令9条の２）。

(i)　募集・売出しに係る有価証券が新株予約権証券で，当該新株予約権証券の発行価額・売出価額の総額に当該新株予約権証券に係る新株予約権の行使価額を合算した額が５億円以上となる場合（企業開示府令９条の２第１号）

(ii)　募集・売出しに係る有価証券の発行価額・売出価額の総額に，当該募集・売出しを開始する日の前１年以内に募集・売出しが行われた（有価証券届出書・発行登録追補書類の提出された募集・売出しおよびそれ以前に行われた募集・売出しは除く）同一の種類の有価証券の発行価額・売出価額の総額を合算した金額が５億円以上となる場合（同条２号）

(iii)　６カ月通算により募集に該当することとなった場合で，当該募集に係る有価証券の発行価額の総額に，当該有価証券の発行される日以前６カ月以内に発行された同種の新規発行証券の発行価額の総額を合算した金額が５億円以上となる場合（同条３号）

(iv)　１カ月通算により売出しに該当することとなった場合で，当該売出しに係る有価証券の総額に，当該有価証券の売付け勧誘等の日以前１カ月以内に売付け勧誘等が行われた同種の既発行証券の発行価額の総額を合算した金額が５億円以上となる場合（同条３号の２）

(v)　同一の種類の有価証券でその発行価額・売出価額の総額が５億円未満である２つ以上の募集・売出しが並行して行われ，かつ，これらの募集・売出しに係る有価証券の発行価額・売出価額の総額の合計額が５億円以上となる場合（同条４号）

(vi)　発行価額・売出価額の総額が５億円以上である有価証券の募集・売出し，または上記(i)に規定する募集・売出しと並行して行われる同一の種類の有価証券の募集・売出しの場合（同条５号）

ここで募集・売出しが「並行して」行われるとは，届出の少額免除の場合と同様に，払込期日・受渡期日がおおむね同じことをいう（企業開示ガイドラインB4-11）。また，「同一の種類の有価証券」とは，届出の少額免除の場合と同様に，金商法２条１項各号・２項各号に掲げる有価証券ごとの区分が同一のものをいう（企業開示府令１条２号。■１(4)⑤参照）。また，新株予約権証券は株券と同じ種類とされ（２条１項９号），新株予約権付社債券も，株券と同じ種類の有価証券とされる（企業開示府令９条の２第２号）ことも届出の少額免除の場合と同じである。

(b)　開示内容

少額募集等の場合，企業開示府令第２号の５様式により，有価証券届出書を作成する（企業開示府令８条１項２号)。証券情報に関しては通常方式と同様の開示が要求されるが，企業情報については，通常方式が連結財務諸表の記載を求めるなど連結ベースでの開示が求められているのに対し，少額募集等の場合には単体ベースの開示が認められている。そのほかにも，通常方式の企業情報にある「関係会社の状況」が少額募集等の場合は企業情報ではなく，「関係会社の情報」として企業情報の後に記載することとされ，連結財務諸表を作成していないことを前提とした記述を求められるなどの点も通常方式と異なる。

(c)　添付書類

少額募集等の場合の添付書類は，内国会社の通常方式において要求される添付書類と同じである（企業開示府令10条１項１号・３号の３)。

⑦　特定有価証券

(a)　特定有価証券の意義

金商法では，資産流動化証券，投資信託証券など，発行体の保有する資産をその価値の裏づけとする有価証券を特定有価証券として，株券，社債券など企業としての発行体自体の信用力にその価値を置く有価証券とは区別する形で開示制度を整理している。金商法では，証取法では概念自体はあったものの明確な定義がなかった特定有価証券について，「その投資者の投資判断に重要な影響を及ぼす情報がその発行者が行う資産の運用その他これに類似する事業に関する情報である有価証券として政令で定めるもの」（５条１項かっこ書）と明確に定義している。この定義に従い，政令・内閣府令において以下の有価証券が特定有価証券と定義されている（金商法施行令２条の13，特定有価証券開示府令８条)。

(i)　資産流動化法に規定する特定社債券（２条１項４号)，優先出資証券・新優先出資引受権を表示する証券（同項８号)，特定目的信託の受益証券（同

項13号)，特定約束手形（同項15号)（金商法施行令2条の13第1号）

(ii)　投信法に規定する投資信託・外国投資信託の受益証券（2条1項10号)，投資証券，新投資口予約権証券，投資法人債券，外国投資証券（同項11号)（金商法施行令2条の13第2号）

(iii)　信託法に規定する受益証券発行信託の受益証券（2条1項14号)（有価証券信託受益証券を除く)（金商法施行令2条の13第3号）

(iv)　抵当証券法に規定する抵当証券（2条1項16号)（金商法施行令2条の13第4号）

(v)　外国の者の発行する証券・証書で銀行業を営む者その他の金銭の貸付けを業として行う者の貸付債権を信託する信託の受益権またはこれに類する権利を表示する証券（外国貸付債権信託受益証券など)（2条1項18号・定義府令3条)（金商法施行令2条の13第5号）

(vi)　有価証券信託受益証券（(i)〜(v)に掲げる有価証券を受託有価証券とするものに限る)（金商法施行令2条の13第6号）

(vii)　有価証券投資事業権利等（3条3号。有価証券届出書制度が適用される第二項有価証券。■1(2)参照。ただし，学校貸付債権（金商法施行令1条の3の4）を除く)（金商法施行令2条の13第7号）

(viii)　会社法施行規則2条3項17号に定める信託社債（金商法施行令2条の13第8号，特定有価証券開示府令8条1号）

(ix)　社債券またはコマーシャル・ペーパー（(i)の特定約束手形を除く）のうち，次に掲げるすべての要件を満たすもの（金商法施行令2条の13第8号，特定有価証券開示府令8条2号）

(イ)　当該有価証券の発行を目的として設立・運営される法人（特別目的法人。特定有価証券開示府令8条2号イ）に直接または間接に所有者から譲渡（または取得）される金銭債権その他の資産（譲渡資産。同号イ）が存在すること

(ロ)　特別目的法人が当該有価証券を発行し，当該有価証券（当該有価証券の借換えのために発行されるものを含む）上の債務の履行について譲渡資産の管理・運用・処分を行うことにより得られる金銭を充てること

SPCが社債を発行し，その利息の支払いに充てるため，スワップカウン

ターパーティーとデフォルトスワップなどのデリバティブ契約を締結するいわゆるクレジットリンクノートについても，当該SPCが「特別目的法人」に該当し，当該特別目的法人が取得するスワップカウンターパーティーとの間のデフォルトスワップなどのデリバティブ契約に基づく権利が「譲渡資産」に該当し，当該クレジットリンクノートの債務の履行について「譲渡資産」の管理・運用・処分を行うことにより得られる金銭を充てる場合には，(ix)に該当しうるとされている[83]。

(x)　外国・外国の者の発行する証券・証書のうち，信託社債の性質を有するもの（金商法施行令2条の13第8号，特定有価証券開示府令8条3号）

(xi)　外国・外国の者の発行する証券・証書のうち，社債券（2条1項5号），特別の法律により設立された法人の発行する出資証券（同項6号），株券もしくは新株予約権証券（同項9号），またはコマーシャル・ペーパー（同項15号，定義府令2条）の性質を有するもので，(ix)に掲げるすべての要件を満たすもの，または資産流動化法に規定する特定社債券（2条1項4号）・優先出資証券・新優先出資引受権を表示する証券（同項8号）の性質を有するもの（金商法施行令2条の13第8号，特定有価証券開示府令8条4号）

(xii)　外国・外国の者の発行する証券・証書のうち，資産流動化法に規定する特定目的信託の受益証券（金商法2条1項13号），信託法に規定する受益証券発行信託の受益証券（同項14号）（有価証券信託受益証券を除く。金商法施行令2条の13第3号），抵当証券法に規定する抵当証券（金商法2条1項16号）の性質を有するもの（金商法施行令2条の13第8号，特定有価証券開示府令8条5号）

(xiii)　有価証券信託受益証券のうち，(viii)～(xii)に掲げる有価証券を受託有価証券とするもの（金商法施行令2条の13第8号，特定有価証券開示府令8条6号）

(xiv)　預託証券（2条1項20号）のうち，(i)～(v)，(viii)～(xii)に掲げる有価証券に係る権利を表示するもの（金商法施行令2条の13第8号，特定有価証券開示府令8条7号）

(b)　開示内容

特定有価証券は，以下のとおり区分され，それぞれについて以下に定める様

(83)　平成19年7月パブコメ124頁No.12

式により，証券情報および資産の内容に関する情報について開示が求められる（特定有価証券開示府令10条１項）。

(i)　内国投資信託受益証券……第４号様式

(ii)　外国投資信託受益証券……第４号の２様式

(iii)　内国投資証券（投資証券，新投資口予約権証券，投資法人債券をいう。特定有価証券開示府令１条２の２号ロ）……第４号の３様式

(iv)　外国投資証券……第４号の４様式

(v)　内国資産流動化証券（特定社債券，優先出資証券，新優先出資引受権を表示する証券，特定約束手形，(a)(ix)の有価証券をいう。特定有価証券開示府令１条３号イ）……第５号の２様式

(vi)　外国資産流動化証券（(a)(xi)の有価証券をいう。特定有価証券開示府令１条３号ロ）……第５号の３様式

(vii)　内国資産信託流動化受益証券（特定目的信託の受益証券をいう。特定有価証券開示府令１条３号の４イ）……第５号の４様式

(viii)　外国資産信託流動化受益証券（外国・外国の者の発行する証券・証書のうち，特定目的信託の受益証券の性質を有するものをいう。特定有価証券開示府令１条３号の４ロ）……第５号の５様式

(ix)　内国信託受益証券（受益証券発行信託の受益証券（(xv)の特定有価証券信託受益証券を除く）をいう。特定有価証券開示府令１条４号イ），内国信託社債券（(a)(viii)の有価証券をいう。特定有価証券開示府令１条４号の２イ），内国信託受益権（信託受益権のうち有価証券投資事業権利等に該当するものをいう。特定有価証券開示府令１条５号イ）……第６号様式

(x)　外国信託受益証券（外国・外国の者の発行する証券・証書のうち，受益証券発行信託の受益証券，抵当証券法に規定する抵当証券（２条１項16号）の性質を有するものをいう。特定有価証券開示府令１条４号ロ），外国信託社債券（(a)(x)の有価証券をいう。特定有価証券開示府令１条４号の２ロ），外国信託受益権，外国貸付債権信託受益証券……第６号の２様式

(xi)　内国抵当証券……第６号の３様式

(xii)　外国抵当証券……第６号の４様式

(xiii)　内国有価証券投資事業権利等（合名会社・合資会社・合同会社の社員権，

集団投資スキーム持分のうち金商法３条３号イまたはロに掲げる権利に該当するものをいう。特定有価証券開示府令１条５号の２）……第６号の５様式

(xiv)　外国有価証券投資事業権利等（外国法人の社員権で合名会社・合資会社・合同会社の社員権の性質を有するもの・外国の法令に基づく権利であって集団投資スキーム持分に類するもののうち金商法３条３号イまたはロに掲げる権利に該当するものをいう。特定有価証券開示府令１条５号の３）……第６号の６様式

(xv)　特定有価証券信託受益証券（(a)(vi)・(xiii)の有価証券信託受益証券をいう。特定有価証券開示府令１条６号）……受託有価証券の区分に応じ(i)〜(xii)に記載された様式

(xvi)　特定預託証券（(a)(xiv)の有価証券をいう。特定有価証券開示府令１条６号の２）……特定予約証券に記載される有価証券の区分に応じ(i)〜(xii)に記載された様式

金商法では，資産の内容，その運用者・運用サービスの内容に関する情報などについて証取法よりも一層充実した開示が求められている。たとえば，資産の内容に関する開示情報の充実として，不動産投資信託（REIT）などの不動産を運用資産とする投資商品が多数流通し，また建物の耐震強度の偽装の問題が生じていることなどから投資不動産の開示情報の充実が図られている（特定有価証券開示府令第４号様式記載上の注意(29) b・第４号の３様式記載上の注意(35) b参照)。また，投資家が投資するファンドが，別のファンドに投資するいわゆるファンド・オブ・ファンズやベビー・マザー形態のファンドについて，これまで明示的に義務付けられていなかった投資家が投資するファンドが投資するファンド（投資対象ファンド）の開示が義務づけられるようになった（同府令第４号様式記載上の注意(12) c・d・(14) a・(15)・(16) cなど参照)。また，投資法人資産運用業に係る善管注意義務違反・一般事務受託者としての善管注意義務違反，投資法人の役員会不開催・不適切な運営に対して行政処分が行われたことなどから，特定有価証券の開示情報として，資産の運用者に関する内部管理体制や関係法人に対する管理体制などの記載が明示的に求められている（同様式記載上の注意(17)・同府令第４号の３様式記載上の注意(19)参照)。さらに，資産の運用サービスに関する開示情報の充実として，投資有価証券の各様式に

おいて具体的な運用方針などについて記載内容の明確化を図ることにしている（同府令第４号様式記載上の注意(15)，同府令第５号の２様式記載上の注意(14)ｂ）。

内国投資証券・外国投資証券の発行者のうち，１年以上継続して有価証券報告書を提出している者は，組込方式により有価証券届出書を提出することができる（５条３項・５項，特定有価証券開示府令11条の２）。この場合，内国投資証券の発行者については，特定有価証券開示府令第４号の３の２様式，外国投資証券の発行者については同府令第４号の４の２様式によって有価証券届出書を作成する（特定有価証券開示府令11条の２第３項）。組込方式では，直近の有価証券報告書およびその添付書類，当該有価証券報告書以後に提出される四半期報告書・半期報告書，これらの訂正報告書の写しをとじ込み，当該有価証券報告書の提出後に生じた重要な事実を追完情報として記載する方法により有価証券届出書を作成する（５条３項・５項）。追完情報として記載すべき事項は特定有価証券開示府令第４号の３の２様式・同府令第４号の４の２様式の記載上の注意(1)に列挙されている。

内国投資証券・外国投資証券の発行者のうち，１年以上継続して有価証券報告書を提出し，かつ，その者が行う資産の運用その他これに類似する事業に係る資産の経理の状況その他資産の内容に関する情報がすでに広く提供されているものとして定められた基準（いわゆる周知性の基準）を満たすものは，参照方式により有価証券届出書を提出することができる（５条４項・５項，特定有価証券開示府令11条の３）。

周知性の基準は，届出者が発行する内国投資証券・外国投資証券については，国内の金融商品取引所に上場しているか，認可金融商品取引業協会に店頭登録されており，(イ)平均売買金額と平均時価総額が100億円以上（特定有価証券開示府令11条の３第４項１号イ～ハ），(ロ)平均時価総額が250億円以上（同号ニ），(ハ)過去５年間において，発行開示を行った募集または売出しに係る投資証券の発行価額または売出価額の総額が100億円以上であること（同号ホ）のいずれかが満たされる場合に満たされ，特定内国資産流動化証券または特定外国資産流動化証券については，有価証券届出書の提出日以前５年間に，届出者が，本邦においてその募集または売出しに係る有価証券届出書または発行登録追補書類を提出することにより発行し，または交付された特定内国資産流動化証券または特定外国資産流動化証券の発行価額または売出価額の総額が100億円以上（同項2号）の場合に満たされ，特定有価証券信託受益証券および特定預託証券については，上記の基準のうち，当該特定有価証券信託受益証券に係る受託有価証券の区分または，当該特定預託証券に表示される権利に係る特定有価証券の区分に応じた基準を満たすことが必要となる。

参照方式の場合，それぞれ内国投資証券の発行者は特定有価証券開示府令第4号の3の3様式，外国投資証券の発行者は同府令第5号様式，特定内国資産流動化証券の発行者は同府令第5号の2の3様式，特定外国資産流動化証券の発行者は同府令第5号の3の3様式，上記の特定有価証券を受託有価証券とする特定有価証券信託受益証券または上記の特定有価証券に係る権利を表示する特定預託証券の発行者は，当該特定有価証券信託受益権に係る受託有価証券または当該特定預託証券に表示される権利に係る特定有価証券の区分に応じた様式により有価証券届出書を作成することとされている（特定有価証券開示府令11条の3第1項）。参照方式では，直近の有価証券報告書およびその添付書類，当該有価証券報告書以後に提出される四半期報告書・半期報告書・臨時報告書，これらの訂正報告書を参照すべき旨を記載することで企業情報を記載したこととみなされる（5条4項・5項）。組込方式の場合と異なり，参照される有価証券報告書提出後に生じた重要な事実を追完情報として有価証券届出書に記載する必要はないが，一定の重要な事実については，その内容を記載した書類を添付する必要がある。

(c)　添付書類

特定有価証券に係る有価証券届出書の添付書類は，発行者，使用する様式別に特定有価証券開示府令12条1項に規定されている。

なお，平成25年金商法改正により，投資信託の受益証券などの一定の特定有価証券について，一定期間継続して募集または売出しが行われているなどの要件を満たした場合，有価証券届出書を提出する代わりに，簡易な事項を記載した募集事項等記載書面を有価証券報告書とあわせて提出したときに，有価証券届出書を提出したものとみなされることとされた（5条10項～12項）。この制度の具体的内容については，(8)参照。

⑧　外国債等

(a)　外国債等の意義

外国または外国の者の発行する証券・証書のうち，国債証券，地方債証券，特別の法律により法人の発行する債券，特別の法律により設立された法人の発行する出資証券の性質を有するもの（医療法人債の性質を有するものを除く），およびこれらの有価証券に係る権利を表彰する預託証券は外債府令の対象である外国債等とされる（外債府令１条）。したがって，ソブリン債とよばれる外国政府，外国の地方公共団体，国際機関，外国の政府関係機関などが発行する債券については，企業開示府令ではなく，外債府令に基づいて開示が行われる。

実務のポイント・2−9

◆代表的な募集・売出し概観――外国の発行体による日本における募集・売出し

外国会社による日本における有価証券の募集・売出しのうちで代表的なものとしては，株式などエクイティ証券の募集・売出しや，円建社債（いわゆるサムライ債）の募集，ユーロ・ミディアム・ターム・ノートの売出しなどがある。いずれも日本国内で勧誘を行うため，金商法の適用を受けることになり，原則として有価証券届出書または発行登録書（および発行登録追補書類）を提出する必要があり，目論見書交付義務も適用される。また，有価証券届出書を提出して募集・売出しを行うと，それ以後，金商法上の継続開示義務（有価証券報告書・半期報告書または四半期報告書・臨時報告書などの提出義務）が生じることになる。いずれの開示内容も，企業開示府令に基づく外国会社の様式に従うことになる。他方，外国投資信託証券などの特定有価証券の発行体である場合には特定有価証券開示府令の様式に従うことになる。

株式の募集・売出しには，国内の取引所への上場を伴う場合もあるが，東京証券取引所に上場している外国会社銘柄は，平成３年に一時127社にまで増加したが，平成30年にはマザーズ上場も含め５社にまで減少している。他方，国内上場を伴わない株式の募集・売出しをPublic Offering Without Listing（POWL）とよぶことがあるが，これは日本の取引所に上場することのコストや日本語による取引所での適時開示の負担などを考慮して日本での上場を選択しない場合に用いられる。もっとも，この場合も，金商法上の継続開示義務を負うことになる。

サムライ債には，外国会社に限らず，ソブリン（外国政府，外国の地方公共団体，国際機関，外国の政府関係機関，外国政府が保有する法人）によるものもあり，この場合は上記のとおり，外債府令に基づく開示が必要となる。もっとも，日本国の加盟する条約により設立された国際機関が発行する債券で，当該条約によりその日本国内における募集または売出しにつき日本国政府の同意を要することとされているもの（国際復興開発銀行債など）については開示規制の適用除外証券に該当するため（３条５号，金商法施行令２条の11），有価証券届出書提出義務や目論見書交付義務の適用はない（第１章

第１節■１(2)参照）。

(b)　開示内容

外国債等に係る有価証券届出書には，証券情報に加え，発行者情報として，募集（売出）債券の状況，外国為替相場の推移，発行者の概況の開示が求められる（外債府令第２号様式参照）。このうち，発行者の概況は，発行者が国である場合，地方公共団体である場合，国際機関・政府関係機関等である場合に区分してそれぞれ開示事項が定められている。また，外国，外国の地方公共団体などの外国債等の発行者については，外国会社と異なり財務諸表等規則の適用はなく，財務計算に関する書類を記載したうえで特殊な会計処理をしているものまたは特異な科目表示をしているものがあれば，わかりやすく説明することとされている（外債府令第２号様式記載上の注意(44)ｂ）。さらに，外国，外国の地方公共団体などの外国債の発行者についても，監査証明を付すことは要求されないが，財務計算に関する書類について公認会計士・監査法人に相当する者により監査証明に相当すると認められる証明を受けている場合には，その旨を記載することとされている（同様式記載上の注意(44)ａ）。

外国債等の発行者のうち，１年以上継続して有価証券報告書を提出している者は，組込方式により有価証券届出書を提出することが利用できる（５条３項・27条，外債府令６条の２）。また，外国債等の発行者のうち，(i)１年以上継続して有価証券報告書を提出し，かつ，(ii)いわゆる周知性の基準を満たすものは参照方式により有価証券届出書を提出することができる（５条４項・27条，外債府令６条の３）。

周知性の基準は，外国債等の発行者が，本邦において有価証券届出書を提出することにより発行し，または交付された債券の券面総額が100億円以上である場合に満たされる（外債府令６条の３第４項）。上述した他の参照方式の場合と同様に，平成22年４月施行の外債府令の改正までは，２つの指定格付機関による格付が一定以上の場合には周知性の要件が満たされるものとされていたが，同改正によりこのような格付要件は廃止された。

(c)　添付書類

外国債等に係る有価証券届出書の添付書類は，発行者，使用する様式別に外債府令７条に規定されている。

⑨　有価証券届出書の英文開示（外国会社届出書）

(a)　英文開示の範囲拡大

平成23年金商法改正前は，有価証券報告書などの継続開示書類（臨時報告書を除く）については英文開示が認められていたが，発行開示書類である有価証券届出書には認められておらず，また，組込方式または参照方式による有価証券届出書を利用するためには，日本語による有価証券報告書を提出していなければならなかった。その結果，日本における債券の募集や，ストック・オプションの付与に関して有価証券届出書を提出することのありうる外国会社が，英文による継続開示を行うメリットは乏しく，また，英文開示の場合に必要となる重要な記載事項についての日本語による要約の作成についても，どの程度の要約が求められるかが明確でなかったことなどから，外国会社報告書による英文での継続開示は実務上ほとんど利用されていなかった。

平成23年金商法改正においては，外国企業等による我が国での資金調達を促進するため，英文開示の範囲を拡大し，有価証券届出書についても英文開示が認められ（５条６項），また，組込方式または参照方式の有価証券届出書や発行登録書，発行登録追補書類についても，外国会社報告書（英文開示による有価証券報告書など）を組込書類または参照書類とすることができるようになった（企業開示府令９条の３・９条の４・14条の３・14条の８・第７号の２様式・第７号の３様式・第14号様式・第14号の４様式・第15号様式など）。

(b)　利用要件・開示内容

有価証券届出書を提出しなければならない外国会社は，公益または投資者保護に欠けることがないものと金融庁長官が認める場合には，有価証券届出書に代えて，(i)有価証券届出に記載すべき証券情報を日本語で記載した書類と(ii)外国において開示（外国の法令（取引所の規則を含む）に基づいて公衆縦覧に供されていること）が行われている参照書類または有価証券届出書に類する書類であって英語で記載されているものによる外国会社届出書を提出することができる（５条６項，企業開示府令９条の６，外債府令６条の４，特定有価証券開示府令11条の４）。外国会社届出書は，上記のとおり，外国の法令などに基づき英文で作成された参照書類または有価証券届出書に類する書類が公衆縦覧に供されている場合に限り，利用することができる。上記において，「公益または投資者保護に欠けることがないものと金融庁長官が認める場合」については，金融庁長官が，届出書ごとに，(イ)外国において開示が行われている参照書類または有価証券届出書に類する書類であって英語で記載されているものの外国における作成基準・開示基準が日本のそれらに照らして投資者保護に欠けるものでないか，(ロ)当該英文書類が外国において適正に開示されているかを，事前に審査して判断するとされている[(84)]。「外国の法令」については，外国会社の本国ではなく第三国のものであってもよい[(85)]。また，「外国において開示が行われている」場合には，ⓐ日本と外国において同時に募集または売出しが行われる場合で外国において開示が予定されている場合，およびⓑ日本と外国の金融商品取引所に同時に上場しようとする場合で，当該外国金融商品取引所において上場審査が行われ，当該外国で開示が行われることが予定されている場合が含まれる（外国会社届出書等による開示に関する留意事項Ａ３）。

外国会社届出書には，補足書類として，①上記(ii)の書類に記載されている事項のうち主要な経営指標等の推移，事業の内容，事業等のリスクおよび公益または投資者保護のため必要かつ適当と認めるものの要約の日本語による翻訳文，②有価証券届出書の記載事項で上記(ii)の書類に記載されていないもの（不記載事項）を英語または日本語で記載した書類（当該事項が①に該当する場合で，不記載事項を英語で作成した場合には，その要約の日本語による翻訳文を含む），ならびに③外国会社届出書の記載事項とそれに対応する有価証券届出書の様式における記載事項との対照表を添付しなければならない（５条７項，企業開示府令９条の７）。これらの補足書類の作成については，東京証券取引所および日本証券業協会が共同で作成し，公表した作成要領に従って作成することができるものとされており（外国会社届出書等による開示に関する留意事項Ｂ

---

(84)　古澤ほか・逐条解説2011年金商法改正100頁。なお，外国会社届出書を提出する際は事前に関東財務局に相談のうえ，外国における開示の根拠法令等について質問されることが考えられる（平成24年２月パブコメ37頁No.91）。

(85)　平成24年２月パブコメ38頁No.93

4-1)，かかる作成要領として「外国会社報告書等の作成要領」が作成されている。作成要領は，東京証券取引所および日本証券業協会のウェブサイトで入手可能である。

外国会社届出書および補足書類が提出された場合には，これらを有価証券届出書（添付書類を含まない）とみなして，金商法の規定が適用される（５条８項)。また，外国会社届出書および補足書類の訂正届出書についても，公益または投資者保護に欠けることがないものと金融庁長官が認める場合には（企業開示府令11条の２)，日本語による証券情報を記載した書類と英語による発行者情報を記載した書類および補足書類により提出することは可能とされる。なお，この場合，訂正対象の外国会社届出書およびその補足書類の提出日，訂正の理由，および訂正の箇所およびその内容を日本語で記載したものを，補足書類として提出することになる（企業開示府令11条の３)。

これらの書類が提出された場合の目論見書記載事項は，これらの書類の記載事項とされており，目論見書についても英文開示が認められている（企業開示府令12条２号，外債府令９条，特定有価証券開示府令16条２号・４号)。

(c)　添付書類

外国会社届出書の添付書類は，基本的に有価証券届出書の場合と同様であるが，外国会社届出書による場合，英語により記載されている添付書類について翻訳文は不要とされている（企業開示府令10条２項２号)。

(5)　有価証券届出書の訂正

①　届出の効力発生前の訂正

有価証券届出書の提出日以後，届出の効力が生ずることとなる日の前において，(a)有価証券届出書またはその添付書類に記載すべき重要な事項の変更，(b)提出日前に発生した当該有価証券届出書またはその添付書類に記載すべき重要な事実で，これらの書類を提出する時にはその内容を記載することができなかったものにつき，記載することができる状態になった場合，(c)当該有価証券届出書またはその添付書類に記載すべき事項に関し重要な事実が発生した場合，(d)発行価格などの記載を省略して有価証券届出書を提出した場合に，省略した事項の内容が決定した場合には届出者は訂正届出書を提出しなければならない（７条１項前段，企業開示府令11条，特定有価証券開示府令13条，外債府令８条）。(a)〜(c)の具体的な内容については，企業開示ガイドラインにおいて以下の場合が例示列挙されている。

(a)　有価証券届出書またはその添付書類に記載すべき重要な事項の変更（企業開示ガイドラインＢ7-1）

(i)　「発行数又は券面総額」に変更があった場合（同①）

(ii)　「新規発行による手取金の使途」，「事業等のリスク」，「経営者による財政状態，経営成績及びキャッシュ・フローの状況の分析」，「重要な設備の新設，拡充，改修，除却，売却等の計画」などについて投資判断に重要な影響を及ぼすような変更があった場合（同②）

(b)　提出日前に発生した当該有価証券届出書またはその添付書類に記載すべき重要な事実で，これらの書類を提出する時にはその内容を記載することができなかったものにつき，記載することができる状態になった場合（企業開示ガイドラインＢ7-3）

(i)　最近連結会計年度の次の連結会計年度（または，次の連結会計年度における四半期連結会計期間）に係る連結財務諸表・四半期連結財務諸表・中間連結財務諸表が作成され，当該連結財務諸表など（その概要を含む）が公表され，または監査証明を受けた場合（同①〜⑥）

(ii)　最近事業年度の次の事業年度の決算案が取締役会において承認された場合，当該事業年度の貸借対照表および損益計算書が，会社法439条の規定により確定した場合（すなわち，会計監査人設置会社において，会計監査人の会計監査報告に無限定適正意見が含まれることなどの要件を満たし，計算書類が取締役会の承認により確定した場合），当該事業年度の決算が確定し監査証明を受けた場合（同⑦〜⑨）

(iii)　最近事業年度の次の事業年度における四半期会計期間（または，次の事業年度）に係る四半期財務諸表・中間財務諸表が作成され，当該四半期財務諸表・中間財務諸表（その概要を含む）が公表され，または監査証明を受けた場合（同⑩〜⑬）

(iv)　係争中の重要な訴訟事件が解決した場合（同⑭）

(v)　「提出会社の保証会社等の情報」に記載されているまたは記載される

べき書類と同種の書類が新たに提出された場合（ただし，継続開示会社に該当しない会社のときには，当該書類が新たに作成された場合）（同⑮）

(vi)　会社法155条に掲げる自己株式の取得を行った場合（ただし，当該有価証券届出書が，株券，新株予約権証券，新株予約権付社債券の募集・売出しに関するものである場合に限り，訂正届出書の提出を要するものとする）（同⑯）

(vii)　企業開示府令19条９項に規定する「デリバティブ取引その他の取引」（有価証券と当該デリバティブ取引その他の取引とを一体のものとみなした場合に当該有価証券が行使価額修正条項付社債券等と同じ性質を有することとなるような取引）に係る取決めもしくは同条２項１号リ(4)に規定する行使価額修正条項付新株予約権付社債券等に表示された権利の行使に関する事項についての取得者と届出書提出者との間の「取決め」もしくは同(5)に規定する提出会社の株券の売買に関する事項についての取得者と提出会社との間の「取決め」を締結した場合（行使価額修正条項付新株予約権付社債券等に該当しなかった有価証券が，当該取決めを締結したことにより行使価額修正条項付新株予約権付社債券等とみなされることとなった場合を含む）または同(6)に規定する提出会社の株券の貸借に関する事項についての取得者と提出会社の特別利害関係者等との間の「取決め」があることを知った場合（同Ｂ7-3⑰）

実務的には，たとえば，有価証券届出書提出後に金融商品取引所の規則に基づき決算短信を公表した場合，(ｉ)～(iii)に該当するものとして訂正届出書の提出が必要となる。

また，参照方式の有価証券届出書の参照書類と同種の書類が新たに提出された場合も，(b)に該当するものとして訂正届出書の提出が必要となる（企業開示ガイドラインＢ7-10）。

(c)　当該有価証券届出書またはその添付書類に記載すべき事項に関し重要な事実が発生した場合（企業開示ガイドラインＢ7-6）

(ｉ)　提出会社について，親会社・特定子会社の異動

(ii)　代表取締役の異動など

(iii)　提出会社・連結子会社について，重要な災害の発生

(iv)　重要な訴訟事件の提起

(v)　会社の合併

(vi)　重要な事業の譲渡・譲受け

(vii)　多額の取立不能債権等の発生など

また，7条1項前段による法定の訂正事項以外であっても，届出者が有価証券届出書のうちに訂正を必要とするものがあると認めるときは，有価証券届出書を訂正できることとされている（同項後段）。

なお，実務では，申込期間や払込日など証券情報の重要な部分に関する訂正は原則として認められておらず，異なる募集・売出しとして有価証券届出書の再提出が必要となる。もっとも，当初有価証券届出書に申込期間および払込期日が一週間程度の範囲で変更される旨の記載はできる（企業開示ガイドラインB 5-8）。

②　届出の効力発生後の訂正

7条1項後段による自発的な訂正が必要な場合として，企業開示ガイドラインには，届出の効力が生じた後，申込みが確定するときまでに以下の事情がある場合が例示列挙されている。ただし，金商法4条4項に規定する「有価証券の募集又は売出しが一定の日において株主名簿に記載され，又は記録されている株主に対して行われる場合」，すなわち株主割当の場合でやむを得ない事情があるときは，これによらないことができるものとされている（企業開示ガイドラインB 7-7）。

(a)　「新規発行による手取金の使途」，「事業等のリスク」，「経営者による財政状態，経営成績及びキャッシュ・フローの状況の分析」，「重要な設備の新設，拡充，改修，除却，売却等の計画」などについて投資判断に重要な影響を及ぼすような変更があった場合（同①）

(b)　最近連結会計年度の次の連結会計年度（または，次の連結会計年度における四半期連結会計期間）に係る連結財務諸表・四半期連結財務諸表・中間連結財務諸表が作成され，当該連結財務諸表など（その概要を含む）が公表され，または監査証明を受けた場合（同②～⑦）

(c)　最近事業年度の次の事業年度の決算案が取締役会において承認された場

合，最近事業年度の次の事業年度の貸借対照表および損益計算書が，会社法439条の規定により確定した場合（すなわち，会計監査人設置会社において，会計監査人の会計監査報告に無限定適正意見が含まれることなどの要件を満たし，計算書類が取締役会の承認により確定した場合），当該事業年度の決算が確定し監査証明を受けた場合（同⑧〜⑩）

(d)　最近事業年度の次の事業年度における四半期会計期間（または，次の事業年度）に係る四半期財務諸表・中間財務諸表が作成され，当該四半期財務諸表・中間財務諸表（その概要を含む）が公表され，または監査証明を受けた場合（同⑪〜⑭）

(e)　係争中の重要な訴訟事件が解決した場合（同⑮）

(f)　提出会社について親会社・特定子会社の異動，主要株主の異動，代表取締役の異動など，提出会社・連結子会社について重要な災害の発生，重要な訴訟事件の提起，会社の合併，株式交換，株式移転，重要な事業の譲渡・譲受け，多額の取立不能債権などの発生などがあった場合（同⑯）

(g)　有価証券届出書の記載事項中「経理の状況」につき，最近事業年度終了後届出書提出日までに，資産・負債に著しい変動および損益に重要な影響を与えた事実または与えることが確実に予想される事実が生じた場合，最近事業年度の次の事業年度開始後一定の期間が経過した場合（一定期間の経営成績の概要の記載が必要となる），提出会社の営業その他に関し重要な訴訟事件などがある場合など，企業開示府令第２号様式記載上の注意(73)の各号の一に該当することとなった場合（同⑰）

(h)「提出会社の保証会社等の情報」に記載されている，または記載されるべき書類と同種の書類が新たに提出された場合（ただし，継続開示会社に該当しない会社のときには，当該書類が新たに作成された場合）（同⑱）

(i)　企業開示府令19条９項に規定する「デリバティブ取引その他の取引」（有価証券と当該デリバティブ取引その他の取引とを一体のものとみなした場合に当該有価証券が行使価額修正条項付社債券等と同じ性質を有することとなるような取引）に係る取決めもしくは同条２項１号リ(4)に規定する行使価額修正条項付新株予約権付社債券等に表示された権利の行使に関する事項についての取得者と届出書提出者との間の「取決め」もしくは同(5)に規定す

る提出会社の株券の売買に関する事項についての取得者と提出会社との間の「取決め」を締結した場合（行使価額修正条項付新株予約権付社債券等に該当しなかった有価証券が，当該取決めを締結したことにより行使価額修正条項付新株予約権付社債券等とみなされることとなった場合を含む）または同(6)に規定する提出会社の株券の貸借に関する事項についての取得者と提出会社の特別利害関係者等との間の「取決め」があることを知った場合（同⑲）

なお，実務では，届出の効力発生後における申込期間や払込日など証券情報の重要な部分の訂正は認められていないので注意が必要である。

また，ライツ・オファリングに関して，平成22年４月パブコメでは，新株予約権証券についての投資判断は，形式的な新株予約権証券の割当てではなく，割当てを受けた新株予約権を行使し，払込金を払い込む際に行われるものと考えられることから，新株予約権の割当時点以降に訂正届出書の提出事由となりうる事由が生じた場合でも，訂正届出書の提出は必要であるとされており[(86)]，また，平成24年２月パブコメでも，企業開示ガイドラインＢ7-7において，７条１項後段による自発的な訂正が必要な場合とされる上記の事情が発生する期限である，「届出の効力が生じた後，申込みが確定するときまで」とは，投資家が新株予約権を行使することができる期間が満了するときまでとされている[(87)]（なお，株主全員に新株予約権無償割当てを行うライツ・オファリングの場合には，新株予約権の行使期間も短期間であり，株主は実質的には新株予約権を行使して株式を取得するか否かの投資判断を行うものであると思われるものの，その他の一般的な新株予約権や新株予約権付社債の発行の場合には，そのような事情は特にないと思われるし，また，実務的にも割当日後の行使期間中に訂正届出書の提出事由となりうる事由が発生したとしても訂正届出書の提出が必要とされておらず，上記のパブコメ回答はライツ・オファリングの場合に限定して適用されると考えるのが合理的であろう）。しかし，ライツ・オファリングに係る開示義務の負担を軽減するために，平成24年改正後の企業開示ガイドラインＢ7-7により，会社法277条に規定する新株予約権無償割当てにより行う新株予約権の募集（ライツ・オファリン

---

(86)　平成22年４月パブコメ２頁No.４・３頁No.８

(87)　平成24年２月パブコメ10頁No.28

グ）に関する届出の効力発生後に，上記(b)ないし(d)の事由が発生した場合であっても，上記(b)ないし(d)に記載した書類が記載された継続開示書類が提出される旨，その提出予定時期などが当該届出に係る有価証券届出書に記載されていれば，訂正は不要とされる。なお，継続開示書類の提出などの予定時期に変更があった場合には，訂正が必要とされ，このような訂正後の予定時期に継続開示書類の提出などがなされた場合には，当該継続開示書類の提出などに関する訂正は不要とされる。平成24年２月パブコメによれば，予定時期はおおむね１週間程度の幅をもって記載することが認められるとされ，さらに，上記の開示ガイドラインに従って，継続開示書類の提出予定時期に実際に当該継続開示書類が提出された場合に，有価証券届出書の訂正を行わなかったとしても，虚偽記載となることはないが，新株予約権の行使期間中に臨時報告書（たとえば，主要株主の異動があった場合）が提出されたにもかかわらず，訂正を行わない場合には（企業開示ガイドラインＢ7-7⑯，Ｂ7-10参照），虚偽記載となることがありうるとする[(88)]。

③　算式表示方式の場合

有価証券届出書の記載事項中，有価証券の発行価格・売出価格について，一の金融商品市場の一の日における最終価格などに一定率を乗ずる方式を用いて表示する算式表示（企業開示府令１条30号）の場合，最低発行価額が決定したときは，すみやかに訂正届出書を提出することとされている（企業開示ガイドラインＢ7-5）。算式表示の場合において，発行価格・売出価格が確定したときは，確定した発行価格・売出価格および当該発行価格などに基づく募集（売出）金額，発行（売出）価額の総額などの関連事項を届出目論見書に記載することとなるので，効力発生の直前に提出される訂正届出書に当該確定した発行価格・売出価格などを記載できない場合には，効力発生後にすみやかに金商法７条１項後段の規定により自発的に訂正届出書を提出することとされている（企業開示ガイドラインＢ7-8）。実務では，たとえばストック・オプションとして発行する新株予約権について有価証券届出書の提出が必要となる場合で，かつ当初行使価額などを発行時の株式の時価に基づいて決定する場合，効力発生

(88)　平成24年２月パブコメ９頁No.26・12頁No.34

前には行使価額が決定しないため，同ガイドラインに基づき，効力発生後に確定した行使価額などを記載した訂正届出書を提出することが行われる。

④　訂正命令

有価証券届出書の訂正は，届出者が自発的に訂正届出書を提出するのではなく，内閣総理大臣が届出者に対して訂正届出書の提出を命じることにより行われる場合がある。詳細については，第３章第３節参照。

⑹　届出の効力発生

①　届出の効力発生の意義

届出が必要な募集・売出しでは，有価証券届出書を提出すれば投資家に対して取得勧誘・売付け勧誘等を行うことができるが（４条１項），届出が効力を生じた後でなければ有価証券を募集・売出しにより取得させ，または売り付けてはならず，投資家を拘束することはできない（15条１項。第２節■**2⑴**参照）。有価証券届出書の提出から届出の効力が生じるまでの期間は一般に待機期間とよばれ，有価証券届出書の内容の審査が行われる期間であるとともに，開示された情報に基づき投資家が募集・売出しに応ずるかどうかを検討するための熟慮期間としての意味を持つ。実務においても，株式発行を伴う取引などのスケジュールを作成する際には待機期間を考慮しながら行う必要がある。また，有価証券届出書を訂正した際にどのような内容の訂正が待機期間にどのような影響を与えるのかについて十分に理解する必要がある。

②　届出の効力発生の時期

有価証券の募集・売出しに関する届出，適格機関投資家取得有価証券一般勧誘の届出および特定投資家等取得有価証券一般勧誘の届出は，原則として内閣総理大臣が有価証券届出書を受理した日から15日を経過した日（中15日）に効力を生じる（８条１項）。もっとも，内閣総理大臣は，届出書類の内容が公衆に容易に理解されると認める場合または届出者である発行会社の企業内容に関する情報がすでに公衆に広範に提供されていると認める場合は，当該届出者に対し，15日に満たない期間を指定し，または，ただちにもしくは届出書提出日の翌日に届出の効力を生じさせることができる（８条３項）。発行会社の企業内容に関する情報がすでに広範に提供されていると認める場合として，発行会社が組込方式または参照方式の利用適格要件を満たす場合（⑷③組込方式・④参照方式参照）で，届出者から待機期間の短縮について申出がなされた場合には，短縮が適当でない場合を除き，待機期間の短縮が認められる（企業開示ガイドラインB8-2①・②）。この場合，内閣総理大臣が有価証券届出書を受理した日からおおむね７日を経過した日（中７日）に届出の効力が発生する（同③）。ただし，少なくとも行政機関の休日を除いて４日は確保できるようにするものとされている（同③）。なお，上述したとおり，第三者割当にかかる有価証券届出書が企業開示ガイドラインＣ（個別ガイドライン）Ⅲ「株券等発行に係る第三者割当」の記載に関する取扱いガイドラインの審査対象に該当する場合は，原則として，８条３項による期間の短縮は行われない（企業開示ガイドラインB8-2④。⑷②⒝ⅱ［第三者割当に係る開示］参照）。届出者である発行会社から申出がある場合に限り期間短縮がされるため，組込方式・参照方式の有価証券届出書を提出しながら通常どおり中15日を置いての効力発生とすることもできる。実務では，たとえば上場会社が株式を有利発行する場合で，株主総会決議を条件として取締役会で発行を決議し，このような決議時に有価証券届出書を提出する場合などでは，通常株主総会を開催するのに２カ月ほどかかるため，効力発生期間を短縮する必要性がなく，このような場合には通常短縮がされない。

平成26年８月施行の企業開示ガイドラインの改正において，「特に周知性の高い企業」として一定要件を満たす場合については，直ちに届出の効力を生じさせることができるものとされた。これは，平成25年12月25日付け金融審議会「新規・成長企業へのリスクマネーの供給のあり方等に関するワーキング・グループ報告」の提言および同ワーキング・グループにおける議論を踏まえ，時価総額が大きい企業や，市場で頻繁に売買が行われている企業など，市場において「特に周知性の高い企業」については，専門的な能力を有する証券アナリストが企業情報を分析し，投資者向けに情報提供を行っているほか，メディアの経済ニュースなどにおいても頻繁に取り上げられていることを踏まえれば，企業情報の検討に要する時間のみに注目した場合，「特に周知性の高い企業」については，現行の金融商品取引法の待機期間を撤廃する特例措置を設けても，投資者保護上，大きな問題は生じないものと考えられること，証券情報については，投資者は，有価証券届出書が提出された後でなければ，その検討を行うことができないことにも留意が必要であることから「特に周知性の高い企業」が行う募集・売出しのうち，対象有価証券の取得・買付けの判断を比較的容易に行うことができるといえるような場合に限定して，待機期間を撤廃する特例措置を設けることが適当であると考えられたものである。具体的には以下の要件を満たす場合には，直ちに届出の効力を生じさせることができるものとされた（企業開示ガイドラインB8-3)。

⑴　有価証券届出書の届出者が次に掲げる全ての要件を満たすこと

①　当該有価証券届出書提出日前1年の応当日において有価証券報告書を提出している者であって，当該応当日以後当該有価証券届出書提出日までの間において適正に継続開示義務を履行しているものであること

②　上場株券または店頭登録株券を発行していること

③　上場日等が当該有価証券届出書提出日の3年6カ月前の日以前の日であり，かつ，当該届出者の発行済株券について，算定基準日以前3年間の平均売買金額が年間1,000億円以上であり，かつ，3年平均時価総額が1,000億円以上であること

⑵　次のいずれかに係る届出であること

①　上場株券または店頭登録株券の募集

②　新株予約権無償割当てに係る新株予約権証券（本邦の取引所に上場され（特定上場有価証券として上場される場合を除く)，もしくはその発行後，遅滞なく上場されることが予定されている新株予約権証券または認可金融商品取引業協会に店頭売買有価証券として登録され（特定店頭売買有価証券として登録される場合を除く)，もしくはその発行後，遅滞なく登録されることが予定されている新株予約権証券に限る）であって，上場株券または店頭登録株券に該当する株券に係る株式を目的とする新株予約権を表示するものの募集

⑶　募集に係る届出にあっては，次の①または②に掲げる有価証券の区分に応じ当該①または②に掲げる割合が20%以下であること

①　⑵①に規定する株券

当該届出に係る募集により発行し，または移転する予定の株券の総数

を，当該募集前の当該株券（発行者が所有する自己株式を除く）の総数で除して得た割合

②　⑵②に規定する新株予約権証券

当該届出に係る募集により発行し，または移転する予定の新株予約権証券に係る新株予約権が全て行使された場合に当該行使により発行し，または移転する予定の株券の総数を，当該募集前の当該株券（発行者が所有する自己株式を除く）の総数で除して得た割合

この取扱いは，取扱いガイドラインの審査対象に該当する場合以外の第三者割当についても適用されるとされている[89]。

また，同日に一般募集に係る有価証券届出書とその他の者に対する割当に係る有価証券届出書が提出される場合，上記⑶の計算においては，想定されている２つの募集における発行予定数を合算して算出すべきとされており，また，「移転」する予定の株券には募集される自己株券が含まれるが，売出しを実施する株券は含まれないため，たとえば，Ａ募集による新株式発行＋Ｂ募集による自己株式処分＋Ｃ引受人の買取引受けによる売出し＋Ｄオーバーアロットメントによる売出し＋Ｅグリーンシューオプションのための第三者割当による新株式発行が行われる場合，次のような算式により計算されることとなる。

（Ａ＋Ｂ＋Ｅ）÷（募集前の募集株券と同種の株券の発行済総数－募集前の募集株券と同種の株券のうち発行者が所有する株券の数）[90]

③　訂正届出書が提出された場合の効力発生の時期

発行価格などの記載を省略して有価証券届出書を提出した場合には，省略した事項の内容を記載した訂正届出書を内閣総理大臣が受理した日から15日（または７日）の待機期間が開始し（８条１項かっこ書），また，届出の効力が生じる前に訂正届出書が提出された場合には，訂正届出書が提出された日から15日（または７日）の待機期間が開始する（８条２項）のが原則である。もっとも，訂正届出書が提出された場合にも待機期間の短縮は認められ（８条３項・４

⑻⑼　平成26年８月パブコメ12頁No.41・13頁No.42・No.43

⑼⑽　平成26年８月パブコメ16頁No.52・No.53

項），以下の運用がなされている。

(a)　証券情報の訂正の場合（企業開示ガイドラインB8-4イ）……中1日（行政機関の休日は算入しない）で効力発生

ただし，第三者割当にかかる有価証券届出書が企業開示ガイドラインCⅢ「株券等発行に係る第三者割当」の記載に関する取扱いガイドラインの審査対象に該当する場合であって，当該第三者割当に関する事項が大幅に変更される場合など，上記取扱いが適当でないと認められる場合は，この限りではないとされている（同B8-4イただし書）。

(b)　証券情報の訂正のうち，いわゆるブックビルディング方式による発行（当該有価証券の取得等の申込みの勧誘時において発行価格等に係る仮条件を投資者に提示し，当該有価証券に係る投資者の需要状況を把握したうえでの発行）または株式新規公開に伴う募集・売出しにおいて，当初届出書において未定とされた発行価格・売出価格または利率が決定したことに伴い訂正届出書が提出された場合（企業開示ガイドラインB8-4ロ）……即日または翌日効力発生

ただし，上記取扱いが適当でないと認められる場合は，この限りではないとされている（同B8-4ロただし書）。

なお，上記のうち，いわゆるブックビルディング方式による発行の場合については，株式の発行数または社債の券面総額などが当該投資者の需要状況によって，発行価格などの決定と同時に変更される場合で，当該変更の内容が投資者に容易に理解でき，その内容が注記されているものを含むものとされている。これは，平成22年6月の企業開示ガイドライン改正により追加された規定である。この点に関しては，従来の実務において発行数・券面総額の30%以上の増加・増額，50%以下への減少・減額かどうかが即日または翌日効力発生の取扱いが適当かどうかを判断する一つの目安とされていた。しかしながら，上記の規定を追加することにより，たとえば，グローバル・オファリングにおいて，需要状況の結果，世界全体の総発行数は変わらないものの，日本における発行数の増減割合が上記割合よりも大きいような場合でもあらかじめ届出書において，変更の内容が注記され，その内容が投資者に容易に理解できるものである場合には，即日ま

たは翌日の効力発生が認められることが明確化されたと考えられる。

(c)　株式の発行数または社債の券面総額の変更のうち，軽微なものおよび(b)に該当するものを除く場合（企業開示ガイドラインB8-4ハ）……中3日（行政機関の休日は算入しない）で効力発生

ただし，上記取扱いが適当でないと認められる場合は，この限りではないとされている（同B8-4ハただし書)。

中3日か中1日かについて，従来の実務において発行数・券面総額の30％以上の増加・増額，50％以下への減少・減額かどうかが一つの目安とされていたが，記載された発行数などの変更割合のみをもって判断されることは適当ではないとされた(91)ことには留意が必要である。

(d)　証券情報以外の訂正（企業開示ガイドラインB8-4ニ）……原則として中3日（行政機関の休日は算入しない）で効力発生

なお，7条1項後段の規定により提出された証券情報以外の情報に関する事項に係る軽微な事項の訂正届出書の提出があった場合は，適用外とし，8条3項の規定を適用して1日（行政機関の休日は算入しない）を経過した日に効力を生じさせるものとされている。

ただし，たとえば，連結財務諸表等の記載内容が大幅に変更される場合など，当該取扱いが適当でないと認められる場合は，この限りではない（企業開示ガイドラインB8-4ニただし書)。

④　失権株の再募集の場合の効力発生の時期

届出をした株式の募集の結果生じた失権株を当該募集と並行して再募集するための届出があった場合には，おおむね1日（中1日）を経過した日にその届出の効力を生じさせるものとされる（企業開示ガイドラインB8-2⑥)。もっとも，会社法では旧商法で認められた失権株の再募集について公告・通知を省略できる規定が廃止され，再募集についても通常の手続が必要とされるため，失権株の再募集に係る届出の待機期間短縮の必要性は低くなった。

---

(91)　平成22年6月パブコメ13頁No.64・No.65

⑤　届出の効力停止命令・待機期間延長の行政処分

届出の効力停止命令，待機期間延長の行政処分については，第３章第３節参照。

(7)　届出の取下げ

有価証券届出書の提出日以後，当該有価証券届出書による募集・売出しに係る有価証券の発行価額・売出価額の総額が，届出を要しない金額に減少した場合または当該有価証券届出書の募集・売出し，発行を取り止めようとする場合には，当該有価証券届出書の提出者は，遅滞なく，有価証券届出書を取り下げる旨を記載した「届出の取下げ願い」を財務（支）局長に提出するものとされ，この場合には，当該有価証券届出書およびその添付書類について公衆縦覧が取り止められる（企業開示ガイドラインＢ4-13）。有価証券届出書の提出をした者は，その後原則として継続開示義務を負うため，発行価額・売出価額の総額が少なくなったため届出が不要になった場合や募集・売出しを取り止めようとする場合には，有価証券届出書の取下げを認める必要がある。一方で，有価証券届出書の取下げを自由に認めると，有価証券届出書に虚偽記載などが発覚した場合に有価証券届出書を取下げ，調査・処分を回避することを認めてしまい，公益または投資家の保護に反する結果をもたらす可能性がある。このため，発行者が「届出の取下げ願い」を提出し，取下げがなされることとされている。

(8)　一定の特定有価証券に係る有価証券届出書の特例

平成25年金商法改正により，一定の性質を有する特定有価証券について，一定期間継続して募集または売出しが行われているなどの要件を満たした場合，有価証券届出書を提出する代わりに，簡易な事項を記載した募集事項等記載書面を有価証券報告書とあわせて提出したときに，有価証券届出書を提出したものとみなされることとされた（５条10項～12項）。これは，継続して投資信託の受益証券などの特定投資家の募集または売出しが行われている場合，継続開示書類である有価証券報告書が定期的に提出されるとともに，同時期に発行開示書類である有価証券届出書も提出されることが通例となっていたところ，提出者に負担が生じていることに加え，投資家にとって分かりづらい場合があるなどの指摘がなされ，これを踏まえて投資信託の受益証券などの一定の特定有価証券について，発行開示書類と継続開示書類の間の重複開示を解消することが目的とされている。

具体的には，まず，本特例の適用の対象となるのは，募集または売出しの状況を勘案して内閣府令で定める特定有価証券の募集または売出しにつき，有価証券届出書を提出しなければならない会社（特定有価証券届出書提出会社。５条10項）であり，募集または売出しの状況を勘案して内閣府令で定める特定有価証券として，内国投資信託受益証券，外国投資信託受益証券，内国信託受益証券，外国信託受益証券，内国信託受益権，外国信託受益権，これらを受託有価証券とする特定有価証券信託受益証券やこれらに係る権利を表示する特定預託証券が定められている（特定有価証券開示府令11条の６第１項）。

上記特定有価証券の募集または売出しが１年間継続して行われている場合には，内閣府令で定める様式の募集事項等記載書面を提出することができる（５条10項，特定有価証券開示府令11条の６第２項）。ただし，当該募集または売出しが当該募集事項等記載書面の提出の直前まで行われている場合に限るとされている（５条10項ただし書）。また，募集事項等記載書面の提出は，その提出の日の属する当該特定有価証券の特定期間（24条５項において読み替えて準用する同条１項に規定する特定期間をいう）の直前の特定期間に係る有価証券報告書およびその添付書類とあわせて提出が行われなければならない（同条11項）。このように特定有価証券届出書提出会社が，募集事項等記載書面ならびに有価証券報告書およびその添付書類を提出した場合には，有価証券届出書を提出したものとみなされる（同条12項）。

さらに，特定有価証券届出書提出会社が，有価証券報告書の訂正報告書，半期報告書または臨時報告書を提出した場合には，当該訂正報告書を提出したものとみなされた有価証券届出書の訂正届出書を提出したものとみなされる（７条３項～５項）。

３　組織再編成に伴う届出

(1)　概　　要

証取法の下においては，合併や株式交換などの組織再編成における株式の発行については，株主の多数決などに基づく会社の意思決定に従い，すべての株主がかかる組織再編成行為に従わざるをえないものであることから，勧誘が行われたと考える余地がなく，「募集」には該当しないとの取扱いがされてきた。金商法施行に伴う改正前の企業開示ガイドライン2-4においては，合併，株式交換または株式移転により株式を発行する場合や，会社の分割により株式を発行する場合には，「有価証券の募集」とはならないことに留意する旨規定されていた。しかし，金商法では，会社の一定の組織再編成行為は，募集および売出しと同様に，発行開示規制の対象となるものとされた。具体的には，合併，会社分割，株式交換または株式移転により新たに有価証券が発行される場合，またはすでに発行された有価証券が交付される場合で，合併消滅会社，会社分割における分割会社，株式交換・株式移転における完全子会社の株券，新株予約権証券その他の政令で定める有価証券の所有者が多数の場合として政令で定める場合など一定の要件を満たす場合には，原則として当該有価証券の発行者が内閣総理大臣に届出を行わなければならないこととされた（２条の３（令和元年金商法改正後条文。以下，■３内の２条の３につき同じ）・４条１項)。ただし，合併消滅会社，会社分割における分割会社，株式交換・株式移転における完全子会社の株券，新株予約権証券その他の政令で定める有価証券の開示が行われていない場合，または，上記組織再編成により発行・交付される有価証券の開示が行われている場合などは，届出義務は免除される（４条１項２号)。なお，平成21年12月施行の金商法施行令改正により，会社分割において，分割会社が承継会社または設立会社の株式・持分を現物配当する場合以外の場合には，発行開示規制の対象外とする改正がなされた（詳細については，(2)⑦参照)。

なお，金商法施行に伴う改正後の企業開示ガイドラインでは，上記の合併，会社分割，株式交換または株式移転により株式を発行する場合には，「有価証券の募集」として取り扱わない旨の規定は削除されているが，金商法４条１項柱書において，募集・売出しに特定組織再編成発行手続・特定組織再編成交付手続を含むものと規定されていることから，これら以外の組織再編成による有価証券の発行・交付については「募集」・「売出し」に含まれないことが法律上明らかにされたと解される[92]。

実務のポイント・2−10

◆組織再編における米国証券法上の留意点

日本の会社同士が，合併，株式交換，株式移転などの組織再編成をする場合，対象会社の株主に対して株式が交付される場合には，大まかにいって，当該対象会社の米国居住株主比率が，当該組織再編に係る公表日の原則60日前以降，30日後以前の任意の日の発行済株式総数（買収者の持株数は除外する）の10%超である場合には（Rule 800, 802），米国における証券の募集があるものとして，1933年米国証券法による登録義務（具体的には日本での有価証券届出書に相当するregistration statementの中のForm F-4の提出義務）が生じる。この場合，日本の当該会社は，米国における公募を行う場合と同様に，登録届出書を作成し，SECのレビューを受ける必要がある。また，当該登録届出書に国際財務報告基準（IFRS）または米国会計基準に準拠した監査済財務諸表などを記載する必要が生じる。これらの手続が組織再編成の全体スケジュールに大きな影響を与える可能性があるので，留意が必要である。

また，Form F-4を提出した会社については，1934年米国証券取引所法に基づく継続開示義務を負い，サーベンス・オクスリー法の適用も受けるため，組織再編成後の負担も重い。なお，Form F-4の提出義務を免除される場合であっても，当該組織再編成に関連して公表された，または対象会社の株主に交付した書類（プレスリリースや招集通知など）の英訳を添付したForm CBなどのSECへの提出が必要となる場合がある。また，当該組織再編成につき，日本で有価証券届出書の提出が必要となる場合は，この届出書の英訳をForm CBとともにSECへ提出する必要がある場合もある。全体のスケジュールに影響が出ないよう，これらの作業を効率良く進める必要がある。

(2) 適用範囲

①　特定組織再編成発行手続・特定組織再編成交付手続の意義

金商法の下では，会社の合併，会社分割，株式交換，株式移転が開示規制の適用がある組織再編成行為とされている（２条の３第１項，金商法施行令２条）。これらの組織再編成に際し，会社法に基づく事前備置書面の備置きがなされることを「組織再編成発行手続」または「組織再編成交付手続」と称して，勧誘が行われるのと同様の取扱いがされている（２条の３第２項・３項）。このうち，組織再編成発行手続は組織再編成に際して新たに有価証券を発行する場合

(92)　平成19年10月パブコメ２頁No.４

に用いられる概念であり，組織再編成交付手続はすでに発行された有価証券を交付する場合に用いられる概念である。このような組織再編成発行手続および組織再編成交付手続のうち，「特定組織再編成発行手続」および「特定組織再編成交付手続」に該当する場合には，原則として有価証券届出書の提出が必要となる（4条1項柱書）。

②　特定組織再編成発行手続の意義

(a)　概　　要

「特定組織再編成発行手続」とは，募集に対応する概念であり，会社の合併，会社分割，株式交換，株式移転により新たに有価証券が発行される場合における合併消滅会社・分割会社（承継会社または設立会社の株式・持分が現物配当される場合に限る）・株式交換完全子会社・株式移転完全子会社（組織再編成対象会社。2条の3第4項1号，金商法施行令2条の2）による会社法に基づく事前備置書面の備置き（組織再編成発行手続）であって，組織再編成対象会社が発行者である(i)株券，(ii)新株予約権証券，(iii)新株予約権付社債券，(iv)(i)〜(iii)を受託有価証券とする有価証券信託受益証券，(v)(i)〜(iii)に係る権利を表示する預託証券（2条の3第4項1号，金商法施行令2条の3）の所有者（組織再編成対象会社株主等。2条の3第4項1号）が多数の場合その他一定の要件を満たす場合を意味する（2条の3第4項）。かかる要件は，会社の合併，会社分割，株式交換，株式移転により，新たに発行される有価証券が第一項有価証券であるか，第二項有価証券であるかにより，区別して定められている。当該要件の基本的な構造は，募集の要件と基本的に同じであるが，多人数向け取得勧誘類似の特定組織再編成発行手続の場合（2条の3第4項1号）にプロ私募要件を満たす適格機関投資家の人数を組織再編成対象会社株主等の数から除外しないこと，少人数私募類似の場合（同項2号ロ）に6カ月通算が行われないこと（金商法施行令1条の6に相当する政令の定めがない）などの点において異なる。

(b)　第一項有価証券の特定組織再編成発行手続

組織再編成により新たに発行される有価証券が，株券，社債券（新株予約権付社債券を含む），新株予約権証券などの第一項有価証券の場合には，以下の要件を満たす場合が，特定組織再編成発行手続に該当する。

(i)　組織再編成対象会社株主等が50名以上の場合（適格機関投資家のみの場合を除く）（２条の３第４項１号，金商法施行令２条の４）

(ii)　(i)以外の場合で，次のいずれにも該当しない場合

(イ)　適格機関投資家のみが組織再編成対象会社株主等である場合で，組織再編成発行手続において発行される有価証券が適格機関投資家以外の者に譲渡されるおそれが少ないものとして政令で定める場合（政令でプロ私募で必要とされる適格機関投資家に譲渡する場合以外の譲渡が禁止される旨の転売制限などの要件と同じ要件が定められている。■１(3)②(b)(iv)プロ私募［**プロ私募要件**］参照）（２条の３第４項２号イ，金商法施行令１条の４，定義府令11条）

(ロ)　上記(i)，(イ)以外の場合で，組織再編成発行手続において発行される有価証券が多数の者に所有されるおそれが少ないものとして政令で定める場合（政令で，組織再編成対象会社株主等が50名以上の適格機関投資家のみである場合に該当せず，かつ，組織再編成により新たに発行される有価証券が株券等か，新株予約権証券等か，それ以外かに応じて，少人数私募で必要とされる一括して譲渡する場合以外に譲渡することが禁止される旨の転売制限などの要件と同じ要件が定められている。■１(3)②(b)(v)少人数私募［**少人数私募要件**］参照）（２条の３第４項２号ロ，金商法施行令２条の４の２・１条の７第２号，定義府令13条）

なお，(イ)の組織再編成対象会社株主等とは，組織再編成対象会社が発行者である，①株券，②新株予約権証券，③新株予約権付社債券，④株券，新株予約権証券もしくは新株予約権付社債券を受託有価証券とする有価証券信託受益証券，⑤株券，新株予約権証券もしくは新株予約権付社債券に係る権利を表示する預託証券の所有者をいう（２条の３第４項１号，金商法施行令２条の３）。これは，会社法上，合併，会社分割，株式交換，株式移転において，合併消滅会社・分割会社・株式交換完全子会社・株式移転完全子会社の株主および新株予約権者に対して有価証券を発行・交付することができることとなっているため，これらの者を組織再編成対象会社株主等に含めたものと考えられる。

上記のとおり，特定組織再編成発行手続に該当するための要件の一つに組織再編成対象会社株主等の人数が含まれているが，組織再編成対象会社株主等の

人数の計算に関し，平成19年７月パブコメ回答では，組織再編成に係る書面の備置き開始日を基準に判断するものとしている(93)。さらに，平成19年10月パブコメ回答では，株券，新株予約権証券，新株予約権付社債券などの有価証券の種類ごとにその所有者の数を計算するのではなく，すべてを合算して計算することとしている。また，その数は，株主名簿，新株予約権原簿または社債原簿上の所有者ではなく実際の所有者数により計算するものとしている(94)。有価証券報告書の提出義務が発生する要件の一つである外形基準である株券等の所有者の計算方法は，株主名簿上の株主等の数によることとされているが（24条１項４号・４項，企業開示府令16条の３），これとは異なり，実際の所有者数により計算することとなる点について，留意が必要である。

なお，特定組織再編成発行手続に関する組織再編成対象会社株主等の人数の計算において，募集における相手方の人数の計算に関する６カ月通算の規定が適用されないことは上記のとおりであるが，募集における相手方の人数の計算の際に６カ月通算の対象となる，金商法施行令１条の６に定める同一種類の有価証券の「取得勧誘」の相手方についても，文言上「取得勧誘」に組織再編成発行手続は含まれないものとされているため（取得勧誘と組織再編成発行手続を有価証券発行勧誘等と総称することとされ（４条２項），取得勧誘に組織再編成発行手続は含まれないものと解される），特定組織再編成発行手続における組織再編成対象会社株主等は含まれないものと解される(95)。

(ii)(イ)の要件において，組織再編成発行手続において発行される有価証券が適格機関投資家以外の者に譲渡されるおそれが少ないものとして政令で定める要件や，または(ii)(ロ)の要件において，組織再編成発行手続において発行される有価証券が多数の者に譲渡されるおそれが少ないものとして政令で定める要件については，政令で定められるプロ私募や少人数私募に関する要件と同じ要件が適用される。

かかる要件の中には，有価証券の種類ごとに①当該有価証券を取得する適格機関投資家が転売制限を定めた契約を締結することを取得の条件とすること

---

(93)　平成19年７月パブコメ119頁No.６

(94)　平成19年10月パブコメ２頁No.５

(95)　峯岸健太郎「金融商品取引法施行後の組織再編成に係る開示規制」旬刊商事法務1819号18頁(2007)

や，②プロ私募や少人数私募における転売制限が付されている旨の記載のある有価証券の内容などを説明した書面を交付することが要件とされているものがある。組織再編成発行手続・組織再編成交付手続においては，①の契約は適格機関投資家と誰の間で締結するべきか，また，②の書面を誰が交付するべきかは，条文の文言上明確ではない。

①については，株券，新株予約権証券または外国出資証券に関する要件を定める金商法施行令１条の４第１号ハにおいては，当該契約を締結することを取得の条件として組織再編成発行手続が行われることと定められているため，また，組織再編成発行手続を有価証券の取得勧誘に類似する行為であるとして組織再編成発行手続に開示規制を及ぼすという規制の構造，および，組織再編成発行手続により発行される有価証券の取得者となる組織再編成対象会社株主等に対して転売制限を課すという規制目的を達成するためには組織再編成対象会社が上記契約の締結当事者となることが実務的には合理的であると思われることなどから，当該契約は組織再編成発行手続を行う組織再編成対象会社と組織再編成発行手続において発行される有価証券を取得する組織再編成対象会社株主等との間で締結するものと解するのが自然であろう。

かかる考えに基づけば，②についても，①と同様に組織再編成発行手続を行う者である組織再編成対象会社が組織再編成発行手続において発行される有価証券を取得する組織再編成対象会社株主等に対して上記説明書面を交付するべきものと解される。

(c)　第二項有価証券の特定組織再編成発行手続

組織再編成により新たに発行される有価証券が第二項有価証券の場合には，組織再編成対象会社株主等が相当程度多数の者である場合として政令で定める場合に特定組織再編成発行手続に該当することとされており，相当程度多数とは政令により500人以上と定められている（２条の３第４項３号，金商法施行令２条の５）。なお，■１(2)③で述べたとおり，第二項有価証券で開示規制の対象となるのは，有価証券投資事業権利等，すなわち，信託受益権・合名・合資・合同会社の社員権・集団投資スキーム持分などで出資の50％超を有価証券への投資をする事業に係る権利および学校貸付債権の場合のみである。

③　特定組織再編成交付手続の意義

(a)　概　　要

「特定組織再編成交付手続」とは，会社の合併，会社分割，株式交換，株式移転により，すでに発行された有価証券が交付される場合における合併消滅会社・分割会社（承継会社または設立会社の株式・持分が現物配当される場合に限る）・株式交換完全子会社・株式移転完全子会社による事前備置書面の備置き（組織再編成交付手続）のうち，組織再編成対象会社株主等が多数の場合その他一定の要件を満たす場合を意味する（２条の３第５項）。かかる要件は，会社の合併，会社分割，株式交換，株式移転により，新たに発行される有価証券が第一項有価証券であるか，第二項有価証券であるかにより，区別して定められているが，第一項有価証券については，平成21年金商法改正による売出し規制の改正に併せて，適格機関投資家私売出しや少人数私売出しに相当するものや，これに該当しないものを売出しとすることに相当する内容の改正が行われた。当該要件の基本的な構造は，売出しの要件と基本的に同じであるが，多人数向け売付勧誘等類似の特定組織再編成発行手続の場合（２条の３第５項１号）にプロ私売出し要件を満たす適格機関投資家の人数を組織再編成対象会社株主等の数から除外しないこと，少人数私売出し類似の場合（同項２号ロ）に１カ月通算が行われないこと（金商法施行令１条の８の３に相当する政令の定めがない）などの点において異なる。また，平成21年金商法改正において，自己株式の処分については取得勧誘類似行為として募集として取り扱われることとなり（定義府令９条１号），これに併せて，組織再編成により新たに有価証券が発行される場合に類する場合として内閣府令に定める場合が組織再編成発行手続に含まれることとなったが（２条の３第２項），現在は内閣府令における定めはなく，組織再編成において自己株式を対価とする場合については組織再編成交付手続への該当性が引き続き問題となる（既開示証券の場合の届出の要否について，募集・売出しの場合には，そのいずれに該当するかで取扱いが異なるが，特定組織再編成発行手続・特定組織再編成交付手続の場合には同じ取扱いとされるため，自己株式を対価とする場合につき特定組織再編成発行手続か特定組織再編成交付手続のいずれとするかは問題とならないためではないかと思われる）。

(b)　第一項有価証券の特定組織再編成交付手続

組織再編成により新たに発行される有価証券が，株券，社債券（新株予約権付社債券を含む），新株予約権証券などの第一項有価証券の場合には，以下の要件を満たす場合が，特定組織再編成交付手続に該当する。

(i)　組織再編成対象会社株主等が50名以上の場合（適格機関投資家のみの場合を除く）（2条の3第5項1号，金商法施行令2条の6）

(ii)　(i)以外の場合で，次のいずれにも該当しない場合

(イ)　適格機関投資家のみが組織再編成対象会社株主等である場合で，組織再編成交付手続において交付される有価証券が適格機関投資家以外の者に譲渡されるおそれが少ないものとして政令で定める場合（政令でプロ私売出しで必要とされる適格機関投資家に譲渡する場合以外の譲渡が禁止される旨の転売制限などの要件と同じ要件が定められている。**■1(3)②(c)(v)プロ私売出し［プロ私売出し要件］**参照）（2条の3第5項2号イ，金商法施行令1条の7の4，定義府令13条の4）

(ロ)　上記(i)，(イ)以外の場合で，組織再編成交付手続において交付される有価証券が多数の者に所有されるおそれが少ないものとして政令で定める場合（政令で，組織再編成対象会社株主等が50名以上の適格機関投資家のみである場合に該当せず，かつ，組織再編成により新たに交付される有価証券が株券等か，新株予約権証券等か，それ以外かに応じて，少人数私売出しで必要とされる一括して譲渡する場合以外に譲渡することが禁止される旨の転売制限などの要件と同じ要件が定められている。**■1(3)②(c)(vi)少人数私売出し［少人数私売出し要件］**参照）（2条の3第5項2号ロ，金商法施行令2条の6の2・1条の8の4第3号，定義府令13条の7）

(c)　第二項有価証券の特定組織再編成交付手続

組織再編成により交付される有価証券が第二項有価証券の場合には（開示規制の対象となるのは，有価証券投資事業権利等のみ），組織再編成対象会社株主等が相当程度多数の者である場合として政令で定める場合に特定組織再編成交付手続に該当することとされており，相当程度多数とは政令により500人以上と定められている（2条の3第5項3号，金商法施行令2条の7）。

④　適格機関投資家向け勧誘および少人数向け勧誘の告知義務

適格機関投資家のみが組織再編成対象会社株主等である場合で，組織再編成発行手続または組織再編成交付手続において発行または交付される有価証券が適格機関投資家以外の者に譲渡されるおそれが少ないものとして政令で定める場合に該当する場合（適格機関投資家向け勧誘に含まれることとなる。23条の13第１項５号・６号）には，上記のとおり，一定の転売制限が要求されるが，この転売制限の実効性を確保するため，プロ私募またはプロ私売出しの場合の告知義務と同様の義務が課せられる（詳細は，■１(3)②(b)(iv)プロ私募［**プロ私募の告知**］，■１(3)②(c)(v)プロ私売出し［**プロ私売出しの告知**］参照）。この場合，当該組織再編成発行手続または組織再編成交付手続を行う者は，適格機関投資家向け勧誘に該当する組織再編成発行手続または組織再編成交付手続により有価証券を取得させ，または交付する場合には，あらかじめまたは同時に相手方に対して告知すべき事項を記載した書面を交付することを要する（23条の13第２項）。上記の「適格機関投資家向け勧誘に該当する組織再編成発行手続により有価証券を取得させる場合には，あらかじめまたは同時に」とは組織再編成に関する手続上いつの時点を指すのか条文上は明確ではないが，(4)①において述べるように，届出の効力発生が必要とされる組織再編成における有価証券「取得」の時点は，組織再編成の効力発生日と解されていることから，上記告知書面の交付をなすべき時点についても，同様に組織再編成の効力発生日と解される。

また，組織再編成発行手続または組織再編成交付手続において発行または交付される有価証券が多数の者に所有されるおそれが少ないものとして政令で定める場合に該当する場合（少人数向け勧誘に含まれることとなる。23条の13第４項１号ハ・ニ）には，上記のとおり，一定の転売制限が要求されるが，この転売制限の実効性を確保するため，少人数私募または少人数私売出しの場合の告知義務と同様の義務が課せられる（詳細は，■１(3)②(b)(v)少人数私募［**少人数私募の告知**］，■１(3)②(c)(vi)少人数私売出し［**少人数私売出しの告知**］参照）。この場合，当該組織再編成発行手続または組織再編成交付手続を行う者は，少人数向け勧誘に該当する組織再編成発行手続または組織再編成交付手続により有価証券を取得させ，または交付する場合には，あらかじめまたは同時に相手方に対して告知すべき事項を記載した書面を交付することを要する（23条の13第５項）。

また，組織再編成対象会社株主等の数が500人未満であり，第二項有価証券に係る特定組織再編成発行手続に該当しない場合においても，第一項有価証券の場合と同様に，告知義務が課せられ（23条の13第４項第２号ロ），また，当該組織再編成発行手続により有価証券を取得させる場合には，あらかじめまたは同時に相手方に対して告知すべき事項を記載した書面を交付することを要する（23条の13第５項）。ただし，第二項有価証券に係る少人数向け勧誘の場合は，第一項有価証券とは異なり，転売制限の要件はないため，転売制限に関する告知義務はない。なお，理由は不明であるが，組織再編成対象会社株主等の数が500人未満であり，第二項有価証券に係る特定組織再編成交付手続に該当しない場合については，この告知義務の適用はない。

なお，上記の告知義務については，平成21年金商法改正による売出し規制の改正に伴い，組織再編成交付手続に関する場合についても，告知義務が適用されることとなった。

⑤　開示規制の適用範囲

開示規制に服する組織再編成は，会社法上の会社の組織再編成行為に限定されている。このため，外国会社同士の外国法による組織再編成は対象とならない。他方で，会社法上対価として交付することが許容されていれば，あらゆる有価証券が開示規制の対象となりうる。会社法は組織再編成の対価としてあらゆる財産を交付することを許容しているため，外国株券や有価証券投資事業権利等の第二項有価証券を利用した組織再編成が開示規制の対象となりうる。なお，組織再編成対象会社株主等，すなわち，組織再編成対象会社が発行者である株券・新株予約権証券・新株予約権付社債券などの所有者がいる場合に開示規制の適用があることとなっているため，組織再編成に関する開示規制の適用があるのは，組織再編成対象会社が株式会社である場合に限られ，合同会社その他の持分会社である場合に開示規制の適用はないものと解される。他方で，組織再編成対象会社以外の組織再編成当事会社，いわゆる買収側が持分会社の場合に，開示規制が適用される場合はありうることとなる。

⑥　届出免除

特定組織再編成発行手続・特定組織再編成交付手続のうち，(a)組織再編成対象会社が発行者である株券等に関して開示が行われていない場合，または(b)組織再編成発行手続・組織再編成交付手続において発行・交付される有価証券に関して開示が行われている場合には，届出義務の適用が除外される（４条１項２号イ・ロ）。(a)の場合には，もともと組織再編成対象会社が発行者である株券等について非開示であったことから，あえて新たに法定開示義務を課すことにより投資家保護を図る必要性に乏しいと考えられたものと思われる。また，(b)の場合は，有価証券報告書や臨時報告書などにおいて情報がすでに開示されているため，新たに発行開示を求める必要性に乏しいと考えられたと思われる。

上記に加え，募集・売出しにおいて届出免除される場合は，特定組織再編成発行手続・特定組織再編成交付手続の場合にも届出免除がされる（４条１項各号。■１(4)参照）。このため，募集・売出しの場合と同様に，発行価額・売出価額の総額が１億円未満の有価証券に関する組織再編成発行手続・特定組織再編成交付手続（１年通算規定などにより除外される場合あり）についても，届出義務は免除される（４条１項５号）。この場合の発行価額・売出価額の総額は，原則，会社計算規則による株主資本等変動額，引き継ぐ株主資本等，または株主資本等の総額とされるが，未確定の場合は，適切な方法による見込額とされる（企業開示ガイドラインB4-22)。もっとも，組織再編成の対価として，数種類の株式などが発行される場合に，上記のような計算方法は適当ではない可能性がある。なお，組織再編成に際して発行されるストック・オプションが発行される場合には，通常，その払込金額と行使価額の総額を発行価額とする（企業開示ガイドラインB4-5)。

また，平成19年７月パブコメ回答によると，ストック・オプションの特例として，組織再編成対象会社が発行しているストック・オプションとしての新株予約権を親会社などにストック・オプションとして引き継ぐ場合は，金商法４条１項１号，金商法施行令２条の12に規定される要件を満たす場合には届出義務が免除される[96]。なお，金商法施行令２条の12は「取得勧誘又は売付け勧誘等」としか規定しておらず，組織再編成発行手続および組織再編成交付手続は

(96)　平成19年７月パブコメ122頁No.５

含まれないようにも読めるが，上記のとおり組織再編成においても同条のその他の要件（新株予約権証券に譲渡制限が付されていることや，付与の相手方が発行会社またはその直接完全子会社もしくは完全孫会社の役員および使用人などに限られていることなど）を満たす場合には，届出義務が免除されると解されており，この点条文上も明確にするべきである。ただし，パブコメ回答および金商法施行令２条の12の文言を前提とすると，新株予約権証券を発行する会社が現在存在し，当該新株予約権証券を付与される者が役員または使用人となっている組織再編成対象会社が当該発行会社またはその直接完全子会社もしくは完全孫会社である必要があるため，この届出免除事由が適用される場合は限定的であると思われる。

以上より，発行・交付される有価証券がストック・オプションや適格機関投資家取得有価証券でないことを前提とすると，有価証券届出書の提出が必要となるのは，特定組織再編成発行手続・特定組織再編成交付手続のうち，(i)組織再編成対象会社が継続開示会社であり，(ii)組織再編成により発行・交付される有価証券が非開示であり，(iii)組織再編成により発行・交付される有価証券の発行価額・売出価額の総額が１億円以上の場合に限られる。よって，合併における消滅会社，会社分割における分割会社，株式交換・株式移転における完全子会社が非公開会社であるような場合や，組織再編成における合併存続会社，株式交換完全親会社，分割承継会社が上場会社であり，その上場されている株券等を対価とする場合は，届出義務の対象外となる。

なお，対価となる有価証券の発行者が継続開示会社であっても，組織再編成により発行・交付される有価証券が非開示の場合には，届出書の提出が必要となる場合がある。たとえば，組織再編成対象会社株主等に社債券などを発行する場合や，組織再編成において新株予約権証券または新株予約権付社債券が承継され，組織再編成対象会社の新株予約権者や新株予約権付社債権者に新株予約権証券または新株予約権付社債券が発行される場合，それらの発行される有価証券につき開示が行われている場合に該当しない場合が多いものと思われるが，そのような場合には，上記のストック・オプションの特例が適用される場合を除き，届出義務が課されることとなる。また，外国会社による三角合併で当該外国会社の株式が上場会社の株主に交付されるような場合に，たとえ当該外国会社が外国で開示を行っている会社であったとしても，当該株式が日本の金融商品取引所においては上場されていないことなどにより，日本の開示規制に服さない場合には，当該外国会社は届出義務に服することになる。

なお，特定組織再編成発行手続・特定組織再編成交付手続は，組織再編成により有価証券が発行または交付される場合にそれに該当しうることとなっているため，ある会社とその完全子会社との間の合併や会社分割の場合などで有価証券が発行または交付されない場合など，有価証券が発行または交付されない組織再編成の場合には，有価証券届出書の提出義務の適用がないのは当然である(97)。

実務のポイント・2−11

◆ユーロCBの完全親会社等への承継

ユーロ市場において転換社債型新株予約権付社債（いわゆるユーロCB）を発行している日本の上場企業（発行会社）を完全子会社とする株式交換･株式移転等を行う場合，当該CBの発行要項（Terms and Conditions）上，早期償還事由に該当せず，完全親会社等への承継（Substitution）義務を負う場合がある。このような場合，会社法上は，組織再編行為に係る契約または計画の定めにより，完全子会社等の新株予約権を消滅させた上で，当該新株予約権の新株予約権者に対して完全親会社等の新株予約権を交付すると共に，社債に関する債務を完全親会社等に承継させることになると考えられるが（会社法768条，769条等），かかる承継手続が，金商法上の特定組織再編成発行手続に該当し，かつ，届出免除要件にも該当しないため，完全親会社等において有価証券届出書の提出が必要となり得る点には留意が必要である。

この点，ユーロCBが発行される際においては，本邦以外の地域での募集が行われる場合として（有価証券届出書ではなく）臨時報告書が提出されることが一般的ではあるが，承継の場面においては，実務上は，有価証券届出書を提出している事例が見られる（このような事例としては，ミネベア株式会社が平成28年12月７日に提出した有価証券届出書，株式会社足利ホールディングスが平成28年６月10日に提出した有価証券届出書がある）。このような取扱いは，特定組織再編発行手続については，勧誘行為が行われる場所を観念することが難しいことなどによるものと思われるが，組織再編行為時において新株予約権付社債権者が全て本邦以外にいる場合，臨時報告書より詳細な開示や待機期間を必要とする有価証券届出書の提出を要求する実質的理由はないように思われる。

なお，発行体がこのような組織再編を行う場合，ユーロCBの発行要項上，社債権者等への通知や，完全親会社等とトラスティ（Trustee）間の信託証書（Supplemental Trust Deed）の締結等が必要になる他，完全親会社等の格付によっては，完全子会社となる発行会社が承継後の債務を保証することを求められる場合がある。このように，ユー

(97)　峯岸・前掲注(95)18頁

ロCBを発行している会社を当事会社とする組織再編を検討する場合については，諸々の手続が必要となる可能性があるので，取引検討の早期段階から，当該ユーロCBの社債要項その他関連契約等を確認しておく必要がある。

⑦　合併・株式移転・株式交換・会社分割への開示規制の適用

以上の特定組織再編成発行手続・特定組織再編成交付手続の定義および届出免除に関する規定から，上場会社が組織再編成における吸収合併存続会社・株式交換完全親会社となる場合で，その上場されている株券等を発行・交付する場合には，従来どおり，開示制度の適用はない。

しかし，前述のとおり，上場会社同士の吸収合併・株式交換であっても，消滅会社や完全子会社の既発行のストック・オプションの承継のために，存続会社や完全親会社が新たにストック・オプションを発行するような場合は，その総額が１億円以上であれば，⑥のストック・オプションその他の届出免除事由がない限り，有価証券届出書の提出が必要である。また，株主の数が50名以上の継続開示会社による新設合併，株式移転については，発行・交付総額が１億円以上であれば，⑥のストック・オプションその他の届出免除事由がない限り，有価証券届出書を提出する必要がある。この場合の届出者は，新設合併，株式移転において新設が予定される会社であり，その新設会社の代表取締役就任予定の者が代表者として届出を行うものとされている(98)。実務的には，これらを原因とする有価証券届出書の提出事例が多い。

また，会社分割については，平成21年12月施行の金商法施行令改正により，「組織再編成対象会社」の範囲について，吸収分割会社または新設分割会社のうち，分割承継会社・分割設立会社の株式または持分を現物配当する場合に限定されることとなった（金商法施行令２条の２）。この結果，上記改正後は，会社分割の場合であっても，上記のような現物配当をしない場合には，開示規制の適用はないこととなった。

なお，新設分割や吸収分割において有価証券届出書の提出が必要となる場合，分割承継会社について継続開示義務が適用されることとなるが（24条１項３号），特定組織再編成発行・交付手続が行われた事業年度末日の株主が当該

(98)　平成19年７月パブコメ123頁No.１

分割会社のみである場合（25名未満の場合）は，有価証券報告書の提出中断の申請を行えば，当該株主が当該分割会社のみであり続ける限り，当該事業年度以降について有価証券報告書の提出を要しないことになるものと解される（24条1項ただし書，金商法施行令4条2項3号，企業開示府令16条2項）[99]。また，組織再編成における対価が株券または優先出資証券であり，過去5事業年度のすべての末日における当該有価証券の所有者の数が300未満の場合には，内閣総理大臣の承認を得て，それ以降有価証券報告書の提出義務の免除を受けることができる（24条1項ただし書，金商法施行令3条の5第2項）。有価証券報告書提出義務の免除についての詳細は，第2章第1節■2参照。

なお，会社分割後に，分割会社が当該会社分割により交付を受けた承継会社・設立会社の株式を株主に対して現物配当した場合について，平成19年7月パブコメ回答は，(a)分割会社が交付を受けた承継会社・設立会社の株式に関して開示が行われている場合には，現物配当として当該分割会社の株主に交付されるときには，既開示の有価証券の売出しとして有価証券通知書の提出・目論見書の作成および交付が必要になることがありえ，(b)一方で，分割会社が交付を受けた承継会社・設立会社の株式に関して開示が行われている場合に該当しない場合には，未開示の有価証券の売出しとして有価証券届出書の提出・目論見書の作成および交付が必要となることがありうるとしている[100]。さらに，企業開示ガイドラインの改正案に関するパブコメ回答においても，現物配当と株式配当の選択権が投資者にある場合で，投資者が株式配当を選択する場合には，「有価証券の取得の申込みの勧誘又は売付けの申込み若しくは買付けの申込みの勧誘」に該当する場合があり得るものとしている[101]。以上から，金商法施行後は，現物配当として有価証券を発行・交付する場合について，「有価証券の募集・売出し」には該当しないと断定することはできないと解される。

⑧　有価証券通知書・臨時報告書の提出

特定組織再編成発行手続・特定組織再編成交付手続で，その有価証券の発行

(99)　峯岸・前掲注(95)21頁
(100)　平成19年7月パブコメ119頁No. 5
(101)　平成19年10月パブコメ7頁No.30

価額・売出価額の総額が１億円未満，1,000万円超の場合は，特定組織再編成発行手続・特定組織再編成交付手続が開始される前に，有価証券通知書を提出しなければならない（４条６項・１項５号，企業開示府令４条５項）。

なお，金商法施行前において，募集によらない株券の発行の場合に提出を要するとされた有価証券通知書（いわゆる６条通知）の制度は廃止された。よって，特定組織再編成発行手続・特定組織再編成交付手続に該当しない場合は，有価証券通知書の提出は不要である。

また，金商法施行前は，組織再編成において発行総額が１億円以上の有価証券の発行につき取締役会決議または株主総会決議があった場合，「募集によらないで取得される」有価証券の発行として臨時報告書の提出が必要とされていた。金商法施行後は，特定組織再編成発行手続は，企業開示府令上「募集」に該当する結果（企業開示府令１条10号），届出義務が免除されているかどうかにかかわらず「募集によらないで取得される」有価証券の発行としての臨時報告書の提出は不要となった。これに対し，特定組織再編成発行手続によらないで取得される継続開示会社が組織再編成により発行する有価証券で，発行価額の総額が１億円以上であるものの発行につき取締役会の決議または株主総会の決議などがあった場合は，「募集によらないで取得される」有価証券の発行として臨時報告書の提出が必要とされる。よって，金商法施行後は，継続開示会社が組織再編成により株券を発行する場合であっても，組織再編成対象会社の株主等が50名未満の場合など，特定組織再編成発行手続に該当しない場合には，発行総額が１億円以上であれば，臨時報告書の提出が必要となるが，その株主等が50名以上の場合など，特定組織再編成発行手続に該当する場合には，臨時報告書の提出は不要となる。組織再編成対象会社の株主等の数がより少ない場合に，臨時報告書の提出が必要となることとなり，その合理性については疑問を感じる。組織再編成により有価証券の発行・交付がある場合の有価証券届出書・有価証券通知書・臨時報告書の提出義務については，**図表2－10**を参照。

なお，上記とは別に，当該会社または連結子会社の組織再編成自体について，軽微なものを除き，臨時報告書の提出が必要とされるのは，金商法施行前と同様である。臨時報告書に関する詳細は，第２章第１節■**3**(**4**)参照。

図表２−10　組織再編成で有価証券の発行・交付がある場合の有価証券届出書・有価証券通知書・臨時報告書の提出義務

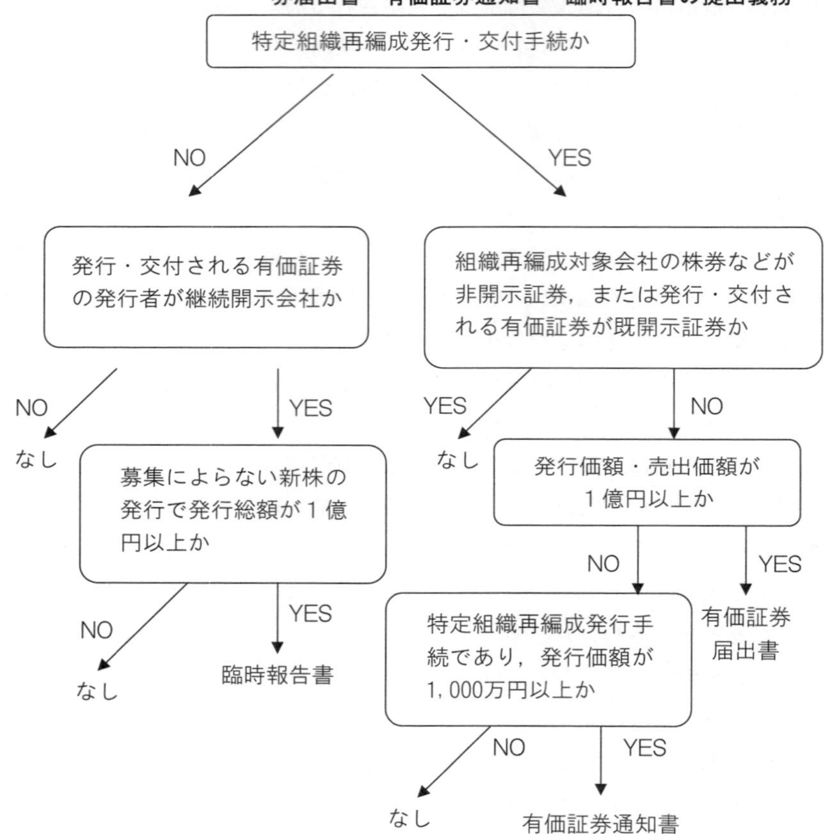

⑶　届出の手続

①　届出義務者・届出時期・届出先・公衆縦覧

特定組織再編成発行手続・特定組織再編成交付手続における届出義務者，届出先および公衆縦覧制度については，それ以外の募集・売出しと変わるところはない。なお，届出義務者は特定組織再編成発行・特定組織再編成交付手続において発行・交付される有価証券の発行者であり，たとえば，いわゆる三角合併のように，組織再編成の当事者以外の第三者の有価証券が当該組織再編成において発行・交付される場合は，当該第三者が届出義務者となる。また，新設合併，株式移転，新設分割の場合の届出義務者については，これらにより新設される会社が届出義務者となり，その代表者として当該新設会社の代表取締役就任予定の者を記載することとされる(102)。

届出の時期については，特定組織再編成発行手続・特定組織再編成交付手続を開始する前，すなわち会社法の事前備置書面を備え置く前に行う必要がある。

②　届出書の記載方式・内容

特定組織再編成発行手続・特定組織再編成交付手続における有価証券届出書の記載内容については，その他の募集・売出しにかかる有価証券届出書と同様，証券情報と企業情報の記載が要求されるほか,「組織再編成に関する情報」および「組織再編成対象会社情報」の記載が必要となる（企業開示府令第２号の６様式・第７号の４様式など)。届出書の様式については，社債券や株券等の特定有価証券以外の有価証券の場合と，特定有価証券（特定社債券，優先出資証券，特定目的信託の受益証券，特定約束手形，投資信託の受益証券，投資証券，投資法人債券，有価証券投資事業権利等など）の場合で異なる。

特定組織再編成発行・特定組織再編成交付手続において発行・交付される有価証券が特定有価証券以外の場合，発行者が内国会社の場合には，原則として第２号の６様式により，外国会社の場合は，第７号の４様式により作成されることとされる（企業開示府令８条１項３号・５号)。また，少額募集に該当する場合は，第２号の５様式，内国会社が新規公開前に特定組織再編成発行・特定組織再編成交付手続を行う場合は，第２号の７様式によることとされている(企業開示府令８条１項２号・２項２号)。この第２号の７様式が利用されるのは，実務的には，上場会社が株式移転を行う場合で完全親会社が新たにその株式を上場する場合において，当該株式を対象とする特定組織再編成発行・特定組織再編成交付手続の場合などである。なお，特定組織再編成発行・特定組織再編成交付手続の場合だけでなく，公開買付けの対価を有価証券とするいわゆるエクスチェンジ・オファーにつき有価証券届出書の提出が必要となる場合

(102)　平成19年７月パブコメ123頁No.１

も，上記と同じ様式により作成することとされる。

第2号の6様式および第7号の4様式は，いわゆる通常方式による有価証券届出書の様式である。他方で，第2号の2様式（内国会社の組込方式），第2号の3様式（内国会社の参照方式），第7号の2様式（外国会社の組込方式），第7号の3様式（外国会社の参照方式）上は，「公開買付けに関する情報」の記載しか要求されず，第2号の6様式にあるように「組織再編成に関する情報」などの記載は必要とされていない。これは，組込方式・参照方式は，公開買付けにおいて対価を有価証券とするエクスチェンジ・オファーの場合には利用できるが，特定組織再編成発行手続・特定組織再編成交付手続の届出書としては利用できないということを前提としているようである。特定組織再編成発行手続・特定組織再編成交付手続では，既開示の有価証券を対価とする場合は，届出義務が免除されているため，有価証券届出書の提出が必要となる場合は，未開示の有価証券に限定されるからであるというのがその理由であると思われる。しかしながら，上場会社などの組織再編成で，相手方である組織再編成対象会社が新株予約権を発行しており，これを承継する目的で，組織再編成対象会社の新株予約権者に新たに当該上場会社の新株予約権を発行したりする場合など，上場会社が未開示の有価証券を発行する場合であっても，当該上場会社が1年間の継続開示義務を遵守しており，また（参照方式については）法定の周知性の要件を満たせば（5条3項・4項，企業開示府令9条の3・9条の4），その他の募集・売出しの場合と同様に，組込方式・参照方式により有価証券届出書を作成することを認めない合理性はないのではなかろうか。

なお，第12号様式・第12号の2様式（内国会社の発行登録追補書類），第15号様式（外国会社の発行登録追補書類）についても，「組織再編成に関する情報」などの記載は必要とされておらず，発行登録についても，特定組織再編成発行手続・特定組織再編成交付手続の届出書としては利用できないということを前提としているようである。特定組織再編成発行手続・特定組織再編成交付手続の場合は，通常の募集・売出しの場合と異なり，事前備置書類の備置から効力発生日までは通常長期間を要することが多いことから，発行登録により行いたいとの実務的な要請はあまりないと思われるし，また，④において述べるとおり，組織再編成について，第2号の6様式，第2号の7様式，第7号の4様式による届出書を提出する場合，当該届出者から期間短縮の取扱いについての申出があった場合には，当該取扱いが適当でないと認められる場合を除き，当初届出書を提出した日の翌日にその効力が発生するよう取り扱うことができるものとされていることから，発行登録によることができないことによる弊害もほぼないように思われる。

特定組織再編成発行手続・特定組織再編成交付手続において発行・交付される有価証券が特定有価証券の場合は，その様式は，その他の募集・売出しの際の様式と同様であるが，それぞれにつき「組織再編成に関する情報」の追加的な記載が必要となる（特定有価証券開示府令第4号様式記載上の注意(63)など参照)。「組織再編成対象会社情報」の記載は不要である。なお，特定有価証券のうち投資法人の投資証券および外国投資証券については，組込方式・参照方式によることや，発行登録を行うことが認められているが，特定組織再編成発行手続・特定組織再編成交付手続の場合には，上記に記載した特定有価証券以外の場合と同様，組込方式・参照方式・発行登録によることができないことが前提とされているようである。また，特定有価証券以外の場合と異なり，公開買付けにおいて投資法人の投資証券および外国投資証券を対価とする場合についても，組込方式・参照方式・発行登録によることが認められていないようである。

有価証券届出書における開示内容について，特定有価証券以外の有価証券に関して，証券情報および企業情報が必要とされ，特定有価証券については，証券情報および資産に関する情報が必要とされるのは，その他の募集・売出しの場合と同様である。ただし，証券情報に記載すべき事項については，有価証券の種類や発行数などを除き，申込期間，申込証拠金，払込期日，申込取扱場所，払込取扱場所，引受けなど，多くの事項について，特定組織再編成発行手続・特定組織再編成交付手続の法的性格上，該当なしとの記載で足りることとなる。また，企業情報については，新設合併，新設分割，株式移転により，新設会社・完全親会社の企業情報を記載する場合，届出時点においてはいまだ存在しない会社ではあるものの，その時点において決定あるいは予定されている範囲で，該当事項を記載することとなるものと考えられる。ただし，再編後の会社の業務・財務の観点から，組織再編成対象会社の業務・財務が重要と考えられるような場合には，組織再編成対象会社に関する情報を記載しなければならない場合もありうる。

組織再編成（公開買付け）に関する情報としては，(a)組織再編成（公開買付け）の概要，(b)統合財務情報，(c)発行者（その関連者）と組織再編成対象会社との重要な契約（発行者（その関連者）と対象者との重要な契約）を記載することが必要となる。そして，(a)組織再編成（公開買付け）の概要として，(i)組織再編成（公開買付け）の目的など，(ii)組織再編成（公開買付け）の当事会社の概要，(iii)組織再編成（公開買付け）に係る契約，(iv)組織再編成（公開買付け）に係る割当ての内容およびその算定根拠，(v)組織再編成対象会社の発行有価証券と組織再編成によって発行（交付）される有価証券との相違（対象者の発行有価証券と公開買付けに係る提出会社によって発行（交付）される有価証券との相違），(vi)有価証券をもって対価とする公開買付けの場合の発行（交付）条件に関する事項（エクスチェンジ・オファーの場合のみ記載必要），(vii)組織再編成対象会社の発行する証券保有者の有する権利，(viii)組織再編成に関する手続（公開買付けに関する手続）を記載する（企業開示府令第2号の6様式記載上の注意(1)～(7)）。

また，(b)統合財務情報としては，特定組織再編成発行手続・特定組織再編成交付手続について有価証券届出書を提出する場合に，(i)組織再編成対象会社および提出会社について，最近連結会計年度にかかる主要な経営指標など，および(ii)当該組織再編成後の提出会社にかかるものとして算出した主要な経営指標などを記載する。また，(ii)の当該組織再編成後の提出会社の主要な経営指標などについては，公認会計士または監査法人の監査証明を受けていない財務情報に基づく記載である旨を明示し，さらに必要な調整を行った場合にはその旨を明示する（企業開示府令第2号の6様式記載上の注意(8)a）。なお，公開買付けの場合には，提出会社（提出会社が公開買付者でない場合には，公開買付者）および公開買付けの対象者についての最近事業年度にかかる主要な経営指標などを記載することとなり，上記(ii)に相当する情報の記載は不要とされる（同様式記載上の注意(8)b）。

組織再編成対象会社情報は，組織再編成対象会社が継続開示会社である場合に記載することとされ，届出書の提出日においてすでに提出されている組織再編成対象会社の直近の有価証券報告書およびその添付書類，その提出以後に提出された四半期報告書または半期報告書および臨時報告書，ならびにこれらの訂正報告書の提出日，提出先，およびこれらの書類を縦覧に供している場所について記載する（企業開示府令第２号の６様式記載上の注意(10)ａ・ｂ）。

特定組織再編成発行手続・特定組織再編成交付手続により提出される有価証券届出書の添付書類は，通常方式による有価証券届出書を提出する場合に必要とされる添付書類に加えて，提出会社が組織再編成を行う会社でない場合には，組織再編成を行う会社の定款が必要となる（企業開示府令10条３号の３・３号の４・３号の５・７号）。特定有価証券にかかる届出書の添付書類については，組織再編成以外の募集・売出しに関する届出書の添付書類と同様である（特定有価証券開示府令12条）。

③　有価証券届出書の訂正

特定組織再編成発行手続・特定組織再編成交付手続に関して提出した有価証券届出書の訂正についても，その他の有価証券の募集・売出しと同様に，その提出日以後，届出の効力が生ずることとなる日の前において，(a)有価証券届出書に記載すべき重要な事項の変更，(b)提出日前に発生した当該有価証券届出書またはその添付書類に記載すべき重要な事実で，これらの書類を提出する時にはその内容を記載することができなかったものにつき，記載することができる状態になった場合，(c)当該有価証券届出書またはその添付書類に記載すべき事項に関し重要な事実が発生した場合，(d)発行価格などの記載を省略して有価証券届出書を提出した場合に，省略した事項の内容が決定した場合には届出者は訂正報告書を提出しなければならない（７条１項前段，企業開示府令11条，特定有価証券開示府令13条）。上記の(a)〜(c)の具体的な内容については，企業開示ガイドラインにおいて例示列挙がなされている。詳細は，■２(5)①を参照。届出書の効力発生前に，当事会社による決算発表や継続開示書類の提出などが行われる場合は，訂正の要否について検討が必要となる場合もある。

また，７条後段は，上記以外の自発的訂正を定めており，企業開示ガイドラインには，届出の効力が生じた後，申込みが確定するときまでにかかる訂正が必要な場合を例示列挙している（企業開示ガイドラインＢ7-7，詳細は■２(5)②を参照）。しかし，組織再編成の場合には，「申込み」に相当する行為は存在せず，現在の実務では，特定組織再編成発行手続・特定組織再編成交付手続に関して提出した有価証券届出書に関して上記ガイドラインの適用はないとされる。

④　届出の効力発生

組織再編成に関する届出についても，有価証券のその他の募集・売出しに関する届出と同様，原則として内閣総理大臣が有価証券届出書を受領した日から15日を経過した日（中15日）に効力が発生する（８条１項)。ただし，組織再編成について，企業開示府令第２号の６様式，第２号の７様式，第７号の４様式による届出書を提出する場合，当該届出者から期間短縮の取扱いについての申出があった場合には，当該取扱いが適当でないと認められる場合を除き，当初届出書を提出した日の翌日にその効力が発生するよう取り扱うことができるものとされている（８条３項，企業開示ガイドラインB8-2⑤)。また，この取扱いは，公開買付けにおいて対価として有価証券を交付する場合も同様とされている。

(4)　取引規制

①　届出の効力発生前の取引禁止

組織再編成を行う発行者も，有価証券のその他の募集・売出しを行う場合と同様，届出の効力発生前は，有価証券を特定組織再編成発行手続・特定組織再編成交付手続により，取得させ，または売り付けてはならない（15条１項)。ここで，組織再編成における有価証券の「取得」「売付け」の意味が問題となる。届出の効力発生前の取引禁止の趣旨は，熟慮期間中は投資家に投資につき熟慮，検討させるために，契約により投資家を拘束することを禁止することにあることからすれば，組織再編成の実行を承認するか否かにつき投資家に議決権の行使をさせる場である株主総会決議を，「取得」「売付け」と解し，かかる決議を行う前に届出の効力発生が必要であると解することも可能と思われる。しかし，株主総会決議において組織再編成が承認されたとしても，その後組織再編成の効力発生前に，投資家はその保有する有価証券を譲渡したり，または反対株主による買取請求権を行使することなどにより組織再編成において発行・

交付される有価証券の取得を避けることが可能であると考えられるし，また，そもそも株主総会決議が不要とされる場合もありうる。また，文言上も組織再編成による効力発生による有価証券の発行・交付による取得を「取得」「売付け」と解することが自然であることから，組織再編成における有価証券の「取得」「売付け」とは，組織再編成の効力発生による有価証券の取得を意味するものと解され，組織再編成の効力発生日までに届出の効力が発生していれば足りることとされる（企業開示ガイドラインＢ15-1)。

かかる届出の効力発生前の取引禁止の規定に違反した場合の会社法上の組織再編成の効力については，金商法および会社法のいずれにも明文の規定はなく解釈問題であるが，組織再編成以外の通常の募集・売出しに関する届出に関する議論が参考となろう。そして当該問題については，下級審判例および多数説は，15条１項は取締法規にすぎず，有効と解しているが，他方で，投資者の保護を図るために，有価証券を取得しまたは買付けをした者が有価証券を返還して支払った対価の返還を請求できるように無効と解すべきとの有力説がある（この点については，第２節■２(1)参照）。

②　目論見書の作成・交付

有価証券の募集・売出しにおいては，取得・売付けの前か同時に目論見書を作成し，交付する義務があるが，組織再編成において有価証券を発行・交付する場合は，かかる目論見書の作成・交付義務は適用されない。これは，特定組織再編成発行手続および特定組織再編成交付手続は，目論見書の作成義務を定めた13条１項・２項および交付義務を定めた15条２項における「有価証券の募集または売出し」の定義には含まれていないからである（４条１項かっこ書・４項かっこ書)。ただし，有価証券を対価とする公開買付け（エクスチェンジ・オファー）の場合は，目論見書の作成・交付義務が適用される。

実務のポイント・2−12

◆代表的な特定組織再編成発行手続概観――株式移転の例

組織再編成発行手続・組織再編成交付手続が行われる場合には，会社法上必要となる事前備置書類の備置は有価証券届出書の提出を行わなければすることができない。したがって，当該書類の備置の前に有価証券届出書を提出する必要がある。なお，当該書類の備置のタイミングについては，会社法上の定めがあり，たとえば，当該組織再編成について株主総会決議が必要とされる場合には当該開催日の２週間前までに備置を行う必要があるが，この関係で中14日空けた日の午前零時から備置を行う場合がある。このような場合，有価証券届出書は当該日ではなく，その前日までに行わなければ事前勧誘に該当することになってしまうことに注意するべきである。

当該書類の提出後は，中15日経過後効力発生となる。企業開示ガイドラインによれば，期間短縮により翌日効力発生を認めることもできるとされているが，事前備置書類の備置の翌日に株式移転の効力発生日を設定することはなく，中15日以上の後の日が効力発生日とされる場合には，期間短縮は行われず原則どおり中15日経過後に効力発生とされている。

かかる効力発生前に，有価証券届出書の記載を訂正するべき事由が発生した場合には，訂正届出書の提出が必要となる。よって，たとえば，組織再編成の当事会社が有価証券届出書提出後に四半期報告書などを提出するような場合，これにより届出書上の記載事項に訂正するべき点が発生し，訂正届出書を提出する必要が生じる場合がある。これに対し，有価証券届出書の効力発生後の自発的訂正については，現在の実務では，組織再編成以外の通常の有価証券の募集・売出しにおいて適用のある企業内容開示ガイドライン7-7の適用はないものと解されている。これは，当該規定にある「申込みが確定するときまで」という文言が，組織再編成には適用されないためであると解されているためである。したがって，効力発生後に，組織再編成の当事会社が四半期報告書などを提出したとしても，これにより訂正届出書を提出する必要はないと解されている。

（日程）	（イベント）
Ｘ－数週間	取締役会決議（株式移転計画の承認）
	臨時報告書の提出・取引所適時開示
Ｘ	有価証券届出書提出
Ｘ＋１日以降	事前備置書類の事前備置，招集通知の発送
Ｘ＋16日以降	株主総会決議
	株主総会決議を得たことによる訂正届出書の提出
	反対株主の買取請求権に関する法定公告
	株券提供公告
Ｙ－約１カ月	テクニカル上場にかかる上場申請（有価証券報告書（Ⅰの部）の提出）
Ｙ	株式移転の効力発生日

⑸　組織再編成に対する開示規制の適用の結果

上記のとおり，金商法施行前には会社の組織再編成については開示規制の適用はなかったのであるが，施行後は適用されることとなった結果として，組織再編成を行う際，スケジュール上，有価証券届出書の作成，提出や，その効力発生などを考慮する必要が生じた。そのほかに，組織再編成に開示規制が適用されることとなった結果，考慮するべきポイントとしては，次のような点が考えられる。

①　民事責任

有価証券届出書に不実記載があった場合，金商法上の損害賠償責任が発生する。すなわち，不実記載のある有価証券届出書を提出した発行者は，特定組織再編成発行手続・特定組織再編成交付手続に応じて有価証券を取得した者に対し，無過失損害賠償責任を負う（18条1項）。また，発行者の役員・売出人，公認会計士・監査法人についても，連帯責任を負う（21条1項）。ただし，発行者の役員・売出人は，不実記載を知らず，かつ相当な注意を用いたにもかかわらず知ることができなかったことを立証した場合に，公認会計士・監査法人は故意・過失がないことを立証した場合には免責される（21条2項）。さらに，目論見書に不実記載がある場合や不実記載のある有価証券届出書の流通市場（募集または売出しによらないで取得した者）における発行者，発行者の役員，売出人，公認会計士・監査法人などの責任も規定されている。これらの詳細については，第3章第2節参照。また，組織再編成の開示規制に関する行政処分については，第3章第3節を参照のこと。

②　刑事責任

有価証券届出書の虚偽記載につき，刑事罰による制裁が適用される。すなわち，重要事項に虚偽のある有価証券届出書を提出した者は，10年以下の懲役・1,000万円以下の罰金またはこれらの併科の対象となる（197条1項1号）。法人に対しても両罰規定として7億円以下の罰金が科される（207条1項1号）。また，届出の効力発生前に組織再編成の効力を発生させた場合は，5年以下の懲役・500万円以下の罰金またはこれらの併科の対象となる（197条の2第3号）。法人に対しても両罰規定として5億円以下の罰金が科される（207条1項2号）。ところで，届出を必要とする有価証券の募集・売出しにつき，届出が受理される前にかかる募集・売出しを行った者に対しては，5年以下の懲役・500万円以下の罰金またはこれらの併科の対象となるが（197条の２第１号），特定組織再編成発行手続または特定組織再編成交付手続につき届出を行わずにこれらの手続を開始した場合にも，刑事罰の対象となるであろうか。特定組織再編成発行手続・特定組織再編成交付手続の場合においても，その他の有価証券の募集・売出しの場合と同様，届出を必要とすることとされる以上，その違反があった場合の刑事罰の適用につき取扱いを異にする理由はないように思われる。しかし，条文上，金商法上の募集・売出しの定義に特定組織再編成発行手続・特定再編成交付手続が含まれるのは，金商法第２章，第２章の２において当該定義が定められる場合に限られ（４条１項かっこ書・４項かっこ書），刑罰法規については厳格解釈がなされるべきであることも考慮すると，特定組織再編成発行手続・特定組織再編成交付手続における無届出勧誘については，刑事罰の適用はないと解されるべきである。その他の組織再編成の開示規制に関する刑事責任については，第３章第４節を参照のこと。

③　課徴金

虚偽記載のある有価証券届出書などを提出した発行者が，募集・売出しを行った場合，発行価額・売出価額の総額の2.25％（株券・新株予約権証券・新株予約権付社債券などの場合，発行総額の4.5％）の課徴金が課せられるが（172条の２），特定組織再編成発行手続・特定組織再編成交付手続に適用されるであろうか。

172条の２の募集・売出しには，特定組織再編成発行手続・特定組織再編成交付手続が含まれるため（172条２項），特定組織再編成発行手続・特定組織再編成交付手続にかかる有価証券届出書についても課徴金の適用はあると解される。

④　継続開示義務の負担

特定組織再編成発行手続・特定組織再編成交付手続により届出を要することとなった有価証券の発行者については，その後も継続開示義務が適用されることとなり（24条１項３号），継続的に有価証券報告書・四半期報告書（上場会社の場合）または半期報告書（非上場会社の場合）・臨時報告書の提出が必要となる（24条の４の７・24条の５）。もっとも，⑵⑥および第２章第１節■２に記載のとおり，継続開示義務が免除される場合がある。なお，新設合併の場合の新設会社または吸収合併の場合の存続会社については，上記の届出を要することとならない場合であっても，消滅会社が24条１項３号により有価証券報告書を提出していた継続開示会社である場合には，同号による継続開示義務を承継することとなる（企業開示ガイドラインＢ24-5)。

■4　発行登録制度

⑴　概　　要

発行登録制度は，将来有価証券の募集・売出しを予定している者が，あらかじめ一定の事項を記載した書類を提出して発行の登録をしておけば，実際に募集・売出しを行う際には，新たに届出をすることなく，証券情報を記載した書類を提出するだけでただちに有価証券を取得させたり，売り付けたりすることができるものとする制度である。

有価証券の機動的な発行を最大限に可能にするもっとも簡素化された発行開示の方法である。

⑵　発行登録手続

①　概　　要

有価証券の募集・売出しを予定している発行登録の利用適格のある発行者で，予定している募集・売出しに係る発行価額・売出価額の総額（発行予定額）が１億円以上の場合は，発行登録書を内閣総理大臣に提出して，募集・売出しを登録することができる（23条の３第１項本文）。ただし，⒜その取得勧誘または売付け勧誘等がプロ私募・プロ私売出しまたはプロ除外される適格機関投資家を相手方として行う勧誘に該当するものであって，23条の13第１項本文の適用を受ける場合，すなわち当該有価証券に関して開示が行われておらず，かつ，発行価額または譲渡価額の総額が１億円以上である有価証券の売出し，⒝特定投資家向け有価証券（その取得勧誘が特定投資家向け取得勧誘であった有価証券，その売付け勧誘等が特定投資家向け売付け勧誘等であった有価証券，これらの有価証券の発行者が発行する有価証券であってこれらの有価証券と同一種類の有価証券（定義府令10条の２第１項に掲げる有価証券の区分に応じ，当該各号に定める事項が同一である有価証券），特定上場有価証券・特定店頭売買有価証券またはこれらであった有価証券をいう。４条３項，金商法施行令２条の12の４第３項，企業開示府令２条の８）の売出し（当該有価証券に関して開示が行われているものを除く），および(c)その取得勧誘または売付け勧誘等が少人数私募勧誘または少人数私売出し勧誘に該当するものであって，23条の13第４項本文の適用を受ける場合，すなわち当該有価証券に関して開示が行われておらず，かつ発行価額または譲渡価格の総額が１億円以上である有価証券の売出しを予定している場合は，この限りでない（23条の３第１項ただし書）。発行登録は，有価証券ごとに行われ，異なる有価証券について一つの発行登録をすることはできない。また，募集と売出しについても別々に発行登録をすることが必要である。

発行登録を行った有価証券の募集・売出しについては，金商法４条１項～３項の適用がないため（23条の３第３項），届出なく当該有価証券の取得勧誘・売付け勧誘等を行うことができる。

発行登録を行うためには，発行予定額が１億円以上である必要がある。なお，平成21年金商法改正により，当該１億円の計算に当たり，募集または売出しを予定している有価証券が新株予約権証券である場合に，発行予定額に新株予約権の行使に際して払い込むべき金額の合計額を合算することが明示された（23条の３第１項本文かっこ書）。発行予定額として記載できる額の上限は特に決まっておらず，発行予定額として記載した額の全額を必ずしも発行する必要がなく，また訂正発行登録書の提出により減額もできるのに対し，発行予定額として記載した額を後から増額することは認められない（23条の４，企業開示府令14条の５第３項１号，特定有価証券開示府令18条の３第３項１号，外債府令11条の５第３項１号）。このため，発行価額・売出価額が確定していない場合は，予定される最大の額を記載すべきことになる。

この「発行予定額」については，当該発行登録に係る募集または売出しにより発行を予定する有価証券の発行総額を記載するものであり，有価証券を発行すれば，その発行額だけ発行可能額は減少することとなる。一方，有価証券取引の実務において，発行登録制度による機動的な資金調達をより利用しやすいものとする観点から，平成21年金商法改正により，いわゆるプログラム・アマウント方式，すなわち，発行登録書に「発行残高の上限」を記載し，償還等により発行残高が減少した場合には，その償還額だけ発行可能額が増額する方式を利用して，有価証券の発行を残高で管理することが可能となった（23条の3第1項）。

平成24年10月施行の企業開示府令の改正により，プログラム・アマウント方式により発行登録を行う場合で，発行予定期間に係る発行残高の上限の記載を行う場合，過去の募集により発行された社債の発行予定期間中の償還予定額の記載が必要とされた。

募集・売出しを予定している期間（発行予定期間）は，発行登録の効力発生予定日からコマーシャル・ペーパーの場合は1年間，それ以外の場合は発行者が1年間または2年間のいずれかを選択できる（23条の6第1項，企業開示府令14条の6，特定有価証券開示府令18条の4，外債府令11条の6）。発行登録の効力発生が予定日よりも遅れた場合でも，発行予定期間の終期は変更されない。発行予定期間が経過した日に発行登録はその効力を失う（23条の6第2項）。発行予定期間が経過する日の前に発行予定額全額の有価証券の募集・売出しが終了したときは，発行登録者はその旨を記載した発行登録取下書を内閣総理大臣に提出して発行登録を取り下げなければならない（23条の7第1項）。

②　利用適格

発行登録を利用できるのは，参照方式の利用適格要件を満たす者のみである。すなわち，発行登録は，(a)1年以上継続して有価証券報告書を提出し，かつ，(b)その者の企業内容などに関する情報がすでに広く提供されているものとして定められた周知性の基準に該当する者のみ利用できる（5条4項・23条の3第1項，企業開示府令9条の4，特定有価証券開示府令11条の3，外債府令6条の3。1年間の継続開示の考え方，周知性の基準の内容については，■2(4)④参照）。これは，発行登録制度では，発行者の企業情報を直接発行登録書などに記載せず，継続開示書類を参照すべきことのみを記載することを認めることにより，機動的・簡便な発行が認められているところ，投資家が不利益を被らないためには発行者の企業内容に関する情報がすでに証券市場に十分に開示され消化されていると認められる有価証券の発行者についてのみ利用適格を認めるためである。

なお，発行登録を行った有価証券の発行者である会社は，参照方式の利用適格要件を満たすため必要があるときは，有価証券報告書を提出する義務が消滅した後においても，引き続き有価証券報告書およびその添付書類を提出することができることとされている（23条の３第４項）。また，平成21年金商法改正に伴う特定有価証券開示府令の改正により，発行登録制度を利用することができる有価証券に，資産流動化法上の特定目的会社や外国の特定目的会社が発行する特定社債券および優先出資証券等ならびに外国特定目的会社が発行するこれらに類する有価証券が追加された（特定有価証券開示府令18条など・第15号の２様式など）。

③　記載内容

発行登録書には，当該募集・売出しを予定している期間，募集・売出しを行う有価証券の種類，発行予定額または発行・売出残高の上限，引受けを予定する金融商品取引業者・登録金融機関のうち主たるものの名称（元引受契約を締結する予定の金融商品取引業者または登録金融機関のうち事務幹事会社を予定しているものをいう。企業開示ガイドラインＢ23の3-1）その他の事項で公益または投資家保護のため必要かつ適当なものとして内閣府令で定めるものを記載する（23条の３）。企業開示府令において，有価証券の種類に応じて，内国会社のうち社債券（金商法23条の８第２項の規定の適用を受ける有価証券を除く），優先出資証券，株券，新株予約権証券，オプションを表示する証券または証書，預託証券，有価証券信託受託証券を発行するものについては第11号様式，内国会社のうちコマーシャル・ペーパーを発行する者については第11号の２様式，内国会社のうち短期社債などを発行する者については第11号の２の２様式，外国会社については第14号様式，短期外債を発行する外国会社については第14号の４様式にそれぞれ記載すべき事項が定められている（企業開示府令14条の３）。さらに，特定有価証券開示府令において，内国投資証券については第15号様式，外国投資証券については第16号様式など有価証券の種類ごとにそれぞれ記載すべき事項が定められ（特定有価証券開示府令18条１項），外債府令において，外国債等については第6号様式に記載すべき事項が定められている（外債府令11条の3）。いずれの様式においても証券情報に加え，参照情報として発行会社の企業内容・資産に関する事項・発行者の概況などにつき直近の参照書類を参照すべき旨を記載することとなっている。なお，引受けを予定している金融商品取引業者などがないときには，発行登録書への記載は不要とされており（企業開示ガイドラインB23-3-1），その他の証券情報についても全部または一部の記載を省略できる（企業開示府令第11号様式記載上の注意(8)）。

④　添付書類

内国会社が提出する発行登録書の添付書類は，企業開示府令14条の4第1項1号・2項1号に，外国会社が提出する発行登録書の添付書類は，同条第1項2号・2項2号に，それぞれ規定される。なお，添付書類が日本語以外の言語で記載されている場合には原則として，日本語訳を付さなければならない（同条3項）。また，特定有価証券に係る発行登録書の添付書類は，使用する様式別に特定有価証券開示府令18条の2に，外国債等に係る発行登録書の添付書類は，外債府令11条の4に，それぞれ規定されている。

(3)　発行登録の訂正

発行登録をした者は，発行登録を行った日以後当該発行登録がその効力を失うこととなる日の前において，次のような事由が生じたときは，訂正発行登録書を提出する必要がある（23条の4，企業開示府令14条の5第1項，特定有価証券開示府令18条の3第1項，外債府令11条の5第1項）。

①　発行登録書において参照すべき旨記載されている参照書類と同種の書類が新たに提出された場合

　ただし，当該発行登録書に当該同種の書類の提出期限が記載されている場合であって，当該同種の書類がその提出期限までに提出された場合を除く。この例外は，平成26年金商法改正で認められたものであり，同改正前は発行登録書を提出している企業が有価証券報告書などを提出した場合には，その都度，訂正発行登録書の提出を求められていたが，有価証券報告書などは定期的に提出されるものであるため，EDINETを通じて投資者が容易に知ることが可能であるため，このような場合には訂正発行登録書の提出は不要とされた。

「保証会社等の情報」に記載されているまたは記載されるべき書類と同種の書類が新たに提出された場合にも，訂正発行登録書の提出が必要となる（企業開示ガイドラインＢ23の4-3)。

②　発行予定額のうちの未発行部分の一部を発行予定期間内に発行する見込みがなくなった場合

たとえば，発行登録期間中に，生産計画，設備投資計画，資金計画などに著しく大きな変更があったことにより，発行予定額を減額しなければならない事情が生じた場合をいう（企業開示ガイドラインＢ23の4-1)。

③　発行残高の上限を記載した場合において，当該発行残高の上限を減額しなければならない事情が生じた場合

④　引受けを予定する金融商品取引業者のうちの主たるものに異動があった場合

もっとも，発行登録書提出時に，引受けを予定する金融商品取引業者のうち主たるものが未定であり，その後，当該発行登録期間中に決定された場合には，当該事項の決定に係る訂正発行登録書の提出は要しないとされている（企業開示ガイドラインＢ23の4-2)。

⑤　発行登録の効力発生予定日に変更があった場合

⑥　その他発行登録者が発行登録書類のうちに訂正を必要とするものがあると認めたとき（23条の４第２文)。

発行登録制度の下では，発行予定額または発行残高の上限の増額，発行予定期間の変更，有価証券の種類の変更に関する訂正は行うことができない（23条の４，企業開示府令14条の５第３項，特定有価証券開示府令18条の３第３項，外債府令11条の５第３項)。これは，発行登録は将来の発行限度額をあらかじめ投資家に開示する制度であるが，発行予定額の増額などはこうした枠組みそのものの変更であり，部分的な修正・補完を図る趣旨から設けられている訂正という制度になじまないこと，発行登録は投資家に一定の予測を与えるものであることを勘案すれば，制度の明瞭性の観点からも，かかる基本的な事項の変更に際しては改めて発行登録書の提出を求めるのが適切であること，こうした基本的

要素に対して訂正を認めると当初発行登録の頻繁な変更が可能となり，制度の基本が崩れるおそれが出てくることなどが理由とされている。

発行登録者が，発行予定額または発行残高の上限の増額，発行予定期間の変更，有価証券の種類の変更を行いたい場合には，発行登録を取り下げ，新たに発行登録書を提出し直す必要がある。

(4)　発行登録の効力発生

発行登録の効力発生については，有価証券届出書の効力発生に関する規定が準用されている（23条の５第１項）。したがって，発行登録の効力発生についても，原則として発行登録書を内閣総理大臣が受理した日から15日を経過した日に効力を生ずる（８条１項・23条の５第１項）。もっとも，発行登録者は参照方式の利用適格があるため，提出者である発行会社の企業内容に関する情報がすでに公衆に広範に提供されていると認める場合（８条３項・23条の５第１項）に該当し，発行登録者が申し出た場合には，待機期間が短縮され，おおむね中７日で効力が生ずる（企業開示ガイドラインＢ8-1・23の5-1）。また，短期社債などおよびコマーシャル・ペーパーに係る発行登録については，ただちにその効力を生ずる旨を通知することができるとされる（企業開示ガイドラインＢ23の5-2）。

発行登録の効力を生ずる日前に訂正発行登録書が提出された場合，内閣総理大臣はこれを受理した日に発行登録書の受理があったものとみなし，当該日から中15日または中７日で効力が生ずる（８条２項・23条の５第１項）。

発行登録が効力を生じた日後に訂正発行登録書が提出された場合，内閣総理大臣は，公益または投資家保護のため必要かつ適当であると認めるときは，15日を超えない範囲内において内閣総理大臣が指定する期間，発行登録の効力の停止を命ずることができる（23条の５第２項）。金融庁長官が指定する当該発行登録の効力停止期間については，原則として次のとおりとされる（企業開示ガイドラインＢ23の5-3）。

①　発行登録書の参照書類と同種の書類が新たに提出された場合は，次の各号に定める事由に応じ，それぞれ各号に定める期間を経過する日までとする。

⒜　新たに有価証券報告書が提出されたとき
　提出日を含めておおむね2日（当該訂正発行登録書がEDINETを使用しないで提出された場合は，おおむね4日）

⒝　新たに四半期報告書・半期報告書が提出されたとき
　提出日を含めておおむね1日（当該訂正発行登録書がEDINETを使用しないで提出された場合は，おおむね3日）

⒞　新たに臨時報告書が提出されたとき
　提出日を含めておおむね1日（当該訂正発行登録書がEDINETを使用しないで提出された場合は，おおむね2日）

⒟　新たに訂正報告書が提出されたとき
　提出日を含めておおむね1日（当該訂正発行登録書がEDINETを使用しないで提出された場合は，おおむね2日）

②　発行を予定している有価証券に係る仮条件を記載した訂正発行登録書が提出された場合は，提出日を含めて1日とする。

③　①または②に掲げる事由以外の事由により訂正発行登録書が提出された場合は，提出日を含めておおむね1日（当該訂正発行登録書がEDINETを使用しないで提出された場合は，おおむね2日）を経過する日までとする。

なお，短期社債などおよびコマーシャル・ペーパーに係る発行登録については，発行登録の効力の停止に関する23条の5第2項の規定を適用しない，すなわち効力を停止させないことができるとされている（企業開示ガイドラインB23の5-4）。

発行登録書の効力停止命令，待機期間延長の行政処分については，第3章第3節参照。

⑸　発行登録追補書類

①　概　　要

発行登録によりあらかじめその募集・売出しが登録されている有価証券については，当該発行登録がその効力を生じており，かつ，当該有価証券の募集・売出しごとに発行登録追補書類が内閣総理大臣に提出されていなければ，これを募集・売出しにより取得させ，または売り付けてはならない（23条の8第1

項本文)。ただし，有価証券の発行価額・売出価額の総額が１億円未満の場合には，発行登録追補書類を提出する必要はない（23条の８第１項ただし書。なお，有価証券届出書の少額免除と同様の１年通算などを行う。企業開示府令14条の９，■１(4)⑤参照)。また，社債等振替法に規定する振替社債等のうち，短期社債などについては，発行登録がその効力を生じていれば，発行登録追補書類の提出なく，これを募集・売出しにより取得させ，または売り付けることができる（23条の８第２項，金商法施行令３条の２の２，企業開示府令14条の９の２，特定有価証券開示府令18条の７の２)。

②　記載内容

発行登録追補書類には，その発行価額・売出価額の総額，発行条件・売出条件その他の事項で公益または投資家保護のため必要かつ適当なものとして内閣府令で定めるものを記載する（23条の８第１項)。企業開示府令において，有価証券の種類に応じて，内国会社のうち社債券，優先出資証券，株券，新株予約権証券，オプションを表示する証券または証書，預託証券，有価証券信託受益証券を発行するものについては第12号様式，内国会社のうちコマーシャル・ペーパーを発行する者については第12号の２様式，外国会社については第15号様式にそれぞれ記載すべき事項が定められている（企業開示府令14条の８)。さらに，特定有価証券開示府令において，内国投資証券については第21号様式，外国投資証券については第22号様式，特定内国資産流動化証券については第21号の２様式，特定外国資産流動化証券については第22号の２様式にそれぞれ記載すべき事項が定められ（特定有価証券開示府令18条の６)，外債府令において，外国債等について第９号様式に記載すべき事項が定められている（外債府令11条の８)。いずれの様式においても証券情報としての募集・売出しの詳細な内容および参照情報を記載することとなっている。発行登録追補書類の内容について，投資者の投資判断に影響がないと認められる軽微なものに限り，訂正発行登録書の提出により訂正をすることは認められている（企業開示ガイドラインＢ23の8-3)。

実務のポイント・2－13

◆訂正発行登録方式

発行登録制度では，発行登録書を提出する段階では発行価額，利率，発行日などを未定にしておき，発行登録追補書類にこれらを記載して有価証券の発行をすることが認められている。実務では，このような発行登録制度の利用方法の一つとして，発行登録書では大部分を未定とし，その後いったん訂正発行登録書で発行価額，利率などの条件部分を除いた有価証券の内容を補充した後に勧誘を開始し，最後に発行登録追補書類で最終的な条件を記載するといういわゆる訂正発行登録方式が用いられることがある。

発行登録書のみが提出された状態で勧誘を行い，最終条件が決定してからその内容をすべて発行登録追補書類に記載するのではなく，いったん訂正発行登録書を提出した後に勧誘を開始するのは，大部分が未定とされていて具体的な内容が何ら記載されていない状態の発行登録書に基づく目論見書のみによって勧誘を行うより，その時点で決まっている条件が記載されている目論見書を使用するほうが適切な場合が多いからである。また，最終的な条件を除いた有価証券の内容について発行登録追補書類ではなく，訂正発行登録書を用いるのは，発行登録追補書類の訂正は認められないため（なお，投資者の投資判断に影響がないと認められる軽微な訂正事項がある場合は，訂正発行登録書により発行登録追補書類を訂正することができるとされている（企業開示ガイドライン23の8-3)），発行登録追補書類はすべての条件が決定しないと提出できないからである。

③　株主割当の場合

有価証券の募集・売出しが一定の日（割当権付与の基準日）に株主名簿に記載・記録されている株主に対し行われる場合には，当該募集・売出しに関する発行登録追補書類の提出は，原則として当該割当権付与の基準日の10日前までにしなければならない（23条の８第３項本文)。これは，有価証券届出書の届出時期において解説したとおり，株主に対し，募集・売出しに応じて有価証券の取得・買付けをすべきかどうかの判断を，権利落ちの前に行うことを可能にするためである（■２⑵②参照)。もっとも，権利落ちの生じない以下の場合には，割当権付与の基準日の10日前に発行登録追補書類の提出をすることは要求されない（23条の８第３項ただし書，企業開示府令３条・14条の10)。

⒜　株券（優先出資証券を含む。以下⒝～⒟において同じ)，新株予約権証券，新株予約権付社債券以外の有価証券（企業開示府令３条１号）

⒝　時価または時価に近い一定の価格により発行する株券（同条２号）

⒞　時価または時価に近い一定の価格により発行・移転する株券を取得する

ことととなる新株予約権が付与されている新株予約権付社債券（同条3号）

(d)　有価証券を上場・店頭登録している会社以外の会社の発行する有価証券（(a)〜(c)に掲げるもの，および外国の金融商品取引所において上場されているものを除く。同条4号）

また，平成22年4月改正企業開示府令による，ライツ・オファリングに係る有価証券届出書の提出時期の短縮化と併せて（■2(2)②参照），会社法277条に規定する新株予約権無償割当てに係る新株予約権証券で，取引所金融商品市場において売買を行うこととなるものについても，上記(a)〜(d)とは別の例外事由として，基準日の10日前までに発行登録追補書類を提出する必要はないとされた（企業開示府令3条5号）。

④　添付書類

内国会社が提出する発行登録追補書類の添付書類は，企業開示府令14条の12第1項1号に規定される。ただし，発行登録書に添付した場合には，発行登録追補書類に添付する必要がない（企業開示府令14条の12第1項柱書）。外国会社が提出する発行登録追補書類の添付書類は，企業開示府令14条の12第1項2号に規定される。ただし，発行登録書に添付した場合には，発行登録追補書類に添付する必要がなくなる（企業開示府令14条の12第1項柱書）。特定有価証券に係る発行登録追補書類の添付書類は，使用する様式別に特定有価証券開示府令18条の9に，外国債等に係る発行登録追補書類の添付書類は，外債府令11条の11に，それぞれ規定されている。

(6)　発行登録の取下げ

発行登録は，発行登録書に記載された発行予定期間を経過した日に効力を失う（23条の6第2項）。もっとも，発行予定期間の経過前において発行予定額全額の有価証券の募集・売出しが終了したときは，発行登録の取下げをしてその効力を失わせなければならない（23条の7第1項）。それ以外の場合でも発行登録を任意に取り下げることが認められる（企業開示ガイドラインB23の7-1）。発行登録の取下げは発行登録取下届出書を内閣総理大臣に提出して行う（23条の7第1項）。内閣総理大臣が発行登録取下届出書を受理した日に，発行登録はその効力を失う（23条の７第２項）。

(7)　発行登録通知書

有価証券の発行価額・売出価額の総額が有価証券届出書の少額免除と同様の１年間通算などを行ったうえで１億円未満の場合には，発行登録追補書類を提出する必要はない（23条の８第１項ただし書，企業開示府令14条の９，特定有価証券開示府令18条の７，外債府令11条の９。■１(4)⑤参照）。この場合，発行価額・売出価額の総額が1,000万円を超える場合には，発行登録通知書を提出する必要がある（４条６項・23条の８第４項，企業開示府令14条の11第５項，特定有価証券開示府令18条の８第５項，外債府令２条４項）。

❖第２節❖　発行市場における取引規制

発行市場における取引規制の大きな柱は，(1)有価証券の募集・売出しにおける勧誘は，原則として，発行者が有価証券届出書を提出した後においてのみ行うことができるという規制（４条１項），(2)届出の効力が発生するまでは，有価証券の募集・売出しにより有価証券を取得させ，または売り付けることができない（つまり取得・売付けを合意することができない）という規制（15条１項），(3)有価証券の募集・売出しにより有価証券を取得させ，または売り付けるためには，内閣府令で定める事項を記載した目論見書を作成し，これをあらかじめまたは同時に交付しなければならないという規制（13条１項前段・15条２項），そして(4)有価証券届出書提出後は（仮）目論見書や勧誘資料を用いて勧誘活動を行うことができるが，有価証券の募集・売出しのために虚偽記載などのある目論見書や勧誘資料を使用してはならないという規制である（13条４項・５項）。以下において具体的に各規制について解説する。

実務のポイント・2−14

◆届出を要する有価証券の募集・売出しにおける三つの時期

届出を要する有価証券の募集・売出しにおいて，(1)〜(4)にて概説した各規制への対応を検討する際には，以下①〜③の時期を区別して考えるのが有益である。

① 届出書提出前の時期……(1)の届出前勧誘禁止規制により勧誘自体を行うことが許されない。

② 届出書提出後・効力発生前の時期……仮目論見書・販売資料を用いて勧誘を行うことができるが，(2)の効力発生前の売付禁止規制により有価証券の取得・売付け（またはその合意）を行うことが許されない。

③ 届出効力発生後の時期……効力発生後は取得・売付け（およびその合意）を行うことができる。もっとも，(3)の目論見書交付義務に基づき，取得・売付けの前または同時に目論見書を交付する必要がある。

また，②③の期間にわたり，虚偽記載などのある（仮）目論見書・勧誘資料の使用が禁じられる（(4)の規制）。

1　届出書提出前の取引規制

有価証券の募集・売出しに該当する場合，原則として，募集・売出しに係る取得勧誘（２条３項）・特定組織再編成発行手続（２条の２第４項）・売付け勧誘等（２条４項）・特定組織再編成交付手続（２条の２第５項）を開始する前に，発行者は有価証券届出書を提出しなければならない（４条１項，第１節■１参照）。これは，有価証券の募集・売出しの勧誘を開始するためには，有価証券の投資判断に必要な情報として定められた一定の情報を発行者が開示し，これらが公衆縦覧に供される必要があるという趣旨の規制である。有価証券届出書の提出前の勧誘を禁止するこの規制（事前勧誘規制）は，事前勧誘をピストルが鳴る前にスタートすることになぞらえて，米国証券法上の同様の規制と同じく，ガン・ジャンピング規制ともよばれる。適格機関投資家取得有価証券一般勧誘（第１節■１(3)②(d)参照）や平成20年金商法改正により規定された特定投資家等取得有価証券一般勧誘（第１節■１(3)②(e)参照）についても同様に有価証券届出書を提出するまでは勧誘を開始することができない（４条２項・３項）。また，既開示の有価証券の売出しについては，一定の場合に有価証券通知書の提出が必要となるが（第１節■１(5)），その場合には当該売出しが開始される前日，すなわち売出しにかかる売付け勧誘等を行う前日までに当該有価証券通知書の提出が必要となる。

発行登録を行った有価証券の募集・売出しについては，届出なく，当該有価証券の取得勧誘・売付け等勧誘ができる。

ここでいう有価証券の取得勧誘・売付け等勧誘の「勧誘」の内容について定める法律上の規定はなく，企業開示ガイドラインにおいて，有価証券の募集・売出しに関する文書（新株割当通知書および株式申込証を含む）を頒布すること，株主等に対する増資説明会において口頭による説明をすることおよび新聞，雑誌，立看板，テレビ，ラジオ，インターネットなどにより有価証券の募集・売出しに係る広告をすることは「有価証券の募集又は売出し」行為に該当するので，有価証券届出書提出後でなければすることができないとされている（企業開示ガイドラインB4-1）。また，募集・売出しについて直接言及しなくても，特定の有価証券について投資者の関心を高め，その取得・買付けを促進することとなる行為は，勧誘行為に該当するものと考えられている(103)。

もっとも，特定の有価証券について投資者の関心を高め，その取得・買付けを促進することとなるとして，勧誘行為に該当するかどうかの判断は必ずしも容易ではない。投資家説明会やIR活動，新聞・雑誌，アナリストなどのインタビューにおいて，有価証券届出書提出前に，特定の有価証券の募集・売出しの予定（有価証券の種類や，調達規模，募集・売出しの時期など）について直接言及する場合には事前勧誘に該当するであろう。他方，これらに直接言及する場合でなくとも，発行者の事業戦略，中期計画や業績予想などについて言及することは，当該発行者に対する投資者の関心を高める蓋然性が高い一方，発行者の事業運営上，広告宣伝活動やIR活動が必要であることも否定できず，これらの活動を不当に制約することは，かえって適切な情報開示や発行者の適正な事業運営を害しかねない。また，実務上，定期的に行われている投資家説明会や，すでに予定されていたインタビューをキャンセルすることが困難な場合も少なくない。一般的には，金商法その他の法令や金融商品取引所の適時開示に関する規則において公表が求められる情報を，その求められる範囲および時期において公表する場合には，事前勧誘に該当するものとされるおそれは原則としてないと考えられる。また，当該発行者が，これまで定期的に行っていた広告宣伝活動，IR活動や各種インタビューなどを，これまで行ってきた規模，内容，態様，対象および時期において行う場合には，特定の有価証券に関し投資者の

---

(103)　神崎ほか・金商法220頁

関心を高め，その取得・買付けを促進する目的を持つものではなく，基本的には許容されるべきである。もっとも，募集・売出しの準備期間中においてこれらの活動を行うに際しては，事前勧誘に該当することがないよう，上記の観点から十分留意する必要がある。また，募集・売出しに先立つこれらの活動において一般に公表し，あるいは，インタビューを通じて新聞・雑誌，アナリストレポートなどに記載される情報が，募集・売出しにおける有価証券届出書および目論見書などによる情報開示と矛盾する内容であったり，届出書や目論見書に記載されないが投資判断上重要な情報であった場合には，発行開示としての情報開示の内容にも疑義が生じかねないため，かかる観点からの留意も必要である。

この点，平成21年12月11日施行の企業開示府令改正により，第三者割当における有価証券届出書等における開示規制が強化されたこと（第１節■２(4)②(b)(ii)参照）に伴い，開示に必要な情報を入手するために届出前の割当先への一定程度の接触が不可欠であるとの理解の下，平成21年12月11日施行の企業開示ガイドラインの改正において，第三者割当（企業開示府令19条２項１号ヲに規定される）を行う場合であって，割当予定先が限定され，当該割当予定先から「当該第三者割当に係る有価証券が直ちに転売されるおそれが少ない場合」（たとえば，資本提携を行う場合，親会社が子会社株式を引き受ける場合等）に該当するときは，割当予定先を選定し，または当該割当予定先の概況を把握することを目的とした届出前の割当予定先に対する調査，当該第三者割当の内容等に関する割当予定先との協議その他これに類する行為は有価証券の取得勧誘または売付け勧誘等には該当しないとの指針が示された（企業開示ガイドラインＢ2-12①）。また，平成21年12月11日企業開示府令等パブコメ５頁No.26において，資本提携，親会社による子会社株式の引受け以外のケースについては，割当予定先による株式等（割り当てられた新株予約権の行使等により取得した株式を含む）の転売の可能性を踏まえ，個別具体的に判断すると回答がなされており，株式に一定期間の転売制限を付した場合については，「当該第三者割当に係る有価証券が直ちに転売されるおそれが少ない場合」に該当するかは，転売制限を付した目的，転売制限の内容，転売制限期間等を総合的に勘案して判断する必要があるとの回答がなされている。

さらに，平成26年８月27日施行の企業開示ガイドラインの改正において，届出前勧誘に該当しない行為について，上記に加えて，幾つかの類型が追加された。

⑴　プレヒアリング（需要調査）

募集（第三者割当に係るものを除く）または売出しを行おうとする有価証券に対する投資者の需要の見込みに関する調査（いわゆるプレヒアリング）であって，調査対象者を①特定投資家または②株券等保有割合（27条の23第４項に規定する）が５％以上である者（つまり，５％以上の大株主）とし，かつ，金商業等府令117条１項15号に従いまたは準じる形で，届出書の提出前に当該情報が対象者以外の者に伝達されないための適切な措置（すなわち，当該金融商品取引業者等において，①法令遵守管理部門から当該調査に係る承認を予め受けていること，②調査対象者に，原則として当該発行者の有価証券の売買等の取引を行わないことおよび当該法人関係情報を調査対象者以外の者に提供しないことについて予め約束させること，ならびに③当該調査に係る記録の作成およびその保存のために必要な措置を講じていること）を講じて行うものは届出前勧誘に該当しないものとされた（B2-12②）。

⑵　「発信時期」により許容される情報発信

有価証券の募集・売出しに言及しないことを前提に，有価証券届出書または発行登録書の提出日の１カ月前の応当日以前において行われる発行者に関する情報の発信であって，他の者によって再び当該情報の発信が行われることが想定される場合は，届出前勧誘に該当しないとされた（B2-12③）。

なお，当該発信に係る媒体が継続的に掲示される場合にあっては当該情報の発信が行われる時点は当該掲示が開始される時点とするが，当該応当日の翌日から有価証券届出書または発行登録書の提出までの間に再度発信が行われることを防止するための合理的な措置（例えば，掲示された日付を明記することで足りると解されている）を講じて行われる必要がある。これにより，いわゆるローンチの１カ月より前のタイミングであれば，募集・売出しを示唆しなければ，基本的には，各種の情報発信をすることが出来るようになったといえるため，意義は大きい。

(3)　通常の業務の過程における情報提供

上場会社または企業として，通常の情報提供といえる類型として，以下の類型が，届出前勧誘に該当しないものと明確化された。

・　法もしくは法に基づく命令または取引所の定款その他の規則に基づく情報の開示（B2-12④）
・　発行者により通常の業務の過程において行われる定期的な当該発行者に関する情報（当該発行者の発行する有価証券の募集または売出しに係る情報を除く）の発信（B2-12⑤）
・　発行者により通常の業務の過程において行われる新製品又は新サービスの発表（B2-12⑥）
・　発行者に対する自発的な問合せに対して当該発行者により行われる，その製品・サービスその他の事業・財務の状況に関する回答（B2-12⑦）

(4)　アナリスト・レポート（B2-12⑧）

金融商品取引業者等により，通常の業務の過程において行われる上場会社である発行者に係るアナリスト・レポート（個別の企業の分析および評価に関する資料であって，多数の者に対する情報の提供を目的とするものをいう）の配布または公表について，届出前勧誘とみなされないことが明確化された。ただし，条件として，当該金融商品取引業者等において，執筆を担当する者をアナリスト・レポートの対象となる企業の発行する有価証券の募集または売出しに係る取得勧誘または売付け勧誘等に関する未公表の情報の伝達から遮断するための適切な措置（いわゆる，チャイニーズウォール）を講じている必要があり，当該発行者に係るアナリスト・レポートの配布若しくは公表を開始する場合またはその配布もしくは公表を中断した後に再び開始する場合には適用されない。

実務のポイント・2−15

◆IPOと届出前勧誘禁止規制

株式の新規公開とこれに伴う株式の募集・売出し（Initial Public Offering，IPO）においても有価証券届出書提出前の勧誘が禁止されることは同様である。もっとも，IPOは一般に準備期間が長く，IPOの予定が報道されてしまうこと（またIPOの予定があることが周知の事実となってしまうこと）や，上場親会社やスポンサー等において子会社等が上場準備をしていることを公表する場合も現実として少なくない。

この点，平成26年８月27日施行の改正後の企業開示ガイドラインB2-12③においては，有価証券届出書等の提出日の１カ月前の応当日以前において行われる「有価証券の募集又は売出しに係る情報」以外の有価証券の発行者に関する情報の発信については，他の者によって再び情報の発信が行われることを防止するための合理的な措置を講じて行われるものは，有価証券の勧誘に該当しないとされている。また，これに関して，当該改正に関する平成26年８月パブコメ回答においては，「単に上場準備をしている旨や上場申請を行った旨などの事実に係る情報の発信」であれば，「有価証券の募集又は売出しに係る情報」には該当しないと考えられるとされている[104]。これらからすれば，有価証券届出書の提出前において，発行会社が上場準備をしている旨だけの発信を行うこと自体は，直ちに届出前勧誘に該当するものではないと考えられる。

しかしながら，上記を前提としたとしても，上記の「有価証券の募集又は売出しに係る情報」の具体的範囲はパブリックコメント等においても明らかにされていないため，「単に」上場準備等をしている旨を発信するにとどまらず，上場の具体的スケジュールや進捗状況について言及することは，個別事情によっては，「有価証券の募集又は売出しに係る情報」と評価される場合もあり得ると思われる。したがって，上記開示ガイドライン改正後も，新聞･雑誌の記者やアナリストなどに対して，IPOの実施時期や募集･売出しの規模や価格目線等に関する具体的な情報を提供しないなど，有価証券の勧誘とみなされることのないよう，引き続き慎重な対応が必要となろう。

また，IPO前の段階においては，発行会社のウェブサイトなどにおいて，中期経営計画など，将来の見通しに関する情報開示を行う場合がある。さらに，IPOに先立って，発行会社の株式に関する評価に関して投資家からのフィードバックを受け取りたいニーズもあり，国内外の機関投資家とのミーティング（いわゆるプレIPOロードショー）などを実施することもある。これらの行為についても，上記企業開示ガイドラインの改正により，勧誘に該当しないと整理できる余地が大きくなったと思われるものの，改正後の同ガイドラインにおいても勧誘に該当しないためには一定の要件が課されていること（企業開示ガイドラインB2-12②③参照）や，かかる発信内容に係る法的責任も考慮する必要があることから，その時期･態様や内容については，引き続き留意が必要である。なお，実務上，これらの活動に証券会社（金融商品取引業者）が関与することがあるところ，IPOを予定している発行会社の株主が上場会社であるケースでは，IPOを通じて当該上場会社がその保有する発行会社株式を売却する予定であるという情報が当該上場会社の法人関係情報に該当する場合がありえ，その場合，証券会社に適用される法人関係情報に関する規制との関係にも留意が必要となる。

さらに，いわゆるグローバルIPO案件においては，ローンチに先立ち，引受証券会社のリサーチアナリストが，未上場会社である発行会社に対する投資家の理解を促進することを目的として，海外の機関投資家に対して，いわゆるプレディール･リサーチレポー

(104)　平成26年８月パブコメ７頁No.22

トを作成・配布することが実務上行われてきたが，前記企業開示ガイドラインの改正に伴い，国内においても，有価証券届出書の提出日の１カ月前の応当日以前であれば，プレディール・リサーチレポートの配布を行うことは可能と解され（企業開示ガイドラインB2-12③参照），近時は実際に実施されている例もある。

実務のポイント・2－16

◆株式報酬と届出前勧誘・インサイダー取引規制

本邦上場企業において，譲渡制限付株式（発行会社と役職員の間で契約による譲渡制限を付した株式）や，一定の条件成就後に株式を交付するPSU（パフォーマンス・シェア）・RSU（事後交付型リストリクテッド・ストック）など，現物株式による株式報酬が急速に普及・浸透している。これらの多くの場合，発行会社またはその子会社の役職員に対して報酬債権を付与してこれを現物出資させることで，新株発行または自己株式処分を行い，役職員に株式を交付している。このように現物株式を用いる場合には，ストック・オプションのような届出免除の制度が存在しなかったが，平成31年４月19日に金融庁が公表した金商法施行令等の改正案では，(1)交付対象者が発行会社･完全子会社･完全孫会社の役員・従業員等に限られていること，(2)交付を受けた株式について交付日の属する事業年度経過後３カ月を超える期間の譲渡制限が付されていることを条件に，当該譲渡制限付株式の募集または売出しについては，ストック・オプションと同様，有価証券届出書の提出を免除することが提案されている。しかし，当該届出免除の適用がない場合については，発行価額（払込金額）の総額が１億円以上となるときには，有価証券届出書の提出義務を負うことになる（他方，１千万円以上１億円未満の場合は有価証券通知書の提出で足りることになる）。なお，この１億円以上の判定については，募集を開始する日の前１年以内に募集が行われた場合の通算規定（第１章第１節■**1**(4)⑤(c)参照）が存在する。したがって，年に１回だけ株式報酬として新株発行または自己株式処分を行う会社であっても，過去１年間に行われた募集または売出しが通算規定の対象となるため（企業開示ガイドラインB4-6参照），その期間に前年募集分の払込期日が到来していれば通算の対象となることに注意が必要である。

有価証券届出書の提出義務を負う場合には（有価証券通知書の場合にも募集，つまり勧誘前の提出が必要となる），届出前勧誘禁止の規制が適用されることになる。株式報酬制度を導入するためには，通常は，指名委員会等設置会社を除き，株主総会において取締役の報酬に係る議案を付議する必要があるが，招集通知を発送して株主総会に提案したり，制度導入に係る適時開示を行ったりすることは，届出前勧誘には該当しないと解されている（「「企業内容等の開示に関する内閣府令」等の改正案に対するパブリックコメントの結果等について」（平成28年８月19日公表）中の「パブリックコメントの概要及びコメントに対する金融庁の考え方」２頁No.７）。

他方において，払込金額の総額が１億円以上となる新株発行または自己株式処分はインサイダー取引規制上の重要事実に該当することになるが，株式報酬制度においては，導入後は，多くの上場企業では毎年同じ時期に株式を交付されていることが予定されているため，どの時点で，次の新株発行や自己株式処分に係る「決定」がなされたのかを判断するのが容易ではない。

また，株式報酬は，毎年度の決算が確定し，多くの会社では定時株主総会を終えてから交付されることが多いが，自己株式取得や役員による株式売買（役員持株会への加入等を含む）が行われている会社では，決算発表後に，いわゆるインサイダーフリーの期間（未公表の重要事実が存在しない期間）を設けることで，これらの期間に取引を実行または開始することが多い。そこで，決算発表後に未公表の重要事実がまだ存在していると評価されるおそれを払拭するために，株式報酬目的の新株発行や自己株式処分を行う予定について適時開示による「公表」措置をとることも考えられる。しかし,「公表」を行ったといえるためには，投資者の投資判断に影響を及ぼすべき事実の内容がすべて具体的に明らかにされていなければならないとされており（第13編第1章第1節■4参照），少なくとも発行規模の概要程度は明らかにする必要があるように思われる。

加えて，そのような具体的な内容を伴った適時開示を行う場合に，上述の届出前勧誘禁止の規制が適用されないかが論点となりうる（ストック・オプションでは届出免除が適用される場合には，このような問題に直面することは少なかった）。この点，発行規模等が明らかにされた適時開示ではあるが，役職員への毎年の報酬付与という目的に鑑み，当該開示を行う時点では，まだ会社法上の募集決議は行われておらず，有価証券届出書を作成する段階にはなく，発行会社としても，役職員に対して株式の募集に係る勧誘を行っていないと評価すべきと考えられる。なお，実体としては，このような株式報酬目的の新株発行・自己株処分については，実質的な投資判断を伴わないという意味において，ストック・オプションとの差異はないため，改正が提案されている譲渡制限付株式に限らず，有価証券届出書の提出免除が認められるべきであり，また株式報酬目的の自己株式処分についてはインサイダー取引規制の適用も除外されるべきである。

4条1項の規定に違反して事前勧誘をした者は，5年以下の懲役・500万円以下の罰金またはこれらの併科に処せられる（197条の2第1号)。また，平成20年金商法改正により，届出前勧誘行為は課徴金納付命令の対象となった（172条1項。第3章第5節■3参照)。また，刑事処分や課徴金納付命令にまでには至らない場合であっても，届出前の勧誘が判明した際には，実務的には，4条1項違反に該当するおそれを回避するために，募集などのスケジュールを一定期間延期せざるをえないこともありうる。

■2　届出書提出後の取引規制

(1)　届出の効力発生前の取引禁止

有価証券の発行者，有価証券の売出しをする者（以下，本編において「売出人」という），引受人（有価証券の引受けを行う者。２条６項），金融商品取引業者，登録金融機関・金融商品仲介業者は，有価証券届出書の効力が発生しているのでなければ，４条１項・２項に基づき募集・売出しの届出を要する有価証券を当該募集・売出しにより他の者に取得させまたは売り付けることができない（15条１項。なお，平成20年金商法改正により新設された４条３項に基づく特定投資家等取得有価証券一般勧誘についても有価証券届出書の提出義務があるため，上記の効力発生前取引禁止規制が適用される）。有価証券届出書を提出すれば，口頭または目論見書その他資料を用いて投資者を勧誘することができるが，届出の効力が生じるまでは，投資者を拘束する有価証券の取得・売付けの契約を締結することはできない。これは，有価証券届出書提出後，届出の効力発生までは，投資者に，有価証券届出書により提供された情報をもとに有価証券を取得しまたは買い付けるべきか否かを熟慮し検討する時間を与えることを目的とするものとされており，この期間は熟慮期間または待機期間とよばれる。また，効力発生後も内閣総理大臣によって届出の効力が停止されている期間（10条１項）は，募集・売出しにより有価証券を取得させまたは売り付けることは禁止される。

また，発行登録制度（第１節■**4**参照）を利用する場合には，発行登録書の効力が発生し，かつ発行登録追補書類が内閣総理大臣に提出されていなければ，発行登録されている有価証券を募集・売出しにより取得させ，または売り付けることが禁止される（23条の８第１項）。

なお，新株予約権無償割当ての場合，新株予約権の株主に対する割当てが新株予約権証券の「取得」に該当すると解されており，新株予約権無償割当ての効力発生日（通常は基準日の翌日）までに有価証券届出書の効力が生じている必要があると解されている[105]。発行登録により行う場合は，新株予約権無償割当ての効力発生日までに発行登録追補書類の提出が必要であると解される。

上記の規定に違反した者は，５年以下の懲役・500万円以下の罰金またはこれらの併科に処せられる（197条の２第３号）。また，15条１項に違反して有価証券を取得させた者は取得した者に対して当該違反行為によって生じた損害を賠償する責任を負う（16条。無過失責任）。この損害賠償規定は，23条の12第４

(105)　平成22年４月パブコメ１頁No.１

項により発行登録の場合にも準用される。もっとも，これらの場合，投資者は「当該違反行為に因り生じた損害」を立証しなければならない。また，平成20年金商法改正により，15条１項の規定に違反した一定の行為は課徴金納付命令の対象となった（172条２項。第３章第５節■３参照）。

15条１項の規定に違反する行為の効力について明文の規定はないが，下級審判例および多数説は，15条１項は取締法規にすぎず，有効と解している[(106)]。これに対しては，投資者の保護を図るために，有価証券を取得しまたは買付けをした者が有価証券を返還して支払った対価の返還を請求できるように無効と解すべきとの有力説[(107)]がある。

実務のポイント・2－17

◆第三者割当と金商法上の取引規制

上場会社が，上場株式（通常は普通株式）の第三者割当を行おうとするときは，少人数私募やプロ私募の要件を満たさないため，原則として有価証券届出書（または発行登録書）の提出が必要となり，届出書（または発行登録書）を提出するまでは勧誘を行うことはできない。

しかし，上場会社との資本提携などの場合，その公表時において，割当先および割当株数が決定されておりそれが公表されるのが一般的である。また，有価証券届出書の記載においても，平成21年12月11日施行の企業開示府令改正により，第三者割当における有価証券届出書等における開示規制が強化されており，割当予定先の実態（反社会的勢力との関係の有無），払込みに要する資金等の状況（払込みの確実性の確認），割当予定先の株券等の保有方針などの記載が必要とされており（企業開示府令第２号様式記載上の注意(23-3)参照），金融商品取引所の適時開示規則においても，同様の情報開示が求められている。これに伴い，上述のとおり，平成21年12月11日施行の企業開示ガイドラインの改正により，割当予定先が限定され，当該割当予定先から当該第三者割当に係る有価証券が直ちに転売されるおそれが少ない場合（たとえば，資本提携を行う場合，親会社が子会社株式を引き受ける場合等）に該当するときは，割当予定先を選定し，または当該割当予定先の概況を把握することを目的とした届出前の割当予定先に対する調査，当該第三者割当の内容等に関する割当予定先との協議その他これに類する行為は有価証券の取得勧誘または売付け勧誘等には該当しないとの指針（企業開示ガイドライン2-12）が示されたことにより，上記の基準に当てはまる第三者割当については，事前勧誘規制の抵触のリスクは少なくなったといえる。もっとも，「資本提携」とはどの範囲までを指すのか，また当事者の合意により転売禁止期間を設ける際にどの程度の期間が必要かについては明確な基準がないため，個別具体的な検討が必要となる。なお，事前勧誘規制との関係から，金融商品取引所における第三者割当（資本提携を含む）に関す

(106)　東京高判平12・10・26判時1734号18頁など
(107)　鈴木＝河本・証取法156頁，近藤ほか・金商法入門181頁

る適時開示は，有価証券届出書の提出後に行うべきであり，当局もそのように指導している。

また，資本提携に伴う第三者割当においては，公表後に割当先が割当てを受けないこととなる事態を極力回避するため，発行会社側において，有価証券届出書の効力発生前に割当先との間で第三者割当の引受けを含む契約を締結しておきたいといった実務上のニーズがある。届出効力発生前の取引禁止規制（15条１項）との関係で，このニーズに対してどのように応えるかは困難な問題である。この点，有価証券届出書の提出後，その効力発生前において，届出の効力が発生することを条件として有価証券を取得しまたは買い付けることとなることを約定することは可能とする見解もある（神崎ほか・証取法224頁）が，待機期間中に投資家に確約させることを許容するこの見解は，一般的には通説にはなっていないものと思われる（鈴木＝河本・証取法154頁）。

実務のポイント・2－18

◆第三者割当に関する東証規則

第三者割当に適用のある東証規則として，以下のものがある。

１．開示規制

第三者割当の際には，株式の募集の際に必要となる適時開示項目に加えて，⑴割当予定者の払込財産の存在について確認した内容，⑵払込金額の算定根拠および具体的な内容，ならびに，東証が必要と認める場合は，有利発行でないことに関する監査役または監査委員会の意見等，⑶企業行動規範上の手続が必要な場合はその内容（不要な場合はその理由）の開示が必要とされる。また，募集の目的，資金使途やその合理性に関する考え方，希薄化の規模の合理性に関する根拠，割当予定先の概要や選定理由など，詳細な開示が求められる。

２．企業行動規範

⑴希薄化率が25％以上となるとき，または⑵支配株主が異動することになるときは，経営者から一定程度独立した者による当該割当ての必要性および相当性に関する意見を入手するか，当該割当てに係る株主総会決議など（勧告的決議による場合を含む）による株主の意思確認が必要となる。ただし，緊急性がきわめて高い場合（たとえば，資金繰りが急速に悪化していることなどから，企業行動規範上の手続を行うことが時間的に困難な場合など）は，例外的に不要となる。「希薄化率」の算出にあたり，分子には新株予約権などの潜在株式に係る議決権の数（行使価額などが修正される場合は，下限価額により計算する）を含めるが，分母には潜在株式に係る議決権の数は含めない。また，短期間（６カ月が目安）に第三者割当が複数回実施される場合には，これらを一体として希薄化率を算出する。また，「支配株主」とは，①親会社，②主要株主で，当該主要株主が自己の計算で所有している議決権と，⒜当該主要株主の近親者，または⒝当該主要株主および⒜が議決権の過半数を自己の計算で所有している会社等および当該会社等の子会社，が所有している議決権を合わせて，上場会社の議決権の過半数を占めているもの（①を除く），をいう。「支払株主が異動する」場合には，第三者割当により交

付された潜在株式の転換または行使により支配株主が異動する見込みがある場合を含む。「経営者から一定程度独立した者」から意見を取得する場合，第三者委員会や独立役員から意見を取得することが実務的には多い。

３．上場廃止基準

希薄化率が300%を超える場合は，株主および投資家の利益を害するおそれが少ないと東証が認める場合を除き，上場廃止となる。

また，第三者割当により支配株主が異動した場合で，３年以内（支配株主が異動した日が属する事業年度の末日の翌日から３年を経過する日までの期間）に支配株主との取引に関する健全性が著しく毀損されていると東証が認めるときは，上場廃止となる。第三者割当により支配株主が異動した場合には，支配株主が異動した日が属する事業年度の末日およびその末日の翌日から１年を経過するごとに（３年間に限る），各事業年度末から３カ月以内に，各事業年度末における支配株主との取引状況などを記載した「支配株主との取引状況等に関する報告書」を東証に提出する必要がある。

さらに，第三者割当が不適当合併等に該当する場合も，上場廃止となる。これに関連して，上場会社は「業務提携，第三者割当概要書」を東証に提出することが求められる。

４．支配株主等に関する事項の開示

支配株主またはその他の関係会社を有する上場会社は，事業年度経過後３カ月以内に，支配株主等に関する事項の開示が必要とされる。かかる開示は，上場会社の支配株主だけではなく，上場会社のその他の関係会社，またはその他の関係会社の親会社も含まれることに注意が必要である。

５．非上場の親会社等の決算情報

非上場の親会社等を有する上場会社は，親会社等の通期，四半期または中間期に係る決算の内容が定まった場合は，ただちにその内容を開示する必要がある。「親会社等」とは，(1)親会社，(2)その他の関係会社，(3)その他の関係会社の親会社をいい，(2)や(3)が含まれることに注意が必要である。また，「親会社等」は会社に限定されており，組合等は含まれない。親会社等が複数ある場合は，上場会社に与える影響が最も大きい会社等１社に適用される。

６．支配株主との取引等に係る遵守事項

上場会社またはその子会社等が行う重要な取引等について，支配株主その他施行規則で定める者が関連する場合は，支配株主との間に利害関係を有しない者による，上場会社またはその子会社等による決定が少数株主にとって不利益でものでないことに関する意見の入手と，必要かつ十分な適時開示が必要となる。「支配株主その他施行規則で定める者」とは，(1)支配株主，(2)上場会社と同一の親会社を持つ会社等，(3)上場会社の親会社の役員及びその近親者，(4)上場会社の支配株主（当該上場会社の親会社を除く）の近親者，(5)上場会社の支配株主（当該上場会社の親会社を除く）および(4)が議決権の過半数を自己の計算で所有している会社等および当該会社等の子会社，をいう。また，「支配株主との間に利害関係を有しない者」からの意見としては，実務的には，第三者委員会や独立役員から意見を取得することが多い。

⑵　目論見書の作成・交付

①　目論見書の作成・交付義務

有価証券の募集・売出しについて，４条１項または２項に基づき有価証券届出書の提出を要求される発行者は，当該募集・売出しに際して内閣府令で定める事項を記載した目論見書を作成しなければならない（13条１項前段）。また，有価証券の発行者，売出人，引受人，金融商品取引業者，登録金融機関または金融商品仲介業者は，原則として，内閣府令で定める事項を記載した目論見書をあらかじめまたは同時に交付するのでなければ，４条１項または２項による募集・売出しの届出の要する有価証券を，当該募集・売出しにより他の者に取得させまたは売り付けることができない（15条２項）。なお，平成20年金商法改正により新設された４条３項に基づく特定投資家等取得有価証券一般勧誘についても有価証券届出書の提出義務があるため，上記の目論見書の作成・交付義務が適用される（13条１項前段・15条２項）。

これは，有価証券届出書（または発行登録書および発行登録追補書類）が財務（支）局などにおいて（また通常EDINETを通じて）公衆の縦覧に供されるいわば間接的な開示書類であるのに対して，有価証券届出書などとほぼ同じ内容を記載した目論見書が投資者に直接交付されることにより，有価証券の募集・売出しに際して発行開示により提供される情報が各投資者にまで提供されることを企図したものである。

会社法277条の規定による新株予約権無償割当てについて，届出義務が発生する場合，上記のとおり，あらかじめまたは同時に目論見書の交付をしなければ当該有価証券を取得させることができないこととなるが，平成19年10月パブコメでは，新株予約権の無償割当ての目論見書は，新株予約権の無償割当てがその効力を生ずる日までに交付することが必要であるとされていた。しかしながら，新株予約権無償割当てにおいて新株予約権の割当てを受ける株主は，通常，株主が新株予約権を取得する日である新株予約権無償割当ての効力発生日の直前に設定される基準日に決まるため，株主が確定してから新株予約権無償割当ての効力発生日までにすべての株主に目論見書を交付することは実務的に困難である。この点，平成22年４月改正企業開示ガイドラインにより，基準日における株主が割当通知（会社法279条２項に基づき，新株予約権の行使期間の初日の２週間前までに行われる。なお，平成26年会社法改正では，新株予約権無償割当ての効力発生日後遅滞なく，株主およびその登録質権者に対し，当該株主等が割当てを受けた新株予約権の内容および数の通知（割当通知）を行えば足りる（ただし，割当通知の日から新株予約権の行使期間の末日までの期間が２週間より短い場合には，行使期間が割当通知の日から２週間を経過する日まで延期されたものとみなされる）こととされた（会社法279条２項・３項））を受理した日に新株予約権の取得が行われるものとしてあらかじめまたは同時に目論見書を交付すれば足りることとされた（企業開示ガイドラインＢ15-5）。

ただし，適格機関投資家に対しては目論見書の交付義務がない（15条２項ただし書・同項１号）。また，当該有価証券と同一の銘柄を所有する者や，その同居者がすでに当該目論見書の交付を受け，または確実に交付を受けると見込まれる者については，その目論見書の交付を受けないことについて同意した場合も目論見書の交付は不要となる（15条２項ただし書・同項２号）。もっとも，これらの場合でも，目論見書の交付を請求された場合には交付しなければならない。

また，平成23年金商法改正により，会社法277条の規定による新株予約権無償割当てを使ってライツ・オファリングが行われる場合で一定の場合，すなわち，(a)新株予約権無償割当ての対象となる新株予約権証券が金融商品取引所に上場されており，またはその発行後，遅滞なく上場されることが予定されており，(b)有価証券届出書の届出を行った旨その他内閣府令で定める事項（(i)当該新株予約権証券に関して届出を行った日，(ii)EDINETのウェブページのアドレス，(iii)当該新株予約権証券の発行に関する問合せを受けるための発行者の連絡先。企業開示府令11条の５[(108)]）を，届出後遅滞なく，時事に関する事項を掲載する日刊新聞紙に掲載する場合には，目論見書の作成および交付義務は免除される（13条１項ただし書・15条２項３号）。株主数の多い会社の場合に株主全員に対する目論見書の交付義務を課すのは過度の負担を課すことになる一方で，通常の公募増資のように割当てを受ける株式数に限りがあり，必ずしも取得を希望するすべての投資家が割当てを受けられる保証がないような場合と異なり，新株予約権

(108)　なお，(iii)について，平成24年２月パブコメ１頁No.３・No.４では，具体的にはライツ・オファリングに関する発行会社の担当部署名と電話番号を記載することが考えられるとしている。

無償割当てを使ったライツ・オファリングの場合には，新株予約権は株主全員に割り当てられており，その全員が行使期間の末日まで新株予約権の行使を行うことができるため，株式の取得を誘因する圧力が生じるおそれは，通常の公募増資の場合と比べて高くないと考えられる。加えて，ライツ・オファリングにおける新株予約権無償割当ての相手方である株主は新株予約権の対象たる株式の内容についてはすでに一定の情報を有していると考えられることや，新株予約権が上場される場合には，新株予約権を行使して株式を取得する以外に，市場価格で新株予約権を売却することも可能となることから，新株予約権の行使の判断のための情報を目論見書により全株主に対して一律に提供する必要性は低いと考えられ，上記要件に該当する場合には，目論見書の作成・交付義務が免除されることとなったものである(109)。(b)の事項を掲載した新聞広告は，届出後遅滞なく行うこととされるが，遅くとも新株予約権無償割当ての効力が発生するまでに行うことが必要とされる(110)。なお，外国会社による外国の新株予約権証券等を使ってライツ・オファリングが行われる場合については，この目論見書の作成および交付義務は免除特例の適用はない。

15条の規定に違反して，目論見書を交付せずに有価証券を取得させた者は，これを取得した者に対し，その者が要件に適合した目論見書の交付を受けなかったことによって被った損害を賠償することを要する（16条。無過失責任)。

なお，特定組織再編成発行手続および特定組織再編成交付手続に際しては目論見書の作成・交付義務は適用されない。これは，４条１項において，目論見書の作成義務を定めた13条１項・２項および交付義務を定めた15条２項との関係では，「有価証券の募集又は売出し」の定義に含まれていないからである（第１節■３(4)②参照)。

また，目論見書が交付される場合には，金融商品取引業者等の契約締結前交付書面の交付義務が一定の要件の下免除されている（37条の３第１項ただし書，金商業等府令80条１項３号。第６編第３章第３節参照)。

---

(109)　金融庁・開示制度ワーキング・グループ報告「新株予約権無償割当てによる増資（いわゆる「ライツ・オファリング」）に係る制度整備について」（平成23年１月19日公表）２頁・３頁

(110)　古澤ほか・逐条解説2011年金商法改正117頁

②　すでに開示された有価証券の売出し

有価証券の売出しにおいて，当該有価証券に関して開示が行われている場合（4条6項）には，4条1項3号により有価証券届出書の提出を必要としないが（第1節■1(4)を参照），多数の者に対する勧誘が行われるにもかかわらず，何ら情報が提供されない場合には投資者保護が十分に図られないおそれがありうることから，届出を必要とする募集・売出しの場合と同様に目論見書の作成と交付が義務付けられている（13条1項後段・15条2項）。ただし，(a)売出価額の総額が1億円未満の場合（13条1項後段），(b)売出対象の有価証券が，エクイティ証券以外，すなわち，株券，新株予約権証券，新株予約権が付されている有価証券もしくは株券に転換しうる有価証券または外国もしくは外国の者の発行する有価証券のうちこれらの有価証券の性質を有するもの以外の有価証券である場合（企業開示府令11条の4本文・同条2号イ），(c)2条4項に規定する有価証券の売出しに該当しない場合（企業開示府令11条の4第1号，特定有価証券開示府令14条。したがって，13条1項の「売出し」の定義に含まれる適格機関投資家取得有価証券一般勧誘および特定投資家等取得有価証券一般勧誘のうち，2条4項の売出しに該当しない場合を含む）については，目論見書の作成は義務付けられていないほか，(d)以下に掲げる有価証券の売出しに該当しないものは広く目論見書の作成を要しないものとされている（企業開示府令11条の4第2号）。

［目論見書の作成を要する有価証券の売出し］

(i)　有価証券の売出しに係る有価証券の所有者である当該有価証券の発行者が行う当該有価証券の売出し

(ii)　有価証券の売出しに係る有価証券の所有者が次に掲げる者に該当する場合における当該有価証券の売出し

(イ)　当該有価証券の発行者の子会社または主要株主（総株主等の議決権の10%以上を保有している株主。163条1項）

(ロ)　当該有価証券の発行者の役員または発起人

(ハ)　当該有価証券の発行者の子会社等または主要株主の役員または発起人その他これに準ずる者

(ニ)　当該有価証券の発行者が外国会社その他の会社以外の者の場合においては(イ)〜(ハ)に掲げる者に類するもの

(iii)　当該有価証券を他の者に取得させることを目的として(i)および(ii)に掲げる者から当該者が保有する当該有価証券を取得した金融商品取引業者等が行う当該有価証券の売出し

(iv)　有価証券の売出しに係る引受人（２条６項１号に規定する総額買取引受けを行う者を除く）に該当する金融商品取引業者等が行う当該有価証券の売出し

(v)　ライツ・オファリングにおいて，２条６項３号に規定するコミットメントを行う契約に基づき新株予約権証券を取得し，または当該新株予約権証券に係る新株予約権を行使することにより有価証券を取得した金融商品取引業者等（同号に規定する契約を行う引受人に該当するものに限る）が行う当該新株予約権証券または当該有価証券に係る有価証券の売出し（これは平成24年４月施行の平成23年金商法改正に係る企業開示府令改正によるもの）

ただし，(c)または(d)に該当する場合であっても，当該有価証券の売出しに関し，安定操作取引を行う場合は，上記の義務免除の適用はなく，目論見書の作成が義務付けられる（企業開示府令11条の４ただし書）。上記のうち，(b)および(d)については，平成22年４月施行の平成21年金商法改正により，認められたものである。このように，開示が行われている場合における有価証券の売出しにおいて，目論見書の作成と交付が義務付けられている有価証券を金商法上「既に開示された有価証券」と定義している（13条１項後段）。

③　引受残の非上場・非店頭売買有価証券の売付け

募集・売出しに際してその全部を取得させることができなかった場合におけるその残部（引受残）の非上場・非店頭売買有価証券について，届出が効力を生じた日から３カ月以内（ただし，届出の効力停止命令が発せられた場合にはその命令が効力を有する期間を控除する）に，募集・売出しによらないで取得させまたは売り付ける場合にも，目論見書の交付義務が課される（15条６項）。非上場・非店頭売買有価証券については，一般に企業内容に関する情報が十分に浸透していないため，募集・売出しの終了後もなお一定期間，投資者保護を期して目論見書の交付義務を課したものと説明される。

④　請求目論見書・交付目論見書

平成16年12月施行の証取法および関係政府令の改正により，従来詳細かつ難解すぎるとの指摘があった投資信託にかかる目論見書について，投資家のニーズに応じた情報提供を可能とするため，投資信託・外国投資信託の受益証券（２条１項10号），投資証券・投資法人債券・外国投資証券（２条１項11号）にかかる目論見書の記載内容の簡素化が図られた。具体的には，投資者の投資判断にきわめて重要な影響を及ぼす情報については，すべての投資者に「交付目論見書」という形で交付を義務付け（15条２項本文・13条２項１号），投資者の投資判断に重要な影響を及ぼす情報については，投資者からの請求があった場合に「請求目論見書」という形で交付を義務付けている（15条３項・13条２項２号）。投資者からの交付請求がなければ，販売業者は請求目論見書の交付義務が免除される。このような請求目論見書の利用可能な有価証券の範囲は政令で指定されており（15条３項），現在のところ上記の有価証券のみが規定されている（金商法施行令３条の２）。その他の有価証券に関する目論見書については，その記載事項のすべてが同等に投資判断を行ううえで非常に重要な情報とされ，請求目論見書の利用は認められていない（内閣府令において，すべての目論見書記載事項が，投資者の投資判断にきわめて重要な影響を及ぼす情報として規定されており，したがってこれらの事項はすべて交付目論見書に記載される必要がある。企業開示府令12条，特定有価証券開示府令15条など）。

請求目論見書の交付請求がなされたにもかかわらず，それを交付せず，投資証券などを取得させた場合は，損害賠償の責任が発生しうる（16条）。損害賠償を請求するには投資者側で交付請求があった旨の主張を行う必要があると解される。

⑤　目論見書の訂正事項分

ブックビルディング方式などによる募集・売出しにおいて，５条１項ただし書に基づき，発行価格等を記載しないで有価証券届出書を提出した場合は，目論見書においてもその記載は不要となる（13条２項ただし書）。この場合，発行価格等が決定した時点で，これらの事項を補充するため訂正届出書（７条）を提出する必要がある（企業開示府令11条３号，特定有価証券開示府令13条３号）

が，当該有価証券を取得させまたは売り付けるのと同時またはそれ以前に，当該発行価格等を記載した目論見書（13条２項３号）を交付しなければならない（15条４項）。通常は，訂正理由，訂正事項，訂正内容を記載した印刷物（通常「届出目論見書の訂正事項分」との標題を付す）を別に作成し，これを当該届出目論見書にはさみ込む方法によって交付している。

もっとも，平成16年証取法改正により，発行価格等を記載しないで交付した目論見書において発行価格等を（訂正事項分を交付するのではなく）公表する旨および公表の方法を記載し，かつ，当該公表の方法により当該発行価格等が公表された場合には，訂正事項分の交付を要しない（15条５項）方法が認められるようになった（この場合，かかる公表を行う旨と公表の方法などを有価証券届出書に記載する。企業開示ガイドラインＢ7-2)。ここにいう公表の方法として内閣府令では以下の二つの方法が指定されている（企業開示府令14条の２，特定有価証券開示府令17条)。①国内において時事に関する事項を総合して報道する日刊新聞紙，国内において産業・経済に関する事項を全般的に報道する日刊新聞紙（以下，日刊新聞紙）のうち二以上に掲載する方法，②日刊新聞紙のうち一つ以上に掲載し，かつ，発行者またはその有価証券を募集・売出しにより取得させ，または売り付けようとする者の使用に係る電子計算機に備えられたファイルに記録された事項を電気通信回線を通じて閲覧に供する方法（つまり発行会社または募集・売出しの取扱いを行う金融商品取引業者のホームページなどにおける公表)。なお，発行価格等の決定に伴い連動して訂正される事項についても，有価証券届出書にその旨の記載があれば，上記公表の方法により開示することができると解されている[111]。この方法は，発行価格等の条件決定から取得または売付けまでの期間を短く設定する場合のように，訂正事項分を作成のうえ交付するために十分な時間的余裕がない場合に用いられることが多い。

平成20年10月20日および平成27年５月29日に施行された企業開示府令，特定有価証券開示府令および外債府令の改正の結果，発行価格等が後日決定した場合の訂正目論見書の交付に代わる発行価格等の公表の方法として，上記の方法に加えて，発行者およびその有価証券を募集・売出しにより取得させ，または売り付けようとする者のホームページを通じて閲覧に供し，その有価証券を募

(111)　平成16年11月24日パブコメ，企業開示ガイドラインＢ13-1

集・売出しにより取得させ，または売り付けようとする際に，その相手方に対し，発行価格，利率または売出価格および払込金額を電話その他の方法により直接に通知する方法を追加する方法が追加された（企業開示府令14条の２第１項３号，特定有価証券開示府令17条１項３号，外債府令11条の２第１項３号）。なお，平成27年５月29日施行の改正では，インターネットを用いて募集・売出しの発行条件を閲覧させる方法について，改正前の「情報の取得に関する確認」を改め，売付け等の際に「発行（売出）価格または利率および払込金額を通知」することを条件とする旨，改正された。

⑶　目論見書の内容

①　目論見書の記載事項

13条１項により作成義務のある目論見書は，13条２項に従って法定の事項を記載したものでなければならない。当該目論見書を届出目論見書とよぶ（企業開示府令１条15号の２，特定有価証券開示府令１条18号）。届出目論見書には，有価証券届出書に記載すべき事項に関する内容を記載することになっている。ただし，次の事項は除かれている（企業開示府令12条参照。なお，特定有価証券については下記③参照）。

⒜　特別情報……最近５事業年度の財務諸表のうち，経理の状況に記載される最近２事業年度の財務諸表以外の財務諸表など。たとえば，通常方式の有価証券届出書（第２号様式）の第四部や外国会社の通常方式の届出書（第７号様式）の第四部など。

⒝　事業上の秘密……有価証券の発行者がその事業上の秘密の保持の必要により開示書類の一部について公衆の縦覧に供しないことを内閣総理大臣に申請し，承認された場合の当該部分（企業開示府令12条ただし書，特定有価証券開示府令15条ただし書）。

有価証券届出書記載事項のほか，届出の効力が生じている旨（すでに開示された有価証券の売出しについては，届出が行われていない旨）などの一定の事項（一般に，特記事項とよばれる）も目論見書に記載することを要する（13条２項１号イ⑵・ロ⑵，企業開示府令13条１項１号・14条１項１号，特定有価証券開示府令15条の２第１項１号・15条の３第１項１号）。これらは，目論見書の表紙またはその他の見やすい箇所に記載しなければならない（企業開示府令13条２項・14条２項，特定有価証券開示府令15条の２第２項・15条の３第２項）。

さらに参照方式の場合，有価証券届出書の添付書類（第１節■２⑷④⒞参照）のうち，参照方式利用適格書面，事業内容の概要および主要な経営指標等の推移を記載した書面（一般に，ハイライト情報とよばれる），参照書類提出日以後の重要な事実の内容を記載した書類の内容（すでに開示された有価証券の売出しについては，これらに相当する内容）などを目論見書に記載することを要する（企業開示府令13条１項１号ハ・14条１項１号ハ）。これらは参照情報の次に記載しなければならない（企業開示府令13条２項・14条２項，特定有価証券開示府令15条の２第２項・15条の３第２項）。

②　届出仮目論見書

有価証券届出書を提出すれば，その届出の効力が発生する前であっても募集・売出しの投資勧誘ができるが，投資勧誘を円滑に行うためには目論見書が必要となることが多い。届出の効力発生日前に使用する目論見書を届出仮目論見書という（企業開示府令１条16号，特定有価証券開示府令１条19号）。仮目論見書の記載事項は届出目論見書と基本的に同一であるが，特記事項として，届出目論見書における届出の効力が生じている旨の記載に代えて，届出日および届出の効力が生じていない旨ならびに記載内容につき訂正が行われることがある旨を記載しなければならない（企業開示府令13条１項２号・14条１項２号，特定有価証券開示府令15条の２第１項２号・15条の３第１項第２号）。

なお，届出仮目論見書には，特に「届出仮目論見書」の名称を付す必要がないとされており，仮目論見書であっても「新株式発行届出目論見書」といった名称を付することが多い。また，仮目論見書を利用する場合は，通常，発行価格等の決定に伴い訂正届出書を提出することになるが，これに伴い届出仮目論見書の訂正（訂正事項分）が必要となる。また，仮目論見書は，届出の効力発生後に，募集・売出しに関し届出の効力を生じた旨を記載した書類をはさみ込む等の方法により，届出目論見書として使用することができる（企業開示ガイドラインB13-3）。公募では，発行価格等およびこれに連動して訂正される事項について公表を行うことにより訂正事項分の交付を必要としない場合（15条５

項，前述(2)⑤参照）を除き，発行価格等が決定した時点で，最終の訂正届出書を提出し，届出の効力発生通知を受領した後に，発行価格等と届出の効力が生じた旨を記載した最終の訂正事項分を投資者に配布するのが一般的である。

なお，前述のとおり，当該有価証券を取得させまたは売り付けるためには，届出目論見書を使用する必要があるが，他方，届出仮目論見書を使用するかどうかは発行者の任意である。もっとも，前述のとおり，公募においては，投資勧誘のために仮目論見書が使用されるのが通常である。

③　特定有価証券に関する目論見書の記載事項

特定有価証券の目論見書についても記載事項が法定されており，すべての投資者への交付が義務付けられる交付目論見書には，有価証券届出書記載事項のうち，「投資者の投資判断に極めて重要な影響を及ぼすもの」として内閣府令で定めるものを記載しなければならない（13条２項１号イ(1)・ロ(1)）。具体的な記載内容は，有価証券の種類およびそれらがいかなる形式で作成されるかにより異なる（特定有価証券開示府令15条）。

前述のとおり，内国投資信託受益証券，外国投資信託受益証券，内国投資証券および外国投資証券については，請求目論見書の利用が可能であり，「投資者の投資判断に重要な影響を及ぼすもの」として内閣府令で定めるものは交付目論見書に記載する必要がなく，これらを記載した請求目論見書を作成して，投資家から請求があった場合にのみかかる請求目論見書をただちに交付しなければならないこととされている（15条３項，金商法施行令３条の２）。加えて，平成21年金商法改正では，投資信託受益証券の交付目論見書の記載内容を投資判断にきわめて重要な投資情報に限定して大幅な簡素化がなされ，投資信託受益証券の交付目論見書の様式が新設された（特定有価証券開示府令15条・第25号様式・第25号の２様式）。これにより，改正前には，内国投資信託受益証券では「証券情報」と「ファンド情報」が交付目論見書に記載され（改正前の特定有価証券開示府令15条１号），「ファンドの詳細情報」が請求目論見書に記載されていた（改正前の同府令16条１号）のに対して，改正後には，交付目論見書には，基本情報（ファンドの名称，委託会社等の情報，ファンドの目的・特色，投資リスク，運用実績，手続・手数料等）および一定の追加的情報を記載すれば足り，数ページに収めることも可能となった。このような交付目論見書の見直しに伴い，請求目論見書の記載内容については，有価証券届出書と同様の内容とするものとされた（特定有価証券開示府令16条）。もっとも，多数の投資家に対して勧誘を行うことの多いJ-REIT（投資法人）の投資証券の公募の場合には，請求目論見書の請求の有無の確認および請求者に対する請求目論見書の交付事務を確実に行うことが困難であるといった事情から，請求の有無にかかわらず交付目論見書と請求目論見書を合冊して交付することが多い。

④　虚偽の記載のある目論見書の使用の禁止

有価証券届出書提出義務のある有価証券の募集・売出し，すでに開示された有価証券の売出しのために目論見書を使用する場合，虚偽の記載があり，または記載すべき内容の記載が欠けている法定の目論見書を使用してはならない（13条４項）。この義務に違反した場合には罰則の適用がある（205条１号。第３章第４節参照）。また，有価証券届出書提出義務のある有価証券の募集・売出し，すでに開示された有価証券の売出しについて，重要な事項について虚偽の記載があり，または記載すべき重要な事項・誤解を生じさせないために必要な事実の記載が欠けている法定の目論見書を使用して有価証券を取得させた者には，損害賠償の責任が発生する（17条。第３章第２節参照）。

⑷　勧誘表示の規制

有価証券届出書を提出すれば，当該有価証券の取得勧誘・売付け勧誘等を行うことが可能となる。当該有価証券の取得勧誘・売付け勧誘等を行うにあたっては，目論見書以外の文書，図画，音声その他の資料を利用することができる。その他の資料には，テレビ，ラジオ，インターネット，新聞雑誌の広告，口頭説明等による表示，目論見書の記載内容を要約したものなどが含まれる（企業開示ガイドラインB13-4）。ただし，虚偽の表示または誤解を生じさせる表示をしてはならない（13条５項）。違反者には罰則の適用もある（205条１号。第３章第４節参照）。重要な事項について虚偽の表示もしくは誤解を生じるような表示があり，または誤解を生じさせないために必要な事実の表示が欠けている資料を使用して有価証券を取得させた者には，損害賠償の責任が発生する（17

条。第３章第２節参照)。また，その他の資料が目論見書であるとの誤解が生じないように，投資判断は目論見書を見て行うべき旨および目論見書の入手方法・入手場所を表示することなどが必要となる（企業開示ガイドラインＢ13-7)。

なお，平成16年の証取法改正前においては，有価証券の募集・売出しに際して，目論見書に記載する内容と「異なる内容」の表示が禁止されていた（平成16年改正前証取法13条５項）ため，実務上は，法定目論見書以外の文書による勧誘は，要約目論見書や墓石広告（当該有価証券の銘柄，募集価格または販売価格など，一定の事項のみを記載することが許された表示）に限定されていたが，同改正により，投資勧誘において目論見書の記載内容と異なる表示が許されるようになった。また，同改正により，目論見書以外の文書，図画，音声その他の表示は「資料」として整理され，従前存在した要約目論見書や墓石広告は，目論見書以外の資料に含まれることになるため，これらに関する規定（平成16年改正前証取法13条３項・６項）は削除された。また，同改正前は，有価証券の募集・売出しのために公衆に提供する当該有価証券の発行者の事業に関する説明を記載した文書を，その名称・形態の如何にかかわらず広く目論見書ととらえていたが（平成16年改正前証取法２条10項)，改正後は，目論見書とは，有価証券の募集・売出しまたは同条２項に規定する適格機関投資家取得有価証券一般勧誘（有価証券の売出しに該当するものを除く）または同条３項に規定する特定投資家等取得有価証券一般勧誘（有価証券の売出しに該当するものを除く）のために当該有価証券の発行者の事業その他の事項に関する説明を記載する文書であって，相手方に交付し，または相手方からの交付の請求があった場合に交付するものと定義されることとなった（２条10項)。

もっとも，目論見書の記載内容と異なる表示が許されるようになったとはいえ，目論見書の記載内容と矛盾する場合は，当該表示か目論見書のいずれかに虚偽の表示または誤解を生じさせる表示があるということになるので禁止の対象となろう。加えて目論見書の記載内容と矛盾しない場合であっても，投資判断において必要な記載を欠くために投資者に誤解を生じさせるような表示も禁止の対象となりうる。さらには，目論見書に記載されていない事項で投資判断に重要な事項の表示は，目論見書に記載すべき重要な事項の記載が欠けているということにもなりうることから，その内容については十分留意する必要がある。

⑸　発行登録を用いた場合の募集・売出しの取引

発行登録書を提出すると，発行登録の対象となる有価証券の募集・売出しにつき，有価証券届出書を提出せずに勧誘行為をすることができる（23条の３第３項。発行登録制度の概要および利用適格については第１節■４参照）。発行登録制度のメリットは，発行登録書を提出した時点で，個々の募集・売出しのための発行開示に関し届出をすることなく，ただちに勧誘行為を開始することができる点，発行登録の効力が生じていれば，発行登録の対象となっている有価証券の具体的な募集・売出しの条件などを記載した発行登録追補書類を提出することによりただちに有価証券を取得させまたは売り付けることができるため（23条の８第１項），機動的な資金調達ができるという点である。逆にいえば，発行登録の効力が生じ，かつ発行登録追補書類を提出するまでは，有価証券を取得させまたは売り付けることができない。

また，有価証券届出書を提出する場合と同じく，発行登録制度を利用した有価証券の募集・売出しによる取得または売付けの契約締結に際しては，あらかじめまたは同時に発行登録追補目論見書を投資者に交付しなければならない（23条の12第３項・15条２項）。有価証券届出書を提出する場合と同様に，募集・売出しに際してその全部を取得させることができなかったその残部（引受残）の非上場・非店頭売買有価証券について，届出が効力を生じた日から３カ月以内に，募集・売出しによらないで取得させまたは売り付ける場合にも，目論見書の交付義務が課される（23条の12第３項・15条６項）。

なお，条文上は必ずしも明確ではないが（23条の12第２項・３項は13条１項および15条２項を準用している），会社法277条の規定による新株予約権無償割当てを使ってライツ・オファリングが行われる一定の場合に目論見書の作成および交付義務が免除される規定（13条１項ただし書・15条２項３号）については，発行登録制度を利用してライツ・オファリングを行う場合には適用されないというのが，金融庁の立場である[(112)]。

⑾²　平成24年２月パブコメ２頁No.５

(6)　発行登録制度の下での目論見書の作成・交付

発行登録制度に係る目論見書には，発行登録目論見書，発行登録仮目論見書および発行登録追補目論見書がある。

発行登録目論見書（発行登録の効力が発生する日前に使用するものは発行登録仮目論見書）は，発行登録追補書類が提出されるまでの間の発行登録書に基づく勧誘行為について使用される目論見書であり，発行登録書およびその提出以後に提出されたすべての訂正発行登録書に記載すべき内容が記載される。発行登録追補目論見書は，発行登録追補書類提出後に有価証券を取得させ，または売り付ける際に使用される目論見書であり，発行登録書，その提出以後に提出されたすべての訂正発行登録書および発行登録追補書類に記載すべき内容が記載される（23条の12第２項・13条２項，企業開示ガイドラインＢ23の12-1）。

また，発行登録目論見書，発行登録仮目論見書，発行登録追補目論見書の記載にあたっては，当該発行登録者の企業情報について，当該発行登録書などの参照書類に記載された内容を記載することができる。ただし，この場合，これらの書類に記載されたすべての内容を記載しなければならない（企業開示ガイドラインＢ23の12-2）。実務的には，このような記載は大部になるため，通常行われていない。

発行登録目論見書，発行登録仮目論見書，発行登録追補目論見書にも，届出目論見書と同様に，参照方式の利用適格を示した書面などの特記事項を記載する必要がある（企業開示府令14条の13，特定有価証券開示府令18条の10）。なお，発行登録に係る募集・売出しのために，目論見書以外の文書，図画，音声その他の資料を使用することができるが，その場合は，虚偽の表示または誤解を生じさせる表示をしてはならない（23条の12第２項・13条５項）のは有価証券届出書を提出する場合と同じである。一方，23条の12第３項は15条５項を準用しておらず，発行価格等を公表すること等により訂正事項分を省略できる制度（(2)⑤参照）は，発行登録では利用できない。

もっとも，平成24年４月１日施行の平成23年金商法改正により，発行者，売出人，引受人または金融商品取引業者等は，発行登録を行った有価証券を募集または売出しにより取得させ，または売り付ける場合において，発行登録書やその訂正発行登録書の提出後に，①発行登録書およびその訂正発行登録書および発行登録追補書類に記載しなければならない事項で，(a)発行価格等以外の事項，(b)発行価格等を公表する旨および(c)当該公表の方法を記載した書類をあらかじめ交付し，かつ，②当該方法により当該発行価格等が公表されたときは，当該書類を目論見書とみなし，当該発行価格等の公表を目論見書の交付とみなす（つまり，発行登録追補目論見書の交付義務が免除される）こととされた（23条の12第７項）。これは，有価証券届出書を提出した場合について，目論見書の訂正事項分の交付を免除する制度を，発行登録についても認めるものである。

ここにいう公表の方法としては，有価証券届出書を提出した場合の目論見書の訂正事項分の交付免除と同様に，内閣府令では以下の三つの方法が指定されている（企業開示府令14条の２，特定有価証券開示府令17条，外債府令11条の２）。具体的には，(i)国内において時事に関する事項を総合して報道する日刊新聞紙，国内において産業・経済に関する事項を全般的に報道する日刊新聞紙（以下，日刊新聞紙）のうち二以上に掲載する方法，(ii)日刊新聞紙のうち一つ以上に掲載し，かつ，発行者またはその有価証券を募集・売出しにより取得させ，または売り付けようとする者の使用に係る電子計算機に備えられたファイルに記録された事項を電気通信回線を通じて閲覧に供する方法（つまり発行会社または募集・売出しの取扱いを行う金融商品取引業者のウェブサイトなどにおける公表），(iii)発行者およびその有価証券を募集・売出しにより取得させ，または売り付けようとする者のウェブサイトを通じて閲覧に供し，その有価証券を募集・売出しにより取得させ，または売り付けようとする際に，その相手方に対し，発行条件を電話その他の方法により直接に通知する方法である。

■3　プロ向け市場における取引規制

(1)　特定証券情報の提供・公表義務

平成20年金商法改正により，日本の金融・資本市場の競争力の強化を目指し，金融に関する知識を有する特定の投資家に参加者を限定した市場（いわゆるプロ向け市場）の創設に向けた改正がなされた（第１節■１(3)②(b)(vi)特定投資家私募参照）。通常の募集・売出しにおいては原則として有価証券届出書の提出・公衆縦覧と目論見書の交付という厳格な開示規制が適用されるが，これに対して，プロ向け市場においては，特定投資家向けの取得勧誘または売付け勧誘等を行う時までに，「特定証券情報」を取引の相手方に提供し，または公表すること（27条の31第１項）で足り，有価証券届出書の提出やその効力発生を待つ必要はなく，また，目論見書の作成・交付義務もない。プロ向け市場では，金融に関する知識を有する特定投資家に参加者が限定されていることを前提に，最低限の法的枠組みを法令で定め，規制の詳細は市場開設者の決定に委ねられている。ここでは制度の概要を解説する。

具体的には，①特定取得勧誘または②特定売付け勧誘等（両者を併せて「特定勧誘等」とよぶ。27条の31第１項）を行うためには，対象となる有価証券の発行者が，当該有価証券および当該発行者に関して投資者に明らかにされるべき基本的な情報として内閣府令で定める情報（特定証券情報。同項）を，特定勧誘等が行われる時までに，相手方に提供し，または公表しなければならない（同項）。

ここで，①の「特定取得勧誘」とは，(a)特定投資家向け取得勧誘および(b)その他４条１項本文の規定の適用を受けない有価証券発行勧誘等（取得勧誘（２条３項）および組織再編成発行手続（２条の２第２項）をいう。４条２項）のうち政令で定めるものをいう（27条の31第１項）。(a)の「特定投資家向け取得勧誘」とは，その取得勧誘が２条３項２号ロに掲げる場合に該当する取得勧誘をいう（４条３項１号。第１節■**１⑶②(b)(vi)特定投資家私募**参照）。現在のところ，金商法施行令では，上記(b)の「政令で定めるもの」は指定されていない。

また②の「特定売付け勧誘等」とは，(a)特定投資家向け売付け勧誘等および(b)その他４条１項本文，２項本文もしくは３項本文の規定の適用を受けない有価証券交付勧誘等（売付け勧誘等（２条４項）および組織再編成交付手続（２条の２第３項）をいう。４条２項）のうち政令で定めるものをいう（27条の31第１項）。(a)の「特定投資家向け売付け勧誘等」とは，第一項有価証券に係る売付け勧誘等であって，２条４項２号ロに掲げる要件（第１節■**１⑶②(c)(vii)特定投資家私売出し**参照）に該当するものをいう（２条６項，金商法施行令１条の７の３）。ただし，(i)取引所金融商品市場または店頭売買有価証券市場における有価証券の売買および(ii)私設取引システム（いわゆるPTS）を通じた上場有価証券の売買（特定上場有価証券の場合は特定投資家等のみが当事者となる場合に限る）を除く（２条６項，金商法施行令１条の７の３）。前記(b)の「政令で定めるもの」については，現在のところ金商法施行令では指定されていない。

⑵　特定証券情報の内容

提供・公表が要求される「特定証券情報」の内容については，証券情報等の提供又は公表に関する内閣府令（証券情報府令）において規定されている。「特定証券情報」には，①当該情報が特定証券情報である旨，②当該有価証券に関する事項，③当該有価証券以外の発行済有価証券に関する事項（特定有価証券の場合は，ファンド，管理資産などの運用資産等の内容および運用に関する事項），④発行者の事業および経理に関する事項（特定有価証券の場合は，運用資産等の運用を行う者に関する事項）を含む必要がある（証券情報府令２条２項）。

具体的な内容については，特定取引所金融商品市場を開設する金融商品取引所などの定める規則に委ねられており，特定証券情報の内容は，(a)特定上場有価証券（特定取引所金融商品市場のみに上場されている有価証券をいう。２条33項）または特定取引所金融商品市場に上場しようとする有価証券については，上場し，または上場しようとする金融商品取引所の定める規則において定める情報，(b)特定店頭売買有価証券または認可金融商品取引業協会に登録しようとする有価証券については，登録し，または登録しようとする認可金融商品取引業協会の定める規則において定める情報，(c)その他の有価証券については金融庁長官が指定する情報とされている（証券情報府令２条１項）。なお，(c)の金融庁長官が指定する情報については，今後必要に応じ指定するものとされており[113]，現在のところ，特定上場有価証券や特定店頭売買有価証券など以外の有価証券についての特定取得勧誘や特定売付け勧誘等の定めはない。

ここで「特定取引所金融商品市場」とは，会員等が特定投資家等以外の者の委託を受けて行う有価証券の買付け（117条の２第１項に規定する一般投資家等買付け）をすることが禁止されている取引所金融商品市場をいう（２条32項）。また，「特定店頭売買有価証券」とは，店頭売買有価証券市場のうち当該店頭売買有価証券市場を開設する認可金融商品取引業協会がその定款の定めるところにより，協会員が特定投資家等以外の者の委託を受けて行う有価証券の買付け

---

(113)　平成20年12月パブコメ24頁No. 8

(67条3項に規定する一般投資家等買付け）を禁止しているもののみにおいて売買が行われる店頭売買有価証券をいう（金商法施行令2条の12の4第3項2号)。

現在，特定取引所金融商品市場としては，東証が開設する株式市場であるTOKYO PRO Marketと債券市場であるTOKYO PRO-BOND Marketがある。当該市場に関する上場規程（特定上場有価証券に関する有価証券上場規程の特例）およびその施行規則では，特定証券情報の様式を定めている。言語は日本語と英語を選択可能であり，会計基準は，日本会計基準，米国会計基準，国際会計基準または担当J-Adviserと監査法人が当該3基準のいずれかと同等であると判断し，取引所が適当であると認める基準とされている。

(3)　特定証券情報の提供・公表方法など

特定証券情報の提供・公表をしようとする発行者は，当該特定証券情報を，自らもしくは他の者に委託して提供し，またはインターネットの利用その他の方法により公表しなければならない（27条の31第2項)。具体的な提供・公表方法については，特定証券情報の具体的内容と同様に，特定取引所金融商品市場を開設する金融商品取引所の規則などに委ねられており，（証券情報府令3条）TOKYO PRO MarketとTOKYO PRO-BOND Marketでは，東証または発行者のウェブサイトへの掲載のいずれかを継続して行う方法による。また，発行者が特定証券情報を公表した場合，当該公表日から1年間，当該特定証券情報・訂正特定証券情報（27条の31第4項）を継続して公表しなければならない（27条の31第5項)。もっとも，当該有価証券または当該発行者の他の有価証券につき開示が行われている場合に該当する場合および当該有価証券が消却，償還などにより存しないこととなった場合は，それまでの期間となる（証券情報府令6条・5条1項)。

特定証券情報の提供・公表をした発行者は，提供・公表をした日から1年を経過する日までの間において，当該特定証券情報に訂正すべき事項があるときは，内閣府令で定めるところにより，これを訂正する旨の情報（訂正特定証券情報）の提供・公表をしなければならない（27条の31第4項)。もっとも，特定証券情報の公表期間と同様に，一定の場合には当該期間は短縮される（証券情報府令5条1項)。

また，１年間継続して，27条の32第１項の規定により発行者情報を公表している発行者は，直近の発行者情報および訂正発行者情報（同条３項）を参照すべき旨を特定証券情報に表示したときは，特定証券情報のうち発行者に関する情報の提供・公表をしたものとみなされる（27条の31第３項，証券情報府令４条１項）。有価証券届出書制度における参照方式と同様の制度といえる。

実務のポイント・2－19

◆TOKYO PRO-BOND Market

TOKYO PRO-BOND Marketは，東証が開設する特定投資家のみが参加できる市場である特定取引所金融商品市場であり，特定投資家向け証券のうち国内外の会社や政府系機関の発行する債券を上場することができる市場である。公募の場合と比較して，下記のとおり開示負担が軽減されており，Euro MTN Programなどに基づくEuro債の発行による資金調達に代わる資金調達手法として創設されたものである。

上場の対象としては，プログラムごと上場する場合と，個別の債券を上場する場合がある。前者の場合は，プログラムの発行予定期間（１年間）中，発行残高の上限額までの個別の債券について，迅速に金利その他条件を確定したうえで，発行することができるというメリットがある。上場適格性要件は，原則，格付業者の格付（そのレベルは問われない）を取得していることと，主幹事証券会社が東証の作成する「主幹事証券会社リスト」に登録されていることである。TOKYO PRO Marketにおいて必要とされるJ-Adviserは，TOKYO PRO-BOND Marketでは必要ではない。円建て債券の売買単位は，額面１億円とされている。

プログラム上場をするためには，「プログラム情報」と「プログラム上場に係る確約書」を提出し，個別の債券を上場する場合には，「有価証券新規上場申請書」，「特定証券情報」（プログラム上場をしている場合は，「特定証券情報（補完）」），「上場契約書」，「新規上場申請に係る宣誓書」（いずれも，「プログラム上場に係る確約書」を提出済みの場合は不要）を提出する必要がある。上記のうち，「プログラム情報」，「特定証券情報」，「特定証券情報（補完）」は，金商法上の特定証券情報であり，投資家に対して開示されるが，英文で作成することが可能である。また，それらに含まれる財務書類は，日本会計基準，米国会計基準，国際会計基準のいずれによっても作成することができる。これらは，東証のウェブサイトまたは発行者のウェブサイトのいずれかにおいて継続して開示する方法により，公表がなされる。プログラム上場を行う場合は，「プログラム情報」の提出日に「プログラム情報」が公表され，その日がプログラム上場日となり，その後，個別の債券について取得勧誘を開始することができる。そして，プログラムから個別の債券を発行・上場する場合は，条件決定と同時に，上記の書類を提出し上場申請を行えば，当日中（遅くとも翌営業日まで）に上場承認がなされ，払込日（振替債の場合，条件決定日から４営業日後の日）の翌日が上場日となる。

上場後については，事業年度末から３カ月以内に，金商法上必要とされている「発行者情報」を作成し，公表する必要がある。また，解散，倒産手続開始の申立てに係る決定や，倒産手続開始の申立て，手形・小切手の不渡り・取引停止処分などの発生は，適時開示する必要があるが，日本内外の金融商品取引所に上場している株券等の発行者やその完全子会社等については免除される。

特定投資家向け取得勧誘を行うにあたっては，(1)①発行体と投資家との間，および②証券会社と投資家との間で，それぞれ転売制限契約の締結がされること，または(2)投資家に交付される有価証券に関する情報を記載した書面に転売制限の内容が当該有価証券の権利の内容として記載されており（外国で発行される有価証券の場合は，金融商品取引所が公益または投資者保護のため必要かつ適当と認める書面に，転売制限の内容が当該有価証券の取引の条件として記載されている場合を含む），かつ，かかる内容が証券会社から投資家に対して説明され，当該投資家が転売制限を遵守することに同意すること，のいずれかが必要とされている。上記(1)に関して，TOKYO PRO-BOND Marketの実務においては，①および②のいずれについても，当該市場に上場される銘柄全部についてあらかじめ包括的に契約することとし，また，①については，証券会社が投資家の代理人として発行体と契約をすることとしている。また，証券会社の投資家に対する告知義務についても，上記の転売制限契約において上場される銘柄全部についてあらかじめ包括的に告知事項を記載したうえで，個別の告知を不要とすることについて投資家から同意を得ることとしている。上記(2)は，平成27年９月の定義府令の改正により，社債等の特定投資家向け取得勧誘に係る転売制限の方法として，上記(1)のような発行体・投資家・証券会社間の転売制限契約を必要としないものとして，追加されたものである。これに関して，TOKYO PRO-BOND Marketの実務においては，いわゆる社債要項の他に，外国で既発行の社債については，外国の法規制や慣習によりプライシング・サプリメント等の一般的に投資家に交付される書面で，特定証券情報の一部を構成するものとして東証が認めるものに当該取引の条件として，譲渡制限の内容を記載し，投資家に交付することとしている。

なお，債券の発行・上場後のセカンダリー売買はTOKYO PRO-BOND Market外の店頭（OTC）市場によって行われることが想定されており，上場銘柄の特定投資家向け売付け勧誘等については，勧誘者と買付者との間で転売制限契約および告知が必要であるが，上記と同じく，上場銘柄全部について包括的に契約・告知の対象となっている。

4　外国証券売出しにおける取引規制

(1)　外国証券情報の提供・公表義務

金融商品取引業者等は，法４条１項４号に該当し，法定開示が免除される外国証券売出しを行う場合（第１節■１(4)④参照）には，簡易な情報提供として外国証券情報（当該有価証券およびその発行者に関する情報）を，当該有価証券を売り付けるときまでに，その相手方に提供・公表しなければならない（法27

条の32の２第１項）。ただし，次の場合には，外国証券情報の提供・公表を要しない（法27条の32の２第１項ただし書，証券情報府令13条）。

① 当該有価証券の発行者が，当該発行者の他の有価証券について有価証券報告書を提出しており，かつ，当該有価証券に関する証券情報（後述(3)の「証券情報」）を提供・公表している場合

② 当該有価証券の発行者が，すでに特定証券情報または発行者情報を公表しており，かつ，当該有価証券に関する証券情報を提供・公表している場合

③ 当該有価証券が外国国債，外国地方債または外国特殊法人債（保証があるものに限る）であって，当該有価証券の売買に係る業務が二以上の金融商品取引業者等により継続して行われていることを認可金融商品取引業協会の規則の定めるところにより確認できる場合

④ 当該外国証券売出しの相手方が適格機関投資家（当該有価証券を金融商品取引業者等または非居住者以外に譲渡しないことを条件に取得する者に限る）である場合（当該適格機関投資家から外国証券情報の提供・公表の請求があった場合を除く）

(2) 投資家から請求があった場合等

外国証券売出しを行った金融商品取引業者等は，当該外国証券売出しにより有価証券を取得し，かつ，当該金融商品取引業者等に当該有価証券の保管を委託している者などから請求があった場合，または投資者の投資判断に重要な影響を及ぼす事実が発生した場合（発行者の合併，更生手続開始等）には，当該投資者に外国証券情報を提供・公表しなければならない（法27条の32の２第２項，証券情報府令15条）。ただし，次の場合には，外国証券情報の提供・公表を要しない（法27条の32の２第２項ただし書，証券情報府令16条）。

① 当該有価証券に関して有価証券報告書が提出されている場合

② 前述(1)の②～④の場合

③ 国内における当該有価証券の所有者が50名未満である場合

⑶ 「外国証券情報」の内容

外国証券情報の内容は，証券情報府令において，有価証券の区分ごとに，直近の事業年度（会計年度）に係る，「発行者情報」（国債の場合は発行国の「財政の概要」，株券・社債券等の場合は発行会社の「事業の内容」「経理の概要」等）および「証券情報」（有価証券の内容等）と定められている（証券情報府令12条１項・２項・別表）。

なお，「外国証券情報」の全部または一部の内容が当該有価証券の発行等により公表されている情報（法令等に基づいて公表され，国内でインターネットにより容易に取得でき，日本語または英語であるものに限る）に含まれている場合には，その情報を参照する旨およびその情報が公表されているホームページアドレスに関する情報を「外国証券情報」の全部または一部とみなすことができる（証券情報府令12条３項）。

⑷ 「外国証券情報」の提供・公表情報

外国証券情報は，次の方法により提供・公表しなければならない（証券情報府令17条）。

①　書面の交付

②　ファクシミリによる送信（外国証券情報の受領者がこの方法によることに同意しており，かつ，外国証券情報を文書として受信できる場合に限る）

③　電子メール等による送信（同上）

④　外国証券情報が公表されているホームページアドレスに関する情報等の提供・公表（外国証券情報の受領者がこの方法によることに同意している場合に限る）

第2章

流通市場における開示

本章のサマリー

◇本章では，金商法24条～27条をカバーしており，流通市場における企業内容の継続開示について解説している。また金融商品取引所の適時開示規制についても解説している。

◇金商法の施行により，継続開示制度においては，平成20年４月１日以降に開始する事業年度から，上場会社等には四半期報告書の提出が義務付けられている（24条の４の７）。また，同事業年度より，上場会社等は，有価証券報告書などの提出に併せて，それらの報告書の記載内容に係る確認書を提出する義務が生じる（24条の４の２ほか）。加えて同事業年度より，上場会社等は，有価証券報告書の提出に併せて，財務報告に関する内部統制報告書の提出が義務付けられる（24条の４の４）。

◇金商法では，有価証券の募集・売出しをしたことがある発行者の継続開示義務の免除要件の範囲が拡大されている（24条，金商法施行令３条の５）。

◇また外国会社については，平成17年12月より，外国株価指数連動型上場投資信託（外国ETF）について，英文による継続開示（24条８項ほか）が認められていたが，平成20年６月１日施行の企業開示府令の改正などにより英文継続開示の対象有価証券が拡大され，外国会社，外国政府，外国ファンドなどについても，平成20年６月１日以後に提出する書類より，英文による継続開示が認められるとともに，対象書類も拡大され，また提出要件も緩和されることとなった。

◇平成20年金商法改正により，プロ向け市場における流通開示の規定が追加された。

◇平成29年金商法改正により，フェア・ディスクロージャー・ルールに関する規定が追加された。

❖第１節❖　流通市場における開示規制

有価証券の投資判断のための資料の提供としての情報開示は，流通市場における投資者に対しても要請される。既発行の有価証券の投資者の保護を図るため，企業内容を継続的に開示することが求められる。これが，流通市場において継続開示義務が発行者に対して課される理由である。

1　継続開示義務者

次に掲げる有価証券の発行者は，有価証券報告書，四半期報告書（または半期報告書），臨時報告書を提出する義務を負う（すなわち継続開示義務を負う）（24条１項。特定有価証券については24条５項）。

(1)　金融商品取引所に上場されている有価証券（24条１項１号。特定上場有価証券（２条33項。プロ向け市場のみに上場されている有価証券のこと）を除く）

(2)　流通状況が前号に掲げる有価証券に準ずるものとして政令で定める有価証券（24条１項２号。具体的には，店頭売買有価証券（金商法施行令３条）──店頭売買有価証券とは，67条の11に基づき，認可金融商品取引業協会により，店頭売買有価証券市場において売買を行う有価証券としてその種類および銘柄を当該認可協会に備える店頭売買有価証券登録原簿に登録された有価証券。いわゆる店頭登録株式など。もっとも日本証券業協会が開設する店頭登録市場であったJASDAQ市場が平成16年12月に証券取引所の免許を取得し，株式会社ジャスダック証券取引所になったため，現在のところ店頭売買有価証券に該当する有価証券は存在しない。また，平成20年金商法改正により，プロ向けの店頭売買有価証券（特定店頭売買有価証券。金商法施行令２条の12の４第３項２号）が除外された）

(3)　その募集・売出しにつき有価証券届出書または発行登録追補書類を提出した有価証券（(1)および(2)に掲げるものを除く。24条１項３号）

(4)　当該会社が発行する有価証券（株券，有価証券信託受益証券で受託有価証券が株券であるもの，預託証券で株券に係る権利を表示するものに限る（金商法施行令３条の６第３項)。外国株券等は含まれない）で，当該事業年度または当該事業年度の開始の日前４年以内に開始した事業年度（すなわち過去５事業年度）のいずれかの末日におけるその所有者の数が1,000人以上（ただし，特定投資家向け有価証券の場合には，①アマ成りできない特定投資家，②一以上の金融商品取引業者等についてアマ成りしたことを発行者が知っている特定投資家を除く①以外の特定投資家，③一以上の金融商品取引業者等についてプロ成りしたことを発行者が知っている一般投資家を除く。企業開示府令15条の４）であるもの，または，当該有価証券が特定有価証券に該当する有価証券投資事業権利等[(114)]（信託受益権，合同会社・合資会社・合名会社の社員権，集団投資スキーム持分（２条２項１号・３号・５号）に限る。金商法施行令４条の２第４項）である場合にあっては，当該特定期間（■２(2)参照）の末日におけるその所有者の数が500人以上であるもの（いずれも(1)～(3)に掲げるものを除く。24条１項４号，金商法施行令３条の６第４項・４条の２第５項)。加えて，会社以外の発行者については，優先出資証券および学校貸付債権の過去５事業年度のいずれかの末日における所有者の数が優先出資証券につき1,000人以上（ただし，特定投資家向け有価証券の場合には上記の株券等の場合と同じ特定投資家を除く。企業開示府令15条の４)，学校貸付債権につき500人以上である場合も同様である（27条において準用する24条１項４号，金商法施行令４条の11第４項・第５項)。

なお，24条１項３号の規定により継続開示義務を負う会社が新設合併し，または継続開示義務を負わない会社に吸収合併されるときは，当該新設会社・存続会社が継続開示義務を負うことになる（企業開示ガイドラインB24-5)。

また，24条１項４号の基準はいわゆる「外形基準」であり，その発行する有価証券が流通し，多数の投資者に所有されることになった場合は，上場有価証券等と同様の情報開示により投資者保護を図ることが必要と考えられることから，このような発行者にも有価証券報告書の提出を求めることとされたものである。上記1,000人以上という人数基準については，平成20年金商法改正に係る金商法施行令の改正前はいずれも500人とされていたが，同改正により，有

---

(114)　学校貸付債権（金商法施行令１条の３の４）以外の有価証券投資事業権利等はすべて特定有価証券に該当する（金商法施行令２条の13第７号)。

価証券投資事業権利等（学校貸付債権を含む）を除き，1,000人以上と改正された（金商法施行令3条の6第4項および4条の11第5項1号）。したがって，特定有価証券以外については，ある事業年度末に所有者が1,000名以上（学校貸付債権については500人以上）となると，その事業年度を含め5年間は継続開示義務が生じることになる。もっとも，■2(2)で説明するとおり，一定の場合には免除が受けられる。

24条1項4号の有価証券の所有者数の算定方法は，有価証券の区分に応じて企業開示府令と企業開示ガイドラインに定められている（24条4項，企業開示府令16条の3，企業開示ガイドラインB24-6，特定有価証券開示府令26条の2）。たとえば，当該株券の発行者が，普通株と優先株を発行している場合には，それぞれの株券の所有者数を合算しない。また，所有者の数の算定は，株主名簿に記載された者の数によることとなるので，株主名簿に「持株会」の名義で登録されている場合には，持株会を一人株主として取り扱う。しかし，当該株券を受託有価証券とする有価証券信託受益証券（当該株券と企業開示府令16条の3第1号イに規定する権利内容が同一であるものに限る）および当該株券に係る権利を表示する預託証券を発行している場合は，普通株または優先株のそれぞれについて，これらの有価証券の所有者の数と合算する（企業開示府令16条の3，企業開示ガイドラインB24-6）。

なお，(1)～(4)に該当する場合であっても，資産信託流動化受益証券ならびに信託受益証券および信託受益権については，発行後の信託財産に関する情報は受託者に集中するとの考えに基づき，原委託者および信託行為の効力が生ずるときにおける委任者は例外的に継続開示義務は負わないものとされている（特定有価証券開示府令22条の2）。

■2　継続開示義務の消滅・免除

(1)　有価証券の上場廃止・店頭登録廃止による消滅

有価証券報告書などを提出すべき継続開示義務者につき，当該有価証券の上場が廃止された場合（24条1項1号の提出義務に該当していたケース），または店頭売買有価証券ではなくなった場合（店頭登録が廃止された場合。同項2号の提出義務に該当していたケース)，提出義務が消滅する。しかしながら，上記に該当することになった場合でも，過去において有価証券届出書または発行登録追補書類を提出した発行者である場合には，24条１項３号に該当するため，ただちに提出義務が消滅することにならないので注意が必要である（⑶参照)。

⑵　外形基準に係る免除事由

外形基準（24条１項４号の提出義務に該当していたケース）により有価証券報告書を提出しなければならない発行者について，①当該事業年度末における資本金の額が５億円未満（学校貸付債権の場合にあっては，当該事業年度末における学校法人等の貸借対照表上の純資産額が１億円未満。当該有価証券が特定有価証券に該当する有価証券投資事業権利等である場合にあっては，当該会社の資産の額として金商法施行令４条の２第２項で定めるものの額が当該特定期間の末日において１億円未満）の発行者，および②当該事業年度の末日における有価証券の所有者数が300名未満の発行者は，当該事業年度に係る有価証券報告書の提出を要しない（24条１項ただし書，金商法施行令３条の６第１項・４条の２第１項～３項・４条の11第１項・２項)。もっとも，その翌事業年度に①または②の要件を満たさず，いまだ外形基準に該当していれば，当該事業年度に係る有価証券報告書を提出しなければならない。

なお，特定有価証券については，当該特定期間の末日におけるその所有者の数が500人以上である場合に継続開示義務が生じることとなっており（すなわち，当該特定期間の前４特定期間の末日の所有者の数が500人以上であるか否かは考慮されない)，上記②の適用はない（24条５項)。また，上記の「特定期間」とは，特定有価証券の発行者が有価証券報告書を提出すべき期間として内閣府令で定める期間を指し（24条５項)，具体的には，特定有価証券の種類に応じて，発行者の事業年度または信託の計算期間を指す（特定有価証券開示府令23条)。

⑶　届出書を提出した発行者の免除事由

当該有価証券につき有価証券届出書または発行登録追補書類を提出した発行者である場合（24条１項３号の提出義務に該当していたケース)，①当該募集などを行った有価証券が株券（金商法施行令３条の５第１項１号)，外国会社が発行する株券の性質を有する有価証券もしくはその有価証券信託受益証券・預託証券（同項2号～4号。平成25年11月5日施行の改正による）または優先出資証券（金商法施行令4条の10第1項1号。会社以外の発行者に準用する場合（27条）），外国の発行体が発行する優先出資証券の性質を有する有価証券もしくはその有価証券信託受益証券・預託証券（金商法施行令4条の10第1項2号～4号。平成25年11月5日施行の改正による）に該当し，②報告書提出開始年度（当該有価証券の募集などに関する届出などを行った日の属する事業年度をいい，当該報告書提出開始年度が複数あるときは，その直近のものをいう）終了後5年を経過しており，③その発行者の当該事業年度の末日および当該事業年度の開始の日前4年以内に開始した事業年度（つまり過去5事業年度）すべての末日における当該有価証券の所有者の数が300に満たない場合であって（金商法施行令3条の5第2項・4条の10第2項），かつ④有価証券報告書を提出しなくても公益または投資者保護に欠けることがないものとして内閣府令で定めるところにより内閣総理大臣の承認を受けたときには，当該事業年度に係る有価証券報告書から提出義務が免除される（24条1項ただし書）。なお，当該事業年度の開始の日後に開始する事業年度の末日における当該有価証券の所有者の数が300名以上となっても，その後新たに当該有価証券が24条1項各号に掲げる有価証券に該当していなければ有価証券報告書の提出を要しない（企業開示ガイドラインB24-12）。これは，(4)で述べるとおり，金商法施行前は，所有者の数が事業年度末に25名未満とならなければ，免除の承認が受けられなかったものが改正されたものであり，特に株券・優先出資証券については，償還期限が存在しないことなどから株主数を25名未満とすることはきわめて困難であり，継続開示を行うために重いコスト負担を強いられている場合が多いとの指摘があったことから，有価証券報告書提出義務の免除要件が拡大されたものである。上記のとおり，平成25年11月5日施行の金商法施行令の改正により，外国会社の株券に相当する有価証券などにも適用対象が拡大されたが，これら以外の有価証券（特定有価証券を含む）については，この免除事由の適用はない。この免除の承認を受けようとする場合には，内国会社については，承認申請書に定款と，申請時における株主名簿（優先出資法に規定する優先出資者名簿を含む）の写しを添えて，これを財務（支）局長に提出しなければならない（企業開示府令15条の3第1項1号。

外国会社については２号にて規定)。また，内国会社については，当該有価証券の所有者の数は，申請のあった日の属する事業年度の直前事業年度の末日および当該直前事業年度の開始の日前４年以内に開始した事業年度すべての末日において株主名簿に記載され，または記録されている者の数とされる（同条２項)。外国会社については，同条３項以下にて規定されているが，当該発行者の事業年度の末日における当該有価証券の所有者数が1,000名以上となったことが認められる場合には，金融庁長官は，当該承認を将来に向かって取り消すことができるとされている（同条４項)。

⑷　清算中などの理由による免除

⑵および⑶に加えて，24条１項３号または４号の提出義務に該当していたケースにおいては，金商法施行令４条に定めるところにより①清算中の者，②相当の期間営業を休止している者，または③同項３号に掲げる有価証券の発行者で，申請時または申請日の属する事業年度の直前事業年度の末日において株主名簿や所有者の名簿などに記載・記録されている有価証券の所有者数が25名未満である場合（企業開示府令16条２項・３項，特定有価証券開示府令25条３項・４項）のいずれかに該当する場合には，内閣総理大臣より承認を受けることにより有価証券報告書の提出を免除される。具体的には，当該承認申請のあった日の属する事業年度（その日が事業年度開始後３カ月（外国の発行者である場合は原則６カ月）以内の日である場合には，その直前事業年度）に係る有価証券報告書から提出を要しないこととなる（金商法施行令４条２項)。この免除事由については，特定有価証券についても適用される（同施行令４条の２第１項)。なお，外国会社については，③の有価証券の所有者数の算定方法は，当該有価証券の本邦における募集・売出しの際に，当該有価証券の発行者・所有者と元引受契約を締結したすべての金融商品取引業者の顧客名簿に記載された当該有価証券の所有者の数を合計して算定する（企業開示ガイドラインＢ24-3)。

承認を受けようとする場合には，承認申請書に⒜定款，⒝申請時における株主名簿，⒞清算中の者の場合には，解散を決議した株主総会の議事録の写しおよび登記事項証明書またはこれらに準ずる書面，⒟相当の期間営業を休止している者の場合には，事業の休止の経緯および今後の見通しについて記載した書面などを添えて金融庁長官に提出しなければならない（金商法施行令４条１項，企業開示府令16条１項。特定有価証券に係る承認申請に添付する書類については特定有価証券開示府令25条２項を参照）。

注意すべき点は，この場合の承認は，その後，申請のあった日の属する事業年度を含めて以後５事業年度にわたり，毎事業年度経過後３カ月以内に，当該事業年度末日における株主名簿の写しおよび株主総会に報告し，またはその承認を受けた当該事業年度に係る計算書類および事業報告（会社法438条に掲げるもの）を金融庁長官に提出することを条件として行われる（金商法施行令４条３項，企業開示府令16条４項・５項。特定有価証券についても同様である。金商法施行令４条の２第１項，特定有価証券開示府令25条５項・６項）。つまり，継続開示義務が再発生することになったか否かを行政当局が判断するために，免除承認を得た後も約４年間は上記の書類提出義務を履行させるという趣旨である。上記①～③の免除事由に該当しなくなった場合は，該当しないこととなった日の属する事業年度（その日が事業年度開始後３カ月（外国の発行者である場合は原則６カ月）以内の日である場合には，その直前事業年度）に係る有価証券報告書から提出義務が復活することになる（金商法施行令４条２項・４条の２第１項）。この点は，(3)の免除事由による場合には，上述したとおり，翌事業年度以降に当該有価証券の所有者の数が300名以上となっても，新たに当該有価証券が24条１項各号に該当しなければ有価証券報告書の提出を要しないのと異なる。

なお有価証券報告書の提出義務がなくなった場合であっても，たとえば普通株式に係る有価証券報告書の提出義務の消滅後に，新たに普通株式のプロ私募または少人数私募（第１章第１節■１(3)②(b)(iv)・(v)参照）を行おうとした場合，過去に有価証券報告書の提出義務を負っていた以上，提出義務がなくなった後も，文言上は，金商法施行令１条の４第１号イ・１条の７第２号イ(1)に定めるところの「株券等の発行者が……法第24条第１項各号……のいずれかに該当するものを既に発行している者」に該当しうることとなるため，その時点において提出義務が消滅しているにもかかわらず，当該普通株式につき少人数私募・プロ私募を行うことができないという見解が存在し，論点となっていた。

この論点については，平成22年６月４日施行の企業開示ガイドラインの改正により，有価証券の取得勧誘または売付け勧誘（以下，本■２において「有価証券の勧誘」という）に当たり，当該有価証券が24条１項ただし書の規定に該当し，有価証券報告書の提出を要しないこととなっている場合，当該有価証券は24条１項３号または４号に該当する有価証券でないものとして，２条３項および４項の規定を適用し，有価証券届出書の提出を要しないとされた（企業開示ガイドラインＢ4-24）。これにより，たとえば，株式移転や株式交換等の完全子会社化による普通株式の上場廃止後に，当該普通株式について24条１項ただし書の規定に該当し，有価証券報告書の提出義務が免除された場合，当該普通株式の発行体は，金商法施行令１条の７第２号イ(1)の「法第24条第１項各号……のいずれかに該当するものを既に発行している者」に該当しないこととなり，私募による普通株増資が可能となる点が明らかとなった。

ただし，当該有価証券の勧誘により当該有価証券が取得された結果，有価証券報告書の提出義務の免除要件を満たさなくなる場合にはこの限りではないとされている（企業開示ガイドラインＢ4-24ただし書）。たとえば，当該有価証券届出書にかかる有価証券の所有者の数が25名未満であることを理由に，金融庁長官の承認を得ることにより，有価証券報告書の提出義務が免除された場合に，当該有価証券の勧誘により当該有価証券が取得された結果，事業年度末日における株主の数が25名以上となることが明らかとなる場合には私募増資は許されないこととされる。これに対し前記(3)の直近過去５事業年度すべての末日の株主の数が300名未満であることを理由とした有価証券報告書提出免除については，事後に所有者数が300名以上となっても有価証券報告書提出義務の復活はないと解されているため（企業開示ガイドラインＢ24-12），事後の所有者数にかかわらず有価証券届出書の提出は不要となる（平成22年６月４日パブコメ６頁No.27）。もっとも，株主数を新たに300名以上に増加させるような株式の取得勧誘は，通常，別途新たな募集（50名以上への取得勧誘）として有価証券届出書の提出が必要となる場合が多いと思われる。

■3　報告書の種類

(1)　有価証券報告書

①　提出時期・記載内容・添付書類

有価証券報告書は，■１で述べた継続開示義務を負う発行者が，事業年度または特定期間ごとに，会社の商号，会社の属する企業集団およびその会社の経理の状況その他事業の内容に関する重要な事項（特定有価証券の場合には，当該会社が行う資産の運用その他これに類似する事業に係る資産の経理の状況その他資産の内容に関する重要な事項）その他の公益または投資者保護のため必要かつ適当な事項を記載して内閣総理大臣に提出する開示書類である（24条１項・５項）。有価証券の投資判断のために必要な企業の事業内容または資産運用の内容，財務内容などを開示して，有価証券の公正円滑な流通の確保と投資者保護に資することを目的としている。有価証券報告書に関する規定は，会社以外の発行者にも準用されている（27条）。

有価証券報告書は，毎事業年度経過後３カ月以内に提出しなければならない（24条１項）。この点，平成20年金商法改正により，やむをえない理由により当該期間内に提出できないと認められる場合には，内閣府令で定めるところにより，あらかじめ内閣総理大臣の承認を受けた期間まで提出期限を延長することができるようになった（企業開示府令15条の２，特定有価証券開示府令24条，外債府令13条）。

外国の発行者については原則として毎事業年度経過後６カ月以内であるが，その本国の法令または慣行その他やむをえない理由により，６カ月以内に提出できないと認められる場合には，内閣府令で定めるところにより，あらかじめ金融庁長官の承認を受けた期間となる（24条１項，金商法施行令３条の４，企業開示府令15条の２の２，特定有価証券開示府令24条の２，外債府令13条）。平成20年金商法改正に係る金商法施行令改正により，本国の法令または慣行に加えて，「その他やむを得ない理由」が追加された。

また，「監査における不正リスク対応基準」の設定に伴い，企業開示ガイドラインの改正（平成25年６月11日適用）がなされ，「やむを得ない理由」により有価証券報告書等を既定の期間内に提出できないと認められる場合における，有価証券報告書等の提出期限の延長に係る承認の取扱いの明確化が図られた。具体的には，(a)大規模なシステムダウン等の発生，(b)民事再生手続開始の申立て等，(c)過去に提出した有価証券報告書等に虚偽の記載が発見され，過年度の連結財務諸表等の訂正が必要であること（その旨を公表している場合に限る），(d)連結財務諸表等に虚偽表示の疑義が発見され，監査人がその内容を確認する必要があること（その旨を公表している場合に限る）または(e)外国会社が，本国の法令等により，提出期限までに有価証券報告書等の提出ができないこと，といった理由により提出期限までに提出することができないと認められる場合には，提出期限延長の承認を行うことと規定され，承認を必要とする理由を証する書面の内容や，新たに承認する提出期限などについても一定の規定が置かれた（企業開示ガイドラインＢ24-13）。

有価証券報告書を提出していない発行者が，24条１項１号～３号のいずれかに該当することとなった場合（新規に上場または店頭登録した場合もしくは有価証券届出書を提出した場合）には，その該当することになった日の属する事業年度の直前事業年度に関する有価証券報告書を遅滞なく提出しなければならない(24条３項)。ただし，募集・売出しにつき有価証券届出書を提出したことにより有価証券報告書の提出義務者に該当することとなった場合（24条１項３号の場合）において，次の(i)または(ii)に該当するときには，直前事業年度に関する有価証券報告書の提出は必要なく，その提出した日の属する事業年度に関する有価証券報告書から提出することとなる（24条３項かっこ書，企業開示府令16条の２，企業開示ガイドラインＢ24-1。特定有価証券については特定有価証券開示府令26条参照）。

(i)　有価証券届出書の提出日が，その提出日に属する事業年度の開始の日から３カ月を経過しているとき

(ii)　当該有価証券届出書に，その提出日の属する事業年度の直前事業年度の財務諸表が掲げられているとき

有価証券報告書の提出先は，有価証券届出書の場合と同様である（企業開示府令20条，特定有価証券開示府令22条，外債府令12条。第１章第１節■**2**(3)参照）。有価証券報告書は，提出日から５年間，公衆の縦覧に供される（25条１項４号）。公衆縦覧の方法は，有価証券届出書の場合と同様である（第１章第１節■

2(3)参照）。

内国会社が提出する有価証券報告書は，企業開示府令第3号様式（通常様式），第3号の2様式（24条2項による少額募集等に係る特例による様式）または第4号様式（同条1項の適用を受けない会社が募集・売出しを行わないで上場・店頭登録したことにより24条3項に基づき提出する様式）により作成することとされている（企業開示府令15条1号）。外国会社が提出する有価証券報告書は，企業開示府令第8号様式（通常様式）または第9号様式（24条1項の適用を受けない会社が募集・売出しを行わないで上場・店頭登録したことにより24条3項に基づき提出する様式）により作成する（企業開示府令15条2号）。特定有価証券に係る有価証券報告書の様式については，特定有価証券開示府令22条1項において特定有価証券の区分に応じて定められている。また，外国政府，外国の地方公共団体，国際機関，外国の政府関係機関などが発行する債券（外国債等。外債府令1条1号）の場合には，外債府令に基づく有価証券報告書を作成する（外債府令12条）。

有価証券報告書の基本様式である企業開示府令第3号様式は，「第一部　企業情報」および「第二部　提出会社の保証会社等の情報」から構成されており，その記載内容は，企業開示府令第2号様式の有価証券届出書の「第二部　企業情報」および「第三部　提出会社の保証会社等の情報」の記載内容とほとんど同じである。他の様式についても，証券情報がないことを除けば，当該発行体に係る有価証券届出書の内容とほぼ同じである。

有価証券届出書と同様に，有価証券報告書に掲げられた財務諸表および連結財務諸表については，公認会計士または監査法人による監査証明（193条の2）が必要である（監査証明については第1章第1節■2(4)②(b)(v)財務諸表参照）。

有価証券報告書には，定款，当該事業年度に係る計算書類・事業報告で定時株主総会に報告または承認したもの，社債等（社債，社会医療法人債，学校債券，学校貸付債権の総称。企業開示府令10条1項1号ニ）・コマーシャル・ペーパーで保証が付されている場合には保証会社の定款・当該保証を行うための取締役会決議などに係る取締役会議事録などの写し・保証の内容を記載した書面などを添付する必要がある（24条6項，企業開示府令17条1項1号）。なお，定款や社債等・コマーシャル・ペーパーで保証が付されている場合に添付書類となる保証会社の定款・取締役会決議などの写し・保証の内容を記載した書面などの一部の添付書類については，当該有価証券報告書の提出日前５年以内に有価証券報告書に添付して提出されたものがある場合には，すでに添付したものと異なる内容の部分のみを添付することとされている。また，平成21年12月11日施行の企業開示府令の改正により，有価証券報告書等の定時株主総会前の提出を可能とするため，有価証券報告書の添付書類として，有価証券報告書を定時株主総会前に提出する場合には，定時株主総会において承認を受け，または報告しようとする計算書類・事業報告書の提出が認められた（企業開示府令17条１項１号ロ）。また，有価証券報告書等を定時株主総会前に提出した場合において，当該有価証券報告書に記載した当該定時株主総会における決議事項が修正・否決されたときは，臨時報告書においてその旨および内容の記載を求めることとされた（企業開示府令19条２項９号の３）。

なお，外国会社が提出する有価証券報告書の添付書類については企業開示府令17条１項２号に規定されており，上記に加えて，在職証明書（同号ロ），委任状（同号ハ），法律意見書（同号ニ）などの提出が要求されている（これらの書類が日本語でない場合は訳文を付す必要がある。企業開示府令17条２項）。また，特定有価証券に係る有価証券報告書の添付書類については発行者の区分に応じて特定有価証券開示府令27条１項に規定されている。

②　有価証券報告書の訂正

有価証券報告書または添付書類に訂正を要するものがある場合，提出者は訂正報告書を内閣総理大臣に提出しなければならない（24条の２第１項・７条１項）。訂正報告書を提出する必要があるかどうかは，有価証券報告書提出日現在の状況（記載事項が事業年度末時点のものの場合，事業年度末時点の状況）について判断し，その後の事情の変更は考慮しない。内閣総理大臣は，有価証券報告書または添付書類に形式上の不備，重要な記載事項の記載不十分，重要な事項の虚偽記載または誤解をもたらさないために必要な重要な事実の記載の欠如があるときは，訂正報告書の提出を提出者に命じることができる（24条の２第１項・９条１項・10条１項）。

また，有価証券報告書または訂正報告書に重大な虚偽記載がある場合は，公益または投資者保護のため必要かつ適当であると認めるときは，その提出者が自発的に訂正報告書を提出した日または訂正報告書の提出命令を受けた日から１年以内に提出する有価証券届出書，発行登録書，発行登録追補書類について，公益または投資者保護のため相当と認められる期間，効力の停止を命じ，または効力が発生するまでの期間を延長することができる（24条の３・11条）。

有価証券報告書の提出者は，重要なものについて訂正報告書を提出したときは，自発的訂正によるか提出命令によるものかを問わず，その旨を公告しなければならない（24条の２第２項）。なお，公告が必要な場合は，「重要なものについて」訂正報告書を提出する場合に限る。公告は，電子公告を利用する方法（具体的には後述のEDINETに掲載する）または全国において時事に関する事項を掲載する日刊新聞紙に掲載する方法のいずれかの方法により，遅滞なく行うことを要する（金商法施行令４条の２の４第１項，企業開示府令17条の５第２項，特定有価証券開示府令27条の５第２項）。なお，電子公告を利用する場合，訂正の対象となった有価証券報告書およびその添付書類を提出した日から５年を経過する日までの間，継続して電子公告による公告を行わなければならない（金商法施行令４条の２の４第２項。実際にはEDINETを利用すれば，自動的に５年間閲覧に供されることになる）。訂正報告書に関する電子公告の利用は，平成17年４月施行の証取法施行令の改正で実現した。

③　有価証券報告書の英文開示（外国会社報告書）

有価証券報告書等に代えて英文による外国会社報告書（外国債等の場合は，「外国者報告書」とよぶ。以下同じ）を提出する場合の利用要件およびその記載内容，補足書類については，証券情報部分を除き外国会社届出書と基本的に同様である（第１章第１節■２⑷⑨参照）。なお，補足書類の記載内容については，平成23年金商法改正により認められることとなった外国会社届出書の補足書類の記載内容に併せて，見直しが行われた。

外国会社報告書およびその補足書類（24条９項）の提出期限は，事業年度終了後４カ月以内とされている（24条10項，金商法施行令４条の２の２）。外国会社の場合，日本語による通常の有価証券報告書は，事業年度終了後６カ月以内に提出すれば足りるとされている（24条１項，金商法施行令３条の４）ことから，英文による外国会社報告書を提出する場合は，和訳の作業負担は少ない分，提出期限は早まっている。ただし，本国の法令または慣行その他やむをえない理由により4カ月以内に提出できないと認められる場合には，あらかじめ金融庁長官の承認を受けた期間となる（金商法施行令4条の2の2ただし書）。かかる外国会社報告書および補足書類を提出した場合は，それらを有価証券報告書とみなし，これらの提出を，有価証券報告書等を提出したものとみなして金商法の規定が適用される（24条11項）。

また，半期報告書，四半期報告書，臨時報告書，内部統制報告書，有価証券報告書・半期報告書・四半期報告書・内部統制報告書に係る訂正報告書，有価証券報告書などの確認書とその訂正確認書，外国会社が親会社である場合の親会社等状況報告書についても英文開示が認められる（24条の5第7項・8項・24条の4の7第6項・24条の5第15項・24条の4の4第6項・24条の2第4項・24条の5第12項・24条の4の7第11項・24条の4の5第3項・24条の4の2第6項・24条の4の3第3項・24条の7第5項など）。なお，上記のうち，臨時報告書，確認書，内部統制報告書，親会社等状況報告書の英文開示については，当該外国の法令などに基づいて当該外国において公衆の縦覧に供されているものである必要はなく，新たに英文で作成したものでも構わない（24条の5第15項・24条の4の2第6項・24条の4の3第3項・24条の4の4第6項・24条の4の5第3項・24条の7第5項）。

上記書類のうちの一部についてのみ英文開示によることも可能であるが，外国会社確認書および外国会社内部統制報告書については，外国会社報告書を提出している場合のみ英文開示が認められる。また，臨時報告書についても，すでに外国会社報告書等を提出している場合に限り提出することが適切であるとされている[115]。また，当該臨時報告書は，外国会社報告書等を提出している外国会社が提出するものであるため，基本的には，臨時報告書の提出のつど，金融庁長官が事前判断を行うことはないが，当該外国会社が外国会社報告書等を提出しているかなどについて確認する必要があるため，関東財務局に提出する前に相談することが求められている[116]。

(115)　平成24年2月パブコメ41頁No.100

(116)　平成24年2月パブコメ42頁No.103・No.104

実務のポイント・2－20

◆英文開示の実務上の課題

平成23年金商法改正により，英文開示による有価証券報告書を提出している場合でも組込方式または参照方式による有価証券届出書の提出が認められるようになったこと，英文開示の場合に必要となる重要な記載事項の日本語による要約その他の補足書類の内容や作成要領が明確化されたこと（外国会社届出書等による開示に関する留意事項B4-1，東京証券取引所および日本証券業協会作成の「外国会社届出書等の作成要領」参照）などを受け，英文開示の利用は，同改正施行前の２社から，平成31年３月31日現在において60社程度にまで増加している。

ただし，英文開示の利用要件は，外国の法令等に基づいて英語により開示が行われている場合に限られ，英語圏にない外国会社が任意に英文による書類を開示している場合などには利用できない。

また，外国会社が５条６項による外国会社届出書と同条７項による補足書類を提出した場合には，これらを５条１項の有価証券届出書とみなして金商法の規定を適用するものとされているところ（５条８項），虚偽記載等の有無は個別事例ごとに実態に即して判断されるべきものと考えられ，英語の原文に誤りがない場合であっても，補足書類の日本語による要約に重要な事項についての虚偽記載等がある場合には，届出書の重要な事項に虚偽記載等があると認められる場合があるとされている（平成24年２月パブコメ43頁No.110）。補足書類に重要な虚偽記載がある場合は当然であるとしても，補足書類に記載すべき重要な事項が欠けているような場合に「虚偽記載等」に該当するものとされる場合には，補足書類にどの程度の記載が必要になるかが必ずしも明らかではなく，虚偽記載等が実務上より問題となりうる有価証券の公募の場合における英文開示の利用に萎縮効果をもたらしかねないところであるが，この点については，上記の外国会社届出書等による開示に関する留意事項も踏まえ，「外国会社届出書等の作成要領」に従って作成されている限り，記載すべき重要な事項が欠けているとされることはないと解したいところである。

もっとも，一般投資家向けの有価証券の募集または売出し，特に個人投資家が勧誘対象に含まれているような場合には，投資家が英文による開示書類を十分に理解できるかは実際問題として疑問であるといわざるをえず，適合性の原則（40条）等の投資家保護の要請との関係で，実務上英文開示を用いることが困難である場合も少なくないと思われ，英文開示を利用している会社もそのほとんどが日本国内において有価証券の募集または売出しを行うことを想定していないか，ストック・オプション付与を目的とする届出書を提出している会社にとどまっているのが現状である。サムライ債の公募等，一般投資家向けに有価証券の募集などを行う場合の英文開示の利用に際しては，補足書類における日本語による開示を充実させることも考えられるが，どの程度の記載とすべきかについては，実務の蓄積が待たれるところである。

④　特定有価証券に係る報告書代替書面制度

特定有価証券に係る有価証券報告書を提出しなければならない会社は，公益または投資者保護に欠けることがないものとして内閣総理大臣の承認を受けた場合には，法令または金融商品取引所の規則に基づいて作成された書面で，有価証券報告書に記載すべき事項の一部が記載されたもの（報告書代替書面）と，当該報告書代替書面に記載された事項が記載されていない有価証券報告書（原有価証券報告書）とをあわせて提出することができる（24条14項，特定有価証券開示府令27条の４の２第１項）。これは，特定有価証券（資産型金融商品）については，その内容，発行形態や取引形態が多様であり，機械的に一律に開示規制を課しても，投資者にとってわかりづらい場合があり，また，特定有価証券に関し，法令などに基づいて提出される報告書などの中には，その記載内容が重複するものがあることを踏まえ，投資者にとってわかりやすい情報提供の仕組みを整備し，発行者の負担を軽減する観点から，特定有価証券についてのみ，金商法において新たに導入された制度である。たとえば，投資証券などにおいて投信法上作成が義務付けられている運用報告書などを報告書代替書面として提出することなどが考えられる。

報告書代替書面を提出しようとする特定有価証券の発行者が内閣総理大臣の承認を受けようとする場合には，原有価証券報告書に係る特定期間の終了後，ただちに，(a)当該原有価証券報告書に係る特定期間，(b)当該報告書代替書面の提出に関して当該承認を必要とする理由，(c)当該報告書代替書面の作成の根拠となる法令の条項または金融商品取引所の規則の規定を記載した承認申請書を関東財務局長に提出しなければならない（特定有価証券開示府令27条の４の２第３項）。

上記の場合，当該報告書代替書面を当該有価証券報告書の一部として提出したとみなされる（24条15項）。したがって，当該報告書代替書面に虚偽記載がある場合には，当該有価証券報告書の虚偽記載として民事責任規定・罰則・課徴金規定が適用されることとなる。

また，報告書代替書面制度は，特定有価証券に係る半期報告書，四半期報告書および臨時報告書にも同様に導入されている（24条の４の７第12項・13項（四半期代替書面），24条の５第13・14項・20・21項（半期代替書面，臨時代替書面））。

⑵ 四半期報告書

① 概　　要

四半期報告書は，上場会社等が，事業年度の期間を３カ月ごとに区分した期間ごとに，当該会社の属する企業集団の経理の状況その他の事項を記載して内閣総理大臣に提出する開示書類である（24条の４の７）。

② 対象会社・提出時期

四半期報告書を提出する義務のある会社は，株券，優先出資証券など一定の有価証券[117]を上場または店頭登録している発行会社（以下，本節において「上場会社等」という）である（24条の４の７第１項，金商法施行令４条の２の10第１項）。また，有価証券報告書を提出しなければならない会社については，上場会社等以外の会社であっても，任意に四半期報告書を提出することができる（24条の４の７第２項）。ただし，特定有価証券（５条１項，金商法施行令２条の13参照）の発行者については四半期報告制度の適用はなく任意に提出することもできない[118]（24条の４の７第３項に基づく政令の定めがないため）。したがって，上場されているいわゆるJ-REIT（投信法に規定する投資証券。２条１項11号）などについては，四半期報告制度の適用はない。なお，半期報告書を提出しなければならない会社が任意に四半期報告書を提出しようとする場合には，その事業年度の第１四半期会計期間に係る四半期報告書から提出しなければならないものとされ（企業開示ガイドラインＢ24の４の7-4），また，この場合には新規上場をしようとしていたができなかった場合その他これに準ずる場合を除き，以後継続して四半期報告書を提出しなければならないこととされている（同ガイドラインＢ24の４の7-5）。

四半期報告書は，各四半期終了後45日以内に提出しなければならない（24条の４の７第１項，金商法施行令４条の２の10第３項）。ただし，事業年度の最後の期間（事業年度が１年の場合は第４四半期）については，四半期報告書の提出は不要とされている（24条の４の７第１項，金商法施行令４条の２の10第２項）。ま

---

(117)　①株券，②優先出資証券，③外国の者の発行する①または②の性質を有するもの，④有価証券信託受益証券で受託有価証券が①～③の有価証券であるもの，および，⑤預託証券で①～③の有価証券に係る権利を表示するものである（金商法施行令４条の２の10第１項）。

(118)　平成19年７月パブコメ133頁No.２

た，単体かつ半期ベースで自己資本比率規制を受ける銀行業，保険業など内閣府令（企業開示府令17条の15第２項）で定める事業を行う会社（以下，本節において「特定事業会社」という）については，第２四半期報告書については単体の中間財務諸表の記載が求められることから，その提出期限のみ第２四半期終了後60日以内とされている（24条の４の７第１項，金商法施行令４条の２の10第４項１号）。新規に上場または店頭登録した会社については，提出義務が生じた日の属する四半期に係る四半期報告書から提出義務が生じる（企業開示ガイドラインB24の４の7-3）。有価証券報告書と同様に，これらの提出期限については，平成20年金商法改正により，やむをえない理由により当該期間内に提出できないと認められる場合には，内閣府令で定めるところにより，あらかじめ内閣総理大臣の承認を受けた期間まで提出期限を延長することができるようになった（24条の４の７第１項，企業開示府令17条の15の２）。

外国会社の提出する四半期報告書の提出期限は，内国会社の場合と同様に，四半期終了後45日以内とされている（24条の４の７第１項，金商法施行令４条の２の10第３項）。外国会社についても，やむをえない理由により提出期限の延長が認められるが，その承認等の手続については，平成25年11月５日施行の改正により，詳細な規定が定められ（企業開示府令17条の15の２），明確化が図られた。四半期報告書の提出先は，有価証券届出書の場合と同様である（企業開示府令20条）。四半期報告書は，提出日から３年間，公衆の縦覧に供される（25条１項７号）。

③　記載内容・監査証明

四半期報告書の具体的な記載事項は，企業開示府令において定められている（同府令17条の15，内国会社につき第４号の３様式，外国会社につき第９号の３様式）。基本的な枠組みは，半期報告書の記載項目によっているが，半期報告書では別項目となっている「経営方針，経営環境及び対処すべき課題等」および「研究開発活動」を「経営者による財政状態，経営成績及びキャッシュ・フローの状況の分析」においてまとめて記載することとし一部記載項目を集約するなど，四半期報告の迅速性・適時性の要請などを踏まえ，簡略化されているものもある。また，財務情報については，基本的に連結財務情報のみとされており，平成23年３月に公布された四半期連結財務諸表規則の改正により大幅に簡素化され，(a)四半期連結貸借対照表，(b)四半期連結損益計算書（当四半期連結累計期間に係るもの），(c)四半期連結包括利益計算書（当四半期連結累計期間に係るもの），(d)持分変動計算書（当四半期連結累計期間および前年同四半期連結累計期間に係るもの）ならびに(e)（第２四半期についてのみ）四半期連結キャッシュ・フロー計算書（当四半期累計期間）を記載することとなる（企業開示府令第４号の３様式記載上の注意(20)～(23)）。第１および第３四半期連結（累計）キャッシュ・フロー計算書，四半期連結損益計算書（３カ月），四半期連結包括利益計算書（３カ月）については任意で記載することができる。なお，四半期連結財務諸表を作成していない場合は，（単体の）四半期財務諸表を記載することとなる。また，新たに上場会社・店頭登録会社になった場合や四半期報告制度の適用初年度のように，前年同四半期に係る四半期報告書を提出していない場合には，前年同四半期との対比の記載は求められない（企業開示ガイドラインＢ24の４の7-6）。なお，平成31年１月31日に公布された企業開示府令の改正により，「経営者による財政状態，経営成績及びキャッシュ・フローの状況の分析」について，経営方針・経営戦略等を定めている場合で，経営者において，当該経営方針・経営戦略等との比較が，前年同四半期連結累計期間との比較よりも投資者の理解を深めると判断したときは，前年同四半期連結累計期間との比較・分析に代えて，当該経営方針・経営戦略等と比較・分析して記載することができることとされ，また，当四半期連結累計期間において，前事業年度の有価証券報告書に記載した会計上の見積りおよび当該見積りに用いた仮定の記載について重要な変更があった場合には，その旨およびその具体的な内容を分かりやすく，かつ，簡潔に記載することとされている。

特定事業会社の第２四半期報告書については，中間連結財務諸表および中間財務諸表（株主資本等変動計算書を含む）ならびに「経理の状況」の「その他」に四半期連結損益計算書（作成していない場合は（単体の）四半期損益計算書）を記載することができることとされている（企業開示府令第４号の３様式記載上の注意(30)）。なお，第１および第３四半期報告書については，原則として他の会社と同様の記載事項となるが，第３四半期連結会計期間については，第３四半期累計期間に係る四半期連結損益計算書の記載は必要なく，第３四半期連結会計期間の四半期連結損益計算書（作成していない場合は（単体の）四半期損益計算書）を，「経理の状況」の「その他」に記載することとされている（企業開示府令第４号の３様式記載上の注意(24)ｄ・(29)ｄ）。

四半期財務諸表の作成基準については，平成19年３月に企業会計基準委員会から「四半期財務諸表に関する会計基準」および「四半期財務諸表に関する会計基準の適用指針」が，また，監査証明の基準については，同月に企業会計審議会から「四半期レビュー基準の設定に関する意見書」が，それぞれ公表され，その後随時改訂されている。なお，「四半期レビュー基準の設定に関する意見書」については，国際監査基準との整合性等に関する検討を踏まえ，平成23年６月に改訂されている。四半期財務諸表では，株主資本等変動計算書の開示は求められておらず，著しい変動があった場合の注記事項とされている。また，四半期財務諸表は原則として年度の会計処理原則および手続に準拠するものとしつつ（四半期財務諸表等規則４条１項），例外として，適時性の観点から簡便な会計処理や，四半期財務諸表特有の会計処理が認められている。

四半期財務諸表および四半期連結財務諸表については，公認会計士または監査法人による監査証明（四半期レビュー報告書）が必要とされている（193条の２第１項，監査証明府令１条・３条)。四半期レビューは，財務諸表の適正性に対する合理的保証（積極的保証）を付与する年度監査とは異なり，「適正に表示していないと信じさせる事項がすべての重要な点において認められなかった」との消極的保証を付与するものである（「監査」ではなく「レビュー」にとどまる。企業会計審議会「四半期レビュー基準の設定に関する意見書」（平成23年６月30日改訂後）参照)。

(3)　半期報告書

半期報告書は，継続開示義務を負う会社が，事業年度が開始した日以後６カ月間の当該会社の属する企業集団および当該会社の経理の状況その他事業の内容に関する重要な事項（特定有価証券の場合には，当該会社が行う資産の運用その他これに類似する事業に係る資産の経理の状況その他資産の内容に関する重要な事項）その他の公益または投資者保護のため必要かつ適当な事項を記載して内閣総理大臣に提出するものである（24条の５第１項・３項)。半期報告書に関する規定は，会社以外の発行者にも準用されている（27条）。

半期報告書の提出義務のある会社は，有価証券報告書の提出会社（24条１項の適用を受ける会社）のうち，四半期報告書の提出会社以外の会社で，その事業年度が６カ月を超える会社である（24条の５第１項）。したがって，四半期報告書提出会社は半期報告書を提出する必要がない。

なお，定款に規定する事業年度を変更した場合において，その変更した最初の事業年度の期間が６カ月を超える場合には，半期報告書の提出を要するものとされる。ただし，当該半期報告書の提出期限内に最初の事業年度の末日が到来する場合には，半期報告書を提出しないことができる（企業開示ガイドラインB24の5-1）。

24条１項本文の規定の適用を受けない会社でその事業年度が６カ月を超えるものの発行する有価証券が同項１号～３号に掲げる有価証券に該当することとなった場合（有価証券報告書の提出義務が生じた場合）における当該会社の半期報告書については，その該当することとなった日が事業年度開始の日から６カ月以内の日であるときにのみ，当該事業年度が開始した日以後６カ月間の半期報告書の提出を要する（企業開示ガイドライン24の5-3）。

半期報告書の提出時期は，事業年度が開始した日以後６カ月経過後３カ月以内である（24条の５第１項。外国会社も同じ）。有価証券報告書と同様に，平成20年金商法改正により，やむをえない理由により当該期間内に提出できないと認められる場合には，内閣府令で定めるところにより，あらかじめ内閣総理大臣の承認を受けた期間まで提出期限を延長することができるようになった（改正の趣旨については(1)①参照）。半期報告書の提出先は，有価証券届出書の場合と同様である（企業開示府令20条，特定有価証券開示府令28条１項，外債府令12条）。半期報告書およびその訂正報告書は，提出日から３年間，公衆の縦覧に供される（25条１項８号。第１章第１節■**2**(3)参照）。

内国会社の提出する半期報告書は，企業開示府令第５号様式（通常様式）または第５号の２様式（少額募集様式），外国会社については第10号様式に基づいて作成する（企業開示府令18条１項）。また特定有価証券に係る有価証券報告書の様式については，特定有価証券開示府令28条１項において特定有価証券の区分に応じて定められている。外国債等の場合には，外債府令に基づく半期報告書を作成し関東財務局長に提出することとなる（外債府令15条）。内国会社の半期報告書には添付書類は必要ない。他方，外国会社の半期報告書には，在職証明と委任状およびその訳文を添付する必要がある（企業開示府令18条２項）。なお，半期報告書は，中間的な報告書であるので，その記載内容は，たとえば半期中の重要な異動状況を記載するなど，有価証券報告書よりも一部簡略化されている。

(4)　臨時報告書

有価証券報告書を提出しなければならない会社は，その会社が発行者である有価証券の募集・売出しが外国において行われるとき，その他公益または投資者保護のため必要かつ適当なものとして内閣府令で定める場合に該当することとなったときは，内閣府令で定めるところにより，その内容を記載した臨時報告書（内国会社の場合は第５号の３様式，外国会社の場合は第10号の２様式）を，遅滞なく提出しなければならない（24条の５第４項，企業開示府令19条，特定有価証券開示府令29条）。臨時報告書に関する規定は，会社以外の発行者にも準用されている（27条，外債府令16条）。臨時報告書制度は，企業内容に関して発生した重要な事実であって，特に投資者に適時に開示した方がよいと思われる事項について，有価証券報告書，半期報告書または四半期報告書の提出を待たずその開示を求め，投資者の的確な判断に資するためのものである。

臨時報告書の提出を要する会社は，有価証券報告書を提出しなければならない会社である（24条の５第４項）。また臨時報告書の提出先は，有価証券届出書の場合と同様である（企業開示府令20条，特定有価証券開示府令29条１項，外債府令16条）。臨時報告書およびその訂正報告書は，提出日から１年間，公衆の縦覧に供される（25条１項10号。第１章第１節■２(3)参照）。

主要な臨時報告書の提出事由とその記載内容は，企業開示府令19条２項１号〜19号に規定されている。以下各号の提出事由を列挙する（見出し番号は，企業開示府令19条２項の号番号に一致する）。

1　海外におけるエクイティ証券の募集・売出し

提出会社が発行者である有価証券の募集（50名未満の者を相手方として行うものを除く）または売出しのうち発行価額または売出価額の総額が１億円以上であるものが海外において開始された場合

ただし，対象となる有価証券は，エクイティ証券（株券，新株予約権証券，新株予約権付社債券など）に限り，その他の社債券などは含まれない。また，平成29年２月14日施行の企業開示府令の改正により，国内募集と並行して海外募集が行われる場合に，海外募集に係る臨時報告書に記載すべき情報が国内募集に係る有価証券届出書に全て記載されているときには，当該臨時報告書の提出を不要とされた。

2　私募によるエクイティ証券の発行

①募集によらない有価証券の発行または②海外において行われる50名未満の者を相手方とする募集による有価証券の発行で，発行価額の総額が１億円以上であるものにつき取締役会の決議等もしくは株主総会の決議または主務大臣の認可があった場合（当該取得が主として海外で行われる場合には，当該発行が行われた場合）

ただし，対象有価証券は，１と同様にエクイティ証券に限られる。

2の2　届出を要しないストック・オプションの発行

金商法施行令２条の12の規定により募集・売出しの届出を要しない新株予約権証券の取得勧誘（法２条３項）または売付け勧誘等（法２条４項）のうち発行価額または売出価額の総額が１億円以上であるものにつき取締役会の決議等または株主総会の決議があった場合

発行会社またはその完全子会社・完全孫会社の取締役，会計参与，監査役，執行役または使用人を相手方としてストック・オプションの取得勧誘または売付け勧誘等を行う場合には募集・売出しの届出義務は免除されているが（４条１項１号，金商法施行令２条の12。第１章第１節■１⑷②参照），この場合に発行価額または売出価額が１億円以上のものには臨時報告書の提出が義務付けられている。

平成31年４月19日に金融庁が公表した企業開示府令の改正案では，⑴交付対象者が発行会社・完全子会社・完全孫会社の役員・従業員等に限られていること，⑵交付を受けた株式について交付日の属する事業年度経過後３カ月を超える期間の譲渡制限が付されていることを条件に，当該譲渡制限付株式の募集または売出しについては，ストック・オプションと同様，有価証券届出書の提出を免除する代わりに，本号に基づく臨時報告書の提出事由とすることが提案されている。

3　親会社または特定子会社の異動

①提出会社の親会社の異動（当該提出会社の親会社であった会社が親会社で

なくなることまたは親会社でなかった会社が当該提出会社の親会社になることをいう）または提出会社の特定子会社の異動（当該提出会社の特定子会社であった会社が子会社でなくなることまたは子会社でなかった会社が当該提出会社の特定子会社になることをいう）が当該提出会社もしくは連結子会社の業務執行を決定する機関により決定された場合，または②提出会社の親会社の異動もしくは提出会社の特定子会社の異動があった場合（当該異動の決定について臨時報告書をすでに提出した場合を除く）

ここにいう「特定子会社」とは，①当該会社の提出会社に対する売上高または仕入高が，提出会社の仕入高または売上高の総額の10％以上，②純資産額が提出会社の純資産額の30％以上，または③資本金・出資の額が提出会社の資本金の額の10％以上のいずれか一つ以上に該当する子会社をいう（企業開示府令19条10項）。なお，売上高・仕入高，純資産額などの財務数値は最近事業年度またはその末日における数値が用いられる（以下，本(4)において同じ）。

なお，平成25年11月５日施行の企業開示府令の改正により，異動そのものだけではなく，当該異動にかかる機関決定が臨時報告書提出事由となることが明確化された。

4　主要株主の異動

①提出会社の主要株主（総株主等の議決権の10％以上を保有している株主。163条１項）の異動（当該提出会社の主要株主であった者が主要株主でなくなることまたは主要株主でなかった者が当該提出会社の主要株主になることをいう。以下同じ）が当該提出会社もしくは連結子会社の業務執行を決定する機関により決定された場合，または②提出会社の主要株主の異動があった場合（当該異動の決定について臨時報告書を既に提出した場合を除く）

なお，平成25年11月５日施行の企業開示府令の改正により，異動そのものだけではなく，当該異動にかかる機関決定が臨時報告書提出事由となることが明確化された。

4の2　特別支配株主の株式等売渡請求

提出会社に対しその特別支配株主（会社法179条１項に規定する特別支配株主をいう）から同法179条の３第１項の規定による請求の通知がされた場合又は当該請求を承認するか否かが，当該提出会社の業務執行を決定する機関により決定された場合

4の3　全部取得条項付種類株式（会社法171条１項に規定する全部取得条項付種類株式をいう）の全部の取得

全部の取得を目的とする株主総会を招集することが，提出会社の業務執行を決定する機関により決定された場合（当該取得により当該提出会社の株主の数が25名未満となることが見込まれる場合に限る）

4の4　株式の併合

株式の併合を目的とする株主総会を招集することが，提出会社の業務執行を

決定する機関により決定された場合（当該株式の併合により当該提出会社の株主の数が25名未満となることが見込まれる場合に限る）

5　重要な災害の発生

提出会社に係る重要な災害（被害額が純資産額の３％以上のもの）が発生し，それがやんだ場合で，当該重要な災害による被害が当該提出会社の事業に著しい影響を及ぼすと認められる場合

6　訴訟の提起または解決

①提出会社に対し訴訟が提起され，損害賠償請求金額が純資産額の15％以上である場合または②提出会社に対する訴訟が解決し，損害賠償支払金額が純資産額の３％以上である場合

6の２　株式交換

提出会社が株式交換完全親会社（会社法767条）となる株式交換または提出会社が株式交換完全子会社（同法768条１項１号）となる株式交換が行われることが，当該提出会社の業務執行を決定する機関により決定された場合

ただし，提出会社が株式交換完全親会社となる場合は，①株式交換完全子会社となる会社の資産の額が当該提出会社の純資産額の10％以上に相当する場合，または②当該株式交換完全子会社となる会社の売上高が当該提出会社の売上高の３％以上に相当する場合に限る。

提出会社が株式交換完全子会社となる株式交換の場合は，上記のような軽微基準はないため，規模の大小に関係なく，臨時報告書の提出が必要となる。

6の３　株式移転

株式移転が行われることが，提出会社の業務執行を決定する機関により決定された場合

7　吸収分割

①提出会社の資産の額が純資産額の10％以上減少し，もしくは増加することが見込まれる吸収分割，または②提出会社の売上高が３％以上減少し，もしくは増加することが見込まれる吸収分割が行われることが，当該提出会社の業務執行を決定する機関により決定された場合

7の２　新設分割

①提出会社の資産の額が純資産額の10％以上減少することが見込まれる新設分割，または②提出会社の売上高が３％以上減少することが見込まれる新設分割が行われることが，当該提出会社の業務執行を決定する機関により決定された場合

7の３　吸収合併

①提出会社の資産の額が純資産額の10％以上増加することが見込まれる吸収合併，②提出会社の売上高が３％以上増加することが見込まれる吸収合併，または③提出会社が消滅することとなる吸収合併が行われることが，当該提出会社の業務執行を決定する機関により決定された場合

７の４　新設合併

新設合併が行われることが，提出会社の業務執行を決定する機関により決定された場合

８　事業譲渡または譲受け

①提出会社の資産の額が純資産額の30％以上減少し，もしくは増加することが見込まれる事業の譲渡・譲受け，または②提出会社の売上高が10％以上減少し，もしくは増加することが見込まれる事業の譲渡・譲受けが行われることが，当該提出会社の業務執行を決定する機関により決定された場合

８の２　高額な対価による子会社取得

売上高等の小さな会社に係る高額な対価による子会社取得について，従前，金商法上の開示が行われていなかったとの指摘があったことを踏まえ，平成24年10月１日に施行された企業開示府令の改正により，臨時報告書の提出事由として，提出会社の業務執行を決定する機関が子会社取得を決定した場合であって，当該子会社取得の対価の額が提出会社の純資産額の15％以上となるときが追加された。

上記において，当該子会社取得の一連の行為として行った，または行うことが決定された他の子会社がある場合には，当該他の子会社の取得の対価の合計額を合算して提出事由に該当するかを判断する。また，同時に改正された企業開示ガイドラインでは，子会社取得の対価の額には，株式または持分の売買代金，子会社取得に当たって支払う手数料，報酬その他の費用等の額が含まれること（企業開示ガイドラインＢ24の5-22-2）とし，「一連の行為」には，子会社取得の目的，意図を含む諸状況に照らし，当該子会社取得と実質的に一体のものと認められる子会社取得が該当することが明らかにされた（企業開示ガイドラインＢ24の5-22-3）。

９　代表取締役の異動

提出会社の代表取締役の異動（当該提出会社の代表取締役であった者が代表取締役でなくなることまたは代表取締役でなかった者が代表取締役になることをいう）があった場合

ただし，定時の株主総会終了後有価証券報告書提出時までに異動があり，その内容が有価証券報告書に記載されている場合を除く。

９の２　株主総会における議決権行使結果の公表

平成22年３月31日に公布された企業開示府令の改正により，上場または店頭登録している会社は，株主総会において決議事項が決議された場合に，議決権行使結果として，決議事項に対する賛成・反対・棄権に係る議決権数，決議結果（個別の役員ごとの選任議案の得票数の開示についても記載する）を含む内容を記載した臨時報告書の提出が義務付けられた。

９の３　定時株主総会の決議事項の修正または否決

提出会社が有価証券報告書を当該有価証券報告書に係る事業年度の定時株主

総会前に提出した場合であって，当該定時株主総会において，当該有価証券報告書に記載した当該定時株主総会における決議事項が修正され，または否決されたとき

これは，平成21年12月11日施行の企業開示府令の改正により新設されたものである。

９の４　監査法人の異動

提出会社の監査公認会計士等（当該提出会社の財務諸表・内部統制報告書について，193条の２第１項・２項の規定により監査証明を行う公認会計士・監査法人をいう）の異動が当該提出会社の業務執行を決定する機関により決定され，または提出会社の監査公認会計士等の異動があった場合（当該異動が当該提出会社の業務執行を決定する機関により決定されたことについて臨時報告書をすでに提出した場合を除く）

当該提出事由は平成20年４月１日施行の企業開示府令の改正により追加され，同日以後開始する事業年度に係る財務諸表・内部統制報告書の監査証明を行う監査公認会計士等の異動について適用されている。

10　破産手続開始の申立て等

提出会社に係る再生手続開始の申立て，更生手続開始の申立て，破産手続開始の申立てまたはこれらに準ずる事実があった場合

11　多額の取立不能債権等の発生

提出会社の債務者等について手形もしくは小切手の不渡り，破産手続開始の申立て等またはこれらに準ずる事実があり，当該提出会社の純資産額の３％以上に相当する額の当該債務者等に対する売掛金，貸付金，その他の債権につき取立不能または取立遅延のおそれが生じた場合

12　提出会社の財政状態および経営成績に著しい影響を与える事象の発生

いわゆるバスケット条項であり，具体的には，財務諸表等規則８条の４に規定する重要な後発事象に相当する事象であって，当該事象の損益に与える影響額が，当該提出会社の最近事業年度の末日における純資産額の３％以上かつ最近５事業年度における当期純利益の平均額の20％以上に相当する額になる事象をいう。

以上は，提出会社に関する提出事由であるが，これに加えて，金商法は，連結ベースでの臨時報告書の提出事由を以下のとおり定めている。

13　連結子会社に係る重要な災害の発生

連結子会社に係る重要な災害（被害を受けた資産の帳簿価額が連結純資産の３％以上のもの）が発生し，それがやんだ場合で，当該重要な災害による被害が当該連結会社の事業に著しい影響を及ぼすと認められる場合

ここでいう「連結会社」とは，連結財務諸表提出会社および連結子会社のこ

とを指す（企業開示府令１条21号の４，連結財務諸表規則２条５号）。

14　連結子会社に対する訴訟の提起または解決

連結子会社に対し訴訟が提起され，損害賠償請求金額が連結純資産額の15％以上である場合または連結子会社に対する訴訟が解決し，損害賠償支払金額が連結純資産額の３％以上である場合

14の２　連結子会社の株式交換

14の２～16については軽微基準が共通しており，臨時報告書の提出が求められるのは，①当該連結会社の資産の額が最近連結会計年度の末日における連結純資産額の30％以上減少し，もしくは増加することが見込まれるもの，または②連結売上高が，最近連結会計年度の連結売上高の10％以上減少し，もしくは増加することが見込まれるものが，提出会社または当該連結子会社の業務執行を決定する機関により決定された場合である。

14の３　連結子会社の株式移転

15　連結子会社の吸収分割

15の２　連結子会社の新設分割

15の３　連結子会社の吸収合併

15の４　連結子会社の新設合併

16　連結子会社の事業の譲渡または譲受け

16の２　連結子会社の高額な対価による子会社取得

前記**８の２**と同様に，平成24年10月１日に施行された企業開示府令の改正により，臨時報告書の提出事由として，連結子会社の業務執行を決定する機関が子会社取得を決定した場合であって，当該子会社取得の対価の額が連結会社の連結純資産額の15％以上となるときが追加された。

17　連結子会社の破産手続開始の申立て等

ただし，当該連結子会社に係る純資産額または債務超過額が連結純資産額の３％以上に相当する額であるものに限る。

18　連結子会社における多額の取立不能債権等の発生

連結子会社に**11**と同様の事実が発生した場合であるが，軽微基準については連結純資産額の３％以上に相当する額の債務者等に対する売掛金，貸付金，その他の債権につき取立不能または取立遅延のおそれが生じた場合である。

19　当該連結会社の財政状態および経営成績に著しい影響を与える事象の発生

これは連結ベースでのバスケット条項であり，ここにいう「当該連結会社の財政状態および経営成績に著しい影響を与える事象」とは，連結財務諸表規則14条の９に規定する重要な後発事象に相当する事象であって，当該事象の連結損益に与える影響額が，当該連結会社の最近連結会計年度の末日における連結純資産額の３％以上かつ最近５連結会計年度に係る連結財務諸表における当期純利益の平均額の20％以上に相当する額になる事象をいう。

なお，提出会社の剰余金の配当がその連動子会社の剰余金の配当・会社法454条5項に規定する中間配当に基づき決定される旨が，提出会社の定款で定められた株式（いわゆるトラッキング・ストック）を発行している場合には，上記の事由中の「提出会社」とあるのを「連動子会社」と読み替えて上記事由が発生した場合に，提出会社に臨時報告書の提出義務が生じる（企業開示府令19条3項）。

有報提出会社である外国会社も，内国会社同様，企業開示府令19条2項各号の事由に該当するときは，臨時報告書（外国会社の場合は第10号の2様式）を提出する義務がある（企業開示府令19条1項・2項）。添付書類としては，内国会社の臨時報告書の添付書類に加え，委任状と在職証明書が要求される（これらの書類が日本語でない場合は訳文を付す必要がある。同条5項・6項）。なお，外国会社の臨時報告書については，英文開示の特例は存在しない。

特定有価証券の発行者も，①海外における特定有価証券の募集・売出し，②主要な関係法人の異動，③ファンドの運用に関する基本方針などの重要な変更，④信託の計算期間が6月に満たない場合における当該信託の計算期間の到来といった事由が発生した場合には，臨時報告書を遅滞なく関東財務局長に提出しなければならない（24条の5第4項，特定有価証券開示府令29条1項・2項）。

外国債等の発行者については，主要出資者（出資の総額の10％以上の出資を有している出資者をいう）の異動（主要出資者であった者が出資者でなくなることまたは出資者でなかった者が主要出資者になることをいう）があった場合には，臨時報告書を遅滞なく関東財務局長に提出しなければならない（外債府令16条）。

実務のポイント・2−21

◆代表的な募集・売出し概観――内国会社による海外における募集・売出し

日本の会社であっても，海外で募集・売出しを行う場合には，日本での勧誘がないため有価証券届出書を提出する必要はない（第1章第1節■1⑴**実務のポイント・2−1**参照）。金商法上は，発行会社が有価証券報告書提出会社の場合には，海外における1億円以上のエクイティ証券の募集・売出しの場合に臨時報告書の提出義務が課されるのみである（24条の5第4項，企業開示府令19条2項1号・2号。■**3⑷**参照）。日本での上場会社であれば，このほか取引所での適時開示が義務付けられる。これ以外に，海外における募集・売出しについては，募集・売出しを行う各海外市場の規制に従う必要がある。

海外の代表的な市場として，米国市場とユーロ市場がある。米国において証券の公募を行おうとする場合は，1933年米国証券法に基づく登録が原則として必要となり，米国会計基準に準拠して作成された，または米国会計基準に合わせて調整された財務書類を作成することが要求される。また，いったん当該登録を行うと，1934年米国証券取引所法上の継続開示義務が生じ，Form 20-Fによる年次報告書やForm 6-Kによる臨時報告書の提出義務などが生じる。Form 20-Fでは，米国企業改革法404条により，財務報告に係る内部統制の有効性について評価・報告することが要求されており，当該内部統制に係る外部監査人による証明書をForm 20-Fに添付する必要がある。外部監査人に対して内部統制の有効性を示すために発行者には相当の費用と労力を要すると指摘されるところである。また，株式（ADR（American Depositary Receipts：米国預託証券）とすることが多い）を米国の取引所に上場する場合には，発行者は，取引所におけるコーポレート・カバナンスに関する一定の規制の適用も受けることになる。

このように米国における証券公募に伴う負担は大きいため，登録義務を回避して米国市場にアクセスするために，ルール144Ａに従い，適格機関投資家向けのみに販売するという方法がよく用いられる。このようなルール144Ａによる米国における適格機関投資家向け販売と，日本における公募および米国以外での海外公募（1933年米国証券法レギュレーションＳに基づくオフショア取引）が同時に行われることが多い。

米国以外の代表的な市場としてはユーロ市場がある。ユーロ市場は，特定の国家の監督に属しない国際金融市場であり，米国市場と比べて規制が緩やかであるとして，1980年代から日本企業によるユーロ市場での円建債券（いわゆるユーロ円建債券）の発行がさかんになった。現在では，ユーロ市場向けには円建てによる転換社債型の新株予約権付社債（いわゆるユーロCB）やミディアム・ターム・ノート・プログラムに基づく社債の募集がよく行われる。もっとも，近年施行されたEU指令の下では，EU域内で証券を上場する場合や証券公募を行う場合には，一定の要件の下で，国際会計基準による財務書類の作成・開示の必要になるのではないかという点が検討課題となり，これに対するさまざまな回避方法が検討・実行されている。この点については，EUは，2008年12月に，日本の会計基準を国際会計基準と同等と認める最終決定をし，日本の会計基準を引き続き使用可能とした。他方において，国際会計基準の日本への導入が現在検討されている。

⑸　内部統制報告書

①　概　　要

内部統制報告書は，上場会社等が，事業年度ごとに，当該会社の属する企業集団および当該会社に係る財務計算に関する書類その他の情報の適正性を確保するために必要な体制（財務報告に係る内部統制）についての評価を記載して内閣総理大臣に提出する開示書類である（24条の４の４）。有価証券報告書の開示内容について不適正な事例が相次いだことを踏まえ，ディスクロージャーの信頼性を確保するためには，財務報告に係る内部統制の充実を図ることが重要であるとの観点から，金商法において財務報告に係る内部統制の有効性に関する経営者による評価と公認会計士または監査法人による監査を義務付ける内部統制報告書制度が導入された。なお，外国会社およびSEC基準適用会社については，一定の要件の下，本国・第三国や米国の基準による内部統制報告書を提出することができる旨の特例が設けられている（内部統制府令12条・13条・18条～21条）。

②　対象会社・提出時期

内部統制報告書の提出義務者は，株券，優先出資証券など一定の有価証券を上場または店頭登録している発行会社であり，四半期報告書の提出義務者である上場会社等と同じとなっている（24条の4の4第1項，金商法施行令4条の2の7第1項）。また，有価証券報告書を提出しなければならない会社については，上場会社等以外の会社であっても，任意に内部統制報告書を提出することができる（24条の4の4第2項）こと，特定有価証券の発行者については内部統制報告制度の適用はなく任意に提出することもできない（24条の4の4第3項に基づく政令の定めがないため）ことについても，四半期報告制度と同様となっている。なお，任意に内部統制報告書を提出した場合には，その後は継続して内部統制報告書を提出しなければならないものと考えられている(119)。

内部統制報告書は，事業年度ごとに，有価証券報告書と併せて提出すべきものとされている（24条の4の4第1項，内部統制府令4条）。また，内部統制報告書は，提出日から5年間，公衆の縦覧に供される（25条1項6号）。

③　記載内容

内部統制報告書には，当該会社の属する企業集団および当該会社に係る財務計算に関する書類その他の情報の適正性を確保するために必要な体制についての評価を記載することとされている。内部統制府令3条は，かかる体制につ

(119)　谷口義幸ほか「金融商品取引法関係政府令の解説(3)開示制度に係る政令・内閣府令等の概要〔上〕」旬刊商事法務1810号38頁（2007）

き，当該会社における財務報告が法令などに従って適正に作成されるための体制をいうとしており，各社の置かれた状況により異なることから，一律に示すことは困難であり，各社において適切に判断すべきものとされている[120]。

なお，会社法において大会社である取締役会設置会社に整備することが求められる内部統制体制は，取締役の職務の執行が法令・定款に適合することを確保するための体制その他株式会社の業務ならびに当該株式会社およびその子会社から成る企業集団の業務の適正を確保するために必要な体制とされており（会社法362条4項6号・5項，会社法施行規則100条），その業務全般に及ぶのに対し，金商法上の内部統制は財務報告の信頼性確保を目的とする内部統制に限られており，また，直接にかかる体制の構築を義務付けるのではなく，その有効性についての評価を内部統制報告書により開示することを求めているという点で異なる。

内部統制報告書の記載事項は，内部統制府令に定められており（同府令4条），内国会社は第1号様式，外国会社は第2号様式に従って記載する。主な記載事項としては，(a)財務報告に係る内部統制の基本的枠組みに関する事項，(b)評価の範囲，基準日および評価手続に関する事項，(c)評価結果に関する事項，(d)付記事項ならびに(e)特記事項が列挙されている。評価結果に重要な影響を及ぼす手続の概要および評価範囲とその決定手順，方法など（一部の範囲について十分な評価手続が実施できなかった場合には，その範囲およびその理由），評価結果，その他評価に重要な影響を及ぼす後発事象や事業年度の末日後に重要な欠陥を是正するために実施された措置等の付記事項や特記事項（もしある場合）については，記載上の注意や内部統制府令ガイドラインに従い各社の置かれた状況に応じた記述が必要となる。なお，評価の基準日は内部統制報告書提出会社の事業年度の末日である（内部統制府令5条1項）。連結子会社の事業年度の末日が異なる場合，原則としてその連結子会社の財務報告に係る内部統制の評価については，当該連結子会社の事業年度の末日における評価を基礎として行うことができる（同条3項）。ただし，合併などの大幅な組織変更，決算方法の大幅な変更，取扱品目の大幅な変更など[121]，当該子会社の内部統制に重

---

(120)　谷口ほか・前掲注(119)参照

(121)　平成19年7月パブコメ135頁No.11

要な変更があった場合には原則として内部統制評価の対象とする必要がある。

提出会社による内部統制の評価結果に関する事項については，(i)財務報告に係る内部統制は有効である旨，(ii)評価手続の一部が実施できなかったが，財務報告に係る内部統制は有効である旨ならびに実施できなかった評価手続およびその理由，(iii)開示すべき重要な不備があり，財務報告に係る内部統制は有効でない旨ならびにその開示すべき重要な不備の内容およびそれが事業年度の末日までに是正されなかった理由，または(iv)重要な評価手続が実施できなかったため，評価結果を表明できない旨ならびに実施できなかった評価手続およびその理由のいずれかを記載すべきこととされている（内部統制府令第１号様式記載上の注意(8)参照）。ここで，「開示すべき重要な不備」とは，財務報告に重要な影響を及ぼす可能性が高い財務報告に係る内部統制の不備とされている（内部統制府令２条10号）。

なお，財務報告に関し，代表者に準じる責任を有する者として最高財務責任者を定めている場合には，その役職・氏名を記載することとされている。また内部統制報告書には添付書類は要求されない（24条の４の４第４項に基づく内閣府令の定めが規定されていないため）。

④　内部統制の監査

上場会社等が提出する内部統制報告書には，特別の利害関係のない公認会計士または監査法人の監査を受けなければならない（193条の２第２項）。監査証明は，内部統制監査報告書により行われ（内部統制府令１条２項），内部統制府令および一般に公正妥当と認められる財務報告に係る内部統制の監査に関する基準および慣行に従って実施された監査の結果に基づいて作成される（同条３項）。具体的には，平成19年２月15日付の企業会計審議会による「財務報告に係る内部統制の評価及び監査の基準」および「財務報告に係る内部統制の評価及び監査に関する実施基準」（平成23年３月30日付で改訂）が上記基準に該当するものとして取り扱われる（同条４項参照）。内部統制監査報告書は，原則として同一の監査人により，財務諸表監査と一体となって実施され，財務諸表監査の監査報告書と併せて作成することとされている（内部統制府令７条，財務報告に係る内部統制の評価及び監査に関する実施基準）。なお，上記の「特別の利害関係」については，内部統制監査が原則として財務諸表監査と同一の監査人によって実施されることから，財務諸表監査における特別の利害関係（監査証明府令２条）と同様とされている（内部統制府令11条）。

内部統制監査の基準は，内部統制報告書に重要な虚偽の表示がないかどうかの合理的な保証を得ることを求めており（内部統制府令６条４項３号），監査の結果は，無限定適正意見，除外事項を付した限定付適正意見，不適正意見および意見不表明の区分に応じて内部統制監査報告書に記載される（同条５項・７項）。

⑹　確認書

①　導入の背景・適用時期

確認書は，上場会社等が，有価証券報告書などに記載された内容の適正性について経営者自らが確認し，その旨を記載して有価証券報告書などと併せて内閣総理大臣に提出する書類である（24条の４の２・24条の４の８・24条の５の２）。金商法により確認書の提出が義務付けられ，その不提出には罰則が適用される（208条２号・209条４号）。

②　対象会社・提出時期・記載内容

確認書の提出義務者は内部統制報告書と同じく上場会社等であり（24条の４の２第１項・24条の４の８第１項・24条の５の２第１項，金商法施行令４条の２の５第１項），また，有価証券報告書を提出しなければならない会社については，上場会社等以外の会社であっても，任意に提出することができること（24条の４の２第２項），特定有価証券の発行者については確認書制度の適用はなく任意に提出することもできないこと（24条の４の２第３項に基づく政令の定めがないため）も内部統制報告制度と同様である。

確認書の提出が必要とされる開示書類は，有価証券報告書，四半期報告書および半期報告書とされており，これらの書類と併せて提出することとなる（24条の４の２・24条の４の８・24条の５の２）。なお，有価証券報告書，四半期報告書および半期報告書について訂正報告書を提出する場合においても，当該訂正報告書について，併せて確認書の提出が必要となる（24条の４の２第４項・24条の4の8第1項・24条の5の2第1項)。また，確認書の提出先は，有価証券届出書の場合と同様である（企業開示府令20条)。確認書は，確認書の対象となる開示書類の縦覧期間に合わせて，提出日から5年間または3年間公衆の縦覧に供される（25条1項5号・9号)。

記載事項は，代表者（および最高財務責任者を定めている場合には最高財務責任者）が有価証券報告書などの記載内容につき「金融商品取引法令に基づき適正であることを確認した」旨を記載する（企業開示府令17条の10・内国会社について第4号の2様式・外国会社について第9号の2様式)。なお，確認を行った記載内容の範囲が限定されている場合や，その他特記すべき事項がある場合には，その旨およびその理由を記載すべきこととされている。

③　その他

確認書を提出しなかった場合には，過料の対象とされている（208条2号・209条4号）が，虚偽記載については，有価証券報告書などの虚偽記載と構成要件が基本的に重なるとして，罰則の対象とはなっていない。

❖第2節❖　親会社等状況報告書

24条1項の規定により有価証券報告書を提出しなければならない上場会社または店頭売買有価証券の発行会社（提出子会社）の議決権の過半数を所有している会社その他提出子会社と密接な関係を有する者として政令で定める者（有価証券報告書提出会社を除く。以下「親会社等」という）は，当該親会社等の事業年度ごとに，当該親会社等の株式を所有する者に関する事項その他の公益または投資者保護のため必要かつ適当なものとして内閣府令（企業開示府令19条の5）で定める事項を記載した報告書（親会社等状況報告書）を，内閣総理大臣に提出しなければならない（24条の7第1項)。なお，親会社等状況報告書の提出義務があるのは，有価証券報告書提出会社である子会社ではなく，その親会社等である。また，特定有価証券の発行者の親会社などについては，上記の適用はない。他方，会社以外の者については，上記は準用される（27条)。

これは，西武鉄道の有価証券報告書虚偽記載の発覚を契機として，上場会社の親会社の情報開示の必要性が認識され，かかる開示強化の一環として義務付けられたものである。平成17年証取法改正により導入された制度であるが，経過措置が置かれていたため，平成18年４月以降に開始する事業年度より提出が要求されている。

親会社等状況報告書を提出しなければならない「親会社等」とは，以下の者を指す（金商法施行令４条の４第１項）。

⑴　提出子会社の総株主等の議決権（総株主，総社員，総会員，総組合員または総出資者の議決権をいい，株式会社にあっては，株主総会において決議をすることができる事項の全部につき議決権を行使することができない株式についての議決権を除き，会社法879条３項の規定により議決権を有するものとみなされる株式についての議決権を含む。29条の４第２項）の過半数を自己または他人（仮設人を含む）の名義をもって所有する会社

⑵　会社と当該会社が総株主等の議決権の過半数を自己または他人の名義をもって所有する法人等（法人その他の団体をいう）が合わせて提出子会社の総株主等の議決権の過半数を自己または他人の名義をもって所有する場合の当該会社

なお，会社と当該会社が総株主等の議決権の過半数を自己または他人の名義をもって所有する法人等（被支配法人等）が合わせて他の法人等の総株主等の議決権の過半数を自己または他人の名義をもって所有する場合には，当該他の法人等は当該会社の被支配法人等とみなされる（金商法施行令４条の４第２項）。したがって，上場会社の親会社にＡ社があり，その親会社にＢ社があり，さらにその親会社にＣ社がある場合には，Ａ～Ｃ社すべてが，自らが有価証券報告書を提出している場合を除き，親会社等状況報告書を提出する必要がある。親会社等状況報告書は罰則を担保として親会社等に開示義務を課すものであることから，親会社等の範囲は財務諸表等規則のように支配力基準とせず，上記のとおり持株基準という客観的・形式的な基準を用いている。また，親会社等が会社以外の者（協同組織金融機関等に限る）である場合についても上記は準用される（24条の７第６項，金商法施行令４条の７・４条の８）。

親会社等状況報告書の提出期限は，当該事業年度経過後３カ月以内であり

(24条の7第1項)，当該親会社等が外国会社である場合でも同様である（金商法施行令4条の5）。ただし，親会社等である外国会社が，その本国の法令または慣行その他やむをえない理由により，親会社等状況報告書をその事業年度経過後3カ月以内に提出できないと認められる場合には，内閣府令で定めるところにより，金融庁長官の承認を受けた期間とする（金商法施行令4条の5ただし書，企業開示府令19条の6）。また，親会社等でなかった会社が親会社等に該当することになった場合，その日の属する事業年度の直前事業年度に係る親会社等状況報告書を，遅滞なく提出しなければならない（24条の7第2項)。親会社等状況報告書の提出先は，提出子会社が有価証券報告書を提出する財務（支）局長である（企業開示府令20条3項)。

親会社等状況報告書は企業開示府令が定める様式（親会社等が居住者の場合は第5号の4様式，非居住者の場合は第10号の3様式）に従い作成する必要があり，親会社等が非居住者の場合には，添付書類として委任状と在職証明書が要求される（これらの書類が日本語でない場合は訳文を付す必要がある。企業開示府令19条の5第2項・3項)。

親会社等状況報告書またはその訂正報告書を提出した親会社等は，遅滞なく，その書類の写しを提出子会社に送付するとともに，これらの書類の写しを，金融商品取引所または認可金融商品取引業協会に提出しなければならない(24条の7第4項)。親会社等が親会社等状況報告書を提出した場合，提出子会社は，これらの書類の写しを，発行者の本店または主たる事務所および主要な支店に備え置き，5年間，公衆縦覧に供しなければならない（25条1項12号・2項，企業開示府令22条1項2号)。

❖第3節❖　自己株券買付開示規制

上場株券等の発行者である会社が，株主との合意により当該株式会社の株式を有償で取得するために，会社法156条1項の規定による株主総会の決議または取締役会の決議（同法165条3項の規定に基づき定款授権により取締役会決議をする場合を含む）をした場合には，自己株券買付状況報告書を提出する必要がある（24条の６）。このような開示が求められる理由としては，会社がいかなる自己株式の取得などを計画しているか，また，実際に取得などを行っているかということは，当該会社の株主のみならず，一般の投資者の投資判断に与える影響が大きいためであると説明される。

「上場株券等」とは，以下の有価証券を指す。

⑴　金融商品取引所に上場されている株券（24条の６第１項）

⑵　店頭売買有価証券に該当する株券（金商法施行令４条の３第１項）

⑶　有価証券信託受益証券で，受託有価証券が金融商品取引所に上場されている株券または⑵に規定する株券であるもの（金商法施行令４条の３第２項３号）

⑷　有価証券信託受益証券（受託有価証券が株券であるものに限り，⑶に該当するものを除く）で，上場有価証券（金融商品取引所に上場されている有価証券をいう）または店頭売買有価証券に該当するもの（金商法施行令４条の３第２項４号）

⑸　預託証券（２条１項20号）で，金融商品取引所に上場されている株券または⑵に規定する株券に係る権利を表示するもの（金商法施行令４条の３第２項５号）

⑹　預託証券（２条１項20号）で，上場有価証券または店頭売買有価証券に該当するもの（金商法施行令４条の３第２項６号）

なお，外国株券については上記の適用はない。また，会社以外の者についても，上記は準用されない（27条）。ただし，平成25年金商法改正（１年６カ月以内施行分）により解禁される予定の投資法人による自己の投資口の取得等に関しても適用されることが想定されている（24条の６）。

自己株券買付状況報告書は，決議があった株主総会または取締役会の終結した日の属する月から，当該決議により定めた株式を取得することができる期間（会社法156条１項３号）の満了する日の属する月までの各月（報告月）ごとに，翌月15日までに，内閣総理大臣に提出しなければならない（24条の６第１項）。提出先は，有価証券届出書の場合と同様である（企業開示府令20条。第１章第１節■２⑶参照）。

自己株券買付状況報告書の記載事項は，当該決議に基づいて各報告月中に行った自己の株式に係る上場株券等の買付けの状況（買付けを行わなかった場合を含む）に関する事項その他の公益または投資者保護のため必要かつ適当なものとして内閣府令で定める事項であり，具体的には，企業開示府令19条の3に従い，第17号様式に基づき作成する。記載事項は，商法改正・会社法制定により自己株式の取得規制が緩和されるたびに変更されてきたが，現行の企業開示府令では，自己株式の取得状況，処理状況，保有状況に分けて開示が要求されている。

❖第4節❖　プロ向け市場における流通開示

平成20年金商法改正においてプロ向け市場が認められたことに伴い，特定勧誘等（27条の31第1項）が行われた場合には，対象となった有価証券について，その後，一定の継続的な開示を要求する制度が設けられた。それが発行者情報の提供・公表である。プロ向け市場では，金融に関する知識を有する特定投資家に参加者が限定されていることを前提に，最低限の法的枠組みを法令で定めている。ここでは制度の概要を解説する。

具体的には，下記の発行者は，内閣府令で定めるところにより，当該発行者に関する情報として内閣府令で定める情報（発行者情報）を事業年度ごとに1回以上，下記の有価証券を所有する者に提供し，または公表しなければならない（27条の32第1項）。

⑴　特定投資家向け有価証券（4条3項）の発行者……当該発行者の発行する特定投資家向け有価証券を所有する者への提供・公表が必要となる。

⑵　27条の31第2項に定めるところにより特定証券情報の提供・公表をした発行者（⑴に掲げる者を除く）……当該提供・公表をした特定証券情報に係る有価証券を所有する者への提供・公表が必要となる。

ただし，流通性その他の事情を勘案し，公益または投資者保護に欠けることがないものと認められる場合として内閣府令で定める場合には上記義務はない（27条の32第1項ただし書)。具体的には，証券情報府令において，①当該有価証券または当該発行者の他の有価証券につき開示が行われている場合，②当該有価証券が特定投資家向け有価証券に該当しない旨の金融庁長官の承認を得たものである場合，③発行者が清算中または事業を休止している者に該当すると金融庁長官が認めることにより，発行者情報の提供・公表をしないことの承認を得た場合のいずれかの場合に該当するときは，「発行者情報」の提供・公表を要しないものと規定されている（証券情報府令7条5項）。

「発行者情報」の具体的内容については，特定証券情報（27条の31第1項。第1章第2節■3参照）と同様，特定投資家の投資判断に資すると考えられる情報の項目のみを定め，「発行者情報」には，(a)当該情報が発行者情報である旨，(b)当該有価証券以外の発行済有価証券に関する事項（特定有価証券の場合は，ファンド，管理資産などの運用資産等の内容および運用に関する事項），(c)発行者の事業および経理に関する事項（特定有価証券の場合は，運用資産等の運用を行う者に関する事項）を含む必要があるとのみ定めている（証券情報府令7条3項）。

当該情報の具体的な内容，様式，財務情報に係る会計基準などについては，特定取引所金融商品市場を開設する金融商品取引所などの定める規則に委ねられており，発行者情報は，(i)特定上場有価証券（2条33項）または特定取引所金融商品市場に上場しようとする有価証券については，上場し，または上場しようとする金融商品取引所の定める規則において定める情報，(ii)特定店頭売買有価証券または認可金融商品取引業協会に登録しようとする有価証券については，登録し，または登録しようとする認可金融商品取引業協会の定める規則において定める情報，(iii)その他の有価証券については金融庁長官が指定する情報とされている（証券情報府令7条2項）。なお，(iii)の金融庁長官が指定する情報については，必要に応じ指定するものとされている[(122)]。また，法律上，発行者情報を提供・公表する頻度は1事業年度ごとに1回以上と規定されている（27条の32第1項）が，具体的な提供・公表の頻度については，特定取引所金融商品市場を開設する金融商品取引所の規則などに委ねられている[(123)]。発行者情報の提供・公表の具体的方法についても，(i)〜(iii)において定める方法に委ねられている（証券情報府令7条1項）。TOKYO PRO MarketとTOKYO PRO-

(122)　平成20年12月パブコメ23頁No.2

(123)　谷口義幸ほか「金融商品取引法関係政府令の解説(4)開示制度に係る政令・内閣府令等の概要〔下〕」旬刊商事法務1811号24頁（2007）

BOND Marketでは，上場規程（特定上場有価証券に関する有価証券上場規程の特例）およびその施行規則において，株式を上場する発行者は直前の事業年度末および中間会計期間末から3カ月以内に，債券を上場する発行者は直前の事業年度末から3カ月以内に発行者情報を作成し公表しなければならないと規定している。

また，特定投資家向け有価証券に該当しなかった有価証券が特定投資家向け有価証券に該当することとなったときは，発行者は，遅滞なく，発行者情報を，当該有価証券を所有する者に提供し，または公表しなければならない（27条の32第2項）。ただし，内閣府令で定める一定の場合，すなわち当該有価証券または当該発行者の他の有価証券につき開示が行われている場合，または当該有価証券について特定証券情報の提供・公表がなされており，直前事業年度に係る事業および経理に関する事項が表示されている場合，当該有価証券と同一種類の有価証券につき特定投資家向け取得勧誘・特定投資家向け売付け勧誘等があった場合（証券情報府令8条1項）は除かれる。

発行者情報に訂正すべき事項があるときは，発行者は，内閣府令で定めるところによりこれを訂正する旨の情報（訂正発行者情報）を提供・公表しなければならない（27条の32第3項）。

発行者情報を公表した場合には，公表日から，次の事業年度に係る発行者情報の提供・公表日までの間，当該発行者情報・訂正発行者情報を継続して公表しなければならない（27条の32第4項）。ただし，発行者情報の提供・公表を要しない場合として証券情報府令7条5項各号（前述の①～③）に該当することとなった場合，または当該有価証券が消却，償還などにより存しないこととなった場合には，公表期間はそれまでの期間となる（証券情報府令10条）。

❖第5節❖　重要情報の公表（フェア・ディスクロージャー・ルール）

本節では，平成29年金商法改正により新設された上場会社等による公平な情報開示に係る規制（いわゆるフェア・ディスクロージャー・ルール）（平成30年4月1日施行）について解説する。

上場会社等の役員等が，当該上場会社等に関する公表前の重要情報を投資家や証券会社等に伝達した場合，同時に（または，一定の場合には速やかに），当該重要情報の公表が義務付けられることとなった。かかる公表義務を履行するための措置として，上場会社等のホームページでの公表が認められている。

なお，フェア・ディスクロージャー・ルールに関する規制違反に対して課徴金制度の適用はなく，また，公表義務を怠ったこと自体が罰則の対象となることはない。

1　規制の新設に至る経緯

近年，上場会社の内部情報を顧客に提供して勧誘を行った証券会社に対する行政処分事案[(124)]において，上場会社が当該証券会社のアナリストのみに未公表の業績に関する情報を提供していたことなどが問題となった。証券会社については法人関係情報に関する行為規制が設けられている一方で[(125)]，従来，我が国においては，公表前の内部情報を発行者が第三者に提供する場合に当該情報が他の投資家にも提供されることを確保するルールは規定されていなかった。このような現状に加えて，欧米やアジアの主要国ではフェア・ディスクロージャー・ルールが整備されていることなどを踏まえ，平成29年金商法改正により，我が国におけるフェア・ディスクロージャー・ルールに関する規定が新設されるに至った。

2　重要情報の公表

(1)　概　　要

フェア・ディスクロージャー・ルールでは，上場会社等もしくは上場投資法

---

(124)　平成27年12月15日付のドイツ証券株式会社に対する行政処分，平成28年４月25日付のクレディ・スイス証券株式会社に対する行政処分

(125)　さらに上記行政処分事案を踏まえて，日本証券業協会において，「協会員のアナリストによる発行体への取材等及び情報伝達行為に関するガイドライン」を設け，未公表の決算期の業績に関する情報の取材（いわゆるプレビュー取材）等を原則として行わないこと等を定めるに至っている。

人等の資産運用会社（投資法人である上場会社等の資産運用会社をいう。以下同じ）またはそれらの役員等が公表前の重要情報を投資家や証券会社等に伝達した場合，当該上場会社等は，意図的な伝達の場合には同時に，意図的でない伝達の場合には速やかに，当該重要情報をホームページ等で公表することが義務付けられている。

⑵　規制の対象者（27条の36第1項柱書）

フェア・ディスクロージャー・ルールに基づく公表義務の主体となる「上場会社等」には，下記のいずれかの有価証券のうち，金融商品取引所に上場されているものまたは店頭売買有価証券もしくは取扱有価証券に該当するものの発行者が含まれる。

①　社債券（社債券の性質を有する資産流動化証券（金商法施行令14条の15第1号，重要情報公表府令2条1項各号）を除く），優先出資証券，株券または新株予約権証券

②　投信法上の投資証券，新投資口予約権証券または投資法人債

ただし，本②については，その資産の総額の50%を超える額を不動産等資産（投信法規則105条1号へ）に対する投資として運用することを規約に定めた投資法人または最近営業期間（投信法129条2項）の決算もしくは公表された情報（最近営業期間がない場合または最近営業期間の決算が確定していない場合に限る）において投資法人の資産の総額のうちに占める不動産等資産の価額の合計額の割合が50%を超える投資法人が発行者であるもの（金商法施行令14条の15第2号，重要情報公表府令2条2項および3項）に限る。

③　上記①②記載のいずれかの有価証券（ただし，金融商品取引所に上場されているものまたは店頭売買有価証券もしくは取扱有価証券に該当するものを除く）を受託有価証券とする有価証券信託受益証券

このように，フェア・ディスクロージャー・ルールは，主に日本国内の上場会社および上場投資法人を対象とする規制といえるが，さらに，外国の者の発行する証券または証書のうち，下記のいずれかに該当する有価証券で，金融商品取引所に上場されているものまたは店頭売買有価証券もしくは取扱有価証券

に該当するもの（ただし，指定外国金融商品取引所に上場されているものを除く）（金商法施行令14条の16第３号～５号）の発行者も「上場会社等」に含まれることとされている。

④　上記①のいずれかの有価証券の性質を有するもの

⑤　外国投資証券（上記②記載の投資法人に類する外国投資法人が発行者であるものに限る）

⑥　上記④⑤記載のいずれかの有価証券（ただし，金融商品取引所に上場されているものまたは店頭売買有価証券もしくは取扱有価証券に該当するものを除く）を受託有価証券とする有価証券信託受益証券

⑦　上記④⑤のいずれかの有価証券（ただし，金融商品取引所に上場されているものもしくは店頭売買有価証券もしくは取扱有価証券に該当するものまたは上記⑥に該当するものを除く）の預託証券

なお，「上場会社等」の定義に照らせば，その発行する有価証券のうち社債券のみを金融商品取引所に上場させている会社（たとえば，TOKYO PRO-BOND Marketに上場している社債（いわゆるプロボンド）を発行する会社のうち，株式を上場していない会社）についても，フェア・ディスクロージャー・ルールの規制対象となりうるが，この場合，重要情報の範囲は，株式を上場している会社の場合と比較して相当程度限定的に解するべきである（平成30年２月パブコメ２頁No.６参照）（第13編第１章第１節■６⑻参照）。

⑶　情報伝達（27条の36第１項柱書）

フェア・ディスクロージャー・ルールに基づく公表義務を発生させる情報伝達とは，上場会社等もしくは上場投資法人等の資産運用会社またはこれらの役員等（役員，代理人もしくは使用人その他の従業者をいう）が，その業務に関して，「取引関係者」（後記⑷参照）に対して，当該上場会社等の「重要情報」（後記⑸参照）の伝達を行うことをいうとされ，情報伝達の主体，相手方，関連する業務による限定が付されており，これらの要件を満たさない情報伝達は，例えば，重要情報を伝えた場合であっても，フェア・ディスクロージャー・ルールの規制対象とはならない。

ここで，その業務に関して行われる「伝達」とは，重要情報の伝達を行う者

が上場会社等または上場投資法人等の資産運用会社の代理人または使用人その他の従業者である場合にあっては，当該上場会社等または当該上場投資法人等の資産運用会社において取引関係者に情報を伝達する職務を行うこととされている者が行う伝達とされている。このように，代理人または使用人その他の従業者による情報伝達については，その担当業務による限定が付され，いわゆるIR・広報を担当する者が，その業務に関して行う伝達行為のみが規制対象となっており，その他の業務を担当する従業者による情報伝達についてはフェア・ディスクロージャー・ルールに基づく公表義務を発生される情報伝達には該当しない(126)。

他方で，上場会社等または上場投資法人等の資産運用会社自身による情報伝達のほか，それらの役員による情報伝達については，従事する業務による限定は付されておらず，IR・広報を担当する役員以外の役員による情報伝達を含めて，その業務に関して行われる限り，規制の対象とされている。

⑷　取引関係者の範囲（27条の36第１項各号）

フェア・ディスクロージャー・ルールは，発行者による公平かつ適時な情報開示に対する市場の信頼を確保するためのものであり，また，金融商品取引法が資本市場に関わる者を律する法律であることも踏まえ，フェア・ディスクロージャー・ルールに基づく公表義務を発生させる情報伝達の相手方となる取引関係者は，有価証券の売買に関与する蓋然性が高いと想定される以下の者とされている。

①　27条の36第１項１号に掲げる者

⒜　金融商品取引業者

⒝　登録金融機関

(126)　ただし，たとえば，上場会社の主要な事業子会社の管理部門の従業員が，当該上場会社の「投資者に対する広報に係る業務」のための説明の一部として当該事業子会社の状況を説明する役割を負っているような場合や，上場会社等のIR・広報部門等の担当者以外の者が決算説明会において決算内容を説明することとされている場合には，「取引関係者に情報を伝達する職務を行うこととされている者」に該当しうるとされており（平成30年２月パブコメ８頁No.22・９頁No.27），所属する部署の担当業務のみをもって一律に規制対象外と判断できるわけではない点に留意が必要である。

(c)　信用格付業者その他信用格付業を行う者

(d)　投資法人

(e)　専門的知識および技能を用いて有価証券の価値等（2条8項11号イに規定する有価証券の価値等をいう）または金融商品の価値等（同号ロに規定する金融商品の価値等をいう）の分析およびこれに基づく評価を行い，特定の投資者に当該分析または当該評価の内容の提供を行う業務により継続的な報酬を受けている者[127]

(f)　高速取引行為者

(g)　外国の法令に準拠して設立された法人で外国において金融商品取引業，登録金融機関業務，信用格付業，上記(e)の業務もしくは高速取引行為と同種類の業務を行う者または投信法2条25項に規定する外国投資法人

(h)　上記(a)ないし(g)の役員等

なお，上記(a)および(d)に関連して，投資法人である上場会社等（またはその役員等）と，その資産運用業務の委託先である資産運用会社（またはその役員等）との間で重要情報のやりとりが行われる場合，いずれも取引関係者への伝達とはならないこととされている（重要情報公表府令4条1号および4号）。また，報道機関は取引関係者の類型として掲げられておらず，金融商品取引業者や登録金融機関としての登録を行っていない独立系のM&Aアドバイザリー会社やコンサルティング会社も，取引関係者には含まれない（平成29年12月パブコメ52頁No.207）。

さらに，前記(h)に該当する者であっても，(i)重要情報の適切な管理のために必要な措置を講じている金融商品取引業者等（ただし，投資法人を除く）における，(ii)金融商品取引業に係る業務に従事していない者については，取引関係者の範囲から除外されている。

このうち(i)の「重要情報の適切な管理のために必要な措置」とは，上記(a)ないし(g)に該当する金融商品取引業者等（ただし，投資法人を除く）における金融商品取引業等[128]以外の業務を遂行する過程において，上場会社等もしくは上場投資法人等の資産運用会社またはこれらの役員等から伝達を受けた重要情報

(127)　独立した立場でアナリスト業務を行う，金融商品取引業の登録を受けていない者が想定されている（平成29年12月パブコメ52頁No.209）。

を，当該重要情報が公表される前に金融商品取引業等において利用しない[129]ための的確な措置をいうとされており（重要情報公表府令5条），具体的には，金融商品取引業等以外の業務を遂行する過程において伝達を受けた重要情報を，当該重要情報が公表される前に金融商品取引業等において利用しないための社内規則等を整備し，当該社内規則等を遵守するための役員・従業員に対する研修その他の措置を講じる必要があるとされている（金融商品取引法第27条の36の規定に関する留意事項（フェア・ディスクロージャー・ルールガイドライン）以下，FDルールガイドライン問5）。

また，(ii)の「金融商品取引業に係る業務に従事していない者」とは，上記の的確な措置を講じている金融商品取引業者等（ただし，投資法人を除く）における金融商品取引業等以外の業務に従事する者[130]が金融商品取引業等以外の業務を遂行する過程において重要情報の伝達を受けた場合における当該者をいうとされている（重要情報公表府令6条）。

②　27条の36第1項2号に掲げる者

上場会社等の投資者に対する広報に係る業務に関して重要情報の伝達を受ける次に掲げる者とする。

(a)　上場会社等に係る上場有価証券等（当該上場会社等が発行するものに限る。）の保有者（当該者が前記①(a)から(g)に掲げる者である場合にあっては，前記①(ii)記載の「金融商品取引業に係る業務に従事していない者」に限る）

(b)　適格機関投資家（当該者が前記①(a)から(g)に掲げる者である場合にあっては，前記①(ii)記載の「金融商品取引業に係る業務に従事していない者」に限る）

(c)　有価証券に対する投資を行うことを主たる目的とする法人その他の団体

---

(128)　金融商品取引業，有価証券に関連する情報の提供若しくは助言を行う業務，登録金融機関業務，信用格付業，前記(e)に規定する業務，高速取引行為または外国の法令に準拠して設立された法人が外国において行うこれらの業務と同種類の業務をいう。

(129)　銀行が，上場会社等から，重要情報の伝達を伴う融資の相談を受けた際に，金利や為替に関する店頭デリバティブ取引を提案することは，「金融商品取引業等において利用」することにはならない（平成29年12月パブコメ54頁No.216）。

(130)　登録金融機関である銀行が，登録金融機関業務としてではなく，融資業務や登録金融機関業務に該当しない付随業務を行う場合，これらの業務に従事する者は金融商品取引業等以外の業務に従事する者と考えられる（平成29年12月パブコメ54頁No.217）。

（外国の法令に準拠して設立されたものを含む。）[131]

(d)　上場会社等の運営，業務または財産に関する情報を特定の投資者等に提供することを目的とした会合の出席者（当該会合に出席している間に限る）

前記(a)に関連して，上場会社等が他の会社の子会社である場合には，当該上場会社等の属する企業グループの経営管理のために，株主である親会社に対して行う重要情報の伝達は，通常，「投資者に対する広報に係る業務に関して」行われるものではなく，フェア・ディスクロージャー・ルールの対象とはならない（FDルールガイドライン問６）[132]。

なお，前記(a)から(c)については，当該者が法人その他の団体である場合における当該法人その他の団体の役員等（上場有価証券等に投資をするのに必要な権限を有する者および当該者に対して有価証券に関連する情報の提供または助言を行う者に限る）も含まれる。ここでいう「当該法人その他の団体の役員等」とは，役員やファンドマネジャー，アナリスト等が想定されている（平成29年12月パブコメ53頁No.213）。

(5)　重要情報

①　重要情報の範囲

フェア・ディスクロージャー・ルールにおける重要情報とは，当該上場会社等の運営，業務または財産に関する公表されていない重要な情報であって，投資者の投資判断に重要な影響を及ぼすものとされている（27条の36第１項柱書）。

その具体的な範囲については，法令上は明らかとされていないものの，FDルールガイドラインは，フェア・ディスクロージャー・ルールの対象は，「未公表の確定的な情報であって，公表されれば有価証券の価額に重要な影響を及ぼす蓋然性のある情報」であるとした上で，以下の解釈を示している（FDルールガイドライン問４）。

---

(131)　当該法人その他の団体の定款等において有価証券に対する投資が主たる目的として掲げられているかどうかのみならず，当該法人その他の団体の業務内容も踏まえて判断されるため，本質的に投資以外の事業を行う会社であって，有価証券への純投資を目的としない会社であれば，これに該当しないものと考えられる（平成29年12月パブコメ53頁No.210）。

(132)　上場会社等が他の会社の関連会社である場合において，上場会社等が属する企業グループの経営管理のために，自らの株主である他の会社に重要情報を伝達する場合も同様に考えられる（平成30年２月パブコメ７頁No.21）。

(a)　中長期的な企業戦略・計画等に関する経営者との議論の中で交わされる情報

今後の中長期的な企業戦略・計画等に関する経営者と投資家との建設的な議論の中で交わされる情報は，一般的にはそれ自体ではフェア・ディスクロージャー・ルールの対象となる情報に該当しない。

ただし，例えば，中期経営計画の内容として公表を予定している営業利益・純利益に関する具体的な計画内容などが，それ自体として投資判断に活用できるような，公表されれば有価証券の価額に重要な影響を及ぼす蓋然性のある情報である場合であって，その計画内容を中期経営計画の公表直前に伝達するような場合は，当該情報の伝達が重要情報の伝達に該当する可能性がある。

(b)　既に公表した情報の詳細な内訳や補足説明，公表済の業績予想の前提となった経済の動向の見込み

既に公表した情報の詳細な内訳や補足説明，公表済の業績予想の前提となった経済の動向の見込みは，一般的にはそれ自体ではフェア・ディスクロージャー・ルールの対象となる情報に該当しない。

ただし，こうした補足説明等の中に，例えば，企業の業績と契約済みの為替予約レートの関係に関する情報であって，その後の実際の為替レートの数値と比較することで容易に今後の企業の業績変化が予測できるような，それ自体として公表されれば有価証券の価額に重要な影響を及ぼす蓋然性のある情報が含まれる場合は，そのような情報は重要情報に該当する可能性がある。

(c)　他の情報と組み合わさることによって投資判断に影響を及ぼし得るものの，その情報のみでは，直ちに投資判断に影響を及ぼすとはいえない情報

工場見学や事業別説明会で一般に提供されるような情報など，他の情報と組み合わせることで投資判断に活用できるものの，その情報のみでは，直ちに投資判断に影響を及ぼすとはいえない情報（いわゆる「モザイク情報」）は，それ自体ではフェア・ディスクロージャー・ルールの対象となる情報に該当しない。

上記に関連して，中長期的な企業戦略・計画等に関する議論の中で言及され

る経営に関するいくつかの仮説や選択肢は，確定的な情報ではないことから，フェア・ディスクロージャー・ルールの対象とはならない点や，商品の販売件数と平均単価のどちらか一方のみの情報を伝達する場合で，その情報のみが公表されても，有価証券の価額に重要な影響を及ぼす蓋然性があるとはいえない情報については，フェア・ディスクロージャー・ルールの対象にならないものと考えられるものの，当該情報と過去に提供されたその他の情報とを一体として見た場合，上場会社等の業績を容易に推知し得るような場合には，フェア・ディスクロージャー・ルールの対象となる可能性がある旨が明らかにされている（平成30年２月パブコメ５頁No.13・６頁No.17）。

②　重要情報の管理

FDルールガイドラインでは，フェア・ディスクロージャー・ルールを踏まえた情報管理として，例えば，上場会社等は，それぞれの事業規模や情報管理の状況に応じ，次のいずれかの方法により重要情報を管理することが考えられるとされている（FDルールガイドライン問２）。

(a)　諸外国のルールも念頭に，何が有価証券の価額に重要な影響を及ぼし得る情報か独自の基準を設けてIR実務を行っているグローバル企業は，その基準を用いて管理する

(b)　現在のインサイダー取引規制等に沿ってIR実務を行っている企業については，当面，以下の情報を管理する

・インサイダー取引規制の対象となる情報，および

・決算情報（年度または四半期の決算に係る確定的な財務情報をいう。以下本項目において同じ）であって，有価証券の価額に重要な影響を与える情報

(c)　仮に決算情報のうち何が有価証券の価額に重要な影響を与えるのか判断が難しい企業については，インサイダー取引規制の対象となる情報と，公表前の確定的な決算情報を全てフェア・ディスクロージャー・ルールの対象として管理する

なお，フェア・ディスクロージャー・ルール上の重要情報の範囲と，FDルールガイドライン（問２）が求めるフェア・ディスクロージャー・ルールを踏まえた情報管理の対象とすべき重要情報との関係は必ずしも明らかではないもの

の，少なくとも，後者に関連して，FDルールガイドライン上，管理が求められる「決算情報」には，「年度または四半期の決算に係る確定的な財務情報」であって，公表されれば有価証券の価額に重要な影響を及ぼす蓋然性のあるものであれば，決算に関する定量的な情報のみならず，増収見込みである旨などの定性的な情報も含まれることとされている点（他方で，「月次」の売上等の数値については，一般的にはそれ自体では「決算情報」には該当しないものとされている）（平成30年２月パブコメ２頁No.４），組織再編などに関する情報のうち，インサイダー取引規制における軽微基準に該当する情報や，親会社等による売出し等により「主要株主の異動」が発生する可能性があるという情報については，当面，重要情報として管理しないことも考えられるとされている点（平成30年２月パブコメ２頁No.５）は，重要情報の具体的な範囲を検討する際に参考になると思われる。

いずれにしても，フェア・ディスクロージャー・ルールの適用対象となる重要情報の具体的な範囲については，今後の実務の積上げの中で，上場会社等の実情に応じて，確定していくことが想定されている（平成30年２月パブコメ１頁No.１・No.２）。

⑹　重要情報の公表

①　公表方法

フェア・ディスクロージャー・ルールにおける上場会社等による重要情報の公表は，その方法が限定されており，下記のいずれかの方法による必要がある（27条の36第４項，重要情報公表府令10条）。

(a)　上場会社等，当該上場会社等の子会社または上場投資法人等の資産運用会社が，重要情報が記載された有価証券届出書，有価証券報告書その他25条１項（27条において準用する場合を含む）に規定する書類（自己株券買付状況報告書およびその訂正報告書を除く）を提出する方法（当該書類が同項の規定により公衆の縦覧に供された場合に限る）

(b)　上場会社等，当該上場会社等の子会社もしくは上場投資法人等の資産運用会社を代表すべき取締役，執行役もしくは執行役員またはこれらの者から重要情報を公開することを委任された者が，当該重要情報を次に掲げる報道機関の二以上を含む報道機関に対して公開する方法（次に掲げる報道機関のうち少なくとも二の報道機関に対して公開した時から12時間が経過した場合に限る）

(i)　国内において時事に関する事項を総合して報道する日刊新聞紙の販売を業とする新聞社および当該新聞社に時事に関する事項を総合して伝達することを業とする通信社

(ii)　国内において産業および経済に関する事項を全般的に報道する日刊新聞紙の販売を業とする新聞社

(iii)　日本放送協会および基幹放送事業者

(c)　上場会社等の発行する有価証券を上場する各金融商品取引所（当該有価証券が店頭売買有価証券である場合にあっては当該有価証券を登録する各認可金融商品取引業協会とし，当該有価証券が取扱有価証券である場合にあっては当該有価証券の取扱有価証券としての指定を行う各認可金融商品取引業協会とする。以下同じ）の規則で定めるところにより，当該上場会社等または上場投資法人等の資産運用会社が，重要情報を当該金融商品取引所に通知する方法（当該通知された重要情報が，当該金融商品取引所において日本語で公衆の縦覧に供された場合に限る）

(d)　上場会社等であってその発行する金商法施行令14条の16各号に掲げる有価証券（前記，■２(2)に記載する①から⑦のいずれかに該当する有価証券を意味する）が全て特定投資家向け有価証券である者の発行する有価証券を上場する各金融商品取引所の規則で定めるところにより，当該上場会社等または上場投資法人等の資産運用会社が，重要情報を当該金融商品取引所に通知する方法（当該通知された重要情報が，当該金融商品取引所において英語で公衆の縦覧に供された場合に限る）

(e)　上場会社等がそのウェブサイトに重要情報を掲載する方法（当該ウェブサイトに掲載された重要情報が集約されている場合であって，掲載した時から少なくとも１年以上投資者が無償でかつ容易に重要情報を閲覧することができるようにされているときに限る）

上記のうち，(a)はEDINETを通じた公表，(b)はいわゆる投げ込みによる公表，(c)はTDnetを通じた公表が想定されている。また，(d)は，プロ向け市場における公表措置として英語での公表を可能としている。前記(a)から(d)は，いずれも会社関係者などによる内部者取引に係る内部者取引規制における「公表」として認められる公表方法と同様の方法である。第13編第１章第１節■4参照。

②　ウェブサイトによる公表

これに対して，①(e)の上場会社等のウェブサイトにおける掲載の方法が，フェア・ディスクロージャー・ルール特有の公表方法といえる。ウェブサイトにおける重要情報の掲載が，フェア・ディスクロージャー・ルールにおける公表と認められるためには，いくつかの要件が課されているところ，「重要情報が集約されている場合」とは，投資家が重要情報を閲覧しやすいよう，上場会社等のウェブサイト上で見やすく，まとめて提供されている状態をいい，例えば，タイトルに「IR情報」とあるカテゴリーの中に全ての重要情報が掲載されていれば，原則として「重要情報が集約されている場合」に該当するものと考えられる。さらに，「容易に重要情報を閲覧することができるようにされているとき」とは，たとえば，当該重要情報を閲覧するために会員登録を行う必要がない場合など，投資家が特別の行為をすることなく，当該重要情報が記載されたページにアクセスすることができる場合をいう（平成29年12月パブコメ57頁No.229）。また，「少なくとも１年以上」とは，ウェブサイトに掲載した時点で上場会社等において当該重要情報を１年以上継続して掲載する態勢がとられていれば足り，その後に不測の事態等により当該重要情報が閲覧できない期間が生じたとしても，遡って公表が行われていなかったことにはならない（平成29年12月パブコメ57頁No.230～ No.232）。

なお，公表の方法は文章のみに限られず，映像や音声による方法も含まれ，たとえば，(i)取引関係者への伝達と同時にウェブサイトでその動画を流すようなウェブキャストによる方法については，予めウェブキャストによる公表が行われる日時等が投資家に周知されており，投資家が容易に視聴できる措置が取られている場合や，(ii)取引関係者との会合後に当該会合についての映像・音声をウェブサイトに掲載する方法については，少なくとも１年以上，当該映像・音声をウェブサイトに掲載している場合には，フェア・ディスクロージャー・ルールにおける公表として認められることとされている（平成29年12月パブコメ57頁No.230～No.232）。

実務のポイント・2－22

◆法人関係情報における公表概念の再考察

法人関係情報について，いかなる公表措置がとられる，または，いかなる状態に置かれることにより「公表されていない」情報でなくなるかについては，法人関係情報における「公表」について法令上の定義がなく，不明確と言わざるを得ない。従来，法人関係情報における「公表」概念を，内部者取引規制（いわゆるインサイダー取引規制）における公表と同義に解する見解が唱えられることもなくはなかったものの，実務的な統一見解とまでは言えず，そもそもの法人関係情報に該当する重要情報の外縁が，その定義に照らして相当程度広く解される傾向にあることと相まって，実務上悩ましい問題を生じさせることが少なくなかった。この点，上場会社等の未公表の重要情報・重要事実に関する規制としては，従来から内部者取引規制があったが，平成29年金商法改正を受けて，平成30年４月よりフェア･ディスクロージャー･ルールが施行されており，同ルール内でも「重要情報」との概念が用いられている。これらの規制においては，「公表」についての定義が設けられており，特にフェア・ディスクロージャー・ルールでは，従来の内部者取引規制において公表措置として認められていなかった上場会社のウェブサイトでの公表も，公表措置として認められるに至っている。これら三つの法人関係情報･重要情報・重要事実に関する定義（内部者取引規制については，いわゆるバスケット条項）は，法文上の文言としては相当程度類似しており，これを素直に読むと，法人関係情報はフェア･ディスクロージャー･ルールにおける重要情報を包含し，さらにフェア･ディスクロージャー・ルールにおける重要情報は内部者取引規制における重要事実を包含する関係にあるのが通常であると思われる（例えば，平成30年２月パブコメ３頁No.８）。そうだとすると，例えば，内部者取引規制における重要事実には該当しないものの，フェア・ディスクロージャー・ルールにおける重要情報に該当する情報（この場合，法人関係情報には該当するのが通常と思われる）については，フェア･ディスクロージャー・ルールで認められている公表措置である上場会社のウェブサイトでの公表をもって，法人関係情報規制との関係でも「公表されていない」情報でなくなると整理する解釈には相応の合理性があるように思われる。各規制は，その趣旨・目的，名宛人等が異なることから類似する概念の意味内容を同一に解する必然性はないものの，金商法下の一つの制度において投資家に対する周知性がある公表措置として認めたものについて，同じ金商法下での他の制度において，（法文でその旨が明確に規定されている場合を除き）当該公表措置の周知性を否定する解釈を採用する（上記の例でいうと，フェア･ディスクロージャー・ルールにおいては公表がなされ，投資家に周知されたはずの情報が，法人関係情報規制の世界では未だ未公表の情報として取り扱われる）合理的な理由はないためである。もちろん，上記の解釈を採用したとしても，法令上の定義規定がない以上，依然として不明確さは残るものの，個別具体的な事案において公表の有無についての解釈を行うに際しても，現在の金商法がウェブサイトでの公表に投資家への周知性を認めている点は考慮して然るべきであり，少なくとも，内部者取引規制における公表が常に必要といった厳格な解釈をとる必然性は乏しくなっているように思われる。

3　適用除外

(1)　利用要件

上場会社等もしくは上場投資法人等の資産運用会社またはこれらの役員等が，その業務に関して，取引関係者に対して重要情報の伝達を行う場合であっても，当該取引関係者が，法令または契約により，当該重要情報が公表される前に，当該重要情報に関する秘密を他に漏らし，かつ，上場有価証券等[(133)]に係る売買等をしてはならない義務を負うときは，伝達された重要情報の公表が行われなかったとしても，市場の信頼が害されるおそれは少ないと考えられることから，フェア・ディスクロージャー・ルールの適用はないこととされている（27条の36第1項ただし書）

ここに「売買等」とは，売買その他の有償の譲渡もしくは譲受け，合併もしくは分割による承継（合併または分割により承継させ，または承継することをいう）またデリバティブ取引をいう。ただし，重要情報の伝達を受けた取引関係者が，当該重要情報が公表される前に行う行為のうち，次のいずれかに該当する行為であって，当該取引関係者が当該行為を行ったとしても上場会社等に関する情報の開示に対する投資者の信頼を損なうおそれが少ないものは，売買等の範囲から除かれている（重要情報公表府令3条)。

①　上場有価証券等に係るオプションを取得している者が当該オプションを行使することにより上場有価証券等を取得することその他当該重要情報の伝達を受けたことと無関係に行うことが明らかな売買，権利の行使その他これに類する行為

②　会社法116条1項の規定による反対株主の株式買取請求もしくはこれに類する行為または法令上の義務に基づく行為

---

(133)　■2(2)に記載する①から⑦のいずれかに該当する有価証券のほか，当該有価証券のみを投資対象とする投資信託の受益証券または投資法人の投資証券，新投資口予約権証券もしくは投資法人債券，当該有価証券に係るオプションを表示する有価証券，当該有価証券に係る権利を表示する預託証券，当該有価証券を受託有価証券とする有価証券信託受益証券，当該有価証券により償還することができる旨の特約が付された他の会社の発行する一定の社債券（いわゆるEB債），これらの有価証券の性質を有する外国の者の発行する証券または証書等が含まれる（金商法施行令14条の17各号）。

③　投資者を保護するための法令上の手続に従い行う行為[134]であって，上場会社等において，当該行為以前に，当該取引関係者に対して重要情報を伝達する合理的な理由があり，かつ，当該重要情報を公表することができない事情があるもの

④　合併，分割または事業の全部もしくは一部の譲渡もしくは譲受けにより上場有価証券等を承継させ，または承継する行為

(2)　具体的な適用範囲

適用除外の利用範囲に関連して，FDルールガイドライン問７において，以下の場合についての解釈が示されている。

①　証券会社の投資銀行業務を行う部門との間で組織再編や資金調達等の相談をするために重要情報を伝達する場合

証券会社の職員は，金商法施行令において，法人関係情報に基づいて当該情報に係る有価証券の取引を行うことが禁じられており（38条９号，金商業等府令117条１項16号），また，証券会社は，金商法施行令上，法人関係情報の管理について，不公正な取引の防止を図るために必要かつ適切な措置を講じることが求められ（40条２号，金商業等府令123条１項５号），これを踏まえて制定された日本証券業協会の規則において，業務上，法人関係情報を取得する可能性が高い投資銀行業務を行う部門は，他の部門から物理的に隔離すること等，取得した法人関係情報が業務上不必要な部門に伝わらないよう管理すること，法人関係情報は，一定の場合を除き，伝達を行ってはならない旨を社内規則等で定めることが求められていることを理由に，このような管理体制が整備されている証券会社の投資銀行業務を行う部門への重要情報の伝達があったとしても，フェア・ディスクロージャー・ルールに基づく重要情報の公表は不要としている。

②　信用格付業者に債券等の格付を依頼する際に重要情報を伝達する場合

信用格付業者は，金商法施行令上，信用格付業の業務に関して知り得た情報につき，目的外利用がされないことを確保するための措置および秘密

(134)　公開買付けに対抗するため上場会社等の取締役会が決定した要請に基づき行われる，いわゆる防戦買いが想定されている（平成29年12月パブコメ52頁No.206）。

漏洩防止を図るための措置をとることが求められていること（66条の33第１項，金商業等府令306条１項12号）を理由に，このような措置を講じている信用格付業者に債券等の格付を依頼する際の重要情報の伝達があったとしても，フェア・ディスクロージャー・ルールに基づく重要情報の公表は不要としている。

信用格付業者への重要情報の伝達にかかる上記②の解釈は，重要情報の目的外利用の禁止義務をもって，上場有価証券等の売買等を禁止する義務の要件が満たされるとの立場を前提としているように思われ，取引関係者との契約により当該適用除外を利用とする際の守秘義務契約の具体的な内容の検討において参考になるように思われる[135]。

4　緊急時の公表

フェア・ディスクロージャー・ルールにおける公表は，重要情報の伝達と同時に行われるのが原則であるが，意図的でない伝達が行われた場合等，一定の要件を満たす場合には，速やかに，公表することとされている。

(1)　意図せぬ伝達の場合

①　上場会社等もしくは上場投資法人等の資産運用会社またはこれらの役員等が，その業務に関して，取引関係者に重要情報の伝達を行った時において伝達した情報が重要情報に該当することを知らなかった場合（27条の36第２項１文目）

②　上場会社等または上場投資法人等の資産運用会社の役員等が，その業務に関して，取引関係者に意図せず重要情報を伝達した場合（重要情報公表府令８条１号）

③　上場会社等もしくは上場投資法人等の資産運用会社またはこれらの役員等が，その業務に関して，取引関係者に重要情報の伝達を行った時において，当該伝達の相手方が取引関係者であることを知らなかった場合（重要情報公表府令８条２号）

---

(135)　法令により売買等を禁止する義務を負う例について，平成30年２月パブコメ９頁No.28参照。

これらの場合，当該上場会社等は，取引関係者に当該伝達が行われたことを知った後，速やかに，当該重要情報を公表しなければならない（27条の36第2項2文目）。

(2)　守秘義務または売買禁止義務違反の場合

前記「■3　適用除外」記載の方法に従い，重要情報の伝達を受けた取引関係者が，法令または契約により，当該重要情報が公表される前に，当該重要情報に関する秘密を他に漏らし，かつ，上場有価証券等に係る売買等をしてはならない義務を負っていることによりフェア・ディスクロージャー・ルールの適用除外を受けているにもかかわらず，当該取引関係者が，法令または契約に違反して，当該重要情報が公表される前に，当該重要情報に関する秘密を他の取引関係者に漏らし，または当該上場会社等の上場有価証券等に係る売買等を行った場合，上場会社等は，当該違反の事実を知ったときは，速やかに，当該重要情報を公表しなければならない（27条の36第3項本文）。

ただし，守秘義務または売買禁止義務違反がある場合であっても，以下に掲げるやむを得ない理由により重要情報の公表をすることができない場合には，公表義務が課されないこととされている（27条の36第3項ただし書，重要情報公表府令9条2号）。

①　取引関係者が受領した重要情報が，上場会社等もしくはその親会社（財務諸表等規則8条3項に規定する親会社をいう）もしくは子会社（同項に規定する子会社（同条7項の規定により子会社に該当しないものと推定される特別目的会社を除く）をいう）または上場投資法人等の資産運用会社が行い，または行おうとしている次に掲げる行為に係るものであって，当該重要情報を公表することにより，当該行為の遂行に重大な支障が生ずるおそれがあるとき

(a)　合併

(b)　会社の分割

(c)　株式交換

(d)　株式移転

(e)　事業の全部または一部の譲渡または譲受け

(f)　公開買付け（自己株公開買付けを含む）

(g)　子会社（上場会社等の子会社が当該行為を行い，または行おうとしている場合にあっては，孫会社（財務諸表等規則8条3項の規定に基づき上場会社等の子会社としてみなされる会社のうち同項および同条4項により当該子会社が意思決定機関を支配しているものとされる会社をいう））の異動を伴う株式または持分の譲渡または取得

(h)　破産手続開始，再生手続開始または更生手続開始の申立て

(i)　資本もしくは業務上の提携または資本もしくは業務上の提携の解消

②　取引関係者が受領した重要情報が，上場会社等が発行する(a)優先出資証券，(b)株券もしくは新株予約権証券または(c)投信法上の投資証券，新投資口予約権証券もしくは投資法人債もしくは外国投資証券の募集もしくは売出しまたはこれに類する行為に係るものであって，当該重要情報を公表することにより，当該行為の遂行に重大な支障が生ずるおそれがあるとき

「これに類する行為」には，外国会社の発行する証券または証書に係る募集等のほか，ブロックトレードなどの有価証券の売出しに該当しない有価証券の取引（金商法施行令1条の7の3）も該当しうるとされている（平成29年12月パブコメ55頁No.222・56頁No.226）。

5　実効性の確保

フェア・ディスクロージャー・ルールの実行性確保の観点から，下記(1)(2)に記載する一定の場合に，報告・資料提出命令や公表措置等の指示・命令が行われることとされている（下記(1)(2)の各権限は，いずれも証券監視委および管轄の財務局長に委任されている（194条の7第1項，金商法施行令38条の2第1項本文，41条の3，44条の3第3項））。

なお，フェア・ディスクロージャー・ルールに関する規制違反に対して課徴金制度の適用はない。

(1)　報告の徴求および検査

内閣総理大臣は，公益または投資者保護のため必要かつ適当であると認める

ときは，重要情報を公表した者もしくは公表すべきであると認められる者もしくは参考人に対し参考となるべき報告もしくは資料の提出を命じ，または当該職員をしてその者の帳簿書類その他の物件を検査させることができる。さらに，内閣総理大臣は，報告もしくは資料の提出の命令または検査に関して必要があると認めるときは，公務所または公私の団体に照会して必要な事項の報告を求めることができる（27条の37）。

⑵　公表の指示および命令

内閣総理大臣は，フェア・ディスクロージャー・ルールにより公表されるべき重要情報が公表されていないと認めるときは，当該重要情報を公表すべきであると認められる者に対し，重要情報の公表その他の適切な措置をとるべき旨の指示をすることができ，当該指示を受けた者が，正当な理由がないのにその指示に係る措置をとらなかったときは，その者に対し，その指示に係る措置をとるべきことを命ずることができる（27条の38）。

⑶　刑 事 罰

フェア・ディスクロージャー・ルールに基づく公表措置を行わなかったこと自体が罰則の対象とはされておらず，以下のいずれかに該当する者について，６カ月以下の懲役もしくは50万円以下の罰金に処し，またはこれを併科するとされている（205条）。

①　前記⑴による報告もしくは資料の提出をせず，または虚偽の報告もしくは資料の提出をした者

②　前記⑴の検査を拒み，妨げ，または忌避した者

③　前記⑵の命令に違反した者

❖第６節❖　金融商品取引所の適時開示に関する規制

1　金融商品取引所における適時開示義務

証券市場の機能が十分に発揮されるためには，有価証券について適切な投資判断材料が提供されていることが重要であり，このような投資判断材料の提供の機能を果たす制度として，金商法に基づく有価証券届出書，有価証券報告書などの法定開示があることはこれまで述べたとおりである。しかし，流通市場においては，刻々と発生する各種の会社情報によって売買が大きな影響を受けることが多いことから，重要な会社情報を適時，適切に投資者に対して開示することが重要である。特に，近年のように，企業を取り巻く環境の変化が著しい時代にあって，投資者が的確な投資情報を入手するための一層の環境整備が求められている中，最新の会社情報を迅速，正確かつ公平に提供する適時開示の重要性が高まっている。

東京証券取引所（以下，この節において「東証」という）を始めとする金融商品取引所では，有価証券上場規程[136]などにおいて，上場会社の適時開示義務を定め，「上場会社に係る情報（決定事実に関する情報，発生事実に関する情報および決算に関する情報など)」および「子会社に係る情報」に区分して，適時開示が必要な情報を明定し，これらの情報をただちに開示するよう求めている（東証有価証券上場規程402条～405条など)。これらの開示項目は，インサイダー取引規制で定める重要事実をほぼカバーしている（実際には重要事実よりも広い)。これは，インサイダー取引が問題となりうる重要事実が発生したとき，それを適時開示させることによって，内部者取引が発生することを防止することを意図しているといえる。

平成10年７月以前は，立会時間中に会社情報について投資者への周知が必要であると証券取引所が認めた場合には，終日にわたって売買取引が停止することとされていた。このため，適時開示のタイミングについては，当日の売買立

(136)　東証では「上場有価証券の発行者の会社情報の適時開示等に関する規則」(いわゆる適時開示規則）は平成19年11月１日より有価証券上場規程に統合されている。

会終了後に行うことが望ましいとされていた。しかし，投資者への情報伝達の迅速化が進み，投資者への周知に要する時間が短縮化されたことにより，迅速に売買取引の再開を行うことが可能な状況となり，売買取引が停止された場合に，売買取引の停止の原因となった会社情報が開示されたときは，その時点から一定時間経過後には売買取引を再開する制度が導入された（売買停止期間は段階的に短縮され，現在は原則として30分。東証業務規程施行規則21条２号など）。そこで，現在では，立会時間中であるか否かを問わず，上場会社は，情報の発生後，ただちに開示を行うように要請されている。

また，開示が義務付けられる会社情報に関して報道がなされている場合または噂が流布している場合もしくは東証が外部からの通報などを受けた場合など，上場会社の会社情報に関し必要と認めた場合には，東証は，所要の開示を求めるため，上場会社に対し必要な照会を行うことができることとなっている（東証有価証券上場規程415条など）。

また，すでに開示された重要な会社情報の内容について，中止または変更・訂正が行われた場合についても，有価証券の投資判断に影響を与えることとなり得ることから，開示事項の中止または開示内容について変更もしくは訂正すべき事情が生じた場合にはその旨開示することを求めている（東証有価証券上場規程416条など）。

上場会社が適時開示を行う場合は，東証では，TDnet（Timely Disclosure network：適時開示情報伝達システム）への登録を行うこととなる（東証有価証券上場規程414条など）。TDnetは，国内のすべての金融商品取引所が共同利用する，適時開示された情報をより公平・迅速かつ広範に伝達するためのシステムであり，多くの報道機関に当該情報内容が伝達される。TDnetに会社情報を登録後，東証から開示内容に関して照会の電話で確認し，その後，上場会社担当者において開示処理を行う。開示時刻になると会社情報はTDnetを通じて報道機関に公開されると同時に，東証ホームページからアクセスできる適時開示情報閲覧サービスにも掲載され，公衆の縦覧に供される。

なお，東京証券取引所グループと大阪証券取引所の経営統合により，平成25年１月１日に株式会社日本取引所グループが発足し，同年７月16日に大阪証券取引所の現物市場は，東京証券取引所の現物市場に統合された。これに伴い，大証の市場第一部・第二部に上場されていた銘柄は，東証の市場第一部・第二部に上場され，大証のJASDAQに上場している銘柄は，新設された東証のJASDAQに上場されたほか，大証に上場されていたその他の現物商品も新たに東証市場でも取扱いが開始され，東証の上場制度，取引参加者制度および売買制度等についても所要の整備がなされた。

2　注意喚起制度

平成26年5月，東証は，開示注意銘柄制度を廃止し，新たに注意喚起制度を導入した。これは，有価証券またはその発行者等の情報に関し，投資者に対する周知を目的として，必要があると認める場合には，投資者に対して注意喚起を行うことができる制度であり，具体的には，投資者の投資判断に重要な影響を与えるおそれがあると認められる情報のうち，その内容が不明確であるものが発生した場合や，その他有価証券またはその発行者等の情報に関して，注意を要すると認められる事情がある場合で，東証がその周知を必要と認める場合に注意喚起を行うものである。上場規程の実効性の確保に関する処分または措置ではなく，東証が必要と認めた場合にその都度注意喚起を行うものであり，開示注意銘柄のように解除を伴うものではない。また，注意喚起の実施の判断は，売買停止の実施の判断とは別に行う。「投資者の投資判断に重要な影響を与えるおそれがあると認められる情報」としては，例えば，エクイティ・ファイナンスに係る情報，買収や経営統合に係る情報，「業績予想の修正等」として情報開示が必要となる決算に係る情報，法的整理や私的整理に係る情報，虚偽記載に係る情報等が想定されている。

3　改善報告書

東証有価証券上場規程により要求される会社情報の適時開示を適正に行わなかった場合や企業行動規範に違反したと認める場合などであって，その背景として適時開示制度に関する認識不足や内部管理体制の不備などがあり，これを放置した場合には同様の規則違反が再発するおそれが高い場合など，取引所が

「改善の必要性が高い」と認めた場合に，それらの問題点を上場会社に認識させ，書面によって明確に改善を約束させることにより，同様の違反行為の再発防止を図ることを目的として「改善報告書」（東証有価証券上場規程502条など）の提出を求めることがある。これに対して，改善報告書を提出しない場合や，「改善される見込みがない」場合には，上場廃止基準（東証有価証券上場規程601条1項12号「上場契約違反等」など）に基づき，上場会社の株式等の上場を廃止することとしている。また平成18年12月以降に改善報告書を提出した上場会社は，当該改善報告書の提出から6カ月経過後すみやかに，改善措置の実施状況および運用状況を記載した改善状況報告書を提出しなければならない（東証有価証券上場規程503条1項など）。また，取引所は，改善報告書を提出した上場会社に対して，当該改善報告書の提出から5年を経過するまでの間，当該上場会社の改善措置の実施状況および運用状況に関し取引所が必要と認めるときは，改善状況報告書の提出を求めることができる（東証有価証券上場規程503条2項など）。

4　公表措置，上場契約違約金制度

東証は，上場会社が適時開示に係る規定や企業行動規範に違反したと認める場合などであって，必要と認めるときは，その違反行為について公表措置を講ずることができる（東証有価証券上場規程508条）。また，東証は，上場会社が適時開示に係る規定や企業行動規範に違反したと認める場合などであって，東証市場に対する株主および投資者の信頼を毀損したと東証が認めるときに，上場会社に対して，上場契約違約金の支払いを求めることができることとしており，その旨を公表することとしている（東証有価証券上場規程509条）。上場契約違約金の金額は，平成25年8月9日施行の規則改正により，市場区分および時価総額に応じて決定される年間上場料に20倍に相当する金額とされた（たとえば市場第一部に上場する時価総額5,000億円超の内国会社であれば9,120万円。東証有価証券上場規程施行規則504条1号）。

5　有価証券報告書などの提出遅延・虚偽記載などによる上場廃止

企業開示に関連する上場廃止事由としては，上記の適時開示義務違反に係る上場廃止のほかに，有価証券報告書・四半期報告書を，提出期限の経過後１カ月以内に，内閣総理大臣に提出しなかった場合は上場廃止基準に該当し，上場を廃止するものと規定している（東証有価証券上場規程601条10号など)。ただし，平成25年８月９日施行の規則改正により，上場会社が，有価証券報告書または四半期報告書について内閣総理大臣から提出期間の延長の承認を得た場合には，当該承認を得た期間の経過後８日目の日までに提出しなかったときに，上場を廃止するものとされた。

また，上場会社が有価証券報告書に「虚偽記載」を行い，かつ，ただちに上場廃止としなければ市場の秩序を維持することが困難であることが明らかな場合（東証有価証券上場規程601条11号など。具体例として，西武鉄道，ライブドア(137)，カネボウの例がある）や，上場会社の財務諸表などに添付される監査報告書において，「不適正意見」または「意見の表明をしない」旨が記載され，または四半期財務諸表などに添付される四半期レビュー報告書においては「否定的結論」または「結論の表明をしない」旨が記載され，かつ，ただちに上場廃止としなければ市場の秩序を維持することが困難であることが明らかな場合（東証有価証券上場規程601条11号など。カネボウの例は上記虚偽記載に加え，監査意見不表明も理由とされた）は，上場廃止基準に該当し，上場を廃止するものと規定している。平成25年８月９日施行の規則改正以前は，上記いずれも，ただちに上場廃止としなければ市場の秩序を維持することが困難であることが明らかなときではなく，「その影響が重大であると当取引所が認める場合」とされていたが，投資者の予見可能性を高める観点から上場廃止の対象となる場合を明確化する趣旨で改正された（**実務のポイント・2－26**参照)。

(137)　西武鉄道・ライブドアについては「公益又は投資者保護のため，……上場廃止を適当と認めた場合」（東証有価証券上場規程601条20号）にも該当すると判断された。

6　特設注意市場銘柄の指定

平成25年８月９日施行の規則改正により，特設注意市場銘柄の指定範囲が拡大し，東証は，従前は，(1)上場会社が虚偽記載または不適正意見等その他の上場廃止基準に該当するおそれがあると当取引所が認めた後，当該上場廃止基準に該当しないと当取引所が認めた場合，および(2)改善報告書を提出した場合であって改善措置の実施状況および運用状況に改善が認められないと当取引所が認めた場合の２類型を，特設注意市場銘柄への指定に係る検討対象としていたが，虚偽記載または不適正意見等の場合については上場廃止基準に該当するおそれがあると認めるか否かにかかわらず特設注意市場銘柄への指定を可能とするとともに，新たに，上場会社が適時開示に係る規定や企業行動規範の「遵守すべき事項」に係る規定に違反したと東証が認めた場合であって，かつ，当該上場会社の内部管理体制等について改善の必要性が高いと認める場合にも，特設注意市場銘柄への指定を可能とした（東証有価証券上場規程501条）。

また同改正前は，改善期間を特設注意市場銘柄への指定後３年以内としていたが，これまでに指定された銘柄が内部管理体制の改善に要した期間の実態も踏まえ，内部管理体制等に問題がある上場会社に対してより早期の改善を促す趣旨で，改正後は，当該指定から１年経過後速やかに，当該指定を受けた上場会社は，内部管理体制の状況等について記載した「内部管理体制確認書」を提出することが義務付けられた。

東証は，上場会社より提出された内部管理体制確認書の内容等に基づき審査を行い，内部管理体制等に問題があると認められない場合には，その指定の解除を行うこととされているが，他方，同改正により，特設注意市場銘柄に指定された場合において，①指定後１年以内に上場会社の内部管理体制等について改善がなされなかったと東証が認める場合（改善の見込みがなくなったと東証が認める場合に限る），②指定後１年６カ月以内に上場会社の内部管理体制等について改善がなされなかったと東証が認める場合，③上記のほか，特設注意市場銘柄指定中に，上場会社の内部管理体制等について改善の見込みがなくなったと東証が認める場合は，上場が廃止されることとされた（東証有価証券上場規程601条１項11号の２）。

実務のポイント・２－23

◆MSCB等に関する取引所および日本証券業協会のルール整備

MSCB（Moving Strike Convertible Bondの略）とよばれる転換価額修正条項付の転換社債型新株予約権付社債の発行については，自己資本の円滑な拡充を目指す上場会社の資金調達として広く利用されてきたが，流通市場や既存株主に対して株式価値の希薄化などにより大きな影響を与える可能性が指摘されてきた。そこで，東証では，平成19年７月より，発行会社は，MSCB等（行使価額が６カ月間に１回を超える頻度で修正される条項が付された第三者割当により発行される新株予約権，新株予約権付社債および取得請求権付株式（取得請求権の行使により発行会社の上場株式が交付されるもののみ）を指す）の発行にあたり，株式の希薄化の合理性等について十分に検討を行ったうえ，流通市場への影響および株主の権利に配慮し，また十分な説明を果たすこと，公表予定日の１週間程度前までに開示内容などを東証に事前相談することなどが要請されている。加えて，MSCB等に限らず，一般に第三者割当により株式，新株予約権または新株予約権付社債の発行を行う際にも，上場会社は，当該資金調達方法を選択した理由，調達する資金の使途，発行条件の合理性等について，わかりやすく具体的な説明を行うこと，またMSCB等の発行と同様に東証に事前相談することが要請されており，開示が強化されている。また，平成19年11月より，MSCB等を発行している上場会社には，毎月初めに前月の転換・行使状況の開示義務が課され（東証有価証券上場規程410条など。月間の転換・行使累計が当該MSCB等の発行総額の10%以上となった場合にはただちに開示義務が生じる），買受人との間で締結する買取契約において新株予約権等の一定の行使制限を規定することが要求される（東証有価証券上場規程434条１項，東証有価証券上場規程施行規則436条など）。

また，日本証券業協会は，証券業界の自主ルールとして，金融商品取引業者がMSCB等の買受けなどを行う際の留意事項や市場の公正性および既存株主に配慮した商品設計等に関する取扱いを理事会決議「会員におけるMSCB等の取扱いについて」として制定し，平成19年７月より施行している（なお，その後一部改正され，同年９月30日より自主規制規則「会員におけるMSCB等の取扱いに関する規則」として施行）。これにより，金融商品取引業者は，MSCB等の買受けを行うにあたり，発行会社に十分な商品説明を行うこと，財政状態および経営成績，調達資金の使途，株価などの動向，市場および既存株主への影響などを確認すること，発行会社に適切な開示を要請すること，また，行使価額を設定・修正するために株価を参照する期間（観察期間）には空売り価格および市場売却を制限すること，発行会社との間で締結する買取り契約において新株予約権等の一定の行使制限を規定することが要求される。

実務のポイント・2－24

◆適時開示とインサイダー取引規制

インサイダー取引規制における重要事実，特に上場会社等の決定事実については，判例上，実質的に会社の意思決定と同視されるような意思決定を行うことのできる機関による，重要事実に向けた作業などを会社の業務として行う旨の決定であれば足りるとされ，また，決定というためにはその実現を意図して行ったことを要するが，確実に実行されるとの予測が成り立つことは要しないとされている。

インサイダー取引規制における重要事実に該当する事実が発生した場合，ただちに取引所における適時開示を行うべきではないかといった質問を受けることがある。東証の適時開示ガイドブックでは，会社の業務執行を実質的に決定する機関による決議・決定が行われた時点での開示が必要となるとされており，インサイダー取引規制における重要事実が発生した場合にはただちに適時開示を行う必要があるようにも読める。

しかしながら，上記のとおり，インサイダー取引規制における重要事実は，その実現可能性がきわめて低い場合であっても発生が認められるものであり，これらの不確実な情報を開示することは投資家の誤解を招くおそれが高く（場合によっては相場操縦や風説の流布にもなりかねない），M&Aその他の取引の交渉・実現にも悪影響を及ぼしかねない。また，インサイダー取引規制における重要事実がどの時点で発生しているかの判断は，実務上容易ではないし，会社の正式な機関決定なしに実質的な決定があったとして公表することは，上場会社のコーポレート・ガバナンス上も問題があるといえる。

インサイダー取引規制は，会社関係者等が未公表の重要事実を知りながらその公表前に有価証券の売買等を行うことにより，証券市場の公正性・信頼を損なうことを防止することを目的としており，不確実な段階であっても会社関係者等が将来の株価に影響を与えうる未公表の重要情報を知りながら有価証券の売買等を行うことを禁止する要請が強く働く。これに対し，取引所における適時開示は，投資者への適時・適切な会社情報の開示がなされることにより健全な証券市場を確保しようとするものであり，不確実な情報を頻繁に公表することは適切な情報開示でもなく，また，健全な証券市場に資するものでもない。インサイダー取引規制における重要事実が発生していると解される場合であっても，これをただちに公表することはできずまたは公表すべきでない場合は実務上少なくなく，このような場合，未公表の重要事実を知った会社関係者等は，発行会社による公表を早めたうえで有価証券の売買等を行うか，（適時開示が必要となり）公表がなされるまで売買等を控えることにより，インサイダー取引規制違反を回避する必要がある。ただし，検討・交渉が進行中の取引であり，正式な機関決定がなされていないような場合に，どの程度の事実を公表すれば未公表の重要事実がないといえるかは難しい問題であり，また，市場に誤解を与えることのない公表内容とする必要もあることから，公表の是非および内容については慎重に検討する必要がある。

第３章　発行開示・流通開示の実効性確保

本章のサマリー

◆本章では，発行開示・流通開示における不実開示などによる民事責任（16条～23条・27条の33～27条の34の２），行政処分（９条～11条ほか），刑事責任（197条～209条のうち，発行・流通開示に関する部分）および課徴金制度（172条～185条の21のうち，発行・流通開示に関する部分）について解説する。

◆発行開示・流通開示の実効性確保については，金商法による大きな改正点はないが，これまで規定されていた開示書類の虚偽記載・不提出などに係る各種責任に加えて，新たに導入された四半期報告書，有価証券報告書などの記載内容に関する確認書，内部統制報告書の虚偽記載・不提出などに関する各種責任が規定されている。また，平成20年金商法改正により，いわゆるプロ向け市場が認められ，平成21年金商法改正により外国証券売出しが認められたことから，これに伴い，特定証券情報や外国証券情報などのうちに重要な事項について虚偽情報があり，または提供・公表をすべき重要な事項などに関する情報が欠けている場合について，発行者・役員などの損害賠償責任が規定された（27条の33～27条の34の２）。

◆課徴金制度は，平成16年証取法改正により，発行開示書類の虚偽記載などについて導入されたが（172条），平成17年証取法改正により継続開示書類の虚偽記載などにも適用された（172条の２）。また，平成20年金商法改正により，届出前の勧誘，効力発生前の有価証券取引，既開示有価証券の売出しにおける目論見書の不交付，継続開示書類の不提出が新たに課徴金命令の対象となり（172条・172条の３），発行開示書類・継続開示書類の虚偽記載などに関し課徴金の金額水準が引き上げられた（172条の２・172条の４）。加えて，プロ向け市場が認められることに伴い，虚偽の特定証券情報の提供・公表などに係る違反行為が課徴金の対象に追加された（172条の９～172条の11）。

❖第1節❖　発行開示・流通開示の実効性確保の必要性

金商法は，証券の価値にかかわる情報を開示させ，利益を求めて行動する投資者の判断を市場に集約することを通じて，証券の適正な価格形成を図っているので，開示された情報が真実ではない場合には，投資者の判断を誤らせ，市場が効率的な資源配分を達成できないことになる。そこで，金商法は，以下に述べるように，民事責任，行政処分，刑事責任および課徴金納付命令の手法によって，市場における情報の真実性を確保しようとしている。

❖第2節❖　民事責任

1　発行開示における民事責任

(1)　有価証券届出書・発行登録書の虚偽記載

①　発行者の責任

有価証券届出書または発行登録書のうちに，重要な事項について虚偽の記載があり，または記載すべき重要な事項もしくは誤解を生じさせないために必要な重要な事実の記載が欠けているときは，その届出者である有価証券の発行者は，当該有価証券を当該募集・売出しに応じて取得した者に対し，損害賠償の責任を負う（18条1項・23条の12第5項）。このように，虚偽記載などがあった場合に損害賠償責任を負わせることにより，被害を被った者を救済するとともに，発行者に対して，十分な注意と準備の下に正確で誤解をもたらさない開示を行わせる予防的な機能を発揮することが期待されている。

なお，有価証券届出書については，その添付書類および訂正届出書を含み（2条7項），発行登録書のほか，訂正発行登録書，発行登録追補書類ならびにこれらの添付書類および参照書類についても同様の責任が生じうる（23条の12第5項）。

ただし，当該有価証券を取得した者がその取得の申込みの際記載が虚偽であり，または誤解を生じさせないために必要な重要な事実の記載が欠けていること（以下，本章において「虚偽記載等」という。これは21条の２においても定義・使用されている用語である）を知っていたときは，この責任は生じない（18条１項ただし書・23条の12第５項）。有価証券の取得者が虚偽記載等を知っていたことは，有価証券の発行者において立証する必要がある。

損害賠償の額は法定されており，有価証券の取得者が，(a)当該有価証券の取得について支払った額から，損害賠償を請求する時における市場価額（市場価額がないときは，その時における処分推定価額）を控除した額，または(b)損害賠償請求時までに取得者が当該有価証券を処分した場合においては，当該有価証券の取得について支払った額から，その処分価額を控除した額である（19条１項・23条の12第５項）。損害賠償請求後の市場価額の変動は，賠償額の算定にあたって考慮されないことになる。

もっとも，有価証券の発行者が，有価証券の取得者が受けた損害の額の全部または一部が，有価証券届出書または発行登録書のうちに虚偽記載等があったことによって生ずべき当該有価証券の値下り以外の事情により生じたことを証明した場合においては，その全部または一部については，賠償の責任は生じない（19条２項・23条の12第５項）。直近の最高裁判例では，当該事情により生じた損害の性質上その額を立証することが極めて困難であるときは，裁判所は，民訴法248条の類推適用により，口頭弁論の全趣旨および証拠調べの結果に基づき，賠償責任を負わない損害の額として相当な額を認定することができるとの判断が下されている(138)。

発行者の当該責任は無過失責任であり，発行者は虚偽記載等について過失がなかったことを証明しても責任を免れない。また，有価証券の取得者が虚偽記載等を知らない限り，その者が有価証券の取得のために有価証券届出書または発行登録書を閲覧したか否か，虚偽記載等を信頼して有価証券を取得したか否かという因果関係を立証することなく，有価証券の発行者は責任を負う。また，虚偽記載等によって証券の市場価格の形成が影響を受けたという因果関係を立証する必要もない。すなわち，取得者側では虚偽記載等と損害との因果関

(138)　最判平30・10・11民集72巻５号477頁（株式会社IHIの有価証券届出書等の不実記載に関するもの）

係は立証不要である（もっとも発行者側で因果関係不存在を反証することは可能であると解される[139]）。したがって，損害賠償を請求する取得者は，虚偽記載等が存在すること，当該虚偽記載等が投資判断にとって重要であること，および当該募集・売出しに応じてその証券を取得したことを立証すれば足りる。なお，虚偽記載等が「重要」な事項に関するものかどうかを判断するにあたっては，投資者の投資判断に大きな影響を与える事項かという観点からの判断が必要であり，投資判断を行ううえで些細な事項は除かれると解すべきである。

当該損害賠償請求権は，有価証券の取得者が虚偽記載等を知った時または相当な注意をもって知ることができた時から３年間これを行使しないときは消滅する（20条前段・23条の12第５項）。また有価証券の募集・売出しに係る届出が効力を生じたとき（発行登録書については，発行登録の効力が生じており，かつ，それに係る発行登録追補書類が提出されたとき）から，７年間これを行使しないときも請求権は消滅する（20条後段・23条の12第５項）。前者は消滅時効を定めたものであり，後者は除斥期間を定めたものであると解されている。平成16年証取法改正により，それぞれの期間が，１年間から３年間，５年間から７年間へと延長された。

有価証券届出書または発行登録書に虚偽記載等がある場合には，これらの書類は公衆縦覧に供されることから，募集・売出しによらず，流通市場で当該発行者の既発行証券を取得した者が損害を被る可能性がある。平成16年証取法改正以前は，証取法に規定がなかったために，この場合に発行者が民法上の不法行為責任を負うかという点について議論があったが，同改正により21条の２が制定されたことにより，有価証券届出書（添付書類および訂正届出書を含む），発行登録書（添付書類を含む），発行登録追補書類（添付書類を含む）またはこれらの訂正発行登録書のうちに，重要な事項について虚偽の記載があり，または記載すべき重要な事項もしくは誤解を生じさせないために必要な重要な事実の記載が欠けているときは，提出者は，当該報告書の公衆縦覧期間に有価証券を取得した者に対して，記載が虚偽であり，または記載すべき重要な事項もしくは誤解を生じさせないために必要な重要な事実の記載が欠けていることによ

(139)　弥永真生「企業買収と証券取引法（金融商品取引法）18条・19条」旬刊商事法務1804号５頁（2007）参照

り生じた損害を賠償する責任を負う（21条の２第１項本文・25条１項１号～３号）。当該責任は無過失責任であり，損害額については法律上の推定規定（21条の２第３項）がある。詳細については，■２(1)を参照。

②　発行者の役員の責任

有価証券届出書または発行登録書に，重要な事項について虚偽の記載があり，または記載すべき重要な事項もしくは誤解を生じさせないために必要な重要な事実の記載が欠けているときは，それらの書類の提出時の有価証券の発行者の役員（取締役，会計参与，監査役もしくは執行役またはこれらに準ずる者）は，当該有価証券を当該募集・売出しに応じて取得した者に対し，記載が虚偽でありまたは欠けていることにより生じた損害を賠償する責任を負う（21条１項１号・23条の12第５項）。有価証券の取得者が有価証券を取得する際に虚偽記載等を知っていたことを有価証券の発行者の役員が立証した場合は，この責任は発生しない（21条１項ただし書・23条の12第５項）。

有価証券の発行者の役員は，当該有価証券届出書または発行登録書の提出者が発行者である有価証券を募集・売出しによらないで取得した者に対しても，上記と同様に，有価証券届出書または発行登録書の虚偽記載等につき損害賠償責任を負う（22条１項・23条の12第５項）。もっとも，上記の募集・売出しに応じて有価証券を取得した場合とは異なり，条文の構造上，虚偽記載等に関して自らが善意であることにつき請求者側に立証の責任がある[140]。

有価証券の発行者の役員の有価証券の取得者に対する損害賠償の額は，発行者の負う損害賠償責任とは異なり，虚偽記載等によって生じた損害の額を賠償請求する有価証券の取得者において立証する必要がある。この額は，19条により損害額の算定方法が法定されている発行者の賠償責任とは異なり，具体的に法定されていない。ただ損害額の判断の際に19条を参考にすべきとの見解がある[141]。損害賠償請求権の消滅時期についても特別の規定はないため，一般の不法行為による損害賠償請求権の消滅時期に関する民法724条が準用されるこ

---

(140)　これに対し，このような相違に合理的理由はないとして，請求義務者に悪意の主張・立証責任があるとする見解もある（神崎ほか・金商法553頁・554頁）。

(141)　神崎ほか・金商法553頁

となると解される（取得者が損害を知った時から３年間の消滅時効，不法行為の時から20年間の除斥期間）。

取得者は上記の損害額の立証のほか，虚偽記載等と損害との因果関係を立証する必要もある。虚偽記載等が存在すること，当該虚偽記載等が投資判断にとって重要であること，および自分が当該募集・売出しに応じてその証券を取得したことを取得者が立証しなければならないことは①の発行者の責任と同じである。以上の立証の点については，下記③～⑤の責任主体の場合も同様である。

有価証券の発行者の役員は，有価証券届出書または発行登録書の記載が虚偽でありまたは記載すべき重要な事項もしくは誤解を生じさせないために必要な重要な事実の記載が欠けていることを知らず，かつ，相当な注意を用いたにもかかわらず知ることができなかったことを証明するときは，損害賠償責任を免れることができる（21条２項１号・22条２項・23条の12第５項。いわゆるデューデリジェンス・ディフェンスとよばれる）。発行者の責任が無過失責任であるのに対して，役員の責任については，立証責任を転換された過失責任となっている。

③　売出人の責任

有価証券届出書または発行登録書に，重要な事項について虚偽の記載があり，または記載すべき重要な事項もしくは誤解を生じさせないために必要な重要な事実の記載が欠けているときは，有価証券の売出人は，当該有価証券を当該売出しに応じて取得した者に対し，記載が虚偽でありまたは欠けていることにより生じた損害を賠償する責任を負う（21条１項２号・23条の12第５項）。有価証券の取得者が有価証券の取得の申込みの際に虚偽記載等を知っていたことを有価証券の売出人が立証した場合は，この責任は発生しない（21条１項ただし書・23条の12第５項）。売出人の損害賠償額については，有価証券届出書または発行登録書の虚偽記載等によって生じた損害の額を賠償請求する有価証券の取得者において立証する必要がある。

また，売出人は，発行者の役員と同様，有価証券届出書または発行登録書の記載が虚偽でありまたは記載すべき重要な事項もしくは誤解を生じさせないために必要な重要な事実の記載が欠けていることを知らず，かつ，相当な注意を用いたにもかかわらず知ることができなかったことを証明するときは，損害賠償責任を免れることができる（21条２項１号・23条の12第５項。デューデリジェンス・ディフェンス）。売出人は，有価証券届出書または発行登録書を作成するものではないが，発行者に届出書・発行登録書の作成を依頼・指示し，売出しによる利益を享受する立場にあること，そして支配株主のように，発行者に相当の影響力を行使できる立場が考慮されたものと考えられる。

④　公認会計士・監査法人の責任

有価証券届出書または発行登録書に係る財務諸表（貸借対照表，損益計算書その他の財務計算に関する書類）の監査証明（193条の２第１項）において，当該監査証明に係る財務諸表について記載が虚偽であり，または記載すべき重要な事項もしくは誤解を生じさせないために必要な重要な事実の記載が欠けているものを，虚偽でなくまたは欠けていないものとして証明した公認会計士・監査法人は，当該有価証券を当該募集または売出しに応じて取得した者に対し，記載が虚偽でありまたは欠けていることにより生じた損害を賠償する責任を負う（21条１項３号・23条の12第５項）。有価証券の取得者が有価証券を取得する際に虚偽記載等を知っていたことを公認会計士・監査法人が立証したときは，その限りではない（21条１項ただし書・23条の12第５項）。

発行者の役員の責任と同様，当該有価証券届出書または発行登録書の提出者が発行者である有価証券を募集・売出しによらないで（流通市場で）取得した者に対しても，当該有価証券届出書または発行登録書に係る財務諸表の監査証明をした公認会計士・監査法人は，有価証券届出書または発行登録書の虚偽記載等につき損害賠償責任を負う（22条１項）。もっとも，上記の募集・売出しに応じて有価証券を取得した場合とは異なり，条文の構造上，虚偽記載等に関して自らが善意であることにつき請求者側が立証しなければならない[142]。

なお，監査証明に係る財務諸表以外の有価証券届出書または発行登録書に虚偽記載等があったとしても，監査証明に係る財務諸表に虚偽記載等がなければ，公認会計士・監査法人の損害賠償責任は発生しない。

---

(142)　これに対しては反対説もある。前掲注(140)参照

公認会計士・監査法人の損害賠償額については，有価証券届出書または発行登録書の虚偽記載等によって生じた損害の額を賠償請求する有価証券の取得者において立証する必要がある。公認会計士・監査法人は，財務諸表につき虚偽記載等があるものを，虚偽記載等がないものとして監査証明をしたことに故意または過失がなかったことを立証したときは，損害賠償責任を負わない（21条2項2号・22条2項・23条の12第5項。デューデリジェンス・ディフェンス）。

⑤　元引受金融商品取引業者などの責任

有価証券届出書または発行登録書に，重要な事項について虚偽の記載があり，または記載すべき重要な事項もしくは誤解を生じさせないために必要な重要な事実の記載が欠けているときは，当該募集に係る有価証券の発行者または売出人のいずれかと元引受契約を締結した金融商品取引業者・登録金融機関は，当該有価証券を当該募集・売出しに応じて取得した者に対し，記載が虚偽でありまたは欠けていることにより生じた損害を賠償する責任を負う（21条1項4号・23条の12第5項）。有価証券の取得者が有価証券を取得する際に虚偽記載等を知っていたことを当該金融商品取引業者・登録金融機関が立証したときは，その限りではない（21条1項ただし書・23条の12第5項）。

ここで「元引受契約」とは，有価証券の募集・売出しに際して締結する契約で，(a)当該有価証券を取得させることを目的として当該有価証券の全部もしくは一部を発行者もしくは所有者（金融商品取引業者・登録金融機関を除く。(b)，(c)において同じ）から取得すること（買取引受け）を内容とする契約，(b)当該有価証券の全部もしくは一部につき他にこれを取得する者がない場合にその残部を発行者もしくは所有者から取得すること（残額引受け）を内容とする契約，または(c)当該有価証券が新株予約権証券（これに準ずるものとして内閣府令で定める有価証券を含むとされ，具体的には，新株予約権付社債券および外国の者の発行する証券または証書で新株予約権証券または新株予約権付社債券の性質を有するものが定められている。企業開示府令14条の2の2第1項）である場合で，当該新株予約権証券を取得した者が当該新株予約権証券の全部または一部につき新株予約権（これに準ずるものとして内閣府令で定める有価証券を含むとされ，具体的には，外国の者に対する権利で新株予約権の性質を有するものが定められている。企業開示府令14条の２の２第２項）を行使しないときに当該行使しない新株予約権に係る新株予約権証券を発行者または所有者から取得して自己または第三者が当該新株予約権を行使することを内容とする契約のいずれかを指す（21条４項)。このような金融商品取引業者は，引受業務にあたって，発行会社や証券に関する審査を行い，円滑な資本市場に寄与しているが，金商法は，このような業者に損害賠償責任を課すことにより，ゲートキーパーとしての審査の信頼性を高めているといえる。

なお，上記(c)については，平成23年金商法改正により追加されたものであり，いわゆるコミットメント型ライツ・オファリングにおいて，新株予約権無償割当てが行われた株主等により新株予約権が行使されなかった場合に，金融商品取引業者が発行会社との間で，発行会社が新株予約権の取得条項に基づき取得した未行使の当該新株予約権の交付を受けたうえで行使を行い，その結果取得する株式を市場等で売却する旨のコミットメントを行う場合である。平成23年金商法改正前は，このようなコミットメントは，募集の対象となっている新株予約権証券を他人に取得させることを目的としていないため（売却の対象は株式である)，買取引受けには該当せず，また，新株予約権証券を取得する者がない場合に残部を取得する契約でもないため（新株予約権は新株予約権無償割当てにより株主に割当済みである)，残額引受けにも該当せず，よって有価証券の引受けには該当しないものと解さざるをえなかった。しかしながら，コミットメントを行う金融商品取引業者は，新株予約権の全部または一部が権利行使されなかった場合にその残部について取得し権利行使をすることにより，新株予約権の対象となる株式の全部または一部を取得するものであるため，実質的には，株式の残額引受けを行うことと行為態様やリスク負担の点で類似性が認められることなどから，かかるコミットメントも有価証券の引受けに該当するものと整理されることとなり（平成23年金商法改正後の２条６項３号参照)，上記(c)の契約も元引受契約に該当することとされた。なお，コミットメントの内容として，未行使分の新株予約権を取得する証券会社自身はその行使をせず，当該新株予約権を第三者に譲渡して，当該第三者に行使させることも考えられるが，このようなコミットメントも引受けに該当し，また，特定の第三者に行使させる場合に限らず，自己以外の不特定の者に行使させる場合も引受けに該当するものとされている（なお，当該第三者が未行使分の新株予約権を取得して行使する旨の契約を上記証券会社と締結した場合には，当該第三者も引受人となる（一般に，元引受人に対して，これらの者は下引受人といわれる）[(143)]。他方で，株主等の新株予約権の権利行使の状況が芳しくない場合に，新株予約権無償割当ての効力が発生した後に，引受証券会社が第三者との間で当該第三者に未行使分の新株予約権を譲渡して権利行使させる契約を締結する場合は，当該第三者は新株予約権無償割当ての効力が発生した後に当該コミットメントを行うこととなるため，新株予約権の「募集に際して」の要件に該当せず，引受人とはならないとされており，したがって，第一種金融商品取引業者ではない投資家等がかかるコミットメントを行うことも可能と考えられる[(144)]）。

もっとも，新株予約権の募集は新株予約権無償割当ての効力が発生し株主への割当てが行われた時点で終了しており，新株予約権の行使についての勧誘を新株予約権の募集に該当すると解釈することは困難な面もあり，新株予約権の行使に伴う株主の損害についてまで責任を問えるのかについては難しい問題があり，他方で新株予約権自体は無償で取得しているためこれについて損害を認めることも難しいものと思われる。現在の金商法上，コミットメント型ライツ・オファリングに係る新株予約権無償割当てについて，実質的には株式の募集に類似する性格や，株式の残額引受けに類似する性格を有するものの，これを正面から株式の募集や株式の残額引受けと位置付けておらず，新株予約権の募集や新株予約権に関する上記(c)の引受けと位置付けていることから，現在の金商法上は，上記のように解さざるをえないのではないかと思われる。しかしながら，平成24年２月パブコメ回答によれば，新株予約権無償割当ては，新株予約権の行使時の払込みを含めて考える必要があり，実質的には株主割当による株式の募集と同様であり，開示規制上は，新株予約権の行使の勧誘は，新株予約権の取得勧誘に該当するというのが金融庁の立場のようである（平成24年２月パブコメ７頁No.23。もっとも，同パブコメ29頁No.74によれば，新株予約権の行使の勧誘自体は，金融商品取引業に該当しないとしており，これは現在の金商法の考え方とは整合的と思われるが，上記パブコメ７頁No.23とは矛盾するように思われ

(143)　古澤ほか・逐条解説2011年金商法改正96頁
(144)　古澤ほか・逐条解説2011年金商法改正96頁・97頁

る)。この意味するところは明確ではないが，新株予約権の行使の勧誘を新株予約権の取得勧誘に該当すると解釈したとしても，上記のとおり新株予約権自体は無償で取得しているため，損害を認定することは難しいと思われる。したがって，新株予約権無償割当ては，実質的には株主割当による株式の募集と同様であるという考えに沿って，新株予約権の取得勧誘（行使の勧誘）に応じて株式を取得したものとして，その取得によって被った損害について責任を負うものというのが金融庁の立場であるように思われる。

当該金融商品取引業者・登録金融機関は，(i)公認会計士・監査法人の監査証明に係る財務諸表の虚偽記載等については，虚偽記載等を知らなかったことを証明するとき，また(ii)それ以外の部分の虚偽記載等については，相当な注意を用いたにもかかわらず知ることができなかったことを証明するとき，損害賠償責任を免れる（21条２項３号・23条の12第５項。デューデリジェンス・ディフェンス)。この文言を読む限り，公認会計士・監査法人の監査証明を受けた財務諸表については，虚偽記載等を不注意であっても知りさえしなければ，過失があったとしても責任を免れるということになり，批判もあるところである[145]。もっとも，元引受契約を締結する金融商品取引業者・登録金融機関は，販売活動において目論見書を使用し，目論見書には監査証明を受けた財務諸表が含まれることから，後述する17条による不実の目論見書の使用者の責任を免れるためには，監査証明を受けた財務諸表についても虚偽記載等がないか相当の注意を用いる必要がある（17条ただし書)。このため，元引受契約を締結する金融商品取引業者・登録金融機関は，21条２項３号・17条ただし書による責任免除の適用を受けるために，財務諸表を含め発行者につき「相当な注意を用いて」引受審査を行うことが想定されている[146]。

(2)　目論見書などの虚偽記載

①　発行者の責任

目論見書のうちに重要な事項について虚偽の記載があり，または記載すべき重要な事項もしくは誤解を生じさせないために必要な重要な事実の記載が欠け

(145)　神崎ほか・金商法558頁
(146)　エフオーアイ事件に関する東京高判平30・３・23資料版商事法務414号84頁

ている場合，当該目論見書を作成した発行者は，当該目論見書の交付を受けて当該募集・売出しに応じた者に対し，損害賠償の責任を負う（18条２項・１項・23条の12第５項）。ただし，当該有価証券を取得した者がその取得の申込みの際，虚偽記載等を知っていたことを発行者が立証したときは，この限りでない（18条２項・１項ただし書・23条の12第５項）。

この責任は，有価証券届出書に虚偽記載等がある場合の発行者の責任と同様，無過失責任である。損害賠償額は算定方法が法定されており，損害額を立証する必要がない（19条）。当該損害賠償請求権は，有価証券の取得者が虚偽記載等を知った時または相当な注意をもって知ることができた時から３年間これを行使しないときは消滅し（消滅時効。20条前段・23条の12第５項），また目論見書の交付を受けた時から７年間これを行使しないときも請求権は消滅する（除斥期間。20条後段・23条の12第５項）。

②　発行者の役員・売出人の責任

目論見書のうちに重要な事項について虚偽の記載があり，または記載すべき重要な事項もしくは誤解を生じさせないために必要な重要な事実の記載が欠けている場合，有価証券の発行者の目論見書作成時の役員および売出人は，当該目論見書の交付を受けて当該募集・売出しに応じた者に対し，記載が虚偽でありまたは欠けていることにより生じた損害を賠償する責めに任ずる（21条３項・１項・23条の12第５項）。ただし，当該有価証券を取得した者がその取得の申込みの際記載が虚偽であり，または欠けていることを知っていたことを役員・売出人が立証したときは，この限りでない（21条３項・１項ただし書・23条の12第５項）。なお，有価証券届出書の虚偽記載等の責任（21条１項）とは異なり，公認会計士・監査法人と元引受契約を締結した金融商品取引業者・登録金融機関は，責任主体から除かれている。

発行者の責任と異なり，有価証券の取得者が，目論見書の虚偽記載等によって被った損害の額を立証することを要する。損害賠償の請求は，有価証券届出書に係る虚偽記載等に基づく損害賠償請求と同様に，民法724条の期間制限に服する（取得者が損害を知った時から３年間の消滅時効，不法行為の時から20年間の除斥期間）。

発行者の役員および売出人は，有価証券届出書に係る虚偽記載等の損害賠償責任の場合と同様に，目論見書の記載が虚偽でありまたは記載すべき重要な事項もしくは誤解を生じさせないために必要な重要な事実の記載が欠けていることを知らず，かつ，相当な注意を用いたにもかかわらず知ることができなかったことを証明するときは，損害賠償責任を免れることができる（21条３項・21条２項１号・23条の12第５項）。

③　目論見書・資料の使用者の責任

届出を要する有価証券またはすでに開示された有価証券の募集・売出しについて，重要な事項について虚偽の記載があり，もしくは記載すべき重要な事項もしくは誤解を生じさせないために必要な事実の記載が欠けている目論見書を使用して有価証券を取得させた者は，記載が虚偽であり，もしくは欠けていることを知らないで当該有価証券を取得した者が受けた損害を賠償する責任を負う（17条・23条の12第５項）。これが目論見書の使用者の責任である。

ここで，17条の責任主体である「有価証券を取得させた者」について，最判平20・２・15民集62巻２号377頁は，発行者，有価証券の募集・売出しをする者，引受人もしくは証券会社等またはこれと同視できる者（以下，本項において「発行者等」という）に限られるとした原審の判断を覆し，「同条には責任主体を発行者等に限定する文言は存しない」と述べたうえで，「法は，何人も有価証券の募集又は売出しのために法定の記載内容と異なる内容を記載した目論見書を使用し，又は法定の記載内容と異なる内容の表示をしてはならないと定めていること（13条５項），重要な事項について虚偽の記載があり又は重要な事実の記載が欠けている目論見書を作成した発行者の損害賠償責任については，法17条とは別に法18条２項に規定されていることなどに照らすと，法17条に定める損害賠償責任の責任主体は，虚偽記載のある目論見書等を使用して有価証券を取得させたといえる者であれば足り，発行者等に限るとすることはできない」と判断した。

また，17条は，目論見書の使用者の責任に加え，販売資料の使用者に関する責任を定めており，目論見書の使用者の責任と同様に，重要な事項について虚偽の表示もしくは誤解を生ずるような表示があり，もしくは誤解を生じさせないために必要な事実の表示が欠けている資料（届出を要する有価証券またはすでに開示された有価証券の募集・売出しのために使用される目論見書以外の文書，図画，音声その他の資料（電磁的記録をもって作成された場合には，その電磁的記録に記録された情報の内容を表示したものを含む）をいう。13条5項）を使用して有価証券を取得させた者は，当該虚偽記載等を知らないで当該有価証券を取得した者が受けた損害を賠償する責任を負う（17条・23条の12第5項）。なお，目論見書に係る発行者・役員・売出人の責任（18条2項・21条3項）などとは異なり，条文の構造上，虚偽記載等に関して自らが善意であることにつき請求者側に立証の責任がある[147]。

したがって，17条の責任の対象となるものは，13条1項の規定に基づいて作成された目論見書（仮目論見書を含む）に虚偽記載等がある場合だけでなく，届出を要しない募集・売出しで使用される目論見書，募集・売出しに関する新聞雑誌等における広告文書，テレビ，ラジオ，インターネット，口頭説明などの資料に虚偽記載等があった場合も対象となる。

不実の目論見書または表示の使用者は，記載が虚偽であり，もしくは欠けていることまたは表示が虚偽であり，もしくは誤解を生ずるような表示であることを知らず，かつ，相当な注意を用いたにもかかわらず知ることができなかったことを証明したときは，賠償責任を負わない（17条ただし書・23条の12第5項）。このように責任を免れるためには，相当な注意を用いたにもかかわらずこれを知ることができなかったことを証明することを要するので，たとえば発行会社の研究開発や経営戦略に関する噂を，その真偽を確認することなく利用して，投資者に証券を取得させたが，その噂が事実ではなかったような場合も，金融商品取引業者は責任を負う。その噂を自己が作り出したものではないというだけで，金融商品取引業者は責任を免れることはできない。

この責任が肯定されるためには，有価証券の募集・売出しについて虚偽記載等がなされたことが要求される。なお，平成16年証取法改正前の17条については，募集・売出しに関しない取引において，虚偽の表示をして有価証券を取得させた者もこの規定によって責任を負うとの見解があった[148]。しかし，当該

---

(147)　これに対しては反対説もある。前掲注(140)参照

(148)　神崎ほか・金商法563頁

改正により，４条１項本文もしくは２項本文の適用を受ける有価証券またはすでに開示された有価証券の募集・売出しについて，目論見書または資料に虚偽記載等があった場合に17条が適用される旨の規定に改正されたため，条文の文言からこのような解釈は難しくなったといえる(149)。

有価証券の取得者は，虚偽記載等があったことと損害額を立証するとともに，虚偽記載等と自己の損害との間に因果関係があることを立証しなければならない。前述のように元引受契約を締結する金融商品取引業者は，通常，この17条により，公認会計士または監査法人が監査証明をした財務諸表に係る部分の虚偽記載等につき過失責任を負うことになる(150)。

なお，平成23年金商法改正により，会社法277条の規定による新株予約権無償割当てを使ってライツ・オファリングが行われる場合で，(a)新株予約権無償割当ての対象となる新株予約権証券が金融商品取引所に上場されており，またはその発行後，遅滞なく上場されることが予定されており，(b)有価証券届出書の届出を行った旨その他内閣府令で定める事項を，届出後遅滞なく，時事に関する事項を掲載する日刊新聞紙に掲載する場合には，目論見書の作成および交付義務は免除される結果（13条１項ただし書・15条２項３号）（第１章第２節■**2** **(2)**①参照），たとえば，発行会社やその依頼を受けた証券会社が，株主等に対して新株予約権の行使について積極的に勧誘を行う場合，有価証券届出書を使って勧誘を行ったとしても，目論見書に該当しないため，目論見書の使用者責任が生じることはないが，「その他の資料」（13条５項）には該当し，「その他の資料」についての使用者責任を問われる可能性は否定できない。ただ，上記のとおり，現在の金商法上，ライツ・オファリングに係る新株予約権無償割当てについて，実質的には株式の募集に類似する性格を有するものの，これを正面から株式の募集と位置付けておらず，新株予約権の募集と位置付けているこ

(149)　齋藤尚雄「不実開示に関する民事責任の拡充・課徴金制度の導入を通じた市場規律の回復と関係当事者への影響〔上〕」旬刊商事法務1714号26頁（2004）

(150)　エフオーアイ事件に関する前掲注(146)東京高判平30・３・23資料版商事法務414号84頁では，「監査結果の信頼性に疑義を生じさせるような事情が判明した場合，元引受証券会社は，自ら財務情報の正確性について公認会計士等と同様に実証的な方法で直接調査する義務はなく，一般の元引受証券会社を基準として通常要求される注意を用いて監査結果に関する信頼性についての疑義が払拭されたと合理的に判断できるか否かを確認するために必要な限度で追加調査を実施すれば足りる。」と判示されている。

とから，新株予約権の募集は新株予約権の割当ての時点で終了していると解さざるをえず，新株予約権の行使についての勧誘を新株予約権の募集に該当すると解釈することは困難な面がある。さらには，コミットメント型ライツ・オファリングにおける引受金融商品取引業者については，新株予約権の行使の勧誘に関して株主に虚偽のことを告げる行為や断定的判断を提供するなどの行為が禁止行為として新たに導入されており（金商業等府令117条1項33号参照），上記の使用者責任を問うことができる法的根拠については明確ではない。しかしながら，平成24年2月パブコメ回答によれば，新株予約権無償割当ては，新株予約権の行使時の払込みを含めて考える必要があり，実質的には株主割当による株式の募集と同様であり，開示規制上は，新株予約権の行使の勧誘は，新株予約権の取得勧誘に該当するというのが金融庁の立場のようである[151]。この意味するところは明確ではないが，上記のとおり，新株予約権無償割当ては，実質的には株主割当による株式の募集と同様であるという考えに沿って，新株予約権の取得勧誘（行使の勧誘）に応じて株式を取得したものとして，その取得によって被った損害について責任を負うものというのが金融庁の立場であるように思われる。ただ，かかる立場に立ったとしても，たとえば，コミットメントを行っていない証券会社が自らの顧客である株主からライツ・オファリングについての説明を求められ，その過程で有価証券届出書やコミットメントを行っている証券会社から提供された資料などを使って説明したにすぎず，積極的に新株予約権の行使の勧誘を行っていないような場合については，「その他の資料」についての使用者責任が問題とされる場合は少ないと思われる[152]。

(3)　組込方式・参照方式・発行登録を利用した場合の届出書・目論見書責任

昭和63年の証取法改正により，すでに継続開示を行っている一定の発行者について，より簡略化された有価証券届出書の作成方式として組込方式および参照方式が導入されるとともに，発行登録制度が導入された。

---

(151)　平成24年2月パブコメ7頁No.23

(152)　高山泰之「ライツ・オファリングに係る金融商品取引法の改正と実務上の論点」金融法務事情1924号94頁（2011），日本証券業協会「ライツ・オファリングに関する論点整理」（平成24年3月19日）14頁組込方式の場合は，綴じ込まれた継続開示書類は当然に有価証券届出書および目論見書の内容になるため（５条３項），継続開示書類に虚偽記載等があれば，届出書や目論見書に虚偽記載等があることになり，前述の民事責任が生じる。

参照方式の場合は，23条の２において，有価証券届出書や目論見書には当該届出書や目論見書に係る参照書類を含むものと読み替える旨を定めており，参照書類に虚偽記載等があれば届出書や目論見書に虚偽記載等があることになる。

また，発行登録の場合には，23条の12第５項の読替規定により，発行登録書，訂正発行登録書または発行登録追補書類およびその添付書類ならびにこれらの書類に係る参照書類における虚偽記載等に関して民事責任が問われている。したがって参照書類における虚偽記載等についても，発行開示に関する民事責任を負うことになる。

2　流通開示における民事責任

(1)　発行者の責任

有価証券報告書およびその添付書類ならびにこれらの訂正報告書のうちに，重要な事項について虚偽の記載があり，または記載すべき重要な事項もしくは誤解を生じさせないために必要な重要な事実の記載が欠けているときは，有価証券報告書の提出者は，当該報告書の公衆縦覧期間に募集・売出しによらず提出者の有価証券を取得した者に対して，記載が虚偽であり，または記載すべき重要な事項もしくは誤解を生じさせないために必要な重要な事実の記載が欠けていることにより生じた損害を賠償する責任を負う（21条の２第１項本文・25条１項４号）。これは平成16年証取法改正により導入されたものである。これ以前は，有価証券報告書提出時の役員などの責任（24条の４・22条。下記(2)）は証取法において規定されていたものの，有価証券報告書の提出者の責任は証取法に定められておらず，民法上の不法行為責任を追及するしかなかった[153]。

しかし，平成26年金商法改正により，虚偽記載等のある有価証券報告書の提出者に係る賠償責任について，提出者が故意または過失がなかったことを証明したときには賠償の責めに任じないこと（立証責任の転換された過失責任）とする改正がなされた。これは，「発行市場」では，提出会社は投資者から払込みを受けており，無過失であっても返還させるのが公平であるとされる一方で，「流通市場」では，提出会社に利得がないため，返還の原資は，結局は他の株主等が負担することになること，また，近年，課徴金制度の進展や内部統制報告書制度の導入等，違法行為抑止のための他の制度が充実したためと説明される。併せて，損害賠償を請求できる者についても，取得者のみならず，処分者も加えられた（虚偽記載により損害を被る者は「取得者」だけでなく，場合によっては「処分者」もありうるためとされる）。

内部統制報告書，四半期報告書，半期報告書，臨時報告書，自己株券買付状況報告書および親会社等状況報告書ならびにこれらの訂正報告書について虚偽記載等があった場合にも提出者は同様の責任が生じる（21条の2第1項本文・25条1項6号～8号・10号～12号)。なお，親会社等状況報告書について責任を負うのは，提出者である親会社等であって有価証券の発行者ではない。

また，上記のとおり，平成16年証取法改正により，有価証券届出書（添付書類および訂正届出書を含む)，発行登録書（添付書類を含む)，発行登録追補書類（添付書類を含む）またはこれらの訂正発行登録書に虚偽記載等があった場合についても，流通市場において募集・売出しによらないで提出者の発行する有価証券を取得した者または処分した者に対して，提出者は同様の責任を負う（21条の2第1項本文・25条1項1号～3号)。

当該損害賠償を請求する有価証券の取得者または処分者は，有価証券を取得する前に有価証券報告書などを閲覧したことを立証する必要がないとともに，損害賠償の請求を受けた者は，有価証券の取得者または処分者が有価証券報告書などを閲覧しなかったことを立証しても，責任を免れることはできない。これは，有価証券報告書等が公衆の縦覧に供されているときは，証券市場は有価

(153)　西武鉄道事件に関する東京地判平19・8・28日判タ1278号221頁。金商法21条の2の施行前の事案である西武鉄道事件では，上場廃止事由に該当する事実を発行者が長年隠蔽した虚偽記載を行い，真実が明らかになされれば上場廃止となっていた可能性が高い事案について，最高裁は，投資者が当該虚偽記載がなければ当該株式を取得しなかったとみるべき場合（いわゆる「取得自体損害」のケース）と捉え，その場合の損害額を取得価格と処分価格の差額を基礎とし，経済情勢，市場動向，会社の業績等当該虚偽記載に起因しない市場価額の下落分を差額から控除して算定すべきであるとした（最判平23・9・13民集65巻6号2511頁)。

証券報告書などの記載内容を基礎にその提出者の有価証券の価値を評価しており，投資者はそれを前提として当該有価証券を取得したのであり，虚偽記載等がある場合には，真実が開示されていた場合と比べて（通常は）不当に高い価格で有価証券を取得していたことになるからである。取得者または処分者がその取得の際，虚偽記載等を知っていたことを提出者が立証したときには，この責任は発生しない（21条の２第１項ただし書）。

損害額については，法律上の推定規定（21条の２第３項）があり，虚偽記載等の事実の公表がされたときは，当該虚偽記載等の事実の公表日前１年以内に当該有価証券を取得し，当該公表日において引き続き当該有価証券を所有する者は，当該公表日前１カ月間の当該有価証券の市場価額（市場価額がないときは，処分推定価額）の平均額から当該公表日後１カ月間の当該有価証券の市場価額の平均額を控除した額が，当該虚偽記載等により生じた損害の額と推定される。

ここにいう虚偽記載等の事実の「公表」とは，当該書類の提出者または当該提出者の業務もしくは財産に関し法令に基づく権限を有する者により，当該書類の虚偽記載等に係る記載すべき重要な事項または誤解を生じさせないために必要な重要な事実について，25条１項の規定による公衆の縦覧その他の手段により，多数の者の知りうる状態に置く措置がとられたことをいう（21条の２第４項）。この点，ライブドア事件に関する最高裁判決（最判平24・３・13民集66巻５号1957頁）では，本条４項にいう「虚偽記載等に係る記載すべき重要な事項」の「公表」とは，どのような内容の公表が必要になるのかという点について，単に当該有価証券報告書等に虚偽記載等が存在しているという点のみを公表し，その内容について言及していない場合には，上記「公表」措置として足りないことは明らかであるが，他方，有価証券報告書等に記載すべき真実の情報（つまり，実際に正しい情報が何であったのか）についてまで「公表」措置がとられることまでも要求すると解すべきではないとし，「虚偽記載等のある有価証券報告書等の提出者等を発行者とする有価証券に対する取引所市場の評価の誤りを明らかにするに足りる基本的事実について上記措置がとられれば足りる」と判断した。

また，「当該提出者の業務若しくは財産に関し法令に基づく権限を有する者」

の指す具体的対象については争いがあるが，金商法上は，内閣総理大臣，金融庁，証券取引等監視委員会，上場会社・店頭登録会社の場合は金融商品取引所・認可金融商品取引業協会などが考えられ，金商法以外では，破産管財人，更生管財人やさまざまな業法に基づき監督・検査または報告聴取権限を有する当局が想定される。また，「その他の手段」により「多数の者の知り得る状態に置く措置」としては，提出者・監督当局によるプレスリリース・記者会見・ホームページ上の掲載を含むものと解される。なお，警察・検察庁による捜査結果の発表が本条の「公表」に該当するかという点，また本条の「公表」に該当するためにどの程度確かな事実が明らかになる必要となるかという点については議論のあるところであった[154]。この点，上記ライブドア事件では，強制捜査を行った東京地検の検察官が，司法記者クラブにおいて，ライブドアにつき経常黒字と粉飾した有価証券報告書の虚偽記載の容疑がある旨，記者らに伝達し，その旨の報道がなされたが，当該検察官が記者らを通じて上記情報を開示した行為について，最高裁判決では，「検察官は，有価証券報告書等の虚偽記載等の犯罪につき刑訴法に基づく種々の捜査権限を有しており，その権限に基づき，有価証券報告書等の虚偽記載等を訂正する情報や有価証券報告書等に記載すべき正確な情報を入手することができるのであって，その情報には類型的に高い信頼性が認められる」として，これに該当するとの判断がなされた。

取得者が受けた損害額の全部または一部が，虚偽記載等による値下がり以外の事情により生じたことを証明したときは，その全部または一部について損害賠償の責任を負わない（21条の2第5項）。さらに，取得者が受けた損害額の全部または一部が，虚偽記載等による値下がり以外の事情により生じたことが認められるものの，その事情により生じた損害の性質上，その額を証明することがきわめて困難であるときは，裁判所は，口頭弁論の全趣旨および証拠調べの結果に基づき，相当の額を損害賠償額から減額することができる（21条の2第6項）。

取得者が上記の推定額を超えて損害を被ったことを立証することもできるが，損害賠償額は下記の限度額を超えることはない。すなわち，有価証券の取得者が，①当該有価証券の取得について支払った額から，損害賠償を請求する

(154)　弥永真生「金融商品取引法21条の2にいう「公表」の意義」旬刊商事法務1814号5頁（2007）参照

時における市場価額（市場価額がないときは，その時における処分推定価額）を控除した額，または②請求時までに取得者が当該有価証券を処分した場合においては，当該有価証券の取得について支払った額から，その処分価額を控除した額が限度となる（21条の2第1項・19条1項）。

21条の2による有価証券報告書などの虚偽記載等についての損害賠償の請求権は，虚偽記載等を知った時または相当な注意をもって知ることができた時から2年間これを行使しないときは消滅し（21条の3・20条前段），また有価証券報告書等が提出された時から5年間これを行使しないときも請求権は消滅する（21条の3・20条後段）。流通市場においては，発行市場と比較して，発行者の責任が広範囲になりうることを配慮して，時効期間・除斥期間をより短いものとしている。

上記ライブドア事件最高裁判決は，本条に基づく損害の範囲につき，「21条の2第1項にいう「損害」とは，一般不法行為の規定に基づきその賠償を請求することができる損害と同様に，虚偽記載等と相当因果関係のある損害を全て含む」ものと解し，「同条2項（注：現在は3項。以下本引用にて同じ）は，同条1項を前提として，虚偽記載等により生じた損害の額を推定する規定であるから，同条2項にいう「損害」もまた虚偽記載等と相当因果関係のある損害を全て含むものと解するのが相当であって，これを取得時差額に限定すべき理由はない」と判断し，「同条5項（注：現在は6項）にいう「虚偽記載等によつて生ずべき当該有価証券の値下り』とは，取得時差額相当分の値下がりに限られず，有価証券報告書等の虚偽記載等と相当因果関係のある値下がりの全てをいうものと解するのが相当である」との考え方を示した。

⑵　発行者の役員または公認会計士・監査法人の責任

有価証券報告書（その訂正報告書を含み，添付書類を除く。24条の3）のうちに重要な事項について虚偽の記載があり，または記載すべき重要な事項もしくは誤解を生じさせないために必要な重要な事実の記載が欠けている場合に，有価証券の発行者の有価証券報告書の提出時の役員（役員の定義については，■1⑴②を参照）は，当該虚偽記載等を知らないで発行者の有価証券を取得した者または処分した者に対して，虚偽記載等によって生じた損害を賠償する責任を負う（24条の4・22条1項）。また，監査証明に係る有価証券報告書の財務諸表について記載が虚偽でありまたは記載すべき重要な事項もしくは誤解を生じさせないために必要な重要な事実の記載が欠けているものを，虚偽でなくまたは欠けていないものとして証明した公認会計士・監査法人も，当該虚偽記載等を知らないで発行者の有価証券を取得した者または処分した者に対して，虚偽記載等によって生じた損害を賠償する責任を負う（24条の4・22条1項）。いずれの場合も，発行者の責任とは異なり，条文の構造上，虚偽記載等に関して自らが善意であることを請求者側が立証しなければならない[155]。

有価証券の発行者の役員は，虚偽記載等を知らず，かつ，相当な注意を用いたにもかかわらず知ることができなかったことを証明するときは，損害賠償責任を免れることができる（24条の4・22条2項・21条2項1号）。また，公認会計士・監査法人は，財務諸表につき，虚偽記載等があるものを，虚偽記載等がないものとして監査証明をしたことに故意または過失がなかったことを立証したときは損害賠償責任を負わない（24条の4・22条2項・21条2項2号）。

内部統制報告書，四半期報告書，半期報告書，臨時報告書および自己株券買付状況報告書ならびにこれらの訂正報告書について虚偽記載等があった場合にも，発行者の役員には同様の責任が生じる（24条の4の6・24条の4の7第4項・24条の5第5項・24条の6第2項）。なお，親会社等状況報告書の提出者である親会社等の役員については，同様の条文が存在しない。公認会計士・監査法人については，四半期報告書・半期報告書には193条の2第1項に規定する監査証明の対象となる財務諸表があるため，同様の責任が生じる（24条の4の7第4項・24条の5第5項）。他方，内部統制報告書に必要とされる監査証明は，193条の2第1項ではなく同条2項に規定する監査証明であるため，適用はない。

また，既述したとおり，有価証券届出書および発行登録書の虚偽記載等についても，提出者の発行する有価証券を募集・売出しによらないで（流通市場において）取得した者または処分した者に対して，発行者の役員または公認会計士・監査法人（財務諸表に係る虚偽記載等のみ）は上記と同様の責任を負う（22条1項・23条の12第5項。■1(1)②・④を参照）。

(155)　これに対しては反対説もある。前掲注(140)参照

図表2−11　発行者の不実開示などによる金商法上の民事責任の概要

	責任根拠条文	責任発生の原因	請求権者	損害賠償額	過失・因果関係	消滅時効・除斥期間
発行市場における責任						
届出書の不実開示	18条１項，23条の12第５項	有価証券届出書・発行登録書などのうちに虚偽記載等があること	募集・売出しに応じて有価証券を取得した者	取得価額ー請求時市場価額 or 請求前処分価額（19条１項で法定）	無過失責任・因果関係立証不要（立証責任転換）	３年・７年（20条）
目論見書の不実開示	18条２項，23条の12第５項	目論見書のうちに虚偽記載等があること	募集・売出しに応じ目論見書の交付を受けて有価証券を取得した者			
効力発生前の取引・目論見書不交付	16条，23条の12第４項	届出書などの効力発生前の取引・目論見書の不交付（15条違反）	効力発生前の取引・目論見書不交付の取引により有価証券を取得した者	請求者側で損害額の立証	無過失責任・因果関係立証必要	３年・20年（民法724条）
流通市場における責任						
各種開示書類の不実開示	21条の２	25条１項の開示書類（有価証券届出書，発行登録書，発行登録追補書類，有価証券報告書，内部統制報告書，四半期報告書，半期報告書，臨時報告書，自己株券買付状況報	当該開示書類の公衆縦覧期間中に，募集・売出しによらないで有価証券を取得または処分した者	公表日前１年以内取得かつ継続保有の場合：不実記載の事実公表日前１カ月間の市場価額平均額ー公表日後１カ月間の市場価額平均額（推定）	立証責任の転換された過失責任（虚偽記載等につき善意・無過失の免責）・公表日前１年以内取得かつ継続保有の	２年・５年（21条の３）

		告書など）に虚偽記載等があること 親会社等状況報告書の不実開示については，提出者である親会社等が責任を負う		上限：取得価額－請求時市場価額 or 請求前処分価額	場合：因果関係立証不要（立証責任転換）	

図表２－12　発行者の役員の不実開示などによる金商法上の民事責任の概要

	責任根拠条文	責任発生の原因	請求権者	損害賠償額	過失・因果関係	消滅時効・除斥期間
発行市場における責任						
届出書の不実開示	21条１項１号，23条の12第５項	有価証券届出書・発行登録書などのうちに虚偽記載等があること	募集・売出しに応じて有価証券を取得した者	請求者側で損害額の立証	立証責任の転換された過失責任（虚偽記載等につき善意・無過失の免責）・因果関係立証必要	３年・20年（民法724条）
目論見書の不実開示	21条３項，23条の12第５項	目論見書のうちに虚偽記載等があること	募集・売出しに応じ目論見書の交付を受けて有価証券を取得した者	請求者側で損害額の立証	立証責任の転換された過失責任（虚偽記載等につき善意・無過失の免責）・因果関係立証必要	３年・20年（民法724条）
流通市場における責任						
各種開示書類の不実開示	22条，23条の12第５項，24条の４，	有価証券届出書，発行登録書，発行登録追補書類，有	募集・売出しによらないで有価証券を取得ま	請求者側で損害額の立証	立証責任の転換された過失責任（虚偽記載等につき善	３年・20年（民法724条）

	24条の４の６，24条の４の７第４項，24条の５第５項，24条の６第２項	価証券報告書，内部統制報告書，四半期報告書，半期報告書，臨時報告書または自己株券買付状況報告書などのうちに虚偽記載等があること	たは処分した者		意・無過失の免責）・因果関係立証必要	

図表２−13　売出人の不実開示などによる金商法上の民事責任の概要

	責任根拠条文	責任発生の原因	請求権者	損害賠償額	過失・因果関係	消滅時効・除斥期間
発行市場における責任						
届出書の不実開示	21条１項２号，23条の12第５項	有価証券届出書・発行登録書などのうちに虚偽記載等があること	募集・売出しに応じて有価証券を取得した者	請求者側で損害額の立証	立証責任の転換された過失責任（虚偽記載等につき善意・無過失の免責）・因果関係立証必要	３年・20年（民法724条）
目論見書の不実開示	21条３項，23条の12第５項	目論見書のうちに虚偽記載等があること	募集・売出しに応じ目論見書の交付を受けて有価証券を取得した者	請求者側で損害額の立証	立証責任の転換された過失責任（虚偽記載等につき善意・無過失の免責）・因果関係立証必要	３年・20年（民法724条）
効力発生前の取引・目論見書不交付	16条，23条の12第４項	届出書などの効力発生前の取引・目論見書の不交付（15条違反）	効力発生前の取引・目論見書不交付の取引により有価証券を取得した者	請求者側で損害額の立証	無過失責任・因果関係立証必要	３年・20年（民法724条）

流通市場における責任
金商法上の規定なし

図表2－14　販売関係者の不実開示などによる金商法上の民事責任の概要

	責任根拠条文	責任発生の原因	請求権者	損害賠償額	過失・因果関係	消滅時効・除斥期間
発行市場における責任						
届出書の不実開示（元引受契約を締結した金融商品取引業者・登録金融機関の責任）	21条1項4号，23条の12第5項	有価証券届出書・発行登録書などのうちに虚偽記載等があること	募集・売出しに応じて有価証券を取得した者	請求者側で損害額の立証	立証責任の転換された過失責任（財務諸表の虚偽記載等につき善意，それ以外の虚偽記載等につき善意・無過失の免責）・因果関係立証必要	3年・20年（民法724条）
目論見書・販売資料の不実開示（目論見書などの使用者の責任）	17条，23条の12第5項	虚偽記載等のある目論見書・販売資料を使用して有価証券を取得させたこと	虚偽記載等を知らないで有価証券を取得した者	請求者側で損害額の立証	立証責任の転換された過失責任（虚偽記載等につき善意・無過失の免責）・因果関係立証必要	3年・20年（民法724条）
効力発生前の取引・目論見書不交付（有価証券を取得させた者の責任）	16条，23条の12第4項	届出書などの効力発生前の取引・目論見書の不交付（15条違反）	効力発生前の取引・目論見書不交付の取引により有価証券を取得した者	請求者側で損害額の立証	無過失責任・因果関係立証必要	3年・20年（民法724条）

流通市場における責任
金商法上の規定なし

図表2－15　監査証明をした監査法人等の不実開示などによる金商法上の民事責任の概要

	責任根拠条文	責任発生の原因	請求権者	損害賠償額	過失・因果関係	消滅時効・除斥期間
発行市場における責任						
届出書の不実開示	21条１項３号，23条の12第５項	有価証券届出書・発行登録書などの財務諸表の虚偽記載等につき虚偽記載等がないものとして監査証明したこと	募集・売出しに応じて有価証券を取得した者	請求者側で損害額の立証	立証責任の転換された過失責任（虚偽記載等に係る監査証明につき故意・過失がないことの免責）・因果関係立証必要	３年・20年（民法724条）
流通市場における責任						
各種開示書類の不実開示	22条，24条の４，24条の４の７第４項，24条の５第５項	有価証券届出書，有価証券報告書，四半期報告書，半期報告書などの財務諸表の虚偽記載等につき虚偽記載等がないものとして監査証明したこと 内部統制報告書の監査証明は含まれない	募集・売出しによらないで有価証券を取得または処分した者	請求者側で損害額の立証	立証責任の転換された過失責任（虚偽記載等に係る監査証明につき故意・過失がないことの免責）・因果関係立証必要	３年・20年（民法724条）

■3　プロ向け市場での情報提供に係る民事責任

平成20年金商法改正により，いわゆるプロ向け市場が認められたことに伴い，特定証券情報などのうちに重要な事項について虚偽情報があり，または提供・公表をすべき重要な事項などに関する情報が欠けている場合について，発行者・役員などの損害賠償責任が規定された（27条の33・27条の34）。以下ではその概要を解説する。

(1)　発行市場における虚偽情報等の民事責任

①　発行者の責任

特定証券等情報（27条の33。特定証券情報，特定証券情報に係る参照情報，訂正特定証券情報または当該訂正特定証券情報に係る参照情報を指す）のうちに，重要な事項について虚偽の情報があり，または提供・公表すべき重要な事項もしくは誤解を生じさせないために必要な重要な事実に関する情報が欠けているときは，当該特定証券等情報を提供・公表した発行者は，有価証券を当該特定証券等情報に係る特定勧誘等（27条の31第１項）に応じて取得した者に対し，損害賠償責任を負う（27条の33が準用する18条１項）。18条１項を準用していることからわかるように，無過失責任となる。

もっとも，当該特定証券等情報が公表されていない場合にあっては，当該特定証券等情報の提供を受けた者に対してのみ責任を負う。また，当該有価証券を取得した者がその取得の申込みの際に情報が虚偽であり，または提供・公表すべき重要な事項もしくは誤解を生じさせないために必要な重要な事実に関する情報が欠けていること（以下，本章において「虚偽情報等」という。これは27条の34が準用する21条の２においても定義・使用されている用語である）を知っていたときは，賠償責任を負わない。虚偽記載等のある届出書の場合と同様に，賠償責任額や賠償請求権の時効・除斥期間が法定されている（27条の33が準用する19条・20条。■１(1)①参照）。

②　役員など・有価証券の所有者・元引受金融商品取引業者などの責任

特定証券等情報のうちに重要な事項について虚偽の情報があり，または提供・公表すべき重要な事項もしくは誤解を生じさせないために必要な重要な事実に関する情報が欠けているときは，下記に掲げる者は，当該有価証券を特定勧誘等（27条の31第1項）に応じて取得した者に対し，情報が虚偽でありまたは欠けていることにより生じた損害を賠償する責任を負う（27条の33が準用する21条）。ただし，当該有価証券を取得した者がその取得の申込みの際に虚偽情報等を知っていたときは賠償責任を負わない。また，当該特定証券等情報が公表されていない場合にあっては，当該特定証券等情報の提供を受けた者に対してのみ責任を負う。

(a)　発行者の役員・発起人その他これに準ずる者

(b)　特定売付け勧誘等（27条の31第1項）に係る有価証券の所有者

(c)　特定取得勧誘（27条の31第1項）に係る有価証券の発行者または(b)に掲げる者のいずれかと元引受契約を締結した金融商品取引業者・登録金融機関

もっとも，これらの者が，虚偽情報等を知らず，かつ，相当な注意を用いたにもかかわらず知ることができなかったことを証明したときは，当該損害賠償の責任を負わない。届出書の虚偽記載等と同様に，発行者の責任が無過失責任であるのに対して，(a)〜(c)の役員など・有価証券の所有者・元引受金融商品取引業者などの責任については，立証責任を転換された過失責任となっている。

(2)　流通市場における虚偽情報等の民事責任

①　発行者の責任

特定情報（27条の34。特定証券等情報または発行者等情報（発行者情報または訂正発行者情報を指す）をいう）のうち公表されたもの（公表情報。27条の34）に，重要な事項について虚偽の情報があり，または提供・公表すべき重要な事項もしくは誤解を生じさせないために必要な重要な事実に関する情報が欠けているときは，当該公表情報を公表した発行者は，当該公表情報が公表されている間に当該発行者の有価証券を募集・売出しまたは特定勧誘等（27条の31第1項）によらないで取得した者または処分した者に対し，虚偽情報等により生じた損害を賠償する責めに任ずる（27条の34の準用する21条の2第1項）。ただし，当該有価証券を取得した者がその取得の際に虚偽情報等を知っていたときは，この限りでない。

損害額については，流通市場における有価証券報告書などの虚偽記載等に関する21条の２第２項の法律上の推定規定を準用している（27条の34）が，19条１項の規定により算出する限度額を超えることはない。賠償請求権の時効・除斥期間は，21条の３を準用しており，虚偽情報等を知った時または相当な注意をもって知ることができた時から２年間これを行使しないときは消滅し（27条の34・21条の３・20条前段），また公表情報が公表された日から５年間これを行使しないときも請求権は消滅する（27条の34・21条の３・20条後段）。

②　役員などの責任

特定情報のうちに重要な事項について虚偽の情報があり，または提供・公表すべき重要な事項もしくは誤解を生じさせないために必要な重要な事実に関する情報が欠けているときは，当該特定情報を提供・公表した発行者の，その提供・公表の時における役員または当該発行者の発起人その他これに準ずる者は，虚偽情報等を知らないで，当該特定情報を提供・公表した発行者の有価証券を取得した者または処分した者に対し，虚偽情報等により生じた損害を賠償する責任を負う（27条の34が準用する22条１項）。もっとも，当該特定情報が公表されていない場合にあっては，当該特定情報の提供を受けた者に限る。また，当該特定情報が特定証券等情報（27条の33）である場合にあっては，募集・売出しまたは特定勧誘等によらないで取得した者に限る。

これらの者が，虚偽情報等を知らず，かつ，相当な注意を用いたにもかかわらず知ることができなかったことを証明したときは，当該損害賠償の責任を負わない（27条の34が準用する22条２項）。立証責任が転換された過失責任である。

4　外国証券売出しにおける情報提供に係る民事責任

平成21年金商法改正により，いわゆる外国証券売出しが認められたことに伴い，外国証券情報などのうちに重要な事項について虚偽情報があり，または提供・公表をすべき重要な事項などに関する情報が欠けている場合について，発行者・役員などの損害賠償責任が規定された（27条の34の２）。

具体的には，外国証券売出しにおいて，外国証券情報を提供しまたは公表せずに，有価証券を売り付けた金融商品取引業者等は，これを買い付けた者に対し当該違反行為により生じた損害を賠償する責任を負う（27条の34の2第1項）。また，外国証券売出しについて，重要な事項について虚偽の情報があり，または提供し，もしくは公表すべき重要な事項もしくは誤解を生じさせないために必要な事実に関する情報が欠けている外国証券情報を使用して有価証券を売り付けた金融商品取引業者等は，情報が虚偽であり，または欠けていることを知らないで当該有価証券を買い付けた者が受けた損害を賠償する責任を負う（同条2項）。加えて，外国証券情報であって27条の32の2第3項の規定により公表されたもの（公表情報）のうちに，同様の虚偽情報等があったときは，当該公表情報を公表した金融商品取引業者等は，当該公表情報が同項の規定により公表されている間に情報が虚偽であり，または欠けていることを知らないで当該金融商品取引業者等から当該公表情報に係る有価証券を募集もしくは売出しまたは特定勧誘等によらないで取得した者または処分した者に対し，情報が虚偽であり，または欠けていることにより生じた損害を賠償する責めに任ずる（27条の34の2第3項）。ただし，どちらの場合も，賠償責任を負う金融商品取引業者等が，情報が虚偽であり，または欠けていることを知らず，かつ，相当な注意を用いたにもかかわらず知ることができなかったことを証明したときは，この限りでない（同条2項ただし書・3項ただし書）。これは民法709条の過失責任の枠内で過失の挙証責任を原告側から業者側に転換する旨を定めるものであり，原告側には金融商品取引と損害発生の因果関係の立証が求められる。

❖第3節❖　行政処分

1　発行開示における行政処分

(1)　有価証券届出書の訂正命令

内閣総理大臣[156]は，①有価証券届出書（添付書類および訂正届出書を含む），

---

(156)　財務（支）局長への権限委任については，第1章第1節■2(3)参照

発行登録書（添付書類および参照書類を含む），訂正発行登録書（参照書類を含む）に形式上の不備があり，または記載すべき重要な事項の記載が不十分であると認めるとき（９条１項・23条の９第１項），または②有価証券届出書（添付書類および訂正届出書を含む），発行登録書（添付書類および参照書類を含む），訂正発行登録書（参照書類を含む）または発行登録追補書類（添付書類および参照書類を含む）のうちに重要な事項について虚偽の記載があり，または記載すべき重要な事項もしくは誤解を生じさせないために必要な重要な事実の記載が欠けていることを発見したとき（10条１項・23条の10第１項），これらの書類の提出会社に対して，訂正届出書または訂正発行登録書の提出を命ずることができる。命令に従わない者に対しては，罰則の適用がある（200条２号・４号）。

有価証券届出書または訂正届出書の記載に形式上の不備等がある場合の訂正命令は，届出の効力が生じた後には行うことができない（９条５項本文）。ただし，届出の効力が生じた日以降に７条の規定に基づいて提出される訂正届出書に不備があった場合には，効力発生後であっても訂正命令を行うことができる（９条５項ただし書）。これに対して，有価証券届出書または訂正届出書の記載に，重要な事項について虚偽記載等がある場合の訂正命令は，届出の効力発生の前後，募集・売出し完了の前後を問わず，いつでも行うことができる。また，発行登録書または訂正発行登録書については，有価証券届出書の場合と異なり，効力発生後においても発行登録に係る将来の有価証券発行のために訂正を行わせる必要があるため，形式上の不備等がある場合においても，発行登録が失効するまでの間は，訂正発行登録書の提出を命ずることができる（23条の９第１項・23条の10第１項）。

届出の効力は，有価証券届出書が提出されて原則として15日（組込方式・参照方式の場合はおおむね７日）を経過した日に生じる（８条１項・３項，企業開示ガイドラインＢ8-2）が，届出の効力発生前に提出命令が発せられた場合には，この原則にはよらず，別に「内閣総理大臣が指定する期間」を経過した日に届出の効力を生じることとされている（９条３項・10条３項）。「内閣総理大臣が指定する期間」については，訂正の内容を内閣総理大臣が審査するために要する期間（審査期間）と，訂正の内容が公衆に容易に理解されるようになるまでに要する期間（熟慮期間）の二つを勘案して設定され，具体的な期間は，個々の訂正の内容によって異なる。

発行登録が効力を生ずる日前に，訂正発行登録書の訂正命令が行われた場合についても，上記と同様の規定が設けられている（23条の９第２項・23条の10第２項）。

⑵　届出の効力停止命令

有価証券届出書のうちに重要な事項について虚偽記載等がある場合には，必要があると認めたときは，内閣総理大臣は，届出の効力の停止を命ずることもできる（10条１項）。これは訂正命令が届出の効力発生後に行われる場合には，それだけではすでに発生している効力は存続し，訂正届出書が提出されるまでの間は，虚偽の記載内容のままで募集・売出しにより有価証券を取得させることが可能となるため，取引を中止させるためには，届出の効力停止を命じる必要があるからである。効力の停止命令を受けた場合には，効力発生前の状態に戻るため，募集・売出しによる有価証券の取引は，ただちに中止しなければならない。なお，本条の効力停止命令は，あくまで虚偽の記載内容による投資者の損害を防止するためのいわば緊急的な保全措置である。このため，訂正命令に基づいて訂正届出書が提出され，かつ，内閣総理大臣がこれを適当と認めたときは，内閣総理大臣は効力の停止命令を解除するものとされる（同条４項）。発行登録が効力を生じた日以後に訂正発行登録書の提出命令が行われた場合についても，上記と同様の規定が設けられている（23条の10第３項・４項）。

金商法では，有価証券届出書等について訂正命令または効力の停止命令を行う場合には，内閣総理大臣は，行政手続法13条１項の規定による意見陳述のための手続の区分にかかわらず，聴聞を行わなければならない（９条１項・10条１項・23条の９第１項・23条の10第１項）。ここにいう聴聞は，内閣総理大臣が金商法による行政処分を行う場合に，対象者に出頭を求めて行政処分の対象となった違反事実等を確認するとともに，対象者に弁明または釈明の機会を与えるための手続であり，行政手続法（同法15条～28条）に，聴聞手続に関する一般規定が定められている。

(3)　相当期間の効力停止・待機期間延長の行政処分

内閣総理大臣は，有価証券届出書（添付書類および訂正届出書を含む）のうちに，重要な事項について虚偽の記載がある場合において，公益または投資者保護のため必要かつ適当であると認めるときは，当該有価証券届出書だけでなく，その届出者がこれを提出した日から1年以内に提出する有価証券届出書・発行登録書・発行登録追補書類について，届出者に対し，公益または投資者保護のため相当と認められる期間，その届出の効力もしくは当該発行登録書・当該発行登録追補書類に係る発行登録の効力の停止を命じ，または効力発生の待機期間を延長することができる（11条1項）。

内閣総理大臣は，これらの処分を行う場合は，行政手続法13条1項の規定による意見陳述のための手続の区分にかかわらず，聴聞を行わなければならない（11条1項）。上記の処分があった場合において，内閣総理大臣は，7条1項または10条1項の規定により提出された訂正届出書の内容が適当であり，かつ，当該届出者が発行者である有価証券を募集・売出しにより取得させまたは売り付けても公益または投資者保護のため支障がないと認めるときは，上記の処分を解除することができる（同条2項）。

また，発行登録書（添付書類および訂正発行登録書を含む）または発行登録追補書類（添付書類を含む）ならびにこれらの書類に係る参照書類のうちに，重要な事項について虚偽の記載がある場合においても，内閣総理大臣は上記と同様の処分をすることができる（23条の11）。

(4)　裁判所の緊急停止・禁止命令

金商法や金商法に基づく命令に違反して，募集・売出しが行われようとする場合には，裁判所による禁止または停止命令の対象ともなりうる（192条）。これは，裁判所が，緊急の必要があり，かつ，公益および投資者保護のため必要かつ適当であると認めるときに，内閣総理大臣または内閣総理大臣および財務大臣の申立てにより，金商法または金商法に基づく命令に違反する行為を行い，または行おうとする者に対し，その行為の禁止または停止を命ずることができるというものである。内閣総理大臣の当該申立権限は，194条の7第1項により金融庁長官に委任されているが，平成20年金商法改正により，日常的に証券取引を監視している証券取引等監視委員会が直接申立てを行うことにより違反行為に対する迅速かつ機動的な対応が可能となり，違反抑止の実効性の確保に資するとの観点から，当該権限は，金融庁長官から証券取引等監視委員会に委任されることになった（194条の７第４項２号)。

⑸　財務（支）局・証券取引等監視委員会による報告徴取・立入検査

開示の適正性の確保を通じて公益および投資者保護を図るため，また，不実表示があるかどうかの調査のため関係者の協力が得られない場合に備えて，内閣総理大臣は，公益または投資者保護のため必要かつ適当であると認めるときは，25条１項各号に掲げる縦覧書類を提出した者・提出すべきであると認められる者もしくは有価証券の引受人その他の関係者もしくは参考人に対して，参考となるべき報告もしくは資料の提出を命じ，または当該職員にその者の帳簿書類その他の物件を検査させることができる（26条１項)。平成20年金商法改正により，報告徴収・立入検査の対象が確認書，内部統制報告書，四半期報告書，半期報告書，臨時報告書などの提出者などに拡張された。この権限は，金融庁からの委任を受けて，有価証券届出書および発行登録書については，効力発生前に係る検査などは財務（支）局長が実施し，同書類の効力発生後に係る検査などおよびその他の書類の検査などは証券取引等監視委員会が実施する（194条の７第３項・５項，金商法施行令38条の２第１項１号・２号・39条２項16号)。なお，平成18年７月４日施行の証取法改正により，報告聴取等を行うことができる対象として「参考人」が加わったが，これは，たとえば，届出者と取引関係にある金融機関などを報告聴取などの対象とできることを明確にするための改正と説明されている[(157)]。

また，平成20年金商法改正によりプロ向け市場が認められたことに伴い，特定情報を提供・公表した発行者，提供・公表すべき発行者，対象となる有価証券の引受人その他の関係者または参考人も同様の報告徴取・立入検査の対象となった（27条の35)。

加えて，平成25年金商法改正（１年以内施行分）により，内閣総理大臣は，上記の報告若しくは資料の提出の命令または検査に関して必要があると認める

⑴57)　岡田大「金融商品取引法制の解説⑽不公正取引等への対応」旬刊商事法務1781号35頁（2006)

ときは，公務所または公私の団体に照会して必要な事項の報告を求めることができることとされた（26条2項・27条の35第2項）。

この命令に従わず，報告・資料を提出せず，または虚偽の報告・資料を提出した者（205条5号），また，検査を拒み，妨げまたは忌避した者（同条6号）に対しては，6カ月以下の懲役もしくは50万円以下の罰金に処し，またはこれを併科する（また法人には50万円以下の両罰。207条1項6号）。

また，内閣総理大臣は，公益または投資者保護のため必要かつ適当であると認めるときは，有価証券届出書などに記載される財務諸表などおよび内部統制報告書の監査証明を行った公認会計士または監査法人に対し，参考となるべき報告または資料の提出を命ずることができる（193条の2第6項）。上記と同様に罰則の適用もある（205条5号）。

2　流通開示における行政処分

内閣総理大臣は，有価証券届出書等の場合と同様に，有価証券報告書（添付書類を含む），有価証券報告書などの記載内容に係る確認書，内部統制報告書（添付書類を含む），四半期報告書，半期報告書，臨時報告書，自己株券買付状況報告書，親会社等状況報告書に，①形式上の不備があり，または記載すべき重要な事項の記載が不十分であると認めるとき（24条の2第1項・24条の4の3第1項・24条の4の5第1項・24条の4の7第4項・24条の5第5項・24条の6第2項・24条の7第3項・9条1項），または②重要な事項について虚偽の記載があり，または記載すべき重要な事項もしくは誤解を生じさせないために必要な重要な事実の記載が欠けていることを発見したとき（24条の2第1項・24条の4の3第1項・24条の4の5第1項・24条の4の7第4項・24条の5第5項・24条の6第2項・24条の7第3項・10条1項），これらの書類の提出会社に対して，聴聞を行った後，訂正報告書または訂正確認書の提出を命ずることができる。命令に従わない者に対しては罰則の適用がある（200条2号）。もっとも実務的には，財務（支）局が提出者に訂正を促し，提出者が自発的に訂正報告書等を提出することが多い（24条の2・7条）。

また，内閣総理大臣は，有価証券報告書（その訂正報告書を含む）のうちに重要な事項について虚偽の記載がある場合において，公益または投資者保護のため必要かつ適当であると認めるときは，当該虚偽記載に関する訂正報告書が提出された日（訂正命令による場合は，当該命令がなされた日）から１年以内に提出される有価証券届出書または発行登録書もしくは発行登録追補書類について，聴聞を行った後，その届出の効力もしくは当該発行登録書・当該発行登録追補書類に係る発行登録の効力の停止を命じ，または届出または発行登録の効力が発生するまでの待機期間を，相当期間延長することができる（24条の３・11条１項）。上記の処分があった場合において，内閣総理大臣は，24条の２第１項の規定により提出された訂正報告書の内容が適当であり，かつ，当該会社の有価証券を募集・売出しにより取得させまたは売り付けても公益または投資者保護のため支障がないと認めるときは，上記の処分を解除することができる（24条の３・11条２項）。

❖第４節❖　刑事責任

1　虚偽記載のある有価証券届出書などの提出に対する罰則

虚偽文書の提出に対する刑事責任は，これらの書類が一般投資者に公開される開示文書であり，その虚偽記載が社会に与える影響がきわめて大であることから，金商法上の刑事責任の中でも特に厳罰とされている。有価証券届出書・有価証券報告書の虚偽記載等については，いわゆるライブドア事件を契機としてまとめられた与党の提言を踏まえて，平成18年７月４日施行の証取法改正により罰則が強化され，それまでの５年以下の懲役もしくは500万円以下の罰金または併科，法人両罰５億円以下の罰金から，10年以下の懲役もしくは1,000万円以下の罰金または併科，法人両罰７億円以下の罰金に引き上げられた（197条１項・207条１項１号）。半期報告書などの虚偽記載についても，それまでの３年以下の懲役もしくは300万円以下の罰金または併科，法人両罰３億円以下の罰金から，５年以下の懲役もしくは500万円以下の罰金または併科，法人両罰５億円以下の罰金に引き上げられた（197条の２・207条１項２号）。なお，金商法において新たに提出が義務付けられた四半期報告書および内部統制報告書の虚偽記載も，この罰則の対象とされている。有価証券報告書などの記載内容に係る確認書はこの罰則の対象に含まれない。

なお，有価証券届出書や有価証券報告書は投資判断材料として基本的なものであるため，その虚偽記載に対しては，四半期報告書，半期報告書や臨時報告書などの場合よりも重い刑事罰が科されている。

本罪は，通常の場合の刑事責任と同様に，故意犯一般の原則に従い，故意に虚偽の記載のある文書を提出した者に対してその責任を問うものであり，過失犯の責任を問うものではない。また，虚偽記載に関する要件の一つとして「重要な事項につき」と規定されているため，重要性の乏しい虚偽記載，些細な事項は本罪の対象とならない。

具体的には，次の書類に関し，重要な事項につき虚偽の記載のあるものを提出した者に対して，10年以下の懲役もしくは1,000万円以下の罰金に処し，またはこれを併科するものとされている（197条1項1号)。ここで「提出した者」とは自然人を指し，経理部門の作成担当者・責任者のみならず，取締役会における承認者も含むと解される。虚偽記載に関与した公認会計士なども「身分なき共犯」となりうる。また，法人の代表者，代理人，使用人その他の従業者が，その法人または人の業務または財産に関し，上記の違反行為をした場合には，当該法人に対して7億円以下の罰金を科す（両罰規定。207条1項1号)。

(1)　有価証券届出書（参照書類および添付書類を含む）

(2)　訂正届出書（7条1項・9条1項・10条1項の規定による訂正届出書。参照書類を含む）

(3)　発行登録書（参照書類および添付書類を含む）

(4)　訂正発行登録書（23条の4，23条の9第1項もしくは23条の10第1項の規定もしくは同条5項の規定による訂正発行登録書。参照書類を含む）

(5)　発行登録追補書類（参照書類および添付書類を含む）

(6)　有価証券報告書（添付書類を除く）およびその訂正報告書（24条の2第1項の規定による訂正報告書）

また，平成20年金商法改正により，プロ向け市場が認められたことに伴い，特定証券情報（参照情報を含む)，訂正特定証券情報（参照情報を含む)，発行者情報または訂正発行者情報に関して重要な事項につき虚偽のあるものを提供・公表した者が上記罰則の対象として追加された（197条１項４号の２）。

次の書類に関し，重要な事項につき虚偽の記載のあるものを提出した者に対して，５年以下の懲役もしくは500万円以下の罰金に処し，またはこれを併科するものとされている（197条の２第６号）。また，法人の代表者，代理人，使用人その他の従業者が，その法人または人の業務または財産に関し，上記の違反行為をした場合には，当該法人に対して５億円以下の罰金を科す（207条１項２号）。

①　有価証券報告書の添付書類（24条６項による添付書類）
②　有価証券報告書の添付書類の訂正報告書（24条の２第１項による訂正報告書）
③　内部統制報告書（添付書類およびこれらの訂正報告書を含む）
④　四半期報告書（その訂正報告書を含む）
⑤　半期報告書（その訂正報告書を含む）
⑥　臨時報告書（その訂正報告書を含む）
⑦　自己株券買付状況報告書（その訂正報告書を含む）
⑧　親会社等状況報告書（その訂正報告書を含む）

2　無届出の募集・売出しなどに対する罰則

４条１項の規定による届出を必要とする有価証券の募集もしくは売出しまたは同条２項の規定による届出を必要とする適格機関投資家取得有価証券一般勧誘について，これらの届出が受理されていないのに当該募集，売出しもしくは適格機関投資家取得有価証券一般勧誘を行った者，またはこれらの取扱いをした者は，５年以下の懲役もしくは500万円以下の罰金に処し，またはこれを併科するものとされている（197条の２第１号。また，207条１項２号により５億円以下の法人両罰）。

①15条１項の規定に違反して，その募集・売出しについて届出を必要とする有価証券を届出の効力が生じていないのに募集・売出しにより取得させ，または売り付けた場合，または②23条の８第１項の規定に違反して，発行登録がそ

の効力を生じておらず，または発行登録追補書類が提出されていないのに，募集・売出しにより有価証券を取得させ，または売り付けた者は，５年以下の懲役もしくは500万円以下の罰金に処し，またはこれを併科するものとされている（197条の２第３号。また，207条１項２号により５億円以下の法人両罰）。

また，平成20年金商法改正により認められたプロ向け市場においては，特定勧誘等（27条の31第１項）について，当該特定勧誘等に係る特定証券情報（同項）が提供・公表されていないのに当該特定勧誘等またはその取扱いをした者は，５年以下の懲役もしくは500万円以下の罰金に処し，またはこれを併科される（197条の２第10号の２。また，207条１項２号により５億円以下の法人両罰）。また，同改正により，４条３項の規定による届出が受理されていない特定投資家等取得有価証券一般勧誘についても同様の罰則が適用される（197条の２第１号・207条１項２号）。

3　有価証券報告書などの不提出に対する罰則

有価証券報告書などの不提出に対しては，開示書類の重要性に応じて，以下のような罰則が設けられている。

(1)　197条の２第５号（５年以下の懲役もしくは500万円以下の罰金または併科。また，207条１項２号により５億円以下の法人両罰）

①　有価証券報告書（添付書類を含む）

②　有価証券報告書（添付書類を含む）の訂正報告書（24条の２第１項により準用する10条１項の規定に基づく重要事項に虚偽記載等があった場合の訂正命令による訂正報告書）

③　内部統制報告書（添付書類を含む）

④　内部統制報告書（添付書類を含む）の訂正報告書（24条の４の５第１項により準用する10条１項の規定に基づく重要事項に虚偽記載等があった場合の訂正命令による訂正報告書）

(2)　200条２号（１年以下の懲役もしくは100万円以下の罰金または併科。また，207条１項５号により１億円以下の法人両罰）

訂正届出書（７条１項前段・９条１項・10条１項の規定による訂正届出書）

⑶　200条4号（1年以下の懲役もしくは100万円以下の罰金または併科。また，207条1項5号により1億円以下の法人両罰）

訂正発行登録書（23条の4前段，23条の9第1項もしくは23条の10第1項の規定または同条5項において準用する同条1項の規定による訂正発行登録書）

⑷　200条5号（1年以下の懲役もしくは100万円以下の罰金または併科。また，207条1項5号により1億円以下の法人両罰）

①　有価証券報告書（添付書類を含む）の訂正報告書（24条の2第1項により準用する9条1項の規定に基づく形式上の不備等があった場合の訂正命令による訂正報告書）

②　内部統制報告書（添付書類を含む）の訂正報告書（24条の4の5第1項により準用する9条1項の規定に基づく形式上の不備等があった場合の訂正命令による訂正報告書）

③　四半期報告書または四半期報告書の訂正報告書（24条の4の7第4項により準用する9条1項または10条1項の規定による訂正報告書）

④　半期報告書，臨時報告書またはこれらの訂正報告書（24条の5第5項により準用する9条1項または10条1項の規定による訂正報告書）

⑤　自己株券買付状況報告書または自己株券買付状況報告書の訂正報告書（24条の6第2項により準用する9条1項または10条1項の規定による訂正報告書）

⑥　親会社等状況報告書または親会社等状況報告書の訂正報告書（24条の7第3項により準用する9条1項または10条1項の規定による訂正報告書）

⑸　208条2号（30万円以下の過料）

有価証券報告書の記載内容に係る確認書またはその訂正確認書（24条の4の3第1項により準用する9条1項または10条1項の規定による訂正確認書）

⑹　209条4号（10万円以下の過料）

四半期報告書または半期報告書の記載内容に係る確認書またはその訂正確認書（24条の4の8第2項または24条の5の2第2項により準用する9条1項または10条1項の規定による訂正確認書）

なお，自発的に提出する訂正届出書，訂正発行登録書または各報告書の訂正報告書については，会社が任意に提出する書類であるため，これらの不提出に対する罰則は設けられていない。

加えて，平成20年金商法改正により認められたプロ向け市場においては，27条の32第1項・2項の規定による発行者情報の提供・公表をしない者または同条4項の規定により発行者情報を継続して公表しない者も，5年以下の懲役もしくは500万円以下の罰金または併科の対象となる（197条の2第10号の3。また，207条1項2号により5億円以下の法人両罰）。また，重要な事項につき27条の31第4項の規定による訂正特定証券情報の提供・公表をしない者または同条5項の規定により訂正特定証券情報を継続して公表しない者は，1年以下の懲役もしくは100万円以下の罰金または併科の対象となる（200条12号の2。また，207条1項5号により1億円以下の法人両罰）。

4　有価証券届出書などの虚偽の写しの提出などに対する罰則

有価証券届出書などの写しを金融商品取引所または認可金融商品取引業協会へ提出または送付するにあたり，重要な事項につき虚偽があり，かつ，写しの基となった書類と異なる内容の記載をした書類をその写しとして提出し，または送付した者に対しては，5年以下の懲役もしくは500万円以下の罰金に処し，またはこれを併科するものとされている（197条の2第2号。また，207条1項2号により5億円以下の法人両罰）。なお，有価証券届出書などの写しに重要な事項につき虚偽がある場合であっても，それが原本の記載と同じ内容のものである場合には，虚偽記載のある有価証券届出書などの提出に対する罰則が適用され，本条は適用されないと解されている。また，上場有価証券の発行者または店頭売買有価証券の発行者が，有価証券届出書などの写しを金融商品取引所または認可金融商品取引業協会に提出しない場合には，1年以下の懲役もしくは100万円以下の罰金に処し，またはこれを併科するものとされている（200条1号。また，207条1項5号により1億円以下の法人両罰）。

有価証券届出書などの写しを当該有価証券の発行者の本店および主要な支店において公衆縦覧するにあたり，重要な事項につき虚偽があり，かつ，写しの基となった書類と異なる内容の記載をした書類をその写しとして公衆の縦覧に供した者に対しては，5年以下の懲役もしくは500万円以下の罰金に処し，またはこれを併科するものとされている（197条の2第7号。また，207条1項2号により5億円以下の法人両罰）。また，有価証券届出書などを提出した者が，当該会社の本店および主要な支店において，これらの書類の写しを公衆の縦覧に供しない場合には，1年以下の懲役もしくは100万円以下の罰金に処し，またはこれを併科するものとされている（200条6号。また，207条1項5号により1億円以下の法人両罰）。

5　目論見書に関する罰則

発行者，売出人，引受人，金融商品取引業者，登録金融機関または金融商品仲介業者が，15条2項〜4項に違反して，その募集・売出しにつき届出を要する有価証券を，目論見書をあらかじめまたは同時に交付しないで，募集・売出しにより取得させまたは売り付けた場合は，1年以下の懲役もしくは100万円以下の罰金に処し，またはこれを併科するものとされている（200条3号。また，207条1項5号により1億円以下の法人両罰）。この罰則は，発行登録制度における目論見書（発行登録目論見書および発行登録追補目論見書）の不使用の場合にも，同様に適用される。また，目論見書の使用義務は，募集・売出しの残部を，当該募集・売出しに係る届出の効力発生の日から3カ月以内に，募集・売出しによらないで取得させまたは売り付ける場合に準用されているが（15条6項），この場合の目論見書の使用義務に違反したときは，6カ月以下の懲役もしくは50万円以下の罰金に処し，またはこれを併科するものとされている（205条1号。また，207条1項6号により50万円以下の法人両罰）。

また，募集・売出しにつき届出を要する有価証券またはすでに開示された有価証券の募集・売出しのために，①虚偽の記載があり，または記載すべき内容の記載が欠けている目論見書を使用した者（13条4項に違反した者），または②目論見書以外の文書，図画，音声その他の資料を使用する際に虚偽の表示または誤解を生じさせる表示をした者（同条5項に違反した者）は，6カ月以下の懲役もしくは50万円以下の罰金に処し，またはこれを併科するものとされている（205条1号。また，207条1項6号により50万円以下の法人両罰）。この罰則は，発行登録目論見書，発行登録仮目論見書および発行登録追補目論見書についても同様に適用される。

特定募集等をし，または当該特定募集等に係る有価証券を取得させもしくは売り付けるために使用される目論見書について，当該特定募集等が4条1項本文または同条2項本文の規定の適用を受けないものである旨を記載しなかった場合（4条5項違反），30万円以下の過料に処される（208条1号）。当該罰則は，発行登録追補書類の提出を要しない募集・売出しのために使用される目論見書（23条の8第4項）についても，同様に適用される。

6　その他の罰則

そのほか，次のような場合に，6カ月以下の懲役もしくは50万円以下の罰金に処し，またはこれを併科するものとされている（205条1号）。

(1) 有価証券の募集・売出しが，一定の日において株主名簿に記載されている株主に対して行われる場合において，その日の25日前までに有価証券届出書を提出しない場合（4条4項違反）

(2) 特定募集等に係る有価証券通知書または発行登録通知書を，当該特定募集または募集もしくは売出しが開始される日の前日までに提出しない場合（4条6項または23条の8第4項）

(3) 届出または発行登録の効力が生じたことまたは効力停止命令が解除されたことなどをもって，内閣総理大臣が，有価証券届出書の記載が真実かつ正確であり，もしくはそのうちに重要な事項の記載が欠けていないことを認定し，または当該有価証券の価値を保証もしくは承認したものである旨の表示をした場合（23条2項または23条の12第5項違反）

(4) 有価証券の募集・売出しが一定の日において株主名簿に記載されている株主に対して行われる場合において，その日の10日前までに発行登録追補書類の提出をしない場合（23条の8第3項違反）

(5) 有価証券報告書の記載事項のうち重要なものについて訂正報告書を提出したときに，遅滞なくその旨を公告しない場合（24条の2第2項違反）

加えて，平成21年金商法改正により認められた外国証券売出しにおいては，次のような場合に，上記と同じ罰則が適用されることとなった（205条6号の2

～６号の４）。

⑹　外国証券情報であって，重要な事項につき虚偽のあるものの提供または公表をした場合（27条の32の２第１項または２項違反）

⑺　外国証券売出しについて，当該外国証券売出しに係る外国証券情報の提供または公表をしていないのに当該外国証券売出しに係る有価証券を売り付けた場合（27条の32の２第１項違反）

⑻　外国証券情報の提供または公表をしない場合（27条の32の２第２項違反）

また，適格機関投資家向けの勧誘などに際して，次のような場合には10万円以下の過料に処すものとされている（209条１号・２号）

①　届出を要しない適格機関投資家向け勧誘等に際して，届出が行われていないことなどの告知をしない場合（23条の13第１項違反）

②　届出を要しない特定投資家向け勧誘等に際して，届出が行われていないことなどの告知をしない場合（23条の13第３項違反）

③　届出を要しない少人数向け勧誘等に際して，届出が行われていないことなどの告知をしない場合（23条の13第４項違反）

④　届出を要しない適格機関投資家向け勧誘等により有価証券を取得させまたは売り付ける場合に，あらかじめまたは同時に，届出が行われていないことなどを記載した書面を交付しない場合（23条の13第２項違反）

⑤　届出を要しない少人数向け勧誘等により有価証券を取得させまたは売り付ける場合に，あらかじめまたは同時に，届出が行われていないことなどを記載した書面を交付しない場合（23条の13第５項違反）

また，平成20年金商法改正により，届出を要しない特定投資家向けの勧誘に際して，23条の13第３項に基づく告知をしない場合が上記過料の対象として追加された（209条１号）。

7　両罰規定

法人両罰規定については，上記でも併記しているが，法人（法人でない団体で代表者または管理人の定めのあるものを含む）の代表者または法人もしくは人の代理人，使用人その他の従業者が，その法人または人の業務または財産に関し，一定の違反行為をしたときは，その行為者を罰するほか，その法人に対して207条各号に定める罰金刑を科する旨が規定されている。

8 発行者が会社以外の者である場合の罰則規定

なお，発行者が会社以外の者である場合のディスクロージャーについては，27条により，２条の２，５条～13条，15条～24条の５の２，および24条の７～26条の規定が準用されており，罰則についても同様に適用される。

❖第５節❖ 課 徴 金

1 発行開示における虚偽記載など

平成16年証取法改正により，違反行為の抑止（ディスインセンティブ）を図るために，発行開示書類の虚偽記載に課徴金の納付制度が定められた。重要な事項につき虚偽の記載のある発行開示書類を提出した発行者が，当該発行開示書類に基づく募集・売出し（当該発行者が所有する有価証券の売出しに限る）により有価証券を取得させ，または売り付けるときは，内閣総理大臣は発行者に対して課徴金を国庫に納付することを命じなければならない（172条の２）。課徴金の納付命令は行政処分であって刑事罰とは異なるものであり，刑事罰が科されたかを問わず，金商法上の要件を満たせば課徴金の対象となる。もっとも，後述するとおり，継続開示書類については両者の調整規定がある。平成20年金商法改正により，記載すべき重要な事項の記載が欠けている発行開示書類についても課徴金の対象となった（172条の２第１項）。なお，誤解を生じさせないために必要な重要な事実の記載が欠けている場合については，「誤解を生じさせない」との要件の認定には幅がありうることから，当面は課徴金の対象とはせず，訂正届出書などの提出命令・効力停止命令（10条など）により対応することとしている[158]。また，課徴金の金額水準も下記のとおり引き上げられた。

(158) 池田ほか・逐条解説2008年金商法改正306頁

課徴金の対象となる「発行開示書類」は，(1)有価証券届出書（参照書類および添付書類を含む），(2)訂正届出書（参照書類を含む），(3)発行登録書（参照書類および添付書類を含む），(4)訂正発行登録書（参照書類を含む），(5)発行登録追補書類（参照書類および添付書類を含む）を指す。

課徴金は，①募集により有価証券を取得させた場合，当該有価証券が株券等（株券，優先出資証券その他これらに準ずるものとして政令で定める有価証券。金商法施行令33条の5）以外のときには発行価額の総額の2.25%（平成20年金商法改正前は1%），当該有価証券が株券等のときは発行価額の総額の4.5%（平成20年金商法改正前は2%）に相当する額（172条の2第1項1号），②売出しにより発行者が所有する有価証券を売り付けた場合，当該有価証券が株券等以外のときは売出価額の総額の2.25%（平成20年金商法改正前は1%），当該有価証券が株券等のときは売出価額の総額の4.5%（平成20年金商法改正前は2%）に相当する額（172条の2第1項2号）となる。課徴金の額は，虚偽記載などにより募集・売出しに係る有価証券の内容を実態よりも好条件に見せかけたことにより得た経済的利得に相当する額として算出されたものとされ，平成20年金商法改正前の金額水準は，決算発表前後の株価の変動率を参考にしたものとされていた。平成20年金商法改正では，引き続き利得相当額を金額の基準としつつ，算定の基礎となるデータをより実態に近似したものに改めることにより金額水準を引き上げることにし，有価証券の発行は期中の任意の時点に行われることから，決算期にタイミングを限定せず，期中における重要事実の公表による株価の変動率を参考とした結果，改正前の金商法が参考とした変動率の約2.5倍となったと説明されている[159]。

すでに開示された有価証券の売出しにおいては，有価証券届出書は提出されないため，当該発行者が所有する有価証券の売出しを行う場合，重要な事項（5条1項各号に掲げる事項に係るものに限る）につき虚偽記載がある目論見書を使用した発行者が当該目論見書に係る売出しにより当該発行者が所有する有価証券を売り付けた場合に，同様の課徴金の納付命令が下される（172条の2第4項。平成20年金商法改正では記載すべき重要な事項の記載が欠けている目論見書も課

(159)　大来志郎＝鈴木謙輔「改正金融商品取引法の解説（4・完）課徴金制度の見直し」旬刊商事法務1840号31頁（2008）

徴金納付命令の対象とされた）。

また，虚偽記載に関与した役員等（当該発行者の役員，代理人，使用人その他の従業者をいう）であって，重要な事項につき虚偽記載があることを知りながら当該発行開示書類の提出に関与した者が，当該発行開示書類に基づく売出しにより当該役員等が所有する有価証券を売り付けたときは，内閣総理大臣は，当該役員等に対し，課徴金の納付を命じる（172条の２第２項。平成20年金商法改正により記載すべき重要な事項の記載が欠けている発行開示書類も課徴金納付命令の対象とされた）。これは，虚偽記載に関与した役員等がそれにより高値で保有株式を売却した場合には，高値による利得を保持させるべきではないからである。課徴金の金額は，当該売り付けた有価証券が株券等以外である場合は当該有価証券の売出価額の総額の2.25%（平成20年金商法改正前は１%），当該有価証券が株券等である場合は売出価額の総額の4.5%（平成20年金商法改正前は２%）に相当する額となる（172条の２第２項）。

発行者の場合と同様に，すでに開示された有価証券の売出しの場合は，有価証券届出書が提出されないため，重要な事項につき虚偽記載がある目論見書を使用した発行者の役員等で，虚偽記載があることを知りながら，当該目論見書の作成に関与した者が，当該目論見書に係る売出しにより当該役員等が所有する有価証券を売り付けた場合も，同様の課徴金の納付命令が下される（172条の２第５項。平成20年金商法改正により，記載すべき重要な事項の記載が欠けている目論見書も課徴金納付命令の対象とされた）。

課徴金の納付命令の性格は，発行者の経済的利得の剥奪とされる（第５節**実務のポイント・2-22**参照）。このように，課徴金の額の具体的な算定方法を規定することにより，行政庁の裁量を極力排除する仕組みとなっている。

2　継続開示における虚偽記載

平成17年証取法改正により，継続開示書類における虚偽記載に対しても課徴金制度が導入された。発行者が，重要な事項につき虚偽の記載がある有価証券報告書等（有価証券報告書およびその添付書類または訂正報告書を指す）を提出したときは，内閣総理大臣は，当該発行者に対し，課徴金を国庫に納付することを命じなければならない（172条の４第１項）。平成20年金商法改正により，記載すべき重要な事項の記載が欠けている継続開示書類も，課徴金納付命令の対象とされた。また課徴金の金額水準も，下記のとおり引き上げられた。

課徴金の額は600万円（平成20年金商法改正前は300万円であった），または発行者の発行する算定基準有価証券の市場価額の総額の10万分の６（平成20年金商法改正前は10万分の３であった）に相当する額が600万円（平成20年金商法改正前は300万円であった）を超えるときはその額となる。ここでいう算定基準有価証券とは，株券，優先出資法に規定する優先出資証券その他これらに準ずるものとして金商法施行令33条の５の２で定める有価証券を指す。また，市場価額の総額は，課徴金府令１条の３に従い算出され（基本的には当該発行者の株式の時価総額と理解してよい），市場価額がない場合または算定基準有価証券を発行していない場合は，金商法施行令33条の５の３に従い，課徴金府令１条の４に定める貸借対照表に計上されている資産の額の合計額から負債の額の合計額を控除して得た額とされる。課徴金の金額水準は，継続開示書類に虚偽記載を行うと，財務状況の見かけ上の改善を通じ，資金調達金利が低下することを勘案したものであると説明されるが，平成20年金商法改正では，資金調達金利について新たに収集したデータなどを参考としつつ金額水準を２倍に引き上げたものとされている[160]。

発行者が重要な事項につき虚偽の記載がある四半期報告書，半期報告書，臨時報告書またはこれらの訂正報告書を提出した場合にも，課徴金の納付が命じられる（172条の４第２項）。平成20年金商法改正により，記載すべき重要な事項の記載が欠けている継続開示書類も課徴金納付命令の対象となった（同項）。課徴金の額は，有価証券報告書等の虚偽記載の場合の２分の１に相当する額とされている。なお，同一事業年度に係る二つ以上の虚偽記載のある継続開示書類の提出行為については，課徴金額を調整する規定が設けられている（185条の７第６項・７項）。

有価証券報告書等については，重要な事項につき虚偽記載のあるものを提出した者に刑事罰が科される（197条１項１号）ことは前述したとおりであるが，課徴金を課すべき虚偽記載のある継続開示書類の提出と同一事件について，罰

(160)　大来＝鈴木・前掲注(159)32頁

金の確定裁判があるときは，課徴金の額から当該罰金の相当額を控除した額を課徴金の額とする規定が設けられた（185条の7第16項・185条の8第6項）。発行開示書類の虚偽記載については，このような刑事罰と課徴金との調整規定は存在しない。

3　届出前の勧誘・効力発生前の取引・既開示有価証券の売出しにおける目論見書の不交付

平成20年金商法改正により，届出を要する有価証券の募集・売出し，適格機関投資家取得有価証券一般勧誘または特定投資家等取得有価証券一般勧誘について，これらの届出が受理されていないのに当該募集・売出しなどをした場合が，課徴金納付命令の対象となった（172条1項）。なお，売出し，適格機関投資家取得有価証券一般勧誘または特定投資家等取得有価証券一般勧誘については，自己の有する有価証券に関してこれらの行為をした者のみが対象となる。

課徴金の額は，⑴募集により有価証券を取得させた場合，当該有価証券が株券等以外のときには発行価額の総額の2.25%，当該有価証券が株券等のときは発行価額の総額の4.5%に相当する額（172条1項1号），⑵売出し・適格機関投資家取得有価証券一般勧誘・特定投資家等取得有価証券一般勧誘により有価証券を売り付けた場合，当該有価証券が株券等以外のときは売出価額の総額の2.25%，当該有価証券が株券等のときは売出価額の総額の4.5%に相当する額（同項2号）となる。届出をしない場合，これにより募集・売出しに係る有価証券の内容を実態よりも好条件に見せかけることが可能となったことを想定して，発行開示書類の虚偽記載と同様の金額水準となったと説明される。

また，平成20年金商法改正により，届出の効力が発生する前に，15条1項の規定に違反して，4条1項に規定する有価証券の募集により当該有価証券を取得させた場合，または同条4項に規定する有価証券の売出しにより自己の所有する当該有価証券を売り付けた場合にも課徴金の対象となった（172条2項）。課徴金の額は，届出前の勧誘の場合の課徴金の額と同様である。なお，同一の募集・売出しにおいて172条1項・2項の両方に違反した場合には，調整規定が設けられている（185条の7第2項・3項）。また，発行登録の効力発生・発行登録追補書類の提出前の募集・売出しの場合も同様に課徴金の対象となった(172条4項)。

加えて，すでに開示された有価証券の売出しにおいては，有価証券届出書は提出されないため，当該発行者が所有する有価証券の売出しを行う場合，同改正により，15条2項の規定に違反して，目論見書を交付しないで自己の所有する有価証券を売り付けた場合にも課徴金の対象となる（172条3項)。課徴金の額は，届出前の売出しに係る課徴金の額と同様である。

4　継続開示書類の不提出

平成20年金商法改正により，24条1項・3項の規定に違反して，有価証券報告書を提出しない発行者は課徴金納付命令の対象となった(172条の3第1項)。

課徴金の額は，提出すべきであった有価証券報告書に係る事業年度の直前事業年度における監査報酬額（193条の2第1項に規定する監査証明の対価相当額として課徴金府令で定める額。監査証明を受けるべき直前事業年度がない場合またはこれに準ずるものとして課徴金府令で定める場合には400万円）と規定されている。監査報酬額を基準とする理由は，監査報酬額が発行者にとって本来負担すべき有価証券報告書作成・提出に係るコストであるところ，それを負担していなかったことが想定されるからである。

24条の4の7第1項の規定に違反して四半期報告書を提出しない発行者および24条の5第1項の規定に違反して半期報告書を提出しない発行者も，課徴金納付命令の対象となる（172条の3第2項)。課徴金の額は，上記有価証券報告書の不提出に係る課徴金の額の半額である。

有価証券報告書，四半期・半期報告書の不提出については，同一事業年度に係る二つ以上の書類の不提出があった場合に課徴金額を調整する規定が設けられている（185条の7第4項・5項)。

臨時報告書の不提出に関しては，平成20年金商法改正により，投資者の投資判断に重要な影響を及ぼすものとして課徴金府令で定める事項を記載すべき臨時報告書を提出しない場合が，課徴金の対象とされた（172条の4第3項)。課徴金府令ではすべての記載事項が投資者の投資判断に重要な影響を及ぼすものとして指定されており（課徴金府令1条の5），すべての臨時報告書の不提出（「遅滞なく」提出しなかった場合）が課徴金の対象となる。金額水準は，有価証券報告書や四半期・半期報告書の不提出の場合の課徴金額の水準とは異なり，四半期報告書・半期報告書・臨時報告書の虚偽記載などの場合と同様である（時価総額の10万分の3または300万円）。有価証券報告書の不提出の場合は，不提出ということでアラームが鳴るので，投資判断に与える影響は一般にはより限定的なものであろうが，臨時報告書が不提出のままになると，投資者は臨時報告書の提出事由が生じていることも知らされず，発行者としてはこれにより財務状況を実態よりも良好に見せかけることになると想定されるためであるとされている[(161)]。

5　プロ向け市場に関する課徴金納付命令

平成20年金商法改正によりプロ向け市場が認められたことに伴い，下記の課徴金制度が新設された。

(1)　特定証券情報の提供・公表をしない特定勧誘等

有価証券の発行者が当該有価証券に係る特定証券情報を27条の31第2項に定めるところにより相手方に提供・公表していないのに，特定勧誘等をした者は課徴金納付命令の対象となる（172条の9）。もっとも，特定売付け勧誘等をした者については，自己の所有する有価証券に関して特定売付け勧誘等をした者だけが対象となる。

課徴金の額は，当該有価証券が株券等以外のときには発行価額・売り付けた有価証券の価格の総額の2.25%，当該有価証券が株券等のときは発行価額・売り付けた有価証券の価格の総額の4.5%に相当する額となる（172条の9第1号・2号）。

(161)　黒沼悦郎ほか「〔座談会〕金融商品取引法の改正――金融・資本市場の競争力強化に向けて――」旬刊商事法務1840号16頁〔池田唯一発言〕(2008)

⑵　特定証券等情報の虚偽記載など

重要な事項につき虚偽の情報があり，または提供・公表すべき重要な事項に関する情報が欠けている特定証券等情報を提供・公表した発行者が，当該虚偽等のある特定証券等情報に係る特定勧誘等により有価証券を取得させまた売り付けたときは課徴金納付命令の対象となる。もっとも，特定売付け勧誘等をした者については，自己の所有する有価証券に関して特定売付け勧誘等をした発行者だけが対象となる（172条の10第１項）。

課徴金の額は，①虚偽等のある特定証券等情報が公表されている場合は，当該有価証券が株券等以外のときには発行価額・売り付けた有価証券の価格の総額の2.25%，当該有価証券が株券等のときは発行価額・売り付けた有価証券の価格の総額の4.5%に相当する額，②虚偽等のある特定証券等情報が公表されていない場合は，①の額に，虚偽等のある特定証券等情報の提供を受けた者の数を当該特定勧誘等の相手方の数で除して得た数を乗じた額となる（172条の10第１項１号・２号）。

また，虚偽情報等に関与した役員等（当該発行者の役員，代理人，使用人その他の従業者をいう）であって，当該虚偽情報等を知りながら当該特定証券等情報の提供・公表に関与した者が，当該特定証券等情報に係る特定売付け勧誘等により当該役員等が所有する有価証券を売り付けたときは，当該役員等は課徴金納付命令の対象となる（172条の10第２項）。これは，役員等が虚偽記載等のある発行開示書類の提出に関与した場合と同じである（■１参照）。課徴金の金額は，当該売り付けた有価証券が株券等以外である場合は当該有価証券の売出価額の総額の2.25%，当該有価証券が株券等である場合は売出価額の総額の4.5%に相当する額となる。

⑶　発行者等情報の虚偽記載など

発行者が，重要な事項につき虚偽の情報があり，または提供・公表すべき重要な事項に関する情報が欠けている発行者等情報を提供・公表したときは，課徴金納付命令の対象となる（172条の11第１項）。

課徴金の額は，虚偽等のある発行者等情報が公表されている場合は600万円，または発行者の発行する算定基準有価証券の市場価額の総額の10万分の６に相当する額が600万円を超えるときはその額となる。市場価額がない場合または算定基準有価証券を発行していない場合は，政令で定めるところにより算出した額となる（算定基準有価証券の意義については■2参照）。他方，虚偽等のある発行者等情報が公表されていない場合の課徴金の額は，上記の額に，虚偽等のある発行者等情報の提供を受けた者の数を発行者等情報の提供を受けるべき相手方の数で除して得た数を乗じた額となる（172条の11第1項1号・2号）。

なお，課徴金納付命令の決定手続や，追徴・没収・他の課徴金との調整，課徴金の減算・加算制度などについては，第13編第3章参照。

■6　虚偽開示書類等の提出等に加担する行為

オリンパス事件などにおいて，外部協力者の関与によって上場会社などの虚偽記載の手口が複雑化したことにかんがみ，外部協力者による虚偽開示書類等の提出等（提出，提供または公表をいう。以下本■6において同じ）を容易にすべき一定の行為または唆す行為を抑止し，資本市場の公正性・透明性を確保する観点から，平成24年金商法改正により，外部協力者による一定の加担行為に対しても課徴金が適用されることになった[162]（172条の12）。

(1)　発行者・公開買付者の行為に関する要件

172条の12第1項では，発行者・公開買付者が虚偽開示書類等の提出等（「虚偽開示書類等の提出等」の対象範囲については後記(2)参照）を実際に行ったことが，外部協力者に対する課徴金の適用の要件とされている。課徴金の適用対象行為が広範となりすぎないようにする観点から，虚偽開示書類等の提出等が実際には行われなければ適用はない。なお，虚偽開示書類等の提出等について発行者・公開買付者に故意があったことは，外部協力者に対する課徴金の適用の要件とはされていない。

---

(162)　小長谷章人ほか「平成24年改正金商法等の解説（4・完）課徴金制度の見直し(2)――虚偽開示書類等の提出等に加担する行為に対する課徴金の適用――」旬刊商事法務1984号35頁（2012）

⑵　発行者・公開買付者の行為の対象範囲

発行者・公開買付者の行為（虚偽開示書類等の提出等）の対象範囲としては，外部協力者の加担行為により類型的に虚偽開示書類等の提出等が行われるおそれがある次に掲げる行為である（172条の12第１項各号）。

① 発行者が，重要な事項につき虚偽の記載があり，または記載すべき重要な事項の記載が欠けている発行開示書類（特定証券等情報を含む。以下本■6において同じ）・継続開示書類（発行者等情報を含む。以下本■6において同じ）を提出すること（特定証券等情報および発行者等情報にあっては，これらの情報を提供し，または公表すること）

② 公開買付者が，重要な事項につき虚偽の記載があり，または記載すべき重要な事項の記載が欠けている公開買付届出書などを提出すること（他社株公開買付け・自社株公開買付けのいずれの場合も含む。）

⑶　課徴金の適用対象行為

課徴金の適用対象行為を，「特定関与行為」として，172条の12第２項において規定している。具体的には，(a)虚偽開示書類等の提出等を容易にすべき行為であって，かつ(i)会計処理の基礎となるべき事実の全部または一部を隠蔽または仮装するための一連の行為に基づいて発行者・公開買付者が虚偽開示書類等を作成することに関し，助言を行うこと（助言行為。172条の12第２項１号），もしくは(ii)会計処理の基礎となるべき事実の全部または一部を隠蔽または仮装するための一連の行為（監査証明を行う行為を除く）の全部または一部を行うこと（一連の行為の全部または一部を行う行為。172条の12第２項２号），または(b)虚偽開示書類等の提出等を唆す行為（唆す行為。172条の12第２項本文）が定められている。課徴金制度が，事案の軽重等に応じた当局の裁量を認めていないことから，刑法上の共同正犯・教唆犯・幇助犯の対象となりうる行為の中でも，特に抑止を図る必要性が高いと考えられる類型について規定するものである。

①　助言行為（前記(a)(i)の行為）

これは，会計処理の基礎となるべき事実を隠蔽または仮装して虚偽開示書類等を作成することに関する助言行為を規定したものであり，具体的には，会計処理の基礎となる取引等に関する事実を隠蔽・仮装するスキームや，「一般に公正妥当と認められる企業会計の基準」に違反した会計処理を行うことにより会計処理の基礎となる事実を隠蔽・仮装するスキームを立案・提供することなどがこれに該当するものとされる。なお，172条の12第2項1号において，助言の内容が会計処理にかかわるものであることが要件とされているため，たとえば，会計処理とは無関係な非財務情報の虚偽記載に関する助言行為は，特定関与行為には該当しないものと考えられる。

②　一連の行為の全部または一部を行う行為（前記(a)(ii)の行為）

これは，上記助言行為において例示したようなスキームを構成する個々の取引行為などを指す。長期間にわたり損失の隠蔽を継続する場合には，隠蔽スキームの立案のみならず，当該スキームの一環としての取引行為等が行われることから，特定関与行為として規定された。なお，同号に規定される行為としては，発行者・公開買付者が行う取引の相手方になる行為（たとえば，発行者・公開買付者との仮装売買契約の相手方となるような行為）や，発行者・公開買付者が契約当事者となるものではないが発行者・公開買付者の会計処理の基礎となるべき事実を隠蔽・仮装するための行為（たとえば，発行者・公開買付者の会計処理の基礎となるべき事実を隠蔽・仮装するためにペーパー・カンパニーを設立するような行為）も含まれるものと考えられる。

③　唆す行為（前記(b)の行為）

これは，特定関与行為として，虚偽開示書類等の提出等を容易にすべき一定の行為に加えて，虚偽開示書類等の提出等を唆す行為を指す。

(4)　課徴金の適用対象者

刑法の処罰対象となりうるのは両罰規定のない限り自然人のみであるのに対して，本課徴金の対象者には法人も含まれる。なお，発行者・公開買付者の役員，使用人その他の従業者は，これらの者が発行者・公開買付者の中で担う職務に基づき，開示書類等の提出等を発行者・公開買付者自体の行為として行っているものであり，加担行為としての課徴金の適用はなく，発行者・公開買付者による虚偽開示書類等の提出等として，課徴金の対象とされる。

⑸　特定関与者の故意に関する要件

172条の12第２項１号においては，助言行為の性質上，故意が必然的に伴うものと解されるため，特定関与行為を行った者（以下「特定関与者」という）の故意は明示的には規定されていない。他方，172条の12第２項２号においては，外見上その内容が正常な経済取引と異ならない場合もあり，その行為の性質上，隠蔽・仮装するための一連の行為であることについての認識（故意）を必然的に伴うものとは解されないから，「前号に規定する隠蔽し，又は仮装するための一連の行為の全部又は一部であることを知りながら」という文言により，特定関与者の故意が明示的に規定されている。また，虚偽開示書類等の提出等を唆す行為についても，前記⑶③のとおり，「唆す行為」が，発行者・公開買付者に虚偽開示書類等の提出等を行うことを決定させる行為を指すものであるため，その行為の性質上，特定関与者の故意が必然的に伴うものと解されることから，特定関与者の故意は明示的には規定されていない。

⑹　課徴金額

本課徴金の金額については，「当該特定関与行為に関し手数料，報酬その他の対価として支払われ，又は支払われるべき金銭その他の財産の価額に相当する額として内閣府令で定める額」を課徴金額としている（172条の12第１項）。これは，違反行為による経済的利得を基準とするという現行の課徴金制度の考え方（**実務のポイント・2－25**）に沿って，特定関与行為の対価の額を基準とするものである。なお，報酬等の名目の如何を問わず，経済実質的に当該特定関与行為の対価と認められるものは，金銭に限定されず，すべて課徴金額の算定上考慮される。さらに，「支払われるべき」との文言より，特定関与行為の対価を支払う契約がされたが未だ支払いがされていない場合でも，その対価が課徴金額の算定上考慮されることとなると解されている。

実務のポイント・2―25

◆開示における課徴金制度の拡大と課徴金の金額水準

課徴金制度は，有価証券届出書などの発行開示書類の虚偽記載を対象として平成16年証取法改正により導入され，平成17年4月より施行された。その際，有価証券報告書などの継続開示書類の虚偽記載も対象とするか否か検討されたが，違反行為により得られた経済的利得の内容・算定方法，課徴金と刑罰規定との関係など課題が多かったことから見送られた。その後，証券取引等監視委員会が告発した西武鉄道による有価証券報告書の虚偽記載事件を契機として，継続開示における虚偽記載を抑止するためには刑事罰のみならず課徴金制度を導入することが必要であるとの認識が高まり，平成17年証取法改正の審議過程で，衆議院財務金融委員会における委員会修正で制度が盛り込まれた。これにより，平成17年12月1日以後の継続開示書類の提出行為から，課徴金制度が適用された。

発行開示における虚偽記載に対する課徴金の額は，それにより得た不当な経済的利得の額とされている。他方，継続開示における虚偽記載に対する課徴金の額は，経済的利得を考慮要素の一つとしつつも，基本的には違法行為の抑止のために必要かつ合理的と思われる額と解されている。このように違反行為の抑止効果という意味では，刑事罰上の罰金と近接した側面を持つことを踏まえ，継続開示における虚偽記載に対する課徴金と罰金との調整規定が設けられることになったと説明されている（吉田尚弘「継続開示義務違反に対する課徴金制度の概要――証券取引法の一部改正に係る衆議院修正――」JICPAジャーナル602号41頁（2005））。

平成20年金商法改正では，第5節で説明したとおり，課徴金の対象範囲がさらに拡大されるとともに，発行開示書類・継続開示書類の虚偽記載について課徴金の金額水準が2倍程度引き上げられた。この点について，金融審議会第一部会の法制ワーキング・グループにおける議論の過程では，規制の実効性を一層確保する観点からは，利得に必ずしもとらわれる必要はないのではないかとの指摘もあった。他方で，課徴金が反社会性，反道徳性を問うものではない以上，利得から完全に離れるべきでないとの意見もあり，これらの議論を踏まえ，今回の改正においても引き続き利得相当額を金額の基準としつつ，発行開示書類・継続開示書類の虚偽記載については，算定の基礎となるデータをより実態に近似したものに改めることにより金額水準の引上げを図ったと説明されている（大来志郎＝鈴木謙輔「改正金融商品取引法の解説（4・完）課徴金制度の見直し」旬刊商事法務1840号31頁（2008））。

第４章　開示用電子情報処理組織による手続

本章のサマリー

◇本章では，開示用電子情報処理組織（EDINET）による開示書類のオンラインによる提出手続および目論見書の電子交付制度について解説する（27条の30の２～27条の30の11）。平成19年４月１日施行の証取法改正により，大量保有報告書などについても，EDINETの使用が強制されることになった。また，平成20年３月17日より，金融庁はXBRLを導入した新EDINETを稼動している。

❖第１節❖　電子開示手続・任意電子開示手続

内閣府の使用する電子計算機と有価証券報告書などの開示書類の提出手続を行う者の使用する入出力装置，金融商品取引所・認可金融商品取引業協会の使用する入出力装置とを電気通信回線で接続した電子情報処理組織（コンピュータ・システム）を「開示用電子情報処理組織」とよぶ（27条の30の２）。わかりやすくいえば，有価証券届出書や有価証券報告書などの開示書類をオンラインで提出する場合に使用されるコンピュータ・システムのことである。EDINET（Electronic Disclosure for Investors' NETwork）と呼称される。

開示書類の提出手続は，EDINETの使用を強制される「電子開示手続」（27条の30の３第１項）と，任意にEDINETを使用できる（つまりEDINETの使用を強制されず，紙媒体で提出することができる）「任意電子開示手続」（同条２項）の二つに分類される。

「電子開示手続」に該当するものは，⑴有価証券届出書，発行登録書，発行登録追補書類，有価証券報告書，四半期報告書，半期報告書，臨時報告書，親会社等状況報告書，有価証券報告書などの記載内容に係る確認書，内部統制報告書およびこれらの書類に係る秘密事項の非縦覧申請に関する手続，発行登録取下届出書，自己株券買付状況報告書，公開買付届出書，公開買付撤回届出書，意見表明報告書，対質問回答報告書，公開買付報告書，ならびに⑵大量保有報告書，変更報告書，特例報告制度における基準日の届出書に係る手続である（27条の30の２）。なお，⑵の大量保有報告書などについては，平成19年４月１日施行の証取法改正により，EDINETの使用が強制されることになった。

他方，「任意電子開示手続」に該当するものは，有価証券通知書，発行登録通知書，公開買付けに関する開示制度における別途買付け禁止の特例を受けるための申出書に係る手続である（27条の30の２）。

電子開示手続・任意電子開示手続とも，内閣府に備えられた電子計算機（コンピュータ）のファイルへの記録がなされた時点で，内閣府に到達し，手続が完了したものとみなされる（27条の30の３第３項）。したがって，手続を行う提出者の入出力装置からオンラインで発信されたのみで手続が完了するわけではない。EDINETを使用して電子開示手続または任意電子開示手続を行った場合は，文書により行うことと規定されている金商法上の開示を行ったものとみなされる（27条の30の３第４項）。

なお金商法においては，内閣総理大臣が有価証券届出書を「受理」した日から15日を経過した日にその効力が生じると規定されている（８条１項）が，EDINETでは，ファイルが内閣府に備えられた電子計算機に書き込まれた時点で「受理」がなされたと考えることになる。

電子開示手続を行う者は，金融庁長官が定める技術的基準に適合する入出力装置により入力して行うことを要する（金商法施行令14条の10第１項）ため，金融庁の定める仕様に合ったコンピュータおよびソフトウェアを使用する必要がある。また，初めてEDINETにより開示書類を提出しようとする者は，あらかじめ金融庁長官（財務（支）局長）に登録届出をしなければならない（同条２項，開示用情報処理組織特例府令２条）。実務的には，この手続に要する期間を考慮して，提出前に手続をとる必要がある点に留意する必要がある。なお，平成20年金商法改正により，登録届出の際には，これまでの定款に加えて登記事項証明書の添付が必要となり（金商法施行令14条の10第２項，開示用情報処理組織特例府令２条４項），さらに３年ごとに提出すべきこととなった（同府令同条６項。ただし，継続開示会社などを除く。同条７項）。電子開示を行う場合，押印および署名については省略できる（同府令１条ただし書・４条ただし書）。

電子開示手続を行う者は，電気通信回線の故障その他の事由で，EDINETを使用して開示手続を行うことができない場合には，内閣総理大臣の事前の承認を受けて，オンラインに代えて，磁気ディスクの提出によりその電子開示手続を行うことができる（27条の30の４第１項）。任意電子開示手続を行う者も，同様の状況において，内閣総理大臣の承認を得て磁気ディスクの提出により開示手続を行うことができる（同条２項）。内閣総理大臣は，このような手続が磁気ディスクの提出によりなされたときは，その磁気ディスクに記録された事項を，ただちに，ファイルに記録しなければならず，このファイルに記録されたときに，内閣府に到達したものとみなされる（同条３項）。これにより，EDINETを使用した場合と同様に，磁気ディスクの提出により電子開示手続または任意電子開示手続を行った場合は，文書により行うことと規定されている金商法上の開示を行ったものとみなされる（同条４項）。

内閣府の電子計算機の故障その他政令で定める事由（電力供給が断たれた場合その他の理由により，内閣府の電子計算機を稼動させることができない場合。金商法施行令14条の11の２）があると認められる場合は，内閣総理大臣の承認を受けて，例外的に紙媒体で手続を行うことが認められる（27条の30の５第１項１号）。またEDINETを使用して電子開示手続を行うことが著しく困難であると認められるときも，内閣総理大臣の承認を受けて，紙媒体での手続を行うことが認められる（同項２号）。

❖第２節❖　金融商品取引所・認可金融商品取引業協会への通知

上場有価証券・店頭売買有価証券の発行者が，有価証券報告書，四半期報告書，半期報告書，臨時報告書，内部統制報告書，自己株券買付状況報告書およびこれらの訂正報告書，有価証券報告書などの記載内容に係る確認書および訂正確認書，有価証券届出書および訂正届出書，発行登録書および訂正発行登録書，発行登録追補書類，発行登録取下届出書，公開買付届出書および訂正届出書，公開買付撤回届出書，意見表明報告書，対質問回答報告書，公開買付報告書ならびに大量保有報告書および変更報告書ならびにこれらの訂正報告書を内閣総理大臣に提出した場合には，これらの書類の写しを，有価証券が上場されている金融商品取引所または店頭登録されている認可金融商品取引業協会に提出し，または送付しなければならない（６条ほか参照)。親会社等が上場有価証券・店頭売買有価証券を発行する子会社に関して親会社等状況報告書を提出した場合も，当該親会社等は上記同様の写しの提出義務を負う（24条の７第４項)。

有価証券報告書等がEDINETを通じて提出された場合は，それらの写しの提出または送付に代えて，書類に記載すべき事項を通知しなければならない（27条の30の６第１項）が，EDINETのファイルにこれらの書類に記載すべき事項が記録され，当該記録がされた後通常その出力に要する時間が経過した時に当該通知の相手方に到達したものと推定される（同条２項)。したがって，EDINETを通じてこれらの書類を提出した場合は，紙媒体を金融商品取引所または認可金融商品取引業協会に提出し，または送付する必要はない。

なお，上記の各書面について，金融商品取引所または認可金融商品取引業協会に対する紙媒体の提出または送付がEDINETを通じた提出で代替される場合であっても，次の**図表2－16**に記載する各文書（公開買付けに関する公開買付届出書，意見表明報告書等）については,送付先に対する送付義務は代替されないので注意が必要である。ただし，これらの場合でも，あらかじめ送付先から承諾を得た場合には，電磁的方法（電子メール等）による提供または磁気ディスク，CD-ROM等の交付による提供が可能である（27条の30の11第１項～４項，他社株買付府令33条の３，33条の４，自社株買付府令25条の３，大量保有府令22条の３)。電磁的方法による提供の具体的な方法については，基本的には目論見書の場合（27条の30の９第１項）と同様であるので，第５節を参照されたい。ただし，**図表2－16**に記載する各文書については，オンライン上で単に閲覧にのみ供する方法（第５節(3)および(4)で述べる方法）が利用できず，文書の送付先が自己のパソコンに保存する形（ファイル添付の電子メールを送付する方法，また

図表２−16　文書の交付に代替されない電磁的方法による提供

送付者	送付先	対象文書（それぞれ訂正に係る文書を含む場合がある）	送付の根拠条文	電磁的方法による提供の根拠条文と提供方法
公開買付者	発行者および競合する公開買付者	公開買付届出書，公開買付撤回届出書，公開買付報告書，対質問回答報告書	27条の３第４項，27条の８第６項，27条の13第３項，27条の11第４項，27条の13第３項，27条の10第13項・14項	27条の30の11第１項，他社株買付府令33条の３
発行者	公開買付者	自己株買付けに関する公開買付届出書	27条の３第４項，27条の22の２第２項・３項	27条の30の11第２項，自社株買付府令25条の３，他社株買付府令33条の３
対象者	公開買付者・競合する公開買付者	意見表明報告書	27条の10第９項・10項	27条の30の11第３項，他社株買付府令33条の３，33条の４

はホームページ上でダウンロードし保存させる方法）での情報提供（第５節(1)・(2)で述べる方法）か，あるいは磁気ディスク，CD-ROM等の交付が必要である。

❖第３節❖　公衆縦覧

有価証券報告書，四半期報告書，半期報告書，臨時報告書および自己株券買付状況報告書ならびにこれらの訂正報告書，有価証券届出書および訂正報告書，発行登録書および訂正発行登録書，発行登録追補書類，発行登録取下届出書，公開買付届出書および訂正届出書，公開買付撤回届出書，意見表明報告書，対質問回答報告書，公開買付報告書ならびに大量保有報告書および変更報告書ならびにこれらの訂正報告書がEDINETを通じて内閣総理大臣に提出された場合，内閣総理大臣は，これらの書類に代えて，ファイルに記録されている事項またはこれらの事項を記載した書類を公衆縦覧に供しなければならない（27条の30の７）。磁気ディスクの提出により開示手続がなされた場合も同様である。内閣総理大臣から権限を委譲された金融庁長官は，当該事項を財務局および福岡財務支局において，その使用に係る電子計算機の入出力装置の映像面に表示して，公衆縦覧に供する（金商法施行令14条の12）。各開示書類の公衆縦覧の期間は，第１章第１節■２(3)図表2-9参照。インターネット上で金融庁が提供するEDINETのホームページにてこれらの書類を閲覧することが可能である（http://disclosure.edinet-fsa.go.jp/）。

開示書類に記載された事項の通知を受けた金融商品取引所・認可金融商品取引業協会は，紙媒体での提出の場合に公衆縦覧に供しなければならないものとされている書類の写しに代えて，通知された事項または当該事項を記載した書類を公衆縦覧に供しなければならない（27条の30の８）。具体的には，金融商品取引所・認可金融商品取引業協会は，当該事項をその事務所において，その使用に係る電子計算機の入出力装置の映像面に表示して，公衆縦覧に供する（金商法施行令14条の13）。

❖第４節❖　EDINETにおけるXBRLの導入

金融庁は，「有価証券報告書等に関する業務の業務・システム最適化計画」に基づき，平成20年３月17日より，XBRLを導入した新EDINETを稼動した。XBRL（eXtensible Business Reporting Language）とは，データに属性情報を付すことで高度な利用を可能とする，国際的に標準化された，財務報告などに使用されるコンピュータ言語のことである。XBRL形式のデータは，コンピュータ環境に依存しないXMLをベースにした財務情報であり，多くの投資家にとって，財務情報の高度な加工・分析が可能になることを目的としている。平成25年９月17日に稼働開始した次世代EDINETにおいては，XBRLの対象範囲が拡大され，XBRL対象書類が従来の有価証券届出書，有価証券報告書，四半期報告書および半期報告書に加え，新たに臨時報告書，公開買付届出書，公開買付報告書および大量保有報告書が含まれることとなった。また，多くの様式について報告書全体がXBRL対象範囲となり，これらの適用時期は書類ごとによって異なるため留意が必要である。

❖第5節❖　目論見書などの電磁的方法による提供

従来，紙媒体で行われてきた目論見書の交付に代えて，目論見書に記載された事項を，電子情報処理組織を使用する方法により，オンラインで提供することができる（27条の30の9第1項前段）。また，磁気ディスク，CD-ROMその他これらに準ずる方法により一定の事項を確実に記録しておくことができる物をもって調製するファイルに記載事項を記録したものを交付する方法もある（企業開示府令23条の2第2項2号）。これらの場合には，当該事項を提供した者は，当該目論見書を交付したものとみなされる（27条の30の9第1項後段）。もっとも後述するとおり，電磁的方法による目論見書の提供を可能とするためには投資者の承諾を得る必要があり（27条の30の9第1項，企業開示府令23条の2第1項），当該承諾を得ることは，場合により実務上必ずしも容易ではない。

許容されているオンラインによる交付方法としては，以下のものがある（企業開示府令23条の2第2項1号）。

⑴　目論見書提供者等の使用に係る電子計算機と目論見書被提供者等の使用に係る電子計算機とを接続する電気通信回線を通じて目論見書に記載された事項を送信し，目論見書被提供者等の使用に係る電子計算機に備えられた目論見書被提供者ファイルに記録する方法

これにより，金融商品取引業者が目論見書のファイルを添付した電子メールを投資者に送付し，投資者が自己のパソコンのハードディスクに保存するという形で目論見書記載情報を提供することができる。

⑵　目論見書提供者等の使用に係る電子計算機に備えられたファイルに記録された記載事項を，電気通信回線を通じて目論見書被提供者の閲覧に供し，目論見書被提供者等の使用に係る電子計算機に備えられた当該目論見

書被提供者の目論見書被提供者ファイルに当該記載事項を記録する方法

これにより，金融商品取引業者のホームページ上で，投資者に目論見書のファイル（たとえばPDF形式のファイル）を閲覧させ，投資者のパソコンにダウンロードし保存する形での情報提供が認められる。

⑶　目論見書提供者等の使用に係る電子計算機に備えられた目論見書被提供者ファイルに記録された記載事項を，電気通信回線を通じて目論見書被提供者の閲覧に供する方法

典型的には，投資者が金融商品取引業者のホームページにアクセスし，自らの専用ファイル（自らのアカウント）に記録された情報を投資者に閲覧させる方法である。

⑷　閲覧ファイル（目論見書提供者等の使用に係る電子計算機に備えられたファイルであって，同時に複数の目論見書被提供者の閲覧に供するため当該記載事項を記録させるファイルをいう）に記録された記載事項を，電気通信回線を通じて目論見書被提供者の閲覧に供する方法

⑶とは異なり，顧客ごとのファイルは作成されず，一般に閲覧可能なファイルを金融商品取引業者のホームページに掲載するという方法である。

上記いずれの場合も，記録を出力することにより書面を作成できるものである必要がある（企業開示府令23条の2第3項1号）。また，⑴，⑶，⑷の方法の場合，目論見書提供者等は，原則として，記載事項を目論見書被提供者ファイルまたは閲覧ファイルに記録する旨または記録した旨を目論見書被提供者に通知しなければならない（同項2号本文)。これは，情報が閲覧または記録できる状態にあることを投資者に知らせる必要があるためである。ただし，目論見書被提供者が当該記載事項を閲覧していたことを確認したときは不要となる（同号ただし書)。加えて⑷の場合は，閲覧ファイルを閲覧するために必要な情報を目論見書被提供者ファイルに記録する必要がある（同項3号)。

また，⑶および⑷の方法を採用する場合には，①原則として目論見書の提供があった時から5年間ファイルに記録された記載事項を消去または改変することができず（企業開示府令23条の2第3項4号イ。また，この場合，⑷の方法を採用するケースでは，原則として，当該5年間常時アクセスが可能な状態を維持しなけ

ればならない。同項５号本文），もしくは①に代えて，②目論見書被提供者から目論見書の閲覧請求があった場合，ただちに，(a)記載事項を電子メールで送信する方法，(b)記載事項を磁気ディスク等で交付する方法，(c)記載事項を書面に出力しその書面を交付する方法のいずれかの方法により目論見書を提供する必要がある（同項４号ロ）。

「目論見書提供者等」には，目論見書提供者のみならず，目論見書提供者との契約によりファイルを自己の管理する電子計算機に備え置き，これを目論見書被提供者もしくは目論見書提供者の用に供する者を含むため，ファイルの管理などを他の業者に委託することが可能となる（企業開示府令23条の２第２項１号イ）。

目論見書提供者が，電磁的方法により目論見書被提供者に目論見書を提供するためには，目論見書被提供者に対し，電磁的方法の種類および内容を示し，書面，電磁的方法または電話（電話による方法については平成22年４月施行の企業開示府令により認められた）による承諾を得る必要がある（27条の30の９第１項，企業開示府令23条の２第１項）。

また，（公開買付けに関する）公開買付説明書についても，上記の電磁的方法を利用することができる（27条の30の９第２項による同条１項の準用，企業開示府令23条の３）。

さらに，適格機関投資家向け勧誘または少人数向け勧誘の告知や（大量保有報告に関する）株券等保有状況報告書についても電磁的方法を利用することができるが，これらの告知・報告書については，オンライン上で単に閲覧にのみ供する方法（上記(3)および(4)で述べた方法）が利用できず，文書の送付先が自己のパソコンに保存する形（ファイル添付の電子メールを送付する方法，またはホームページ上でダウンロードし保存させる方法）での情報提供（上記の(1)および(2)で述べた方法）か，あるいは磁気ディスク，CD-ROM等の交付が必要である（27条の30の９第２項による同１項の準用，企業開示府令23条の３）。

図表2－17　文書の交付に代える電磁的方法による提供

交付者	交付の相手方	対象文書（それぞれ訂正に係る文書を含む場合がある）	文書交付の根拠条文	電磁的方法による提供の根拠条文
発行者，売出人，引受人，金融商品取引業者，登録金融機関，金融商品仲介業者	募集・売出しによる取得または売付けの相手方	目論見書	15条２項～４項・６項，23条の12第３項，27条	27条の30の９第１項，企業開示府令23条の２，外債開示府令18条の２，特定有価証券開示府令32条の２
適格機関投資家向け勧誘等・少人数向け勧誘を行う者	取得または売付けの相手方	適格機関投資家向け勧誘・少人数向け勧誘	23条の13第２項・５項	27条の30の９第２項・１項，企業開示府令23条の３，外債府令18条の３，特定有価証券開示府令32条の３
公開買付者（自己株買付けの場合の発行者を含む）	株券等の売付け等を行おうとする者	公開買付説明書	27条の９第２項・３項，27条の22の２第２項	27条の30の９第２項・１項，企業開示府令23条の３，他社株買付府令33条の２，自社株買付府令25条の２
投資決定権限を有する者	顧客	株券保有状況通知書	27条の24	27条の30の９第２項・１項，企業開示府令23条の３，大量保有府令22条の２

実務のポイント・2－26

◆虚偽記載等による上場廃止

東証では，オリンパス等の近年の粉飾決算事案等での対応を踏まえて，虚偽記載等（虚偽記載および不適正意見等）に係る上場廃止基準の取扱いの明確化を図る趣旨で，「特設注意市場銘柄の積極的な活用等のための上場制度の見直し」を行い，平成25年８月９日から規則などの改正が施行された。改正前は，「虚偽記載等」の上場廃止基準については，①上場会社が財務諸表等に「虚偽記載等」を行った場合について，②「その影響が重大であると取引所が認める場合」を上場廃止の対象としていた。当該上場廃止基準については，平成17年にカネボウに適用されるなど，一定程度適用事例が蓄積されたが，このうち②の「その影響が重大であると取引所が認める場合」については，虚偽記載等の影響の重大さに関する東証の判断をめぐって，さまざまな憶測が生じ流通市場に悪影響が生じる事例が多かった。そこで今回の改正では，②につき，「直ちに上場を廃止しなければ市場の秩序を維持することが困難であることが明らかであると当取引所が認めるとき」と改めた（東証有価証券上場規程601条１項11号）。これは上場を維持した場合，東証の金融商品市場に対する投資者の信頼を著しく毀損すると認められ，すなわち，市場の信頼維持のために上場廃止以外の手段がないという事態を想定したものであり（渡邉浩司「特設注意市場銘柄の積極的な活用等のための上場制度の見直し」旬刊商事法務2008号28頁（2013）），東証は上場廃止基準の緩和を目的とするものではないと説明するが，文言としては，従前の基準よりも適用範囲が狭くなったものと評価できよう。東証は，平成25年６月に公表した制度要綱において，該当事例として，例えば，「上場前から債務超過であったなど虚偽記載により上場基準の著しい潜脱があった場合」や，「実態として売上高の大半が虚偽であったなど虚偽記載により投資者の投資判断を大きく誤らせていた場合など，そのまま当該銘柄の上場を維持すれば当取引所の金融商品市場に対する投資者の信頼を著しく毀損すると認められる場合」が想定されると説明している。もっとも，この記載はあくまで例示であり，実際の審査にあたっては，虚偽記載等の期間や金額，態様および株価への影響その他の事情などの観点を確認することとしている（東証上場管理等に関するガイドラインⅣ３）。具体的には，虚偽記載が長期にわたっていたか，最近まで続いていたか，虚偽記載等に該当した上場会社の経営成績や財政状態からみて金額が大きいか，赤字を黒字と偽っているものであったか，債務超過を資産超過と偽るものであったか，上場審査基準や上場廃止基準を潜脱するものであったかなどを確認の上，市場の信頼維持のためにただちに上場廃止にすべきかどうかについて総合的に判断していくこととなるとされている。他方で，改正後は，虚偽記載等の場合については，上場廃止基準に該当するおそれがあると認めるか否かにかかわらず，内部管理体制の改善の必要性が高い場合には，特設注意市場銘柄に指定されることとなった（東証有価証券上場規程501条１項２号）。加えて，所定の期間内に内部体制等を改善しなかった場合には，上場廃止とされ（東証有価証券上場規程601条１項11号の２），特設注意市場銘柄が将来上場廃止の可能性を留保した措置であることを明確にした（これに伴い，虚偽記載審査に関する従前の取扱いが記載された東京証券取引所自主規制法人上場管理部発刊の「上場管理業務について - 虚偽記載審査の解説 - 」（平成22年８月）は廃刊され，参照すべきでないものとされた）。

第5章

委任状勧誘規制

本章のサマリー

◇本章では，近時増加している委任状争奪戦（プロクシー・ファイト）において問題となる委任状勧誘規制について解説する。

❖第１節❖　委任状勧誘規制の趣旨および適用場面

1　委任状勧誘規制の趣旨

金融商品取引所に上場されている株式の発行会社の株式につき，議決権の代理行使を勧誘する場合は，政令で定めるところに従わなければならない（194条)。これを受け，金商法施行令36条の２～36条の６が，議決権の代理行使の勧誘についての参考書類の交付義務および参考書類の内容などにつき，規制している。委任状勧誘規制は，株主が委任状を通じて議決権を行使する場合に，議決権の行使の判断に必要な重要な情報に基づいて合理的な議決権の行使をなしうるようにすることを目的とするものである。

2　会社法上の書面投票制度との関係

上記のとおり，委任状勧誘規制は，金融商品取引所に上場されている株式の発行会社に係る議決権の代理行使の勧誘のみに適用される。なお，会社法上，議決権を行使することができる株主数が1,000人以上の会社は，書面投票（会社法311条）を採用すること，または，議決権を行使することができる株主の全部に対して委任状勧誘規制に基づき議決権の代理行使を勧誘することが義務付けられている（会社法298条２項，会社法施行規則64条)。もっとも，2017年版株主総会白書（旬刊商事法務2151号77頁）によれば，書面投票制度を任意に採用した会社を含めて書面投票を利用している会社が99.2％と，ほとんどの会社が書面投票を採用している。会社法が，書面投票と委任状勧誘のいずれかを採用することを義務付けていることからも明らかなとおり，議決権の代理行使を勧誘することなく書面による議決権行使を求める行為には委任状勧誘規制の適用はない。したがって，委任状勧誘規制が問題となることはそれほど多くはない。

もっとも，東京鋼鐵株式会社が平成19年２月に開催した臨時株主総会において，同社が大阪製鐵株式会社の完全子会社になる旨の株式交換議案が，大株主であるいちごアセットマネジメント株式会社による委任状勧誘の結果否決された事例や，株式会社大塚家具が平成27年３月に開催した定時株主総会において，会社と提案株主双方による委任状勧誘が行われた事例など，会社経営陣と株主側とで委任状争奪戦（プロクシー・ファイト）がなされる事例も増加してきている。会社法に基づく書面投票制度と金商法に基づく委任状勧誘規制において交付が要求される書類の記載事項は基本的に同じであるが，交付のタイミングや規制を遵守しない場合の罰則の有無などの点に違いがある。

3　「勧誘」の意義

委任状勧誘規制は，議決権の代理行使を勧誘する場合に適用される。しかし，具体的にいかなる行為が「勧誘」に該当するかについては，法令上規定はなく，解釈に委ねられている。以下では，実際に問題になりうる場面を挙げながら「勧誘」の意義を検討する。

(1)　会社による会社側提案に賛成する書面投票を行うことを促す要請文の送付

委任状勧誘規制は，「自己または第三者に議決権の行使を代理させることを勧誘」する場合に適用される。したがって，株主に対して自ら議案に対する賛成または反対の議決権行使をすることを促すのみである場合には，議決権の代理行使に向けられた勧誘はなく，委任状勧誘規制の適用はない。上場会社のほとんどが書面投票制度を採用しているため，実務上は，議案についての賛成または反対の書面投票を要請することが多いが，この場合には，原則として委任状勧誘規制の適用はない。議決権行使を促す要請文などを送付する場合，実務上は，その要請文が株主が自ら議決権行使を行う場合の参考として送付するものであり，自己または第三者に議決権の代理行使を勧誘することを目的とするものではないことを明示することが多い。もっとも，委任状勧誘を行っている場合またはそれが予定されている場合において，議案に対する賛成または反対の議決権行使を促す書面を送付することは，（委任状勧誘に向けられたものではないとのディスクレーマーがあったとしても）実質的には議決権の代理行使の勧誘に向けられた行為であるとされる場合が多いであろう。

⑵　議案に関連する意見表明

経営陣の提案する組織再編成や買収防衛策の導入などについて，株主が賛成または反対の意見を表明することは少なくない。この場合も，委任状勧誘を行っている場合やその後委任状の勧誘を予定している場合は，その内容によっては勧誘行為であるとされる可能性があるが，単に意見を表明する行為は議決権の代理行使の勧誘に向けられた行為ではないため，委任状勧誘規制の適用はない。

⑶　説明会の開催，新聞広告・プレスリリース

経営陣とある株主の意向が対立している議案がある場合に，会社または株主が議案提案の趣旨の説明を行うために説明会を開催したり，新聞広告やプレスリリースでそのような説明や賛成または反対の議決権行使を促す場合がある。これらの場合も，上記と同様，委任状勧誘がなされている場合や予定されている場合には，その内容によっては勧誘行為であるとされる場合があると考えられる。

⑷　他人の委任状勧誘に応じないことの要請

経営陣に反対する株主が委任状争奪戦を行っている場合，会社側から一般株主に対して，会社提案に賛成するよう要請するとともに，委任状勧誘を行っている株主に対してすでに委任状を提出している場合にも委任を撤回できることを通知し，撤回のために必要な書類を送付することなどにより，代理権の授与を撤回するよう勧誘することがある。このような，他人の委任状勧誘に応じないよう要請する行為が，委任状勧誘規制が適用される「勧誘」に該当するか問題となる。この点，日本の委任状勧誘規制の基となった米国1934年連邦証券取引所法では「勧誘（solicitation)」の定義に委任を行わないことまたは撤回することの要請が含まれていることもあり，日本法でも他人の委任状勧誘に応じないように要請する行為は「勧誘」に該当するとの見解もある(163)。

しかし，日本法ではこのような定義規定はなく，「議決権の代理行使の勧誘」という日本語の通常の意味として他人の委任状勧誘に応じないように要請する行為を含めるのは解釈上無理があるものと思われる。また，後述するように日本の委任状勧誘規制では被勧誘者に対して委任状用紙を交付することが必要とされるが，他人に委任を行わないことを要請するために委任状は不要であり，このような場合にまで委任状用紙を交付すべきものとするのは不合理である。このように，金商法は，他人の委任状勧誘に応じないように要請する行為のようにそもそも委任状用紙が必要とされない場面で委任状勧誘規制が適用されることを想定していないと考えるほうが自然であろう(164)。

4　適用除外

以下の場合には，委任状勧誘規制の適用は除外される（金商法施行令36条の６)。

⑴　発行会社またはその役員以外の者が，10人未満の者に対して勧誘する場合

(163)　寺田昌弘ほか「委任状争奪戦に向けての委任状勧誘規制の問題点」旬刊商事法務1802号39頁(2007)

(164)　同旨のものとして，松山遥『敵対的株主提案とプロキシーファイト〔第２版〕』100頁（商事法務，2012）など

⑵　日刊新聞紙による広告を通じて行う勧誘で，その広告に，発行会社の名称，広告の理由，株主総会の目的たる事項および委任状の用紙などを提供する場所のみを表示する場合

⑶　他人名義で株式を所有する者が，その他人に対して，当該株式につき勧誘する場合

なお，⑴の人数は，実際に委任状を提出した者の数ではなく，勧誘の相手方の人数であるが，人数の計算上⑶の人数は除かれる（金商法施行令36条の６第２項）。

書面投票制度を採用している会社の株主総会においては，議長不信任などの手続的動議に対応するため，大株主などから包括委任状を取得しておくことが実務の通例となっているが，かかる包括委任状の取得が⑴の適用除外に該当する形でなされるか，委任状の「勧誘」なしで取得されていれば，委任状勧誘規制の適用はない（もっとも，⑴の適用除外の要件である「発行会社またはその役員以外の者」が行っているといえるのか，または，何らの「勧誘」もなしに委任状の提出を受けているといえるのかについては，厳密には疑問がないわけではない）。

❖第２節❖　委任状用紙・参考書類の交付

1　概　　要

委任状勧誘規制は，委任状勧誘者に対し，被勧誘者に議決権行使のために重要な事項を記載した参考書類を交付して判断材料となる情報を広く提供させ，株主の合理的な判断を担保するとともに，議案ごとの賛否の欄などを記載した所定の委任状用紙を交付することを義務づけ，議決権の代理行使の授権につき株主の意思を明確にさせることを内容としている。なお，委任状および参考書類の記載事項は，基本的に会社法上の書面投票制度をベースとしつつ，委任状勧誘が発行会社以外の者によりなされる場合を想定して，この場合に記載すべき事項の内容などを簡易化している。

2　交付の方法・時期

(1)　勧誘の方法

委任状の勧誘者は，勧誘に際し，被勧誘者に対し，委任状の用紙および代理権の授与に関し参考となるべき事項を記載した参考書類を交付しなければならない（金商法施行令36条の2第1項）。なお，被勧誘者の事前の承諾を得て電磁的方法により交付することもできる（同条2項～4項）が，株主が他の株主に委任状勧誘を行う場合，被勧誘者の事前の承諾を得て電磁的方法による交付を行うことは現実にはほとんど考えられない。会社側が委任状勧誘を行う場合には，株主は会社の定める費用を支払って，参考書類の交付を請求することができる（同施行令36条の5）。これは一部の株主に対してのみ勧誘がされた場合，勧誘を受けなかった株主にも勧誘を受けた株主と同一の情報にアクセスする手段を付与し，また，当該株主が会社に対抗して委任状の獲得を図る場合においても，その情報を利用して効果的な議決権の勧誘を行えるようにするためである(165)。

(2)　勧誘の時期

委任状勧誘を行う者は，「当該勧誘に際し」委任状用紙および参考書類を交付しなければならないものとされているが（金商法施行令36条の2第1項），「当該勧誘に際し」を，「勧誘と同時にまたはこれに先立って」と解するのが多数説である(166)。したがって，委任状勧誘を行う場合に，議案に関する賛否の意見表明のプレスリリースや委任状勧誘に向けた要請文の送付，新聞広告などを行う前に委任状用紙および参考書類を被勧誘者（プレスリリースなどの場合にはすべての株主になろう）に対して交付しなければならないこととなる。

もっとも，委任状勧誘規制に従って委任状用紙および参考書類をすべての株主に交付すると同時またはそれ以後でなければ，委任状勧誘を予定している者は（将来の委任状勧誘に向けられたものとみなされるおそれのある）議案に対する意見表明などを行えないというのは硬直にすぎるように思われる。委任状勧誘

(165)　一松旬「委任状勧誘制度の整備の概要」旬刊商事法務1662号57頁（2003）
(166)　神崎ほか・証取法429頁など

が，委任状勧誘規制に従った委任状用紙および参考書類によりなされる以上，その交付自体が通常は勧誘を構成するはずであるから，勧誘に先立ってこれらの書類が交付されることは考えられない。多数説は，発行開示における事前勧誘の禁止（４条１項）と類似の取扱いを想定しているように思われる（より直接には米国の取扱いを参照しているようである[167]）が，届出書提出前の勧誘が禁止されていることは条文の文言上明らかであるのに対し，「勧誘に際し」との文言は，より広く勧誘に際して交付すべきものと読むのが自然である。また，委任状勧誘規制の趣旨からも，被勧誘者が委任を行うに際して，議決権行使の判断に必要な重要な情報が提供されることが確保されていれば足り，勧誘を開始すると同時またはこれに先立って交付しなければならないとする理由はないように思われる[168]。規制当局は多数説と同様「勧誘と同時にまたはこれに先立って」と解しているようであるが，今後，規定・解釈の明確化・合理化が行われることが望まれる。なお，米国では，原則として勧誘に先立って参考書類が交付されることが要求される一方で，例外的に事前勧誘を行うことができる場合が定められており，少なくとも一定の場合には例外を認めるべきであろう。

3　委任状用紙・参考書類の記載事項

(1)　委任状用紙

委任状用紙には，議案ごとに被勧誘者が賛否を記載する欄を設けなければならない（ただし，別に棄権の欄を設けることを妨げない）（委任状勧誘府令43条）。実務上は，委任状用紙に賛否の記載欄を設けた上で，「賛否の表示がない場合は白紙委任とする。」旨を注記することが一般的であり，かかる取扱いも有効であると解される。

---

(167)　太田洋「委任状勧誘に関する実務上の諸問題～委任状争奪戦（Proxy Fight）における文脈を中心に～」財団法人日本証券経済研究所『証券・会社法制の潮流』214頁（2007）参照

(168)　なお，委任状勧誘規制は，勧誘を開始すべき時期や参考資料交付から委任状取得までの間の期間などについて特に規制しておらず，多数説の立場に立っても，勧誘と同時に委任状勧誘に係る参考書類などが交付される限り，参考書類などの交付が委任状取得の直前であっても委任状勧誘規制に違反するものではない。

なお，株主側が委任状勧誘を行う場合，一部の議案についてのみ委任状勧誘を行うことは可能と考えられ，実務上も一般的に行われている。

また，議案のほか，株主総会の運営に関する手続的事項や原案の修正提案に関する事項について，代理人に授権する旨記載した委任状用紙により勧誘がなされることがあるが，かかる取扱いも有効であると解される[(169)]。なお，修正提案に関する事項について勧誘者に白紙委任する旨の記載のある委任状が提出されている場合において，原案の修正提案が出された場合については，「白紙委任」との記載にかかわらず，（委任状の記載その他の事情から合理的に解釈される）委任の本旨に従って議決権行使がなされるべきである。この点に関連するものとして，取締役および監査役の選任について株主提案がなされている場合に，提案株主側が行った委任状勧誘の委任状に株主提案議案についての賛否の記載欄はあるが，会社提案議案についての記載欄がなく，原案と同一の議題について会社側から議案が提案された場合は白紙委任とする旨の記載がなされていたという事例において，両議案が両立しないことや当該事案の経緯その他の状況を勘案し，株主提案に賛成する旨の委任状については，委任事項における「白紙委任」との記載にかかわらず，会社提案については賛成しない趣旨で議決権行使の代理権の授与を行ったと解するのが相当であるとし，当該事案の各事情を考慮すると当該事案において会社提案議案について賛否の記載欄を欠くことは，議決権行使の代理権授与の有効性を左右しないと判断した判決が出されている（モリテックス株主総会決議取消請求事件・東京地判平19・12・6判タ1258号69頁）。

実務のポイント・2－27

◆委任状勧誘と利益供与

モリテックス事件では，委任状勧誘に伴う利益供与も問題となった。

同事件では，モリテックスが，有効に議決権行使をした株主１名につきQuoカード１枚（500円分）を贈呈することとし，議決権を有する全株主に送付したはがきにその旨を記載するとともに，「是非とも，会社提案にご賛同のうえ，議決権を行使して頂きたくお願い申し上げます。」と記載していたことが，株主の権利行使に関する利益供与（会社法120条１項）に該当するかどうかが問題となった。

---

(169)　同旨の見解を示すものとして，松山・前掲注(164)56頁など

東京地裁は，「株主の権利の行使に関して行われる財産上の利益の供与は，原則としてすべて禁止されるのであるが，……当該利益が，株主の権利行使に影響を及ぼすおそれのない正当な目的に基づき供与される場合であって，かつ，個々の株主に供与される額が社会通念上許容される範囲のものであり，株主全体に供与される総額も会社の財産的基礎に影響を及ぼすものでないときには，例外的に違法性を有しないものとして許容される場合があると解すべきである」とした。そのうえで，本件におけるQuoカードの贈呈は，その額においては，社会通念上相当な範囲にとどまり，また，会社の財産的基礎に影響を及ぼすとまではいえないと一応いうことができるものの，(1)Quoカードの贈呈に関する記載と会社提案への賛同を求める記載にそれぞれ下線と傍点を施して，相互の関連を印象付ける記載がされていること，(2)前年の定時株主総会まではQuoカードの提供など議決権の行使を条件とした利益の提供は行っておらず，株主の賛成票の獲得をめぐって対立関係が生じた本件の株主総会において初めて行ったことなどから，会社提案に賛成する議決権行使の獲得をも目的としたものであって正当な目的によるものではないとして，利益供与に該当すると判断した。これに伴い，株主総会における決議についても，会社法120条１項の禁止する利益供与を受けた議決権行使により可決されたものであるとして，法令違反により取消しを免れないとされた。

委任状争奪戦となった場合，会社側による書面による議決権行使を促進するための優待制度や金品の提供は，たとえ社会通念上相当な範囲にとどまるような額であっても，会社法120条１項に違反するものとされ，ひいては株主総会の決議取消事由となりうることから，慎重な対応が必要である。

なお，提案株主側が委任状勧誘に際して利益を供与する場合には，利益供与の禁止や株主平等原則などの規制は問題とならない(170)。もっとも，会社と提案株主との間で委任状争奪戦となっている場合に，提案株主側が社会通念上相当な範囲を超えた利益の提供を行うことにより委任状を勧誘し，これにより株主総会の決議に影響を及ぼしたような場合には，決議の方法が著しく不公正なものとして，決議取消事由（会社法831条１項１号）となりうるものと考えられる。

(2)　参考書類

参考書類には，勧誘者が発行会社またはその役員である場合と，それ以外の場合に応じて，それぞれ以下の事項を記載しなければならない（委任状勧誘府令１条）。

①　勧誘者が発行会社またはその役員である場合

(170)　この点につき，会社側と提案株主側のイコール・フッティングの観点からの立法論的な問題点を指摘するものとして，中山龍太郎ほか「社内関係者提案型委任状争奪戦の問題点――大塚家具の委任状争奪戦を題材として」旬刊商事法務2067号57頁（2015）参照

(a)　勧誘者が発行会社またはその役員である旨

(b)　議案

(c)　提案の理由

(d)　株主総会に報告すべき監査役による議案の調査結果がある場合にはその概要

②　それ以外の場合

(a)　議案

(b)　勧誘者の氏名または名称および住所

また，株主総会参考書類および議決権行使書面（会社法301条・325条）その他株主総会に関する書面に記載している事項や，法定公告（会社法939条１項各号）などの記載事項は省略することができるが，その場合は，その旨や官報の日付または日刊新聞紙の名称および日付などを記載しなければならない（委任状勧誘府令１条２項～４項）。

各種議案においては，会社提案議案または株主提案議案のそれぞれについて，発行会社によりまたは発行会社のために勧誘が行われる場合とそれ以外の者により勧誘が行われる場合に応じて，参考書類の記載事項が定められている（委任状勧誘府令２条～41条）。

(i)　会社側が委任状勧誘を行う場合

会社提案議案または株主提案議案について，会社側が委任状勧誘を行う場合の記載事項は，基本的に書面投票制度に係る株主総会参考書類の記載事項（会社法施行規則74条～92条）と同じである。

(ii)　株主側が委任状勧誘を行う場合

(イ)　会社提案議案

会社提案議案について，株主側が勧誘を行う場合の議案に関する記載事項は，会社側が勧誘を行う場合に比べて簡易化されている。株主側が委任状勧誘を行う場合に，議案に関する情報へのアクセスが限られているにもかかわらず会社側が勧誘を行う場合と同レベルの情報提供を要求するのは不当な制約になると考えられたためである[171]。もっとも，発行会社から招集通知および参考書類（書面投票制度における株主総会参考書類または委

(171)　一松・前掲注(165)57頁

任状勧誘に係る参考書類）が送付されない限り，株主側が会社提案議案に関して記載すべき事項を把握するのは，実際には困難なことが多く，またその正確性を自ら確認することも困難であろう。たとえば，新設合併契約や株式移転計画の承認議案について委任状勧誘を行う場合，取締役候補者の略歴などを記載しなければならないが（委任状勧誘府令35条・37条），これらの組織再編を行うことに関する取締役会決議時における適時開示では，新会社の取締役候補者の略歴などについては必ずしも事前に開示されない。他方，発行会社から招集通知および参考書類が送付された後でなければ，会社提案議案について株主側が委任状勧誘を開始できないとすると，勧誘できる期間が短期間となり，株主側が十分な委任状勧誘を行うことができない。かかる不都合を回避するため，将来会社から送付される株主総会参考書類等に記載される事項については，委任状勧誘府令１条２項に基づき，その送付前に開始する委任状勧誘に係る参考書類上は記載の省略を認めてもよいのではないかといった見解も考えられる。もっとも，発行会社により公告または株主総会参考書類の電磁的方法による提供がなされている場合の記載省略を認めている委任状勧誘府令１条３項および４項の文言と対比すると，同条２項の規定を，株主側の委任状勧誘において会社側の株主総会参考書類に記載される事項を省略することを認めるものと解するのはやや困難であるように思われる。この点，参考書類の交付時期について，「勧誘と同時またはこれに先立って」と解する通説の立場ではなく，上記のとおり柔軟に解して，より広く「勧誘に際して」と解すればこのような不都合も回避できるように思われる。委任状はいつでも撤回できるものであるため，合理的な時期に必要な事項を記載した参考書類が被勧誘者に交付されていれば，このような取扱いを問題とすべき必要性も特段ないものと考えられる。

⑷　株主提案議案

株主提案議案について，株主側が勧誘を行う場合の議案に関する記載事項は，株主提案議案である旨および提案理由，ならびに議案が役員または会計監査人・会計参与の選任に関するものである場合には株主側が会社提案議案についての勧誘を行う場合と同じ記載事項とされている。もっとも，それ以外の議案についても，重要な事項もしくは誤解を生じさせないために必要な重要な事実は記載しなければならないため（金商法施行令36条の４参照），会社側以外の者が会社提案議案について勧誘する場合と比べて実際上の差異はほとんどないものと思われる。

4　そ の 他

上記のほか，勧誘者は，重要な事項について虚偽の記載もしくは記録があり，または記載もしくは記録すべき重要な事項もしくは誤解を生じさせないために必要な重要な事実の記載もしくは記録が欠けている委任状の用紙，参考書類その他の書類または電磁的記録を利用して，議決権の代理行使の勧誘をしてはならないものとされている（金商法施行令36条の４）。したがって，必ずしも委任状勧誘府令に個別に定められている記載事項をすべて記載していれば足りるというわけではなく，「記載すべき重要な事項もしくは誤解を生じさせないために必要な重要な事実の記載が欠けている」とされることのないよう留意が必要である。もっとも，「重要な事項もしくは誤解を生じさせないために必要な重要な事実」について客観的な基準はなく，議案の内容その他具体的な事情に応じて個別に判断されるべきこととなる。

❖第３節❖　委任状用紙・参考書類の提出

勧誘者は，委任状用紙および参考書類を交付したときは，ただちに，これらの書類の写しを金融庁長官に提出しなければならない（金商法施行令36条の３）。なお，書類受理の権限は，勧誘者の住所を管轄する財務（支）局長に委任されている（同施行令43条の11）。ただし，同一の株主総会に関して，発行会社の株主（当該総会において議決権を行使することができる者に限る）のすべてに対し株主総会参考書類および議決権行使書面が交付されている場合は提出を要しない（同施行令36条の３，委任状勧誘府令44条）。このような場合には，議案に関する必要な情報が提供されており，議決権行使の機会も保障されることとなるから，委任状勧誘制度の趣旨がかなりの程度満たされているため，勧誘者および行政当局の双方の事務の効率化を図ったものとされる[(172)]。もっとも，株主側が委任状勧誘を行った場合については，当該株主が交付する参考書類などの内容が書面投票制度によって会社が交付する株主総会参考書類と同一でない限り，かかる例外規定の適用はなく，実務上，参考書類その他勧誘者である株主が勧誘のために交付したすべての書類の写しを提出しなければならないものと取り扱われているようである。

❖第４節❖　委任状勧誘規制違反の効果

1　罰則など

委任状勧誘規制に違反した者は，30万円以下の罰金に処され（205条の２の３第２号），また，その者が法人の代表者もしくは従業員または第三者の代理人である場合には，当該法人または第三者も30万円以下の罰金に処される（207条１項６号）。なお，有価証券届出書の場合と異なり，委任状用紙・参考書類に虚偽記載などがある場合であっても，行政当局は，訂正命令や停止命令を発することはできない。ただし，金商法に違反する行為として，その禁止または停止命令を裁判所に対して申し立てることはできる（192条）。

2　株主総会決議の効力

委任状勧誘規制に違反して取得した委任状により議決権行使がなされた場合に，決議の方法につき法令違反または著しい不公正があったとして株主総会決議取消事由（会社法831条１項１号）に該当するか否かが問題となりうる。委任状勧誘規制は議決権の代理行使の勧誘を行う者が勧誘に際して守るべき方法を定めた規定であり，議決権の代理行使の勧誘は，株主総会の決議の前段階の事実行為であって，株主総会の決議の方法ということはできないから，会社側が

(172)　一松・前掲注(165)58頁

委任状勧誘規制に違反したことは，旧商法247条1項1号が規定する決議の方法が法令に違反する場合に該当するということはできず，また，当該事案の事実関係の下では著しく不公正ともいえないとした判例がある（日本エム・ディ・エム株主総会決議取消請求事件・東京地判平17・7・7判時1915号150頁）。もっとも，この事案は，会社側が書面投票制度に加え委任状を別途勧誘したものであり，会社側が書面投票に代えて行った委任状勧誘が委任状勧誘規制に違反した場合にはその射程は及ばないと考えられる[173]。なお，この事案においては，委任状勧誘規制違反の勧誘行為がなされた場合に，「著しく不公正」であるとして株主総会決議取消事由となる場合があることを認めている。当該事案においては，委任状勧誘の方法や，委任状のみを送付した株主の議決権がごくわずかにすぎないことなどを理由に，著しい不公正があるということはできないとしたが，会社側が行う場合であれ，株主側が行う場合であれ，委任状勧誘の方法・態様を含む違法の程度などによっては，著しく不公正な方法による決議として株主総会決議取消しの対象となりうる。

(173)　江頭憲治郎『株式会社法〔第7版〕』346頁（有斐閣，2017）

第3編 公開買付けに関する開示

■本編では，金商法第２章の２「公開買付けに関する開示」と，これに関連する課徴金・罰則などの規定について解説する。

第1章　概　要

本章のサマリー

◇本章では，金商法第２章の２「公開買付けに関する開示」に定められた諸規定の解説に入る前に，公開買付制度の意義と沿革について概略を述べる。

❖第１節❖　公開買付制度の意義[(1)]

公開買付けとは，不特定かつ多数の者に対し，公告により株券等の買付け等の申込みまたは売付け等の申込みの勧誘を行い，取引所金融商品市場外で株券等の買付け等を行うことをいう（27条の２第６項・27条の22の２第２項)。金商法上，①「発行者以外の者による株券等の公開買付け」（第２章の２第１節，27条の２～27条の22）と②「発行者による上場株券等の公開買付け」（同第２節，27条の22の２～27条の22の４）に分けて規定されている。

「発行者以外の者による公開買付け」は，典型的には，市場外で他社の株式を買い付けることにより企業買収を行う取引に利用される。会社の支配権に影響を及ぼしうる一定規模の株券等の取得には公開買付けが義務付けられること（強制公開買付け）が，その大きな特色である。数度にわたる改正により複雑なルールが設けられているが，これらは複数の趣旨に基づいていると考えられる。まず，買付者が一定規模の株券等を多数の者から取得しようとする場合，投資者が株式買付けの申込みに応じるか否かを判断するために適切な情報開示

(1)　公開買付けの詳細については，長島大野常松・理論と実務も参照されたい。

を確保すること，同時に売付け機会の確保を含めた投資者の平等な取扱いを確保する必要がある。また，支配権の移転を伴う取引においては取引価格にプレミアム（いわゆる支配権プレミアム）が付されるのが通常であるが，これを相対取引によって一部の大株主だけに独占させるのでなく，投資者間で公平に分配させるようとする（後述の３分の１ルール）。平成18年12月施行の証取法改正以後は，上場廃止に至りうるような場合に少数株主が不安定な地位に置かれることの防止や買付け等が競合する場合の買付者間の公平性確保といった趣旨が加わったといえる。なお，同改正では，後述の急速な買付けや他社の公開買付期間中における買付け等についての規制が新設され，一定の場合には，市場内買付け，新規発行取得または公開買付けによる株券等の取得も制約を受けることとなった。

「発行者による上場株券等の公開買付け」は，上場会社（店頭公開会社も含む）が市場外で自社株の有償取得をする一定の場合に義務付けられる。もっとも，適切な情報開示や投資者の公平な取扱いの必要性については発行者以外の者による公開買付けと基本的に同様であるため，その規定の多くを準用する形をとっている。

本編では，第２章～第５章において，「発行者以外の者による公開買付け」について解説を行い，第６章において，「発行者による上場株券等の公開買付け」について解説する。

❖第２節❖　公開買付制度の沿革

公開買付制度は，わが国では昭和46年（1971年）に導入され，事前の情報開示および株主の公平な取扱いに関する規定が設けられたが，当時は，不特定かつ多数の者から市場外で大量に株式を買い付ける場合のみを規制の対象としていた。平成２年（1990年）には公開買付制度が全面改正され，市場外における著しく少数の者からの買付け（相対取引）であっても，買付け後の所有割合が発行済株式総数の３分の１を超える買付けは，公開買付けによることが義務付けられることとなった（強制公開買付けの導入）。平成６年改正では，自己株式の取得を緩和する商法改正に伴って，発行者による自社株公開買付制度が新設された。その後，事業再編の迅速化，手続の簡素化の観点から適用除外事由を拡大したり（平成15年改正，平成16年改正），取引所市場内の立会外取引を公開買付規制の対象とする（平成17年改正）などの改正を重ねたが，企業買収の手段としての公開買付けの件数増加，脱法的な態様による取引の出現，敵対的買収や買収防衛策をめぐる動き，会社法の施行などを踏まえて，平成18年12月施行の証取法改正により，３分の１ルールに関する脱法的な態様の取引への対応（急速な買付けに係る規制），株主・投資者への情報提供の充実，買付条件の変更・撤回の柔軟化，全部買付義務の一部導入，買付け等が競合する場合の公開買付けの義務付けなどの大規模な改正が行われた。さらに，平成20年金商法改正により，公開買付規制の実効性担保のため，公開買付けに係る開示書類の虚偽記載や強制公開買付規制違反についても課徴金制度の対象とされるなどの改正が行われた。また，プロ向けの取引市場の創設に伴い，プロ向けの取引市場のみに上場している株券等も公開買付規制の適用範囲とされた。課徴金制度については，平成24年金商法改正により，虚偽開示書類の提出に加担する行為も対象とされることになった。平成25年金商法改正では，投資法人による自己の投資口の取得等の解禁に伴い，発行者による上場株券等の公開買付けの規定が整備された。

第2章

公開買付規制の適用範囲

本章のサマリー

◆本章では，金商法第２章の２第１節「発行者以外の者による株券等の公開買付け」のうち，公開買付けが義務付けられる要件（27条の２）について解説する。

◆金商法は，「株券等」について有価証券報告書を提出しなければならない発行者または特定取引所金融商品市場（いわゆるプロ向け市場）のみに上場されている「株券等」の発行者が発行する「株券等」につき，当該発行者以外の者が行う「買付け等」であって，27条の２第１項各号に列挙する事由のいずれかに該当する場合は，公開買付けによらなければならないものとする（27条の２第１項）。以下では，公開買付けによることが義務付けられる範囲（強制公開買付けの適用範囲）につき，「公開買付規制の対象となる有価証券」（第１節），「「買付け等」の意義」（第２節），「公開買付規制の適用事由」（第３節），「公開買付規制の適用除外となる買付け等」（第４節）の順に解説する。また，公開買付規制の適用を判断する場合などにおいて重要な概念である「特別関係者」と「株券等所有割合」について，それぞれ第５節と第６節で解説する。

◆強制公開買付けの適用範囲については，平成18年12月施行の証取法改正により，３分の１ルールに関する脱法的な態様の取引に対応すべく，一連の取引が公開買付規制の対象となる要件が急速な買付けとして明確化され（27条の２第１項４号），また，買付け等が競合する場合に買付者間の公平性を確保し，株主・投資者が十分な情報の下で判断できるよう，一定の場合には公開買付けが義務付けられる（27条の２第１項５号）などの改正がなされた。また，平成20年の金商法改正では，プロ向けの取引市場の創設に伴い，プロ向けの取引市場にのみ上場している株券等も公開買付規制の適用範囲とされた。さらに，５％ルールの存在によりPTS取引の利用が制約される面があったため，平成24年10月31日に施行された金商法施行令・他社株買付府令改正により，PTS取引に対する公開買付規制の適用の見直しが行われた。その後，平成31年４月29日に施行された金商法施行令改正により，一定の外国金融商品市場における取引について，５％ルールの適用が除外されることとなった。

❖第１節❖　公開買付規制の対象となる有価証券

公開買付規制の対象となる有価証券は，(1)「株券等」について有価証券報告書を提出しなければならない発行者（24条１項参照）が発行する「株券等」，(2)特定上場有価証券（２条33項）および特定店頭売買有価証券（金商法施行令６条２項・２条の12の４第３項２号）である「株券等」（すなわち，特定取引所金融商品市場（いわゆるプロ向け市場）[(2)]のみに上場されている，または特定店頭売買有価証券市場のみに登録されている「株券等」）の発行者が発行する「株券等」である(27条の２第１項本文)。会社法上の株券不発行会社の株式や株券電子化後の株式，ストック・オプションのための新株予約権のように法律上または実務上券面が存在しない有価証券であっても，「株券等」に含まれる（２条２項柱書前段)。

「株券等」の具体的内容は，金商法施行令６条において，①株券，新株予約権証券および新株予約権付社債券（同条１項１号)，②外国の者の発行する証券または証書で，①の有価証券の性質を有するもの（同項２号)，③投資証券等および新投資口予約権証券等（同項３号)，④有価証券信託受益証券で，受託有価証券が①～③の有価証券であるもの（同項４号)，⑤預託証券で，①～③の有価証券に係る権利を表示するもの（同項５号）と規定されている。

たとえば，ストック・オプション，ユーロ市場で発行されるCB，J-REITに係る投資証券，株式について発行されたADR（American Depositary Receipt・米国預託証券）は，「株券等」に含まれる。また，上場廃止後であっても有価証券報告書の提出義務が存続する限り，当該会社の株式は公開買付規制の対象になる。普通社債は「株券等」に含まれないので，過去に普通社債を募集したことにより有価証券報告書を提出している会社の普通株式は，公開買付規制の対象にならない[(3)]。

「株券等」は，議決権株式およびその交付を受ける権利・条項が付されてい

---

(2)　平成31年４月１日時点で，東京証券取引所が開設するTOKYO PRO MarketとTOKYO PRO-BOND Marketに限られており，公開買付けとの関係では前者のみが対象となる。

るものに限られる。すなわち，他社株買付府令２条において，(a)議決権のない株式（株主総会において決議をすることができる事項の全部につき議決権を行使することができない株式）であって，当該株式の取得と引換えに議決権のある株式を交付する旨の定款の定めのない株式に係る株券（１号），(b)新株予約権証券または新株予約権付社債券のうち(a)の株式のみを取得する権利を付与されているもの（２号），(c)外国の者の発行する証券または証書で(a)または(b)の有価証券の性質を有するもの（３号），(d)株券等信託受益証券で，受託有価証券が(a)〜(c)の有価証券であるもの（４号），(e)株券等預託証券で，(a)〜(c)の有価証券に係る権利を表示するもの（５号）は，「株券等」に含まれないと規定されている。議決権のない株式であっても，取得条項付または取得請求権付種類株式であって，当該株式の取得と引換えに議決権のある株式が交付されうるものは，「株券等」に含まれる。

❖第２節❖　「買付け等」の意義

公開買付規制の対象となる「買付け等」とは，株券等の買付けその他の有償の譲受けをいい，これに類するものとして政令で定めるものを含む（27条の２第１項柱書)。買付けその他の有償の譲受けに「類するもの」とは，具体的には，(1)株券等の売買の一方の予約（ただし，買主として予約完結権を有するもの。金商法施行令６条３項１号)，(2)コール・オプション（株券等の売買に係る金商法２条１項19号に規定するオプションで，オプションの行使者が買主としての地位を取得するもの）の取得（金商法施行令６条３項２号)，(3)他社株転換債の取得（ただし，社債権者の権利行使により他社株へ転換させることができるもの。同項３号，他社株買付府令２条の２）とされている。

コール・オプションの行使による株券等の買付け等および予約完結権の行使による株券等の買付け等も，原則として公開買付規制の対象になる[(4)]。プッ

---

(3)　平成16年12月施行の証取法改正以前は，普通社債を募集したことにより有価証券報告書を提出している会社の株券等についても公開買付規制が適用されていたが，同改正により，「株券等」について有価証券報告書の提出義務を負う発行者の発行する株券等のみが対象とされた。

ト・オプションの付与は公開買付規制の対象ではないが（金商法施行令6条3項1号の反対解釈），プット・オプションの行使による株券等の買付け等は，原則として公開買付規制の対象になる[5]。

公開買付者と対象者の株主との間で，公開買付けが開始された場合には当該株主がこれに応募するという応募契約が締結されることがある。通常，公開買付け外で株券等を譲渡することを想定しているわけではないので，かかる合意自体を売買ないしその予約の合意ととらえて公開買付規制の適用を論じる必要性はなく，応募の合意は「買付け等」に該当しないと考えてよいであろう。

新規に発行される株券等を取得する場合は「買付け等」に該当しないが，自己株式の処分に伴って株券等を取得する場合は，既発行の有価証券に係る取引であることから「買付け等」に該当するものと解されている[6]（なお，新規発行株券等の取得については，上記のとおり原則として公開買付規制は適用されないが，後述する急速な買付けの場合には規制される場合があるので注意が必要である）。

また，事業譲渡による承継取得は，公開買付規制の適用除外事由とされている（金商法施行令6条の2第1項9号）。①合併・株式交換・会社分割といったそのほかの組織再編行為に伴う株券等の承継取得および②これらの組織再編行為の対価として株券等の交付を受ける場合についての明示的な規定はないが，潜脱的な場合を除き，これらは原則として「買付け等」に含まれないと解される[7]。なお，現物出資による株券等の取得は，有償の譲受けとして「買付け等」に含まれると解される[8]。

このほか，組合の解散に伴い，組合員が出資額に応じた残余の組合財産の分配として株券等を取得する場合は，実質的に組合員が自らの意思に基づき株券等を取得すると認められるような態様でなければ，「買付け等」に当たらないとされる[9]。また，いわゆるスクイーズ・アウトにおいて，公開買付けの後，

---

(4)　公開買付けQ&A問13

(5)　公開買付けQ&A問14

(6)　平成18年12月パブコメ1頁No. 3

(7)　公開買付けQ&A問12。なお，平成24年金商法改正による内部者取引規制の見直しにおいて，合併や会社分割により株券等を承継する行為も「売買等」に含まれることとなったが，この公開買付けQ&A問12が変更されるものではない（平成25年8月パブコメ2頁No. 4）。

(8)　「証券取引法等の一部を改正する法律の一部の施行に伴う関係政令の整備等に関する政令案に対するパブリックコメントの結果について」（平成16年11月12日公表）

対象者が発行済株式を全部取得条項付種類株式に変更したうえで取得を行い，取得の対価として交付する株式の１株に満たない端数を処理するために，会社法234条の規定に基づき，端数の合計数に相当する数の株式を裁判所の許可を得て公開買付者に売却する手法を用いる場合，売却される当該株式の取得も，通常は「買付け等」に当たらないと解される(10)。

❖第３節❖　公開買付規制の適用事由

金商法は，公開買付けが義務付けられる買付け等を，27条の２第１項１号～６号に列挙する。これについて概観すると，おおむね次のような整理となる。すなわち，取引所金融商品市場外において株券等の買付け等を行う場合に，⑴買付け等の後の株券等所有割合が５％以下であれば公開買付けは不要，⑵買付け等の後の株券等所有割合が５％超であっても，著しく少数の者からの買付け等（特定買付け等）で買付け等の後の株券等所有割合が３分の１以下であれば公開買付けは不要，⑶著しく少数の者からの買付け等（特定買付け等）であっても，買付け等の後の株券等所有割合が３分の１超となる場合は公開買付けによる必要あり，⑷買付け等の時点における株券等所有割合が50％を超えている場合の買増しは，著しく少数の者からの買付け等（特定買付け等）であれば公開買付けは不要だが，その買付け等の後における株券等所有割合が３分の２以上となる場合は公開買付けによる必要ありということになる。取引所金融商品市場内の取引であっても，ToSTNeT取引など競売買の方法以外の方法による取引（特定売買等）で，買付け等の後の株券等所有割合が３分の１超となる場合は，公開買付規制の対象となり，当該特定売買等はできない（後述■３参照）。また，他者の公開買付期間中に，株券等所有割合が３分の１超である株主が５％超の株券等の買付け等を行うときも公開買付けによる必要がある（後述■５参照）。他方，特定売買等を除く取引所金融商品市場内における取引や新規発行取得は，原則として公開買付規制の対象外である。ただし，急速な

⑼　公開買付けQ&A問16

⑽　公開買付けQ&A問６

買付けや他者の公開買付期間中の買付け等の規制により，公開買付規制の対象になる場合があるので注意が必要である（後述■４・■５参照）。

■１　株券等所有割合が５％を超える場合

取引所金融商品市場外における株券等の買付け等によって，買付け等の後における株券等所有割合（小規模所有者[(11)]に該当する形式的特別関係者を除く特別関係者の株券等所有割合を合計したもの）が５％を超える場合，当該買付け等は公開買付けによらなければならない（いわゆる「５％ルール」。27条の２第１項１号）。５％以下の取得については会社の支配権に影響が少ないと考えられるため，規制の対象とはならない。

上記に該当する場合であっても，(1)取引所金融商品市場における有価証券の売買等に準ずるものとして政令に定める場合，(2)著しく少数の者から株券等の買付け等を行うものとして政令に定める場合は，公開買付けによる必要はない(27条の２第１項１号かっこ書)。(1)としては，①店頭売買有価証券市場[(12)]における取引による場合（金商法施行令６条の２第２項１号），②一定の要件を満たすものとして金融庁長官が指定する私設取引システム（PTS）における取引による場合（同項２号）[(13)]，金融庁長官が指定する外国金融商品市場（平成31年４月29日現在，NYSEおよびNASDAQ市場）における競売買およびこれに準ずる取引方法による場合（同項３号。平成31年４月29日施行の金商法施行令改正により追加された）が定められている。(2)は「特定買付け等」と定義されるもので（同条１項４号），具体的には，株券等の買付け等を行う相手方の人数と，当該買付け等を行う前60日間に取引所金融商品市場外において行った当該株券等の発行

(11)　内国法人の発行する株券等については，総議決権の1,000分の１に相当する数以下である場合（ただし，1,000分の１以下の所有の者の議決権数の合計が100分の１を超えない範囲に限る），また，外国法人の発行する株券等については，総議決権の100分の１に相当する数以下である場合（他社株買付府令３条２項）。以下同じ。

(12)　2004年12月にジャスダックが取引所有価証券市場に転換した後，平成31年４月１日時点で店頭売買有価証券市場は存在しない。

(13)　５％ルールの存在によりPTS取引の利用が制約される面があったため，平成24年10月31日に施行された金商法施行令・他社株買付府令改正により，PTS取引に対する公開買付規制の適用の見直しが行われた。

者の発行する株券等の買付け等の相手方の人数との合計が10名以下である場合，つまり，61日間に10人以下の者から取得する場合である（同条３項)。上記60日間の期間内のものであっても，公開買付けによる場合，店頭売買有価証券市場における取引による場合，一定の要件を満たすものとして金融庁長官が指定する私設取引システム（PTS）における取引による場合（ただし，取引の結果，株券等所有割合が３分の１を超す場合を除く)，金融庁長官が指定する外国金融商品市場（平成31年４月29日現在，NYSEおよびNASDAQ市場）における競売買およびこれに準ずる取引方法による場合（ただし，取引の結果，株券等所有割合が３分の１を超す場合を除く)，新株予約権の行使による場合，金商法施行令６条の２第１項１号～３号・10号～15号により適用除外とされている買付け等は算定の対象にならない。また，上記60日間の期間内に買付け等を行った相手方の人数の算定にあたっては，当該買付け等を行った日以前１年間継続して形式的特別関係者であった者からの買付け等は除かれる（他社株買付府令３条３項)。10名の算定は，基本的には延べ人数によるべきものと解されている[(14)]。特別関係者の買付け等を買付者の買付け等と合算する必要はない。このように特定買付け等が例外とされるのは，市場に与える影響等の観点から，その情報を開示させ，売付けの機会を株主に広く公平に与える必要性が相対的に小さいと考えられるためであるが，下記■２のとおり，特定買付け等に該当する場合であっても買付け等の後に買付者の株券等所有割合が３分の１を超える場合には，対象者の支配権に対する影響が大きいことから，公開買付けが義務付けられる。

■2　著しく少数の者からの買付け等で株券等所有割合が３分の１を超える場合

取引所金融商品市場外における株券等の買付け等であって，著しく少数の者から株券等の買付け等（特定買付け等。■１参照）を行う結果，買付け等の後における株券等所有割合（小規模所有者に該当する形式的特別関係者を除く特別関係者の株券等所有割合を合計したもの）が３分の１を超える場合，当該買付け等は

⒁　池田ほか・新しい公開買付制度31頁

公開買付けによらなければならない（いわゆる「3分の1ルール」。27条の2第1項2号）。店頭売買有価証券市場における取引は3分の1ルールの適用を受けないが（金商法施行令6条の2第4項），私設取引システム（PTS）における取引には3分の1ルールの適用がある（27条の2第1項6号，金商法施行令7条7項1号）。3分の1ルールは平成2年の証取法改正によって導入されたものであるが，実務において強制公開買付けの適用を検討する際のもっとも基本的なルールといえる。なお，3分の1ルールについては，市場外における相対取引による支配株式の移転を行う場合にも時間と費用がかかる公開買付けを義務付けることにより，企業価値を高めるような取引までも抑制する面があることが指摘されている。また，3分の1ルールの存在が，いわゆるディスカウントTOBが行われる一つの要因となっていると考えられる。

実務のポイント・3−1

◆株券等の間接的な取得

たとえば，有価証券報告書の提出義務がない資産管理会社のA社が，上場会社であるB社の株式を株券等保有割合で3分の1を超えて保有しているとする。この場合，A社からその保有するB社株式すべてを直接取得しようとすれば公開買付けによらなければならないが，代わりにA社のすべての株式を取得するとすれば，A社の保有するすべてのB社株式を間接的に取得できることになる。このような間接的な取得方法については，明文上は公開買付規制の規制対象とされていないが，これが公開買付規制の潜脱と評価され，許されない場合があるのではないかという点が問題になる。

本来，罰則の適用のある公開買付規制を明文の規定なく適用することには十分に慎重であるべきであるが，個別の事情に照らして，当事者の脱法的な意図の有無，公開買付規制の趣旨に反しないかなどを考慮して，脱法取引と評価すべき場合もあろう。

金融庁は，公開買付けQ&A問15において，資産管理会社の状況（たとえば，当該資産管理会社が対象者の株券等以外に保有する財産の価値，当該資産管理会社の会社としての実態の有無など）によっては，このような資産管理会社の過半数株式の取得が実質的には対象者の株券等の買付け等の一形態として，公開買付規制の趣旨に反する場合もあるとする。他方，資産管理会社の株式の取得とともに対象者に対する公開買付け（買付予定数の上限なし）が行われ，公開買付開始公告および公開買付届出書において資産管理会社の株式の取得を含む取引の全容が開示されるとともに，資産管理会社の株式の取得における価格に相当性があると認められる場合（たとえば資産管理会社が所有する対象者の株券等が公開買付価格と同額以下に評価され，かつ，他の資産の評価の合理性につき公開買付届出書において説明がなされている場合）など，取引の実態に照らし，実質的に投資者を害するおそれが少ないと認められる場合は，公開買付規制の趣旨に反しないとする。ただ，これによって必ずしも一義的に判断できるわけではなく，具体的な案件においては，公開買付規制の趣旨を考慮しつつ，慎重に検討を行う必要がある。なお，中間持株会社の持分を取得することにより，対象会社の３分の１超の議決権を間接保有する取引計画を公表したところ，金融庁から指摘を受け，間接保有する議決権割合を３分の１以下とする計画に変更することを公表した例がある（KDDIの2010年１月25日付プレスリリース「株式会社ジュピターテレコムへの資本参加について」，同年２月12日付プレスリリース「（変更）株式会社ジュピターテレコムへの資本参加について」参照）。

3　立会外取引による買付け等で株券等所有割合が３分の１を超える場合

取引所金融商品市場における有価証券の売買等であっても，競売買の方法以外の方法による有価証券の売買等として内閣総理大臣が定めるもの（特定売買等。27条の２第１項３号）による買付け等の結果，買付け等の後における株券等所有割合（小規模所有者に該当する形式的特別関係者を除く特別関係者の株券等所有割合を合計したもの）が３分の１を超える場合，当該買付け等は公開買付けによらなければならない（同号）。特定売買等としては，東京証券取引所のToSTNeT取引など，全国の金融商品取引所における立会外取引が指定されている（平成17年金融庁告示第53号，平成19年金融庁告示第８号）。したがって，特定売買等は公開買付けではないので，買付け等の後における株券等所有割合が３分の１を超えるような特定売買等はできないことになる。

立会外取引は形式的には取引所金融商品市場内の取引に含まれるものの，場合によっては取引所金融商品市場外の相対取引に近いものになりうるため，公開買付規制の適用がないとすると，３分の１ルールを潜脱する脱法的な取引が可能になる。かかる脱法的な態様の取引を防止すべく，平成17年７月施行の証取法改正により本号が新設され，金商法に受け継がれたものである。なお，立会外取引への過度な規制とならないよう，買付け等の後の株券等所有割合が３分の１を超えない範囲における立会外取引は公開買付規制の対象とされていない。したがって，立会外取引により株券等所有割合が５％を超えるが３分の１以下にとどまる場合は，公開買付規制の対象とはならない（ただし，急速な買付けにおいては規制の対象になりうる）。

4　急速な買付け

(1)　急速な買付けの概要

急速な買付けに係る規制は，3分の1ルールを潜脱する脱法的な態様の取引，たとえば，32%までの株式を市場外で買い付け，その後，市場内取引または新規発行取得により2%の株式を取得して3分の1超の株券等を所有するような取引に対応するため，当該一連の取引全体が公開買付規制の対象になることを明確化したもので，平成18年12月施行の証取法改正により新設された。内容は以下のとおりである。

①　3カ月以内に，

②　市場外取引または立会外取引（特定売買等）による買付け等（公開買付けによるものおよび適用除外買付け等を除く）による5%超の株券等の買付け等が含まれる取引であって（以下「5%要件」という），

③　全体として10%超の株券等の取得を株券等の買付け等（市場内外を問わない）または新規発行取得により行うような取引をすることで（以下「10%要件」という），

④　株券等所有割合（小規模所有者に該当する形式的特別関係者を除く特別関係者の株券等所有割合を合計したもの）が3分の1を超える場合

に，当該取得に含まれる買付け等については，公開買付けによらなければならない（27条の2第1項4号，金商法施行令7条2項～4項。以下，①～④に該当する取引全体を「急速な買付け」という）。実質的特別関係者による取得を買付者による取得とみなして，両者を合算して上記の要件を満たす場合も同様である（27条の2第1項6号，金商法施行令7条7項2号）。

(2)　急速な買付けの適用場面

この規制の下では，3カ月以内の各取得行為は一連の取引として取り扱われ，(1)①～④の要件に該当する場合は，一連の取引全体が公開買付けによる必要がある。たとえば，当初ある会社の株券等の25%を保有している者が，6%を公開買付けによらずに市場外または立会外取引で買い付けた場合，その後さらに4%超を取得することにより株券等所有割合が3分の1を超えるとすれば，当該４％超の取得は，６％を取得した時から３カ月以内は行うことができない。当該４％超の取得が市場内買付けによるとしても，新規発行取得によるとしても，または公開買付けによるとしても同様である。市場内取引や新規発行取得は，原則として公開買付規制の対象とはされないが，急速な買付けに該当する場合は例外的に規制されることになる。他方，当初の６％を公開買付けによらずに市場外取引または立会外取引で買い付けた後，３カ月以内に３％を市場内取引により取得した結果３分の１を超える場合は，一連の取引全体で10％以下の取得にとどまるので急速な買付けには該当しない。しかし，当初の６％の取得から３カ月以内にさらに１％超の株式等を市場内取引により取得するとすれば，一連の取引全体で10％超の株券等を取得することになり，急速な買付けに該当する。

上記のとおり，急速な買付けにおいては新規発行取得も規制の対象になる。新規発行取得については，会社支配権の帰趨に影響がありうるとしても，基本的に会社法上の問題として解決が図られるべきものとされ，金商法においても原則として規制の対象とされなかったが，上記のように急速な買付けに該当する場合は例外的に規制を受けることになる。金融庁は，新規発行取得には合併などの組織再編行為において新たに発行される株券等の取得も含まれるとの解釈を示しているので[(15)]，留意が必要である。

急速な買付けの制限においては，公開買付けによらない市場外取引または立会外取引により５％を超える株券等の取得がなされる場合，市場内買付け，公開買付けまたは新規発行取得のいずれによるとしても，３カ月以内に，上記５％超の取得と合計で10％を超えて株券等を取得することにより株券等所有割合で３分の１を超えることはできない。３カ月以内に具体的にいかなる行為が禁止されるか，たとえば公開買付開始公告をすることも許されないのか，あるいは決済日が３カ月以内でなければよいのかという点については，27条の２第１項４号の規定からは必ずしも明らかではないが，金融庁は，３カ月以内に公開買付開始公告をすること自体が許されないとする[(16)]。

(15)　平成18年12月パブコメ９頁No.25

(16)　公開買付けQ&A問21。なお，公開買付けを行う予定であるとのプレスリリースを行うだけであれば３カ月以内であっても可能とする。公開買付けの開始を予告するプレスリリースの留意点については，後述第３章第１節を参照されたい。

(3)　５％要件・10％要件の計算

急速な買付けにおける５％要件・10％要件の計算は，株券等所有割合の計算方法（27条の２第８項）に準じる。すなわち，①買付者が新たに所有することとなる株券等に係る議決権の数（他社株買付府令４条の２第１項１号・２項１号）を分子（ただし，実質的特別関係者による取得も買付者による取得とみなして判断するときは，実質的特別関係者が新たに所有することとなる株券等に係る議決権の数と合算する），②発行者の総株主等の議決権の数に，買付者およびその特別関係者の所有に係る潜在的な議決権の数を加算した数（同条１項２号・２項２号）を分母として，①を②で除して行う。金融庁は，５％要件・10％要件について，基本的にネット・ベースで算定可能であるものの，関係法令等に照らして個別の事案ごとに判断すべきとの考えを示している(17)。具体的な基準については不明な点も多いが，期間中に売却した株券等は原則として差し引いて計算することになる(18)。ただし，条文の規定ぶりが，「３カ月間で」ではなく「３カ月内に」とされていることからすれば，３カ月より短いあらゆる期間を対象として，５％要件・10％要件が満たされているか判断すべきであり，仮にその後売却したことにより最初の取得から３カ月経過時に５％要件または10％要件を満たさなくなっていたとしても，本号の適用は免れないと考えられる(19)。

なお，平成25年金商法改正により，適用除外買付け等（第４節参照）が５％要件の計算から除外されたが，10％要件の計算についてはそのような規定はないため，留意が必要である。

(4)　急速な買付けの潜脱的な取引

上記のとおり，急速な買付けに係る規制は，３分の１ルールの潜脱防止の観点から詳細な要件を設けており，従来曖昧な解釈論に委ねられていた３分の１ルールの潜脱となる取引類型の明確化を意図したものと考えられる。そのため，急速な買付けの要件に該当しない場合には（たとえば，一連の買付け等が３カ月を超えて行われる場合），さらに潜脱論を持ち出して規制を及ぼす余地はな

(17)　平成18年12月パブコメ10頁No.28
(18)　池田ほか・新しい公開買付制度35頁
(19)　計算方法の詳細については，長島大野常松・理論と実務67頁～71頁参照

いものと解すべきである。潜脱防止のための規定の潜脱まで考慮しなければならないとすると，規制の外延は不明確なままとなり，取引を行う者の予測可能性を害するからである。もっとも，金融庁は，当初から一連の取引として計画していれば，一連の取引が３カ月を超えて行われている等の事由により急速な買付けに該当しなくても，３分の１基準の潜脱と評価すべき場合があると考えているようにも思われ[20]，実際の取引実行時においては留意が必要である。

5　他者の公開買付期間中における買付け等

他の者が公開買付けを行っている場合，その公開買付期間中に，かかる公開買付けの対象となっている株券等の株券等所有割合（小規模所有者に該当する形式的特別関係者を除く特別関係者の株券等所有割合を合計したもの）が３分の１超を所有する株主が，５％超の株券等の買付け等を行うときは，公開買付けによらなければならない（27条の２第１項５号）。上記の「公開買付期間中」とは，当初の公開買付届出書に記載した公開買付期間をいい，訂正届出書の提出や対象者の請求に基づき期間が延長された当該延長期間を含まない[21]。

立案担当者によると，この規制は，会社支配権に影響のある株券等の買付け等が競合するような局面において，いずれの者によって会社を支配させる方が相当かを投資者が十分な情報の下で判断できるようにするために設けられたと説明されているが[22]，買付者間の公平を確保する（つまり，公開買付けを実施する買付者は，その公開買付期間中，別途買付けを禁止されるが，27条の２第１項５号がなければ競合買付者は市場内買付けにより自由に買増しができるという不公平が生じる）という面も強いと解される[23]。

他者による公開買付期間中に，株券等所有割合が３分の１以下の状態で市場内買付けを開始する場合は，３分の１を超えた時点から，27条の２第１項５号

---

(20)　強制公開買付規制の適用に関連するパブコメ回答でも，「関係法令に照らし，個別の事案ごとに判断されるものと考えられます。」との指摘が随所になされており（平成18年12月パブコメNo. 6・No.15・No.16・No.28など），当局は，強制公開買付けの適用に関し，形式的に条文に該当しなくても，違法な潜脱になる場合を想定しているように思われる。

(21)　平成18年12月パブコメ10頁No.29

(22)　池田ほか・新しい公開買付制度37頁

(23)　黒沼・金商法入門131頁

の適用があると解される。たとえば，他者による公開買付けが行われている発行者の株券等につき30％を保有する買付者が市場内で６％を買い増すのみであれば同号の適用はないが，さらに３％を買い増すとすれば合計で39％となり，株券等所有割合が３分の１を超えた時点から５％超の買付け等を行うことになるので，同号の適用がある。

５％超の算定については，急速な買付け制限におけると同様に，株券等所有割合の計算方法に準じる。すなわち，①買付者およびその特別関係者が新たに所有することとなる株券等に係る議決権の数を分子，②発行者の総株主等の議決権の数に，買付者およびその特別関係者の所有に係る潜在的な議決権の数を加算した数を分母として，①を②で除して行う（他社株買付府令４条の２第３項）。この算定においては，小規模所有者に該当する形式的特別関係者が所有することとなる株券等に係る議決権の数は①から除外されない。また，分子に関しては，急速な買付け制限におけると同様に，当該期間中に新たに取得するネット・ベースの議決権の数を用いるものと解される[24]。

❖第４節❖　公開買付規制の適用除外となる買付け等（適用除外買付け等）

公開買付規制には，多くの適用除外事由が定められている。この場合，前節で述べた事由に該当する株券等の買付け等であっても，公開買付けによる必要はない。適用除外事由は，①権利行使型，②グループ内取引型，③実質的価値判断から適用除外とされている類型，④その他に分けられる。

1　権利行使型

⑴　新株予約権を行使することによる株券等の買付け等（27条の２第１項ただし書）

⑵　株式の割当てを受ける権利を有する者が当該権利を行使することにより行う株券等の買付け等（金商法施行令６条の２第１項１号）

---

(24)　池田ほか・新しい公開買付制度38頁

⑶　取得請求権付株式の取得と引換えに交付される株券等の買付け等（同項11号）

⑷　取得条項付株式または取得条項付新株予約権の取得と引換えに交付される株券等の買付け等（同項12号）

以上の場合に該当する株券等の買付け等に公開買付規制が適用されないのは，すでに潜在的な議決権が株券等所有割合の計算上考慮されているためである[25]。なお，上記⑴について，平成23年金商法改正により，いわゆるコミットメント型ライツ・オファリングにより割り当てられる新株予約権の行使による場合が，適用除外の対象から除かれた。コミットメント型ライツ・オファリングとは，株主に新株予約権が無償割当てされた後，権利行使されなかった新株予約権について，取得条項により発行者が取得したうえで証券会社に売却をし，証券会社が権利行使をして取得した株式を市場等に売却するスキームであり，証券会社のコミットメントにより最終的に新株予約権が行使されることが担保され，発行者にとってあらかじめ調達額を確定できるメリットがある。コミットメント型ライツ・オファリングによる新株予約権は，所定の要件を充足する限り，その割当て時においては公開買付規制の対象にはならず（株券等所有割合の計算上考慮しない），その行使の時において公開買付規制の対象になる（27条の２第１項ただし書・８項１号，他社株買付府令２条の２の２・８条３項１号参照）。もっとも，金融庁の見解によると，新株予約権の行使により自己株式を交付する場合は公開買付規制の「買付け等」に該当し，新株を交付する場合は「買付け等」に該当しない（「新規発行取得」として急速な買付けの10％要件には影響する）[26]。このように，株主の意図に基づかない事項で公開買付規制の適用が異なるのは合理的といえないように思われる。なお，⑷に関連して，いわゆるスクイーズ・アウトの方法として，公開買付けの後，対象者が全部取得条項付種類株式の取得の対価として対象者の別の種類の株式を交付する場合につき，金融庁は，通常は公開買付けを行う必要はないものとする[27]。

---

(25)　池田ほか・新しい公開買付制度39頁

(26)　平成24年２月パブコメ13頁No.37・No.38

(27)　公開買付けQ&A問17

2　グループ内取引型

⑴　形式的特別関係者（買付け等を行う日以前１年間継続して形式的特別関係者の関係にある者に限る）から行う株券等の買付け等（27条の２第１項ただし書，他社株買付府令３条１項）

形式的特別関係者である期間が１年未満である者からの買付け等や，実質的特別関係者からの買付け等は，適用除外にならない。「１年間継続」の要件については，異なる類型の形式的特別関係者である期間を通算することができると解される[28]。また，立会外取引については，取引の相手方を常に把握できるわけではないが，金融庁は，いわゆるクロス取引・相手方指定取引などを行う場合において，相手方が形式的特別関係者であると特定することができる場合には，適用除外になるとする[29]。なお，平成23年金商法改正により，発行会社が自己新株予約権などを譲渡する場合は本適用除外を受けられず，公開買付規制が適用されることになった（他社株買付府令３条１項かっこ書）。

⑵　兄弟法人等からの株券等の特定買付け等（金商法施行令６条の２第１項５号）

買付者が法人等である場合，当該買付者の総株主等の議決権の数の50%を超える数の議決権に係る株式または出資を所有する関係（特別支配関係。金商法施行令６条の２第１項５号）にある法人等（親法人等。同号）が，他の法人等（以下，本節において「兄弟法人等」という）に対して特別支配関係を有する場合において，当該兄弟法人等から行う特定買付け等については，公開買付けによらずに行うことができる。特別支配関係は，特定買付け等を行う日以前１年間継続している必要がある（他社株買付府令２条の３）。なお，平成23年金商法改正により，発行会社が自己新株予約権などを譲渡する場合は本適用除外を受けられず，公開買付規制が適用されることになった（他社株買付府令２条の３第１項かっこ書）。

⑶　関係法人等からの株券等の特定買付け等（金商法施行令６条の２第１項６

⑵8　公開買付けQ&A問20
⑵9　公開買付けQ&A問45

図表3－1　グループ内取引の対象概念図

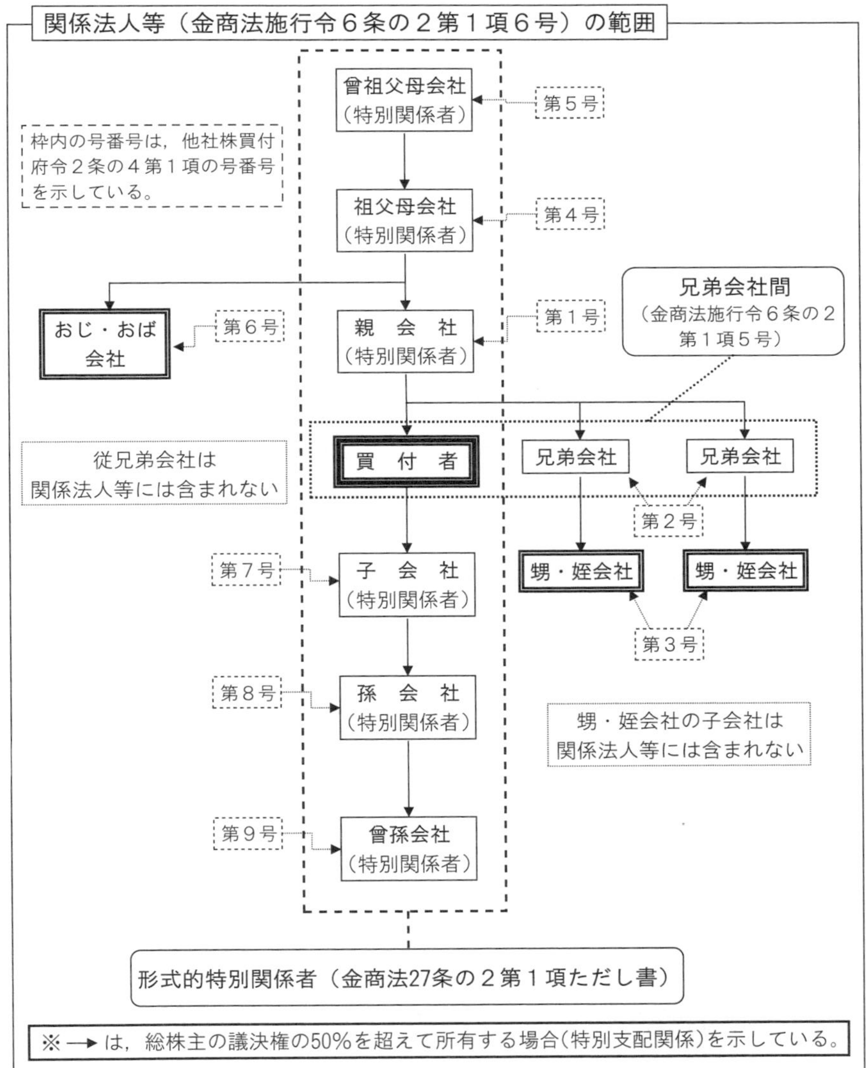

号）

買付者が法人等である場合，当該買付者と関係法人等（以下に詳述する）が合わせて他の発行者の総株主等の議決権の数の３分の１を超える数の議決権に係る株式または投資口を所有している場合において，当該関係法人等から行う当該他の発行者の株券等の特定買付け等については，公開買付けによらずに行うことができる。３分の１超の所有については，１年以上継続していることは要件ではない。「関係法人等」とは，特別支配関係を介して買付者と３親等内にある法人等であり，具体的には，①親法人等（他社株買付府令２条の４第１項１号），②兄弟法人等（同項２号），③甥・姪法人等（兄弟法人等が他の法人等に対して特別支配関係を有する場合における当該他の法人等。同項３号），④祖父母法人等（親法人等に対して特別支配関係を有する法人等。同項４号），⑤曾祖父母法人等（祖父母法人等に対して特別支配関係を有する法人等。同項５号），⑥おじ・おば法人等（祖父母法人等が他の法人等に対して特別支配関係を有する場合における当該他の法人等。同項６号），⑦子法人等（買付者が他の法人等に対して特別支配関係を有する場合における当該他の法人等。同項７号），⑧孫法人等（子法人等が他の法人等に対して特別支配関係を有する場合における当該他の法人等。同項８号），⑨曾孫法人等（孫法人等が他の法人等に対して特別支配関係を有する場合における当該他の法人等。同項９号）を指す。特定買付け等の相手方となる関係法人等については，かかる関係は，特定買付け等を行う日以前１年間継続している必要がある（同条２項）。**図表3－1**は，上記を含むグループ内取引の対象についてまとめたものである。なお，平成23年金商法改正により，発行会社が自己新株予約権などを譲渡する場合は本適用除外を受けられず，公開買付規制が適用されることになった（他社株買付府令２条の４第２項かっこ書）。

3　実質的価値判断から適用除外とされている類型

(1)　50%超保有している場合の特定買付け等（金商法施行令６条の２第１項４号）

買付者の株券等所有割合が，特別関係者（買付け等を行う日以前１年間継続して形式的特別関係者の関係にある者に限る）と合わせて50％を超えている対象者の発行する株券等に係る特定買付け等については，公開買付規制は適用されない。株券等所有割合が50％を超えている場合にはすでに当該買付者による対象者の支配権が確立しており，そのような対象者の発行する株券等を相対で取得することについて公開買付規制を及ぼす必要性は低いと考えられるためである。しかし，買付け等の後における株券等所有割合が，特別関係者（形式的特別関係者[30]および実質的特別関係者を含む）と合わせて３分の２以上になる場合は適用除外にならない[31]。この場合には，上場廃止など，手残り株を抱えることとなる零細な株主が著しく不安定な地位に置かれる事態が想定されるためである。なお，本適用除外は，相対取引による特定買付け等を前提としており，ToSTNeTなどの特定売買等を行う場合は，金商法施行令６条の２第１項４号による適用除外はないものと思われる[32]。

⑵　25名未満の総株主による同意がある場合（金商法施行令６条の２第１項７号）

①　「株券等」の範囲

買付け等の対象となる株券等（以下，本節において「買付け等対象株券等」という）の所有者の数が25名未満（他社株買付府令２条の５第１項）の場合に，そのすべての所有者が公開買付けによらず特定買付け等を行うことに同意しているときに行う特定買付け等には，原則として公開買付規制は適用されない。たとえば，ある種類の種類株式のみを25名未満の株主から買い付ける場合で当該種類株式のすべての所有者からの同意を得たときは，これに該当しうる[33]。金商法施行令６条の２第１項７号，他社株買付府令２条の５第１項・２項２号[34]の「株券等」について，東京高裁は，買付けの対象となっていない株券等も含めたすべての株券等であると判示した[35]。この解釈は，文理上無理があるだけでな

⑶⑴　ただし，小規模所有者に該当する形式的特別関係者を除く。

⑶⑴　この場合，部分的買付けは認められず，強制的全部勧誘義務および全部買付義務が課される。強制的全部勧誘義務および全部買付義務の詳細は，第４章第２節■３⑴④および⑵参照。

⑶⑵　平成18年12月パブコメ２頁No.４

⑶⑶　平成18年12月パブコメ６頁No.15

く，上場会社の種類株式の買付け等において本適用除外規定を利用することがほとんど不可能になるなどの問題があったところ，上告審において最高裁は，「株券等」について，買付けの対象である種類株式に限定される旨を判示した[36]。その結果，従来から実務の趨勢であった上記の考え方が確認された。

本適用除外規定において「種類」をどのようにとらえるかについて，金融庁は，関係法令等に照らして個別事案ごとに判断されるものとしており，たとえば新株予約権については，対象たる株式が同じ種類ならば，権利行使価格等が違っても同じ種類であるとする[37]。この点は，同一の公開買付けによるべき株券等の種類とパラレルに考えるのが合理的と思われるが，少なくとも，当該株券等に係る議決権，剰余金の配当，残余財産の分配，普通株式への転換条件などの内容が，他の内容の株券等と明確に区別できるような場合には，別の種類の株券等と解することが可能と思われる[38]。上記最高裁判決は，問題となった種類株式と普通株式の実質的な違いを問題とすることなく，公開買付けによらない種類株式の買付けを適法としており，原則として，形式的に「種類」が異なるか否かにより判断する立場を前提としているように思われる。しかし，少なくとも脱法的な態様の取引まで許容する趣旨ではないと思われるため，実務においては，なお慎重に判断すべきであろう。

② その他の要件

金商法施行令６条の２第１項７号によって適用除外となるための手続としては，買付け等対象株券等に係る特定買付け等を公開買付けによらないで行うことに同意する旨を記載した書面が，当該株券等のすべての

---

(34) 裁判では，現行の金商法施行令６条の２第１項７号，他社株買付府令２条の５第１項・２項２号に相当する，当時の証券取引法施行令７条５項４号，他社株買付府令３条の２の４第１項・２項が問題となった。これらの条項は，買付け後の株券等所有割合が３分の２以上になる場合の規律を除いて，改正後も実質的な変更は加えられていない。

(35) 東京高判平20・７・９金判1297号20頁

(36) 最判平22・10・22民集64巻７号1843頁

(37) 平成18年12月パブコメ７頁No.16

(38) 平成18年12月施行の証取法改正の金融庁立案担当者は，上記に加えて，ある内容の株券等について，現在も，また将来に向けても買い付ける予定・意思が一切ないことが必要と解していた（池田ほか・新しい公開買付制度97頁）。

所有者から提出される必要がある（他社株買付府令２条の５第２項２号。なお，かかる書面の提出に代えて，電子メール等の電磁的方法によることも認められる。同条３項）。ただし，特定買付け等の後における当該買付者の株券等所有割合が，その特別関係者と合わせて３分の２以上となる場合であって，当該特定買付け等の対象とならない株券等（買付け等対象外株券等。同条２項１号）があるときは，上記の買付け等対象株券等に係る条件を満たすことに加えて，買付け等対象外株券等について，さらに以下の(a)または(b)のうちいずれかの条件を満たす場合にのみ，公開買付けの適用除外とされる（同号）。

(a)　買付け等対象株券等に係る特定買付け等を公開買付けによらないで行うことに同意することにつき，買付け等対象外株券等に係る種類株主総会の決議が行われていること。

(b)　買付け等対象外株券等の所有者が25名未満である場合であって，買付け等対象株券等に係る特定買付け等を公開買付けによらないで行うことにつき，当該買付け等対象外株券等のすべての所有者が同意し，その旨を記載した書面を提出していること（かかる書面の提出に代えて，電子メール等の電子的方法によることも認められる）。

上記(a)に関連して，会社法321条が，種類株主総会は会社法または定款で定めた事項のみ決議できると規定しているため，本適用除外に関する種類株主総会決議を会社法上有効な決議として行うには(39)，まず定款を変更して本適用除外のための同意を種類株主総会の決議事項に加える必要がある（したがって，通常の株主総会における特別決議が必要となる）。また，新株予約権者など株式以外の株券等には，種類株主総会という概念が存在しないため，ストック・オプションなどで25名以上の新株予約権者が存在する場合には，買付者の株券等所有割合が３分の２以上になる買付け等について本号による適用除外を受ける余地はないことになる。

(3)　担保権の実行による特定買付け等（金商法施行令６条の２第１項８号）

(39)　当該種類株主総会の決議は，会社法に従い有効な種類株主総会の決議がなされる必要があると解されている（平成18年12月パブコメ６頁No.13）。

本適用除外事由は，平成15年証取法改正によって規定された。担保権の設定は「買付け等」には該当しないと解されていることから，担保権の設定・実行のいずれも公開買付規制の適用を受けないことになる。ただし，いわゆる処分清算型の担保権の実行において処分の相手方が担保株券等を取得する場合について，金融庁は，金商法施行令６条の２第１項８号は適用されないとする[40]。また，担保権の設定および実行を仮装しているものの取引の実体が売買であるような脱法的な態様の取引については，実態に即して公開買付規制の適用があるというべきであろう。

⑷　事業の全部または一部の譲受けによる特定買付け等（金商法施行令６条の２第１項９号）

本適用除外事由は，平成16年証取法改正によって規定された。ただし，もっぱら公開買付けを避ける目的の取引は，脱法行為として金商法施行令６条の２第１項９号の適用を受けられない場合もあろう。

4　その他

⑴　株券等の売出しに応じて行う株券等の買付け等（当該売出しにつき，有価証券届出書が届け出られている場合または発行登録追補書類が提出されている場合に限る。金商法施行令６条の２第１項10号）

すでに開示が行われている有価証券の売出しは原則として届出は不要であり（４条１項３号），上場会社株式についての一般的な売出しに応じることは，本適用除外事由に当たらない場合が多いと思われるため，留意が必要である。

⑵　株券等の発行者の役員（取締役，執行役，会計参与，監査役など）または従業員が当該発行者の他の役員または従業員と共同して当該発行者の株券等の買付け等を金融商品取引業者に委託して行う場合または信託業を営む者に指図を行う場合で，当該買付け等が一定の計画に従い，個別の投資判断に基づかず，継続的に行われる場合（各役員または従業員の１回当たりの拠出金額が100万円に満たない場合に限る。金商法施行令６条の２第１項13号，

⑽　公開買付けQ&A問19

他社株買付府令２条の６）

⑶　投資信託の受益証券で，信託約款において当該受益証券の所有者の請求により当該受益証券を当該投資信託財産に属する株券等と交換する旨定められているものの所有者が，当該交換により行う株券等の買付け等（金商法施行令６条の２第１項２号・３号）

⑷　有価証券報告書を提出しなければならない発行者以外の発行者（特定上場有価証券または特定店頭売買有価証券である株券等の発行者を除く）が発行する株券等の買付け等（金商法施行令６条の２第１項14号）

⑸　金融商品取引清算機関に対し株券等を引き渡す債務を負う清算参加者が，当該金融商品取引清算機関の業務方法書において履行すべき期限として定められる時までに当該債務を履行しなかった場合に，当該業務方法書に定めるところにより行う株券等の買付け等（金商法施行令６条の２第１項15号）

⑹　株式等売渡請求（会社法179条の３第１項）による株券等の買付け等（金商法施行令６条の２第１項16号）

平成26年会社法改正により，現金対価のスクイーズ・アウトの手法として特別支配株主の株式等売渡請求の制度が導入されたことに伴い（会社法179条），平成27年金商法施行令改正により，適用除外買付け等の一類型としてかかる株式等売渡請求による株式取得が追加された。対象会社が新株予約権を発行している場合には，新株予約権に対する売渡請求を併せて行わなければ，適用除外の対象にならない。ただし，新株予約権について全部勧誘義務の適用除外となるための要件（金商法施行令８条５項３号，他社株買付府令５条３項）が満たされている場合には，かかる制約はない。

❖第５節❖　特別関係者

特別関係者には，いわゆる形式的基準による特別関係者（本編において，「形式的特別関係者」という）と実質的基準（本編において，「実質的特別関係者」という）による特別関係者とがある（27条の２第７項）。これらに該当するか否かによって，公開買付規制の適用の有無に影響しうるし，また，別途買付けの禁止（27条の５）の適用の有無も異なるなど，その範囲を理解することはきわめて重要である。なお，大量保有報告制度における共同保有者（27条の23第５項・６項）とは範囲が異なることについて，第４編第２章第２節■２参照。

1　形式的特別関係者

形式的特別関係者とは，買付者と，株式の所有関係，親族関係その他の政令で定める特別な関係にある者であり（27条の２第７項１号），具体的には，以下のとおりである。

(1)　買付者が個人である場合（金商法施行令９条１項）

①　買付者の親族（配偶者ならびに１親等内の血族および姻族）

②　買付者（その親族を含む）が法人等[41]に対して「特別資本関係」（後述）を有する場合における，当該法人等およびその役員（取締役，執行役，会計参与，監査役，理事および監事その他これらに準ずる者を含む。以下，本節において同じ）

当該株券等の買付け等により特別資本関係を有することとなる場合は，②に含まれない。

(2)　買付者が法人等である場合（金商法施行令９条２項）

①　買付者の役員

株式会社において取締役ではない執行役員は「役員」に該当しない[42]。他方，たとえば投資法人の執行役員は，株式会社における取締役に準ずる者として（投信法109条１項参照），「役員」に該当すると解される[43]。組合が買付者である場合は，業務執行組合員など，当該組合の業務執行を決定する者が「役員」に該当する[44]。

②　買付者が他の法人等に対して「特別資本関係」を有する場合におけ

---

(41)　法人その他の団体をいう（金商法施行令４条の４第１項２号）。組合も含むと解される（29条の４第２項参照）。以下同じ。

(42)　公開買付けQ&A問27

(43)　三井ほか・詳説Q&A60頁

(44)　公開買付けQ&A問28

る，当該他の法人等およびその役員

当該株券等の買付け等により特別資本関係を有することとなる場合は，②に含まれない。

③　買付者に対して「特別資本関係」を有する個人および法人等ならびに当該法人等の役員

「特別資本関係」は，(a)個人（その者の親族を含む）または法人等が，他の法人等の総株主等の議決権の20％以上に係る株式または出資を，自己または他人の名義をもって所有する関係（金商法施行令９条１項２号），(b)個人（その者の親族を含む）または法人等とその「被支配法人等」（後述する）が，合わせて他の法人等の総株主の議決権の20％以上に係る株式または出資を，自己または他人の名義をもって所有する関係（同条３項）をいう。ここでいう「被支配法人等」とは，ある個人（その者の親族を含む）または法人等が，他の法人等の総株主等の議決権の過半数に係る株式または出資を，自己または他人の名義をもって所有する場合における，当該他の法人等である（同条５項）。ある個人（その者の親族を含む）または法人等とその被支配法人等が，合わせて他の法人等の総株主等の議決権の過半数に係る株式または出資を，自己または他人の名義をもって所有する場合には，当該他の法人等は被支配法人等とみなされる（同条４項）。**図表3－2**は，買付者が法人等の場合の形式的特別関係者の範囲を図示したものである。なお，さらに買付者がそのみなし被支配法人等を合わせて他の法人等の総議決権の過半数に係る株式または出資を所有する場合に，当該他の法人等もまたみなし被支配法人等に該当するか否かが問題になるが，同条４項の「……みなして前項の規定を適用する」との文言解釈上，基本的にみなしの繰返しは想定されていないと解釈すべきであろう[45]。金融庁も同様の結論を採る[46]。

なお，組合が買付者である場合，誰が，(a)「当該組合が特別資本関係を有する法人等」，(b)「当該組合に対して特別資本関係を有する者」に

---

(45)　これに対し，大量保有報告制度における被支配会社に係るみなし規定（金商法施行令14条の７第３項）の「……みなして第一項及びこの項の規定を適用する」との文言は，みなしの繰返しが想定されていると読める。

(46)　公開買付けQ&A問３

図表3－2　形式的特別関係者の範囲（買付者が法人等の場合）

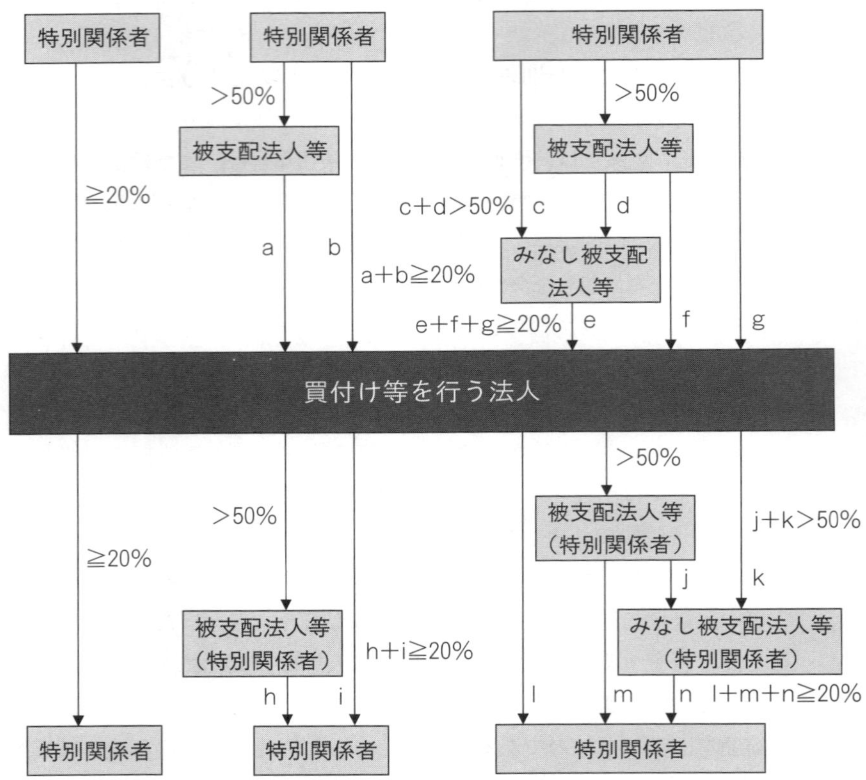

（注１）　法人である買付者および特別関係者については，当該法人の役員も特別関係者となる。
（注２）　個人である特別関係者については，当該個人の一親等内の親族について合算が行われ，一体として特別関係者に該当するかが判断される。

該当するのか，明らかではない。金融庁は，(a)につき，組合財産として他の法人等の総株主等の議決権の20%以上を有する場合における当該他の法人等がこれに該当するものとする。また，(b)につき，当該組合の財務および営業または事業の方針を決定する権限全体の20%以上を有する者が該当すると考えられるところ，上記の権限は通常業務執行役員が有しており，たとえば５名の多数決により決定する場合は，それぞれの者が権限全体の20%を有すると考えられるものとする(47)。

2　実質的特別関係者

実質的特別関係者は，買付者との間で，(1)共同して株券等を取得し，または譲渡すること，(2)共同して当該株券等の発行者の株主としての議決権その他の権利を行使すること，(3)株券等の買付け等の後に相互に当該株券等を譲渡し，または譲り受けることのうちいずれかを合意している者をいう（27条の2第7項2号)。(1)に関連して，ある株主が，その保有する対象者株式に関する譲渡禁止を買付者との間で合意した場合でも，共同して「取得」することや「譲渡」することを合意しているわけではなく，実質的特別関係者には該当しないと解すべきである。また，(3)に関連して，株式の先買権（いわゆるFirst Refusal Right）を買付者に付与した株主がこれに該当するかが問題となりうるが，当該株主が株式の売却を希望したうえで他方が先買権を行使して初めて売買が成立するのであって，先買権の付与のみで相互譲渡の合意が存在するとは言い難いため，原則として実質的特別関係者には該当しないと解釈できると思われる。もっとも，先買権の内容は事案によって一様ではないため，当該権利の具体的内容に即して慎重に検討する必要があろう[(48)]。買付者との間でコール・オプションやプット・オプションを付与する合意をした株主が(3)に該当するかも問題となりうる。個別事案の具体的内容によるが，買付け後相互譲渡の合意に該当すると評価すべき場合も多いと思われる。このほか，買付者との間で，一方がその保有する対象者の株券等につき第三者への譲渡を希望する場合に，他方がそれと同一条件で自己の保有する株券等を当該第三者に譲渡することを要求できる権利（いわゆる共同売却権（Tag Along Right)）や，一方がその保有する対象者の株券等を第三者に譲渡をする場合に，同時に他方が保有する株券等も当該第三者に譲渡することを要求できる権利（いわゆる共同売却請求権（Drag Along Right)）を合意した株主は，「共同して……譲渡」することの合意として(1)に該当する可能性が高い[(49)]。

---

(47)　公開買付けQ&A問28。なお，特に組合員が少数である場合においては，実質的特別関係者に該当しないかに留意する必要があることが指摘されている。

(48)　内間裕「株式公開買付制度の適用範囲に関する諸問題」旬刊商事法務1641号68頁（2002）参照

(49)　池田ほか・セミナー（公開買付け・大量保有報告）174頁〔神田秀樹発言〕

実務のポイント・3−2

◆議決権行使の合意

対象者の定時株主総会のための基準日後に公開買付けの決済が行われるとすれば，当該公開買付けに応募して株券等を売却した旧株主が当該定時株主総会の議決権を有することになる。この場合，仮に，定時株主総会において旧株主の動議により増配議案が承認されたとすると，公開買付けの決済を行い大株主になった公開買付者は損害を被る可能性がある。多額の配当の決定は，「重要な財産の処分」に「準ずる事項」として公開買付けの撤回事由に該当する余地もあるが（公開買付けQ&A問35），このようなスケジュールで公開買付けを行うことはリスクがあり，避けることが多い。しかし，何らかの理由でかかるスケジュールの公開買付けを実施する場合もあり，そのようなときには，公開買付者は応募株主との間で，当該公開買付けへの応募の合意に加え，公開買付けで買い付けられた株式について，公開買付け直後の定時株主総会における議決権行使について公開買付者の指示に従って行使する旨を合意したり，公開買付者への委任状の交付を合意することがある。ここで，かかる合意が「共同して株主としての議決権その他の権利を行使すること」，すなわち議決権の共同行使の合意であるとして，当該応募株主が実質的特別関係者に該当するのではないかが問題となる。

とくに公開買付者が基準日においてすでに株主であるような場合には，応募者から委任状交付を受ける合意をすれば，形式的には議決権の共同行使に当たると解する余地があるが，実質的にみれば，委任状交付の合意によって公開買付者の意思の下に行使される議決権は，公開買付けによってすでに買い付けられた株式に係る議決権であり，当該応募者には当該議決権行使の内容について利益や関心もないのが通常である。金融庁も，売主がすでに手放した株式について，基準日との関係で売主の下に残っている議決権を株主総会時点の所有者に行使させるという趣旨であれば，通常，当該委任の事実のみをもって実質的特別関係者に該当するものではないとする（公開買付けQ&A問４）。もっとも，売主が，自己の所有する株式のうちの一部だけを売却し，その後も対象者の株主であり続けるような場合は，委任の趣旨などを踏まえて慎重に検討する必要がある（三井ほか・詳説Q&A73頁参照）。

❖第６節❖　株券等所有割合

株券等所有割合は，公開買付規制の適用に関して株券等の数量を示す指標となる概念である。その計算については，適用される条文によって加算の対象となる特別関係者の範囲や基準時点が異なるが，ここでは，27条の２第１項１号〜３号の適用の有無を検討する際の計算方法を例にとって，計算式を示して説明する。なお，第４編において解説する大量保有報告制度における「株券等保有割合」は株式数ベースで計算されるのに対して，株券等所有割合は議決権ベースで計算される点が大きく異なる。

株券等所有割合は，以下の算式により計算される（27条の２第８項，他社株買付府令６条）。総議決権数に買付者と特別関係者が所有する潜在議決権数を加算した数を分母とし，買付者と特別関係者が所有する議決権および潜在議決権数の合計を分子とする。なお，買付者または特別関係者が複数存在する場合は，分子および分母それぞれについて当該複数の者に係る議決権数を合計した数を用いるものと解される。

株券等所有割合＝（ａ＋ｂ）／（ｃ＋ｄ）

ａ＝買付者が当該買付け後に所有する（「所有」の概念は下記(1)参照）株券等に係る議決権数

ｂ＝特別関係者（小規模所有者に該当する形式的特別関係者を除く）が当該買付け後に所有する株券等に係る議決権数

ｃ＝当該株券等の発行者の総議決権数（潜在議決権数は含まない）

ｄ＝ｃの計算に含まれるものを除く，買付者および特別関係者が所有する株券等に係る議決権数

(1)　「所有」の概念

株券等所有割合における「所有」には，所有に準ずるものとして，①売買その他の契約に基づき株券等の引渡請求権を有する場合，②金銭の信託契約その他の契約または法律の規定に基づき，株券等の発行者の株主もしくは投資主としての議決権を行使することができる権限または当該議決権の行使について指図を行うことができる権限を有する場合，③投資一任契約その他の契約または法律の規定に基づき，株券等に投資するのに必要な権限を有する場合，④株券等の売買の一方の予約を行っている場合（当該売買を完結する権利を有し，かつ，当該権利の行使により買主としての地位を取得する場合に限る），⑤株券等のコール・オプションを取得している場合，⑥他社株転換社債券の取得が含まれる（金商法施行令７条１項各号，他社株買付府令４条）。他方で，所有の態様その他の事情を勘案して，一定の場合は計算から除外される。具体的には，実質的に

株券等に係る議決権の行使について権限を有していない場合（他社株買付府令7条1項1号・6号・10号），近い将来に処分が予定される場合（同項2号・4号），特殊な法主体が所有する場合または特殊な業務のために所有する場合（同項3号・5号・7号・8号・9号・11号・12号）および特別関係者間の取引がある場合（同項13号）は，計算から除外される。なお，平成23年金商法改正により，コミットメント型ライツ・オファリング（その意味については，第2章第4節■1参照）において，引受証券会社による引受契約に基づく未行使分の新株予約権の取得に対する公開買付規制の適用については，当該新株予約権を取得した日から起算して60日を経過した日の前日までは，株券等保有割合の計算から除外されることとなった（同項2号）。また，以前は，買付者および特別関係者間で株式の取引がある場合に同一の株式を重複して加算しない手当てがされていなかったが，上記のとおり，この問題は，平成27年他社株買付府令改正で，同府令7条1項13号が新設されたことにより解消された。

⑵　議決権数の計算方法[50]

他社株買付府令8条の規定に従う。概括的にいえば当該時点における議決権の有無および数にかかわらず，当該株券等によって取得しうる議決権の最大数を基準に計算するという考え方が採られている。たとえば，取得請求権付株式および取得条項付株式（取得の対価として交付される株券等に係る議決権の数が当該株式に係る議決権の数よりも大きい場合）については，当該交付される株券等に係る議決権の数のうちもっとも多い数が，その議決権の数として加算されることになる（同条1項2号）。ただし，取得の対価として交付される株券等の数が将来の日の市場価額その他の指標に基づき決定される場合（MSCBなど）については，当該買付け等を行おうとする前日または前々日に交付されたものとみなして計算される（同条2項）。また，コミットメント型ライツ・オファリングによる新株予約権は，その割当て時においては株券等所有割合の計算上考慮しない（27条の2第8項1号，他社株買付府令8条3項1号ただし書）。

⑸⓪　詳細については，長島大野常松・理論と実務47頁～50頁参照

第3章
公開買付けにおける開示規制

本章のサマリー

◇本章では，金商法第２章の２の第１節「発行者以外の者による株券等の公開買付け」のうち，株主・投資者への情報開示に関する規定について解説する。具体的には，公開買付開始公告および公開買付届出書（27条の３），公開買付開始公告の訂正（27条の７），訂正届出書（27条の８），公開買付説明書（27条の９），意見表明報告書および対質問回答報告書等（27条の10），公開買付けの結果の公告および公開買付報告書等（27条の13），公衆縦覧（27条の14）などの諸規定をカバーする。なお，有価証券をもって対価とする買付け等（27条の４），買付条件の変更に係る公告（27条の６第２項・３項），公開買付けの撤回に係る開示（27条の11第２項～４項）については第４章で解説する。

◇株主・投資者への情報開示については，平成18年12月施行の証取法改正により，株主・投資者が的確な投資判断を行ううえでの十分な情報提供や熟慮期間を確保する観点から，公開買付届出書における開示の充実，意見表明報告書の提出義務，対象者から公開買付者への質問の機会付与と公開買付者の回答義務，対象者の請求に基づく公開買付期間の延長などに関する規定が設けられた。また，平成20年の金商法改正により，公開買付けに係る開示書類の虚偽記載や強制公開買付規制違反についても課徴金制度の対象となり，さらに平成24年金商法改正により，虚偽開示書類の提出に加担する行為も課徴金の対象とされることとなった。

❖第1節❖　手続の概要

金商法は，投資者が公開買付けに応じるか否かを判断するための適切な情報開示を目的として公開買付けに係る開示規制を行う。第2節以降において開示に係る個別の規制について解説するが，まず，公開買付けの手続の流れを概観する。以下では基本的に金商法の公開買付規制に係る手続について記述するが，実際に公開買付けを進める際には，大量保有報告書，臨時報告書や親会社等状況報告書の要否の検討や，金融商品取引所の適時開示に関する規則，会社法，独占禁止法（海外の競争法を含む），対象者の事業を規制する各種の事業規制法，外為法，米国の証券規制などのさまざまな法令に配慮する必要がある。

27条の2第1項本文により公開買付けを行わなければならない者（公開買付者）は，まず公開買付開始公告を行い（27条の3第1項），同日に関東財務局長[(51)]に公開買付届出書を提出することにより，買付け等の申込みや売付け等の申込みの勧誘などをすることができる（同条2項・3項）[(52)]。公開買付者は，買付け等を行う場合には，売付け等を行おうとする者に対し，その作成に係る公開買付説明書を，あらかじめまたは同時に交付しなければならない（27条の9第2項，他社株買付府令24条4項）。公開買付けに応募した応募株主等は，公開買付期間中であればいつでも公開買付者との公開買付けに係る契約を解除できるが（27条の12第1項），公開買付者が公開買付けを撤回したり契約の解除を行うことは，一定の要件を満たす場合に限って認められる（27条の11第1項）。買付条件等の変更についても，応募株主等に不利になるような変更は原則として認められない（27条の6第1項）。他方，対象者は，公開買付開始公告が行われた日から10営業日以内に意見表明報告書を関東財務局長に提出しなければならない（27条の10第1項，金商法施行令13条の2第1項）。これに公開買付者に対す

---

(51)　関東財務局長への権限委任については，第5章第2節■1参照。

(52)　公開買付けの開始に関するプレスリリースは，公開買付開始公告を行う前日に行うのが通常であるが，実務上の要請から，ある程度期間をおいた将来に公開買付けを開始する予定であることを予告するプレスリリースがなされる場合もある。この場合，公表後の価格変動など予想外の事態が生ずる可能性に留意する必要がある。他方で，相場操縦（159条）や風説の流布（158条）にあたらないようにする配慮も必要である。なお，風説の流布が認定された裁判例として，東京地判平14・11・8判時1828号142頁。

る質問が記載された場合には，公開買付者はその写しの送付を受けた日から５営業日以内に対質問回答報告書を関東財務局長に提出しなければならない（27条の10第11項，金商法施行令13条の２第２項）。公開買付期間が終了したとき，公開買付者は，その期間末日の翌日に結果を公告または公表し，公開買付報告書を関東財務局長に提出する（27条の13第１項・２項）。また，遅滞なく，応募株主等に対して所定の事項を記載した通知書を送付し（金商法施行令８条５項１号），かつ，買付け等に係る受渡しその他の決済を行わなければならない（27条の13第４項，金商法施行令８条５項２号）。

なお，上場会社が公開買付者である場合は公開買付けを行うことの決定およびその結果などについて，また，対象者である場合は意見表明などについて，それぞれ適時開示（プレスリリース）が必要になる（東証有価証券上場規程402条１号ｘ・ｙ，東証・会社情報適時開示ガイドブック（2017年３月版）第２編第１章12・同13参照）。

実務のポイント・3－3

◆増配リスクへの対応

多くの会社は，定款において，定時株主総会の議決権行使に関する基準日および期末配当に関する基準日をいずれも事業年度末日（３月末決算の会社であれば3月31日）として，その基準日から３カ月以内の日（３月末決算の会社であれば６月下旬）に定時株主総会を開催する。このように基準日と定時株主総会開催日が約３カ月間ずれていることにより，公開買付けのスケジュール設定において問題が生じることがある。

たとえば公開買付けの対象者が３月末決算の会社である場合に，公開買付けの決済が基準日後，かつ，定時株主総会までの間に行われるとき，６月下旬の定時株主総会における議決権および期末配当の受領権は，買付者ではなく，公開買付けに応募した株主（以下「旧株主」という）が有していることになる。この場合，旧株主が定時株主総会当日に配当議案について大幅な増配の修正動議を提出し，これが可決されたり，また，会社から配当議案の提出がない場合に旧株主が株主提案権を行使して高額の配当を提案し，これが可決されるといったリスクが考えられる（増配リスク。旧株主の株主構成などによってはリスクの程度が高くないといえる場合もあろうが，理論的なリスクを否定することは難しい）。このような増配リスクを避けるためには，３月末までに決済を行うスケジュールを組むか，それが難しい場合，公開買付けの開始自体を定時株主総会終了後とするのが安全である。ただし，定時株主総会に配当議案が会社提案として提出されない場合は，株主提案権の行使期限（原則として株主総会の８週間前。会社法305条１項）を経過しても配当を求める株主提案がなければ，その後に公開買付けを開始しても増配リスクはないといえる。ここまでは，対象者における配当の決定機関が原則どおり株主総会にあることを念頭に置いているが，対象者における配当の決定権限が，定款により取締役会に授権されている場合でも，株主総会の配当権限を排除していないときは（会社提案による配当議案は提出されていないことを前提として），株主提案権の行使期限を経過しても配当を求める株主提案がないことを確認してから公開買付けを開始するのが安全である。また，対象者における配当の決定権限が，定款により取締役会に授権されており，株主総会の配当権限が排除されているときでも，定款の規定を変更する株主提案と配当を求める株主提案が併せて行われる可能性を否定できないことから，やはり株主提案権の行使期限の経過を待つのが安全ということになろう。

以上とは別の視点で，旧株主の中に大株主がいる場合に当該大株主との間で事前に議決権行使についての合意をするとか，公開買付けの決済後定時株主総会までの間に臨時株主総会を開催し，配当基準日や定時株主総会の基準日に関する規定を削除する定款変更を行うといった対応も考えられる。しかし，前者については，万一当該大株主が合意に違反した場合は損害賠償請求しか救済手段がなく，また後者については，株主の権利を事後的に奪う面もあるため，慎重な検討が必要と思われる。なお，多額の剰余金の配当は公開買付けの撤回事由に該当しうるとされていることから（第４章第４節■２(3)参照），公開買付期間中に定時株主総会が開催されるスケジュールの場合（定時株主総会開催時に公開買付期間が満了していない場合）は，一定程度，増配リスクを回避することが可能といえよう。

❖第２節❖　公開買付開始公告・公開買付届出書・公開買付説明書

１　公開買付開始公告

(1)　公開買付開始公告

27条の２第１項本文の規定により公開買付けによって株券等の買付け等を行おうとする者（公開買付者）は，公開買付開始公告を行わなければならない(27条の３第１項)。公開買付開始公告の掲載事項は，①公開買付者の氏名・名称および住所・所在地，②公開買付けにより株券等の買付け等を行う旨，③公開買付けの目的，④公開買付けの内容に関する事項（(a)対象者の名称，(b)買付け等を行う株券等の種類，(c)買付け等の期間・買付け等の価格および買付予定の株券等の数，(d)買付予定の株券等に係る議決権の数が総議決権の数に占める割合，(e)公開買付開始公告を行う日における公開買付者の所有に係る株券等の株券等所有割合および特別関係者の株券等所有割合ならびにこれらの合計，(f)買付け等の後における公開買付者の所有に係る株券等の株券等所有割合ならびに当該株券等所有割合および特別関係者の株券等所有割合の合計，(g)買付け等の申込みに対する承諾または売付け等の申込みの方法および場所，(h)買付け等の決済をする金融商品取引業者または銀行等の名称，決済の開始日，方法および場所ならびに株券等の返還方法，(i)その他買付け等の条件および方法)，⑤対象者またはその役員との当該公開買付けに関する合意の有無，⑥公開買付届出書の写しを縦覧に供する場所，⑦公開買付者の目的，事業の内容および資本金（または出資もしくは寄付またはこれらに類するもの）の額（ただし，公開買付者が個人である場合は，職業），である（他社株買付府令10条）。これに加え，公開買付期間が30営業日未満である場合は，対象者の延長請求により当該公開買付期間が延長されることがある旨を明示しなければならない（27条の３第１項）。

公開買付開始公告は，電子公告または時事に関する事項を掲載する日刊新聞紙に掲載する方法により行う（金商法施行令９条の３第１項・４項１号)。電子公告は，開示用電子情報処理組織（EDINET。27条の30の２）を使用し，当該公告をした後遅滞なく，当該公告をした旨，電子公告アドレス（他社株買付府令１条26号参照）などを，時事に関する事項を掲載する日刊新聞紙に掲載しなければならない（金商法施行令９条の３第３項，他社株買付府令９条の２)。電子公告が開始された日と同日の朝刊に掲載するのが通常である。電子公告は，公開買付期間の末日まで継続する必要がある（金商法施行令９条の３第４項)。他方，日刊新聞紙に掲載する方法によるときは，２紙以上の日刊新聞紙（時事に関する事項を掲載する日刊新聞紙または産業および経済に関する事項を掲載する日刊新聞紙）に掲載する。ただし，全国において時事に関する事項を掲載する日刊新聞紙に掲載する場合は１紙以上でよい（他社株買付府令９条２項)。

公開買付開始公告に当たり重要な事項につき虚偽の表示をした者は，10年以下の懲役もしくは1,000万円以下の罰金に処せられ，またはこれを併科される（197条１項２号)。法人については，両罰規定により，７億円以下の罰金刑が科される（207条１項１号)。また，公開買付開始公告を行わない者は，５年以下の懲役もしくは500万円以下の罰金に処せられ，またはこれを併科される（197条の２第４号)。法人については，両罰規定により，５億円以下の罰金刑が科される（207条１項２号)。

また，(i)公開買付開始公告を行わないで買付け等を行った者，(ii)重要な事項につき虚偽の表示があり，もしくは表示すべき重要な事項の表示が欠けている公開買付開始公告を行った者は，それぞれ課徴金納付命令の対象となる。課徴金の額は，(i)につき，買付け等の総額に25％を乗じた額（172条の５），(ii)につき，公開買付開始公告を行った日の前日における終値に当該公開買付けにより買付け等を行った株券等の数を乗じて得た額に，25％を乗じた額（172条の６）とされている(53)。

(2)　公告の訂正

公開買付者は，公開買付開始公告（買付条件等の変更に関する公告および公表を含む）の内容に形式上の不備があり，または記載された内容が事実と相違していると認めたときは，その内容を訂正して公告または公表しなければならない（27条の７第１項）。関東財務局長は，公開買付開始公告（買付条件等の変更に関する公告および公表を含む）の内容について訂正の必要があると認めるときは，公開買付期間の末日までの間に限り，当該公告を行った公開買付者に対して，期限を指定して，訂正の内容を公告しまたは公表することを命ずることができる（同条２項・３項。権限委任につき，194条の７第１項・６項，金商法施行令40条１項２号）。訂正の公告は，公開買付開始公告が電子公告（EDINET）によるときは電子公告により，日刊新聞紙に掲載する方法による場合は日刊新聞紙に掲載して行う（他社株買付府令９条の５第１項）。公表は，２以上の報道機関（時事に関する事項を掲載する日刊新聞紙の販売を業とする新聞社，かかる新聞社に時事に関する事項を総合して伝達することを業とする通信社，または日本放送協会および基幹放送事業者）に公開することにより行う（同府令20条）。実務的には東証等の適時開示情報閲覧サービス（TDnet）による開示または取引所内記者クラブ（東京証券取引所の場合は「兜倶楽部」）への資料の投函（投げ込み）によって行うことが多い。なお，公開買付者が公開買付期間中に買付条件等の変更を行う場合には，単なる公開買付開始公告の訂正の場合と異なり，公表では足りず，必ず公告しなければならない（27条の６第２項・３項。第４章第３節■**3**参照）。

公開買付開始公告に係る訂正の公告または公表にあたり重要な事項につき虚

(53)　172条の５が適用された実例につき，第５章第３節参照。

偽の表示をした者は，10年以下の懲役もしくは1,000万円以下の罰金に処せられ，またはこれを併科される（197条１項２号）。法人については，両罰規定により，７億円以下の罰金刑が科される（207条１項１号）。また，内閣総理大臣に命ぜられた訂正の公告または公表を行わない者は，１年以下の懲役もしくは100万円以下の罰金に処せられ，またはこれを併科される（200条７号）。法人については，両罰規定により，１億円以下の罰金刑が科される（207条１項５号）。

また，重要な事項につき虚偽の表示があり，もしくは表示すべき重要な事項の表示が欠けている上記訂正の公告または公表を行った者は，課徴金納付命令の対象となる。課徴金の額は，公開買付開始公告を行った日の前日における終値に当該公開買付けにより買付け等を行った株券等の数を乗じて得た額に25%を乗じた額とされている（172条の６）。

2　公開買付届出書

(1)　公開買付届出書

①　公開買付届出書の提出

公開買付者は，公開買付開始公告を行った日（ただし，当日が営業日でない場合には翌営業日）に，公開買付届出書を関東財務局長に提出しなければならない（27条の３第２項，他社株買付府令14条。権限委任につき，194条の７第１項・６項，金商法施行令40条１項１号）。EDINETによる提出が義務づけられている（27条の30の２・27条の30の３第１項）。公開買付届出書とは，27条の３第２項所定の事項を記載した書類および内閣府令で定める添付書類をいい，添付書類も含む概念である。記載事項および添付書類の詳細については，後述(2)および(3)を参照。

重要な事項につき虚偽の記載のある公開買付届出書を提出した者は，10年以下の懲役もしくは1,000万円以下の罰金に処せられ，またはこれを併科される（197条１項３号）。法人については，両罰規定により，７億円以下の罰金刑が科される（207条１項１号）。また，公開買付届出書を提出しない者は，５年以下の懲役もしくは500万円以下の罰金に処せられ，またはこれを併科される（197条の２第５号）。法人については，両罰規定により，５億円以下の罰金刑が科される（207条１項２号）。

また，重要な事項につき虚偽の表示があり，もしくは表示すべき重要な事項の表示が欠けている公開買付届出書を提出した者は，課徴金納付命令の対象となる。課徴金の額は，公開買付開始公告を行った日の前日における終値に当該公開買付けにより買付け等を行った株券等の数を乗じて得た額に，25％を乗じた額とされている（172条の６）。平成24年金商法改正により，かかる公開買付届出書の提出を容易にすべき一定の行為またはこれを唆す行為を行った者についても，課徴金納付命令の対象とされることとなった。課徴金の額は，手数料，報酬その他の対価として支払われ，または支払われるべき金銭その他の財産の価額に相当する額として内閣府令で定める額とされる（172条の12第１項２号・２項，課徴金府令１条の８の２第１項）。課徴金額については，第２編第３章第５節■６参照。

②　写しの送付・公衆縦覧

公開買付者は，公開買付届出書の提出後，ただちにその写しを，対象者および（その提出日において）当該株券等に係る公開買付届出書の提出をしている他の者がある場合には当該他の者に対して，送付しなければならない（27条の３第４項）。EDINETへの記録をもって代替することは認められないが，あらかじめこれらの者の承諾を得た場合には，電磁的方法によって写しの送付に代替することが可能である（27条の30の11第１項，他社株買付府令33条の３）[54]。写しの送付に際しては，買付け等の資金が銀行等からの借入れによる場合，当該銀行等の名称および当該借入れに係る契約書の写しについては原則として削除する。ただし，銀行等からの借入れを行う際に当該借入れを当該資金に充てることを当該銀行等に対して明らかにし，その旨を当該公開買付届出書に記載した場合は，この限りではない（同府令16条・33条４項）。当該株券等が上場されている金融商品取引所（店頭売買有価証券の場合は，当該株券等を登録する認可金融商品取引業協会）にも同様の写しを送付しなければならないが，公開買付届出書がEDINETを通じて提出されたときは，かかる写しの送付を実際に行うこと

---

(54)　詳細は第２編第４章第２節を参照

は事実上必要ない（27条の30の６）。

公開買付届出書（訂正届出書を含む。以下，本段落において同じ）は，受理された日から当該公開買付けに係る公開買付期間の末日の翌日以後５年間公衆の縦覧に供せられる（27条の14第１項）。具体的には，関東財務局および株券等の発行者の本店または事務所の所在地を管轄する財務局（福岡財務支局を含む）に備え置き，公衆の縦覧に供する（他社株買付府令33条１項。EDINETを通じて提出された場合，27条の30の７，金商法施行令14条の12）。公開買付届出書の提出者は，上記の縦覧書類が公衆縦覧に供せられている間，その写しを本店または主たる事務所（外国法人の場合は，本邦内の主要な支店または事務所）において，その業務時間中備え置き，公衆の縦覧に供する（27条の14第２項，他社株買付府令33条２項）。当該株券等が上場されている金融商品取引所（店頭売買有価証券の場合は，当該株券等を登録する認可金融商品取引業協会）においても，同期間においてその業務時間中，その写しを事務所に備え置き，公衆の縦覧に供する（27条の14第３項，他社株買付府令33条３項。EDINETを通じて提出された場合，27条の30の８，金商法施行令14条の13）。なお，上記に従い公衆の縦覧に供するに際しては，買付け等の資金が銀行等からの借入れによる場合，当該銀行等の名称および当該借入れに係る契約書の写しについては原則として削除する。ただし，銀行等からの借入れを行う際に当該借入れを当該資金に充てることを当該銀行等に対して明らかにし，その旨を当該公開買付届出書に記載した場合は，この限りではない（他社株買付府令33条４項）。

以上が原則であるが，27条の８第３項・４項に基づいて公開買付届出書に係る訂正届出書の提出命令が発せられた場合[55]，当該命令の対象となった縦覧書類の全部または一部を公衆の縦覧に供しないことができる（27条の14第５項１号）。虚偽記載のある書類により投資者に誤解を生ぜしめないためである[56]。これにより公衆縦覧に供せられない場合，公開買付届出書の提出者や金融商品取引所・認可金融商品取引業協会に通知され（同条６項），かかる通知を受けた場合，これらの者の公衆縦覧義務は解除される（同条７項）。また，訂正届出書の提出命令が発せられた旨その他の重要参考情報が公衆の縦覧に供せられること

---

(55)　訂正届出書の提出命令については，後述(4)参照。

(56)　池田ほか・逐条解説2008年金商法改正208頁

がある（27条の30の7第5項）。

公開買付届出書の写しの送付にあたり重要な事実につき虚偽があり，かつ，写しの基となった書類と異なる内容の記載をした書類をその写しとして送付した者は，5年以下の懲役もしくは500万円以下の罰金に処せられ，またはこれを併科される（197条の2第2号）。法人については，両罰規定により，5億円以下の罰金刑が科される（207条1項2号）。かかる写しの送付をしない者は，1年以下の懲役もしくは100万円以下の罰金に処せられ，またはこれを併科される（200条1号）。法人については，両罰規定により，1億円以下の罰金刑が科される（207条1項5号）。また，公開買付届出書の提出者が，その写しを公衆の縦覧に供しなかった場合，1年以下の懲役もしくは100万円以下の罰金に処せられ，またはこれを併科される（200条6号）。法人については，両罰規定により，1億円以下の罰金刑が科される（207条1項5号）。

③　提出前の禁止行為

公開買付者，特別関係者，公開買付代理人，公開買付者を代理して公開買付けによる株券等の買付け等を行う者（公開買付者等。27条の3第3項）は，公開買付開始公告が行われた日の翌日以降，公開買付届出書を提出していなければ，(a)買付け等の申込みまたは売付け等の申込みの勧誘，(b)公開買付説明書の交付，(c)買付け等の申込みの承諾を受け付けることまたは売付け等の申込みを受け付けること，(d)応募株券等の受入れを行うことはできない（27条の3第3項，金商法施行令10条，他社株買付府令15条）。かかる規定に違反した者は，5年以下の懲役もしくは500万円以下の罰金に処せられ，またはこれを併科される（197条の2第3号）。法人については，両罰規定により，5億円以下の罰金刑が科される（207条1項2号）。

④　真実性の認定等の禁止[57]

公開買付届出書（訂正届出書を含む）が受理されたことをもって，その記載が真実かつ正確であり，または重要な事項の記載が欠けていないことが認定さ

---

(57)　27条の15は，公開買付届出書のほか，公開買付撤回届出書，公開買付報告書，意見表明報告書および対質問回答報告書についても規定している。

れたものとみなすことはできない（27条の15第１項）。これは確認的な規定である。公開買付者等および対象者は，かかる規定に違反する表示をすることができない（同条２項）。同条２項に違反した者は，６月以下の懲役もしくは50万円以下の罰金に処せられ，またはこれを併科される（205条４号）。法人については，両罰規定により，50万円以下の罰金刑が科される（207条１項６号）。

⑵　公開買付届出書の記載事項

公開買付者は，他社株買付府令第２号様式（以下「第２号様式」という）に従って，①買付条件等（買付け等の価格，買付予定の株券等の数，買付け等の期間，買付け等に係る受渡しその他の決済および公開買付者が買付け等に付した条件），②公告開始日以後に公開買付けによらずに当該株券等の買付け等を行う契約がある場合には当該契約の内容，③公開買付けの目的，公開買付者に関する事項などを記載した公開買付届出書を作成しなければならない（27条の３第２項１号〜３号，他社株買付府令12条）。第２号様式によれば，公開買付届出書は，第１【公開買付要項】，第２【公開買付者の状況】，第３【公開買付者及びその特別関係者による株券等の所有状況及び取引状況】，第４【公開買付者と対象者との取引等】，第５【対象者の状況】の大項目で構成される。作成に当たっては，第２号様式の「記載上の注意」に十分留意する必要がある。以下，平成18年12月施行の証取法改正によって情報開示の充実が図られた点を中心に，とくに留意すべき事項について述べる。

①　買付け等の目的

⒜　支配権取得または経営参加目的である場合

買付け等の目的が支配権取得または経営参加である場合には，支配権取得または経営参加の方法と支配権取得後の経営方針または経営参加後の計画について具体的に記載することが要求される。組織再編，企業集団の再編，解散，重要な財産の処分または譲受け，多額の借財，代表取締役などの選定または解職，役員の構成の変更，配当・資本政策に関する重要な変更，その他対象者の経営方針に対して重大な変更を加え，または重大な影響を及ぼす行為を予定している場合には，その内容および必要性も記載することを要する（第２号様式記載上の注意(5) a）。たとえば，公開買付け後にスクイーズ・アウトの手法による完全子会社化や，合併・株式交換など（二段階買収）を予定している場合，または従業員の取扱いについて重要な変更などを予定している場合も開示の対象になる[(58)]。なお，MBO等における情報開示の留意点については，後記④を参照されたい。

(b)　純投資または政策投資目的である場合

買付け等の目的が純投資または政策投資である場合には，株券等を取得した後の当該株券等の保有方針，売買方針および議決権の行使方針ならびにそれらの理由を記載し，長期的な資本提携を目的とする政策投資として買付け等を行う場合には，その必要性を具体的に記載することを要する（第２号様式記載上の注意(5) b）。

(c)　買付け等の後の追加取得など

買付け等の取得の目的を問わず，買付け等の後，当該株券等の発行者の株券等をさらに取得する予定の有無，その理由およびその内容も具体的に記載しなければならない（第２号様式記載上の注意(5) c）。株券等を取得した後に第三者に譲渡することを目的とする場合は，当該第三者について「第２　公開買付者の状況」に掲げる事項と同一の事項（「経理の状況」を除く）を記載し，当該第三者の公開買付者との関係，譲受けの目的および届出日において所有する当該株券等の数を記載することを要する（同様式記載上の注意(5) d）。また，買付け等の後，当該株券等の発行者の株券等が上場または店頭登録の廃止となる見込みがある場合には，その旨および理由について具体的に記載しなければならない（同様式記載上の注意(5) e）。

なお，公開買付けに至る過程は明示的に開示事項として記載されていないが，金融庁は，買付け等の目的の個所に反映されるものと説明している[(59)]。たとえば，大株主の応募が予定されている場合における交渉の過程（応募契約の存在・内容を含む）についても，適切な記載が求められていると解される。

(58)　平成18年12月パブコメ26頁No.83参照
(59)　平成18年12月パブコメ24頁No.78

②　買付け等の期間

平成18年12月施行の証取法改正により対象者の請求による期間延長が認められるようになったこと（27条の10第3項）に関連し，かかる延長の可能性の有無，延長後の公開買付期間の末日，これらにつき問い合わせる場合の連絡先などの記載を要する（第2号様式記載上の注意(6)ｂおよびｃ）。

③　買付け等の価格

「算定の基礎」と「算定の経緯」とを記載する必要がある。なお，有価証券等を対価とする場合には，当該有価証券等の種類および交換比率を記載する（第2号様式記載上の注意(6)ｄ）[60]。

(a)　算定の基礎

買付価格の算定根拠を具体的に記載し，買付価格が時価と異なる場合や当該買付者が最近行った取引の価格と異なる場合に，その差額の内容を記載する必要がある。もっとも，対象者が非上場会社である場合，そもそも時価が存在しない場合が多いため，基本的に買付価格との差額を記載することは困難と思われる。また，株券等の種類に応じた公開買付価格の価額の差について，換算の考え方などの内容を具体的に記載する必要がある（第2号様式記載上の注意(6)ｅ）。たとえば，株式だけでなくストック・オプションも公開買付けの対象とするような場合にも，価額の考え方などについて具体的に記載する必要がある。なお，内容の異なる二以上の株券等を対象とする公開買付けにおいて，実質的に公開買付価格が均一になるよう設定されるべきとの見解が有力であるが[61]，かかる考え方には議論の余地があることについて，第4章第2節■1(3)参照。

(b)　算定の経緯

算定の際に第三者の意見を聴取した場合，当該第三者の名称，意見の概要および当該意見を踏まえて買付価格を決定するに至った経緯を具体的に記載する必要がある（第2号様式記載上の注意(6)ｆ）。ただし，公開買付価格について情

---

(60)　有価証券等を対価とする公開買付け（いわゆるエクスチェンジ・オファー）の留意点については，第4章第2節■1(2)参照。

(61)　池田ほか・新しい公開買付制度65頁

報の開示を求めすぎると過剰規制となり，企業再編行為に対して過度に萎縮効果が働きかねないことから，後述のMBO等の場合を除き，第三者による評価書や意見書を公開買付届出書に添付することまでは求められていない[62]。

④　MBO等

(a)　MBO等における開示規制の加重

公開買付者が，対象者の役員，対象者の役員の依頼に基づき当該公開買付けを行う者であって対象者の役員と利益を共通にする者または対象者を子会社とする会社その他の法人である場合（以下，本節において「MBO等」という）においては，取引の構造上，必然的に利益相反状態が生じること，買付者側と売却者側である株主との間に情報の格差（情報の非対称性）があることなどから，開示規制が加重される。具体的には，(i)買付価格の公正性を担保するためのその他の措置を講じているときは，「算定の経緯」欄にその具体的内容を記載しなければならず（第２号様式記載上の注意(6) f），(ii)「公開買付者と対象者又はその役員との間の合意の有無及び内容」欄には，当該公開買付けの実施を決定するに至った意思決定の過程を具体的に記載し，かつ，利益相反を回避する措置を講じているときは，その具体的内容を記載しなければならない（第２号様式記載上の注意(27)）[63]。また，(iii)第三者による評価書・意見書などがあるときは，その写しを添付しなければならない（他社株買付府令13条１項８号）。なお，東証は，上場会社が公開買付けを行う場合であって，これにより対象株券等が上場廃止となる見込みのある場合，または上場子会社が発行する株券等に対する公開買付けを行う場合，算定機関が作成した算定書を東証に提出することを義務付けている（東証有価証券上場規程421条１項，同施行規則417条13号）。

開示規制が加重されるMBO等の概念について，金商法は，広めにとらえているといえるが，上記「対象者の役員と利益を共通にする者」の範囲は必ずしも明確ではない。立案担当者は，少なくとも，対象者の役員が公開買付者に買付資金の一部を出資する場合や，対象者の役員が公開買付け後に対象者の大株

(62)　平成18年12月パブコメ19頁No.60，大来志郎「公開買付制度の見直しに係る政令・内閣府令の一部改正の概要」旬刊商事法務1786号５頁（2006）

(63)　なお，利益相反を回避する措置の具体的内容は，意見表明報告書における記載事項でもある（他社株買付府令第４号様式記載上の注意(3) d）。

主となるファンド・組合などの役員・業務執行者に就く場合などは含まれるとしている[64]。このほか，たとえば，対象者の役員が公開買付者に出資せず，公開買付者のストック・オプションのみを取得するようなケースも，「利益を共通にする」ものにあたるか問題となる。付与されるストック・オプションの内容により個別に判断する必要があり，あたらない場合もあると解すべきであろう。

(b)　買付価格の公正性に影響を及ぼしうる事情や利益相反を生じさせうる事情

公開買付届出書に，買付価格の公正性を担保するために講じた措置や利益相反を回避するために講じた措置について記載したとしても，もし買付価格の公正性に影響を及ぼしうる事情や利益相反を生じさせうる何らかの事情がある場合にそれらの事情を記載しないとすれば，記載すべき重要な事項の記載が欠けていると考えられる場合もある。たとえば，(i)公開買付価格の算定に参照されることを前提にして，MBOに参加する取締役が実質的に関与[65]して事業計画が作成・変更された場合で，事業計画が従前のものと大きく異なる場合，従前の事業計画が前提としていた事実と大きく異なる事実を前提とする場合，または従前は事業計画を作成していなかった場合，(ii)MBOに参加する取締役が対象者のその他の役員および従業員に対して有する実質的な支配力などに鑑み，当該取締役がMBOに係る対象者の意思決定に強い影響力を及ぼしている場合などが，これに該当するとされる[66]。

実務のポイント・3－4

◆MBO等における公正な手続の確保

MBO等においては，買付者側となる取締役と株主との間に情報の格差（非対称性）があり，かつ，必然的に利益相反構造を有する。そのため，公正な手続確保が重要であり，実際に講じた買付価格の公正性を担保するための措置や利益相反を回避するための措置について，公開買付届出書において開示が求められる。

これに関連して，多数株主が公開買付けを行い，その後に全部取得条項付種類株式を利用し少数株主をスクイーズ・アウトした場合における株式の取得価格としての「公正

(64)　池田ほか・新しい公開買付制度99頁

(65)　ここで「実質的に関与」とするのは，マネジメント・インタビューを受けるなど，純粋に受動的な意味での関与は必ずしも含まれない趣旨と説明されている（三井ほか・詳説Q&A95頁）。

(66)　公開買付けQ&A問34

な価格」が争われたジュピターテレコム事件に係る最決平28・7・1（金融・商事判例1497号8頁）は，「独立した第三者委員会や専門家の意見を聴くなど多数株主等と少数株主との間の利益相反関係の存在により意思決定過程が恣意的になることを排除するための措置が講じられ，公開買付けに応募しなかった株主の保有する（上記）株式も公開買付けに係る買付け等の価格と同額で取得する旨が明示されているなど一般に公正と認められる手続により（上記）公開買付けが行われ，その後に当該株式会社が（上記）買付け等の価格と同額で全部取得条項付種類株式を取得した場合」（下線・カッコは著者による）には，特段の事情がない限り，株式の取得価格を公開買付けにおける買付価格と同額とするのが相当であると判示した。ここでは「公正な価格」の判断方法に関する議論に深入りはしないが，同決定以降，MBO等を実施する場合において公正な手続を踏むことの重要性が，より明確に認識されることとなったといえる。もっとも，どのような条件を満たせば「一般に公正と認められる手続」といえるかは同決定においても必ずしも明らかにされておらず，個別の案件ごとに判断されることになろう。なお，東京高決平31・2・27（金融・商事判例1564号14頁）は，特別支配株主による株式等売渡請求における「売買価格」（会社法179条の8第1項）について，同決定と同様の判断枠組みを採用した。

MBO等の実施については，経済産業省が平成19年9月4日に公表した「企業価値の向上及び公正な手続確保のための経営者による企業買収（MBO）に関する指針」（以下「MBO指針」という）が実務において参考にされてきたところであるが，その後の実務の蓄積や環境変化などを踏まえ，平成31年4月現在，経済産業省が立ち上げた「公正なM&Aの在り方に関する研究会」においてMBO指針の見直しが議論されており，新たな指針案（「公正なM&Aの在り方に関する指針 ── 企業価値の向上と株主利益の確保に向けて ──（案）」。以下「新指針案」という）が作成されているため，以下に簡単に紹介する。

新指針案では，公正性担保措置は，取引条件の形成過程における独立当事者間取引と同視し得る状況の確保および一般株主による十分な情報に基づく適切な判断の機会の確保という視点から，公正な取引条件を実現するための手段と整理することができるところ，常に全ての公正性担保措置を講じなければ公正な取引条件の実現が担保されないというわけではなく，公正性担保措置としていかなる措置をどの程度講じるかは，構造的な利益相反の問題や情報の非対称性の問題の程度など，個別の取引における具体的状況に応じて検討されるべきで，全体として見て取引条件の公正さを担保するための手続として十分か否かが評価されるべきものとする。その上で，一般に有効と考えられる典型的な措置として，①独立した特別委員会の設置，②外部専門家の独立した専門的助言など（法務アドバイザーの助言，第三者評価機関における株式価値算定書，フェアネス・オピニオンなど）の取得，③他の買収者による買収提案の機会の確保（マーケット・チェック），④マジョリティ・オブ・マイノリティ条件の設定，⑤一般株主への情報提供の充実とプロセスの透明性の向上，⑥強圧性の排除といった措置を取り上げている。たとえば，独立した特別委員会の設置（上記①）については，MBO等において取引条件の公正さを担保する上で特に意義が大きく，買収提案を受けた場合には可及的に速やかに設置することが望ましいこと，独立性を有する社外取締役を委員として選任することが望ましいこと，特別委員会が取引条件に関する交渉過程に実質的に関与することが望ましいことなどを指摘する。また，一般株主への情報提供の充実とプロセスの透明性の向上（前記⑤）については，特別委員会に関し，委員の独立性や専門性などの適格性，特別委員会に付与された権限の内容，特別委員会における検討経緯や買収者との取引条件の交渉過程への関与状況，特別委員会の判断の根拠・理由，答申書の内容，委員の報酬などに関する情報について，また，株式価値算定書やフェアネス・オピニオンに関し，株式価値算定の計算過程に関する情報（たとえば，DCF法を用いた場合において算定の前提としたフリー・キャッシュフロー予測や財務予測の作成経緯，割引率の計算根拠など，また類似会社比較法を用いた場合において類似会社の選定理由など）について，充実した情報開示が望ましいとする。

新指針案は，パブリックコメントの手続を経た上で，令和元年６月中をめどに新たな指針として公表される予定である。

実務のポイント・3－5

◆業績予想の下方修正

MBO等を計画しているときに，それとは別に，企業会計上の要請から業績予想の下方修正を行う必要が生じる場合があるが，このようなケースでは，MBO等が成立しやすくなるように意図的に市場株価を引き下げているとの疑義を招くおそれがあり，とくに慎重な検討が必要である。この問題は，スクイーズ・アウトに関する株式取得価格決定を求める裁判で問題となることが多い。たとえば，レックス・ホールディングスの株式取得価格決定申立事件に係る東京高決平20・９・12（金融・商事判例1301号28頁）は，MBOに係る公開買付け公表の約３カ月前に行った業績予想の下方修正のプレスリリースにつき，「企業会計上の裁量の範囲内の会計処理に基づくものとはいえ，既に，この段階において，相当程度の確実性をもって具体化していた本件MBOの実施を念頭において，特別損失の計上に当たって，決算内容を下方に誘導することを意図した会計処理がされたことは否定できない」としたうえで，当該株式の客観的価値の算定にあたって当該プレスリリース後の市場株価を考慮しないことは妥当ではないものの，当該プレスリリース以前の市場株価も算定の基礎に含めるべきとし，結局，当該MBOが公表された前日から６カ月間の市場株価の終値の平均値をもって取得日における当該株式の価値とした。また，サンスターの株式取得価格決定申立事件に係る大阪高決平21・９・１（金融・商事判例1326号20頁）は，「MBOを計画する経営者は……自己の利益を最大化するため，対抗的公開買付けを仕掛けられない範囲で，自社の株価をできる限り安値に誘導するよう作為を行うことは見やすい道理」とし，MBO公表の約３カ月前に行われた業績予想の下方修正について，「その理由が簡略で必ずしも説得力があるとはいえず，株価に対する影響もなかったといえることから，株主に対する利益配当を回避し，株価の『安値誘導』を画策する工作の一つではないかと疑われる」としたうえで，MBOの準備を開始したと考えられる時期以後の株価については原則として企業価値を把握する指標として排除すべきとした。また，株主から対象会社の取締役らの責任が問われた裁判

（レックス・ホールディングス損害賠償請求事件）で，東京高判平25・４・17（判時2190号96頁）は，取締役は，善管注意義務の一環として，公開買付けに対して会社として意見表明するとき，株主が公開買付けに応じるか否かの意思決定を行ううえで適切な情報を開示すべき義務（適正情報開示義務）を負うと解されるところ，意見表明に際して，業績下方修正公表の段階でMBOの準備が進められていたという情報やこれによって生じるであろう株価操作の疑いを払拭する情報を開示しなかったことは，かかる情報開示義務に違反するとした。

このような裁判所の厳しい態度なども踏まえ，業績予想の修正が必要となるような時期におけるMBO等の実行は，とくに慎重に検討される場合が多い。もし諸般の事情から業績予想の下方修正後にMBO等を実行するという場合は，対象会社の客観的な企業価値が反映されるよう，買付価格についてとくに慎重に検討する必要がある。また，当該時期にMBO等を行うことを選択した背景・目的などにつきより充実した説明を行い，かつ，当該下方修正が市場株価を引き下げることを意図したものではないことについて，その原因とともに十分な説明をするなどの配慮もすべきである。

なお，上記レックス・ホールディングス損害賠償請求事件に係る東京高判平25・４・17は，対象会社の取締役は，善管注意義務の一環として，前述の適正情報開示義務のほか公正価値移転義務（MBOに際して公正な企業価値の移転を図らなければならない義務）を負うとした。取締役の善管注意義務に関しては，MBOが頓挫した場合の取締役の責任が問われたシャルレ株主代表訴訟事件において，大阪高判平27・10・29（金融・商事判例1481号28頁）が，公正価値移転義務を前提に，取締役が企業価値の移転に関して公正性を害する行為を行ったとして善管注意義務違反を認めているので，併せて指摘しておく。

⑤　独占禁止法上の事前届出

公開買付けに係る株券等の買付け等について，独占禁止法上の株式取得の事前届出が必要な場合，「株券等の取得に関する許可等」の欄に，(i)独占禁止法上の事前届出が必要である旨，(ii)事前届出を行った日または行う予定の日，(iii)待機期間が終了した日または終了する予定の日，(iv)公正取引委員会から排除措置命令を行わない旨の通知を受けている場合にはその旨などを記載する必要がある[67]。

⑥　公開買付者の状況および対象者の状況に係る記載事項の簡略化

公開買付者または対象者が継続開示会社である場合，公開買付者または対象

---

(67)　公開買付けQ&A問９

者が継続開示書類を提出した旨の記載をすることにより，公開買付届出書における「公開買付者の状況」または「対象者の状況」の「最近３年間の損益状況等」・「株主の状況」欄の記載を省略することができる（他社株買付府令第２号様式記載上の注意(17)・(32))。公開買付期間中に，有価証券報告書，四半期報告書または半期報告書が提出される予定である場合は，その旨（提出予定時期が記載できる場合には当該提出予定時期を含む）を記載しなければならない（同様式記載上の注意(18)・(33))。なお，かかる記載の簡略化をした場合における公開買付届出書の添付書類および公開買付説明書の留意点については，後述(3)および■３をそれぞれ参照されたい。

(3)　添付書類

公開買付届出書には，以下の書類を添付しなければならない（他社株買付府令13条)。なお，公開買付届出書は，これら添付書類を含む概念であるため（27条の３第２項)，添付書類の内容に虚偽の記載などがあった場合も罰則や課徴金納付命令の対象になりうる点，添付書類の追加や内容の変更があった場合に訂正届出書の提出が必要になる点には留意が必要である。

①　公開買付者が法人等である場合，定款またはこれに準ずる書面

②　公開買付者が有価証券報告書を提出しなければならない会社以外の法人等である場合には，設立したことを知るに足る書面

③　公開買付者が個人である場合，住民票の抄本またはこれに代わる書面

④　公開買付者が非居住者（外為法６条１項６号）である場合，その者が当該公開買付けに係る書類の提出に関する一切の行為につき，当該公開買付者を代理する権限を付与したことを証する書面[68]

⑤　公開買付者が金融商品取引業者または銀行等と株券等の管理，買付け等の代金の支払いなどの事務につき締結した契約の契約書の写し

⑥　公開買付者を代理して公開買付けによる株券等の買付け等を行う者がいる場合，代理につき締結した契約の契約書の写し

---

(68)　公開買付者が非居住者である場合，本邦内に住所または事務所を有する者であって，当該公開買付けに係る書類の提出に関する一切の行為につき，当該公開買付者を代理する権限を有する者を定めなければならない（他社株買付府令11条)。

⑦　公開買付者の銀行等への預金の残高その他の公開買付けに要する資金（有価証券等をもって買付け等の対価とする場合には，当該有価証券等）の存在を示すに足る書面（たとえば，預金の残高証明書または銀行の融資証明書）

金融庁によれば，「公開買付けに要する資金……の存在を示すに足る書面」といえるには，決済に要する資金の調達が可能であることを「相当程度の確度」をもって裏付けるものである必要がある。「相当程度の確度」の有無は個別事案ごとに判断され，融資証明書に加えて，残高証明や財務書類などによる補完が必要となる場合もある。貸付けの契約締結・実行のための前提条件が付される場合，その条件は重要な点において具体的かつ客観的でなければならない。また，いわゆるエクスチェンジ・オファーにおいて，「有価証券等……の存在を示すに足る書面」は，決済に要する有価証券等の調達が可能であることを相当程度の確度をもって裏付けるものである必要がある。有価証券等の調達のため公開買付けの開始後に株式の発行または自己株式の処分を行う場合，株主総会議事録の写しや取締役会議事録の写しなどの添付が必要となる[69]。

⑧　買付け等の価格の算定にあたり参考とした第三者による評価書，意見書その他これらに類するものがある場合，その写し（MBO等の場合に限る）

⑨　株券等の取得につき他の法令に基づく行政庁の許可，認可，承認その他これらに類するものを必要とする場合，当該許可等があったことを知るに足る書面

独占禁止法上の株式取得の事前届出が必要な場合で，公正取引委員会から排除措置命令を行わない旨の通知を交付されているときには，かかる通知を添付する必要がある[70]。

⑩　公開買付開始公告の内容を記載した書面

⑪　第２号様式のうち「第２　公開買付者の状況」の「１　会社の場合」の⑴および⑵の記載事項に相当する事項が記載された書面（公開買付届出書に当該記載が省略されている場合）

⑫　第２号様式のうち「第５　対象者の状況」の「１　最近３年間の損益状

⑽　以上につき，三井ほか・詳説Q&A83頁・96頁

⑺　公開買付けQ&A問９

況等」および「3　株主の状況」の記載事項に相当する事項が記載された書面（公開買付届出書に当該記載が省略されている場合）

⑬　株券等を取得した後，第三者に譲渡することを目的とする場合において，当該第三者について第2号様式のうち「第2　公開買付者の状況」の「1　会社の場合」の(1)の記載事項と同一の事項に相当する事項が記載された書面（公開買付届出書に当該記載が省略されている場合）

(4)　訂正届出書

①　訂正届出書の提出

公開買付者は，提出した公開買付届出書（その訂正届出書を含む）に形式上の不備があり，記載された内容が事実と相違し，またはそれに記載すべき事項もしくは誤解を生じさせないために必要な事実の記載が不十分であり，もしくは欠けていると認めたときは，訂正届出書を関東財務局長に提出しなければならない（27条の8第1項。権限委任につき，194条の7第1項・6項，金商法施行令40条1項1号）。また，公開買付者は，公開買付届出書を提出した日以後当該公開買付期間の末日までの間において，(a)買付条件等の変更(71)その他の公開買付届出書に記載すべき重要な事項の変更があるとき，(b)公開買付届出書（訂正届出書を含む）を提出した日以前に発生した当該公開買付届出書に記載すべき重要な事実で，当該公開買付届出書提出時にはその内容を記載できなかったものにつき，記載することができる状態になったとき，(c)公開買付届出書に記載すべき事項に関し重要な事実が発生したときは，ただちに，訂正届出書を関東財務局長に提出しなければならない（27条の8第2項，他社株買付府令21条1項・3項）。訂正届出書も，EDINETによる提出が義務づけられている（27条の30の2・27条の30の3第1項）。

上記(b)，(c)における「重要な事実」の意義は明らかではないが，(i)インサイダー取引規制の対象になる重要事実（166条1項・2項参照），(ii)その時点で有価証券届出書，有価証券報告書または四半期報告書・半期報告書を提出すると仮定した場合には，これらの書類の「その他」（企業開示府令第2号様式第二部第5の2(3)など）の欄に記載すべきと考えられる事実，(iii)公開買付届出書の提

(71)　買付条件等の変更については，第4章第3節参照。

出時に判明していれば公開買付届出書の「その他」（他社株買付府令第２号様式第５の６）の欄に記載すべきと考えられる事実[72]については，少なくとも含まれると解すべきである。公開買付期間中に対象者または公開買付者が有価証券報告書を提出した場合，公開買付届出書のうち「公開買付者の状況」または「対象者の状況」の内容が大幅に変更されることになるため，訂正届出書を提出する必要がある[73]。他方，公開買付期間中に公開買付者または対象者が四半期報告書・半期報告書を提出した場合や決算短信を公表した場合であっても，常に「重要な事実」が発生したと考える必要はなく，投資者が買付け等への応募の是非を判断するために必要な内容か否かの観点から，個別の事情に応じて重要性を判断すべきである（もっとも，公開買付者が公開買付期間中に四半期報告書・半期報告書を提出する場合で，これに「重要な事実」が含まれるような場合，通常は，当該事実が発生し公開買付者がこれを認識した時点で，訂正届出書を提出すべきであろう）。対象者が公開買付期間中に四半期報告書・半期報告書を提出した場合について，金融庁は，通常，たとえば新たな役員の異動の記載があるときは「重要な事実」が発生したと考えられるのに対して，親会社または主要株主に該当しない株主の異動は「重要な事実」に該当しないとする[74]。

公開買付者が，公開買付期間中に，公正取引委員会から排除措置命令を行わない旨の通知を受けた場合や，排除措置命令の事前通知を受けることなく措置期間が終了した場合，「許可等」があったものとして訂正届出書を提出する必要がある。これに対し，公開買付けの開始前に公正取引委員会から排除措置命令を行わない旨の通知を受けており，その旨を「許可等」として公開買付届出書に記載している場合，公開買付期間中に措置期間が終了したことをもって訂正届出書を提出する必要はない[75]。

---

(72)　公開買付届出書の第５【対象者の状況】の６「その他」の欄にも，上記(i)，(ii)を記載すべきと考えられる。対象者が決算短信や四半期決算短信を発表している場合も，上記「重要な事実」と同様の基準で記載の要否を判断すべきである。

(73)　公開買付けQ&A問41

(74)　公開買付けQ&A問２

(75)　公開買付けQ&A問10

実務のポイント・3－6

◆公開買付者が重要事実を知った場合

友好的な公開買付けでは，公開買付者が公開買付けの開始前に対象者に対するデューデリジェンスを行うことも多いが，その過程で対象者の未公表の「業務等に関する重要事実」（166条１項・２項参照。以下，単に「重要事実」という）を知る事態が生じうる。この場合，対象者がかかる重要事実を公表しないまま公開買付者が公開買付けを開始して株券等を買い付けることは，原則としてインサイダー取引に該当する。公開買付者は，公開買付けの開始前に対象者の未公表の重要事実を認識した場合，公開買付届出書の「第５　対象者の状況　6．その他」の欄に記載する必要があると解されるが（他社株買付府令第２号様式記載上の注意(34)参照），かかる記載をしただけではインサイダー取引規制の適用を免れるための「公表」をしたことにはならない（166条４項，金商法施行令30条）。そのため，公開買付けの開始前か遅くとも同時に対象者が当該重要事実を公表することが必要になる。他方，公開買付けの開始後に公開買付者が対象者の重要事実を知る場合も想定しうる。この場合，当該公開買付けにより株券等の買付けを行うことは，原則として，いわゆる知る前計画の実行としてインサイダー取引規制は適用されない（166条６項８号，取引規制府令59条１項10号)。ただし，通常は，「公開買付届出書等を提出した日前に発生した当該公開買付届出書等に記載すべき重要な事実で，当該公開買付届出書等を提出する時にはその内容を記載することができなかったものにつき，記載することができる状態になった」か，「公開買付届出書等に記載すべき事項に関し重要な事実が発生した」として，訂正届出書または訂正報告書の提出が必要になると思われ（他社株買付府令21条３項１号・２号)，スケジュールに影響を及ぼす可能性がある。なお，対象者の内部情報ではなく，第三者の買集めの計画を知ってしまった場合も，インサイダー取引規制が問題となる（167条１項・３項)。これについては，適用除外の規定（167条５項８号・９号）により一定の手当がなされているが，十分に対抗できない場合も考えられるため，公開買付者としては，対抗的な買集めを計画している可能性のある第三者との接触には慎重になるべきであろう。

関東財務局長は，①公開買付届出書に形式上の不備があること，②公開買付届出書に記載された買付条件等が金融商品取引法の規定に従っていないこと，③訂正届出書に記載された買付条件等の変更が27条の６第１項（買付条件等の変更が認められない場合を列挙した規定）の規定に違反していること，④公開買付届出書に記載すべき事項の記載が不十分であることのいずれかが明らかであると認めるときは，公開買付期間中において，公開買付者に対し，期限を指定して訂正届出書の提出を命じることができる（27条の８第３項。権限委任につき，194条の７第１項・６項，金商法施行令40条１項２号）[(76)]。また，関東財務局長は，上記に列挙した場合を除き，(イ)公開買付届出書に記載された重要な事項について虚偽の記載があること，(ロ)公開買付届出書に記載すべき重要な事項または誤解を生じさせないために必要な重要な事項の記載が欠けていることのいずれかを発見した場合，公開買付期間の末日の翌日から起算して５年間，公開買付者に対し，期限を指定して訂正届出書の提出を命ずることができる（聴聞を行う必要がある。27条の８第４項）。

重要な事項につき虚偽の記載のある訂正届出書を提出した者は，10年以下の懲役もしくは1,000万円以下の罰金に処せられ，またはこれを併科される（197条１項３号）。法人については，両罰規定により，７億円以下の罰金刑が科される（207条１項１号）。27条の８第２項～４項の訂正届出書を提出しない者は，１年以下の懲役もしくは100万円以下の罰金に処せられ，またはこれを併科される（200条８号）。法人であれば，両罰規定により，１億円以下の罰金刑が科される（207条１項５号）。

また，重要な事項につき虚偽の表示があり，もしくは表示すべき重要な事項の表示が欠けている訂正届出書を提出した者は，課徴金納付命令の対象となる。課徴金の額は，公開買付開始公告を行った日の前日における終値に当該公開買付けにより買付け等を行った当該株券等または上場株券等の数を乗じて得た額に，25％を乗じた額とされている（172条の６）。公開買付届出書と同じように，平成24年金商法改正により，かかる訂正届出書の提出を容易にすべき一定の行為またはこれを唆す行為を行った者についても，課徴金納付命令の対象とされることとなった。課徴金の額は，手数料，報酬その他の対価として支払われ，または支払われるべき金銭その他の財産の価額に相当する額として内閣府令で定める額とされる（172条の12第１項２号・２項，課徴金府令１条の８の２第１項）。

②　訂正を命ぜられたときの禁止行為

27条の８第３項に基づいて訂正届出書の提出を命ぜられた場合，公開買付者，その特別関係者，公開買付代理人，公開買付者を代理して公開買付けによ

(76)　「買付け等に要する資金に充当しうる預金又は借入金等」の欄に具体的な記載がなく，かつ，公開買付けに要する資金の存在を示すに足る書面が添付されていないことを理由として，訂正届出書の提出命令が出された実例がある（関東財務局・平成21年７月31日付「日本ラッド株式に係る公開買付届出書の訂正届出書の提出命令について」参照）。

る株券等の買付け等を行う者は，訂正届出書が提出されるまでの間は，公開買付届出書の提出前と同様に，売付け等の申込みの勧誘その他の行為を行うことはできない（27条の８第７項，他社株買付府令15条）。かかる規定に違反した者は，５年以下の懲役もしくは500万円以下の罰金に処せられ，またはこれを併科される（197条の２第３号）。法人については，両罰規定により，５億円以下の罰金刑が科される（207条１項２号）。

③　写しの送付・公衆縦覧

訂正届出書が提出された場合の写しの送付について，公開買付届出書が提出された場合の写しの送付に関する27条の３第４項の規定が準用されている（27条の８第６項）。罰則も同様である。公衆縦覧を含む詳細は，前述(1)②を参照。

④　訂正届出書提出に係る公告または公表

訂正届出書を提出した場合，公開買付者は，公開買付届出書に形式上の不備があるために提出した場合を除き，公開買付開始公告に記載した内容に係るものを公開買付開始公告と同様の方法により公告するか，または二以上の報道機関に公開することにより公表しなければならない（27条の８第11項，金商法施行令９条の３，他社株買付府令９条３項・20条・23条）。なお，この公告または公表を訂正する場合については，公開買付開始公告の訂正（■１(2)参照）に係る27条の７の規定が準用される（27条の８第12項）。公告または公表にあたり重要な事項につき虚偽の表示をした者は，10年以下の懲役もしくは1,000万円以下の罰金に処せられ，またはこれを併科される（197条１項２号）。法人であれば，両罰規定により，７億円以下の罰金刑が科される（207条１項１号）。公告または公表を行わない者は，１年以下の懲役もしくは100万円以下の罰金に処せられ，またはこれを併科される（200条７号）。法人であれば，両罰規定により，１億円以下の罰金刑が科される（207条１項５号）。

⑤　訂正届出書提出に伴う期間延長

公開買付期間の残りがその日を含めて10営業日以下である日に訂正届出書を提出した場合（形式上の不備があることにより提出する場合は除く。他社株買付府令22条１項)，公開買付者は，公開買付期間の末日とされている日の翌日から，訂正届出書を提出する日より起算して10営業日を経過した日までの期間（ただし，買付条件等のうち買付け等の期間を延長する場合[(77)]であって他の買付条件等に変更がないときは，当該延長する買付け等の期間)，買付け等の期間を延長するものとし，かかる延長について，ただちに公開買付開始公告と同様の方法により公告するか，または二以上の報道機関に公開することにより公表しなければならない（27条の８第８項，他社株買付府令22条２項)。この場合は，公開買付期間として定めることができる上限の60営業日を超えて延長することができる（金商法施行令13条２項２号イ)。法文上は，「形式上の不備」に該当しないような小規模な条件変更を理由とする訂正届出書を提出することにより，60営業日を超えて公開買付期間を延長することも可能と思われるが，脱法的な行為と評価され，許されない場合もありえよう。

上記の期間延長に係る公告または公表を訂正する場合については，公開買付開始公告の訂正（■１(2)参照）に係る27条の７の規定が準用される（27条の８第12項)。公告または公表にあたり重要な事項につき虚偽の表示をした者は，10年以下の懲役もしくは1,000万円以下の罰金に処せられ，またはこれを併科される（197条１項２号)。法人については，両罰規定により，７億円以下の罰金刑が科される（207条１項１号)。公告または公表を行わない者は，１年以下の懲役もしくは100万円以下の罰金に処せられ，またはこれを併科される（200条７号)。法人については，両罰規定により，１億円以下の罰金刑が科される（207条１項５号)。

公開買付期間を延長した場合，当該延長期間の末日までの間，当該公開買付けに係る株券等の受渡しその他の決済を行ってはならない（27条の８第９項)。かかる規定に違反した者は，５年以下の懲役もしくは500万円以下の罰金に処せられ，またはこれを併科される（197条の２第３号)。法人については，両罰規定により，５億円以下の罰金刑が科される（207条１項２号)。なお，別途買付けの禁止に係る規定も準用される（27条の８第10項)。

---

(77)　公開買付者による公開買付期間の延長については，第４章第２節■２(2)参照。

3　公開買付説明書

公開買付者は，当該株券等の売付け等を行おうとする者に対し，あらかじめまたは同時に，その作成に係る公開買付説明書を交付しなければならない（27条の９第２項，他社株買付府令24条４項）。要件を満たせば，電磁的方法による交付も可能であるが（27条の30の９第２項による同条１項の準用，企業開示府令23条の２），通常は書面交付によっている[78]。公開買付説明書には，公開買付届出書に記載すべき事項を，他社株買付府令33条４項の規定により公衆の縦覧に供しないこととされたもの（■２(1)②参照）を除き，記載する（27条の９第１項，他社株買付府令24条１項）。また，①当該公開買付けが金融商品取引法２章の２第１節の規定を適用を受ける公開買付けである旨，および②当該公開買付説明書が27条の９の規定による公開買付説明書である旨を，表紙またはその他の見やすい箇所に記載する必要がある（他社株買付府令24条２項・３項）。公開買付届出書において「公開買付者の状況」または「対象者の状況」の記載を簡略化したときは，公開買付説明書において，公開買付者に係る事業内容の概要および主要な経営指標等の推移，対象者に係る主要な経営指標等の推移について，それぞれ的確かつ簡明な説明を記載しなければならない（同条１項２号・３号）。また，株券等を取得した後，第三者に譲渡することを目的とする場合で，公開買付届出書において当該第三者に関する「会社の概要」などの記載を省略したときは，公開買付説明書において，当該第三者に係る事業内容の概要の的確かつ簡単な説明を記載しなければならない（同項４号）。公開買付者は，公開買付届出書に係る訂正届出書を提出した場合，すでに公開買付説明書を交付している者に対して，訂正した公開買付説明書を，ただちに交付しなければならない（27条の９第３項）。ただし，当該訂正の範囲が小範囲にとどまる場合は，訂正の理由，訂正した事項および訂正後の内容を記載した書面を交付する方法によることができる（他社株買付府令24条５項）。公開買付期間中に対象者または公開買付者が有価証券報告書を提出したとき，公開買付届出書の訂正届出書の提出が必要になると考えられるが（■２(4)参照），金融庁は，公開買付者または対象者が継続開示会社であり，公開買付届出書において「公開買付者の状況」

(78)　電磁的方法を利用する場合の詳細については，第２編第４章第５節を参照。

または「対象者の状況」の記載を簡略化したときは，公開買付説明書については訂正する必要はないとする[79]。

重要な事実につき虚偽の記載のある公開買付説明書または訂正した公開買付説明書を交付した者は，５年以下の懲役もしくは500万円以下の罰金に処せられ，またはこれを併科される（197条の２第８号）。法人については，両罰規定により，５億円以下の罰金刑が科される（207条１項２号）。公開買付説明書または訂正した公開買付説明書を交付しなかった者は，１年以下の懲役もしくは100万円以下の罰金に処せられ，またはこれを併科される（200条９号）。法人については，両罰規定により，１億円以下の罰金刑が科される（207条１項５号）。

❖第３節❖　意見表明報告書・対質問回答報告書

1　意見表明報告書

(1)　意見表明報告書

以前は，対象者またはその役員が意見表明するか否かは任意であり，その意見が公表されるかまたは一定数の株主に表示された場合に限って意見表明報告書を提出することとされていたが，平成18年12月施行の証取法改正により，すべての場合において対象者による意見表明報告書の提出が義務化された。投資者が公開買付けに応じるか否かを判断するために，対象者が公開買付けに対しいかなる意見を有しているかは重要な情報であることから，投資者への情報提供の充実が図られたものである。

①　意見表明報告書の提出

対象者は，公開買付開始公告が行われた日から10営業日以内に，当該公開買付けに関する意見その他の内閣府令で定める事項を記載した書類（意見表明報告書）を，関東財務局長に提出しなければならない（27条の10第１項，金商法施行令13条の２第１項。権限委任につき，194条の７第１項・６項，金商法施行令40条

(79)　公開買付けQ&A問41

１項１号）。EDINETによる提出が義務づけられている（27条の30の２・27条の30の３第１項）。平成18年12月の改正前と異なり，役員に提出義務が発生することはない。また，意見表明報告書の提出義務は，対象者による意見表明が公表されたか否かとは関係ないため，場合によっては，意見表明報告書提出前に対象者として暫定的に何らかの意見を公表し，金融商品取引所の適時開示規則に則って適時開示も行いつつ，意見表明報告書についてはさらに慎重に検討のうえ，別途期限内に提出するといった対応もとりうることになる。意見表明報告書の記載事項の詳細は，後記(2)を参照。

重要な事項につき虚偽の記載のある意見表明報告書を提出した者は，５年以下の懲役もしくは500万円以下の罰金に処せられ，またはこれを併科される（197条の２第６号）。法人については，両罰規定により，５億円以下の罰金刑が科される（207条１項２号）。意見表明報告書を提出しない者は，１年以下の懲役もしくは100万円以下の罰金に処せられ，またはこれを併科される（200条10号）。法人については，両罰規定により，１億円以下の罰金刑が科される（207条１項５号）。

なお，公開買付届出書と同様に，意見表明報告書（訂正報告書を含む）の受理による真実性の認定等が禁止されている（27条の15。第２節■２(1)④参照）。

②　写しの送付・公衆縦覧

対象者は，意見表明報告書の提出後，ただちにその写しを，公開買付者および（その提出日において）当該株券等に係る公開買付届出書の提出をしている他の者がある場合には当該他の者に対して送付しなければならない（27条の10第９項）。EDINETへの記録をもって代替することは認められないが，あらかじめこれらの者の承諾を得た場合には，電磁的方法によって写しの送付に代替することが可能である（27条の30の11第３項，他社株買付府令33条の４）[80]。当該株券等が上場されている金融商品取引所（店頭売買有価証券の場合は，当該株券等を登録する認可金融商品取引業協会）にも同様の写しを送付しなければならないが，意見表明報告書がEDINETを通じて提出されたときは，かかる写しの送付を実際に行う必要はない（27条の30の６）。原則として，意見表明報告書（訂正

(80)　詳細は第２編第４章第２節を参照

報告書を含む）が受理された日から当該公開買付けに係る公開買付期間の末日の翌日以後５年間公衆の縦覧に供せられる（27条の14第１項）。意見表明報告書の公衆縦覧については公開買付届出書に係る公衆の縦覧と基本的に同様なので，第２節■２⑴②を参照。

意見表明報告書の写しの送付にあたり重要な事実につき虚偽があり，かつ，写しの基となった書類と異なる内容の記載をした書類をその写しとして送付した者は，１年以下の懲役もしくは100万円以下の罰金に処せられ，またはこれを併科される（200条11号）。法人については，両罰規定により，１億円以下の罰金刑が科される（207条１項５号）。かかる写しの送付をしない者は，６月以下の懲役もしくは50万円以下の罰金に処せられ，またはこれを併科される（205条３号）。法人については，両罰規定により，同条の罰金刑が科される（207条１項６号）。また，意見表明報告書の提出者が，その写しを公衆の縦覧に供しなかった場合，１年以下の懲役もしくは100万円以下の罰金に処せられ，またはこれを併科される（200条６号）。法人については，両罰規定により，１億円以下の罰金刑が科される（207条１項５号）。

⑵　意見表明報告書の記載事項

意見表明報告書には，①公開買付者の氏名・名称および住所・所在地，②当該公開買付けに関する意見の内容および根拠，③当該意見を決定した取締役会などの決議・決定の内容，④対象者の役員が所有する当該公開買付けに係る株券等の数およびその議決権の数，⑤対象者の役員に対し公開買付者またはその特別関係者が利益供与を約した場合には，その利益の内容，⑥対象者の財務および事業の方針の決定を支配する者のあり方に関する基本方針に照らして不適切な者によって対象者の財務および事業の方針の決定が支配されることを防止するための取組みを行っている場合には，その内容，⑦公開買付者に対する質問，⑧公開買付期間の延長請求を記載しなければならない（他社株買付府令25条１項）。意見表明報告書の作成は，他社株買付府令第４号様式（以下，本節において「第４号様式」という）による必要があり（同府令25条２項），その「記載上の注意」には十分留意しなければならない。以下，意見表明報告書の記載事項について，特に留意すべき点について述べる。

①　意見の内容・理由

意見内容の記載としては，賛成・反対のほか，中立の立場をとることや意見の表明を留保することも認められる（第４号様式記載上の注意(3)ａ）。賛成・反対については，記載上の注意において，「応募することを勧める」，「応募しないことを勧める」といった例示がなされていることからすると，本来，「応募」に対する賛否を記載することが想定されているものと思われる。しかし，たとえば，「公開買付けに賛同する」，「公開買付けに賛同し，応募を勧める」，「公開買付けに賛同するが，応募については中立（株主の判断に委ねる）」，「公開買付けに賛同するが，応募しないことを勧める」，「公開買付けに反対する（応募しないことを勧める）」などといった記載も，「公開買付けに関する意見の内容」（他社株買付府令25条１項２号）として許容されると解される[(81)]。たとえば，いわゆるディスカウントTOBにおいて，企業価値の向上等を根拠として公開買付けには賛同意見を表明しつつ，株主に対して応募を推奨する意見を含まない例が多く見られる。上記いずれの意見の場合でも，意思決定に至った過程[(82)]および意見の理由を具体的に記載する必要がある（第４号様式記載上の注意(3)ｂ・ｃ）。意見の理由としては，当該公開買付けが企業価値の向上に資するか否か，買付価格の妥当性などについて，個別の事案に応じて記載の要否・内容を検討することになる。意見を留保する場合は，今後意見を表明する予定の有無等も具体的に記載しなければならず（同様式記載上の注意(3)ｃ），いったん意見を留保して，後日具体的な意見を表明する場合は，訂正報告書を提出することになる（27条の10第８項。(3)参照）。いったん意見を表明した後に逆の意見に変更する場合，当初の意見表明が虚偽記載になるかどうかが問題になりうる。状況の変化によって変更に合理的理由がある場合には虚偽記載とはいえないであろうが[(83)]，意見表明報告書の提出に際しては慎重に検討すべきである。

---

(81)　三笘裕「公開買付けにおける対象会社による意見表明」新堂幸司＝山下友信編『会社法と商事法務』337頁（商事法務，2008）参照。

(82)　東証は，意見表明のプレスリリースにおいて，意思決定に至った過程について，上場会社における検討が開始された時期・上場会社における検討の経緯・公開買付者との間の公開買付けの条件に関する交渉の概要の記載を求めている（東証・会社情報適時開示ガイドブック（2017年３月版）第２編第１章13(2)②参照）。

(83)　証券取引法研究会編『平成17年・18年の証券取引法等の改正』別冊・商事法務No.299・134頁～135頁（商事法務，2006）参照

MBO等において対象者が利益相反を回避する措置を講じているときは，その具体的内容を記載する必要がある（第4号様式記載上の注意(3) d）。これに加えて，意見表明に関するプレスリリースにおいては，上場廃止となる見込みおよびその事由，二段階買収に関する事項，公正性を担保するための措置，公開買付けへの応募に係る重要な合意など，さらに詳細な開示が求められており[(84)]，実務的には，意見表明報告書においてもこれと平仄を合わせた記載がなされるのが通常である。

なお，対象者が賛同表明をする際に買付価格についても意見を述べる場合（たとえば，MBO等では株主は最終的に対価の交付を受けて排除される以上，その対価の妥当性が最大の関心事となるため，これに賛同する際は，買付価格についても意見を述べることが妥当と考えられる），その前提として第三者による評価書や意見書を取得することが適当と考えられる場合が多い。東証は，MBO等に関する意見表明のプレスリリースにおいて公開買付けへの応募を勧める意見を表明する場合，買付け等の価格に関する判断の理由を記載することや，採用した算定方式における算定の重要な前提条件として，例えばDCF法を用いた場合に前提とした財務予測の具体的な数値や割引率などについての開示を求めている。対象者が第三者による評価書や意見書を取得したとしても，金商法上，その写しの提出は義務付けられていないが[(85)]，MBO等の一定の場合，第三者による買付け等の価格に関する見解を記載した書面につき，対象者は，金融商品取引所への提出が求められている[(86)]。もっとも，公衆縦覧の対象にはなっていない。

また，東証は，支配株主による公開買付けまたは支配株主からの取得を前提に行われる公開買付けについて意見表明を行う場合，対象者に対し，対象者による決定が少数株主にとって不利益でないことに関する意見を，支配株主との間に利害関係を有しない者から入手することを求める[(87)]。具体的には，いわゆるフェアネス・オピニオンや，第三者委員会または支配株主と利害関係のない社外取締役・社外監査役による意見などの取得が想定されており，この意見の

---

(84)　東証・前掲注(82)第2編第1章13(2)②参照

(85)　公開買付届出書の添付書類につき，第2節■2(3)参照

(86)　東京証券取引所有価証券上場規程421条1項，同施行規則417条14号参照

(87)　東証・前掲注(82)第3編第1章2(12)参照

内容は，公正性を担保するための措置または利益相反を回避するための措置として，プレスリリースに記載する必要がある。

②　会社の支配に関する基本方針に係る対応方針

財務および事業の方針の決定を支配する者の在り方に関する基本方針に照らして不適切な者によって会社の財務および事業の方針の決定が支配されることを防止するための取組み（いわゆる買収防衛策）などを行う予定の有無および予定がある場合には，その内容を具体的に記載することが必要である（第４号様式記載上の注意(6)）。他社株買付府令25条１項６号および第４号様式記載上の注意(6)の文言上，記載すべき事項の範囲は必ずしも明確ではない。金融庁は，対象者のいかなる行為が株主・投資者にとって重要な情報と考えられるかについて，個別事案に応じて決定されると説明しており[(88)]，たとえば，安定株主などに対する働きかけといった活動についても，場合によっては記載の対象になることを否定しない趣旨と思われるため，留意が必要である。また，金融庁は，買収防衛策関連の情報について，意見表明報告書の提出期限において真に未決定の場合にはその旨を記載することになるが，今後決定することがその時点で見込まれる事項については，最大限の開示をすることが求められるとする[(89)]。たとえば，すでに買収防衛策を導入している場合には，発動の可能性や条件，発動の場合の手続などについて開示することが考えられる。いったん記載した対応方針と逆の対応方針に変更する場合についても，やはり当初記載した対応方針が虚偽記載になるのではないかという問題が生じうるので，意見表明報告書の提出に際しては，慎重な検討を要する。

③　公開買付者に対する質問

対象者は，意見表明報告書に，公開買付者に対する質問を記載することができる（27条の10第２項１号）。公開買付者に対する質問が記載された場合，公開買付者は，同報告書の写しの送付を受けた日から５営業日以内に，対質問回答報告書を関東財務局長に提出しなければならない（同条11項。後述■**2**参照）。

---

(88)　平成18年12月パブコメ22頁No.70

(89)　平成18年12月パブコメ22頁No.71

これにより，公開買付者と対象者の意見の対立点などがより鮮明になり，投資者の的確な投資判断に資する。法令で定められた質問の機会は１回であるが，投資者への情報提供の充実のために最低限の法令上の枠組みを規定したものであり，公開買付者と対象者が意見表明報告書制度の枠外で自主的にやりとりをし，任意に開示することを制限するものではない。

④　公開買付期間の延長請求

公開買付者が設定した公開買付期間が30営業日より短い場合，対象者は，意見表明報告書に記載することにより，当該期間を30営業日に延長することを請求することができる（27条の10第２項２号）。公開買付期間が公開買付者によって一方的に短期間に設定されたときに，対象者の経営陣が当該公開買付けの内容を吟味のうえ，必要に応じて対抗提案などを株主・投資者に提示し，かつ，株主・投資者が適切に熟慮し判断するための時間を十分確保する趣旨の規定である。

対象者が延長請求をする場合，その理由を具体的に記載する必要がある（第４号様式記載上の注意(8)）。延長請求がなされると，公開買付期間は30営業日に延長される（27条の10第３項，金商法施行令９条の３第６項）。この期間延長については，公開買付届出書の訂正届出書の提出を要せず，当該意見表明報告書が公衆の縦覧に供せられることによっていわば自動的に延長されるが（27条の10第３項），対象者は，延長請求を行った場合，公開買付開始公告が行われた日から10営業日目となる日の翌日までに，延長請求を行った旨，延長後の公開買付期間などについて公告（期間延長請求公告。同条５項）を行う必要がある（同条４項，他社株買付府令25条の２）。公告の方法は，公開買付開始公告と同じなので（金商法施行令９条の３），第２節■１(1)参照。期間延長請求公告の内容に形式上の不備があり，または記載された内容が事実と相違していると認めたとき，対象者は，その内容を訂正して，公告または公表しなければならない（27条の10第５項）。期間延長請求公告の内容につき訂正をする必要があると認められるとき，関東財務局長は，公開買付期間の末日までに，対象者に対し，期限を指定して，その訂正の内容を公告しまたは公表することを命ずることができる（同条６項・７項。権限委任につき，194条の７第１項・６項，金商法施行令40条

１項２号)。以上の訂正に係る公告または公表は，公開買付開始公告の訂正と同じなので（他社株買付府令９条の５)，第２節■１(2)参照。

27条の10第４項〜６項に基づく公告または公表にあたり，重要な事項につき虚偽の記載のある期間延長請求公告やその訂正の公告・公表をした者は，10年以下の懲役もしくは1,000万円以下の罰金に処せられ，またはこれを併科される（197条１項２号)。法人については，両罰規定により，７億円以下の罰金刑が科される（207条１項１号)。27条の10第４項の期間延長請求公告を行わない者は，５年以下の懲役もしくは500万円以下の罰金に処せられ，またはこれを併科される（197条の２第４号)。法人については，両罰規定により，５億円以下の罰金刑が科される（207条１項２号)。27条の10第６項の訂正に係る公告または公表を行わない者は，１年以下の懲役もしくは100万円以下の罰金に処せられ，またはこれを併科される（200条７号)。法人については，両罰規定により，１億円以下の罰金刑が科される（207条１項５号)。

(3)　訂正報告書

意見表明報告書には，訂正届出書に関する規定（27条の８第１項〜５項）が準用されており，一定の場合には訂正報告書を提出する必要がある（27条の10第８項)。準用される27条の８第１項〜４項による訂正報告書について重要な事項につき虚偽の記載のあるものを提出した者は，５年以下の懲役もしくは500万円以下の罰金に処せられ，またはこれを併科される（197条の２第６号)。法人については，両罰規定により，５億円以下の罰金刑が科される（207条１項２号)。準用される27条の８第２項〜４項による訂正報告書を提出しない者は，６月以下の懲役もしくは50万円以下の罰金に処せられ，またはこれを併科される（205条２号)。法人については，両罰規定により，同条の罰金刑が科される（207条１項６号)。

訂正報告書を提出する場合，意見表明報告書を提出する場合の写しの送付に係る規定（27条の10第９項）が準用され（同条10項)，同じ罰則規定が適用される。公衆縦覧を含む詳細は，(1)②参照。

2　対質問回答報告書

(1)　対質問回答報告書

①　対質問回答報告書の提出

意見表明報告書に公開買付者に対する質問が記載された場合，公開買付者は，その写しの送付を受けた日から5営業日以内に，当該質問に対する回答その他の内閣府令で定める事項を記載した書類（対質問回答報告書）を，関東財務局長に提出しなければならない（27条の10第11項，金商法施行令13条の2第2項。権限委任につき，194条の7第1項・6項，金商法施行令40条1項1号）。EDINETによる提出が義務づけられている（27条の30の2・27条の30の3第1項）。記載事項の詳細は，**(2)**を参照。

重要な事項につき虚偽の記載のある対質問回答報告書を提出した者は，5年以下の懲役もしくは500万円以下の罰金に処せられ，またはこれを併科される（197条の2第6号）。法人については，両罰規定により，5億円以下の罰金刑が科される（207条1項2号）。対質問回答報告書を提出しない者は，1年以下の懲役もしくは100万円以下の罰金に処せられ，またはこれを併科される（200条10号）。法人については，両罰規定により，1億円以下の罰金刑が科される（207条1項5号）。

また，重要な事項につき虚偽の表示があり，もしくは表示すべき重要な事項の表示が欠けている対質問回答報告書を提出した者は，課徴金納付命令の対象となる。課徴金の額は，公開買付開始公告を行った日の前日における終値に当該公開買付けにより買付け等を行った株券等の数を乗じて得た額に，25%を乗じた額とされている（172条の6）。公開買付届出書と同じように，平成24年金商法改正により，かかる対質問回答報告書の提出を容易にすべき一定の行為またはこれを唆す行為を行った者についても，課徴金納付命令の対象とされることとなった。課徴金の額は，手数料，報酬その他の対価として支払われ，または支払われるべき金銭その他の財産の価額に相当する額として内閣府令で定める額とされる（172条の12第1項2号・2項，課徴金府令1条の8の2第1項）。

なお，公開買付届出書と同様に，対質問回答報告書（訂正報告書を含む）の受理による真実性の認定等が禁止されている（27条の15。第2節■**2(1)④**参照）。

②　写しの送付・公衆縦覧

公開買付者は，対質問回答報告書の提出後，ただちにその写しを，対象者および（その提出日において）当該株券等に係る公開買付届出書の提出をしている他の者がある場合には当該他の者に対して送付しなければならない（27条の10第13項）。EDINETへの記録をもって代替することは認められないが，あらかじめこれらの者の承諾を得た場合には，電磁的方法によって写しの送付に代替することが可能である（27条の30の11第１項，他社株買付府令33条の３）[90]。当該株券等が上場されている金融商品取引所（店頭売買有価証券の場合は，当該株券等を登録する認可金融商品取引業協会）にも同様の写しを送付しなければならないが，対質問回答報告書がEDINETを通じて提出されたときは，かかる写しの送付を実際に行う必要はない（27条の30の６）。原則として，対質問回答報告書（訂正報告書を含む）が受理された日から当該公開買付けに係る公開買付期間の末日の翌日以後５年間公衆の縦覧に供せられる（27条の14第１項）。対質問回答報告書の公衆縦覧については公開買付届出書に係る公衆の縦覧と基本的に同様なので，第２節■**2**⑴②を参照。

対質問回答報告書の写しの送付にあたり重要な事実につき虚偽があり，かつ，写しの基となった書類と異なる内容の記載をした書類をその写しとして送付した者は，１年以下の懲役もしくは100万円以下の罰金に処せられ，またはこれを併科される（200条11号）。法人については，両罰規定により，１億円以下の罰金刑が科される（207条１項５号）。かかる写しの送付をしない者は，６月以下の懲役もしくは50万円以下の罰金に処せられ，またはこれを併科される（205条３号）。法人については，両罰規定により，同条の罰金刑が科される（207条１項６号）。また，対質問回答報告書の提出者が，その写しを公衆の縦覧に供しなかった場合，１年以下の懲役もしくは100万円以下の罰金に処せられ，またはこれを併科される（200条６号）。法人については，両罰規定により，１億円以下の罰金刑が科される（207条１項５号）。

⑵　対質問回答報告書の記載内容

対質問回答報告書には，①対象者からの質問に対する回答，②回答をする必

⑽　詳細は第２編第４章第２節参照

要がないと認めた場合には，その旨およびその理由を記載する必要がある（他社株買付府令25条3項)。具体的には他社株買付府令第8号様式（以下，本節において「第8号様式」という）に従って作成する（他社株買付府令25条4項)。

第8号様式の記載上の注意によれば，質問に対する回答は，回答に至った経緯を時系列に記載する必要がある（第8号様式記載上の注意(3)c)。また，公開買付者は，回答の必要がないと判断する場合には，理由を詳細に記載することにより回答しないことも選択できる（同様式記載上の注意(3)b)。たとえば，敵対的な公開買付けが行われている場合に，対象者の質問に対して，公開買付者が対象者の支配権を取得した場合の事業計画や経営計画の内容を現経営陣による先取りを警戒して（公開買付届出書に記載する義務が認められる程度を超えて）開示したくないという場合もあろうし，回答事項に関し守秘義務を課されている場合も考えられる。開示しない場合には，公開買付者としては詳細に理由を記載する必要があるが，その理由を含めて株主・投資者による評価の対象になることに留意すべきである。投資者としては，公開買付価格のみを重視する場合もあろうが，ことに敵対的買収のような局面においては，現経営陣か公開買付者かいずれによる経営が対象者の企業価値向上に資するかについても重視する場合もありうるので（とくに，株主が対象者と取引関係にある場合や株式の一部を保有し続けるような場合)，敵対的な公開買付者としては，開示の有無・程度・不開示の場合の理由の記載方法は慎重に検討する必要があるといえる。

(3)　訂正報告書

対質問回答報告書には，訂正届出書に関する規定（27条の8第1項～5項）が準用されており，一定の場合には訂正報告書を提出する必要がある（27条の10第12項)。準用される27条の8第1項～4項による訂正報告書について重要な事項につき虚偽の記載のあるものを提出した者は，5年以下の懲役もしくは500万円以下の罰金に処せられ，またはこれを併科される（197条の2第6号)。法人については，両罰規定により，5億円以下の罰金刑が科される（207条1項2号)。準用される27条の8第2項～4項による訂正報告書を提出しない者は，6月以下の懲役もしくは50万円以下の罰金に処せられ，またはこれを併科される（205条2号)。法人については，両罰規定により，同条の罰金刑が科される

(207条１項６号)。また，重要な事項につき虚偽の表示があり，もしくは表示すべき重要な事項の表示が欠けている27条の８第１項〜４項による訂正報告書を提出した者は，課徴金納付命令の対象となる。課徴金の額は，公開買付開始公告を行った日の前日における終値に当該公開買付けにより買付け等を行った株券等の数を乗じて得た額に，25％を乗じた額とされている（172条の６)。公開買付届出書と同じように，平成24年金商法改正により，かかる訂正報告書の提出を容易にすべき一定の行為またはこれを唆す行為を行った者についても，課徴金納付命令の対象とされることとなった。課徴金の額は，手数料，報酬その他の対価として支払われ，または支払われるべき金銭その他の財産の価額に相当する額として内閣府令で定める額とされる（172条の12第１項２号・２項，課徴金府令１条の８の２第１項)。

訂正報告書を提出する場合，対質問意見報告書を提出する場合の写しの送付に係る規定（27条の10第13項）が準用され（同条14項)，同じ罰則規定が適用される。公衆縦覧を含む詳細は，⑴②参照。

❖第４節❖　公開買付けの結果に係る開示

1　公開買付け結果の公告または公表

公開買付者は，公開買付けの撤回等の公告を行った場合を除き，公開買付期間の末日の翌日（翌営業日ではない）に，応募株券等の数その他内閣府令で定める事項を公告または公表しなければならない（27条の13第１項)。公告は，電子公告（EDINETにより，当該公告の開始後１カ月を経過する日まで継続する必要がある）または時事に関する事項を掲載する日刊新聞紙に掲載する方法により行う（金商法施行令９条の３第１項・４項２号)。電子公告による場合は，その後遅滞なく，当該公告をした旨などを，時事に関する事項を掲載する日刊新聞紙に掲載しなければならない（同条３項，他社株買付府令９条の２)。公表は，⑴時事に関する事項を掲載する日刊新聞紙の販売を業とする新聞社，⑵かかる新聞社に時事に関する事項を総合して伝達することを業とする通信社，⑶日本放送協会および基幹放送事業者のうち，いずれか二以上の報道機関に公開することにより行う（金商法施行令９条の４，他社株買付府令30条の２）。実務的には東証等の適時開示情報閲覧サービス（TDnet）による開示または取引所内記者クラブ（東京証券取引所の場合は「兜倶楽部」）への資料の投函（投げ込み）によって行うことが多い。上場会社であれば適時開示（プレスリリース）を行うことが通常である。公告または公表が必要な事項は，①公開買付者の氏名または名称・住所または所在地，②公開買付けの内容に関する事項のうち，対象者の名称，買付け等に係る株券等の種類，公開買付期間，③公開買付届出書において，買付予定の株券等の数に下限を設けた場合における当該条件の成否，④応募株券等の数および買付け等を行う株券等の数，⑤決済の方法および開始日，⑥公開買付報告書の写しを縦覧に供する場所とされている（他社株買付府令30条１項）。かかる公告または公表に際し，あん分比例方式により買付け等をする株券等の数の公告または公表を行うことが困難である場合は，それ以外の事項の公告または公表を行った後，遅滞なく，当該株券等の数の公告または公表を行う必要がある（同条２項）。

上記公告または公表にあたり重要な事項につき虚偽の表示をした者は，10年以下の懲役もしくは1,000万円以下の罰金に処せられ，またはこれを併科される（197条１項２号）。法人については，両罰規定により，７億円以下の罰金刑が科される（207条１項１号）。上記公告または公表を行わない者は，１年以下の懲役もしくは100万円以下の罰金に処せられ，またはこれを併科される（200条７号）。法人については，両罰規定により，１億円以下の罰金刑が科される（207条１項５号）。

2　公開買付報告書

(1)　公開買付報告書の提出

公開買付者は，■１の公告または公表を行った日に，当該公告または公表の内容その他の内閣府令で定める事項を記載した公開買付報告書を関東財務局長に提出しなければならない（27条の13第２項。権限委任につき，194条の７第１項・６項，金商法施行令40条１項１号）。EDINETによる提出が義務付けられている（27条の30の2・27条の30の3第1項）。公開買付報告書には，他社株買付府令第6号様式に従い，①公開買付けの内容，②買付け等の結果（公開買付けの成否，結果の公告日および公告掲載新聞名，買付け等を行った株券等の数，買付け等を行った後における株券等所有割合）を記載する（他社株買付府令31条）。重要な事項につき虚偽の記載のある公開買付報告書を提出した者は，10年以下の懲役もしくは1,000万円以下の罰金に処せられ，またはこれを併科される（197条1項3号）。法人については，両罰規定により，7億円以下の罰金刑が科される（207条1項1号）。また，公開買付報告書届出書の提出を行わない者は，5年以下の懲役もしくは500万円以下の罰金に処せられ，またはこれを併科される（197条の2第5号）。法人については，両罰規定により，5億円以下の罰金刑が科される（207条1項2号）。なお，公開買付届出書と同様に，公開買付報告書（訂正報告書を含む）の受理による真実性の認定等が禁止されている（27条の15。第2節■2(1)④参照）。

(2)　写しの送付・公衆縦覧

公開買付者は，公開買付報告書を提出後，ただちにその写しを対象者に対して送付しなければならない（27条の13第3項で27条の3第4項を準用）。EDINETへの記録をもって代替することは認められないが，あらかじめこれらの者の承諾を得た場合には，電磁的方法によって写しの送付に代替することが可能である（27条の30の11第1項，他社株買付府令33条の3）[(91)]。当該株券等が上場されている金融商品取引所（店頭売買有価証券の場合は，当該株券等を登録する認可金融商品取引業協会）にも同様の写しを送付しなければならないが，公開買付報告書がEDINETを通じて提出されたときは，かかる写しの送付を実際に行う必要はない（27条の30の6）。原則として，公開買付報告書（訂正報告書を含む）が受理された日から当該公開買付けに係る公開買付期間の末日の翌日以後5年間公衆の縦覧に供せられる（27条の14第1項）。公開買付報告書の公衆縦覧については公開買付届出書に係る公衆の縦覧と基本的に同様なので，第2節■2(1)②を参照。公開買付報告書の写しの送付および公衆の縦覧に係る規定に違反した場合の罰則も，公開買付届出書の場合と同様なので，第2節■2(1)②を参照。

(91)　詳細は第2編第4章第2節参照

(3)　訂正報告書

公開買付報告書には，訂正届出書に関する規定（27条の８第１項～６項）が準用されており，一定の場合には訂正報告書を提出する必要がある（27条の13第３項）。準用される27条の８第１項～４項による訂正報告書について重要な事項につき虚偽の記載のあるものを提出した者は，10年以下の懲役もしくは1,000万円以下の罰金に処せられ，またはこれを併科される（197条１項３号）。法人については，両罰規定により，７億円以下の罰金刑が科される（207条１項１号）。準用される27条の８第２項～４項による訂正報告書を提出しない者は，公開買付報告書の提出者が，その写しを公衆の縦覧に供しなかった場合，１年以下の懲役もしくは100万円以下の罰金に処せられ，またはこれを併科される（200条８号）。法人については，両罰規定により，１億円以下の罰金刑が科される（207条１項５号）。

公開買付者が公開買付報告書に係る訂正報告書を提出する場合，公開買付届出書を提出する場合の写しの送付に係る規定（27条の３第４項）を準用する訂正届出書に係る規定（27条の８第６項）が準用されている（27条の13第３項）。公衆縦覧を含む詳細は，第２節■**２(4)③**を参照。

■3　買付け等の通知書

公開買付者は，公開買付期間が終了したときは，遅滞なく，買付け等をする株券等の数，返還する株券等の数，応募株券等の全部または一部の買付け等を行わない場合にはその理由，決済の方法などを記載した通知書を，応募株主等に送付しなければならない（27条の２第５項，金商法施行令８条５項１号，他社株買付府令５条１項・２項・第１号様式）。電磁的方法による通知も可能である（金商法施行令８条６項，他社株買付府令５条６項～11項）。

第４章 公開買付けにおける実体的規制

本章のサマリー

◇本章では，金商法第２章の２の第１節「発行者以外の者による株券等の公開買付け」のうち，実体的規制に関する規定について解説する。具体的には，買付価格，買付期間，買付予定株式数等の買付条件についての規定のほか，買付条件等の変更，公開買付けの撤回，応募株主による契約の解除，決済の方法等についての規定（27条の２第２項～５項）をカバーする。有価証券をもって対価とする買付け等（27条の４）にも触れる。

◇実体的規制については，平成18年12月施行の証取法改正により，公開買付者と対象者との公平の観点から，公開買付けの撤回および買付価格の引下げが認められる場合が拡張された。

❖第１節❖　概　　要

公開買付けとは，株券等の買付けその他の有償の譲受けであるから（27条の２第１項），その民法的な性質は売買契約または交換契約である。しかし，金商法は，公開買付けについて契約自由の原則を修正し，買付けの実体的な条件および方法について一定の枠付けをしている（27条の２第２項～５項）。これは，公開買付者と対象者の株主の間の交渉力の不均衡を是正するとともに，対象者株主の間での実質的平等を確保することを目的とする(92)。特に，前者の趣

(92)　公開買付けWG報告１頁・９頁等，川村ほか・金商法243頁参照

旨から強圧的二段階的買収を防止するための全部買付義務・強制的全部勧誘義務が規定され，後者の趣旨から均一価格の規制・別途買付けの禁止が設けられている。これらの規制は，支配権の移転を目的とする公開買付けにおいては，買収プレミアムを既存株主のために平等に分配する機能を有している。

❖第2節❖　買付条件等

公開買付けの条件（以下，本章において「買付条件等」という）として規制の対象となるのは，買付け等の価格（以下，本章において「買付価格」という），買付け等の期間（以下，本章において「買付期間」という）および買付予定の株券等の数（以下，本章において「買付予定株式数」という）である。

1　買付価格

(1)　概　　要

金商法においては，買付価格の水準自体に関する規制はないので，公開買付者は，原則として任意に買付価格を設定することができる。買付価格は，公開買付開始公告（27条の3第1項）および公開買付届出書（同条2項1号）に記載する。さらに，買付価格の「算定の基礎」および「算定の経緯」を，公開買付届出書に記載しなければならない（他社株買付府令第2号様式）。

公開買付届出書において買付価格に関する「算定の基礎」および「算定の経緯」に関する詳細な記載が求められている（他社株買付府令第2号様式）。MBOや親会社による子会社株券等の買付け等で，買付価格の公正性を担保するための措置が講じられている場合[93]には，その具体的内容の記載も必要である（同様式記載上の注意(6) f）。また，MBOや親会社による子会社株券等の買付け等の場合，買付価格の算定にあたり参考とした第三者による評価書，意見書その

---

(93)　特別利害関係人に該当する役員が対象者の意見表明に関する取締役会の審議・決議に参加しないことや，独立の第三者からなる委員会を設置して，価格の妥当性などについての意見を求めることなどが含まれる。平成18年12月パブコメ21頁No.66参照

他これらに類するものがある場合には，その写しを公開買付届出書に添付しなければならない（他社株買付府令13条１項８号）[94]。これらの規制は開示のための規制であって，価格水準自体を実体的に規制するものではない。しかし，算定の基礎として，どのような算定手法（DCF法，市場株価法，株価倍率法（類似会社比較法），純資産価格法など）を用いたか，公開買付開始直前および過去の一定期間（通常，３カ月，６カ月，12カ月などの期間が利用される）における市場価格の平均[95]に対してどの程度のプレミアム（上乗せ）またはディスカウント（値引き）となる価格であるか等が開示され，さらに，第三者による評価書，意見書，算定書なども添付される場合（取得自体が義務付けられているわけではない[96]）には，株主は価格水準の適正性を判断することが容易になる。その結果，公開買付者は市場における投資者による買付価格の検証を意識しなければならないため，買付価格の水準が合理的であることも一定程度は担保されているといえる。

⑵　有価証券を対価とする公開買付け（エクスチェンジ・オファー）

①　概　　要

金商法は公開買付けの対価を金銭に限定するものではなく，有価証券その他の金銭以外の財産が対価となることを認めている（27条の２第３項，金商法施行令８条２項）。また，対価となる有価証券は，公開買付者が発行者となる有価証

⑼4　ここで添付の対象となる書面は，評価書，意見書などの名称にとらわれず，買付価格の算定にあたり参考とされたものを意味するとされており，会計・法律等の専門家から受け取る報告書であっても，買付価格の算定にあたり参考とされたものでない場合には，ここにいう添付書類にはあたらないとされている。池田ほか・新しい公開買付制度107頁参照。なお，対象者の取締役会が意見表明の決議を行う際に参考として第三者から取得した評価書等については，開示義務は法定されていない（取締役会議事録の閲覧謄写請求につき，会社法371条２項・３項参照）。また，東京証券取引所への提出義務について，有価証券上場規程402条１号ｘ・ｙおよび同施行規則417条13号・14号参照。特に，①公開買付けにより対象株券等が上場廃止となる見込みがある場合，②子会社が発行する株券等に対する公開買付けを行う場合には，算定書を取引所に提出する必要がある。当該算定書には，算定の具体的な過程（具体的な算定方式，当該算定方式を採用した理由，各算定結果の数値など）および算定の前提条件（DCF法の場合，算定の前提とした財務予測の具体的な数値，割引率の具体的な数値など）の，詳細な記載が要求される（2018年８月版東京証券取引所会社情報適時開示ガイドブック187頁，209頁参照）。

⑼5　単純平均のほか，売買高加重平均価格（VWAP）が用いられる場合もある。

⑼6　平成18年12月パブコメ19頁No.60参照

券に限られない（27条の4第1項参照）。このエクスチェンジ・オファーについては，従来から可能とされていたものの，後述の現物出資規制や有利発行規制などの問題点があり，活用されていないとの指摘がされていた。平成23年7月1日付で施行された改正産活法が，エクスチェンジ・オファーを妨げる法的問題を解消することを企図し，それが現行の産業競争力強化法（「産競法」）に承継されている。

②　有価証券を対価とする場合の価格均一の条件

買付価格は均一でなければならない（27条の2第3項）。有価証券を対価とする場合もかかる原則が適用されるので，対象となる有価証券と対価となる有価証券との交換比率を均一の条件とする必要がある（金商法施行令8条2項）。公開買付者が端数株式や単元未満株式の代わりに交換差金として金銭を交付することも許されるが，その場合，交付される公開買付者の株式と交換差金は，価格が均一である必要がある（同項）[(97)]。応募株主等に複数の種類の対価を選択させることも可能だが（たとえば，「X円の金銭またはA社株式10株のいずれかを選択することができる」など），その場合には選択することができる対価の種類をすべての応募株主等につき同一とし，かつ，それぞれの種類ごとに当該種類の対価を選択した応募株主等について条件を均一にすることで足りる（同条3項）[(98)]。

③　有価証券の募集・売出しとの関係

公開買付けにおいて有価証券を対価とする場合には，公開買付者による不特定多数の者に対する対価としての当該有価証券の取得の申込みの勧誘を伴うから通常は「募集」または「売出し」に該当する。この場合で，届出が必要なときは（4条1項本文・2項本文・3項本文），公開買付届出書の提出と同時に当

---

(97)　公開買付けQ&A問43，三井ほか・詳説Q&A48頁。均一であるか否かは，個別事案ごとに判断する必要がある（平成23年7月パブコメ1頁問43）。エクスチェンジ・オファーの場合，公開買付けの対価として交付する株式について，一定期間の市場株価を基礎として対象者株式との交換比率を定める場合，同期間の市場株価の平均価格により交換差金の額を定めることなどを検討する必要がある。

(98)　エクスチェンジ・オファーに関する条件の均一性に関し，小島義博ほか「自社株対価TOBの実務上の諸問題（下）」旬刊商事法務1943号27頁（2011）参照

該有価証券の発行者[99]が募集または売出しに係る届出（有価証券届出書の提出）を行っていなければ，公開買付者は，売付け等の申込みの勧誘などを行うことができない（27条の４第１項）[100]。また，対価となる有価証券が発行登録されたものであるときは，公開買付届出書の提出と同時に発行登録追補書類を提出する必要がある（同条２項）[101]。また，これらの有価証券届出書の提出に伴い有価証券報告書の提出などの継続開示義務が生じる（24条１項３号参照）。

対価とされる有価証券に関して提出する有価証券届出書の様式については，公開買付けの場面以外の通常の募集・売出しの場合の記載に加えて，公開買付けに関する情報について記載の追加が必要であり，前述した（第３章第２節■２⑵参照）公開買付届出書上の記載と整合性を取る必要がある（企業開示府令８条１項３号・５号，内国会社による通常方式の届出書においては，第２号の６様式第二部【組織再編成（公開買付け）に関する情報】欄参照）。有価証券届出書には，「公開買付けに関する情報」として「公開買付けの概要」の記載を要し，さらに，「公開買付けの目的等」，「公開買付けの当事会社の概要」，「公開買付けに係る契約」，「公開買付けに係る割当ての内容及びその算定根拠」，「対象者の発行有価証券と公開買付けに係る提出会社によって発行（交付）される有価証券との相違」，「有価証券をもって対価とする公開買付けの場合の発行（交付）条件に関する事項」および「公開買付けに関する手続」を記載する（企業開示府令第２号の６様式第二部，企業開示ガイドラインＣⅣ参照）。また，公開買付者が，本邦以外の地域においてエクスチェンジ・オファーを実施する場合には，一定の場合を除き，臨時報告書の提出が必要となるのが通常であるが，その場合には臨時報告書に「公開買付けに係る割当ての内容及びその算定根拠」，「対象者の発行有価証券と公開買付けに係る提出会社によって発行（交付）される有価証券との相違」および「有価証券をもって対価とする公開買付けの場合の

---

(99)　対価となる有価証券の発行者は公開買付者である必要はない。前述①参照。

(100)　エクスチェンジ・オファーの場合に，大株主との間で応募契約の交渉と締結を行うことは，禁止される届出前勧誘に該当しないとの見解がある（小島ほか・前掲注(98)25頁）。ただし，平成23年８月パブコメ２頁No.６は，個別事案ごとに判断する必要があるとする。

(101)　有価証券届出書の届出の効力は受理日から原則として15日を経過した日に生ずるので（８条１項），買付期間が最短の場合（20営業日）も，期間内に効力を発生させることは一応可能である。なお，公開買付届出書の提出前に有価証券届出書を提出しても，金商法27条の４第１項に違反しない（三井ほか・詳説Q&A99頁）。

発行（交付）条件に関する事項」の記載が義務付けられている（企業開示府令19条２項１号ワ・２号ヘ）。なお，エクスチェンジ・オファーの場合の証券情報については，立案担当者によれば，「発行数」としては，買付予定数の上限と交換比率を基準に，発行される可能性のある最大の株式数を記載し，「発行価額の総額」としては，届出書提出日現在の見込額として前記「発行数」と交換比率を基準に算定した金額を記載し，「発行価格」としては対象会社の株式の種類と交換比率を記載することが適当であるとされる(102)。

④　産業競争力強化法に基づく会社法特例

公開買付者自身の発行する有価証券を公開買付けの対価とする，いわゆるエクスチェンジ・オファーの場合，会社法上は現物出資規制と有利発行規制に関する問題が従来から指摘されてきた。現物出資規制については，対象者の株式をもって公開買付者の株式の払込みを行う点で対象者の株式が払込みの対価として適正かが問題となる。上場された（対象者の）株券等は市場価格以下で評価する限り検査役の検査は省略可能であるが（会社法207条９項３号・199条１項３号，会社法施行規則43条），（払込みを行うことになる）対象者株主はプレミアムを要求する場合が多いであろうから，この例外は必ずしも利用できない。また，対象者の株主に割り当てる株式総数が発行済株式総数の10分の１以下である場合や価額が相当であることについて専門家の証明がある場合は現物出資規制が免除されるが（会社法207条９項１号・４号），具体的な事案においてこれらが利用できるとは限らない。また，公開買付者の株式の発行時において，対象者の株式の価格が募集事項として定めた価額に著しく不足するときは，応募株主および取締役が財産価額塡補責任を負う（会社法212条・213条，会社法施行規則44条〜46条）。さらに，有利発行規制については，公開買付者が対象者株式の時価にプレミアムを付する価格で対価となる有価証券を発行する場合には，公開買付者の株式の発行価格が相対的に引き下げられることになるので，有利発行に該当し(103)，公開買付者において株主総会の特別決議を要する（会社法199条２項・３項・200条２項・201条１項・309条２項５号）。事前に特別決議を得る

(102)　谷口義幸ほか「有価証券対価公開買付けの開示書類記載事項見直しに係る開示府令改正」旬刊商事法務1939号110頁（2011）

のは困難であろうし，公開買付者における特別決議の不成立を公開買付けの撤回条件とすることはできないので（27条の11第１項，金商法施行令14条２項），公開買付者の特別決議が得られないことを解除条件として公開買付けを行うこともできない。

産競法（旧産活法）の会社法特例は，上記の会社法上の問題点に対応することを企図している。なお，平成30年の産競法改正前は，同法の特例は，わが国の公開買付けまたは外国における公開買付けの方法に相当するものによる買収に限られていたが，同改正によって「譲渡」による対象者株式の取得一般に適用範囲が拡大された（産競法32条１項本文前段）。以下では，対象者株式をわが国の公開買付けによって取得する場合について述べる。

まず，①適用要件として，自己の株式によりエクスチェンジ・オファーを実施しようとする公開買付者は，主務大臣から「事業再編計画」または「特別事業再編計画」（後記⑤参照）の認定を受ける必要がある（産競法23条・25条。認定を受けた公開買付者を「認定事業者」という。同法30条）。

②適用場面として，他の会社・外国法人を「関係事業者」または「外国関係法人」，すなわちその経営を自己が実質的に支配していると認められる会社にしようとする場合，または既存の関係事業者・外国関係法人の株式を買い増す場合であることが必要である（産競法２条８・９項・32条１項本文前段）(104)。

また，③公開買付けの取得の対価として公開買付者（認定事業者）が株式を発行しまたは自己株式を処分する場合が適用場面として想定されているものの，株式と現金や株式と新株予約権等を組み合わせることも可能である（産競法32条１項本文参照）(105)。

---

(103)　たとえば公開買付け開始前に対象者株式の時価が1,000円，公開買付者の株価の時価が100円のとき，対象者株式１株（＝1,000円）に対して，500円のプレミアムを付したうえで，公開買付者株式15株（＝1,500円）を交付するときは，公開買付者は66.7円（＝1,000÷15）分の対象者株式を対価として公開買付者株式１株を発行するので，対象者株式の保有者（応募者）に対して（公開買付け公表前の時価を基準とする限り）特に有利な金額での発行となる。これに対し，対象者株式を（プレミアムを含んだ）1,500円と評価した場合，有利発行には該当しないが，裁判所の任命する検査役の検査が必要となるうえ，財産価額塡補責任が生じうる。

(104)　ただし，認定事業者が対象会社を結果として関係事業者・外国関係法人とするために十分な株式を取得したことを要件とするものではないため，あくまで十分な株式の取得をすることを目的とした公開買付けであれば，本特例適用の要件を充足する。越智晋平「産業競争力強化法における会社法特例の改正の解説」旬刊商事法務2173号８頁（2018）参照。

かかる要件を充足することにより産競法の会社法特例が適用される場合，その効果として，前述の現物出資規制の適用が除外され，また，取締役および応募株主の財産価額塡補責任もその適用が除外される（産競法32条1項・2項。同法32条1項による会社法199条1項3号適用除外による同法207条（検査役調査）の適用除外，同法199条3項（有利発行規制）の適用除外。産競法32条2項による会社法212条（引受人の価額塡補責任）の適用除外による同法213条（取締役の価額塡補責任）の適用除外）。

さらに，④募集事項の決定は，原則として（公開買付者である認定事業者の）株主総会における特別決議を要するが（会社法199条2項は除外されない），公開買付けの対価として交付する公開買付者の株式の数に1株当たり純資産額を乗じて得た額が，公開買付者の純資産額の5分の1以下の場合，一定の場合（反対株主から通知がある場合，対象者株主に交付する株式が買収者の譲渡制限株式である場合）を除き，株主総会決議は不要となる（産競法32条2項による会社法200条・201条1項・2項・206条の2の適用除外，ならびに産競法32条3項による会社法796条2項・3項の読替適用による同法199条2項の適用除外）。かかる「簡易要件」を満たす場合であれば，有利発行該当性にかかわらず株主総会を省略することが可能になる（実際に利用されるのは，かかる「簡易要件」を満たす場合が多いであろう）[106]。

⑤　産業競争力強化法に基づく税法特例

産競法の会社法特例が適用される場合には，エクスチェンジ・オファーを妨げていた会社法上の問題点はおおむね解消されるものの，応募株主には公開買付者の有価証券の価額と対象者の株式の取得価額・帳簿価額との差額について譲渡損益課税が生じるほか（租税特別措置法37条の10第1項・2項，法人税法61条の2第1項），プレミアム部分について，（公開買付け公表前の時価を基準とす

(105)　なお，海外において公開買付けを実施する場合に，現地に設立された子会社を通じて間接的にエクスチェンジ・オファーをすることも考えられるため，認定事業者が自社の株式をその子会社に対して発行し，当該子会社が引き受けた認定事業者の株式を他の会社に対する公開買付けの対価とすることも，産競法による特例の適用対象とされている（産競法32条1項本文後段）。この場合には，認定事業者による株式の発行等と子会社による対価としての交付が時間的に近接している必要があると考えられる（越智・前掲注(104)10頁参照）。

(106)　なお，公開買付届出書の添付書類につき，公開買付けQ&A問42，三井ほか・詳説Q&A96頁参照

る限り）応募株主において受贈益が生じると認定される可能性があった（所得税法34条・36条１項・２項，所得税法施行令84条２項５号，所得税基本通達23～35共-6・7，法人税法22条２項，法人税法施行令119条１項４号，法人税基本通達2-3-7・2-3-8・2-3-9参照）(107)(108)。これらの税法上の問題点が，エクスチェンジ・オファーの活用を難しくしているとの指摘もあった。

平成30年税制改正により，一定のエクスチェンジ・オファーに関して税法上の障害が取り除かれた。すなわち，産競法の適用がある場合でも，特に，同法25条１項に規定する「特別事業再編計画」の認定を受けた事業者（認定特別事業再編事業者）が行った「特別事業再編」において，株主がその有する株式を譲渡し，当該事業者（公開買付者）の株式の交付を受けた場合には，その譲渡した株式の譲渡損益の計上は繰り延べられ，課税を受けない（租税特別措置法37条の13の３・66条の２の２・68条の86）。公開買付者は，あらかじめ「認定特別事業再編事業者」としての認定を受ける必要があるが，その認定は，公開買付者の株式「のみ」が対価で（公開買付者の親会社株式は不可），対価の額が余剰資金の額（経済産業省関係産業競争力強化法施行規則４条の２）を上回る場合に限られる（産競法２条12項１号）。特例を受けられる「特別事業再編」は，事業者（公開買付者）と他の会社・外国法人（対象者）の経営資源を有効に組み合わせて一体的に活用して，生産性を著しく向上させることを目指したもので，新たな需要を相当程度開拓すること等が要件とされている（産競法２条12項）。この特例は，改正産競法の施行日（平成30（2018）年７月９日）から令和３（2021）年３月31日までの間に特別事業再編計画の認定を受けた場合に限られる。なお，この税法特例の適用対象は，公開買付けに限られていない。

(107)　有利発行か否かの基準とされるのは「払込金額等を決定する日の現況における当該発行法人の株式の価額」であり，これは「決定日前１月間の平均株価等，払込金額等を決定するための基礎として相当と認められる価額」とされている（法人税基本通達2-3-7，所得税基本通達23～35共7）。

(108)　以上につき，中里実ほか「〔座談会〕新会社法と法人税制」中里実＝神田秀樹編著『ビジネス・タックス――企業税制の理論と実務』45頁以下（有斐閣，2005）参照。

実務のポイント・3－7

◆株式を対価とするM&A

対象者の株主からその株式の現物出資を受け，対価として買収者の自社株式を発行する形態のM&Aは産競法の平成30（2018）年改正の前から可能であった。しかし，税務上の問題のほか，手続の負担が大きく，借入金による資金調達が容易な市場環境の下であえて株式対価M&Aが選択される例は少なかった。では，それにもかかわらず株式対価M&Aが行われるのはどのような場合であろうか。そもそも日本企業同士の買収であれば，合併，株式交換や共同株式移転といった組織再編により目的を達成できる場合もあるので，このような現物出資型の株式対価M&Aの実益が大きいのはクロスボーダーM&Aである。そこで，以下では，公開買付けによるか否かにかかわらず，クロスボーダーの現物出資型M&Aの事例を紹介する。

まず，資金負担が大きい大規模買収の事例がある。平成30（2018）年５月８日に公表された武田薬品工業によるシャイアー（英国王室属領ジャージー法人）の買収は，買収総額が６兆円超とも報道されており，負債で資金調達した場合の利子負担は大きいから，株式を対価とすることに合理性がある（ただし，既存株式の希薄化の問題は残る）。同案件は，産競法改正の成立前に公表されており，同年12月５日に募集株式の発行に係る募集事項の決定を取締役会に委任する議案について株主総会特別決議（会社法199条・200条１項・309条２項５号）による承認を経たが，産競法の適用を受ける旨は公表されていない。

次に，ベンチャー企業の場合，現金よりも株式を対価とすることが魅力的な場合がある。ベンチャー企業は手持資金・外部調達資金を含めキャッシュへのアクセスが十分でないことがある。それに加え，ベンチャー企業の場合，経営者がキーであるから，買収後も経営に関与してもらう必要性が高い。また，開発途上にある製品が将来大化けする可能性があるとしても，買収時点で株式・新株予約権を評価すると，その可能性を十分に評価に反映させることができない。そこで，対象者の株主に買収者の株式・新株予約権を交付し，しかも既存の条件に類似した条件で買収者の株式・新株予約権を発行することで将来のキャピタル・ゲインの可能性を与えることが考えられる。このような事例として，DeNAによるngmoco（米国法人）の買収がある（2010年10月12日付DeNAプレス･リリース参照）。

この他，比較的最近の株式対価のM&A事例として，GCAサヴィアンによるアルティウム社（英国法人）の買収（2016年５月９日付GCAサヴィアンプレス･リリース参照），プロスペクトによるThe Prospect Japan Fund Lmited（英国王室属領ガーンジー法人）の買収（2017年５月31日付プロスペクトプレス･リリース参照），LIFULLによるMitula Group Limited（豪州法人）の買収（2018年５月９日付LIFULLプレス･リリース参照），ユーザベースによるQuartz Media LLC（米国法人）の買収（笠原康弘ほか「日本の上場会社による株式対価を利用した米国企業の買収」旬刊商事法務2181号４頁（2018）参照）がある。

これらの事例においては，対象者の株主が買収者（日本企業）に対して現物出資を行うことで買収者の株式を取得するが，新たに割り当てる株式数が発行済株式総数の10分の１以下であることや（GCAサヴィアン），専門家の証明書により（プロスペクト，LIFULL），検査役の調査が不要とされている（会社法207条９項１号・４号参照。なお，GCAサヴィアンの事例につき，棚橋元ほか「英国会社を対象とする株式対価のクロスボーダーM&A」旬刊商事法務2112号28頁（2016）参照)。さらに，現地国法上の買収子会社を設置し，その子会社と対象者との間で現地国法上の組織再編（逆三角合併等）を行うことによって，対象者株主が買収者の株式を取得する手法により，わが国の現物出資規制の対象外とされる場合もある（DeNA，ユーザーベース）。以上のDeNA，GCAサヴィアン，プロスペクト，LIFULLおよびユーザーベースのいずれの事案も旧産括法ないし産競法の適用は受けていないようである。

上記各事例においては，対象者が米国法や英国法（およびこれに類似する法体系）に基づく法人であるが，これらの国においては株主が既存株式と引き換えに株式を取得する場合の課税繰延べの要件が比較的緩やかであるため，対象者の株主が課税を受けない（従前の帳簿価額を引き継ぐ）スキームが可能である。たとえば，米国法では合併等の場合に現金（boot）を対価の一定限度に止める限り株式部分の課税の繰延べが可能であり，英国法系のスキームオブアレンジメントでも裁判所の承認により現金対価以外の部分は課税を繰り延べることができる。これに対し，平成30（2018）年の産競法の改正は，対象者が日本法人の場合にも課税の繰延べが認められる途を開いたが，対価のすべてが（買収者の）株式でなければならない（租税特別措置法37条の13の３・66条の２の２・68条の86)。

今後（特に，会社法改正によって株式交付制度が導入された場合）は，日本法人を対象者とするM&Aにおいても，部分的買収で買収価額が大きい場合や，対象者株主にエクイティを交付したい場合に，現物出資型の株式対価M&Aも選択肢の一つとして検討する余地があろう。

⑶　買付価格の均一性

対象者株主の間の平等のため，買付価格はすべての応募株主等について均一の条件にしなければならない（27条の２第３項，金商法施行令８条３項本文)。条件の均一性に関し，同一の公開買付けにおいて内容の異なる二以上の株券等を買付けの対象とする場合，普通株式に転換する条件が付されている種類株式または新株予約権に対する買付価格は，その普通株式換算後の価格が普通株式に対する買付価格と均一になるように設定されるべきものと考えられるとする見解がある(109)。しかし，条文上はそこまでは要求されておらず（金商法施行令８条３項本文)，実質的にも，株券等の権利内容はさまざまであり，公開買付者は特定の内容を有する株券等のみを高く評価することもありうるから，上記のよう

(109)　池田ほか・新しい公開買付制度65頁

に考える必然性があるのかは議論の余地がある。また，たとえば，ストック・オプションのために発行された新株予約権については，公開買付者が取得したとしても譲渡制限規定によって権利行使が許されない場合や，そうでなくとも上場廃止を念頭に置く場合には公開買付者にとっては実質上の価値がない場合があり，すべて普通株式換算後ベースで同一価格とするのが不合理な場合もある。実務上も，新株予約権の公開買付価格を１円とする事案がみられる(110)。

実務のポイント・3－8

◆買付価格の均一性に関する実務上の問題点

公開買付者（またはその特別関係者）が公開買付けを行うほかに，対象者の株主との間で関連する取引を行う場合に，買付価格の均一性が問題となる。

⑴　応募契約における表明・保証

公開買付者と特定の大株主が締結する応募契約において，大株主の表明・保証違反について公開買付者が補償請求権を有する旨が定められることがある。この補償請求権によって当該大株主の買付価格が減額され，均一性に反しないかが問題となる。しかし，補償請求権は合意の効果であって公開買付けにおける対価ではないと考えうること，大株主が利益を得るものではないことから，均一性に反しないと解する（西村あさひ法律事務所編『M&A法大全〔全訂版〕（下）』248頁（商事法務，2019），石井禎＝関口智弘編著『実践TOBハンドブック〔改訂版〕』136頁（日経BP出版社，2010）参照）。

⑵　公開買付けと近接する取引

たとえば，大株主Ｓが支配する対象者Ｔに関し，公開買付者ＡがＳを含めた株主から公開買付けを行った後，Ｓから不動産を買い取る場合がある。この場合に，不動産売買代金（の一部）が，株券等の対価ではないかが問題となる。この点は，当該大株主（Ｓ）に対する利益提供が，当該取引の内容・動機・意図等を考慮のうえ，対象者（Ｔ）の株券等の取得の対価として行われているか否かにより判断すべきである。公開買付け以外の取引を単独で評価し，当該当事者間で経済的合理性が認められる内容であるときには，対象者の株券等の取得の対価としての利益提供には該当しないと解される。

⑶　応募株主による公開買付者への再投資やストック・オプション

MBOにおいて対象者の株主兼取締役である経営陣が，公開買付者との間で，公開買付者へ再出資する旨を合意したり，対象者からストック・オプションの付与を受けることがある。これらの場合も上記⑵と同様であるが，前者は公開買付けへの応募と切り離された投資の一環，後者は対象者の経営陣としての地位に基づく付与として，株券等の対価としての性質を有しない場合には，均一性の問題が生じないと解すべきである（以上の全体につき，長島大野常松・理論と実務169頁・347頁，公開買付けQ&A問24，三井ほか・詳説Q&A43頁参照）。

---

(110)　以上について，長島大野常松・理論と実務169頁以下参照。

⑷　別途買付けの禁止

①　別途買付けの禁止の趣旨

買付価格の均一性と同様に，対象者株主の間の平等を確保するための規制として，別途買付けの禁止がある（27条の５柱書）。すなわち，公開買付者は，買付期間中（延長された期間を含む），公開買付けによらないで当該公開買付けに係る株券等の発行者の株券等の買付け等を行ってはならない（27条の５・27条の８第10項，金商法施行令12条）。別途買付けの禁止は，公開買付けの対象となっている株券等だけではなく，対象者の発行するすべての種類の株券等が対象となる。したがって，株式と新株予約権を発行している対象者の株式についてのみ公開買付けを行っている場合であっても，公開買付期間中に公開買付者が新株予約権を買い付けることは，別途買付けとして禁止される。特別関係者ならびに公開買付事務代理人および公開買付代理人（以下，本節において「公開買付代理人等」という）は，公開買付者と同様に取り扱われ，禁止の対象となる（27条の５柱書，27条の３第３項，金商法施行令10条）。特別関係者の範囲は意外に広く（第２章第５節参照），たとえば公開買付者が議決権20％を保有する会社の役員も特別関係者に該当するので（27条の２第７項１号，金商法施行令９条２項２号），思いがけず別途買付けを行っていることのないように注意を要する。

②　別途買付けの禁止の例外

以下の場合には別途買付けが許容される（27条の５，金商法施行令12条）。

⒜　別途買付けが所定の方法で開示されている場合

公開買付開始公告を行う前に締結した契約に基づく場合で，公開買付届出書において当該契約の存在および内容を明らかにしているときである（27条の５第１号）。

⒝　形式的特別関係者の申出がある場合

形式的特別関係者（第２章第５節■**1**参照）が，実質的特別関係者（同節■**2**参照）でない旨の申出を関東財務局長に行ったときである（27条の５第２号，他社株買付府令18条・第３号様式）。

金商法は，親族関係等の一定の形式的な関係がある場合には，形式的特別関係者として，その者を公開買付者と同視して取り扱うが（27条の２第７項１号，金商法施行令９条），このような形式的特別関係者は，対象者の株券等の取得や議決権行使に関し，公開買付者と共同して行為する意思がない場合もありうる(27条の２第７項２号参照)。そのような場合にまで買付けの禁止を及ぼすのは行き過ぎであるから，一定の手続を要件として規制対象から除外したものである。

(c)　公開買付代理人等による一定の買付け

公開買付代理人等による以下の買付け等は，実質的には公開買付者以外の者のために行うものであるから，別途買付けの禁止の適用除外とされている（27条の５第３号)。

(i)　公開買付代理人等が公開買付者・特別関係者以外の者の委託を受けて買付け等を行う場合（金商法施行令12条１号）

(ii)　公開買付代理人等が，金融商品取引所・認可金融商品取引業協会規則において有価証券の流通の円滑化を図るため認められている買付け等[111]を行う場合（金商法施行令12条２号）[112]

(iii)　金融商品取引清算機関に対し引渡債務を負う清算参加者から業務方法書に定めるところにより買付け等を行う場合（金商法施行令12条６号・６条の２第１項15号）

(d)　既存の権利の行使による買付け

以下の権利の行使等によって買付け等を行う場合は，既存の権利の行使に伴う買付け等であることから許される（27条の５第３号)。

(i)　新株予約権の行使[113]（金商法施行令12条３号）

(ii)　株式の割当てを受ける権利の行使（金商法施行令12条４号・６条の２第１項１号）

(iii)　証券投資信託の受益証券に関する一定の交換（金商法施行令12条４号・６

---

(111)　過誤訂正のための買付け，バスケット取引，借株の返却のために行う買付け等（たとえば，東京証券取引所業務規程66条参照)。

(112)　公開買付代理人等が，公開買付者の特別関係者であっても，かかる例外の適用が認められる（公開買付けQ&A問39，三井ほか・詳説Q&A101頁)。

(113)　コミットメント型ライツ・オファリングにより発行された新株予約権については，その行使時に公開買付規制の適用対象となる（金商法27条の２第１項ただし書，他社株買付府令２条の２の２参照）が，別途買付けの禁止の例外からは除外されていない。

条の2第1項2号・3号）

(iv)　取得請求権付株式または取得条項付株式・新株予約権との引換え（金商法施行令12条4号・6条の2第1項11号・12号）

(v)　公開買付代理人等が有するコール・オプションの行使または引き受けたプット・オプションが行使された場合（金商法施行令12条5号・10条）

(vi)　会社法上の反対株主の株式買取請求権が行使された場合（金商法施行令12条8号）

(e)　外国の法令に基づく公開買付け

当該株券等が上場されている外国の金融商品取引所において，外国の法令に基づいて行う海外公開買付けである（金商法施行令12条7号）。

これに対し，当該株券等の上場がなされている国の法令に基づく公開買付けによらない場合の外国における買付けは，別途買付けに該当する。

③　別途買付けの禁止の効果

別途買付けに違反して買付け等を行った者は，応募株主等に対する損害賠償責任を負う（27条の17第1項）。損害賠償額は，別途買付けを行った者が支払った価格と公開買付価格との差額に応募株券等の数を乗じた額となる（同条2項）。刑事罰として，別途買付けの禁止に違反して買付けを行った場合，1年以下の懲役もしくは100万円以下の罰金に処せられ，またはこれを併科される（200条3号）。法人の場合には，両罰規定により1億円以下の罰金刑が科される（207条1項5号）。

④　別途買付けの禁止に関する実務上の問題点

強制的公開買付けの適用除外となる買付け等でも，別途買付けの禁止の例外に該当しない買付け等があることには注意が必要である。たとえば，買付者が対象者の議決権の20%以上を保有する場合などには，対象者の役員が買付者の形式的特別関係者に該当することになる（27条の2第7項1号，金商法施行令9条2項2号）。この場合，対象者の役員持株会による買付け等については，強制的公開買付けの適用除外となる買付け等には該当しうるが（27条の2第1項ただし書，金商法施行令6条の2第1項13号，他社株買付府令2条の6），別途買付け禁止の例外には該当しない[114]。

⑸　買付価格の変更

①　買付価格の引上げ

公開買付者は，買付期間中，買付価格を引き上げることができる（27条の6第1項・2項）。この場合，変更内容の公告および訂正届出書の提出が必要であるほか（27条の6第2項・27条の8第2項），買付期間の延長が必要な場合がある（27条の8第8項）。以上については，第3章第2節■2⑷および後述■2⑵参照。

②　買付価格の引下げ

買付価格の引下げは，原則として許されない（27条の6第1項1号）。応募株主等に不利となる条件変更を許さない趣旨である。ただし，対象者が株式分割などを行った場合において，買付価格の引下げを認めないと公開買付者に不測の損害を与えることから（夢真による敵対的な公開買付けに対して，日本技術開発が株式分割により対抗した事案に関する東京地決平17・7・29判時1909号87頁参照），当該希釈化分に対応した買付価格の引下げは認められる。すなわち，買付価格の引下げが認められるのは，対象者による⒜株式もしくは投資口の分割（会社法183条，投信法81条の3），または⒝株主に対する株式もしくは新株予約権の無償割当て（会社法185条・277条）・投資主に対する新投資口予約権の割当て（投信法88条の13）が行われた場合（対象者の業務執行決定機関による決定では足りず，株式分割などが実行されたことが必要である）である（27条の6第1項1号かっこ書・2項，金商法施行令13条1項）。ただし，あらかじめ公開買付開始公告および公開買付届出書において，「公開買付期間中に対象者が株式の分割または株主に対する株式もしくは新株予約権の無償割当てを行ったときは公開買付価格の引下げを行うことがある」などと記載しておく必要がある。この場合の買付価格の下限は，株式分割等の比率に対応し，次のとおりである（他社株買付府令19条1項）[115]。

---

(114)　長島大野常松・理論と実務191頁参照

(115)　以上に関する問題点につき，長島大野常松・理論と実務173頁参照。

株式または投資口の分割

$$= \frac{1}{\text{当該分割前の1株または1口に係る当該分割後の株式または投資口の数}}$$

株主に対する株式または新株予約権の無償割当て・投資主に対する新投資口予約権の割当て

$$= \frac{1}{1+(\text{当該割当てにより1株に対して割り当てる株式の数（新株予約権の割当ての場合にあっては，株式に換算した数）または1投資口に対して割り当てる新投資口予約権を投資口に換算した数})}$$

また，対象者が株式分割もしくは投資口の分割，または株式もしくは新株予約権・新投資口予約権の無償割当てを行った場合でも，買付予定数の下限を増加させることはできないが（したがって，公開買付者の当初の意図に反して，議決権の取得割合が不十分なままに公開買付けが成立しうるおそれがある），公開買付けの撤回事由には該当する（27条の11第1項，金商法施行令14条1項1号ヲ・ワ）。ただし，あらかじめ公開買付開始公告および公開買付届出書において，撤回等をする旨の条件を付しておくことが必要である。

2　買付期間

(1) 原　　則

買付け等の期間（買付期間）は，公開買付者が公開買付開始公告を行った日から20営業日以上60営業日以内でなければならない（27条の2第2項，金商法施行令8条1項）。買付期間は公開買付開始公告を行った日から起算する（金商法施行令8条1項）ので，同日が営業日である限り1営業日としてカウントしてよい。また，「営業日」とは，行政機関の休日以外の日であり，土曜日，日曜日，国民の祝日，12月29日から翌年の1月3日までの日は算入しない（行政機関の休日に関する法律1条1項）。買付期間の最短期間が定められているのは，株主が公開買付けに応募する機会を確保し，熟慮期間を与える趣旨によるものである。公開買付期間の末日における応募等の受付時間が一定の時間（たとえば，午後4時）までとされている場合も，1営業日としてカウントしてよい。したがって，最短の公開買付期間は，公開買付開始公告を行った日（同日を含む）から，公開買付期間の末日（同日を含む）まで20営業日である。なお，公開買付期間の設定に関し，公開買付期間の末日を金曜日とする場合，公開買付期間の末日の「翌日」に，結果の公告または公表を行い，かつ公開買付報告書の提出を求めることを要求している27条の13第1項・2項に違反しないかが問題となるが，実務上は，土曜日に結果の公告または公表を行ったうえで，同日以降の最初の営業日に公開買付報告書を提出することで，このような日程により実施する例もみられる[116]。他方，最長期間が定められているのは，株主・投資家を長期間不安定な地位に置き，株券等の円滑な流通および公正な価格形成が阻害されることを防止する趣旨によるものである[117]。買付期間は，公開買付開始公告および公開買付届出書に記載する（27条の3第1項・2項1号）。

⑵　買付期間の延長

前述した20営業日以上60営業日以内の範囲内であっても，いったん公開買付開始公告および公開買付届出書において設定した買付期間の短縮は認められない（27条の6第1項3号）。応募株主等に不利となる変更を原則として認めない趣旨である。これに対し，買付期間の延長は，以下のとおり，上記範囲内において[118]公開買付者の任意で認められるほか，法によって強制される場合がある。

①　自発的延長

公開買付者は，買付期間を延長することができる（27条の6第1項3号・2項）。原則として，買付期間は全体で60営業日を上限とする（27条の6第1項4号，金商法施行令13条2項2号本文・8条1項）。ただし，当該公開買付期間中に，対象者の発行する株券等について，公開買付者およびその特別関係者以外の者による対抗的公開買付けが開始された場合，またはかかる公開買付けの買付期間が延長された場合は，当該対抗的公開買付けの公開買付期間の末日までは延長することができる（金商法施行令13条2項2号ロ）。両公開買付者間の平等を図る趣旨である。

⑾⑹　以上につき，長島大野常松・理論と実務151頁以下。
⑾⑺　鈴木＝河本・証取法183頁，川村ほか・金商法264頁
⑾⑻　60営業日を超えて延長が認められる場合につき，第3章第2節■2⑷⑤参照。

②　訂正届出書の提出に伴う延長

訂正届出書の提出を要するのは，公開買付届出書（その訂正届出書を含む）に事実と相違する記載があるなどの場合（27条の８第１項）と，買付条件等の変更等を行う場合[119]であり（同条２項）[120]，一定の場合には関東財務局長は公開買付者に対し訂正届出書の提出を命ずることができる（同条３項・４項）。それらの場合に訂正時において残された買付期間が問題となる。以上のいずれの場合においても，訂正届出書を提出する日において，同日を含んで買付期間の残りが10営業日以下である場合，訂正届出書を提出する日（同日を含む）から起算して10営業日を「経過した日」（したがって，訂正届出書の提出日（同日を含む）から起算して11営業日目の日）まで公開買付期間を延長しなければならない（同条８項，他社株買付府令22条２項）。その趣旨は，訂正事項について株主・投資者の熟慮期間を確保するためであるから，形式上の不備の場合はこのような延長を要しない（他社株買付府令22条１項）。この規定に基づく延長の場合，原則的な上限である60営業日を超えることも許される（金商法施行令13条２項２号イ）。ただし，買付期間の制限を潜脱する場合には，違法と解される余地がある[121]。また，独占禁止法の待機期間との関係につき後掲注(146)参照。

③　対象者の請求による延長

敵対的買収においては，対象者が公開買付けの条件を検討し，株主・投資者に対する対抗提案などを準備する時間が必要となる。そこで，平成18年12月施行の証取法改正により，公開買付者が設定した公開買付期間が30営業日未満である場合，対象者は30営業日への延長を請求することができることとされた(27条の10第２項２号，金商法施行令９条の３第６項)。対象者が延長請求を行う場合，（公開買付開始公告が行われた日から10営業日以内に提出する）意見表明報告書に記載するとともに（27条の10第３項），公開買付開始公告が行われた日(同日を含まない。民法140条）から10営業日となる日の「翌日」までに期間延長請求公告を行わなければならない（27条の10第１項・４項，金商法施行令13条の

(119)　買付条件等の変更については，後述第３節参照。

(120)　訂正届出書については，第３章第２節■２(4)参照。

(121)　池田ほか・新しい公開買付制度63頁参照

2第1項)。期間延長請求公告には，意見表明報告書に期間延長請求をする旨の記載をした旨，延長後の買付期間が30営業日となる旨，延長後の買付期間の末日などを記載する（他社株買付府令25条の2）。延長請求が行われた場合には，買付期間は自動的に30営業日に延長される（27条の10第3項，金商法施行令9条の3第6項)。先例として，南青山不動産による公開買付けについて，平成31(2019) 年3月25日に対象者である廣済堂が期間延長請求を行った例がある。以上については，意見表明報告書の該当箇所（第3章第3節■1(2)④）参照。

3　買付予定株式数

(1)　買付予定株式数に関する規制

①　概　　要

公開買付者は買付予定の株券等の数（株券以外の有価証券を含むが，便宜上，本章においては「買付予定株式数」という）を定め，公開買付開始公告および公開買付届出書に記載する（27条の3第1項・2項1号)。ただし，公開買付届出書における「買付予定数」の記載は，記載の仕方により下限または上限の異なる意味を有しうるので(122)，当該公開買付けにおいていずれの趣旨であるか注意する必要がある。買付予定株式数（ここでは，買付予定株式数の上限の趣旨である）の減少は許されないが，増加は許される（27条の6第1項2号・2項)。応募株主等にとって不利な方向での条件変更を許さず，有利な条件変更のみを許す趣旨である（第3節参照)。これに対し，買付予定株式数の下限を設定した場合，下限の増加は許されないが，減少は許される（第3節■2参照)。

②　買付予定株式数の下限

公開買付者は，応募株券等の数の合計が一定の下限に満たないときは応募株

(122)　下限・上限いずれの意味でもない場合もある。たとえば，上限・下限のいずれも設定しない場合であっても，特定の大株主の応募を予定してディスカウント価格での公開買付けを行うときに，その大株主の応募予定株式数を「買付予定数」として記載することがある。このように，「買付予定数」は存在意義が文脈によって異なりうる概念ではあるが，現行法の下では，当該公開買付けの目的等に照らして公開買付者が買付けを予定する株券等の数として合理的な数を買付予定数として決めて，開示書類に記載すべきであろう。長島大野常松・理論と実務162頁

券等の全部の買付け等をしない旨の条件を付すことができる（27条の13第４項１号）。かかる下限は，あらかじめ公開買付開始公告および公開買付届出書に記載しなければならない。この下限を増加することは，公開買付けの成立を困難にするから応募株主等に対して不利な変更として許されない（27条の６第１項４号，金商法施行令13条２項１号本文）。ただし，公開買付けの開始後に，公開買付者（特別関係者を含む）および対象者以外の第三者が対抗的公開買付けを開始した場合，または公開買付けを行っている第三者が買付予定株式数を増加した場合は，買付予定株式数の下限を増加させることができる（金商法施行令13条２項１号ただし書）[123]。この場合，増加させる数に制限は設けられていない。

他方，買付予定株式数の下限を減少させることは，公開買付けの成立を容易にするから許される（27条の13第４項１号・27条の６第２項・１項４号，金商法施行令13条２項１号本文反対解釈）。

③　買付予定株式数の上限

公開買付者は，買付予定株式数の上限を設定することができる。すなわち，公開買付者は，応募株主等が公開買付けに応じて売付け等をした株券等（応募株券等。27条の12第３項）の数の合計が買付予定株式数を超えるときは，その超える部分の全部または一部の買付け等をしない旨の条件を付することができる（27条の13第４項２号・５項）。かかる上限は，あらかじめ公開買付開始公告および公開買付届出書の「買付予定数の上限」として記載しなければならない（他社株買付府令第２号様式記載上の注意(6)ｉ）。すなわち，わが国の公開買付規制において一般的には公開買付者は応募株券等の全部を買い付ける義務を負っておらず，この点で英国その他のEU諸国の公開買付制度と異なる。その趣旨は，現行の３分の１ルール[124]の下で全面的に全部買付義務を課すとすれば，議決権の３分の１超を取得する者に常に100％の取得を強制されるリスクを負わせ，企業買収を抑制する効果が生じるおそれがあるため，これを避けたものであ

(123)　この例外事由の趣旨および必要性につき，長島大野常松・理論と実務175頁（注29）。
(124)　第２章第３節参照

る[125]。ただし，買付け等の後における株券等所有割合が特別関係者と合計して３分の２以上となる場合には少数株主の不安定な地位に鑑み全部買付義務を課した（後述④参照）。

このような上限が設定された場合，実際の応募株券等の数が設定された上限を超える場合，超える部分は，あん分比例方式に従って買い付けられる（27条の13第４項２号・５項）。応募株券等の数が設定された上限以下である場合には，応募株券等の全部が買い付けられる（27条の13第４項柱書）。なお，「応募株券等の数の合計が買付予定の株券等の数を超えるときは，決済の段階においてその超える部分の全部または一部の買付け等をしないことが容認されているので，どこまで買付け等を行うかは，公開買付者が決済の段階で判断できる事項である」とする見解を当局が示したことがあった（池田ほか・新しい公開買付制度92頁）。この見解によれば，51％を買付予定株式数として設定し，実際に応募された株券等が66％にすぎない場合には51％しか買い付けず，67％応募された場合には合併等の組織再編成による完全子会社化を狙ってすべて買い付けるということが許されることになるが，応募株主等の地位を不安定にする点で問題がある。現在は，当局も，公開買付開始時点において「上限」となる株券等の数を確定させる必要があるとの見解に改めた（公開買付けQ&A問38，三井ほか・詳説Q&A139頁）[126]。

あん分比例の算式は以下のとおりである（他社株買付府令32条１項）。

$$\text{その応募株主等の応募株券等の数} \times \frac{\text{公開買付者が買付け等をする株券等に係る議決権の数}}{\text{すべての応募株券等に係る議決権の数の合計}}$$

上記の計算によって１株[127]未満の端数が生じた場合には四捨五入する（同項）。端数調整の結果，実際の買付け等を行う株式数の合計が，設定されている上限と異なる場合が生じうる。そのような場合，その異なる数の処理は公開

(125)　公開買付けWG報告９頁，黒沼・金商法入門136頁参照

(126)　この点につき，長島大野常松・理論と実務161頁以下。

(127)　「１株」は，①単元を定めている会社の株券については１単元の株式数，②新株予約権証券または新株予約権付社債券については権利行使により発行・移転される株式数に読み替えられる（他社株買付府令32条３項）。

買付届出書に記載した方法により行う（同条２項）。

④　全部買付義務

公開買付け後における公開買付者の株券等所有割合（小規模所有者[128]に該当する形式的特別関係者を除く特別関係者の株券等所有割合を合計したもの）が３分の２以上となる場合には，少数株主は著しく不安定な地位に置かれることから（⑵参照），応募株券等の全部について買付け（決済）を行わなければならない（27条の13第４項柱書，金商法施行令14条の２の２）。これを「全部買付義務」という。これは，実際に応募された株券等につき，買付け（決済）を行うか否かに関する概念であり，公開買付けの対象とするか否かに関する「強制的全部勧誘義務」とは異なる（⑵参照）。

⑤　刑事罰

27条の13第４項または５項の規定に違反して買付け等に係る受渡しその他の決済を行わなかった者は，１年以下の懲役もしくは100万円以下の罰金に処せられ，またはこれを併科される（200条３号）。法人であれば，両罰規定により，１億円以下の罰金刑が科される（207条１項５号）。

⑵　強制的全部勧誘義務

①　意　　義

公開買付けを行った後の公開買付者の株券等所有割合が３分の２以上となる場合，公開買付者は会社法における特別決議事項（会社法309条２項）[129]を自らの意思で可決させることができる[130]ので，少数株主が会社の支配権に与える影響はきわめて限定される。また，単一グループによる株券等の保有が３分の２を超えるような場合には株券等の流通性が乏しくなり，上場廃止の可能性が

---

(128)　内国法人の発行する株券等については，総議決権の1,000分の１に相当する数以下である場合（ただし，1,000分の１以下の所有の者の議決権数の合計が100分の１を超えない範囲に限る），また，外国法人の発行する株券等については，総議決権の100分の１に相当する数以下である場合（他社株買付府令３条２項）。以下同じ。

(129)　定款変更，解散，組織再編，事業の全部または重要な一部の譲渡などが含まれる。

(130)　金商法27条の２第８項に規定される「株券等所有割合」と実際の議決権割合は必ずしも一致しないが，その点は捨象している。

生じる[131]。このように支配権の観点からも，株券等の流通性の観点からも，少数株主は著しく不安定な立場に置かれる。そこで，このような場合に，公開買付けの開始時点において，すべての株券等の所有者に対して買付け等の申込みまたは売付け等の申込みの勧誘を行うことを買付者に義務付けたものが強制的全部勧誘義務である。強制的全部勧誘義務は公開買付け開始時点における買付け対象の設定に関する問題であり，全部買付義務は公開買付期間終了後の決済に関する問題である点で，両者は異なる。この強制的全部勧誘義務は，株券等の「数」に関する側面と，株券等の「種類」に関する側面がある。

(a)　３分の２以上の上限設定の禁止

強制的全部勧誘義務の株券等の「数」に関する側面として，公開買付け後における公開買付者の株券等所有割合（小規模所有者に該当する形式的特別関係者を除く特別関係者の株券等所有割合を合計したもの）が３分の２以上となるような上限設定は許されない（27条の13第４項柱書最初のかっこ書・27条の２第８項・１項１号・７項１号，金商法施行令14条の２の２，他社株買付府令３条２項）。したがって，上限を設定するとすれば３分の２未満でなければならず，上場廃止を目的とする場合などで下限を３分の２以上とする場合には，上限を設定することは許されない。

(b)　すべての種類の株券等の勧誘義務

強制的全部勧誘義務の株券等の「種類」に関する側面として，公開買付け後における公開買付者の株券等所有割合が３分の２以上となる場合（計算は上記(a)と同様である）には，対象者が発行するすべての株券等について，公開買付けの対象としなければならず（27条の２第５項，金商法施行令８条５項３号・６条の２第１項４号），かつ，同一の公開買付手続によらなければならない（他社株買付府令５条５項）。たとえば，上場廃止を目的として公開買付け後の株券等所有割合の３分の２を下限として設定する場合，普通株式のみならず，対象者が発行する新株予約権（ストック・オプションのための新株予約権を含む）や，新株予約権付社債（転換社債型新株予約権付社債を含む）も買付けの対象としな

(131)　東京証券取引所では，流通株式（10％以上所有株主の株式等を除外）の数が上場株券等の数の５％未満である場合などが上場廃止基準とされているので（有価証券上場規程601条２号(c)・２条96号），株券等所有割合の３分の２超の取得がただちに上場廃止につながるわけではない。

ければならない。

「対象者が発行する全ての株券等」に関する強制的全部勧誘につき，以下の例外がある（金商法施行令８条５項３号，他社株買付府令５条３項)。

(i)　公開買付けの対象とされないことに同意することにつき，当該株券等に係る種類株主総会の決議が行われている場合

(ii)　当該株券等の所有者が25名未満である場合であって，公開買付けの対象とされないことにつき，当該株券等のすべての所有者が同意し，その旨を記載した書面を公開買付者に提出している場合（電磁的方法による提出につき，他社株買付府令５条４項，２条の５第３項～５項)

(i)および(ii)については，強制的公開買付けの適用除外に関し，特定買付け等の対象とならない株券等について「当該株券等の全ての所有者が同意している場合」（金商法施行令６条の２第１項７号，他社株買付府令２条の５第２項１号）における「当該株券等」に関する解釈問題と同様の問題がある[(132)]。

②　強制的全部勧誘義務が問題となる場面

強制的全部勧誘義務については，公開買付け開始前において，公開買付け後における株券等所有割合を判断しなければならないことから，その判断が困難な場合がある。たとえば，公開買付者が，現在，対象者株式を50%保有する公開買付者の特別関係者（１年間継続して形式的特別関係者の関係にある者を除く）からそのすべての株式を取得する場合，原則として強制的公開買付けの適用がある（27条の２第１項ただし書，他社株買付府令３条１項参照)。この場合，買付予定数の上限を50%とする公開買付けを実施したとしても，当該特別関係者が(a)公開買付けに応募せず，かつ他の株主から16.7%の応募があった場合，または(b)応募しても全体として一定数（特別関係者分も含めて75%）の応募があった場合（当該特別関係者を含めて応募株券等に対し３分の２の割合であん分比例的に買い付けられる)，公開買付け後において，公開買付者の取得する応募株券等と特別関係者の不応募または手残り株を合算すると３分の２となる（(a)の場合は16.7%＋50%，(b)の場合は50%＋16.7%)。このような場合に強制的全部勧誘義

(132)　第２章第４節■３(2)参照

務が課されるのかは問題である[133]。

4　応募の方法

非上場会社である対象者が発行する株券等であっても，対象者が有価証券報告書提出会社であるために公開買付けが求められる場合がある（27条の２第１項本文，有価証券報告書の提出義務につき第２章第１節参照）。この場合，対象者の株券等に定款による譲渡制限が付されていることがあるため，応募の条件として，対象者による株式譲渡の承認を求めることがある。また，手続としても，応募者に対し，対象者の株主名簿管理人が発行した「株式残高証明書」または「株式残高通知書」の提出を求める例がある。応募の方法としてこのような条件を定めることは，必要性があり，かつ，応募しようとする者に過度の負担を課すものではない点において相当性が認められるので，許容されると解される（公開買付Q&A問25，三井ほか・詳説Q&A52頁）。公開買付者が買付け等に付した条件はすべて公開買付届出書に記載しなければならない（27条の３第２項１号）。

❖第３節❖　買付条件等の変更

1　許されない買付条件等の変更

公開買付けにおける買付条件等（以下，本節において「買付条件等」という）につき，以下の買付条件等の変更は，応募株主に不利となるものとして許されない（27条の６第１項，金商法施行令13条２項）。このような買付条件等の変更は，後述する公開買付けの撤回と同様の弊害があるからである（第４節参照）。

(1)　買付価格の引下げ（許される場合として，第２節■１(5)②参照）

(2)　買付予定株式数の減少

(3)　買付期間の短縮

(133)　上記問題点や海外投資家との関係につき，長島大野常松・理論と実務180頁・185頁。

⑷　買付予定株式数の下限を設定した場合（27条の13第４項１号）の，下限の増加（許される場合として第２節■３⑴②参照）

⑸　60営業日を超える買付期間の延長（許される場合として第３章第２節■２⑷⑤参照）

⑹　買付け等の対価の種類の変更（ただし，応募株主等が選択可能な新たな対価の種類の追加は許される）

⑺　撤回事由（27条の11第１項）の変更

27条の６第１項の規定に違反して公開買付けの買付条件等の変更を行う旨の公告を行った者は，５年以下の懲役もしくは500万円以下の罰金に処せられ，またはこれを併科される（197条の２第９号）。法人であれば，両罰規定により，５億円以下の罰金刑が科される（207条１項２号）。

■２　許される買付条件等の変更

前記の各条件以外の買付条件等の変更は許される。具体的には，以下のような変更が可能である（27条の６第１項・２項，金商法施行令13条２項）。

⑴　買付価格の引上げ

⑵　買付予定株式数の上限を設定した場合の，上限の増加

⑶　買付期間の延長（制限について，第２節■２⑵参照）

⑷　買付予定株式数の下限を設定した場合の，下限の減少

■３　買付条件等の変更の手続

公開買付者が買付条件等の変更を行う場合には，公開買付期間中に，その変更内容を公告する必要がある（27条の６第２項，金商法施行令９条の３第１項・３項～５項）。公告はEDINET公告または新聞公告のいずれかの方法による（金商法施行令９条の３第１項・３項～５項）。EDINET公告の場合，公告後遅滞なく，当該公告をした旨を新聞に掲載しなければならない（同条３項）。買付期間の末日までに公告を行うことが困難である場合には，公開買付者は，買付期間の末日までに買付条件等の変更の内容を公表し，その後ただちに公告を行うこ

とによって代替することができる（27条の6第3項）。公表は，二以上の報道機関（時事に関する事項を掲載する日刊新聞紙の販売を業とする新聞社，かかる新聞社に時事に関する事項を総合して伝達することを業とする通信社，または日本放送協会および基幹放送事業者）に公開することにより行う（他社株買付府令20条）。実務的には取引所内記者クラブへの資料の投函（投げ込み）によって行うことが多い。公開買付者（上場会社）については，買付期間の延長や買付条件の変更について,開示事項の変更として適時開示が必要である（東証有価証券上場規程416条1項参照）。公開買付者は，買付条件等の変更をした場合は，ただちに訂正届出書を関東財務局長[(134)]に提出しなければならない（27条の8第2項，他社株買付府令21条1項）。訂正した公開買付説明書の交付も必要である（27条の9第3項，他社株買付府令24条5項）。なお，対象者の期間延長請求（27条の10第2項2号）によって公開買付期間が延長された場合は，対象者が延長後の買付期間の末日などについて公告を行うので（27条の10第4項，金商法施行令9条の3，他社株買付府令25条の2），公開買付者は，変更の公告・訂正届出書の提出を行う必要はない（27条の6第2項かっこ書）。

買付条件等の変更の公告または公表（27条の6第2項・3項）にあたり，重要な事項につき虚偽の表示をした者は，10年以下の懲役もしくは1,000万円以下の罰金に処せられ,またはこれを併科される（197条1項2号）。法人であれば，両罰規定により，7億円以下の罰金刑が科される（207条1項1号）。

❖第4節❖　公開買付けの撤回

1　概　　要

公開買付者は，公開買付開始公告をした後においては，原則として公開買付けに係る申込みの撤回および契約の解除（以下，本節において「公開買付けの撤回」という）を行うことはできない（27条の11第1項本文）。公開買付者自身による公開買付けの撤回を幅広く認めると，株主・投資者の立場を不安定にし，

(134)　関東財務局長への権限委任については，第5章第2節■1参照。

相場操縦等（157条～159条参照）のおそれがあるからである。しかし，公開買付けの撤回を一切認めないとなると，買付期間中に生じた重要な事情の変更が生じた場合にも公開買付者は当初の条件での買付けを強制され，不合理であるため，一定の場合には撤回が許容される（27条の11第１項ただし書）。

2　公開買付けの撤回事由

公開買付けの撤回が許されるのは，①対象者またはその子会社[135]の側の事情による場合と，②公開買付者の事情による場合の二つに大別される。いずれについても重要な変更などがある場合で，かつ法令に列挙されている事由がある場合に限られる（27条の11第１項ただし書）。公開買付者の事情による撤回については後述する（(4)参照）。対象者またはその子会社の事情による撤回については，その業務または財産に関する重要な変更その他の公開買付けの目的の達成に重大な支障となる事情として金商法施行令に列挙されている事由が生じた場合に限られる。ただし，予見可能性を与えるため，あらかじめ公開買付開始公告および公開買付届出書に記載しておくことを要する。撤回事由は，主として，対象者またはその子会社が一定の重要な業務に関する決定を行った場合（以下「決定事項」という。金商法施行令14条１項１号・２号）と，対象者に一定の事実が発生した場合（以下「発生事項」という。同項３号）に分けて列挙されているが，一定の軽微基準に該当するものは除かれる（同項ただし書，他社株買付府令26条１項～３項）。いずれについても，公開買付開始公告を行った日以後に発生したものに限られる。公開買付開始公告前の事由であれば，公開買付けを行うか否か，また買付条件をどのように設定するかについて，あらかじめ判断できたはずだからである（なお，買収防衛策については，後述(1)②参照）。

(1)　決定事項

①　会社の基礎に変更を加える行為

対象者またはその子会社の業務執行機関が，組織再編（株式交換，株式移転，会社の分割または合併），解散，破産手続等の倒産手続開始の申立て，資本金の

(135)　実質支配基準による（会社法２条３号，会社法施行規則３条１項・３項）。

額の減少，事業の譲渡・譲受けなど，上場廃止申請などを行った場合などである（金商法施行令14条１項１号イ～ル）。

②　買収防衛策

平成18年12月施行の証取法改正により，対象者の買収防衛策（ポイズン・ピル）として用いられる事項が撤回事由として追加された。すなわち，対象者またはその子会社による株式の分割，株式・新株予約権の無償割当て，株式・新株予約権の発行など，対象有価証券などの希釈化により，その価値を減じる行為である（金商法施行令14条１項１号ヲ～ヨ）。また，公開買付け開始後における対象者またはその子会社による重要な財産の処分・譲渡（焦土作戦），多額の借財も対象者の企業価値減少により買収防衛策として機能するため，撤回事由として追加された（同号レ・ソ）。さらに，対象者またはその子会社の既存株式の内容を変更し，拒否権条項付株式（会社法108条１項８号）または取締役・監査役選任株式（クラス・ボーティングを認める株式。同項９号）とする場合も撤回事由とされた（金商法施行令14条１項１号タ）。また，同改正により，対象者のみならず，その子会社による重要な業務執行の決定まで撤回事由として拡張された。子会社の企業価値に重大な影響を及ぼす事由も買収防衛策として利用されるからである（たとえば，子会社がホワイト・ナイトとなる第三者に対して拒否権条項付株式を発行する場合が考えられる）。

買収防衛策でも，事前警告型においては公開買付け開始時に防衛策の存在が公表されているので公開買付け開始後に重要な事情の変更があるわけではない。しかし，それを理由に一切撤回を認めないとすると，事前警告型防衛策に対して公開買付者は撤回が認められず，防衛策として強力に過ぎ不公平である。そこで，平成18年12月施行の証取法改正により，公開買付者がその存在を認識して公開買付けを行ったときでも，公開買付者および特別関係者の株券等所有割合を10％以上減少させる新株発行その他の行為による防衛策が撤回されずに維持されることが公表された場合には，公開買付けを撤回できることとされた（金商法施行令14条１項２号イ，他社株買付府令26条２項）。また，防衛策としては，あらかじめ(a)拒否権条項付株式，(b)取締役・監査役選任株式，または(c)議決権制限株式（会社法108条１項３号）[136]を利用し，買収者が多数の株式を取得しても会社支配権を獲得できないようにする方法があるので，対象者の業務執行決定機関がこのような防衛策を変更せず維持する旨の決定をしたことも撤回事由とされた（金商法施行令14条1項2号ロ・5号，他社株買付府令26条4項）。対象者の子会社についても同様である。

なお，意見表明報告書において，会社の支配に関する基本方針に係る対応方針として，いわゆる買収防衛策を行う予定の有無の記載および予定がある場合にはその内容の具体的記載が要求されており（他社株買付府令第4号様式記載上の注意(6)），その記載から，公開買付者は，対象者において防衛策を「維持する旨の決定」，または拒否権条項付株式など株式内容の「異なる定めを変更しない旨の決定」（金商法施行令14条1項2号）がなされた否かを判断することになる[137]。また，公開買付者は，公開買付けを撤回する場合には，公開買付撤回届出書において，防衛策の撤回のために講じた方策を具体的に記載する必要がある（他社株買付府令第5号様式記載上の注意(5)）。

(2)　発生事項

対象者に関して発生した事情として撤回が認められるのは，①事業の差止めなどを求める仮処分命令の申立て，②免許の取消し，事業の停止などの行政処分，③対象者以外の者による破産手続等の倒産手続開始の申立て，④手形もしくは小切手の不渡り（支払資金の不足を事由とするものに限る）または手形交換所による取引停止処分，⑤主要取引先（売上高・仕入高10%以上）から取引の停止，⑥災害による損害，⑦財産権上の請求に係る訴訟提起および⑧株券の上場廃止などである（金商法施行令14条1項3号）。

(3)　列挙事由に「準ずる」事項

撤回事由には，以上の列挙事項のほか，これに「準ずる」事項で公開買付者が公開買付開始公告および公開買付届出書において指定したものも含まれる（金商法施行令14条1項1号ツ・3号ヌ）。いかなる事項が列挙事項に「準ずる」

---

(136)　議決権制限株式を利用した買収防衛策については，葉玉匡美「議決権制限株式を利用した買収防衛策」旬刊商事法務1742号28頁（2005）参照。

(137)　池田ほか・新しい公開買付制度85頁，平成18年12月パブコメ15頁No.48参照といえるかについては，対象者の業務および財産の状況により異なり，一概にはいえないが，撤回禁止が原則であることを踏まえたうえで個別具体的に判断する必要がある[138]。買収防衛策としての多額の剰余金の配当や多額の役員報酬の支払い（ゴールデン・パラシュート）などの防衛策がこれに該当するか問題となるところ，対象者が剰余金の配当を決定した場合（純資産の帳簿価額の10%未満など軽微なものを除く）については「準ずる事項」に該当しうるとされている[139]。対象者による自己株式の取得（純資産の帳簿価額の10%以上）を撤回事由として記載する例もある。対象者についての，有価証券報告書の重大な虚偽記載，重要な契約の終了，重要な子会社に関する発生事実も該当しうる[140]。ただし，包括的に「対象者の業務または財産に関し，総資産または売上高に10%以上の悪影響を与える重大な事情の変更があったこと」と記載することは議論の余地があり，具体的特定をした上で財務局と事前相談をすることが必要であろう（数値的基準は後述(5)参照）。

公開買付けに要する資金について，公開買付けの開始後に第三者から貸付けを受ける場合において，当該貸付けを受けることができないこと自体を公開買付けの撤回事由とすること（ファイナンス・アウト）は許されないと解されている[141]。公開買付者による決済資金の手当てがつかなくなったことが撤回事由として認められないことを前提に[142]，応募契約において大株主に対しそのような場合に応募を取り止める義務を課し，買付予定株式数の下限（27条の13第4項1号）を未達成とすることで，当該公開買付け全体を不成立にするメカニ

---

(138)　池田ほか・新しい公開買付制度81頁

(139)　公開買付けQ&A問35，三井ほか・詳説Q&A129頁以下，平成22年3月パブコメ（公開買付け）3頁No.37参照

(140)　公開買付けQ&A問36，三井ほか・詳説Q&A131頁以下。ただし，あらかじめ公開買付開始公告および公開買付届出書において指定されていることが必要である（金商法施行令14条1項1号ツ・3号ヌ）。

(141)　公開買付けQ&A問36，三井ほか・詳説Q&A131頁

(142)　なお，金融庁によれば，貸付けを受けることができない原因となる事実が，金商法施行令14条に規定する事由に該当する場合には，当該事由を撤回事由とすることが示唆されている。たとえば，対象者が過去に提出した法定開示書類に重大な虚偽記載が発見されたことにより貸付人が貸付けを取り止めた場合には，重大な虚偽記載そのものを（撤回事由に該当するとの解釈の下に）撤回事由とすべきであるとの考え方である。公開買付けQ&A問36，三井ほか・詳説Q&A131頁。

ズムが検討されることがあるが[143]，この場合，当該義務の原因となる事由を公開買付けの撤回事由としていることと実質的に同視できるため，規制の趣旨が及び，法令上の撤回事由（金商法施行令14条）以外の事由により応募の取り止めを義務付けることはできないとするのが金融庁の見解である[144]。

⑷　公開買付者に関する撤回事由

公開買付者が株券等の取得につき必要な行政庁の許可等が買付期間の末日の「前日」までに得られなかった場合も撤回条件の対象とされている（金商法施行令14条１項４号)。実務的には，たとえば独占禁止法における事前届出の待機期間の経過（同法10条２項・８項)，銀行法における内閣総理大臣の認可（同法52条の９第１項)，保険業法における内閣総理大臣の認可（同法271条の10第１項)，外為法の対内直接投資等に関する事前届出後の待機期間の経過（同法27条１項・２項)，その他，海外競争法に基づく各国の企業結合審査当局に対する事前届出の待機期間の経過などが問題となりうる。この点について，公正取引委員会から独占禁止法に基づく排除措置命令の事前通知を受けた場合（同法49条・50条１項・17条の２第１項)，または独占禁止法10条１項に違反するとして裁判所の緊急停止命令を受けた場合（同法70条の４第１項）には，その具体的な内容によるが，公開買付けの撤回事由となるのが通常と考えられる[145]。また，排除命令の事前通知を受ける可能性のある期間（｢措置期間｣，同法10条９項参照）が延長され，公開買付期間の末日の前日までに終了しないことになった場合にも，同様に公開買付けを撤回することができるのが通常であると考えられる[146]。以上は，あらかじめ公開買付開始公告および公開買付届出書に記載しておくことを要する（27条の11第１項ただし書)。

また，公開買付者の側の重要な事情の変更として撤回事由とされているのは，以下の事項である（27条の11第１項ただし書，金商法施行令14条２項)。すな

---

(143)　以上につき，長島大野常松・理論と実務282頁。

(144)　公開買付けQ&A問37，三井ほか・詳説Q&A136頁。なお，撤回義務付け条項の違法性につき，東京高判平23・12・21判タ1372号198頁。

(145)　公開買付けQ&A問７，三井ほか・詳説Q&A123頁

(146)　公開買付けQ&A問８～問11，三井ほか・詳説Q&A126頁・81頁・110頁・104頁。ただし，公開買付けの開始時期および株式取得事前届出を行う時期の決定，買付期間の設定等において，買付期間の末日の前日までに待機期間が終了するようにする必要がある。

わち，①死亡，②後見開始の審判，③解散，④破産手続などの倒産手続開始決定，⑤第三者による破産手続などの倒産手続開始の申立てなど，⑥不渡りなどの場合である。以上については，公開買付けの継続を強制するのが不合理であることが明白であり，きわめて限定的でもあるから，対象者・その子会社に関する事由と異なり，公開買付届出書および公開買付開始公告における記載は必要とされていない。

(5)　撤回事由から除外される軽微基準

撤回事由（対象者またはその子会社に関する決定事実および発生事実に限る）に該当する事項であっても，軽微なものは撤回することができない（金商法施行令14条1項ただし書，他社株買付府令26条）。公開買付けの目的の達成に重大な支障となる事情とはいえず，撤回を認める必要がないからである。原則として，当該行為（組織再編，資本金の額の減少，事業の譲渡・譲受けなど）の対象者・その子会社に与える影響が，総資産・売上高・議決権割合などの点で10%未満にとどまる場合は軽微とされる。事柄の性質によりそれよりも低い数値基準が取られる（撤回のハードルが低い）場合がある。災害に起因する損害（総資産の1%未満）や訴訟（総資産の5%未満）である。金商法施行令（14条1項）に具体的に列挙される撤回事由以外の公開買付者が公開買付開始公告および公開買付届出書において指定する撤回事由（金商法施行令14条1項1号ツ・3号ヌ。(3)参照）についても，軽微基準の趣旨が妥当するものと解される。

3　公開買付け撤回の手続

公開買付者は，公開買付けを撤回する場合には，買付期間の末日までに撤回を行う旨，その理由，応募株券等の返還の開始日・方法・住所などを公告し，公開買付撤回届出書を関東財務局長[147]に提出しなければならない（27条の11第2項・3項，金商法施行令9条の3第1項・3項～5項，他社株買付府令27条・28条）。撤回等の条件となる事情の発生があったことを知るに足る書面がある場合には，それを添付する（他社株買付府令第5号様式・記載上の注意(5)）。買付

(147)　受理権限の委任について，第5章第2節■1参照。

期間の末日までに公告を行うことが困難である場合には，公開買付者は，買付期間の末日までに上記の公告の記載内容を公表し，その後ただちに公告を行うことによって代替することができる（27条の11第2項ただし書）。「公告」および「公表」の方法については，買付条件等の変更の場合と同様である（金商法施行令9条の3第1項・3項～5項，他社株買付府令20条，第3節■3参照）。公開買付撤回届出書は他社株買付府令第5号様式による（他社株買付府令28条）。また，公開買付者は，公開買付撤回届出書の写しを①対象者，および②金融商品取引所（上場株券等の場合）または認可金融商品取引業協会（店頭売買有価証券の場合）に送付しなければならない（27条の11第4項・27条の3第4項）。ただし，②の金融商品取引所または認可金融商品取引業協会への送付については，EDINETへの記録をもって代替されるので，不要である（27条の30の6）。これに対し，①の発行者への送付については，EDINETへの記録をもって代替することは認められないので，発行者に対する写しの送付は必要である（平成26年改正により，大量保有報告書等については，株券等の発行者に対する送付がEDINETによって代替されることになったが（27条の30の6第3項），公開買付届出書，公開買付報告書および公開買付撤回届出書はこれと異なる）。ただし，あらかじめ発行者の承諾を得た場合には，電磁的方法によって写しの送付に代替することが可能である（27条の30の11第1項，他社株買付府令33条の3）。詳細は第2編第4章第2節を参照。撤回の効力は，公開買付撤回の公告または公表を行った時に生ずる（27条の11第5項）。

■4　刑事罰

公開買付け撤回の公告または公表（27条の11第2項）にあたり，重要な事項につき虚偽の表示をした者は，10年以下の懲役もしくは1,000万円以下の罰金に処せられ，またはこれを併科される（197条1項2号）。法人であれば，両罰規定により，7億円以下の罰金刑が科される（207条1項1号）。公開買付けの撤回事由（27条の11第1項ただし書）に該当しないにもかかわらず，27条の11第1項本文に規定する公開買付けの撤回等を行う旨の公告を行った者は，5年以下の懲役もしくは500万円以下の罰金に処せられ，またはこれを併科される

(197条の2第9号)。法人であれば，両罰規定により，5億円以下の罰金刑が科される(207条1項2号)。

重要な事項につき虚偽の記載のある公開買付撤回届出書(27条の11第3項)を提出した者は，10年以下の懲役もしくは1,000万円以下の罰金に処せられ，またはこれを併科される(197条1項3号)。法人であれば，両罰規定により，7億円以下の罰金刑が科される(207条1項1号)。公開買付撤回届出書を提出しない者は，5年以下の懲役もしくは500万円以下の罰金に処せられ，またはこれを併科される(197条の2第5号)。法人であれば，両罰規定により，5億円以下の罰金刑が科される(207条1項2号)。

公開買付撤回届出書の写しの送付(27条の11第4項)にあたり，重要な事項につき虚偽があり，かつ，写しの基となった書類と異なる内容の記載をした書類をその写しとして送付した者は，5年以下の懲役もしくは500万円以下の罰金に処せられ，またはこれを併科される(197条の2第2号)。法人であれば，両罰規定により，5億円以下の罰金刑が科される(207条1項2号)。公開買付撤回届出書の写しを送付しない者は，1年以下の懲役もしくは100万円以下の罰金に処せられ，またはこれを併科される(200条第1号)。法人であれば，両罰規定により，1億円以下の罰金刑が科される(207条1項5号)。

❖第5節❖ 買付けおよび決済の方法

1 公開買付事務代理人および公開買付代理人

公開買付けに関する一定の事務は，公開買付者自身ではなく，一定の金融商品取引業者または銀行等(以下「公開買付事務代理人」という)に行わせなければならない(27条の2第4項)。株券等の管理や代金の支払いを確実にし，投資家の利益を確保するためである[(148)]。対象となる事務は，(1)応募株券等の保管および返還(金商法施行令8条4項1号)，(2)買付け等の代金の支払い(同項2号)および(3)あん分比例方式により買付け等を行う場合における株券等の数の

(148) 神崎ほか・金商法498頁参照

確定（同項3号）である。事務代理人は，このような事務を日常的に行い，かつ政府の監督下にある第一種金融商品取引業者（証券会社），銀行，協同組織金融機関，商工組合中央金庫，保険会社，無尽会社，証券金融会社および短資会社に限られる（27条の2第4項，28条1項，金商法施行令1条の9，平成19年8月17日金融庁告示第52号)。公開買付者と公開買付事務代理人との間の契約書の写しは公開買付届出書に添付する（他社株買付府令13条1項5号)。買付け等の決済をする金融商品取引業者または銀行等の名称は，決済の開始日，方法および場所ならびに株券等の返還方法とともに公開買付開始公告および公開買付届出書に記載される（27条の3第1項・2項，他社株買付府令10条4号チ・12条・第2号様式)。

公開買付者を代理して公開買付けによる株券等の買付け等を行う者を，一般的に公開買付代理人と称している（金商法施行令10条2号，他社株買付府令13条1項6号参照)。公開買付者と公開買付代理人との間の契約書の写しは公開買付届出書に添付する（他社株買付府令13条1項6号)。公開買付代理人は，公開買付者を代理して「買付け等」を行う者であり，具体的には，①買付け等の申込みまたは売付け等の申込みの勧誘，②公開買付説明書の交付，③買付け等の申込みの承諾の受付けまたは売付け等の申込みの受付け，および④応募株券等の受入れを行う（27条の3第3項，他社株買付府令15条参照)。この点で応募株券等の保管・返還，代金支払等の事務を行う公開買付事務代理人とは区別される。もっとも，実務上は，同一の者が「公開買付代理人」として両者を行う場合が多い。公開買付者は，公開買付事務代理人および公開買付代理人に支払う費用を負担する[149]。

公開買付事務代理人と公開買付代理人は，以下の規制に関し，公開買付者と同視され，公開買付者と同様の規制に服する（27条の3第3項，金商法施行令10条)。すなわち，公開買付開始公告の日の翌日以後・公開買付届出書提出前の売付け等の申込の勧誘等が禁止され（27条の3第3項・27条の4第1項・2項・27条の8第7項，他社株買付府令15条)，別途買付けが禁止されるほか（27条の5第1項・27条の17)，「関係者」として内閣総理大臣（権限委任について第5章第2節■**2**参照）による報告・資料提出命令・帳簿書類等の検査の対象となると

(149)　神崎ほか・金商法326頁

解される（27条の22第１項）。

なお，公開買付者が非居住者である場合，本邦内に住所または事務所を有する者であって，当該公開買付けに係る書類の提出に関する一切の行為につき，当該公開買付者を代理する権限を有する者を定めなければならない（他社株買付府令11条）。

以上に関する添付書類に関し，第３章第２節■**2(3)**参照。

2　買付けおよび決済の方法に関する規制

公開買付者は買付期間が終了したときは，遅滞なく買付け等の通知書を応募株主等に送付しなければならない（27条の２第５項，金商法施行令８条５項１号）。同通知書の記載事項は，他社株買付府令５条１項・２項・第１号様式に記載されている（第３章第４節■**3**参照）。公開買付者は，買付け等に係る受渡しその他の決済を，買付期間終了後，遅滞なく行わなければならない（27条の２第５項，金商法施行令８条５項２号）[150]。

決済義務に関する刑事罰については，第２節■**3(1)⑤**参照。

❖第６節❖　応募株主等による契約の解除

応募株主等は，買付期間においては，いつでも，当該公開買付けに係る契約を解除することができる（27条の12第１項）。公開買付者による公開買付けの撤回がきわめて限定的であるのと対照的である（第４節参照）。買付期間が一定日数（20営業日）以上確保されていることに加え，応募後の撤回も可能とされているために，株主・投資家の十分な情報と熟慮に基づく判断が一層確保されているといえる。特に，対抗的公開買付けが開始された場合や，対象者が公開買

(150)　エクスチェンジ・オファーにおいて，公開買付者が，公開買付けの対価として端数株式を交付して，かかる交付後に端数処理による金銭の交付を行う場合には，端数株式の交付を遅滞なく行えば足り，金銭の交付まで遅滞なく行うことは要しない。これに対し，交換差金を対価として定めた場合は，金銭の交付を遅滞なく行う必要がある（公開買付けQ&A問44，三井ほか・詳説Q&A56頁）。

付けに反対する旨の意見を表明した場合に実益がある。このような応募株主等の撤回権のコロラリーとして，公開買付者は，契約の解除に伴う損害賠償または違約金の支払いを応募株主等に請求することができない（27条の12第３項）。

公開買付者が，公開買付開始公告および公開買付届出書において，契約の解除は，契約の解除を行う旨の書面を公開買付者が指定した者（公開買付事務代理人または公開買付代理人で，本邦内に住所等を有する者に限る）に交付または送付する方法により行う旨の条件を付した場合には，応募株主等が行う契約の解除は当該方法による（27条の12第２項，金商法施行令14条の２，他社株買付府令29条）。解除の効力は，当該書面が指定された者に交付され，または到達した時に生ずる。株券電子化により，応募された上場株式の返還は応募株主等の振替元の証券会社に再度振替手続等を行うことによってなされている。応募株券等を公開買付事務代理人に管理させているときは，返還費用は，公開買付者が負担する旨規定されている（27条の12第３項）。

実務のポイント・３−９

◆応募契約における撤回禁止の合意の有効性

公開買付者と対象者の株主（大株主である場合が多い）との間において，公開買付者が一定の条件で開始する公開買付けに当該株主が応じる旨の契約（応募契約）を締結することがある。かかる契約自体は有効と解されるが（第２章第２節参照），公開買付者は当該株主の応募を確実にするために，応募を義務付けるにとどまらず，さらに応募の撤回は許さず，応募を撤回した場合には多額の違約金または損害賠償を課する旨を合意することがある。金商法は，公開買付者は，応募株主等の契約の解除に伴う損害賠償または違約金の支払いを請求することができない旨を規定しており（27条の12第１項・３項），かかる合意が無効ではないかが問題となる。この点，同条が強行法規であることを理由に無効と解する見解もあるが（神崎克郎「ディスクロージャー制度」法学教室154号73頁（1993），西村あさひ法律事務所編『M&A法大全〔全訂版〕（下）』236頁（商事法務，2019）参照），大株主は公開買付者と対等に交渉する立場にあることにかんがみれば，上記規定は公開買付けの手続外で特定の株主との間で別段の合意をすることを一切禁止する趣旨ではないという解釈も不可能ではないように思われる。金融庁も「公開買付けに先立ち，公開買付者が対象者の大株主との間で，公開買付者の行う公開買付けに大株主が応募すること又は応募しないことを合意することは，それ自体，直ちに公開買付規則に抵触するものではない」との見解を示している（公開買付けQ&A問37，三井ほか・詳説Q&A136頁）。ただし，上記合意に反して応募が撤回された場合も，公開買付け手続における撤回の効力は失われず，公開買付者の救済は，応募契約で合意した違約金または損害賠償の請求に限られよう（長島大野常松・理論と実務284頁参照。なお，石井禎＝関口智弘編著『実践TOBハンドブック〔改訂版〕』136頁（日経BP出版社，2010）参照）。

第５章

公開買付規制の実効性確保

本章のサマリー

◇本章では，金商法第２章の２の第１節「発行者以外の者による株券等の公開買付け」に関し，公開買付規制の実効性確保に係る規定を解説する。

◇公開買付規制の違反については，従来から，投資者に対する民事責任（損害賠償）と刑事罰が規定されているほか，課徴金の対象にもなっている。課徴金については，公開買付けに係る開示書類の虚偽記載や強制公開買付規制違反に加え，平成24年金商法改正により，虚偽開示書類の提出に加担する行為も対象とされることになった。以下では，公開買付規制の違反に係る民事責任の規定（27条の16～21），公開買付者等に対する報告・資料提出命令および検査制度（27条の22）など内閣総理大臣の権限，公開買付規制に係る課徴金制度，刑事罰の概要について述べる。

❖第１節❖　民事責任

公開買付規制違反についての民事責任に関する金商法上の規定は，以下のとおりである。なお，公開買付規制に違反する株券等の買付けを行った場合でも，基本的にその民事上の売買の効果には影響がないと解される[(151)][(152)]。

(151)　ただし，無効になる場合があるとの議論もあり（証券取引法研究会・前掲注(83)16頁～19頁参照），留意が必要である。

(152)　平成24年９月７日に法務省の法制審議会で承認された「会社法制の見直しに関する要綱」には，３分の１ルール・全部買付義務・全部勧誘義務に違反して取得された株式に関する議決権行使の差止請求という項目が含まれていたが，最終的に平成26年会社法改正では見送られた。

1　公開買付届出書・訂正届出書の提出前勧誘などの禁止違反，公開買付説明書の交付義務違反

公開買付者，特別関係者，公開買付代理人および公開買付者を代理して公開買付けによる株券等の買付け等を行う者（27条の３第３項。以下，本節において「公開買付者等」という）は，公開買付開始公告の翌日以降，公開買付届出書を提出する前に，27条の３第３項に違反して，他社株買付府令15条に定める行為（(1)買付け等の申込みまたは売付け等の申込みの勧誘，(2)公開買付説明書の交付，(3)買付け等の申込みの承諾を受け付けることまたは売付け等の申込みを受け付けること，(4)応募株券等の受入れ）を行った場合，当該公開買付けに応じて株券等の売付け等をした者に対して，当該違反行為によって生じた損害を賠償する責任を負う（27条の16・16条）。訂正届出書の提出命令があった場合において，訂正届出書を提出する前に，27条の８第７項に違反して(1)～(4)の行為を行った者も同様である。

また，公開買付者が，27条の９第２項または３項の規定に違反して，株券等の売付け等を行おうとする者に対して公開買付説明書（または訂正した公開買付説明書）を交付することなく株券等の買付け等をした場合，当該公開買付けに応じて株券等の売付け等をした者に対して，当該違反行為によって生じた損害を賠償する責任を負う。

2　別途買付けの禁止違反

別途買付けの禁止に係る27条の５または27条の８第10項に違反して株券等の買付け等をした公開買付者等は，当該公開買付けに応じて株券等の売付け等をした者に対し，損害賠償の責任を負う（27条の17第１項）。損害賠償の額は，別途買付け等を行った際に公開買付者等が支払った価格（これに相当する利益の供与を含み，当該価格が均一でないときは，そのもっとも有利な価格）から公開買付価格を控除した金額に，請求権者の応募株券等の数を乗じた額とされている（同条２項）。

3　買付条件等によらない決済

公開買付者が，(1)当該公開買付けに応じて株券等の売付け等をした者の一部の者に対し，公開買付価格より有利な価格（これに相当する利益の供与を含む）で買付け等を行った場合，(2)公開買付届出書に記載されたあん分比例方式と異なる方式で株券等の買付け等をした場合は，当該公開買付けに応じて株券等の売付け等をした者に対し，損害賠償の責任を負う（27条の18第1項）。損害賠償の額は，(1)の場合，一部の者に対する有利な価格（当該有利な価格が均一でないときは，そのもっとも有利な価格）から公開買付価格を控除した金額に，請求権者の応募株券等の数を乗じた額とされている（同条2項1号）。また，(2)の場合は，公開買付届出書に記載されたあん分比例方式により請求権者から買付け等がされるべき株券等の数から，実際にその請求権者から買付け等をした株券等の数を控除した数に，公開買付価格から損害賠償請求時の市場価格を控除した金額を乗じた額とされている（同項2号）。

4　虚偽記載などのある公開買付説明書その他の表示を使用した者の賠償責任

重要な事項について虚偽の記載があり，または表示すべき重要な事項もしくは誤解を生じさせないために必要な重要な事実の表示が欠けている公開買付説明書その他の表示を使用して株券等の売付け等をさせた者は，記載が虚偽であることなどを知らないで当該公開買付けに応じて株券等の売付け等をした者が受けた損害を賠償する責任を負う（27条の19・17条）。ただし，賠償の責めに任ずべき者が，記載が虚偽などであることなどを知らず，かつ，相当の注意を用いたにもかかわらず知ることができなかったことを証明したときは，責任を負わない。

5　虚偽記載などのある公開買付開始公告などを行った者などの賠償責任

⑴重要な事項について虚偽の表示があり，または表示すべき重要な事項もしくは誤解を生じさせないために必要な重要な事実の表示が欠けている公開買付開始公告，買付条件等変更の公告・公表，訂正公告・公表もしくは公開買付期間延長公告を行った者，⑵重要な事項について虚偽の記載があり，または記載すべき重要な事項もしくは誤解を生じさせないために必要な重要な事実の記載が欠けている公開買付届出書（訂正届出書を含む）を提出した者，公開買付説明書（訂正された公開買付説明書を含む）を作成した者，対質問回答報告書（その訂正報告書を含む）を提出した者は，表示や記載が虚偽などであることを知らずに当該公開買付けに応じて株券等の売付け等をした者に対して，損害賠償の責任を負う（27条の20第１項，18条１項）。このうち，公開買付者が，公開買付期間の末日後に当該株券等の買付け等を公開買付けによらないで行う契約があるにもかかわらず，その旨を上記の公開買付届出書または公開買付説明書に記載せずに当該契約による買付け等を行った場合の損害賠償の額は，公開買付者が当該契約による買付け等を行った価格から公開買付価格を控除した金額に，請求権者の応募株券等の数を乗じた額とされている（20条の20第２項）。なお，かかる27条の20第２項の適用がある場合を除き，実質的特別関係者および公開買付者が法人その他の団体である場合における公開買付届出書作成時の取締役，会計参与，監査役，執行役，理事もしくは監事またはこれらに準ずる者は，違反者と連帯して同条１項に基づく損害賠償責任を負う。ただし，記載の虚偽などを知らず，かつ，相当な注意を用いたにもかかわらず知ることができなかったことを証明したときは，この限りではない（同条３項）。

6　消滅時効

以上に述べた27条の17第１項（別途買付けの禁止違反），27条の18第１項（買付条件等によらない決済。ただし，同条２項の適用がある場合）または27条の20第１項（虚偽記載などのある公開買付開始公告を行った者などの賠償責任。ただし，同条２項の適用がある場合）による各請求権は，違反もしくは虚偽の記載などを知った時または相当な注意をもって知ることができる時から１年間，または当該公開買付けに係る公開買付期間の末日の翌日から起算して５年間で時効消滅する（27条の21第１項・２項）。

❖第２節❖　内閣総理大臣の権限

1　公開買付届出書等の受理・訂正命令

内閣総理大臣は，公開買付届出書，意見表明報告書，対質問回答報告書，公開買付撤回届出書，公開買付報告書，訂正届出書などの受理権限を有し，かつ，公開買付開始公告および期間延長請求公告の訂正内容の公告または公表の命令（27条の７第２項，27条の10第６項），訂正届出書の提出命令（27条の８第３項・４項）などの権限を有する。これらの権限は，金融庁長官への委任を介してさらに関東財務局長に委任されている（194条の７，金商法施行令40条１号・２号）。

2　報告・資料提出命令および検査

内閣総理大臣は，公益または投資者保護のため必要かつ適当であると認めるときは，①公開買付者，公開買付けによって株券等の買付け等を行うべきであると認められる者もしくはそれらの特別関係者その他の関係者または参考人に対し，また，②意見表明報告書の提出者，これを提出すべきであると認められる者その他の関係者または参考人に対し，それぞれ参考となるべき報告もしくは資料の提出を命じ，または当該職員をしてその者の帳簿書類その他の物件を検査させることができる（27条の22第１項・２項）。平成25年金商法改正により，これらの報告もしくは資料提出の命令・物件の検査に関して必要と認めるときは，公務所または公私の団体に照会して必要な事項の報告を求めることもできるようになった（同条３項）。これらの権限は，金融庁長官への委任を介して，公開買付期間中についてはさらに関東財務局長に委任されているが（金商法施行令38条の2第1項3号・40条1項3号），それ以外については証券取引等監視委員会に委任されている（194条の7第1項・3項，金商法施行令38条の2第1項）。上記の報告もしくは資料を提出せず，または虚偽の報告もしくは資料を提出した者は，6月以下の懲役もしくは50万円以下の罰金に処せられ，またはこれを併科される（205条5号）。法人については，両罰規定により，同条の罰金刑が科される（207条1項6号）。上記の検査を拒み，妨げまたは忌避した者についても同様の罰則規定がある（205条6号・207条1項6号）。

3　課徴金調査

次節で述べるとおり，平成24年金商法改正により，公開買付届出書等につき虚偽開示書類が提出された場合，その提出を容易にすべき一定の行為または唆す行為を行う者も課徴金の対象にされることになった（172条の12）。内閣総理大臣（194条の7第2項8号により証券取引等監視委員会に委任されている）には，その調査のため，報告聴取・立入検査のほか，事件関係人または参考人への出頭を求める権限が付与される（177条）。これらの権限は，金融庁長官への委任を介してさらに証券取引等監視委員会に委任されている（194条の7第1項・2項8号）。報告聴取・出頭命令に違反した者については，20万円以下の罰金に処せられる（205条の3第1号）。立入検査を拒み，妨げまたは忌避した者は，6月以下の懲役もしくは50万円以下の罰金に処せられ，またはこれを併科される（205条6号）。法人については，両罰規定により，同条の罰金刑が科される（207条1項6号）。また，平成25年金商法改正により，事件関係人に対して物件の提出を命ずる権限および公務所または公私の団体に照会して必要な事項の報告を求める権限も付与された（177条1項2号・2項）。物件の提出命令に違反した場合，20万円以下の罰金に処せられる（205条の3第2号）。

❖第３節❖　課 徴 金

平成20年金商法改正により，公開買付規制についても課徴金制度の対象とされている。課徴金制度は，要件に該当する限り規制当局に課徴金納付命令を発するか否かについての裁量はなく，また，刑事罰と異なり，行為者に違反事実の認識（故意）があったか否かは問わないと解されているため，公開買付規制の実効性を担保する手段としての意味は大きい。平成20年金商法改正により課徴金納付命令の対象とされた行為および課徴金の額は，概略，以下のとおりである。

⑴　公開買付開始公告を行わないで株券等または上場株券等の買付け等を行った者：当該買付け等の総額に25％を乗じた額（172条の５）

⑵　①重要な事項につき虚偽の表示があるか，もしくは表示すべき重要な事項の表示が欠けている公開買付開始公告等を行った者，②重要な事項につき虚偽の表示があるか，もしくは表示すべき重要な事項の表示が欠けている公開買付届出書，訂正届出書，対質問回答報告書もしくは訂正報告書（公開買付届出書等）を提出した者，③公開買付届出書等を提出しない者：公開買付開始公告を行った日の前日における終値に当該公開買付けにより買付け等を行った当該株券等または上場株券等の数を乗じて得た額に，25％を乗じた額（172条の６第１項・２項）

上記⑴の実例として，公開買付開始公告を行わずに新株予約権証券を買い付け，買付け後の株券等所有割合が97.38％となった行為につき，172条の５に基づき，買付価額3,000万円の100分の25に相当する750万円の課徴金納付命令が下されたケースがある[153]。

これらに加え，平成24年金商法改正により，報酬を得て加担行為を行う外部協力者も，以下のとおり課徴金の対象とされることになった。

⑶　重要な事項につき虚偽の記載があり，または記載すべき重要な事実が欠

(153)　EBANCO HOLDINGS LIMITEDによる株式会社サハダイヤモンドの新株予約権証券の買付けに係る課徴金納付命令の平成21年11月25日付決定。平成22年６月公表の証券取引等監視委員会事務局「金融商品取引法における課徴金事例集」113頁および平成24年７月公表の証券取引等監視委員会事務局「金融商品取引法における課徴金事例集」131頁参照

けている公開買付届出書（訂正届出書を含む）・対質問回答報告書（訂正報告書を含む）が提出された場合，かかる提出を容易にすべき一定の行為またはこれを唆す行為を行った者：当該行為に関し手数料，報酬その他の対価として支払われ，または支払われるべき金銭その他の財産の価額に相当する額として内閣府令で定める額（172条の12第1項2号・2項，課徴金府令1条の8の2第1項）

なお，課徴金納付命令の決定手続や，追徴・没収，他の課徴金との調整，課徴金の減算・加算制度などについては，第13編第3章参照。

❖第4節❖　刑 事 罰

公開買付規制の違反に対しては，刑事罰が定められている。具体的には，①公開買付開始公告，公開買付届出書の虚偽記載などを行った者に対して10年以下の懲役もしくは1,000万円以下の罰金またはその併科（197条1項2号～4号）(154)，②公開買付開始公告を行わない場合や公開買付届出書の不提出，虚偽記載のある公開買付説明書の交付，意見表明報告書の虚偽記載などを行った者に対して5年以下の懲役もしくは500万円以下の罰金またはその併科（197条の2第2号～6号・8号～10号）(155)，③公開買付説明書の不交付，別途買付けの禁止違反，決済義務に係る義務違反などを行った者に対して1年以下の懲役もしくは100万円以下の罰金またはその併科（200条1号・3号・6号～11号）(156)，④真実性の認定に係る表示禁止の違反，内閣総理大臣の報告聴取に対する報告・資料の不提出，虚偽の報告・資料の提出などを行った者に対して6月以下の懲役もしくは50万円以下の罰金またはその併科（205条2号～6号）(157)，⑤課徴金

(154)　行為者が法人の従業者で，その法人の業務または財産に関し違反行為をした場合，両罰規定により，当該法人に対しても7億円以下の罰金が科される（207条1号）。

(155)　行為者が法人の従業者で，その法人の業務または財産に関し違反行為をした場合，両罰規定により，当該法人に対しても5億円以下の罰金が科される（207条2号）。

(156)　行為者が法人の従業者で，その法人の業務または財産に関し違反行為をした場合，両罰規定により，当該法人に対しても1億円以下の罰金が科される（207条5号）。

(157)　行為者が法人の従業者で，その法人の業務または財産に関し違反行為をした場合，両罰規定により，当該法人に対しても50万円以下の罰金が科される（207条6号）。

調査における処分に違反した者に対して20万円以下の罰金（205条の３第１号）が課される。個々の刑事罰規定についての詳細は，対象となる各行為につき前述した各該当箇所を参照されたい。

第6章 発行者による上場株券等の公開買付け

本章のサマリー

◇本章では，金商法第2章の2，第2節「発行者による上場株券等の公開買付け」（27条の22の2～27条の22の4）について解説する。

◇発行者が取引所金融商品市場外で自ら発行した上場株券等の買付け等を行う場合も，投資者を平等に取り扱う必要があること，また，発行者自身による買付け等であり適正な情報開示を確保する必要があることから，公開買付けによらなければならない（27条の22の2第1項）。このような発行者による公開買付けに係る規制については，基本的に「発行者以外の者による公開買付け」の規定が準用されている（同条2項以下）。以下では，発行者による上場株券等の公開買付けについて，主として，「発行者以外の者による公開買付け」に係る規制との対比において解説する。

❖第1節❖　発行者以外の者による公開買付けとの差異

1　公開買付けの対象

発行者による公開買付け（いわゆる自社株公開買付け）の対象は，上場株券等である[158]。上場株券等とは，(1)金融商品取引所に上場されている株券（24条の

(158)　発行者以外の者による公開買付けの対象は，その発行する株券等について有価証券報告書を提出しなければならない発行者またはいわゆるプロ向け市場に上場されている株券等の発行者の株券等であり，上場されているか否かは必ずしもメルクマールにならない。

6第1項)・店頭売買有価証券に該当する株券(金商法施行令4条の3第1項)，⑵金融商品取引所に上場されている投資証券(同条2項1号)・店頭売買有価証券に該当する投資証券(同項2号)，⑶有価証券信託受益証券で，受託有価証券が⑴または⑵であるもの(同項3号)，⑷有価証券信託受益証券(受託有価証券が株券・投資証券であるもので，⑶に該当するものを除く)で，金融商品取引所に上場されているもの・店頭売買有価証券に該当するもの(同項4号)，⑸⑴または⑵に係る権利を表示する預託証券(同項5号)，⑹株券・投資証券に係る権利を表示する預託証券(⑸に該当するものを除く)で，金融商品取引所に上場されているもの・店頭売買有価証券に該当するもの(同項6号)である。新株予約権や新株予約権付社債は含まれない。上場株券等の発行者が取引所金融商品市場外において行う当該上場株券等の買付け等(買付けその他の有償の譲受けをいう。27条の22の2第1項)のうち，次の場合は，原則として公開買付けによる必要がある(同項)。

(a)　会社法156条1項の規定により，株主総会の普通決議(同法165条2項または459条1項1号に従い定款で取締役会決議によることができると定めた場合には，取締役会決議)に基づいて行う買付け等

(b)　発行者が外国会社である上場株券等の買付け等のうち，当該買付け等に関する事項を新聞もしくは雑誌に掲載し，または文書，放送，映画その他の方法を用いることにより多数の者に知らせて行う買付け等

発行者による公開買付けは，当該発行者が発行する上場株券等の取得においてすべての株主に平等に売却機会を保障することがその趣旨であるので，「発行者以外の者による公開買付け」と異なり，買付数量は要件となっておらず，また下限を設定することはできない(27条の13第4項1号は準用されていない)。

2　その他の差異

発行者による公開買付けについては，27条の22の2第2項以下において，基本的に「発行者以外の者による公開買付け」の規定が準用されている。しかし，会社の支配権の移動に直接関係する取引ではないため，特別関係者に関する規定(27条の2第7項)や株券等所有割合に関する規定(同条8項)は準用さ

れない。また，発行者自身が行う買付け等であるため，公開買付けの対象者による意見表明報告書の提出（27条の10第１項）や質問・延長請求（同条２項・３項），公開買付者による対質問回答報告書の提出（同条11項）など，公開買付者と対象者のやりとりに関する規定は準用されていない。買付数の下限を設定することは認められず[159]，また，公開買付けの撤回は，公開買付けによる買付けが他の法令に違反することになる場合のみ認められる[160]。さらに，重要な情報を有する会社自身が行うものであることから，次節で述べるとおり，未公表の重要事実の取扱いについて特別な規定が設けられている。

❖第２節❖　重要事実の公表・通知

1　重要事実の公表・通知

自らが発行する上場株券等の公開買付けを行おうとする発行者は，

⑴　当該発行者の重要事実（166条１項に規定する業務等に関する重要事実[161]。以下，本節について同じ）であって，公表されていないものがあるときは，公開買付届出書を提出する日前に，当該重要事実を公表しなければならない（27条の22の３第１項）。

⑵　公開買付期間中において，当該発行者に重要事実が生じたとき（公開買付届出書の提出前に生じたが，公表されていないことが判明したときを含む）は，①ただちに当該重要事実を公表し，②当該公開買付けに係る上場株券等の買付け等の申込みに対する承諾または売付け等の申込みをした者および当該上場株券等の売付け等を行おうとする者に対して，当該公表の内容を通知[162]しなければならない（27条の22の３第２項）。

⒆　27条の22の２第２項で，27条の13第４項１号の準用が除外されている。

(160)　27条の22の２第２項で，27条の11第１項ただし書を読み替えている。

(161)　自己株式・投資口の取得についての当該発行者の業務執行を決定する機関による決定を除く（自社株買付府令23条）。

(162)　通知は，書面の交付または電磁的方法による（自社株買付府令24条）。

2　公表の方法

上記重要事実の公表は，⑴時事に関する事項を掲載する日刊新聞紙（産業および経済に関する事項を掲載する日刊新聞紙を含む）の販売を業とする新聞社，⑵かかる新聞社に時事に関する事項を総合して伝達することを業とする通信社，⑶日本放送協会および基幹放送事業者のうち，いずれか２以上の報道機関に公開することにより行う（自社株買付府令11条）。かかる公表がなされた後12時間が経過した場合は，166条１項に規定する重要事実の公表がされたとみなされるため（27条の22の３第３項，金商法施行令14条の３の12），その後，自らが発行する上場株券等の買付け等を行うために166条１項に基づく公表を行う必要はない。

3　公開買付期間の延長

公開買付期間の残りがその日を含めて10暦日以下である日に，■１⑵に従って，発行者による公開買付けを行う発行者が当該発行者に生じた（または公開買付届出書の提出前に生じたが，公表されていないことが判明した）重要事実を公表する場合，当該発行者は，公開買付期間の末日とされている日の翌日から，かかる公表がなされた日より起算して10暦日を経過した日までの期間，買付け等の期間を延長するものとし，かかる延長について，ただちに公告または公表しなければならない（27条の22の３第４項，自社株買付府令25条[(163)]）。

4　損害賠償

27条の22の３第１項・２項に基づき公表または通知（公表等）をしなければならない重要事実について公表等をせず，または虚偽の公表等をした発行者は，当該公開買付けに応募して株券等の売付け等をした者に対して，公表等が

---

(163)　条文上，「10日」という期間について，「（行政機関の休日の日数は，算入しない）」（自社株買付府令13条２項参照）といった文言がなく，「10営業日」ではなく「10暦日」と読まざるをえないが，公開買付届出書の訂正届出書の提出に伴って必要となる公開買付期間の延長日数は営業日ベースで規定されており（自社株買付府令13条２項），注意を要する。

されずまたは公表等が虚偽であることにより生じた損害を賠償する責任を負う（27条の22の４第１項）。ただし，(1)当該売付け等をした者が，発行者に重要事実が生じており，または公表等の内容が虚偽であることを知っていたとき，(2)発行者が，発行者に重要事実が生じており，または公表等の内容が虚偽であることを知らず，かつ，当該公開買付け当時において相当な注意を用いたにもかかわらず知ることができなかったことを証明した場合は，この限りではない。公開買付け当時の当該発行者の役員（取締役，会計参与，監査役もしくは執行役またはこれらに準ずる者をいう。21条１項１号）は，発行者と連帯して損害賠償責任を負う（27条の22の４第２項)。ただし，当該役員が，発行者に重要事実が生じており，または公表等の内容が虚偽であることを知らず，かつ，当該公開買付け当時において相当な注意を用いたにもかかわらず知ることができなかったことを証明した場合は，この限りではない（同項ただし書)。

5　罰　　則

27条の22の３第１項・２項に基づく公表を行わず，または虚偽の公表を行った者は，10年以下の懲役もしくは1,000万円以下の罰金に処せられ，またはこれを併科される（197条１項４号)。法人については，両罰規定により，７億円以下の罰金刑が科される（207条１項１号)。

第4編 株券等の大量保有の状況に関する開示

■本編では，金商法第２章の３「株券等の大量保有の状況に関する開示」と，これに関連する課徴金・罰則などの規定について解説する。

第１章　大量保有の状況に関する開示の概要

本章のサマリー

◇本章以下では，金商法第２章の３「株券等の大量保有の状況に関する開示」（27条の23～27条の30）をカバーする。なお，金商法施行令第３章の２（14条の４～14条の９）および大量保有開示府令に関連する規定が置かれている。

◇上場会社等の発行する株券等を，「株券等保有割合」（≒保有株券等の数÷発行済株式総数）の５％を超えて保有する者は，５％を超えて保有することとなった日（同日を含まない）から５営業日以内に大量保有報告書を提出しなければならない（27条の23第１項）。提出後，株券等保有割合が１％以上増減した場合には５営業日以内に変更報告書の提出を要する（27条の25第１項）。

◇提出義務の有無の基準となる「株券等保有割合」の計算においては，潜在株式も一定範囲で考慮に入れる。さらに，株券等の取得・譲渡を共同して行うことを合意している者（共同保有者）や一定の親族関係・資本関係のある者（みなし共同保有者）の保有分も合算する。提出された大量保有報告書・変更報告書等は開示用電子情報処理組織（EDINET）によりインターネット上に開示される。

投資家は，会社支配権の存在がどこにあるかに重大な関心を有するが，支配権の所在は株式（議決権）の保有状況によって左右されるので，株式が誰に，どのような割合で保有されているかは重要な投資情報である。そこで，このような情報を投資家に対し迅速に提供することにより，市場の公正性，透明性を高め，投資者保護を図るのが大量保有報告制度の趣旨である(1)。大量保有報告

(1)　池田ほか・新しい公開買付制度161頁参照

制度自体は敵対的買収に対する防御ないし予防を目的としたものではない。もっとも，ある会社の株式を買い集める者がいた場合，大量保有報告書の提出によりその存在が判明し，経営陣が対応を取ることが可能になるという側面は否定できない。なお，上場会社に限らない有価証券報告書提出会社の大株主に関する情報開示として，有価証券報告書・四半期報告書または半期報告書（24条・24条の4の7・24条の5第1項～3項，企業開示府令第3号様式・第4号の3様式・第5号様式等）および会社法上の公開会社に関する事業報告（会社法435条2項，会社法規則119条3号・122条1項1号）において定期的に大株主の状況が開示されることに加え，主要株主の異動について臨時報告書が提出される（24条の5第4項，企業開示府令19条2項4号）。また，発行者の議決権の過半数を有している会社などは親会社等状況報告書の提出が必要になる（24条の7。取引所規則も支配株主等に関する開示を義務づけている。東京証券取引所有価証券上場規程411条参照）。上場会社は振替機関である株式会社証券保管振替機構からの総株主通知（社債等振替法151条）に基づいて株主名簿の記載または記録を行い（同法152条1項），これに基づいて大株主の情報を開示するが，信託銀行名義で保有する株主については株券等の保有者が行う大量保有報告書によるほかない。

大量保有報告制度の対象となるのは上場会社などが発行する有価証券であり，その有価証券も議決権を付された株券等に限り，無議決権株式（ただし，議決権株式に転換されるものを除く）や普通社債などは対象外である。日本の取引所金融商品市場に上場されている会社などの株券等を保有する限り，保有者が居住者であると，非居住者であるとを問わない。たとえば，非居住者が別の非居住者から海外での相対取引により日本の上場株式を購入した場合，大量保有報告の対象となる。対象株券等の発行者が外国会社である場合，たとえば東京証券取引所に上場されている外国会社株式についても適用される。もっとも，非居住者が海外市場で東証上場外国会社株式を購入した場合には，報告義務がないと解されている（5％ルールの実務110頁参照）。

提出義務の有無は，「株券等保有割合」が5％を超えるか否かで判断される。このため，「株券等保有割合」の計算が重要であるところ，「株券等保有割合」はおおむね「保有株券等の数÷発行済株式総数」で計算されるが，潜在株式も一定範囲で考慮に入れるなど複雑な計算を要する（第2章第3節参照）。この

「株券等保有割合」の計算に際しては，株券等の取得・譲渡や議決権などの株主権の行使について，共同して行うことを合意している者（共同保有者）の保有分を合算する（27条の23第４項・５項）。個人の保有者であれば一定の親族関係のある者，法人の保有者であれば一定の資本関係のある者は自動的に共同保有者とみなされ，合算の対象となる（みなし共同保有者。同条６項）。

大量保有報告書の提出後，株券等保有割合が１％以上増減した場合または重要な記載事項について変更がある場合，変更報告書を提出しなければならない（27条の25第１項）。

提出期限は，大量保有報告書・変更報告書のいずれについても提出義務が発生した日（同日を含まない）から５営業日以内であり，通常は売買成立日の１週間後の同じ曜日の日になる。機関投資家などは提出期限が緩和された特例報告制度が利用できる（27条の26）。特例報告制度では，原則として基準日ごとに大量保有報告書・変更報告書の提出義務の有無を判定すれば足りるが，この基準日が従前は３カ月に１度であった。ところが，平成18年12月施行の証取法改正により，基準日が約２週間に１度となり，株券等保有割合が５％超の保有などの提出義務の原因となる売買などを行った日から遅くとも約２週間以内には大量保有報告書・変更報告書の提出が必要となった(2)。また，同改正により重要提案行為等を行うことを保有目的とする場合には特例報告の制度は利用できないものとされた（同条１項参照）。

大量保有報告書には，株券等保有割合，取得資金，保有目的などを記載する（27条の23第１項）。大量保有報告書・変更報告書は提出日から５年間，管轄の財務（支）局・沖縄総合事務局や金融商品取引所等において，公衆の縦覧に供されるが（27条の28第１項），開示用電子情報処理組織（EDINET）によりインターネット上に開示される。

---

(2)　改正前は，株券等保有割合の１％以上2.5％未満の増減に関する限り，３カ月に１回の提出しか要求されなかった（平成18年12月改正前の証取法27条の26，大量保有開示府令17条）。同改正により2.5％基準は廃止された。

実務のポイント・4－1

◆大量保有報告書から何が読み取れるか

敵対的買収のターゲットとなった会社にとって，大量保有報告書は「敵」を知るうえで貴重な情報源である。そうでない会社においても，株主総会における議決権行使の動向などを予測するうえで重要である。

報告書によって，誰が，何を目的に，何株の株式を取得したのかが判明する。たとえば，保有目的が「純投資」であれば当面のところ買収目的はないとみられるが，「支配権の取得」であれば買収提案を受けることを予想する必要がある。「重要提案行為等を行うこと」であれば，アクティビストファンドである可能性も否定できない。また，「最近60日間の取得又は処分の状況」の開示によって，取得者の取得価額が判明するほか，取得資金について自己資金額と借入金額の内訳の記載まで求められる。これらにより，当該株主が現在含み益／含み損を有しているか，レバレッジをかけた（借入比率）投資であるか否か，資金提供者など背後にいる本当の者が誰であるかがわかり，保有者の買集めの意思と資力がどの程度か，保有者が今後売却する可能性，公開買付けに応じる可能性などをある程度推測することが可能になる。さらに，取得資金に関し，保有者が金融機関に対し株券等の取得資金として借り入れるものであることを明らかにして借り入れた場合（取得した株式を担保に取る場合はこれに該当することが多いと思われる），金融機関名が公衆縦覧に供されるので（27条の28第３項，大量保有開示府令22条），株式取得の背景が分かる。

短期間に大量の株券等を譲渡した場合（短期大量譲渡。第４章第２節参照）においては，「譲渡の相手方」および「対価」まで記載が要求される（27条の25第２項）。このため，譲受人において高額な対価で肩代わりをすることに抑止効果が働く。

機関投資家などについては，特例報告を利用し，大量保有開示府令第３号様式による報告書を提出する限り，重要提案行為を行う目的がなく，アクティビストではないことがわかる（同府令15条）。これに対し，機関投資家などで特例報告の届出を行っているにもかかわらず，あえて重要提案行為等を行う目的を有するとして，一般報告のための同府令第１号様式（大量保有開示府令２条１項）で提出している場合には，そのような目的を有していることがわかる（同府令第１号様式・記載上の注意(11)参照）。機関投資家などがあえて特例報告の届出を行わずに一般報告のための同府令第１号様式による報告書を提出することは可能であるが，この場合も重要提案行為等を行う可能性があると推察される場合もあろう。

以上については，竹内昭夫ほか「〔座談会〕株式買集めに関する情報開示の方向」旬刊商事法務1189号２頁以下（1989），河本＝大武・金商法読本171頁以下，証券取引法研究会「証券取引法の改正について⒆株式等の大量保有状況に関する情報の開示制度について⑴」インベストメント1991年２月号65頁以下参照。

第２章　大量保有報告書の提出義務

本章のサマリー

◇大量保有報告書の提出義務の有無は，上場「株券関連有価証券」の発行者の発行した「株券等」の「保有者」の「株券等保有割合」が５％を超えるか否かで判断する（27条の23）。本章では，これらの基本的概念を説明する(3)。

❖第１節❖　対象となる有価証券

1　上場または店頭登録

大量保有報告制度は，有価証券の発行者が株券関連有価証券を上場（店頭登

(3)　実務上，法令の文言が一義的ではないなどの理由により，大量保有報告書等の提出の要否が明確ではない場合に，保守的な対応として大量保有報告書等を提出することがありうる。そのような場合に，事後的に大量保有報告書等の提出要件に該当していなかったことが明らかになったとしても，それを理由として別途の対応を義務付けられるのは酷であるため，任意に大量保有報告書等を提出することが完全に否定されるわけではないというのが金融庁の見解であった。ただし，それによって大量保有報告制度上の義務を免れることにはならないことには注意を要する。たとえば，平成25年改正により，株券等保有割合が５％以下であることが記載された変更報告書をすでに提出した場合は，その後の変更報告書の提出義務が免除されることになった（27条の25第１項ただし書，大量保有開示府令９条１号）。しかし，この５％以下であることが記載された変更報告書には，株券等保有割合の１％「未満」の変更を理由とする場合（任意提出）は含まれないことを金融庁が明らかにしている（平成26年２月パブコメ１頁No.１）。したがって，５％以下の記載によって以後の変更報告書の提出義務を免れるのは，法令上の義務に基づく提出がなされた場合でなければならず，①株券等保有割合の１％以上の減少を理由とする場合と，②その他の重要な事項に関する変更（第３章第２節，第４章第１節参照）を理由とする場合に限られる。

録）している場合にのみ問題となる。具体的には，発行者が株券関連有価証券をわが国の金融商品取引所に上場または認可金融商品取引業協会に店頭登録している場合（店頭売買有価証券）(4)に，当該発行者の発行する株券等についてのみ大量保有報告書の提出義務が生じうる（27条の23第1項，金商法施行令14条の4第2項）。ここにいう金融商品取引所への上場には，平成20年金商法改正で導入された特定取引所金融商品市場（プロ向け市場）(5)に上場している場合も含まれるので（2条16項，80条1項，117条の2），プロ向け市場に上場している有価証券の発行者の発行する株券等も大量保有報告制度の対象となる。

2　株券関連有価証券

大量保有報告制度の対象となる株券等は，上場または店頭登録されている「株券関連有価証券」の発行者によって発行されたものに限る（27条の23第1項）。これは発行者に関する要件であり，報告の対象となる「株券等」の範囲（■3参照）とは異なる問題である。具体的には，以下の各有価証券がこれに該当する（金商法施行令14条の4第1項1号～5号）。平成18年12月施行の証取法改正により，上場REIT（不動産投資信託。Real Estate Investment Trustの略称で，リートともいう）などの投資証券等も対象とされた（下記(3)）。

(1)　株券（無議決権株式も含む），新株予約権証券および新株予約権付社債券

(2)　外国の者の発行する証券または証書で(1)に掲げる有価証券の性質を有するもの

---

(4)　平成16年12月のジャスダック証券取引所の創設に伴い，店頭売買有価証券の該当銘柄はジャスダック証券取引所の上場銘柄に移行したため，平成31年4月1日時点で店頭売買有価証券は存在しない（67条2項参照）。なお，日本証券業協会の「店頭有価証券に関する規則」に基づく「店頭有価証券」（同規則2条1項）や，そのうちでも投資勧誘が許容される「店頭取扱有価証券」（同条4項）は，いずれも金商法上は「店頭売買有価証券」ではなく，「取扱有価証券」（67条の18第4号）に該当し，非上場・非店頭登録であって，大量保有報告の対象外である。「店頭取扱有価証券」にはグリーンシート銘柄（平成30年3月末に廃止）およびフェニックス銘柄（上場廃止銘柄）があり，店頭取扱有価証券に該当しない「店頭有価証券」には，株主コミュニティ銘柄（地域に根差した企業等の資金調達を目的としている）や，株式投資型クラウドファンディング業務の取扱銘柄がある。

(5)　平成31年4月1日時点で，東京証券取引所が開設するTOKYO PRO Market およびTOKYO PRO-BOND Market に限られており，大量保有報告との関係では前者のみが対象となる。

⑶　投信法に規定する投資証券，および外国投資証券で投資証券に類する証券（投資証券等。金商法施行令１条の４第１号参照）ならびに投信法に規定する新投資口予約権証券，および外国投資証券で新投資口予約権証券に類する証券（新投資口予約権証券等。金商法施行令１条の４第２号参照）

⑷　有価証券信託受益証券で，受託有価証券が⑴～⑶に掲げる有価証券であるもの

⑸　預託証券で，⑴～⑶に掲げる有価証券に係る権利を表示するもの（２条１項20号参照。米国預託証券（ADR）等）

東京証券取引所では，新規上場申請者について無議決権株式のみを上場することを認めることとなったが（有価証券上場規程205条９号の２ｃ）[(6)]，そのような発行者は大量保有報告制度の対象となる。ただし，無議決権株式自体は後述する「株券等」に含まれないので，その無議決権株式の保有状況が開示対象となることはなく，「株券等」の保有状況が開示対象となる。これに対し，有価証券の発行者が当該有価証券を上場していたとしても，その有価証券が「株券関連有価証券」でない限り，大量保有報告制度の対象とはならない。たとえば，普通社債のみを上場している会社の発行する有価証券は，大量保有報告制度の対象とならない。

大量保有報告制度の対象となる有価証券の発行者は，公開買付規制の対象となる株券等の発行者よりも狭い。公開買付規制の対象は原則として株券等について有価証券報告書の提出義務（24条１項）を負う発行者の発行する有価証券であるが（27条の２第１項本文），かかる発行者であっても，その発行する有価証券につき上場（プロ向け市場での上場を含む）・店頭登録のいずれもされていない場合には，大量保有報告制度の対象外である。たとえば，非上場であるにもかかわらず，過去に募集もしくは売出しを行ったこと（すなわち，有価証券届出書の提出が義務付けられている場合），または所有者数が1,000名以上であることなどに基づいて有価証券報告書の提出義務を負う場合（24条１項３号・４号，金商法施行令３条の６第３項・４項）は，大量保有報告制度の対象とはならない。公開買付制度は既存株主の平等を図る観点から一定程度の流通性がある

⑹　宇都宮純子「議決権種類株式の上場に関する制度要綱について」旬刊商事法務1834号15頁(2008)

有価証券について規制を及ぼすのに対し，大量保有報告制度は取引所金融商品市場の透明性を高めることが目的であるため，取引所金融商品市場で取引される株券等の発行者によって発行された有価証券に対象を限定している[7]。

3　株 券 等

上場または店頭登録されている株券関連有価証券の発行者によって発行された「株券等」が大量保有報告制度の対象となる（27条の23第１項）。ここで対象となる「株券等」は必ずしも上場または店頭登録されていることを要しない。たとえば，普通株式を上場している会社が，無議決権株式を併せて上場し，さらに，上場されていない議決権のある優先株式およびその行使により議決権ある株式を取得することができる新株予約権を発行している場合，大量保有報告制度の対象となるのは普通株式に加えて，非上場の議決権のある優先株式およびその行使により議決権ある株式を取得することができる新株予約権であり，上場無議決権株式は対象外である（保有株券等の数に含まれない）。このように，大量保有報告制度の対象となり，保有株券等としてカウントされる有価証券は，それ自体が上場されているか否かにかかわらず，基本的には議決権を有する株券等である。なぜならば，大量保有報告書による開示の趣旨は，会社の支配権の所在を問題としていることから，議決権が問題となるからである。具体的には，以下のとおりである。

(1)　株 券 等

大量保有報告の対象となる「株券等」は，以下のとおりである（27条の23第１項・２項，金商法施行令14条の５の２）。

①　対象有価証券（以下の(a)～(e)の有価証券）

(a)　株券（議決権のない株式を除く。金商法施行令14条の５の２第１号，大量保有開示府令３条の２）

(b)　新株予約権証券および新株予約権付社債券（議決権のない株式のみを取

(7)　総合ディスクロージャー研究所監修・小谷融編著『金商法におけるディスクロージャー制度』809頁（税務研究会出版局，2007）

得する権利のみを付与されているものを除く。金商法施行令14条の５の２第２号）

(c)　外国の者の発行する証券または証書で(a)または(b)に掲げる有価証券の性質を有するもの（金商法施行令14条の５の２第３号）

(d)　投資証券等（金商法施行令14条の５の２第４号）

(e)　新投資口予約権証券等（金商法施行令14条の５の２第５号）

さらに，以下の有価証券は，一定の条件の下に上記①の対象有価証券を取得する権利を有し，または①の対象有価証券の権利を実質的に享受することから，間接的に発行者の支配権に影響を有するものとして，大量保有報告制度の対象になる（金商法施行令14条の４の２）。

②　カバードワラント（オプションを表示する証券または証書。２条１項19号・21項３号・22項３号・４号参照）で，対象有価証券の売買に係るオプション（買主としての地位を取得する場合，すなわち，コール・オプションに限る）を表示するもの（金商法施行令14条の４の２第１号）

③　有価証券信託受益証券で，①(a)〜(e)の有価証券を受託有価証券とするもの（金商法施行令14条の４の２第２号）

④　預託証券で，①(a)〜(e)の有価証券に係る権利を表示するもの（２条１項20号，金商法施行令14条の４の２第３号）

⑤　他社株転換債（EB債）で，①(a)〜(e)の有価証券により償還することができる旨の特約が付されているもの（社債権者が償還させることができる権利を有しているものに限る。金商法施行令14条の４の２第４号）

⑥　外国の者が発行する上記⑤の性質を有する証券または証書（２条１項17号，金商法施行令14条の４の２第５号）

①の対象有価証券の派生的有価証券，すなわち，上記の②カバードワラント，③信託受益証券，④預託証券，⑤他社株転換債，および⑥外国の者の発行する証券または証書で他社株転換債の性質を有するものについては，いずれも「対象有価証券」，すなわち，派生的有価証券の基礎となる有価証券の発行者について，上場または店頭登録している株券関連有価証券を発行しているか否かが問題となる（大量保有開示府令１条の２。それぞれの定義については，同府令１条１号・２号・５号・８号参照）。たとえば，Ａ社が発行する株券を基礎として

Ｂ社が有価証券信託受益証券を発行している場合，Ａ社が発行する株券が上場されているか否かが問題となる。仮に，Ａ社が発行する株券が上場されていれば，Ｂ社の有価証券信託受益証券が上場されていなくても，大量保有報告制度の対象となる。

⑵　対象とならない有価証券

⑴に該当しない有価証券については，大量保有報告制度の対象外である。具体的には，無議決権株式を表章した株券，その行使により無議決権株式のみを取得可能な新株予約権証券・新株予約権付社債券（金商法施行令14条の５の２第１号・２号，大量保有開示府令３条の２），普通社債券などがこれに該当する（金商法施行令14条の５の２）。無議決権株式については，相互保有により議決権のない株式（相互保有株式）は大量保有報告の対象となり[(8)]，また，議決権株式への転換権（取得請求権）・転換条項（取得条項）が付与されている株式（会社法107条２項２号・３号・108条２項５号・６号）は，「当該株式を発行する会社が当該株式の取得と引換えに議決権のある株式を交付する旨の定款の定めのない株式」（大量保有開示府令３条の２第２号）には該当しないので，大量保有報告の対象となる[(9)]。自己株式については，「株券等」には含まれるが，会社の支配権を有するものではないので，平成26年改正により大量保有報告の対象から除外された（27条の23第４項，会社法113条４項。後記■４⑴参照）。ただし，「株券等の保有割合」の計算における分母となる「発行済株式の総数」からは除外されない（第３節■３⑴参照）。議決権復活条項付の完全無議決権株式（であって議決権株式に関する取得請求権または取得条項が付されていないもの）については，復活するまでは完全に議決権がない場合には，大量保有報告の対象にならないと解すべきと思われるが，実務では，議決権復活条項付株式について，普通株式（議決権株式）と同様に大量報告の対象としている先例もある[(10)]。脱法的な場合には問題になりうると考えられることから，個別に判断するほかはないということになろう。なお，公開買付けに関する議決権復活条項付株式に関

---

(8)　相互保有株式につき，大量保有Q&A問６，三井ほか・詳説Q&A152頁。

(9)　大量保有Q&A問７，三井ほか・詳説Q&A153頁。この場合，「保有株券等の数」・「株券等保有割合」欄の欄外に無議決権株式に係る名称と株式数の注記が必要となる。

し，長島大野常松・理論と実務21頁・注(2)参照。

■4　適用除外

■3で述べた「株券等」を保有している場合であっても，以下の場合には実質的所有者でないことなどから，大量保有報告書の提出義務が免除される（27条の23第４項，大量保有開示府令４条）。

(1)　自己株式

自己株式については，平成26年改正により大量保有報告の対象から除外された。その趣旨は，自己株式は議決権を有しないので（会社法308条２項），経営に対する影響力を行使し得ず，また，市場における需給の点からも，自己株券買付状況報告書（24条の６。第３節参照）や取引所の適時開示ルールによる開示がなされることから，大量保有報告の有用性が乏しいからである（齋藤ほか・逐条解説2014年金商法改正77頁）。

なお，自己新株予約権は大量保有報告の対象から除外されていない。

(2)　保有者が実質的所有者でない場合

①　機関投資家などが投資以外の業務として保有している場合

(a)　信託業を営む者（信託会社や信託銀行）が顧客からの信託を受けて保

---

(10)　伊藤園が発行した第１種優先株式（無議決権株式）には，一定期間優先配当を行う旨の決議がなされないことを条件に議決権が復活する旨の条項が付されている（平成21年７月30日提出伊藤園有価証券報告書34頁参照）。同社株券等の大量保有報告書（変更報告書）を提出している株主グリーンコアは，同報告書の提出時点で普通株式17,653千株および第１種優先株式5,895千株を保有していたものとみられるが，上記変更報告書においては同社保有の普通株式・第１種優先株式の合計数を分子，普通株式・第１種優先株式を合計した発行済株式総数を分母として株券等保有割合18.62％とする報告を行っているようである（平成21年７月３日提出グリーンコア変更報告書，上記伊藤園有価証券報告書49頁参照）。なお，立案担当者の解説では，「現在議決権のない株式」（傍点筆者）であって，所定の定款の定めを設けていない株式は大量保有報告制度の対象から除外される旨が述べられている。大来志郎「大量保有報告制度の見直しに係る政令・内閣府令の一部改正の概要」旬刊商事法務1787号13頁（2006）参照。これに対し，議決権制限株式についても大量保有報告の対象となる可能性を肯定するものとして，金融商品取引法研究会研究記録第22号「大量保有報告制度」15頁（2008），根本敏光『大量保有報告制度の理論と実務』27頁注(14)（商事法務，2017），町田・詳解大量保有219頁。

有している株券等，または外国社債等管理業者が顧客からの委託により管理を行う株券等（直近上位機関の振替口座簿に記載・記録されるもの）で，(i)当該発行者の事業活動を支配する目的で議決権行使権限もしくは議決権行使の指図権限を有している場合，または(ii)株券等の投資決定権限を有している場合のいずれにも該当しない場合（27条の23第3項，大量保有開示府令4条1号・11号）

(b)　有価証券関連業を行う者が株券等の引受けや売出しを行うために株券等を保有する場合（①引受けの場合にあっては当該株券等の払込期日の翌日以後，②コミットメント型ライツ・オファリングの引受けの場合にあっては，未行使新株予約権を取得した日から起算して5営業日を経過した日以後，③売出しの場合にあっては当該株券等の受渡期日の翌日以後保有するものを除く。2条6項3号・28条8項，大量保有開示府令4条2号）

(c)　金融商品取引業者が信用取引により株券等を保有する場合（156条の24第1項，大量保有開示府令4条3号）

(d)　証券金融会社が，金融商品取引所の会員等に対して，信用取引の決済に必要な金銭または有価証券を，取引所金融商品市場などの決済機構を利用して貸し付ける業務として株券等を保有する場合（156条の24第1項，大量保有開示府令4条4号）

②　法人の代表権を有する者また支配人が当該代表権またはその有する代理権に基づき保有する株券等（大量保有開示府令4条9号）

③　1回当たりの拠出金額が100万円未満の役員持株会または従業員持株会が保有する株券等を信託された者が，(a)当該会社の事業活動を支配する目的で議決権行使権限もしくは議決権行使の指図権限を有している場合，または(b)株券等の投資決定権限を有している場合のいずれにも該当しない場合（27条の23第3項，大量保有開示府令4条10号）

役員持株会または従業員持株会においては，一般的に，買い付けた株式につき，持株会の理事長等（証券会社方式）または信託銀行（信託銀行方式）に対して信託されるが，理事長については上記③，信託銀行については上記①(a)によって，それぞれの要件を充足する限り，適用除外の対象となる（これらの場合には27条の23第3項1号の支配目的および同項2号の投資決定権限はなく，大量保有報告書を提出しなくてよい場合が通常であろう）は大量保有報告の対象から除外されている。組合または社団としての持株会自身については提出義務はない（後述■3(1)参照）。

(3)　売付け後，受渡未了の株券等

売付けの約定をして受渡しを了していない株券等（約定日から5営業日以内に受渡しを行うものに限る。大量保有開示府令4条5号）は大量保有報告の対象から除外されている。反面，買付者は約定時点で引渡請求権を有するから，保有者に含める（27条の23第3項）。

(4)　その他

①　差金の授受によって決済が行われる上場バスケット先物取引に含まれる株券等（日経225先物，TOPIX先物取引など。大量保有開示府令4条6号）

②　存続厚生年金基金，企業年金連合会，年金積立金管理運用独立行政法人または独立行政法人郵便貯金・簡易生命保険管理機構（簡易生命保険資産の運用として保有するもの）が保有する新株予約権証券や新株予約権付社債券など，株券以外の有価証券（大量保有開示府令4条7号・8号）

株券は，その保有の動向が投資者に与える影響が大きいため除外されていない[11]。なお，銀行等保有株式取得機構が保有する株券等については，すべて大量保有報告の対象である（他社株買付府令7条1項11号参照）。

❖第2節❖　保 有 者

大量保有報告書の提出義務を負うのは，株券等の「保有者」である（27条の23第1項）。会社の支配権に影響を与える保有状況を開示の対象とする趣旨から，「保有者」は単純な「所有者」よりも広く実質的所有者までも含む（同条3項）。保有者には，金商法27条の23第3項の本文に該当する者，同項の「1号該当者」および「2号該当者」の3種類あり，大量保有報告書には，それぞ

(11)　池田ほか・新しい公開買付制度168頁

れどの保有者として保有しているか区別して記載する。さらに，金融庁が，所有権よりも実質的支配を重視して「保有者」を判断する解釈を示していることには注意が必要である（後述する投資一任契約の顧客，トータル・リターン・スワップ取引）。なお，形式的な所有者であっても実質的な所有者でないために大量保有報告義務が除外される場合として，前述第1節■4(1)参照。

また，保有者と一定の親族関係・資本関係を有する者は「共同保有者」として自動的に保有者と一体とみなされ，その保有分を株券等保有割合の計算において合算する（後述■2参照）。

1　保 有 者

(1)　実質的所有者

「保有者」には，自己名義をもって株券等を所有する者のみならず，他人の名義をもって株券等を所有する者を含む（27条の23第3項）。名義を利用する他人には，実在する者のみならず，架空の者（仮設人）も含む。具体的には，名義書換未了のため株主名簿の記載が第三者名義である場合や，証券会社に開設した取引口座が家族名義となっている場合であっても，本人に計算が帰属し，実質的に所有していると認められるときは，自己の計算で株券等を所有する者として本人が保有者とされる。信託銀行名義で保有されている場合には，議決権行使権限・指図権限や投資決定権限の所在により取扱いが異なるので，後述(3)・(4)のとおり，誰が「保有者」に該当するかについて詳細な検討を要する。

これに対し，投資一任契約の顧客は，運用財産である株券等について議決権行使権限・指図権限または投資決定権限をいずれも有しない場合，「保有者」には該当せず，大量保有報告書等を提出する必要はないとの解釈が金融庁より示されている（投資一任業者（投資運用業者）は「保有者」に該当しうる）。当該顧客は，民法的な意味での所有権を有していたとしても，株券等の保有状況を知る方法が法令上担保されておらず（27条の24の反対解釈），株券等に対する支配に結びついていないことから，「株券等を所有する者」（27条の23第3項本文）との文言にもかかわらず，「保有者」に該当しないことが明確化されたものである[(12)(13)]。

また，信託や組合等については，その株券等の所有形態や議決権行使権限・指図権限および投資決定権限の所在によって大量保有報告書の提出義務の有無を個別に判断せざるをえない（後述(3)・(4)，■3参照）。

(2)　株券等の引渡請求権を有する者

「保有者」には，株券等の引渡請求権を有する者を含む。具体的には，①売買その他の契約に基づき株券等の引渡請求権を有する者（株券等の買付約定を行い株券等の引渡しを受けていない者，信用取引により買付けを行っている者および株券の貸借取引における貸主が含まれる。27条の23第3項）[(14)(15)]，②株券等の売買の買い予約（予約完結権を有する場合に限る）を行っている者（金商法施行令14条の6第1号），③株券等のコール・オプション（カバードワラント（オプションを表示する証券または証書。2条1項19号・21項3号・22項3号・4号参照）を除く。株券等に含まれており，それにより大量保有報告の対象となっているからである）の取得者（金商法施行令14条の6第2号・14条の4の2第1号）が含まれる。

---

(12)　大量保有Q&A問8，三井ほか・詳説Q&A155頁・173頁（注4）

(13)　いわゆるプライム・ブローカレッジ業務（決済，口座管理などを代行し，投資家の紹介，ファンド設定の法律事務，資金調達の斡旋，レポ取引の支援など）の一環として顧客から寄託を受けた株券等について，受寄者が処分する権限を有する場合には，受寄者は「保有者」に該当するとするのが金融庁の見解である（大量保有Q&A問13，三井ほか・詳説Q&A168頁）。反対の見解として，松尾・金商法302頁。

(14)　売買契約の効力発生に停止条件が付されており，当該停止条件が成就するまで引渡請求権が発生しない場合には，通常，「条件成就時点」まで保有株券等の数に算入する必要はない。ただし，金融庁の示した解釈によれば，当該売買契約において行われることが当然の前提となっている当事者の行為が停止条件となっている場合など，原則として当該停止条件が成就すると考えられる場合には，「売買契約締結時点」で引渡請求権を有するものとして保有株権等の数に算入する必要があり，いわゆるクロージングの前提条件は，通常，後者に該当することが多いとされている（大量保有Q&A問11，三井ほか・詳説Q&A163頁）。しかし，クロージングの前提条件であっても，条件が成就することが確実ではない場合もありうるから，個別の契約ごとの検討が必要であろう（松尾・金商法301頁も同趣旨）。

(15)　①売買契約の契約締結日（公開買付期間の末日も同様である）から5営業日以内（同日を含まない）に決済する場合には，契約締結日に株券等保有割合が減少したものとして，同日から5営業日以内に変更報告書を提出する必要がある（大量保有開示府令4条5号）。それに対し，②契約締結日から6営業日以降に決済する場合には，契約締結日から5営業日以内に「担保契約等重要な契約」欄に売買契約を記載した変更報告書を提出し，決済日から5営業日以内に株券等保有割合の減少等を内容とする変更報告書を提出する必要がある（大量保有Q&A問16・問17，三井ほか・詳説Q&A175頁・178頁）。

⑶　議決権行使権限を有する者

株券等の所有権が第三者に帰属する場合であっても，①金銭の信託契約その他の契約または法律の規定に基づき，その議決権等を行使する権限またはその指図を行う権限（以下，本節において「議決権行使権限」という）を有し，その株券等につき投資決定権限を持たず，かつ②当該発行者の事業活動を支配する目的を有する場合には，金商法27条の23第３項の「１号該当者」として「保有者」に該当する（同項１号)。議決権行使権限を有するか否かは信託契約や投資一任契約などの文言による。たとえば，特定金銭信託では委託者が運用指図権を有するが，特に投資一任契約付きの場合には，同契約に基づいて運用指図権（投資決定権限）は委託者から投資運用業者に委任される。そして，議決権行使権限が委託者に留保され，かつ，委託者が発行者の事業活動を支配する目的を有するときには，委託者は「１号該当者」として「保有者」となる（当該投資運用業者は「２号該当者」として保有者になる)。また，単独運用指定金外信託（ファンド・トラスト）の場合，信託契約の規定により受託者が投資決定権限を有するが，議決権行使権限は委託者に留保されることが多いので，委託者が事業を支配する目的を有するときには「保有者」に該当する（受託者は「２号該当者」として「保有者」となる)[16]。なお，投資決定権限を有する者は，⑷のとおり，議決権行使権限を有していても，「２号該当者」として「保有者」となる(27条の23第３項１号かっこ書)。１号該当性に関し，発行者の事業活動を支配する目的の有無は，主観的な判断によらざるをえないが，単に株券を大量に保有しているだけでは足りず，融資関係，人的関係，取引関係などを通じて，結果的に事業に影響を及ぼすと認められる場合には，これに該当する[17]。かかる者については，当該議決権行使権限を有することを知った日に，当該株券等に限り「保有者」になったものとみなされる（27条の23第３項ただし書)。

⒃　各種信託契約については，三菱UFJ信託銀行編著『信託の法務と実務〔６訂版〕』（金融財政事情研究会，2015）参照。

⒄　河本一郎＝関要監修『逐条解説証券取引法〔新訂版〕』343頁（商事法務，2002）

図表4－1　信託財産に属する株券等の保有者（注１）（注２）（注３）

主要な信託商品	投資決定権限・議決権行使権限の所在（典型例）		委託者	受託者（信託銀行等）	投資運用業者
	投資決定権限	議決権行使権限			
・委託者が運用指図する特定金銭信託（自主運用特金） ・委託者が運用指図する特定金外信託（自主運用特金） ・従業員（役員）持株会（注５） ・管理有価証券信託 ・（委託者指図型）証券投資信託	委託者	委託者（注４）	投資決定権限・議決権行使権限共に委託者にあるので２号該当者		
・投資一任契約付の特定金銭信託（年金特定金銭信託を除く）（注６） ・投資一任契約付の特定金外信託（注６）	投資運用業者	委託者（注４）	事業活動の支配目的がある場合のみ１号該当者		２号該当者
・単独運用指定金外信託（ファンド・トラスト） ・単独運用指定金銭信託（指定単）（厚生年金基金信託を除く）	受託者（信託銀行等）	委託者（注４）	事業活動の支配目的がある場合のみ１号該当者	２号該当者	
・貸付信託 ・合同運用指定金銭信託 ・適格退職年金信託 ・厚生年金基金信託	受託者（信託銀行等）	受託者（信託銀行等）		２号該当者	
・年金特定金銭信託（年金特金） ・投資一任契約付の特定金銭信託（注７） ・投資一任契約付の特定金外信託（注７）	投資運用業者	投資運用業者			２号該当者

（注１）　池田ほか・新しい公開買付制度174頁を参考にして作成した。

（注2）　本図表は，典型的と考えられる類型について記載したものにすぎず，取扱いの異なるものがあることに留意されたい。

（注3）　各種信託契約における議決権行使権限および投資決定権限の所在については，三菱UFJ信託銀行・前掲注⒃参照。

（注4）　議決権行使権限については，信託契約書上「受益者」となっている場合がある。通常は受益者と委託者は同一であるが，受益者が委託者と異なる場合には，受益者が2号該当者から株券等の保有状況に関する通知書を受け取ることとなる。

（注5）　持株会（信託銀行方式）における信託銀行および持株会（証券会社方式）における持株会理事長に関する適用除外については，前述第1節■4⑵①(a)・③参照。なお，持株会の理事長は，持株会規約の内容により議決権行使権限を有する場合があるが，支配目的はなく，「保有者」に該当しないのが通常であろう。また，いわゆる日本版ESOPについては株式の所有権と議決権行使権限・投資決定権限の所在を検討する必要がある。

（注6）　投資一任契約上，議決権を投資運用業者に委任していない場合に限る。

（注7）　投資一任契約上，議決権を投資運用業者に委任している場合に限る。

⑷　投資決定権限を有する者

投資一任契約その他の契約または法律の規定に基づき，株券等に投資をするのに必要な権限を有する者も，金商法27条の23第3項の「2号該当者」として「保有者」に含まれる（同項2号）。たとえば，投資一任契約に基づき投資決定権限を有する投資運用業者，単独運用指定金外信託（ファンド・トラスト）・単独運用指定金銭信託（指定単）の受託者（信託銀行等）[18]，未成年者の親権者などがこれに該当する。なお，投資決定権限を有する者については，議決権行使権限を併せて有しかつ事業支配目的を有する場合であっても，「2号該当者」として扱われる（同項1号かっこ書，大量保有開示府令第1号様式記載上の注意(12)c・d）。

株券等について投資決定権限を有しない者は，自らがどれだけの株式について議決権行使権限を有するかを当然には知りえない。そこで，上記の「2号該当者」は，議決権行使権限を有する者に対し，毎月1回以上，株券等の取得または処分の状況等を記載した通知書を作成・交付しなければならない（27条の24，大量保有開示府令7条。なお，電磁的方法による提供につき，第2編第4章第5節参照）。上記の議決権行使権限を留保した者は，同通知書を受け取った日を報告義務発生日として，同日（同日を含まない）から5営業日以内に大量保有報告書を提出しなければならないとするのが金融庁の見解である[19]。

⒅　各種信託契約については，三菱UFJ信託銀行・前掲注⒃参照。

⒆　池田ほか・新しい公開買付制度189頁

実務のポイント・4－2

◆いわゆるトータル・リターン・スワップの取扱い

株券等を原資産とし，当該株券等から生じる経済的な損益のみを，ロング（買い持ち）ポジションを保有する者（「ロングポジション保有者」）とショート（売り持ち）ポジションを保有する者（「ショートポジション保有者」）のそれぞれに帰属させるトータル・リターン・スワップ取引といわれるデリバティブ取引がある。「経済的な損益」のみが帰属する場合には，ロングポジション保有者は法的な所有者でない以上，株券等の「保有者」に該当しないのが原則である。しかし，ショートポジション保有者（投資銀行等）は，鞘を取ることを目的としているにすぎず，株価変動のリスク（株価上昇時に値上がり分を支払うリスク）をヘッジするために株式現物を購入するのが通常であり，取引終了時に，ロングポジション保有者（ヘッジファンド等）からの要請に応じ，現物決済やオプションが契約に規定されていない場合であっても株式現物の交付を行うことが一般的とされている。したがって，ロングポジション保有者は，その気になれば実際に株券等を取得することが容易な立場にあり，単に経済的損益が帰属するにすぎないと言い切れない実態がある。他方で，ショートポジション保有者は，株式現物を交付する義務までは負っておらず，実際に，外国ではヘッジファンドからの要請を拒否した実例もあるようであるから，ロングポジション保有者をただちに「保有者」とみなしてよいかは問題である。この点に関し，金融庁は，経済的な損益の帰属に加え，現物の株券等の取得および処分に，当該デリバティブ取引のロングポジション保有者の「支配」が及んでいる場合には，「保有者」に該当する（したがって，大量保有報告の対象となる）との見解を示した（大量保有Q&A問14，三井ほか・詳説Q&A170頁）。かかる「支配」が認められる場合として金融庁が例示しているものとして，以下の２類型に該当するスワップ取引がある。

① 当該デリバティブ取引とダイレクト・マーケット・アクセス（投資家が証券会社等を経由せずに，証券取引所などへ売買注文を直接発注する発注形態）取引を組み合わせるなどにより，ロングポジション保有者の取得・処分の意思決定が，ショートポジション保有者の現物株券等の取得・処分に直接連動している場合

② ロングポジション保有者に，当該株券について流動株を減らしたいといった事情がある，または，デリバティブ取引終了時に，原資産である株券等を交付することによる決済が想定されているなど，ロングポジション保有者にとっても，ショートポジション保有者によるヘッジ取得および現物の株券等の保有が取引の前提となっている場合

わが国でも，2013年に，米国のアクティビスト・ファンドであるサード・ポイントが直接保有約4.5%と「現金決済型スワップ」約2.4%を保有するとして，ソニーに対して会社分割などの提案を行った事例があった（2013年５月14日付同社のソニー宛てレター（http://money.cnn.com/interactive/investing/dan-loeb-sony/）参照）。同ファンドは現物決済を前提としないため，上記の金融庁の基準によれば大量保有報告の対象にならないとの見方もあった（旬刊商事法務2008号54頁（2013））。

なお，トータル・リターン・スワップ取引のロングポジション保有者を実質的所有者

であると認定した米国の裁判例は，その根拠として，ロングポジション保有者が現物の株券等の保有者の議決権行使に影響を与えうる地位にあったことを挙げている（太田洋「ヘッジファンド・アクティビズムの新潮流（下）――英米における対応とわが国上場企業法制への示唆――」旬刊商事法務1842号24頁（2008）参照）。そのような場合，わが国の大量保有報告制度の下では，議決権行使の指図権限を有する者（27条の23第３項１号）として「保有者」に該当するとの指摘がある（三井ほか・詳説Q&A172頁）。

諸外国ではエクイティ・デリバティブについても大量保有規制の対象とするような取扱いが進められており，わが国でも検討が必要であろう。

以上につき，渡辺宏之「エクイティ・デリバティブを用いた『隠れた持分』の問題～欧州における動向を中心として～」（金融庁金融研究研修センター『金融危機後の金融・資本市場をめぐる課題』69頁（2009）），岩原ほか・セミナー（開示制度・不公正取引・業規制）316頁以下参照。

また，公開買付けにおいても同様の問題が生じうるが，「買付け等（……買付けその他の有償の譲受けをいい，これに類するものとして政令で定めるものを含む。……）」との文言（27条の２第１項柱書。なお，金商法施行令６条３項，他社株買付府令２条の２参照）は，所有権の移転を前提とする概念と理解するのが自然であることからすると，経済的損益のみの帰属をもって「買付け等」に該当すると解釈するのは，大量保有の場合以上に難しいように思われる（岩原ほか・セミナー（開示制度・不公正取引・業規制）311頁以下参照）。

2　共同保有者

複数の者が共同して株券等を買い集める場合，それらの者は共同して会社に対する支配権に影響を及ぼすから，その全体を開示対象としなければ，支配権に与える影響を正しく開示することにはならない。そこで，金商法は，相互に一定の関係を有する者を「共同保有者」として，各自の保有分を合算したうえで大量保有報告の対象とする（27条の23第４項～６項）。共同保有者には，各当事者の個別の合意に着目した「実質共同保有者」と，各当事者の身分関係（個人の場合）または資本関係に着目した「みなし共同保有者」の２種類がある。大量保有制度の関係で問題となる「共同保有者」の概念は，公開買付規制との関係で問題となる「特別関係者」の概念と類似する。しかし，「特別関係者」は議決権20%以上（特別資本関係）を基準とすることから，50%超を基準とする「みなし共同保有者」より広い。また，「みなし共同保有者」は支配株主などと被支配会社の関係を問題とするのに対し，「特別関係者」は特別資本関係によって結合された法人のみならず，その役員をも対象とする点でも「みなし共同保有者」よりも広い[20]。これは，公開買付制度においては対象者の発行する株券等について公開買付けの時点でのみ調査をすれば足りるのに対し，大量保有報告制度においてはすべての上場・店頭登録会社の株券等を対象として常時調査をする必要が生じることから，その義務を負う共同保有者の範囲を限定したのである[21]。買収防衛策などでは両方の概念を用いて発動基準を定めていることがあるが，両者は異なることが多いので注意を要する。なお，特別関係者については，第３編第２章第５節参照。

(1)　実質共同保有者

「実質共同保有者」とは，他の保有者と共同して当該株券等を「取得」し，もしくは「譲渡」し，または「議決権その他の権利を行使」することを合意している者をいう（27条の23第５項）。この共同保有の合意は，書面に限られず，口頭の合意でも足りる[22]。実際に共同保有の合意が形成されていたか否かは事実認定の問題である。甲が買うから自分（乙）も買うという程度の意思では足りず，お互いの意思疎通があることが必要である[23][24]。具体的には，以下のような場合が問題になる[25][26]。

①　他の株主と株主間契約を締結している場合

---

(20)　実質基準においても，「当該株券等の買付け等の後に相互に当該株券等を譲渡し，若しくは譲り受けることを合意している者」は特別関係者には含まれるが，みなし共同保有者には含まれない（27条の２第７項２号・27条の23第５項参照）。

(21)　小谷ほか・前掲注(7)830頁

(22)　大量保有Q&A問20，三井ほか・詳説Q&A185頁

(23)　大量保有Q&A問21，三井ほか・詳説Q&A186頁

(24)　話し合ったにとどまる場合は，いわゆる実質共同保有者には該当せず，当該話合いにおいて，共同して議決権を行使することに合意した場合，その時点で実質共同保有者に該当する（大量保有Q&A問22，三井ほか・詳説Q&A187頁）。

(25)　実質共同保有者の成否を検討したものとして，町田・詳解大量保有66頁以下。

(26)　役員持株会または従業員持株会に該当しない取引先持株会において株券等の取得が行われる場合，①当該取引先持株会等が組合または社団等である場合には，業務執行組合員等を保有者として提出すべきであり，これに対し，②当該取引先持株会等が組合または社団等でない場合には，個々の構成員を保有者として提出すべきである（大量保有Q&A問12，三井ほか・詳説Q&A166頁）。なお，取引先持株会等において保有する株券等は，大量保有開示府令４条10号（役員・従業員持株会の適用除外）には該当しない（前述第１節■４(2)①(a)・③参照）。

② 会社とその大株主（みなし共同保有者に該当しない場合）が同一の発行者の株券等を保有する場合

③ 親族（みなし共同保有者に該当しない場合）が同一の発行者の株券等を保有する場合

④ 株券等を共有する場合

⑤ 安定株主工作のため，複数の株主に対し経営陣を支持する目的での株式の取得を依頼した場合

⑥ 株主総会における議決権行使について協議し，または委任状を交付した場合(27)（**実務のポイント・4－3**参照）

⑦ 共同して株主総会における提案権・帳簿閲覧権などの少数株主権を行使する場合(28)

⑧ 民法上の組合が保有する場合

⑨ コール・オプションまたはプット・オプションを付与する場合

⑩ 株券等を売却する場合の先買権（First Refusal Right）(29)，共同売却権（Tag Along Right）および共同売却請求権（Drag Along Right）を有する場合

共同保有の合意が解消され，共同保有者ではなくなった場合には，変更報告書を提出する必要がある。ただし，単独での株券等保有割合（単体株券等保有割合）が１％未満である共同保有者が共同保有者でなくなった場合については不要である（金商法施行令14条の７の２第１項２号）が(30)，変更報告書を提出する必要がある際には，その時点での株券等保有割合の変更についても記載する必要がある。

実務のポイント・4－3

◆委任状勧誘における大量保有報告書の提出義務

敵対的買収や重要行為（合併，定款変更など）に関する委任状争奪戦において，大量保有報告書の提出義務が生じるかが，以下の関係者に関して問題となる。

---

(27) 証券取引法研究会研究記録第10号「委任状勧誘に関する実務上の諸問題」66頁，前掲注(10)金融商品取引法研究会研究記録第22号31頁以下参照

(28) 大量保有Q&A問23，三井ほか・詳説Q&A188頁

(29) First Refusal Rightについて「共同して」「譲渡」することの合意に該当しない旨を示唆するものとして，金融商品取引法研究会研究記録第22号・前掲注(10)42頁以下〔太田洋および松尾直彦発言〕。

(30) 大量保有Q&A問24，三井ほか・詳説Q&A189頁

第一に，委任状勧誘を行う者は，勧誘に応じた委任状提出者の保有株式の議決権行使権限を得ることとなるから，発行者の事業活動を支配する目的を有している場合には，当該議決権の「保有者」として株券等保有割合を計算することを要するかが問題となる(27条の23第３項１号)。「保有者」に該当するとすれば，１％ごとに変更報告書の提出が必要になる。まず，支配目的につき，平時であれば包括的委任であっても支配目的は否定されうるが，会社提案に反対する株主の委任状勧誘の場合には同目的は肯定されよう（下記『金融商品取引法研究会研究記録第10号』26頁〔太田洋発言〕)。そのうえで，授権は撤回可能であり，株主総会ごとにされること（会社法310条２項）などを理由に，同号の「契約に……基づき」(27条の23第３項１号）に該当しないなどの解釈で委任状提出者の保有株式については提出義務を否定する見解（同78頁〔太田報告〕，松尾・金商法302頁）や，「議決権だけを動かす場合」は制度趣旨から外れるとの指摘（下記『金融商品取引法研究会研究記録第22号』35頁〔神田秀樹発言〕）もあり，この点を理由に課徴金を課された先例はないが，条文の文言に照らすと議論の余地がある。委任状勧誘を行う場合には慎重な検討が必要であろう。なお，大量保有報告義務に違反した場合に議決権行使が停止されるか（会社が行使を拒否した場合に決議取消事由になるか）については，学説上も明確ではなく，有力な裁判例も見当たらない（第７章第４節参照)。法務省・法制審議会「会社法制の見直しに関する要綱」(平成24年９月７日）第３部・第１「金融商品取引法上の規制に違反した者による議決権行使の差止請求」においても，大量保有報告規制違反に対抗する制度についての記載はなかった。

第二に，委任状を提出した者が，委任状勧誘を行う者との間で実質共同保有者（27条の23第５項）になるかが問題となる。この点についても，上記と同様の理由に加え，委任状勧誘における授権は受動的・消極的であること，共同保有者にはある程度の継続的関係が前提とされていると解すべきことなどを理由に「共同して……議決権を行使することの合意」に該当しないとする見解がある（下記『金融商品取引法研究会研究記録第10号』78頁〔太田報告〕，同46頁〔森本滋発言〕，下記神作211頁，寺田昌弘ほか「大量保有報告制度の改正等に伴う実務上の注意点」旬刊商事法務1807号（2007）76頁)。また，実質的共同保有者にも支配目的要件を要求する見解もある（下記インベストメント45巻６号14頁〔森田章報告〕)。

第三に，委任状を提出した者が，他の委任状提出者との間で共同保有者になるか否かである。委任状勧誘に応じるにすぎない者同士の並行的な関係においては，意思の連絡がなく共同保有者になるとは認められない場合が多いであろうが，実体に応じた判断が必要であろう（下記インベストメント44巻５号72頁〔河野正道発言〕，下記『金融商品取引法研究会研究記録第10号』78頁〔太田報告〕参照)。

以上については，証券取引法研究会「証券取引法の改正について（23)・(29)」インベストメント44巻５号71頁以下（1991)，45巻６号14頁以下・19頁以下（1992)，金融商品取引法研究会『金融商品取引法研究会研究記録第10号　委任状勧誘に関する実務上の諸問題－委任状争奪戦（proxy fight）の文脈を中心に』25頁以下（日本証券経済研究所，2005)，同『同第22号　大量保有報告制度』20頁以下・31頁以下（同，2008)，池田ほか・セミナー（公開買付け・大量保有報告）230頁以下，神作裕之「EUおよびドイツにおける大量保有報告制度」金融商品取引法研究会編『金融商品取引法制の現代的課

題』175頁（日本証券経済研究所，2010）参照。

⑵　みなし共同保有者

①　概　　要

株券等の保有者と一定の関係を有している者については，共同保有の合意が行われる蓋然性が高いとの観点から，「みなし共同保有者」として自動的に共同保有者として扱われる（27条の23第６項）。その結果，みなし共同保有者の保有分は，株券等保有割合の計算において保有者の保有分と合算される。自己単独での株券等保有割合が５％未満であっても，他のみなし共同保有者と合算されて５％超保有となる場合には大量保有報告義務が生じるので,注意を要する。

②　みなし共同保有者に該当する関係

みなし共同保有者に該当する関係とは以下の関係である。

⒜　夫婦（金商法施行令14条の７第１項１号）

⒝　支配・被支配関係

会社の総株主または総社員の議決権の50％を超える株式または出資を所有する者（支配株主等）と当該会社（被支配会社）の関係（金商法施行令14条の７第１項２号）である。下記⒟により，孫会社・曾孫会社（それ以降も支配関係で連結された範囲で拡張される）も含まれる。なお，これらの会社の役員であるからといって共同保有者にみなされることはない。

⒞　共通支配下関係

支配株主等を同じくする被支配会社同士の関係（金商法施行令14条の７第１項３号）である。兄弟会社のほか，⒟により，叔父甥会社・従兄弟会社等（それ以降も支配関係で連結された範囲で拡張される）の相互の関係も含まれる。なお，これらの会社の役員であるからといって共同保有者にみなされることはない。

⒟　被支配会社の拡張

支配株主等および被支配会社が合わせて他の会社の総株主または総社員の議決権の50％を超える株式または出資を所有する場合には，当該他の会

図表4－2　みなし共同保有者に関する「被支配会社」（金商法施行令14条の７）

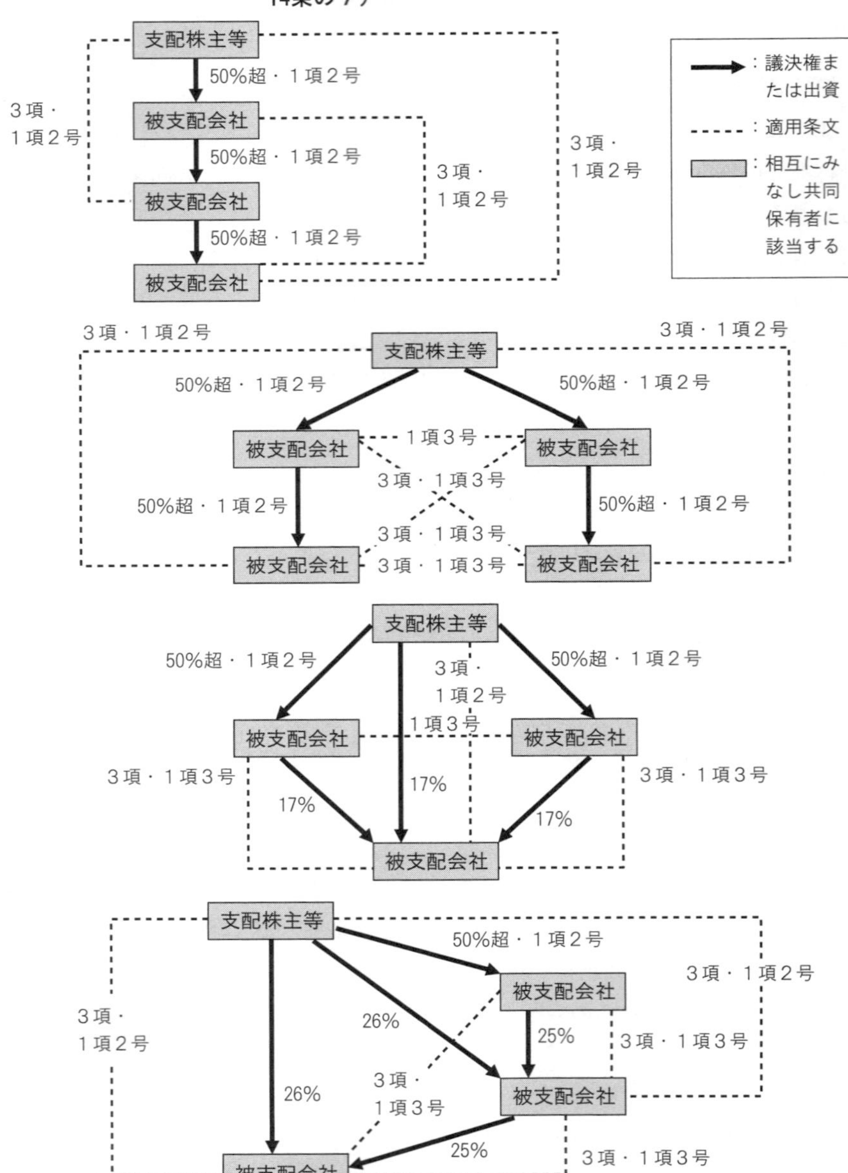

社は支配株主等の被支配会社とみなされ，上記(b)または(c)が適用されるほか，本(d)も反復的に適用される（金商法施行令14条の7第3項）。

(e)　組合とその業務決定機関の支配者

組合の財務および営業または事業の方針を決定する機関を支配している会社と当該組合の関係（金商法施行令14条の7第1項4号，大量保有開示府令5条の3，財務諸表等規則8条3項）。資本関係ではなく，実質支配関係の有無で判断する。

(f)　夫婦による過半数所有

夫婦が合わせて会社の総株主または総社員の議決権の50%を超える株式または出資を所有する場合には，当該夫婦を支配株主等とみなして上記(b)〜(d)を適用する（金商法施行令14条の7第2項）。

③　適用除外

みなし共同保有者に該当する者であっても，その保有する株券等の数が著しく少ない以下の場合には，合算の対象から除外する（27条の23第6項ただし書）。(a)内国法人の発行する株券等については，単独での株券等保有割合（単体株券等保有割合）が0.1%以下の者については，軽微な者としてみなし共同保有者から除外される（大量保有開示府令6条1号）[31]。ただし，除外が認められる者の範囲は，除外された者の株券等保有割合の累計が1%以下にとどまる範囲に限る（同号かっこ書）[32]。(b)外国法人の発行する株券等については，発行済株式の総数の1%以下の保有の者がみなし共同保有者から除外される（同条2号）。

実務のポイント・4−4

◆複数の株主の協調的行動と大量保有報告書の提出義務

複数のアクティビスト・ファンドが，増配・自社株買いの要求や，合併・株式交換などにおける買収価格・交換比率の引上げの要求について，暗黙裏に協調行動を取る例が

---

(31)　大量保有報告書を提出している者の子会社で，単体株券等保有割合が0.1%未満であった者が，買増しにより0.1%を超えて株券等を保有するようになった場合では新たにみなし共同保有者が生じたことになるものの，当該子会社の単体での株券等保有割合が1%未満である場合には変更報告書の提出は要しない（大量保有Q&A問27，三井ほか・詳説Q&A195頁）。

(32)　単体株券等保有割合を計算する際の分母については，結果として合算が免除されるみなし共同保有者の保有に係る潜在株式も算入するものと解される（池田ほか・新しい公開買付制度178頁）。

あり，「ウルフパック（群狼）戦術」とも称される。このようなファンドは各自が5％以下であるとして大量保有報告書を提出せず，あるいは合計して一定割合（3分の1など）を下回るとして，強制的公開買付義務や敵対的買収防衛策の発動を回避する場合がある。

この場合，委任状勧誘（**実務のポイント・4－3**参照）とは異なり，一方が受動的・消極的といえない場合もあろう。しかし，大量保有報告に関する「共同して……議決権を行使することの合意」については，他方の保有者の有する意思が自己の意思と一致することを単に認識しているだけでは足りず，少なくともある程度の拘束力がなければ合意とはいえないとする見解が一般的であり（注釈金融商品取引法1巻978頁〔石田眞得〕），さらに，実質的に同一者による保有と同視できる程度に強固かつ拘束力の強い合意に限られると解する見解もある（寺田昌弘ほか「大量保有報告制度の改正等に伴う実務上の注意点」旬刊商事法務1807号76頁（2007））。そのような拘束力のある合意の存在について発行者を含め当事者以外の者が知ることは難しいであろう。実際に，委任状争奪戦において，買収防衛策にも関連して実質的共同保有者であるか否かが問題とされた事例があるが，具体的な指摘はなされていないようである（日本ハウズイング2008年4月1日プレス·リリース，原弘産同月16日プレス·リリース，日本経済新聞同月11日付朝刊16面，朝日新聞同年7月8日朝刊11面参照）。

このような実状にかんがみ，書面による明示的な合意がなくとも間接証拠や状況証拠の積上げによって合意の存在を認定する手法を積極的に取り入れていくべきであるとする見解がある（太田洋「ヘッジファンド・アクティビズムの新潮流〔下〕」旬刊商事法務1842号27頁（2008））。対象者としては，有力な情報があれば，証券取引等監視委員会に情報提供を行い，大量保有報告義務違反や公開買付義務違反での調査を要請することが考えられる場合もあろう（第7章第5節，第13編1章参照）。

なお，いわゆるトータル・リターン・スワップについては**実務のポイント・4－2**参照。大量保有報告義務に違反した場合の効果については第7章第4節参照。

3　ファンドによる保有に関する論点

(1)　組合の場合

多数の者が共同して出資を行い株券等の取得・処分を行ういわゆる集団的投資スキームとして，組合を組成して株券等への投資を行うことがある。この場合，組合としての大量保有報告の要否については，組合契約の定めに従い，株券等を所有する者または議決権行使権限を有する者（事業支配目的がある場合に限る。27条の23第3項1号）もしくは投資決定権限を有する者（同項2号）に該当する業務執行組合員などを保有者として提出する（■1(3)・(4)参照）。組合を保有者として提出するのではない。この場合，当該組合契約に関する事項を，大量保有報告書の「当該株券等に関する担保契約等重要な契約」の欄に記載する必要がある（大量保有開示府令第1号様式記載上の注意(9)a・(14)。第4章第1節参照)。ただし，各組合員の氏名などを記載する必要はない。業務執行組合員以外の組合員は自己の持分に相当する部分について，株券等保有割合に算入する必要はなく，(個別にまたは共同保有者として) 報告義務を負わない[33]。業務執行組合員などが保有者として提出すべきことが明確化されているからである。

ただし，組合契約の定めまたは明示・黙示の合意に基づき，形式的な業務執行組合員などとは別に，当該株券等に関する処分権限，または議決権行使権限(事業支配目的がある場合に限る) もしくは投資決定権限（27条の23第3項各号）を有している者がいる場合には，業務執行組合員などに加えその者も併せて保有者として報告書を提出する（大量保有開示府令第1号様式記載上の注意(9)a)[34]。投資事業有限責任組合，社団等の場合も同様である。以上に対し，匿名組合の場合，営業者が保有者として提出義務を負う（商法536条1項・2項参照)[35]。

組合とその出資者，業務執行組合員等の関係については，平成18年12月施行の証取法改正において，実質的支配関係の及ぶ組合がみなし共同保有者となることが明確化された。具体的には，実質支配力基準（財務諸表等規則8条3項）により子会社に該当する組合はみなし共同保有者に該当する（金商法施行令14条の7第1項4号，大量保有開示府令5条の3)。すなわち，法人については資本関係によってみなし共同保有者に該当するか判断するのに対し，組合については，資本関係ではなく，実質支配力基準を用いてみなし共同保有者に該当するか判断する。これは，組合においては出資と支配の関係が必ずしも一致するものではないからである。

海外のリミテッド・パートナーシップについても原則として同じ取扱いになる。なお，外国の法制における「法人格を持つような組合」については，出資

(33)　大量保有Q&A問19，三井ほか・詳説Q&A183頁
(34)　大量保有Q&A問19，三井ほか・詳説Q&A183頁
(35)　組合契約については，大量保有Q&A問19，三井ほか・詳説Q&A183頁以下。また，匿名組合については，5％ルールの実務96頁。

と支配の関係が明確でない場合には実質支配力基準を用いて判断するという制度趣旨を踏まえ，個別の状況等を勘案して適切に判断されるとする指摘がある[(36)]。海外の法制度上，法人格があると考えられるケースもあり，外国法人として提出されていることもある。なお，組合やリミテッド・パートナーシップで議決権10%以上保有している場合には，165条の2の売買報告書の提出が求められることがある。これらとの整合性にも留意を要する。

(2)　その他の形態の場合

信託などその他の形態のファンドの場合，議決権行使権限および投資決定権限の所在により「保有者」が誰であるかを判断する（■1(3)・(4)参照）。

❖第3節❖　株券等保有割合

大量保有報告書の提出義務は，「株券等保有割合」が5%を超える場合に発生するので，「株券等保有割合」の算定方法が重要になる（27条の23第4項）。

■1　計算方法の概要

株券等保有割合は，概略，その保有者の保有する株券等の数の発行済株式総数に対する割合である。しかし，保有者の範囲が広げられ，また株式のみならず潜在株式を考慮に入れるため，以下のように修正される。

(1)　分子の計算

① 保有する株券等の数には潜在株式も含み，株式に換算したうえで加算する。「保有」には，議決権行使権限・指図権限（事業支配目的がある場合）または投資決定権限を有する場合を含む（第2節■1(3)・(4)参照）。

② 保有者の保有分（潜在株式も含む）に，共同保有者およびみなし共同保有者の保有分（潜在株式も含む）を加算する。

---

(36)　池田ほか・新しい公開買付制度217頁

③　保有分には，株券等の引渡請求権を有する分を含み，引渡義務を負うものは除く。

⑵　分母の計算

発行済株式総数に，保有者および共同保有者・みなし共同保有者が保有する潜在株式を株式に換算した数を加算する。

株券等保有割合（%）

$$= \frac{\text{保有株券等の総数（潜在株式数を含む）（自己分＋共同保有者分）}}{\text{発行済株式総数} + \text{潜在株式数（自己分＋共同保有者分）}} \times 100$$

以下，詳論する。

2　分母および分子に共通する事項

⑴　議決権のある株式・投資証券等

株券等保有割合は，株券等の数を基礎として算定する（分子・分母に共通する）。株券については「株式の数」で計算する（27条の23第４項）。このため，10株を１単元とする普通株式と１株を１単元とするＡ種種類株式がある場合，Ａ種種類株式１株は普通株式10株に相当する議決権を有するが（会社法188条３項参照），あくまでも「株式の数」で計算する。また，実務上，議決権株式に転換される無議決権優先（劣後）株式についても，たとえ１議決権を有する普通株式10株を取得できる取得請求権を有する場合であっても，１株として計算するものと解されている[37]。このように，株券等保有割合は必ずしも議決権比率を反映した値になるわけではない。

投資証券等（上場REITなど。金商法施行令１条の４第１号参照）については，投資口（投信法２条14項参照）の数を基準とする（大量保有開示府令５条１項５号・７号へ・８号へ・９号へ・10号へ・２項）。

㈴　町田・詳解大量保有101頁，根本・前掲注⑽79頁

⑵　潜在株式

潜在株式については，以下のように株式に換算される（27条の23第４項，大量保有開示府令５条１項)。基本的には，当該有価証券において表章された権利の行使により取得されまたは権利行使が許される株式の数を基準とする。ただし，前述のとおり，議決権株式に転換される無議決権株式などについては，潜在株式として株式数を計算するのではなく，無議決権株式の数により計算するものと解されている（⑴参照)。

新株予約権証券および新株予約権付社債券は，当該証券に付与されている新株予約権の目的である株式の数による（大量保有開示府令５条１項１号・２号)。同様に，新投資口予約権証券等については，その目的である投資口の数による（同項６号)。

ただし，新株予約権無償割当てによる増資（ライツ・オファリング）のうち，コミットメント型（①株主等が権利行使しなかった新株予約権を，発行者が取得したうえで証券会社に売却し，②当該証券会社が権利行使を行い，株式を取得するスキーム）においては，割当て（取得）時点を基準に株券等保有割合を計算すると，（自己および共同保有者の新株予約権は分子・分母に加算されるが，第三者の未行使の新株予約権は分母に加算されないため）実態よりも過大な数値が算出され，妥当ではない。そこで，行使期間２カ月以内等の所定の要件を満たす場合，割当て（取得）時には分子・分母のいずれにも加算せず，行使時に株券として初めて分子・分母の両方に加算する（27条の23第４項の「当該株券等……の数」，大量保有府令５条１項１号ただし書)。したがって，権利行使した株主については，すべての新株予約権が行使された段階では，元の株券等保有割合に戻ることになる（行使期間中に発行済株式総数をどのように把握するかに関し，発行者が公表した直近の発行済株式総数を用いることが許容されているが[38]，その数字を用いたとしても，すべての新株予約権が行使されるまでは，株券等保有割合は過大な数値が算出されるおそれがある)。新投資口予約権証券等についても同様の規定がある（同項６号ただし書)。

また，この場合，コミットメントを行う証券会社（２条６項３号，定義府令14条の２第１項３号参照）は，引受業務のために（権利を行使しなかった株主等か

⒅　平成24年２月パブコメ16頁No.45，20頁No.49

ら）新株予約権を取得するにすぎないから，取得日（同日を含む）から起算して５営業日以内は（新株予約権としても，行使後の株券としても）株券等保有割合の計算（分子・分母）から除外するものとされ，上記５営業日以内に処分する限り，通常の新株発行等の引受けの場合（この場合は払込期日まで）と同様に，大量保有報告の対象とされない（大量保有府令４条２号イ・ロ）。

外国の者が発行者である証券または証書については，内国法人が発行者である株券その他の証券それぞれの取扱いに準ずる（同府令５条１項３号・４号）。投資証券等，カバードワラント（オプションを表示する証券または証書。２条１項19号参照），預託証券，信託受益証券および他社株転換債（EB債）については，当該有価証券において表章された権利の行使により取得され，または権利行使が許される株式または投資口の数を基準とする（大量保有開示府令５条１項５号・７号〜10号）。

⑶　議決権のない株式

議決権のない株式で，かつ，当該株式を発行する会社が当該株式の取得と引換えに議決権のある株式を交付する旨の定款の定めのない株式は，大量保有報告の対象から除外され，「保有株券等の数」に含まれない（27条の23第２項，金商法施行令14条の５の２第１号，大量保有開示府令３条の２）。新株予約権証券および新株予約権付社債券の対象となる株式が議決権のない株式である場合にも同様である（金商法施行令14条の５の２第２号）。これらの株式・新株予約権を権利の内容とする派生的有価証券についても，株券等保有割合の計算の数に含める必要はないと解される[(39)]。

これに対し，議決権のある株式であっても，自己の議決権総数の４分の１を保有する会社の株式（相互保有株式）については議決権が認められないが（会社法308条１項かっこ書，会社法規則67条），保有株券等の計算の数に含められる[(40)]。かかる株式は転売されれば議決権が生じ，その保有状況は株券等の需給および支配権に関する情報として重要性を有するからである。自己株式についても，議決権が認められないところ（会社法308条２項），分母の「発行済株式

⑶⑼　池田ほか・新しい公開買付制度182頁

⑷⑽　相互保有株式につき，大量保有Q&A問６，三井ほか・詳説Q&A152頁。

の総数」には含まれるが，平成26年改正により，分子の「保有株券等の数」からは除外された。同改正の前は，発行会社が保有する自己株式について株券等保有割合が5％を超えた場合はもちろん，それ以外にも，50％超の議決権を有する親会社がある場合，そのみなし共同保有者として自らは5％以下しか保有していない自己株式について大量保有報告書の提出が必要となることがあったが，この問題点は解消された(41)。なお，議決権復活条項が付されている無議決権株式についても，普通株式と同様に取り扱っている例がある（前掲注(10)参照）。

以上は，「保有株券等の数」に関する議決権のない株式や自己株式等の取扱いであるが，いずれも（以下に述べる）分母における発行済株式総数には含まれる(42)。この点でも，株券等保有割合は議決権比率を必ずしも正確に反映するものではない。

3　分母の計算

分母は，発行者の「発行済株式の総数」に「当該保有者および共同保有者の保有する当該株券等（株券その他の内閣府令で定める有価証券を除く）の数」を加算する（27条の23第4項。これを「発行済株式総数『等』」（大量保有開示府令9条の2第1項）という）。

(1)　発行済株式総数の計算

発行者の発行済株式の総数については，原則として，報告義務発生日の発行済株式総数を用いる。ただし，これがわからない場合には，直前期の有価証券報告書，直近の四半期報告書もしくは半期報告書，または直近の商業登記簿等に記載された発行済株式総数を用いることができる（大量保有開示府令第1号様式記載上の注意(12)e）。上述のとおり，議決権のない株式や自己株式（分子の「保有株券等の数」には含まれない（■4(1)参照））などの数も含む（自己株式は消却された時点で除外される）。

---

(41)　公開買付けの終了後における大量保有報告書の提出について，長島大野常松・理論と実務145頁以下参照。

(42)　平成18年12月パブコメ30頁No.95（大量保有開示府令6条1号に関するもの），大量保有Q&A問7，三井ほか・詳説Q&A153頁参照新株発行において，株主となる時期は払込期日または払込期間中の出資がなされた日であるから（会社法209条），払込期日または払込期間末日以後は，発行済株式総数を増加する[43]。株式分割の場合，効力発生日を割当日（基準日）の翌日としている株式分割では，権利落日（通常は基準日（同日を含まない）の3営業日前の日）から分割後の株式による決済を前提とした売買が可能となっているので（たとえば，東京証券取引所業務規程25条参照），株式分割の権利落日に発行済株式総数が増加するものとみなして記載する（大量保有開示府令第1号様式記載上の注意(12) e (b))[44][45]。

(2)　潜在株式の加算

分母には，発行済株式総数のほか，潜在株式も「自己および共同保有者が保有する限度で」加算される。したがって，第三者が保有する潜在株式による議決権比率の低下は株券等保有割合には反映されず，この点で株券等保有割合はいわゆる「完全希薄化ベース」の議決権比率よりも通常は高い数値になる。条文上は，分母に加算される数として「当該保有者および共同保有者の保有する当該株券等（株券その他の内閣府令で定める有価証券を除く。）」と規定されており，株券・外国株券・投資証券等，および預託証券・有価証券信託受益証券で内容となる権利が株券・外国株券・投資証券等であるものが除かれ（すでに発行済株式総数のうちに含まれているためである），これら以外の潜在株式が加算される（27条の23第4項，大量保有開示府令9条の2第1項・5条の2）。

4　分子の計算

(1)　保有株券等の総数

分子は，保有者および共同保有者がそれぞれ保有する株券等の数の合計であ

(43)　池田ほか・新しい公開買付制度184頁

(44)　発行会社による株式併合が行われた場合，株券等所有割合の計算において分子となる保有株券等の数および分母となる発行済株式総数は，いずれも権利落日から減少する（大量保有Q&A問36，大量保有開示府令第1号様式記載上の注意(12) a・e）。

(45)　発行会社による新株発行が行われた場合，株券等保有割合の計算において分母となる発行済株式総数は，新株発行の払込期日から増加すると考えられる（大量保有Q&A問15，三井ほか・詳説Q&A174頁）。

る[46]。株券については「株式の数」で計算する（27条の23第4項）ため，株券等保有割合は必ずしも議決権比率を反映した値にはならないのは前述のとおりである（■2(1)参照）。自己株式は含まれない（27条の23第4項）。保有株券等に含まれるのは，株券等を直接的かつ確定的に所有している場合のほか，上述のとおり，株券等の引渡請求権を有する場合，議決権行使権限・指図権限（事業支配目的がある場合に限る）を有する場合および投資決定権限を有する場合も含む（第2節■1(2)〜(4)参照）。これに関連するものとして，以下の場合がある（同条3項参照）。

信用取引等による譲渡により引渡義務を有する株券等については，保有株券等の数から控除する（27条の23第4項・161条の2第1項）。このような株券等は，引渡請求権を有する者の保有株券等として計算するためである。ただし，保有者と共同保有者の間に引渡義務がある場合には，(2)参照。

担保権（譲渡担保，質権）が設定された株券等について，株券等の所有権または引渡請求権は担保権実行までは担保権者に発生しないから，担保権者の保有株券等には含めず，担保権設定者の保有株券等のみに含める[47]。ただし，担保契約の定めにより担保権者が議決権を行使できる場合や，担保目的であっても株主名簿上の名義を担保権者に移転した場合には，担保権者の保有株券等に含めるべき場合もあると思われる（27条の23第3項参照）。

貸株については，これが消費貸借である場合，貸主は株券等の引渡請求権を有し，他方で借主は議決権および株券等の処分権限を有することが一般的であることから（民法587条参照），当該株券の数は貸主および借主双方の保有株券等の数に含める（27条の23第3項2号）[48]。当該貸借契約は「当該株券等に関す

---

(46)　会社法上の組織再編により株券等を取得した場合，当該組織再編の効力発生日から保有株券等の数に算入する（大量保有Q&A問18，三井ほか・詳説Q&A181頁）。

(47)　ただし，譲渡担保権については，たとえば，担保権設定者について特別株主の申出（社債等振替法151条2項1号参照）が行われるなど，当事者の目的や権利内容等の点において担保権としての実質を備えているものでなければならないことに留意する必要がある（大量保有Q&A問10，三井ほか・詳説Q&A160頁）。

(48)　消費貸借の場合の借主は，借り受けた株券等について所有権を有するため，株券等保有割合が増加したものとして，増加後の株券等保有割合に応じ，大量保有報告書を提出する必要がある。これに対し，賃貸借の場合には，借り受けた株券等について所有権を有するものではないため，借主の株券等保有割合は変化しない（大量保有Q&A問9，三井ほか・詳説Q&A157頁）。ただし，議決権行使権限を有していないかなどの点に留意する必要がある（27条の23第3項参照）。

る担保契約等重要な契約」として大量保有報告書に記載を要する（大量保有開示府令第1号様式記載上の注意(14)）。

外国人株主の常任代理人などが保護預かりで受け入れた株券等については，議決権行使権限・指図権限または投資決定権限のいずれも与えられていないことが通常であるから，保有株券等の数に含める必要はないと解される(49)。

なお，行使または転換の請求期間を経過した新株予約権は，保有株券等に含めない（大量保有開示府令第1号様式記載上の注意(12)ａ）(50)。

発行済株式総数の計算と同様に，新株発行の場合には払込期日または払込期間末日以後は保有株券等を増加させ，株式分割の場合には権利落日に保有株券等が増加するものとみなす（大量保有開示府令第1号様式記載上の注意(12)ａ）。

(2)　保有者と共同保有者の間に引渡請求権が存する場合

保有者および共同保有者の間において保有株券等の数を重複計上することを避けるために，一定の権利が保有者および共同保有者の間（または共同保有者および他の共同保有者の間）に存在する株券等については，当該権利を有する者において保有株券等の数から控除する（27条の23第4項，金商法施行令14条の6の2）。つまり，保有者と共同保有者の間で引渡請求権を有する株券等については，共同保有者全体での保有株券等をネットで計算する。対象となる権利は，①売買その他の契約に基づく株券等の引渡請求権，②議決権行使権限・指図権限，③投資決定権限，④買い予約，⑤コール・オプションである。

---

(49)　池田ほか・新しい公開買付制度185頁。岩谷賢伸「外国人株主によるわが国企業への議決権行使」資本市場クォータリー2003年春号によると，常任代理人は通常は議決権行使の委任を受けているが，議決権行使の指図をするのは実質株主本人であるか，運用を委託された運用機関のファンドマネージャーや議決権行使の専門部署であり，常任代理人が議決権行使の判断を下すことはないとされている。ただし，常任代理人契約により，株式売買に関する法的手続の一切を委任されているような場合は，顧客との関係で，顧客のために大量保有報告を行う契約上の義務が生じる可能性はある。５％ルールの実務102頁参照。

(50)　したがって，新株予約権の行使期間が経過したことにより株券等保有割合が１％以上減少した場合には，変更報告書の提出を要する（大量保有Q&A問30，三井ほか・詳説Q&A200頁）。

実務のポイント・4―5

◆ライツ・オファリングと大量保有報告規制・公開買付規制

新株予約権無償割当てによるライツ・オファリングにおける各段階における，大量保有報告規制・公開買付規制の適用関係は以下のとおりである。ノンコミットメント型，コミットメント型それぞれに応じて，規制の対象となりうる時点を理解し，その場合の株券等保有割合・株券等所有割合の数値を把握するように努めることが必要である。なお，ライツ・オファリング一般については**実務のポイント・2―7**参照。

１．新株予約権の割当て時

新株予約権無償割当ては，各株主の所有株式数に応じて新株予約権を割り当てることとなる。しかし，会社が自己株式を保有する場合，会社自身に新株予約権は割り当てられない（会社法278条２項）。

大量保有報告に関し，株券等保有割合の計算は自己および共同保有者が保有する新株予約権のみを分母に算入するため（27条の23第４項），ノンコミットメント型ライツ・オファリングの場合は，割当て時に株券等保有割合が増加する。株券等保有割合が増加するタイミングは，新株予約権無償割当ての効力発生日とされている（大量保有Q&A問28，平成24年２月パブコメ16頁No.46）。他方で，コミットメント型ライツ・オファリングの場合（行使期間が２カ月以内のものに限る）は，割当て時には株券等保有割合は増加しない手当てがなされている（大量保有開示府令５条１項１号ただし書）。

公開買付規制との関係では，ノンコミットメント型ライツ・オファリングの場合は，割当てにより株券等所有割合が増加し，かつ，株券等の新規発行取得に該当しうるため（株主の意思によらない割当てであり，新規取得に該当しないとの考えもありうる），大株主については急速な買付けに該当しないよう注意する必要がある（平成24年２月パブコメ14頁No.39）。また，コミットメント型ライツ・オファリングの場合（行使期間が２カ月以内のものに限る）は，割当て時には株券等所有割合は増加しない手当てがなされている（他社株買付府令８条３項１号ただし書）。

２．新株予約権の取得，買増し時

大量保有報告に関し，新株予約権無償割当てを受けなかった株主が新株予約権を取得した場合，または新株予約権無償割当てを受けた株主が新株予約権を買い増した場合，株券等保有割合は増加する。これは，コミットメント型ライツ・オファリングの場合においても同様であり，大量保有開示府令５条１項１号ただし書による例外の適用はなく，一般の新株予約権と同様である（平成24年２月パブコメ15頁No.42・16頁No.44）。コミットメント型ライツ・オファリングの場合で，引受証券会社が未行使の新株予約権を発行会社から取得し行使する場合は，取得日から５営業日の間は株券等保有割合は増加しないが（大量保有開示府令４条２号），５営業日を経過した時点で株券等保有割合は増加する。

公開買付規制との関係では，取引所における新株予約権の取得，買増しには，原則，公開買付規制の適用はない（もっとも，急速な買付けに該当しないよう留意は必要）。なお，コミットメント型ライツ・オファリングの場合で，引受証券会社が未行使の新株予約権を発行会社から取得し行使する場合は，取得日から60日間は株券等所有割合は増加しないが（他社株買付府令７条１項２号），60日を経過した時点で引受契約による「買付け等」がなされたものとされるため，この時点で公開買付規制違反とならないように留意が必要である（平成24年２月パブコメ23頁No.58）。また，引受証券会社は，当該60日の間に基準日が設定された株主総会において，新株予約権を行使して取得した株式の議決権は行使しないこととされている（日本証券業協会「有価証券の引受け等に関する規則」31条）。

３．新株予約権の行使時

新株予約権を行使した場合，行使日に新株予約権者は株主となる（会社法282条１項）。この場合，一般的には，新株予約権の取得時に株券等保有割合は増加しているので，行使日において株券等保有割合は変動しないが，保有する株券等の内訳の変更がある（大量保有Q&A問29）。なお，発行済株式総数は，原則として，報告義務が発生した日の発行済株式総数を用いるが，それがわからない場合は，直近の有価証券報告書・四半期報告書・半期報告書もしくは商業登記簿に記載されたもの（大量保有開示府令第１号様式記載上の注意(12) e），または発行者が適時開示（プレス・リリース）したものを用いる（平成24年２月パブコメ16頁No.45・20頁No.49）。ライツ・オファリングにおける実務では，発行者が，新株予約権の行使期間終了後の最終結果のみならず，行使期間中の行使状況（途中経過）も公表している場合がある。

以上に対し，コミットメント型ライツ・オファリングの場合，割当て時には株券等保有割合が増加しないものとされている関係で，新株予約権の行使時に保有する株券が増加し，初めて株券等保有割合が増加することとなる（平成24年２月パブコメ14頁No.40・17頁No.47）。この場合，過大な数値が算出されるおそれがあることについては，上記■**２(2)**参照。

公開買付規制との関係では，新株予約権の行使により，①自己株式が交付される場合は株券等の「買付け等」に該当し，②新株が発行される場合は株券等の新規発行取得に該当する（平成24年２月パブコメ13頁No.37）。①について，ノンコミットメント型ライツ・オファリングの場合は，一般の新株予約権の場合と同様に公開買付規制の適用除外とされるが，コミットメント型ライツ・オファリングの場合は，割当て時には株券等所有割合は増加しない手当てがなされているものの（他社株買付府令８条３項１号ただし書），行使による自己株式の交付については，公開買付規制の適用を受ける（27条の２第１項ただし書，他社株買付府令２条の２の２）。この場合，他の新株予約権者が保有する新株予約権は株券等所有割合の分母に含まれないために株券等所有割合が増加するので，大株主による行使の結果，公開買付規制違反となることがないよう留意が必要である。第３編第２章第４節■**１**参照。

４．行使期間中の他人が新株予約権を行使した場合

大量保有報告に関し，新株予約権の行使期間中に他の新株予約権者が新株予約権を行使し，その結果，発行済株式総数が増加した場合，株券等保有割合は減少する。しかし，株券等保有割合が減少する場合であっても，保有株券等の総数の増加または減少を伴わない場合は，変更報告書の提出義務は生じない（27条の25第１項）。

５．新株予約権の譲渡，行使期間の経過による新株予約権の消滅

新株予約権を譲渡した場合，または新株予約権の行使期間の経過により新株予約権が

消滅した場合，株券等保有割合が減少する。コミットメント型ライツ・オファリングの場合で，割り当てられた未行使の新株予約権を譲渡する場合（発行会社が取得する場合を含む），上記１．のとおり，割当て時に株券等保有割合に増加はないので，譲渡時においても変動はない（発行済株式総数に変動がない場合）。

❖第４節❖　除外規定

株券等保有割合が５％を超える場合でも，①保有株券等の総数に増加がない場合（たとえば，発行会社による自己株式の取得および消却による発行済株式総数の減少によって株券等保有割合が増加した場合），または②新株予約権・新投資口予約権の目的である株式・投資口の発行価格の調整のみによって保有株券等の総数が増加する場合（たとえば，発行価格が下方調整されたことにより，株券等保有割合が増加した場合）には，大量保有報告書を提出する必要はない（27条の23第１項ただし書，大量保有開示府令３条）。これらは保有者の積極的な行為によるものではないからである。

❖第５節❖　提出期限・提出先・添付書面

１　提出期限

株券等保有割合が５％を超えた場合には，後述する特例報告が認められる場合でない限り，その日（報告義務発生日）から５営業日以内に，大量保有報告書を提出しなければならない（27条の23第１項）。ただし，報告義務発生日は含まない（民法140条）。ここにいう営業日とは，日曜日および行政機関の休日（日曜日，土曜日，国民の祝日および12月29日から翌年の１月３日までの日）以外の日である（27条の23第１項，金商法施行令14条の５，行政機関の休日に関する法律１条１項）。したがって，月曜日に報告義務が発生した場合，通常，翌週の月曜日が提出期限となる。

なお，投資一任契約などに基づいて議決権行使権限・指図権限を留保している者は，同契約に基づく保有者が作成・交付義務を負う毎月1回以上の株券等の保有状況について説明した通知書（27条の24，大量保有開示府令7条）を受け取った日を報告義務発生日として，同日（同日を含まない）から5営業日以内に大量保有報告書を提出しなければならないものと解されている(51)。上記通知書の作成・交付義務については，第2節■1(4)参照。

2　提出先

提出先は，(1)提出者が居住者である場合，法人については本店またはその主たる事務所の所在地，個人については住所または居所を管轄する財務（支）局長または沖縄総合事務局長，(2)提出者が非居住者である場合，関東財務局長である（27条の23第1項，大量保有開示府令19条1項，権限委任につき194条の7第1項・6項，金商法施行令41条1項1号，内閣府設置法44条1項1号ロ・45条1項）。平成19年4月より，EDINET（開示用電子情報処理組織）による提出（電子開示手続）が義務化されており，紙面で提出しても受理されない取扱いとなっている（27条の30の2・27条の30の3第1項・4項，関東財務局「大量保有報告書等のEDINETによる提出について」http://kantou.mof.go.jp/disclo/tairyou/edinet.htm）。これに関し，報告義務者はあらかじめ上記管轄の財務（支）局長または沖縄総合事務局長に電子開示システム届出書を添付書類と併せて提出する必要がある（金商法施行令14条の10第2項，開示用情報処理組織特例府令2条1項・第1号様式）。この手続に一定期間を要する場合があるため，5％超の取得が予定されている場合は事前の準備が必要であり，特に，個人，中小企業や外国法人（定款および登記事項証明書の和訳の添付を要する。開示用情報処理組織特例府令2条8項）は注意を要する。以上の手続は，過去すでに電子開示手続について届出を行ったときは不要である。ただし，継続開示会社および特例対象株券等の保有者を除き，3年ごとに定款および登記事項証明書の提出が必要である（同条6項・7項）。かかる手続を怠った場合，その後大量保有報告書などをEDINETで提出するには，再度電子開示システム届出書の提出などが必要となる(52)。以上

(51)　池田ほか・新しい公開買付制度189頁

に加え，報告義務者は①当該株券等の発行者，および②金融商品取引所（上場株券等の場合）または認可金融商品取引業協会（店頭売買有価証券の場合）に対しても大量保有報告書の写しを送付しなければならない（27条の27，金商法施行令14の9）。ただし，②の金融商品取引所または認可金融商品取引業協会への送付については，EDINETへの記録をもって代替されるので，さらに送付する必要はない（27条の30の6第1項・2項）。また，①の発行者への送付についても，平成26年改正により，EDINETへの記録をもって代替することが認められることとなった。前述のとおり，大量保有報告書（第3章の変更報告書も同じ）はEDINETによる提出が義務化されているので（27条の30の2・27条の30の3第1項・4項），発行者への送付はなされないこととなる（27条の30の6第3項）。このため，株券等の発行者は，定期的にEDINETを閲覧し，自社の株主の状況を自ら把握しなければならない。

以上については，第2編第4章第1節・第2節参照。

3　添付書面

大量保有報告書（変更報告書も同様である。以下同じ）の提出に際し，当該大量保有報告書を提出することとなった株券等の売買その他の取引の媒介，取次ぎまたは代理を行う者（金融商品取引業者等）の名称，所在地および連絡先を記載した書面の添付が義務付けられている（大量保有開示府令2条2項・8条2項）。これは，平成20年1月25日，テラメントによってトヨタ自動車などに関する虚偽の大量保有報告書が提出された事件を受け，虚偽記載のおそれがある大量保有報告書について，事実関係を迅速に確認するためには取扱金融商品取引業者等に照会することが有効であるとの考えにより設けられたものである(53)。ただし，金融商品取引業者または登録金融機関（2条11項，33条の2，34条参照）については，日常的に多くの取引を行っていること，金融庁の監督対象であることなどから，これらの者自身が大量保有報告書を提出する場合は，かかる書面の添付は不要である(54)。また，特例報告に係る大量保有報告書（大

(52)　平成20年12月パブコメ22頁No.3
(53)　平成20年12月パブコメ19頁No.3参照

量保有開示府令第３号様式による）については，かかる書面の添付は不要である（大量保有開示府令15条参照)。なお，書面の様式は定められていない。

記載の対象となる金融商品取引業者等は，当該大量保有報告書の提出を要することとなった最終的な売買その他の取引の媒介等を行った金融商品取引業者等（実際に注文を発注した営業所）である[55]。過去に行った取引において利用したすべての金融商品取引業者等について記載することは必要ではない。海外投資家が，外国の証券会社を通じて株券等を購入した場合には，当該外国の証券会社について記載する。

当該書面は大量保有報告書に添付して財務局長などのみに提出するものであり，当該書面の写しを当該株券等の発行者などに提出する必要はない。また，当該書面は公衆の縦覧に供しない[56]。

大量保有報告書を代理人により提出する場合には，委任状の「写し」の添付が必要である（大量保有開示府令第１号様式記載上の注意(3)ａ)。委任状には，「私は，下記の者を代理人と定め，金融商品取引法第二章の三『株券等の大量保有の状況に関する開示』に定める各種報告書の作成及び提出並びに当該報告書の写しの送付に関する一切の権限を委任する」などと記載する。委任関係に変更がなければ，銘柄ごとに新規に委任状を作成する必要はない[57]。また，変更報告書の提出の際には，前回の報告書に添付された委任状の内容に変更がなければ当該委任状の写しを添付すれば足りる[58]。

大量保有報告書（変更報告書も同様）の提出者が個人である場合，住所は，住所全部を記載した書面を添付（公衆縦覧に供されない）することにより，市区町村名までの記載とすることができる。また，生年月日を記載した書面を添付（公衆縦覧に供されない）することにより，生年月日の記載を省略することができる（大量保有府令第１号様式・記載上の注意(3)ｄ，(9)ｃ，ｄ，ｆ)。共同保有者についても同様である（田中智之ほか「金融商品取引法施行令等改正についての解説――平成26年金商法等改正（１年以内施行部分）関連――」旬刊商事法務

(54)　平成20年12月パブコメ19頁No.３参照
(55)　平成20年12月パブコメ21頁No.７・No.11参照
(56)　平成20年12月パブコメ21頁No.９参照
(57)　大来・前掲注(10)16頁
(58)　関東財務局・大量保有よくあるご質問Q19

2071号14頁注16（2015)）。

第3章
変更報告書の提出義務

本章のサマリー

◇本章では，変更報告書について説明する（27条の25)。大量保有者による株券等の保有状況の変動は，会社の支配権および需給動向に影響を及ぼすので，変更報告書による開示が要求される。株券等保有割合の１％以上の増減が対象となる。

❖第１節❖　株券等保有割合の増減

株券等保有割合が１％「以上」増加または減少した場合，変更報告書の提出が必要である（27条の25第１項)。例外として，⑴保有株券等の総数の増加または減少を伴わない場合[59]，⑵株券等保有割合が５％以下である旨の変更報告書をすでに提出している場合（大量保有開示府令９条１号。平成25年金商法改正により，１％未満の減少による変更報告書もこれに含まれる（ただし，任意提出の場合は含まれない）こととなった（前掲注⑶参照)），⑶新株予約権・新投資口予約権の目的である株式投資口の発行価格の調整のみによって保有株券等の総数が増加または減少する場合（大量保有開示府令９条２号）は不要である。新株予約権無償割当ては変更報告書の対象となりうる（大量保有Q&A問28，三井ほか・詳説Q&A197頁)。なお，大量保有報告書を提出していた者が，いったん，株券等

⒆ ただし，増資または自己株式の消却等により，保有株券等の総数の増減がないまま，株券等保有割合が１％以上増減した場合，その後，株券等の売買等を行った場合には，増資または自己株式の消却等の前の株券等保有割合（直前の大量保有報告書等に記載された株券等保有割合）を基準として１％以上の増減の有無を判断する必要がある（大量保有Q&A問26，三井ほか・詳説Q&A193頁)。

保有割合が５％以下である変更報告書を提出した後，再び５％超となった場合には，変更報告書ではなく，再度，大量保有報告書を提出する必要がある（大量保有Q&A問２，三井ほか・詳説Q&A145頁）。

❖第２節❖　重要な事項の変更

大量保有報告書・変更報告書（それぞれの訂正報告書を含む）に記載すべき重要な事項に変更が生じた場合，変更報告書の提出を要する（27条の25第１項，金商法施行令14条の７の２第１項）。大量保有報告書・変更報告書（それぞれの訂正報告書を含む）の記載事項に関しては，第４章参照。ただし，変更報告書の提出が必要となるのは重要な事項の変更があった場合に限られ，下記の事由については，変更が生じても変更報告書の提出を要しない。これを反対解釈すれば，下記の各事由について，数値が下記の基準値以上である場合には，変更報告書の提出が必要になる。なお，以下に記載する「発行済株式総数『等』」については第２章第３節■**３**参照。

⑴　共同保有者の追加・削除もしくは氏名・名称・住所・所在地の変更（当該保有者の単体株券等保有割合が１％未満の場合に限る），または共同保有者の単体株券等保有割合の１％未満の増加もしくは減少（金商法施行令14条の７の２第１項１号～４号・２項）[60]

⑵　株券等に関する重要な契約の締結またはそれらの内容の変更（契約の対象となる株券等の数が発行済株式総数「等」の１％未満の場合に限る。金商法施行令14条の７の２第１項５号，大量保有開示府令９条の２第１項）

重要な契約については，第４章第１節参照。

⑶　保有する株券等の内訳の変更（対象となる株券等の数が発行済株式総数「等」の１％未満の場合に限る。金商法施行令14条の７の２第１項６号，大量保有開示府令９条の２第２項１号[61]）

---

(60)　「単体株券等保有割合」とは，単独での株券等保有割合であり，個々の保有者の保有株券等の数を，発行済株式総数「等」（当該保有者自身および共同保有者の潜在株式を含む）で除した数である。なお，大量保有Q&A問27，三井ほか・詳説Q&A195頁参照。

⑷　記載事項のうち軽微な変更（金商法施行令14条の７の２第１項６号，大量保有開示府令９条の２第２項２号）[62]

❖第３節❖　提出期限・提出先・添付書面

提出期限は，変更があった日（当日を含まない）から５営業日以内である（27条の25第１項，民法140条）。提出先は大量保有報告書と同様である（第２章第５節■**2**参照）。短期間に売買を繰り返したために株券等保有割合が毎日１％ずつ増減した場合，一つにまとめて変更報告書を提出することはできず，報告義務発生日ごとに報告書を作成する必要がある。なお，平成26年改正の前は，報告書を提出する前日までに新たな報告義務が発生した場合には，これらの報告書を同時に提出する必要があった（同改正前27条の25第３項）。しかし，大量保有報告には共同保有者の分も含まれるので，同時提出義務により提出事由の発生から提出期限までの期間が５営業日未満となると，実務上の対応が事実上不可能なケースが生じる。このため，同時提出義務は廃止され（同改正前27条の25第３項の削除），変更報告書の内容が提出事由発生時点の情報に基づくものであることが明確化された（齋藤ほか・逐条解説2014年金商法改正80頁）。

変更報告書を提出することとなった株券等の売買その他の取引の媒介，取次ぎまたは代理を行う者（金融商品取引業者等）の名称，所在地および連絡先を記載した書面の添付が必要である（大量保有開示府令２条２項・８条２項）。ただし，金融商品取引業者または登録金融機関自身が大量保有報告書を提出する場合，および特例報告に係る変更報告書を提出する場合，かかる書面の添付は不要である。また，かかる添付書面が，当該変更報告書に係る大量保有報告書に添付された書面，または当該変更報告書の直前に提出された変更報告書（当該大量保有報告書に係るものに限る）に添付された添付書面と同一の内容である場

---

(61)　新株予約権を行使した場合，株券等保有割合に増減はないが，保有する株券等の内訳に変更があるため，それが発行済株式総数等の１％以上の変更である場合には，変更報告書を提出する必要がある（大量保有Q&A問29，三井ほか・詳説Q&A199頁）。

(62)　たとえば，発行会社の商号の変更は軽微な変更であるため，提出事由に該当しない（大量保有Q&A問25，三井ほか・詳説Q&A191頁）。

合には，提出は不要である（大量保有開示府令8条2項ただし書）。

また，委任状については，変更報告書の提出の際には，前回の大量保有報告書または変更報告書に添付された委任状の内容に変更がなければ当該委任状の写しを添付すれば足りる[63]。

以上の添付書面については，第2章第5節■**3**参照。

---

(63)　関東財務局・大量保有よくあるご質問Q19

第４章 大量保有報告書・変更報告書における開示内容

本章のサマリー

◇本章では，一般報告による大量保有報告書・変更報告書の記載事項を説明する（大量保有開示府令２条１項・８条１項・第１号様式）。

❖第１節❖　開示内容

一般報告には，⑴提出者および保有株券等に関する事項として，①提出者の概要，②保有目的（「純投資」「政策投資」「重要提案行為等を行うこと」など），③重要提案行為等（特例報告を利用することができる機関投資家が，重要提案行為等を行う目的があるために第１号様式を使用する場合には重要提案行為等を行う予定である旨），④保有株券等の内訳およびその合計，ならびに株券等保有割合，⑤最近60日間の取得または処分の状況（市場内外取引の別，市場外の取引分については単価），⑥保有株券等に関する重要な契約，⑦保有株券等の取得資金の記載が必要である（大量保有開示府令第１号様式）。なお，一般の投資家が重要提案行為等を行う場合には，上記②「保有目的」欄にその旨記載し，上記③「重要提案行為等」欄には該当なしと記載する。また，⑥の重要な契約としては，同様式の記載上の注意(14)に例示されている保有株券等に関する貸借契約，担保契約，売戻し契約，売り予約のほか，株主間契約も内容によって記載が必要になる場合がある（**実務のポイント・4−6**参照）。契約については，その契約の種類，契約の相手方，契約の対象となっている株券等の数量などの内容を記載する（大量保有開示府令第１号様式記載上の注意(14)）。株券等を組合または社団などの業務執行組合員などとして保有している場合や共有している場合には，その旨を記載する（同)。公開買付けに際しての応募契約を記載する例も多数ある。M&Aの場合にこれらの合意をすることがあるので注意を要する。⑦の取得資金は，株券等の取得目的および実質的な取得者等を客観的に判断するために重要な情報であることから記載が求められている(64)(65)(66)。上記①の提出者の概要に関し，個人の住所は，住所全部を記載した書面を添付（公衆縦覧に供されない）することにより，市区町村名までの記載とすることができる（大量保有府令第1号様式・記載上の注意(3) d)。

また，⑵発行者に関する記載事項として，発行者の名称，証券コード，上場・店頭の別，上場金融商品取引所を記載する。

⑶共同保有者がいる場合には，共同保有者に関する事項として，共同保有者の概要，共同保有者の保有株券等の内訳およびその合計，ならびに株券等保有割合を記載する。

さらに，⑷提出者および共同保有者に関し，提出者および共同保有者に関する総括表として，提出者および共同保有者について，それぞれ，また合計での，保有株券等の数および株券等保有割合を記載する。

特例報告においては，一般報告に比べて開示事項も軽減されている（第5章第6節参照)。

実務のポイント・4－6

◆大量保有報告書における「重要な契約」の記載

大量保有報告書には，「保有株券等に関する貸借契約，担保契約，売戻し契約，売り予約その他の重要な契約又は取決め」について記載しなければならない（大量保有開示府令第1号様式記載上の注意(14)）。典型的には，保有株式を借入金の担保として差し

---

(64)　証券取引法研究会「証券取引法の改正について⒆株式等の大量保有状況に関する情報の開示制度について⑴」インベストメント1991年2月号65頁以下〔神崎克郎発言〕(1991)

(65)　合併等の組織再編によって株券等を取得した場合には，「平成○年○月○日に発行者と○○株式会社の合併により取得した。」などと記載する（大量保有Q&A問4，三井ほか・詳説Q&A149頁)。

(66)　借入金を取得資金として株券等を取得した場合，後日，①当該借入金を返済した場合でも取得した際の資金の性質が変わるものではないので，変更報告書は不要である（変更報告書を提出することはできない）が，②取得した株券等を処分したことにより変更報告書を提出する場合には，処分した株券等に関する取得資金等は差し引いて記載する必要がある（大量保有Q&A問5，三井ほか・詳説Q&A150頁)。

入れている場合の質権または譲渡担保権設定契約である。保有株式を，信用取引保証金の代用有価証券として，証券会社に差し入れている場合も同様である（大量保有Q&A問10，三井ほか・詳説Q&A160頁，５％ルールの実務112頁参照）。

大株主の間の株主間契約において，譲渡について合意する場合（コール・オプション，先買権（First Refusal Right），共同売却権（Tag Along Right）など），内容次第では，重要な契約として記載が必要となるときもあると考えられる（町田ほか・大量保有実務76頁）。株券等の発行者との間の譲渡禁止の合意については，重要な契約として記載する必要がある（大量保有Q&A問３，三井ほか・詳説Q&A148頁）。

組合または社団などの場合，業務執行組合員などを保有者とする大量保有報告書の提出が必要となるが，その際，「重要な契約」において「A投資事業組合の業務執行組合員として保有」などと記載する（大量保有開示府令第１号様式記載上の注意(9) a）。特定金銭信託契約や投資一任契約は，保有株券に関する「重要な契約」には該当しないと解されている（５％ルールの実務115頁参照）。

近年，大株主が公開買付者との間で締結する公開買付けに応募する旨の契約（応募契約）についても「重要な契約」に該当すると解し，（すでに大量保有報告書を提出している場合に）同契約締結時点で変更報告書を提出するようになってきている。その場合，当該大株主（応募者）は，公開買付けが成立したときには，公開買付期間の末日（約定日）から決済まで５営業日以内の場合には，上記約定日を提出義務発生日として，売付けの約定に係る変更報告書を提出することになる（27条の23第４項・大量保有開示府令４条５号かっこ書参照）。決済の実行に伴ってあらためて変更報告書を提出する必要はない。これに対し，公開買付期間の末日（約定日）から決済まで５営業日を超える場合には，約定日に売付けの約定が成立したものとして重要な契約に関する変更報告書を提出し，さらに，決済日を義務発生日として決済した旨の変更報告書を提出することになる（大量保有Q&A問17，三井ほか・詳説Q&A178頁）。公開買付者と応募者それぞれの公開買付けにおける大量保有報告書の提出につき，長島大野常松・理論と実務144頁以下・289頁以下，町田・詳解大量保有239頁以下参照。

❖第２節❖　短期大量譲渡に関する開示

通常の変更報告書では，「譲渡の相手方」および「対価」に関する事項を記載する必要はない。しかし，短期間に大量の株券等を譲渡した場合には，需給状況および会社支配権について重大な変化が生じる可能性があるため，「譲渡の相手方」および「対価」に関する事項の記載を要する（27条の25第２項，大量保有開示府令10条・第２号様式）[(67)]。このような義務を生ずる短期大量譲渡とは，具体的には，株券等の譲渡により，(1)譲渡日の前60日（暦日）間における最高の株券等保有割合の２分の１未満となり，かつ，⑵当該最高の株券等保有割合から５％を超えて減少した場合である（金商法施行令14条の８第１項）。基準となる「最高の株券等保有割合」とは，（問題となる譲渡についての変更報告書に係る）大量保有報告書または変更報告書に記載されたまたは記載すべきであった株券等保有割合のうち，⑴譲渡日の直前60日間のいずれかの日を計算の基礎とするもの，および⑵譲渡日の61日前の日（同日を含む）以前の日を計算の基礎とするもののうち直近のものの中で，もっとも高いものをいう。つまり，譲渡日の直前60日間に増加することがなければ，61日前の日時点の直近の大量保有報告書・変更報告書に記載されたまたは記載すべきであった株券等保有割合が基準となり，上記60日間に増加があれば，増加したもっとも高い株券等保有割合が基準となる[(68)]。ただし，株券等保有割合が５％以下である変更報告書をいったん提出した場合には，それ以前の株券等保有割合は基準とせず，その後の大量保有報告書または変更報告書でもっとも高い株券等保有割合が基準となる。また，５％以下の変更報告書の提出後にさらに短期大量譲渡に該当する減少がある場合，変更報告書を提出する必要はないので短期大量譲渡の開示も不要である（27条の25第１項ただし書，大量保有開示府令９条１号）[(69)]。なお，短期大量譲渡に関する開示は，後述のとおり（第５章第６節参照），一般報告に限られ，特例報告の場合は要求されていない。短期大量譲渡の開示は，大量株券等の肩代わりなどを開示することになり，グリーンメーラー行為を抑制する効果がある[(70)]。

平成26年改正により，短期大量譲渡報告が必要になるのは，上記の２分の

⑹⑺　短期大量譲渡の要件に該当する場合であっても，市場での売買またはPTS（私設取引システム。２条８項10号）における取引によって譲渡したことにより相手方を知ることができないときは，その旨を記載すれば足り，具体的な相手方の記載は不要である（大量保有府令第２号様式記載上の注意ｆ）。しかし，市場での売買によって譲渡した場合であっても，クロス等により相手方を知ることができるときは，譲渡の相手方を記載する必要がある（大量保有Q&A問33，三井ほか・詳説Q&A206頁）。

⑹⑻　ただし，１％未満の増加であった場合には，変更報告書に記載されたまたは記載すべきであった株券等保有割合ではないから，当該増加後の株券等保有割合は「最高の株券等保有割合」には該当せず，短期大量譲渡の比較の対象（基準）としない。

⑹⑼　大量保有Q&A問32，三井ほか・詳説Q&A204頁以下，証券取引法研究会「証券取引法の改正について㉙５パーセントルールの政省令について⑶」インベストメント1992年12月号34頁〔河本一郎発言〕（1992）参照

⑺⑽　神崎ほか・金商法529頁

１・５％基準に該当する減少が株券等の「譲渡」により生じた場合に限定された（金商法施行令14条の８第１項ただし書）。大量株券等の肩代わりが問題となるのは「譲渡」の場合に限られるからである。したがって，発行者による第三者割当増資により株券等保有割合が減少しても，その分は考慮することを要しない（「譲渡」の意義について，平成27年５月パブコメ１頁No.２参照）。

また，コミットメント型ライツ・オファリングにおいて，引受証券会社（２条６項３号参照）は引き受けた未行使新株予約権をすみやかに行使して株式を売却することが想定されるため，短期大量譲渡に該当する場合がありうるが，この場合に詳細な開示が要求されると株式の売却に支障が生じうる。そこで，株券等保有割合における分母（発行済株式等総数＋提出者の保有潜在株式数）に対する割合が１％未満である譲渡については，かかる譲渡のすべてを一の譲渡とみなして記載すれば足り，譲渡の相手方・数量・単価等について個別に記載することを要しない（大量保有開示府令第２号様式・記載上の注意ｈ）。

平成26年改正により，短期大量譲渡に関し，譲渡を受けた株券等が「僅少」（株券等保有割合１％ポイント未満）である者（譲渡の相手方，すなわち譲受人）について開示事項が軽減された。すなわち，「僅少」である者（譲渡の相手方）に関しては，対価に関し，譲渡の相手方ごとの区分記載を要せず，通常の変更報告書と同様に，日付ごとに合計数量と平均単価をまとめて記載すれば足り，譲渡の「相手方に関する事項」の記載は不要とされた（27条の25第２項，金商法施行令14条の８第２項，大量保有開示府令第２号様式・記載上の注意ｃ・ｆ・ｇ）。譲渡を受けた株券等が「僅少」である者に関して譲渡先の情報（氏名または名称）についてまで詳細な開示を求める有用性が乏しいからである（齋藤ほか・逐条解説2014年金商法改正78頁）。「僅少」とは，下記の計算式による数値が１％未満である場合である（分母については，株券等保有割合の計算と同じである。27条の23第４項。第２章第３節参照）。この分子の計算に際しては，ネット・ベースではなく，グロス・ベース（当該保有者が，株券等を譲渡した相手方から取得した株券等があったとしても，それを控除しない）で算出する。計算方法に関し，パブコメにおいて詳細な回答がなされている（平成27年５月パブコメ１頁No.５～３頁No.11）。

$$\frac{\text{変更報告書提出者（譲渡者）から譲渡を受けた株券等の数} + \text{その共同保有者から譲渡を受けた株券等の数}}{\text{発行済株式総数} + \text{潜在株式数（自己分＋共同保有者分）}} \times 100$$

第5章 特例報告

本章のサマリー

◇本章では，一定の機関投資家などに認められる特例報告制度（27条の26）について説明する。

◇特例報告においては機関投資家の取引の反復継続性にかんがみて開示の頻度・期限・開示事項が緩和されており，一般報告と異なる様式（大量保有開示府令第3号様式）が用いられる。平成18年12月施行の証取法改正により，報告期限・頻度が従来の3カ月ごと15日以内から約2週間ごと5営業日以内に短縮されるとともに，特例報告が認められない場合が「重要提案行為等」を行うことを目的とする場合として明確化された。

❖第1節❖　概　　要

機関投資家は日常的・反復継続的に株券等の売買を行うので，情報開示のための事務負担が大きいことから，報告の提出頻度・期限が緩和された特例報告制度を利用することができる[71]。機関投資家の場合，企業の経営権取得や株式の肩代わりを目的としない場合が多いと考えられることも理由である[72]。特例報告においては，開示事項も，⑴株券等に関する最近60日間の取得または処分の状況，および⑵保有株券等の取得資金の記載を要しない点（大量保有開示府令15条・第3号様式）などにおいて，一般報告に比べて軽減される[73]。

---

(71)　池田ほか・新しい公開買付制度206頁

(72)　5％ルールの実務50頁

❖第２節❖　特例報告を利用できる者（特例対象株券等）

特例報告制度の対象となる株券等は，以下の者が保有する株券等である（27条の26第１項，大量保有開示府令11条)。すなわち，⑴有価証券関連業を行う第一種金融商品取引業者（いわゆる証券会社。28条１項・８項・29条の４の２第10項参照)，⑵一定の投資運用業者（28条４項，２条８項12号・14号参照)，⑶銀行，⑷免許を受けた信託会社，⑸保険会社，⑹農林中央金庫，⑺商工組合中央金庫，⑻外国の法令に準拠して外国において，有価証券関連業に該当する第一種金融商品取引業，一定の投資運用業，銀行業，信託業または保険事業を営む者（⑴～⑺以外の者に限る)，ならびに⑼銀行等保有株式取得機構，日本銀行および預金保険機構が特例報告制度の主体となる。以上の機関投資家に加え，⑽⑴～⑼の者を共同保有者とする⑴～⑼以外の者も含まれる。ただし，①⑴～⑼の者が重要提案行為等（第５節参照）を行うことを保有目的とする場合（27条の26第１項)，および②⑴～⑼の者に（⑴～⑼の者の共同保有者分を除いた）株券等保有割合が１％超の⑴～⑼以外の共同保有者がいる場合（大量保有開示府令13条１号）は，特例報告は利用できない。企業グループにおいては，共同保有者が１％超の保有をしていないか，留意が必要である。

以上のほか，⑾国，地方公共団体，⑿「国，地方公共団体」を共同保有者とする「国，地方公共団体」以外の者も特例報告の対象となる（27条の26第１項，大量保有開示府令14条)。

手続的要件として，以上の特例報告制度の対象となる者が，「基準日の届出書」または「基準日等の変更の届出書」により基準日（第４節参照）の届出を行う必要がある（27条の26第１項・３項，大量保有開示府令18条・第４号様式)。機関投資家が基準日の届出を行う場合，上記⑴～⑼以外の共同保有者も基準日の届出を行うことができる（行わないと，当該共同保有者は一般報告が必要となる)。届出先は，大量保有報告書の提出先と同じである（第２章第５節■２参照)。

---

(73)　ただし，大量保有報告等の提出義務が生じた後に，新たに特例報告に係る基準日の届出を行った場合，すでに提出義務が生じている大量保有報告等は一般報告として提出する必要がある（大量保有Q&A問34，三井ほか・詳説Q&A207頁)。

❖第３節❖　特例報告の対象となる株券等保有割合

特例報告を利用できるのは，株券等保有割合が，原則として５％超10％以下の場合に限られる（27条の26第１項，大量保有開示府令12条)。基準日において新たに５％超保有することとなった場合に大量保有報告書の提出義務が生じ，その後，基準日における１％以上の増減および重要な記載事項の変更により特例報告の変更報告書の提出義務が生じる（27条の26第１項・２項１号・２号・４号，金商法施行令14条の７の２，大量保有開示府令17条１号・２号，９条の２)。これに対し，⑴株券等保有割合が10％超となった場合には特例報告は利用できず（27条の26第１項かっこ書，大量保有開示府令12条。ただし，１％以上の増加や重要な記載事項の変更がなければ，変更報告書の提出義務自体が発生しない)，また，⑵株券等保有割合が10％超から10％未満となった場合（１％以上の減少に限る）にも，特例報告は利用できず（27条の26第１項かっこ書・２項３号[(74)]，大量保有開示府令12条・13条２号)，いずれもかかる変更報告書の提出事由が生じた日（同日を含まない）から５営業日以内の「一般報告」による変更報告書の提出を要する（大量保有開示府令８条１項・第１号様式)[(75)]。これらの場合は株券等の需給情報および経営情報として重要であり，他の株主・投資者への影響が大きいからである[(76)]。

---

(74)　27条の26第２項３号は「内閣府令で定める数［10％］を下回」る場合と規定するが，同条１項・大量保有開示府令12条と整合的に解釈すると，10％「以下」となる場合と規定するのが合理的であるように思われるが，条文の文言上は整合的でない取扱いになっている。池田ほか・新しい公開買付制度207頁は，10％超から10％「以下」となった場合の変更報告書については特例報告によることはできず，一般報告によらなければならないと解している。

(75)　株券等保有割合が10％超から10％以下となった場合でも，１％未満の減少であるときは，「特例対象株券等」から除外されており（27条の26第１項かっこ書，大量保有開示府令13条２号)，１％未満の減少であるから一般報告の変更報告書の提出義務もない（27条の25第１項本文)。ただし，その後の（保有株券等の数以外の）記載事項の変更は一般報告による変更報告書による。また，株券等保有割合が10％超から10％ちょうどとなった場合，１％未満の減少であるときは，それ自体については，同様に特例報告・一般報告いずれの変更報告書の提出も要しないが（27条の26第１項かっこ書，大量保有開示府令13条２号)，１％以上の減少であるときは，「特例報告」による変更報告書を要すると規定されており，条文上は10％を下回る場合と整合的でない取扱いになっている（27条の26第２項４号，大量保有開示府令17条３号・15条)。以上につき，根本・前掲注⑽245頁以下，松尾・金商法316頁。

(76)　５％ルールの実務52頁

❖第4節❖　基 準 日

特例報告が利用できる場合，原則として基準日ごとに大量保有報告書または変更報告書の提出義務を判断し，当該基準日（同日を含まない）から５営業日が提出期限となる（27条の26第１項・２項）。基準日の選択肢は二通りあり，(1)第２・４月曜日（第５月曜日がある月は，第５月曜日も加える），または(2)各月の15日および末日（これらの日が土曜日もしくは日曜日に当たるときは前金曜日。当該金曜日が国民の祝日であっても，金曜日のまま[77]）である（27条の26第３項，金商法施行令14条の８の２第２項）。いずれかを選択のうえ「基準日の届出書」または「基準日等の変更の届出書」により届け出る（27条の26第１項・３項，大量保有開示府令18条・第４号様式）。

❖第5節❖　重要提案行為等

1　重要提案行為等の内容

平成18年12月施行の証取法改正前において，いわゆるアクティビスト・ファンドが特例報告を利用し，潜伏的に株券等を大量的に取得していたことが，制度趣旨を歪めるものとして問題視された（大量取得の開示が遅れることにより，市場株価の高騰を避けることができ，株券等の取得が容易になる）。同改正前も事業活動を支配することを目的とする場合は特例報告は利用できないものとされていたが，同改正により，特例報告が認められないのは，株券等の発行者の事業活動に重大な変更を加え，または重大な影響を及ぼす行為（重要提案行為等）を行うことを保有目的とする場合であるとして，範囲が明確化された（27条の26第１項）。大量保有報告制度の目的は，本来投資者に投資判断資料を提供することにあるが，特例報告の範囲の限定については，買収者の買占め状況を開示させることにより，買収を困難にさせるとともに，対象会社が防衛体制を整

(77)　平成18年12月パブコメ30頁No.92

えることを容易にさせる動機も含まれていることは否定できない(78)。

重要提案行為等は，発行者の事業活動に重大な変更を加え，または重大な影響を及ぼす行為として掲げられた発行者またはその子会社に関する以下の事項を発行者の株主総会・投資主総会または役員（業務執行社員，会社法の役員，これらに準ずる者，それらと同等以上の支配力を有するものと認められる者を含む）に対して提案する行為と定義されている（金商法施行令14条の８の２第１項，大量保有開示府令16条）。すなわち，(1)重要な財産の処分または譲受け，(2)多額の借財，(3)代表取締役の選定・解職，(4)役員の構成の重要な変更，(5)支配人その他の重要な使用人の選解任，(6)支店その他の重要な組織の設置，変更または廃止，(7)株式交換，株式移転，会社の分割または合併，(8)事業の全部または一部の譲渡，譲受け，休止または廃止，(9)配当に関する方針の重要な変更，(10)資本金の増加または減少に関する方針を含む資本政策に関する重要な変更，(11)有価証券（子会社株式を含む）の上場廃止，(12)有価証券（子会社株式を含む）の上場，(13)解散，(14)破産手続開始，再生手続開始または更生手続開始の申立てであり，いわゆるアクティビスト・ファンドの提案する事項の多くが含まれる。

個別具体的な行為が重要提案行為等に該当するか否かは，①提案の内容が上記(1)〜(14)のいずれかに該当しているか否か，②発行者の主体的な経営方針に対して他律的な影響力を行使する行為であるか否か，および③発行者の経営方針等を保有者の意図する方向に変更させることを企図しているか否かなどにより判断する(79)。要は，経営陣の採用する経営方針に対し，圧力をかけることによって重大な変更を加えさせようとする行為である。

実務のポイント・4−7

◆「重要提案行為」と「投資先企業との対話」の関係

東京証券取引所はコーポレートガバナンスのための主要原則を「コーポレートガバナンス・コード」として定めているが，2018年６月１日に，同コードが改訂されるとともに，その附属文書として金融庁から「投資家と企業の対話ガイドライン」が公表された。同ガイドラインは「機関投資家と企業の対話において，重点的に議論することが期待される事項を取りまとめたもの」とされている。

同ガイドラインにおいて，議論することが期待される事項として，「収益力・資本効

(78)　黒沼・金商法入門140頁

(79)　池田ほか・新しい公開買付制度210頁

率等に関する目標を設定し，資本コストを意識した経営が行われているか」（1-2），「新規事業への投資や既存事業からの撤退・売却を含む事業ポートフォリオの組替えなど，果断な経営判断が行われているか」（1-3），「CEOがその機能を十分発揮していないと認められる場合に，CEOを解任するための客観性・適時性・透明性ある手続が確立されているか」（3-4），「適切に具体的な報酬額を決定するための客観性・透明性ある手続が確立されているか」（3-5）など，投資家と企業との間で踏み込んだ議論がなされることが期待されている。そこで，投資家がそのような議論に参加した場合に「重要提案行為」に該当するかが問題となる。

この点に関し，金融庁の解釈によると，「重要提案行為」に該当するためには，①提案の客観的内容が金商法施行令14条の８の２第１項各号（前記■１参照）のいずれかに該当すること，②発行者の事業活動に重大な変更を加える，または重大な影響を及ぼすことを目的とすること，③「提案」に該当すること，の３要件を満たすことが必要である。したがって，「重要な」や「多額の」が同項各号で要件とされている事項について軽微なものを提案するにすぎない場合（上記①），純粋に発行者から意見を求められた場合や発行者が主体的に設定した株主との対話の場面（決算来社報告，IR説明会等）において株主が意見陳述を行うにすぎない場合（上記②），アナリストやファンドマネージャーが取材の一環として純粋に質問をするような場合や，投資先企業との間で認識の共有を図るにとどまる場合（上記③）には，「重要提案行為」には該当しない可能性が高い。また，「集団的エンゲージメント」（機関投資家が他の機関投資家と協働して対話を行うこと）については，「共同保有者」に該当するか否かが問題となるところ，投資家同士が話し合ったにとどまる場合は共同保有者に該当しないが，投資家が共同して議決権を行使することを合意した場合や共同して株主提案権を行使した場合には，共同保有者に該当するとされている。

以上について，金融庁2014年２月26日「日本版スチュワードシップ・コードの策定を踏まえた法的論点に係る考え方の整理」５頁・10頁，「スチュワードシップ・コード（改訂版）の確定について」（平成29年５月29日公表）中の「改訂案に対するご意見の概要及びそれに対する回答」（金融庁パブコメ）９頁No.20，「「投資家と企業の対話ガイドライン」の確定について」中の「対話ガイドライン案に対するご意見の概要及びそれに対する回答」（金融庁パブコメ）39頁No.155参照。

■2　重要提案行為等と大量保有報告書等の提出日

５％超保有する当初の段階から重要提案行為等を行うことを目的とする場合には，「一般報告」として株券等保有割合が５％を超えた日（同日を含まない）から５営業日以内に大量保有報告書を提出しなければならない（27条の23第１項）。特例報告による大量保有報告書等を提出していた者の保有目的が重要提案行為等を行うことに変更された場合，目的の変更が生じた日（同日を含まない）から５営業日以内に一般報告による変更報告書の提出を要する（27条の25第１項，金商法施行令14条の７の２第１項，大量保有開示府令９条の２第１項・２項）。

また，(1)機関投資家などが最初の特例報告の提出期限までに重要提案行為等を行おうとする場合，または(2)特例報告による大量保有報告書・変更報告書を提出した後に株券等保有割合が１％以上増加した日から特例報告の提出期限までに重要提案行為等を行おうとする場合，実際に重要提案行為等を行う５営業日前までに一般報告による大量保有報告書または変更報告書を提出しなければならない（27条の26第４項・５項，金商法施行令14条の８の２第３項，大量保有開示府令２条１項・８条１項・第１号様式）[80]。したがって，大量保有報告書を提出している特例報告者が，１％以上の買増しを行い，かつ，重要提案行為等を行うことを新たに保有の目的とすることとした場合，保有目的の変更と株券等保有割合の増加について変更報告書（１通にまとめることができる）の提出が必要であり，提出後，５営業日が経過するまで重要提案行為等を行うことができない。これらの場合以外は，実際に重要提案行為等を行う５営業日前までに大量保有報告書または変更報告書を提出することまでは必ずしも要求されていない[81]。すなわち，特例報告の届出者が株券の取得・増加後の特例とされている期間（仮に重要提案行為等を行わずに特例報告に基づいたとした場合における次回の報告書提出期限までの期間）に重要提案行為等を行う場合にのみ５営業日前の提出が要求されており，一般報告による重要提案行為等の予告はその限度で求められるにすぎない。

なお，上述のとおり，保有目的を重要提案行為等を行うことに変更した日から５営業日以内に一般報告による変更報告書の提出を行うことは必要である(27条の25第１項・27条の26第２項柱書かっこ書，大量保有開示府令８条１項・第１号様式)。ただし，この場合，保有目的の変更（重要提案行為等を行う目的への変更）について，変更が生じた日（同日を含まない）から５営業日以内に変更報告書を提出すれば足りると解されており，この解釈によれば，前回の大量保有報告書・変更報告書の提出後，当初の５％超の取得・１％以上の増加がない限

(80)　大量保有Q&A問31，三井ほか・詳説Q&A201頁

(81)　平成18年12月パブコメ34頁No.109参照

り，上記変更報告書の提出前（たとえば，保有目的を変更した日の翌営業日）に実際の重要提案行為等を行うことは許されるので，変更報告書が重要提案行為等の予告機能を果たすことはない[82]。この条文の趣旨は，重要提案行為等を行う者につき，その株券等保有割合を始めとする保有状況（当初の５％超の取得・１％以上の増加）を一般投資家に知らせるためであると解される[83]。したがって，すでに大量保有報告書（特例報告を含む）を提出している機関投資家などが，株券等保有割合に変動なく，突然，重要提案行為等を行ったとしても，すでに株券等保有割合が開示されている場合には，変更報告書を重要提案行為等に先行させることまでは求めていないのである（たとえば，開示済みの株券等保有割合に変動なく，保有目的を「重要提案行為等を行うこと」に変更し，その翌営業日に重要提案行為等を行い，その後，保有目的を変更した日から５営業日以内に変更提出書を提出することも適法である）。これに対し，特例報告のゆえに株券等保有割合またはその増加が開示されていない（いわば潜伏している）場合には，当初の５％超の取得・１％以上の増加について，重要提案行為等に先立ちその開示を求めているのである。

❖第６節❖　特例報告における開示事項

特例報告においては一般報告に比べて開示事項も軽減されており，(1)株券等に関する最近60日間の取得または処分の状況，および(2)保有株券等の取得資金の記載を要しない（大量保有開示府令15条・第３号様式）。また，特例報告の適用を受けている間は，短期大量譲渡による変更報告書を提出する必要はないと解されている（大量保有開示府令第２号様式・記載上の注意柱書参照）[84]。企業グループにおいて，機関投資家以外の共同保有者が１％超保有することにより特

(82)　河本一郎＝龍田節編『金融商品取引法の理論と実務』53頁〔河本一郎〕（経済法令研究会，2007），証券取引法研究会編『金融商品取引法の検討〔2〕』別冊・商事法務No.320・122頁〔加藤貴仁発言〕(2008) 参照。

(83)　大来・前掲注(10)12頁，三井ほか・詳説Q&A202頁。河本＝大武＝川口・新金商法読本155頁は「このような開示は，重要提案行為等を行う者が，いくらの株式を持ってそれを行っているのかを一般投資家に知らせるためである。」とする。

(84)　５％ルールの実務46頁参照

例報告を利用できない場合（前述第２節参照），短期大量譲渡の開示の対象となるので留意が必要である。

第６章 大量保有報告書等の送付・公衆縦覧

本章のサマリー

◇本章では，大量保有報告書等の発行者および金融商品取引所等への送付（27条の27）と公衆縦覧（27条の28）について説明する。現在では，実務上はEDINETによるインターネット上での処理となっている。

❖第１節❖　大量保有報告書等の送付

株券等の保有者は，大量保有報告書等を内閣総理大臣[85]に提出することに加えて，当該株券等の発行者および金融商品取引所・認可金融商品取引業協会へ写しを送付しなければならない（27条の27）。送付義務を課されているのは，(1)大量保有報告書，(2)変更報告書，ならびに(3)(1)および(2)の訂正報告書の写しである（同条柱書）。取得資金に関する借入れに関しては，当該借入れを取得資金に充てることを銀行等に明らかにし，かつ，その旨をこれらの報告書に記載している場合を除き，写しにおいては当該銀行等の名称を削除する（27条の28第３項，大量保有開示府令22条）。この場合，当該銀行等の名称は公衆の縦覧にも供しない。一般的な運転資金として貸し付けた資金が株券等の取得資金として使用された場合にまで借入先名の開示がなされた場合，銀行の融資業務に支障を来すおそれがあるからとされている[86]。ただし，当該貸付けの存在は金融庁には把握されることになる。

(85)　権限委任については，第７章第６節参照。
(86)　５％ルールの実務120頁

送付先は，①当該報告書に係る株券等の発行者，および②上場金融商品取引所または認可金融商品取引業協会である（27条の27，金商法施行令14条の9）。ただし，②の金融商品取引所または認可金融商品取引業協会への送付については，EDINETへの記録をもって代替される（27条の30の6第1項・2項）ので，通常は，かかる送付の必要はない。平成26年改正によって，①の発行者への送付についても，EDINETへの記録をもって代替することは認められるようになったので，通常は，発行者への写しの送付も必要なくなった（27条の30の6第3項）。このため，株券等の発行者は，定期的にEDINETを閲覧し，株券等の大量保有報告の状況を自ら把握しなければならない。

❖第2節❖　公衆縦覧

内閣総理大臣（財務（支）局長へ権限委任される）に提出された(1)大量保有報告書，および(2)変更報告書は，受理日から5年間，公衆の縦覧に供される（27条の28第1項）。(1)および(2)の訂正報告書の縦覧期間は，訂正の対象となった大量保有報告書または変更報告書を受理した日から5年間である（平成26年改正による）。公衆縦覧に供する場所は，①関東財務局，②発行者の本店等所在地を管轄する財務（支）局または沖縄総合事務局，③提出者の本店等所在地を管轄する財務（支）局または沖縄総合事務局である（大量保有開示府令20条，内閣府設置法44条）。なお，公衆縦覧は，財務局等においてコンピュータ画面に表示するものとされているが（27条の30の7第1項，金商法施行令14条の12），実務上は，行政サービスとしてインターネット上で閲覧できるようになっている。金融商品取引所および認可金融商品取引業協会は，株券等の保有者から送付を受けた書類の写しを，送付を受けた日（訂正報告書の写しについては，訂正の対象となった大量保有報告書または変更報告書の写しの送付を受けた日）から5年間，公衆の縦覧に供しなければならない（27条の28第2項）。公衆縦覧は，金融商品取引所等においてコンピュータ画面に表示するものとされている（27条の30の8第1項，金商法施行令14条の13）。銀行等の名称の公衆縦覧制限について，第1節参照。また，内閣総理大臣が訂正報告書の提出命令を発する場合，当該提出命令にかかる縦覧書類の全部または一部を公衆縦覧に供しないものとすることができ（27条の28第4項～6項），EDINET上にも表示されないものとすることができるほか（27条の30の7第1項・2項），訂正命令を発した旨および重要参考情報を公衆縦覧に供することができる（27条の30の7第5項・6項）（第7章第2節参照）。虚偽記載のある書類により，投資者，発行者などに誤解・混乱が生じるのを防ぐためである[87]。行政先例として，テラメントが提出したトヨタ自動車など6社に関する大量保有報告書に各社の51％の株式を取得した等の虚偽の記載があったため，関東財務局が平成21年5月29日付で公衆縦覧に供しないこととし，EDINET上にも表示しないこととした事例がある。

(87)　池田ほか・逐条解説2008年金商法改正218頁・226頁

第７章 大量保有報告書による開示の実効性を確保するための制度

本章のサマリー

◇本章では，大量保有報告書の適正な記載を担保する制度として，虚偽記載などの場合における自発的な訂正報告書の提出および同報告書の提出命令，ならびに課徴金および刑事罰について説明する。

❖第１節❖　訂正報告書の自発的提出

大量保有報告書・変更報告書の提出者は，報告書などに誤りがあると認めるときなどは，訂正報告書を提出しなければならない（27条の25第３項）。記載内容が事実と相違している場合に加え，保有目的の記載内容が不十分である場合や最近60日間の取得・処分の状況の記載が不十分な場合，保有している株券等を貸株・担保に提供している旨の記載が欠けている場合など，「重要な事項」もしくは誤解を生じさせないために必要な「重要な事実」の記載が不十分な場合，もしくは欠けている場合が含まれる。提出先，写しの送付，公衆縦覧については，大量保有報告書と同様である（第２章第５節■２参照）。

❖第２節❖　訂正報告書の提出命令・提出者等に対する報告の徴取および検査

内閣総理大臣[(88)]は，大量保有報告書などに⑴形式上の不備があるとき，または，⑵書類に記載すべき重要な事項の記載が不十分であると認めるときは，提出者に対して訂正報告書の提出を命ずることができる。また，大量保有報告書などに重要な事項について虚偽の記載があり，または記載すべき重要な事項もしくは誤解を生じさせないために必要な重要な事実の記載が欠けていることを発見したときは，提出者に対して，訂正報告書の提出を命ずることができる。これらの場合，内閣総理大臣は聴聞を行わなければならない（27条の29第１項・９条１項・10条１項）。上記提出命令に従って提出する訂正報告書に関する写しの送付義務・公衆縦覧についても，大量保有報告書と同様である（第６章第２節参照）。先例として，テラメントがトヨタ自動車など６社に関して提出した大量保有報告書につき，平成20年１月27日付で大量保有報告書の訂正報告書の提出命令が発された例がある。これを契機に，内閣総理大臣が訂正報告書の提出命令を発する場合，当該提出命令にかかる縦覧書類の全部または一部を公衆縦覧に供しないものとすることができる旨の規定（27条の28第４項～６項），ならびに訂正命令を発した旨および重要参考情報を公衆縦覧に供することができる旨の規定（27条の30の７第５項・６項）が設けられた。

内閣総理大臣は，公益または投資者保護のため必要かつ適当であると認めるときは，①大量保有報告書を提出した者，②大量保有報告書を提出すべきであると認められる者，③①もしくは②の共同保有者，④関係者，または⑤参考人に対し参考となるべき報告または資料の提出を命ずることができる。また，職員にこれらの者の帳簿書類その他の物件を検査させることができる（27条の30第１項）。また，内閣総理大臣は⑥大量保有報告書に係る株券等の発行者，または⑦⑥の参考人に対して，参考となるべき報告または資料の提出を命ずることができる（同条２項）。また，平成25年金商法改正により，公務所または公私の団体に照会して必要な事項の報告を求める権限も付与された（27条の30第３項）。平成20年金商法改正により，大量保有報告書・変更報告書の不提出が課徴金制度の対象となったことに対応し（172条の７），大量保有報告書を実際に提出した者だけではなく，提出すべき者についても報告徴取・検査の対象となることが明確化された（27条の30第１項）[89]。

また，以上に関連し，大量保有報告書・変更報告書に添付される，株券等の

---

(88)　権限委任については，第６節参照。

(89)　池田ほか・逐条解説2008年金商法改正219頁

売買その他の取引の媒介，取次ぎまたは代理を行う者（金融商品取引業者等）の名称，所在地および連絡先を記載した書面（大量保有開示府令２条２項・８条２項）に基づいて，事実関係を迅速に確認するために取扱金融商品取引業者等に照会することも想定されている。

❖第3節❖　課 徴 金

平成20年金商法改正によって大量保有報告制度に関する課徴金規定が新設された（172条の７・172条の８・178条１項７号・８号）。対象となる違反行為は，⑴大量保有報告書または変更報告書の不提出，および⑵重要な事項につき虚偽の記載があり，または記載すべき重要な事項の記載が欠けている大量保有報告書，変更報告書または訂正報告書の提出である[90]。課徴金の額は，いずれも，対象となる株券等の発行者の時価総額の10万分の１である。たとえば，平成30年７月12日におけるトヨタ自動車と東映のそれぞれの終値を基準とした株価時価総額は約22兆円（日本の市場における時価総額１位），約2,000億円（同500位）であるから[91]，これを基礎とすると両社の株券等に係る大量保有報告書などに関する課徴金は，それぞれ約２億2,000万円，約200万円となる。算定基準となる時価総額は，⑴については，大量保有報告書などの提出期限の翌日，⑵については，虚偽記載などがある大量保有報告書などの提出日の翌日の終値（67条の19，130条参照）を基準として算定する。なお，課徴金納付命令の決定手続や，追徴・没収，他の課徴金との調整，課徴金の減算・加算制度などについては，第13編第３章参照。なお，加算制度は⑴および⑵のいずれにも適用されるが，減算制度は⑴にしか適用されない（185条の７第14項・15項）。

---

(90)　行政先例としては，シティグループ・ジャパン・ホールディングス株式会社ほかいずれもシティグループ傘下の４社に対して，平成23年２月24日付で，大量保有報告書等の不提出および虚偽記載を理由として４社合計2,300万円の課徴金納付命令の決定が行われた事例や，モルガン・スタンレー・アセット・マネジメント投信株式会社ほかいずれもモルガン・スタンレー傘下の３社に対して，平成23年８月９日付で大量保有報告書等の不提出を理由として３社合計814万円の課徴金納付命令の決定が行われた事例がある。

(91)　Yahoo! Japanファイナンス（https://finance.yahoo.co.jp/）の株式ランキングによる。

❖第4節❖　民事法上の効果

大量保有報告書などの虚偽記載については，有価証券届出書・有価証券報告書・公開買付届出書などの虚偽記載と異なり（提出者について18条，21条の2，27条の20等，提出者の役員について21条1項1号，22条，24条の4等参照），提出者についてもその役員についても民事責任に関する規定はないが，虚偽記載のある大量保有報告書を提出した者が一般不法行為（民法709条）の責任を負うことはありうる。

また，大量保有報告書等の提出義務違反は，一般的には，株式取得の私法上の効力には影響を及ぼさないと解されており，規制に違反した株式の議決権行使を拒むことができるか否かについても，その他の事情と合わせて権利濫用を理由とする拒否が認められる場合が考えられるが，一般的には明確ではない（東京地決昭和63年6月28日判例時報1277号106頁においては，ダミーたる株式名義人らが株式を買い集めた事案において議決権行使禁止の仮処分が認められている。また，スティール・パートナーズ傘下のファンドが濫用的買収者であると認定した東京高決平19・7・9旬刊商事法務1806号40頁参照）[(92)]。

❖第5節❖　刑 事 罰

⑴大量保有報告書・変更報告書の不提出，虚偽記載などについては5年以下

⑼② 河本一郎＝大武泰南『証券取引法読本〔第7版〕』136頁（有斐閣，2005），三井秀範「金融・資本市場の視点から重要と考えられる論点」（法制審議会会社法制部会第3回会議（平成22年6月23日開催）参考資料14・3頁），池田ほか・セミナー（公開買付け・大量保有報告）232頁以下，別冊・商事法務No.299・16頁以下参照。なお，法務省・法制審議会「会社法制の見直しに関する要綱」（平成24年9月7日）は，公開買付規制に違反した者の議決権行使に対する他の株主による差止請求を記載しているが（第3部・第1「金融商品取引法上の規制に違反した者による議決権行使の差止請求」），大量保有報告規制違反に対抗する制度についての記載はない。結局，平成26年会社法改正においては，公開買付規制違反も含め，金商法に違反した者による議決権行使の差止請求は改正案に盛り込まれなかった。金融商品取引法研究会「金商法の観点から見たコーポレートガバナンス・コード」金融商品取引法研究会研究記録第55号（2016）6頁・42頁以下参照。

の懲役もしくは500万円以下の罰金またはこれらの併科（197条の２第５号・６号，法人の両罰規定５億円以下の罰金。207条１項２号），⑵虚偽記載などのある大量保有報告書などの写しの送付，訂正命令に基づく訂正報告書の不提出については１年以下の懲役もしくは100万円以下の罰金またはこれらの併科（200条11号・12号，法人の両罰規定１億円以下の罰金。207条１項５号），⑶大量保有報告書などの写しの送付義務違反，報告徴収に対する不提出・虚偽報告等の提出，検査拒否・妨害・忌避については６月以下の懲役もしくは50万円以下の罰金またはこれらの併科（205条３号・５号・６号，法人の両罰規定50万円以下の罰金。207条１項６号）が定められている。問題となる場面として，たとえば買収者Ａが第三者Ｂ，ＣおよびＤと共同して各自4.9％を取得した場合，相互に実質共同保有者（第２章第２節■**2**⑴参照）に該当するため，全員大量保有報告書の提出が必要であるにもかかわらず，事実上，誰も大量保有報告書を提出しないことが考えられる。このような場合，事実関係の解明は困難であるが，何らかの有力な情報が得られる場合には，大量保有報告書の不提出罪について証券取引等監視委員会に犯罪事実の申告を行い，同委員会による調査を要請することが考えられる（210条１項，金商法施行令45条）。ただし，調査を行うか否か，また告発を行うか否か（226条１項）は，同委員会自身が判断するものであり，私人が同委員会に対して調査を求めたり，告発を求めたりする法的な権限はない[93]。証券取引等監視委員会については，第13編第１章参照。

裁判例として，借名口座を利用し，大量保有者となったのに大量保有報告書を提出期限までに提出しなかった点について大量保有報告書の不提出罪が認められ，かつ，知人の共犯者と共謀のうえ，同人が当該発行者の株券等を取得した事実はないのに，大量保有者となった旨の重大な事項につき虚偽の記載のある大量保有報告書を提出した点について，虚偽記載大量保有報告書提出罪が認められた東天紅事件がある（架空の公開買付けの計画を公表した風説の流布により，株価を高騰させ，売抜けを狙った事件）[94]。同事件の被告人は懲役２年（執行猶予４年）および罰金600万円に処せられた。

---

(93)　経営刑事法研究会編『書式　告訴・告発の実務〔第４版〕』130頁以下（民事法研究会，2010）参照

(94)　東京地判平14・11・８判時1828号142頁，松井秀征・ジュリスト1279号147頁（2004），荒谷裕子・別冊ジュリスト214号104頁（2013）参照

❖第6節❖　内閣総理大臣の権限の委任

大量保有報告制度に関する内閣総理大臣の権限は，以下のとおり財務局長および証券取引等監視委員会に委任されている。

まず，内閣総理大臣は，大量保有報告書（27条の23第1項・27条の26第1項・4項），変更報告書（27条の25第1項・27条の26第2項・5項）および特例報告に係る基準日の届出（27条の26第3項），ならびに訂正報告書（27条の25第3項・27条の26第6項・27条の29第1項・9条1項・10条1項）を受理する権限を有し，また，訂正命令を発する権限（27条の29第1項・9条1項・10条1項）を有する。これらの権限は，金融庁長官を経由して，居住者に関するものは当該居住者の住所・本店所在地等を管轄する財務局長（当該所在地等が福岡財務支局の管轄区域内にある場合にあっては福岡財務支局長，沖縄にある場合にあっては沖縄総合事務局長），非居住者に関するものは関東財務局長に委任される（194条の7第1項，金商法施行令41条，内閣府設置法44条1項・45条1項）。

これに対し，内閣総理大臣の報告徴取・検査等の権限（27条の30）は，金融庁長官を経由して，原則として証券取引等監視委員会に委任される（194条の7第1項，金商法施行令38条の2第1項・41条1項3号・3項）。

第5編 業規制

■本編では，金商法第３章「金融商品取引業者等」（第２節を除く）および第３章の２「金融商品仲介業者」の業務および規制などについて解説する。

第１章
金融商品取引業の定義

本章のサマリー

◇金商法では，規制対象業務を「金融商品取引業」とし，金商法２条８項各号に掲げる行為のいずれかを「業として」行うことをいうと定義している。金融商品取引業には，第一種金融商品取引業，第二種金融商品取引業，投資運用業および投資助言・代理業が含まれ，有価証券およびデリバティブ取引に関する販売・勧誘，資産運用・助言および資産管理に関する業務が規制の対象とされている。また，金融商品取引業には，営利性は要求されず，反復継続性および対公衆性があれば「業として」に該当するものとされている。本章では，これらの金融商品取引業として規制を受ける業務の内容について解説する。

❖第１節❖　概　　要

金融商品取引業（２条８項）は，内閣総理大臣の登録を受けた者でなければこれを行うことができない（29条）。

❖第２節❖　「業として」の解釈

金商法では，金融商品取引業は，２条８項各号に掲げる行為のいずれかを「業として」行うことをいうと定義されている。この「業として」とは，対公衆性および反復継続性をもって行われる行為をいうと解されており(1)，金融商品取引業については営利性を業の要件としないこととなったと解されている[2]。

対公衆性とは，当該行為が公衆とかかわり合いを持つ行為であるということであるが，公衆とのかかわりは必ずしも直接的なものであることを要求されず，またその字義より広く解されている。例えば，定義府令には関係会社のためにのみ行う２条８項各号の行為について，一定の行為については金融商品取引業から除外するものとする規定が置かれているが（定義府令16条２号・４号・８号），関係会社のための行為であることがただちに金融商品取引業に該当しないということは意味しないことを示すものであると解されている。また，競走用馬投資関連業務（金商業等府令７条４号ニ）における「クラブ法人」については，その権利を愛馬会法人のみが取得するものであるにもかかわらず，その自己募集について第二種金融商品取引業の登録が必要であるものと解されており，取引の直接の相手方が特定された１名であることがただちに金融商品取引業該当性を否定するものではないといえる。実務上は「対公衆性」の有無は，個別具体的な事例ごとに判断するほかない。

実務のポイント・5－1

◆「業として」の解釈と関係会社のための業務

金商法上「業として」に該当するのは対公衆性のある行為であると解されている。とすると，関係会社のみを相手とする行為は対公衆性がないようにも思えるが，関係会社のみを相手とする行為であっても対公衆性がないとはいえない場合もあると解されている。

確かに，関係会社といっても，その資本関係や人的関係などは多種多様であり，「関係会社を相手方とする」ということのみをもって常に対公衆性なしとは言い切れないであろう。また，形式的には関係会社のみを相手方とする行為であっても，その先に実質的に保護すべき対象がいるという場合や保護法益が異なるといった場合もあろう。

しかし，関係会社のための行為も「業として」に該当すると形式的に考えると，ある会社が自らの一部門に行わせていた自社のための行為をグループ内の業務を再編して子会社に行わせると金融商品取引業に該当するのではないかという疑問が生じる。少なくとも顧客が親会社や子会社のみであるような場合にも金融商品取引業の登録が必要とされるのは，規制として厳格にすぎるように思われる。

例外は厳格解釈というのが原則であるが，規制を受けるか否かが不明確であることにより必要以上の萎縮効果を生まないためにも，また，企業活動を無用に制限しないため

(1)　平成19年７月パブコメ35頁No. 3ほか

(2)　小島宗一郎ほか「金融商品取引法制の解説(2)金融商品取引法の目的・定義規定」旬刊商事法務1772号24頁（2006）参照

にも，「対公衆性」の意義について，少しでも明確かつ実務的な解釈指針が示され，蓄積されることに期待したい。現時点では，個別事案毎に慎重に検討し，事案によっては当局に相談したり，ノーアクションレターの取得を検討することが望ましい場合もあり得よう。

❖第３節❖　行為類型

「金融商品取引業」は行為類型で大別すると「販売・勧誘」，「資産運用・助言」および「資産管理」に分類される。

主として販売・勧誘に係る業務は，対象となる有価証券やデリバティブ取引の種類によって第一種金融商品取引業または第二種金融商品取引業として定義され（28条１項・２項），また，資産運用・助言に係る業務は，投資運用業または投資助言・代理業と定義され（同条３項・４項），資産管理に係る業務は有価証券等管理業務（同条５項）と定義されて第一種金融商品取引業に含まれる。

1　第一種金融商品取引業

第一種金融商品取引業とは，金融商品取引業のうち，次に掲げる行為のいずれかを業として行うことをいう（28条１項）。

⑴　２条１項に掲げる有価証券および２条１項に掲げる有価証券についての有価証券表示権利（２条２項柱書）および令和元年金商法改正の施行後は，電子記録移転権利（以下あわせて「第一項有価証券」という）についての以下の行為（28条１項１号）

①　有価証券の売買（デリバティブ取引に該当するものを除く。以下同じ。），市場デリバティブ取引（金融商品（２条24項３号の２に掲げるものに限る。）または金融指標（当該金融商品の価格およびこれに基づいて算出した数値に係るデリバティブ取引（以下「商品関連市場デリバティブ取引」という。）を除く。）または外国市場デリバティブ取引（有価証券の売買にあっては，PTS業務を除く）（２条８項１号）

②　有価証券の売買，市場デリバティブ取引または外国市場デリバティブ取引の媒介，取次ぎ（有価証券等清算取次ぎを除く）または代理（有価証券の売

買の媒介，取次ぎまたは代理にあっては，PTS業務を除く）（２条８項２号）

③　次に掲げる取引の委託の媒介，取次ぎまたは代理（２条８項３号）

(a)　取引所金融商品市場における有価証券の売買または市場デリバティブ取引

(b)　外国金融商品市場（取引所金融商品市場に類似する市場で外国に所在するものをいう。以下同じ）における有価証券の売買または外国市場デリバティブ取引

④　有価証券等清算取次ぎ（２条８項５号）

⑤　有価証券の売出しまたは特定投資家向け売付け勧誘等（２条８項８号）

⑥　有価証券の募集もしくは売出しの取扱いまたは私募もしくは特定投資家向け売付け勧誘等の取扱い（２条８項９号）

(1-2)　商品関連市場デリバティブ取引についての２条８項２号，３号または５号に掲げる行為（28条１項１号の２）

(2)　店頭デリバティブ取引またはその媒介，取次ぎもしくは代理（以下「店頭デリバティブ取引等」という）（28条１項２号・２条８項４号）

(3)　店頭デリバティブ取引についての有価証券等清算取次ぎ（28条１項２号・２条８項５号）

(4)　次の①から③までのいずれかに該当する行為（28条１項３号）

①　有価証券の元引受けであって損失の危険の管理の必要性の高いものとして政令で定めるもの

②　有価証券の元引受けであって①に掲げるもの以外のもの

③　有価証券の引受け（有価証券の募集もしくは売出しまたは私募もしくは特定投資家向け売付け勧誘等に際し，２条６項各号に掲げるもののいずれかを行うことをいう）であって，有価証券の元引受け以外のもの

(5)　有価証券の売買またはその媒介，取次ぎもしくは代理であつて，電子情報処理組織を使用して，同時に多数の者を一方の当事者または各当事者として次に掲げる売買価格の決定方法またはこれに類似する方法により行うもの（取り扱う有価証券の種類等に照らして取引所金融商品市場または店頭売買有価証券市場以外において行うことが投資者保護のため適当でないと認められるものとして政令に定めるものを除く）（２条８項10号）

①　競売買の方法（有価証券の売買高が政令で定める基準を超えない場合に限る）

②　金融商品取引所に上場されている有価証券について，当該金融商品取引所が開設する取引所金融商品市場における当該有価証券の売買価格を用いる方法

③　店頭売買有価証券について，当該登録を行う認可金融商品取引業協会が公表する当該有価証券の売買価格を用いる方法

④　顧客の間の交渉に基づく価格を用いる方法
⑤　①〜④に掲げるもののほか，内閣府令で定める方法
(6)　その行う２条８項１号〜10号に掲げる行為に関して，顧客から金銭または第一項有価証券に係る証券もしくは証書の預託を受ける（商品関連市場デリバティブ取引についての２条８項２号，３号または５号に掲げる行為を行う場合にあってはこれらの行為に関して，顧客から商品（２条24項３号の２に掲げるものをいう。）または寄託された商品に関して発行された証券もしくは証書の預託を受けることを含む。）行為（２条８項16号）
(7)　社債等振替法に規定する社債等の振替を行うために口座の開設を受けて社債等の振替を行う行為（２条８項17号）

以下，上記各業務の内容について概説する。

(1)　第一項有価証券および有価証券表示権利に関する有価証券の売買など

販売・勧誘の行為類型に属する有価証券の売買や売買の媒介などのうち，第一項有価証券および店頭デリバティブ取引などに関する行為を業として行うことは，第一種金融商品取引業に含まれる。同じ行為を，２条２項の規定により有価証券とみなされる同項各号に掲げる権利（以下「第二項有価証券」という。なお，令和元年金商法改正の施行後は，電子記録移転権利を除く）に関して業として行う場合には第二種金融商品取引業となる。

①　有価証券の売買，第一項有価証券関連の市場デリバティブ取引など（２条８項１号）

有価証券の売買や第一項有価証券関連の市場デリバティブ取引または外国市場デリバティブ取引（以下「市場デリバティブ取引等」という）を業として行うことは，第一種金融商品取引業に含まれる。ここでいう有価証券の売買やデリバティブ取引（以下「有価証券の売買等」という）は，自己の計算で行う自己売買業務のみである。また，有価証券の売買等の相手方が顧客であるか，金融商品取引所における取引であるかなどを問わない。

もっとも，自らがリスクを負担する自己売買を反復継続して行ったとしても，「自己ポートフォリオの改善」として行う有価証券の売買等は金融商品取引業には該当しないとされている[(3)]。たとえば，長期投資の目的で有価証券を

取得しまたはかかる目的で取得した有価証券を処分する行為は金融商品取引業には該当しないと解されている[(4)]。

なお，市場デリバティブ取引や外国市場デリバティブ取引の定義については，第１編第３章参照。

②　有価証券の売買，第一項有価証券関連の市場デリバティブ取引等の媒介，取次ぎまたは代理（２条８項２号）

有価証券の売買等の媒介，取次ぎまたは代理は，いずれも他人の計算による有価証券の売買等に関与するものをいう。

有価証券の売買等の媒介とは，他人間の有価証券の売買等の成立に尽力することであり，仲介者たる金融商品取引業者の名義は介在しない。他人間の有価証券の売買等の成立に尽力すれば足り，売買の当事者の一方のために売買等の成立に尽力する行為も，双方のために売買等の成立に尽力する行為もともに，有価証券の売買等の媒介に該当する。有価証券の売買等の取次ぎとは，他人の計算において自己の名で取引をすることを引き受けることであり，金融商品取引所における会員金融商品取引業者の委託注文による取引などがこれに当たる。有価証券の売買等の代理とは，他人の計算において，かつ他人の名で取引をすることを引き受けることである。

③　取引所金融商品市場等における有価証券の売買等の委託の媒介，取次ぎまたは代理（２条８項３号）

顧客または同業者の委託により，金融商品取引所の会員に対し，金融商品取引所や外国金融商品取引所における売買等を委託することを媒介，取次ぎまたは代理することをいう。

④　有価証券等清算取次ぎ（２条８項５号・27項）

有価証券等清算取次ぎとは，金融商品取引業者または登録金融機関が，金融商品取引清算機関または外国金融商品取引清算機関の業務方法書に定めるとこ

---

(3)　平成19年７月パブコメ39頁以下など

(4)　神崎ほか・金商法601頁

ろにより顧客の委託を受けてその計算において行う対象取引（有価証券の売買もしくはデリバティブ取引（金商法施行令１条の18の２に定める取引を除く）またはこれらに付随し，もしくは関連する取引として金商法施行令１条の19に定める取引）であって，対象取引に基づく債務を金融商品取引清算機関（当該金融商品取引清算機関が156条の20の16第１項に規定する連携金融商品債務引受業務を行う場合には，同項に規定する連携清算機関等を含む）または外国金融商品取引清算機関に負担させることを条件とし，かつ，次に掲げる要件のいずれかに該当するものをいう。

(a)　当該顧客が当該金融商品取引業者または登録金融機関を代理して成立させるものであること

(b)　当該顧客がその委託に際しあらかじめ当該対象取引にかかる相手方その他内閣府令で定める事項（定義府令22条）を特定するものであること

⑤　有価証券の売出し等（２条８項８号・４項）

自己の計算で行う有価証券の売出しであり，たとえば，有価証券を金融商品取引業者が買い取ってそれを放出するような場合がこれに当たるが，平成21年金商法改正により有価証券の売出しの定義が大きく改正されている。有価証券の売出しの定義については，第２編第１章第１節■１参照。金融商品取引業者が発行者等の第三者による売出しのために行う取得勧誘は，下記⑥の売出しの取扱いとなる。

特定投資家向け売付け勧誘等とは，第一項有価証券に係る売付け勧誘等であって，２条４項２号ロに掲げる場合に該当するもの（政令で定める有価証券の取引にかかるものを除く）をいう。第２編第１章第１節■１参照。

⑥　有価証券の募集もしくは売出しの取扱いまたは私募の取扱い等（２条８項９号）

発行者（売出しの場合は保有者も含む）が有価証券の募集，売出しおよび私募を行う場合に，その者のために当該有価証券の取得の申込みの勧誘（以下「取得勧誘」という）などを行う行為をいう。有価証券の売買の媒介と同様，有価証券の取得のあっせんを業として行う行為を指すが，有価証券の売買はすでに発行された有価証券に関する売買取引を意味する一方，有価証券の発行にあたり，発行者以外の者が当該新規発行証券に関する取得勧誘等を行うことは，有価証券の募集または私募の取扱いに該当する。既発行証券については，売出しの定義に該当する形で発行者または所有者のために有価証券の取得勧誘が行われる場合，売出しの取扱いとなる。また，既発行有価証券の取得のあっせんであって売出しの定義に該当しない行為は，上記②の有価証券の売買の媒介に該当する。

日本国外において非居住者のみを相手方として取得勧誘が行われる場合には，当該取得勧誘については，原則として，金商法の規制は適用されないものと解されている(5)。

⑵　商品関連市場デリバティブ取引の媒介，取次ぎもしくは代理等

平成24年金商法改正において，商品関連市場デリバティブ取引の媒介，取次ぎ（有価証券等清算取次ぎを除く）もしくは代理，商品関連市場デリバティブ取引の委託の媒介，取次ぎ若しくは代理または商品関連市場デリバティブ取引についての有価証券等清算取次ぎ（以下「商品関連市場デリバティブ取引の取次ぎ等」と総称する）を業として行うことが第一種金融商品取引業として位置づけられることとなった（28条１項１号の２）。但し，商品先物取引法上，自己の計算による商品市場における取引（商先法２条10項）は，業として行うものであっても商品取引業（同法２条22項）に該当しないものとされている状況を踏まえ，金商法改正前から商品取引所において取引を行っている者が総合的な取引所における取引に円滑に参加することが可能となるよう，自己の計算により行う商品関連市場デリバティブ取引については，金融商品取引行為とは位置付けないこととされた（２条８項１号括弧書き）。

⑶　店頭デリバティブ取引等（２条８項４号）

店頭デリバティブ取引に関する自己取引，取引の媒介，取次ぎまたは代理を業として行うことは，第一種金融商品取引業に該当する。店頭デリバティブ取引等については，専門性が高く，リスク管理の必要性が高いと考えられること

⑸　平成19年７月パブコメ64頁No.133など

から，第一種金融商品取引業として位置付けられている。後述第４節■２(3)のように，有価証券関連以外の店頭デリバティブ取引等でプロ顧客向けのものは，金融商品取引業の定義から除外されている。

なお，店頭デリバティブ取引の定義については，第１編第３章参照。

(4)　有価証券の引受け（２条８項６号・６項）

有価証券の引受けとは，有価証券の募集もしくは売出しまたは私募もしくは特定投資家向け売付け勧誘等（第一項有価証券に係る売付け勧誘等であって，２条４項２号ロに掲げる場合に該当するもの（取引所金融商品市場における有価証券の売買およびこれに準ずる取引その他の政令（金商法施行令１条の８の２）で定める有価証券の取引に係るものを除く）に際し，①当該有価証券を取得させることを目的として当該有価証券の全部または一部を取得すること（買取引受け），②当該有価証券の全部または一部につき他にこれを取得する者がない場合にその残部を取得することを内容とする契約をすること（残額引受け），または，③当該有価証券が新株予約権証券（新株予約権付社債券，外国新株予約権証券，または外国新株予約権付社債券，新投資口予約権証券および外国投資証券で新投資口予約証券に類する証券を含む。以下本(4)において同じ）である場合において，当該新株予約権証券を取得した者が当該新株予約権証券の全部または一部につき新株予約権（外国新株予約権，新投資口予約権および外国投資法人に対する権利で新投資口予約権の性質を有するものを含む。以下本(4)において同じ）を行使しない時に当該行使しない新株予約権に係る新株予約権証券を取得して自己または第三者が当該新株予約権を行使することを内容とする契約をすることのいずれかの行為を行うことをいう。

有価証券の引受けは，有価証券の元引受けと有価証券の元引受け以外の引受けに区分される。有価証券の元引受けとは，有価証券の引受けのうち，発行者または金融商品取引業者・登録金融機関以外の所有者との間で上記①～③のいずれかの行為を行うことをいう（28条７項）。有価証券の募集・売出し・特定投資家向け取得勧誘・特定投資家向け売付け勧誘等以外の私募・私売出しに際して締結する契約は，元引受契約には該当しない（金商法施行令15条柱書）。

実務のポイント・5－2

◆有価証券の引受けの範囲

有価証券の引受けには，「有価証券の募集若しくは売出し又は私募若しくは特定投資家向け売付け勧誘等に際し」，「当該有価証券を取得させることを目的として当該有価証券の全部又は一部を取得すること」（２条６項）（いわゆる買取引受け）が含まれるが，これを形式的に適用すると，「引受け」に該当する行為の範囲はきわめて広くなってしまう。

たとえば，当初委託者兼受益者が不動産信託受益権をいったんいわゆるウェアハウジングSPCに取得させた上で，不動産私募ファンドが当該不動産信託受益権を当該SPCから譲り受けるという取引をしようとする場合，法の文言を形式的に適用すると，当該SPCの不動産信託受益権の取得行為は有価証券たる不動産信託受益権の「私募に際し」，「当該有価証券を取得させることを目的として当該有価証券の全部又は一部を取得すること」（２条６項）に該当し，有価証券の引受けとなる可能性がある。

さらに，不動産信託受益権をその発行に際して取得する取得契約をその買主たる地位または取得後の信託受益権を譲渡することを目的として締結し，その買主たる地位を譲渡する場合にも，実質的には有価証券の引受けに該当すると解釈される可能性も否定できない。

別の例として，信託受益権をプールした上でそれを特別目的会社（SPC）や信託に移転して証券化をしようとする場合，当該信託受益権のプールのためのビークルは，当初からSPCや信託への譲渡を目的として信託受益権を取得するため，当初委託者からの取得など信託受益権の発行に際してかかる取得をする行為は，形式的には有価証券の引受けに該当してしまう。

上記例示のような行為は，有価証券の引受けとして第一種金融商品業者のみが行うことができる行為として規制する趣旨に乏しいとも思われる。上記定義の形式的適用により規制範囲を画するのではなく，業規制の対象とされる「有価証券の引受け」の範囲を限定し，真に規制すべき対象のみが規制され，実務上のニーズがあり，かつ弊害もないと思われる行為については，解釈（および，その解釈の監督指針等における明確化）または改正により規制が緩和されることに期待したい。

⑸　私設取引システム（PTS）運営業務

私設取引システム（Proprietary Trading System＝PTS）運営業務とは，電子情報処理組織を使用して，同時に多数の者を一方の当事者または各当事者として，一定の売買価格の決定方法によって有価証券の売買またはその媒介等の業務を業として行うこと（金商法施行令１条の９の３に定めるものを除く）をいう。売買価格の決定方法は，金商法および内閣府令（２条８項10号，定義府令17条）に定められた一定の方法，またはそれらに類する方法によるものとされている。

なお，PTS運営業務を業として行おうとする場合，内閣総理大臣の認可を受けなければならない（30条１項)。これは，金融商品取引業は原則として登録制である（29条）ことの例外である。

⑹　有価証券等管理業務

有価証券等管理業務とは，①その行う有価証券の売買やその媒介・取次ぎ・代理等の取引（２条８項１号～10号に掲げる行為）に関して，顧客から金銭または第一項有価証券に係る証券もしくは証書の預託を受けること（商品関連市場デリバティブ取引の取次ぎ等に関して，顧客から商品または寄託された商品に関して発行された証券もしくは証書の預託を受けることも含む)，および，②社債等振替法に規定する社債等の振替を行うために口座の開設を受けて社債等の振替を行うことをいう（28条５項)。

これらの有価証券等管理業務については，当該業務を行う金融商品取引業者の財務状況や業務運営の状況如何によって，本来の権利者が権利を喪失する危険が高いことから，当該業務を行う者の財務の健全性および業務運営の適正性を確保するため，自己資本比率規制や純財産額の規制などが及ぶ第一種金融商品取引業と位置付けられたとされている[(6)]。

社債等振替法に基づく口座管理機関としての業務は，有価証券の売買等の業務に関して行うか否かを問わず有価証券等管理業務に該当するが，その他の顧客から金銭または有価証券の預託を受ける行為は，当該金銭または有価証券の預託が，有価証券の売買や売買の媒介などの行為に関して行われる場合にのみ第一種金融商品取引業に該当する。したがって，いわゆるカストディ業務は，当該カストディアンが行う２条８項１号～10号に掲げる行為に関して行われるものでなく，かつ，社債等振替法に基づいて行われるものでない限り，第一種金融商品取引業には該当しない。

また，平成24年金商法改正で商品関連市場デリバティブ取引の取次ぎ等を業として行うことが第一種金融商品取引業と位置付けられたことに伴い，商品関連市場デリバティブ取引の取次ぎ等を行うにあたって証拠金またはその代用と

(6)　三井ほか・一問一答136頁

しての金銭や有価証券，現物受け渡しや証拠金の代用といった目的のための商品現物（荷渡指図書），倉庫証券などの預託を受ける行為も２条８項16号に含めることとされた。

2　第二種金融商品取引業

第二種金融商品取引業とは，金融商品取引業のうち，次に掲げる行為のいずれかを業として行うことをいう（28条２項）。

(1)　次の有価証券の募集または私募（自己募集，２条８項７号）
　①　委託者指図型投資信託の受益権に係る受益証券（２条１項10号）
　②　外国投資信託の受益証券（２条１項10号）
　③　抵当証券（２条１項16号）
　④　外国または外国の者の発行する証券または証書で，抵当証券の性質を有するもの（２条１項17号・16号）
　⑤　①もしくは②に掲げる有価証券に表示されるべき権利または③もしくは④に掲げる有価証券のうち内閣府令で定めるものに表示されるべき権利であって，当該権利を表示する有価証券が発行されていないもの
　⑥　２条２項５号または６号に掲げる権利
　⑦　次に掲げるもの（券面が発行されているか否かを問わない。また，その発行者が当該有価証券に係る信託の受託者とされるものを除く）であって，商品投資または金商法施行令37条１項２号イ～ホに掲げるいずれかの物品の取得（生産を含む）をし，譲渡をし，使用をし，もしくは使用をさせることにより運用することを目的とするものに該当するもの
　　(a)　受益証券発行信託の受益証券（２条１項14号）
　　(b)　外国または外国の者の発行する証券または証書のうち，受益証券発行信託の受益証券の性質を有するもの
　　(c)　信託の受益権または外国の者に対する権利で信託の受益権の性質を有するもの（２条２項１号または２号に掲げる権利）
(2)　第二項有価証券（令和元年金商法改正の施行後は，電子記録移転権利を除く）についての■１(1)に掲げる行為
(3)　市場デリバティブ取引または外国市場デリバティブ取引（２条８項１号），当該取引の媒介・取次ぎ・代理（２条８項２号），当該取引の委託の媒介・取次ぎ・代理（２条８項３号）のうち，第一種金融商品取引業に該当しないもの
(4)　委託者指図型投資信託の受益権に係る受益証券および外国投資信託の受益証券（それらに係る有価証券表示権利を含む）の自己募集を行った者による当該

有価証券の転売を目的としない買取り（２条８項18号，金商法施行令１条の12）

以下，上記各業務のうち，(1)および(2)について概説する。

(1)　自己募集

金商法では，一部の有価証券について，有価証券の発行者が新たに有価証券を発行するに際して行う新規発行証券の取得勧誘が，金融商品取引業として業規制の対象とされることとなった。そして，発行者自らが行う行為については，発行者以外の者が行う取得勧誘のように仲介業者として高度な財産要件を課して投資者保護を図るべき性質のものではないことから，第一種金融商品取引業ではなく，第二種金融商品取引業に該当する業務とされた。

自己募集規制の対象となる有価証券は，上記に掲げられているように，券面（紙）が発行されているか否かを問わず，投資信託の受益証券，外国投資信託の受益証券，抵当証券，外国抵当証券，国内外の集団投資スキーム持分（２条２項５号または６号），および商品ファンド持分などの一定の信託受益権である。自己募集規制の詳細については，第６章第２節参照。

実務のポイント・5－3

◆外国ファンドの取得勧誘

外国投資信託の運用会社が，国内の投資家に対して自己の運用する外国投資信託を紹介しようとする場合，当該紹介行為は外国投資信託の受益証券（２条１項10号，以下「外国投資信託証券」という）の取得申込みの勧誘に該当する可能性がある。そして，外国投資信託の運用会社による外国投資信託証券の取得申込みの勧誘は，原則として，当該運用会社が当該外国投資信託証券の発行者であるか否かにより，募集または私募の取扱いとなるのか，自己募集・私募となるのかが決せられる。

すなわち，当該外国投資信託の準拠法などにより管理会社や運用会社が外国投資信託証券の発行者とされている場合（すなわち，日本の投信法に類する法制の場合）には，当該管理会社や運用会社が自ら発行する外国投資信託証券の取得申込みの勧誘は，自己募集・私募となり，当該管理会社や運用会社がかかる自己募集・私募を業として行うためには第二種金融商品取引業の登録を要することとなる。しかし，当該外国投資信託の準拠法などにより発行者とされている者以外の者による外国投資信託証券の取得申込みの勧誘は，有価証券の募集または私募の取扱いとなり，当該運用会社がかかる募集または私募の取扱いを業として行うためには第一種金融商品取引業の登録を要することとなる。

募集または私募の取扱いを行う販売会社の依頼を受けて，外国投資信託の運用会社の役職員が当該販売会社の役職員とともに投資家のもとへ同行し，販売会社の依頼に応じて運用内容の説明などを補助的に行う行為は，当該運用会社の役職員が販売会社とは独立して取得勧誘を行っているとみられるような事情がなく，勧誘行為は販売会社が行っている限り，金融商品取引業の登録なしに可能であると考えられる。

なお，外国投資法人については自己募集が規制対象とされていないため，自己募集を行う場合には，金融商品取引業の登録は不要である。ただし，当該取得勧誘行為が実質的に外国投資法人の役職員として行われているのでなければ，発行者以外の者による外国投資証券の募集または私募の取扱いに該当し，第一種金融商品取引業の登録を要することとなる。

また，運用会社が「外国証券業者」の定義（58条）に該当する場合には，外国証券業者が行うことのできる業務（58条の２）の範囲内であれば，金融商品取引業の登録なしに行為することができる。

⑵　第二項有価証券についての■１⑴に掲げる行為

第二項有価証券（令和元年金商法改正の施行後は，電子記録移転権利を除く）について売買，第一項有価証券関連以外の市場デリバティブ取引・外国市場デリバティブ取引（有価証券関連以外も商品関連市場デリバティブ取引以外の取引は上記⑶により含まれる），当該取引の媒介・取次ぎ・代理，当該取引の委託の媒介・取次ぎ・代理，有価証券等清算取次ぎ，売出し，募集・売出し・私募の取扱いを業として行う行為は，第二種金融商品取引業に該当する。各行為の内容は，第一種金融商品取引業に該当する行為と同様であるが，対象が異なる。

また，第二項有価証券については，権利の種類ごとに発行者と発行時点が定められている（定義府令14条３項・４項）。このうち信託受益権については，発行者および発行時の概念が特に複雑であり，信託の性質や信託財産の種類，自益信託か他益信託かにより発行者および発行時点が異なる（**図表5－1**および第２編第１章第１節■**２⑴**③参照）。この「発行者」および「発行時点」の概念は，信託契約の締結や信託受益権の譲渡などにかかる業務の金融商品取引業該当性に影響する。たとえば，ケース①は委託者が指図権限を有する自益信託であるが，この場合は委託者が発行者となり，発行時点は信託設定時ではなく，信託受益権の委託者による転売時点となる。したがって，信託設定に委託者または受託者以外の第三者が尽力する行為は，金融商品取引業には該当せず，信託契

図表5−1　信託受益権の発行者・発行時

	委託者「指図型」	委託者「非指図型」	
		金銭	物・権利など非金銭
自益信託	ケース① ●委託者 ●転売時	ケース② ●受託者 ●転売時（合同金信は信託効力発生時）	ケース③ ●委託者・受託者（注） ●転売時
他益信託	ケース④ ●委託者 ●信託効力発生時	ケース⑤ ●委託者・受託者 ●信託効力発生時	ケース⑥ ●委託者・受託者 ●信託効力発生時

（注）　発行時点での適切な情報開示を目的として発行者が委託者および受託者とされているが，継続開示については，発行後の信託に関する情報が受託者に集中するとの考え方に基づき，受託者のみが継続開示義務を負うものとされている（24条５項・１項・３項，特定有価証券開示府令22条の２第２号）。ケース⑤および⑥の場合も同様である（平成19年７月パブコメ32頁）。

約代理業（信託業法２条８項・67条）に該当する。

他方，ケース⑤の場合は，委託者および受託者が発行者となり，信託効力発生時が発行時点となるので，委託者による信託受益権の販売行為は自己募集に該当する。もっとも，信託受益権（２条２項１号または２号）の自己募集は，当該信託受益権がいわゆる商品ファンド持分に該当する以外には金融商品取引業に該当しない（金商法施行令１条の９の２）。また，この場合の委託者による転売は有価証券の売買となり，その媒介などを行う業務は，第二種金融商品取引業となる。また，ケース①やケース③の委託者（および受託者）が発行者となり，転売時が発行時点となる場合には，委託者による転売のための取得勧誘行為は自己募集に該当し，自己募集が規制対象となる場合を除き金融商品取引業とはならないが，受託者が委託者から実質的に取得勧誘行為の委託を受けている場合の受託者の行為は金融商品取引業（私募の取扱い）を行っていると解される場合もあろう[(7)]。なお，当初受益者である委託者が，信託行為に基づき当初受益者として信託受益権を取得する行為は，有価証券の引受けに該当しないものと考えられている[(8)]。

(7)　松尾ほか・実務論点金商法75頁（注）
(8)　平成19年７月パブコメ60頁〜62頁

(3)　第二種金融商品取引業とみなされる行為

上記以外の行為で，第二種金融商品取引業とみなされる行為もある。例えば，投信法上の投資法人と2条8項12号イの資産運用委託契約を締結した投資運用業者が，当該投資法人の発行する投資口または投資法人債について行う募集の取扱い，私募の取扱いおよび売買の代理は，第二種金融商品取引業とみなされる（投信法196条2項）。また，適格投資家向け投資運用業を行うことについて29条の登録を受けた者が，投資信託や外国投資信託などのファンド（29条の5第2項各号に掲げるものをいう）の資産の運用の委託を受けている場合には，適格投資家を相手方として行う当該ファンドの有価証券の私募の取扱い（転売制限を付すなど金商法施行令15条の10の6に定める要件を満たすものに限る）を行う業務は，第二種金融商品取引業とみなされる（29条の5第2項）。適格投資家向け投資運用業については，第2章第1節■3(8)参照。

3　投資助言・代理業

投資助言・代理とは，金融商品取引業のうち，投資助言業務を行うこと，または投資顧問契約もしくは投資一任契約の締結の媒介のいずれかを業として行うことをいう（28条3項）。

(1)　投資助言業務

投資助言業務とは，当事者の一方が相手方に対して有価証券の価値等または金融商品の価値等の分析に基づく投資判断に関し，口頭，文書その他の方法により助言を行うことを約し，相手方がそれに対し報酬を支払うことを約する契約（以下「投資顧問契約」という）を締結し，当該投資顧問契約に基づき，助言を業として行うことをいう。

助言の対象たる「有価証券の価値等」とは，有価証券の価値，有価証券関連オプションの対価の額または有価証券指標[9]の動向をいう。また，助言の対象

(9)　有価証券指標とは，有価証券の価格もしくは利率その他これに準ずるものとして内閣府令で定めるもの（有価証券に係る収益その他これに準ずるものの配当率および割引の方法により発行された有価証券の割引率）（定義府令18条）またはこれらに基づいて算出した数値をいう。

たる「金融商品の価値等の分析に基づく投資判断」とは，金融商品（２条24項３号の２に掲げるものにあっては，金融商品取引所に上場されているものに限る）の価値，オプションの対価の額または金融指標（同号に掲げる金融商品に係るものにあっては，金融商品取引所に上場されているものに限る）の動向の分析に基づく投資判断（投資の対象となる有価証券の種類，銘柄，数および価格ならびに売買の別，方法および時期についての判断または行うべきデリバティブ取引の内容および時期についての判断をいう）をいう。

したがって，有価証券および有価証券関連デリバティブ取引については，単に有価証券の価値等について助言を行う場合であっても投資助言業務に該当しうるものの，有価証券に関連しないデリバティブ取引については，単にその原資産である金融商品の価値や参照指標の動向について助言を行う場合で，投資判断について助言しない場合には，投資助言業務には該当しない。

有償で行われる文書による有価証券の価値等または金融商品の価値等の分析に基づく投資判断であっても，新聞，雑誌，書籍その他不特定多数の者に販売することを目的として発行されるもので，不特定多数の者により随時に購入可能なものによる場合には，投資助言業務には該当しない[(10)]。したがって，たとえばインターネットを通じて，不特定多数の者が随時購入できるような態様で発行する有価証券の価値等や投資判断に関するレポートの有償の提供は投資助言業務には該当しない。しかし，同じくインターネットを通じたサービスであっても，たとえば会員制で会員とならないと購入できない仕組みが採用されており，単発での購入・利用を受け付けないような場合には「不特定多数の者が随時購入できるような態様」という要件を満たさない可能性が高い[(11)]。

前述のように，金商法においては，業規制の対象に関し営利性が要件とされないこととなったが，投資助言業務の定義に含まれる「投資顧問契約」は，顧客による報酬の支払いが要件とされている。

平成24年金商法改正により，金融商品の定義（２条24項）の定義に商品（商品先物取引法２条１項に規定する商品のうち，法令の規定に基づく当該商品の価格の安定に関する措置の有無その他当該商品の価格形成および需給の状況を勘案し，

---

(10)　金商業者監督指針Ⅶ-3-1(2)②イ参照

(11)　前掲注(10)

当該商品に係る市場デリバティブ取引により当該商品の適切な価格形成が阻害されるおそれがなく，かつ，取引所金融商品市場において当該商品に係る市場デリバティブ取引が行われることが国民経済上有益であるものとして政令（金融商品取引法施行令１条の17の２）で定めるものをいう。２条24項３号の２）が追加され，デリバティブ取引の定義（２条22項から23項）の定義も拡大されたことから，投資助言・代理業について，商品関連市場デリバティブ取引に関するものが含まれることとなった。「金融商品の価値等の分析に基づく投資判断」の概念に関し，分析の対象となる金融商品が商品である場合，または分析の対象となる金融指標が商品に係るものである場合には，当該商品または商品に係る金融指標が金融商品取引所に上場されている場合のみ，「金融商品の価値等」に含まれる。

⑵　投資顧問契約または投資一任契約の締結の代理または媒介

金商法施行前は，投資顧問契約や投資一任契約の締結の代理または媒介は，特段業規制の対象とはされていなかったが，金商法では，新たにこれが業規制の対象に加えられた。媒介とは，契約の成立に尽力することをいうため，単に顧客を紹介するのみであれば媒介には該当しないと考えられるものの，契約の締結交渉を当事者の一方のために行うなどすると，投資顧問契約または投資一任契約の締結の代理または媒介に該当する可能性がある。また，商品案内チラシ・パンフレット・契約申込書等の単なる配布・交付，契約申込書およびその添付書類等の受領・回収，および金融商品説明会等における金融商品の仕組み・活用法等についての一般的な説明は，原則として投資顧問契約等の締結の媒介に至らない行為であると解されているが，書類等の交付に際して説明を行う場合や契約申込書などの受領に際して記載内容の確認を行う場合などは，媒介に該当する可能性がありうる（金商業者監督指針Ⅶ-3-1(2)②ロ）。

4　投資運用業

投資運用業とは，金融商品取引業のうち，次に掲げる行為のいずれかを業として行うことをいう（28条４項）。

⑴　登録投資法人と資産運用に係る委託契約を締結し，当該契約に基づき，

金融商品（２条24項３号の２に掲げるものにあっては金融商品取引所に上場されているものに限る。以下同じ）の価値等の分析に基づく投資判断に基づいて有価証券またはデリバティブ取引に係る権利に対する投資として，金銭その他の財産の運用（その指図を含む。以下同じ）を行うこと（投資法人資産運用業。２条８項12号イ）

⑵　投資一任契約を締結して，金融商品の価値等の分析に基づく投資判断に基づいて有価証券またはデリバティブ取引に係る権利に対する投資として，金銭その他の財産の運用を行うこと（投資一任契約にかかる業務。２条８項12号ロ）

⑶　投資信託または外国投資信託の受益証券の権利者から拠出を受けた金銭その他の財産を，金融商品の価値等の分析に基づく投資判断に基づいて有価証券またはデリバティブ取引に係る権利に対する投資として運用を行うこと（12号に掲げる行為に該当するものを除く）（投資信託委託業。２条８項14号，金商法施行令１条の11）

⑷　信託受益権（２条２項１号・２号）や集団投資スキーム持分（同項５号・６号）など[12]の権利者から出資または拠出を受けた金銭その他の財産を，金融商品の価値等の分析に基づく投資判断に基づいて主として有価証券またはデリバティブ取引に係る権利に対する投資として運用を行うこと（⑴〜⑶に該当するものを除く）（いわゆる自己運用業。同条８項15号）

⑴と⑶に関して投信法においては，委託者指図型投資信託の委託者および登録投資法人の資産運用の委託先の要件として，①投資運用業を行う金融商品取引業者であること（外国法人である場合には，国内に営業所を有することを要する），②運用対象に不動産が含まれる場合には宅建業法３条１項の免許を受けている金融商品取引業者であること，③主として不動産に対する投資運用を行う場合には，同法50条の２第１項の認可を受けている金融商品取引業者であることが求められている（投信法３条・199条，投信法施行令９条・122条）。加えて，委託者指図型投資信託および投資法人について不動産，商品現物（商先法２条１項）または商品投資等取引に係る権利（投信法施行令３条10号）への投資

⑿　ほかに，２条１項14号に掲げる有価証券または同項17号に掲げる有価証券（同項14号に掲げる有価証券の性質を有するものに限る）に表示される権利が含まれる。

運用を行おうとする場合には，当該業務は「特定投資運用行為」と定義され届出業務ではなく承認業務として位置付ける（投信法223条の３第２項・３項）とともに，この承認にあたって，当該業務の内容および方法を勘案して関係があると認められる国土交通大臣・農林水産大臣または経済産業大臣の意見を聴くものとされている（同法223条の３第１項，投信法施行令129条）。さらに，運用対象に有価証券またはデリバティブ取引にかかる権利以外の資産が含まれる場合であっても，運用行為全体が金融商品取引業に該当するものとみなして，金商法の規定が適用されるものとされている（投信法223条の３第２項・３項）

平成24年金商法改正による金融商品の定義の拡大およびデリバティブ取引の定義の拡大により，投資運用業についても商品関連市場デリバティブ取引に関するものが含まれることとなった。

なお，外国投資信託にかかる投資運用業務は外国の法令に準拠し，外国において投資運用業を行う者が行う場合については，投資運用業（２条８項14号）に該当しない（定義府令16条１項９号の２，第４節■**２⑹**参照）が，日本で投資運用を行う場合には２条８項14号に該当する。また，外国投資信託に係る運用について権限を有する者から国内の者が投資一任契約に基づき運用の委託を受ける業務は投資運用業（２条８項12号ロ）に該当する。

⑵の投資一任契約に係る業務は，旧投資顧問業法において認可投資顧問業者の業務とされていたものであるが，有価証券概念の拡大に伴い運用対象が広がるとともに，デリバティブ取引も本業としての運用対象に加えられた。さらに，後述第３章の兼業規制において述べるように，投資運用業を行う金融商品取引業者は付随業務または届出業務として，有価証券またはデリバティブ取引以外の資産に対する運用を行うことも認められることとなった。

⑷の自己運用業については，第６章第３節で詳述する。

投資運用業については，平成23年金商法改正により，顧客を適格投資家（29条の５第３項）に限り，その他一定の要件を満たす場合について，登録要件を一部緩和した適格投資家向け投資運用業が導入された。適格投資家向け投資運用業については第２章第１節で詳述する。

❖第４節❖　金融商品取引業から除かれる行為

金商法では，形式的には金融商品取引業の定義に該当する場合であっても，実質的には投資者保護のため支障を生ずることがないと認められる行為について，政令および内閣府令において，「金融商品取引業」の定義から除外することとしている（２条８項柱書，金商法施行令１条の８の６，定義府令15条・16条)。金融商品取引業から除外される行為については，業規制（外務員登録なども含む）や行為規制の直接の適用対象とならない。

以下，行為類型別に，金融商品取引業から除外される行為について述べることとする。

1　金融商品取引業全般

まず，国，地方公共団体，日本銀行および外国政府等の行為は，金商法２条８項各号に該当する行為であっても，金融商品取引業から除外されている（金商法施行令１条の８の６第１項１号)。

2　各行為類型から除外される行為

⑴　２条８項２号に該当しうる行為

勧誘をすることなく金融商品取引業者等（65条の５第２項および４項の規定により金融商品取引業者とみなされる者を含む）の代理・媒介により行う信託受益権の販売（業務委託契約書等において勧誘の全部を委託する旨が明らかにされているものに限る）（定義府令16条１項１号）は，金融商品取引業から除外されている。なお，委託者が発行者となる場合（**図表5－1**参照）の委託者による信託受益権の販売行為は，自己募集に該当し，当該信託受益権がいわゆる商品ファンド持分に該当する場合以外は，金融商品取引業に該当しない（第３節■ **2⑴**，第６章第２節参照)。

⑵　２条８項２号～４号に該当しうる行為

①　外国の法令に準拠し，外国において外国市場デリバティブ取引等を業として行う者が，外国市場デリバティブ取引（28条８項５号に掲げる取引を除く。以下本⑵において同じ）に関して，外国から国内の金融機関，金融商品取引業者のうち投資用業を行う者，政府または日銀などの一定の者の注文（取次ぎによるものを含む）を受ける行為や，勧誘をすることなく外国から国内のプロ顧客の注文を受ける行為，外国市場デリバティブ取引等を業として行う第二種金融商品取引業者による代理または媒介により，国内にある者を相手方として行う外国市場デリバティブ取引等の媒介，取次ぎまたは代理（２条８項２号または３号，定義府令16条１項１号の２）

外国業者が国内の金融商品取引業者等から有価証券以外の外国市場デリバティブ取引の注文を受けることは，取引ニーズが高い一方で弊害も小さいことから，平成22年金商法改正において，追加された。プロ顧客とは，外国市場デリバティブ取引等を業として行う第二種金融商品取引業者等，適格機関投資家，資本金10億円以上の株式会社等（金商法施行令１条の８の６第１項２号イまたはロ）をいう。

②　投資運用業を行う金融商品取引業者（以下「投資運用業者」という）がグループ外国投資運用業者（以下「関係外国運用業者」という）の委託を受け当該関係外国運用業者が外国において行う投資運用業に係る運用として行う取引所取引の委託の媒介・取次ぎ・代理，証券会社を相手方とする取引所外取引や店頭デリバティブ取引，外国取引所取引など（定義府令16条１項２号）

投資運用業者が関係外国運用業者の委託を受けて取引所取引の委託の媒介・取次ぎ・代理などを行うことは２条８項２号～４号に該当するが，かかる行為が，金融商品取引業から除外されることとなった（定義府令16条１項２号）。「関係外国運用業者」とは，外国の法令に準拠し，外国において投資運用業を行う法人その他の団体であって，投資運用業を行う金商業者の親会社等[13]，子会社等[14]または親会社等の子会社等をいう（定義府令16条２項）。平成20年金商

⒀　金商法施行令15条の16第３項に規定する親会社等をいう。
⒁　金商法施行令15条の16第３項に規定する子会社等をいう。

法改正で対象行為が拡大され，グローバル展開をする運用会社が発注機能を日本に集約することが可能となった。

(3)　２条８項４号の店頭デリバティブ取引等に該当しうる行為

①　プロ顧客を相手方とする店頭デリバティブ取引等（有価証券関連店頭デリバティブ取引を除く）（金商法施行令１条の８の６第１項２号）

旧金先法において，投資者保護の必要性に乏しいプロ顧客相手の取引が規制対象外とされており，同様の考え方が踏襲されたものである。ここでいうプロ顧客とは，(a)第一種金融商品取引業を行う金融商品取引業者（29条の4第９項に規定する第一種少額電子募集取扱業者を除く），(b)登録金融機関，(c)適格機関投資家（定義府令10条１項２号に掲げる者を除く），(d)資本金10億円以上の株式会社，(e)外国法人で(a)〜(d)に相当する者[15]，(f)資産流動化法２条３項に規定する特定目的会社のうち特定資本金の額が10億円以上であるもの，もしくは特定資本金の額が3,000万円以上でありかつその発行する資産対応証券の取得者が(a)〜(e)のみであるものをいう（金商法施行令１条の８の６第１項１号・２号，定義府令15条，専門的知識及び経験を有すると認められる者を指定する件（平成19年金融庁告示第53号））。なお，有価証券関連店頭デリバティブ取引については，プロ顧客を相手とする場合であっても，金融商品取引業に該当する。

②　物品の売買，運送，保管または売買の媒介を業とする者がその取引に付随して事業者の為替リスクをヘッジする目的で当該事業者を相手方として行う店頭通貨デリバティブ取引（先渡取引およびオプション取引）（定義府令16条１項３号）

これは，商社などがその取引に付随して事業者を相手方として為替リスクのヘッジ目的で行う為替予約取引および通貨オプション取引を，金融商品取引業の規制の対象外とするものである。

③　内部統制報告書の提出義務を負う上場会社等がその子会社の為替リスクをヘッジする目的で子会社を相手方としてまたは子会社のために行う店頭通貨デリバティブ取引（先渡取引およびオプション取引）またはその媒介・取次ぎ・代理（定義府令16条１項４号）

---

(15)　平成19年７月パブコメ46頁No.59〜48頁No.66参照

⑷　２条８項６号に掲げる引受けに該当しうる行為

① 第二種金融商品取引業を行う法人である金融商品取引業者（資本金の額または出資の総額が5,000万円以上であるものに限る）が，リース事業（機械類その他の物品または物件を使用させる業務）を行う完全子会社である株式会社から匿名組合契約に基づく権利の買取引受けを行う行為（定義府令16条１項５号）

② 第二種金融商品取引業を行う法人である金融商品取引業者が，不動産信託受益権を投資対象とするいわゆる不動産私募ファンドの子ファンドの匿名組合契約出資持分を，他の一の匿名組合営業者（いわゆる親ファンド）に取得させることを目的として，引き受ける行為（定義府令16条１項６号）

③ 信託会社または外国信託会社が自ら受託した信託に係る信託受益権の募集または私募に際して当該信託受益権を引き受ける行為（定義府令16条１項７号）

④ 信託等を利用した一定の要件を満たす従業員持株制度における，一定の要件を満たした取得，売付けのための株券の取得行為（定義府令16条１項７号の２）

信託を利用した従業員持株会については，投信法７条該当性も問題となるため，定義府令16条７号の２の要件を満たす契約または信託その他一定の要件を満たす持株会に係る契約または信託については，投信法７条に抵触しない旨が金商法等ガイドラインにおいて明らかにされている。また，金商法等ガイドラインでは，定義府令16条１項７号の２の要件に該当する行為および同号イ⑴または⑵に掲げる買付けを行うことを内容とするスキームにかかる権利は，２条２項５号に掲げる権利とはならないことも明らかにされている。

信託兼営金融機関は，登録金融機関業務として，形式的には有価証券の引受けに該当する上記行為を行うことができること（33条の２第２号・33条２項１号）との整合性の観点から，上記の行為は金融商品取引業から除外されている。

実務のポイント・5−4

◆役職員向け株式給付信託

金商法施行前後より，日本版ESOP（Employee Stock Ownership Plan）をはじめ，役職員向けに株式を交付するための信託スキームの設計・導入が検討され，実際の導入事例も増えている。これらの役職員向け株式給付信託にはさまざまな形態があるが，日本版ESOPについては信託を利用した株式給付型スキームと持株会連携型スキームが代表的である。株式給付型スキームでは，通常，まず，発行会社（雇用者）が委託者として信託を設定して，委託者が信託に拠出した金銭を対価として株式を受託者に発行・交付し，または受託者が拠出された金銭を元に市場等の第三者から株式を購入する。その株式を，一定の要件（退職等）を満たした従業員に交付することになる。他方，持株会連携型スキームにおいては，受託者が取得した株式を持株会に対して，定期的（たとえば毎月一定の日）にその時の時価で株式を売却していく。持株会連携型スキームの場合，受託者は金融機関から借入れを行い，その金銭を元に株式を取得することも多い。この場合，発行会社（雇用者）は，貸付金融機関に対して保証を行うことになる。

日本版ESOPスキームについては，会社法（自己株式取得規制，子会社による親会社株式取得規制，仮装払込規制，利益供与禁止規制など）を始めとして，税務，会計，労働法など幅広い論点があり，金融規制法上も，金商法，投信法などの論点がある。これらの論点については，平成20年11月17日に経済産業省より公表された「新たな自社株式保有スキームに関する報告書」において一定の整理が示されている。また，会計上の論点については，平成21年２月６日に企業会計基準委員会（ASBJ）が「連結財務諸表における特別目的会社の取扱い等に関する論点の整理」において一定の整理を示しているほか，平成25年12月25日には「従業員等に信託を通じて自社の株式を交付する取引に関する実務上の取扱い」がASBJより公表され，会計処理の明確化が図られている。

金融規制法上の論点については，ここでは詳述しないが，たとえば，①引受業規制（２条８項６号・６項），②集団投資スキームに係る規制（２条２項５号），③証券投資信託類似信託の禁止規制（投信法７条），④発行会社による開示，⑤信託ビークルによる発行・継続開示が挙げられる。このうち①〜③については，平成21年９月９日の内閣府令改正等により，一定の要件を満たす持株会連携型スキームが許容されることが明確化され（定義府令16条１項７号の２，金商法等ガイドライン１章2-1・２章7-1），④〜⑤については，同年12月11日の内閣府令改正等により，規制の明確化が図られている（企業開示府令２号様式記載上の注意(46)等，特定有価開示ガイドラインA2-3·24-3）。

法令改正に関していえば，その後平成24年３月26日の改正により，犯罪による収益の移転防止に関する法律（犯罪収益移転防止法）に基づく本人確認義務の対象から，一定の要件を満たした株式給付型・持株会連携型スキームの対象従業員が除外されている（同法施行規則３条５号・６号）。これらに加えて，役員を対象とする場合は会社法上の役員報酬規制にも注意を要するほか，インサイダー取引規制，投資助言・投資運用業規制，大量保有報告規制，銀行による株式取得・保有規制（銀行法16条の４，独占禁止法11条），信託法や信託業法上も論点があり，導入にあたっては慎重な検討を要する。

⑸　２条８項12号ロに掲げる投資一任契約に係る業務に該当しうる行為

①　グループ外国業者（以下「関係外国金融商品取引業者」という）から売買の別および銘柄（デリバティブ取引にあっては，これらに相当する事項）について同意を得たうえで，数および価格（デリバティブ取引にあっては，これらに相当する事項）については金融商品取引業者が定めることができることを内容とする契約に基づき当該金融商品取引業者が行う有価証券の売買またはデリバティブ取引（定義府令16条１項８号イ）

関係外国金融商品取引業者とは，外国の法令に準拠し，外国において第一種金融商品取引業または第二種金融商品取引業を行う法人その他の団体であって，金融商品取引業者の親会社等，子会社等，または親会社等の子会社等をいう。

②　関係外国金融商品取引業者の計算による取引に関し，売買の別，銘柄，数および価格（デリバティブ取引にあっては，これらに相当する事項）について金融商品取引業者が定めることができることを内容とする契約（本項において「取引一任契約」という）に基づき当該金融商品取引業者が行う有価証券の売買またはデリバティブ取引であって，当該金融商品取引業者が当該取引一任契約の成立前に取引一任契約の相手方となる関係外国金融商品取引業者の名称等の一定の事項を所管金融庁長官等に届け出ているもの（定義府令16条１項８号ロ）

③　商品投資顧問業者等が商品投資に付随して，為替リスクをヘッジする目的で行う通貨デリバティブ取引に係る権利に対する投資として，金銭その他の財産の運用を行う行為（定義府令16条１項９号）

ここでいう通貨デリバティブ取引については，定義府令16条４項に詳細な定義があるが，その定義には⑶②および③の店頭通貨デリバティブ取引以外に，通貨に係る先物取引，オプション取引，金融商品または金融指標に係るスワップ取引なども含まれる。

⑹　２条８項14号に掲げる投資信託の運用業務に該当しうる行為

外国の法令に準拠し，外国において投資運用業（２条８項14号に掲げる行為を行う業務に限る）を行う者が，外国投資信託の受益証券に表示される権利を有する者から拠出を受けた金銭その他の財産の運用を行う行為は金融商品取引業の規制の対象外である（定義府令16条１項９号の２）。平成22年金商法改正により，外国投資信託を国内から直接設定・指図する運用形態を規制対象にする目的で，２条８項14号の投資信託運用業務の規制対象となる有価証券に，投信法に基づく投資信託のみならず，外国投資信託も含まれることとなる改正が行われた（金商法施行令１条の11)。しかし，金商法施行前より外国の投資運用業者による外国投資信託の運用を規制していなかったことから，かかる枠組みを維持するため，外国投資信託について外国において投資運用業を行う者が外国において運用する行為が規制対象外となることを定めている。

(7)　２条８項15号に掲げる自己運用に該当しうる行為

①　集団投資スキームに係る自己運用のうち，投資一任契約により運用権限の全部を投資運用業者に委託して所要の届出等をしている場合における自己運用行為（定義府令16条１項10号，全部委託の特例）

②　集団投資スキームのうち，いわゆる二層構造不動産ファンドの子ファンドで，親ファンド運営者（匿名組合契約の営業者であって，かつ，投資運用業者)，特例業務届出者（63条３項）または改正法附則48条１項の特例投資運用業務を行う者が所要の届出等をしている場合における自己運用行為（定義府令16条１項11号）

③　競走用馬ファンドスキームにおける自己運用行為（定義府令16条１項12号）

④　外国集団投資スキームのうち，出資者（直接出資者・間接出資者）が合計10名未満であって，その全てが適格機関投資家および特例業務届出者であり，かつこれらの者の出資額が当該外国集団投資スキームの総出資額の３分の１以下である場合における自己運用行為（定義府令16条１項13号）

⑤　商品ファンドスキームにおける一の法人（商品投資を行う法人であって，商品投資に係る投資判断を商品投資顧問業者等に対して一任するなどの要件を満たした法人に限る）への全部出資に係る投資運用行為[16]（金商法施行令１条

(16)　実質的に同様の要件を満たすファンド・オブ・ファンズ投資も認められる（金商法施行令１条の８の６第２項)。

の８の６第１項３号）

①〜⑤についての詳細は，第６章第５節において後述する。

(8)　２条８項16号に掲げる行為に該当しうる行為

①　第二種金融商品取引業を行う法人たる金融商品取引業者（資本金5,000万円以上の者に限る）が信託受益権または集団投資スキーム持分に係る募集または私募の取扱いに関して顧客から金銭の預託を受ける行為であって，当該金銭について42条の４に規定する方法に準ずる方法で分別管理をしているものをいう（定義府令16条１項14号）[17]。

②　金融商品取引業者が，電子申込型電子募集取扱業務等（売出しの取扱いを除く。以下本②において同じ）を行う場合において，当該電子申込型電子募集取扱業務等に関して顧客から金銭の預託を受ける行為であって，次に掲げる方法により，当該金銭と自己の固有財産とを分別して管理するもの

(a)　銀行，協同組織金融機関の優先出資に関する法律２条１項に規定する協同組織金融機関または株式会社商工組合中央金庫への預金または貯金（当該金銭であることがその名義により明らかなものであって，当該金融商品取引業者が当該金銭についてロに掲げる金銭信託をする基準日として週に１日以上設ける日の翌日から起算して３営業日以内に当該金銭信託をする場合に限る）

(b)　信託会社（信託業法２条２項に規定する信託会社をいう）または信託業務を営む金融機関（金融機関の信託業務の兼営等に関する法律１条１項の認可を受けた金融機関をいう）への金銭信託（当該金銭であることがその名義により明らかなものであって，当該金融商品取引業者を委託者とし，当該金融商品取引業者の行う電子申込型電子募集取扱業務等に係る顧客を元本の受益者とするもののうち，金融商品取引業等に関する内閣府令141条１項４号に掲げる方法により運用されるものまたは元本補塡の契約のあるものに限る）

(9)　２条８項17号に掲げる行為に該当しうる行為

①　外国口座管理機関が行う社債等の振替業務（定義府令16条１項15号）

---

(17)　分別管理の状況の記録が第二種金融商品取引業者の作成すべき帳簿書類とされている。

外国口座管理機関（社債等振替法44条１項13号）たるグローバルカストディアンについて，外国の投資者の投資を促進するという政策的な理由から，金融商品取引業の規制の対象外とするものである。

② 振替投資信託受益権にかかる自己募集を行う投資信託委託会社が行う振替業（定義府令16条１項16号）

振替投資信託受益権にかかる自己募集業務を行う金融商品取引業者が，自己が発行した投資信託受益権について行う振替業であって，有価証券管理業を行う者に準ずる方法（43条の２第１項および２項に規定する方法に準ずる方法）による分別管理を行っているもの（当該管理の状況について，43条の２第３項に定めるところに準じて行う監査を受けているものに限る）を，金融商品取引業の規制の対象外とするものである。

第２章　金融商品取引業の参入規制

本章のサマリー

◇本章では，金商法第３章「金融商品取引業者等」第１節「総則」第２款「金融商品取引業者」および第３款「主要株主」を対象とし，金融商品取引業の参入規制について解説する。

◇金融商品取引業の参入規制は，原則として登録制に一本化されている。これにより，金融商品取引業に統合された規制対象業務のうち，従前から登録制とされていた業務のほか，従前は認可制または許可制とされていた業務についても，一つの登録の下で行うことが可能となっており，参入規制の横断化が図られている。

◇一方，金融商品取引業の参入規制については，金融商品取引業を業務内容に応じて，第一種金融商品取引業，第二種金融商品取引業，投資助言・代理業，投資運用業に区分し，各区分に応じた段階的な登録拒否要件を定めるなどの柔軟化も図られている。

❖第１節❖　金融商品取引業の登録

1　総　　論

(1)　登録制の原則

金融商品取引業の参入規制は，原則として登録制に一本化されている（29条）。これにより，金融商品取引業に統合された規制対象業務のうち，①従前から登録制とされていた業務のほか，②従前は認可制または許可制とされていた業務についても，一つの登録の下で行うことが可能となっており，参入規制の横断化が図られている。

具体的には，①として，証取法に基づく証券業（一部は認可制），旧投資顧問業法に基づく投資顧問業，旧抵当証券業法に基づく抵当証券業，旧金先法に基づく金融先物取引業，改正前信託業法に基づく信託受益権販売業など，②として，証取法に基づく有価証券店頭デリバティブ取引等および元引受業務（認可制），改正前投信法に基づく投資信託委託業および投資法人資産運用業（認可制），旧投資顧問業法に基づく投資一任業務（認可制），改正前商品ファンド法に基づく商品投資販売業（許可制）が，金融商品取引業に統合され，一つの登録の下で行うことが可能となっている。

(2)　認可制・届出制の例外

金融商品取引業のうち，私設取引システム（PTS）運営業務については，取引所と類似の機能を果たす重要な業務であることから，登録制よりも厳格な認可制が証取法から維持されている（30条１項）。

金融商品取引業のうちいわゆるプロ向けファンドの自己私募または自己運用を行う業務（適格機関投資家等特例業務。63条２項）については，健全なファンドを通じた金融イノベーションを促進するため登録が免除される（同条１項）一方，市場の公正性・透明性を確保する観点から当局による実態把握を可能とするため届出制とされている（63条２項）。

2　登録申請手続

金融商品取引業の登録を受けようとする者は，所定の事項を記載した登録申請書に業務方法書などの所定の書類を添付して当局に提出しなければならない。登録審査において登録拒否要件に該当しないと認められた場合には，当局が公衆の縦覧に供する登録簿に金融商品取引業者として登録される[18]。

---

(18)　金融商品取引業の登録申請の標準処理期間は，２カ月とされている（金商業等府令350条１項１号）。

(1)　登録申請書

金融商品取引業の登録を受けようとする者は，登録申請書を当局に提出する必要がある（29条の２第１項）。登録申請書の様式は，金商業等府令別紙様式第１号による（金商業等府令５条）。

以下，登録申請書に記載すべき事項（29条の２第１項，金商業等府令７条）を列記し，適宜説明を加える。これらの事項は，当局が登録審査を行うために把握する必要のある事項として，登録申請書への記載が義務付けられるものである（⑧，⑨は令和元年金商法改正により追加。公布より１年内に施行）。

①　商号，名称または氏名

②　法人であるときは，資本金の額または出資の総額（第一種金融商品取引業を行おうとする外国法人にあっては，資本金の額または出資の総額および持込資本金の額）

③　法人であるときは，役員の氏名または名称

④　政令で定める使用人があるときは，その者の氏名

⑤　業務の種別

⑥　公衆縦覧型の開示の対象とならない一定の有価証券について，電子募集取扱業務を行う場合にあっては，その旨

⑦　高速取引行為に関する下記の事項

(a)　第一種金融商品取引業，第二種金融商品取引業または投資運用業として高速取引行為を行う場合にあっては，その旨

(b)　第一種金融商品取引業および投資運用業を行わない場合において，第二種金融商品取引業として高速取引行為を行うときにあっては，その旨

(c)　上記(a)および(b)の場合のほか，高速取引行為を行う場合にあっては，その旨

⑧　２条２項の規定により有価証券とみなされる権利のうち内閣府令で定める一定のものまたは当該権利もしくはこれに係る金融指標に係るデリバティブ取引についての次に掲げる行為を業として行う場合にあっては，その旨

(a)　当該権利についての売買やその媒介・代理などの一定の行為または当該デリバティブ取引やその媒介・代理などの一定の行為

(b)　投資運用業に該当する行為

⑨　暗号資産またはこれに係る金融指標に係るデリバティブ取引についての次に掲げる行為を業として行う場合にあっては，その旨

(a)　当該デリバティブ取引やその媒介・代理などの一定の行為

(b)　投資運用業に該当する行為

⑩　本店その他の営業所・事務所（外国法人にあっては，本店および国内における主たる営業所・事務所その他の営業所・事務所）の名称および所在地

⑪　他に事業を行っているときは，その事業の種類

⑫　手続実施基本契約の相手方である指定紛争解決機関の商号または名称ならびに加入する金融商品取引業協会および対象事業者となる認定投資者保護団体の名称

⑬　会員または取引参加者となる金融商品取引所の名称または商号

⑭　有価証券関連業を行う場合には，下記の事項

(a)　その旨

(b)　第一種金融商品取引業を行う場合（第一種少額電子募集取扱業務のみを行う場合であって，投資者保護基金にその会員として加入しないときを除く）には，加入する投資者保護基金の名称

⑮　電子取引基盤運営業務を行う場合には，その旨

⑯　商品関連業務を行う場合には，下記の事項

(a)　その旨

(b)　商品デリバティブ取引関連業務を行う場合には，加入する投資者保護基金の名称

⑰　商品投資関連業務（金商業等府令７条４号柱書）を行う場合には，その旨など

⑱　投資事業有限責任組合契約に基づく権利に係る自己募集または自己運用を業として行う場合には，その旨

⑲　不動産信託受益権等売買等業務（金商業等府令７条６号）（■3(3)参照）を行う場合には，その旨

⑳　不動産関連特定投資運用業（金商業等府令７条７号）（■3(3)参照）を行う場合には，その旨

㉑　特定引受行為（金商業等府令７条８号）（■３(4)参照）を行う場合には，その旨

㉒　特定有価証券等管理行為（金商業等府令７条９号）（■３(4)参照）を行う場合には，その旨

㉓　金融商品取引業として高速取引行為を行う場合において，外国に住所を有する個人であるときは，国内における代理人の氏名，商号または名称

㉔　本店等の名称および所在地

④の政令で定める使用人とは，下記の者である（29条の２第１項４号，金商法施行令15条の４，金商業等府令６条）（以下，本章および本編第４章において「重要な使用人」という）。

(a)　金融商品取引業に関し，法令等を遵守させるための指導に関する業務を統括する者および当該業務を統括する者の権限を代行しうる地位にある者（部長，次長，課長その他いかなる名称を有する者であるかを問わない）

(b)　投資助言業務または投資運用業に関し，助言または運用（その指図を含む）を行う部門を統括する者および金融商品の価値等の分析に基づく投資判断を行う者

これらの重要な使用人については，申請者の業務に与える影響が大きいことから，当局が登録審査においてその適格性[19]を審査することとしており（29条の４第１項２号・３号），審査の前提として登録申請書における氏名の記載が義務付けられている。また，重要な使用人については，その適格性を審査するための資料として，履歴書などの一定の書類が登録申請書の添付書類とされている（29条の２第２項２号，金商業等府令９条２号・３号）（(2)参照）。

⑤の業務の種別とは，下記の区分をいう（29条の２第１項５号）。なお，下記(a)〜(g)は，第一種金融商品取引業をさらに細分化した区分である。

(a)　流通性の高い有価証券（第一項有価証券。２条３項）の売買などに係る業務

(b)　商品関連市場デリバティブ取引などに係る業務

(19)　ここでいう「適格性」とは，後述する「金融商品取引業を適確に遂行するに足りる人的構成」（29条の４第１項１号ホ）として求められる一般的・抽象的な役職員の適格性とは異なり，同項２号・３号に掲げる具体的な欠格要件に該当しないことを指す。

⒞　店頭デリバティブ取引などに係る業務
⒟　主幹事会社の元引受業務
⒠　主幹事会社以外の元引受業務
⒡　元引受業務以外の引受業務
⒢　私設取引システム運営業務
⒣　有価証券等管理業務
⒤　第二種金融商品取引業
⒥　投資助言・代理業
⒦　投資運用業

これらの業務の種別については，区分ごとに参入規制（⒢については，登録に加えて認可を受ける必要がある），登録拒否要件，必要となる体制に差異があることから，当局が把握する必要のある情報として，登録申請書への記載が義務付けられている。⒦の投資運用業という業務の種別を記載する場合において，投資運用業のうち適格投資家向け投資運用業を行おうとするときは，適格投資家向け投資運用業に該当する旨も記載する必要がある（29条の５第１項)。適格投資家向け投資運用業の定義については，■３⑻①参照。

⑪の他に行っている事業の種類については，届出業務（35条２項）・承認業務（35条４項）はこれに含まれるが，付随業務（35条１項）は原則としてこれに含まれないと解されている[20]。そして，金融商品取引業者が登録申請書の記載事項を変更した場合には届出を行う必要がある（31条１項）が，付随業務の種類を変更しても，登録申請書の記載事項（他に行っている事業の種類）の変更には当たらないため，届出を行う必要はないと解されている。

㉔の本店等とは，本店その他の主たる営業所・事務所（外国法人または外国に住所を有する個人にあっては，国内における主たる営業所・事務所）をいう（金商業等府令１条４項１号)。⑩の本店その他の営業所・事務所の名称および所在地に加えて㉔の記載が義務付けられている趣旨は，営業所・事務所の名称および所在地に変更がないまま本店等の変更があったような場合にも，当局が本店等を的確に把握することができるようにするためであると説明されている[21]。

⒇　平成19年７月パブコメ158頁No.41
(21)　平成24年２月パブコメ74頁No.196

(2) 登録申請書の添付書類

以下，登録申請書に添付すべき書類（29条の２第２項，金商業等府令９条・10条）を列記し，適宜説明を加える。これらの書類は，当局が登録審査の資料とするために，登録申請書への添付が義務付けられるものである。なお，実務上は，下記の書類以外にも，当局が登録審査の資料として必要と考える書類の提出を求められることがあるため，留意が必要である。たとえば，当局は申請者の概要として一定事項（法定事項に限られない）の記載を求める様式（実務では「概要書（質問表）」などと呼ばれている）を独自に作成しており，この様式の記入および提出はすべての申請者に一律に求められているようである。

① 申請者が登録拒否要件のいずれにも該当しないことを誓約する書面

② 業務の内容および方法を記載した書類（いわゆる業務方法書）

③ 業務に係る人的構成および組織などの業務執行体制を記載した書面

④ 法人であるときは，下記の書類

(a) 役員および重要な使用人の履歴書（役員が法人であるときは，当該役員の沿革を記載した書面）

(b) 役員および重要な使用人の住民票の抄本（役員が法人であるときは，当該役員の登記事項証明書）またはこれに代わる書面

(c) 役員および重要な使用人の婚姻前の氏名を当該役員および重要な使用人の氏名に併せて登録申請書に記載した場合において，上記(b)の書類が当該役員および重要な使用人の婚姻前の氏名を証するものでないときは，当該婚姻前の氏名を証する書面

(d) 役員および重要な使用人が登録拒否要件の一部に該当しない旨の官公署の証明書またはこれに代わる書面

(e) 役員および重要な使用人が登録拒否要件の一部に該当しない者であることを当該役員および重要な使用人が誓約する書面

⑤ 個人であるときは，下記の書類

(a) 申請者および重要な使用人の履歴書

(b) 申請者および重要な使用人の住民票の抄本またはこれに代わる書面

(c) 申請者および重要な使用人の婚姻前の氏名を当該申請者および重要な使用人の氏名に併せて登録申請書に記載した場合において，上記(b)の書

類が当該申請者および重要な使用人の婚姻前の氏名を証するものでないときは，当該婚姻前の氏名を証する書面

(d)　申請者および重要な使用人が登録拒否要件の一部に該当しない旨の官公署の証明書またはこれに代わる書面

(e)　重要な使用人が登録拒否要件の一部に該当しない者であることを当該重要な使用人が誓約する書面

⑥　特定関係者の状況に関する事項を記載した書類

⑦　競走用馬に係る商品投資関連業務（金商業等府令7条4号柱書）を行う場合には，当該業務に係る人的構成の審査基準を満たすことを証する書面

⑧　不動産信託受益権等売買等業務（金商業等府令7条6号）（■3(3)参照）を行う場合には，当該業務に係る人的構成の審査基準を満たすことを証する書面

⑨　不動産関連特定投資運用業（金商業等府令7条7号）（■3(3)参照）を行う場合における業務遂行能力に関する事項を記載した書面

⑩　金融商品取引業として高速取引行為を行う場合には，下記の書類

(a)　外国に住所を有する個人であるときは，国内における代理人の住民票の抄本（国内における代理人が法人であるときは，当該国内における代理人の登記事項証明書）またはこれに代わる書面など

(b)　個人であるときは，金商業等府令別紙様式第1号の2により作成した書面

(c)　高速取引行為に係る業務を管理する責任者の履歴書

(d)　第二種金融商品取引業として高速取引行為を行う場合（第一種金融商品取引業または投資運用業を行う場合を除く）には，純財産額を算出した書面

⑪　定款および登記事項証明書（申請者が法人である場合に限る）

⑫　最終の貸借対照表（関連する注記を含む）および損益計算書（関連する注記を含む）（申請者が法人である場合に限る）

⑬　第一種金融商品取引業，第二種金融商品取引業または投資運用業を行う場合であって，金融商品取引業協会（申請者が行う業務を行う者を主要な協会員または会員とするものに限る）に加入しないときは，当該業務に関する

社内規則（申請者が法人である場合に限る）

⑭　第一種金融商品取引業または投資運用業を行う場合には，下記の書類

(a)　純財産額を算出した書面

(b)　主要株主の商号，名称または氏名および本店または主たる事務所の所在地（個人にあっては，住所または居所）ならびに当該主要株主が保有する対象議決権の数を記載した書面

(c)　外国法人であるときは，主要株主に準ずる者が金融商品取引業の健全かつ適切な運営に支障を及ぼすおそれがない者であることについて，外国の当局による確認が行われていることを証する書面またはこれに準ずる書面

⑮　第一種金融商品取引業を行う場合には，下記の書類（第一種少額電子募集取扱業務のみを行う場合には，下記(b)～(d)の書類を除く）

(a)　外国法人であるときは，外国の法令に準拠し，当該外国において第一種金融商品取引業と同種類の業務を行っている者であることを証する書面

(b)　自己資本規制比率を算出した書面

(c)　店頭デリバティブ取引等に係る業務（電子取引基盤運営業務を除く）または有価証券の元引受けに係る業務を行う場合には，当該業務を管理する責任者の履歴書，当該業務に関する社内規則および当該業務に関し顧客と取引を行う際に使用する契約書類

(d)　電子取引基盤運営業務を行う場合には，電子取引基盤運営業務を管理する責任者の履歴書，電子取引基盤運営業務に関する社内規則，電子取引基盤運営業務に関し顧客と取引を行う際に使用する契約書類およびその添付書類，電子取引基盤運営業務において使用する電子情報処理組織に係る事項に関する申請者と特別の利害関係のない者の評価書

⑥の特定関係者とは，(a)親法人等，(b)子法人等，(c)持株会社をいい，申請者が第一種金融商品取引業を行う場合には，(d)関係会社を含む（金商業等府令９条４号）。(a)親法人等および(b)子法人等の定義については，第２節■２(3)参照。(c)持株会社とは，子会社の株式または持分の取得価額（最終の貸借対照表において別に付した価額があるときは，その価額）の合計額の総資産の額から一定の

資産の額を除いた額に対する割合が50％を超える会社をいう（29条の４第３項）。(d)関係会社とは，財務諸表規則上の親会社，子会社，関連会社，親会社の子会社，親会社の関連会社をいう（金商業等府令177条６項）。これらの特定関係者の状況に関する事項を記載した書類については，申請者の属する企業グループの状況を把握するための資料として，登録申請書への添付が義務付けられている。

3　登録拒否要件

(1)　総　　論

金融商品取引業については，前述のとおり，参入規制が原則として登録制に一本化されているが，その業務内容に応じて，投資者保護のための財産的基礎の確保などの必要性は異なるものと考えられる。そこで，金商法では，金融商品取引業を第一種金融商品取引業，第二種金融商品取引業，投資助言・代理業，投資運用業に区分し，各区分に応じた段階的な登録拒否要件を定めることにより，参入規制の柔軟化も図られている（29条の４第１項）。

いずれの区分に係る登録拒否要件が厳格であるかを単純に比較することは必ずしも容易でない（たとえば，必要とされる人的構成（29条の４第１項１号ホ）は，区分ごとに内容が異なるはずであり，そのうちいずれが厳格であるかを一概に結論付けることは困難と考えられる）が，あえて厳格である順に列記すれば，第一種金融商品取引業，投資運用業，第二種金融商品取引業，投資助言・代理業となるであろう。

なお，この登録拒否要件については，登録審査の段階において該当すると認められれば登録を拒否されるほか，いったん登録を受けた後の段階において該当すると認められれば登録取消しなどの対象となりうる（52条１項）ことから，新規参入業者だけではなく既存の業者にとっても留意が必要である。

(2)　具体的内容

登録拒否要件の具体的内容は，次のとおりである（改正後29条の４第１項。なお，本章で「改正後」とは令和元年金商法改正後の条文を示す）。

①　全区分に共通の登録拒否要件

(a)　監督上の処分などにより，金融商品取引業の登録，取引所取引業務の許可，電子店頭デリバティブ取引等業務の許可，金融商品仲介業の登録，信用格付業の登録，高速取引行為の登録を取り消され，もしくは適格機関投資家等特例業務の廃止を命ぜられ，その取消しもしくは命令の日から５年を経過しない者または金商法に相当する外国の法令の規定により当該外国において受けている同種類の登録もしくは許可などを取り消され，もしくは適格機関投資家等特例業務と同種類の業務の廃止を命ぜられ，その取消しもしくは命令の日から５年を経過しない者

(b)　金融商品取引業の登録，取引所取引業務の許可，電子店頭デリバティブ取引等業務の許可，金融商品仲介業の登録，信用格付業の登録，高速取引行為の登録の取消し，適格機関投資家等特例業務の廃止の処分に係る行政手続法15条の規定による通知があった日から当該処分をする日または処分をしないことの決定をする日までの間に廃業などに係る届出をした者（当該通知があった日前に廃業などについての決定をしていた者を除く）で，当該届出の日から５年を経過しないもの

(c)　金商法もしくは投信法，資産流動化法などの関係法律またはこれらに相当する外国の法令の規定に違反し，罰金の刑に処せられ，その刑の執行を終わり，またはその刑の執行を受けることがなくなった日から５年を経過しない者

(d)　他に行う事業が公益に反すると認められる者

(e)　金融商品取引業を適確に遂行するに足りる人的構成を有しない者

(f)　金融商品取引業を適確に遂行するための必要な体制が整備されていると認められない者

②　全区分に共通の登録拒否要件（申請者が法人である場合に限る）

役員または重要な使用人のうちに下記のいずれかに該当する者のある者

(a)　成年被後見人もしくは被保佐人または外国の法令上これらと同様に取り扱われている者

(b)　破産手続開始の決定を受けて復権を得ない者または外国の法令上これ

と同様に取り扱われている者

(c)　禁錮以上の刑に処せられ，その刑の執行を終わり，またはその刑の執行を受けることがなくなった日から５年を経過しない者

(d)　金融商品取引業者であった法人，取引所取引許可業者であった法人，電子店頭デリバティブ取引等許可業者であった法人，特例業務届出者であった法人，適格機関投資家等特例業務を行う旨を届け出た金融商品取引業者等であった法人，金融商品仲介業者であった法人，信用格付業者であった法人，高速取引行為者であった法人が，監督上の処分などにより，金融商品取引業の登録，取引所取引業務の許可，電子店頭デリバティブ取引等業務の許可，金融商品仲介業の登録，信用格付業の登録，高速取引行為の登録を取り消され，もしくは適格機関投資家等特例業務の廃止を命ぜられたことがある場合または金商法に相当する外国の法令の規定により当該外国において同種類の登録もしくは許可などを受けていた法人もしくは適格機関投資家等特例業務と同種類の業務を行っていた法人が，当該同種類の登録もしくは許可などを取り消され，もしくは当該業務の廃止を命ぜられたことがある場合において，その取消しまたは命令の日前30日以内にこれらの法人の役員であった者でその取消しまたは命令の日から５年を経過しない者

(e)　金融商品取引業者であった個人，特例業務届出者であった個人，適格機関投資家等特例業務を行う旨を届け出た金融商品取引業者等であった個人，金融商品仲介業者であった個人，高速取引行為者であった個人が，監督上の処分などにより，金融商品取引業の登録，金融商品仲介業の登録，高速取引行為の登録を取り消され，もしくは適格機関投資家等特例業務の廃止を命ぜられたことがある場合または金商法に相当する外国の法令の規定により当該外国において同種類の登録もしくは許可などを受けていた個人もしくは適格機関投資家等特例業務と同種類の業務を行っていた個人が，当該同種類の登録もしくは許可などを取り消され，もしくは当該業務の廃止を命ぜられたことがある場合において，その取消しまたは命令の日から５年を経過しない者

(f)　金融商品取引業の登録，取引所取引業務の許可，電子店頭デリバティ

ブ取引等業務の許可，金融商品仲介業の登録，信用格付業の登録，高速取引行為の登録の取消し，適格機関投資家等特例業務の廃止の処分に係る行政手続法15条の規定による通知があった日から当該処分をする日までは処分をしないことの決定をする日までの間に廃業などに係る届出をした法人（当該通知があった日前に廃業などについての決定をしていた者を除く）の役員であった者で，当該届出の日から５年を経過しないもの

(g)　個人であって，①(b)に該当する者

(h)　監督上の処分により解任もしくは解職を命ぜられた役員または金商法に相当する外国の法令の規定により当該外国において解任を命ぜられた役員でその処分を受けた日から５年を経過しない者

(i)　①(c)の法律などの規定もしくはこれらに相当する外国の法令の規定に違反し，または刑法などの罪を犯し，罰金の刑に処せられ，その刑の執行を終わり，またはその刑の執行を受けることがなくなった日から５年を経過しない者

③　全区分に共通の登録拒否要件（申請者が個人である場合に限る）

②(a)〜(h)もしくは(i)（①(c)の法律の規定に係る部分を除く）のいずれかに該当する者または重要な使用人のうち②(a)〜(i)のいずれかに該当する者のある者

④　第一種金融商品取引業・第二種金融商品取引業・投資運用業に共通の登録拒否要件

(a)　資本金の額または出資の総額が，政令で定める金額に満たない法人

(b)　国内に営業所または事務所を有しない法人

(c)　外国法人であって国内における代表者（当該外国法人が第一種金融商品取引業，第二種金融商品取引業または投資運用業を行うため国内に設ける全ての営業所または事務所の業務を担当するものに限る）を定めていない者

(d)　協会（認可金融商品取引業協会または認定金融商品取引業協会をいい，申請者が行おうとする業務を行う者を主要な協会員または会員とするものに限る）に加入しない者であって，協会の定款その他の規則（有価証券の売

買その他の取引もしくはデリバティブ取引等を公正かつ円滑にすることまたは投資者の保護に関するものに限る）に準ずる内容の社内規則を作成していないものまたは当該社内規則を遵守するための体制を整備していないもの

⑤　第一種金融商品取引業・投資運用業に共通の登録拒否要件

(a)　株式会社（取締役会および監査役，監査等委員会または指名委員会等を置くものに限る）または外国の法令に準拠して設立された取締役会設置会社と同種類の法人（第一種金融商品取引業を行おうとする場合には，当該外国の法令に準拠し，当該外国において第一種金融商品取引業と同種類の業務を行っている者またはこれに類するものとして政令で定める者に限る）でない者

(b)　純財産額が，④(a)の最低資本金の額に満たない者

(c)　他に行っている事業が付随業務（35条１項）および届出業務（同条２項）のいずれにも該当せず，かつ，当該事業に係る損失の危険の管理が困難であるために投資者保護に支障を生ずると認められる者

(d)　個人である主要株主（申請者が持株会社の子会社であるときは，当該持株会社の主要株主を含む。(e)，(f)において同じ）のうちに下記のいずれかに該当する者のある法人（外国法人を除く）

(i)　成年被後見人もしくは被保佐人または外国の法令上これらと同様に取り扱われている者であって，その法定代理人が②(a)～(i)のいずれかに該当するもの

(ii)　②(b)～(i)のいずれかに該当する者

(e)　法人である主要株主のうちに次のいずれかに該当する者のある法人（外国法人を除く）

(i)　①(a)または(b)に該当する者

(ii)　①(c)の法律の規定またはこれらに相当する外国の法令の規定に違反し，罰金の刑に処せられ，その刑の執行を終わり，またはその刑の執行を受けることがなくなった日から５年を経過しない者

(iii)　法人を代表する役員のうちに②(a)～(i)のいずれかに該当する者のあ

る者

(f)　主要株主に準ずる者が金融商品取引業の健全かつ適切な運営に支障を及ぼすおそれがない者であることについて，外国の当局による確認が行われていない外国法人

⑥　第一種金融商品取引業に固有の登録拒否要件

(a)　自己資本規制比率が120％を下回る者

(b)　他の第一種金融商品取引業を行う金融商品取引業者が現に用いている商号と同一の商号またはこれと誤認されるおそれのある商号を用いようとする者

⑦　第二種金融商品取引業として高速取引行為を行おうとする場合（第一種金融商品取引業または投資運用業を行い，または行おうとする場合を除く）に固有の登録拒否要件

(a)　外国に住所を有する個人であって国内における代理人を定めていない者

(b)　外国に住所を有する個人であってその主たる営業所もしくは事務所または高速取引行為に係る業務を行う営業所もしくは事務所の所在するいずれかの外国の189条１項に規定する外国金融商品取引規制当局の同条２項１号の保証がない者

(c)　純財産額が，政令で定める金額に満たない者

以下，上記の登録拒否要件について適宜説明を加える。

(3)　人的構成要件（(2)①(e)）

金融商品取引業を適確に遂行するに足りる人的構成を有することが必要とされている（29条の４第１項１号ホ）。

この人的構成要件については，法令において審査基準が定められ，ある程度の明確化が図られている。

まず，業務内容を問わない一般的な審査基準として，①業務に関する十分な知識・経験を有する役員・使用人の確保の状況および組織体制に照らし，当該

業務を適正に遂行することができないと認められるかどうか，②役員・使用人のうちに，経歴，暴力団または暴力団員との関係その他の事情に照らして業務の運営に不適切な資質を有する者があることにより，金融商品取引業の信用を失墜させるおそれがあると認められるかどうかという基準が定められている（金商業等府令13条1号・2号）。

また，業務内容に応じた審査基準として，競走用馬に係る商品投資関連業務（金商業等府令7条4号柱書），不動産信託受益権等売買等業務（金商業等府令7条6号），不動産関連特定投資運用業（金商業等府令7条7号）について，それぞれ審査基準が定められている（金商業等府令13条3号～5号）。

競走用馬に係る商品投資関連業務（金商業等府令7条4号柱書）については，(a)日本中央競馬会または地方競馬全国協会による指導を受けていること，(b)いわゆる「愛馬会法人」または「クラブ法人」の業務のいずれかのみに該当すること[22]，(c)「クラブ法人」の業務を行う場合には競馬法に基づく馬主登録を受けていることという審査基準が定められている（金商業等府令13条3号）。

不動産信託受益権などの売買その他の取引を行う不動産信託受益権等売買等業務（金商業等府令7条6号）については，(i)宅地・建物の取引に関する専門的知識・経験を有する役員・使用人を不動産信託受益権等売買等業務の統括部門，内部監査部門および法令等遵守指導業務部門にそれぞれ配置していること，(ii)不動産信託受益権等売買等業務を行う役員・使用人が，不動産信託受益権などに関する事項について，顧客に対して適切な説明をするために必要な宅地・建物の取引に関する専門的知識・経験を有しているかどうかという審査基準が定められている（金商業等府令13条4号）。

不動産信託受益権などを投資対象とする投資運用業（投資信託のスキームを利用するものを除く）である不動産関連特定投資運用業（金商業等府令7条7号）については，不動産投資顧問業登録規程（国土交通省の告示）の総合不動産投資顧問業者としての登録を受けている者であるかどうか，または，これと同等の者であると認められるかどうかという基準が定められている（金商業等府令13条5号，平成19年金融庁告示第54号）。

---

(22)　「愛馬会法人」または「クラブ法人」の意味については，松下美帆ほか「金融商品取引法関係政府令の解説(2)金融商品取引法の対象商品・取引」旬刊商事法務1809号21頁（2007）参照。

さらに，金商業者監督指針では，法令で上記のとおり定められた内容以外の点も人的構成要件の審査にあたって確認することとされている（金商業者監督指針Ⅳ-4-1(2)，Ⅴ-3-1(1)，Ⅵ-3-1-1(1)，Ⅶ-3-1(1)）点に留意が必要である。役職員の適格性を求めるいわゆるFit & Proper原則の考え方を徹底して監督の実効性の確保を図るものと考えられる。また，金商業者監督指針では，人的構成要件の特則として，適格投資家向け投資運用業（定義については(8)①参照）について，通常の投資運用業よりも緩和した内容の体制審査の項目その他の留意点も示している（金商業者監督指針Ⅵ-3-1-2)。

(4)　最低資本金要件（(2)④(a)）

最低資本金要件は，業務内容に応じて下記のとおり定められている（29条の4第1項4号イ，金商法施行令15条の7第1項）。

①　第一種金融商品取引業のうち主幹事会社の元引受業務については，30億円

②　第一種金融商品取引業のうち主幹事会社以外の元引受業務については，5億円

③　その店頭デリバティブ取引等の業務の用に供する電子情報処理組織を使用して行う特定店頭デリバティブ取引またはその媒介，取次ぎもしくは代理については，3億円

④　第一種金融商品取引業（第一種少額電子募集取扱業務および①～③を除く）については，5,000万円

⑤　投資運用業（適格投資家向け投資運用業を除く）については，5,000万円

⑥　第二種金融商品取引業（第二種少額電子募集取扱業務を除く）については，1,000万円

⑦　第一種少額電子募集取扱業務については，1,000万円

⑧　適格投資家向け投資運用業（定義については(8)①参照）については，1,000万円

⑨　第二種少額電子募集取扱業務については，500万円

また，第二種金融商品取引業を行う法人については，最低資本金要件とは意味合いが異なるが，資本金額が5,000万円以上であることが，一定の業務につ

いて本来必要とされる第一種金融商品取引業の登録が免除されるための要件とされている。具体的には，第二種金融商品取引業を行う法人のうち資本金額が5,000万円以上であるものは，第一種金融商品取引業の登録を受けることなく，(a)リース事業を出資対象事業とする匿名組合契約に基づく権利の引受け(23)（特定引受行為。金商業等府令７条８号），(b)集団投資スキーム持分などの募集・私募の取扱いに関して顧客から金銭の預託を受ける行為(24)（特定有価証券等管理行為。金商業等府令７条９号）を行うことができる（定義府令16条１項５号・14号・14号の２）。

なお，(i)第二種金融商品取引業を行う個人，および，(ii)投資助言・代理業のみを行う者については，最低資本金要件は課されていないが，その代わりに，(i)については1,000万円（第二種少額電子募集取扱業務を行う場合は500万円），(ii)については500万円の営業保証金の供託義務が課されている（31条の２第２項，金商法施行令15条の12）。営業保証金の供託は，現金により行う方法，有価証券により行う方法（31条の２第９項）または金融機関と所定の契約を締結する方法（31条の２第３項）のいずれかにより行う。

(5)　株式会社要件など（(2)⑤(a)）

(2)⑤(a)は，①第一種金融商品取引業および投資運用業について，いわゆる株式会社要件を定めるほか，②第一種金融商品取引業を行おうとする外国法人について，当該外国の法令に準拠し，当該外国において第一種金融商品取引業と同種類の業務を行っている者またはこれに類するものとして政令で定める者であることを要件とするものである（29条の４第１項５号イ）。

①の株式会社要件については，適格投資家向け投資運用業（定義については**(8)**①参照）を行う場合には，「取締役会および監査役，監査等委員会または指名委員会等を置くものに限る」という要件が，「監査役，監査等委員会または指名委員会等を置くものに限る」という要件に軽減され，外国法人の「取締役会設置会社と同種類」という要件が，「監査役設置会社，監査等委員会設置会

---

(23)　本来であれば２条８項６号の有価証券の引受けに該当し，第一種金融商品取引業となる（28条１項３号）。

(24)　本来であれば２条８項16号の有価証券等管理行為に該当し，第一種金融商品取引業となる（28条１項５号）。

社または指名委員会等設置会社と同種類」という要件に軽減されている（29条の５第１項）。

②の外国において第一種金融商品取引業と同種類の業務を行っている者に類するものとして政令で定める者とは，自己は外国において第一種金融商品取引業と同種類の業務を行っていないが，その発行済株式または出資の持分の全部を所有している者が外国において第一種金融商品取引業と同種類の業務を行っている者である（金商法施行令15条の８）。これにより，外国において第一種金融商品取引業と同種類の業務を行っている者が日本以外の国において完全子会社を設立し，その完全子会社の日本支店を通じて第一種金融商品取引業を行うという進出形態も可能とされている。

⑹　主要株主

主要株主に関する規制は，申請者が国内法人である場合と外国法人である場合とで異なる。

①　申請者が国内法人である場合（⑵⑤(d)・(e)）

主要株主とは，会社の総株主等の議決権の20%（会社の財務および業務の方針の決定に対して重要な影響を与えることが推測される所定の事実がある場合には15%）以上の数の議決権を保有している者をいう（29条の４第２項）。

第一種金融商品取引業および投資運用業を行おうとする国内法人については，その業務の重要性にかんがみ，当該国内法人のみならず，その事業に対して影響力を有する主要株主についても下記のとおり適格性の確保が図られている。

まず，主要株主については，⑵⑤(d)・(e)のとおり，登録審査においてその適格性が審査される（29条の４第１項５号ニ・ホ）。また，金商業者監督指針では，登録審査において，主要株主については法令で定められた欠格事項以外の事項も考慮することとされ，主要株主の金融商品取引業者に対する不当な影響力の行使のおそれがある場合には，金融商品取引業者が適確な人的構成を有しないと認定することがあるとされている（金商業者監督指針Ⅳ-4-1(2)②注，Ⅵ-3-1-1(1)②注）。

実務のポイント・5−5

◆主要株主の範囲

ある者が金融商品取引業者の主要株主に当たるかどうかは，その者が金融商品取引業者の議決権（対象議決権。29条の４第２項）の20%（一定の場合には15%）以上を保有しているかどうかにより判断される。対象議決権の算定にあたっては，⑴保有の態様その他の事情を勘案して法令で定める一定の議決権が除外されること（同項，金商業等府令15条の２），および，⑵法令で定める一定の場合には自己が直接保有していない対象議決権も保有するものとみなされること（29条の４第５項）に留意が必要である。特に，実務上は，⑵として自己と「特別の関係にある者が保有する……対象議決権」を保有するものとみなされることに留意が必要である。この「特別の関係にある者」には，「被支配会社」（いわば「子」），「支配株主等」（いわば「親」），「支配株主等の他の被支配会社」（いわば「兄弟」）が含まれる（金商法施行令15条の10第１項１号）。しかし,「子」,「親」,「兄弟」が保有する対象議決権を自己が保有するものとみなされるのは，自己またはその被支配会社（「子」）も自ら対象議決権を直接保有する場合に限定されている（同項２号参照）。したがって，自ら対象議決権を直接保有しない者は，その「親」,「兄弟」が対象議決権の20%（一定の場合には15%）以上を保有していたとしても，主要株主に当たることはない。一方，そのような者であっても，その「子」が対象議決権の20%（一定の場合には15%）以上を保有している場合には，主要株主に当たることになる。このことを，自ら対象議決権の20%（一定の場合には15%）以上を直接保有する主要株主を起点として表現すると，その「子」,「兄弟」は（自ら対象議決権を直接保有しない限り）主要株主に当たらない一方，その「親」は（自ら対象議決権を直接保有しなくても）主要株主に当たることになる（いわば，上は含むが，下・横は含まない）。なお，平成16年11月11日パブコメの別紙では，ここで説明した主要株主の範囲が図示されている。簡略化すると以下のとおりである。

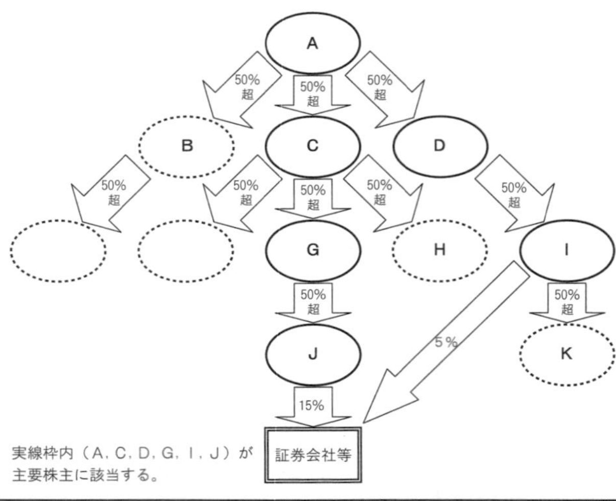

また，主要株主となった者は，その議決権保有割合，保有の目的などを記載した届出書を遅滞なく当局に提出する必要があり（32条１項），主要株主でなくなったときにも，遅滞なくその旨を当局に届け出る必要がある（32条の３第１項）。さらに，主要株主のうち，会社の総株主等の議決権の50％を超える議決権を保有している者は「特定主要株主」と呼ばれ（32条４項），特定主要株主以外の主要株主が特定主要株主となったときには遅滞なくその旨を当局に届け出る必要があり（32条３項），特定主要株主が特定主要株主以外の主要株主となったときにも遅滞なくその旨を当局に届け出る必要がある（32条の３第２項）。

また，当局は，公益または投資者保護のため必要かつ適当であると認めるときは，主要株主に対し報告または資料の提出を命じ，立入検査を行うことができ（56条の２第２項），主要株主が欠格事項に該当する場合には，当該主要株主に対し，３カ月以内の期間を定めて主要株主でなくなるための措置その他必要な措置をとることを命ずることができる（32条の２第１項）。さらに，当局は，特定主要株主に対しては，当該特定主要株主の業務・財産の状況（当該特定主要株主の子法人等の財産の状況を含む）に照らして公益または投資者保護のため特に必要があると認めるときは，金融商品取引業者の業務の運営または財産の状況の改善に必要な措置をとることを命ずることができ（32条の２第２項），当該特定主要株主がこの命令に違反した場合には，３カ月以内の期間を定めて主要株主でなくなるための措置その他必要な措置をとることを命ずることができる（32条の２第３項）。

なお，金融商品取引業者の持株会社の主要株主についても，上記の届出義務および報告徴取・検査・措置命令など（金融商品取引業者の特定主要株主に対して適用される規制を除く。ただし，金融商品取引業者の持株会社の特定主要株主は，金融商品取引業者自身の特定主要株主にも該当するため，金融商品取引業者自身の特定主要株主として当該規制の対象となる）の対象とされている（32条の４・56条の２第２項）。一方，金融商品取引業者の持株会社自身については，持株会社としての届出義務などの独自の規制はなく，主要株主の定義に該当する場合に上記規制の対象となるにすぎない。

②　申請者が外国法人である場合（(2)⑤(f)）

第一種金融商品取引業または投資運用業を行おうとする外国法人については，外国法令において主要株主規制が整備されていることを前提として，金商法では上記のような主要株主規制は定められていない。一方，外国法人については，(2)⑤(f)のとおり，外国法令上の主要株主規制における主要株主に準ずる者について，その適格性が外国の当局により確認されていることが要件とされている（29条の4第1項5号へ）。したがって，申請者が外国法人である場合には，主要株主に準ずる者が当局に対する届出を行う必要はないが，申請者の登録申請の際に，(2)⑤(f)の登録拒否要件に該当しないことを確認するため，■2(2)⑭(c)で述べたとおり主要株主に準ずる者について外国の当局による適格性の確認の有無に関する資料を提出することが求められている。

(7)　投資型クラウドファンディングに関する特例

投資型クラウドファンディングについては，新規・成長企業へのリスクマネーの供給促進を図るため，仲介者にとって参入が容易となるよう一定の規制が緩和されている。他方，投資型クラウドファンディングがインターネットを通じて手軽に多数の者から資金を調達できる仕組みであることを踏まえ，投資家保護のため一定の規制も設けられている。

①　特例の対象となる業務

特例の対象となるのは，第一種少額電子募集取扱業務および第二種少額電子募集取扱業務である。

第一種少額電子募集取扱業務とは，①インターネットを通じて行われる有価証券の募集の取扱いなど（電子募集取扱業務）のうち，非上場の株式・新株予約権・集団投資スキーム持分（電子記録移転権利に該当するものに限る）の募集・私募の取扱いであって，当該株式・新株予約権の発行価額の総額が1億円未満であり，かつ，当該株式・新株予約権の取得者の払込額が50万円以下であるもの，または，②①に関して顧客から金銭の預託を受けることをいう（改正後29条の4の2第10項，金商法施行令15条の10の3）。第一種金融商品取引業のうち第一種少額電子募集取扱業務のみを行う場合は，その旨を登録申請書に記載して登録または変更登録を受けることが義務付けられており，この登録または変更登録を受けた者を第一種少額電子募集取扱業者という（29条の４の２第９項）。

第二種少額電子募集取扱業務とは，電子募集取扱業務のうち，集団投資スキーム持分（電子記録移転権利に該当するものを除く）であって開示規制が適用除外されるものまたは非上場のものの募集・私募の取扱いであって，当該集団投資スキーム持分の発行価額の総額が１億円未満であり，かつ，当該集団投資スキーム持分の取得者の払込額が50万円以下であるものをいう（改正後29条の４の３第４項，金商法施行令15条の10の３）。第二種金融商品取引業のうち第二種少額電子募集取扱業務のみを行う場合は，その旨を登録申請書に記載して登録または変更登録を受けることが義務付けられており，この登録または変更登録を受けた者を第二種少額電子募集取扱業者という（29条の４の３第２項）。

②　規制緩和の内容

第一種少額電子募集取扱業者については，兼業規制，標識掲示義務，責任準備金積立義務，自己資本規制比率の適用が免除される（29条の４の２第４項～６項）。また，最低資本金要件（およびこれを踏まえた純財産要件）が緩和されるのは，**(4)**で述べたとおりである。他方，第一種少額電子募集取扱業者については，その業務範囲が限定的であることから，金融商品仲介業者への業務の委託，公開買付事務取扱者の事務，大量保有報告規制における特例報告が認められない（同条７項）。また，標識掲示義務が免除される代わりに，ウェブサイトにおいて商号，登録番号その他一定の事項を公表することが義務付けられる（同条８項）。

第二種少額電子募集取扱業者については，標識掲示義務が免除される（29条の４の３第２項）。また，最低資本金要件が緩和されるのは，**(4)**で述べたとおりである。他方，第二種少額電子募集取扱業者については，標識掲示義務が免除される代わりに，ウェブサイトにおいて商号，登録番号その他一定の事項を公表することが義務付けられる（同条３項）。

③　投資家保護のための規制

業務を適確に遂行するための体制が整備されていないことが登録拒否事由と

されるほか（29条の４第１項１号へ），業務を適確に遂行するための業務管理体制を整備することが義務付けられる（35条の３）。これらの体制整備に関する規制は，平成26年金商法改正により投資型クラウドファンディングに関する特例の導入に伴い設けられたものであるが，平成26年金商法改正前は，金融商品取引業者等全般に対して体制整備を義務付ける包括的な条項が存在しなかった。そこで，これらの体制整備に関する規制は，法律レベルでは，金融商品取引業者等全般を対象とする包括的な形で規定された。その上で，投資型クラウドファンディングに関する特則として，内閣府令レベルで，電子募集取扱業務などを行う金融商品取引業者等は，有価証券の発行者やその事業計画を審査するための措置を講じることなどが義務付けられている（金商業等府令70条の２第２項）。

一定の有価証券について電子募集取扱業務を行う金融商品取引業者等は，契約締結前交付書面に記載する事項のうち一定の重要な事項について，電子募集取扱業務を行う期間中，ウェブサイトにおいて，電子募集取扱業務の相手方が閲覧することができる状態に置かなければならない（43条の５）。このウェブサイトによる情報提供は，契約締結前交付書面の交付による情報提供と重複する面があるが，インターネットはどこからでも手軽にアクセスできるものであり，そこで取引を行おうとする者にとって意思決定の心理的障壁が低いという特性に鑑み，あえて求められるものであると説明されている[25]。

⑻　適格投資家向け投資運用業に関する特例

適格投資家向け投資運用業に関する特例とは，一定のプロ投資家に向けて行う投資運用業について，登録拒否要件を緩和するほか，一定の規制を緩和する特例である（29条の５）。適格機関投資家等特例業務に関する特例（63条）が金融商品取引業の登録義務を免除する特例であるのに対し，適格投資家向け投資運用業に関する特例は，金融商品取引業の登録義務まで免除する特例ではなく，金融商品取引業の登録を受けるための要件などを緩和するにとどまる。

---

(25)　齋藤ほか・逐条解説2014年金商法改正・134頁

①　適格投資家向け投資運用業の定義

適格投資家向け投資運用業とは，投資運用業のうち，すべての運用財産に係る権利者が適格投資家のみであり，かつ，すべての運用財産の総額が200億円を超えないものをいう（29条の５第１項，金商法施行令15条の10の５）。

適格投資家とは，(a)特定投資家，(b)特定投資家に準ずる者，(c)金融商品取引業者と密接な関係を有する者をいう（29条の５第３項）。

(a)の特定投資家とは，適格機関投資家，国，日本銀行その他一定範囲の者をいう（２条31項）。金融商品取引業者等が特定投資家を相手方とする場合に書面交付義務等の一定の行為規制の適用を除外する特定投資家制度においては，一定範囲の顧客について，その選択により，特定投資家から一般投資家に移行すること，または，一般投資家から特定投資家に移行することが認められている（第６編第１章参照）。しかし，適格投資家向け投資運用業に関する特例においては，顧客の選択による属性移行を認めると，顧客の選択により登録拒否要件などの内容が左右されることになってしまい不安定であるため，顧客の選択による属性移行は認められていない（34条の２第５項・34条の３第４項・34条の４第６項）。

ただし，一般投資家のうち，知識，経験および財産の状況に照らして特定投資家に準ずる一定範囲の者は，(b)の特定投資家に準ずる者として適格投資家の範囲に含められている（金商業等府令16条の６）。

(c)の金融商品取引業者と密接な関係を有する者とは，当該金融商品取引業者の役員，重要な使用人，親会社等その他一定範囲の者をいう（金商法施行令15条の10の７，金商業等府令16条の５の２）。金融商品取引業者がファンドの立上げ時にこれらの者に対して出資を求める例が多いとの実態を踏まえ，適格投資家の範囲に含められたものである。

なお，潜脱防止の観点から，適格投資家以外の者が出資する特定目的会社や集団投資スキームの業務執行組合員など一定範囲の者は，適格投資家に該当しないものとみなされる（29条の５第４項）。

②　登録拒否要件の緩和

適格投資家向け投資運用業については，投資運用業の登録拒否要件のうち，人的構成要件，最低資本金要件（およびこれを踏まえた純財産要件），株式会社要件が緩和されている（具体的な内容については(3)〜(5)参照）。また，このように登録拒否要件が緩和されることから，適格投資家向け投資運用業を行おうとする申請者は，その旨を登録申請書に記載する必要がある（■２(1)参照）。また，最低資本金要件（およびこれを踏まえた純財産要件）が緩和される適格投資家向け投資運用業を行う金融商品取引業者は，金融商品仲介業者の所属金融商品取引業者等としての賠償責任（66条の24）を果たせるような財産的基礎を備えているとは必ずしもいえないことから，所属金融商品取引業者等となりうる者の範囲から除外されている（29条の５第５項）。

③　有価証券の取得勧誘に関する規制の緩和

適格投資家向け投資運用業を行う金融商品取引業者が，投資一任契約に基づき，投資信託の受益証券などの第一項有価証券に表示される権利を有する者から出資または拠出を受けた金銭その他の財産の運用を行う権限の全部の委託を受けた者である場合において，当該金融商品取引業者が適格投資家を相手方として第一項有価証券の私募の取扱いを行うときは，当該私募の取扱いは本来第一種金融商品取引業に該当する。しかし，この場合において，第一項有価証券を適格投資家以外の者に譲渡しない旨の転売制限を付すなど一定の要件（金商法施行令15条の10の６，金商業等府令16条の５）を満たすときは，当該金融商品取引業者が行う第一項有価証券の私募の取扱いは，第二種金融商品取引業とみなされる（29条の５第２項）。

■４　変更登録など

(1)　変更届出

いったん登録を受けた金融商品取引業者は，①登録申請書の記載事項（業務の種別，公衆縦覧型の開示の対象とならない一定の有価証券について電子募集取扱業務を行う旨，第二種金融商品取引業として高速取引行為を行う旨，２条２項の規定により有価証券とみなされる権利のうち内閣府令で定める一定のものまたは当該権利もしくはこれに係る金融指標に係るデリバティブ取引についての一定の行為を業として行う旨，暗号資産またはこれに係る金融指標に係るデリバティブ取引についての一定の行為を業として行う旨を除く）に変更があったときはその日から２週間以内に（改正後31条１項），②業務方法書の記載事項のうち，２条２項の規定により有価証券とみなされる権利のうち内閣府令で定める一定のものまたは当該権利もしくはこれに係る金融指標に係るデリバティブ取引についての一定の行為，暗号資産またはこれに係る金融指標に係るデリバティブ取引についての一定の行為に係る一定の事項を変更しようとするときはあらかじめ，それ以外の事項に変更があったときは遅滞なく（同条３項），その旨を当局に届け出る必要がある。変更届出は，所定の届出書および添付書類を提出して行う必要がある（金商業等府令20条１項・21条）。

⑵　変更登録

いったん登録を受けた金融商品取引業者は，登録申請書の記載事項のうち一定の事項（業務の種別，公衆縦覧型の開示の対象とならない一定の有価証券について電子募集取扱業務を行う旨，第二種金融商品取引業として高速取引行為を行う旨，２条２項の規定により有価証券とみなされる権利のうち内閣府令で定める一定のものまたは当該権利もしくはこれに係る金融指標に係るデリバティブ取引についての一定の行為を業として行う旨，暗号資産またはこれに係る金融指標に係るデリバティブ取引についての一定の行為を業として行う旨）を変更しようとする場合には，変更登録を受ける必要がある（改正後31条４項）。すなわち，登録申請書における他の記載事項の変更については事後届出で足りることとされているのに対し，これらの事項の変更についてはあらかじめ変更登録を受けることが必要とされている。これらの事項が変更される場合には，適用される登録拒否要件や必要となる体制に変更が生じることから，再度当局が登録審査を行うこととしたものである（同条５項・29条の４）。

変更登録の申請は，当局が再度の登録審査を行うために把握する必要のある情報を記載した資料として，所定の変更登録申請書および新たに行おうとする業務に係る添付書類を提出して行う必要がある（金商業等府令22条）。

なお，いったん登録を受けた金融商品取引業者が業務の種別を変更して新たに私設取引システム運営業務を行おうとする場合には，認可を受ける必要がある（30条１項）。また，いったん私設取引システム運営業務の認可を受けた金融商品取引業者が，私設取引システム運営業務に係る損失の危険の管理方法，売買価格の決定方法，受渡しその他の決済の方法，業務の内容および方法を変更する場合には，事後の変更届出ではなく，事前に認可を受けることが必要とされている（31条６項）。

❖第２節❖　そ の 他

1　商号規制

⑴　一般的な禁止規定

金融商品取引業者でない者は，「金融商品取引業者」という商号・名称またはこれと紛らわしい商号・名称を使用することが禁止されている（31条の３）。

第一種金融商品取引業については，他の第一種金融商品取引業を行う金融商品取引業者が現に用いている商号と同一の商号またはこれと誤認されるおそれのある商号を用いることが，登録拒否要件とされ（29条の４第１項６号ロ），禁止されている。

また，金融商品取引業者等その他の法令の規定により金融商品取引業を行うことができる者以外の者が，金融商品取引業を行う旨の表示をすること，および，金融商品取引業を行うことを目的として金融商品取引契約の締結について勧誘をすることも禁止されている（31条の３の２）。この規制は，平成23年金商法改正で導入されたものである。

⑵　「証券」という文字の使用

証取法では，証券会社が商号中に「証券」という文字を使用することが義務付けられていた（証取法31条１項）が，金商法では，拡大した規制対象業務の内容を示す適切な表現がないことから，金融商品取引業者の商号，名称，氏名について一定の文字の使用は義務付けられていない。

証取法における証券会社（金商法施行の際，現に証取法28条の登録を受けていた者）は，商号中に「証券」という文字を使用し続けることも，「証券」という文字を使用しない商号に変更することも，可能とされている（証取法等改正法附則25条１項・26条）。

一方，証券会社以外の者は，商号・名称中に，証券会社であると誤認されるおそれのある文字を使用することが禁止されている（証取法等改正法附則25条２項）。ただし，金商法施行の日以後に有価証券関連業を行う者は，この禁止規定の適用を除外されている。なお，この適用除外の対象者については，条文上は「有価証券関連業を行う者」とだけ規定されているが，有価証券関連業を行うという要件だけではなく，第一種金融商品取引業の登録を受けているとの要件まで必要であると解されている[26]。

2　役職員の兼職規制

(1)　他の会社との兼職の届出

第一種金融商品取引業または投資運用業を行う金融商品取引業者の役員については，他の会社の役員との兼職が届出制とされている。第一種金融商品取引業または投資運用業については，業務の重要性にかんがみ，役員が職務に専念できる状況にあるかどうかを当局が把握できるようにする趣旨であると考えられる。

具体的には，第一種金融商品取引業または投資運用業を行う金融商品取引業者の取締役または執行役は，他の会社の取締役，会計参与，監査役もしくは執行役に就任した場合（他の会社の取締役，会計参与，監査役または執行役が金融商品取引業者の取締役または執行役に就任した場合を含む）またはこれを退任した場合には，遅滞なく，その旨を当局に届け出る必要がある（31条の４第１項）。

(2)　親銀行等・子銀行等との兼職の届出

第一種金融商品取引業以外の有価証券関連業を行う金融商品取引業者の役員については，親銀行等・子銀行等の役員との兼職が届出制とされている。いわゆるファイアーウォール規制の見直しに関する平成20年金商法改正により，

(26)　三井ほか・一問一答232頁

銀・証間における役職員の兼職の一律禁止が撤廃され，届出制とされたものである。

具体的には，第一種金融商品取引業以外の有価証券関連業を行う金融商品取引業者の取締役または執行役は，当該金融商品取引業者の親銀行等もしくは子銀行等の取締役，会計参与，監査役もしくは執行役に就任した場合（当該金融商品取引業者の親銀行等または子銀行等の取締役，会計参与，監査役または執行役が当該金融商品取引業者の取締役または執行役に就任した場合を含む）またはこれを退任した場合には，遅滞なく，その旨を当局に届け出る必要がある（31条の４第２項）。

⑶　親法人等・子法人等の定義

⑵における「親銀行等」および「子銀行等」とは，それぞれ，親法人等のうち銀行等に該当するもの（31条の４第３項）および子法人等のうち銀行等に該当するもの（同条４項）をいう。

「親法人等」・「子法人等」については，⑵のとおり役職員の兼職規制の対象範囲を画するほか，いわゆるグループ会社間のアームズ・レングス・ルール（44条の３）の対象範囲を画するなどの重要な意義を有することから，当局がその範囲を把握できるよう，その状況に関する事項を記載した書類が登録申請書の添付書類とされている（金商業等府令９条４号）（第１節■２⑵⑥参照）ほか，その範囲の変更が届出事由とされている（金商業等府令199条３号）。

親法人等・子法人等の定義は，下記のとおりである（金商法施行令15条の16第１項・２項）。ただし，もっぱらグループ会社のために業務を行う一定の範囲の従属会社および国内に拠点を有しない外国の法人その他の団体は，親法人等・子法人等から除外されている（金商業等府令32条）。

①　親法人等

⒜　親会社等

⒝　親会社等の子会社等（自己，⒜，②⒜を除く）

⒞　親会社等の関連会社等（②⒝を除く）

⒟　総株主等の議決権の50％を超える議決権を保有する個人（「特定個人株主」）に係る次に掲げる会社等（自己，⒜～⒞，②⒜・⒝を除く）

・　当該特定個人株主が総株主等の議決権の50％を超える議決権を保有する会社等（当該会社等の子会社等および関連会社等を含む。）

・　当該特定個人株主が総株主等の議決権の20％以上50％以下の議決権を保有する会社等

②　子法人等

(a)　子会社等

(b)　関連会社等

上記における「親会社等」，「子会社等」，「関連会社等」の定義は，財務諸表規則における親会社，子会社，関連会社の定義（財務諸表規則８条３項〜７項）と平仄を合わせて定められている（金商業等府令33条・34条）。なお，「親会社等」，「子会社等」，「関連会社等」は，会社形態のものに限られず，「会社，組合その他これらに準ずる事業体（外国におけるこれらに相当するものを含む。）」（金商業等府令33条１項柱書，金商法施行令15条の16第３項）とされており，この点も，財務諸表規則における親会社，子会社，関連会社の定義と同様である（財務諸表規則１条３項５号）。このように，財務諸表規則における親会社，子会社，関連会社の概念の組合せにより，アームズ・レングス・ルールなどの対象となるグループ会社の範囲を定める方法は，銀行法や保険業法などに倣ったものである（銀行法13条の２，銀行法施行令４条の２，銀行法施行規則14条の７，保険業法100条の３，保険業法施行令14条，13条の５の２，保険業法施行規則52条の12の２など）。

第３章　金融商品取引業者の業務範囲（兼業規制）

本章のサマリー

◇本章では，金商法第３章「金融商品取引業者等」第２節「業務」第１款「通則」のうち，金融商品取引業の業務範囲（兼業規制）を定めた規定（35条・35条の２）について解説する。

◇金融商品取引業者のうち第一種金融商品取引業または投資運用業を行う者は，金融商品取引業以外に行うことができる業務が付随業務・届出業務に限定され，これら以外の業務を行うためには当局の承認を受ける必要がある。

◇一方，金融商品取引業者のうち第二種金融商品取引業または投資助言・代理業のみを行う者は，兼業規制の対象とされておらず，第二種金融商品取引業または投資助言・代理業以外に行うことができる業務が限定されていない。

❖第１節❖　総　　論

1　第一種金融商品取引業または投資運用業を行う金融商品取引業者

金融商品取引業者のうち第一種金融商品取引業または投資運用業を行う者は，金融商品取引業以外に行うことができる業務が付随業務（35条１項）・届出業務（同条２項）に限定され，これら以外の業務を行うためには当局の承認を受ける必要がある（同条４項）。

なお，付随業務・届出業務・承認業務については，金商法の行為規制が直接適用されることはないと解されている(27)が，本来業務とあわせてこれらの業務を行う場合に適用される弊害防止措置が定められている点（44条の2第1項）や，本来業務以外のこれらの業務についても法令違反や公益・投資者保護の観点からの問題が認められる場合には業務改善命令などの行政処分の対象となりうる点（52条1項7号・51条）に留意が必要である。

2　第二種金融商品取引業または投資助言・代理業のみを行う金融商品取引業者

金融商品取引業者のうち第二種金融商品取引業または投資助言・代理業のみを行う者は，兼業規制の対象とされておらず，第二種金融商品取引業または投資助言・代理業以外に行うことができる業務が限定されていない（35条の2第1項）。ただし，第二種金融商品取引業または投資助言・代理業以外の業務を行うことが金商法上禁止されないとしても，当該業務が他の法律により規制されるものである場合には，当該他の法律に従う必要がある点に留意が必要である（同条2項）。第二種金融商品取引業または投資助言・代理業のみを行う金融商品取引業者についても，他に行う事業が公益に反すると認められることが登録拒否要件とされている（29条の4第1項1号ニ）ため，まったく無制限にいかなる業務を行うことも許容されるわけではない点に留意が必要である。

また，第二種金融商品取引業または投資助言・代理業のみを行う金融商品取引業者が金融商品取引業以外の新たな事業を行う場合には，登録申請書の記載事項（他に行う事業の種類。29条の2第1項9号）の変更に該当する可能性があり，その場合には当局に対する変更届出の提出が必要となる（31条1項）点にも留意が必要である。

---

(27)　平成19年7月パブコメ208頁No.1・No.2

❖第2節❖　付随業務[28]

以下，第一種金融商品取引業または投資運用業を行う金融商品取引業者が行うことのできる付随業務を列記し，適宜説明を加える。なお，下記業務は限定列挙ではなく例示列挙であり，金融商品取引業者は下記に列挙した業務以外の業務も，金融商品取引業に付随する業務であれば，「その他の金融商品取引業に付随する業務」として行うことができる（令和元年金商法改正後35条1項）。

⑴　有価証券の貸借またはその媒介・代理

⑵　信用取引に付随する金銭の貸付け

⑶　顧客から保護預りをしている有価証券を担保とする金銭の貸付け（一定の要件を満たすものに限る）

⑷　有価証券に関する顧客の代理

⑸　投資信託委託会社の受益証券に係る収益金・償還金・解約金の支払いまたは受益証券に係る信託財産に属する有価証券その他の資産の交付に係る業務の代理

⑹　投資法人の投資証券・投資法人債券に係る金銭の分配，払戻金・残余財産の分配または利息・償還金の支払いに係る業務の代理

⑺　累積投資契約（有価証券等管理業務を行う金融商品取引業者が顧客から金銭を預かり，当該金銭を対価としてあらかじめ定めた期日において当該顧客に有価証券を継続的に売り付ける契約をいう）の締結（一定の要件を満たすものに限る）

⑻　有価証券に関連する情報の提供または助言（投資助言業務に該当するものを除く）

⑼　他の金融商品取引業者等の業務（金融商品取引業・登録金融機関業務および金融商品取引業の付随業務のうち代理する金融商品取引業者が行うことができる業務に係るものに限る）の代理（⑸を除く）

⑽　登録投資法人の資産の保管

㉘　令和元年金商法改正の内容の一部は，同改正に基づく政令・内閣府令の内容が未定であるため，本節にも未反映である。

⑾　他の事業者の事業の譲渡，合併，会社の分割，株式交換もしくは株式移転に関する相談に応じ，またはこれらに関し仲介を行うこと

⑿　他の事業者の経営に関する相談に応じること

⒀　通貨の売買またはその媒介・取次ぎ・代理

⒁　譲渡性預金その他金銭債権（有価証券に該当するものを除く）の売買またはその媒介・取次ぎ・代理

⒂　投信法上の特定資産（宅地・建物，商品および商品投資等取引に係る権利を除く）に対する投資として，「運用財産」（投資運用業を行う金融商品取引業者等が顧客のため運用を行う金銭その他の財産。35条１項15号）の運用を行うこと

⒃　顧客に関する情報をその同意を得て第三者に提供することその他保有する情報を第三者に提供することであって，金融商品取引業の高度化または利用者の利便の向上に資するもの（⑻に該当するものを除く）

⒂について，投信法上の特定資産は有価証券・デリバティブ取引に係る権利を含む概念であるが，有価証券・デリバティブ取引に係る権利に対する投資運用は投資運用業そのものであり，付随業務からは当然に除外される。したがって，⒂が想定しているのは，投資運用業を行う金融商品取引業者が，「運用財産」を投資運用する業務のうち，有価証券・デリバティブ取引に係る権利に該当しない特定資産（宅地・建物商品および商品投資等取引に係る権利を除く）に対して投資運用する部分の業務である。たとえば，投資運用業のうち自己運用業務（２条８項15号）を行う場合に，「運用財産」の50％超を有価証券・デリバティブ取引に係る権利に対して投資運用するファンドについて，「運用財産」の残りの50％未満を金銭債権に対して投資運用する業務がこれに当たる。なお，金融商品取引業者が「運用財産」を有価証券・デリバティブ取引に係る権利，特定資産（宅地・建物，商品および商品投資等取引に係る権利を除く）のいずれにも該当しない資産に対して投資運用する業務は，届出業務とされている（35条２項６号）（第３節■１⑶参照）が，他の法律で登録などが要件となっている場合には，金商法上の届出に加えて当該他の法律に基づく登録などが必要な場合もある（同条７項）。

❖第３節❖　届出業務

1　届出業務の範囲[29]

⑴　具体的内容

第一種金融商品取引業または投資運用業を行う金融商品取引業者が行うことのできる届出業務の具体的内容は，下記のとおりである（35条２項，金商業等府令68条）。

① 商品市場における取引等に係る業務

② 商品の価格その他の指標に係る変動，市場間の格差等を利用して行う下記の取引に係る業務（①を除く）

　⒜ 外国商品市場取引

　⒝ 店頭商品デリバティブ取引

③ 貸金業その他金銭の貸付けまたは金銭の貸借の媒介に係る業務

④ 宅地建物取引業または宅地・建物の賃貸に係る業務

⑤ 不動産特定共同事業

⑥ 商品投資などにより他人のため金銭その他の財産の運用を行う業務（①，②を除く）

⑦ 有価証券・デリバティブ取引に係る権利以外の資産に対する投資として，運用財産の運用を行う業務（第２節⒂，本⑴①，②，⑥を除く）

⑧ 金地金の売買またはその媒介・取次ぎ・代理に係る業務

⑨ 民法上の組合契約の締結またはその媒介・取次ぎ・代理に係る業務

⑩ 匿名組合契約の締結またはその媒介・取次ぎ・代理に係る業務

⑪ 貸出参加契約（金融機関等貸出債権に係る権利義務関係を移転させずに，原貸出債権に係る経済的利益および損失の危険を原債権者から第三者に移転させる契約。いわゆるローン・パーティシペーション。金商業等府令68条４号）の締結またはその媒介・取次ぎ・代理に係る業務

⒆ 令和元年金商法改正の内容の一部は，同改正に基づく政令・内閣府令の内容が未定であるため，本項目にも未反映である。

⑫　保険募集に係る業務

⑬　自ら所有する不動産の賃貸に係る業務

⑭　物品賃貸業

⑮　他の事業者の業務に関する電子計算機のプログラムの作成または販売を行う業務および計算受託業務

⑯　確定拠出年金運営管理業

⑰　国民年金基金連合会から委託を受けて所定の事務を行う業務

⑱　信託契約代理業

⑲　遺言の執行または遺産の整理に関する業務に係る契約の締結の媒介（信託兼営金融機関のために行うものに限る）に係る業務

⑳　金融機関代理業（銀行代理業，長期信用銀行代理業，信用金庫代理業，信用協同組合代理業，労働金庫代理業，農業協同組合法上の特定信用事業代理業，水産業協同組合法上の特定信用事業代理業および農林中央金庫代理業。金商業等府令68条13号）

㉑　不動産の管理業務

㉒　不動産に係る投資に関し助言を行う業務

㉓　算定割当量（地球温暖化対策の推進に関する法律２条６項に規定する算定割当量その他これに類似するものをいう。金商業等府令68条16号）の取得・譲渡に関する契約の締結またはその媒介・取次ぎ・代理を行う業務

㉔　下記の取引またはその媒介・取次ぎ・代理を行う業務

(a)　当事者が数量を定めた算定割当量について当該当事者間で取り決めた算定割当量の相場に基づき金銭の支払いを相互に約する取引その他これに類似する取引

(b)　当事者の一方の意思表示により当事者間において㉓の契約に係る取引および(a)の取引を成立させることができる権利を相手方が当事者の一方に付与し，当事者の一方がこれに対して対価を支払うことを約する取引その他これに類似する取引

㉕　投資法人または特別目的会社から委託を受けてその機関の運営に関する事務を行う業務

㉖　有価証券・デリバティブ取引に係る権利以外の資産に対する投資とし

て，他人のため金銭その他の財産の運用を行う業務（①，②，⑥，⑦を除く）

㉗　債務の保証または引受けに係る契約の締結またはその媒介・取次ぎ・代理に係る業務

㉘　顧客に対し他の事業者のあっせんまたは紹介を行う業務

㉙　他の事業者の業務に関する広告または宣伝を行う業務

㉚　資金移動業

㉛　①〜㉚の業務に附帯する業務

以下，上記の届出業務について適宜説明を加える。

⑵　排出権取引（⑴㉓・㉔）

いわゆる排出権取引については，証取法では，その位置付けが必ずしも明確でなく，実務では慎重に承認業務として位置付ける考え方が一般的であったと思われるが，金商法では，いわゆる排出権の売買およびその媒介・取次ぎ・代理（金商業等府令68条16号）ならびに排出権デリバティブ取引およびその媒介・取次ぎ・代理（同条17号）が金融商品取引業者の届出業務として認められた。また，排出権に関するコンサルティング業務については，金融商品取引業者の付随業務（金商法35条１項柱書）に含まれると解されている[30]。

ここにいう「排出権」は，金商業等府令68条16号において「算定割当量」と呼ばれており，「地球温暖化対策の推進に関する法律……第２条第６項に規定する算定割当量その他これに類似するもの」と定義されている。京都メカニズムによる削減量（算定割当量）のほか，これに類似するもの（たとえば，欧州排出権取引制度の排出権（EU Allowance）など）も含まれると解されている[31]。

なお，排出権取引の位置付けは，上記のとおりあくまでも金融商品取引業者の他業であり，登録が必要となる金融商品取引業者の本来業務とはされていない。したがって，商社などの事業会社は，金融商品取引業の登録を受けることなく排出権取引の業務を行うことができる。

⑶⑽　松尾直彦ほか「金融商品取引法制の政令案・内閣府令案等の概要」金融法務事情1803号16頁(2007)

⑶⑴　平成19年７月パブコメ218頁No.55・No.56

⑶　有価証券・デリバティブ取引に係る権利以外の資産に対する投資運用（⑴⑦・㉖）

第２節で述べたとおり，投資運用業を行う金融商品取引業者が，「運用財産」を投資運用する業務のうち，有価証券・デリバティブ取引に係る権利，特定資産（宅地・建物，商品および商品投資等取引に係る権利を除く）のいずれにも該当しない資産に対して投資運用する部分の業務は，⑴⑦の届出業務とされている（35条２項６号）。たとえば，投資運用業のうち自己運用業務（２条８項15号）を行う場合に，「運用財産」の50％超を有価証券・デリバティブ取引に係る権利に対して投資運用するファンドについて，「運用財産」の残りの50％未満を宅地・建物に対して投資運用する業務がこれに当たる。

また，金融商品取引業者が，投資運用業として運用する「運用財産」以外に他人のために運用する財産を，有価証券・デリバティブ取引に係る権利以外の資産に対して投資運用する業務は，⑴㉖の届出業務とされている（金商業等府令68条19号）。たとえば，組合型ファンドのジェネラル・パートナーがファンドの財産の50％超を金銭債権に対して投資運用する業務がこれに当たる（この場合，ジェネラル・パートナーの業務は投資運用業に該当しないため，ファンドの財産は「運用財産」に該当しない）。

2　届出の手続

金融商品取引業者は，届出業務を行うこととなった場合および届出業務を廃止した場合には，遅滞なく，その旨を当局に届け出る必要がある（35条３項・６項）。届出は，所定の届出書および添付書類を提出して行う必要がある（金商業等府令69条）。

❖第４節❖　承認業務

第一種金融商品取引業または投資運用業を行う金融商品取引業者は，金融商品取引業・付随業務・届出業務のほか，当局の承認を受けた業務を行うことが可能とされている（35条４項）。

当局が承認を拒否することができるのは，⑴その業務を行うことが公益に反すると認められるとき，または，⑵その業務に係る損失の危険の管理が困難であるために投資者の保護に支障を生ずると認められるときに限られている（35条５項）。承認申請は，当局が上記の承認拒否要件に該当するかどうかを審査するために把握する必要のある情報を記載した資料として，所定の承認申請書および添付書類を提出して行う必要がある（金商業等府令70条）。

第 4 章

登録金融機関

本章のサマリー

◇本章では，金商法第３章「金融商品取引業者等」第１節「総則」第４款「登録金融機関」を対象とし，銀行などの金融機関が金融商品取引業に相当する業務を行う場合の取扱いについて解説する。

◇金商法では，証取法における「証券業」の概念が「有価証券関連業」として引き継がれ，銀行などの金融機関がこれを行うことを原則として禁止する「銀・証分離」の制度が維持されている。また，金商法では，銀・証分離の趣旨を徹底するため，銀行などの金融機関（信託兼営金融機関を除く）が投資運用業を行うことも明示的に禁止している。

◇一方，金融商品取引業に相当する業務のうち有価証券関連業・投資運用業以外の業務（たとえば，旧金先法における金融先物取引業に相当する業務など）は，銀行などの金融機関が登録を受けて行うことのできる登録金融機関業務として位置付けられている。

◇登録金融機関を代理して金融商品取引業を行う者について本来必要となる登録を免除する「特定金融商品取引業務」の特例（証取法における「特定証券業務」の特例に相当する）については，その対象範囲に，損害保険代理店などの行う天候デリバティブ取引を追加している。

❖第１節❖　銀・証分離

1　有価証券関連業

⑴　原　　則

銀行などの金融機関（具体的には，銀行，優先出資法２条１項に規定する協同組織金融機関および金商法施行令１条の９各号に掲げる保険会社などの金融機関。以下，本章において「金融機関」という）は，有価証券関連業を行うことが原則として禁止されている（33条１項本文）。この禁止規定の意味は，金融機関が登録を受けなければ有価証券関連業を行うことができないという意味ではなく，金融機関が登録を受けて有価証券関連業を行うことも原則として認められないという意味である。

この禁止規定は，利益相反（金融機関が自らの融資を回収するべく貸出先に有価証券を発行させるなどの利益相反）や優越的地位の濫用（企業の資金調達の方法を実質上支配することにより金融機関が産業界に過度の影響力を有する結果として懸念される弊害）を防止する観点から定められている。この「銀・証分離」の考え方は証取法から維持されたものである（金商法33条１項本文は証取法65条１項本文を引き継いだものである）。

ただし，この禁止規定については，下記の２種類の例外が定められている。

⑵　例　　外

第一の例外は，①金融機関が他の法律の定めるところにより投資の目的をもって行う有価証券の売買または有価証券関連デリバティブ取引，および，②金融機関が信託契約に基づいて信託をする者の計算において行う有価証券の売買または有価証券関連デリバティブ取引である（33条１項ただし書）。有価証券の売買および有価証券関連デリバティブ取引（28条８項６号）を業として行うことは，いずれも有価証券関連業に該当する（28条８項１号・３号～５号）が，①および②の行為については，弊害がないと認められることから，金融機関が行うことが例外的に許容されている。

これらの行為は，金商法の規制対象とならない。すなわち，金融商品取引業の定義から除外されている（２条８項柱書）ため，金融商品取引業として金商法の規制対象となることはなく，また登録金融機関業務の登録の対象に含まれていない（33条の２第２号参照）ため，登録金融機関業務として金商法の規制対象となることもない。

第二の例外は，①書面取次ぎ行為，および，②弊害が小さいと認められる行為として33条２項各号に掲げる一定の行為である（同項）。これらの行為は，金融機関が行うことが例外的に許容されているが，登録金融機関業務の登録の対象とされており（33条の２第１号・２号），金商法の規制対象となる点で第一の例外と異なる。以下，この第二の例外の①，②の内容について述べる。

書面取次ぎ行為とは，金融機関が顧客の書面による注文を受けてその計算において有価証券の売買または有価証券関連デリバティブ取引を行うことをいう。ただし，(a)当該注文に関する顧客に対する勧誘に基づき行われるもの，および，(b)当該金融機関が行う投資助言業務に関しその顧客から注文を受けて行われるものは，書面取次ぎ行為の定義から除外されている（33条２項）。書面取次ぎ行為が銀・証分離の例外として許容されているのは，顧客の注文に基づく受動的な行為であり弊害が小さいためであるが，(a)および(b)の行為については，そのような理由が妥当しないことから，書面取次ぎ行為の定義から除外されている。なお，証取法では，書面取次ぎ行為は登録金融機関業務の登録の対象とされておらず規制対象となっていなかった（証取法65条１項ただし書）が，金商法では，登録金融機関業務として金商法の規制対象となるため，これを行うにあたっては書面交付義務などの行為規制を遵守する必要がある。

33条２項各号改正後（令和元年金商法改正後。以下「改正後」につき同じ）では，下記のとおり，有価証券・取引の内容に応じて，例外的に許容される行為の内容が定められている。

	有価証券・取引の内容	例外として許容される行為の内容
(a)	●国債証券 ●地方債証券 ●特別法人債券（政府保証があるもの・短期債・短期農林債に限る）	●有価証券の売買・市場デリバティブ取引・外国市場デリバティブ取引 ●有価証券の売買・市場デリバティブ取引・外国市場デリバティブ取引の

	●特定社債券 ●社債券（政府保証があるもの・短期社債などに限る） ●資産流動化法上の優先出資証券・新優先出資引受権証券 ●投資証券・新投資口予約権証券・投資法人債券・外国投資証券（短期投資法人債などに限る） ●貸付信託の受益証券 ●特定目的信託の受益証券 ●受益証券発行信託の受益証券 ●CP（発行日から償還日までの期間が１年未満のものに限る） ●抵当証券 ●外国証券のうち振替外債など ●外国貸付債権信託の受益証券 ●外国CD（譲渡性預金証書）（発行日から償還日までの期間が１年未満のものに限る） ●第二項有価証券（持分会社の社員権または電子記録移転権利であって政令で定めるものを除く）	媒介・取次ぎ・代理 ●取引所金融商品市場および外国金融商品市場における有価証券の売買・市場デリバティブ取引・外国市場デリバティブ取引の委託の媒介・取次ぎ・代理 ●有価証券の引受け ●有価証券の売出し・特定投資家向け売付け勧誘等 ●有価証券の募集・私募・売出し・特定投資家向け売付け勧誘等の取扱い
(b)	●投資信託・外国投資信託の受益証券 ●投資証券・新投資口予約権証券・投資法人債券・外国投資証券（短期投資法人債などを除く）	●有価証券の売買・市場デリバティブ取引・外国市場デリバティブ取引 ●有価証券の売買・市場デリバティブ取引・外国市場デリバティブ取引の媒介・取次ぎ・代理 ●取引所金融商品市場および外国金融商品市場における有価証券の売買・市場デリバティブ取引・外国市場デリバティブ取引の委託の媒介・取次ぎ・代理 ●有価証券の募集・私募の取扱い
(c)	●外国国債証券	●市場デリバティブ取引・外国市場デリバティブ取引 ●市場デリバティブ取引・外国市場デリバティブ取引の媒介・取次ぎ・代理 ●市場デリバティブ取引・外国市場デ

		リバティブ取引の委託の媒介・取次ぎ・代理 ●私募の取扱い ●第一種金融商品取引業を行う金融商品取引業者の委託を受けて行う下記の行為 ・有価証券の売買の媒介（私設取引システム（PTS）運営業務を除く） ・取引所金融商品市場および外国金融商品市場における有価証券の売買・市場デリバティブ取引・外国市場デリバティブ取引の委託の媒介 ・有価証券の募集・私募・売出し・特定投資家向け売付け勧誘等の取扱い
(d)	●(a)～(c)以外の有価証券	●私募の取扱い（株券などに係るオプションを表示するカバード・ワラントの私募の取扱いを除く） ●第一種金融商品取引業を行う金融商品取引業者の委託を受けて行う下記の行為 ・有価証券の売買の媒介（私設取引システム（PTS）運営業務を除く） ・取引所金融商品市場および外国金融商品市場における有価証券の売買・市場デリバティブ取引・外国市場デリバティブ取引の委託の媒介 ・有価証券の募集・私募・売出し・特定投資家向け売付け勧誘等の取扱い
(e)	●(a)の有価証券（これに係る指数を含む）に係る店頭デリバティブ取引	●店頭デリバティブ取引またはその媒介・取次ぎ・代理
	●(b)～(d)の有価証券（これに係る指数を含む）に係る店頭デリバティブ取引のうち決済方法が差金の授受に限られているもの	●店頭デリバティブ取引またはその媒介・取次ぎ・代理（50名以上の者を相手方として行う場合を除く）

(f)	●有価証券の売買・有価証券関連デリバティブ取引など	●有価証券等清算取次ぎ

2　投資運用業

(1)　信託兼営金融機関以外の金融機関

投資運用業については，これを行えば必然的に顧客のために有価証券の売買または有価証券関連デリバティブ取引（いずれも有価証券関連業に該当する）を行うことになるため，金商法では，金融機関が有価証券関連業を行うことを原則として禁止した趣旨が損なわれないよう，金融機関が投資運用業を行うことも明示的に禁止している（33条1項本文）。

(2)　信託兼営金融機関

一方，信託兼営金融機関については，旧投資顧問業法に基づき認可を受けて投資一任業務を行うことが可能とされていたことから，金商法においても，引き続きこれを許容すべく，登録金融機関業務として投資運用業を行うことが可能とされている（33条の8第1項）。

なお，信託兼営金融機関が信託財産として所有する金銭その他の財産を運用する行為も，投資運用業の定義に該当しうる。具体的には，2条8項14号の行為（非指図型投資信託の受託者として行う運用）または同項15号の行為（自己運用）に該当しうる。しかし，信託兼営金融機関が行うこれらの行為については，兼営法に基づき行われる本来業務であり，兼営法による規制が適用されることから，金商法による規制が重複的に適用されることを回避するため，登録金融機関業務の登録が不要とされている（33条の8第1項）。なお，信託業法による規制が適用される信託会社などの本来業務としての運用行為についても，金商法による規制が重複的に適用されることを回避するため，同様の適用除外規定が定められている（65条の5第5項）。

❖第２節❖　有価証券関連業・投資運用業以外の登録金融機関業務

金融機関は，金融商品取引業に相当する業務のうち有価証券関連業・投資運用業以外の業務（たとえば，旧金先法における金融先物取引業に相当する業務など）を行うことは禁止されていないが，当該業務を行う場合には，登録金融機関業務の登録を受ける必要があり，金商法の規制対象となる。

登録金融機関業務の登録の対象とされている行為を，銀・証分離の例外として許容されている有価証券関連業・投資運用業を含めて列記すると，下記のとおりとなる（33条の２）。

⑴　書面取次ぎ行為（有価証券関連業）

⑵　33条２項各号に掲げる一定の行為（有価証券関連業）

⑶　デリバティブ取引等のうち有価証券関連デリバティブ取引等以外のもの（他の法律の定めるところにより投資の目的をもって行うもの，信託契約に基づいて信託をする者の計算において行うもの，および，商品関連市場デリバティブ取引を除く）

⑷　有価証券等清算取次ぎのうち有価証券関連業以外のもの

⑸　自己募集（２条８項７号）

⑹　投資助言・代理業

⑺　投資運用業（信託兼営金融機関が行うものに限り，信託兼営金融機関が兼営法に基づき本来業務として行う信託財産の運用行為を除く）

⑻　有価証券等管理業務

なお，書面取次ぎ行為と同様，有価証券等管理業務についても，証取法では登録金融機関業務の登録の対象とされておらず規制対象となっていなかったが，金商法では，登録金融機関業務として金商法の規制対象となる点に留意が必要である。

❖第３節❖　登録金融機関業務の登録

1　金融商品取引業の登録との共通点

登録金融機関業務の登録に関する手続は，金融商品取引業の登録と基本的に同様である。具体的には，⑴その申請を行う場合には所定の事項を記載した登録申請書（33条の３第１項）に業務方法書などの所定の書類（同条２項）を添付して提出する必要があること，⑵登録審査の段階で登録拒否要件（33条の５第１項）に該当すると認められれば登録を拒否されるほか，いったん登録を受けた後の段階においてこれに該当すると認められれば登録取消しなどの対象となりうる（52条の２第１項）こと，⑶登録申請書の記載事項に変更があったときはその日から２週間以内に（33条の６第１項），業務方法書の記載事項の変更については事前または事後に（改正後同条３項），その旨を当局に届け出る必要があることといった手続の基本的な枠組みは金融商品取引業の登録と共通している。

2　金融商品取引業の登録との相違点

一方，金融機関については，銀行法などの他の業法による規制が及んでいることから，金融商品取引業者と比較して手続の内容が簡素なものとされている。

第一に，登録金融機関業務は金融商品取引業のように「業務の種別」（29条の２第１項５号）に区分されておらず，登録金融機関は登録金融機関業務の範囲内であれば変更登録を受けることなく業務内容を変更することが可能とされている。たとえば，従前の縦割り業法の下では，証取法に基づく登録金融機関業務の登録を受けた金融機関であっても，金融先物取引業を行うためには旧金先法に基づく登録を別途受ける必要があった。しかし，金商法の下では，金商法に基づく登録金融機関業務の登録を受けた金融機関であれば，旧金先法に基づく登録を受けていなかった者であっても，変更登録を受けることなく金融先物取引業を行うことができる（ただし，業務内容の変更に伴い，登録申請書または業務方法書の記載事項に変更が生じる場合には，変更届出が必要となる）。

第二に，金融機関については，銀行法に基づく免許審査など厳格な審査を受けた者であることから，金商法に基づく登録審査では，登録拒否要件が簡素なものとされている（33条の５第１項）。すなわち，金融商品取引業に係る登録拒否要件（第２章第１節■**3**(2)①〜⑦）のうち第２章第１節■**3**(2)①(a)・(c)・(e)・(f)・④(d)に相当するもののみが，登録拒否要件とされている。

第三に，金融機関については，登録拒否要件が簡素なものとされていることに伴い，当局による登録審査のための資料となる登録申請書の記載事項および添付書類の内容も簡素なものとされている。たとえば，金融機関の役員および重要な使用人については，金融商品取引業者の役員および重要な使用人のように欠格事項（29条の４第１項２号・３号）の有無が審査されることがないため，役員および重要な使用人に関する添付書類も履歴書（第２章第１節■**2**(2)④(a)〜(e)のうち第２章第１節■**2**(2)④(a)に相当するもの）に限定されている（金商業等府令47条１項２号）。

❖第４節❖　特定金融商品取引業務

登録金融機関業務（たとえば有価証券の売買）について登録金融機関の代理を行う行為（たとえば有価証券の売買の代理）も金融商品取引業に該当し，これを行う場合には原則として金融商品取引業の登録が必要である（29条）。しかし，登録金融機関の中には，損害保険会社のように代理店を主要な販売チャネルとするものもあり，金融商品取引業の登録を受けた代理店を通じてしか登録金融機関業務を行えないこととすると，登録金融機関の実際の業務範囲が著しく制限されてしまう場合がある。そこで，一定の主体が登録金融機関を代理して一定の登録金融機関業務（「特定金融商品取引業務」）を行う場合には，当該主体は当該登録金融機関の使用人とみなされ，当該主体が独立して金融商品取引業の登録を受けることは不要とされている（33条の８第２項）。

具体的には，下記のとおり，主体に応じて，特定金融商品取引業務の内容が定められている。

	主体	特定金融商品取引業務の内容
①	●個人である生命保険募集人 ●法人である生命保険募集人の代表権を有する役員 ●個人である損害保険代理店 ●個人である損害保険代理店の使用人のうち保険募集を行う者として届出が行われているもの ●法人である損害保険代理店の役員・使用人のうち保険募集を行う者として届出が行われているもの ●法人である損害保険代理店の代表権を有する役員	投資信託・外国投資信託の受益証券・投資証券・新投資口予約権証券・投資法人債券・外国投資証券（短期投資法人債などを除く）について行う下記の行為 ・有価証券の売買・市場デリバティブ取引・外国市場デリバティブ取引 ・有価証券の売買・市場デリバティブ取引・外国市場デリバティブ取引の媒介・取次ぎ・代理 ・取引所金融商品市場および外国金融商品市場における有価証券の売買・市場デリバティブ取引・外国市場デリバティブ取引の委託の媒介・取次ぎ・代理 ・有価証券の募集・私募の取扱い
②	●個人である損害保険代理店 ●個人である損害保険代理店の使用人のうち保険募集を行う者として届出が行われているもの ●法人である損害保険代理店の役員・使用人のうち保険募集を行う者として届出が行われているもの ●法人である損害保険代理店の代表権を有する役員	一定の天候デリバティブ取引（気象の観測の成果に係る数値に係る指標先渡取引のうち，登録金融機関が取引の相手方から金銭を受領し，これに対して約定数値と現実数値の差に基づいて算出される金銭を支払うことを約する行為（当該相手方があらかじめ支払った金銭の額を上回る損失を受けるおそれがないものに限る））

上記主体は，特定金融商品取引業務を行う場合には，登録金融機関の代理を行う者である旨を明示する必要がある（金商法施行令15条の21第１項）。

登録金融機関は，その使用人とみなされる上記主体について，民法上の使用者責任と同様の責任を負う。すなわち，登録金融機関は，上記主体の選任につき相当の注意をし，かつ，上記主体の行う特定金融商品取引業務につき顧客に加えた損害の発生の防止に努めたときを除き，当該損害を賠償する責任を負う（33条の８第３項）。

第5章

外国業者に関する特例

本章のサマリー

◇本章では，金商法第3章「金融商品取引業者等」第5節「外国業者に関する特例」を対象とし，外国業者が国内において金融商品取引業を行う場合の取扱いなどについて解説する。

◇外国において有価証券関連業を行う外国証券業者については，一定の場合において金商法に基づく登録を受けることなく国内顧客を相手方として有価証券関連業を行うことを許容する特例が定められている。この特例は旧外証法の内容を基本的に引き継いだものであるが，金商法では，特例の対象範囲が若干拡大されている。

◇外国において投資助言業務・投資運用業を行う者については，国内において投資運用業を行う金融商品取引業者等のみを相手方とする場合に金商法に基づく登録を免除する特例が定められている。この特例は旧投資顧問業法の内容を基本的に引き継いだものであるが，金商法では，この特例の対象範囲に，投資運用業の一類型として新たに規制対象とされた自己運用も追加されている。

◇外国業者の国内における駐在員事務所などについては，届出制が定められている。この届出制は旧外証法および旧投資顧問業法の内容を基本的に引き継いだものであるが，金商法では，対象となる外国業者の範囲が若干拡大されている。

❖第1節❖　外国証券業者

1　有価証券関連業に該当する行為の原則禁止

外国証券業者とは，金融商品取引業者および銀行などの金融機関（具体的には，銀行，優先出資法2条1項に規定する協同組織金融機関および金商法施行令1条の9各号に掲げる保険会社などの金融機関）以外の者で，外国の法令に準拠し，外国において有価証券関連業を行う者をいう（58条）。

外国証券業者は，国内にある者を相手方として有価証券関連業に該当する行為を行うことが原則として禁止されている（58条の2本文）。金融商品取引業の登録を受けていない（＝金融商品取引業者でない）外国証券業者が国内において有価証券関連業に該当する行為を「業として」（反復継続性および対公衆性をもって）行うことができないのは当然であり（29条），この禁止規定の意味は，外国証券業者が有価証券関連業に該当する行為を「業として」ではなく単発的な行為として行うことも原則として認められないという意味であると解されている[32]。その趣旨は，単発的な行為であっても主体が外国証券業者である場合には，金融商品取引業者が行うものとの誤認が生じうることから，投資者保護の観点からこれを禁止するものと考えられる。

ただし，この禁止規定については，下記の2種類の例外が定められている。

2　第一の例外（58条の2ただし書）

第一の例外は，有価証券関連業を行う金融商品取引業者を相手方とする場合など，58条の2ただし書により許容される一定の場合である。この例外規定の意味については，二通りの解釈がありうるところであり，同様の規定のあった外国証券業者に関する法律（旧外証法）についてもその解釈に争いがあった。すなわち，(1)外国証券業者が有価証券関連業に該当する行為を単発的な行為と

---

(32)　高橋康文編『詳解・証券取引法の証券仲介業者，主要株主制度等（平成15年における証券取引法等の改正）』44頁（大蔵財務協会，2004）

して行うことを許容する規定にすぎず，当該行為を「業として」行う場合には金融商品取引業の登録が必要となるとの解釈，または，⑵外国証券業者が金融商品取引業の登録を受けることなく有価証券関連業に該当する行為を「業として」行うことまで許容する規定であるとの解釈である。この点について，当局は⑵の解釈によるとの考え方を明示している[33]。

この例外規定に許容される場合は，大別すると下記のとおり分類される。

① 外国証券業者が外国から国内の有価証券関連業を行う金融商品取引業者など十分な知識・経験を有すると認められる者を相手方として行為を行う場合（金商法施行令17条の3第1号）

② 外国証券業者が，国内の顧客に対する勧誘を行うことなく，外国から⒜国内の顧客の注文を受けて行為を行う場合，または，⒝有価証券関連業を行う金融商品取引業者（第一種金融商品取引業の登録を受けた者に限る）の代理・媒介により行為を行う場合（相手方の属性は原則として問わないが，有価証券関連店頭デリバティブ取引に関する行為については，相手方が金融商品取引業者等，適格機関投資家，資本金10億円以上の株式会社などに限定される）（金商法施行令17条の3第2号・1条の8の6第1項2号イ・ロ，定義府令15条）

③ 外国証券業者が，元引受契約の内容を確定するための協議のみを有価証券の発行者・所有者と国内において行う場合（有価証券の売出し，特定投資家向け売付け勧誘等，募集・私募・売出し・特定投資家向け売付け勧誘等の取扱いが国内において行われる場合を除く）（金商法施行令17条の3第3号）

旧外証法と比較すると，①，③の場合について実質的な改正はされていない。これに対し，②の場合については，旧外証法では，外国証券業者が勧誘を行わないことのみならず勧誘類似行為を行わないことまで要件とされていた（旧外証法施行令2条2号，外国証券業者に関する内閣府令7条）が，金商法では，勧誘を行わないことのみが要件とされており（金商法施行令17条の3第2号柱書），要件が緩和されている。また，②⒝の場合は，旧外証法にはなかった特例であり，金商法において新たに追加されたものである（同号ロ）。なお，②⒝については，外国証券業者が金融商品取引業者に代理・媒介を委託する一

⒀ 平成19年7月パブコメ530頁No.2・No.3

方，外国証券業者も自ら勧誘を行う場合には，特例の要件を満たさないと解されている[34]。

3　第二の例外（引受業務・取引所取引業務）

(1)　総　　論

第二の例外は，引受業務および取引所取引業務である。これらの業務は，当局の許可を受けて行うことが可能とされている（59条1項・60条1項）。

外国法人が引受業務および取引所取引業務を行うためには，本来であれば，第一種金融商品取引業の登録を受けなければならない場合が多く，その場合には日本国内に拠点を設置する必要がある（29条の4第1項4号ロ）が，この例外規定に基づき許可を受ける場合には国内拠点設置は必要とされない。ただし，取引所取引業務を行う場合には，国内における代表者を定める必要があり（60条の2第1項），この代表者は国内に居住する必要があると解されている[35]。

(2)　引受業務

第二の例外の一つである引受業務とは，元引受契約への参加（元引受契約の内容を確定するための協議を有価証券の発行者・所有者と行わず，かつ，売出し，特定投資家向け売付け勧誘等，募集・私募・売出し・特定投資家向け売付け勧誘等の取扱いを国内において行わない場合に限る）を国内において行うことをいう（59条1項，金商法施行令17条の4）。すなわち，元引受契約への参加は，有価証券の引受け（2条8項6号）に該当する行為であるが，主幹事会社とならず，かつ，引き受けた有価証券について国内で取得勧誘を行わない場合であれば，許可を受けて行うことが可能とされている。なお，この許可は，個々の引受行為ごとに必要とされている。

外国証券業者の引受業務については，金融商品取引業者に適用される行為規制のうち引受業務にも趣旨が妥当する一定のものが準用されている（59条の6，金商業等府令217条）。

---

(34)　平成19年7月パブコメ532頁No.10

(35)　平成19年7月パブコメ534頁No.2

⑶　取引所取引業務

取引所取引業務とは，取引所取引（金融商品取引所における有価証券の売買および市場デリバティブ取引をいい，有価証券等清算取次ぎの委託者として当該有価証券等清算取次ぎを行う者を代理してこれらの取引を行う場合を含む）を業として行うことをいう（60条１項）。

取引所取引は，金融商品取引所の会員または取引参加者である金融商品取引業者などを相手方とする行為である（111条１項・91条・112条１項・113条１項）ことから，多くの場合は，58条の２ただし書により，金融商品取引業の登録を受けることなくこれを「業として」行うことが許容される（すなわち，取引所取引業務の許可の例外を活用する必要がない）とも考えられる。しかし，一方で，取引所取引を行うことができる者は，金融商品取引業者，取引所取引許可業者（取引所取引業務の許可を受けた外国証券業者。60条の４第１項），登録金融機関に限定されている（111条１項・91条・112条１項・113条１項）ため，結局，外国証券業者が取引所取引を行うためには取引所取引業務の許可を受ける必要があると考えられる。

取引所取引許可業者が行うことのできる取引所取引の範囲については，自己の計算による自己売買に限られず，国外において非居住者の取引の媒介・取次ぎ・代理を行うこと（たとえば，非居住者の注文を金融商品取引所に取り次ぐことなど）は可能と解されている一方，国内投資家の取引の媒介・取次ぎ・代理を行うことはできないと解されている[36]。また，取引所取引の許可を受けることのできる主体は有価証券関連業を行う外国証券業者に限られるが[37]，その許可を受けた取引所取引許可業者が行うことのできる取引所取引の範囲は，有価証券関連業に該当する行為に限られておらず，いわゆる取引所金融先物取引などを行うこともできると考えられる。

取引所取引許可業者については，金融商品取引業者に適用される行為規制のうち取引所取引業務にも趣旨が妥当する一定のもの（60条の13，金商業等府令231条・232条）や当局に対する事業報告書の提出義務などが準用されているほか，当局による報告の徴取および検査の対象とされている（60条の11）。

㊱　平成19年７月パブコメ533頁No.１

㊲　平成19年７月パブコメ533頁No.２

4　電子店頭デリバティブ取引等業務

平成24年金商法改正により，上記の２種類の例外とは別に，外国において店頭デリバティブ取引等を業として行う者が，有価証券関連業を行う者を相手方とする場合などには，当局の許可を受けて，電子情報処理組織を使用して一定の店頭デリバティブ取引等を行えることとする例外が追加された（60条の14）。平成24年金商法改正では，一定の店頭デリバティブ取引について，取引実態の透明性の向上を図るため，電子取引システムの使用を義務付けることとしているが（40条の７），実際の店頭デリバティブ取引は海外業者との取引が相当割合を占めていることにかんがみ，海外の電子取引システムの提供者による国内への参入を容易にする許可制度が整備されたものである。

❖第２節❖　外国において投資助言業務・投資運用業を行う者

外国において投資助言業務・投資運用業を行う者であっても，国内の顧客を相手方として業務を行う場合には，金商法に基づく登録が原則として必要である。しかし，その相手方が投資判断を行うための十分な知識・経験を有する者である場合には，規制による保護の必要性は低いと考えられることから，一定の例外が定められている。

具体的には，⑴外国の法令に準拠して設立された法人または外国に住所を有する個人で外国において投資助言業務を行う者，⑵外国の法令に準拠して設立された法人で外国において投資運用業のうち投資一任業務（２条８項12号ロ）を行う者，⑶外国の法令に準拠して設立された法人で外国において投資運用業のうち自己運用業務（同項15号）を行う者は，投資運用業を行う金融商品取引業者または投資運用業を行う登録金融機関（具体的には，信託兼営金融機関）のみを相手方とする場合には，それぞれ，⑴投資助言業務，⑵投資一任業務，⑶自己運用業務を金商法に基づく登録なくして行うことが可能とされている（61条，金商法施行令17条の11）。ただし，⑴～⑶の者のうち，投資助言・代理業以外の種別の業務について金商法に基づく登録を受けた者は，この特例の適用を受けられないこととされている。したがって，たとえば，投資助言・代理業の登録にあわせて第二種金融商品取引業の登録を受ける業者は実務上少なくないように思われるが，そのような業者は，この特例の適用を受けられない。

外国において投資運用業のうち外国投資信託の運用業務（２条８項14号）を行う者については，国内の顧客を相手方としてそのような業務を行うことがそもそも金融商品取引業の定義から基本的に除外されている（同号，金商法施行令１条の11，定義府令16条１項９号の２）ことから，上記のような特例は定められていない。また，(3)の外国において外国集団投資スキームの財産に関して自己運用業務を行う者については，上記特例のほか，出資を行う国内の顧客が10名未満の適格機関投資家などに限られるなどの一定の要件を満たす場合には，金融商品取引業の定義から除外されるという特例も定められている（定義府令16条１項13号）。

なお，上記特例は，外国業者が国内業者を相手方として業務を行うことを許容するものであるが，そもそも国内業者が外国業者から業務の提供を受けることが許容されなければ，特例の意義は失われてしまう。この点については，まず，国内において投資運用業を行う金融商品取引業者等は，外国において投資運用業を行う者に対して運用権限を委託することが一定の要件の下で認められている（42条の３第１項，金商法施行令16条の12第２号）。また，国内において投資運用業を行う金融商品取引業者等が外国において投資助言業務を行う者から投資助言を受けることについては，これを明示的に許容する規定はないが，投資助言の名の下で実質的に投資判断を一任するような潜脱的な場合でない限り，禁止されるものではないと考えられる。

❖第３節❖　駐在員事務所など

外国業者が国内において金融商品取引業に該当しない業務を行う場合には，原則として金商法の規制対象とはならない。しかし，外国において金融商品取引業を行う者が，国内において金融商品取引業に関連のある業務を行う場合には，その国内業務の内容が金融商品取引業に接近し，結局登録を受けることなく金融商品取引業に該当する行為が行われるなどの弊害が懸念される。そこで，投資者保護の観点から，当局がこのような外国業者の国内業務について実態を把握するため，駐在員事務所などの届出制が定められている。

具体的には，⑴外国証券業者（外国の法令に準拠し，外国において①自己募集，②社債等振替，③保護預り（有価証券関連業に該当しない行為に関して顧客から金銭の預託を受けることを除く）を業として行う者を含む），および，⑵外国において投資助言業務・投資運用業を行う者は，有価証券・有価証券に係る金融指標の市場に関する情報の収集・提供の業務を行うため，国内において駐在員事務所その他の施設を設置しようとする場合（他の目的をもって設置している施設において当該業務を行おうとする場合を含む）には，あらかじめ，当該業務の内容，当該施設の所在の場所など一定の事項を当局に届け出る必要がある（62条１項，金商業等府令233条）。また，このような駐在員事務所などにおける業務は，当局による報告徴取の対象とされている（62条２項）。

以上の内容を逆から述べれば，外国業者は，有価証券などに関する情報の収集・提供の業務のうち金融商品取引業に該当しないものについては，届出を行うことにより国内において行うことができることになる。ただし，その国内業務が金融商品取引業に該当しないといえるかどうかについては，慎重な検討が必要であると考えられる。

第6章　ファンド規制

本章のサマリー

◇金商法では，旧証取法において規制対象とはされていなかったファンドに係る自己募集行為や自己運用行為に係る業務が業規制の対象とされている。

◇自己募集と自己運用の規制では，それぞれ規制対象となる「ファンド」の範囲が異なる。

◇自己募集および自己運用については，プロ向け業務とされる適格機関投資家等特例業務に該当する場合には，金融商品取引業の登録をする必要はなく，届出で足りる。この適格機関投資家等特例業務については，ファンドの出資者が１名以上の適格機関投資家と49名以下の適格機関投資家以外の特例業務対象投資家から成るほか，一定の要件を満たすことが必要である。

◇プロ向けファンドについて投資者被害が増加していたことから，平成27年金商法改正において適格機関投資家等特例業務の出資者の範囲の見直し，届出事項の見直し・添付書類の追加，行為規制等の適用など，プロ向けファンドに関する規制について大幅な改正が行われた。

◇ファンドの自己運用については，いわゆる全部委託特例や外国ファンドの特例など，一定の要件を満たす行為については，金融商品取引業の定義から除外され，金商法の業規制の適用を受けない行為と位置付けられている。

❖第1節❖　概　　要

金商法で，投資者保護を徹底する観点から，新たに業規制の対象となった行為の一つとして，いわゆるファンドの持分の自己募集（私募）や集団投資スキーム財産の自己運用がある。ファンドといっても，その形態もさまざまであり，また，金商法上も自己募集が規制対象となる有価証券と自己運用が規制対象となる有価証券が異なる。自己募集や自己運用の規制対象となるか否かを検討するにあたっては，まず当該スキームの持分が有価証券に該当するか否か，該当するとして金商法２条１項または２項のいずれの有価証券に該当するのかを確定する必要がある。すなわち，金商法におけるファンド規制という場合，同条２項５号・６号のいわゆる集団投資スキーム持分に関する規制に焦点が当てられることが多いが，いわゆる「ファンド」と呼ばれるものの中には，投信法に基づく投資信託や登録投資法人も含まれる。信託型のファンドは同項１号または２号に該当することもあり，それぞれについて自己募集と自己運用の規制が異なる。

金商法上の有価証券の定義とそれぞれの有価証券の内容については，第１編第２章参照。

実務のポイント・5－6

◆有価証券・デリバティブ以外に投資するファンド

金商法上の投資運用業については，有価証券または（金商法で定義される）デリバティブ取引への投資運用行為が対象とされている（２条８項12号・14号・15号）ところ，これら以外を投資対象とするファンドについては，他の法律による規制の対象となる可能性があるため注意を要する。

たとえば，不動産に投資するファンドについては，宅地建物取引業法や不動産特定共同事業法上の規制が適用される可能性があるほか，いわゆるデット・ファンドなどのローン債権に投資するファンドについては，具体的なスキーム内容によっては，貸金業法に基づく貸金業にかかる規制の対象となる可能性がある。また，農産物，鉱物などの商品（コモディティ）にかかるコモディティ・デリバティブに投資するファンドについては，商品先物取引法に基づく商品先物取引業者や特定店頭商品デリバティブ取引業者等にかかる規制のほか，商品投資に係る事業の規制に関する法律に基づく商品投資顧問業などの商品投資にかかる規制の対象となりうる。

これらの規制は，必ずしも主要な投資対象とする場合に限らず，投資対象に一部含まれるだけでも適用される可能性がある。したがって，ファンドの主要投資対象が有価証券であったとしても，ファンドの投資対象に他の規制の対象となるものが含まれていないか確認する必要がある。また，外国籍のファンドや海外投資を行うファンドであっても，ファンドが日本国内の投資家からの投資を受け入れることで規制対象となる可能性もあることから，国内籍のファンドや投資対象が国内である場合に限らず，外国籍ファンドやファンドの投資対象が海外である場合についても，規制対象とならないか注意を要する。

金商法上の登録を受けた投資運用業者がこれらの有価証券・デリバティブ取引以外の投資を行う場合には，業務範囲規制（35条）との関係で，付随業務（35条１項15号等）や届出業務（同条２項１号～６号，金商業等府令68条19号等）のいずれに該当するかの検証も必要となる。

❖第２節❖　自己募集規制

自己募集とは，有価証券の発行者自らが新たに発行される有価証券の取得勧誘を行うことをいう。そして，金商法では，集団投資スキーム持分を含む一部の有価証券の「募集または私募」が金融商品取引業に含まれることとされ（２条８項７号），第二種金融商品取引業として規制されている。

1　自己募集規制の対象となる有価証券

有価証券の自己募集が規制の対象とされているのは，(1)投資信託の受益証券，(2)外国投資信託の受益証券，(3)抵当証券，(4)外国抵当証券，(5)２条２項５号または６号の集団投資スキーム持分，(6)政令で定める有価証券として，商品投資等に係る信託受益権など（金商法施行令１条の９の２）の有価証券または当該有価証券に表示されるべき権利である。したがって，信託受益権は，政令で定める要件に該当しない限り，自己募集規制の対象とはならない。

実務のポイント・5－7

◆ファンドの勧誘と広告

投資信託や集団投資スキーム持分（以下，本章において合わせて「ファンド」という）のように，その有価証券の保有者から出資などを受けた財産の運用自体が，投資運用業として業規制の対象とされているもの（第３節参照）について運用やファンド自体の広告や説明を行う場合，投資運用業の広告と有価証券の取得勧誘のいずれに該当するのかという問題が生ずる。すなわち，自らが行う運用の内容に関して広告を行うこと自体は投資運用業の広告のようにも思われるところ，実際に運用を行っているファンドの内容に言及すると，当該ファンド持分（すなわち有価証券）の取得勧誘になってしまうのではないかという疑問が生ずるのである。

この点については，金融庁は，投資信託について，自己募集を行わない投資信託委託会社が自社の運用商品の広告を行うことは，投資運用業の広告であって，自己募集に該当するものではないとの見解を示している[(38)]。直販を行う予定のない投信委託会社が自社のファンドの広告を行うことが自己募集に該当すると，投信委託会社が自社のウェブサイトなどにおいて行う自社設定投信の説明も第二種金融商品取引業に該当することとなってしまうため，かかる行為が自己募集には該当しないという結論は，実務上歓迎されるべきであろう。ただ，ファンドの運用を行う投資運用業者による投資運用業の広告と自己募集に該当する行為との区別は難しい場合も多い。特に投資家との対話やセミナー等の場面では，線引きが難しい。有価証券の取得勧誘に該当するか否かについては，個別事例ごとに実態を勘案して判断する必要がある。

2　自己募集規制の対象となる「発行者」

自己募集規制の対象となるのは，新たな有価証券の発行者であって，当該発行する有価証券の募集または私募，すなわち取得申込みの勧誘を行う者である。

投資信託の受益証券の発行者は，当該投資信託に係る投資信託委託会社である（投信法2条7項）。外国投資信託の受益証券については当該外国投資信託の設定国法や信託契約などにより発行者が決せられるのが原則である。また，集団投資スキーム持分については，金商法にその「発行者」に関する定義が置かれており，⑴組合契約に基づく権利にあっては業務執行組合員，⑵匿名組合契約に基づく権利にあっては当該匿名組合契約の営業者，⑶投資事業有限責任組合契約に基づく権利にあっては無限責任組合員，⑷有限責任事業組合契約に基づく権利にあっては重要な業務の執行の決定に関与し，かつ，当該業務を自ら執行する組合員，⑸その他の権利にあっては出資対象事業に係る重要な業務の執行の決定に関与し，かつ当該業務を自ら執行する者（無限責任組合員に類する者があるときは当該者）とされている（定義府令14条3項4号）。また，外国集団投資スキーム持分（2条2項6号に掲げる権利）については，上記⑴ないし⑸に類する者が発行者とされている（定義府令14条3項5号）。

これらの有価証券の発行者が新たな有価証券の発行に際し，実際に当該ファンド持分の取得勧誘を行う場合には，原則として，金融商品取引業（第二種金

⑶⑻　平成19年7月パブコメ236頁No.56

融商品取引業）の登録を受けることが必要となる。

また，ファンド持分の自己募集を行う者として業規制の対象となるのは，発行者の定義に該当する者のうち，実質的に募集または私募の行為を行う者である[39]。したがって，たとえば投資事業有限責任組合において無限責任組合員が複数いる場合にあっては，実際に募集または私募の行為を行った無限責任組合員が業規制の対象となるのであり，投資事業有限責任組合契約上無限責任組合員とされている者であっても，実際に募集または私募の行為を行っていない者については，業規制の対象とはならない[40]。他方，上記の発行者の定義に該当しないファンド関係者が，ファンド持分の新たな発行に際して当該ファンド持分の取得勧誘を行った場合には，それは発行者以外の者による取得勧誘として募集の取扱いまたは私募の取扱いに該当することとなる。

そして，発行者以外の者による新規発行証券の取得勧誘は，ファンド持分が集団投資スキーム持分である場合には，第二種金融商品取引業に該当し（28条2項2号・2条8項9号），ファンド持分が投資信託の受益証券などの第一項有価証券である場合には，第一種金融商品取引業に該当する（28条1項1号・2条8項9号）。

3　規制対象となる行為

自己募集とは，有価証券の発行者による有価証券の募集や私募のことであるが，具体的には，新たに発行される有価証券の取得勧誘（またはこれに類する行為として内閣府令で定める行為。定義府令9条）をいう。自己募集規制の対象となる有価証券の発行者が，その取得勧誘を第三者に委託して自らはまったく取得勧誘を行わない場合には，業規制の対象たる有価証券の自己募集を行っているとは認められず，よって金融商品取引業（第二種金融商品取引業）の登録を受ける必要はない[41]。この場合，有価証券の発行者から委託を受けて新規発行証券の取得勧誘を行う者が，有価証券の募集または私募の取扱い（2条8項9

---

(39)　平成19年7月パブコメ57頁No.99

(40)　平成19年7月パブコメ539頁No.10

(41)　平成19年7月パブコメ58頁

号）を行うものとして業規制の対象となるため，投資者の保護に欠けることにはならないからである。

また，原則として，日本国外において非居住者のみを相手方として取得勧誘が行われる場合には，当該取得勧誘については，金商法の規制は適用されないものと解されている[42]。

❖第3節❖　自己運用規制

1　自己運用規制の概要

(1)　自己運用が規制対象とされた経緯

金商法においては，ファンドの運営者がファンド財産を主として有価証券またはデリバティブ取引に対する投資として運用する業務を投資運用業として業規制の対象とすることとしている（2条8項15号）。

なお，ファンドの運営者が行うファンドの運用が自己運用業に該当するか，投資一任契約に係る業務に該当するかは，個別事例ごとに実態に即して判断されるべきものとされている[43]。

(2)　自己運用規制の内容

自己運用規制の適用があるのは，ファンド財産を「主として」有価証券またはデリバティブ取引に対する投資として運用する場合である。この「主として」とは，ファンド財産の50%超を意味するものと解されている[44]。したがって，たとえば，商品投資や現物不動産などの有価証券およびデリバティブ取引以外の財産に対する投資がファンド財産の50%超である場合には，金商法の自己運用規制の適用はない。これは，投資一任契約に係る業務（2条8項12号ロ）や投資信託委託業務（同項14号）などの自己運用業務と同じ投資運用業の規制

---

(42)　平成19年7月パブコメ64頁No.133など

(43)　平成19年7月パブコメ76頁No.175・No.176など

(44)　平成19年7月パブコメ79頁No.190など

を受ける業務については，運用財産を有価証券またはデリバティブ取引に対する投資として運用すればただちに業規制の対象となり，投資対象が「主として」有価証券またはデリバティブ取引であるか否かを問わないのと異なる。

また，投資対象の有価証券には，第一項有価証券はもちろん，第二項有価証券も含まれるため，信託受益権や集団投資スキーム持分などの第二項有価証券に対する投資も「主として」の該当性の有無を判断するにあたっては考慮することとなる。

なお，この自己運用規制の対象となりうるファンドについては，いわゆるプロ向けのファンドも多く，一律に規制をすると金融イノベーションを阻害することとなることなどから，一定の要件を満たすプロ向けのファンドの運用者については投資運用業の登録を要せず届出で足りるとする特例（適格機関投資家等特例業務，後記第４節参照）が設けられている。また，一定の要件を満たす場合にはそもそも金融商品取引業の定義から除外されている（後記第５節参照）。

2　自己運用規制の対象となるファンド持分

自己運用規制の対象となるファンド持分と，自己募集規制の対象となるファンド持分とは必ずしも一致しない。したがって，自己募集規制の対象となるとしても自己運用規制の対象となるとは限らない。

自己運用規制の対象は，国内または外国の者のいずれかが発行するものであるかを問わず，⑴受益証券発行信託の受益証券（２条８項15号イ・同条１項14号・17号），⑵⑴以外の信託の受益権（同条８項15号ロ・２項１号・２号），⑶集団投資スキーム持分（同条８項15号ハ・２項５号・６号）を有する者から出資または拠出（以下「出資等」という）を受けた金銭その他の財産の運用を行う行為である。同条８項15号は，同号イ～ハに掲げる権利のほか，政令で定める権利を有する者から出資等を受けた金銭その他の財産の運用を行うことも自己運用規制の対象となる旨定めているが，現時点ではこの点に関する政令の定めはない。

また，上記各権利を有する者からの出資等を受けた金銭その他の財産の運用を行う行為であっても，当該運用を行う権限を有する者から投資一任契約に基づき投資を行う権限を委任されている（すなわち，2条8項12号ロに該当する場合）者は，自己運用規制の対象とはならず，投資一任契約に係る業務として投資運用業の規制の対象となる。後記第4節において詳述する適格機関投資家等特例業務や後記第5節で述べる金融商品取引業からの除外は，同項15号に該当する自己運用業務についてのみ認められる。

なお，投資信託委託会社による投資信託財産の運用は，2条8項14号に該当し，同項15号の自己運用には該当しない。また，信託受益権を有する者から出資等を受けた財産の運用は自己運用に該当するが，信託会社（管理型信託会社を除く），外国信託会社（管理型外国信託会社を除く），信託業法50条の2第1項の登録を受けた者，同法51条2項の届出をした者または同法52条1項の登録を受けた者が，信託財産として所有する財産について行う2条8項15号の行為については，金融商品取引業の規制の適用はないものとされている（65条の5第5項）。

実務のポイント・5－8

◆外国信託型ファンドの外国投信該当性と自己運用規制

金商法では，外国法に準拠する信託形態のファンドの持分が2条1項10号の外国投資信託の受益証券に該当するか，それとも2条2項2号の外国信託の受益権（便宜上，これを「外国信託」という）に該当するかにより，当該ファンドの信託財産を運用する者に対する規制が異なる。すなわち，外国投資信託に該当する場合には，原則として，その運用会社には投資運用業の規制が課されないが（2条8項14号，金商法施行令1条の11），外国信託に該当する場合であって信託会社が運用権限を有する場合には（信託会社が運用権限を第三者に委託している場合であっても，第一次的には信託会社が運用権限を有する場合も含む），当該信託会社は投資運用業（2条8項15号）を行っているものとされ，金融商品取引業者としての登録をする必要が生じる。

外国の信託会社が投資運用業登録をすることは，実務的に現実的な選択肢となりにくいのに加え，適格機関投資家等特例業務の特例（63条）やいわゆる外国ファンド特例（定義府令16条1項13号）は，いずれも集団投資スキーム（2条2項5号・6号）にしか適用がないため，外国信託の信託会社はこれらの特例の適用を受けることもできない。したがって，金商法下においては，外国の信託型ファンドについては，いわゆる丸なげ特例（定義府令16条1項10号）が適用されるもの，外国投資信託といえるものまたは投資運用業者などのみを相手方とする場合（61条3項）以外は実務的には日本には持ち込むことが難しいといえよう。

とすると，何が「外国投資信託」かが大きな問題となるが，「外国投資信託」とは「外国において外国の法令に基づいて設定された信託で，投資信託に類するものをいう」（投信法2条24項）という定義を基準にこれを決するほかない。投信法上の「投資信託」

に類するものであるかは，個別事例ごとに総合的に判断するほかはないが，たとえば，投資対象，投信法のような特別なビークル規制の有無，投信法に準ずる投資家保護法制の有無，設立準拠法上流通が予定されているものであるか，資産運用主体が誰かなどの事情を当該検討に際しての考慮事由には含めることとなろう。

❖第４節❖　適格機関投資家等特例業務

一定の要件を満たす集団投資スキーム持分の私募に係る業務および自己運用に係る業務については，「適格機関投資家等特例業務」として，金融商品取引業の登録義務が適用除外とされる一方，実態把握を行うという観点から届出制とされている。また，適格機関投資家等特例業務の届出をした者（以下「特例業務届出者」という）には，原則として金融商品取引業者に適用される行為規制は及ばないが，一部の限定的な行為規制についてはその規制が及ぶものとされている（63条～63条の７）。この適格機関投資家等特例業務に係る規制は平成27年金商法改正において大幅に見直されている。

■1　適格機関投資家等特例業務の範囲

(1)　原　　則

適格機関投資家等特例業務に該当する自己募集（私募）および自己運用を業として行う者は，当該業務に関して金融商品取引業または登録金融機関の登録をすることを要せず（63条１項柱書），あらかじめ，内閣府令で定めるところにより，内閣総理大臣に届出をすれば足りる（同条２項）。

適格機関投資家等特例業務とは，①適格機関投資家等（適格機関投資家および政令で定める数以下の適格機関投資家以外の者で政令で定める者（以下本章において「特例業務対象投資家」という）をいう。以下本章において同じ）で一定の要件に該当しない者（以下「不適格投資家」という）[45]を相手方として行う集団投資スキーム持分に係る私募（63条１項１号），または，②同一の出資対象事業に

(45)　本節■１(3)①～④に掲げるものをいう。

係る権利を有する者が適格機関投資家等でかつ不適格投資家に該当しない者のみである集団投資スキーム持分を有する適格機関投資家等から出資等を受けた金銭その他の政令で定める財産（金商法施行令17条の12第5項・1条の3）の運用を行う自己運用業務（63条1項2号）をいう。①の私募については，(a)取得者が適格機関投資家である場合には，契約などにより適格機関投資家以外の者への譲渡制限が付されていること（金商法施行令17条の12第4項1号），(b)取得者が適格機関投資家以外の特例業務対象投資家の場合には，契約などにより一括譲渡以外の譲渡が禁止されていること，および6カ月以内に同種の新規発行権利[46]が発行されている場合には適格機関投資家以外の特例業務対象投資家の人数があわせて49名以下となること（金商法施行令17条の12第4項2号）が要件とされている[47]。他方，②の自己運用行為に関しては，かかる譲渡制限は規定されていない。

「適格機関投資家等」とは，適格機関投資家と49名以下（金商法施行令17条の12第3項）の適格機関投資家以外の者で政令で定める者（特例業務対象投資家，金商法施行令17条の12第1項・2項）とされている。

(a)　適格機関投資家等特例業務に係る人数要件

適格機関投資家以外の特例業務対象投資家が投資家に含まれていても，その数が49名以下であれば，適格機関投資家等特例業務に該当する可能性があるが，ファンド運営者（GP）以外の出資者のうちに適格機関投資家が必ず1名以上いなければならない。そして，1名以上の適格機関投資家と49名以下の特例業務対象投資家の人数の算定にあたっては，原則として，国外において非居住者である外国投資家を相手方として取得勧誘が行われる場合に当該国外における取得勧誘により取得した非居住者を考慮する必要はないと考えられているが，取得勧誘が国内において行われる場合は勧誘の相手方たる非居住者も人数算定にあたり算入する必要があるとされている[48]。

---

(46)　「同種の新規発行権利」とは，当該権利と発行者および出資対象事業が同一である権利とされている（金商法施行令17条の12第4項2号ロ，金商業等府令234条）。

(47)　譲渡制限は，当該権利が非居住者に譲渡される場合も適用される（平成19年7月パブコメ543頁No.26）。また，この人数制限は，取得勧誘の相手方ではなく，取得勧誘に応じた取得者の人数である。

(48)　平成19年7月パブコメ541頁No.17～ No.20・545頁No.36

⒝　出資者の範囲

適格機関投資家等特例業務の出資者の範囲は，平成27年金商法改正で大幅に改正された。上記の通り，適格機関投資家等特例業務の対象となる「適格機関投資家等」とは，適格機関投資家と，特例業務対象投資家である。特例業務対象投資家は，政令で定める数以下の「適格機関投資家以外の者で政令で定めるもの」であるが，これは，「適格機関投資家以外の者であつて，その取得する法第２条第２項第５号又は第６号に掲げる権利に係る私募又は私募の取扱いの相手方となる時点において，次の各号のいずれかに該当するもの」（金商法施行令17条の12第１項）とされ，具体的には，上場会社，資本金の額が5,000万円以上である法人，純資産の額が5,000万円以上である法人等に加え，特例業務届出者と密接な関係を有するものとして内閣府令（金商業等府令233条の２第１項）で定める者，財産の状況その他の事情を勘案して内閣府令で定める要件に該当する個人（その保有する投資性金融資産（金商業等府令233条の２第２項，62条２号イ〜ト。以下本章において同じ）の合計額が１億円以上であると見込まれ，かつ，金融商品取引業者等（外国の法令上これに相当する者を含む）に有価証券の取引またはデリバティブ取引を行うための口座を開設した日から起算して１年を経過している者など。金商業等府令233条の２第３項）などのほか，同項に掲げる者に準ずる者として内閣府令で定める者（①取引の状況その他の事情から合理的に判断して，その保有する投資性金融資産の合計額が１億円以上であると見込まれる法人，②金融商品取引業者である法人，上場会社，資本金が5,000万円以上である法人または純資産の額が5,000万円以上である法人の子会社等または関連会社等，③外国出資対象事業持分の発行者など。金商業等府令233条の２第４項）などが規定されている。

特例業務届出者の私募および運用の相手方の要件については，「私募又は私募の取扱いの相手方となる時点において」満たしていることが要件とされており（金商法施行令17条の12第１項），取得勧誘時に要件を満たしていた場合は，権利の取得後に要件を満たさなくなった場合でも，特例業務届出者は引き続き，当該出資者から既に出資を受けた資産（当該出資者が既に出資の約束をしており，当該出資約束に基づきキャピタルコールにより出資された資産を含む）の運用を行うことができるものと考えられている[(49)]。

図表5－2　適格機関投資家等特例業務

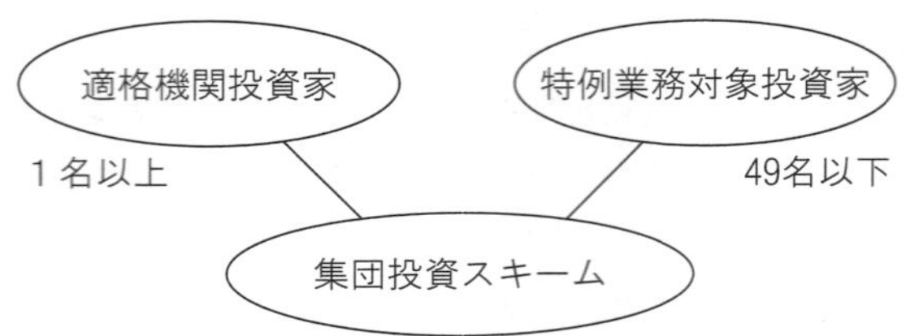

また，特例業務届出者は，勧誘する顧客の属性に応じて，出資者の要件に該当することを確認し，記録する必要がある（金商業者監督指針Ⅸ-1-1(1)①)。そして，出資者の要件のうち，保有する資産に係る要件を充足しているか否かの判断に際しては，例えば顧客からの自己申告の書面および当該顧客が任意に提供した資料（取引残高報告書または通帳の写しなど）を活用することにより，全体として「合理的に判断」して，要件の充足性を判断する必要があるとされている。また，かかる確認結果およびその根拠を記載した書面を保存するなどして社内記録を作成および保存する必要がある。

さらに特定投資家以外の顧客については，適合性の原則が適用されることから，勧誘を行う段階において，投資家毎に適合性の原則に照らした勧誘の是非を個別に判断することが求められる(50)。

また，投資家に(3)の①～④に掲げる者が含まれる場合には，特例の適用対象とはならない。

(2)　ベンチャー・ファンド特例

適格機関投資家等特例業務のうち，特にベンチャー・ファンドについては，成長資金を供給するなどの役割に鑑み，①一定の要件を充足してベンチャー・ファンドについては，②出資することができる適格機関投資家以外の者の範囲を，投資に関する事項について知識および経験を有するものにまで拡張することとし，③当該拡張された出資者を相手方として適格機関投資家等特例業務を

(49)　平成28年2月パブコメ1頁など。
(50)　古角壽雄ほか「平成27年改正金融商品取引法に係る政府令等の改正の解説(下) ――適格機関投資家等特例業務の見直し等」旬刊商事法務2096号37頁（2016)。

行う特例業務届出者等に対しては，ファンドのガバナンスの確保など，相応の体制の整備を求めることとされた（以下「ベンチャー・ファンド特例」という。金商法施行令17条の12第２項各号）

ベンチャー・ファンド特例の適用を受けるための要件は，以下の通り規定されている。

(i) 出資総額から現金または預貯金の額を控除した額の80％超を，株券，新株予約権，新株予約権付社債などに対して投資を行うものであること（金商法施行令17条の12第２項１号イ，金商業等府令233条の４第１項～３項)。

(ii) ファンドにおいて借入れまたは第三者の債務保証をしないこと（例外あり)（金商法施行令17条の12第２項１号ロ，金商業等府令233条の４第４項)

(iii) やむを得ない事由がある場合を除き，出資者がファンド持分の払戻しを受けることができないこと（金商法施行令17条の12第２項２号)

(iv) ファンド持分に係る契約において，63条９項に規定する内閣府令で定める事項（ガバナンスに関する事項）が定められていること（金商法施行令17条の12第２項３号)

(v) ファンド持分に係る契約の締結までに，出資者に対し，当該ファンドが(i)～(iv)に掲げる要件に該当する旨を記載した書面を交付すること（金商法施行令17条の12第２項４号)

ベンチャー・ファンド特例の要件を満たしたファンドについては，当該ファンドに出資することができる出資者の範囲は，上記の金商法施行令17条の12第１項各号に規定するものに加え，「適格機関投資家以外の者であって投資に関する知識および経験を有するものとして内閣府令で定めるもの」にまで拡張することとされている（金商法施行令17条の12第２項柱書)。この出資者の範囲の拡張により，上場会社の役員，資本金または純資産額が5,000万円以上であって有価証券報告書を提出している会社の役員なども当該ベンチャー・ファンドに投資することができる。なお，金商法施行令17条の12第２項各号の要件については，当該ファンドに係る私募または私募の取扱いの相手方となる時点において，当該要件に該当することが必要である（金商業等府令233条の３柱書)。

ベンチャー・ファンド特例の適用を受けて適格機関投資家等特例業務を行う者は，ファンド持分に係る契約の契約書の写しを当局に提出しなければならない（金商法施行令17条の13の２）。また，当該ファンド持分に係る契約には，「適格機関投資家等特例業務の適性を確保するために必要なものとして内閣府令に定める事項」（63条９項，金商業等府令239条の２第１項各号）を規定する必要がある。ファンド持分に係る契約の契約書の写しの提出は，上記の拡張された範囲の出資者に対して適格機関投資家等特例業務を行おうとする新規届出（63条２項）の届出日または変更届（同条８項，金商業等府令239条の２第２項）に係る変更が生じた日から，原則として３か月以内に行われなければならない（同条３項）。また，契約書の写しを提出した契約に変更（金商業等府令239条の２第１項各号に掲げる事項の変更に限る）があったときは，当該変更後遅滞なく，当該変更に係る契約の契約書の写しを当局に提出しなければならない（63条10項，金商業等府令239条の２第７項）。

⑶　ファンド・オブ・ファンズの取扱い

ファンドがさらに別のファンドに投資する，いわゆるファンド・オブ・ファンズについては，その子ファンド（他のファンドから投資を受けるファンドをいう。以下本章において同じ）[51]が見かけ上は適格機関投資家等特例業務の特例の人数要件を満たしている場合であっても，出資者に以下の者（以下「親ファンド」という）が含まれる場合には，当該スキームは実質的に多数の適格機関投資家以外の特例業務対象投資家が出資をすることとなるおそれがあることから，かかる子ファンドの運営者については，適格機関投資家等特例業務の特例の適用を認めないものとされている（63条１項１号イ～ハ）。

①　資産流動化法２条３項に規定する特定目的会社であって，その発行する資産対応証券を適格機関投資家以外の特例業務対象投資家が取得しているもの（63条１項１号イ）

②　適格機関投資家以外の特例業務対象投資家を匿名組合員とする匿名組合契約の営業者または営業者となろうとする者（63条１項１号ロ）

③　その株式や社債など[52]を適格機関投資家以外の特例業務対象投資家が取得している特別目的会社（63条１項１号ハ，金商業等府令235条１号）

⑸1　この親ファンドおよび子ファンドの位置付けは，投資信託におけるファミリーファンドに関しては，他の投資信託から投資を受ける投資信託をマザーファンドと呼ぶのとは逆である。

図表5－3　ファンド・オブ・ファンズと適格機関投資家等特例業務

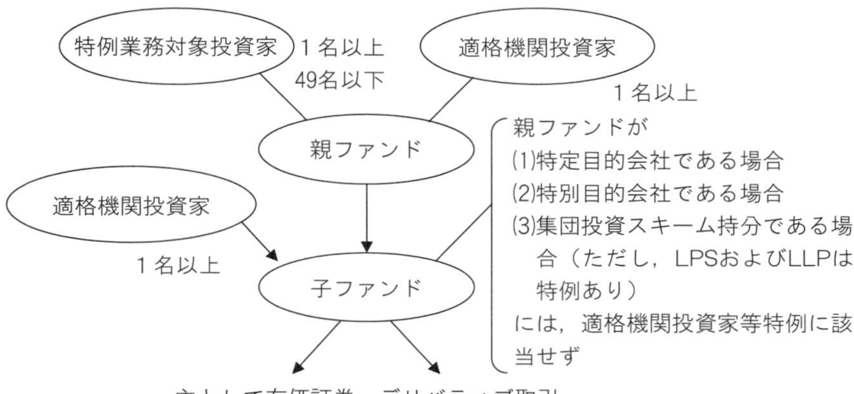

④　適格機関投資家以外の特例業務対象投資家が持分を取得している他の集団投資スキームの運営者（ただし，後述の特例２および特例３に該当する場合を除く）（63条１項１号ハ，金商業等府令235条２号）

①～④は，いずれも背後に適格機関投資家以外の特例業務対象投資家が存在する場合であり，親ファンドに対して投資を行う投資者の保護のため，①～④に掲げるもの（親ファンド）を「適格機関投資家等」に含めないこととしたものである[53]。

ただし，背後に適格機関投資家以外の特例業務対象投資家が存在する親ファンドから投資を受けている子ファンドであっても，以下の三つの場合には，投資者の保護に支障がないものとして，適格機関投資家等特例業務の対象となるものとされている。

＜特例１＞　出資額を超えて財産給付を受けることができないこととされている特別目的会社に関する特例（金商業等府令235条１号）

前記③に関して，子ファンド持分を取得している特別目的会社が適格機関投資家以外の特例業務対象投資家から出資を受けているとしても，それが出資額

⑸2　２条１項５号・９号もしくは15号に掲げる有価証券もしくは同項17号に掲げる有価証券であってそれらの有価証券の性質を有するものに表示される権利または同条２項３号もしくは４号に掲げる権利に限る。

⑸3　別冊・商事法務No.318・67頁〔花水康〕

を超えて財産の給付を受けることができないことを内容とするものである場合には，当該子ファンドの運営者の行為は，適格機関投資家等特例業務に該当しうるものとされている（金商業等府令235条1号）。

これは，子ファンドの出資者に特別目的会社が含まれるとしても，当該特別目的会社に出資している者に投資目的がない限りにおいては，その者の保護の必要性は低いと考えられるためである。

＜特例2＞　LPSおよびLLPに関する人数通算の特例（金商業等府令235条2号イ）

前記④に関して，適格機関投資家以外の特例業務対象投資家が持分を取得している親ファンドが投資事業有限責任組合（LPS）または有限責任事業組合（LLP）（これらに類する外国の法令に基づく契約を含む）である場合には，子ファンドおよび親ファンドの出資者である適格機関投資家以外の特例業務対象投資家を合計して適格機関投資家等特例業務の人数要件を満たすものであれば，子ファンドの運営者は当該特例の対象となりうるものとされている（金商業等府令235条2号イ）。これは，LPSやLLPは，各根拠法において登記制度が整備されるなど，民法上の組合等と比較して一定の透明性が確保されていることによるものであるとされている[(54)]。

また，親ファンドの運営者が登録投資運用業者である場合には，当該運営者に対する規制により親ファンドの出資者の保護が確保されることから，当該親ファンドの出資者数を除いて，上記の人数要件への該当性を判断することとされている。そして，子ファンドの出資者と親ファンドの出資者に同一の者が含まれる場合には，延べ人数ではなく実人数で計算すれば足りるものと考えられている[(55)]。

なお，上記の子ファンドの運営者の適格機関投資家等特例業務の該当性を判断する際の親ファンドと子ファンドに対して投資する適格機関投資家以外の特例業務対象投資家の人数の通算は，子ファンドと親ファンドの二階層の適格機関投資家以外の特例業務対象投資家の数の合算が求められている。したがって，親ファンドにさらに他の集団投資スキームが出資しているといった三階層

(54)　別冊・商事法務No.318・194頁〔松本圭介ほか〕
(55)　平成19年7月パブコメ549頁No.53

図表5－4　LPSとLLPの人数通算特例

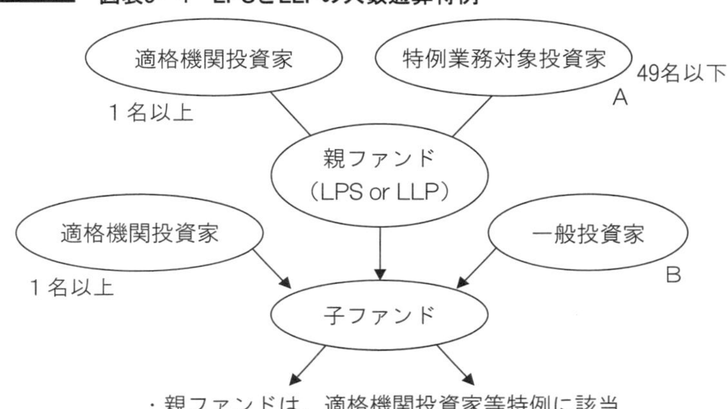

以上のファンドスキームであっても，三階層以上のファンドに関してそれぞれに投資する適格機関投資家以外の特例業務対象投資家の数をさかのぼって合算することまでは要求されていない(56)。

また，上記の人数通算は，親ファンドが投資事業有限責任組合（LPS）または有限責任事業組合（LLP）（これらに類する外国の法令に基づく契約を含む）である場合にのみ適用されるものであり，親ファンドがそれら以外の集団投資スキーム持分である場合（たとえば民法に基づく組合や匿名組合など）には，親ファンドの投資家に適格機関投資家以外の特例業務対象投資家がいると，その一事をもって適格機関投資家等特例業務の要件を満たさないこととなる（前記④）。

<特例3>　親ファンド・子ファンドの運営者が同一である場合の特例（金商業等府令235条2号ロ）

親ファンドおよび子ファンドがともに2条2項5号または6号に掲げる集団投資スキーム持分（LPSやLLPに限られない）である場合であって，かつ親ファ

(56)　平成19年7月パブコメ549頁No.49以下。ただし，かかる人数通算規定の適用を免れる目的で三層構造以上のファンド・ストラクチャーが採用されているような脱法的なケースに関しては，三階層以上について人数通算が必要となるような場合もあるであろう。

ンドと子ファンドの運営者が同一である場合には，親ファンドと子ファンドの出資者をあわせて「49名以下の適格機関投資家以外の特例業務対象投資家」という要件を満たせば，親ファンドの出資者に適格機関投資家以外の特例業務対象投資家がいる場合であっても，子ファンドの運営者の業務は適格機関投資家等特例業務に該当しうる。

実務のポイント・5－9

◆ファンド・オブ・ファンズと投資家属性

投資家にファンド・オブ・ファンズ（FOF。**図表5－4**の親ファンドをいう）がいる子ファンドの適格機関投資家等特例業務該当性を検討する場合，①当該親ファンドが■1(2)の<特例1>～<特例3>のいずれかに該当するか否かを検討するとともに，②当該FOFの投資家としての属性を確定して子ファンドが形式的に特例の要件を満たすことを確認することが必要となる。①に関しては，本文で述べたとおりであるが，②は原則としてファンド運営者（GP）が適格機関投資家以外の特例業務対象投資家であるか適格機関投資家であるかによって，当該FOFを適格機関投資家以外の特例業務対象投資家として扱うべきか，適格機関投資家として扱うべきかが決まることになる（ただし，例外的に投資事業有限組合法に基づく投資事業有限責任組合のように，組合自体が適格機関投資家とされている例もある）。すなわち親ファンドが匿名組合の場合，親ファンドの営業者が適格機関投資家であれば上記②の観点からは匿名組合を適格機関投資家とみることになるが，上記①の手順を省略することはできず，原則として親ファンドたる匿名組合の匿名組合員に適格機関投資家以外の特例業務対象投資家が含まれる場合には，子ファンドは適格機関投資家等特例業務の要件を満たさないこととなる。

なお，GPが複数いる場合には，実際に運用に携わっているGPが2条8項15号の投資運用業に該当する行為を行っていることになるため，当該GPについてのみ適格機関投資家等特例業務の要件の該当性を考えれば足りることになる。したがって，GP2名がともに適格機関投資家で，LPはすべて適格機関投資家以外の特例業務対象投資家であっても，GPのうちの1名が組合財産等の運用には一切かかわっていないというような場合には，当該運用に携わっていないGPは，適格機関投資家等特例業務該当性を検討するに際しては，要件とされている適格機関投資家1名としてカウントすることが許されると考えられる。

(4)　欠格事由など

①　欠格事由

平成27年金商法改正により，適格機関投資家等特例業務を行ってはならない者として，適格機関投資家等特例業務の廃止を命ぜられた日から5年を経過しない者，外国に住所を有する個人や外国法人であって国内における代理人や代表者の定めがない者や所在する外国金融商品取引規制当局について調査協力や情報提供等に応ずる旨の保証がない者などを，定めている（63条７項）。

②　実態を伴わない適格機関投資家の排除等

適格機関投資家等特例業務に関する制度は，適格機関投資家が出資を行い自己のために当該ファンドに関与することで，ファンドの運用状況等の適正性がある程度確保されることが規定されることを前提に，特例的に設けられたものであるため，その悪用を防ぐため，平成27年金商法改正において，適格機関投資家等特例業務として行うことのできる私募および運用行為から除外される「投資者の保護に支障を生ずるおそれがある者として内閣府令で定めるもの」として，①権利を有する適格機関投資家の全てが投資事業有限責任組合（取引の状況その他の事情から合理的に判断して，投資事業有限責任組合契約に基づき運用を行う金銭その他の財産の総額から借入金の額を控除した金額[57]が５億円以上であると見込まれるものを除く）であること（234条の２第１項１号），または②権利を有する者が出資または拠出する金銭その他の財産の総額[58]に占める金商業等府令233条の２第１項２号～６号に掲げる者および同233条の３各号に掲げる者（適格機関投資家，金商法施行令17条の12第１項各号（６号を除く）のいずれかに該当する者，ならびにファンド資産運用等業者の役員，使用人および親会社等を除く）が当該権利に対して出資しまたは拠出する金銭その他の財産の総額の割合が２分の１以上であること（金商業等府令234条の２第１項２号・２項２号），のいずれかに該当するファンドに係る私募または運用を規定している。

また，特例業務届出者は，適格機関投資家等特例業務において，出資対象事業者への出資を行っている適格機関投資家が特例業務届出者の子会社等である適格機関投資家のみであることその他の事情を勘案して63条１項各号に掲げる行為を適切に行っていないと認められる状況（金商業等府令123条１項30号）に

---

(57)　いわゆるキャピタルコール方式を採用している契約における出資または拠出を約束した金額ではなく，実際に出資または拠出を受けた金額によるものと解されている（平成28年２月パブコメ42頁No.142・No.143）。

(58)　いわゆるキャピタルコール方式を採用している契約における出資または拠出を約束した金額ではなく，実際に出資または拠出を受けた金額によるものと解されている（平成28年２月パブコメ43頁No.147）。

該当することがないよう，その業務を行う必要がある（63条11項・40条２号）。

2　適格機関投資家等特例業務の届出

適格機関投資家等特例業務を行おうとする場合には，あらかじめ内閣総理大臣に対して届出を行わなければならない（63条２項・63条の３第１項）。適格機関投資家等特例業務の届出を行う者が金融商品取引業者等ではない場合も，金融商品取引業者等である場合も，いずれも適格機関投資家等特例業務を行う前に届け出なければならないが，金融商品取引業者等であるか否かによりその届出の内容が異なる。

すなわち，適格機関投資家等特例業務を行う者が金融商品取引業者等ではない場合には，⑴商号，名称または氏名，⑵法人であるときは，資本金の額または出資の総額，⑶法人であるときは，役員の氏名または名称，⑷政令で定める使用人（金商法施行令17条の13，金商業等府令237条）があるときは，その者の氏名，⑸業務の種別（自己募集または自己運用），⑹主たる営業所または事務所の名称および所在地，⑺適格機関投資家等特例業務を行う営業所・事務所の名称および所在地，⑻他に事業を行っているときはその事業の種類，⑼適格機関投資家等特例業務を行う営業所・事務所の電話番号，ホームページアドレス（金商業等府令238条１号），⑽自己募集，自己運用の業務ごとに，当該業務に係る出資対象事業持分の名称および種別（同条２号イ・３号イ，たとえばファンド名など），ファンドの事業内容，ファンド持分を取得する適格機関投資家全員の商号・名称，種別および数，特例業務届出者が適格機関投資家以外の者を相手として私募を行う場合にはその旨（同条２号・３号），⑾ベンチャーファンド特例が適用される場合には同特例の適用の条件とされたファンドの財務諸表等の監査を行う公認会計士等の氏名・名称および⑿特例業務届出者が外国法人または外国に住所を有する個人であるときは，国内における代表者または代理人の所在地等（同条４号・５号）を届け出ることを要する。具体的には，金商業等府令の別紙様式第20号により作成した届出書に，当該届出書の写しおよび届出者の登記事項証明書や届出者の役員の履歴書・住民票などを添付して，その者の本店等の所在地を管轄する財務局長に提出することとなる（63条２項・３項，金商業等府令236条１項・238条の２第１項)。添付書類のうち，出資額や運用財産総額を証する書類については，やむを得ない事由があるときは届出後遅滞なく提出すれば足りることとされている（金商業等府令238条の２第１項ただし書)。

特例業務届出者は，届け出た内容に変更があったときは，遅滞なく，その旨を内閣総理大臣に届け出なければならない（63条８項，金商業等府令239条)。また，特例業務届出者は，63条２項または８項の届出を行ったときは，遅滞なく，届出事項のうち内閣府令で定める事項を記載した書面を作成し，これを主たる営業所もしくは事務所および適格機関投資家等特例業務を行うすべての営業所もしくは事務所に備え置いて公衆の縦覧に供し，またはインターネットの利用その他の方法により，投資者が常に容易に閲覧することができるよう公表しなければならない（63条６項，金商業等府令238条の５第１項)。

金融商品取引業者等が適格機関投資家等特例業務を行う場合には，金商業等府令の別紙様式第21号により作成した届出書を所管金融庁長官等に提出しなければならない（63条の３第１項，金商業等府令244条)。金融商品取引業者等が適格機関投資家等特例業務を行う場合には，特例業務届出者に対する規定が準用される。具体的には，当局による届出事項などの公衆縦覧に係る規定（63条５項)，特例業務届出者による届出事項などの公衆縦覧に係る規定（63条６項)，変更届に関する規定（63条８項)，契約書の写しの提出義務などに係る規定（63条９項・10項)，帳簿書類の作成・保存義務に係る規定（63条の４第１項)，事業報告書の作成・提出義務に係る規定（同条２項)，説明書類の作成・公衆縦覧などの義務に係る規定（同条３項)，監督上の処分などに係る規定（63条の５)，報告の聴取および検査に係る規定（63条の６）など（そのほかに63条12項・13項・63条の２第３項）が準用されている。

3　適格機関投資家等特例業務を行わないこととなった場合

特例業務届出者が行う運用行為（63条１項２号に掲げる行為）が，適格機関投資家等以外の者が集団投資スキーム持分（２条２項５号または６号に掲げる権利）を保有することになったことにより，適格機関投資家等特例業務に該当しなくなったときは，内閣総理大臣は，当該特例業務届出者に対し，３カ月以内の期間を定めて必要な措置をとることを命ずることができる（63条12項）。主として有価証券またはデリバティブ取引に対する運用をしている場合で，適格機関投資家等特例業務の要件を満たさなくなった場合には，原則として金融商品取引業（投資運用業）の登録義務が生ずる（29条）ため，登録をするかまたは第5節で述べる自己運用業務に係る規制の特例の要件を満たすことが必要となる。

また，特例業務届出者の行う自己運用行為（63条1項2号に掲げる行為）が当該特例業務に該当しなくなったとき（同条13項・63条の3第2項），また適格機関投資家等特例業務を休止しまたは再開したとき，廃止したとき（63条の2第3項・63条の3第2項），合併以外の事由により解散したときは（63条の2第4項），届出義務がある。その他，特例業務届出者が金融商品取引業者でない場合には，合併，分割（適格機関投資家等特例業務の全部を承継させるものに限る）もしくは相続があったときや適格機関投資家等特例業務に係る事業の全部を譲渡したときは特例業務届出者の地位が承継され，当該承継者はその旨を届け出なければならない（63条の2第1項・2項）。

なお，外国集団投資スキームの運営者が適格機関投資家等特例業務の届出を円滑に行うことができるようにするため，当該外国集団投資スキームの運営者が金融商品取引業者等でない場合には，届出書類等を英語で作成して提出することも認められている（金商業等府令236条2項・239条3項など）[59]。

4　適用される行為規制等

(1)　特例業務届出者に係る行為規制

平成27年金商法改正により，特例業務届出者について，金融商品取引業者とみなして，金融商品取引業者に適用されている行為規制の一部が適用されるものとされた（63条11項）。

具体的には，特例業務届出者に対して，改正前から適用されていた虚偽告知の禁止（38条1号），断定的判断の提供の禁止（38条2号）および損失補填等の禁止（39条（4項および6項を除く））に加え，以下の行為規制に係る規定を適用することとしている。また，これらの規定に係る罰則（金商法第8章）およ

(59)　届出については，和英のサンプルや様式などが金融庁のウェブサイトに掲載されている。

び没収に関する手続き等の特例（同法第８章の２）を適用することとしている。

・特定投資家制度に関する規定（34条～34条の５・45条）
・顧客に対する誠実義務（36条１項）
・名義貸しの禁止（36条の３）
・広告等の規制（37条）
・契約締結前の書面の交付（37条の３）
・契約締結時等の書面の交付（37条の４）
・断定的判断の提供の禁止（38条２号）
・内閣府令で定める行為の禁止（38条９号）
・適合性の原則等（40条）
・分別管理が確保されていない場合の売買等の禁止（40条の３）
・金銭の流用が行われている場合の自己募集等の禁止（40条の３の２）

［投資運用に関する行為規制］

・忠実義務および善管注意義務（42条）
・運用における禁止行為（42条の２，金商業等府令129条）
・分別管理（42条の４，金商業等府令132条）
・運用報告書の交付（42条の７，金商業等府令134条５項）
・暗号資産関連業務に関する特則（令和元年金商法改正後43条の６）

ファンドの投資運用を適格機関投資家等特例業務で行った場合の運用報告書については，その権利者がベンチャーファンド特例（金商法施行令17条の12第２項に掲げる要件に該当する権利である場合）の適用がある場合であって当該契約の契約者に運用報告の対象期間が記載されているときは１年に１回以上，その他の場合には６カ月に１回以上毎の定期に運用報告書を作成し，知れている権利者に交付しなければならない（63条11項・42条の７，金商業等府令134条３項２号・４項）。また，自己運用業務に係る契約の相手方が特定投資家である場合には，運用報告書の交付を要しないものとされている（金商業等府令134条５項４号）。

⑵　帳簿書類・事業報告書等

平成27年金商法改正により，特例業務届出者について，帳簿書類の作成および保存，事業報告書の作成および提出，事業報告書に係る説明書類の縦覧等の規定がおかれた（63条の４）。

①　帳簿書類の作成・保存

金商法は，特例業務届出者について，業務の適切性や財務の健全性を確保するとともに，適格機関投資家等特例業務に対する監督・検査を実効的かつ迅速に行うことを可能とするため，業務に関する帳簿書類を作成・保存することを義務づけている（63条の４第１項，金商業等府令246条の２第１項）。

②　事業報告書および説明書類の縦覧

特例業務届出者は，事業年度ごとに，事業報告書を作成し，内閣総理大臣に提出することを要する（63条の４第２項）。また，事業報告書に記載されている事項のうち投資者保護のために必要と認められるものを記載した説明書類を作成し，公衆の縦覧に供し，またはインターネットの利用その他の方法により公表することを義務づけられている（63条の４第３項）。

5　監督上の処分

特例業務届出者の業務の運営に関し，公益または投資者保護のため必要かつ適当であると認めるときは，その必要の限度において，特例業務届出者に対して，業務の運営の改善に必要な措置をとるべきことを命ずることができる（63条の５第１項）。また，適格機関投資家等特例業務に関し，法令または法令に基づく処分に違反した場合には，特例業務届出者に対して，６カ月以内の期間を定めて業務の全部または一部の停止を命ずることができる（同条２項）。さらに，特例業務届出者が適格機関投資家等特例業務に関し，法令または法令に基づく処分に違反した場合であって，他の方法により監督の目的を達成することができないときは，業務の廃止を命ずることができる（同条第３項）。内閣総理大臣が特例業務届出者に対して業務改善命令，業務停止命令または業務廃止命令に係る処分を行う場合については，聴聞（同条４項），書面による通知（同条５項）および公告（同条６項）の手続きが定められている。

6　報告徴取・検査

金商法は，市場の公正性・透明性等を確保する観点から必要な場合には特例業務届出者の行う業務の実態を把握できるよう，特例業務届出者の業務の運営に関し，公益または投資者保護のために必要かつ適当であると認めるときは，報告徴取や検査を行うことができると定めている（63条の６）。そして，特例業務届出者だけでなく，特例業務届出者と取引をする者および特例業務届出者から業務の委託を受けた者（２以上の段階にわたる委託を含む）も，この報告徴取および検査の対象となる。

7　裁判所の禁止・停止命令

裁判所は，適格機関投資家等特例業務に関し，法令違反または命令違反がある場合で，緊急の必要があり，かつ，公益および投資者保護のために必要かつ適当であるときは，禁止または停止を命ずることができる（192条１項１号）。また，平成27年金商法改正により，適格機関投資家等特例業務に係る業務執行が著しく適正を欠き，かつ，現に投資者の利益が著しく害されており，または害されることが明白である場合において，投資者の損害の拡大を防止する緊急の必要があるときにおける販売・勧誘行為（第二種金融商品取引業者などが取り扱うものを含む）に関し，裁判所が禁止または停止を命ずることができるものとされた（192条１項２号）。これは，具体的な法令違反または命令違反を認定することが困難な場合などに対応するためであるが，一方で，裁判所の命令により業務を差し止めるという重大な結果をもたらす可能性もあることから，厳格な要件が付されている。

8　罰　　則

適格機関投資家等特例業務の届出をせず，または虚偽の届出をした者は，５年以下の懲役もしくは500万円以下の罰金，またはこれを併科するものとされている（197条の２）。また，帳簿作成義務，事業報告書作成義務，または説明書類等縦覧義務に違反した場合には，1年以下の懲役もしくは300万円以下の罰金，またはこれを併科するものとされている（198条の6）。

❖第5節❖　その他自己募集・自己運用業に係る業規制の特例

1　運営者が運用権限の全部を第三者に委託する場合

金商法では，集団投資スキームの運営者が，集団投資スキーム財産の運用権限の全部を外部の第三者に委託し，自らは投資判断等の一切を行わない場合には，委託先において出資者への受託者責任が適切に果たされることを確保するために定められた一定の要件を充足すれば，当該運営者の行為は，例外的に金融商品取引業（投資運用業）の定義から除外することとされている（定義府令16条1項10号，全部委託の特例）。この特例の適用を受けるためには，具体的には，⑴運営者が登録投資運用業者との間で投資一任契約し，その運用権限の全部を委託することその他の所要の事項について当該集団投資スキームに係る出資契約等に定めがあること，⑵当該投資一任契約等において，当該委託先が出資者に忠実義務および善管注意義務を負う旨を定めること，⑶当該投資一任契約等において，当該委託先による自己，その取締役などまたはその運用を行う他の運用財産との間の取引を制限するための所要の定めを置くこと，⑷当該委託先が，運営者による集団投資スキーム財産の分別管理の状況を監督すること，および⑸当該委託先が，あらかじめ，運営者に関する所要の事項を当局に届け出ることといった要件を満たす必要がある。

なお，集団投資スキームの運営者から運用権限の全部の委託を受けた登録投資運用業者は，当局に届け出た事項に変更があったときは，遅滞なく届け出なければならない（同号へ）。

2　親ファンドの運営者による形式的な自己運用行為

⑴　親ファンドが商品投資を行う場合

親ファンドの運営者が，当該親ファンドの財産を子ファンドの持分に投資するような，いわゆる二層構造ファンドスキームの場合であって，子ファンドが商品投資を行うものである場合には，商品ファンド法において一定の投資者保護が確保されている（商品ファンド法33条では，いわゆる商品ファンドについて，商品投資顧問業者等に対して商品投資に係る投資判断を一任しているものでなければその販売等を行ってはならないこととされている）。そこで，①商品投資契約などにおいて，出資または拠出を受けた財産の全部を営業者から他の法人へ出資する旨，および，当該出資先法人により商品投資運用が行われる旨が定められていること，②当該再出資先から商品投資顧問業者等に対し，商品投資に係る投資判断を一任していること，および，③当該再出資先が主として有価証券またはデリバティブ取引に係る権利への投資運用を行うものではないことといった要件を満たす場合には，当該営業者の業務について，例外的に金融商品取引業（投資運用業）の定義から除外することとしている（金商法施行令１条の８の６第１項３号）。

⑵　競走用馬ファンドスキームの場合

いわゆる競走用馬ファンドスキームについても，その特殊性にかんがみ，親ファンドと子ファンドの双方が匿名組合である二階層構造のファンドスキームで，親ファンドが競走用馬を取得し，子ファンドに対して当該競走用馬が再出資され，かつ，子ファンドは当該競走用馬を競走に出走させることにより運用するというスキームに係る親ファンドのファンド財産の運用行為については，主として有価証券（他の匿名組合契約に基づく出資）により運用するものであるものの，運用先が限定されていることから，金融商品取引業（投資運用業）の定義から除外することとしている（定義府令16条１項12号）。

3　不動産流動化におけるダブルTKスキームの子ファンドスキームの運営者による自己運用行為

不動産流動化実務においては，(1)投資家が匿名組合契約に基づき親ファンド運営者たる営業者に金銭を出資し，(2)当該親ファンド運営者が他の匿名組合契約に基づき当該金銭を子ファンド運営者たる営業者に再出資し，当該子ファンド運営者が当該金銭を不動産信託受益権への投資として運用する例（いわゆるダブルTKスキーム）がある。当該スキームでは，子ファンドは主として有価証券たる信託受益権への投資としてファンド財産を運用するため，形式的には自己運用の定義に該当する。しかし，一定の要件を満たす不動産流動化目的のダブルTKスキームにおける子ファンドの運営者の行為は，金融商品取引業（投資運用業）の定義から除外することとされている（定義府令16条1項11号)。

かかる不動産流動化目的のダブルTKスキームに係る特例の適用を受けるためには，具体的には，①子ファンドに係る匿名組合契約の相手方となろうとする者が他の匿名組合（親ファンド）の運営者であって，投資運用業者，特例業務届出者または改正法附則48条1項の届出をして特例投資運用業務を行う者（以下「特例運用業者」という）であって，②子ファンドに出資された金銭が不動産信託受益権に投資されるものであり，かつ，③親ファンドの運営者が子ファンドの運営者に関する情報を当局に届け出ていることといった要件を満た

図表5－5　不動産流動化におけるダブルTKスキーム

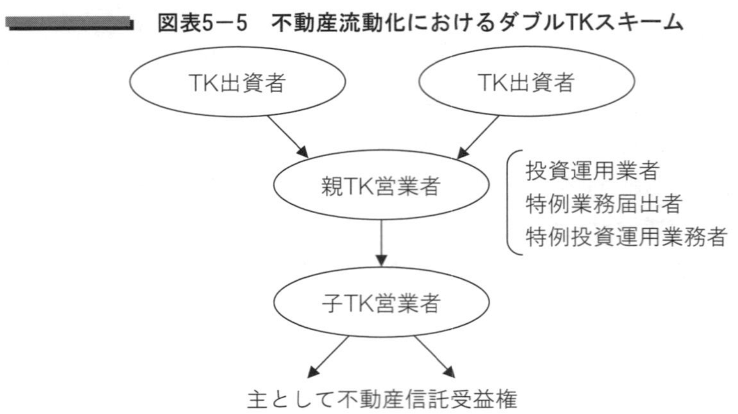

す必要がある。親ファンド運営者は，当局に届け出た事項に変更があったときは，遅滞なく届け出なければならない（定義府令16条１項11号ハ）。

4　外国集団投資スキーム持分

金商法の目的の一つは，わが国の投資家を保護することにあることから，外国集団投資スキーム持分であっても，日本において勧誘行為が行われた場合には，原則として，自己募集および自己運用の規制の対象となるとされている(60)。しかし，本邦投資家が少しでも投資する外国集団投資スキームの運営者には常に金商法の業規制の適用があるとすると，本邦投資家のグローバルな投資機会を損ない，金融イノベーションを阻害する可能性がある。そこで，当該外国集団投資スキーム持分（２条２項６号に掲げる権利）に対して投資をする本邦投資家が少数の適格機関投資家に限られる場合などの要件を満たす場合には，当該外国集団投資スキーム持分に係る自己運用は，金融商品取引業（投資運用業）に該当しないものとされている（定義府令16条１項13号）。

外国集団投資スキーム持分に係る自己運用が，金融商品取引業（投資運用業）の定義から除外されるのは，以下の要件を満たす外国集団投資スキーム持分の運営者である。

⑴　当該外国集団投資スキームに対して直接出資をする本邦居住者（直接出資者）が適格機関投資家または特例業務届出者（自己運用）に限られること

⑵　直接出資者が他の集団投資スキーム（親ファンド。ただし，２条２項５号に係る集団投資スキームに限る）の運営者である場合は，当該親ファンドの出資者（間接出資者）が適格機関投資家に限られること

⑶　直接出資者と間接出資者とを合計して10名未満であること

⑷　直接出資者からの出資額が，当該外国集団投資スキームへの出資総額の３分の１以下であること

外国集団投資スキームが，本邦投資家を出資者とする親ファンドから投資を受ける場合であっても，当該親ファンド持分が２条２項５号に該当しない場合

(60)　平成19年７月パブコメ541頁No.19，平成28年２月パブコメ27頁No.93～28頁No.95

には，当該親ファンドの出資者は「間接出資者」の定義には該当せず，(2)の要件を検討する必要はない。また，重層構造のファンド・オブ・ファンズであっても，外国集団投資スキームに直接出資する親ファンドに係る出資者のみを(3)の人数計算にあたって算入するものとされているため，親ファンドに対して投資する他の集団投資スキームに本邦投資家が投資をしていたとしても，当該本邦投資家の数は外国集団投資スキームに係る自己運用が金融商品取引業（投資運用業）に該当するか否かを検討するにあたっては考慮することを要しない。

なお，第1章第3節■4で述べたとおり，外国投資信託の運用者については，日本国内から設定・運用を行うものでない限り，金商法の投資運用業の規制の適用はない。また，外国集団投資スキームの運営者である外国の者が当該外国集団投資スキーム財産を有価証券またはデリバティブ取引に対する投資として運用する行為を第三者に委託した場合であって，当該第三者が外国の者である場合には，当該取引はいわゆる外ー外の取引であり，金商法は適用されないと考えられる。ただし，外国集団投資スキームの運営者から運用の一任を受けた第三者が日本の者である場合には，当該運用の一任を受ける第三者は，金融商品取引法の適用を受けるため，登録投資運用業者であることを要する（28条4項・2条8項12号ロ）。

■5　証取法等改正法附則48条の届出をしたファンド運営者

集団投資スキームに係る自己運用（適格機関投資家等特例業務に該当するものを除く）を金融商品取引法施行前から継続しているものとして証取法改正附則48条の届出をした特例運用業者は，当該業務（金商法施行日前に取得の申込みの勧誘を開始した権利に係るものに限る。本章において「特例投資運用業務」という）を継続できることとされている。かかる特例が適用されるのは，平成19年9月30日より前に取得の申込みの勧誘を開始した権利に係るものに限るが，追加出資義務があったとしても，当該追加出資義務が効力を有する期間および出資義務上限金額が具体的に定められている義務的追加出資の場合には，原則として，当該追加出資要請（キャピタルコール）は新たな勧誘には該当せず，上記経過措置の適用が継続されると考えられている[(61)]。

この特例運用業者は，金融商品取引業者ではないため，金融商品取引業者に適用される行為規制は原則として適用されない。

なお，特例運用業者が特例投資運用業務を行う場合においては，上記届出を63条２項の規定による届出（適格機関投資家等特例業務に係る届出）とみなして，同条５項および６項（届出事項の公衆縦覧）・同条７項（欠格事由）・同条８項（変更届）・同条11項（行為規制の準用）・63条の２（特例業務届出者の地位の承継等）・63条の４（業務に関する帳簿書類等）・63条の５（特例業務届出者に対する監督上の処分等）・63条の６（報告の徴取および検査）・63条の７（政令への委任）・65条の２（外国法人等に対するこの法律の規定の適用にあたっての技術的読替え等）・65条の４（内閣府令への委任）・188条（特例業務届出者の業務等に関する書類の作成，保存および報告の義務）および194条の７第２項・３項（金融庁長官への権限の委任）の規定，ならびにこれらの規定に係る金商法第８章（罰則）の規定を適用するものとされている（平成27年金商法改正後の証取法等改正法附則48条７項）。

❖第６節❖　その他のファンドに係る規制

金商法では，組合等が組合等の財産として，上場会社等の議決権の10％以上を保有している場合について，新たに売買報告書の提出義務や短期売買等の利益の提供義務の対象としている（165条の２）。また，特定組合等の組合員が当該特定組合等の財産に関して上場会社等に係る株式等の空売りを行うことは，規制されている（同条15項）。当該各規制の具体的な内容については，第13編第１章第４節■５参照。

---

(61)　平成19年７月パブコメ148頁No.８・149頁No.11・No.12

第7章
外 務 員

本章のサマリー

◇金融商品取引業者および登録金融機関が行う金融商品取引業に関するいわゆる「営業」行為のうち一定の行為については，外務員登録を受けた外務員が行うことを要する。本章では，外務員制度に関して概説する。

金融商品取引業者および登録金融機関（以下「金融商品取引業者等」という）は，その役員または使用人のうち，その金融商品取引業者等のために64条１項に掲げる行為（以下「外務員の職務行為」という）を行う者（以下「外務員」という）について登録を受けなければならず，外務員登録を受けた者以外の者に外務員の職務行為を行わせてはならない（同条）。外務員の職務行為には，⑴有価証券（第二項有価証券（電子記録移転権利を除く）を除く）に係る売買の媒介や募集または私募の取扱いなど，有価証券（第二項有価証券（電子記録移転権利を除く）を除く）に係る市場デリバティブ取引もしくは外国市場デリバティブ取引の媒介や委託の勧誘など（64条１項１号），⑵店頭デリバティブ取引やその媒介などの行為や店頭デリバティブ取引等の申込みの勧誘など（64条１項２号），⑶⑴以外の市場デリバティブ取引もしくは外国市場デリバティブ取引またはその媒介など（64条１項３号，金商法施行令17条の14）が含まれる。なお，第二項有価証券にかかる売買やその媒介，取次ぎ，代理または募集の取扱いや，２条８項７号のいわゆる自己募集などは，外務員の職務行為には含まれないため，それらの行為を行う者は外務員登録をすることを要しない。

外務員は，原則として，その所属する金融商品取引業者等に代わって，外務員の職務行為に関し，一切の裁判外の行為を行う権限を有するものとみなされる（64条の３）。なお，外務員の相手方が悪意であった場合には外務員の権限は擬制されない（同条２項）。

金融商品取引業者等は，外務員の登録に際しては，所定の登録申請書（金商業等府令別紙様式第22号）に当該登録申請書に添付すべき書類を添付して登録申請を行う（64条３項・４項，金商業等府令247条〜251条）。また，登録事項に変更があり，または外務員が退職するなどの所定の事由が生じた場合には届出をしなければならない（64条の４，金商業等府令252条・253条）。

登録を受けている外務員が外務員の職務行為に関して法令に違反した場合などには，内閣総理大臣は，その登録を取り消し，または２年以内の期間を定めてその職務の停止を命ずることができる（64条の５）。また，一定の場合には，外務員登録を抹消するものとされている（64条の６）。

なお，外務員登録に関する事務は，金融商品取引業協会に対して委任することができるとされており（64条の７），外務員登録事務を委任された金融商品取引業協会は，それぞれ自主規制ルールに基づいて外務員試験を行うなど外務員の資格の区分を設けているため，外務員はかかる自主規制ルールおよび資格区分に従うことを要する。

第8章

金融商品仲介業者

本章のサマリー

◇本章では，金融商品仲介業に関する規制を概観する。金融商品仲介業者は，第一種金融商品取引業者または投資運用業者から委託を受けて有価証券の売買の媒介などの業務を行う者であり，各種規制は金融商品取引業者に対するそれとほぼ同様であるが，その業務の特性に照らし，一部の規制が緩和されている。

◇なお，登録金融機関も金融商品仲介行為を行うことができるが，「金融商品仲介業者」ではないため，本章で概観する各種規制は適用されない。

❖第1節❖　金融商品仲介業とは

金融商品仲介業とは，第一種金融商品取引業もしくは投資運用業を行う金融商品取引業者または登録金融機関の委託を受けて，以下のいずれかの行為（投資運用業を行う者が行う⑷に掲げる行為を除く。以下「金融商品仲介行為」という）を当該金融商品取引業者または登録金融機関（以下，本章において「所属金融商品取引業者等」という）のために行う業務をいう（２条11項）。

⑴　有価証券の売買の媒介（２条８項10号に掲げるものを除く）

⑵　２条８項３号に規定する媒介

⑶　２条８項９号に掲げる行為

⑷　２条８項13号に規定する媒介

２条８項各号に掲げる行為を業として行うことは，本来金融商品取引業に該当し，29条に基づく金融商品取引業の登録を受けなければ，これを行うことができない。しかし，銀行，協同組織金融機関その他政令で定める金融機関（金商法施行令１条の９。以下，本章において「金融機関」という）以外の者(62)は，金融商品仲介業の登録を受けることにより，金融商品取引業の登録を受けずに⑴〜⑷の行為を行うことができるものとされている。金融商品仲介業登録を受けることができる主体が金融機関以外の者とされているのは，金融機関については，登録金融機関としての登録（33条の２）を受けることにより，金融商品仲介業に該当する行為を行うことができるからである（33条の２第２号・33条２項３号ハ・４号ロなど）。登録金融機関に関する規制については，第４章参照。

❖第２節❖　金融商品仲介業者の業務

1　総　　論

金融商品仲介業者は，金融商品取引業者と同様，顧客に対して誠実義務を負い（66条の７），標識の掲示が義務付けられ（66条の８），また名義貸しが禁止される（66条の９）。

また，所属金融商品取引業者等の委託を受けて業務を行うというその行為の特性から，金融商品仲介行為を行うに際しては，あらかじめ，顧客に対して所属金融商品取引業者等の商号または名称，所属金融商品取引業者等の代理権がない旨，所属金融商品取引業者等が二以上ある場合で手数料等が異なる場合はその旨，およびその他の所定の事項を明示しなければならないとされている（66条の11，金商業等府令272条）。これは，金融商品仲介業者の金融商品仲介行為が所属金融商品取引業者等（所属金融商品取引業者等が複数ある場合にはどの所属金融商品取引業者等であるかも含む）のための行為であることを明確にして顧客保護を図ろうとするものである。また，金融商品仲介業者がその行う金融商品仲介業の内容について広告その他これに類似するものとして内閣府令で定める行為をするときは，所定の事項を記載することを要する（66条の10，金商業等府令266条〜270条）。

---

(62)　第一種金融商品取引業者および登録金融機関の役員および使用人を除く。

金融商品取引業者等および登録金融機関に適用される外務員登録に関する規制は，金融商品仲介業者にも準用されている（66条の25，金商法施行令18条の３）。

なお，金融商品仲介業者は，契約締結前交付書面等の交付義務を負わない。金融商品仲介業者が金融商品仲介業務として有価証券の売買の媒介などを行う場合の契約締結前交付書面の交付義務に関しては，第６編第３章第３節■２参照。

2　金融商品仲介業者の禁止行為

金融商品仲介業者（金融商品取引業者である者を除く）は，その行う金融商品仲介業の顧客を相手方とし，所属金融商品取引業者等の委託を受けて行う金融商品仲介行為以外の２条８項各号に掲げる行為をしてはならない（66条の12）[(63)]。また，名目の如何を問わず，その行う金融商品仲介業に関し，顧客から金銭もしくは有価証券の預託を受け，または密接な関係を有する者に顧客の金銭もしくは有価証券を預託させてはならないとされている（66条の13）。保管を伴わない金銭などの単純な預りも禁止される。さらに金融商品取引業者と同様，誇大広告等が禁止され（66条の10第２項，金商業等府令271条）損失補填などが禁止され（66条の15・38条の２・39条），顧客の勧誘に関する金融商品取引業者に対する禁止行為が同様に禁止される（66条の14第１号）ほか，金融商品仲介業により知りえた顧客の情報の利用の制限や，金融商品仲介業以外の業務によって知りえた有価証券の発行者に関する情報などを利用する行為の禁止など，金融商品取引業者に対して禁止されている行為と類似の行為が禁止されている（66条の14，金商業等府令274条・275条）。

3　所属金融商品取引業者等の賠償責任

金融商品仲介業者の所属金融商品取引業者等は，その委託を行った金融商品仲介業者が金融商品仲介業につき顧客に加えた損害を賠償する責任を負う（66

(63)　条文の文言上，業として行わない場合も禁止の対象に含まれると解されるので注意を要する。

条の24本文)。ただし，当該所属金融商品取引業者等がその金融商品仲介業者への委託につき相当の注意をし，かつ，その者の行う金融商品仲介行為につき顧客に加えた損害の発生の防止に努めたときは，この限りでない（同条ただし書)。なお，複数の所属金融商品取引業者等から委託を受けた金融商品仲介業者が金融商品仲介業につき顧客に損害を加えた際の損害賠償責任については，争いがあるものの，一般的には複数の所属金融商品取引業者等が連帯責任を負うと解されている。

❖第３節❖　金融商品仲介業者の登録

1　金融商品取引業，登録金融機関業務の登録との共通点

金融商品仲介業の登録（66条）に関する手続は，金融商品取引業および登録金融機関業務の登録と類似している。具体的には，⑴その申請を行う場合には所定の事項を記載した登録申請書（66条の２第１項）に業務方法書などの所定の書類（同条２項，金商業等府令259条・260条）を添付して提出する必要があること，⑵登録審査の段階で登録拒否要件（66条の４）に該当すると認められれば登録を拒否されるほか，いったん登録を受けた後の段階においてこれに該当すると認められれば登録取消しなどの対象となりうる（66条の20第１項）こと，⑶登録申請書の記載事項に変更があったときはその日から２週間以内に（66条の５第１項)，業務方法書の記載事項に変更があったときは遅滞なく，その旨を当局に届け出る必要があること（同条３項）といった手続の基本的な枠組みは金融商品取引業および登録金融機関業務に関する登録と共通している。

2　金融商品取引業の登録との相違点

他方，金融商品仲介業者については，金融商品取引業者または登録金融機関の委託を受けて業務を行うものであり，その行う金融商品仲介業に関して顧客から金銭などの預託を受けることが禁止されており（66条の13)，また金融商品

仲介業の顧客を相手方として所属金融商品取引業者等の委託を受けて行う金融商品仲介行為以外の有価証券の売買やデリバティブ取引などに２条８項各号に掲げる行為も禁止される（66条の12）など，その業務の特性に配慮し，金融商品取引業者（特に委託元となる第一種金融商品取引業者および投資運用業者）とは異なる手続となっている。金融商品取引業登録との主な相違点として，以下の点が挙げられる。

第一に，金融商品仲介業の登録に際しては，所属金融商品取引業者等の商号または名称を登録申請書に記載することを要する（66条の２第１項４号）。これは金融商品仲介業者が所属金融商品取引業者等から委託を受けてその業務を行うという特性に基づくものである。また，これに関連し，所属金融商品取引業者等が金融商品取引業協会に加入していないことは，金融商品仲介業者の登録拒否事由となっている（66条の４第１項５号）。

第二に，金融商品仲介業者は，顧客資産の預託を受けず，また取引の契約当事者とならないことから，登録に際して最低資本金の要件は定められていない。

第三に，第一種金融商品取引業者であることが金融商品仲介業の登録拒否事由とされている（66条の４第１項６号）。

第９章　経　　理

本章のサマリー

◇金商法は，金融商品取引業者および登録金融機関について，それぞれの業態ごとに経理に関する定めを置いている。本章では，第一種金融商品取引業者，第一種金融商品取引業を行わない金融商品取引業者，登録金融機関および金融商品仲介業者ごとに，金商法の経理に関する規制を概観する。

❖第１節❖　第一種金融商品取引業を行う金融商品取引業者に関する経理

1　事業年度に関する規制

第一種金融商品取引業を行う者（以下，本章において「第一種金融商品取引業者」という）の事業年度は，各月の初日のうち当該金融商品取引業者の選択する日から，当該日から起算して１年を経過する日までと決められている（46条）。毎年４月１日から翌年３月31日までとの規制は撤廃された。

2　帳簿書類，事業報告書など

内閣府令で定めるところにより，その業務に関する帳簿書類を作成し，これを保存しなければならないとされており（46条の２），金商業等府令には保存すべき帳簿書類およびその記載項目等が定められている（同府令157条以下）。また，金商業者監督指針には，各金融商品取引業に関する項目において各業態特有の帳簿書類に関する留意事項が記載されている場合があるほか，すべての金融商品取引業共通編において，業務に関する帳簿書類作成に関する留意事項が記載されている（金商業者監督指針Ⅲ-3-3)。

第一種金融商品取引業者は，毎事業年度末から３カ月以内に，内閣総理大臣に対し，所定の様式[64]により事業報告書を作成して提出することを要する（46条の３第１項)。事業報告書の作成にあたっては，一般に公正妥当と認められる企業会計の慣行に従うものとされている（金商業等府令172条２項)。この事業報告書の様式は，すべての金融商品取引業者共通の様式であり，その行う金融商品取引業に関係のない項目は，記載することを要しない[65]。また，金商業等府令で定めるところにより業務または財産の状況を報告しなければならない（46条の３第２項，金商業等府令173条）[66]。この業務または財産の状況に関する報告については，毎事業年度末から４カ月以内に提出するものとされている。さらに，内閣総理大臣は，公益または投資者保護のため必要かつ適当であると認めるときは，第一種金融商品取引業者に対し，事業報告書の全部または一部を時事に関する事項を掲載する日刊新聞紙に掲載する方法により公告すべきことを命ずることができる（46条の３第３項，金商法施行令16条の16)。

また，第一種金融商品取引業者は，事業年度ごとに，業務および財産の状況に関する事項として内閣府令で定めるものを記載した説明書類を作成し，毎事業年度経過後４カ月を経過した日から１年間，これをすべての営業所または事務所に備え置いて公衆の縦覧に供し，またはインターネットの利用その他の方法により，投資者が常に容易に閲覧することができるよう公表しなければならない（46条の４，金商法施行令16条の17，金商業等府令174条・174条の２)。

3　金融商品取引責任準備金

第一種金融商品取引業者は，有価証券の売買その他の取引またはデリバティブ取引等の取引量に応じ，内閣府令で定めるところにより，金融商品取引責任

(64)　金商業等府令別紙様式第12号
(65)　平成19年７月パブコメ509頁No. 1
(66)　金商業等府令別紙様式第13号・14号

準備金を積み立てなければならない（46条の５第１項，金商業等府令175条１項）。この金融商品取引責任準備金は，有価証券の売買その他の取引またはデリバティブ取引等に関して生じた事故による損失の補填に充てる場合その他内閣府令で定める場合のほか，使用してはならないものとされている（46条の５第２項，金商業等府令175条２項）。

4　自己資本規制比率

第一種金融商品取引業者は，自己資本規制比率を算出し，毎月末および内閣府令で定める場合に，内閣総理大臣に届け出なければならない（46条の６）。自己資本規制比率とは，資本金，準備金その他の内閣府令で定めるものの額の合計額から固定資産その他の内閣府令で定めるものの額の合計額を控除した額の，保有する有価証券の価格の変動その他の理由により発生しうる危険に対応する額として内閣府令で定めるものの合計額に対する比率をいい，第一種金融商品取引業者は，自己資本規制比率が120％を下回ることのないようにしなければならない（46条の６第２項，金商業等府令176条～179条）。また，金融商品取引業者は，毎年３月，６月，９月および12月の末日における自己資本規制比率を記載した書面を作成し，当該末日から１カ月を経過した日から３カ月間，すべての営業所または事務所に備え置き，公衆の縦覧に供しなければならない（46条の６第３項，金商業等府令180条）。

❖第２節❖　第一種金融商品取引業を行わない金融商品取引業者および金融商品仲介業者に関する経理

第一種金融商品取引業を行わない金融商品取引業者（以下，この節において「金融商品取引業者」という）も，第一種金融商品取引業者と同様に業務に関する帳簿書類の作成，保存義務（47条，金商業等府令181条）および，事業報告書の作成，提出義務（47条の２，金商業等府令182条）がある。事業報告書の写しまたは説明書類（金商業等府令別紙様式第15号の２）は，毎事業年度経過後４カ月を経過した日から1年間，すべての営業所または事務所に備え置く方法その他の方法により，公衆の縦覧に供し，またはインターネットの利用その他の方法により，投資者が常に容易に閲覧することができるよう公表しなければならない（47条の3，金商法施行令16条の17，金商業等府令183条）。

金融商品仲介業者についても上記とほぼ同様の規制がなされているが，それに加え（66条の16・66条の17），所属金融商品取引業者等の事業年度ごとに所属金融商品取引業者等が作成する説明書類を金融商品仲介業を行うすべての営業所または事務所に備え置き，公衆の縦覧に供しなければならない（66条の18，金商法施行令18条の4）。

❖第3節❖　登録金融機関に関する経理

登録金融機関も，金融商品取引業者と同様，内閣府令で定めるところにより，その業務に関する帳簿書類を作成し，これを保存しなければならず（48条，金商業等府令184条），毎事業年度ごとに事業報告書を作成し，毎事業年度経過後3カ月以内に，これを内閣総理大臣に提出しなければならない（48条の2第1項，金商業等府令187条・様式第16号）。登録金融機関は，事業報告書の提出に加え，毎事業年度経過後4カ月以内に，内閣府令で定めるところにより，その業務または財産の状況を内閣総理大臣に報告しなければならない（48条の2第2項，金商業等府令188条）。また，内閣総理大臣は，公益または投資者保護のため必要かつ適当であると認めるときは，登録金融機関に対し，事業報告書の全部または一部を時事に関する事項を掲載する日刊新聞紙に掲載する方法により公告すべきことを命ずることができる（48条の2第3項，金商法施行令16条の16）。

さらに登録金融機関にも，金融商品取引責任準備金に関して，第一種金融商品取引業者に類する規制の適用がある（48条の3，金商業等府令189条）。

❖第４節❖　外国法人等に対する特例

1　第一種金融商品取引業者

事業報告書の提出期限（49条１項・46条の３第１項，金商法施行令16条の18）および説明書類の縦覧の開始時期（46条の４，金商法施行令16条の17）は日本法人と同様であるが，外国法人が本国の法令または慣行により当該期限を遵守できないと認められる場合には，これらの期間の延長に関する承認を金融庁長官に求めることができる（49条１項，金商法施行令16条の19ただし書，16条の18ただし書）。以上のほか，第一種金融商品取引業を行う外国法人に関しては，資産の国内保有（49条の５，金商法施行令16条の20），損失準備金の積立ておよび使用制限（49条の４）に関する規定が適用される。また，その行う業務全部に関する財務書類等の業務に関する書類の提出（49条の３，金商法施行令16条の19）に関しても，期限の延長の手続に関する規定がある。

2　第一種金融商品取引業を行わない金融商品取引業者および登録金融機関

第一種金融商品取引業を行わない金融商品取引業者や登録金融機関が外国法人または外国に住所を有する個人である場合の事業報告書の提出期限，説明書類の縦覧の開始時期，およびこれらについての期限延長申請が認められることは，第一種金融商品取引業者と同様である。

第10章
特別金融商品取引業者等に関する特則

本章のサマリー

◇本章では，平成22年金商法改正により導入された金融商品取引業者に対する連結規制・監督について概説する。

◇総資産の額が１兆円を超える第一種金融商品取引業者については，①いわゆる川下連結（当該業者とその子法人等に係る連結規制・監督）およびその親会社グループのモニタリングならびに，②当該業者のうちグループ一体で金融業務を行っていると認められるものに係る川上連結（親会社を含むグループ全体に係る連結規制・監督）の枠組みが設けられている。

◇これらの連結規制・監督の対象となった場合に関して，グループ・ベースの事業報告，連結自己資本規制，当局によるグループ会社への報告徴取・検査などの規定が整備されている。

❖第１節❖　連結規制・監督の枠組み

金商法第３章第４節の２においては，特別金融商品取引業者などに関する特則として，平成22年金商法改正により導入された連結規制・監督の枠組みが定められている。同改正前においては，第一種金融商品取引業者のうち国際的に活動するグループについて監督指針（同改正に伴う改正前の金商業者監督指針Ⅳ-5）に基づく一定の連結監督の運用が行われていたものの，金融商品取引業者については単体ベースの規制・監督が基本とされていた。平成20年のリーマン・ショックを契機として，金融商品取引業者の組織の巨大化・複雑化が進む中で，大規模な金融商品取引業者であってグループ会社と一体的に活動しているものについて，グループ・ベースの規制・監督を導入する必要性が認識され，平成22年金商法改正によりその枠組みが導入された。

具体的には，①大規模な第一種金融商品取引業者について，当該業者とその子法人等に係る連結規制・監督（いわゆる「川下連結」）およびその親会社グループのモニタリングに係る規定が，②かかる大規模な第一種金融商品取引業者のうちグループ一体で金融業務を行っていると認められるものについて，親会社を含むグループ全体に係る連結規制・監督（いわゆる「川上連結」）に係る規定が，それぞれ整備されている。

❖第２節❖　川下連結など

1　特別金融商品取引業者の届出

総資産の額が１兆円を超える第一種金融商品取引業者は，川下連結および親会社グループのモニタリングの対象となり，以下の規制・監督に服する。第一種金融商品取引業者が外国法人である場合は，母国法との規制の重複となりうることを踏まえ，これらの対象から除外されている。

総資産の額が１兆円を超えることとなった第一種金融商品取引業者は，その日から２週間以内に，当局に届出を行わなければならない（57条の２第１項）。かかる届出を行った業者（同条６項２号に該当することになった者を除く）を特別金融商品取引業者という（同条２項）。届出を行った後に総資産の額が１兆円以下となった場合でも，その状態が２年間継続しない限り，特別金融商品取引業者として川下連結などの対象となる（同条６項２号）。

2　親会社グループのモニタリング

特別金融商品取引業者に親会社がいる場合，親会社グループのモニタリングのための当局への書類の提出が求められる。ここでいう「親会社」とは，他の会社を「子会社」とする会社をいい，「子会社」とは，会社がその総株主等の議決権の過半数を保有する他の会社をいう。会社およびその子会社または当該会社の子会社がその総株主等の議決権の過半数を保有する他の会社は，当該会社の子会社とみなされる（57条の２第８項・29条の４第４項）。

当局への書類提出義務に関しては，特別金融商品取引業者の届出を行った当初において，親会社の商号などの基本情報や，所属する企業グループの業務および財産の状況を記載した書類などを提出することが求められることに加え，所属する企業グループの業務および財産の状況を記載した書類に係る四半期ごとの提出（57条の２第５項）など，届出後においても定期的な書類の提出が求められる。

3　川下連結

特別金融商品取引業者に子法人等がいる場合には，以下の規制・監督の対象となる。ここでいう「子法人等」については，特定主要株主の子法人等と同じ範囲とされており，財務諸表等規則上の子会社および関連会社や，指定国際会計基準などでこれらと同様に取り扱われているものをいう（57条の３第１項・57条の２第９項，金商法施行令17条の２の４・15条の16の２，金商業等府令38条の３・38条の４）。

⑴　事業年度ごとに，連結ベースの事業報告書の当局への提出および説明書類の公衆縦覧義務（57条の３・57条の４）

⑵　四半期ごとの連結自己資本規制比率の届出・公衆縦覧義務および，当該比率に応じた早期是正措置（57条の５・57条の６）

⑶　その子会社等に対する報告徴取・検査（57条の10）

子会社等に対する報告徴取・検査（上記⑶）に関しては，金融商品取引業者の子銀行等に対する報告聴取・検査に係る規定は従前より設けられているところ（56条の２），特別金融商品取引業者については，報告聴取・検査の対象がその子会社等まで拡大されている。ここでいう「子会社等」の範囲については，前述の子法人等のうち，財務諸表等規則上の子会社および指定国際会計基準などでこれと同様に取り扱われているものが基準とされている（57条の10第２項，金商業等府令208条の17・38条の３）。

❖第３節❖　川上連結

1　指定親会社の指定

川下連結の対象となる特別金融商品取引業者の親会社のうち，当局が指定を行ったものについては，川上連結の対象となり，以下の規制・監督に服する。

すなわち，内閣総理大臣は，特別金融商品取引業者の親会社のうち，次に掲げる要件のいずれかに該当するものについて，当該親会社およびその子法人等の業務の健全かつ適切な運営を確保することが公益または投資者保護のため特に必要であると認められるときは，かかる指定を行うこととされている（57条の12第１項）。当該指定を受けた者を指定親会社という。

⑴　当該親会社が当該特別金融商品取引業者の経営管理を事業として行っていること

⑵　当該親会社またはその子法人等が当該特別金融商品取引業者に対し，その業務の運営のために必要な資金の貸付け，債務の保証その他これらに類する資金調達に関する支援であって，その停止が当該特別金融商品取引業者の業務の健全かつ適切な運営に著しい支障を及ぼすおそれがあると認められるものを行っていること

ただし，他の法令（銀行法など）や外国の法令などに基づいて適切な監督を受けていると認められる場合は，規制の重複を排除する観点から，川上連結の対象となる親会社としての指定をしないことができることとされている（同条２項）。

2　川上連結の内容

指定親会社は，以下の規制・監督の対象となる。次のうち⑵および⑶については，最終指定親会社（指定親会社のうち，企業グループの中で最上位のもの）の

みが対象となる。

⑴　指定親会社の商号などの基本情報などに係る書類の届出義務（57条の13・57条の14）

⑵　最終指定親会社のグループに係る事業報告および説明書類作成などの義務（57条の15・57条の16）

⑶　四半期ごとの最終指定親会社のグループに係る連結自己資本規制比率の届出・公衆縦覧義務および，当該比率に応じた早期是正措置（57条の17・57条の21）

⑷　指定親会社および対象特別金融商品取引業者に対する業務改善命令・措置命令などの監督規定（57条の19・57条の20）

⑸　指定親会社やその子会社等に対する報告徴取・検査（57条の23）

また，指定親会社の主要株主については，金融商品取引業者を子会社とする持株会社の主要株主と同様の規制（届出義務・措置命令）が準用されている（57条の26）。

第6編 金融商品取引業者に係る行為規制等

■本編では，金商法第３章第２節の各種行為規制等について解説する。

第１章

特定投資家制度

本章のサマリー

◇本章では，金商法第３章「金融商品取引業者等」第１節「総則」第５款「特定投資家」を対象とし，特定投資家制度について解説する。

◇金商法は，規制対象商品・取引や規制対象業務を拡大する一方，規制を柔軟化する観点から，新たに特定投資家制度を導入した。

◇具体的には，投資家を特定投資家（いわゆるプロ）と一般投資家（いわゆるアマ）に区分し，金融商品取引業者等が特定投資家を相手方とする場合には行為規制の一部を適用除外することとしている。また，一定の場合には顧客の選択による区分間の移行，すなわち，特定投資家から一般投資家への移行（いわゆるアマ成り）および一般投資家から特定投資家への移行（いわゆるプロ成り）も可能としている。

❖第１節❖　総　　論

1　特定投資家制度の概要

金商法で新たに導入された特定投資家制度は，投資家の属性に応じて規制による保護の程度を違えることにより，規制の柔軟化を図る制度である。具体的には，投資家を特定投資家（いわゆるプロ）と一般投資家（いわゆるアマ）に区分し，金融商品取引業者および登録金融機関（以下，本編において「金融商品取引業者等」という）が特定投資家を相手方として販売勧誘・契約締結を行う場合には，行為規制の一部を適用除外している。また，投資家の区分は固定的なものではなく，一定の場合には顧客の選択による区分間の移行，すなわち，特定投資家から一般投資家への移行（いわゆるアマ成り）および一般投資家から特定投資家への移行（いわゆるプロ成り）が可能とされている。

金商法では，特定投資家制度のほかにも，投資家の属性に応じて規制による保護の程度を違える制度が定められている。たとえば，業規制の局面では，いわゆるプロ向け店頭デリバティブ取引が金融商品取引業の定義から除外されていること（2条8項柱書，金商法施行令1条の8の6第1項2号），適格機関投資家等特例業務（いわゆるプロ向けファンド業務）の参入規制が登録制から届出制に緩和されていること（63条1項・2項）などが挙げられる。これらに対し，特定投資家制度は，行為規制の局面で規制の柔軟化を図る制度である。すなわち，特定投資家を相手方とする行為については，金融商品取引業・登録金融機関業務の登録が不要となるわけではない（業規制の局面）が，登録を受けた金融商品取引業者等に適用される行為規制が緩和されることになる（行為規制の局面）。

2　特定投資家制度の適用を受ける行為主体・相手方

特定投資家制度は，「金融商品取引契約」（34条）の勧誘・締結について適用される行為規制の一部を適用除外する制度である。金融商品取引契約とは，顧客を相手方とし，または顧客のために金融商品取引行為（2条8項各号に掲げる行為。34条）を行うことを内容とする契約である。

したがって，特定投資家制度の適用を受ける行為主体は，顧客を相手方とし，または顧客のために金融商品取引行為を行うことを内容とする契約の勧誘・締結を行う者として（特定投資家制度の適用がなければ）行為規則の適用を受ける金融商品取引業者等である。金融商品取引業者等がある顧客との関係で行為規制の適用を受けるかどうか（たとえば，当該顧客に対する書面交付義務を負うかどうか）は，当該顧客を相手方とし，または当該顧客のために金融商品取引行為を行うことを内容とする契約の勧誘・締結を行うかどうかにより判断されるが，当該顧客との間で契約書を締結するかどうかにより形式的に判断するのではなく，投資者保護の観点から実質的に判断する必要があると解されている[1]。

また，特定投資家制度の適用を受ける相手方は，金融商品取引業者等と金融商品取引契約を締結する顧客である。たとえば，顧客を代理して金融商品取引契約を締結する者がある場合であっても，特定投資家であるかどうかという属性は，代理人ではなく顧客本人について判断される。ただし，この点についても，契約当事者の名義により形式的に判断するのではなく，真の取引の当事者が誰であるかを実質的に判断する必要があると解されている[2]。

3　特定投資家制度と業者の自主的対応の関係

金融商品取引業者等が自主的対応として，特定投資家を相手方とする場合であっても，すべての行為規制を遵守して一般投資家を相手方とする場合と同様の対応を行うことは，金商法上禁止されていないと考えられる。ただし，「特定投資家の意思に反して一律にそうした対応を行うことは，法適用の柔軟化を図る特定投資家制度の趣旨に合致せず許容されない」と解されている[3]点に留意が必要である。なお，行為規制のうち広告等規制については，顧客の属性を確認することが困難である場合には，一律に顧客を一般投資家として取り扱っても差し支えないと解されている[4]。

4　金商法以外の法律における特定投資家制度の取扱い

特定投資家制度の内容は，金商法以外の法律でも取り入れられている。

銀行法，保険業法，信託業法などでは，同じ経済的性質を有する金融商品・サービスには同じ販売勧誘ルールを適用するため，投資性の強い預金，保険，信託（特定預金等契約，特定保険契約，特定信託契約）などについて，金商法の

---

(1)　平成19年７月パブコメ274頁No.16～No.18
(2)　平成19年７月パブコメ183頁No.７
(3)　平成19年７月パブコメ184頁No.８
(4)　平成19年７月パブコメ462頁No.５

販売勧誘ルールを準用するとともに，特定投資家制度をあわせて準用している（銀行法13条の４，保険業法300条の２，信託業法24条の２など）。これにより，銀行，保険会社，信託会社などが特定投資家を相手方として投資性の強い預金・保険・信託の販売勧誘・契約締結を行う場合には，金商法から準用される行為規制の一部が適用除外されることになる。

金融商品販売法では，「特定顧客」（同法３条７項１号）に対する説明義務（同法３条１項）が免除されているところ，同法に基づく説明義務と金商法に基づく書面交付義務・説明義務（37条の３，金商業等府令117条１項１号）の統合的な取扱いを可能とするため，「特定顧客」の範囲に，金商法の「特定投資家」が追加されている（金融商品販売法施行令10条）。これにより，特定投資家を相手方として販売勧誘・契約締結を行う場合には，金商法に基づく書面交付義務・説明義務が免除されるとともに，金融商品販売法に基づく説明義務も免除されることになる。

❖第２節❖　投資家の区分

1　総　　論

特定投資家制度では，投資家を特定投資家と一般投資家に区分するとともに，中間層については選択による区分間の移行を可能としている。すなわち，投資家は，①特定投資家（一般投資家に移行不可能），②特定投資家（一般投資家に移行可能），③一般投資家（特定投資家に移行可能），④一般投資家（特定投資家に移行不可能）の４種類に区分されている。

2　特定投資家（一般投資家に移行不可能）

一般投資家に移行不可能な特定投資家は，適格機関投資家，国，日本銀行である（２条31項１号～３号）。

3　特定投資家（一般投資家に移行可能）

一般投資家に移行可能な特定投資家は，下記の法人である（2条31項4号，定義府令23条）。これらに個人は含まれない。

⑴　特別の法律により特別の設立行為をもって設立された法人（いわゆる特殊法人および独立行政法人）

⑵　投資者保護基金

⑶　預金保険機構

⑷　農水産業協同組合貯金保険機構

⑸　保険契約者保護機構

⑹　資産流動化法上の特定目的会社

⑺　金融商品取引所に上場されている株券の発行者である会社

⑻　取引の状況その他の事情から合理的に判断して資本金の額が5億円以上であると見込まれる株式会社

⑼　金融商品取引業者または特例業務届出者（63条3項）である法人

⑽　外国法人

実務上は，この区分に該当する顧客に対しては，一般投資家に移行可能である旨を告知する義務を金融商品取引業者等が負う点（34条）に留意が必要である。

⑻については，資本金額が増減資などにより変動するものであり，金融商品取引業者等がこれを適時に把握することが困難であることから，「合理的に判断して資本金の額が5億円以上であると見込まれる」かどうかにより該当性を判定すれば足りることとされている。これに関連して，当局は，「資本金5億円以上の株式会社が減資を行い，資本金が5億円未満となった場合において，金融商品取引業者等が，たとえば顧客の資本金について定期的（例えば1年ごと等）に確認しているにもかかわらず当該事情を知ることが困難であった場合には，基本的に，当該顧客から通知を受ける等により当該事情が明らかになるまでは，「取引の状況その他の事情から合理的に判断して資本金の額が5億円以上であると見込まれる」場合に該当し得る」との考え方を示している[(5)]。

⑽は，外国法人を一律に特定投資家に該当するものと位置付けるものであ

る。ただし，特定投資家制度はあくまでも行為規制の柔軟化を図る制度であるため，外国法人を相手方とする行為についても，国内で行われる限り原則として金融商品取引業・登録金融機関業務に該当し登録は必要となる点に留意が必要である。また，外国の個人については，国内の個人と同様の取扱い（下記■4・■5参照）とされている。

■4　一般投資家（特定投資家に移行可能）

特定投資家に移行可能な一般投資家は，法人のうち■2・■3以外の者および個人（適格機関投資家を除く）のうち下記のいずれかに該当するものである(34条の3第1項・34条の4第1項，金商業等府令61条・62条)。

(1)　下記の属性①～③のいずれかに該当し，要件(a)～(c)のすべてに該当する者

<属性>

①　匿名組合契約を締結した営業者である個人

②　民法上の組合契約を締結して組合の業務の執行を委任された組合員である個人

③　有限責任事業組合契約を締結して組合の重要な業務の執行の決定に関与し，かつ，当該業務を自ら執行する組合員である個人

<要件>

(a)　特定投資家への移行の申出を行うことについてすべての組合員の同意を得ていること

(b)　その締結した組合契約に基づく出資（現に行われている出資に限り，出資が合意されているにすぎないものは含まない(6)）の合計額が3億円以上であること

(2)　下記の要件(a)～(c)のすべてに該当する個人

(a)　取引の状況その他の事情から合理的に判断して，承諾日（金融商品取引業者等が顧客からの移行の申出を承諾する日）における申出者の資産の

(5)　平成19年7月パブコメ107頁No.11～108頁No.14

(6)　平成19年7月パブコメ198頁No.2

合計額から負債の合計額を控除した額が3億円以上になると見込まれること

(b)　取引の状況その他の事情から合理的に判断して，承諾日における申出者の金融資産（有価証券，デリバティブ取引に係る権利，特定預金等・特定貯金等，特定保険契約・特定共済契約に基づく保険金・共済金などに係る権利，特定信託契約に係る信託受益権，不動産特定共同事業契約に基づく権利，商品デリバティブ取引に係る権利）の合計額（時価がマイナスであるものの金額は，これに含まれず，(a)から控除される[(7)]）が3億円以上になると見込まれること

(c)　申出者が最初に当該金融商品取引業者等との間で特定投資家への移行の申出に係る契約の種類に属する金融商品取引契約を締結した日から起算して1年を経過していること

金融商品取引業者等は，個人顧客から特定投資家への移行の申出を受けた場合には，申出者が(1)，(2)のいずれかに該当することを確認する義務を負う（34条の4第2項）。(2)(a)純資産額および(b)金融資産額については，金融商品取引業者等がこれを正確に把握し確認義務を履行することが困難であることから，「合理的に判断して……3億円以上になると見込まれる」かどうかにより該当性を判定すれば足りることとされている。これに関連して，当局は，金融商品取引業者等に必ずしも法的に独自に調査する義務を課すものではないとし，たとえば，「自社における当該顧客からの預り資産額，自社との取引状況，当該顧客の自己申告の内容及び当該顧客が任意に提供した資料等を活用することが考えられます」との考え方を示している[(8)]。

■5　一般投資家（特定投資家に移行不可能）

特定投資家に移行不可能な一般投資家は，■4以外の個人（適格機関投資家を除く）である。

---

(7)　平成19年7月パブコメ201頁No.25～No.27

(8)　平成19年7月パブコメ202頁No.30～203頁No.41

❖第３節❖　投資家の区分間の移行

1　総　　論

投資家の区分間の移行は，投資家がその選択により金融商品取引業者等に対し申し出ることができるものとされている（34条の２第１項・34条の３第１項・34条の４第１項）。具体的には，第２節■３の区分の特定投資家は一般投資家への移行（いわゆるアマ成り）を申し出ることができ，第２節■４の区分の一般投資家は特定投資家への移行（いわゆるプロ成り）を申し出ることができる。

金商法では，投資者保護の観点から，規制による保護を全面的に受けることとなる一般投資家としての取扱いが原則とされており，プロ成りについては，アマ成りよりも厳格な移行手続が定められている。実務上も，投資者保護の観点から，プロ成りについては，より慎重な取扱いを行うことが適切と考えられる。

なお，投資家の区分間の移行は，投資家と個別の金融商品取引業者等の間で行われる相対的なものであり，たとえば，ある特定投資家がある金融商品取引業者等との関係で一般投資家に移行したとしても，これにより自動的に別の金融商品取引業者等との関係で一般投資家に移行するわけではない。

2　契約の種類

投資家の区分間の移行は，「契約の種類」ごとに行うものとされている。これは，個々の投資家が金融商品取引契約について適切なリスク管理を行うことが可能かどうかは，金融商品取引契約の種類ごとに異なるためである。一方，移行の単位を過度に細分化すれば，金融商品取引業者等における顧客管理の負担が増大することになるため，「契約の種類」は，リスクの種類・程度に応じたある程度簡素な区分とされている。具体的には，⑴有価証券取引関係の契約，⑵デリバティブ取引関係の契約，⑶投資顧問契約およびその締結の代理・媒介を行うことを内容とする契約，⑷投資一任契約およびその締結の代理・媒介を行うことを内容とする契約の４種類に区分されている（金商業等府令53条）。

3　移行手続（アマ成り）

アマ成りの移行手続を時系列に沿ってまとめると，下記のとおりとなる。

⑴　金融商品取引業者等から顧客（過去に同じ契約の種類に属する金融商品取引契約を締結したことがない顧客に限る）に対し，アマ成りの申出が可能である旨を告知（34条）

⑵　顧客から金融商品取引業者等に対し，アマ成りの申出（34条の２第１項）

⑶　金融商品取引業者等から顧客に対し，アマ成りの内容について記載した書面を交付（34条の２第３項）

⑷　金融商品取引業者等から顧客に対し，アマ成りの申出を承諾（34条の２第２項）

⑴の告知および⑷の承諾は，金融商品取引業者等の義務とされている。これは，投資者保護の観点から一般投資家としての取扱いを原則とする金商法の考え方の現れである。

⑴の告知の時期については，条文上は「（金融商品取引契約の）申込みを特定投資家……から受けた場合……には，当該申込みに係る金融商品取引契約を締結するまでに」と定められている（34条）が，契約の申込みと締結が同時に行われるような取引では，形式的に契約の申込みを待つことなく，実質的に契約の申込みに係る販売・勧誘を行う段階で告知を行うべきと考えられる[(9)]。また，⑴の告知の有効期間については，条文上特に定めがないが，当初の告知から相当期間が経過している場合には，再度の告知を行うことが望ましい場合もありうる[(10)]。

なお，ある金融商品取引業者等（A）が顧客を代理して他の金融商品取引業者等（B）との間で金融商品取引契約を締結する場合において，顧客がAとの関係でアマ成りしているときには，顧客はBとの関係でも一般投資家とみなさ

⑼　平成19年７月パブコメ185頁No.15

⑽　平成19年７月パブコメ185頁No.17

れることとされており，Ａはその旨をＢに告知することが必要とされている（34条の２第６項・８項）。この場合，Ｂは当該顧客に対して①の告知を行う必要はない（同条７項）。

4　移行手続（法人のプロ成り）

一般投資家である法人のプロ成りの移行手続を時系列に沿ってまとめると，下記のとおりとなる。

⑴　顧客から金融商品取引業者等に対し，プロ成りの申出（34条の３第１項）

⑵　金融商品取引業者等が顧客から，プロ成りの内容について記載した書面により同意を取得（34条の３第２項）

⑶　金融商品取引業者等から顧客に対し，プロ成りの申出を承諾（34条の３第２項）

プロ成りについては，金商法の原則である一般投資家としての取扱いから例外である特定投資家としての取扱いへの移行であることから，金融商品取引業者等は顧客に対しプロ成りの申出が可能である旨を告知する義務を負わず，⑶の承諾も義務とされていない。なお，金融商品取引業者等が顧客に対しプロ成りの申出が可能である旨を告知することは禁止されていないが，その際には，適合性の原則（40条１号）に従い，そのような告知をして顧客にプロ成りさせることが適切であるかどうかを顧客の属性に照らして判断する必要があると解されている[11]。

なお，ある金融商品取引業者等（Ａ）が法人顧客を代理して他の金融商品取引業者等（Ｂ）との間で金融商品取引契約を締結する場合において，法人顧客がＡとの関係でプロ成りしているときには，法人顧客はＢとの関係でも特定投資家とみなされることとされており，Ａはその旨をＢに告知することが必要とされている（34条の３第５項・６項）。

⑾　三井ほか・一問一答273頁

5　移行手続（個人のプロ成り）

一般投資家である個人のプロ成りの移行手続を時系列に沿ってまとめると，下記のとおりとなる。

⑴　顧客から金融商品取引業者等に対し，プロ成りの申出（34条の4第1項）

⑵　金融商品取引業者等から顧客に対し，プロ成りの内容について記載した書面を交付するとともに，顧客がプロ成りが可能な投資家の区分に該当することを確認（34条の4第2項）

⑶　金融商品取引業者等が顧客から，プロ成りの内容について記載した書面により同意を取得（34条の4第6項・34条の3第2項）

⑷　金融商品取引業者等から顧客に対し，プロ成りの申出を承諾（34条の4第6項・34条の3第2項）

プロ成りの申出が可能である旨の告知および⑷の承諾が金融商品取引業者等の義務とされていない点は，法人のプロ成りの場合と同様である。なお，個人顧客に対しプロ成りの申出が可能である旨の告知をして⑷の承諾をするかどうかの判断は，法人顧客の場合と比較してより慎重に行うことが適切と考えられる。

なお，ある金融商品取引業者等（A）が個人顧客を代理して他の金融商品取引業者等（B）との間で金融商品取引契約を締結する場合において，個人顧客がAとの関係でプロ成りしているときには，個人顧客はBとの関係でも特定投資家とみなされることとされており，Aはその旨をBに告知することが必要とされている（34条の4第6項・34条の3第5項・6項）。

6　移行の効果（アマ成り）

⑴　有効期間

アマ成りの効果は，承諾日（金融商品取引業者等がアマ成りの申出を承諾する日。34条の2第3項）から発生し，無期限とされている。すなわち，アマ成りの申出者は，金融商品取引業者等が承諾日以後に行う対象契約（アマ成りの申出の対象とされた契約の種類に属する金融商品取引契約。34条の2第2項）の勧誘・締結との関係では，特定投資家以外の顧客とみなされる（34条の２第５項)。

ただし，アマ成りした顧客が適格機関投資家となった場合には，アマ成りの効果は失われる（34条の２第９項)。

⑵　プロ復帰

アマ成りした顧客は，承諾日以後いつでも，金融商品取引業者等に対し，自己を再び特定投資家として取り扱うよう申し出ることができ（34条の２第10項)，金融商品取引業者等がこれを承諾した場合には，アマ成りの効果は失われる（34条の２第13項。いわゆるプロ復帰)。その具体的な帰結として，プロ復帰後に行われる対象契約の勧誘・締結との関係で顧客が特定投資家として取り扱われることになるのは当然と考えられるが，当局は，プロ復帰前に締結された対象契約についても，プロ復帰後は当該対象契約に対して継続的に適用される行為規制（たとえば投資一任契約に対して適用される運用報告書の交付義務）が免除されるとの考え方を示している[12]。金融商品取引業者等は，プロ成りの場合と同様，プロ復帰を承諾する義務はないが，承諾する場合には，あらかじめプロ復帰の内容について記載した書面により申出者の同意を得る必要がある（34条の２第11項)。

7　移行の効果（プロ成り）

⑴　有効期間

プロ成りの効果は，承諾日（金融商品取引業者等がプロ成りの申出を承諾する日。34条の３第２項１号・34条の４第６項）から「期限日」までの間，存続するものとされている。すなわち，プロ成りの申出者は，金融商品取引業者等が承諾日から「期限日」までに行う対象契約（プロ成りの申出の対象とされた契約の種類に属する金融商品取引契約。34条の３第２項２号・34条の４第６項）の勧誘・締結との関係では，特定投資家とみなされる（34条の３第４項・34条の４第６

⑿　平成21年12月22日パブコメ30頁No. 1

項)。

「期限日」とは，原則として，承諾日から起算して１年を経過する日とされている（34条の３第２項・34条の４第６項)。ただし，顧客ごとに期限日が異なれば，金融商品取引業者等における顧客管理の負担が増大することになりうるため，金融商品取引業者等が統一的な期限日を設定し，プロ成りの有効期間を１年より短い期限日までの期間とすることも可能とされている。具体的には，金融商品取引業者等は，営業所・事務所の公衆の見やすい場所への掲示などの適切な方法で公表することにより，統一的な期限日を設定することが可能とされている（金商業等府令58条１項・63条１項)。なお，金融商品取引業者等が１年のうち複数の日を統一的な期限日として設定した場合には，ある顧客についての期限日は，設定された複数の日のうち，当該顧客についての承諾日から起算して１年以内のもっとも遅い日とされている（金商業等府令58条２項・63条２項)。

なお，プロ成りの承諾日から期限日までに行う対象契約の締結の相手方は特定投資家とみなすという上記のルールによれば，いったん締結した当該対象契約については，当該契約が存続する限り，プロ成りの効果が存続することになる。しかし，投資顧問契約・投資一任契約のような継続的契約について，プロ成りの効果が長期間存続することは投資者保護の観点から問題がありうる。そこで，投資顧問契約・投資一任契約については，いったん締結した契約についてのプロ成りの効果を期限日までに限定する特例が定められている（金商法施行令15条の24)。

⑵　更　　新

顧客は，プロ成りの効果を期限日後も継続させることを希望する場合には，期限日前に更新申出をすることができる。更新申出の時期については，顧客の意思確認を適切なタイミングで行うという投資家保護の観点から，基本的には期限日の１カ月前以後に限定されている（金商法34条の３第７項・34条の４第６項，金商業等府令60条１項・64条の２第１項)。金融商品取引業者等は，プロ成りの場合と同様，プロ成りの更新を承諾する義務を負わないが，金融商品取引業者等が期限日前に承諾した場合には，基本的には前回の期限日の翌日の１年後が新たな期限日になる（34条の３第８項・34条の４第６項)。プロ成りの更新の申出を金融商品取引業者等が承諾するまでの具体的な手続は，当初のプロ成りの場合（■4および■5）と同様である[13]。

⑶　アマ復帰

プロ成りした顧客は，承諾日以後いつでも，金融商品取引業者等に対し，自己を再び特定投資家以外の顧客として取り扱うよう申し出ることができ（34条の３第９項・34条の４第４項)，金融商品取引業者等がこれを承諾した場合には，プロ成りの効果は失われる（34条の３第13項・34条の４第６項。いわゆるアマ復帰)。金融商品取引業者等は，アマ成りの場合と同様，アマ復帰を承諾する義務を負い（34条の３第10項・34条の４第５項)，承諾する場合には，あらかじめアマ復帰の内容について記載した書面を申出者に交付する必要がある（34条の３第11項・34条の４第６項)。

❖第４節❖　行為規制の適用除外

■1　適用除外される行為規制

金融商品取引業者等が特定投資家を相手方として販売勧誘・契約締結を行う場合には，損失補填の禁止（39条）などの市場の公正確保を目的とする行為規制は適用されるものの，金融商品取引業者等と顧客の間の情報格差の是正を目的とする行為規制の適用は除外されることになる。具体的には，下記の行為規制の適用が除外されることとなる（45条)。

⑴　金融商品取引業者等が行う金融商品取引契約の締結の勧誘の相手方が特定投資家である場合

①　広告等の規制（37条）

②　不招請勧誘の禁止（38条４号）

⒀　平成19年７月パブコメ196頁No.43

③　勧誘受諾意思の確認義務（38条５号）

④　再勧誘の禁止（38条６号）

⑤　適合性の原則（40条１号）

⑵　金融商品取引業者等が申込みを受け，または締結した金融商品取引契約の相手方が特定投資家である場合

①　取引態様の事前明示義務（37条の２）

②　契約締結前の書面交付義務（37条の３）

③　契約締結時等の書面交付義務（37条の４）

④　保証金の受領に係る書面交付義務（37条の５）

⑤　書面による解除（クーリング・オフ）（37条の６）

⑥　最良執行方針等を記載した書面の事前交付義務（40条の２第４項）

⑦　顧客の有価証券・商品を担保に供する行為などの制限（43条の４）

⑶　金融商品取引業者等が締結した投資顧問契約の相手方が特定投資家である場合

①　金銭・有価証券の預託の受入れなどの禁止（41条の４）

②　金銭・有価証券の貸付けなどの禁止（41条の５）

⑷　金融商品取引業者等が締結した投資一任契約の相手方が特定投資家である場合

①　金銭・有価証券の預託の受入れなどの禁止（42条の５）

②　金銭・有価証券の貸付けなどの禁止（42条の６）

③　運用報告書の交付義務（42条の７）

2　適用除外の要件

特定投資家制度に基づき適用除外される行為規制の一部については，投資者保護の観点から，適用除外のための要件が定められており，この要件が満たされない場合には，特定投資家を相手方とする場合であっても，行為規制が適用除外されないこととなる。

具体的には，契約締結時等の書面交付義務（37条の４），保証金の受領に係る書面交付義務（37条の５），運用報告書の交付義務（42条の７）については，顧

客からの照会に対してすみやかに回答できる体制が整備されていることが要件とされている（金商業等府令156条１号・２号・４号)。

また，金銭・有価証券の預託の受入れなどの禁止（41条の４・42条の５）については，預託を受けた金銭・有価証券を分別管理する体制が整備されていることが要件とされている（金商業等府令156条３号)。

第２章　金融商品取引業者の広告等の規制

本章のサマリー

◇金商法は，金融商品取引業者が行う金融商品取引業の内容についての広告およびそれに類する行為について規制を設けている。金商法の広告等に関する規制はその適用範囲が非常に広範であり，かつ投資家保護の観点からその規制内容も詳細になっている。

◇広告等の規制は，金融商品取引業の内容に関する多数の者に対して同様の内容で行う情報の提供に適用され，その適用範囲が広い。

◇広告等に該当する場合，記載事項のみならず，文字等の大きさおよび記載順序などについても詳細な規制がある。

❖第１節❖　広告等規制の規制対象

1　広告および広告類似行為

金融商品取引業者等は，その行う金融商品取引業の内容について広告その他これに類似する行為（以下，本章において「広告類似行為」という）をするときは，金商法の広告等に関する規制を受ける（37条）。

広告については，明確な定義はないが，随時または継続してある事項（金商法上の広告については，その行う金融商品取引業の内容）を広く一般に知らせることをいうと考えられるとされており[(14)]，テレビやラジオのCM，ポスターを貼る方法，新聞や雑誌に掲載する方法，インターネット・ホームページに掲載する方法などは一般に広告に該当すると解されている。金商法上，広告に類似する行為とは，その方法を問わず，金融商品取引業の内容に関する多数の者に対して同様の内容で行う情報の提供をいう（金商業等府令72条）。同府令では，郵便，信書便，ファクシミリ送信，電子メール送信，ビラまたはパンフレットを配布する方法が広告類似行為の例として挙げられているが，その他の方法によるものでも多数の者に対して同様の内容で行う情報の提供は広告類似行為に該当する。なお，以下のものは金商法が規制対象とする広告および広告類似行為（以下「広告等」という）のいずれにも該当しない（同条各号）。

⑴　法令または法令に基づく行政官庁の処分に基づき作成された書類を配布する方法（法定公告，目論見書，投資信託の運用報告書など）

⑵　個別の企業の分析および評価に関する資料（アナリスト・レポートなど）であって，金融商品取引契約の締結の勧誘に使用しないものを配布する方法

⑶　景品その他の物品（いわゆるノベルティ・グッズ）に以下の事項，リスク文言[(15)]，および契約締結前交付書面や目論見書などの内容を十分に読むべき旨のみが表示[(16)]されているもの（当該事項のうち景品その他の物品に表示されていない事項がある場合にあっては，当該景品その他の物品と当該事項が表示されている他の物品とを一体のものとして提供する方法を含む）

①　金融商品取引契約またはその種類，有価証券またはその種類，出資対象事業またはその種類，もしくはこれらに準ずる事項のいずれか

②　金融商品取引業者等の商号，名称もしくは氏名またはこれらの通称

2　金融商品取引業の内容

金商法の広告等に関する規制を受けるのは，金融商品取引業の内容に関する

⒁　平成19年７月パブコメ227頁No.14など

⒂　金商法施行令16条２項１号に掲げる事項（当該事項の文字または数字が当該事項以外の事項の文字または数字のうちもっとも大きなものと著しく異ならない大きさで表示されているものに限る）。

⒃　金融商品取引契約または種類などを除く事項について明瞭かつ正確に表示されているものに限る。

広告等である。金融商品取引業の内容とは，２条８項各号に掲げる行為を行う業務の内容である。たとえば金融商品取引業に関する商品名（投資信託の名称など）や商品の種類（株式，債券，投資信託など），取引手段やサービスの名称，金融商品の仕組み・スキームなどが表示されていれば，金融商品取引業の内容に該当する可能性があると解されている。金利や株価に関する情報や，金利動向などの過去のデータは，単なる事実の表示であり，原則としてそれ自体は金融商品取引業の内容に該当しないと考えられる。しかし，かかる情報が販売用の資料として用いられる場合や，他の情報とあわせて提供される場合には，金融商品取引業の内容に関するものとして広告等規制の対象となりうる。すなわち，たとえば投資信託の基準価額や配当に関する情報を用いた資料であっても，投資信託の受益者に対する連絡文書またはアフターサービスのための文書といえるようなものは，金融商品取引業の内容に関するものではないとされているが[(17)]，同じような内容の資料であっても販売用資料として用いられる場合には，広告等に該当する可能性がある。とはいっても，たとえば金融商品取引業者が勧誘を目的としているかという主観的な目的のみによって広告等該当性が決せられるものではなく，主観的な目的の有無は，当該資料が金融商品取引業の内容に関するものとして広告等規制の対象となるかを決するための決定的な基準とはならないとされている。しかし，主観的な勧誘目的も完全に無視するのではなく，広告等該当性は，客観的な内容と主観的な目的を総合的に考慮して，個別具体的に決せられるべきものであろう[(18)]。

また，広告等規制の趣旨からすれば，アフターサービスの一環として提供される情報であって，取引の直接的な誘因文言がなく，また商品の概要や詳細に関する記載がない資料についても，広告等に該当しないと解すべきであろう。

3　多数の者に対する同様の内容の情報提供

広告等規制の対象となるのは，金融商品取引業の内容に関する多数の者に対

(17)　金商法質疑応答集・質問⑥

(18)　アナリストレポートについても，勧誘に使用しない場合にのみ広告類似行為に該当しないものとされており（金商業等府令72条２号），使用方法によって広告等該当性が変わりうる。

する同様の内容の情報提供である。ここでいう「多数の者」とは，不特定多数を意味しないため，特定の者に対する情報提供であっても，多数の者に対する金融商品取引業の内容に関する同様の内容の情報提供であれば広告等に該当しうる。個別の顧客のために作成した資料については，原則として，多数の者に対する同様の内容の情報提供とはいえず，広告等規制の対象とならない(19)。

❖第２節❖　広告等に該当する場合の表示事項に関する規制

1　法定記載事項

広告等に該当する場合には，以下の事項を表示しなければならない（37条１項，金商法施行令16条１項，金商業等府令76条）。

⑴　当該金融商品取引業者等の商号，名称または氏名

⑵　金融商品取引業者等である旨および当該金融商品取引業者等の登録番号

⑶　当該金融商品取引業者等の行う金融商品取引業の内容に関する事項であって顧客の判断に影響を及ぼすこととなる重要なものとして以下のもの

①　金融商品取引契約に関して顧客が支払うべき手数料，報酬その他の対価に関する事項であって内閣府令で定めるもの（その内容については第３章第３節■８参照）

②　金融商品取引契約に関して顧客が預託すべき委託証拠金その他の保証金（以下「保証金等」という）がある場合には，その額または計算方法

③　デリバティブ取引等（金商法施行令16条１項３号）に関して保証金等の額を上回る可能性がある場合にあっては次の事項

⒜　当該デリバティブ取引等の額が当該保証金等の額を上回る可能性がある旨

⒝　当該デリバティブ取引等の額の当該保証金等の額に対する比率（当該比率を算出することができない場合にあっては，その旨およびその理由）

④　金融商品取引行為について金利，通貨の価格，金融商品市場における

(19)　平成19年７月パブコメ234頁No.53

相場その他の指標に係る変動を直接の原因として損失が生ずることとなるおそれ（元本損失が生ずるおそれ）がある場合にあっては，当該指標および当該指標に係る変動により損失が生ずるおそれがある旨およびその理由

⑤　元本超過損（保証金等の額を上回る損失）が生ずるおそれがある場合にあっては，④の指標のうち元本超過損が生ずるおそれを生じさせる直接の原因となるもの，およびその変動により元本超過損が生ずるおそれがある旨およびその理由

⑥　店頭デリバティブ取引について，金融商品取引業者等が表示する金融商品の売付けの価格と買付けの価格とに差がある場合にあっては，その旨

⑦　金融商品取引契約に関する重要な事項について顧客の不利益となる事実

⑧　金融商品取引業者等が金融商品取引業協会（当該金融商品取引業の内容に係る業務を行う者を主要な協会員または会員とするものに限る。金商業等府令の改正（令和元年6月5日施行）により追加）に加入している場合にあっては，その旨および当該協会の名称

2　その他の表示に関する規制

金融商品取引業に関して広告等をするときは，法定記載事項を明瞭かつ正確に表示しなければならない[20]。また，広告等においては，前記■1(3)④および⑤に掲げる事項の文字または数字を当該事項以外の事項の文字または数字のうちもっとも大きなものと著しく異ならない大きさで表示しなければならない（金商業等府令73条）。これは，商品の特徴とリスクがバランスよく表示されることを求めるものであり，形式的な判断よりもリスクなどに関する記載が利用者にとって見やすいものとなっていることが重要であるとされている[21]。

---

(20)　金商業者監督指針Ⅲ-2-3-3(1)②に「明瞭かつ正確な表示」がなされているか否かの判断に際しての留意事項が定められている。

(21)　金商法質疑応答集・質問⑤，金商業者監督指針Ⅲ-2-3-3(1)②参照

また，以下の事項について，著しく事実に相違する表示をし，または著しく人を誤認させるような表示をしてはならない（誇大広告の禁止。37条，金商業等府令78条）。

⑴　金融商品取引行為を行うことによる利益の見込み

⑵　金融商品取引契約の解除に関する事項[22]

⑶　金融商品取引契約に係る損失の全部もしくは一部の負担または利益の保証に関する事項

⑷　損害賠償額の予定（違約金を含む）に関する事項

⑸　金融商品取引契約に係る金融商品市場などに関する事項

⑹　金融商品取引業者等の資力または信用に関する事項

⑺　金融商品取引業者等の金融商品取引業（登録金融機関にあっては，登録金融機関業務）の実績に関する事項

⑻　顧客が支払うべき手数料等[23]の額などに関する事項の概要

⑼　抵当証券等（2条1項16号または16号に掲げる性質を有する同項17号に掲げる有価証券）の売買その他の取引については金商業等府令78条8号イ～ニに定める事項

⑽　投資顧問契約については，助言の内容および方法に関する事項

⑾　投資一任契約または2条8項15号に掲げる行為を行うことを内容とする契約については，投資判断の内容および方法に関する事項

⑿　競馬ファンド（金商業等府令7条4号ニ⑴に掲げる権利）に係る募集または私募について広告等をする場合にあっては，競走用馬の血統および飼養管理の状況に関する事項

金融商品取引業者がセミナーなどを開催する場合，当該セミナーなどで勧誘を目的とした具体的商品の説明を含む金融商品取引契約の締結の勧誘を行う場合には，当該セミナーなどに係る広告等および案内状などに，金融商品取引契約の締結を勧誘する目的があることをあらかじめ明示しなければならないとされている（金商業者監督指針Ⅲ-2-3-3(1)④イ）。金融商品取引契約の締結を勧誘

㉒　クーリングオフに関する事項（37条の6第1項～4項）を含む。

㉓　手数料等の内容については，第3章第3節■8参照。ただし，広告等においてはその「概要」の表示で足りる（金商業等府令74条）。

する目的があるか否かについても，常に明確に判断できるとは限らず，たとえば金融市場に関する説明のみをする予定であったとしても，実際には個別商品の話にまで及ぶこともありうることから，実務上は，個別商品の勧誘をすることが明確に予定されている場合に限らず，金融商品取引契約の締結を勧誘する目的がある旨または勧誘をする可能性がある旨を明示しておくという対応が望ましい場合もあると思われる。

3　広告等には該当するがその特性が勘案されるもの

広告等に該当するものであってもその特性が勘案されるものについては，一定の事項のみを記載すれば足りるものとされている。この特例が適用されるのは，以下のものである（金商法施行令16条2項，金商業等府令77条1項）。

⑴　基幹放送事業者の放送設備により放送をさせる方法（テレビCMなど）

⑵　一般放送事業者の放送設備により放送させる方法

⑶　⑴または⑵のテレビCMなどをインターネット・ホームページなどに掲載する方法

⑷　常時または一定の期間継続して屋内または屋外で公衆に表示させる方法であって，看板，立て看板，張り紙，建物その他の工作物などを掲出させ，または表示させるもの，およびこれらに類するもの（ビラとして配布するなどの方法に用いる場合を除く）

⑴～⑷については，広告等に該当する場合であっても次に掲げるものを表示することで足りる（金商法施行令16条2項，金商業等府令77条2項・72条3号ニ）。

①　金融商品取引業者等の商号，名称または氏名

②　金融商品取引業者等である旨および登録番号

③　顧客が行う金融商品取引行為について，金利，通貨の価格，金融商品市場における相場その他の指標にかかる変動を直接の原因として損失が生ずることとなるおそれがある場合にあっては，当該おそれがある旨（元本超過損が生ずるおそれがある場合にはその旨）

④　契約締結前交付書面や目論見書などの内容を十分に読むべき旨

第3章

説明義務等

本章のサマリー

◇本章では，適合性の原則，顧客に対する説明義務，契約締結前交付書面および契約締結時等交付書面について取り扱う。

◇40条1号は，金融商品取引業者等の業務の運営の状況が，顧客の知識，経験，財産の状況および金融商品取引契約を締結する目的に照らして不適当と認められる勧誘を行って投資者の保護に欠けることとなっており，または，欠けることとなるおそれがあることに該当しないよう業務を行うこと，いわゆる適合性の原則を定めている。

◇金商業等府令117条1項1号は，金融商品取引業者等またはその役職員が，一定の書面の交付に関し，あらかじめ，顧客に対して一定の事項について顧客の知識，経験，財産の状況および金融商品取引契約を締結する目的に照らして当該顧客に理解されるために必要な方法および程度により説明する義務（実質的説明義務）を規定している。

◇37条の3は，顧客に対する契約締結前の書面交付義務を定めている。

◇37条の4は，顧客に対する契約締結時等の書面交付義務を定めている。交付すべき書面としては，契約締結時交付書面，投資信託・外国投資信託の解約時書面，投資口の払戻しに関する書面，取引残高報告書，商品ファンド運用状況報告書がある。

❖第1節❖　適合性原則

1　概　　要

金商法上の「適合性原則」(適合性の原則）とは，金融商品取引業者等は，金融商品取引行為について，顧客の知識，経験，財産の状況および金融商品取引契約を締結する目的に照らして不適当と認められる勧誘を行ってはならないとする原則をいう（40条1号)。

適合性原則は，販売・勧誘の最初の関門となる利用者保護のための原則である。金融商品取引業者等が，営業成績の向上を目的とするあまり，顧客のニーズや顧客の金融商品に関する知識，経験，財産の状況などを十分に考慮せずに勧誘を行い，その結果，顧客に損失が発生して紛争となる事例があり，裁判例やあっせん事例も多数存在している。40条1号は，金融商品取引業者等が，このような適合性原則に反する勧誘を行って投資者保護に欠ける業務運営を行ってはならない旨定めている。

後述するように，適合性原則は，裁判例でその存在を認められてきたほか，証取法43条1号でも「顧客の知識，経験及び財産の状況」を踏まえて勧誘することが求められていた。金商法では，従来掲げられていた「顧客の知識，経験及び財産の状況」に加え「金融商品取引契約を締結する目的」が追加された。

なお，金商法上の適合性原則は，特定投資家に対する勧誘には適用されない(45条1号)。以下の記述は，顧客が特定投資家以外の投資家であって，40条1号の適用がある場合を前提として記述する。

2　「狭義の適合性原則」と「広義の適合性原則」

金商法上の適合性原則は，「狭義の適合性原則」と「広義の適合性原則」に大別できるとする見解が有力である[24]。この立場によれば，「狭義の適合性原則」とは，ある特定の利用者に対してはどんなに説明を尽くしても一定の商品

(24)　三井ほか・一問一答308頁，神田秀樹ほか編著『金融商品取引法コンメンタール2』353頁

の販売・勧誘を行ってはならないという意味であるとされる(25)。たとえば，認知症の進行など，何らかの理由により金融商品取引に係るリスクを理解する能力がない顧客に対しては，勧誘行為自体が禁じられる。

これに対し，「広義の適合性原則」とは，業者が利用者の知識・経験，財産力，投資目的に適合した形で勧誘を行わなければならないというルールであるとされる(26)。たとえば，元本を大きく割り込むおそれのあるハイリスクな金融商品取引については，そのリスクに耐えうる流動資産を有する顧客で，かつ十分な投資経験があり，リスクを理解する能力がある顧客に対して，その顧客の知識経験などに合わせて勧誘を行う必要がある。その意味で，広義の適合性原則は，勧誘における説明の方法および内容に直結するものといえ，実務的な観点からは，説明義務の内容と接近することとなる。金商法の構造上も，後述する実質的説明義務（金商業等府令117条１項１号）において，「顧客の知識，経験，財産の状況及び金融商品取引契約を締結する目的に照らして当該顧客に理解されるために必要な方法及び程度による説明」の義務を尽くしたかどうかの解釈基準として広義の適合性原則の考え方が取り込まれたとされている(27)。

適合性原則を遵守したといえるために，どのように顧客の属性を把握すべきか，また，どのような属性の顧客に対し，いかなる勧誘を行うべきかといった一律の具体的な指針は金商法上存在しない。実務上は，顧客ごとに属性を把握するための書類（例：日本証券業協会規則における「顧客カード」等）を作成し，顧客の知識，経験，財産の状況，投資目的，リスク管理能力などの顧客の属性を把握してからでなければ，金融商品の勧誘を行ってはならないと内部規程において定め，さらに店頭デリバティブ取引に類する複雑な仕組債・投資信託等について勧誘開始基準を定めるのが通常である(28)。顧客カードの作成の過程などで金融商品取引業者等が把握した顧客の属性が，業者が内部規程として定めた販売禁止ルールや勧誘開始基準に適合しない顧客であることが判明した場合

---

(25)　第一部会・中間整理（第一次）。なお，狭義，広義の適合性原則を峻別してとらえることは困難であり，あえてこれを分けて考える実益は乏しいとする見解もある。河本ほか・金商法の理論と実務107頁

(26)　前掲注(25)参照

(27)　別冊・商事法務No.318・133頁〔松尾直彦ほか〕

(28)　日本証券業協会「協会員の投資勧誘，顧客管理等に関する規則」５条１項・５条の２参照

には，金融商品自体の勧誘を行わないことになる。なお，顧客の投資意向，投資経験等の顧客属性等を適時適切に把握するため，金商業者監督指針において，「顧客カード等については，顧客の投資目的・意向を十分確認して作成し，顧客カード等に登録された顧客の投資目的・意向を金融商品取引業者と顧客の双方で共有しているか。また，顧客の申出に基づき，顧客の投資目的・意向が変化したことを把握した場合には，顧客カード等の登録内容の変更を行い，変更後の登録内容を金融商品取引業者と顧客の双方で共有するなど」の着眼点が挙げられている（金商業者監督指針Ⅲ-2-3-1(1)①イ）。

また，新たな金融商品の販売を行う前に，当該金融商品について，特定の顧客だけではなく他の顧客に対しても適合性が想定できない場合には，販売を開始すべきではないとする考え方を「合理的根拠適合性」と呼び，特に，個人顧客にとって分かりにくい，店頭デリバティブ取引に類する複雑な仕組債・投資信託の勧誘については，日本証券業協会「協会員の投資勧誘，顧客管理等に関する規則」を踏まえ，合理的根拠適合性の事前検証および勧誘開始基準の設定が求められている[(29)]。

3　適合性原則と「勧誘」

適合性原則は「勧誘」に関する行為規制であるが，その対象となる「勧誘」については金商法上定義がない。ある行為が「勧誘」に該当するかは，個別事例ごとの実態に即した実質的な判断とならざるをえないが，一般的には顧客に対する取引の申込みの誘引行為が「勧誘」に該当するとされている。

他方で，顧客の依頼に応じて商品の内容の説明を行うことは必ずしも「勧誘」に該当しないとされている[(30)]。しかし，広告を見て来店した顧客がその商品の説明を求めれば，どんな場合でも「勧誘」に該当しないので適合性原則の

(29)　日本証券業協会「協会員の投資勧誘，顧客管理等に関する規則」３条３項・５条の２および「協会員の投資勧誘，顧客管理等に関する規則第３条第３項の考え方（合理的根拠適合性に係るガイドライン）」参照。店頭デリバティブ取引及びこれに類する複雑な仕組債については，日本証券業協会「協会員の投資勧誘，顧客管理等に関する規則」において，この他にも，特定投資家を除き，注意喚起文書の交付および説明，確認書の徴求等を行うべき場合があることを規定している（同規則６条の２・８条など）。

(30)　平成19年７月パブコメ415頁No.５・No.６

適用がないと一般化して考えることには無理がある。顧客の依頼に応じて商品の内容の説明を行う際，その説明の仕方によっては勧誘行為となる可能性はあり，依頼に応じて行う場合がすべて「勧誘」に該当しないということはできない。広告等を顧客に見せながら金融商品の内容を説明する場合で，実質的にみて顧客に対してその取引を誘引するような場合には，広告等に関する規制に加え，勧誘に関する行為規制の適用を受ける可能性があることに注意が必要であろう。

実務のポイント・6－1

◆「勧誘」と「広告等」

金商法上，「勧誘」は，適合性の原則のほか，不招請勧誘の禁止や，再勧誘の禁止，迷惑時間勧誘の禁止など，行為規制のさまざまなトリガーとなっている。実務上問題となるのは，広告等および勧誘に関する行為規制を同時に受ける場合があるかであるが，「広告等」も，その使用方法によっては，その使用する行為が勧誘に該当する可能性がある。広告等の使用が勧誘に該当する場合には，広告等に関する規制と勧誘に関する規制の両方を遵守する必要がある。

「広告等」は金融商品取引業の内容について多数の者に対する同様の内容の情報提供とされている。すなわち,「単独の顧客のみを対象として行われる当該顧客に即した情報」は,「広告等」に該当しない。

したがって，単独の顧客に対し，１対１で説明を行う場合は，その説明が「勧誘」に該当したとしても,「広告等」に該当することはないといえる。ただし，この場合でも注意しなければならないのは，その際に用いる説明用資料を，他の多数の顧客にも同様に配布する可能性がある場合には，多数の者に対して同様の内容で行う情報提供になり,「広告等」としての要件を充足する必要があるという点である。実務上は，顧客に配布する資料は，(1)必ず当該顧客に対してのみ配布するよう管理する，または，(2)あらかじめ広告等審査担当者の審査を経て「広告等」の要件を充足したものとするよう管理するなどの管理態勢が必要となろう。なお，金商法に関する事案ではないものの，同じく法律上定義のない消費者契約法12条１項および同条２項の「勧誘」の意義が問題となった事案では，取引に関する事項を具体的に認識しうるような新聞広告により不特定多数の消費者に向けて働きかけを行うときは，個別の消費者の意思形成に直接影響を与えることもありうることから，当該各規定の適用対象から一律に除外することは法の趣旨目的に照らし相当とは言い難いとした上で,「事業者等による働きかけが不特定多数の消費者に向けられたものであったとしても，そのことから直ちにその働きかけが……「勧誘」に当たらないということはできないというべきである」との判断が示されている（最判平29・１・24民集71巻１号１頁)。消費者契約法の「勧誘」に関する上記判例が金商法の「勧誘」の解釈にどのような影響を与えるのか，今後の議論を注視する必要がある。

4　「適合性原則」に関する従来の考え方と現行規定の考え方

(1)　行政的観点

わが国の法令等において，証券取引に関する「適合性原則」が明文化されたのは，1974年，日本証券業協会会長宛大蔵省証券局長通達（昭和49年12月2日蔵証2211号）においてその趣旨が記載されたことにさかのぼり，その後，平成4年法律第73号（いわゆる公正確保法）による証取法の改正により，是正命令の対象として，証券会社が，「顧客の知識，経験及び財産の状況に照らして不適当と認められる勧誘」を行って投資者の保護に欠けることとなっている場合を規定し，もって適合性の原則が法令上に明記された（平成10年法律第107号による改正前の証取法54条1項1号・2号および証券会社の健全性の準則等に関する省令（昭和40年大蔵省令第60号）8条5号，金商法の施行に伴う改正前の証取法43条1号）。

このような法令の改正にもかかわらず，顧客の考える投資目的が証券会社の勧誘する商品と合致せず，投資後に損失が生じてから適合性の有無について証券会社と顧客の間で紛争となる事例は多く，適合性原則を争点とする裁判例が多数存在していた。また，裁判例では，適合性の原則の存在が認められてきたが，その内容としては，「顧客の知識」，「経験」，「財産の状況」以外に，「投資目的」が含まれていたものが多く，学説を含め，この考え方は定着していたといわれている(31)。

そこで金商法においては，「顧客の知識」，「経験」，「財産の状況」に加えて，「金融商品取引契約を締結する目的」に照らしてその適切性を判断することとされた（40条1号）。同時に，金融商品販売法においても，「金融商品の販売に係る契約を締結する目的」が，重要事項の説明の方法として明示され，適合性原則の内容とされた（同法3条2項）。現行規定の下では，知識，経験，財産の状況が十分な顧客であっても，元本割れのない商品での運用を目指す顧客に対し，元本割れの危険のある金融商品取引契約を勧誘すること自体が適合性原則に違反する勧誘となる(32)。

なお，銀行法や保険業法における適合性原則は，社内規則等の整備や研修な

(31)　河本ほか・金商法の理論と実務101頁

ど，体制整備に係るものとされていたが（銀行法施行規則13条の7，保険業法施行規則53条の7など），金商法では，これに加え，特定預金等，特定保険契約について，適合性の原則を準用することとされ，行為規制の同等化が図られている。

⑵　裁判例の傾向

適合性原則に関する裁判例としてもっとも重要なものの一つが，最判平17・7・14民集59巻6号1323頁である。本判決は，過去の法令や自主規制における適合性の原則の来歴に触れたうえで，「これらは，直接には，公法上の業務規制，行政指導又は自主規制機関の定める自主規制という位置付けのものではあるが，証券会社の担当者が，顧客の意向と実情に反して，明らかに過大な危険を伴う取引を積極的に勧誘するなど，適合性の原則から著しく逸脱した証券取引の勧誘をしてこれを行わせたときは，当該行為は不法行為法上も違法となると解するのが相当である」と判示した。

そして，「証券会社の担当者によるオプションの売り取引の勧誘が適合性の原則から著しく逸脱していることを理由とする不法行為の成否に関し，顧客の適合性を判断するに当たっては，単にオプションの売り取引という取引類型における一般的抽象的なリスクのみを考慮するのではなく，当該オプションの基礎商品が何か，当該オプションは上場商品とされているかどうかなどの具体的な商品特性を踏まえて，これとの相関関係において，顧客の投資経験，証券取引の知識，投資意向，財産状態等の諸要素を総合的に考慮する必要があるというべきである」とした。

本判決以前にも，公法上の取締法規または営業準則の違反により私法上ただちに違法となるものではないが，ワラント債の取引など，一般的な危険性の程度，その周知度，投資家の職業，年齢，財産状態，投資経験等の具体的状況に照らして明らかに過大な危険を伴う取引について投資勧誘が行われた場合，その勧誘が社会的相当性を欠く手段・方法によって不当に行われたときに限り，

---

(32)　なお，金商業者監督指針Ⅲ-2-3-1においては，「顧客の知識，経験，財産の状況，投資目的やリスク管理判断能力等に応じた取引内容や取引条件に留意し，顧客属性等に則した適正な投資勧誘の履行を確保する必要がある」としており，金融商品取引業者等は，金商法の規定に加え，「リスク管理判断能力等」に応じて適合性を判断しなければならないものとされている。

債務不履行または不法行為責任を負うとする下級審裁判例は存在しており（東京地判平５・５・12判時1466号105頁），学説上も著しく適合性を欠く投資勧誘については私法上も違法となると解するものがあったが[33]，本判決は最高裁として初めて適合性原則から著しく逸脱した証券取引の勧誘をしてこれを行わせた場合に当該行為が不法行為を構成することを明確にした点に意義がある。

この最高裁の示した規範を用いて適合性原則の違反の有無について判断した下級審裁判例としては，大阪地判平18・４・26判時1947号122頁がある。本件は，原告（証券取引の経験のない取引開始当時66歳の専業主婦）が，遺産の株式を売却して得た資金を用いた投資信託等への勧誘を証券会社の従業員より受けたが，その勧誘行為が違法とされた事案である。なお，本件では，取引はその息子が主に代理して行っていたところ，同じく取引開始前には証券取引の経験はなかったこと，脳出血による開頭手術を受けた後遺症でうつ病の症状が強く，判断能力が低下し入通院し投薬治療を受けていた時期があったという事情がある。

本裁判例は，適合性原則，説明義務違反，過当取引などの論点を含むが，これらの論点のうち適合性原則につき，前掲最判平17・７・14の判断の枠組みを用いた。適合性の原則からの著しい逸脱による不法行為の成否につき，単に株式投資信託等という取引類型における一般的抽象的なリスクのみを考慮するのではなく，①当該投資信託等の投資方針・投資対象等を含む商品特性，②リスクの高い商品の場合には，その商品への投資金額・取引資金全体における割合等，③乗換売買の場合には，その規模・回数，目的・意向（元本重視の取引なのか，値上がり益を見越した積極的な取引なのか）といった内容等を踏まえて，これとの相関関係において，顧客の投資経験，証券取引の知識，投資意向，財産状態等の顧客の側の諸要素を総合的に考慮する必要があるとした。本件事案では，投資判断能力が乏しい者に対しては，ハイリスク型の商品の買付けを勧誘するにしても，最初はわずかな資金を投下しての取引にとどめ，時間をかけて証券取引に関する知識経験を取得させるなどの配慮をすべきであって，取引開始後３カ月で，原告に当時保有していた比較的堅実な株式，社債等をすべて売却して，ハイリスク型の株式投資信託に全取引資産（約2,600万円）を集中投

(33)　神崎・金商法764頁

資させたまま，短期乗換売買の勧誘を繰り返した行為（１年間の平均回転率は3.17回であった）には，適合性原則違反があるとした。

また，仕組債の販売に関し適合性原則違反等が争われた事案において，当該仕組債は対象銘柄の株価を指標として，株式での償還または現金での償還が決まることから基本的には株式取引に類似した面があり，株式取引に必要な知識があればその仕組みやリスクの概要を理解することができること，償還条件，ノックイン条項および早期償還条項も対象銘柄の株価に連動して決定されること等の基本的な仕組みおよび顧客の属性等を併せ考慮すると，顧客が本件各商品を理解したうえでその投資判断を行うことが著しく困難な金融商品であったとまでいうことはできないとして適合性原則違反を否定した裁判例がある（東京高判平23・12・22金融法務事情1967号126頁）。この裁判例も，上述最高裁判決を参照したうえで，具体的な商品特性について検討し，これとの相関関係で顧客の属性を考慮しており，上述最高裁判決と同様の枠組みで判断しているといえる。なお，上述最高裁判決後においても，近年の傾向としては，適合性原則を適用して損害賠償を認めた下級審裁判例はさほど多くはなく，後述するように説明義務違反を認定して不法行為責任の成立を認めた裁判例が多いとの指摘がある。

5　適合性原則違反の効果

(1)　行政処分

金商法40条１号は，金融商品取引業者等が適合性原則違反の勧誘を行って「投資者の保護に欠けることとなっており，又は欠けることとなるおそれがあること」に該当しないよう業務を行うことを義務付けている。

金融商品取引業者等の役職員が，適合性原則に違反する行為を行った場合であっても，ただちに業務改善命令などの行政処分がなされるわけではないが，その結果，投資者の保護に欠けることとなり，またはそのおそれがあるような業務となっている場合には，公益または投資者保護のため必要かつ適当であるとして業務改善命令などが発せられる可能性がある（51条・51条の２）。

なお，金融商品取引業者等の役職員が，適合性原則に違反する行為を行った場合でも，適合性原則違反を理由として，その役職員に対して刑事罰・課徴金は課されることはない。

⑵　私法上の効果

適合性原則違反の取引は無効となるか。この問題は，金商法で求められている金融商品取引業者等に対する行為規制が，行政取締法規上の観点を越えて，その違反が民事法上の顧客に対する責任を生じさせるか否かという議論に帰着する。

金商法は，あくまで行政法規であって，民事法上の責任について規定したものではない。第一部会・中間整理（第一次）においても，広義の適合性原則と「取引ルール」との関係については，「広義の適合性原則はあくまでも業者の内部的な行為規範に関するルールであり，個別の訴訟等において，業者の内部体制の不備が斟酌されていく余地はあろうが，私法上の効果に直接連動させて考えるのは困難であるとの意見が大宗を占めた」とされていた。

この点について，さきほど紹介した最高裁判例（最判平17・7・14）では，公法上の業務規制，行政指導および自主規制機関の定める自主規制である適合性原則の違反と民事上の不法行為としての違法を分け，適合性原則違反があったからただちに不法行為となるわけではないが，その逸脱の度合いが著しいときは，不法行為となることを示した。

6　顧客から情報開示を拒まれ適合性の確認ができない場合

わが国の顧客は，匿名性とプライバシーを重視し，自己の財産に関する状況や投資の目的を開示することを好まない傾向を持つことが多いとの指摘がある。そこで，勧誘開始前，顧客カードを作成する際に，顧客に財産の状況等の情報の開示を拒まれ，適合性の確認のため必要な情報が得られない場合，金融商品取引業者等は取引を行うことを拒否することができるかが実務上の問題となりうる。

そもそも，金融商品取引業者等には，医師の応召義務（医師法19条１項）のように，取引の申込みをされたからといってこれに応諾しなければならない法令上の義務はない（私的自治の原則）。金融庁は，「業者が相当の努力を尽くしたにもかかわらず，当該顧客の姿勢に変化がなく，業者が顧客の適合性を確認することができないような場合には，業者は「適合性の原則」（金商法40条1号）に則して当該顧客との間の取引を拒むこともできる」としている[34]。ここで「相当の努力を尽くしたにもかかわらず」とあるのは，金融機関の公共性を考慮したものとされているようである[35]。

この回答を前提とした場合，次に，どの程度の努力を行えば，相当の努力を尽くしたといえるかが問題となるが，たとえば，顧客に対し適合性の判断のために当該業者が必要としている情報の種類を明示して，その理由を告げ，当該情報が得られなければ取引を拒絶しなければならないということを顧客に理解させたうえで，それでも拒否された場合には，当該情報を得ること自体が適合性の判断に客観的に必要ではないような場合を除き，相当の努力を行ったといえるのではなかろうか。なお，金商法質疑応答集の質問②では，取引のつど，顧客の財産の状況を把握しなければ一切の金融商品取引を行えないかとの質問に対し，たとえば，顧客がリスクをよく理解したうえで自ら判断する旨を明示した場合には，財産の状況等を把握できなくても，顧客の知識や経験等を考慮して，取引することが可能である旨の回答がなされている。

7　仲介・窓販における適合性原則

金融商品の仲介や投資信託の募集・私募の取扱いを金融商品仲介業者や登録金融機関に対し委託する場合には，後述のように委託する金融商品取引業者等が契約締結前交付書面の交付義務および実質的説明義務を負う場合と，委託先の金融商品仲介業者や登録金融機関がこれらの義務を負う場合があるとされている。

これに対し，40条1号の適合性原則は，金融商品取引業者等と委託先の金融商品仲介業者がいずれも遵守すべき義務を負う。金融商品取引業者等が顧客に

---

(34)　平成19年7月パブコメ414頁No.4

(35)　榎本亮ほか「〔座談会〕金商法政令・内閣府令パブリックコメントを読み解く（下）」金融法務事情1817号22頁〔松尾直彦発言〕(2007) 参照

対する「勧誘」行為を行う際には，特定投資家に該当しない限り，適合性原則の適用がある。一方，登録金融機関が金融商品仲介行為を行う場合や，金融商品仲介業者が顧客に対する「勧誘」行為を行う場合には，特定投資家を含むすべての顧客に対して適合性原則の適用があるものと考えられる(36)。この場合，委託した金融商品取引業者等が，当該顧客の属性をすでに確認している場合において，金融商品取引業者等としては特定投資家として扱うべき顧客との関係でも，委託先の金融商品仲介業者や登録金融機関には適合性原則の適用があるため，取扱いに齟齬が生じることがありうる。このような結論はやむをえないものと考える。

❖第２節❖　顧客に対する説明義務

1　概　　要

顧客に対する説明義務は，金融取引をめぐるトラブル事例の中でもっとも多く問題とされてきたものであり，裁判例も多く存在する。

証取法においては，顧客に対する商品内容の説明義務を具体的に定めた規定はなく，顧客に対する説明義務は，もっぱら，民事上の問題として取り扱われてきた。金商法施行前の裁判例では，証券会社の役職員に対し，誠実義務（証取法33条）および信義則（民法１条２項）を根拠として説明義務が生じるとするものが多く，通説でもあった。また，金商法の施行に伴う改正前の金融商品販売法３条１項は，金融商品の販売業者に対し，相場の変動や発行者・販売業者の信用状況の変化により元本欠損が生じるおそれがあること，および，販売対象となる権利の行使期間の制限，解除期間があることの説明義務を課していた

---

(36)　金融商品仲介業者には40条の準用があり（66条の15），適合性原則が妥当する一方で，特定投資家の適用除外規定（45条）の準用がなされていないため，特定投資家に対しても特定投資家以外の投資家と同様に取り扱う義務を負うこととなる。これは，金融商品仲介業者が複数の金融商品取引業者から委託を受けて仲介を行う場面などにおいて，特定投資家に関する取扱いが複雑化することを防止する趣旨であると考えられる（登録金融機関の金融商品仲介業務に関し，平成19年７月パブコメ461頁No.１～No.３）。

が，かかる説明義務違反は行政処分の対象とはなっていなかった。

そこで，金商法においては，契約締結前交付書面の交付義務（37条の３）を規定したほか，その形骸化を避け，ルールの実質化を図るため，契約締結前交付書面等の交付に関し，あらかじめ説明をしないで金融商品取引契約を締結することを禁止した（金商業等府令117条１項１号)。「顧客の知識，経験，財産の状況及び金融商品取引契約を締結する目的に照らして当該顧客に理解されるために必要な方法及び程度による説明」としたことは，金融商品販売法の改正による説明義務の解釈基準としての適合性原則の考え方に合わせて導入されたものであり，「広義の適合性原則」の考え方を説明義務に取り込むものであると説明されている(37)。

2　実質的説明義務の内容

金商業等府令117条１項１号は，金融商品取引業者等またはその役員もしくは使用人は，一定の書面の交付に関し，あらかじめ，顧客に対して，37条の３第１項３号～７号に掲げる事項(38)について「顧客の知識，経験，財産の状況及び金融商品取引契約を締結する目的」に照らして当該顧客に理解されるために必要な方法および程度による説明をすることなく，金融商品取引契約を締結する行為を禁止をしている。本条は，金融商品取引業者等およびその役職員の禁止行為として定められてはいるが，その実際の機能に着目すれば，いわゆる実質的説明義務（顧客の知識，経験，財産の状況及び金融商品取引契約を締結する目的に照らして当該顧客に理解されるために必要な方法及び程度により説明する義務）を規定したものといえる。

説明を要する一定の書面には，契約締結前交付書面，上場有価証券等書面，目論見書(39)，契約変更書面がある。なお，本条の実質的説明義務は，あくまで上記の一定の「書面の交付に関し」求められるものであり，書面の交付を行わ

---

(37)　第一部会・中間整理（第一次）18頁。なお，別冊・商事法務No.318・211頁〔松尾ほか〕参照。

(38)　契約変更書面交付の場合は，当該書面に記載されている事項であって37条の３第１項３号～７号に掲げる事項に係るもの。

(39)　金商業等府令80条１項３号に掲げる場合。当該目論見書と一体のものとして交付される書面がある場合には，当該目論見書および当該書面。

ない場合には，説明義務は発生しない。したがって，特定投資家に対しては，書面交付が求められていない以上，実質的説明義務はないということになる。金商業等府令117条1項1号の文言上も説明の相手方から特定投資家が除外されている。

なお，当該顧客が現実に書面の内容を理解したかどうかは当該顧客の主観にかかわる部分であり，金融商品取引業者等またはその役職員は当該顧客と同様の属性を有する顧客が社会通念上「理解する」と判断される方法・程度による説明を基本としたうえで，「当該顧客」ごとに個別に適切な方法・程度によって説明を行う必要があると考えられる[40]。

■3　裁判例の傾向

説明義務違反は，上述のとおり，過去の裁判例では，もっぱら民事上の問題として争われており，金商法上の説明義務違反の有無とは異なる。最近の裁判例には，説明義務違反について，誠実義務（証取法33条，金商法36条），信義則（民法1条2項）を根拠とし，不法行為責任を負うとするものが多い[41]。たとえば，第1節■4(2)において述べた大阪地判平18・4・26では，説明義務違反の論点につき，証券会社の従業員には，顧客に対し，勧誘する取引について自らの証券取引の知識，経験，財産状態，投資意向等に適しているか否かを自ら判断できる機会を与えるべく，顧客に対し，新たに取引の対象とする商品の内容，仕組み，投資方針（元本重視の取引か，利子・配当重視の取引か，値上がり益重視の取引かなど），リスクの質と程度についてはもちろんのこと，乗換え売買を行うにあたっては，売却する各商品の状況および通算の損益状況，手数料等の顧客が負担する内容等，乗換え売買を行うことのメリットならびにデメリットおよびリスクについても，顧客の属性等を踏まえ，顧客の取引意向に沿うべく十分に説明して理解させる義務があったとした。また，東京高判平21・4・

(40)　三井ほか・一問一答288頁

(41)　東京高判平10・12・10判タ1053号173頁（外貨建てワラントについて説明義務違反を認定した事例），大阪高判平9・5・30判時1619号78頁（証券外務員が証券投資の経験のない顧客に元本割れのおそれのある投資信託を購入させたことにつき，説明義務および情報提供義務違反があるとされた事例）など。

16判例時報2078号25頁では，信義則上，勧誘対象者である投資家に対して，その投資家が意思決定をする上で重要な知識と情報を伝えて説明をすべき義務があるとし，それをしないで投資家に取引をさせた場合には，その行為は不法行為を構成するものというべきとした。説明義務の具体的な内容としては，一般的には，商品の仕組みないしはその内容とその商品の危険性（リスク）であり，その投資家の理解力（年齢，学歴，職歴，証券取引の知識・経験の有無・程度，等）に応じて，その投資家が通常の理解ができる程度の説明をすべき義務があるとしている。東京地判平21・３・31判例時報2060号102頁では，デリバティブ取引の経験が豊富な法人に対し，投資を目的とする金利スワップ取引に関して，自己責任の下に取引を行うか否かを決定するために必要な当該金融商品の仕組みやリスク等の情報につき，当該金融商品の特質，当該顧客の理解力や取引経験等に応じて必要かつ相当な範囲で具体的な説明を行うべき信義則上の義務を負うとしたうえで時価評価損の最大数値を記載した金利感応度分析表を交付せず，それより低い最大数値を記載したシミュレーション表を交付した事案において，「顧客である原告らの自己責任に基づく自主的な投資決定の判断にとっての前提条件の充足を阻害するものと評価することができる」とし，顧客がハイリスク・ハイリターンのデリバティブ取引につき豊富な経験を有していること等を考慮したとしても，上記の説明義務に違反するものと評価せざるをえないとした。

他方，説明義務違反を否定した裁判例としては，銀行が個人に対して仕組債（早期償還条項付き・為替連動・累積クーポン型）を販売した事案において，発行者と保証会社が破綻したが，近い将来破綻が相当程度の蓋然性で見込まれる等の特段の事情がなければ信用リスク評価の根拠となる事実や結果を顧客に説明する義務を負わないものとして，信用リスクについての説明義務違反を認めなかった裁判例（東京地判平23・１・28金融法務事情1925号117頁）や，銀行が類似の商品に対する投資経験のある個人投資家に対し仕組債（ノックインフォワード型日経平均リンク債券）を販売した事案において，当該商品は利率の予測が容易ではないものとしつつ，銀行の担当者が顧客に対しこのような商品の購入を勧誘する場合には，顧客の自己決定権を保障するため，本件債券は投資商品であり預金ではないこと，ノックイン事由発生の可能性，元本割れの可能性，満期まで保有することを原則とする商品であり原則として途中解約はできないことの説明義務があると解されるとした上で，それぞれについて基本的な説明を具体的に行っており，顧客がこれを理解していたこと等を認定して説明義務違反を認めなかった裁判例（東京高判平23・11・９判例時報2136号38頁），証券会社が，仕組債（円建て他社株式償還条項付社債等）を個人に販売した事案について，「証券会社は，一般投資家である顧客を金融商品取引に勧誘するにあたり，投資の適否について的確に判断し，自己責任で取引を行うために必要な情報である当該金融商品の仕組みや危険性等について，当該顧客がそれらを具体的に理解できる程度の説明を行う義務を負う」としたうえで，証券会社はタームシート等を交付して，商品の内容や危険性について説明し，さらに，顧客の購入申込み後に約定確認書を交付して商品の内容を説明しており，本件各商品はきわめて複雑な仕組みであるとはいえず，理解が難しいものではなく，原告の判断能力が低下した状態にあったとは認められないことに照らせば，説明義務違反もないとした原審を支持した裁判例（東京高判平23・12・22金融法務事情1967号126頁）等がある。

実務のポイント・6－2

◆金利スワップ取引の説明義務に関する平成25年３月７日最高裁判決

銀行が法人顧客との間で締結した金利スワップ取引（同一通貨間で固定金利と変動金利を交換してその差額を決済する取引。本件金利スワップ取引は，一定の想定元本（計算上でのみ必要とされる元本額）に対する変動金利３カ月TIBOR＋０％と固定金利年2.445％を交換するものであった）について説明義務違反等が争われた事案について，最高裁は，原審が認めた説明義務違反を否定し，また原審が信義則により取引が無効と判示したのに対し，無効となる余地もないとした（最判平25・３・７金判1413号16頁）。

本最高裁判決は，本件契約の基本的な構造ないし原理自体は単純で，少なくとも企業経営者であればその理解は一般に困難なものではなく，契約締結のリスクを負わせることに何ら問題ないとしたうえで，銀行は，本件契約の基本的な仕組みや，契約上設定された変動金利および固定金利について説明するとともに，変動金利が一定の利率を上回らなければ，融資における金利の支払いよりも多額の金利を支払うリスクがある旨を説明したのであり，基本的に説明義務を尽くしたものということができると判示した。

なお，原審では，契約締結の是非の判断を左右する可能性のある，①中途解約時において必要とされるかもしれない清算金の具体的な算定方法，②先スタート型とスポットスタート型の利害得失，③固定金利の水準が金利上昇のリスクをヘッジする効果の点から妥当な範囲にあることについて説明しておらず，説明はきわめて不十分なものであったとして，かかる説明義務違反は重大であって不法行為を構成するほか，信義則に反するものとして無効であるとしていた。これに対し，本最高裁判決は，①説明資料には，本件契約は銀行の承諾なしに中途解約することができないものであることに加え，中途解約する場合には，清算金の支払義務を負う可能性が明示されており，それ以上，清算金の具体的な算定方法について説明すべき義務があったとは言い難いこと，②銀行は顧客に対して先スタート型とスポットスタート型の２種類の取引（契約締結と同時に取引が始まるスポットスタート型と契約締結から一定期間後に取引が開始する先スタート型がある）について内容を説明し，顧客は自ら，当面変動金利の上昇はないと考えて，１年先スタート型の取引を選択したのだから，銀行に，それ以上に，両取引の利害得失について説明すべき義務があったともいえないこと，③本件契約は単純な仕組みのものであって，固定金利の水準が妥当な範囲にあるか否かというような事柄は，顧客の自己責任に属すべきものであり説明義務があったものとはいえないことを理由として，本件契約締結時に①～③の事項について説明をしなかったとしても，説明義務違反があったとはいえず，また，契約が無効となる余地もないと判示している。

一般に，金融商品取引契約に関する説明義務の履行の程度を判断するうえでは，顧客の知識，経験，財産の状況および取引目的等とその金融商品取引の内容との相関関係において実際に当該顧客に理解される程度の説明がなされたか否かが重要であるが，本件最高裁判決も，本件契約は「その基本的な構造ないし原理自体は単純」で，「少なくとも企業経営者であれば，その理解は一般的に困難ではな」いことを理由として，パチンコ店を経営する会社に対する説明義務違反がないものとしており，従来の一般的な説明義務の履行に関する判断における要素と基本的に同様の要素を考慮し，法人顧客との間で行われる金融商品取引契約の説明義務違反がないことを示した点において，先例的価値のある重要な判決といえる。

実務のポイント・6−3

◆デリバティブ取引に関する金商業者監督指針

金商業者監督指針においては，顧客保護の充実を図る観点から，顧客を相手方とする通貨オプション取引・金利スワップ取引等の店頭デリバティブ取引（店頭デリバティブ取引と同様のリスク特性を有する取引（仕組債の販売等））を行う際の留意事項を規定している（同指針Ⅳ-3-3-2(6)）。

この留意事項は，金融商品の内容に応じた顧客への説明義務として詳細にわたる事項を記載しており，①店頭デリバティブ取引の商品内容やリスクに関する契約時点等の説明（最悪のシナリオを想定した想定最大損失額等），②中途解約および解約清算金についての説明，③顧客のヘッジニーズに対する有効性の確認および説明（顧客ニーズに応じたデリバティブ取引の有効性を確認すること等），④事後フォロー（顧客の要請があれば，定期的または必要に応じて随時，顧客のポジションの時価情報等を提供すること等）などに関する着眼点が設けられている。

特に，

・合理的な前提を踏まえた最悪のシナリオを想定した想定最大損失額の説明

・顧客が許容できる損失額および当該損失額が顧客の経営または財務状況に重大な影響を及ぼさないかの確認

・取引の中途解約ができない場合のその旨の説明，解約清算金の発生とその内容（試算額）（なお，仕組債の販売において，中途売却に伴う損失見込額の試算が困難である場合でも，可能な限り，最悪のシナリオを想定した説明がされることが望ましいとされている）

・顧客が許容できる解約清算金の額の確認と最悪のシナリオに至らない場合でも許容額を超える損失を被る可能性の説明

等について，詳細な記載が行われていることに注意が必要である。

なお，これらは金融商品取引業者等の勧誘・説明態勢の検証を行ううえでの監督上の着眼点であって，金商法に基づく直接の要請ではない。したがって，本監督指針の記載が金商法上の説明義務の内容の構成要素であるとの解釈が公的に示されたとみるのではなく，個別の金融商品取引業者等に対し，その勧誘・説明態勢を含めた監督を行う際に留意すべき点をまとめた事実上のものと捉えるべきである。上記留意事項が追記された時におけるパブリックコメントの回答においても，「今回の改正は，店頭デリバティブ取引等に係る勧誘･説明態勢について，当局が監督を行う際の留意点を明確化したもの」（平成22年４月16日公表の「コメントの概要及びコメントに対する金融庁の考え方（別紙５関係）」24頁No.３）としており，また，「今回の監督指針改正は，金商法令の説明義務等の下での業者の対応に関する監督上の留意点を明確化するものであり，金商法の規制対象外とされる取引（金商法施行令１条の８の４第１項２号参照）や説明義務等が適用除外される取引（特定投資家との取引，契約締結前交付書面の交付を要しない取引等）についてまで，一律の対応を求めるものではありません。」（前述パブコメ２頁No.７～３頁No.17）とされている。

為替デリバティブ取引に関する金融ADR制度に基づくあっせんの申立てにおいては，上記監督指針の引用がなされることも多い。上述のように本監督指針の記載は説明義務の内容に関する公的解釈を示したものとは考えられないが，事実上どの金融商品取引業者等もこれらの点を充足するよう説明する勧誘・説明態勢を整備しているのが実態であり，また，監督指針は一般に公表されていることを踏まえれば，対象となる取引について同指針の記載が金商法上の説明義務を構成すると考えることも可能であろう。

4　実質的説明義務違反の法的効果

顧客に対し，実質的説明義務に違反する程度の説明しか行わなかった場合，あるいはそもそも説明を一切行わなかった場合には，説明義務違反を理由とする不法行為による損害賠償請求を受ける可能性があるほか，これらの説明を適切に行わなかったことにより投資者の保護に欠けることとなっている場合には，行政処分がなされる可能性がある。

金融商品販売法は，民法上の損害賠償責任規定の特則を定めているが，商品関連市場デリバティブ取引およびその取次ぎ以外の金融商品の販売に関しては，「重要事項について説明を要しない旨の顧客の意思の表明があったとき」（金融商品販売法３条７項２号）には，重要事項の説明義務（同条１項）が適用除外され，当該説明義務を尽くさなくとも損害賠償責任が問われなくなるという効力が生じる。

特定投資家に対しては，金商法上の実質的説明義務だけでなく，金融商品販売法上の重要事項説明義務も適用されない。しかし，特定投資家に対して，金商業等府令117条の実質的説明義務がなく，また，同法上の説明義務が免除されるとしても，一切の民事上の説明義務を負わないと解するのは行き過ぎであろう。特定投資家の中でも，オーナー企業，同族会社に近いものから上場企業まで，顧客の知識，経験，財産の状況には差がある。また，特定投資家に移行した顧客の中には，必ずしも投資の経験が豊富ではない顧客が紛れ込む可能性がある。これらの顧客に対し，複雑な金融商品を十分に説明を尽くすことなく販売する場合などには，業法違反にはならないものの信義則上の説明義務に違反するとして不法行為による損害賠償請求を受ける可能性は否定できないものと考えられる。

5　非対面取引（インターネット取引，ATM，電話取引）と説明義務

インターネット取引，ATM，電話取引などの非対面取引において，説明義務が十分履行されるためには，顧客と直接対面することがなかったとしても，契約締結前交付書面等の内容を顧客が的確に理解するという実質的な面を重視する必要がある。非対面取引の特性にかんがみ，たとえば，①顧客が契約締結前交付書面等の内容を十分読んだことを確認すること，②顧客からの問合せに適切に対応する態勢を整備すること，および，③照会頻度の高い質問について「Q&A」を掲載することなど，実務上の工夫が必要と考えられる。

また，インターネット取引における実務上の工夫として，顧客が操作するPC端末の「画面上に表示される説明事項を読み，その内容を理解した上で画

面上のボタンをクリックする等の方法で，顧客が理解した旨を確認すること」が金商業者監督指針において挙げられている（金商業者監督指針Ⅲ-2-3-4　顧客に対する説明態勢(1)④）。

6　投資信託の勧誘における説明の留意点

平成24年２月に改正された金商業者監督指針により，投資信託に関する説明等に関する監督上の着眼点が拡充された。まず，投資信託は，専門知識や経験等が十分ではない一般顧客を含めて幅広い顧客層に対して勧誘・販売が行われる商品であることから，顧客の知識，経験，投資意向に応じて適切な勧誘を行うことが重要であり，①投資信託の分配金に関して，分配金の一部またはすべてが元本の一部払戻しに相当する場合があることを，顧客（特定投資家を除く。②において同じ）にわかりやすく説明しているか，②通貨選択型ファンドについては，投資対象資産の価格変動リスクに加えて複雑な為替変動リスクを伴うことから，通貨選択型ファンドへの投資経験が無い顧客との契約締結時において，顧客から，商品特性・リスク特性を理解した旨の確認書を受け入れ，これを保存するなどの措置をとっているか，等の着眼点が追加された（同指針Ⅳ-3-1-2(4)）。また，顧客に対する説明態勢として，市場動向の急変や市場に重大なインパクトを与える事象の発生が，投資信託の基準価額に重大な影響を与えた場合において，顧客に対して適時適切な情報提供に努め，顧客の投資判断をきめ細かくサポートしているか，が着眼点として追加されている（同指針Ⅲ-2-3-4(1)②）。

実務のポイント・6－4

◆金商業者監督指針に見る説明義務

金商業者監督指針は，「法令」ではなく，記載されている監督上の評価項目のすべてを達成することを各金融商品取引業者等に一律に求めているものではない。しかし，その一部については「外部効果を有する」ものとされている。ここで,「外部効果を有する」とは行政機関が法令の解釈や運用の基準などを示すことによって，「法規命令」（政令，内閣府令・省令，外局規則，人事院規則，会計検査院規則，法律の委任に基づく命令を定めた告示）以外のかたちで私人の権利義務にかかわる事項について定めていることをいう。

金商業者監督指針では，説明態勢に関する主な着眼点として，詳細にわたる事項が列挙されている。特に，Ⅲ-2-3-4 顧客に対する説明態勢(1)説明態勢に関する主な着眼点「② 適切な商品・サービス説明等の実施」では，メリット・デメリットのバランス，説明内容の客観性，重要事項の説明順序，第三者作成資料の恣意的利用の禁止，経済合理性に欠ける商品・取引の勧誘禁止などについて列挙されている。また，これらの説明の際に用いる販売用資料については，広告等にも該当することがあることから，広告等審査担当者はこれらを広告等審査基準に取り込むとともに，広告等審査の運用に当たっても意識する必要があろう。

なお，Ⅳ-3-1-2 勧誘・説明態勢において，「顧客の有価証券の売買その他の取引等に関し，受渡状況その他の顧客に必要な情報を適切に通知していないと認められる状況」（金商業等府令123条１項８号）や，「投資信託受益証券等の乗換えを勧誘するに際し，顧客に対して，当該乗換えに関する重要な事項について説明を行っていない状況」（金商業等府令123条１項９号）などについての具体的な解釈が示されているほか，債券の売出し等の際の重要事象の説明に係る詳細な留意事項が記載されている。金融商品取引業者等は，金商業者監督指針が法令ではないとしても，外部効果を有する部分があることを踏まえ，顧客に対する説明義務の適切な履行の確保に際して留意すべきである。

実務のポイント・6−5

◆高齢者取引に関する態勢整備

一般的に高齢者は，身体的な衰えに加え，記憶力や理解力が低下してくることもあるとされており，高齢者に対する投資勧誘においては，本人やその家族から苦情やあっせんの申立て等がなされる事例も生じている。第一種金融商品取引業者の指定紛争解決機関であるFINMAC（特定非営利活動法人証券・金融商品あっせん相談センター）に対する高齢者によるあっせん申立ては，全体の申立件数の多くを占めている。あっせん申立事例としては，勧誘当時既に認知症を発症していたとの医師の診断書が提出される場合や，認知症ではないものの高齢のため理解能力の低下が認められる場合，投資について十分な知識・経験のない高齢の配偶者が相続した有価証券の乗り換え勧誘を受ける場合などにおいて，適合性原則および説明義務違反の主張がなされる場合等が散見される。

日本証券業協会においては，高齢顧客に投資勧誘を行う場合，適合性の原則に基づいて，慎重な対応を行う必要があるとの考えの下，高齢者に対する勧誘等に関する協会員の態勢について，高齢顧客への勧誘による販売に係る適正な投資勧誘に努めるため，高齢顧客への勧誘による販売に係るガイドライン（「協会員の投資勧誘，顧客管理等に関する規則第５条の３の考え方（高齢顧客への勧誘による販売に係るガイドライン」）が制定されている。本ガイドラインでは，各金融商品取引業者において高齢顧客に対する内部規程の整備を義務付けたうえ，「高齢顧客」として慎重な勧誘による販売を行う必要があると考えられる顧客の範囲を，目安として 75 歳以上の顧客を対象とし，その中でもより慎重な勧誘による販売を行う必要がある顧客を 80 歳以上の顧客とすることが考えられるとしている。また，高齢顧客に勧誘しても問題がないと考えられる商品の範囲をできるだけ具体的に定めたうえで，それ以外の商品（「勧誘留意商品」）について勧誘を行う場合には，役席者の事前承認を得る等，所定の手続や条件を定めて慎重に対応することを求めている。

他方，金商法質疑応答集質問①において，
「証券会社・金融機関が，（顧客の知識や経験等に関係なく）
・一律に高齢者にはリスクの高い商品を販売しない
・一律に高齢者には一度目の訪問では販売しない
・一律に高齢者には親族の同席がなければ販売しない
などの対応をとることは，必ずしも制度の趣旨に合いません。」
としているところでもあり，年齢基準を設けたとしても，一律の硬直的な対応だけではなく，高齢顧客であっても十分な理解力や投資経験・知識を有し，リスク管理能力もあるような顧客については柔軟な対応を取ることができるよう，顧客の知識・経験等を踏まえた例外的な対応が可能となるきめ細やかな態勢整備が求められるといえる。なお，この観点から，近年，金融老年学（フィナンシャル・ジェロントロジー）が注目を集めており，高齢顧客に向けた適切な投資勧誘のあり方について考える上で有益である。

❖第3節❖　契約締結前交付書面

1　概　　要

金融商品取引業者等は，金融商品取引契約を締結しようとするときは，あらかじめ顧客に対し，契約締結前交付書面を交付しなければならない（37条の3第1項）。

金融商品取引業者の顧客に対する説明義務は，適合性原則と並び利用者保護のための販売・勧誘ルールの柱と位置付けられるが(42)，契約締結前交付書面の交付義務は，書面の交付を通じて説明を行うことを義務付けたものとされる。ただし，形式的に契約締結前交付書面を交付するだけで説明義務が果たされるわけではない(43)。第2節のとおり，書面の交付に関し，あらかじめ一定の事項について，顧客の知識，経験，財産の状況および金融商品取引契約を締結する目的に照らして理解されるために必要な方法および程度による説明を行うこと

(42)　第一部会・中間整理（第一次）17頁
(43)　三井ほか・一問一答287頁

なく金融商品取引行為を締結する行為が禁止されている（実質的説明義務。金商業等府令117条１項１号）。

金商法の施行前は，証取法40条により，一定の取引（非上場有価証券，デリバティブ等）に関し，一定の事項を記載した書面を顧客に交付することが要求されていたほか，旧投資顧問業法14条および33条，旧金先法70条などにおいても同趣旨の規定が存在していた。一方で，金融商品販売法により，これらの取引に限らず，広く金融商品について民事上の重要事項に関する説明義務が規定されていた。このように，業法上の行為規制としては必ずしも整合的なものとなっていなかったことから，民事上の義務である金融商品販売法上の説明義務と同内容の説明義務を業法上の行為規制として規定したものとされる(44)。

なお，契約締結前交付書面の交付義務は，特定投資家を相手方とする場合には適用されない（45条２号）。本節の以下の記述はすべて顧客が特定投資家以外の投資家であることを前提として記述する。

2　交付義務の主体と交付の相手方

契約締結前交付書面の交付義務の主体となるのは，通常は，顧客との間で取引を締結する「金融商品取引業者等」である。また，契約締結前交付書面の交付の相手方は，「顧客」である。したがって，金融商品取引業者等が，有価証券を顧客に対して売却し顧客がこれを買うといった典型的な二当事者間の金融商品取引の場合は，当該金融商品取引業者等が当該顧客に対し，契約締結前交付書面の交付義務を負うことになる。

ここで問題となるのは，金融商品取引業者等が，有価証券の売買等の媒介を行う場合や，有価証券の募集・売出しまたは私募の取扱いを行う場合など，第三者が金融商品取引に関与するケースである。これらのケースにおいては，誰が誰に対して交付すべき義務を負うのか，必ずしも明確でないため問題となる。

(44)　三井ほか・一問一答286頁

(1)　有価証券の売買の媒介の場合

①　金融商品取引業者等が，有価証券の売主のために有価証券の売買の媒介を行う場合，当該金融商品取引業者等は，当該売主のために売買の媒介に係る金融商品取引契約を締結するため，当該売主に対して契約締結前交付書面を交付する義務を負う。

②　金融商品取引業者等が，当該買主のためにも有価証券の売買の媒介を行ったと認められる場合，当該金融商品取引業者等は，当該買主のためにも売買の媒介に係る金融商品取引契約を締結することとなるため，①に加え，当該買主に対しても契約締結前交付書面を交付する義務を負う。

③　媒介を行った結果，締結される当該有価証券の売買契約の当事者は，当該有価証券の売主と買主であり，媒介を行った金融商品取引業者等ではない。この場合に，売主が金融商品取引業者等に該当する者である場合には，その者が売買に関する契約締結前交付書面の交付義務を負う。

これを図示すると以下のようになる。

図表6−1　有価証券の売買の媒介の場合

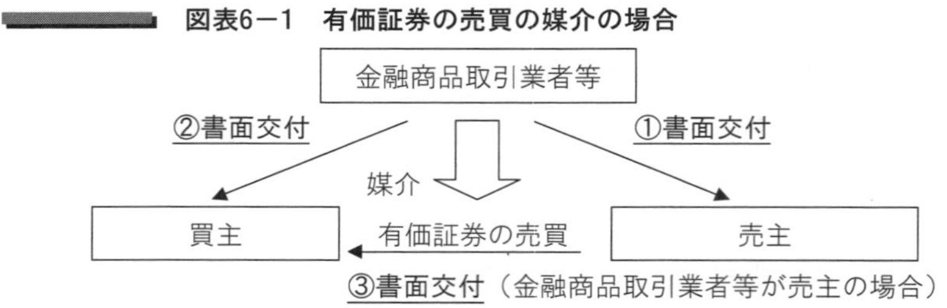

④　これに対し，登録金融機関や金融商品仲介業者が，金融商品取引業者から委託を受けて金融商品仲介行為として有価証券の売買等の媒介を行う場合には，当該金融商品仲介行為は，「顧客を相手方とし，又は顧客のために金融商品取引行為を行うことを内容とする契約」（34条）を締結しようとする行為に該当しないと説明されている[45]。これは，金融商品仲介業者に契約締結前交付書面の交付義務が規定されていない趣旨にかんがみて，

(45)　平成19年７月パブコメ285頁No.72

当該登録金融機関も交付義務を負わないと解するのがバランスの観点から適切であるためと考えられる[46]。この場合，交付義務を負うのは，委託金融商品取引業者であり，当該金融商品取引業者は，登録金融機関・金融商品仲介業者を介して契約締結前交付書面の交付義務を履行し，また説明義務を履行することも考えられる[47]。

図表6－1との対比でこれを図示すると以下のようになる。

図表6－2　金融商品仲介行為としての有価証券の売買の媒介の場合

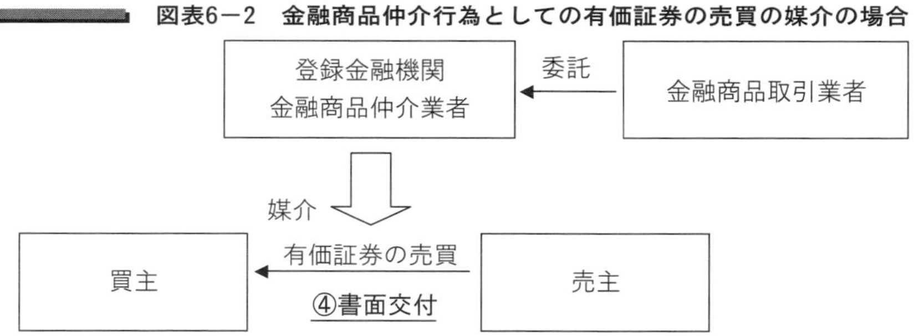

⑵　募集・売出しの取扱いまたは私募の取扱い

①　金融商品取引業者等が，有価証券の募集・売出しの取扱いまたは私募の取扱いを行う場合，当該金融商品取引業者等は，当該有価証券の発行者または所有者との間で募集・売出しの取扱いまたは私募の取扱いに係る金融商品取引契約を締結するが，この場合発行者または所有者に対して契約締結前交付書面を交付する義務を負わない（37条の３第１項ただし書，金商業等府令80条１項５号リ）。

②　当該金融商品取引業者等が，募集・売出しの取扱いまたは私募の取扱いを通じて有価証券を取得させる行為については，当該取得者が販売・勧誘の対象となることから，当該取得者に対しては契約締結前交付書面を交付する義務を負う。

これを図示すると，次のようになる。

---

(46)　平成19年７月パブコメ286頁No.73

(47)　平成19年７月パブコメ287頁No.78

図表6－3　募集・売出しの取扱いまたは私募の取扱いの場合

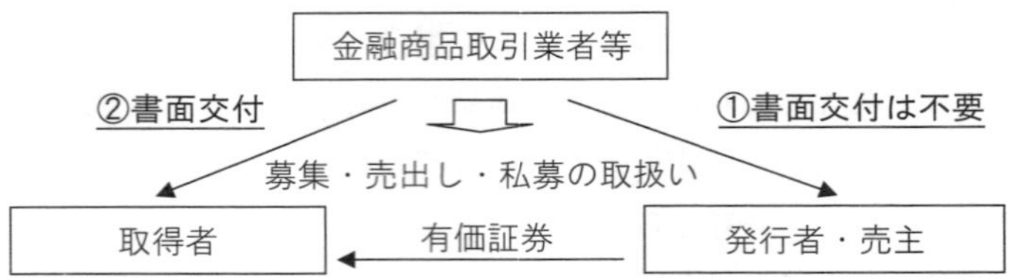

③　これに対し，金融商品取引業者が登録金融機関に委託して，登録金融機関が金融商品仲介行為として有価証券の募集・売出しの取扱いまたは私募の取扱いを通じて有価証券を顧客に取得させる場合には，登録金融機関が「顧客を相手方とし，又は顧客のために金融商品取引行為を行うことを内容とする契約」を締結しようとする行為を行っていると評価することができ，当該登録金融機関が原則として取得者に対し契約締結前交付書面の交付義務を負うことになる(48)。

図表6－3との対比でこれを図示すると，以下のようになる。

図表6－4　登録金融機関の行う金融商品仲介行為としての募集・売出しの取扱いまたは私募の取扱いの場合

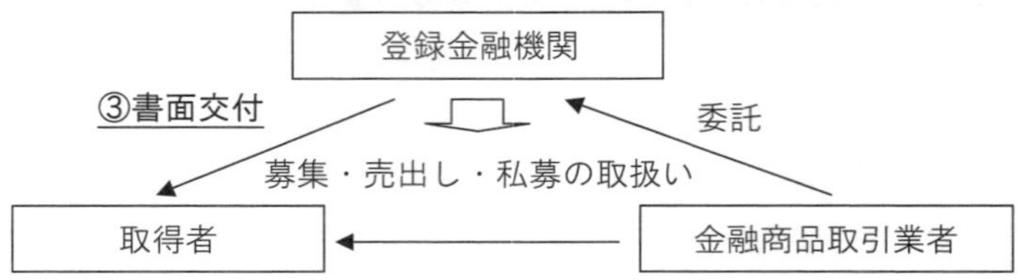

④　金融商品取引業者が金融商品仲介業者に委託して，金融商品仲介業者が金融商品仲介行為として有価証券の募集・売出しの取扱いまたは私募の取扱いを通じて有価証券を顧客に取得させる場合には，③の場合と異なり，委託した金融商品取引業者等が契約締結前交付書面の交付義務を負うとされている(49)。この結論は，金融商品仲介業者に契約締結前交付書面の交付義務が規定されていないことから導かれる。なお，このような場合にも，

(48)　平成19年7月パブコメ286頁No.73
(49)　平成19年7月パブコメ286頁No.73

金融商品取引業者は，当該金融商品仲介業者を介して契約締結前交付書面の交付を行わせることもできる[50]。

図表6－4との対比でこれを図示すると以下のようになる。

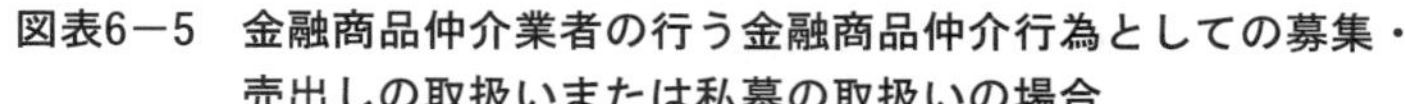

図表6－5　金融商品仲介業者の行う金融商品仲介行為としての募集・売出しの取扱いまたは私募の取扱いの場合

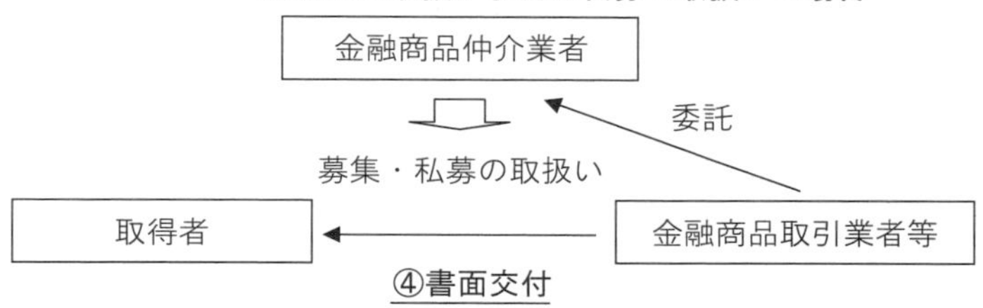

また，金融商品取引契約を締結した顧客の代理人に対し，契約締結前交付書面を交付することについては，平成19年７月パブコメでは「代理人に対して交付すれば足りると一律にいうことはできず，基本的には取引を行うかどうかの実質的な意思決定を行う者に対して交付する必要がある」として慎重な立場をとっている[51]。契約締結前交付書面の交付に関する実質的説明義務につき，基本的には代理人に対して説明すれば足りるとされていること[52]との平仄から考えると，顧客の代理人に対して契約締結前交付書面を交付する場合であっても，代理人を通じて本人に交付されるのであれば，実務上は交付義務を果たしたといえるのではなかろうか[53]。この点，目論見書の交付について，「目論見書は投資者本人の投資判断のための書類であることを考えれば，代理人に対する交付であっても，投資者本人に確実に渡るような形で交付されることが望ましいと考えられます」[54]としていることが参考となろう。

---

(50)　平成19年７月パブコメ287頁No.78
(51)　平成19年７月パブコメ275頁No.20
(52)　平成19年７月パブコメ386頁No.41
(53)　この点については，第２節（顧客に対する説明義務）を参照。
(54)　平成19年７月パブコメ131頁No.２（15条関係）

⑶　自己募集の場合または委託販売の場合

①　自ら有価証券の募集・私募を行う場合で，自己募集（２条８項７号）に該当する場合には，当該自己募集を行う金融商品取引業者は，有価証券の取得者に対し，契約締結前交付書面の交付義務を負う。

図表6－6　自己募集の場合

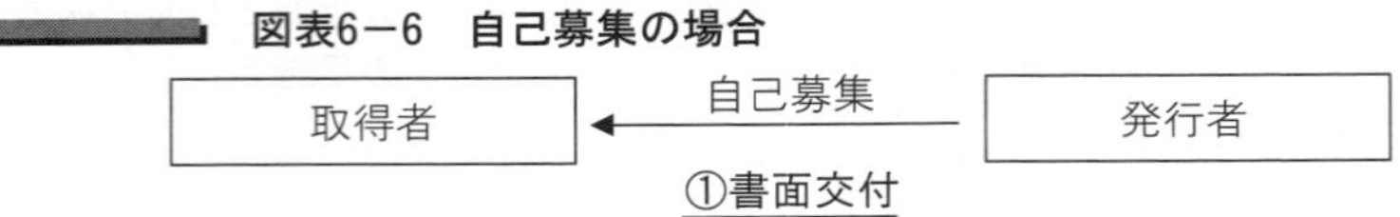

②　他方，有価証券の発行者が，金融商品取引業者等に対し，有価証券の募集・私募の取扱いを委託し，自らは勧誘を行わない場合には，自己募集に該当しないため，当該有価証券の発行者が金融商品取引業者であっても契約締結前交付書面の交付義務を負わない。この場合，募集・私募の取扱いを行う委託先の金融商品取引業者等が，当該取得者に対して書面交付義務を負うこととなる(55)。

図表6－7　募集・私募の取扱いを金融商品取引業者等に委託する場合

金融商品取引業者等
②書面交付
委託
募集・私募の取扱い
取得者
発行者

実務のポイント・6－6

◆代理人に対する交付と法人の担当者に対する交付

平成19年７月パブコメ275頁No.20では，代理人に対する契約締結前交付書面の交付について，「代理人に対して交付すれば足りると一律にいうことはできず，基本的には取引を行うかどうかの実質的な意思決定を行う者に対して交付する必要がある」としている。一方，一般投資家である法人顧客の担当者に対する交付については，平成19年７月パブコメでは何も示されていない。法人である以上，その法人顧客の役職員に交付すれば金商法上の書面交付義務は果たされているとも考えられるが，代理人に対する交付につき，「実質的な意思決定を行う者」に交付されているか否かを判断基準としている

⑸⑸　平成19年７月パブコメ287頁No.79

ことを法人顧客にそのままあてはめると，契約締結前交付書面を法人顧客の役職員の誰かに交付したというだけでは足りず，具体的な案件の担当者など，当該金融商品取引契約の締結を決定できる程度の権限がある者に対し直接交付すべきとの解釈の余地がないわけではない。そのため，実務上は，たとえば，法人顧客の役職員ではあるが当該金融商品取引契約とまったく無関係な役職の者（たとえば，受付の職員など）に交付した場合，有効な交付といえるのか等の疑問が生じる。

この点については，金融商品取引業者等が，法人顧客の当該案件の担当者に直接交付することまで求めているのではないと考えるべきであろう。仮に，最終的に実質的な意思決定を行う者の手元に確実に届く必要があるとの解釈をとったとしても，実務的な観点からは，法人顧客の役職員に交付した場合には，最終的には契約締結担当者に対して交付されることは確保されているのが通常であり，これを疑わせる特段の事情がない限りは，弊害が生じることはないと考えられる。

なお，同様の問題は，誰に対して実質的説明義務を履行すべきかという論点としても生じうる。この点，平成19年７月パブコメ386頁No.41では「代理人による取引」の場合については，基本的には，「顧客の代理人」に対して説明義務を果たせば足りるとされているが，法人顧客についても，その役職員に対して説明を行えば，実務的には，最終的には契約締結担当者に伝達されるのが通常であり，これを疑わせる特段の事情がない限りは，弊害が生じることはないと考えられる。

ただし，個別事案ごとに事情が異なるため，案件の担当者に対し契約締結前交付書面を交付し，説明も行うことに差し障りのない場合には，実務上はそのような対応を取るのが望ましいであろう。

3　契約締結前交付書面を交付すべき場面

37条の３第１項は，金融商品取引業者等は，「金融商品取引契約を締結しようとするとき」は，あらかじめ[56]顧客に対し，契約締結前交付書面を交付しなければならないとしている。

「金融商品取引契約」とは，顧客を相手方とし，または顧客のために，２条８項各号に掲げる行為（金融商品取引行為）を行うことを内容とする契約をいう（34条）。金融商品取引業者等が顧客との契約の当事者となる場合は「顧客を相手方とし」に該当し，金融商品取引業者等が顧客のために媒介・代理・取

(56)　「予め」とあるのは，金融商品取引契約の締結前に交付する義務があるということである。ただし，契約締結前交付書面の交付に関し，適合性原則の観点から適切な説明をしなければならないため，実務上は，実質的説明義務を履行するために，契約締結前交付書面を契約締結の直前に交付するのではなく，書面の交付に関する説明に要する時間を見込んで，契約締結よりもう少し前に交付する取扱いもなされている。

次ぎを行う場合は，「顧客のために」に該当するものと解される[57]。

契約締結前交付書面の交付義務が生じるのは，「金融商品取引契約を締結しようとするとき」（37条の3第1項）である。

実務上，交付義務の有無が問題になる事例としては，⑴相続等の場面，⑵契約変更の場合，⑶投資信託の解約および買取り，⑷キャピタルコールなどがある。

⑴　相 続 等

平成19年7月パブコメでは，相続に関して，投資者保護の観点から，投資信託の受益証券が相続人に承継された時点（金融商品取引業者等において名義変更の手続が完了した時点）において，当該金融商品取引業者等と相続人との間で金融商品取引契約が締結されたととらえるべきであり，当該承継の時点で契約締結前交付書面の交付が必要になるとの解釈が示されていた[58]。

しかし，その後，承継された時点において法定の契約締結前交付書面の交付が必要となるわけではなく，有価証券取引を相続することにより相続人がかえってリスクを負うこととなる場合に，証券会社は一般的な誠実・公正原則の一環として，相続人に対してその取引に関する説明を適切に行うことが必要となるとの解釈が示された[59]。したがって，契約締結前交付書面の記載事項を充足した書面を交付する必要はないことになるが，誠実・公正原則（36条1項）に従い，相続によりリスクを負うことになる場合においてそのリスクの説明を行うことになろう。

⑵　契約変更の場合

金融商品取引契約の一部を変更する場合も，新たな金融商品取引契約の締結と考えられるため，原則として契約締結前交付書面の交付が必要となる。ただし，後述するとおり既契約に係る契約締結前交付書面の記載事項に変更すべきものがないとき，または契約変更書面を交付しているときは，契約締結前交付

---

(57)　別冊・商事法務No.318・202頁〔松尾ほか〕

(58)　平成19年7月パブコメ280頁No.48

(59)　金商法質疑応答集・質問⑧

書面の交付は不要となる（金商業等府令80条１項４号)。なお，金商法の施行前に締結されていた契約の一部変更についても同様に考えられる[60]。

⑶　投資信託の解約および買取り

投資信託の受益権の保有者が換金する方法としては，「解約」か「買取り」の２種類がある。実務上は，顧客の税務処理上のニーズに従って，顧客自身がいずれかを選択できるように運用していることが多い。この点，「解約」については，そもそも金融商品取引契約に該当しないため，契約締結前交付書面の交付を要しない[61]。これに対し，「買取り」を選択した場合には，金融商品取引契約の締結となり，契約締結前交付書面の交付が必要となる。ただし，後述するとおり金融商品取引業者が売り付けた投資信託を顧客から転売を目的とせず買い取る場合については，交付は不要となる（金商業等府令80条１項５号ハ，金商法施行令１条の12)。

⑷　キャピタルコール

いわゆる「キャピタルコール」とは，集団投資スキーム等において，出資対象持分取得契約に定められることのある追加出資条項に基づく任意または強制の追加出資を一般に意味する。キャピタルコールに応じる義務があり，これを履行する場合には，追加出資が行われたとしても，当初締結された出資対象持分取得契約に基づく義務の履行にすぎないため，これを新たな金融商品取引契約の締結とみる必要はない。これに対し，任意の追加出資条項に基づく追加出資については，当該出資対象事業持分の発行者と取得者との間で新たな金融商品取引契約を締結するため，契約締結前交付書面の交付が必要となるものと考えられる[62]。

---

(60)　平成19年７月パブコメ284頁No.64
(61)　平成19年７月パブコメ278頁No.37
(62)　平成19年７月パブコメ283頁No.62

4　交付義務の例外および記載事項を省略することが可能な場合の特例

(1)　交付義務の例外

37条の３第１項ただし書および金商業等府令80条１項各号は，契約締結前交付書面の交付を要しない場合（交付義務の例外）を，以下の５類型に分けて定めている。

①　契約締結前１年以内に上場有価証券等書面を交付済みの場合

交付義務の例外として，上場有価証券または店頭売買有価証券（外国の取引所または店頭市場を含む）については，契約締結前交付書面に準じた方法で記載した上場有価証券等書面を契約締結前１年以内に交付している場合が挙げられている（金商業等府令80条１項１号）。上場有価証券等書面には，37条の３第１項１号～５号および金商業等府令82条１号・３号・５号・11号・14号・15号の記載が求められている。これらの有価証券は，商品性がある程度定型的であり，流通性や情報提供機会も確保されていると考えられたために特例を設けたものである(63)。

上場有価証券等書面を交付した日から１年以内に「上場有価証券等売買等」（金商業等府令80条１項１号）に係る金融商品取引契約の締結を行った場合には，当該締結の日に上場有価証券等書面を交付したものとみなされる（同条３項）。なお，同項により「交付したものとみなされた日」から１年以内に上場有価証券等売買等に係る金融商品取引契約を締結した場合にも，同項の適用を受ける。この結果，前回の契約締結から１年以内に契約した場合，次の図のように交付不要期間は順次延長されることとなる。

(63)　平成19年７月パブコメ321頁No.13

図表6－8　上場有価証券等書面の交付不要期間の延長

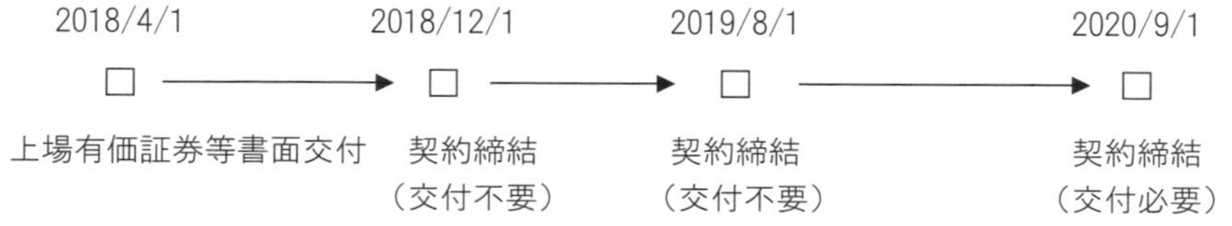

2018/4/1	2018/12/1	2019/8/1	2020/9/1
□ →	□ →	□ →	□
上場有価証券等書面交付	契約締結（交付不要）	契約締結（交付不要）	契約締結（交付必要）

②　契約締結前１年以内に同種の内容の金融商品取引契約に係る契約締結前交付書面を交付済みの場合

交付義務の例外として，有価証券の売買その他の取引[(64)]またはデリバティブ取引等に係る金融商品取引契約の締結前１年以内に当該顧客に対し，当該金融商品取引契約と「同種の内容」の金融商品取引契約に係る契約締結前交付書面を交付している場合が挙げられている（金商業等府令80条１項２号）。「同種の内容」に該当するか否かについては，個別事例ごとに顧客の視点から社会通念に照らして実質的に判断するべきものと考えられるが，有価証券の種類が異なる場合，デリバティブ取引において取引類型，原資産である金融商品，参照指標である金融指標が異なる場合には，同種とはいえないであろう。また，仮にこれらが同じであっても，その判断にあたっては，特に当該契約に関して契約締結前交付書面を通じて顧客に提供されるべきリスク情報等（たとえば，37条の３第１項５号・６号，金商業等府令82条３号～６号の事項）が同様であるかどうかが重要な要素であるとされている[(65)(66)]。

契約締結前交付書面を交付した日から１年以内に同種の内容の金融商品取引契約の締結を行った場合には，当該締結の日に契約締結前交付書面を交付したものとみなされる（金商業等府令80条４項）。なお，同項により「交付したものとみなされた日」から１年以内に同種の内容の金融商品取引契約を締結した場合にも，同項の適用を受ける。この結果，前回の契約締結から１年以内に契約した場合，**図表6－8**と同様に交付不要期間は順次延長されることとなる。

---

(64)　「有価証券の売買その他の取引」とは，証取法の概念を引き継ぐものであり，２条８項各号に掲げる取引行為のうち，有価証券の売買，媒介，取次ぎ，代理，募集（私募）・売出しの取扱いなど，有価証券の移転に係るものが広く含まれると考えられる（平成19年７月パブコメ320頁No.４参照）。

(65)　平成19年７月パブコメ323頁No.21～No.23

(66)　この点につき，別冊・商事法務No.318・205頁〔松尾ほか〕の表などが参考になる。

③　目論見書等を交付済みの場合

交付義務の例外として，契約締結前交付書面に記載すべき事項がすべて記載されている目論見書（一体化書面で補完している場合を含む）を交付している場合が挙げられている（金商業等府令80条１項３号前段）。また，すでに同一銘柄を所有している者や同居者が目論見書の交付を受けている者あるいは確実に受けると見込まれる者が，目論見書の交付を不要とした場合（15条２項２号，金商業等府令80条１項３号後段）が挙げられている。

④　既契約の変更の場合

すでに成立している金融商品取引契約の一部を変更する場合でも，原則として契約締結前交付書面を交付する必要がある[67]。その例外として，すでに成立している金融商品取引契約に係る契約締結前交付書面の記載事項に変更がない場合（金商業等府令80条１項４号イ），または，変更事項を記載した契約変更書面を交付している場合（同号ロ）が挙げられている。

⑤　そ の 他

金融商品取引業者が売り付けた有価証券を顧客から買い付ける場合，公開買付者を相手方として公開買付けに係る有価証券の買付けの媒介または代理を行う場合，２条８項７号イまたはロに掲げる有価証券の募集または私募を行った者自身による転売を目的としない買取りの場合（金商法施行令１条の12），反対売買の場合（金商法施行令33条の14第３項），累積投資契約による有価証券の買付け[68]または同契約に基づく定期的な売付けの場合，投資信託受益証券または集団投資スキーム持分から生じた収益金でこれらを買い増す場合，公社債投資信託の受益証券（投信法規則25条２号）のうち計算期間が１日のもの（MRF）の売買（当初の買付けを除く）または解約，有価証券の引受け，顧客が有価証券の発行者または所有者である場合の有価証券の募集，売出しの取扱いもしくは私募の取扱いまたは特定投資家向け売付け勧誘等の取扱いについては，交付義

(67)　平成19年７月パブコメ283頁No.63・284頁No.64

(68)　投資信託の積立契約（累積投資契約）を当初締結する場合には，契約締結前交付書面の交付が必要となると考えられる（平成19年７月パブコメ283頁No.61）。

務が免除されている（金商業等府令80条１項５号イ〜リ）。

⑵　記載事項を省略することが可能な場合の特例

①　他の金融商品取引業者等が交付している場合の特例

ある有価証券の売買その他の取引について，二以上の金融商品取引業者等が37条の３第１項により契約締結前交付書面を交付する必要がある場合に，他の金融商品取引業者等が，金商業等府令の該当条の各号に掲げる事項を記載した契約締結前交付書面を交付したときは，その事項の記載を要しないものとされている（金商業等府令83条２項。なお，同府令84条〜96条においてそれぞれ準用されている）。ただし，これは，同府令の各条文で要求されている事項の記載を要しないとされているのみであって，契約締結前交付書面の交付自体は免除されていない。また，37条の３第１項１号〜６号の記載は免除されていないことから，契約締結前交付書面にはこれらの事項を記載することとなろう。

二以上の金融商品取引業者等が契約締結前交付書面を交付する必要がある場合として，たとえば，「同一内容の金融商品取引契約について，実際に顧客との間で契約締結を行う業者と，顧客のために当該契約締結の代理・媒介を行う業者双方に対して，当該顧客への契約締結前交付書面の交付義務が適用されるような場合」が挙げられている[(69)]。

なお，二以上の金融商品取引業者等のうち，一方が法令上要求されていないにもかかわらず任意に交付した場合には，文言の形式からみて，本条の特例は適用とならないと考える。

②　発行者・所有者の特例

有価証券についての売付けの媒介，取次ぎまたは代理について，顧客が有価証券の発行者または所有者である場合には，金商業等府令の該当条の各号に掲げる事項の記載を要しないものとされている（金商業等府令83条３項。なお，同府令84条〜92条の２においてそれぞれ準用されている）。ただし，これも，同府令の各条文で要求されている事項の記載を要しないとされているのみであって，契約締結前交付書面の交付自体が免除されるわけではない。また，37条の３第

⒆　平成19年７月パブコメ288頁No.83〜 No.86

1項1号～6号の記載は免除されていないことから，契約締結前交付書面にはこれらの事項を記載することとなろう。

5　届出を要する場合

金融商品取引業者等は，第二項有価証券（2条2項各号）に係る金融商品取引契約の締結の勧誘（500名以上の者に対する募集・売出しまたは募集・売出しの取扱いに係る勧誘）を行う場合，契約締結前交付書面をあらかじめ内閣総理大臣[(70)]に届け出なければならない（37条の3第3項，金商法施行令16条の2）。ただし，当該金融商品取引契約の締結の勧誘に関し4条1項または2項の届出がされている場合（その届出の書面に契約締結前交付書面に記載すべき事項のすべてが記載されている場合に限る）は，投資者の保護に支障を生ずることがない場合として提出義務が免除される（金商業等府令97条）。

なお，500名の計算は，⑴一つのファンドに関し，複数の金融商品取引業者等が勧誘を行うような場合には，当該人数を合算して行い，⑵勧誘に応じた当初の投資家のみを意味し，その後の譲受人を含まない[(71)]。

6　契約締結前交付書面の交付方法

契約締結前交付書面の交付については，書面そのものの現実の交付，ファクシミリによる交付などの方法以外に，書面の交付に代えて，電磁的方法により提供することができるものとされている（37条の3第2項・34条の2第4項）。電磁的方法による提供は，法令の定める方法によることを要し，インターネットバンキングなどで画面上に表示させる方法による書面交付は，たとえプリントアウトするよう促す仕様にしたとしても，5年間の消去不可期間を設けるなど法令の定める基準を満たさない限り書面の交付とはならない[(72)]。

---

(70)　一定の場合には，管轄の財務局長に対し届出を行うこととされている（金商法施行令42条2項4号・43条2項1号）。

(71)　平成19年7月パブコメ319頁No.274・No.275

(72)　平成19年7月パブコメ292頁No.105

実務のポイント・6−7

◆ファクシミリによる交付と電磁的方法

契約締結前交付書面および契約締結時交付書面をファクシミリによって交付することができるかという論点に関し，平成19年７月パブコメ292頁No.103・No.104では，「メモリー機能を有しないファクシミリ装置」については，データ受信と同時に書面に記載すべき事項が紙面上に印刷されて出力されるため，当該ファクシミリ装置に対する送信は，書面の交付と言いうるとしているが，他方「メモリー機能を有するファクシミリ装置」に対する送信は，送信と同時に出力されるという性質を有せず，受信者にとっても，送信された「書面」を一覧するためには，特定の操作をする必要があることから，電子計算機への送信と同様に取り扱われることとなる（金商法施行令15条の22，金商業等府令56条）としている。

これは，「書面の交付等に関する情報通信の技術の利用のための関係法律の整備に関する法律（平成12年法律126号）」（いわゆるＩＴ書面一括法）における整理に準拠したものといわれているが，ファクシミリを送信する側からは，相手方のファクシミリ装置にメモリー機能があるか否かを事前に確認する手段が技術的に存在しないことから，相手方から電磁的書面による交付に関する承諾をあらかじめ取得している場合を除き，送信前に相手方に電話などでの確認を要することとなる。実務的には，かかる手続の煩雑さや顧客への負担，誤送信の危険などにかんがみて，ファクシミリによる書面交付を一律に回避するという解決策がとられている例が多いようである。

ただし，将来的にもこのような区別を維持すべきか否かについては，疑問がないわけではない。現在ファクシミリ専用機はメーカーでも生産が行われなくなってきており，ファクシミリ機能を有する複合機はメモリー機能を有するものが多くなってきている。ＩＴ書面一括法での整理からすでに相当の年月が経過しており，技術の進歩と顧客の利便性の向上を考慮すると，早晩かかる整理の見直しが必要となるのではなかろうか。

7　契約締結前交付書面の記載方法

契約締結前交付書面の記載方法について，文字・数字の大きさ（ポイント規制），記載枠，記載順序などについて，詳細な定めが置かれている（金商業等府令79条各項）。

(1)　冒頭部分の記載方法

契約締結前交付書面の冒頭の部分には，「金商業等府令82条１号に掲げる事項」（当該契約締結前交付書面の内容を十分に読むべき旨），「金商業等府令92条の２第１項３号に掲げる事項（その締結しようとする金融商品取引契約が，出資対象事業持分のうち当該出資対象事業持分に係る出資対象事業が主として有価証券又はデリバティブ取引に係る権利に対する投資を行う事業以外の事業であるものの売買その他の取引に係るものである場合に限る。)」および「37条の３第１項各号に掲げる事項」のうち「顧客の判断に影響を及ぼすこととなる特に重要なもの」を，日本工業規格Ｚ8305に規定する12ポイント以上の大きさの文字および数字を用いて平易に記載するものとされている（金商業等府令79条３項)。

「顧客の判断に影響を及ぼすこととなる特に重要なもの」については，特段の明確な規定はないが,「当該金融商品取引契約の概要」(37条の３第１項３号）のうち特に重要な事項や，元本損失（同項５号)，元本超過損が生ずるおそれがある旨（同項６号）などを簡潔かつ平易に記載することが想定されている[73]。いずれにしても，顧客の視点から見て当該金融商品取引契約の特徴を十分理解できるようにする観点から記載の要否を判断すべきと考えられる。

⑵　冒頭の次の枠内の記載事項

契約締結前交付書面の冒頭の次の部分には，日本工業規格Ｚ8305に規定する12ポイント以上の大きさの文字および数字を用いて，明瞭かつ正確に，手数料等対価（37条の３第１項４号）の概要，市場の変動による損失発生のおそれがある旨（同項５号)，市場の変動による元本超過損発生のおそれがある旨（同項６号)，市場の変動を直接の原因として損失が発生するおそれのある場合の当該指標とその理由（金商業等府令82条３号)，市場の変動を直接の原因として元本超過損が発生するおそれのある場合の当該指標とその理由（同条４号)，信用リスクを直接の原因として損失が発生するおそれのある場合の当該原因となる者，そのおそれおよびその理由（同条５号)，信用リスクによる元本超過損発生のおそれがある場合の当該原因となる者，そのおそれおよびその理由（同条６号)，クーリングオフ規定の適用の有無（同条９号）を記載する。これらに加え，店頭金融先物取引（金商法施行令16条の４第１項各号）の場合には金商業等府令94条１項１号・４号に掲げる事項を，電子申込型電子募集取扱業務等に係る取引の場合には金商業等府令83条１項６号へおよびトに掲げる事項を記載するものとしている。

---

(73)　平成19年７月パブコメ295頁No.121

⑶　最後の記載事項

その他の37条の３第１項各号に掲げる事項については，枠の次に，日本工業規格Ｚ8305に規定する８ポイント以上の大きさの文字および数字を用いて明瞭かつ正確に記載しなければならない。

8　契約締結前交付書面に記載すべき事項（共通事項）

図表6－9　契約締結前交付書面（例）

○○の契約締結前交付書面

（この書面は，金融商品取引法第37条の３の規定によりお渡しするものです。）

この書面には，○○のお取引を行っていただく上でのリスクや留意点が記載されています。あらかじめ十分にお読みいただき，ご不明な点はお取引開始前にご確認ください。

○○のお取引は，主に募集・売出し等の方法により行います。

○○は，金利水準の変化や発行者の信用状況に対応して価格が変動すること等により，損失が生ずるおそれがありますのでご注意ください。

第１フィールド

手数料など諸費用について

・○○を募集・売出し等により購入する場合は，購入対価のみをお支払いただきます。

金融商品市場における相場その他の指標にかかる変動などにより損失が生じるおそれがあります

・○○の市場価格は，基本的に市場の金利水準の変化に対応して変動します。償還日より前に換金する場合には市場価格での売却となりますので，売却損が生じる場合があります。

（中略）

有価証券の発行者または元利金の支払の保証者の業務または財産の状況の変化などによって損失が生じるおそれがあります

・○○の発行者や，○○の元利金の支払いを保証している者の信用状況に変化が生じた場合，市場価格が変動することによって売却損が生じる場合があります。

第２フィールド

・〇〇の発行者や，〇〇の元利金の支払いを保証している者の信用状況の悪化等により，元本や利子の支払いが滞ったり，支払不能となるリスクがあります。

（中略）

〇〇のお取引は，クーリング・オフの対象にはなりません

・〇〇のお取引に関しては，金融商品取引法第37条の６の規定の適用はありません。

〇〇に係る金融商品取引契約の概要

当社における〇〇のお取引については，以下によります。

・〇〇の募集若しくは売出しの取扱い又は私募の取扱い

〇〇に関する租税の概要

個人のお客様に対する課税は，以下によります。

・〇〇の利子については，利子所得として課税されます。

・〇〇を売却したことにより発生する利益は，原則として，株式等の譲渡所得等となります。なお，損失が生じた場合には，他の株式等の譲渡所得との損益通算が可能です。

・〇〇の償還により発生する利益は，原則として，雑所得として課税されます。

（中略）

なお，詳細につきましては，税理士等の専門家にお問い合わせください。

当社が行う金融商品取引業の内容及び方法の概要

当社が行う金融商品取引業は，主に金融商品取引法第28条第１項の規定に基づく第一種金融商品取引業であり，当社において〇〇のお取引や保護預けを行われる場合は，以下によります。

・国内で発行される〇〇のお取引にあたっては，保護預り口座又は振替決済口座の開設が必要となります。

・お取引のご注文をいただいたときは，原則として，あらかじめ当該ご注文に係る代金又は有価証券の全部又は一部（前受金等）をお預けいただいた上で，ご注文をお受けいたします。

（中略）

当社の概要（以下の記載は全て平成xx年xx月xx日現在の情報です。）

商　号　等　　〇〇証券株式会社　　金融商品取引業者　〇〇財務局長

（金商）第xxx号
本店所在地　東京都……
加 入 協 会　日本証券業協会，一般社団法人投資信託協会
指定紛争解決機関　特定非営利活動法人　証券・金融商品あっせん相談センター
東京都……
電話番号……
受付時間……
資 本 金　xxx億円
主 な 事 業　金融商品取引業
設 立 年 月　平成xx年xx月
連 絡 先　xx-xxxx-xxxx又はお取引のある支店にご連絡ください。

契約締結前交付書面に記載すべき事項は，以下のとおりである（37条の３第１項各号）。

⑴　当該金融商品取引業者等の商号，名称または氏名および住所（37条の３第１項１号）

⑵　金融商品取引業者等である旨および当該金融商品取引業者等の登録番号（37条の３第１項２号）

⑶　当該金融商品取引契約の概要（37条の３第１項３号）

⑷　手数料，報酬その他の顧客が支払うべき対価に関する事項（37条の３第１項４号）

金融商品取引契約に関して顧客が支払うべき手数料等の種類ごとの金額もしくはその上限額またはこれらの計算方法および当該金額の合計額もしくはその上限額またはこれらの計算方法を記載するものとしている（金商業等府令81条）。ただし，「記載することができない場合」にあっては，その旨およびその理由を記載する。ここで，「記載することができない場合」とは，「記載することが困難である場合」を意味するものと考えられる[74]。実務上，記載が困難であるか否かの判定はケースバイケースで判断することになろうが，単に記載事項の算出にコストがかかるとか，企業秘密であるとか，顧客に知らせると営業の観点で支障があるなどの理由では，「記

(74)　平成19年７月パブコメ299頁No.154参照

載することができない場合」には該当しないと考えられる。

「手数料等」の記載としては，当該金融商品取引契約に関して顧客が直接・間接に支払うこととなる対価を記載することが必要となる[75]。

「上限額及び計算方法」には，当該金融商品取引契約に係る有価証券の価格，金商法施行令16条１項３号に規定するデリバティブ取引等の額もしくは運用財産の額に対する割合または金融商品取引行為を行うことにより生じた利益に対する割合を含むものとしている（金商業等府令81条１項）。出資対象投資信託受益権等に対して出資・拠出される場合には，「手数料等」には，当該出資対象投資信託受益権等に係る信託報酬その他の手数料等を含む（金商業等府令81条２項で同74条２項を準用）。

なお，手数料等が金融商品取引契約に係る有価証券の価格に織り込まれている場合，実質的に手数料等に相当する部分に関する記載が必要である[76]。実質的には手数料等に該当するものを有価証券の価格に織り込むことにより，表面的には顧客への負担が不透明となるが，契約締結前交付書面の交付を義務付けた法の趣旨が顧客に対する適切な情報提供確保のためにあることから考えると，このようなケースで契約締結前交付書面や広告等への記載を免れることは適切ではないと考えられる。「実質的に手数料に相当する」か否かについても，この趣旨を念頭に判断すべきであろう。

記載方法については，本号に掲げる事項の「概要」を**図表6−9**の第２フィールド（枠の中に12ポイント以上）に記載することとしている。ここに記載すべき事項はあくまで「概要」であって，本号で記載を求められている事項については，**図表6−9**の第３フィールド（枠の下に８ポイント以上）に記載しなければならないことに注意が必要である。

実務のポイント・6−8

◆手数料等の記載に関する実務上の諸問題

手数料等の記載に関して実務上問題となるのは，手数料等が価格に織り込まれている場合，実質的に手数料等に相当する部分に関する記載をする必要があるが，価格に織り込まれている部分の切分けが困難な場合がある点である。いわゆる外枠手数料を徴収しない取引であっても，「有価証券の価格」等と「手数料等」に相当する部分とを切り分

(75)　平成19年７月パブコメ299頁No.155
(76)　平成19年７月パブコメ300頁No.157

けることが可能な場合には，後者に関する情報を表示すべきとされているが，実際にこれを切り分けることが不可能であることを立証するのは実務上困難な場合がある。

この点に関し，広告等に表示すべき手数料について，たとえば，平成19年７月パブコメ254頁No.173～177では，引受価格と販売価格の差額，他社株転換条項付社債や外貨建仕組債の売出しにおける販売会社とアレンジャーとの発行価格の差額，債券売買取引における売買価格差などは基本的には「手数料等」に該当しないものとされている。また，平成19年７月パブコメ256頁No.186～ No.188では，デリバティブ取引における売付けの価格と買付けの価格の差であるスプレッド自体は，基本的には「手数料等」に該当しないものとされている。また，金融商品の組成業者が販売業者に対して支払う販売手数料は「手数料等」に含まれない。

実務上は，比較的明らかなこれらの手がかりを参考として合理的な努力を尽くしても切分けができないような場合には，顧客保護の観点から，その旨を表示するのが合理的な対応であろう。

⑸　金利，通貨の価格，金融商品市場における相場その他の指標に係る変動により損失が生ずることとなるおそれがあるときは，その旨（37条の３第１項５号）

本号では，いわゆる市場リスクに関する事項を求めているが，ここでは，「おそれがある旨」を表示すれば足りる。これに対して，金商業等府令82条３号では，損失が生ずることとなるおそれの直接の原因となる「指標」および「理由」を記載することとしている。なお，本号の記載事項は，**図表6－9**の第２フィールド（枠の中に12ポイント以上）に記載するものとされている（金商業等府令79条２項）。

⑹　前号の損失の額が委託証拠金その他の保証金の額を上回るおそれがあるときは，その旨（37条の３第１項６号）

⑺　前各号に掲げるもののほか，金融商品取引業の内容に関する事項であって，顧客の判断に影響を及ぼすこととなる重要なものとして内閣府令で定める事項（37条の３第１項７号）として，金商業等府令82条において，以下のとおり共通記載事項が定められている。

①　当該契約締結前交付書面の内容を十分に読むべき旨（金商業等府令82条１号）

日本工業規格Ｚ8305に規定する12ポイント以上の大きさの文字で，契約締結前交付書面の最初（**図表6－9**の第１フィールド）に平易に記載することとされている（金商業等府令79条３項）。

② 預託すべき委託保証金等の額または計算方法（金商業等府令82条２号，金商法施行令16条１項２号）

③ 金利，通貨の価格，金融商品市場における相場その他の指標に係る変動（市場リスク）を直接の原因として損失が生ずることとなるおそれがある場合にあっては，その指標および当該指標に係る変動により損失が生ずるおそれがある理由（金商業等府令82条３号）

⑸では，「おそれがある旨」を表示すれば足りるが，ここでは，損失が生ずることとなるおそれの「直接の原因」となる「指標」および「理由」までの記載が求められている。

④ ③の損失額が預託すべき委託証拠金その他の保証金の額を上回ることとなるおそれ（元本超過損が生ずるおそれ）がある場合，その直接の原因および理由（同条４号）

⑹では，「おそれがある旨」を表示すれば足りるが，ここでは，損失が生ずることとなるおそれの「直接の原因」となる「指標」および「理由」までの記載が求められている。

⑤ 当該金融商品取引業者等その他の者の業務または財産の状況の変化（信用リスク）を直接の原因として損失が生ずることとなるおそれがある場合，当該者および当該者の業務または財産の状況の変化により損失が生ずるおそれがある旨およびその理由（同条５号）

⑥ ⑤の損失の額が委託証拠金その他の保証金の額を上回ることとなるおそれ（元本超過損が生ずるおそれ）がある場合，⑤の者のうち元本超過損が生ずるおそれを生じさせる直接の原因となるもの，これにより元本超過損が生ずるおそれがある旨およびその理由（同条６号）

⑦ 当該金融商品取引契約に関する租税の概要（同条７号）

⑧ 契約終了事由がある場合，その内容（同条８号）

⑨ クーリングオフ規定の適用の有無（同条９号）

クーリングオフ（37条の６）の適用がない場合にも，適用がない旨記載するものとされている。

⑩ クーリングオフ規定が適用される場合，その詳細事項（金商業等府令

82条10号）

⑪　当該金融商品取引業者等の概要（同条11号）

⑫　当該金融商品取引業者等が行う金融商品取引業（登録金融機関にあっては，登録金融機関業務）の内容および方法の概要（同条12号）

⑬　顧客が当該金融商品取引業者等に連絡する方法（同条13号）

⑭　当該金融商品取引業者等が加入している金融商品取引業協会の有無，加入している場合にはその金融商品取引業協会（当該金融商品取引契約に係る業務を行う者を主要な協会員又は会員とするものに限る）の名称（加入していない場合にはその旨）および対象事業者となっている認定投資者保護団体の有無および対象事業者となっている場合にあっては，その名称（同条14号）

⑮　指定紛争解決機関が存在する場合は指定紛争解決機関の商号又は名称，存在しない場合は苦情処理措置及び紛争解決措置の内容（同条15号）

9　契約締結前交付書面に記載すべき事項（特則）

以上の金商業等府令82条の共通記載事項に加えて，対象となる取引が，有価証券の売買その他の取引[(77)]である場合には，原則として一定の共通記載事項（金商業等府令83条１項１号および２号）を記載しなければならない（電子募集取扱業務に係る取引に係るものである場合には，同条１項３号から６号に掲げる事項の記載も必要となる）。なお，当該有価証券の譲渡に制限がある場合にあっては，その旨および当該制限の内容の記載が求められ（金商業等府令83条１項１号），また，当該有価証券が取扱有価証券である場合にあっては，当該取扱有価証券の売買の機会に関し顧客の注意を喚起すべき事項を記載することとされている（同項２号）。「取扱有価証券」（67条の18第４号）は，上場有価証券に比べて流動性が低い場合が多いことから，その旨の記載が適当とされている[(78)]。

(77)　「有価証券の売買その他の取引」とは，証取法の概念を引き継ぐものであり，２条８項各号に掲げる取引行為のうち，有価証券の売買，媒介，取次ぎ，代理，募集（私募）・売出しの取扱いなど，有価証券の移転に係るものが広く含まれると考えられる（平成19年７月パブコメ310頁No.222・320頁No.４参照）。

(78)　平成19年７月パブコメ308頁No.211

また，(1)信託受益権等，(2)不動産信託受益権，(3)抵当証券等，(4)出資対象事業持分，(5)外国出資対象事業持分，(6)主として信託受益権等に対する投資を行う事業を出資対象事業とする出資対象事業持分，(7)組合契約等に基づく権利のうち当該権利に係る出資対象事業が主として不動産信託受益権に対する投資を行うもの，(8)商品ファンド関連取引，(9)競走用馬投資関連業務に係る取引，(10)事業型出資対象事業持分，(11)デリバティブ取引等，(12)店頭デリバティブ取引契約，(13)投資顧問契約，(14)投資一任契約等については，有価証券・取引の類型に応じて記載すべき事項に特則が設けられている（金商業等府令84条～96条）。

なお，(4)および(5)のうち，その出資対象事業が主として信託受益権等に対する投資を行う事業である場合には，金商業等府令83条の共通記載事項，(4)または(5)の記載事項および(1)に記載した同府令84条１項各号の事項の記載が求められる。いわゆる二層構造ファンドなどで，「子出資対象事業」が信託受益権等に対する投資を行う場合にも，ここでいう信託受益権等に含まれる（同府令89条２項）。また，子出資対象事業が出資対象事業持分に対する投資を行う事業である場合であって，当該出資対象事業持分に係る出資対象事業が信託受益権等に対する投資を行う事業であるときには，当該出資対象事業は，子出資対象事業とみなされる（同条３項）。さらに，このみなし規定により子出資対象事業とみなされた出資対象事業が，信託受益権に対する投資を行う事業である場合には，同項が準用され，この準用によりみなされた場合も同様に準用されることになるので，ファンドの構造が三層以上となる場合でも，子，孫，曾孫などのファンドについて記載が求められることになる。

また，組合契約，匿名組合契約または投資事業有限責任組合契約に基づく権利のうち，出資対象事業が主として不動産信託受益権に対する投資である場合，(6)の記載事項（金商業等府令83条の共通記載事項，(4)または(5)の記載事項および(1)に記載した同府令84条１項各号の事項）に加えて，信託財産である宅地または建物の詳細に関する記載が要求されている[(79)]。(6)と同様，いわゆる二層構造ファンドなどで，「子出資対象事業」が不動産信託受益権に対する投資を行う場合にも，ここでいう不動産信託受益権に含む（同府令90条２項）。また，子出資対象事業が出資対象事業持分に対する投資を行う事業である場合であって，

(79)　平成19年７月パブコメ313頁No.241

当該出資対象事業持分に係る出資対象事業が不動産信託受益権に対する投資を行う事業であるときには，当該出資対象事業は，子出資対象事業とみなされる（同条３項）。

なお，「主として」とは，価値の過半を意味するものと解される[80]。

また，平成24年に発覚したAIJ投資顧問株式会社の事案を踏まえ，投資一任契約等に係る契約締結前交付書面に関する記載事項が追加された（金商業等府令96条）。この改正により，金融商品取引業者等の財務または投資一任業務に関する外部監査の有無等のほか，投資一任契約の締結後に特定の銘柄の対象有価証券（同条４項）を投資の対象とする方針であるときには，当該対象有価証券の名称，価額の算出方法，価額の報告頻度およびその方法，ファンド関係者の名称等およびファンド資産の保管に係る重要な業務を行う者の名称等とその役割分担，当該業者とファンド関係者の資本関係および人的関係，ファンド資産に係る外部監査の有無および外部監査を行う者の名称等が追加された。

❖第４節❖　契約締結時等交付書面

金融商品取引業者等は，金融商品取引契約が成立したときその他内閣府令で定めるときは，遅滞なく，書面を作成し，顧客に交付しなければならない（37条の４第１項）。契約締結時等交付書面は，証取法41条の「取引報告書」に相当するものであり，交付を義務付けた趣旨は，顧客が，締結した金融商品取引契約の内容を確認できるようにすることであるとされる[81]。

1　契約締結時交付書面・取引残高報告書・商品ファンド運用状況報告書の交付に関する共通事項

37条の４に基づき交付が必要とされる書面には，①契約締結時交付書面，②投資信託・外国投資信託の解約に関する書面，③投資口の払戻しに関する書

(80)　平成19年７月パブコメ313頁No.241

(81)　別冊・商事法務No.318・207頁〔松尾ほか〕参照

面，④取引残高報告書，⑤商品ファンド運用状況報告書の５種類があり，それぞれ交付を必要とする場面，記載事項などが異なる（以下，これらを総称して「契約締結時等交付書面」という）。これらの契約締結時等交付書面については，やや複雑な条文体系となっているため，説明の便宜上，ここでは，まずこれらに共通する事項を検討し，その後に各書面の種類別に解説する。

(1)「遅滞なく」

契約締結時等交付書面は，「金融商品取引契約が成立したときその他内閣府令で定めるとき」に「遅滞なく」交付するものとされている。「遅滞なく」が，具体的にどの程度の期間を意味するかについては法令上示されていない。しかし，用語法として「遅滞なく」よりも早いとされている「速やかに」が遅くとも２，３日以内を意味することとされていることから，これよりも若干の余裕があると考えられる[82]。なお，たとえば，電話受付で約定した取引について，「契約締結時交付書面」を約定後に郵送等により交付する取扱いでも，「遅滞なく」との要件を満たしうるが，実際に顧客に対し遅滞なく交付されている必要があるとされている[83]。

(2)　契約締結時等交付書面の様式・交付の方法

契約締結前交付書面と異なり，契約締結時等交付書面の様式，書式，文字数字の大きさ，記載順などは特段定められておらず，記載すべき事項を漏れなく適切に記載することで足りる[84]。

交付の方法については，契約締結前交付書面と同様であり，第３節■６を参照のこと。

(3)　特定投資家に対する適用除外

特定投資家に対しては本条の適用はなく，契約締結時等交付書面の交付は不要である。この場合でも，「顧客からの個別の取引に関する照会に対して速や

(82)　平成19年７月パブコメ371頁No.213
(83)　平成19年７月パブコメ338頁No.13
(84)　平成19年７月パブコメ338頁No.15

かに回答できる体制が整備されていない場合」には適用除外の例外として，特定投資家に対しても交付する必要がある（金商業等府令156条１号)。なお，ここでいう「速やかに」とは，「直ちに」ほどではないものの，「遅滞なく」よりも早い場合を指す。したがって，顧客からの照会時に回答しなければならないのが原則であるが，遅くとも，２～３日程度以内には回答できることが必要と考えられる(85)。

この適用除外の例外規定について，実務上，問題となるのは検査における指摘などとの関係である。体制整備の不備については，検査や監督上の報告などに際して事後的に発覚することが多い。検査において体制が整備されていないと判断された場合に，特定投資家に対する交付義務が遡及的に発生し，交付が行われなかったものとして多くの法令違反行為があったことと認定される可能性がある。

(4)　契約締結時等交付書面の交付義務の主体と交付の相手方

契約締結時等交付書面の交付義務の主体となるのは，通常は，顧客との間で取引を締結する金融商品取引業者等である。また，契約締結時等交付書面の交付の相手方は，「顧客」である。したがって，金融商品取引業者等が，有価証券を顧客に対して売却し顧客がこれを買うといった典型的な二当事者間の金融商品取引の場合は，当該金融商品取引業者等が当該顧客に対し，契約締結時等交付書面の交付義務を負うことになる。

契約締結時等交付書面の交付の相手方について，問題となるのは，金融商品取引業者等が有価証券の売買等の媒介を行う場合や，有価証券の募集または私募の取扱いを行う場合など，第三者が金融商品取引に関与するケースである。同様の問題は，契約締結前交付書面の交付の相手方についてすでに検討した（第３節■**2**参照）が，契約締結時等交付書面に関しても，これらのケースにおいては，どちらが交付義務を負うのか，また誰に対して交付すべきなのか，条文の文言上は必ずしも明確でない。しかし，金融商品取引契約に係る顧客に対して書面を交付するという点で，契約締結前交付書面も契約締結時等交付書面

(85)　平成19年７月パブコメ371頁No.213

も同様であり，同様に解すべきと考える[86]。

⑸　交付義務の例外

契約締結時交付書面の交付義務の例外は以下のとおりとなっている（金商業等府令110条）。

① 当該金融商品取引契約が次に掲げるものである場合であって，顧客に対し当該金融商品取引契約の内容を記載した書面を定期的に交付し，かつ，当該顧客からの個別の取引に関する照会に対して，すみやかに回答できる体制が整備されているとき

(a) 累積投資契約による有価証券の買付けまたは累積投資契約に基づき定期的にする有価証券の売付け

(b) 顧客が所有する２条１項10号に掲げる有価証券または同条２項５号もしくは６号に掲げる権利から生ずる収益金をもって当該有価証券または当該権利と同一の銘柄を取得させるもの

(c) 公社債投資信託[87]（計算期間が１日のものに限る）の受益証券（MRF）の売買または当該MRFに係る投資信託契約の解約

② 次に掲げる取引に係る金融商品取引契約が成立した場合であって，契約するごとに当該取引の条件を記載した契約書を交付するものであるとき

(a) 債券等の買戻条件付売買

(b) 債券等の売戻条件付売買

(c) 債券等の売買のうち約定日から受渡しの日までの期間が１カ月以上となる取引

(d) 選択権付債券売買

(e) 店頭デリバティブ取引

(f) 顧客が当該有価証券の発行者または所有者である場合の有価証券の売付けの媒介，取次ぎまたは代理

(g) 公開買付者を相手方とする公開買付けに係る有価証券の買付けの媒介または代理

---

(86) 平成19年７月パブコメ286頁No.73～ No.76・336頁No.６，③について287頁No.79参照

(87) 投信法規則25条２号

(h)　有価証券の引受け

(i)　顧客が当該有価証券の発行者または所有者である場合の有価証券の募集もしくは売出しの取扱いもしくは私募の取扱いまたは特定投資家向け売付け勧誘等の取扱い

③　清算参加者（156条の７第２項３号）が行う有価証券等清算取次ぎに係る金融商品取引契約が成立した場合

④　事故処理である場合

⑤　顧客が自己または他の金融商品取引業者等（投資運用業を行う者に限る）と投資一任契約を締結している場合であって，当該投資一任契約に基づく有価証券の売買その他の取引またはデリバティブ取引等について次に掲げる要件のすべてを満たすものであるとき

(a)　書面または情報通信を利用する方法により，当該顧客からあらかじめ契約締結時交付書面の交付を要しない旨の承諾を得ること

(b)　当該顧客に対し，金商業等府令100条１項に掲げる事項に準ずる事項その他当該投資一任契約に基づく有価証券の売買その他の取引またはデリバティブ取引等の内容を記載した書面を遅滞なく交付すること（書面または情報通信を利用する方法により，当該顧客からあらかじめ当該内容を記載した書面の交付を要しない旨の承諾を得た場合を除く）

(c)　当該顧客からの個別の取引に関する照会に対してすみやかに回答できる体制が整備されていること

⑥　すでに成立している金融商品取引契約の一部の変更をすることを内容とする金融商品取引契約が成立した場合においては，次に掲げるとき

(a)　当該変更に伴いすでに成立している金融商品取引契約に係る契約締結時交付書面の記載事項に変更すべきものがないとき

(b)　当該変更に伴いすでに成立している金融商品取引契約に係る契約締結時交付書面の記載事項に変更すべきものがある場合にあっては，当該顧客に対し当該変更すべき記載事項を記載した書面を交付しているとき

⑦　当該金融商品取引契約が市場デリバティブ取引であって顧客の指示に基づき注文・清算分離行為が行われたものである場合であって，契約締結時交付書面を注文執行会員等が当該顧客に対して交付することに代えて清算

執行会員等が交付することにつき，あらかじめ顧客，注文執行会員等および清算執行会員等の間で書面により合意しているとき

2　契約締結時交付書面の記載事項

(1)　共通記載事項

契約締結時交付書面には，以下の事項を記載することとされている（金商業等府令99条1項各号）。また，取引の種類に応じて，同府令100条～107条に規定された事項を記載するものとされている。

① 当該金融商品取引業者等の商号，名称または氏名
② 当該金融商品取引業者等の営業所または事務所の名称
③ 当該金融商品取引契約の概要
④ 当該金融商品取引契約の成立の年月日
⑤ 当該金融商品取引契約に係る手数料等に関する事項
⑥ 顧客の氏名または名称
⑦ 顧客が当該金融商品取引業者等に連絡する方法

なお，③の当該金融商品取引契約の概要には，金商業等府令100条～107条に規定する事項を重複して記載する必要はなく，これらの記載事項以外に記載すべき事項がなければ，特段記載する必要はない（同府令99条1項3号）[88]。

また，一の有価証券の売買その他の取引またはデリバティブ取引等について，二以上の金融商品取引業者等が契約締結時交付書面を交付する必要がある場合に，他の金融商品取引業者が，契約締結時交付書面を交付したときは，①～⑦を契約締結時交付書面に記載することを要しない（同府令100条2項）。この場合，取引残高報告書の場合と異なり，契約締結時交付書面自体の交付は免除されないことに留意が必要である。

(2)　有価証券の売買その他の取引またはデリバティブ取引等の共通記載事項

有価証券の売買その他の取引またはデリバティブ取引等については，前述(1)

(88)　平成19年7月パブコメ351頁No.84

に加えて以下の事項を記載することとされている（金商業等府令100条１項各号）。

①　自己または委託の別[89]

②　売付け等または買付け等の別[90]

③　銘柄[91]

④　約定数量[92]

⑤　単価，対価の額，約定数値その他取引１単位あたりの金額または数値

⑥　顧客が支払うこととなる金銭の額および計算方法

⑦　取引の種類

⑧　上記①から⑦に掲げる事項のほか，取引の内容を的確に示すために必要な事項

⑶　有価証券の売買その他の取引または有価証券関連デリバティブ取引の特則

①　有価証券の売買

現金取引または信用取引の別，信用取引の場合には弁済期限および新規または決済の別を記載する（金商業等府令101条１項１号）。

②　市場デリバティブ取引のうち有価証券先物取引[93]

新規または決済の別，金融商品取引所または外国金融商品市場を開設する者の規則で定める限月間スプレッド取引のときは，その旨を記載する（28条８項３号イ，金商業等府令101条１項２号）。

---

(89)　店頭デリバティブ取引等に係る委託の場合，相手方の商号，名称または氏名および住所または所在地。

(90)　市場デリバティブ取引または店頭デリバティブ取引においては，その当事者となるものを記載する。

(91)　取引の対象となる金融商品，金融指標その他これらに相当するものを含む。

(92)　数量がない場合にあっては，件数または数量に準ずるもの。

(93)　外国金融商品市場において行われる類似の取引を含む。

③　市場デリバティブ取引のうち有価証券指数等先物取引および有価証券オプション取引[94]

新規または決済の別を記載する（28条８項３号ロまたはハ，金商業等府令101条１項３号）。

④　有価証券店頭先物取引

新規または決済の別，有価証券およびその対価の授受を約した将来の一定の時期，差金の授受によって決済する場合にあっては，当該差金の額の計算方法を記載する（28条８項４号イ，金商業等府令101条１項４号）。

⑤　有価証券指数等店頭先渡取引

授受金額の計算年月日，計算方法，授受年月日のほか，取引の内容を的確に示すために必要な事項であって，これらの事項に準ずるものを記載する（28条８項４号ロ，金商業等府令101条１項５号）。

⑥　有価証券店頭オプション取引[95]

オプションの行使により成立する取引に応じ，当該取引のために求められる事項を記載する（28条８項４号ハ・ニ，金商業等府令101条１項６号）。

⑦　有価証券店頭スワップ取引

元本金額，支払金額の計算に係る有価証券指標または有価証券の銘柄，支払金額の計算方法，受領金額の計算に係る金利，有価証券指標，通貨の種類または有価証券の銘柄，顧客が受領することとなる金銭の額の計算方法，約定期間（28条８項４号ホ）のほか，取引の内容を的確に示すために必要な事項であって，これらの事項に準ずるものを記載する（金商業等府令101条１項７号）。

⑷　デリバティブ取引等[96]

前述⑵（金商業等府令100条１項各号）に加え，①委託証拠金その他の保証金

⒆　外国金融商品市場において行われる類似の取引を含む。

⒇　差金決済型を含む。

の種類および金額[97]，②委託証拠金その他の保証金を預託すべき相手方，③当該取引（店頭デリバティブ取引を除く）に係る取引所金融商品市場または外国金融商品市場を開設する者の商号または名称，④当該デリバティブ取引の期限ならびにすでに成立していたデリバティブ取引を期限前に決済するために行われたときはその旨および当該すでに成立していたデリバティブ取引に係る同項５号に掲げる事項，⑤分別管理上の預託先の商号または名称，⑥クレジットデリバティブ取引（２条21項５号・22項６号）の場合，(a)当事者があらかじめ定めた事由，(b)当事者があらかじめ定めた事由が発生した場合に顧客が受け取り，または支払うこととなる金銭の額の計算方法，(c)当事者があらかじめ定めた事由が発生した場合に当事者の間で移転することを約した金融商品，金融商品に係る権利または金銭債権（金融商品であるものおよび金融商品に係る権利であるものを除く），(d)取引期間を記載することとされている（金商業等府令102条）。

(5)　抵当証券

前述(1)（金商業等府令99条１項各号）のほか，①抵当証券等に記載された債権の元本および利息の弁済の受領に関する定めがあるときは，その内容，②抵当証券法12条１項各号に掲げる事項，③元本および利息に関する事項，④元本および利息の支払日，⑤利息の計算に関する定めがあるときは，その内容，⑥当該抵当証券等に係る貸付契約の契約書の記載事項，⑦不動産鑑定評価書の記載事項，⑧担保物件に係る事業計画その他の計画において定める貸付資金の返済計画，⑨債務者が法人である場合にあっては，当該法人に関する設立の年月または事業を開始した年月，主たる事業の種類，当該契約締結時交付書面を交付した日の３カ月前[98]の日を含む事業年度の前事業年度の貸借対照表および損益計算書，⑩顧客が債務者から債権を取り立てる方法を記載することとしている（金商業等府令103条）。

---

(96)　有価証券関連デリバティブ取引等（店頭デリバティブ取引契約に係るものを除く）および有価証券等清算取次ぎに係るものを除く。

(97)　デリバティブ取引に係る委託証拠金その他の保証金に係る契約を個別のデリバティブ取引ごとに締結していない場合にあっては，その旨および当該保証金の額の計算方法。

(98)　当該金融商品取引業者等が外国法人である場合にあっては，６カ月前。

⑹　商品ファンド関連取引

前述⑵（金商業等府令100条１項各号）の記載事項に加え，①37条の３第１項５号・６号に掲げる事項，②金商業等府令83条１項１号・91条１項１号・５号・16号・18号ロ⑵・⑷～⑹および20号に掲げる事項，③当該商品ファンド関連受益権に係る同府令91条４項１号イもしくはロに掲げる行為による運用，同項２号の投資または同項３号の事業の内容，④商品ファンドの収益の分配の方法，⑤満期時の償還金の支払方法および繰上償還がある場合にあっては，当該償還金の支払方法，⑥配当および償還金に対する課税方法および税率を記載することとされている（同府令104条１項各号）。

⑺　競走用馬投資関連業務

前述⑹に規定する事項のほか，競走用馬の血統および飼養管理の状況に関する事項を記載することとされている（金商業等府令105条１項）。

⑻　投資顧問契約等

前述⑴（金商業等府令99条１項各号）のほか，①助言の内容および方法，②報酬の額および支払いの時期，③契約の解除に関する事項（37条の６第１項～４項の規定に関する事項を含む），④損害賠償額の予定（違約金を含む）に関する定めがあるときは，その内容，⑤契約期間，⑥分析者等の氏名，⑦助言業務を行う者の氏名，⑧投資顧問契約により生じた債権に関し，金融商品取引業者に係る営業保証金について，他の債権者に先立ち弁済を受ける権利を有する旨，⑨金商業等府令95条１項７号に掲げる事項，⑩同項８号に掲げる事項，⑪同項９号に掲げる事項を記載することとされている（同府令106条１項各号）。ただし，⑨～⑪の記載については，一定の金融商品取引業者等については除外規定が設けられている（同条２項）。

⑼　投資一任契約等

前述⑴（金商業等府令99条１項各号）のほか，①投資判断の一任の範囲および投資の実行に関する事項（投資判断および投資の実行に係る権限の全部または一部の委託をする場合における当該委託を受けた者の名称（適格機関投資家向け投資運用業を行うことについて登録を受けた金融商品取引業者であるときは，その旨を含む）および当該委託の範囲を含む），②報酬の額および支払いの時期，③契約の解除に関する事項，④損害賠償額の予定（違約金を含む）に関する定めがあるときは，その内容，⑤契約期間，⑥投資一任契約に係る顧客の資産の内容および金額，⑦投資一任契約に基づき顧客のために投資判断を行い，または当該投資判断を行うとともに，これに基づく投資を行う者の氏名，⑧投資一任契約に基づき顧客のために行う当該顧客の資産に係る投資の方法および取引の種類，⑨投資一任契約の締結の代理または媒介（2条8項13号）により成立したものについては，投資一任契約により生じた債権に関し金融商品取引業者に係る営業保証金について他の債権者に先立ち弁済を受ける権利を有する旨，⑩適格機関投資家向け投資運用業を行うことについて登録を受けた金融商品取引業者であるときは，その旨，⑪運用報告書を交付する頻度を記載することとされている（金商業等府令107条1項各号）。

3　投資信託契約・外国投資信託契約の解約，投資口の払戻しに関する書面

顧客が投資信託の受益証券を換金する方法としては，金融商品取引業者による買取りか，投資信託の解約がある。金融商品取引業者による買取りの場合については，それ自体が金融商品取引契約に該当するため，原則として契約締結時交付書面の交付も必要となる。これに対し，投資信託契約（2条1項10号に掲げる受益権に係るもの）または外国投資信託に係る信託契約（投信法2条24項に掲げるもの）の解約は，金融商品取引契約には該当しない。しかし，投資信託・外国投資信託の解約については，顧客がその内容を確認するための書面を交付する必要性が高い。この趣旨にかんがみ，このような全部または一部解約の場合には，書面交付を要するものとした（金商業等府令98条1項1号）。また，投資法人の投資口（投信法2条14項）の払戻しについても，上記と同様，金融商品取引契約には該当しないが，交付を要するものとしている（金商業等府令98条1項2号）。

記載すべき事項，記載方法，交付方法等は基本的に契約締結時交付書面と同

様である。

4　取引残高報告書の交付

取引残高報告書とは，37条の４第１項の規定により金商業等府令98条１項３号に掲げるときに作成し，交付する書面をいう（同号）。取引残高報告書は，一定期間内に行われた取引の内容ならびに当該一定期間の末日における有価証券および金銭の残高を顧客が確認する方途を提供することにその趣旨があると考えられている[99][100]。

取引残高報告書と契約締結時交付書面の交付は，同じ37条の４に規定されているものの，担う役割はそれぞれ異なり，金融商品取引契約の成立時において契約締結時交付書面を交付しただけでは足りず，その後，取引残高報告書を四半期ごとに交付することになる（都度交付の請求がない場合）。また，金銭の授受，有価証券の残高が発生しない取引についても，取引残高報告書の作成は必要である[101]。

(1)　都度交付の請求がある場合

取引残高報告書の都度交付[102]の請求があった顧客については，金融商品取引契約[103]の成立または当該受渡しのつど，取引残高報告書を交付する必要がある（金商業等府令98条１項３号イ）。これは，顧客の利便性の観点から要請されるものである。都度交付の申出は，特に申出のために必要な書式や申出期間などはなく，通常四半期ごとに報告することとしている場合に，顧客からの申出があれば，その時点で都度交付の請求があった顧客として取扱いを切り替える必要がある。

---

(99)　平成19年７月パブコメ337頁No.８参照

(100)　別冊・商事法務No.318・207頁〔松尾ほか〕

(101)　平成19年７月パブコメ337頁No.８

(102)　当該金融商品取引契約が成立し，または当該受渡しを行った場合にはそのつど取引残高報告書の交付を受けることについての顧客からの請求をいう。

(103)　有価証券等清算取次ぎを除く。

⑵　都度交付の請求がない場合

都度交付の請求がない顧客で，金商業等府令108条１項５号・６号に掲げる事項の記載を省略していない場合には，当該金融商品取引契約が成立し，または当該受渡しを行った日の属する報告対象期間の末日ごと，取引残高報告書を交付する必要がある（同府令98条１項３号ロ）。

報告対象期間は，最長四半期（１年を３カ月以下の期間ごとに区分した期間）ごととするのが原則である。直近に取引残高報告書を作成した日から１年間当該金融商品取引契約が成立しておらず，または当該受渡しを行っていない場合であって，金銭または有価証券，商品（寄託された商品に関して発行された証券または証書を含む）の残高があるときは，最長１年ごとに交付すれば足りる。

⑶　交付義務の例外

取引残高報告書の交付義務の例外は，以下の場合である（37条の４第１項ただし書，金商業等府令111条）。

①　顧客が外国政府，外国の政府機関，外国の地方公共団体，外国の中央銀行および日本国が加盟している国際機関であって，当該顧客の権限ある者から書面または情報通信を利用する方法によりあらかじめ取引残高報告書の交付を要しない旨の承諾を得，かつ，当該顧客からの取引残高に関する照会に対してすみやかに回答できる体制が整備されている場合（顧客が適格機関投資家である場合および特定投資家である外国法人である場合を除く）

②　公開買付者を相手方とする公開買付けに係る有価証券の買付けの媒介または代理を行う場合

③　金商業等府令98条１項３号の受渡しが有価証券の引受けに係るものである場合

④　金商業等府令98条１項３号の金融商品取引契約または受渡しが有価証券の募集もしくは売出しの取扱いもしくは私募の取扱いまたは特定投資家向け売付け勧誘等の取扱い（当該有価証券の募集もしくは売出しの取扱いもしくは私募の取扱いまたは特定投資家向け売付け勧誘等の取扱いに係る顧客が当該有価証券の発行者または所有者であるものに限る）に係るものである場合

⑤　有価証券，商品（寄託された商品に関して発行された証券または証書を含

む）または金銭の受渡しを伴わない有価証券の売買その他の取引またはデリバティブ取引等（有価証券等清算取次ぎを除く）を行う場合

⑥　当該金融商品取引契約が市場デリバティブ取引であって顧客の指示に基づき注文・清算分離行為が行われたものである場合であって，取引残高報告書を注文執行会員等が当該顧客に対して交付することに代えて清算執行会員等が交付することにつき，あらかじめ顧客，注文執行会員等および清算執行会員等の間で書面により合意しているとき

また，二以上の金融商品取引業者等が取引残高報告書を交付する必要がある場合に，他の金融商品取引業者が，金商業等府令108条１項各号の記載事項を記載した取引残高報告書を交付したときは，交付を要しない（同条２項)。この場合，契約締結時交付書面の場合と異なり，取引残高報告書自体の交付が免除されることに留意が必要である。

5　取引残高報告書の記載事項

取引残高報告書には，次に掲げる事項を記載しなければならない（金商業等府令108条１項)。

⑴　顧客の氏名または名称

⑵　都度交付の請求がある場合の金融商品取引契約または報告対象期間において成立した金融商品取引契約に係る，①約定年月日，②有価証券または商品（寄託された商品に関して発行された証券または証書を含む。以下，この５において同じ）の受渡しの年月日，③売付け等または買付け等の別[(104)]，④有価証券の種類またはデリバティブ取引の種類，⑤銘柄[(105)]，⑥約定数量[(106)]，⑦単価，対価の額，約定数値，選択権料その他取引１単位あたりの金額または数値，⑧支払金額[(107)]，⑨現金取引または信用取引の別

(104)　市場デリバティブ取引または店頭デリバティブ取引においては，その当事者となるものを記載する。

(105)　取引の対象となる金融商品もしくは金融指標または契約書に記載されている契約番号その他取引の対象を特定するものを含む。

(106)　数量がない場合にあっては，件数または数量に準ずるもの。

(107)　手数料を含む。

⑶　報告対象期間において行った有価証券の受渡しの年月日ならびに当該有価証券の種類および株数もしくは口数または券面の総額

⑷　報告対象期間において行った商品の受渡しの年月日ならびに当該商品の種類および数量

⑸　報告対象期間において行った金銭の受渡しの年月日およびその金額

⑹　報告対象期間の末日における金銭，有価証券および商品の残高

⑺　報告対象期間の末日における信用取引，発行日取引（国債の発行日前取引を除く）およびデリバティブ取引の未決済勘定明細および評価損益

⑻　信用取引の場合，当該信用取引に関する①新規または決済の別，②弁済期限，③信用取引支払利息もしくは信用取引受取利息または品借料もしくは品貸料

⑼　有価証券の元引受けの場合，当該取引に関する新規または決済の別

⑽　有価証券の元引受け以外の引受けまたは選択権付債券売買[(108)]の場合，①権利行使期間，②権利行使価格，③プット[(109)]またはコール[(110)]の別，④新規，権利行使，転売，買戻しまたは相殺の別，⑤限月

⑾　有価証券スワップ取引（28条８項３号ニ）の場合，①取引期間，②受渡しの年月日

⑿　有価証券店頭先物取引または有価証券指数等店頭先渡取引（28条８項４号イ・ロ）の場合，①自己または委託の別，②期日，③新規，決済または解除の別

⒀　有価証券店頭オプション取引（28条８項４号ハおよびニ）の場合，①自己または委託の別，②権利行使期間，③オプションの行使により成立する取引の内容

⒁　有価証券店頭スワップ取引（28条８項４号ホ）の場合，①自己または委託の別，②取引期間，③受渡しの年月日

---

(108)　当事者の一方が受渡日を指定できる権利を有する債券売買であって，一定の期間内に当該権利が行使されない場合にあっては，当該選択権付債券売買の契約が解除される取引をいう。

(109)　権利の行使により売主としての地位を取得するものをいう。

(110)　権利の行使により買主としての地位を取得するものをいう。

6　商品ファンド運用状況報告書

金融商品取引業者等は，商品ファンド関連取引に係る金融商品取引契約を顧客と締結しているときは，当該商品ファンド関連取引に係る商品ファンドの運用に係る計算期間の末日以後遅滞なく，商品ファンド運用状況報告書を交付しなければならない（金商業等府令98条1項4号）。商品ファンド運用状況報告書の記載事項は，同府令109条に記載されている。また，商品ファンド運用状況報告書の交付を要しない場合として，顧客が信託会社，商品先物取引業者，商品投資顧問業者，第二種金融商品取引業者など一定の者である場合が挙げられている（同府令112条）。

第４章

各種禁止行為

本章のサマリー

◇本章では，金融商品取引業者等などに関する各種禁止行為について取り扱う。

◇38条および同条９号に委任された金商業等府令117条１項は，金融商品取引業者等などに関する金融商品取引契約の締結の勧誘などに関する禁止行為を定める。なお，本章では本編第３章第２節で説明した実質的説明義務（金商業等府令117条１項１号）を除く主な禁止行為について取り扱う。

◇39条は，損失補塡の禁止を定め，同条１項は，金融商品取引業者等による禁止行為を，同条２項は，顧客による禁止行為をそれぞれ定める。

◇40条２号および金商業等府令123条は，金融商品取引業者等に対して，業務に関して取得した顧客に関する情報の適正な取扱いを確保するための措置を講じていないと認められる状況，その他業務の運営の状況が公益に反し，または投資者の保護に支障を生じるおそれがある一定の状況を禁止している。

❖第１節❖　勧誘などに関する禁止行為

1　概　　要

38条は，１号～８号において，すべての金融商品取引業者等またはその役員もしくは使用人に共通する禁止行為を個別に列挙したうえで，９号において，「投資者の保護に欠け，若しくは取引の公正を害し，又は金融商品取引業の信用を失墜させる行為」を内閣府令において定めることとしている。

2　虚偽告知の禁止

金融商品取引業者等またはその役員もしくは使用人は，金融商品取引契約の締結またはその勧誘に関して，顧客に対し虚偽のことを告げる行為をしてはならない（38条１号）。

金商法の下では，38条１号に違反した者に対しては，刑事罰が科される（198条の６第２号。平成25年金商法改正により投資運用業に関して行われた場合は罰則が引き上げられている。198条２号の２）。また，法人について両罰規定がある（207条１項４号。平成25年金商法改正により投資運用業に関して行われた場合は罰則が引き上げられている。同項３号）。

なお，本号は顧客に対し事実に反することを告げる行為のみを禁止の対象としているが，これとは別に，何人も，有価証券の売買などの取引について，重要な事項について虚偽の表示があり，または誤解を生じさせないために必要な重要な事実の表示が欠けている文書その他の表示を使用して金銭その他の財産を取得することが禁止されている（157条２号）。

3　断定的判断の提供，確実であると誤解させるおそれのあることの告知による勧誘の禁止

金融商品取引業者等またはその役員もしくは使用人は，顧客に対し，不確実な事項について断定的判断を提供し，または確実であると誤解させるおそれのあることを告げて金融商品取引契約の締結の勧誘をする行為をしてはならない（38条２号）。

たとえば，「不確実な事項」の対象には，証取法42条の下で対象とされていた有価証券の価格やオプションの対価などのほか，新株発行の予定，配当額の増減，新製品の開発，予想利益など，広い範囲にわたる事項が含まれる可能性がある[(111)]。また，断定的判断が合理的根拠に基づくかどうか，結果的に正しかったか否かなどに関係なく，38条２号に基づく勧誘は禁止される[(112)]。

---

(111)　河本ほか・金商法の理論と実務102頁

(112)　河本＝関・逐条解説証取法〔３訂版〕554頁

4　無登録業者の格付を利用した勧誘の制限

金融商品取引業者等またはその役員もしくは使用人は，顧客に対し，無登録の業者が付与した信用格付について無登録である旨や格付の意義などを含む所定の事項（**図表6－10**参照）を告げることなく，当該信用格付を提供して金融商品取引契約の締結の勧誘をすることが禁止される（38条3号，金商業等府令116条の3）。この無登録格付についての説明義務は，金融商品取引契約の勧誘に無登録業者が付与した格付を利用する場合に課されるものであって，無登録業者や無登録業者が付与した信用格付に言及することなく，最低格付基準や平均格付を勧誘に用いる場合には，本説明義務の対象とはならない。

図表6－10　無登録格付に係る金融商品取引業者等の説明事項

原則	説明事項に係るグループ指定制度
無登録である旨	変更なし
登録の意義	変更なし
無登録業者の名称，役員，本店所在地など	グループの名称，グループ内登録業者の名称・登録番号
格付付与の方針・方法の概要	「格付付与の方針・方法の概要」または「格付付与の方針・方法の概要をグループ内登録業者から入手する方法」
格付の前提・意義・限界	変更なし

また，①勧誘対象となる金融商品取引契約に係る資産証券化商品の原資産の信用状態に関する評価を対象とする信用格付や，②当該金融商品取引契約に係る有価証券以外の有価証券または当該金融商品取引契約に係る有価証券の発行者以外の者の信用状態に関する評価を主たる対象とする信用格付については，原則として説明義務の対象から除外されている（金商業等府令116条の2）。もっとも，実質的に当該資産証券化商品または当該金融商品取引契約に係る有価証券もしくは当該有価証券の発行者の信用状態に関する評価を対象とする信用格付と認められる場合は，説明義務の対象となる。

この点，外資系の格付会社グループについては，グループ内の日本法人のみが登録を行っている場合，グループ内の日本法人以外の法人は無登録業者となり，当該法人が付与した信用格付は無登録格付として取り扱われることとなる。しかし，説明事項に係るグループ指定制度が導入されており，一定の範囲で金融商品取引業者等が直接説明を行う代わりに，当該無登録業者と同じグループ内の信用格付業者を経由して情報を提供することが認められている（金商業等府令116条の3第2項）。すなわち，無登録格付のうち，登録を受けた信用格付業者の関係法人であって金融庁長官が指定した者（特定関係法人）が付与した信用格付については，金融商品取引業者等による説明事項の一部が変更され（**図表6－10**参照），金融商品取引業者等の負担の軽減が図られている。

5　不招請勧誘の禁止

金融商品取引業者等またはその役員もしくは使用人は，投資者の保護を図ることが特に必要なものとして政令で定める金融商品取引契約の締結の勧誘の要請をしていない顧客に対し，訪問しまたは電話をかけて，金融商品取引契約の締結の勧誘をする行為をしてはならない（38条4号）。

本号は，勧誘態様に制限のない再勧誘の禁止（38条6号）とは異なり，「訪問しまたは電話をかけ」る態様の勧誘のみを禁止し，たとえば電子メールによる勧誘は禁止していない。なお，「訪問しまたは電話をかけて勧誘をする行為」には，勧誘を行ってよいか否かを尋ねることが含まれる（金商業者監督指針Ⅳ-3-3-2(9)①イ）。

本号の適用対象となる取引を政令に委任しているが，政令は「投資者の保護を図ることが『特に』必要なもの」として店頭金融先物取引（いわゆる外国為替証拠金取引など）を定めているほか，個人顧客を相手方とする場合においては店頭デリバティブ取引全般が対象とされている（金商法施行令16条の4第1項）。広告等を見た顧客が，業者に対して電話などにより，一般的な事項に関する照会や取引概要に関する資料請求を行ったことのみをもって，当該顧客が「金融商品取引契約の締結の勧誘の要請」をしたとみなすことはできない（金商業者監督指針Ⅳ-3-3-2(9)①ハ）。

なお，継続的取引関係にある顧客（最近1年間に二以上の取引のあった者および未決済の取引の残高を有する者に限る）に対する勧誘や外国貿易などを行う法人に対して為替変動による損失リスクを減殺するために行う勧誘，条件付株券貸借取引などの勧誘は，禁止されない（38条柱書ただし書，金商業等府令116条１項１号～５号）。

さらに，本号の潜脱防止を図る観点から，不招請勧誘の禁止の対象契約（条件付株券貸借取引などを除く）の締結を勧誘する目的があることを顧客（特定投資家を除く）にあらかじめ明示しないで当該顧客を集めて当該契約締結を勧誘する行為は，金商業等府令117条１項８号で別途禁止されている。もっとも，顧客への情報提供の機会などを確保するため，単に顧客を集めるもので勧誘を伴わないものについては禁止されないと解される。

6　顧客の勧誘受諾意思確認義務および再勧誘の禁止

金融商品取引業者等またはその役員もしくは使用人は，投資者の保護を図ることが必要なものとして政令で定める金融商品取引契約の締結につき，その勧誘に先立って，顧客に対し，その勧誘を受ける意思の有無を確認せずに勧誘をする行為が禁じられる（38条５号)。また，当該金融商品取引契約の締結の勧誘を受けた顧客が当該金融商品取引契約を締結しない旨の意思（当該勧誘を引き続き受けることを希望しない旨の意思を含む）を表示したにもかかわらず，当該勧誘を継続する行為をしてはならない（同条６号)。

38条６号は再勧誘を禁止する規定である。同号の趣旨は，不招請勧誘の禁止を課す必要性までは認められないものの，適合性原則よりも踏み込んで投資者保護を図る必要がある商品・取引に関して顧客の意思に反する勧誘を認めない点にある。

一方，38条５号は顧客の勧誘受諾意思の確認を義務付ける規定である。同号の趣旨は，再勧誘の禁止を履行するためには前提として顧客に対する勧誘受諾の意思確認が必要であるため確認義務を課した点にある。

38条５号・６号は，適用対象となる取引を政令に委任しているが，政令は投資者の保護を図ることが「必要なもの」として，不招請勧誘の禁止の対象となる店頭金融先物取引（いわゆる外国為替証拠金取引など）および，個人顧客を相手方とする場合における店頭デリバティブ取引全般に加えて，取引所金融先物取引を定めている（金商法施行令16条の4第2項）。また，勧誘受諾意思確認義務および再勧誘の禁止については，総合的な取引所における商品関連市場デリバティブ取引も対象とされている（同項1号ニ）。なお，条件付株券貸借取引などの勧誘は禁止されない（38条柱書ただし書，金商業等府令116条2項）。

たとえば，金融先物取引のセミナーなどにおいて，顧客がセミナーなどの受講の継続を希望しない旨の意思表示を行ったにもかかわらず受講させた場合（事実上強制させた場合を含む）には38条6号の規定に該当することになる（金商業者監督指針Ⅳ-3-3-2(1)②参照）。

なお，38条5号・6号の潜脱防止を図る観点から，再勧誘の禁止の対象となる契約（条件付株券貸借取引などを除く）につき顧客（特定投資家を除く）があらかじめ当該契約を締結しない旨の意思を表示したにもかかわらず，当該契約締結を勧誘する行為は金商業等府令117条1項9号で別途禁止されている。同号に関連して，たとえば，証券口座を開設した顧客に対して，電子メールなどを用いて金融先物取引の案内をする場合，顧客が「あらかじめ契約を締結しない旨の意思」を表示しているものでなければ，電子メールなどを用いた案内をすることも，ただちに同号の規定に違反することとはならないものと考えられるが，電子メールの送付が「勧誘に先立って，顧客に対し，その勧誘を受ける意思を確認することをしないで勧誘する行為」に該当する場合は，当該確認義務違反となりうる[113]。

7　正当な根拠を有しない算出基礎情報の提供の禁止

金融商品取引業者等またはその役員もしくは使用人は，自己または第三者の利益を図る目的をもって，特定金融指標算出者に対し，特定金融指標の算出に関し，正当な根拠を有しない算出基礎情報（特定金融指標の算出の基礎として特定金融指標算出者に対して提供される価格，指標，数値その他の情報をいう）を提供する行為が禁止される（38条7号）（特定金融指標算出者に関しては第11編参

(113)　平成19年7月パブコメ396頁No.87参照

照）。平成26年金商法改正により追加された禁止行為である。特定金融指標[114]は，金利スワップをはじめとするデリバティブ取引等において用いられるところ，デリバティブ取引等を業として行うことができる金融商品取引業者等は特定金融指標の数値を操作することによって不正な利益を得ようとする誘因が働きやすいと考えられることから[115]，金融商品取引業者等またはその役員もしくは使用人が正当な根拠を有しない算出基礎情報の提供を行うことを禁止するものである。

特定金融指標算出者は，情報提供者との間で行動規範を内容とする契約を締結することが予定されているところ（第11編参照），情報提供者たる金融商品取引業者等またはその役員もしくは使用人が特定金融指標算出者に提供した算出基礎情報が「正当な根拠を有しない算出基礎情報」に該当するか否かは，基本的に，この行動規範に照らし，算出基礎情報が備えるべき基準を満たしているか否かを判断することによって決せられると考えられている[116]。

また，38条7号によって禁止される行為は，自己または第三者の利益を図る目的をもって行われる行為であり，したがって，そのような目的がなく事務過誤によって正当な根拠を有しない算出基礎情報が特定金融指標算出者に提供されたような場合は，同号に該当しない。

8　無登録者等からの高速取引行為の受託の禁止

平成29年金商法改正により，高速取引行為者（金融商品取引業者等および取引所取引許可業者のうち，金融商品取引業・登録金融機関業務・取引所取引業務として高速取引行為を行う者として金商法施行令16条の4の2で定める者を含む）以外の者が行う高速取引行為にかかる有価証券の売買または市場デリバティブ取引の委託を受ける行為，その他これに準ずるものとして金商業等府令116条の4で定める行為（高速取引行為にかかる業務の停止の命令を受けている高速取引行為

(114)　平成31年4月1日時点において，特定金融指標として指定されているのは，日本円TIBORおよびユーロ円TIBORである（平成27年5月29日金融庁告示33号）。

(115)　日本における金融指標の不正操作に関する事案は，IOSCOによる「金融指標に関する原則の最終報告書（Principles for Financial Benchmarks − Final Report）」の脚注3参照。

(116)　齋藤ほか・逐条解説2014年金商法改正130頁

者や，電子情報処理組織その他の設備の管理を十分に行うための措置を適正に講じていることを確認することができない高速取引行為者が行う高速取引行為にかかる有価証券の売買・市場デリバティブ取引の委託を受ける行為など）が禁止されている（38条7号）。

9　内閣府令で定める禁止行為

金商法は各種の禁止行為を規定しているが，利用者保護ルールの徹底などを図る観点から，実態に即した機動的な対応が可能となるよう，「投資者の保護に欠け，若しくは取引の公正を害し，又は金融商品取引業の信用を失墜させるもの」について金融商品取引業者等またはその役員もしくは使用人の禁止行為として内閣府令で追加することが可能な枠組みが取られている（38条9号，金商業等府令117条1項各号）。

以下，第3章第2節で説明した実質的説明義務（金商業等府令117条1項1号）を除く主な禁止行為について説明する。

(1)　虚偽表示などの禁止

金融商品取引業者等またはその役員もしくは使用人は，金融商品取引契約の締結またはその勧誘に関して，虚偽の表示をし，または重要な事項につき誤解を生ぜしめるべき表示をする行為が禁止される（金商業等府令117条1項2号）。

表示の手段には特に制限はなく，文書，図画，放送，映画などのほか口頭で行うものも含み，また，誤解を生じさせる表示には，積極的に誤解を生ぜしめるような表現のほか，特に必要な表示を欠く不作為も含まれると解される[117]。

たとえば，「銘柄を指定し，対価を支払って作成依頼したアナリストレポートにつき，その旨を表示することなくウェブ上に掲載」する行為は，重要な事項につき誤解を生ぜしめるべき表示をする行為に該当する可能性がある[118]。

---

(117)　河本＝関・逐条解説証取法〔3訂版〕560頁

(118)　証券法令解釈事例集参照

⑵　特別の利益の提供などの禁止

金融商品取引業者等またはその役員もしくは使用人は，金融商品取引契約につき，顧客もしくはその指定した者に対し，特別の利益の提供を約し，または顧客もしくは第三者に対し特別の利益を提供する行為が禁止される（金商業等府令117条１項３号）。

証取法下では，「顧客に対して特別の利益を提供することを約して勧誘する行為」が禁止されていた（旧行為規制府令４条２号など）が，金商法の下では，金融商品取引契約につき特別の利益の提供を約する行為や提供する行為（第三者に約させる行為および提供させる行為を含む）自体が禁止されている。

「特別の利益の提供」に該当するかどうかは，社会通念を踏まえて，個別事例ごとにその内容や目的などの実態に即して実質的に判断されるべきものと考えられる。たとえば，特定の条件に該当する顧客に対する手数料の軽減，金利の上乗せ，景品の提供やキャッシュバックなどが一律に禁止されるものではなく，当該条件が不当でないこと，同様の取引条件にある他の顧客に対して同様の取扱いをすることや過大なものでないことなど，社会通念上妥当と認められる範囲内の取扱いにとどまる場合には，基本的には「特別の利益の提供」に該当しないものと考えられる[119]。また，金融商品取引業者等が銀行に預託している証拠金に金利が付利された場合に，特定の顧客だけではなく，証拠金を預託している顧客全般に対して当該金利を支払う行為は，基本的には特別の利益の提供に該当しないと考えられる[120]。

なお，本号は金融商品取引業者等またはその役員もしくは使用人が顧客からの要求に応じて特別の利益を提供することも禁止すると解される[121]。

⑶　債務の履行の拒否，不当遅延行為の禁止

金融商品取引業者等またはその役員もしくは使用人は，金融商品取引契約に基づく金融商品取引行為を行うことその他の当該金融商品取引契約に基づく債務の全部または一部の履行を拒否し，または不当に遅延させる行為が禁止され

---

(119)　平成19年７月パブコメ634頁No.11・635頁No.12
(120)　平成19年７月パブコメ394頁No.79
(121)　証券法令解釈事例集参照

る（金商業等府令117条1項5号）。

「履行拒否」は「不当遅延」とは異なり，その不当性が要件とされていないが，真に「顧客の責めに帰すべき事由」や「正当な理由」が存する場合などにおいて債務を履行しないことや債務の履行が遅延することまでを一律に禁止するものではない[122]。たとえば，顧客からの注文に際して，業者に対し執行に関する一定の裁量を認められる場合において，当該裁量の範囲内で合理的な理由に基づき注文を執行しないとしても，債務の履行の「拒否」に該当しないものと考えられる[123]。

(4)　迷惑時間勧誘の禁止

金融商品取引業者等またはその役員もしくは使用人は，金融商品取引契約の締結または解約に関し，顧客（抵当証券など・商品ファンド関連受益権の売買その他の取引または金融先物取引以外のものは，個人に限る）に迷惑を覚えさせるような時間に電話または訪問により勧誘する行為が禁止される（金商業等府令117条1項7号）。

本号は，不招請勧誘の禁止や再勧誘の禁止などのように勧誘自体を禁止するものとは異なり，勧誘の要請があった顧客に対する勧誘を含め，電話または訪問という具体的な勧誘方法について，社会通念に照らした一定の規律を求めるものである。そのため，たとえば，電子メールやダイレクトメールによる商品案内は同号の禁止の対象にならない。

法人顧客については対象契約が抵当証券・商品ファンド・金融先物取引に限定される一方，利用者保護の徹底を図る観点から，個人顧客については対象契約が金融商品取引契約全般となっている。

「顧客に迷惑を覚えさせるような時間」の内容については，社会通念に照らして個別事例ごとに実態に即して実質的に判断されることになるが，たとえば，貸金業法において，「社会通念に照らし不適当と認められる時間帯」が「午後9時から午前8時までの間」とされており，本号の解釈上参考になる

(122)　平成19年7月パブコメ395頁No.81参照
(123)　平成19年7月パブコメ395頁No.83

（同法21条１項１号，貸金業法規則19条１項）[124]。また，一般的な休日に，正当な理由がないのに，顧客の居宅に電話または訪問して勧誘する行為は，本号の禁止行為に該当しうる[125]。一方，顧客が事前に明示的に要請している場合や了解しているような場合には，夜間や休日に電話または訪問して勧誘しても，当該禁止行為に該当しない可能性が高いと考えられる[126]。

⑸　フロントランニングの禁止

金融商品取引業者等またはその役員もしくは使用人は，顧客から有価証券の買付けもしくは売付けまたは市場デリバティブ取引などの媒介，取次ぎまたは代理の申込みを受けた場合に，顧客が注文した取引よりも早く自己が注文する顧客の注文と同一の取引を成立させることを目的として，当該顧客の注文に係る価格と同一またはそれよりも有利な価格で自己の取引を成立させる行為が禁止される（金商業等府令117条１項10号）。

⑹　法人関係情報を提供して勧誘する行為などの禁止

金融商品取引業者等またはその役員もしくは使用人は，①インサイダー取引規制に違反することまたは違反するおそれのあることを知りながら，顧客より有価証券の売買その他の取引などの受託などをする行為（金商業等府令117条１項13号），②顧客に対して有価証券の発行者の法人関係情報を提供して勧誘する行為（同項14号），③有価証券の発行者の法人関係情報について公表がされたこととなる前に売買等をさせることにより，顧客に利益を得させ，または顧客の損失の発生を回避させる目的をもって，当該顧客に対して売買等を勧めて勧誘する行為（同項14号の２）が禁止される。また，有価証券関連業を行う第一種金融商品取引業者またはその役員もしくは使用人は，④法人関係情報に基づいて，当該法人関係情報に係る有価証券の売買などの自己取引を行うことが禁止される（同項16号）。

「法人関係情報」とは，163条１項に規定する上場会社等の運営，業務または

---

(124)　松尾ほか・実務論点金商法163頁
(125)　松尾ほか・実務論点金商法163頁
(126)　平成19年７月パブコメ401頁No.111参照

財産に関する公表されていない重要な情報であって顧客の投資判断に影響を及ぼすと認められるものならびに27条の2第1項に規定する公開買付け（同項本文の規定の適用を受ける場合に限る），これに準ずる株券等（同項に規定する株券等をいう）の買集めおよび27条の22の2第1項に規定する公開買付け（同項本文の規定の適用を受ける場合に限る）の実施または中止の決定に係る公表されていない情報をいう（金商業等府令1条4項14号）。

法人関係情報の範囲は，インサイダー取引規制の対象となる「事実」（166条2項）の範囲よりも広く，また，インサイダー取引規制の適用が除外される取引であっても除外規定は設けられていない(127)。たとえば，社債などの売買や社債などに係るクレジット・デフォルト・スワップ取引へのインサイダー取引の適用に関する「重要事実」の範囲は，いわゆるデフォルト関係情報（取引規制府令58条）に限られるが，上記各取引に係る「法人関係情報」の範囲は，必ずしも，いわゆるデフォルト関係情報に限られない(128)。

なお，平成23年金商法改正により，ブロックトレードの円滑化に係る措置として，法人関係情報の範囲から，公開買付け等事実に係る軽微基準に該当するものが除外されている。これにより，証券会社によるブロックトレードの仲介のための株券等の一時的取得については法人関係情報に該当しないこととなり，証券会社によるブロックトレードの仲介のための買主に対する勧誘は，法人関係情報を提供して勧誘する行為の禁止に抵触せずに行うことが可能になると考えられる。

(7)　プレ・ヒアリングにより提供を受けた法人関係情報の第三者への提供の禁止

金融商品取引業者等またはその役員もしくは使用人が，自ら募集に係る有価証券に対する投資者の需要の見込みに関する調査（以下，本節において「プレ・ヒアリング」という）を行う場合または第三者（たとえば，海外関連会社など）に委託してこれを行う場合には，①法令遵守管理部門による承認，②調査対象者との間における当該有価証券などの売買などおよび当該法人関係情報の提供を

(127)　平成19年7月パブコメ399頁No.99
(128)　平成19年7月パブコメ398頁No.93

しないことを約する契約の締結，③記録書面の作成・保存を，自ら行うまたは第三者に行わせることの各要件を満たさなければ，第三者に対し，当該募集に係る法人関係情報を提供することはできない（金商業等府令117条１項15号）。

本号の趣旨は，金融商品取引業者等またはその役員もしくは使用人がプレ・ヒアリングにおいて公表前の発行情報などを外部に伝達する行為により内部者取引が誘発されることを防止し，もって証券に関する金融商品取引の公正を確保する点にある。

本号は需要の見込みに関する調査を行う場合に適用されるものであり，勧誘に伴う法人関係情報を提供する場合を対象とせず(129)，また，発行体自身が需要の見込みに関する調査を行う場合も対象としない(130)。本号の趣旨は，金融商品取引業者等またはその役員もしくは使用人が行う法人関係情報の提供によりインサイダー取引が誘発されることを防止する点にあるため，発行会社の同意がある場合や発行会社から依頼を受けた場合にも適用があると解される(131)。

また，②に関する契約の締結については，金商業等府令117条１項15号イ⑵またはロ⑵に規定された内容を正確かつ適切に調査対象者または第三者との間で約したことを立証する義務が課されると解されている(132)。

仮に，金融商品取引業者等またはその役員もしくは使用人が本号を遵守してプレ・ヒアリングを行う場合であっても，有価証券届出書の提出をしていなければできないような勧誘行為や⑹で禁止される法人関係情報を提供しての勧誘行為を伴わないよう留意する必要がある。

⑻　空売り規制の実効性確保のための禁止行為

空売りに係る確認義務や株の手当てのない空売り禁止に係る実効性を確保するため，金融商品取引業者等またはその役員もしくは使用人は，以下の行為が禁止されている（金商業等府令117条１項24号の２～24号の５）。

①　金商法施行令26条の２の２第１項に規定する決済措置に係る有価証券の調達先の確認をせずに，空売りまたは当該空売りの委託の取次ぎを行う行

---

(129)　平成18年10月パブコメNo.１
(130)　平成18年10月パブコメNo.２
(131)　平成18年10月パブコメNo.４
(132)　平成18年10月パブコメNo.８・No.11

為

② あらかじめその有価証券を所有し，調達し，または調達するための措置を講ずることなく，決済措置として有価証券の貸付けを約する行為

③ 一般信用取引（信用取引のうち，信用取引の決済に必要な金銭または有価証券を，金融商品取引所が開設する取引所金融商品市場などの決済機構を利用して貸付けを受けることができる取引以外のものをいう）に係る有価証券（金商法施行令26条の２の２第１項に規定する金融庁長官が指定する有価証券に限る）を所有し，調達し，または調達するための措置が講じられることなく，その売付けを受託し，またはその売付けの委託の取次ぎの申込みを受ける行為

④ 有価証券（預託を受けていないものに限る）の売付けの委託または委託の取次ぎの申込みの相手方に対し当該売付けに係る有価証券の管理の方法の確認をすることなく，金融商品取引所やその会員などに対して当該有価証券の売付けが空売りでないことを明らかにする行為

上記①～③は，いずれも売付けの際に株の手当てがなされていない空売り（いわゆるNaked Short Selling）の禁止に関連して，株の手当ての確認に際して証券会社が売付者の株の調達先を確認することや，証券会社が売付者の株の調達先となるときは証券会社自身が株の手当てをしておくことなどを求めるものである。上記④は，空売りに係る確認義務に関連して，「実売り」として扱う場合において，証券会社の当該売付者名義の口座に株がないときは，証券会社に対して，売付者が株をどこで所有しているかなどを確認することを求めるものである。

⑼　デリバティブ取引に係る証拠金規制等

通貨関連デリバティブ取引（金商業等府令123条１項21号の２で定義され，店頭取引のみならず市場取引も含まれる）および有価証券関連店頭デリバティブ取引については，個人顧客を相手方とする場合に，いわゆるレバレッジ規制が導入されている。すなわち，これらのデリバティブ取引に係る高レバレッジ取引については，①顧客保護（顧客が不測の損害を被るおそれ），②業者のリスク管理（顧客の損失が証拠金を上回ることにより，業者の財務の健全性に影響が出るおそ

れ)，③過当投機の観点から問題があると考えられることから，１日の対象資産の価格変動をカバーできる水準を証拠金として確保することが原則として求められている[133]。求められる証拠金の水準は，デリバティブ取引の対象資産ごとに定められており，たとえば，通貨関連デリバティブ取引については想定元本の４％以上，有価証券関連店頭デリバティブ取引については，対象資産が個別株の場合は20％以上，株価指数の場合は10％以上，債券の場合は２％以上とされている（金商業等府令117条１項27号～30号・３項～26項)。

また，法人顧客を相手方とする店頭FX取引（特定通貨関連店頭デリバティブ取引）についても，店頭FX業者の適切なリスク管理の観点から，店頭FX業者は，法人顧客に対し，必要証拠金率以上の証拠金を求めることとされている。必要証拠金率は，取引対象となる通貨ペアごとに，時々の相場変動を踏まえたものとなるよう金商業等府令などにおいて算出方法が定められており，店頭FX業者において，各週，算出する必要がある（金商業等府令117条１項39号・40号・同条27項～36項)。

さらには，平成31（2019）年４月１日施行の金商業等府令改正により，店頭FX取引（特定通貨関連店頭デリバティブ取引）を行う業者は，顧客や取引先に業者のリスク情報を提供するため，未カバー率，カバー取引の状況および平均証拠金率を，毎月インターネット等により公表することが求められる（金商業等府令117条１項28号の２)。経過措置により，この公表に関する規定は令和元(2019）年９月１日から適用される。

⑽　ライツ・オファリングにおける新株予約権の行使の勧誘に係る規制

平成23年金商法改正により，ライツ・オファリングに係る制度整備がなされているところ，コミットメント型のライツ・オファリングにおける引受証券会社については，自らが取得および行使する新株予約権の数量を減らすインセンティブが生じ，その点で，新株予約権無償割当てが行われた株主との間で利益相反関係が生じ，新株予約権の行使に係る勧誘の際に不適切な行為が行われるおそれがある。かかる行為を規制するため，新株予約権の行使の勧誘に際して虚偽のことを告げることや断定的判断を提供することが禁止されている（金商

(133)　平成21年７月パブコメ１頁No.１～No.８，平成21年12月22日パブコメ32頁No.１～No. 11参照

業等府令117条１項33号）。

⑾　投資助言・代理業者による利益相反行為の防止

平成24年に発覚したAIJ投資顧問株式会社の事案に関連して，投資一任業者に助言する立場とその顧客に助言する立場とにある場合の利益相反を防止するための禁止規定として，投資運用業を行う金融商品取引業者等から投資一任契約の締結の媒介の委託を受けている場合において，その旨および当該金融商品取引業者等の商号または名称を顧客にあらかじめ明示しないで，以下の行為を行うことが禁止される（金商業等府令117条１項34号，金商業者監督指針Ⅶ-2-2-3(1)③）。

① 投資顧問契約の締結の勧誘をすること

② 当該顧客との投資顧問契約に基づき，当該顧客が当該金融商品取引業者等と投資一任契約を締結する場合に当該金融商品取引業者等が運用として行うこととなる取引の対象に係る助言をすること

③ 投資一任契約の締結の媒介を行うことを内容とする契約の締結の勧誘をすること

④ 当該金融商品取引業者等を相手方とする投資一任契約の締結の媒介をすること

⑿　総合的な取引所における商品関連市場デリバティブ取引にかかる行為規制

総合的な取引所における商品関連市場デリバティブ取引にかかる金融商品取引契約の締結の勧誘については，勧誘受諾意思の確認義務および再勧誘の禁止の対象とされている（金商法施行令16条の４）ほか，勧誘の受諾意思を確認する方法として，一定の取引関係にない個人顧客に対しては，訪問・電話によることが禁止されている（金商業等府令117条１項８号の２）。さらには，総合的な取引所における商品関連市場デリバティブ取引について，両建て勧誘の禁止，両建てに類する取引の受託の禁止，向かい玉の禁止，差玉向かいの説明義務の対象とされている（金商業等府令117条１項35号～38号）。

❖第２節❖　損失補塡の禁止

1　概　　要

損失補塡の禁止規定は，証券不祥事件として損失補塡が問題になったことを契機に平成３年の証取法改正により制定された。損失補塡の禁止の規定の趣旨は，金融商品市場における価格形成機能を正常化し，金融商品取引業者等の市場仲介者としての中立性・公正性を確保する点にある[134]。

39条は，１項で金融商品取引業者等の損失補塡等の禁止行為を，２項で顧客の損失補塡に係る禁止行為を規定している。証取法42条の２が本条と同様の規定を置いていた。

2　金融商品取引業者等による損失補塡に係る禁止行為

39条１項は，金融商品取引業者等が，有価証券の売買その他の取引またはデリバティブ取引（以下，本節において「有価証券売買取引等」という）につき，顧客との間で，⑴損失発生前に顧客に損失保証または利益保証のため財産上の利益を提供する旨を申込みまたは約束すること，⑵損失発生後に損失補塡または利益追加のため財産上の利益を提供する旨を申込みまたは約束すること，⑶損失発生後に損失補塡または利益追加のため財産上の利益を提供することを禁止する。

「有価証券売買取引等」には，有価証券の売買やデリバティブ取引のほか，２条８項に規定する行為が基本的に含まれると解されるが，「有価証券等管理業務」（28条５項）や付随業務，届出業務や兼業業務に該当する取引は含まれないと解される[135]。また，有価証券売買取引等と関係なく発生した顧客の損失や利益は禁止される補塡または補足の対象から除外される。

---

(134)　損失補てん規制Q&A14頁

(135)　平成19年７月パブコメ403頁No.３，平野龍一ほか編『注解特別刑法補巻⑵プリペイドカード法・証券取引法』156頁〔土持敏裕＝榊原一夫〕（青林書院，1996）

なお，外見上損失保証などに該当するものであっても，債券の現先取引などは，価格変動のヘッジや短期の資金入手方法として広く行われており，また，市場における価格形成機能を阻害するものではない。そこで，買戻価格があらかじめ定められている債券等の買戻条件付売買のうち，金融商品取引業者等がもっぱら自己の資金調達のために行うもの（金商法施行令16条の5）は，「有価証券の売買その他の取引」から除外され（39条1項1号かっこ書），本項の適用を受けない。

損失発生前の損失保証の要件は，当該顧客の全体の取引で損失が生じている場合に限らず，全体的な取引の損益については利益が出ていても，特定の取引において損失を被っている場合も含まれる。

「損失を補填するため」の要件は，主観的要件であり，有価証券取引等により損失の生じた顧客に対し財産上の提供を行うことが当該損失を埋め合わせるためという意思を有していることを意味している。また，利益の「補足」または「追加」も同様にあらかじめ定めた利益が不足しておりそれを埋め合わせるために行うという意思を有していることを意味している。したがって，通常の社会儀礼上の目的のみで贈答を行う場合には同要件を満たさないと解される(136)。

「財産上の利益の提供」とは，経済的な価値を有する利益を提供することであり，具体的には，現金，物品，有価証券などの有体物の提供，債権などの無体物の提供，債務の免除，信用（融資，保証，担保など）の提供，本来有償であるべきサービスの無償提供，プレミアムの得られる蓋然性の高い商品の割当て，商品を安く売って高く買い戻す行為などがこれに含まれる。

「申込み」や「提供」は，金融商品取引業者等からの一方的な行為で足り，顧客の側で金融商品取引業者等からの申込みがあったことを認識している必要はない。これに対し，「約束」とは申込みと承諾により成立するため，金融商品取引業者等と顧客の双方に，財産上の利益の提供が損失補填などのために行われるものであるとの相互の認識の一致が必要であると解されている(137)。

39条1項に違反した金融商品取引業者等やその代表者，代理人，使用人など

(136)　損失補てん規制Q&A68頁

(137)　高崎秀雄「証券取引法等の一部を改正する法律について」法律のひろば44巻11号27頁（1991）

に対しては，刑事罰が科される（198条の３）。また，法人について両罰規定がある（207条１項３号）。

実務のポイント・6－9

◆マイナス金利と損失補塡等の禁止

日本銀行は，平成28年１月28日および29日の金融政策決定会合において，金融機関が有する日本銀行当座預金の残高の一部（政策金利残高）に年－0.1%のマイナス金利を導入することを決定した。このようなマイナス金利の導入後，変動金利を参照するデリバティブ取引等において基準となるTIBORなどの金利指標（基準金利）がマイナスとなる場合が生じている。変動金利を参照するデリバティブ取引のうち，金利スワップ取引（金融商品取引業者等と顧客の間で，一方が固定金利を，他方が変動金利を，相手方に対して支払う取引をいう。このコラムでは，顧客が変動金利を支払う義務を負うローン契約を別途締結していることを前提に，金利変動リスクを避けるべく，金融商品取引業者等との間で，金融商品取引業者等が顧客に変動金利を支払い，顧客が金融商品取引業者等に固定金利を支払う取引を行っている場合を念頭に置く。また，ローン契約に基づいて顧客が支払うべき変動金利に関しては下限がゼロになっていることから，ローン契約上の変動金利に関しては，貸付人から顧客に支払義務は生じないことを前提にする）に関しては，金融商品取引業者等が支払うべき変動金利の計算に用いられる変動金利（基準金利に一定の割合を加えて算出されることが通常である）がマイナスとなり，その結果として，金融商品取引業者等と顧客の間の契約上，そのマイナス金利相当額（マイナスの値の絶対値）を，逆に顧客が金融商品取引業者等に支払う義務を負っていると解される[138]場合が存在する。このような場合において，金融商品取引業者等が顧客のマイナス金利相当額支払義務を免除する場合，デリバティブ取引につき金融商品取引業者等による損失補塡などを禁止している39条１項に抵触しないか等が問題になるところ，金融庁は，平成28年４月22日付で，損失補塡を禁止する39条１項にも特別利益の提供を禁止する38条８号（８号は当時の条文番号であり，現行の条文番号では９号）および金商業等府令117条１項３号にも抵触しない旨の回答を行った[139]。

投資運用業に関する42条の２第６号，銀行法，保険業法，兼営法が準用する39条，信託業法24条１項３号・４号（兼営法２条１項が準用する場合を含む）が適用される場面を含めると，実務上，損失補塡などの禁止が検討対象になることは少なくない。ストラクチャードファイナンスなど金融取引のスキームを構築する際に金融商品取引業者等による保証などを組み込む場合には，そのような保証などが損失補塡などの禁止に抵触しないかが論点となり，また，金融商品取引業者等のミスによって顧客に生じた損失額と

(138)　マイナス金利を想定した明示的な規定を定めていない契約書の条項を，マイナス金利導入後においてどのように解釈すべきかについては，金融法委員会「マイナス金利の導入に伴って生ずる契約解釈上の問題に対する考え方の整理（平成28年２月19日）」参照。http://www.flb.gr.jp/jdoc/publication49-j.pdf

(139)　https://www.fsa.go.jp/common/noact/ippankaitou/kinsho/03a.pdf，https://www.fsa.go.jp/common/noact/ippankaitou/kinsho/03b.pdf

して当該ミスがなかった場合に得られたであろう逸失利益を補填する場合には（過大に算出した損失額を顧客に支払うことは損失補填などの禁止に抵触するおそれがあるという前提のもと）当該逸失利益の算定方法が合理的であるかを検証することになる。

前記金融庁回答は，その照会書を合わせて読むと，金利スワップ取引が，顧客がローン契約に基づいて負担する変動金利を固定金利に交換することを目的としていた点に着目して損失補填などの禁止に抵触しない旨の結論に至っているように見受けられる。前記金融庁回答についてこのような読み方が可能だとすると，例えば，ストラクチャードファイナンスなど金融取引のスキームに組み込む金融商品取引業者等の保証などが損失補填などの禁止に抵触するか否かに関し，当該保証などについて金融商品取引業者等が適正な対価（保証料など）を受け取る場合は，関係当事者間の適正かつ正当なリスク分担を目的とするものであって当該保証などの合意や履行は損失補填などの禁止に抵触しないというような説明・議論も可能であると考えられる。

証券会社による損失補填事件を契機として当時の証取法に損失補填などの禁止規定が設けられてから30年近い年月が経っている。前記金融庁回答は，証券不祥事件の記憶が薄れ，損失補填などの禁止規定に関し，規制の趣旨に照らした合理的な解釈が可能な時代に至ったことを示唆しているように思われる。

3　顧客による禁止行為

39条２項は，顧客がその有価証券売買取引等につき，金融商品取引業者等との間で，⑴損失発生前に損失保証のため財産上の利益を受ける旨を要求して約束すること，⑵損失発生後に損失補填または利益追加のため財産上の利益の提供を受ける旨を要求して約束すること，⑶損失発生後に損失補填または利益追加のため財産上の利益の提供を要求しまたは要求による約束に基づいて受けることを禁止する。

顧客は必ずしも市場仲介者ではなく，また，顧客に金融商品取引業者等と同等の金融商品市場における価格形成機能を要求することはできない。しかし，金融商品取引業者等の違法行為を助長するような行為は，市場の価格形成機能を歪め金融商品取引業者等の中立性・公正性を失わせる行為である。そこで，たとえば，顧客側が損失補填などを要求する行為そのものは，金融商品取引業者等との間で約束が成立しなければ同条項に違反しないものとした。

顧客が39条２項に違反した場合には刑事罰が科されるが（200条14号），上記性格にかんがみ，法定刑は金融商品取引業者等に比べて軽いものとなっている

(198条の３参照)。顧客の側に不正の利益を残さないために，顧客が受けた財産上の利益に関する必要的没収・追徴の規定が設けられている（200条の２）。また，法人について両罰規定がある（207条１項５号）。

4　適用除外規定

損失補塡が禁止されるといっても，金融商品取引業者等の側の不当・違法行為によって顧客に有価証券売買取引等に際して損失が生じた場合についてまで，金融商品取引業者等による賠償を処罰することは不合理である。そこで，「事故」（39条３項）による損失については，損失発生前に関する同条１項１号の規定の適用が除外される。

「事故」とは，有価証券売買取引等に関しては，⑴顧客の注文の内容について確認しないで，当該顧客の計算により有価証券売買取引等を行うこと，⑵有価証券などの性質，取引の条件，金融商品の価格もしくはオプションの対価の額の騰貴もしくは下落などについて顧客を誤認させるような勧誘をすること，⑶顧客の注文の執行において，過失により事務処理を誤ること，⑷電子情報処理組織の異常により，顧客の注文の執行を誤ること，⑸その他法令に違反する行為を行うことである（金商業等府令118条１号）。この点，⑸の「法令」には，金商法に関係する法令のみならず，広く法令一般（たとえば，刑罰法令など）が含まれると解される[140]。なお，「事故」が発生するケースでは，同時に金商業等府令199条７号が定める「事故等」にも該当することも想定されるが，このような場合，金融商品取引業者等の当局に対する事後届出義務が発生するので注意を要する（50条１項８号，金商業等府令199条７号・８号・201条14号・15号）。

また，損失発生後においては，当該損失が事故によるものか否かの認定は損失発生前に比べて容易であり，かつ，「事故」の発生の認識に関する故意に係る弁解を封じる必要もあるので，39条１項２号・３号の適用に関して損失が「事故」により生じたものであることについて内閣総理大臣の確認その他の手続が要求される[141]。

一方，顧客による損失補塡に係る禁止行為に関しては，金融商品取引業者等

(140)　河本＝関・逐条解説証取法〔３訂版〕578頁

に比べて当罰性が高いとはいえず，また，顧客の側に事故確認手続などを課すのは酷である。そこで，「事故」による損失の要件を満たせば，顧客は確認手続なしに損害賠償請求などを行うことができる（39条５項）。

また，いわゆるMRF（マネー・リザーブ・ファンド）については，平成25年金商法改正により，投資運用業者の損失補塡規制の例外として規定されていたが（42条の２第６号），平成29年金商法改正により，同様の証券決済用の投資信託については，その元本に生じた損失を証券会社等（２条８項９号に掲げる行為を業として行う者に限る）が補塡することが可能であることが明確化されている（39条４項・６項，金商業等府令119条の２）。

❖第３節❖　その他業務の運営の状況が公益に反し，または投資者の保護に支障を生ずるおそれがあるものの禁止

1　概　　要

金融商品取引業者等は，40条１号に掲げるもの（適合性原則違反）のほか，業務に関して取得した顧客に関する情報の適正な取扱いを確保するための措置を講じていないと認められる状況，その他業務の運営の状況が公益に反し，または投資者の保護に支障を生ずるおそれがあるものとして内閣府令で定める状

(141)　具体的には，内閣総理大臣の確認のほか，当局が事故確認を行わなくても，事故による損失補塡などであることが推認される客観的な手続として，裁判所の確定判決を得ている場合（金商業等府令119条１項１号），裁判上の和解が成立している場合（同項２号），民事調停が成立しているなどの場合（同項３号），金融商品取引業協会もしくは認定投資者保護団体のあっせんまたは指定紛争解決機関の紛争解決手続による和解が成立している場合（同項４号），弁護士会の仲裁センターによる和解・仲裁が成立している場合（同項５号），国民生活センターおよび地方公共団体の消費者センターのあっせんによる和解が成立しているなどの場合（同項６号），いわゆるADR法の認証紛争解決事業者（有価証券売買取引等を対象紛争としているものに限る）が行う認証紛争解決手続による和解が成立している場合（同項７号）ならびに弁護士（支払額1,000万円以下）または認定司法書士（支払額140万円以下）が顧客を代理して成立する和解であって当該弁護士・司法書士から金融商品取引業者等に書面を交付することなどの要件を満たす場合（同項８号），金融商品取引業協会内の弁護士または認定司法書士を含む委員会により確認した場合であって，損失が1,000万円（認定司法書士のみからなる委員会の場合140万円）を超えない場合（同項９号）などが定められている。

況に該当することがないよう業務を行わなければならない。

禁止の対象となる各種状況の主なものについて，以下説明する。

2　適切な審査を行わずに有価証券の元引受けを行う状況の禁止

金融商品取引業者等は，有価証券の元引受けを行う場合において，発行者の財務状況・経営成績その他引受けの適否の判断に資する事項の適切な審査を行っていないものと認められる状況に該当することがないよう，業務を行わなければならない（金商業等府令123条１項４号）。

金融商品取引業者等による引受審査の適切性については，一律の基準を示すことは困難であり，個別事例ごとに実態に即して実質的に判断されるべきものと考えられるところ，金商業者監督指針Ⅳ-3-2-2(1)の記載に留意する必要がある。

3　法人関係情報に係る不公正取引を防止する措置を講じていない状況

金融商品取引業者等は，その取り扱う法人関係情報に関する管理または顧客の有価証券の売買その他の取引などに関する管理について法人関係情報に係る不公正な取引の防止を図るために必要かつ適切な措置を講じていないと認められる状況に該当することがないよう，業務を行わなければならない（金商業等府令123条１項５号）。たとえば，金融商品取引業者のアナリストが上場企業から入手した法人関係情報をアナリストレポートに記載し，同社の役職員が社内外の多数の者に提供しているような状況は，本号違反となる可能性がある(142)。

4　他の業者との情報共有の制限

金融商品取引業者等は，自身が取得した顧客の財産に関する公表されていな

(142)　証券法令解釈事例集参照

い情報その他の特別な情報（委託を行う登録金融機関または金融商品仲介業者の金融商品仲介行為に係る情報やこれらの者が金融商品仲介業に係る法令を遵守するために提供する必要があると認められた情報，利益相反管理・内部管理目的で提供する情報などの一定の情報を除く）を，事前に顧客の書面による同意を得ることなく当該金融商品取引業者等が委託を行う業者に提供している状況，または金融商品取引業者等が委託を行った業者から取得した顧客の財産に関する公表されていない情報その他の特別な情報（当該業者が当該顧客の書面による同意を得ずに提供したものに限る）を利用して有価証券の売買その他の取引等を勧誘している状況に該当することがないよう業務を行わなければならない（金商業等府令123条１項18号。なお，同項24号は，委託を受ける登録金融機関が取得した特別な情報の取扱いに関して18号とほぼ同様の規制をしている）。

なお，登録金融機関が委託金融商品取引業者の親法人等もしくは子法人等である場合または委託金融商品取引業者が登録金融機関の親法人等もしくは子法人等である場合における同項18号および24号の規定については，登録金融機関または委託金融商品取引業者が法人顧客に対して当該顧客の財産に関する公表されていない情報その他の特別な情報の委託金融商品取引業者または登録金融機関への提供の停止を求める機会を適切に提供している場合は，当該法人顧客が当該停止を求めるまでは，原則として，当該情報の提供について当該法人顧客の書面による同意を得ているものとみなされる（同条２項）。また，顧客が外国法人（法人でない団体で代表者または管理人の定めのあるものを含む）であって，かつ，当該顧客が所在する国の法令上，同様の行為を制限する規定がない場合において，当該顧客が電磁的記録により同意の意思表示をしたとき，または，当該顧客が締結している契約の内容および当該国の商慣習に照らして当該顧客の同意があると合理的に認められるときは，当該顧客の書面による同意を得たものとみなされる（同条２項）。

5　部門間での情報共有の制限

金融商品取引業者等は，金融商品取引業または金融商品仲介業務を実施する組織（融資業務または金融機関代理業務をあわせて実施する組織に限る）の業務を統括する役員または使用人が，有価証券の発行者である顧客の非公開融資等情報を自ら取得し，または融資業務もしくは金融機関代理業務に従事する役員もしくは使用人から受領して，当該有価証券に係る2条8項各号に掲げる行為の勧誘を行っている状況（当該統括する役員または使用人が，非公開融資等情報（法人関係情報を除く）の提供につき，事前にその顧客の書面による同意を得ることなく，その顧客の非公開融資等情報を金融商品取引業または金融商品仲介業務に従事する役員または使用人に提供している状況を含む）に該当することがないよう業務を行わなければならない（金商業等府令123条1項19号）。

有価証券の発行者である顧客の「非公開融資等情報」（金商業等府令1条4項13号）には，インサイダー情報に該当する公開されていない情報や発行者の長期的な資金繰りに関する公開されていない情報などが該当すると考えられる[143]。

6　通貨関連デリバティブ取引に係るロスカット・ルールの整備・遵守等

通貨関連デリバティブ取引（金商業等府令123条1項21号の2で定義され，店頭取引のみならず市場取引も含まれる）については，個人顧客を相手方とする場合に，いわゆるロスカット・ルールの整備・遵守が求められている。すなわち，顧客が証拠金を上回る損失を被ることや，業者の財務に影響を与えることを防止するため，金融商品取引業者等は，これらの取引について，一定のロスカット取引を行うための十分な管理体制を整備していない状況や，ロスカット取引を行っていないと認められる状況に該当することがないよう業務を行わなければならない（金商業等府令123条1項21号の2・21号の3・3項～5項）。

また，平成31（2019）年4月1日施行の金商業等府令改正により，店頭FX取引（特定通貨関連店頭デリバティブ取引）を行う業者（指定親会社を親会社とする特別金融商品取引業者を除く）は，決済リスク管理強化等の観点から，①金融商品取引業協会の規則に基づきストレステストを実施すること，②ストレステストの結果を踏まえて必要があると認められる場合には経営の健全性を確保するた

(143)　平成16年11月11日パブコメ参照

めの措置を講じること，③ストレステストの結果を金融商品取引業協会に報告することが求められる（金商業等府令123条1項21号の4～6）。経過措置により，このストレステストに関する規定は令和2（2021）年1月1日から適用される。

7　特定店頭オプション取引の商品設計等に係る規制

個人向け店頭バイナリーオプション取引に関する規制として，特定店頭オプション取引について，個人顧客を相手方とする場合に，以下の措置が求められている（金商業等府令123条1項21号の7・7項）。

① 特定店頭オプション取引に係る契約を締結しようとするときに，あらかじめ，顧客に対し，当該特定店頭オプション取引に係る権利行使価格（一定の方法により定められるものにあっては，その算定方法）を提示すること

② 特定店頭オプション取引の取引期間および期限を，顧客が，当該取引期間を通じて，権利行使期間，権利行使価格および金利，通貨の価格，金融商品市場における相場その他の指標の実勢条件に基づき公正な方法により算出された対価の額で，かつ，金融商品の価値等の分析に基づく投資判断に基づいて，オプションの取得および付与その他の取引を行うために必要かつ適切なものとすること

8　公募増資時の空売り規制に関する顧客への通知

平成23年12月1日に施行された公募増資時の空売り規制（金商法施行令26条の6）の導入に伴い，募集・売出しの取扱いを行う金融商品取引業者等に対して，ゲートキーパーとして違反行為の抑制を図るために，規制内容などを顧客へ適切に通知することが求められている（金商業等府令123条1項26号）。

すなわち，金融商品取引業者等は，金融商品取引所に上場されている有価証券または店頭売買有価証券（取引規制府令15条の7第2号に掲げる有価証券を除く）と同一の銘柄の有価証券の募集または売出し（当該有価証券の発行価格または売出価格の決定前にこれらをする場合に限り，取引規制府令15条の5に定める期間がない場合を除く）の取扱いを行う場合において，顧客に当該有価証券を取得

させようとするときに，あらかじめ，当該顧客に対し書面または電磁的方法により，規制内容および，規制に違反する場合には有価証券を取得させることができない旨を，適切に通知していないと認められる状況に該当することがないよう業務を行わなければならない。

9　平成23年金商法改正により追加された規制

平成23年金商法改正により，以下の規制が追加されている。

(1)　適格投資家向け投資運用業を行う場合において，権利者の属性の確認などの方法により，適格投資家以外の者が権利者となることを防止するための必要かつ適切な措置を講じていないと認められる状況に該当することがないよう業務を行わなければならない（金商業等府令123条1項13号の2）。

(2)　ブロックトレードの円滑化に係る措置に伴い，その仲介行為を行う証券会社に対する規制として，①転売目的であることを売主と約することおよび，②転売できないリスクがあることの周知の措置を講じていないと認められる状況に該当することがないよう業務を行わなければならない（金商業等府令123条1項27号）。

10　AIJ事案に関連して導入された投資一任業者の行為規制

平成24年に発覚したAIJ投資顧問株式会社の事案に関連して，投資一任業者に対して新たに以下の措置が求められている。

まず，投資一任契約の相手方である厚生年金基金（特定投資家を除く）から運用指針を示された場合に，当該運用指針に従って運用を行うことによる利益の見込みおよび損失の可能性について，当該厚生年金基金に対して，当該厚生年金基金の知識，経験，財産の状況および投資一任契約を締結する目的に照らして適切に説明を行うための十分な体制を整備する必要がある（金商業等府令123条1項28号，金商業者監督指針Ⅵ-2-2-5(4)②）。

また，投資一任業者は，第三者によるチェックを有効に機能させるための措置（金商業等府令130条1項15号）の対象となる運用を行う場合には，権利者に運用報告書を交付した後遅滞なく，当該運用報告書に記載した対象有価証券の銘柄，数および価額を，信託会社等に通知する必要がある（同府令123条１項29号）。

■11　非清算店頭デリバティブ取引にかかる証拠金規制

金融商品取引業者等に対して，一定の非清算店頭デリバティブ取引について，証拠金の預託を受けるなどの所定の措置を講じていないと認められる状況が禁止されており，いわゆる証拠金規制が導入されている（金商業等府令123条１項21号の８・21号の９）。まず，変動証拠金規制として，非清算店頭デリバティブ取引（店頭デリバティブ取引のうち，清算機関で清算されない取引など）について，毎日，取引の相手方ごとに，取引の時価から受領済みの変動証拠金の時価を控除して算出した額の預託などを求め，遅滞なく，変動証拠金の預託などを受けるための措置を講じていないと認められる状況が禁じられている（同項21号の８）。また，当初証拠金規制として，一定の非清算店頭デリバティブ取引を行った際，取引の相手方について将来発生しうる費用または損失の合理的な見積額から受領済みの当初証拠金の時価を控除して算出した額の預託などを求め，遅滞なく，当初証拠金の預託などを受けるための措置を講じていないと認められる状況が禁じられている（同項21号の９）。

■12　適格機関投資家等特例業務が適切に実施されていないと認められる状況

平成27年金商法改正により，適格機関投資家等特例業務において，出資対象事業への出資を行っている適格機関投資家が特例業務届出者の子会社等である適格機関投資家のみであることその他の事情を勘案して，63条１項各号に掲げる行為を適切に行っていないと認められる状況が禁止されている（金商業等府令123条１項30号）。これに該当する状況としては，たとえば，適格機関投資家等の出資額や出資割合が著しく低くなっている場合に，適格機関投資家が，特例業務届出者からほとんど実体のない業務に対する対価として報酬を受け取ることや，特例業務届出者の子会社等や関連会社等で実体のないものとなっていることによって，実際には適格機関投資家として取得または保有していないと実質的に評価しうるような状況が挙げられる（金商業者監督指針Ⅸ-1-2(1)②)。その判断は，個別事例ごとに実態に即して行われるところ，「出資対象事業への出資を行っている適格機関投資家が特例業務届出者の子会社等であること」のみならず，必要に応じ「その他の事情を勘案して」なされることとなる。

第5章
その他

本章のサマリー

◇本章では，金融商品取引業者等などの顧客に対する誠実・公正義務，利益相反管理体制の整備，標識掲示義務，名義貸しの禁止などの各種行為規制について取り扱う。

◇36条1項は，金融商品取引業者等などは，顧客に対して誠実かつ公正に，その業務を取り扱わなければならないと定める。

◇36条2項～5項は，特定金融商品取引業者等に対して，自社またはグループ会社による取引に伴い，顧客の利益が不当に害されることがないよう，適正な情報の管理と適切な内部管理体制の整備その他必要な措置を講じることを義務付けている。

◇40条の2は，金融商品取引業者等に対して，最良執行方針等の作成・公表義務や最良執行方針等を記載した書面などの交付義務などを定めている。

❖第1節❖　顧客に対する誠実・公正義務，利益相反管理体制の整備，業務管理体制の整備

1　顧客に対する誠実・公正義務

金融商品取引業者等ならびにその役員および使用人は，顧客に対して誠実かつ公正に，その業務を遂行しなければならない（36条1項）。

本項の趣旨は，受託者責任の一環として金融商品取引業者などの顧客に対する誠実・公正義務を定めた点にある。証取法33条や旧金先法75条が本条と同様

の規定を置いていた。

従来は，証取法33条の誠実・公正義務に基づき，顧客への情報提供，商品の内容やリスクなどについての適切な説明義務が課されるものと考えられてきた。金商法では，これらを具体化して契約締結前交付書面の交付義務や実質的説明義務が明文化された。本条は，証取法では３章の「総則」節（１節）の位置にあったが，金商法で「業務」節（２節）に移動され，各行為規制（36条の２以降）の直前に置かれている。これは，顧客に対する誠実・公正義務を具体化したものとして各行為規制の規定を置いたことの表れと考えられる[144]。

実務のポイント・6－10

◆相続による承継時の書面交付と相続人に対する誠実・公正義務

平成19年７月パブコメでは，相続に関して，投資者保護の観点から，投資信託の受益証券が相続人に承継された時点（金融商品取引業者等において名義変更の手続が完了した時点）において，当該金融商品取引業者等と相続人との間で金融商品取引契約が締結されたととらえるべきであり，当該承継の時点で契約締結前交付書面の交付が必要になるとの解釈が示されていた（平成19年７月パブコメ280頁No.48）。

しかし，その後，承継された時点において法定の契約締結前交付書面の交付が必要となるわけではなく，有価証券取引を相続することにより相続人がかえってリスクを負うこととなる場合に，証券会社は一般的な誠実・公正原則の一環として，相続人に対してその取引に関する説明を適切に行うことが必要となるとの解釈が示された（金商法質疑応答集・質問８）。これは，具体化された行為規制の規定が存在しない場合においても，投資家がリスクを負い，そのリスクについての説明を行うことが投資者保護の観点から妥当と考えられる場合に，その義務の根拠として本項の誠実・公正義務が用いられることがあることを示している。

実務のポイント・6－11

◆顧客本位の業務運営に関する原則

平成28年に開催された金融審議会市場ワーキング・グループは，「国民の安定的な資産形成と顧客本位の業務運営」を主要なテーマの一つとして掲げて議論を重ね，同年12月22日付報告書において，「顧客本位の業務運営に関する原則」案を提示した。これを受け，金融庁は，平成29年３月30日付で「顧客本位の業務運営に関する原則」（以下，本実務のポイントにおいて「顧客本位原則」という）を策定・公表するとともに，同日付で「「顧客本位の業務運営に関する原則」の定着に向けた取組み」を公表し，顧客本位原則を採択した金融事業者が自主的に成果指標（Key Performance Indicator, KPI）を

(144)　別冊・商事法務No.318・54頁〔澤飯敦ほか〕参照

公表するよう働きかける旨の方針を示した。

顧客本位原則は，金融事業者が顧客本位の業務運営におけるベスト・プラクティスを目指す上で有用と考えられる事項を定めるもので，金融事業者が各々の置かれた状況に応じて顧客本位の業務運営を実現することができるよう，その採択を各金融事業者の判断に委ねるという，いわゆるプリンシプルベース・アプローチが採用されている。

1．顧客本位原則の構成および各原則の相互関係

顧客本位原則は，「顧客本位の業務運営に関する方針の策定・公表等」（原則１），「顧客の最善の利益の追求」（原則２），「利益相反の適切な管理」（原則３），「手数料等の明確化」（原則４），「重要な情報の分かりやすい提供」（原則５），「顧客にふさわしいサービスの提供」（原則６）および「従業員に対する適切な動機づけの枠組み等」（原則７）という７つの原則から構成されている。原則１は顧客本位原則を採択した金融事業者がこれを実現するための明確な取組方針を策定・公表すると共にその取組状況を定期的に公表することなどを求めるもので，いわば同原則に関する手続的事項を定めるものであり，原則２ないし６は金融事業者が実行するべき具体的な対応を，原則７はその実効性を担保するための枠組みを整備すべきことを，それぞれ定めている。

2．顧客本位原則の法的性質

金融庁が「「顧客本位の業務運営に関する原則」の確定について」（平成29年３月30日公表）中の「コメントの概要及びコメントに対する金融庁の考え方」（以下，本実務のポイントにおいて「平成29年３月パブコメ」という）において明示しているとおり，顧客本位原則を採択するか否かは各金融事業者の判断に委ねられており，これを採択する義務はない（平成29年３月パブコメ９頁No.19およびNo.20）ことから，同原則の一部または全部を採択しないことを理由として行政処分がなされることはない。また，顧客本位原則は金融事業者に対して新たな法的義務を課すものではない（平成29年３月パブコメ21頁No.70など）ことから，同原則を採択した金融事業者がこれを遵守しない場合であっても直ちに行政処分の対象とすることは想定されていないが，金商法などに基づきすでに当該金融事業者に課せられている義務の違反を構成する場合にはその対象となりうることには注意を要する（平成29年３月パブコメ７頁No.11・19頁No.62および47頁No.168[145]）。実際，原則１を除き，各原則には関連または類似する法令上の規定が存在するため（たとえば，原則６との関係における適合性の原則がこれに相当する），金融事業者は，法令遵守を徹底する観点からは，顧客本位原則および自ら策定・公表した取組方針の遵守に努めた方がよいであろう。

3．実務の対応状況など

顧客本位の業務運営を促すための取組みの一環として，金融庁は，顧客本位原則を採択し取組方針等を策定・公表した金融事業者のリストを（各種KPIの公表状況と共に）公表し，かつ，これを定期的に更新している[146]が，平成31年３月末現在，すでに主要

(145)　石井一正ほか「顧客本位の業務運営に関する原則およびパブリックコメントの概要」金融法務事情2069号28頁（2017）においても当局担当者による同趣旨の解説がなされている。

(146)　金融庁「「顧客本位の業務運営に関する原則」を採択し，取組方針・KPIを公表した金融事業者のリストの公表について」参照

な金融機関の多くが当該リストに名を連ねており，また，自主的にKPIを設定・公表する動きも活発化している。さらに，金融庁が平成30年６月29日付で公表した投資信託の販売会社向けの共通KPI（金融事業者が自主的に設定・公表したKPIの好事例や金融事業者に対するモニタリングを踏まえ，第三者が比較できるようにするために金融庁が公表したKPI）についても公表する例が一定程度みられる(147)ところである。

現在，金融庁は，金融機関との対話を通じて上記共通KPIの公表の働きかけを継続するとともに，投資信託の運用会社に関する共通KPIの公表についても検討する方針を示しているところであり（平成30年９月26日付「変革期における金融サービスの向上にむけて～金融行政のこれまでの実践と今後の方針（平成30事務年度）～」32頁以下），金融機関に顧客本位の業務運営の更なる追求と一層の「見える化」を求めているようである。

2　利益相反管理体制の整備

平成21年６月１日に施行された平成20年金商法改正により，36条２項～５項が創設され，証券会社や登録金融機関には利益相反管理体制の構築が義務づけられた。すなわち，特定金融商品取引業者等は，当該特定金融商品取引業者等またはその親金融機関等もしくは子金融機関等が行う取引に伴い，当該特定金融商品取引業者等またはその子金融機関等が行う金融商品関連業務（金融商品取引行為に係る業務その他の内閣府令で定める業務をいう）に係る顧客の利益が不当に害されることのないよう，内閣府令で定めるところにより，当該金融商品関連業務に関する情報を適正に管理し，かつ，当該金融商品関連業務の実施状況を適切に監視するための体制の整備その他必要な措置を講じなければならない（36条２項）こととされた(148)。

本条項の趣旨は，役職員の兼職規制が撤廃され，また，銀行・証券間のファイアーウォール規制が見直されること（第５編第２章第２節■２(2)参照）に伴い，利益相反による弊害の実効性を確保する観点から，証券会社や登録金融機

(147)　金融庁は，平成30年11月７日付で「各金融事業者が公表した「顧客本位の業務運営」に関する取組方針・KPIの傾向分析」を，平成31年１月29日付で「販売会社における比較可能なKPIの傾向分析」をそれぞれ公表しており，各種KPIの設定状況などについて詳細な分析を行っている。金融事業者がこれらの導入や見直しを検討する際の参考となろう。

(148)　なお，銀行，銀行持株会社や保険会社，保険持株会社に関しても同様の規定が定められている（銀行法13条の３の２・52条の21の３，保険業法100条の２の２・271条の21の２参照）。

関に対して，自社またはグループ会社による取引に伴い，顧客の利益が不当に害されることがないよう，適正な情報管理と内部管理体制の整備を求める点にある。

利益相反を管理する主体は，特定金融商品取引業者等である。「特定金融商品取引業者等」とは，有価証券関連業を行う第一種金融商品取引業者（いわゆる証券会社）と登録金融機関である（36条3項，金商法施行令15条の27）。なお，登録金融機関となっている銀行や保険会社は，金商法のほか，銀行法や保険業法で求められる体制整備義務も負う[149]。

利益相反管理の対象となる取引は，当該特定金融商品取引業者等またはその親金融機関等もしくは子金融機関等が行う取引である。「親金融機関等」や「子金融機関等」は，当該特定金融商品取引業者等と密接な関係があり，かつ，金融業を行うものである（36条4項・5項，金商法施行令15条の28・15条の16）。なお，取引の種類には特に限定はない。

利益相反管理の目的となる顧客利益保護が求められる業務は，金融商品関連業務である。「金融商品関連業務」とは，⑴金融商品取引業もしくは登録金融機関業務または⑵35条1項に規定する金融商品取引業に付随する業務（特定金融商品取引業者等が証券会社である場合には，その子金融機関等が行う当該業務に相当する業務を含む）である（金商業等府令70条の3）[150]。ただし，金商業者監督指針Ⅳ-1-3(1)は，証券会社等は，一定の条件の下で，その親法人等または子法人等との間で非公開情報の授受を行うことが認められていることを踏まえて，当該証券会社等および金融グループ内において行うすべての業務（金融商品取引業以外の業務を含む）に関して生じうる利益相反に留意した経営管理を行うことが望ましいとしている。

金商業等府令70条の4は，特定金融商品取引業者等が講じるべき措置として，①対象取引を適切な方法により特定するための体制の整備，②下記⒜～⒟に掲げる方法その他の方法により当該顧客の保護を適正に確保するための体制

⑽　平成21年1月20日パブコメ4頁参照

⑽　たとえば，登録金融機関は，自己の業務範囲に含まれるか否かにかかわらず，その子金融機関等が行う金融商品取引業に係る顧客についても対象に含める必要がある。他方で，親金融機関等が行う金融商品関連業務に係る顧客は対象とならない（平成21年1月20日パブコメ7頁）。

の整備（(a)対象取引[151]を行う部門と当該顧客との取引を行う部門を分離する方法，(b)対象取引または当該顧客との取引の条件または方法を変更する方法，(c)対象取引または当該顧客との取引を中止する方法，(d)対象取引に伴い，当該顧客の利益が不当に害されるおそれがあることについて，当該顧客に適切に開示する方法)，③上記①・②に掲げる措置の実施の方針の策定およびその概要の適切な方法による公表，④上記①の体制の下で実施した対象取引の特定に係る記録や上記②の体制の下で実施した顧客の保護を適正に確保するための措置に係る記録の保存を，それぞれ定めている（同条１項)。

なお，上記②(a)〜(d)は顧客の保護を適正に確保する方法の例示である[152]。また，上記④に規定する記録は，その作成の日から５年間保存しなければならない（金商業等府令70条の４第２項)。そして，上記①〜③の体制が具体的に整備されているかの確認にあたっては，金商業者監督指針Ⅳ-1-3(2)〜(4)の内容に留意すべきである。また，人的構成および業務運営体制に関して同指針Ⅳ-1-3(5)の内容にも留意すべきである。

3　業務管理体制の整備

金融商品取引業者等は，その行う金融商品取引業または登録金融機関業務を適確に遂行するため，内閣府令で定めるところにより，業務管理体制を整備しなければならない（35条の３)。内閣府令において，金融商品取引業者等全般に対しては，金融商品取引業等を適確に遂行するための社内規則その他これに準ずるものを整備し，当該社内規則などを遵守するための従業員に対する研修その他の措置がとられていることが求められる(金商業等府令70条の２第１項)。これに加えて，金融商品取引業者等のうち，電子募集取扱業務を行う者または電子募集取扱業務と同様の方法（金商業等府令６条の２各号に掲げる方法）により未公開株などの一定の有価証券について自己募集業（２条８項７号）を行う者に対しては，金融商品取引業等にかかる電子情報処理組織の管理を十分に行

(151)　特定金融商品取引業者等またはその親金融機関等もしくは子金融機関等が行う取引に伴い，当該特定金融商品取引業者等またはその子金融機関等が行う金融商品関連業務に係る顧客の利益が不当に害されるおそれがある場合における当該取引をいう(金商業等府令70条の４第３項)。

(152)　平成21年１月20日パブコメ10頁参照

うための措置がとられていることなど，追加的な体制整備が求められている（金商業等府令70条の2第2項各号）。

平成26年金商法改正による投資型クラウドファンディングにかかる制度の導入時に，電子募集取扱業務を行う金融商品取引業者等に対して有価証券の発行者やその事業計画を審査するための措置などを講じることを義務づける観点から，行為規制として業務管理体制整備義務が規定され，これに伴い，金融商品取引業者等全般に対して体制整備を義務づける包括的な条項が導入されたものである。

平成29年金商法改正により，金融商品取引業者等のうち，金融商品取引業等として高速取引行為を行う者は，高速取引行為にかかる電子情報処理組織その他の設備の管理を十分に行うための措置がとられていることが追加的に求められている（金商業等府令70条の2第4項）。

金融商品取引業者等が内閣府令で定める業務管理体制を整備していない場合には，行政処分の対象となりうる。また，金融商品取引業または登録金融機関業務を適確に遂行するための必要な体制が整備されていると認められない者は，登録拒否の対象とされており（29条の4第1項1号へ・33条の5第1項5号），十分な体制整備がなされない限り，登録が拒否されることとなる。

❖第2節❖　標識掲示義務

金融商品取引業者等は，営業所または事務所ごとに，公衆の見やすい場所に，内閣府令で定める様式の標識を掲示しなければならず，また，金融商品取引業者等以外の者は，当該標識またはこれに類似する標識を掲示してはならない（36条の2）。

本条の趣旨は，金融商品取引業者等に一定の様式の標識掲示義務を課すことなどにより，投資家に登録済業者と無登録業者の識別を可能とさせ，投資家が無登録業者を利用してしまう事態を防止する点にある[153]。旧投資顧問業法11条，旧金先法66条などが本条と同様の規定を置いていた。

(153)　投資顧問業関係法令研究会編『投資顧問業法逐条解説』63頁（大蔵財務協会，1994）参照

この点，営業所の内部であっても，来訪した顧客が見やすい場所に標識が掲示されていれば「公衆の見やすい場所」に該当しうる(154)。特にオフィスの共用部分への標識の掲示は禁じられていることがあり，営業所の内部であっても顧客が容易にアクセスできる場所への掲示であれば，「公衆の見やすい場所」といえるであろう(155)。標識の様式は，金融商品取引業者と登録金融機関ごとに金商業等府令71条・別紙様式第10号・11号に定められている。標識は，公衆の見やすい大きさの文字・数字や見やすい色・材質などを用いることが求められると解される(156)。

❖第３節❖　名義貸しの禁止

金融商品取引業者等は，自己の名義をもって，他人に金融商品取引業（登録金融機関にあっては，登録金融機関業務）を行わせてはならない（36条の３）。

本条の趣旨は，無登録業者による金融商品取引業の禁止（29条）の潜脱を防止する点にある。証取法35条などが本条と同様の規定を置いていた。

❖第４節❖　社債の管理の禁止など

金融商品取引業者（有価証券関連業を行う者に限る）は，会社法702条に規定する社債管理者または担信法２条１項に規定する信託契約の受託会社となることができないが（36条の４第１項），一方で，他の法律の規定にかかわらず，引受人となることができる（同条２項）。

本条の趣旨は，社債の引受け・募集の取扱いなどの有価証券関連業は金融商品取引業者で行い，銀行・信託会社において行う社債管理業務を金融商品取引

(154)　平成19年７月パブコメ224頁No. 6
(155)　「「金融商品取引業者等検査マニュアル（案）」に対するパブリックコメントの結果について」（平成19年９月26日証券取引等監視委員会）の「コメントの概要及びコメントに対する証券取引等監視委員会の考え方」No.438～No.440
(156)　平成19年７月パブコメ224頁No.12・No.13

業者の業務とできないとすることで，両者の職能分離を明確にする点にあると解されている[157]。証取法36条が本条と同様の規定を置いていた。

❖第5節❖　取引態様の事前明示義務

金融商品取引業者等は，顧客から有価証券の売買または店頭デリバティブ取引に関する注文を受けたときは，あらかじめ，その者に対し自己がその相手方となって当該売買もしくは取引を成立させるか（仕切り売買），または媒介，取次ぎ，代理して当該売買もしくは取引を成立させるか（委託売買）の別を明らかにしなければならない（37条の２）。取引態様明示の方法には特に定めがなく，口頭・書面を問わないものと考えられる[158]。

本条の趣旨は，ディーラーの地位とブローカーの地位を兼ねる金融商品取引業者等が顧客から注文を受けたとき，その時々の相場に応じて顧客に危険を負担させ利益を自分のものとすることを防止し，投資者保護や取引の公正を確保する点にある。

なお，本条の名宛人は，金融商品取引業者等であるが，「顧客から有価証券の売買または店頭デリバティブ取引に関する注文を受けたとき」の義務であることから，投資運用業または投資助言・代理業のみを行う金融商品取引業者は，本条により事前明示義務を負わない[159]。

❖第6節❖　保証金の受領に関する書面交付義務

金融商品取引業者等は，その行う金融商品取引業に関して顧客が内閣府令で定める預託すべき保証金を受領したときは，顧客に対し，ただちに，内閣府令で定めるところにより，その旨を記載した書面を交付しなければならない（37

(157)　河本＝関・逐条解説証取法〔３訂版〕541頁
(158)　平成19年７月パブコメ270頁No.７参照
(159)　平成19年７月パブコメ270頁No.１・No.２

条の５)。本条の趣旨は，保証金受領に関する書面を顧客に交付することで，顧客の保護を図る点にある。

「顧客が預託すべき保証金」として，再勧誘の禁止などの対象となる店頭金融先物取引（いわゆる外国為替証拠金取引など)，個人顧客を相手方とする場合における店頭デリバティブ取引全般（条件付株券貸借取引などを除く）および，取引所金融先物取引に関して顧客から預託を受けた金銭，有価証券その他の財産が定められている（金商業等府令113条)。

金商業等府令114条１項は保証金の受領に関する書面への記載事項を定め，同条２項は８ポイント以上の大きさの文字および数字を用いることを定める。

❖第７節❖　最良執行義務

1　概　　要

金融商品取引業者等は，一定の有価証券の売買およびデリバティブ取引（以下，本節において「有価証券等取引」という）に関する顧客の注文について，最良の取引の条件で執行するための方針および方法（以下，本節において「最良執行方針等」という）を定め，公表しなければならない（40条の２第１項・２項)。金融商品取引業者等は，自ら定めた最良執行方針等に従い，注文を執行しなければならない（同条３項）ほか，顧客に対し最良執行方針等を記載した書面をあらかじめ交付する義務を負い（同条４項)，顧客の注文を執行した後，当該顧客から求められたときは，最良執行説明書（後述■６参照）を当該顧客に交付しなければならない（同条５項)。

本条は，金融商品取引業者等の最良執行義務を定めている。金融商品取引業者等は，顧客から証券の売買注文を受ける場合，その受任者として，委任の本旨に従い善良な管理者の注意をもって顧客のために証券の売買をする義務を負うことになる（民法644条)。この善管注意義務の中には，金融商品取引業者等が顧客にとってもっとも有利な条件で売買を執行するよう合理的な注意を尽くす義務としての最良執行義務が含まれると解される。

最良執行義務の対象となる有価証券等取引の範囲は，上場株券等，店頭売買有価証券および取扱有価証券の売買取引であり，デリバティブ取引は40条の2第1項には記載があるにもかかわらず金商法施行令で除外されている（同施行令16条の6第1項，金商業等府令124条1項）[160]。有価証券等取引をまったく取り扱っていない金融商品取引業者等に対しては，40条の2は適用されないと解され[161]，たとえば，投資運用業のみを行う金融商品取引業者等は対象とならない[162]。

2　最良執行方針等の作成義務

有価証券等取引を取り扱う金融商品取引業者等は，現に有する顧客の数および属性にかかわらず，最良執行方針等の作成が必要である。

金融商品仲介業者には最良執行方針等の作成義務が課されていないが，登録金融機関が金融商品仲介業務を行う場合には，取り扱う有価証券が上場株券等，店頭売買有価証券および取扱有価証券に該当するときは，最良執行方針等の作成義務が課される（40条の2第1項）。

最良の条件については，価格のみならず，コスト，スピード，執行可能性などのさまざまな要素を総合的に考慮して決定されるものであり，必ずしも価格のみによって決せられるものではない。

最良執行方針等には，有価証券等取引について銘柄ごとに最良の取引の条件で執行するための方法および当該方法を選択する理由を記載して定めなければならない（金商法施行令16条の6第2項）。

3　最良執行方針等の公表義務

金融商品取引業者等は，(1)その本店等において最良執行方針等を見やすいように掲示する方法または閲覧に供する方法のほか，(2)営業所等において有価証

(160)　平成19年7月パブコメ421頁No.1～No.3
(161)　なお，この場合，有価証券等取引に係る有価証券を取り扱わない旨を業務方法書に記載することになろう。平成19年7月パブコメ421頁No.8参照
(162)　平成19年7月パブコメ421頁No.5

券等取引に関する注文を受ける場合には，顧客の注文を受ける営業所等ごとに，最良執行方針等を見やすいように掲示する方法または閲覧に供する方法，⑶自動送信により顧客の注文を受ける場合には，最良執行方針等を自動送信し，または顧客の求めに応じて郵便もしくはファクシミリ装置を利用して送信する方法により，最良執行方針等を公表しなければならない（40条の２第２項，金商業等府令124条２項）。

4　最良執行方針等に従った注文の執行義務

金融商品取引業者等は，最良執行方針等に従い，有価証券等取引に関する注文を執行しなければならない（40条の２第３項）。

この点，金融商品取引業者等が最良と判断する市場以外の市場を顧客が指定し，当該指定に係る市場において金融商品取引業者等が執行した場合には，「顧客から市場について別途の指示がある場合には当該顧客の指示を優先する旨」が最良執行方針等に記載してあれば最良執行義務違反にならないと解され，また，やむをえないシステムトラブルによって，未執行や執行内容相違等が生じ，その結果として最良執行方針等に沿わない執行となった場合には，「システム上のやむをえない中断等が生じた場合には，最良執行方針等で定めるものと異なる市場で執行することがありうる旨」が最良執行方針等に記載してあれば，最良執行義務違反にならないと解される(163)。

5　最良執行方針等の交付義務

金融商品取引業者等は，金融商品取引所に上場されている有価証券および店頭売買有価証券の売買その他の取引で政令で定めるものに関する顧客から注文を受けようとするときは，あらかじめ，顧客に対し，当該取引に係る最良執行方針等を記載した書面を交付しなければならない（40条の２第４項）。

交付の対象となる取引として，金商法施行令は，上場株券等および店頭売買有価証券の売買を定めている（同施行令16条の６第３項）。

---

(163)　平成17年２月パブコメ

すでに顧客に対して最良執行方針等（これを変更した場合にあっては変更後のものを記載した書面）の交付を行っている場合には，改めて同一の最良執行方針等を交付する必要はない（40条の2第4項ただし書）。また，同書面には最良執行方針等を要約または省略することなく記載する必要がある。

最良執行方針等の交付義務は，交付義務にとどまるものであって，金商法は，金融商品取引業者等が交付に際して顧客に対して最良執行方針等の内容について説明することまでは求めていない。

なお，最良執行方針等の交付義務（40条の2第4項）と最良執行方針等の公表義務（同条2項）は別個の義務を構成するものであり，既存の全顧客に対して最良執行方針等を記載した書面を交付したからといって（潜在的な顧客も念頭に置いた）最良執行方針等の公表を省略することはできない(164)。

6　最良執行説明書の交付義務

金融商品取引業者等は，有価証券等取引に関する顧客の注文を執行した後，3カ月以内に当該顧客から求められたときは，当該注文が最良執行方針等に従って執行された旨を内閣府令で定めるところにより説明した書面（以下「最良執行説明書」という）を当該顧客に交付しなければならない（40条の2第5項，金商業等府令124条4項）。

本項の趣旨は，金融商品取引業者等が最良執行方針等に従って執行したことを顧客に対して書面により説明することにより，顧客の注文が最良執行方針等に従って執行されることを担保しようとする点にある。

金商業等府令は最良執行説明書の記載事項として，(1)注文に係る有価証券等取引の銘柄，数量および売付けまたは買付けの別，(2)受注日時，(3)約定日時および執行した金融商品市場その他執行の方法を定める（同府令124条5項）。なお，(3)「その他執行の方法」の内容としては，金融商品取引業者等が相対取引を行った，他の金融商品取引業者等に取り次いだなどが考えられる(165)。

最良執行説明書を交付しようとする金融商品取引業者等は，顧客から求めら

(164)　平成17年2月パブコメ
(165)　平成17年2月パブコメ

れた日から20日（特定投資家である顧客から同意を得た場合にあっては，当該同意に係る期間（20日以上の期間に限る））以内に当該顧客に交付しなければならない（金商業等府令124条６項）。

❖第８節❖　分別管理が確保されていない場合，金銭の流用が行われている場合の売買，募集などの禁止

1　分別管理が確保されていない場合の売買などの禁止

金融商品取引業者等は，集団投資スキーム持分（２条２項５号・６号に掲げる権利）または政令で定める一定の有価証券や権利などにかかる出資金などの分別管理が確保されていなければ当該権利などの売買や募集などを行ってはならない（40条の３，金商法施行令16条の７・１条の３）。

本条の趣旨は，金融商品取引業者等による一定の集団投資スキーム持分・権利などの売買・募集などについて出資金などの分別管理の確保をすることで実質的にファンド運営者などに資産の分別保管義務を課す点にある。

現在のところ，集団投資スキーム持分以外の有価証券や権利などは金商法施行令で定められていない。

分別管理の確保の基準としては，金銭の出資・拠出を受けた事業者の定款（当該事業に係る規約その他の権利または有価証券に係る契約その他の法律行為を含む）により一定の基準を満たすことが義務付けられていることなどが求められる（金商業等府令125条）。

たとえば，ファンド運営者が集団投資スキーム持分の取得の勧誘を他の第二種金融商品取引業者にすべて委託した場合，当該第二種金融商品取引業者は金商業等府令を遵守するため，同運営者の定款や組合契約などの契約において，法定の基準を満たす旨の条項を盛り込むよう，運営者に対して要請することなどが考えられる。

2　金銭の流用が行われている場合の募集などの禁止

平成26年金商法改正により，金融商品取引業者等は，集団投資スキーム持分（2条2項5号・6号に掲げる権利）または政令で定める一定の権利にかかる出資金などが，これらを充てて行われる事業に充てられていないことを知りながら，当該権利の募集・私募，売出し・特定投資家向け売付け勧誘等，募集・売出しの取扱いまたは私募・特定投資家向け売付け勧誘等の取扱い（2条8項7号～9号）を行ってはならない（40条の3の2，金商法施行令16条の7・1条の3）。

40条の3では，金融商品取引業者等において実際に分別管理が実施されていることを確認することまでは求められていないところ，本条により，金融商品取引業者等が，ファンド持分等に関し出資された金銭について出資対象事業に充てられていないことを知りながら，当該ファンド持分等の自己募集，募集等の取扱いを行うことが禁止される。

この規定に違反した場合，ファンド販売業者に対して業務改善命令などの行政処分の対象となりうる。

❖第9節❖　特定投資家向け有価証券の売買等の制限

金融商品取引業者等は，特定投資家向け有価証券について，一般投資家を相手方とし，または一般投資家のために，2条8項1号～4号および10号に掲げる行為を原則として行ってはならない（40条の4）。

本条は，一般投資家への特定投資家向け有価証券の流通を防止するために，金融商品取引業者等に対して同有価証券の販売・勧誘などを制限するものである。

「一般投資家」とは，特定投資家等，当該特定投資家向け有価証券の発行者その他内閣府令で定める者以外の者をいい，金商業等府令125条の2は，特定投資家向け有価証券の発行者のオーナー（一定の取締役など），親会社，役職員持株会などを一般投資家に含まれない者として規定している。

なお，特定投資家私募を行う前や特定取引所金融商品市場への上場前から有価証券を有している一般投資家（オーナー株主など）や相続などの事由により特定投資家向け有価証券を取得した一般投資家に対しては，売却の機会を確保する必要がある。そこで，当該特定投資家向け有価証券に関して開示が行われている場合（4条7項に規定する開示が行われている場合をいう。40条の5第1項において同じ），一般投資家に対する勧誘に基づかないで一般投資家のために売付けの媒介を行う場合その他投資者の保護に欠けるおそれが少ない場合として内閣府令で定める場合には当該制限の適用が除外される（40条の4ただし書）。

「内閣府令で定める場合」としては，勧誘に基づかない，一般投資家を相手方とした買付けや，一般投資家のために行う取引所金融商品市場における売付けに係る委託の媒介，取次ぎまたは代理，公開買付けに係る株券等の売付けなどが定められている（金商業等府令125条の3）。

❖第10節❖　特定投資家向け有価証券に関する告知義務

1　特定投資家向け有価証券の売付けなどに関する告知義務

金融商品取引業者等は，開示が行われている場合に該当しない特定投資家向け有価証券について，取得勧誘または売付け勧誘等を行うことなく売付けその他の政令で定める行為を行う場合には，その相手方に対して，内閣府令で定めるところにより，当該特定投資家向け有価証券に関して開示が行われている場合に該当しないことその他の内閣府令で定める事項を告知しなければならない（40条の5第1項）。

特定投資家向け有価証券に係る勧誘等については，勧誘等を行う者に対して所定の告知義務が課されているが（23条の13），本項は，金融商品取引業者等に対して勧誘を伴わない売付け行為を行う場合についても一定の告知義務を課すものである。

「売付けその他の政令で定める行為」としては，相対での売付けを行う場合や一定の買付けの媒介，取次ぎまたは代理を行うことを内容とする契約の締結などが定められている（金商法施行令16条の7の2）。

告知は，売付け行為や契約を締結するときまでに行う必要がある（金商業等府令125条の5第1項）。告知事項としては，(1)当該特定投資家向け有価証券が特定投資家向け有価証券であること，(2)当該特定投資家向け有価証券に関して開示が行われている場合に該当しないこと，(3)当該特定投資家向け有価証券の有価証券交付勧誘等について，4条3項・5項・6項の適用があること，(4)当該有価証券について過去に行われた特定投資家向け取得勧誘もしくは特定投資家向け売付け勧誘等に係る特定証券等情報が27条の31第2項もしくは4項の規定により公表されている場合または27条の32第1項～3項の規定により発行者等情報が公表されている場合にはその旨および公表の方法，(5)当該特定投資家向け有価証券の所有者に対し，27条の32の規定により発行者等情報の提供または公表が行われることが定められている（金商業等府令125条の5第2項各号）。

2　特定投資家向け有価証券取引契約に関する告知，書面交付義務

金融商品取引業者等は，特定投資家等から特定投資家向け有価証券取引契約（特定投資家向け有価証券に係る2条8項1号～4号および10号に掲げる行為を行うことを内容とする契約をいう）の申込みを初めて受けた場合には，当該申込みに係る特定投資家向け有価証券取引契約を締結するまでに，当該特定投資家等に対し，一定の事項を告知し，かつ，当該事項を記載した書面を交付しなければならない（40条の5第2項）。

特定投資家向け有価証券に係る取引は，法定開示とは別の方法による情報提供がなされることや一般投資家への譲渡が制限されることなどから通常の有価証券に係る取引とは異なる性質を有するため，本項は，金融商品取引業者等が特定投資家等と特定投資家向け有価証券取引契約に係る取引を初めて行う際に，当該特定投資家等に対する告知，書面交付義務を課すものである。

具体的な告知，記載事項は，(1)特定投資家向け有価証券の発行者は，金商法に別段の定めがある場合を除き，25条1項4号～10号に掲げる書類を提出する義務を負わないこと，(2)特定投資家向け有価証券の有価証券交付勧誘等について4条3項・5項および6項の適用があること，(3)特定投資家向け有価証券の

所有者に対し，27条の32第１項～３項の規定による発行者等情報の提供または公表が行われること，⑷金融商品取引業者等は，特定投資家向け有価証券について，金商法に規定する場合を除き，一般投資家を相手方とし，または一般投資家のために，売買の媒介，取次ぎまたは代理その他の２条８項１号～４号および10号に掲げる行為を行うことができないこと（40条の５第２項１号，金商業等府令125条の６第２項各号）や⑸特定投資家向け有価証券の取引を行うことがその知識，経験および財産の状況に照らして適当ではない者が特定投資家向け有価証券の取引を行う場合には，当該者の保護に欠けることとなるおそれがあることである（40条の５第２項２号）。

なお，40条の５第２項の規定による告知事項と，23条の13第３項または40条の５第１項の規定による告知事項とを１回の告知でまとめて告知することは，それぞれの規定の要件を満たす限り否定されるものではないと考えられるが，顧客に対する誠実・公正義務（36条）の観点から，投資家に対しわかりやすく告知を行う必要があると考えられる(166)。

また，40条の５第１項の規定による告知は金商法施行令16条の７の２各号に掲げる行為を行う都度行う必要があると考えられるのに対し，40条の５第２項の規定による告知は，特定投資家向け有価証券取引契約の申込みを初めて受けた場合にのみ行えば足り，初回の申込みに係る有価証券とは異なるものを対象とした場合であっても，または初回の申込みが特定上場有価証券を対象とした場合であっても，同項の規定による告知を行うことを要しないと考えられる(167)。

❖第11節❖　指定紛争解決機関との契約締結義務など（金融ADR制度）

平成21年金商法改正により，金融商品取引法，銀行法等の金融関連規制法が改正され，金融分野における苦情処理・紛争解決の新たな枠組み（金融ADR制度）が横断的に整備された。

---

(166)　平成20年12月パブコメ28頁No.３参照

(167)　平成20年12月パブコメ29頁No.６

金融ADR制度においては，苦情処理・紛争解決を実施する機関（指定紛争解決機関）を当局が指定し，監督する枠組みが設けられるとともに，苦情処理・紛争解決の実施に関する行為規制が金融機関等に課されている。一方で，指定紛争解決機関において実施される紛争解決手続については，時効の中断や訴訟手続の中止といった法的効果が認められている（156条の51・156条の52）。また，指定紛争解決機関の紛争解決手続による和解が成立した場合は，事故確認手続を要することなく，損失補填が例外的に認められている（39条3項ただし書，金商業等府令119条1項4号）。

金融ADR制度では，金融商品取引業者等が講じなければならない措置は，その行う業務の種別（①第一種金融商品取引業，②第二種金融商品取引業，③投資助言・代理業，④投資運用業，⑤登録金融機関業務の5つの種別）に関して指定を受けた指定紛争解決機関が存在するか否かで異なる。指定紛争解決機関が存在する場合は，指定紛争解決機関との間で手続実施基本契約を締結し，その利用が義務づけられる（37条の7第1項1号イ・2号イ・3号イ・4号イ）。その場合，金融商品取引業者等は，手続実施基本契約を締結した相手方である指定紛争解決機関の商号などを公表しなければならない（37条の7第2項）。

指定紛争解決機関が存在しない場合は，法令で定める一定の苦情処理措置および紛争解決措置を講じる必要がある（37条の7第1項1号ロ・2号ロ・3号ロ・4号ロ，金商業等府令115条の2。**図表6－11**参照）。苦情処理措置については，金融商品取引業者等が自前で措置を講じることも可能となっているが，紛争解決措置については，外部機関を利用する必要がある。また，苦情処理措置および紛争解決措置は，業者が行っている業務ごとにそれぞれ講じる必要がある。したがって，複数の業種にわたって業務を行っている業者の場合，自らが行っている各業務について措置を講じることが求められる。

図表6－11　法令で規定されている苦情処理措置・紛争解決措置

措置の内容		苦情処理措置	紛争解決措置
自前の体制整備	一定の経験を有する消費生活専門相談員等による従業員に対する助言・指導	○	－

	業務運営体制・社内規則の整備・公表，苦情申出先の周知	○	－
外部機関を利用した苦情処理・紛争解決の実施	金融商品取引業協会	○	○
	認定投資者保護団体	○	○
	国民生活センター，消費生活センター	○	○
	他の業態の指定紛争解決機関	○	○
	苦情処理・紛争処理業務を公正かつ適確に遂行できる法人	○	○
	認証紛争解決事業者	－	○
	弁護士会の仲裁センター等	－	○

❖第12節❖　のみ行為の禁止

平成24年金商法改正により，いわゆる総合的な取引所で取り扱われる商品に係る市場デリバティブ取引（商品関連市場デリバティブ取引）について，金融商品取引業者等によるのみ行為が禁止されている。

すなわち，金融商品取引業者等は，商品関連市場デリバティブ取引等（商品関連市場デリバティブ取引またはその委託の媒介，取次ぎもしくは代理）の委託を受けたときは，その委託に係る商品関連市場デリバティブ取引等をしないで，自己がその相手方となって取引を成立させてはならない（40条の６）。違反した者に対しては，刑事罰が科される（200条15号の２）。また，法人について両罰規定がある（207条１項６号）。

❖第13節❖　店頭デリバティブ取引に関する電子情報処理組織の使用義務等

平成24年金商法改正により，金融商品取引業者等に対して，店頭デリバティブ取引における電子情報処理組織の使用が義務付けられている。

すなわち，店頭デリバティブ取引を業として行う金融商品取引業者および登録金融機関は，内閣府令で定める店頭デリバティブ取引（特定店頭デリバティブ取引）を行う場合には，自己または他の金融商品取引業者等や，電子店頭デリバティブ取引等許可業者（60条の14第２項）が提供する電子情報処理組織を使用することが義務付けられる（40条の７第１項）。かかる電子情報処理組織を使用して行われた特定店頭デリバティブ取引の概要に関する事項は，当該電子情報処理組織を提供した者によって公表される（同条２項）。

第6章　投資助言業務・投資運用業・有価証券等管理業務に関する特則

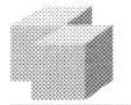

本章のサマリー

◇金商法には，金融商品取引業者等の業務に関する行為規制に関し，すべての金融商品取引業に適用のある共通の行為規制（通則）と，ある金融商品取引業にかかわる特則としての行為規制とが規定されている。本章では，投資運用業，投資助言業務，有価証券等管理業務の順でこれらの業務に関する行為規制のうち，金商法において特則として定められているものについて説明することとする。

❖第１節❖　投資運用業に関する行為規制の特則

1　忠実義務・善管注意義務

投資運用業を行う金融商品取引業者等（以下「投資運用業者」という）は，権利者のために忠実に投資運用業を行わなければならない（42条１項）。また，権利者に対し，善良な管理者の注意をもって，投資運用業を行わなければならない（同条２項）。

善管注意義務とは，伝統的な理解では，善良な管理者としての注意を尽くす義務であり，行為者の職業や社会的地位に応じて通常期待される程度の注意を尽くすべき義務をいうとされる。忠実義務とは，顧客の利益と自己または第三者の利益が抵触するような状態に自らを置くことによって意思決定が拘束されたり，さらに顧客の利益と抵触するような契約を締結してはならない義務とされる。また，これに加えて，投資運用業者は顧客に対して誠実・公正義務（36

条）も負っている。

権利者とは，⑴その資産の運用を委託した投資法人（42条1項1号），⑵投資一任契約の相手方（同号），⑶2条8項14号に掲げる行為を行う業務については，投資信託または外国投資信託の受益者（同項2号），および，⑷いわゆる自己運用（2条8項15号）を行う集団投資スキーム持分などの保有者（42条1項3号）と定義されている。

2　禁止行為

金商法では，投資運用業者の禁止行為を列記している。しかし，これらの列記された行為は特に利益相反などのおそれが高く，明示的に禁止するべき行為の列記にすぎず，金商法および内閣府令に列挙されていない行為であっても，忠実義務や善管注意義務に反する行為は禁止される。その意味で，忠実義務および善管注意義務を定めた42条は，包括規定として機能するものともいえる。

⑴　自己取引の原則禁止

自己または取締役もしくは執行役との間における取引を行うことを内容とした運用については，利益相反のおそれが特に高いことから，明文で禁止されている（42条の2第1号）。また，自己取引に類する行為として，自己の監査役（委員会設置会社にあっては監査委員），役員に類する役職にある者または使用人との取引を内容とした運用も内閣府令で禁止されている（42条の2第7号，金商業等府令130条1項1号）。ただし，形式的には自己取引に該当する行為であっても，投資者保護に欠け，取引の公正を害するなどのおそれがないものとして内閣府令で定められる場合には，本禁止規定は適用除外とされる。具体的には，以下の行為が金商業等府令において自己取引の禁止の適用が除外される行為として列記されている。

① 第一種金融商品取引業，第二種金融商品取引業または登録金融機関業務として，運用財産に係る有価証券の売買またはデリバティブ取引の取次ぎを行うことを内容とする運用を行うこと（金商業等府令128条1号）

② 個別の取引ごとにすべての権利者（権利者が登録投資法人の場合にはその

投資主とする）に当該取引の内容および当該取引を行おうとする理由の説明を行い，当該すべての権利者の同意を得たものであり，かつ，以下のいずれかに該当するものであること（同条２号）

(a)　取引所金融商品市場または店頭売買有価証券市場における有価証券の売買

(b)　市場デリバティブ取引または外国市場デリバティブ取引

(c)　前日公表されている最終の価格に基づき算出した価額またはこれに準ずるものとして合理的な方法により算出した価額により行う取引

(c)の「合理的な方法により算出した価額」とは，価格算定が恣意的なものではなく，商品属性に応じ，適切な市場慣行に従った合理的な算定根拠に基づく価格を意味するとされている[(168)]。実務上は，市場価格が存在しない未上場株式や集団投資スキーム持分に関して市場慣行に従った合理的な算定根拠に基づく価格とは何かという点が問題となる。たとえば，第三者評価機関の評価に基づき価額を算定するという対応が考えられよう。不動産信託受益権については，不動産鑑定士の評価に基づき価額を算出する方法も，(c)の「合理的な方法により算出した価額」に該当しうるものと解されている[(169)]。

③　自己運用（２条８項15号）であって，当該権利に係る契約に，以下の(a)・(b)の定めがあり，すべての権利者に当該取引の内容および当該取引を行おうとする理由の説明を行い，(a)の要件を満たす同意を得，かつ，上記②(a)～(c)のいずれかに該当するものであること（金商業等府令128条２号イかっこ書）

(a)　すべての権利者の半数以上（またはこれを上回る割合を定めた場合にあっては，その割合以上）で，かつ，すべての権利者の有する権利の４分の３以上（またはこれを上回る割合を定めた場合にあっては，その割合以上）に当たる多数の同意を得た場合には，自己取引を行うことができること

(b)　自己取引に同意をしない権利者に所定の権利買取請求権があること

自己運用規制の対象となる権利について，自己取引および後述の運用財産相

(168)　平成19年７月パブコメ429頁No.13など

(169)　平成19年７月パブコメ429頁No.14以下

互間取引の禁止の適用除外に関し，全権利者の同意を要件としていないのは，権利者全員の同意を得ない限りこれを行えないとすることは，かえって権利者の利益を損なうおそれがあるためであるとされている。

④　所管金融庁長官等の承認を受けた取引を行うことを内容とした運用を行うこと（金商業等府令128条３号）

投資運用業者が運用を第三者に委託している場合であって，当該委託先が自己取引に該当する運用を行おうとする場合には，当該委託先は，委託元の投資運用業者から当該自己取引について同意を取得するのみでは足りず，委託元の投資運用業者の背後にいる権利者から同意を取得する必要がある（42条の３第３項・42条の２第１号）[170]。また，集団投資スキーム持分についていわゆる全部委託の特例が適用される場合（定義府令16条１項10号）は，運用の全部委託を受けた者は，当該集団投資スキーム持分を有する者からの同意を取得する必要がある（同号ハ）。権利者が登録投資法人である場合も，投資主から同意を取得する必要がある（金商業等府令128条２号イ）。

一の集団投資スキーム運営者が複数のファンドを同時に運営する場合において，一方のファンド（Ａ）が他方のファンド（Ｂ）に対して出資をすると，ファンドＡの運営者はファンドＡの財産の運用として，自己が発行者であるファンドＢの持分を取得することとなる（**図表6－12**参照）。これは，自己との間における取引に該当する[171]。したがって，ファンドＡの出資者の同意を得るなど，自己取引が認められる例外要件に該当しない限り，かかる取引を行うことはできない。

投資運用業者が，顧客との間の投資一任契約に基づき，自らが委託者として設定した委託者指図型投資信託の受益権を取得するということが行われることがあるが，この場合も，投資信託の受益権の発行者は，当該投資信託の委託者である投資運用業者であるから，自己との間における取引の指図をすることとなる。したがって，投資一任契約の顧客の同意を得るなど，自己取引が認められる例外要件に該当しない限り，**図表6－12**に示した事例を自己取引に該当するとした理論からすれば，自己取引に該当し，かかる取引を行うことはできな

(170)　平成19年７月パブコメ427頁No.６・No.７参照
(171)　平成19年７月パブコメ426頁No.２参照

図表6－12　自己取引の事例

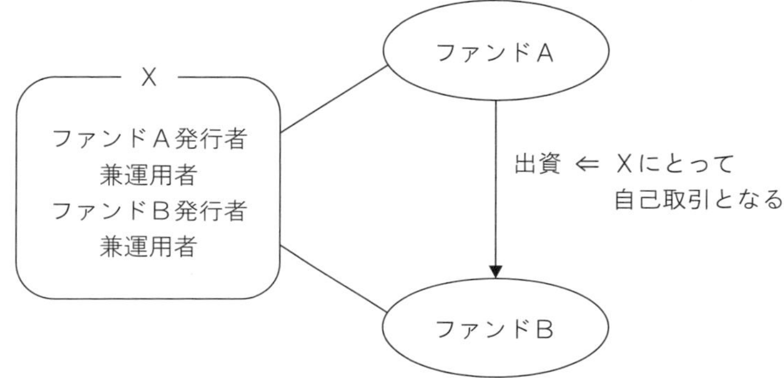

い。

なお，日本投資顧問業協会は，会員である投資運用業者または投資顧問業者の業務の運営に関し，自主ルールを設けており(172)，かかる自主ルールは，利益相反が生じる可能性のある取引に広く適用される。

⑵　運用財産相互間取引

投資運用業者が運用する財産相互間における取引を行うことを内容とした運用についても，利益相反のおそれが特に高いことから，明文で禁止されている（42条の２第２号）。ただし，自己取引と同様，運用財産相互間取引についても以下の適用除外行為が内閣府令（金商業等府令129条）に列記されている。

① ⒜一の運用財産の運用を終了させるため，⒝解約金や払戻金の支払いに応ずるため，⒞投資対象とする資産の保有額などの制限を超えることを避けるために行うものであるとき，または，⒟双方の運用財産について運用方針などに照らして当該取引を行うことが必要かつ合理的と認められる場合における一定の取引（同条１項１号・２項）

⒟の「必要かつ合理的と認められる場合」とはどのような場合かについては，金商業者監督指針Ⅵ-2-2-1(2)③・Ⅵ-2-3-1(2)③・Ⅵ-2-5-1(2)③などにその解釈の指針が定められているとともに，これに該当する例の例

(172)　日本投資顧問業協会「業務運営にあたり留意すべき基準について」参照

示もされている。もっとも，当該監督指針において示されている例は，例示にすぎず，これに該当しないものであっても(d)に該当する可能性はある。また，(d)における「一定の取引」とは，「対象有価証券売買取引等」として金商業等府令129条2項に該当する取引が列挙されている。対象有価証券売買取引等に含まれるのは，上場有価証券，店頭売買有価証券，指定外国金融商品取引所に上場されている有価証券，および非上場の有価証券のうち所定のもの（社債券，グリーンシート銘柄の株券，投資信託受益証券，投資証券など）の売買，ならびに市場デリバティブ取引，外国市場デリバティブ取引であって，公正な価額（金商業等府令129条3項）により行うものをいう。

② すべての権利者[(173)]の同意を受けて行う場合であって，(1)②(a)〜(c)のいずれかに該当する取引（金商業等府令129条1項2号）

③ 集団投資スキームの自己運用（2条8項15号）において，自己取引の禁止の適用除外である(1)③の「自己取引」を「運用財産相互間取引」に読み替えた要件を満たす取引（金商業等府令129条1項2号）

④ 適格機関投資家等特例業務についても，投資運用業者に適用される行為規制の一部が準用されることとなったことに伴い，いわゆるベンチャーファンド特例（金商法施行令17条の12第2項に掲げる要件に該当するもの）に該当するファンドについては，法改正前の取引実態等を踏まえつつ，成長資金の供給といった役割があることにも鑑み（金融審議会投資運用等に関するワーキング・グループ報告「投資家の保護及び成長資金の円滑な供給を確保するためのプロ向けファンドをめぐる制度のあり方について」（平成27年3月3日），衆議院財務金融委員会附帯決議（平成27年5月15日），参議院財政金融委員会附帯決議（平成27年5月26日）），適格機関投資家等特例業務に関する契約の締結前に，運用財産相互間取引を行う要件の内容を説明し，取引に係る双方のファンドそれぞれの全権利の3分の2（これを上回る割合を定めた場合にあっては，その割合）以上の同意を取得し，公正な価額で取引を行うこととしつつ，その運用財産相互間取引に同意をしない権利者に対する買

(173)　ここで同意を取得すべき者の範囲については，(1)の自己取引に関する同意の相手方に関する記述が同様にあてはまる。

取請求権の付与を義務づけないこととしている（金商業等府令129条１項３号・３項）。なお，公正な価額の要件については未上場株式等市場価格が存在しないもの（ただし，不動産の鑑定評価は不動産鑑定士が行うことが法定されていることを踏まえ，不動産信託受益権を除く）については，当該取引を行う前に取引価額の算出方法を説明することを条件に，適用されない（金商業等府令129条１項４号）。

⑤　所管金融庁長官等の承認を受けた取引を行うことを内容とした運用を行うこと

⑶　いわゆるスキャルピング行為

特定の金融商品，金融指標またはオプションに関し，取引に基づく価格，指標，数値または対価の額の変動を利用して自己または権利者以外の第三者の利益を図る目的をもって，正当な根拠を有しない取引を行うことを内容とした運用についても，利益相反のおそれが高いことから，明文で禁止されている（42条の２第３号）。

ここで禁止されるのは，正当な根拠を有しない運用であるから，理論的には，正当な根拠を有する運用であればこの禁止に該当しないこととなる。しかし，本禁止行為の文言に形式的に該当しないとしてもかかる取引を行おうとする場合には，忠実義務および善管注意義務に抵触するおそれがあることに留意が必要であろう。

⑷　通常の取引の条件と異なる取引

通常の取引と異なる条件で，かつ，当該条件での取引が権利者の利益を害することとなる条件での取引を行うことを内容とした運用を行うことが禁止される（42条の２第４号）。本号の禁止に該当する行為については，権利者の同意を得たとしても禁止が解除されない[(174)]。

(174)　平成19年７月パブコメ435頁No.46など

⑸　運用として行う取引に関する情報を利用した自己の計算における取引

投資運用業者は，運用として行う取引に関する情報を利用して，自己の計算において有価証券の売買その他の取引またはデリバティブ取引（以下「有価証券の売買その他の取引等」という）を行うことが禁止される（42条の2第5号）。

投資運用業者が，自らが権利者のために運用を行う資産と同一の投資対象に対する投資（いわゆる並行投資，co-investment）を行うことがあり，その多くが顧客との契約上の義務の履行として行われる。本号の「利用」の意味するところによっては，権利者のための運用として投資を行う投資対象に対して自らも投資をする並行投資はこれに抵触することとなってしまう。この点に関し，金融庁は，パブコメ回答において個別事例ごとに運用に関する取引情報を「利用」した取引であるかどうかが判断されるべきとしつつも，いわゆる「並行投資」が一律に禁止されるものではないと考えられる旨述べている(175)。実務上，「取引に関する情報を利用して」の「利用」は限定的に解釈し，単に情報を知っていたというだけである場合や顧客との契約上の義務に基づいて並行投資をする場合で運用として行う取引の情報の利用が当事者間で想定または許容されている場合など，利益相反的な要素がない場合には，本号にいう「利用」には該当しないと解するべきであろう。

なお，投資運用業者がファンドから運用を受託するのと同時にまたはその前後に行うセームボート出資（自らが運用を受託するファンドに対して投資を行うこと。以下「セームボート出資」という）についても，運用として行う取引があらかじめ定まっている場合や，セームボート出資がファンドの運用開始後に行われるような場合には，本号に抵触しないかが問題となる。しかし，上記の解釈を前提とすれば，かかる取引がただちに禁止に抵触するということにはならないと考えられる。

本号については，権利者の同意がある場合が禁止の例外として規定されていない以上，権利者の同意があったとしても本号に該当する行為は禁止されると考えられる。これは，権利者の同意が禁止の例外として定められていない他の禁止行為についても同様である。

---

(175)　平成19年7月パブコメ435頁No.48など

⑹　損失補塡等の禁止

投資運用業者は，原則として権利者に対する損失補塡および利益追加行為（以下「損失補塡等」という）が禁止される。具体的には，運用財産の運用として行った取引により生じた権利者の損失の全部もしくは一部を補塡し，または運用財産の運用として行った取引により生じた権利者の利益に追加するため，当該権利者または第三者に対し，財産上の利益を提供し，または第三者に提供させることが禁止されている（42条の２第６号）。顧客を勧誘する際の損失補塡の約束は，38条の２第２号で禁止されており，本号が禁止するのは，実際の損失補塡または利益追加行為である。損失補塡等が禁止される趣旨は，投資家の投資判断における自己責任の原則の確保，事後的な損失の補塡であっても投資者を安易な投資判断に誤導する危険性があることおよび，投資顧問業者の健全経営の確保にあるとされている[176]。なお，42条の２第６号における損失補塡等の禁止は，旧投資顧問業法において認可投資顧問会社（投資一任会社）に損失補塡等を禁止する規定が置かれていたのを受け継いで規定されている。

本号は，「事故」の場合には例外的に損失補塡等を認めている。投資運用業者による損失補塡等が認められる「事故」とは，投資運用業に関する過失，電子情報処理組織の異常による事務処理ミス，任務懈怠または法令もしくは契約違反のいずれかにより，権利者が損失を被った場合と規定されている（金商業等府令118条２号）。

投資運用業者が事故による権利者の損失の全部または一部を補塡する場合には，39条３項の第一種金融商品取引業者等による事故の場合の損失補塡の場合と異なり，当局による事故確認の手続に関する定めはなく，法令上は事故確認の手続は求められていない[177]。ただし，実務上は，事故に該当するか否かが必ずしも明白ではない場合も多いため，必要に応じて，投資運用業者の個別判断により当局に対して事故を報告し，その対応について相談することもありうるであろう。また，事故の中でも投資運用業者の役職員の故意によるものまたは法令違反があった場合には，当局に対する届出が求められている（金商業等府令199条７号）。

---

(176)　神崎ほか・金商法864頁など

(177)　平成19年７月パブコメ424頁No.６～No.９

また，公社債投資信託（計算期間が1日のものに限る）であって，権利者と金融商品取引業者等との間で行われる有価証券の売買その他の取引に係る金銭の授受の用に供することを目的としてその受益権が取得され，または保有される投資信託（具体的にはMRF）の元本に生じた損失の全部または一部を補填する場合にも，損失補填等の禁止は適用されない（金商業等府令129条の2）。ただし，損失補填等が禁止されないことによりMRFの安定運用や投資信託委託会社等の健全性を害する事態とならないよう，MRFの運用に当たっては，投資信託協会自主規制規則「MMF等の運営に関する規則」に定めるMRFの安定運用のための投資制限を遵守していることが求められている（金商業者監督指針Ⅵ-2-3-1(1)⑦）。

(7)　その他投資者の保護に欠け，もしくは取引の公正を害し，または金融商品取引業の信用を失墜させるものとして内閣府令で定める行為

42条の2第7号に基づき，金商業等府令130条には，上記に加え，以下の投資運用業者の禁止行為が列挙されている。なお，⑫以下は，AIJ投資顧問株式会社の事案を踏まえた平成25年の内閣府令の改正により追加されたものである。かかる金商業等府令の改正において，金商業等府令123条1項に投資一任業者に適用される体制整備などに関する規定が追加された。第4章参照。

①　自己の監査役など，役員に類する役職にある者・使用人との取引を内容とした運用であって，上記の自己取引の禁止の適用除外の要件を満たさないもの（同条1項1号）

これは自己取引と同様，類型的に利益相反のおそれが高い取引であり，実質的には自己取引と変わらないことから，禁止される。

②　自己または第三者の利益を図るため，権利者の利益を害する取引を内容とした運用（同項2号）

③　第三者の利益を図るため，運用方針・運用財産額・市場状況に照らして不必要な取引を内容とした運用（同項3号）

④　他人から不当な取引制限その他の拘束を受けた運用（同項4号）

⑤　有価証券の取引などについて，不当に取引高を増加させ，または作為的

に値付けすることを目的とした取引を内容とした運用（同項５号）

⑥　第三者の代理人となって当該第三者との取引を内容とした運用（第一種金融商品取引業者などの行為に関する例外あり）（同項６号）

⑦　運用財産の運用に関し，取引の申込みを行った後に運用財産を特定すること（同項７号）

これは，どの運用財産のために取引を行うかを決めずに取引の申込みを行い，取引の成立後に，運用財産を特定することを認めると，権利者の利益が害されるおそれがあることから禁止されている。複数の運用財産について，銘柄，売買の別を同一にする注文を一括して発注（以下「一括発注」という）し，その約定内容を銘柄ごと・売買別に合算した後に，投資運用業者があらかじめ定めた配分基準などにより各運用財産への約定配分を行うことは認められるが，これはあらかじめ定めた配分基準などにより約定配分を行うことから，取引の申込みの時点において，約定結果ごとに各運用財産への約定配分が定められており，取引の申込み後に特定した場合には該当しないと解されるからである。なお，一括発注により取引を行う場合には，顧客・運用財産間の公平を確保するために必要な態勢整備が求められている（金商業者監督指針Ⅵ-2-2-1(2)②・Ⅵ-2-3-1(2)②・Ⅵ-2-5-1(2)②など）。

⑧　公募投資信託の運用財産に関し，金利などの指標に係る変動その他の理由により発生しうる危険に対応する額としてあらかじめ金融商品取引業者等が定めた合理的な方法により算出した額が当該運用財産の純資産額を超えることとなる場合において，デリバティブ取引を行い，または継続することを内容とした運用（金商業等府令130条１項８号・２項）

これは，公募投資信託の信託財産の運用として行うデリバティブ取引について，たとえば統計的手法を用いることにより，将来において一定の確率の下で生じうる最大損失額を算出することにより，適切なリスク管理を行うよう求める規定であるとされている。したがって，「発生しうる危険に対応する額」とは，デリバティブ取引により発生した評価損ではなく，新たに発生しうる損失を指しているとされる[178]。

---

(178)　平成19年７月パブコメ438頁No.63など

⑨　公募投資信託の運用財産に関し，信用リスクを適正に管理する方法としてあらかじめ金融商品取引業者等が定めた合理的な方法に反することとなる取引を行うことを内容とした運用（金商業等府令130条１項８号の２・２項）

⑩　関係外国法人等[179]など（金商業等府令130条１項９号イ・ロ）が有価証券の引受けなどを行っている場合において，取得・買付申込額（当該者が法２条６項３号に掲げるものを行っている場合にあっては，同号に規定する新株予約権を取得した者による当該新株予約権の行使）が予定額に達しないと見込まれる状況下で，その要請を受けて，当該有価証券（当該者が同号に掲げるものを行っている場合にあっては，当該新株予約権の行使により取得される有価証券）を取得し，または買い付けることを内容とした運用（金商業等府令130条１項９号）

⑪　運用権限の委託を行う場合において，委託を受けた者が権限の全部の再委託および再々委託をしないことを確保するための措置を講じていない権限の一部再委託をしないことを確保するための措置を講ずることなく，当該委託を行うこと（同項10号）

本号に関しては，運用の再委託に関する■**3**において詳述する。

⑫　取引決済のため顧客から金銭・有価証券を自己名義の口座に預託を受ける場合において，当該取引決済以外の目的で当該口座を利用し，または取引決済のため必要な期間を超えて当該口座に滞留させること（同項11号）

■**5**記載のとおり，投資一任業務等を行う投資運用業者は，原則として顧客から金銭または有価証券の預託を受け入れることが禁止されているが，その行う投資運用業に関し，顧客のための取引の決済のために必要なときは例外的に顧客から金銭または有価証券の預託を受けることができる（42条の５ただし書）。本規定により，かかる場合に投資一任業務等を行う投資運用業者が取引決済以外の目的で当該口座を利用することなどが禁止される。

⑬　厚生年金基金が法令上の分散投資義務に違反するおそれがあることを知った場合において，当該厚生年金基金に対し，その旨を通知しないこと

(179)　国内に営業所などを有しない外国法人その他の団体であって，金商法施行令15条の16第１項各号または同条２項各号のいずれかに該当するものをいう。

（金商業等府令130条１項12号）[180]

⑭　厚生年金基金から，法令に違反し，運用財産の運用として特定の金融商品を取得させることその他の特定の取引に関する指図（「個別指図」）を受けた場合において，これに応じること（同項13号）

⑮　積立金の運用に関して，厚生年金基金に対し，不確実な事項について断定的判断を提供し，または確実であると誤解させるおそれのあることを告げること（同項14号）

⑯　投資一任契約に係る運用財産の管理について権利者（特定投資家を除く）が信託会社等への信託をする場合において，当該運用財産の運用に関し，投資運用業者が対象有価証券[181]について第三者によるチェックを有効に機能させるための措置として所定の要件（金商業等府令130条１項15号に掲げる要件）を満たすことなく，当該対象有価証券の取得または買付けの申込みを行うこと（同号）[182]

AIJ投資顧問株式会社が，運用を受託していた年金資産に関し，顧客に虚偽の説明・報告を行い，運用資産の大部分を消失させたとされる事案で明らかになった問題への対応策として平成25年に行われた内閣府令の改正には，(1)運用資産に対する第三者のチェック機能の強化を図るため，投資一任業者が受託資産（国内の信託銀行に信託されているものに限る）に一定のファンドを組み込む場合受託資産を一定のファンドに投資した場合の基準価額の突合せにかかる仕組みの導入の義務付け（金商業等府令123条１項29号・130条１項15号，金商業者監督指針Ⅵ-2-2-1(1)），(2)各種法定書面（投資一任契約に係る契約締結前交付書面，運用報告書および事業報告書））の記載事項の拡充等（金商業等府令96条・107条・134条など），(3)行為規制の新設に大別できる。上記⑫〜⑭は，(3)の行為規制の新設に関するものであり，行為規制の新設としてはほかに，投資一任契約の締結の媒介の委託を受けている投資助言・代理業者に対し，一定の利益相反

(180)　投資一任業者による厚生年金基金に対する説明体制の整備（金商業等府令123条１項28号）については，第４章参照。

(181)　金商業等府令130条３項１号の要件を満たす投資信託の受益証券，および指定外国金融商品取引所（金商法施行令２条の12の３第４号ロ）に上場されている有価証券をいう。

(182)　権利者に運用報告書を交付した後の信託会社等への通知義務（金商業等府令123条１項29号）については，第４章参照。

のおそれがある場合の告知義務（金商業等府令117条１項34号，第４章参照），投資一任契約の相手方である厚生年金基金（特定投資家を除く）の知識・経験等に応じたリスク説明等の体制整備（同府令123条１項28号）が含まれる。

実務のポイント・6－12

◆投資一任性

金商業者監督指針Ⅵ-2-2-5(6)③では，投資一任業者およびその関係会社が設定または運用するファンドを「自社系ファンド」とし，自社系ファンドの取得等について厚生年金基金から指図を受けることは，個別指図の禁止に抵触しないとされている。これに関連し，自社系ファンドへの投資については，運用ガイドラインや契約書などに明記することも許容されることが明確にされている（上記監督指針およびAIJ投資顧問株式会社の事案に関連して行われた内閣府令の改正に関するパブリックコメントの回答（「「金融商品取引業等に関する内閣府令」等改正案に対するパブリックコメントの結果等について」」（平成24年12月13日公表）中，「コメントの概要及び金融庁の考え方について」）57頁No.258など）。他方で，厚生年金基金が投資運用業者の自社系以外のファンド（以下「他社系ファンド」という）を指定して取得等の指図を行う場合，投資一任業者が当該指図に応じることは，基本的に金商業等府令130条１項13号違反に該当するとの見解が示されている（上記パブリックコメント54頁No.247など）。そして，運用ガイドラインや契約などに他社系ファンドの取得に関して，そのファンドを組み入れることが合意内容となり，投資一任業者を拘束するような態様で記載がされる場合には，かかる記載は同号にいう「個別指図」に該当するものとされている（上記パブリックコメント55頁No.248など）。つまり，上記改正において，自社系ファンドと他社系ファンドについて，異なった解釈となることが明示されているといえる。言い換えると，投資一任業者が，投資一任契約の勧誘に際して自社系ファンドの説明を行い，自社系ファンドに投資することを前提として投資一任契約を締結し，当該自社系ファンドに投資する旨を契約に明記することも認められることが明らかとなった。他方，他社系ファンドに関しては，投資一任契約に基づき特定の他社系ファンドに投資することに合意することは個別指図に該当し，当該個別指図に基づいた運用は禁止されることから，投資一任業者としてはより一層の注意が必要である。

上記のほか，(1)厚生年金基金から特定の銘柄の有価証券の取得の禁止に関する指図を行うこと，(2)厚生年金基金から１銘柄または１業種に対する投資比率制限等の運用方針に関する指図を受けた場合にこれに応じること，および(3)投資一任業者が投資一任契約の勧誘に際し，当該契約の締結後に当該契約に基づき特定の銘柄のファンドを投資対象とする方針である場合において，厚生年金基金に交付する契約締結前交付書面に当該ファンドについて記載し，説明する行為については同号の個別指図に基づく運用の禁止に抵触しない旨が明らかにされている（金商業者監督指針Ⅵ-2-2-5(4)③）。

なお，個別のファンドに関する情報提供については，上記とは別に，個別の有価証券を勧誘するものとして第一種金融商品取引業ないし第二種金融商品取引業に該当しないかも問題となる。前記パブリックコメント回答においても，個別事例毎に実態に即して実質的に判断されるべきとされており，自社系ファンドについても第一種金融商品取引業ないし第二種金融商品取引業に該当するリスクがないわけではない。したがって，実際に顧客への説明や情報提供を行うに際しては，実質的に個別のファンドの販売勧誘を行うものとなっていないかとの観点からも対応を検討する必要がある。

3　運用権限の委託

(1)　運用権限の委託に関する定め

投資運用業者は，権利者との契約などに内閣府令で定める事項（金商業等府令131条）の定めがある場合には，権利者のために運用を行う権限の全部または一部を他の投資運用業者その他の政令で定める者に委託することができる(42条の３第１項)。内閣府令で定める事項の定めをすることを要する権利者との契約その他の法律行為とは，投資一任契約，投資法人との資産運用委託契約，投資信託に係る信託契約，集団投資スキームなどの自己運用規制の適用がある権利に係る契約[(183)]その他の法律行為をいう。そして，それらの契約その他の法律行為において定めるべき事項とは，①権利者のため運用を行う権限の全部または一部の委託をする旨（当該委託に係る権限の一部をさらに委託するものを含む）およびその委託先の商号または名称（当該委託先が適格投資家向け投資運用業を行うことにつき29条の登録を受けた金融商品取引業者であるときは，その旨を含む)，②委託の概要，③委託に係る報酬を運用財産から支払う場合には，当該報酬の額（あらかじめ報酬の額が確定しない場合においては，当該報酬の額の計算方法）および④再委託が行われる場合については，再委託についての①～③に関する事項とされている（金商業等府令131条)。なお，運用の委託に関して契約などにおいて定める事項のうち，③については，委託に係る報酬が運用財産から支払われない場合には，委託に係る報酬の額の記載は要件ではない。投資運用業者が，権利者または運用財産から支払われる運用報酬の一部を運用の委託先に支払う場合がこれに該当する。

また，投資運用業者は，運用権限の委託を行う場合において，委託を受けた

(183)　集団投資スキームの形態により異なるが，組合契約その他の集団投資スキームに関する出資および出資された財産の運用について定められた契約をいう。

者が「権限の全部の再委託」および「再々委託をしないことを確保するための措置を講じていない権限の一部再委託」をしないことを確保するための措置を講ずることなく，当該委託を行うことが禁止されている（金商業等府令130条１項10号）。この「措置」については，運用権限の委託の場合と異なり，契約において定めることが要件とされていないため，委託契約などに定めを置くことのほか，委託先への指導によりこれを行うことで権限の一部の再委託先からのさらなる委託（以下「再々委託」という）などが行われないことを確保することも認められると解される[184]。

なお，投資運用業者は，すべての運用財産について，その運用に係る権限の全部を第三者に委託することはできない（42条の３第２項）。

⑵　運用権限を委託できる第三者

投資運用業者が運用を委託することができる者は，投資運用業者または外国の法令に準拠して設立された法人で外国において投資運用業を行う者（投資助言・代理業以外のものについて29条の登録を受けた者を除く）である（金商法施行令16条の12）。

42条の３が適用されて委託先が制限されるのは，当該委託が投資運用権限の委託に該当する場合である。投資運用権限の委託とは，有価証券またはデリバティブ取引に対して投資運用を行う権限を意味することから，有価証券またはデリバティブ取引以外の資産（たとえば現物不動産，金銭債権や通貨など）に対して投資運用を行う権限はこれに含まれない。また投資運用権限に付随するものであっても，運用報告書の作成事務や議決権の代理行使の実施事務などの事務的業務は，投資運用権限に含まれない。ただし，運用財産に係る議決権行使指図については，権利者に対する受託者責任を果たすものとして，実質的に投資運用権限に含まれるとの解釈が示されている[185]。

投信法にも，運用権限の委託先に関する規定が置かれているが，投信法は，委託者指図型投資信託および委託者非指図型投資信託に係る運用委託先全般（すなわち，有価証券またはデリバティブ取引以外の資産に対する投資運用を含む）

---

(184)　平成19年７月パブコメ439頁No.66など
(185)　平成19年７月パブコメ440頁No.４

を規制している。投資信託の運用委託先は，①上記の金商法に基づき運用権限を委託することができる者および②信託会社等（有価証券またはデリバティブ取引に係る権利以外の資産のみに対する投資に関する運用指図の委託に限る）に加え，③商品現物または商品投資等取引に係る運用指図に関しては，商品投資顧問業者または商品投資顧問業者に相当する外国法人に対しても委託ができる（投信法施行令２条・４条）。なお，信託会社等および投資運用業者（投資信託財産等を商品投資により運用する場合及びその運用財産の運用上生じた余裕金を商品投資により運用する場合に限る）が商品現物または商品投資等取引に係る権利に係る運用指図を行う場合には，商品投資顧問業の許可を受けることは不要と考えられる（商品ファンド法40条２項）[186]が，たとえば投資運用業者の場合には，金商法上の届出（35条３項）または承認（同条４項）が必要となる。第５編第１章第３節■４参照。

⑶　運用委託先などの責任

金融商品取引業者が第三者に運用を委託した場合，当該運用委託先は，権利者に対して忠実義務（42条１項）および善管注意義務（同条２項）を負い，また■２の禁止行為の規定は，いずれも当該運用委託先にも適用される（42条の３第３項）。他方，運用委託先から再委託が行われる場合には，再委託先は，権利者に対して直接忠実義務や善管注意義務を負わず，また■２の禁止行為の直接適用はない。ただし，投資運用業者およびその運用委託先は，権利者に対する忠実義務および善管注意義務を負うことから，再委託先の選任・監督について責任を負うものと考えられる[187]。したがって，再委託先が禁止行為に該当する取引を行うことを禁止することも含め，再委託先が権利者の利益を害する行為をしないように確保するために必要な措置を講ずる必要があろう。

---

(186)　高橋洋明ほか「改正金融商品取引法関係府令の解説（４・完）ETFの多様化，銀行等の業務範囲の拡大等に関する政府令の概要」旬刊商事法務1857号31頁（2009）

(187)　平成19年７月パブコメ439頁No.69

4　分別管理義務

自己運用業務（2条8項15号に掲げる行為を行う業務）を行う投資運用業者は，当該自己運用業務に関して，内閣府令で定めるところにより，運用財産と自己の固有財産および他の運用財産とを分別して管理しなければならない（42条の4，金商業等府令132条）。これは，自己運用を行う場合には，投資運用業者が集団投資スキーム持分などを有する者から出資などを受けた金銭などを運用することから，投資者保護の観点から分別管理義務を定めたものである。なお，42条の5の金銭または有価証券の預託の受入れなどの禁止の規定や42条の6の金銭または有価証券の貸付けなどの禁止の規定は，投資運用業者が行う自己運用業務に関しては適用されない。

5　金銭などの受入れなどの禁止，金銭などの貸付けなどの禁止

2条8項12号の投資一任契約に係る業務および投資法人資産運用業（以下「投資一任業務等」という）を行う投資運用業者は，その行う投資一任業務等に関し，原則として，顧客から金銭もしくは有価証券の預託を受け，または当該金融商品取引業者等と密接な関係を有する者として政令で定める者（金商法施行令16条の10）に顧客の金銭もしくは有価証券を預託させてはならない（42条の5）。また，原則として，その行う投資一任業務等に関して，顧客に対し金銭もしくは有価証券を貸し付け，または顧客への第三者による金銭もしくは有価証券の貸付けにつき媒介，取次ぎもしくは代理をすることを禁止されている（42条の6）。これは，旧投資顧問業法において，投資顧問業者による悪質な投資被害の一因であるこれらの行為が禁止されていたことから[(188)]，かかる禁止を踏襲したものである。そして，この禁止は投資一任業務等に関して適用されるものであるので，投資信託委託業（2条8項14号）や自己運用業（同項15号）に関しては適用されない。

金銭または有価証券の預託の受入れなどの禁止は，当該行為を有価証券等管

(188)　投資顧問業関係法令研究会・前掲注(153)93頁・98頁など

理業務として行う場合，信託兼営金融機関である登録金融機関が信託業務として行う場合，および，預金，貯蓄または定期積金などの受入れを行う場合には，適用除外とされている（42条の５，金商法施行令16条の９）。また，投資一任業務を行う投資運用業者は，その行う投資運用業に関し，顧客のための取引の決済のために必要なときは，例外的に顧客から金銭または有価証券の預託を受けることができる（42条の５ただし書）。

金銭または有価証券の貸付けなどの禁止（42条の６）は，信用取引に付随して貸し付ける場合，他の金融商品取引業者が信用取引に付随して行う貸付けの媒介などを行う場合，第一種金融商品取引業または信託兼営金融機関である登録金融機関が一定の貸付けなどを行う場合，金融商品仲介業者である金融商品取引業者が一定の貸付けの媒介などを行う場合（42条の６ただし書，金商法施行令16条の13），および投資運用業者が資産の運用を行う登録投資法人への金銭または有価証券の貸付けの媒介または代理を行う場合（金商業等府令133条）には，適用除外とされている。

なお，顧客からの金銭などの受入れなどの禁止，金銭などの貸付けなどの禁止は，顧客が特定投資家である場合には，適用されない（45条）。

6　運用報告書の交付義務

投資運用業者は，運用財産について，内閣府令で定めるところにより（金商業等府令134条），投資一任契約に係る権利者が厚生年金基金または国民年金基金の場合には３カ月に１回以上，その他の場合には６カ月に１回以上ごとの定期に運用報告書を作成し，当該運用財産に係る知れている権利者に交付しなければならない（42条の７，金商業等府令134条３項・４項）。ただし，運用報告書を権利者に交付しなくても権利者の保護に支障を生ずることがない場合として内閣府令で定める場合（金商業等府令134条５項）は，運用報告書の交付を要しないものとされている。この内閣府令で定める運用報告書の交付を要しない場合とは，⑴権利者の同居者が確実に運用報告書の交付を受けると見込まれる場合であって，かつ，当該権利者が当該運用報告書の交付を受けないことについてその基準日までに同意している場合（当該基準日までに当該権利者から当該運用報告書の交付の請求があった場合を除く)，⑵運用財産に係る受益証券が特定投資家向け有価証券に該当する場合であって，運用報告書に記載すべき事項に係る情報が所定の方法により提供され，または公表される場合（当該受益証券にかかる契約などにおいて運用報告書が交付されない旨などの定めがある場合に限る)，および⑶他の法令の規定により，６カ月に１回以上，運用財産に係る知れている権利者に対して運用報告書に記載すべき事項を記載した書面が交付され，または当該事項を記録した電磁的記録が提供される場合とされている。

なお，投資信託に関しては，投信法に固有の運用報告書交付義務に関する規定が置かれており（投信法14条１項)，金商法上の運用報告書交付義務の適用は除外されている（投信法14条４項ただし書)。

自己運用業務を行う投資運用業者は，当該自己運用業務に関して，運用報告書を作成したときは，遅滞なく，これを内閣総理大臣に届け出なければならない。ただし，一の運用財産の権利者の数が499以下である場合（金商法施行令16条の14)，および自己運用の対象となっている運用財産に係る２条８項15号イ～ハに掲げる権利について，運用報告書に記載すべき事項が記載されている有価証券報告書を提出しなければならない場合は，届出義務が適用除外とされている（42条の７第３項，金商業等府令135条)。この届出義務は，開示規制の対象とならないいわゆる事業型ファンドについて，開示規制における継続開示義務に代替する義務を定めたものと位置付けられる（発行開示義務に代替する義務は37条の３第３項で定められている)。なお，自己運用業を行う者が適格機関投資家等特例業務の届出者であり，当該特例業務届出者から投資一任業者が集団投資スキーム財産の運用の委託を受けている場合には，投資一任業者は顧客である特例業務届出者に対して運用報告書を交付する義務を負うが，自己運用業を行う投資運用業者ではないため，運用報告書の内閣総理大臣に対する届出義務はない。

運用報告書の作成・提出義務に関する本条は，顧客が特定投資家である場合には，適用されない（45条)。

運用報告書の不交付や虚偽記載等については罰則がある（198条２号の４，投資信託委託会社による運用報告書の虚偽記載等については投信法239条２号・248条)。

❖第２節❖　投資助言業務に関する行為規制の特則

1　忠実義務・善管注意義務

投資助言業務を行う金融商品取引業者（以下「投資助言業者」という）も，投資運用業者と同様，顧客に対して忠実義務および善管注意義務を負う（41条）。

2　禁止行為

投資助言業者は，投資助言業務に関して以下の行為を行うことを禁止されている（41条の２）。なお，それぞれの禁止行為に係る論点で投資運用業者に係る禁止行為と同種のものについては，第１節■**2**の投資運用業者に係る禁止行為に関する項を参照されたい。

⑴　特定の顧客を害することとなる顧客相互間取引の助言（１号）

⑵　自己または第三者の利益を図る目的をもってする正当な根拠を有しない助言（いわゆるスキャルピング行為。２号）

投資助言業者は，特定の有価証券に関し，助言を受けた顧客の売買に基づく価格の変動を利用して自己または当該顧客以外の第三者の利益を図る目的をもって，正当な根拠を有しない助言を行うことが禁止される。この禁止の趣旨は投資運用業者にスキャルピング行為が禁止されているのと同様である。

⑶　通常の取引の条件と異なる取引（３号）

投資助言業者は，通常の取引と異なる条件で，かつ，当該条件での取引が顧客の利益を害することとなる条件での取引を行うことを内容とした助言を行うことを禁止される。

⑷　顧客の運用情報を利用した自己の計算における取引（４号）

投資助言業者は，助言を受けた顧客が行う取引に関する情報を利用して，自己の計算において有価証券の売買その他の取引等を行うことが禁止される。いわゆる並行投資やセームボート出資が禁止される趣旨ではないと考えられることについては，投資運用業者の場合（第1節■2(5)）と同様である。

(5)　損失補填等の禁止（5号）

投資助言業者は，その助言を受けた取引により生じた顧客の損失の全部または一部を補填し，またはその助言を受けた取引により生じた顧客の利益に追加するため，当該顧客または第三者に対し，財産上の利益を提供し，または第三者に提供させることが禁止される。ただし，事故により顧客に損失が生じた場合には，かかる損失を補填等することができる。事故の意義については第1節■2(6)を参照されたい。また，顧客の勧誘に際して損失補填を約する行為は，別途禁止されている（38条の2第2号）。

(6)　その他投資者の保護に欠け，もしくは取引の公正を害し，または金融商品取引業の信用を失墜させるものとして内閣府令で定める行為（6号）

内閣府令（金商業等府令126条）が定める禁止行為は，以下の行為である。

①　自己または第三者の利益を図るため，顧客の利益を害する取引を行うことを内容とした助言を行うこと（同条1号）

②　有価証券の取引等について，不当に取引高を増加させ，または作為的に値付けする取引を行うことを内容とした助言を行うこと（同条2号）

③　関係外国法人等[(189)]が有価証券の募集・私募を行っている場合において，取得・買付け申込額が予定額に達しないと見込まれる状況下で，その要請を受けて，当該有価証券の取得・買付けを行うことを内容とした助言を行うこと（同条3号）

■3　有価証券の売買等の禁止

投資助言業者は，その行う投資助言業務に関し，顧客を相手方とし，または顧客のために2条8項1号～4号に掲げる行為（有価証券の売買や売買の媒介など）を行うことが禁止されている（41条の3）。したがって，たとえば，投資助言業者が顧客との投資顧問契約に基づき助言を行い，顧客の要請を受けて当該

(189)　国内に営業所などを有しない外国法人その他の団体であって，金商法施行令15条の16第1項各号または同条2項各号のいずれかに該当するものをいう。

取引を実行する場合には，顧客のために有価証券の売買またはデリバティブ取引の媒介を行っていることとなり，かかる行為は禁止される。

なお，本規定は，当該行為を第一種金融商品取引業として行う場合，第二種金融商品取引業として行う場合，登録金融機関業務として行う場合，金融商品仲介業として行う場合，および信託兼営金融機関である登録金融機関が信託業務として行う場合には，適用されない（41条の３ただし書，金商法施行令16条の８）。

4　金銭等の受入れ等の禁止，金銭等の貸付け等の禁止

投資助言業者は，その行う投資助言業務に関し，原則として，顧客から金銭もしくは有価証券の預託を受け，または当該金融商品取引業者等と密接な関係を有する者として政令で定める者（金商法施行令16条の10）に顧客の金銭もしくは有価証券を預託させてはならない（41条の４）。また，原則として，その行う投資一任業務等に関して，顧客に対し金銭もしくは有価証券を貸し付け，または顧客への第三者による金銭もしくは有価証券の貸付けにつき媒介，取次ぎもしくは代理をすることを禁止されている（41条の５）。

金銭または有価証券の預託の受入れなどの禁止は，当該行為を有価証券等管理業務として行う場合，信託兼営金融機関である登録金融機関が信託業務として行う場合，および預金，貯蓄または定期積金等の受入れを行う場合には，適用除外とされている（41条の４，金商法施行令16条の９）。また，金銭または有価証券の貸付け等の禁止は，信用取引に付随して貸し付ける場合，第一種金融商品取引業または信託兼営金融機関である登録金融機関が一定の貸付け等を行う場合，および金融商品仲介業者である金融商品取引業者が一定の貸付けの媒介を行う場合には，適用除外とされている（41条の５，金商法施行令16条の11）。

金銭等の受入れ等の禁止，金銭等の貸付け等の禁止は，顧客が特定投資家である場合には，適用されない（45条）。

❖第３節❖　有価証券等管理業務に関する行為規制の特則

1　善管注意義務

金融商品取引業者等は，顧客に対し，有価証券等管理業務に関して善管注意義務を負う（43条）。

2　分別管理義務

有価証券等管理業務を行う金融商品取引業者が破綻した場合にも，顧客資産が保全されるよう，金融商品取引業者が自己の固有財産と顧客からの預り資産をそれぞれ分別して管理する義務を規定している（43条の２・43条の３）。これは証取法から引き継がれている規定である。

(1)　金銭および有価証券の分別管理一般

金融商品取引業者等は，43条の２第１項各号に定める有価証券の種類ごとに，当該有価証券を確実にかつ整然と管理する方法として内閣府令で定める方法（金商業等府令136条）により，自己の固有財産と分別して管理しなければならない。

また，金融商品取引業者等は，43条の２第２項各号に掲げる金銭または有価証券について，当該金融商品取引業者等が金融商品取引業（登録金融機関業務を含む。以下本章において同じ）を廃止した場合その他金融商品取引業を行わないこととなった場合に顧客に返還すべき額として内閣府令で定めるところ（金商業等府令138条～140条）により算定したものに相当する金銭を，自己の固有財産と分別して管理し，内閣府令で定めるところにより（同府令141条），国内において，信託会社等に信託（以下「顧客分別金信託」という）をしなければならない。そして，顧客分別金信託による管理の状況について，毎年１回以上定期的に，公認会計士または監査法人の監査を受けなければならない（43条の２第３項，金商業等府令142条）。

⑵　商品関連市場デリバティブ取引に係る分別管理

平成24年金商法改正により，商品関連市場デリバティブ取引の取次ぎ等が金融商品取引業に該当することとなったことに伴い，金融商品取引業者等にこれらの業務に関連する分別管理義務が追加され，顧客資産の保全を図ることとしている（43条の２の２）。本条の分別管理の対象となるのは，以下の①または②の取引に関し，顧客から預託を受けた財産または顧客の計算に属する財産であり，顧客から受け渡しのために預託を受けた商品や倉荷証券なども本条の適用対象と考えられる[190]。

①(ⅰ)商品関連市場デリバティブ取引の媒介，取次ぎ（有価証券等清算取次ぎを除く）もしくは代理，もしくは
　(ⅱ)商品関連市場デリバティブ取引の委託の媒介，取次ぎもしくは代理，
　にかかる取引

②35条１項に規定する業務のうち(ⅰ)(ⅱ)に係る業務に付随する業務として内閣府令で定めるものに係る取引

⑶　有価証券関連デリバティブ取引等以外のデリバティブ取引等に関し預託を受けた金銭または有価証券の分別管理に関する特則

金融商品取引業者が，有価証券関連デリバティブ取引等を除くデリバティブ取引に関し，119条（取引証拠金の預託の規定）の規定により顧客から預託を受けた金銭または有価証券その他の保証金または有価証券については，内閣府令で定めるところにより，自己の固有財産と区分して管理しなければならない（43条の３）。また，金融商品取引業者等は，その行うデリバティブ取引等に関し，顧客の計算に属する金銭および金融商品の価額に相当する財産については，内閣府令で定めるところにより（金商業等府令143条以下），管理しなければならない。

3　顧客の有価証券を担保に供する行為等の制限

金融商品取引業者は，顧客の計算において自己が占有する有価証券または顧

(190)　古澤知之ほか監修『逐条解説　2012年金融商品取引法改正』121頁（商事法務，2013）

客から預託を受けた有価証券を担保に供する場合または他人に貸し付ける場合には，当該顧客から書面による同意[191]を得なければならないとされている（43条の４）。これは，金融商品取引業者が顧客から預託を受けた有価証券を，証券会社が担保に供するなどする場合には顧客の同意を必要とすることにより，顧客の権利保全を図るものである。

なお，43条の４は，条文の文言上，金融商品取引業者が有価証券等管理業務を行う場合のみに適用されるものとはされていないことに留意する必要がある。

(191)　この書面による同意については，34条の３第３項の規定が準用されており，オンラインなどによって同意を得ることも可能である。

第7章 電子募集取扱業務に関する特則

投資者が投資の意思決定をする前に十分な情報を得られるようにする観点から，金融商品取引業者等は，一定の有価証券について電子募集取扱業務を行うときには，内閣府令で定めるところにより，契約締結前交付書面に記載する事項のうち電子募集取扱業務の相手方の判断に重要な影響を与えるものとして内閣府令で定める事項（37条の３第１項４号に掲げる事項の概要，同項５号に掲げる事項，金商業等府令82条３号および５号に掲げる事項ならびに83条１項３号から６号までに掲げる事項）について，電子情報処理組織を使用する方法その他の情報通信の技術を利用する方法であって内閣府令で定めるものにより，これらの有価証券について電子募集取扱業務を行う期間中，当該相手方が閲覧することができる状態に置かなければならない（43条の５，金商業等府令146条の２）。

第８章　暗号資産関連業務に関する特則

令和元年金商法改正により，暗号資産関連業務に関する特則が追加された。

金融商品取引業者等は，暗号資産関連業務（暗号資産に関する内閣府令で定める金融商品取引行為を業として行うことをいう）を行うときは，内閣府令で定めるところにより，暗号資産の性質に関する説明をしなければならない（令和元年金商法改正後43条の６第１項）。

また，金融商品取引業者等またはその役員もしくは使用人は，その行う暗号資産関連業務に関して，顧客を相手方とし，または顧客のために暗号資産関連行為を行うことを内容とする契約の締結またはその勧誘をするに際し，暗号資産の性質その他内閣府令で定める事項についてその顧客を誤認させるような表示をしてはならない（同条２項）。

第９章

弊害防止措置

本章のサマリー

◇金商法は，金融商品取引業者が二以上の種別の金融商品取引業を行う場合および金融商品取引業（およびこれに付随する業務）以外の業務を行う場合に関し，弊害防止の観点からそれぞれ禁止行為を定めている。

◇また，金融商品取引業者とその親法人等または子法人等との関係に関しても，一定の禁止行為を定めるとともに，公益または投資者保護のために支障を生ずることがないと認められる場合には，内閣総理大臣の承認を条件として，各禁止が解除されるものとしている。

◇これらの規制は，基本的に証取法の規制を踏襲したものである。

❖第１節❖　二以上の種別の業務を行う場合に係る禁止行為およびその他業務に係る禁止行為

1　第一種または第二種金融商品取引業を行う者が投資助言業または投資運用業を行う場合の禁止行為

金商法により規制されている金融商品取引業には，第一種金融商品取引業，第二種金融商品取引業，投資助言・代理業および投資運用業の種別があり，それぞれに含まれる業務の内容は広範に及ぶ。したがって，ある種別の金融商品取引業を行う者が，他の種別の金融商品取引業を行う場合，その業務の内容その他の事情によっては，異なる種別の業務間で利益相反状況が生じたり，その他顧客の利益を害する状況が生じる可能性がありうる。そして，特に，有価証券およびデリバティブ取引（以下，本章において「有価証券等」という）の販売・勧誘などを行う第一種金融商品取引業または第二種金融商品取引業と，有価証券等に関する投資助言を行う投資助言業または有価証券等に対する投資運用を行う投資運用業とは，利益相反状況などが生じやすいため，金商法は，特に類型的に禁止すべき行為を列挙し，金融商品取引業者等またはその役員もしくは使用人が，金融商品取引業のうち二以上の種別の業務を行う場合に，それらの行為を行ってはならないと定めている（44条）。証取法においては，金融商品取引業に含まれる業務のうち，証券業[(192)]に該当する行為以外は，証券業者にとっても兼業であった。そこで金商法では，かかる兼業を行う場合の証券業の顧客と兼業業務の顧客の利益が反する場合があることに配慮し禁止行為の規定が置かれており，基本的な考え方は維持されている。以下，各禁止行為について概説する。

⑴　投資助言業務に係る助言を受けた顧客が行う有価証券の売買その他の取引またはデリバティブ取引（有価証券の売買その他の取引等）に関する情報または投資運用業に係る運用として行う有価証券の売買その他の取引等に関する情報を利用して，有価証券の売買その他の取引等の委託等（媒介，取次ぎまたは代理の申込みをいう。以下同じ）を勧誘する行為の禁止（44条1号）

本規定が禁止する行為としては，第一種金融商品取引業者または第二種金融商品取引業者が，投資助言業または投資運用業も行う場合において，投資助言業または投資運用業の顧客が行う有価証券の売買その他の取引等に関する情報を利用して，他の顧客に対して，有価証券の売買その他の取引等の委託などを勧誘する行為などが考えられる。どのような場合が「利用して」に該当するかが問題となるが，助言を受けた顧客が行う取引または投資運用として行う取引に関する情報を知っていたまたは情報に触れる機会があっただけではそれを「利用した」ことにはならず，より積極的に当該情報を利益相反的な態様で利用した事情がある場合に「利用」に該当すると考えるべきであろう。本号の「利用」の意義をこのように限定的に

(192)　証取法上の証券業は，金商法では，第一種金融商品取引業および第二種金融商品取引業のうち，有価証券関連業に該当するものをいう。

解しないと，たとえば投資助言業と第二種金融商品取引業を行っている金融商品取引業者が不動産私募ファンドの運営者であるSPCと投資顧問契約を締結している場合において，自ら取得または売却に関する投資助言を行った不動産信託受益権の売買に関し，顧客に対しその売買の媒介を第二種金融商品取引業者でもある同者に依頼するよう勧誘する行為は同号に違反することになる可能性が高い。

なお，投資助言業者が助言をした顧客が行う取引に関する情報を「利用して」，または投資運用業者が運用として行う取引に関する情報を「利用して」，自己の計算において有価証券の売買その他の取引等を行うことが禁止されている（41条の２第４号・42条の２第５号）が，第６章第１節■**2** **(5)**で述べた41条の２第４号・42条の２第５号の情報を「利用して」の解釈における考え方が，本号でも同様に適用されると考えられる。

⑵　投資助言業務および投資運用業以外の業務による利益を図るため，その行う投資助言業務に関して取引の方針，取引の額もしくは市場の状況に照らして不必要な取引を行うことを内容とした助言を行い，またはその行う投資運用業に関して運用の方針，運用財産の額もしくは市場の状況に照らして不必要な取引を行うことを内容とした運用を行うことの禁止（44条２号）

これは，投資助言業務または投資運用業に係る顧客の利益を犠牲にして，自らまたは他の金融商品取引業に係る顧客の利益を図る行為を規制するものである。金融商品取引業者は，投資助言業および投資運用業を遂行するにあたっては，顧客に対し，忠実義務および善管注意義務を負うため，投資助言業務および投資運用業務の受託の本旨に照らし不必要または不適切な助言または運用を行うことは，特別に規制されるまでもなく，これを行うことはできない。したがって，本号はこれを注意的に規定したものと考えられる[193]。

⑶　投資助言業務に係る助言に基づいて顧客が行った有価証券の売買その他の取引等または投資運用業に関して運用財産の運用として行った有価証券

(193)　旧投資顧問業法における類似の行為の禁止規定としては，旧投資顧問業法23条の５第２号・23条の６第３号・31条の５第２号・31条の６第３号などがある。

の売買その他の取引等を結了させ，または反対売買を行わせるため，その旨を説明することなく当該顧客以外の顧客または当該運用財産の権利者以外の顧客に対して有価証券の売買その他の取引等を勧誘する行為（44条３号，金商業等府令147条１号）

これは，典型的には，第一種金融商品取引業または第二種金融商品取引業に係る顧客の利益を犠牲にして，投資助言業務または投資運用業に係る顧客の利益を図る行為を規制するものであり，証取法においても禁止されていた（同法44条４号，旧行為規制府令11条１号）。「取引等を結了させ」るとは，取引を成立させることではなく，成立した取引に関して決済などを行い取引を完了させる行為を指すとされる[(194)]。ただ，たとえば，取引の成立から結了まで関与する場合には，「取引等を結了させ」に該当することとなると考えられる。

また，「その旨を説明することなく」とあることから，顧客に対し，当該有価証券の売買その他の取引等の勧誘は，投資助言業務または投資運用業に係る顧客の取引に関して行っているものである旨を十分に説明すれば，本禁止には抵触しないものとされている。たとえば投資助言業務に係る顧客に対して行った投資助言に基づき，顧客が当該取引を実行するために，第一種金融商品取引業または第二種金融商品取引業に係る行為として取引の相手方を捜し，勧誘する行為は，当該相手方に対して十分な説明がなされている限り，これを行うことができる[(195)]。

(4)　投資助言業務または投資運用業に関して，非公開情報（有価証券の発行者または投資助言業務および投資運用業以外の業務に係る顧客に関するものに限る）に基づいて，顧客の利益を図ることを目的とした助言を行い，または権利者の利益を図ることを目的とした運用を行うこと（当該非公開情報に係る有価証券の発行者または顧客（以下「発行者等」という）の同意を得て行うものを除く）の禁止（44条３号，金商業等府令147条２号）

これも，投資助言業務または投資運用業以外の業務に係る顧客の利益を

---

(194)　たとえば，すでに成立している先物取引の決済に必要な有価証券を調達するために行う取引などが，ある取引を「結了させる」ために行う取引に該当するものと考えられている（平成19年７月パブコメ450頁No.６）。

(195)　平成19年７月パブコメ450頁No.５参照

犠牲にして，投資助言業務または投資運用業に係る顧客の利益を図る行為を規制するものである。ただし，非公開情報に係る発行者等の同意を得て行う行為に関しては，利益を害される可能性がある者が承諾していることから，禁止から除外されている[196]。金商業等府令153条１項７号イ・154条４号イなどとは異なり，「書面」による同意は要求されていない。

⑸　有価証券の引受けに係る主幹事会社である場合において，当該有価証券の募集または売出しの条件に影響を及ぼすために，その行う投資助言業務に関して実勢を反映しない作為的な相場を形成することを目的とした助言を行い，またはその行う投資運用業に関して実勢を反映しない作為的な相場を形成することを目的とした運用を行うことの禁止（44条３号，金商業等府令147条３号）

これは⑵と同様，投資助言業務または投資運用業に係る顧客の利益を犠牲にして，自らまたは他の金融商品取引業に係る顧客の利益を図る行為を規制するものである。仮に主幹事会社ではない場合であっても，他の金融商品取引業と投資助言業または投資運用業を行う金融商品取引業者が，同号で禁止されている行為と同様の行為を行うことは，投資助言業または投資運用業を行うにあたって顧客に対して負う忠実義務および善管注意義務に反し，許されないと考えられる。

⑹　有価証券の引受け等を行っている場合において，当該有価証券の取得または買付けの申込み（コミットメント型ライツ・オファリングにおいては，新株予約権の取得者による新株予約権の行使）の額が当該金融商品取引業者等が予定していた額に達しないと見込まれる状況の下で，その行う投資助言業務に関して当該有価証券（コミットメント型ライツ・オファリングにおいては，新株予約権の行使により取得される有価証券）を取得し，もしくは買い付けることを内容とした助言を行い，またはその行う投資運用業に関して当該有価証券を取得し，もしくは買い付けることを内容とした運用を行うことの禁止（44条３号，金商業等府令147条４号）

これも⑸と同様，投資助言業務または投資運用業に係る顧客の利益を犠

---

(196)　平成19年７月パブコメ450頁No.７・No.８参照

牲にして，自らまたは他の金融商品取引業に係る顧客の利益を図る行為を規制するものである。(5)と異なり，主幹事会社であるか否かを問わず，金融商品取引業を行う者が有価証券の引受けを行っている場合には適用がある規定となっている。

2　金融商品取引業者がその他の業務を行う場合の禁止行為

金融商品取引業を行う者が，金融商品取引業およびこれに付随する業務以外の業務（以下，本章において「その他業務」という）を行う場合も，■1で述べた他の種別の金融商品取引業を行う場合と同様，異なる業務間で利益相反状況が生じたり，その他顧客の利益を害する状況が生じる可能性がありうる。そこで金商法は，金融商品取引業者がその他業務を行う場合に関し，特に類型的に禁止すべき行為を列挙している（44条の2第1項）。

(1)　信用取引（156条の24第1項に規定する取引）以外の方法による金銭の貸付けその他信用の供与をすることを条件として有価証券の売買の受託等（委託等を受けることをいう。以下同じ）をする行為の禁止（44条の2第1項1号）

これは，第一種金融商品取引業者または第二種金融商品取引業者が信用取引以外の方法による金銭の貸付けその他の信用供与を条件とする行為を禁止するものである。金銭の貸付けに限らず信用の供与(197)を条件とする行為全般が禁止されている。これは，金融商品取引業における金銭の貸付けその他の信用供与を強要することを防止するとともに，金銭の借入れその他の信用供与によって顧客が自己の財産状況を超えた有価証券の売買等を行うことを予防するという観点から，禁止されている。

なお，投資者の保護に欠けるおそれが少ないものとして内閣府令に定める場合に該当する場合には，信用の供与をすることを条件とする有価証券の売買の受託等も禁止されない（金商業等府令148条各号）。所定の要件を満たすクレジットカード決済取引がこれに該当する。具体的には，①証票等

(197)　「信用の供与」とは将来の一定の日時までに一定額の反対給付につき期限の利益を認めるものが想定される（平成19年7月パブコメ450頁No.3参照）。

（証票その他の物または番号，記号その他の符号をいう）を提示し，または通知した個人から有価証券の売買の受託等をする行為であって，当該個人が当該有価証券の対価に相当する額を２カ月未満の期間内に一括して支払い，当該額が有価証券等管理業務を行う金融商品取引業者に交付されること，②同一人に対する信用の供与が10万円を超えることとならないこと，③当該有価証券の売買が所要の要件を満たす累積投資契約によるものであることというすべての要件を満たす場合には，本禁止には抵触しない。クレジットカードを利用して投資信託などの自動積立て代金を引き落とす場合などがこれに該当する。

⑵　その他業務による利益を図るため，その行う投資助言業務に関して取引の方針，取引の額もしくは市場の状況に照らして不必要な取引を行うことを内容とした助言を行い，またはその行う投資運用業に関して運用の方針，運用財産の額もしくは市場の状況に照らして不必要な取引を行うことを内容とした運用を行うことの禁止（44条の２第１項２号）

これは，投資助言業者または投資運用業者が，その他業務による利益を図るために投資助言業または投資運用業に係る顧客の利益を害することとなる助言や運用を行うことを禁止するものである。■１⑵で述べた44条２号は投資助言業および投資運用業以外の金融商品取引業による利益を図ることを禁止しているが，本号は，その他業務による利益を図る行為を禁止している。

⑶　資金の貸付けもしくは手形の割引を内容とする契約の締結の代理もしくは媒介または信用の供与（信用取引に付随して行う金銭または有価証券の貸付けを除く）を行うことを条件として，金融商品取引契約の締結またはその勧誘を行う行為（金商業等府令117条１項３号[198]に掲げる行為によってするもの，⑴記載の同府令148条に定める信用の供与を条件とした有価証券の売買の受託等の禁止の例外に該当するものおよび同府令149条１号イ～ハの要件を満たす投資型クラウドファンディングに係るクレジットカード決済を除く）（44条の

(198)　金商業等府令117条１項３号は，金融商品取引業者が金融商品取引契約につき，顧客もしくはその指定した者に対し，特別の利益の提供を約し，または顧客もしくは第三者に対し特別の利益を提供する行為を禁止している。

２第１項３号，金商業等府令149条１号）

これも実質的には(1)と同様の趣旨による禁止規定であるが，より広く，金融商品取引契約の締結やその勧誘に際して貸付けの媒介や信用の供与などを行うことを禁止するものである。勧誘段階での行為は，(1)では規制されないが，本号で規制される。なお，証券発行による資金調達までの短期的なブリッジローン取引の締結または勧誘を行う場合のように，形式的には，有価証券の発行による資金調達とブリッジローンの取引または勧誘が一体として行われる場合であっても，「資金の貸付け……を条件として」金融商品取引契約の締結またはその勧誘を行うものでなければ本号に抵触しない。

(4)　金融商品取引業に従事する役員または使用人が，有価証券の発行者である顧客の非公開融資等情報を金融機関代理業務に従事する役員もしくは使用人から受領し，または金融機関代理業務に従事する役員もしくは使用人に提供する行為（44条の２第１項３号，金商業等府令149条２号）

「非公開融資等情報」とは，①融資業務（事業のための融資に係る業務をいう）もしくは金融機関代理業務に従事する役員[199]もしくは使用人が職務上知りえた，②その顧客の行う事業に係る公表されていない情報その他の特別な情報であって，③金融商品取引業もしくは金融商品仲介業務に従事する役員もしくは使用人が勧誘する有価証券（33条２項１号に掲げる有価証券ならびに２条１項17号に掲げる有価証券であって同項１号・２号の性質を有する有価証券を除く。以下，この項において同じ）に係る顧客の投資判断に影響を及ぼすと認められるもの，または，(a)金融商品取引業もしくは金融商品仲介業務に従事する役員もしくは使用人が職務上知りえた，(b)その顧客の有価証券の売買その他の取引等に係る注文の動向その他の特別の情報であって，(c)当該有価証券の発行者に係る融資業務もしくは金融機関代理業務に重要な影響を及ぼすと認められるものをいう（金商業等府令１条４項13号)。たとえば，インサイダー情報に該当する公開されていない情報や発行者の長期的な資金繰りに関する公表されていない情報などが想定さ

(199)　外国法人にあっては，国内における代表者を含む。

れる[200]。また，「金融機関代理業務」とは，銀行代理業，長期信用銀行代理業，信用金庫代理業，その他の同府令68条13号に規定する金融機関代理業のうち，事業のための資金の貸付けまたは手形の割引を内容とする契約の締結の代理または媒介に係る業務をいうとされている（同府令１条４項13号）。

なお，(i)非公開融資等情報の提供につき，事前に顧客の書面による同意を得て提供する場合，(ii)金融商品取引業に係る法令を遵守するために，金融機関代理業務に従事する役員または使用人から非公開融資等情報を受領する必要があると認められる場合，(iii)非公開融資等情報を金融商品取引業を実施する組織の業務を統括する役員または使用人に提供する場合には，上記禁止は適用されないものとされている（金商業等府令149条２号かっこ書）。

■3　登録金融機関が登録金融機関業務以外の業務を行う場合の禁止行為

登録金融機関が，登録金融機関業務以外の業務を行う場合も，■2の金融商品取引業者がその他業務を行う場合と同様，異なる業務間で利益相反状況が生じたり，その他顧客の利益を害する状況が生じる可能性がありうる。そこで金商法は，登録金融機関が登録金融機関業務以外の業務を行う場合に関し，特に類型的に禁止すべき行為を列挙している（44条の２第２項）。いずれも，金融商品取引業者に禁止されている行為とほぼ同様の行為が禁止行為として列記されている。

(1)　金銭の貸付けその他信用の供与をすることを条件として有価証券の売買の受託等をする行為の禁止（44条の２第２項１号）

この禁止の適用除外となる行為は，■2(1)が適用除外となる場合と同様である。また，■2(1)①のクレジットカードに係る要件に代えて，登録金融機関と預金または貯金の受入れを内容とする契約を締結する個人から有価証券の売買の受託等をする行為であって，当該契約に付随した貸付けを

(200)　平成16年11月11日パブコメ参照

行う契約に基づき当該個人に対し当該有価証券の対価に相当する額の全部または一部の貸付け（１カ月以内に返済を受ける貸付けに限る）を行うものであることという要件を満たす場合も適用除外とされており，一定の条件の下で登録金融機関における総合口座貸越による証券取引が可能とされている（金商業等府令149条の２第１号ロ）。

⑵　登録金融機関その他業務による利益を図るため，その行う投資助言業務に関して取引の方針，取引の額もしくは市場の状況に照らして不必要な取引を行うことを内容とした助言を行い，またはその行う投資運用業に関して運用の方針，運用財産の額もしくは市場の状況に照らして不必要な取引を行うことを内容とした運用を行うことの禁止（44条の２第２項２号）

⑶　資金の貸付けもしくは手形の割引を内容とする契約の締結の代理もしくは媒介または信用の供与の条件として，金融商品取引契約の締結またはその勧誘を行う行為（金商業等府令117条１項３号に掲げる行為によってするもの，同149条の２各号の適用除外要件のすべてを満たすものおよび同150条１号イ〜ハの要件を満たす投資型クラウドファンディングに係るクレジットカード決済を除く）（金商業等府令150条１号）

⑷　資金の貸付けもしくは手形の割引を内容とする契約の締結の代理もしくは媒介または信用の供与を行うことを条件として，金融商品取引契約の締結またはその勧誘を行う行為（金商業等府令117条１項３号に掲げる行為によってするもの，同149条の２各号に掲げる要件のすべてを満たすものおよび同150条１号イ〜ハの要件のすべてを満たすものを除く）（金商業等府令150条２号）

⑸　⑶および⑷に掲げるもののほか，自己の取引上の優越的な地位を不当に利用して金融商品取引契約の締結またはその勧誘を行う行為（同条３号）

⑹　次に掲げる場合において，その旨を顧客に説明することなく行う有価証券（コミットメント型ライツ・オファリングにおいては，新株予約権の行使により取得される有価証券を含む）の売買の媒介（当該有価証券の引受けを行った委託金融商品取引業者が引受人となった日から６カ月を経過する日までの間に当該有価証券を売却するものに係るものに限る）または有価証券の募集，売出しもしくは私募の取扱い（同条４号）

①　自己に対して借入金に係る債務を有する者が当該有価証券を発行する

場合であって，当該有価証券に係る手取金が当該債務の弁済に充てられることを知っているとき

② 自己が借入金の主たる借入先である者が当該有価証券を発行する場合（自己が借入先である事実が172条の２第３項に規定する発行開示書類等に記載されている場合に限る）

⑺ 金融商品仲介業務に従事する役員または使用人が，有価証券の発行者である顧客の非公開融資等情報を融資業務もしくは金融機関代理業務に従事する役員もしくは使用人から受領し，または融資業務もしくは金融機関代理業務に従事する役員もしくは使用人に提供する行為（次に掲げる場合において行うものを除く）（金商業等府令150条５号）

① 非公開融資等情報の提供につき，事前に顧客の書面による同意（金商業等府令123条１項24号の顧客の書面による同意を含む）を得て提供する場合

② 登録金融機関業務に係る法令を遵守するために，融資業務または金融機関代理業務に従事する役員または使用人から非公開融資等情報を受領する必要があると認められる場合

③ 非公開融資等情報を金融商品仲介業務を実施する組織の業務を統括する役員または使用人に提供する場合

これは，金融商品仲介業者が金融機関代理業務に従事する場合の禁止行為である金商業等府令275条１項25号とほぼ同様の行為を禁止した規定である。

❖第２節❖　親法人等・子法人等が関与する行為の制限

1　概　　要

平成４年証取法改正により，証券業以外の業務を営む者が子会社方式で証券業務に参入することが可能となったが，それに伴い，証券会社と他の会社が親子関係にあることを利用した取引などが行われることにより，従来は生じる余

地のなかった利益相反その他の弊害が発生する危険性が生じた。そこで，証取法では，証券会社の経営の独立性・健全性の確保，利益相反の防止，および市場仲介者間の公正な競争の確保[(201)]のため，弊害防止措置として，証券会社の親会社や子会社が関与する一定の行為を禁止し，公益または投資者保護のため支障を生ずることがないと認められるものとして内閣総理大臣の承認を受けた場合にのみ，かかる禁止行為が適用除外とされることとしていた。この弊害防止に係る禁止行為は，平成４年に導入された後，平成11年施行の同法改正で大幅に改正され，その後も改正が行われており，平成20年金商法改正ではいわゆるファイアーウォール規制が見直されている。

2　金融商品取引業者の親法人等または子法人等が関与する行為として禁止される行為

(1)　アームズ・レングス・ルール

①　アームズ・レングスでない条件による有価証券売買取引等の禁止

金融商品取引業者は，通常の取引の条件と異なる条件であって取引の公正を害するおそれのある条件で，その親法人等または子法人等と有価証券の売買その他の取引または店頭デリバティブ取引（以下，本項において「有価証券売買取引等」という）を行うことを禁止されている（44条の３第１項１号）。金融商品取引業者は，市場仲介者として中立公正な取引を行うことが期待されていることから，かかる規制が設けられている。

②　アームズ・レングスでない条件による資産売買等の取引の禁止

金融商品取引業者は，通常の取引の条件と著しく異なる条件で，当該金融商品取引業者の親法人等または子法人等と資産の売買その他の取引を行うことが禁止されている（44条の３第１項４号，金商業等府令153条１項１号）。これは，有価証券の売買取引などに関するアームズ・レングス・ルールを規定した44条

(201)　たとえば親会社などが金融機関である場合，金融機関の豊富な資金量，情報および企業との関係などを証券子会社が利用することにより，他の証券会社に比べて競争上優位に立つことができるのではないかという観点から公正な競争が問題とされた。

の３第１項１号によって規制されない資産の売買その他の取引にもアームズ・レングス・ルールが適用されることを明らかにしたものである。資産の売買その他の取引は，直接有価証券の売買取引などとは関係するものではないとしても，金融商品取引業者が通常の条件と比べ著しく有利または不利な条件で，親法人等または子法人等と取引を行うことは，金融商品取引業者としての経営の健全性が阻害され，また，金融商品取引業者間での公正な競争の確保が難しくなるおそれがあるために課されたものである。同号のアームズ・レングスでない条件による有価証券売買取引等の禁止とは異なり，通常の取引の条件と「著しく」異なる条件による取引のみが本号により禁止される。

⑵　親子関係を利用した抱合せ販売の禁止

①　信用供与に係る抱合せ販売の禁止

金融商品取引業者は，その親法人等または子法人等が，当該金融商品取引業者との間で２条８項各号に掲げる行為に関する契約を締結することを条件としてその顧客に対して信用を供与していることを知りながら，当該顧客との間で当該契約を締結することが禁止されている（44条の３第１項２号）。一般に，金融商品取引契約が信用供与などの他の取引などにおける財産的利益の供与という要因によって歪められることは取引の公正性を害する[202]ことに加え，かかる財産的利益の供与が親法人等または子法人等によって行われる場合には，金融商品取引業者間の公正な競争の確保および金融商品取引業者の独立性の観点からも望ましくないと考えられていることから，かかる行為が規制されている。

②　信用供与以外の親法人等・子法人等によるアームズ・レングスでない条件での取引を利用した抱合せ販売の禁止

金融商品取引業者は，その親法人等または子法人等が，その顧客に対して，当該金融商品取引業者との間で金融商品取引契約を締結することを条件として通常の取引の条件よりも有利な条件で資産の売買その他の取引を行っているこ

---

(202)　金融商品取引業者による，信用の供与を条件とする金融商品取引契約の締結などは44条の２第１項１号・３号，金商業等府令149条１号などで禁止される。

とを知りながら，当該顧客との間で当該金融商品取引契約を締結することを禁止されている（44条の３第１項４号，金商業等府令153条１項２号）。これは，親法人等や子法人等と通常の取引より有利な条件で取引ができるとなると，顧客に，当該親法人等や子法人等と関係のある金融商品取引業者と取引を行わせるインセンティブを働かせるものとなるものと考えられることから，金融商品取引業者間の公正な競争の確保の観点から禁止されたものである。見方を変えれば，金融商品取引業者に対してのみアームズ・レングス・ルールを適用するのではなく，金融商品取引業者の業務に関連する限度において間接的に，その親法人等および子法人等に対してもアームズ・レングス・ルールを課しているものともいえよう。

なお，「知りながら」は対象となる取引に関与している者の主観を基準とし，また，本号は当該取引に関与している者に対して積極的な調査義務を課す趣旨ではないと解されている[203]。

⑶　投資助言業または投資運用業を行う者による親法人等または子法人等の利益を図るために行う行為の禁止

投資助言業または投資運用業を行う金融商品取引業者は，その親法人等または子法人等の利益を図るために，その行う投資助言業務に関して取引の方針，取引の額もしくは市場の状況に照らして不必要な取引を行うことを内容とした助言を行い，またはその行う投資運用業に関して運用の方針，運用財産の額もしくは市場の状況に照らして不必要な取引を行うことを内容とした運用を行うことが禁止されている（44条の３第１項３号）。

⑷　有価証券の引受けを行う金融商品取引業者に関連する弊害防止措置

①　利益相反に関する開示義務

金融商品取引業者は，その親法人等または子法人等に対して借入金に係る債務を有する者が発行する有価証券（金商業等府令117条１項31号に規定する有価証

(203)　平成19年７月パブコメ457頁No.４参照。なお，金商業等府令153条１項３号の「知っているとき」や同項５号の「知りながら」の解釈についても同旨である。

券をいう）の引受人となる場合であって，当該有価証券（コミットメント型ライツ・オファリングにおいては，新株予約権の行使により取得される有価証券を含む）に係る手取金が当該債務の弁済に充てられることを知っているときにおける次に掲げる行為が禁止される（44条の３第１項４号，金商業等府令153条１項３号）。

(a)　その旨を顧客に説明することなく当該有価証券を売却すること

(b)　その旨を金融商品仲介業務の委託を行う登録金融機関または金融商品仲介業者に説明することなく当該登録金融機関または金融商品仲介業者に次に掲げる行為を行わせること（当該金融商品取引業者が当該有価証券を買い戻すことを約している場合を除く）

(i)　当該有価証券の売買の媒介（当該金融商品取引業者が引受人となった日から６カ月を経過する日までの間に当該有価証券を売却するものに係るものに限る）

(ii)　当該有価証券の募集，売出しまたは私募の取扱い

②　親法人等・子法人等発行証券の引受制限

金融商品取引業者は，その親法人等または子法人等が発行する有価証券の引受けに係る主幹事会社となることを原則として禁止されている（44条の３第１項４号，金商業等府令153条１項４号）。これは，引受有価証券に係る発行体が親法人等または子法人等である場合には，その資金調達を容易にするため，引受審査を甘くするおそれがあり，その結果有価証券の発行条件が歪められたり，投資家保護上問題がある有価証券が市場に出回ることとなるおそれがあることから禁止されている。ただし，引受有価証券が一定の要件を満たす上場株券や社債券など，投資家保護上問題が少ないと思われる事例（金商業等府令153条１項４号イ～ハに該当するもの）は規制の適用除外とされている。

また，引受有価証券が株券，新株予約証券，社債券等である場合で，(a)引受幹事会社として登録され，(b)引受業務につき十分な経験を有し，かつ(c)資本・人的関係において独立性を有する他の引受証券会社が株券等の発行価格の決定プロセスに関与している場合には，親法人等または子法人等が発行する有価証券の引受主幹事会社となることが例外的に許容される（金商業等府令153条１項４号ニ）。

③　バック・ファイナンスの禁止

金融商品取引業者が，有価証券の引受人となった日から6カ月を経過する日までの間において，当該金融商品取引業者の親法人等または子法人等がその顧客に当該有価証券（コミットメント型ライツ・オファリングにおいては，新株予約権の行使により取得される有価証券）の買入代金につき貸付けその他信用の供与をしていることを知りながら，当該金融商品取引業者が当該顧客に当該有価証券を売却することが禁止されている（44条の3第1項4号，金商業等府令153条1項5号）。これを許容すると，金融商品取引業者の引受リスクが軽減されることにより安易な引受けが行われる可能性があるとともに，市場の適正な価格形成を歪めるおそれがあるためである。

④　引受有価証券の親法人等または子法人等への販売制限

金融商品取引業者は，国債証券，地方債証券ならびに政府が元本の償還および利息の支払いについて保証している社債券その他の債券を除く有価証券の引受人となった日から6カ月を経過する日までの間において，当該金融商品取引業者の親法人等または子法人等に当該有価証券（コミットメント型ライツ・オファリングにおいては，新株予約権の行使により取得される有価証券）を売却することが原則として禁止されている（44条の3第1項4号，金商業等府令153条1項6号）。これも本来引受けを行う金融商品取引業者が負うべきリスクが肩代りされることとなるため，当該金融商品取引業者による安易な引受けが行われやすく，また市場の適正な価格形成を歪めるおそれがあるために禁止されている。

なお，(a)親法人等または子法人等が受託者である特定運用金銭信託をもって当該有価証券を取得させる場合，(b)親法人等または子法人等が顧客から当該有価証券の売買に関する注文を受け，当該親法人等または子法人等がその相手方となって当該売買を成立させるために当該有価証券を取得させる場合，(c)当該有価証券の募集または売出しに際し，金融商品取引所などの規則で定めるところにより，有価証券の募集または売出しに際して行う当該有価証券に対する投資者の需要の状況に関する調査を行った場合において，当該調査により当該有価証券に対する投資者の十分な需要が適正に把握され，合理的かつ公正な発行条件が決定されている場合には，例外的に引受有価証券を親法人等または子法人等に販売することが許されるものと規定されている。

⑸　親法人等または子法人等が有価証券の引受けを行う場合の投資助言業および投資運用業に係る弊害防止措置

①　親法人等または子法人等が引受主幹事会社である場合の実勢を反映しない作為的な相場を形成することを目的とした行為の禁止

投資助言業者および投資運用業者は，その親法人等または子法人等が有価証券の引受けに係る主幹事会社である場合において，当該有価証券の募集または売出しの条件に影響を及ぼすために，その行う投資助言業務に関して実勢を反映しない作為的な相場を形成することを目的とした助言を行い，またはその行う投資運用業に関して実勢を反映しない作為的な相場を形成することを目的とした取引を行うことを内容とした運用を行うことを禁止されている（44条の３第１項４号，金商業等府令153条１項12号）。

②　親法人等または子法人等が引受け等を行っている場合でその引受有価証券に係る申込額が予定額に達しないと見込まれている状況下で当該有価証券を取得などする行為の禁止

投資助言業者および投資運用業者は，その親法人等または子法人等が有価証券の引受け，募集もしくは私募，売出しまたは募集もしくは売出しの取扱い，もしくは私募の取扱い（以下「有価証券の引受け等」という）を行っている場合において，当該親法人等または子法人等に対する当該有価証券の取得または買付けの申込み（コミットメント型ライツ・オファリングにおいては，新株予約権の取得者による新株予約権の行使）の額が当該親法人等または子法人等が予定していた額に達しないと見込まれる状況の下で，当該親法人等または子法人等の要請を受けて，その行う投資助言業務に関して当該有価証券（コミットメント型ライツ・オファリングにおいては，新株予約権の行使により取得される有価証券）を取得し，もしくは買い付けることを内容とした助言を行い，またはその行う投資運用業に関して当該有価証券を取得し，もしくは買い付けることを内容とした運用を行うことを禁止される（44条の３第１項４号，金商業等府令153条１項

13号)。

⑹　有価証券関連業を行う第一種金融商品取引業者についてのみ適用のある弊害防止措置

以下の規制の対象は有価証券関連業を行う第一種金融商品取引業者であり，第二種金融商品取引業者や投資運用業者，投資助言・代理業者には適用がない。

①　親子間の非公開情報の授受の禁止

有価証券関連業を行う第一種金融商品取引業者は，有価証券の発行者または顧客（以下「発行者等」という）に関する非公開情報をその親法人等もしくは子法人等から受領し，または当該親法人等もしくは子法人等に提供することが原則として禁止される（44条の3第1項4号，金商業等府令153条1項7号）。

非公開情報とは，「発行者である会社の運営，業務若しくは財産に関する公表されていない重要な情報であって顧客の投資判断に影響を及ぼすと認められるもの又は自己若しくはその親法人等若しくは子法人等の役員（役員が法人であるときは，その職務を行うべき社員を含む。）若しくは使用人が職務上知り得た顧客の有価証券の売買その他の取引等に係る注文の動向その他の特別の情報」と定義されている（金商業等府令1条4項12号）。この非公開情報の定義中の「公表されていない重要な情報であって投資判断に影響を及ぼすと認められるもの」や「その他の特別な情報」には，非公開で情報としての価値があるあらゆる情報が含まれる可能性がありうるので，何が「非公開情報」に該当するかは慎重に判断する必要があろう。

ただし，(a)当該第一種金融商品取引業者またはその親法人等もしくは子法人等による非公開情報の提供についてあらかじめ当該発行者等の書面による同意[204]がある場合や，(b)当該親法人等または子法人等に金融商品仲介業に係る委託を行う場合に一定の範囲の情報のみを受領し，または提供する場合，(c)銀行法その他の業法に基づく信用供与等の額などの計算をするために必要な信用の供与等の額を提供する場合，(d)内部統制報告書を作成するために必要な情報

(204)　当該第一種金融商品取引業者は当該同意書面をその効力を失った日から5年間保存しなければならない（金商業等府令157条2項・1項2号ハ）。

を受領し，または提供する場合（非公開情報が漏えいしない措置が的確に講じられている場合に限る），(e)電子情報処理組織の保守および管理を行うために必要な情報を受領し，または提供する場合（非公開情報が漏えいしない措置が的確に講じられている場合に限る），(f)法令等（金商業等府令117条１項15号イ(1)に規定する法令等をいう）に基づいて非公開情報を受領し，または提供する場合，(g)内部の管理および運営に関する業務（金商業等府令153条３項）の全部または一部を行うために必要な情報を受領し，またはその特定関係者（金商業等府令153条４項）に提供する場合（当該金融商品取引業者および特定関係者において内部の管理および運営に関する業務を行う部門から非公開情報が漏えいしない措置が的確に講じられている場合に限る。金商業等府令153条１項７号リ）には，第一種金融商品取引業者とその親法人等または子法人等との間の非公開情報の授受は禁止されない。(a)の同意は，書面による同意があれば，個別の同意である必要はないと解されている。また，ファイアーウォール規制に関する規制緩和要望を受けて，平成26年４月１日施行の金商業等府令改正により，発行者等が外国法人（法人でない団体で代表者または管理人の定めのあるものを含む）であって，かつ，当該発行者等が所在する国の法令上，金商業等府令153条１項７号に規定する親子間の非公開情報の授受に相当する行為を制限する規定がない場合において，当該発行者等が電磁的記録により同意の意思表示をしたとき，または，非公開情報の提供に関し当該発行者等が締結している契約の内容および当該国の商慣習に照らして当該発行者等の同意があると合理的に認められるときは，当該発行者等の書面による同意を得たものとみなすこととされている（金商業等府令153条１項７号イかっこ書）。さらには，同改正により，上記(g)の内部の管理および運営に関する業務として，従来からある法令遵守管理，損失の危険の管理，内部監査および内部検査，財務，経理ならびに税務に関する業務に加えて，子法人等の経営管理に関する業務，有価証券の売買・デリバティブ取引その他の取引に係る決済およびこれに関連する業務が規定されている（金商業等府令153条３項１号～８号）。これらのうち子法人等の経営管理に関する業務については，金融商品取引業者が当該業務のために必要な情報を受領する場合においては子法人等からの受領に，当該業務のために必要な情報を提供する場合においては親法人等への提供に，それぞれ限られている（金商業等府令153条１

項７号リ）。

また，発行者等が法人である場合には，当該発行者等に非公開情報の授受の停止を求める機会を適切に提供することを条件として，原則として非公開情報の授受が認められる（いわゆるオプトアウト。金商業等府令153条１項７号・２項）。なお，個人である発行者等に関して，非公開情報の授受が認められるためには，当該発行者等の事前の同意（オプトイン）が必要である。

実務のポイント・6－13

◆役職員の兼職とグループ内の情報授受規制

平成20年金商法改正により，金商法において，金融商品取引業者の役職員の兼職を禁止する規定は撤廃され，一定の場合の事後届出義務だけが定められている（31条の４）。しかし，証券会社（有価証券関連業を行う第一種金融商品取引業者）については，発行者等に関する非公開情報をグループ会社との間で授受することが原則として禁止されており（金商業等府令153条１項７号），当該禁止に抵触しないために，グループ会社間における役職員の兼職は一定の制約に服すると解されている。なお，銀行の常務に従事する取締役（指名委員会等設置会社にあっては執行役）については，銀行法において，内閣総理大臣の認可を受けた場合を除くほか，他の会社の常務に従事してはならないとの兼職制限が課されている（銀行法７条）。

情報授受禁止規定が問題とならない場面においては，金融商品取引業者の役職員がグループ会社の役職員を兼職することがただちに禁止されるものではない。この点，内部の管理および運営に関する業務（金商業等府令153条３項）や電子情報処理組織の保守・管理を行うために必要な情報授受は，一定の要件の下で認められており（同条１項７号ト・リ・８条６号チ参照），これらの業務を担当するバックオフィス部門の役職員の兼職も同様に可能である。また，顧客等の同意が得られている場合には情報授受禁止に服さない（同意の取得方法として，いわゆるオプトイン方式とオプトアウト方式が定められている。同府令153条１項７号イ・２項参照）ため，これらの方式を利用することにより営業部門の役職員の兼職を行うことも可能とされている。ただし，この場合でも，金商法上の外務員については，所属先を複数登録することが認められていない（64条の２第１項３号）ため，兼職する二以上の金融商品取引業者等で外務員として活動することはできない。

上記の情報授受禁止規定と同様の規制は，登録金融機関の金融商品仲介業務に従事する役職員（金商業等府令154条４号）や，金融商品仲介行為の委託が行われている場合（同府令123条１項18号・24号），融資業務・金融機関代理業務が行われる場合（同府令123条１項19号・149条２号・150条５号）についても課されている。また，情報の取扱いについては，個人情報保護法や，契約等に基づく顧客に対する守秘義務にも留意する必要がある。これらはいずれも，規制の趣旨，対象となる情報の範囲，オプトイン・オプトアウト方式の採否，情報共有が許容される範囲が区々であることから，役職員の兼職を検討するにあたっては注意を要する。

なお，グループ会社間の情報授受禁止規定は，証券会社以外の金融商品取引業者については設けられていないため，前述の兼職制限は，たとえば第二種金融商品取引業者や投資運用業者の役職員については（証券会社の役職員との兼職を行わない限り）問題とならない。一方で，これらの業態であっても，実務上は，インサイダー取引の防止，利益相反の管理などの体制整備の観点から，グループ会社間・自社内で担当役職員を分けることがしばしば検討される（新規登録申請ないし変更登録申請の際に担当官からそのような示唆を受けることもある）。

②　親子間で授受をした非公開情報授受を利用した勧誘などの禁止

有価証券関連業を行う第一種金融商品取引業者は，その親法人等または子法人等から取得した顧客に関する非公開情報（当該親法人等または子法人等が当該顧客の書面による同意を得ずに提供したものに限る）を利用して金融商品取引契約の締結を勧誘することが禁止されている（44条の３第１項４号，金商業等府令153条１項８号）。ただし，①の金商業等府令153条１項７号イかっこ書の規定により当該顧客の書面による同意を得たものとみなされる場合は除く。顧客の書面による同意は，①の同意と同様，個別の同意であることを要しないと解される。

上記①と同様，顧客が法人である場合には，当該顧客に非公開情報の授受の停止を求める機会を適切に提供することを条件として，原則として非公開情報の授受が認められる（オプトアウト。金商業等府令153条１項８号・２項）。

また，有価証券関連業を行う第一種金融商品取引業者は，その親法人等または子法人等から取得した発行者等に関する非公開情報（上記①(e)および(g)の場合に取得したものに限る）を電子情報処理組織の保守・管理および内部の管理・運営に関する業務を行うため以外の目的で利用することが禁止されている（44条の３第１項４号，金商業等府令153条１項９号）。

③　優越的地位の濫用の禁止

有価証券関連業を行う第一種金融商品取引業者は，その親銀行等または子銀行等の取引上の優越的な地位を不当に利用して金融商品取引契約の締結またはその勧誘を行うことが禁止されている（44条の３第１項４号，金商業等府令153条１項10号）。

⑺　別法人であることの開示義務

金融商品取引業者が，その親銀行等または子銀行等とともに顧客を訪問する際に，当該金融商品取引業者がその親銀行等または子銀行等と別の法人であることの開示をせず，同一の法人であると顧客を誤認させるような行為を行うことは禁止される（44条の3第1項4号，金商業等府令153条1項11号）。

⑻　親法人等または子法人等が発行する有価証券に係る電子申込型電子募集取扱業務等

平成26年金商法改正により，金融商品取引業者が，親法人等または子法人等が発行する有価証券に係る電子申込型電子募集取扱業務等を行うことは禁止される（44条の3第1項4号，金商業等府令153条1項14号）。

⑼　脱法防止措置

何らの名義によってするかを問わず，44条の3第1項の規定による禁止を免れることは禁止されている（44条の3第1項4号，金商業等府令153条1項15号）。これは脱法行為の禁止の包括規定である。典型的には，親法人等または子法人等以外の名義を使うなどの方法による脱法行為が想定される(205)。

3　登録金融機関の親法人等または子法人等が関与する行為として禁止される行為

登録金融機関またはその役員もしくは使用人は，親法人等または子法人等が関与する行為として，44条の3第2項，金商業等府令154条に掲げられた以下の行為をすることを禁止される。ただし，公益または投資者保護のため支障を生ずることがないと認められるものとして内閣総理大臣の承認を受けたときは，この限りでない。

⑴　親法人等または子法人等とのアームズ・レングスではない有価証券の売買その他の取引または店頭デリバティブ取引の禁止（44条の3第2項1号）

⑵　その親法人等または子法人等との間で金融商品取引契約を締結すること

(205)　平成19年7月パブコメ461頁No.20参照

を条件として当該登録金融機関がその顧客に対して信用を供与しながら，当該顧客との間で33条２項４号ロに掲げる行為をすることの禁止（44条の３第２項２号）

⑶　当該登録金融機関の親法人等または子法人等の利益を図るため，その行う投資助言業務に関して取引の方針，取引の額もしくは市場の状況に照らして不必要な取引を行うことを内容とした助言を行い，またはその行う投資運用業に関して運用の方針，運用財産の額もしくは市場の状況に照らして不必要な取引を行うことを内容とした運用を行うことの禁止（44条の３第２項３号）

⑷　当該登録金融機関の親法人等または子法人等との間で金融商品取引契約を締結することを条件として当該登録金融機関がその顧客に対して通常の取引の条件よりも有利な条件で資産の売買その他の取引を行っていながら，当該顧客との間で金融商品仲介業務を行うことの禁止（44条の３第２項４号，金商業等府令154条１号）

⑸　当該登録金融機関との間で金融商品取引契約を締結することを条件としてその親法人等または子法人等がその顧客に対して信用の供与または通常の取引の条件よりも有利な条件で資産の売買その他の取引を行っていることを知りながら，当該顧客との間で当該金融商品取引契約を締結することの禁止（44条の３第２項４号，金商業等府令154条２号）

⑹　当該登録金融機関の親法人等または子法人等が有価証券の引受人となった日から６カ月を経過する日までの間において，顧客に当該有価証券（コミットメント型ライツ・オファリングにおいては，新株予約権の行使により取得される有価証券）の買入代金の貸付けその他信用の供与をすることを約して，当該顧客に対し当該有価証券に係る金融商品仲介業務を行うことの禁止（44条の３第２項４号，金商業等府令154条３号）

⑺　当該登録金融機関の金融商品仲介業務に従事する役員（役員が法人であるときは，その職務を行うべき社員を含む）または使用人が，発行者等に関する非公開情報（顧客の有価証券の売買その他の取引等に係る注文の動向その他の特別な情報に限る）を，当該登録金融機関の親法人等もしくは子法人等に提供し，または有価証券（33条２項１号に掲げる有価証券ならびに２条

１項17号に掲げる有価証券であって同項１号・２号の性質を有する有価証券を除く）の発行者である顧客の非公開融資等情報をその親法人等もしくは子法人等から受領することの禁止（44条の３第２項４号，金商業等府令154条４号）

なお，この禁止には例外が設けられている（同号イ～ヌ）。

⑻　当該登録金融機関の金融商品仲介業務に従事する役員または使用人が，その親法人等または子法人等から取得した顧客に関する非公開情報（当該親法人等または子法人等が当該顧客の書面による同意を得ずに提供したものに限る）を利用して金融商品取引契約の締結を勧誘することの禁止（44条の３第２項４号，金商業等府令154条５号）

⑼　当該登録金融機関の親法人等または子法人等が有価証券の引受けに係る主幹事会社である場合において，当該有価証券の募集または売出しの条件に影響を及ぼすために，その行う投資助言業務に関して実勢を反映しない作為的な相場を形成することを目的とした助言を行い，またはその行う投資運用業に関して実勢を反映しない作為的な相場を形成することを目的とした取引を行うことを内容とした運用を行うことの禁止（44条の３第２項４号，金商業等府令154条６号）

⑽　当該登録金融機関の親法人等または子法人等が有価証券の引受け等を行っている場合において，当該親法人等または子法人等に対する当該有価証券の取得または買付けの申込み（コミットメント型ライツ・オファリングにおいては，新株予約権の取得者による新株予約権の行使）の額が当該親法人等または子法人等が予定していた額に達しないと見込まれる状況の下で，当該親法人等または子法人等の要請を受けて，その行う投資助言業務に関して当該有価証券（コミットメント型ライツ・オファリングにおいては，新株予約権の行使により取得される有価証券）を取得し，もしくは買い付けることを内容とした助言を行い，またはその行う投資運用業に関して当該有価証券を取得し，もしくは買い付けることを内容とした運用を行うことの禁止（44条の３第２項４号，金商業等府令154条７号）

⑾　当該登録金融機関の親法人等または子法人等が発行する有価証券に係る電子申込型電子募集取扱業務等を行うことの禁止（44条の３第２項４号，

金商業等府令154条８号）

平成26年金商法改正により追加された禁止行為である。

⑿　何らの名義によってするかを問わず，44条の３第２項の規定による禁止を免れることの禁止（44条の３第２項４号，金商業等府令154条９号）

❖第３節❖　引受人の信用供与の制限

有価証券の引受人となった金融商品取引業者は，自己が引き受けた有価証券（コミットメント型ライツ・オファリングにおいては，新株予約権の行使により取得される有価証券）の売却につき，引受人となった日から６カ月の期間が経過する日までは，その買主に対し買入代金につき貸付けその他信用の供与をしてはならない（44条の４）。これは，有価証券の引受人となった金融商品取引業者が信用の供与をすることによって，そうでなければ容易に処分できない引受有価証券を投資者に取得させ，それによって引受けの危険を不当に投資者に転嫁するのを防止することを目的とするものである[206]。

---

(206)　神崎ほか・証取法527頁注(1)ほか

第10章
銀行法，保険業法，信託業法などにおける準用

本章のサマリー

◇本章では，銀行法，保険業法，信託業法などにおける金商法の準用について扱う。

◇同じ経済的性質を有する金融商品・取引には金商法と同様のルールを適用することが利用者保護上妥当との観点から，他の業法で規制されている金融商品・取引についても，金商法と同等のルールを及ぼすこととしている。

◇投資性の強い預金等契約（デリバティブ預金，外貨定期預金など），投資性の強い保険契約（変額年金保険，外貨建保険など），投資性の強い信託（有価証券の処分を目的とする信託など）について，それぞれ，「特定預金等契約」「特定保険契約」「特定信託契約」と位置付け，当該商品・取引の販売・勧誘などに関して特定投資家制度，広告規制，契約締結前交付書面の交付義務などの行為規制を各業法で準用している。

❖第1節❖　概　　要

1　基本的考え方

利用者保護ルールの徹底を図る観点から，同じ経済的性質を有する金融商品・取引には金商法と同様のルールを適用することが妥当であり，投資性の強い預金・保険・信託などを販売・勧誘する際には，金商法と同等の行為規制を及ぼし，規制の横断化を図るのが適当と考えられる。一方，銀行業，保険業，

信託業などを規律する各業法は免許制などを採用し，高度な業規制を設けており，これらの業務を一律に金融商品取引業の業登録の範囲に含めることは適当でない。

そこで，投資性の強い預金・保険・信託などについて，金商法の直接の規制対象とするのではなく，金商法の施行に伴い銀行法・保険業法・信託業法など[207]の関係法令を改正し，金商法の行為規制を準用する方式を採用することにより規制の同等性が確保されている。

投資性の要素となる主なリスクとしては，市場リスクと信用リスクがある。二つのリスクのうち信用リスクに関しては，預金および保険については，銀行法および保険業法により銀行および保険会社において高度の財務の健全性が確保されていることなどにより，また，信託については信託財産の独立性が認められることや（信託財産の独立性を措いて信託会社それ自体の信用リスクを問題にするとしても）信託業法において信託会社に他業制限が課せられていることなどにより，信用リスクが必ずしも高いわけではない。しかし，二つのリスクのうち市場リスクに関しては，預金・保険・信託のいずれについても，商品設計によって市場リスクが高くなることはありうる。そこで，市場リスクが一定程度あると考えられる類型の預金・保険・信託を「特定預金等契約」・「特定保険契約」・「特定信託契約」と位置付け，金商法の行為規制を準用し，規制の同等性を確保することとしたものと考えられる。

2　準用される行為規制

銀行法・保険業法・信託業法などにおいては，金商法における販売・勧誘に係る行為規制が準用されているが，金商法における販売・勧誘に係る行為規制のうち，(1)各業法における既存の行為規制と重複するもの（利益相反体制の整備（36条２項～５項）や虚偽告知の禁止（38条１号）など），(2)投資性に着目した行為規制とは必ずしもいえないもの（顧客に対する誠実・公正義務（36条１項）

---

(207)　行為規制の同等性を確保するため，銀行法，信用金庫法，協同組合による金融事業に関する法律，商工組合中央金庫法，農業協同組合法，水産業協同組合法，長期信用銀行法，労働金庫法，農林中央金庫法，保険業法，農業協同組合法，中小企業等協同組合法，兼営法，信託業法，商品取引所法，不動産特定共同事業法，商品ファンド法，宅建業法の改正が行われた。

や取引態様の事前明示義務（37条の２）など），(3)金融商品取引業に固有のもの（社債の管理の禁止など（36条の４））については準用されていない（銀行法13条の４・52条の２の５・52条の45の２，保険業法300条の２，信託業法24条の２，兼営法２条の２など）。

金商法上の主要な行為規制と銀行法・保険業法・信託業法における準用の関係は，以下の**図表6－13**のとおりである。

図表6－13　金商法上の主要な行為規制と準用関係

金商法上の主要な行為規制		銀行法（銀行）	保険業法	信託業法
顧客に対する誠実・公正義務，利益相反体制の整備（36条）		×	×	×
広告等の規制（37条）		○	○	○
取引態様の事前明示義務（37条の２）		×	×	×
契約締結前の書面交付義務（37条の３第１項・２項）		○	○	○
契約締結時などの書面交付義務（37条の４）		○	○	×
書面による解除（クーリング·オフ）（37条の６）		○(注)	×	○(注)
指定紛争解決機関との契約締結義務など（37条の７）		×	×	×
禁止行為（38条）	虚偽告知の禁止（１号）	×	×	×
	断定的判断の提供の禁止（２号）	×	×	×
	無登録格付業者が付与した格付に係る不告知の禁止（３号）	○	○	○
	不招請勧誘の禁止（４号）	○(注)	○(注)	○(注)
	勧誘受諾に係る意思確認義務（５号）	○(注)	○(注)	○(注)
	再勧誘の禁止（６号）	○(注)	○(注)	○(注)
	正当な根拠を有しない算出基礎情報の提供の禁止（７号）	×	×	×

	高速取引行為者以外の者が行う高速取引行為に係る有価証券の売買などの委託を受ける行為の禁止（８号）	×	×	×
	府令委任事項（９号）	○	○	○
損失補填などの禁止（39条）		○	○	△（顧客要求の場合のみ）
適合性の原則（40条１号）		○	○	×
顧客情報の適正な取扱いなどの府令委任事項（40条２号）		○	○	○

○は準用されるもの，×は準用されないもの。なお，準用されない行為規制は，ここに掲げたものに限られない。

（注）　記載の書面による解除（クーリング・オフ），不招請勧誘の禁止，勧誘受諾に係る意思確認義務および再勧誘の禁止については，その対象となる商品を各業法に基づく政令で定めることとされている。

また，銀行法・保険業法・信託業法などでは，規制の柔軟化を図る観点から金商法の特定投資家制度（第３章第１節第５款，45条）の一部も準用している。これにより，銀行・保険会社・信託会社などが特定投資家に対して特定預金等契約・特定保険契約・特定信託契約の販売・勧誘を行う場合には，準用される金商法の行為規制のうち一定のものが適用除外となる。

❖第２節❖　投資性の強い預金（特定預金等）

1　概　　要

銀行法13条の４は，金利，通貨の価格，金融商品市場における相場その他の指標に係る変動によりその元本について損失が生ずるおそれがある預金または定期積金等として内閣府令で定めるものを「特定預金等」，特定預金等の受入れを内容とする契約を「特定預金等契約」と定め，銀行が行う特定預金等契約の締結を金商法の行為規制に関する条文の準用対象としている。

特定預金等契約としては，⑴デリバティブ預金等（預金者等が預入期間の中途で解約をした場合に違約金等を支払うこととなる預金等であって，当該違約金等の額を当該解約の時における当該預金等の残高から控除した金額が，金利，通貨の価格，金融商品市場における相場その他の指標に係る変動により預入金額を下回ることとなるおそれがあるもの），⑵外貨建て預金等（預金等のうち，外国通貨で表示されるもの），⑶通貨オプション組込型預金等（預金等のうち，その受入れを内容とする取引に通貨オプションが付随するもの）の三つが定められている（銀行法規則14条の11の４）。

⑴の典型例としては，銀行が預金の満期を延長または短縮する権利を有しており，顧客が中途解約した場合に違約金などを支払うこととなっている預金（いわゆるエクステンダブル預金）などが挙げられる。

⑵の典型例としては，米ドル建預金，ユーロ建預金などが挙げられる。

⑶の典型例としては，為替変動により，預け入れた通貨と異なる通貨で払戻しが行われることのある預金などが挙げられる。なお，通貨オプション組込型預金等はオプション取引の一種であるが，規制の重複適用を避けるため，金商法上の店頭デリバティブ取引の定義から除外されている（金商法施行令１条の15第１号）。

2　行為規制が準用される主体

銀行法において金商法の行為規制が準用される主体は銀行（銀行とみなされる外国銀行支店も含む），外国銀行代理銀行および銀行代理業者である（銀行法13条の４・52条の２の５・52条の45の２・47条２項）[(208)]。

以下，本節では，主として銀行を念頭に置いて行為規制の説明をする。

---

(208)　外国銀行代理業務の特例に関しては，銀行代理業に関するいくつかの規定が準用されているが（銀行法52条の２の10），銀行代理業者に対する金商法の行為規制の準用に関する銀行法52条の45の２は準用されていない。

3　広告等の規制の準用

銀行法は，特定預金等契約の締結について広告等の規制に関する金商法37条を準用している。

広告類似行為の内容や広告等の表示方法は，金商法とほぼ同様である（銀行法規則14条の11の17・14条の11の18など）。

広告等に関する表示事項は，銀行法13条の４において準用する金商法（以下，本節において「準用金商法」という）37条１項１号・３号，銀行法施行令４条の５，銀行法規則14条の11の19・14条の11の20などで定められている。

なお，上記の表示事項のうち，「顧客が支払うべき対価に関する事項」（銀行法規則14条の11の19）については，手数料テーブルが複数あり，広告等のスペースの関係でそのすべてを表示できないような場合には，手数料等の「上限額又はこれらの計算方法の概要」としてもっとも高い手数料テーブルを示す方法をとることができる[209]。

特定預金等契約の中途解約の解約精算金については，その金額が市場金利などに応じて算定され元本欠損の直接の原因となる場合には，その直接の原因となる「指標」および「指標に係る変動により損失が生ずるおそれがある旨及びその理由」（銀行法施行令４条の５第１項２号）を広告等に表示する必要があると考えられ，また，これに該当しない場合でも，解約清算金の支払義務やその計算方法などを「その他当該特定預金等契約に関する重要な事項について顧客の不利益となる事実」（銀行法規則14条の11の20第２号）に該当するものとして表示しなければならない場合もありうる[210]。

「銀行が預入期間を延長する権利を有する特定預金等にあつては，当該権利が行使された場合に当該特定預金等の金利が市場金利を下回ることにより顧客に不利となるおそれがある旨」（銀行法規則14条の11の20第１号）は，預金の預入期間が延長された場合には，延長がなければ可能であったはずの，より有利な金利による資金運用の機会を顧客が失うおそれがあることの表示を義務付け

(209)　平成19年７月パブコメ605頁No.16
(210)　平成19年７月パブコメ604頁No.14

るものである[211]。

「その他当該特定預金等契約に関する重要な事項について顧客の不利益となる事実」（銀行法規則14条の11の20第２号）は，包括的に顧客の不利益となる重要な事項を記載することを義務付けたバスケット条項である。具体的にどのような事項を表示すべきかを判断するに際しては，投資者保護の観点から，個別の特定預金等の内容，販売方法などを前提として，情報の非対称性を是正するために何を記載する必要があるかを検討すべきである。たとえば，外貨定期預金と円定期預金をセットで提供する場合（いわゆるセット型商品），特定預金等である外貨定期預金に関する広告等において，顧客が円定期預金の有利な金利を得るために必要となる外貨定期預金の預金金額・割合などの条件を表示することが考えられる[212]。

また，銀行法は誇大広告の禁止（準用金商法37条２項）も準用しているが，誇大広告をしてはならない事項の内容は，⑴特定預金等契約の解除に関する事項，⑵特定預金等契約に係る損失の全部もしくは一部の負担または利益の保証に関する事項，⑶特定預金等契約に係る損害賠償額の予定（違約金を含む）に関する事項，⑷特定預金等契約に関して顧客が支払うべき手数料等の額またはその計算方法，支払の方法および時期ならびに支払先に関する事項である（銀行法規則14条の11の22参照）。

なお，銀行は，特定預金等の受入れに関して金商業者監督指針Ⅲ-2-3-3「広告等の規制」の内容も遵守する必要がある（主要行監督指針Ⅲ-3-3-2-2(3)②，中小監督指針Ⅱ-3-2-5-2(3)②）。また，特定預金等の受入れの場面に限られないが，銀行は，その広告等に関して不当景品類及び不当表示防止法，全国銀行公正取引協議会が策定した「銀行業における景品類の提供の制限に関する公正競争規約」や「銀行業における表示に関する公正競争規約」の内容にも留意する必要がある。

(211)　平成19年７月パブコメ606頁No.19
(212)　松尾ほか・実務論点金商法104頁

4　契約締結前の書面交付義務の準用

⑴　契約締結前交付書面の記載事項・記載方法

銀行法は，特定預金等契約の締結について契約締結前の書面交付義務を準用している（準用金商法37条の３）。

特定預金等契約に係る契約締結前交付書面の記載事項は，準用金商法37条の３第１項（２号・６号を除く），銀行法規則14条の11の27などで定められている。銀行法規則に基づく記載事項を大別すると，①特定預金等契約以外の預金等契約について情報提供が義務付けられている事項（銀行法12条の２第１項，銀行法規則13条の３第１項）と同内容の記載事項（同規則14条の11の27第２号～10号・13号・14号・18号・19号），②金商法上の契約締結前交付書面と同様の記載事項（同法37条の３第１項１号・３号～５号，銀行法規則14条の11の27第１号・11号・15号～17号），および，③特定預金等契約に固有の記載事項である「当該銀行が預入期間を延長する権利を有する特定預金等にあつては，当該権利が行使された場合に当該特定預金等の金利が市場金利を下回ることにより顧客に不利となるおそれがある旨」（同項12号）に分類される。

記載事項のうち，金利などの指標に係る変動を直接の原因として損失が生ずるおそれがある場合には，当該指標および当該指標に係る変動により損失が生ずるおそれがある理由（銀行法規則14条の11の27第11号）は，「指標に係る変動を直接の原因として元本欠損が生ずるおそれを生じさせる当該金融商品の販売に係る取引の仕組みのうちの重要な部分」（金融商品販売法３条１項１号ハ）の記載をすることにより通常は要件を満たすと考えられる(213)。

なお，主要行監督指針Ⅲ-3-3-2-2(3)②や中小監督指針Ⅱ-3-2-5-2(3)②では，銀行が，特定預金等の受入れに関して，契約締結前交付書面を交付する際に，金商業者監督指針Ⅲ-2-3-4「顧客に対する説明態勢」を遵守することに加えて，「イ．中途解約時に，違約金等により元本欠損が生ずるおそれがある場合には，その違約金等の計算方法（説明時の経済情勢において合理的と考えられる前提での違約金等の試算額を含む。）」，「ロ．外貨通貨で表示される特定預金等であって，元本欠損が生ずるおそれのある場合にあってはその旨及びその理

(213)　平成19年７月パブコメ619頁No.40

由」，「ハ．払戻時の通貨等を選択できる権利や満期日を選択できる権利を銀行が有している場合には，権利行使によって預金者等が不利となる可能性があること」を説明することを定めている。そこで，実務的には銀行が交付する特定預金等に関する契約締結前交付書面には，銀行法の明文上は要求されていない「違約金等の試算額」などの記載もすることになると思われる。また，主要行監督指針Ⅲ-3-3-2-2(3)③や中小監督指針Ⅱ-3-2-5-2(3)③では，銀行が，特定預金等のうち金商法２条20項に規定するデリバティブ取引または商品先物取引法２条15項に規定する商品デリバティブ取引を組み込んだ預金（いわゆる「仕組預金」）で，店頭デリバティブ取引に類する複雑な仕組みを有するものの勧誘・受入れについて，注意喚起文書の配布，勧誘（合理的根拠適合性・勧誘開始基準）やリスク説明に関する留意事項を定めており，上記仕組預金を取り扱う際には注意が必要である（なお，全国銀行協会もデリバティブを内包する預金に関するガイドラインを策定し，上記監督指針に掲げる項目について態勢整備を要請している）。

特定預金等契約に係る契約締結前交付書面の記載方法（文字の大きさなど）は，金商業等府令79条と同様である（銀行法規則14条の11の23）（第３章第３節■7参照）。

⑵　契約締結前交付書面の交付を要しない場合

①　総　　論

特定預金等契約に係る契約締結前交付書面の交付を要しない場合（準用金商法37条の３第１項ただし書）として，銀行法規則は，⒜外貨預金等書面に係る特例（銀行法規則14条の11の25第１項１号），⒝同一内容の特例（同項２号），⒞契約変更書面に係る特例（同項３号），⒟銀行代理業者が交付した場合の特例（同項４号）を規定している。

②　外貨預金等書面に係る特例

金商法においては，上場有価証券等について，商品性が定型化され，一定程度の社会的周知性があること等を考慮して，上場有価証券等書面に係る特例が設けられている（金商業等府令80条１項１号）。

一方，特定預金等契約のうち，デリバティブ預金等および通貨オプション組入型預金等に該当するものを除く外貨預金等については，為替変動のリスクが一般の利用者にとって比較的身近なものであり，また，その仕組みが比較的理解しやすいため，上場有価証券等と同様に，金融商品としての定型性や社会的周知性があるものと考えられる。

そこで，外貨預金等（デリバティブ預金等および通貨オプション組入型預金等に該当するものを除く）については，外貨預金等に係る特定預金等契約の締結前１年以内に当該顧客に対し外貨預金等に係る一般的なリスク情報などを記載した包括的書面である外貨預金等書面を交付している場合であって，顧客から個別の契約締結前交付書面の交付を要しない旨の意思表明があったときには，契約締結前交付書面の交付を要しないものとした（銀行法規則14条の11の25第１項１号）。

外貨預金等のうち外貨普通預金は，口座開設時が契約成立時と考えられるので，口座開設時点で外貨預金等書面を交付すればよく，それ以降に行われる個々の入金のつど同書面を交付する必要はない(214)。

「書面の交付を要しない」とする顧客の意思表明は契約を締結しようとするつど受ける必要があり，事前の包括的な意思表明では足りない(215)。もっとも，法令上は顧客の意思表明の確認方法についての法令上の定めはなく，ATM取引など非対面取引でも顧客の意思表明が的確に確認できれば外貨預金等書面に係る特例を用いることは可能である。ただし，顧客の意思表明を確認したことを事後的に検証可能であることが望ましい(216)。

③　同一内容の特例

金商法においては，投資者が同種取引を反復して行う場合には，当該顧客は取引に関する情報をすでに得ており，そのつど同様の情報提供を行う必要はないと考えられることなどから，過去１年以内の「同種の内容」の金融商品取引契約に係る特例が設けられている（金商業等府令80条１項２号）。

---

(214)　平成19年７月パブコメ614頁No.18

(215)　平成19年７月パブコメ622頁No.８

(216)　平成19年７月パブコメ621頁No.４～No.６

これに対し，過去１年以内に当該顧客に対し当該特定預金等の契約と「同一の内容」の特定預金等契約に係る契約締結前交付書面を交付している場合には，契約締結前交付書面の交付が不要とされている（銀行法規則14条の11の25第１項２号)。金商法では「同種の内容」であるのに対し，銀行法では「同一の内容」まで要求している点に注意が必要である。なお，過去１年以内に「同一の内容」の特定預金等契約が実際に締結されたことまでは求められないので，実務的には，契約締結の間隔が１年を超える場合であっても，書面交付の間隔が１年を超えないよう，顧客に対し定期的に書面交付を行うことなどにより同号の要件は満たしうる（「同一の内容」の特定預金等契約の締結に際して契約締結前交付書面の交付は不要になる）と考えられる(217)。

「同一の内容」の解釈について，(a)同一期間の外貨定期預金で通貨が異なる場合には，為替リスクの程度が異なると考えられるため，「同一の内容」に該当せず，(b)同一通貨の外貨定期預金で期間が異なる場合には，基本的にはリスクの種類・程度に差異はないと考えられるため，「同一の内容」に該当し，(c)同一通貨の外貨定期預金で利息の支払方法が異なる場合には，リスクの種類・程度に差異はないと考えられるため，「同一の内容」に該当し，(d)二重通貨預金（外貨償還特約付預金）で，預入れの為替レートと外貨償還となるための満期時の為替レートの幅が違う場合には，為替リスクの程度が異なると考えられるため，「同一の内容」に該当しない，と考えられている(218)。

当初の契約締結の際に外貨預金等書面の特例の適用により契約締結前交付書面の交付を要せず，実際に契約締結前交付書面を交付していない場合であっても，その後に当初の契約と「同一の内容」の特定預金等契約を締結するときには，「同一の内容」の特例が適用されうる（銀行法規則14条の11の25第１項２号括弧書き)。この場合に「同一の内容」の特例を使えば，顧客の意思表明の有無にかかわらず，契約締結前交付書面および契約締結時交付書面の交付を省略できる。たとえば，外貨定期預金の自動継続は「同一の内容」の特定預金等契約の締結に該当するものと考えられているところ，自動継続が１年以内の間隔で行われる場合には，銀行法規則14条の11の25第１項２号・４項に基づき，契

---

(217)　平成19年７月パブコメ329頁No.45参照

(218)　平成19年７月パブコメ625頁No.22

約締結前交付書面の交付が不要になりうる。

銀行法規則14条の11の25第１項２号・４項に基づき，契約締結前交付書面の交付が不要になる場合は，契約締結前交付書面などの交付に関し実質的説明を行う義務（同規則14条の11の30の２第２号）は課されないと考えられる[219]。

④　契約変更書面に係る特例

特定預金等契約についても，金商法と同様に（金商業等府令80条１項４号参照），すでに成立している特定預金等契約の一部の変更を内容とする特定預金等契約を締結しようとする場合において，契約締結前交付書面の記載事項に変更すべきものがない場合または当該顧客に対し「契約変更書面」を交付している場合には，契約締結前交付書面の交付を要しない（銀行法規則14条の11の25第１項３号）。

⑤　銀行代理業者が交付した場合の特例

特定預金等契約の締結について，銀行代理業者が契約締結前交付書面を交付した場合，銀行は，契約締結前交付書面を交付することを要しない（銀行法規則14条の11の25第１項４号）。平成30年に追加された特例であり，この特例が追加される前は，銀行代理業者が契約締結前交付書面を交付した場合であっても，銀行が契約締結前交付書面を交付・作成する義務が免除されるわけではなく，記載事項を省略することができるのみであった。

5　契約締結時の書面交付義務の準用

銀行法は，特定預金等契約について契約締結時の書面交付義務を準用している（準用金商法37条の４）。

特定預金等契約に係る契約締結時交付書面の記載事項は，準用金商法37条の４第１項，銀行法規則14条の11の28などで定められている。

また，特定預金等契約に係る契約締結時交付書面の交付を要しない場合については，契約締結前交付書面の交付を要しない場合と同様の場合が規定されて

(219)　平成19年７月パブコメ392頁No.71参照

いる（銀行法規則14条の11の29）。

契約締結時交付書面は，物理的に一体化している（形式的に一つの書面である）必要まではないが，一般的な顧客が理解しやすいよう，実質的に一体のものとして交付される必要があると考えられている。

なお，銀行法規則は，特定預金等契約に係る取引残高報告書に相当する書面の定めを規定しておらず，当該書面の顧客への定期的な交付は不要である。

6　書面による解除（クーリング・オフ）の準用

金商法制の下では，銀行が行う特定預金等契約の締結について，書面による解除（クーリング・オフ）の規定が準用される（準用金商法37条の6）。この点，適用対象となる特定預金等契約については「政令で定めるものに限る」とされているが，銀行法施行令はこれに相当する規定を定めていないため，現在のところ，特定預金等契約の締結について，書面による解除（クーリング・オフ）の適用はない。

7　禁止行為の準用

特定預金等契約について，準用金商法38条により金商法における禁止行為が準用されている。

準用金商法38条3号は，無登録格付業者が付与した格付を，当該格付を付与した者が無登録格付業者である旨などを告知することなく提供して特定預金等契約の締結を勧誘することの禁止を規定している。準用金商法38条9号の委任に基づく内閣府令は，⑴特定預金等契約以外の預金等契約と同等以上の規制を維持するため，特定預金等契約以外の預金等契約について適用される禁止行為（銀行法規則14条の11の3）の内容を引用する（同規則14条の11の30の2第1号）とともに，⑵特定預金等契約に固有の規制として，①契約締結前交付書面などの交付に関し実質的説明を行う義務，②虚偽の表示や重要な事項につき誤解を生ぜしめるべき表示の禁止，③特別の利益の提供の禁止，④迷惑時間勧誘の禁止を規定している（同条2号～5号）。

準用金商法38条４号～６号（不招請勧誘の禁止，勧誘受諾意思確認義務および再勧誘の禁止）に関し，適用対象となる特定預金等契約については「政令で定めるものに限る」とされているが，銀行法施行令はこれに相当する規定をしていないため，現在のところ，これらの行為規制の適用はない。

さらに，銀行は，特定預金等の受入れに関して，業務の内容および方法に応じた説明態勢整備をし，同態勢が社内規則などで明確に定められることが要請されるとともに（主要行監督指針Ⅲ-3-3-2-2(1)②，中小監督指針Ⅱ-3-2-5-2(1)②），金商業者監督指針Ⅲ-2-3-4「顧客に対する説明態勢」を遵守することが求められる点にも留意する必要がある（主要行監督指針Ⅲ-3-3-2-2(3)②，中小監督指針Ⅱ-3-2-5-2(3)②）。

8　損失補填などの禁止の準用

銀行法は，特定預金等契約について，損失補填などの禁止に関する金商法の規定（39条１項・２項・３項本文・５項）を準用している。

この点，銀行法は金商法39条のうち事故確認に係る規定（同条３項ただし書・７項）を準用していない。その理由は，信託業法にその旨の規定がないことと整合性を合わせたためとされている[220]。「事故」の具体的内容については銀行法規則に定めがなく，社会通念を踏まえ，個別事例ごとに実態に即して実質的に判断すべきものとされており，顧客に対する財産上の利益提供などが「事故」による損失を補填するものかどうかは銀行において適切に判断する必要がある[221]。

9　適合性の原則などの準用

銀行法は，特定預金等契約について，適合性の原則などに関する金商法の規定（40条）を準用している。なお，銀行法規則は金商法40条２号に相当する

(220)　内海順太ほか「〔座談会〕金商法・改正金販法と新たな販売・勧誘ルール」金融法務事情1786号43頁〔松尾直彦発言〕(2006) 参照

(221)　平成19年７月パブコメ635頁No. 2・No. 3

「内閣府令で定める状況」を規定していない。

さらに，銀行は，特定預金等の受入れに関して，金商業者監督指針Ⅲ-2-3-1「適合性原則」を遵守することが求められる点にも留意する必要がある（主要行監督指針Ⅲ-3-3-2-2(3)②，中小監督指針Ⅱ-3-2-5-2(3)②）。

10　特定投資家制度の準用

銀行法13条の４は，銀行が行う特定預金等契約の締結について特定投資家制度に関する規定（金商法３章１節５款・45条）を準用している。

金商法では特定投資家と一般投資家の間の移行は内閣府令で定める「契約の種類」（34条）ごとに行われるが，銀行法および銀行法規則において規定されている「契約の種類」は特定預金等契約の１種類のみである（銀行法規則14条の11の５）。

なお，根拠法令の異なる「契約の種類」は，異なる「契約の種類」となる。たとえば，銀行法規則14条の11の４に根拠を有する外貨預金・デリバティブ預金は保険業法規則234条の２に根拠を有する変額保険・年金とは異なる「契約の種類」に該当する。この場合，当該業者は，「契約の種類」ごとに，特定投資家が一般投資家に移行できる旨の告知（準用金商法34条）や移行を承諾する場合の書面交付（準用金商法34条の２第３項）などを行うことが必要となる（銀行法13条の４，保険業法300条の２など）。実務的には，複数の「契約の種類」について一つの書面を使用して一括して顧客に告知や説明をする対応が考えられる[222]。ただし，この方法による告知後に，過去に契約を締結したことのない「契約の種類」に属する契約の申込みを受けた場合には，当該契約を締結するまでの間に，告知を行うことが必要になると考えられる[223]。

一方，銀行代理業者が行う特定預金等契約の締結の代理または媒介には，プロ・アマ間の移行に関する金商法３章１節５款や特定投資家への行為規制の適用除外に関する同法45条の適用がない（銀行法52条の45の２参照）。これは金商法において金融商品仲介業者に特定投資家に関する規定が適用されないのと平

(222)　松尾ほか・実務論点金商法187頁
(223)　平成19年７月パブコメ185頁No.19・No.20

仄を合わせたものと考えられる。したがって，仮に銀行代理業者の所属銀行が顧客からの特定投資家への移行申出を承諾した場合においても，銀行代理業者はすべての顧客向けの特定預金等契約について一般投資家に対する行為規制と同等の行為規制を遵守することが必要となる。

❖第３節❖　投資性の強い保険（特定保険契約）

1　概　　要

保険業法300条の２は，金利，通貨の価格，金融商品市場における相場その他の指標に係る変動によりその元本について損失が生ずるおそれがある保険契約として内閣府令で定めるものを，「特定保険契約」と定め，特定保険契約の締結またはその代理もしくは媒介を，金商法の行為規制に関する条文の準用対象としている。

保険業法規則では，特定保険契約として，⑴保険業法上特別勘定の設置を義務付けられた一定の保険契約，⑵解約返戻金が金利などの指標の変動により保険料の合計額を下回ることとなるおそれがある保険契約，⑶外貨建て保険契約（外貨損害保険で保障型かつ事業者向けのものを除く）の三つが定められている（同規則234条の２）。

⑴は，保険業法118条に基づき特別勘定の設置を義務付けられた一定の保険契約は，保険料として収受した金銭を運用した結果により顧客に損失が生じるおそれがあることから，「特定保険契約」と定められた（保険業法規則234条の２第１号・74条・153条）。典型例として，いわゆる変額年金・保険が挙げられる。

⑵は，解約返戻金の額が通貨の価格，金融商品市場における相場その他の指標に係る変動により保険料の合計額を下回ることによって，顧客に損失が生じるおそれがあることから「特定保険契約」と定められた（保険業法規則234条の２第２号）。保険契約の中には，特別勘定を設置しない商品として組成されるものも存在しうるため，⑴とは別に「特定保険契約」とされた。なお，金利な

どの指標に係る変動にかかわりなく解約返戻金の最低保証額が設定されたうえで，金利などの動向により返戻金が加算される商品については必ずしも「特定保険契約」に該当しないものと考えられる(224)。

⑶は，「保険金等の額を外国通貨をもって表示する保険契約」である（保険業法規則234条の２第３号）。外貨建て保険・年金には，円貨で受払いされる商品のみならず，同一の外貨で受払いされる商品も含まれる。ただし，外貨損害保険で保障型かつ事業者向けのものについては，保障性商品として広く普及しており，いわゆる投資性商品と評価されるものではないことから，「特定保険契約」から除外されている（同号かっこ書）。

なお，保険契約に基づく権利の中には集団投資スキーム持分（金商法２条２項５号）と同様の経済的性質を有するものがあるが，これらの権利については保険業法において出資者の保護が図られているため，集団投資スキーム持分の定義から除外されている（金商法２条２項５号ハ）(225)。

2　行為規制が準用される主体

保険業法において金商法の行為規制が準用される主体は，保険会社等（保険会社または少額短期保険業者をいう（保険業法２条の２第１項）。以下，本節において同じ），外国保険会社等（外国保険業者のうち同法185条１項の内閣総理大臣の免許を受けた者をいう（同法２条７項）。以下，本節において同じ），保険募集人（同条23項），保険仲立人（同条25項）である（同法300条の２）。

なお，生命保険会社が保険金信託業務として信託の引受けを行う場合にも，信託業法の準用を介して金商法の行為規制が準用される（保険業法99条８項，保険業法規則52条の13の２，信託業法24条の２）。

以下，本節では主として保険会社等を念頭に置いて行為規制の説明をする。

---

(224)　平成19年７月パブコメ642頁No.２・No.３

(225)　三井ほか・一問一答107頁

3　広告等規制の準用

保険業法は，特定保険契約について広告等の規制に関する金商法37条を準用している。

広告類似行為の内容や広告等の表示方法は，金商法とほぼ同様である（保険業法規則234条の15・234条の16）。

特定保険契約に係る広告等の表示事項は，保険業法300条の２において準用する金商法（以下，本節において「準用金商法」という）37条１項（２号を除く），保険業法施行令44条の５，保険業法規則234条の17・234条の18で定められている。

保険業法施行令44条の５第１項１号，保険業法規則234条の17が定める顧客が支払う「手数料等」には，基本的には保険料も含まれるものと考えられる。この点，たとえば変額年金等において顧客が運用資産として積み立てることとなる金額自体は，「特定保険契約に関して顧客が支払う対価」に該当しないため，広告等において「手数料等」として表示する必要はないが，当該変額年金等における保険契約関係費，運用関係費などは「対価」に該当するため，これらは「手数料等」として表示するものと考えられる(226)。なお，保険会社が保険代理店や保険仲立人に対して支払う手数料などは，広告等において表示すべき「手数料等」には該当しない(227)。

保険業法300条の２は誇大広告の禁止（金商法37条２項）も準用しており，誇大広告をしてはならない事項の内容は，特定預金等契約について誇大広告をしてはならない事項（銀行法規則14条の11の22）とほぼ同様である（保険業法規則234条の20）。

さらに，保険会社は，保険監督指針Ⅱ-4-10「適切な表示の確保」に留意しつつ広告等の規制を遵守することが求められる点に留意する必要がある（同監督指針Ⅱ-4-10(7)）。また，実務上は，特定保険契約に限らず，不当景品類及び不当表示防止法や生命保険協会の「生命保険商品に関する適正表示ガイドライン」，日本損害保険協会の「広告倫理綱領」，「募集文書等の表示に係るガイド

(226)　平成19年７月パブコメ649頁No. 9
(227)　平成19年７月パブコメ650頁No.10

ライン」などの自主規制にも配慮が必要である。

4　契約締結前の書面交付義務の準用

(1)　契約締結前交付書面と「契約概要」および「注意喚起情報」との関係

保険監督指針Ⅱ-4-2-2(2)②は，保険業法294条１項に基づく情報提供として，「契約概要」（顧客が保険商品の内容を理解するために必要な情報）および「注意喚起情報」（保険会社が顧客に対して注意喚起すべき情報）を提供しなければならないものとしている。

金商法施行後の保険業法は，特定保険契約について，同法294条１項の情報提供義務を除外したうえで（同条２項），金商法における契約締結前の書面交付義務を準用している（準用金商法37条の３）。この点，契約締結前交付書面の記載事項については，従前から実務上交付されている「契約概要」および「注意喚起情報」の記載事項を踏まえたものとなっており（保険業法規則234条の24第１項），「契約概要」および「注意喚起情報」は契約締結前交付書面として顧客に一体で交付される必要があると考えられる[228]。

なお，保険監督指針は契約締結前交付書面に関し，「契約概要」と「注意喚起情報」について，書面を作成し，交付することを要請している（保険監督指針Ⅱ-4-2-2(2)③イ）。

また，契約締結前交付書面の交付時期については，顧客が契約締結前にあらかじめ特定保険契約の内容を理解するために十分な時間が確保される必要がある。通常の保険契約においては，「注意喚起情報」については，顧客に対して効果的な注意喚起を行うため，契約の申込時に説明・交付することでも足りるとされているが，特定保険契約にあっては，リスク情報を含む「注意喚起情報」についても，「契約概要」と同じ機会に交付することにより，顧客がその内容を理解するための十分な時間が確保されるべきことが要請されている（保険監督指針Ⅱ-4-2-2(2)⑩オ（注１））。

さらに，準用金商法37条の３の規制とは別に，保険会社が契約締結前交付書

---

(228)　松尾ほか・実務論点金商法117頁

面の交付を行う場合は，顧客から契約締結前交付書面の記載事項を了知し旨を十分に確認し，事後に確認状況を検証できる態勢にあることなどが要請される（保険監督指針Ⅱ-4-2-2(2)⑩コ）。

(2)　契約締結前交付書面の記載事項・記載方法

特定保険契約に係る契約締結前交付書面の記載事項は，準用金商法37条の３第１項（２号・６号を除く），保険業法規則234条の24第１項で定められている。

記載事項を大別すると，①特定保険契約以外の保険契約について保険業法294条１項に基づく情報提供として交付される「契約概要」と「注意喚起情報」に記載される事項と同内容の記載事項（保険業法規則234条の24第１項２号～８号・14号）と，②金商法上の契約締結前交付書面と同様の記載事項（同項１号・９号～13号・15号）に分類される。

「契約概要」の内容（保険監督指針Ⅱ-4-2-2(2)③イ(ｱ)）には，契約締結前交付書面における「特定保険契約等の概要」（準用金商法37条の３第１項３号）などが含まれる。「注意喚起情報」の内容（保険監督指針Ⅱ-4-2-2(2)③イ(ｲ)）には，契約締結前交付書面の記載事項である，顧客が支払うべき手数料など（準用金商法37条の３第１項４号），金利などの指標に係る変動により損失が生ずるおそれがある旨（同項５号），クーリング・オフに関する事項（保険業法規則234条の24第１項２号），告知に関する事項（同項３号），解約および解約返戻金に関する事項（同項７号）などが含まれると考えられる[229]。

また，金商業等府令79条と同様に，保険業法規則234条の21第３項・２項・１項に規定された順序・方法および保険監督指針に従い各項目を記載する必要がある。

なお，保険仲立人が保険契約の締結の媒介を行おうとするときにも，事前の書面交付が義務付けられ（保険業法294条４項，保険業法規則227条の３），当該書面に用いる文字および数字は８ポイント以上の大きさでなければならず（同条４項），また，書面を顧客に交付する場合は，顧客にそれを十分に読むべき旨を告げるなど，顧客が確実に書面の記載内容を了知しなければならない（同条５項）などの義務が課されるが，これらの義務は保険契約全般に適用されるな

(229)　松尾直彦ほか「金融商品取引法制の政令案・内閣府令案等の概要」金融法務事情1803号20頁（2007）

ど，準用金商法37条の３に基づく義務とは別個の義務である。

一の特定保険契約の締結について保険会社等，外国保険会社等，保険募集人および保険仲立人が契約締結前交付書面の交付を行わなければならない場合，いずれか一の者が当該交付を行った場合，他の者は契約締結前交付書面に保険業法規則234条の24第１項に基づく記載事項を記載することを要しない（同条２項）。

⑶　契約締結前交付書面の交付を要しない場合

特定保険契約についても，すでに成立している特定保険契約等[230]の一部の変更を内容とする特定保険契約等を締結しようとする場合において，契約締結前交付書面の記載事項に変更すべきものがないときまたは当該顧客に対し「契約変更書面」を交付しているときは，契約締結前交付書面の交付を要しない（保険業法規則234条の22第１項）。

5　契約締結時の書面交付義務の準用

保険業法は，特定保険契約について契約締結時の書面交付義務を準用している（準用金商法37条の４）。

特定保険契約に係る契約締結時交付書面の記載事項は，準用金商法37条の４第１項，保険業法規則234条の25第１項で定められている。これらの事項のうち，特定保険契約の成立後遅滞なく顧客に交付される保険証券等に記載された事項については，重複回避の観点から，契約締結時交付書面における記載を省略することが認められている（同項柱書）。

一の特定保険契約の締結について保険会社等または外国保険会社等および保険募集人または保険仲立人が契約締結時交付書面の交付を行わなければならない場合において，いずれか一の者が当該交付を行ったとき，他の者は契約締結時交付書面に保険業法規則234条の25第１項各号に基づく記載事項を記載することを要しない（同条２項）。

---

(230)　特定保険契約または顧客のために特定保険契約の締結の媒介を行うことを内容とする契約を総称する（保険業法規則234条の３）。

また，特定保険契約に係る契約締結時交付書面の交付を要しない場合としては，契約締結前交付書面と同様，契約変更書面に係る特例が規定されている(保険業法規則234条の26)。

なお，保険業法規則は，特定保険契約に係る取引残高報告書に相当する書面の定めを規定しておらず，現在のところ，当該書面の顧客への定期的な交付は不要である。

6　書面による解除（クーリング・オフ）の不準用

保険業法は保険契約一般について書面による解除（クーリング・オフ）の規定を設けており（同法309条），特定保険契約に関して同規定を重複適用する必要がないので，同法は金商法37条の６を準用していない。

7　禁止行為の準用

特定保険契約について，準用金商法38条により金商法の禁止行為が準用されている。

準用金商法38条３号は，無登録格付業者が付与した格付を，当該格付を付与した者が無登録格付業者である旨などを告知することなく提供して特定保険契約等の締結を勧誘することの禁止を規定している。準用金商法38条９号の委任に基づく内閣府令は，⑴特定保険契約以外の保険契約と同等以上の規制を維持するため，特定保険契約以外の保険契約について適用される禁止行為（保険業法規則234条）の内容を引用[231]する（同規則234条の27第１項１号）とともに，⑵特定保険契約に固有の規制として，①生命保険募集人または保険仲立人である銀行などが変額個人年金保険を販売する際に，融資を受けて保険料に充てた場合，当該商品が元本割れすると債務の返済に困窮するおそれがあることについて，保険契約者に対し書面により説明する義務，②契約締結前交付書面などの交付に関し実質的説明を行う義務，③迷惑時間勧誘の禁止を規定している（同

---

(231)　特定保険契約について，保険業法300条１項９号の委任に基づく内閣府令で定める禁止行為（保険業法規則234条）の適用を除外したうえでかかる引用を行っている（保険業法300条１項柱書）。

項２号～４号)。

なお，準用金商法38条４号～６号（不招請勧誘の禁止，勧誘受諾意思確認義務および再勧誘の禁止）の適用対象となる特定保険契約については「政令で定めるものに限る」とされているが，保険業法施行令はこれに相当する規定をしていないため，現在のところこれらの行為規制の適用はない。

8　損失補填などの禁止の準用

保険業法は，特定保険契約について，損失補填などの禁止に関する金商法の規定（同法39条１項・２項・３項本文・５項）を準用している（保険業法300条の２)。

この点，保険業法は金商法39条のうち事故確認に係る規定（同条３項ただし書・７項）を準用していない。これらを準用しなかった理由は信託業法にその旨の規定がないことと整合性を合わせたためとされている(232)。「事故」の具体的内容について保険業法規則に定めがないため，顧客に対する財産上の利益提供などが「事故」による損失を補填するものかどうかは各保険会社等において適切に判断する必要がある。

9　適合性の原則などの準用

保険業法は，特定保険契約について，適合性の原則などに関する金商法の規定（同法40条）を準用している。なお，保険業法規則は金商法40条２号に相当する「内閣府令で定める状況」を規定していない。

また，保険会社は，保険監督指針Ⅱ-4-4-1-3で要請される特定保険契約における適合性の原則を遵守することが求められる点にも留意する必要がある。

この点，保険会社等は，保険業法294条の２に従い，顧客の意向を把握し保険商品が顧客のニーズに合致した内容であることを顧客が確認する機会を提供している（保険監督指針Ⅱ-4-2-2(3)参照)。

このような意向把握義務は，顧客の属性（知識・経験・財産状況・目的）のう

(232)　内海ほか・前掲注(220)43頁〔松尾発言〕参照

ち顧客のニーズを重視するものであることから，特定保険契約について準用される適合性の原則（金商法40条１号）とは異なる性格・内容のものであると考えられる。

10　特定投資家制度の準用

保険業法300条の２は，保険募集人を除く保険会社などが行う特定保険契約の締結またはその媒介について特定投資家制度に関する規定（金商法３章１節５款・45条）を準用している。

この点，金商法では特定投資家と一般投資家の間の移行は内閣府令で定める「契約の種類」（34条）ごとに行われるが，保険業法および保険業法規則において規定されている「契約の種類」は特定保険契約または顧客のために特定保険契約の締結の媒介を行うことを内容とする契約である（保険業法規則234条の３）。

一方，保険募集人が行う特定保険契約の締結の代理または媒介には，プロ・アマ間の移行に関する金商法３章１節５款や特定投資家への行為規制の適用除外に関する同章２節６款の適用がない（これらの規定の適用があるのは，保険会社等もしくは外国保険会社等または保険仲立人が行う特定保険契約の締結または顧客のために特定保険契約の締結の媒介を行うことを内容とする契約の締結である）。したがって，仮に保険募集人の所属保険会社等が顧客からの特定投資家への移行申出を承諾した場合にも，保険募集人はすべての顧客向けの特定保険契約等について一般投資家に対する行為規制と同等の行為規制を遵守することが必要となる。これは，たとえば，乗合い代理店が複数の保険商品の販売勧誘をする場合に，商品ごとに顧客の投資者区分（特定投資家か一般投資家か）が異なることになれば制度が過度に複雑になりかねないため，これを避けるための措置であると考えられる(233)。

なお，保険募集人は保険会社の役員または使用人がなるケースもあり（保険業法２条19項・20項），たとえば，保険募集人が保険会社の使用人として行う販売・勧誘については，保険会社による販売・勧誘そのものであるといえ，保険

(233)　別冊・商事法務No.318・220頁，221頁〔松本圭介ほか〕

会社として特定投資家制度が準用される[234]。

❖第４節❖　投資性の強い信託（特定信託契約）

1　概　　要

信託業法24条の２は，金利，通貨の価格，金融商品市場における相場その他の指標に係る変動によりその元本について損失が生ずるおそれがある保険契約として内閣府令で定めるものを「特定信託契約」と定め，金商法の行為規制に関する条文の準用対象の金融商品・取引としている。なお，兼営法においても金商法の行為規制の準用対象となる信託について，信託業法24条の２が定める特定信託契約をそのまま引用している（兼営法２条の２）。

特定信託契約の範囲については，商品内容が非常に多様であるとの信託の特性を踏まえ，特定預金等契約や特定保険契約のような限定列挙による規定の仕方とは異なり，投資性の強くない信託を除く信託が「特定信託契約」に当たるという定義がなされている。

具体的には，以下の各号に掲げる信託契約を除く信託契約が「特定信託契約」とされている（信託業法規則30条の２第１項各号）。

⑴　公益信託に係る信託契約

⑵　元本の全部補填付き信託に係る信託契約

⑶　信託財産を一般預金などのみで運用して信託報酬などの手数料が運用収益の範囲内に定められる信託契約

⑷　管理型信託契約

⑸　金銭・有価証券・為替手形および約束手形以外の物または権利の管理または処分を目的とする信託契約

---

(234)　平成19年７月パブコメ643頁No.２

⑴は，公益信託ニ関スル法律1条に規定する公益信託[235]に係る信託契約である。特定の受益者が存在せず投資者保護の必要性が低いと考えられること，公益目的でありいわゆる投資性商品と評価されるものではないことから，特定信託契約から除外されている。

⑵は，信託業務を営む金融機関が一定の範囲で提供することを認められている元本補塡付き信託契約（兼営法6条）のうち，元本に損失を生じた場合にその全部を補塡する旨を定めるものである。投資者保護の必要性が低いと考えられることから，特定信託契約から除外されている。

⑶は，信託財産を①預金等（預金保険法2条2項に規定する預金等をいう）のうち，決済用預金（同法51条の2第1項に規定する決済用預金をいう），預金保険法施行令3条各号（4号を除く）に掲げる預金等および特定預金等以外のもののみにより運用することを約する信託契約または②貯金等（農水産業協同組合貯金保険法2条2項に規定する貯金等をいう）のうち，決済用貯金（同法51条の2第1項に規定する決済用貯金をいう），農水産業協同組合貯金保険法施行令6条各号（4号を除く）に掲げる貯金等および特定貯金等以外のもののみにより運用することを約する信託契約[236]であって，顧客が支払うべき信託報酬その他の手数料の額が信託財産の運用により生じた収益の額の範囲内で定められるもの（⑵に該当するものを除く）である。元本欠損が生ずるおそれが小さく，⑵と同様に投資者保護の必要性が低いと考えられることから，特定信託契約から除外されている。

⑷は，信託業法2条3項に規定する管理型信託業の対象となる信託契約である。同項1号の信託（委託者または委託者から指図の権限の委託を受けた者のみの指図により信託財産の管理または処分が行われる信託）については，委託者を投資者として保護する必要性が低いと考えられること，同項2号の信託（信託財産につき保存行為または財産の性質を変えない範囲内の利用行為もしくは改良行為

(235)　公益信託とは，信託法258条1項に規定する受益者の定めのない信託のうち，学術，技芸，慈善，祭祀，宗教その他公益を目的とするもので，公益信託ニ関スル法律2条の許可を受けたものをいう（同法1条）。法制審議会信託法部会で決定された「公益信託法の見直しに関する要綱案」が，平成31年2月14日開催の法制審議会総会で原案どおりに採択されている。今後，この要綱を踏まえ，公益信託ニ関スル法律の改正が行われる予定である。

(236)　「特定預金等」および「特定貯金等」の定義は信託業法規則30条の2第2項において定められている。

のみが行われる信託）については，いわゆる投資性商品と評価されるものではないことから，いずれも特定信託契約から除外されている。

⑸は，信託財産のうち金銭，有価証券，為替手形および約束手形（有価証券に該当するものを除く）以外の物または権利であるものの管理または処分を行うことを目的とする信託に係る信託契約（⑷に該当するものを除く）である。いわゆる投資性商品と評価されるものではないため，⑷の管理型信託と同様の観点から，特定信託契約から除外されている。金銭債権の証券化取引では，金銭債権に加えて流動性補完等の費用として若干の金銭が信託されることがあるが，信託財産の一部に金銭が含まれることによって当然に⑸に該当しなくなるわけではない(237)。

2　行為規制が準用される主体

信託業法において金商法の行為規制が準用される主体は，信託会社（信託業法２条２項）および外国信託会社（同条６項）であり（同法24条の２・63条），兼営法において金商法の行為規制が準用される主体は，信託業務を営む金融機関（兼営法１条。信託業務を営む金融機関は銀行に限られるわけではないものの，表記の便宜の観点から，以下，本節において「信託銀行」といい，信託会社・外国信託会社とあわせて，以下，本節において「信託会社など」という）である（同法２条の２）。

3　広告等の規制の準用

信託業法と兼営法は，特定信託契約による信託の引受けに関して，広告等の規制に関する金商法37条を準用している。

広告類似行為の内容や広告等の表示方法は，金商法とほぼ同様である（信託業法規則30条の15・30条の16，兼営法規則31条の14・31条の15）。

特定信託契約による信託の引受けに係る広告等の表示事項は，信託業法24条の２，兼営法２条の２において準用する金商法（以下，本節において「準用金商

(237)　平成19年７月パブコメ665頁No.10

法」という）37条１項（２号を除く），信託業法施行令12条の５第１項，信託業法規則30条の17・30条の18，兼営法施行令11条の４第１項，兼営法規則31条の16・31条の17により定められている。

信託業法24条の２，兼営法２条の２は誇大広告の禁止（37条２項）も準用しているが，誇大広告をしてはならない事項の内容は，特定預金等契約について誇大広告をしてはならない事項（銀行法規則14条の11の22）とほぼ同様である（信託業法規則30条の20，兼営法規則31条の19）。

このほか，信託会社などは，特定信託契約による信託の引受けに係る広告等に関して信託会社監督指針3-9-2(1)・4-7-2・11-8-1に基づく事項にも留意する必要がある。

4　契約締結前交付書面の交付義務の準用

(1)　契約締結前交付書面の記載事項・記載方法

信託業法および兼営法は，特定信託契約による信託の引受けについて契約締結前の書面交付義務を準用している（準用金商法37条の３）。

特定信託契約による信託の引受けに係る契約締結前交付書面の記載事項は，準用金商法37条の３第１項１号・５号，信託業法規則30条の23第１項，兼営法規則31条の22第１項に定められている。信託業法規則または兼営法規則に基づく記載事項を大別すると，①特定信託契約以外の信託契約について事前説明が義務付けられている事項（信託業法25条・26条１項16号，信託業法規則33条７項・８項，兼営法２条）と同内容の記載事項（信託業法規則30条の23第１項２号～６号・11号・２項，兼営法規則31条の22第１項２号・15条７項），および，②金商法上の契約締結前交付書面と同様の記載事項（信託業法規則30条の23第１項１号・７号～10号・12号，兼営法規則31条の22第１項１号・１号の２・３号～７号）に分類される。

なお，信託会社などが限定責任信託の引受けを行う場合には，限定責任信託の名称，事務処理地および給付可能額（信託業法規則30条の23第２項各号・兼営法規則31条の22第２項・15条８項各号）が，信託銀行に関して兼営法６条の規定による元本の補填または利益の補足の契約をする場合には，その割合その他これに関する事項（兼営法規則31条の22第１項２号・15条７項２号）がそれぞれ固有の記載事項として定められている。

特定信託契約による信託の引受けに関しては，信託業法や兼営法上の事前説明義務（信託業法25条，兼営法２条）も適用されるが，その説明事項と契約締結前交付書面の記載事項が重複しないよう手当てがされている（信託業法25条本文かっこ書)。信託会社などには信託契約一般の引受けに関する事前説明義務（同条）と特定信託契約の引受けに関する契約締結前交付書面の交付義務の双方が課されるが(238)，同じ書面を用いて両方の義務を履行することは可能である(239)。

また，金商業等府令79条と同様に，信託業法規則30条の21第３項・２項・１項や兼営法規則31条の20第３項・２項・１項に規定された順序・方法で各項目を記載する必要がある。

⑵　契約締結前交付書面の交付を要しない場合

特定信託契約による信託の引受けに係る契約締結前交付書面の交付を要しない場合としては，①同一内容の特例（信託業法規則30条の22第１項１号，兼営法規則31条の21第１項１号)，②目論見書交付の特例（信託業法規則同項２号，兼営法規則同項２号)，③契約変更書面に係る特例（信託業法規則同項３号，兼営法規則同項３号）が規定されている。

①　同一内容の特例

特定信託契約による信託の引受けについても，顧客が当該特定信託契約に関する情報をすでに得ている場合には，そのつど同様の情報提供を行う必要はないと考えられ，特定預金等契約に係る同一内容の特例と同様の観点から，顧客と同一内容の特定信託契約を締結したことがあり，かつ，当該顧客に当該特定信託契約に係る契約締結前交付書面を交付したことがある場合で，当該顧客から契約締結前交付書面の交付を要しない旨の意思の表明があったときには，契約締結前交付書面の交付を要しないこととしている。

---

(238)　平成19年７月パブコメ666頁No.１
(239)　平成19年７月パブコメ666頁No.２

特定信託契約による信託の引受けについては特定預金等契約に係る同一内容の特例と異なり，「過去１年以内」という要件がない一方，「顧客から契約締結前交付書面の交付を要しない旨の意思の表明があった場合」を要件としている。これは，特定信託契約に係る金商法上の契約締結前の書面交付義務と信託業法上の事前説明義務の統一的運用を可能とする観点から，前者の適用除外の要件を後者の適用除外の要件（信託業法規則31条２号，兼営法規則13条２号）に合わせて規定したためである(240)。

②　目論見書交付の特例

顧客に対し目論見書（当該契約締結前交付書面に記載すべき事項のすべてが記載されているものに限る）を交付している場合（目論見書に当該事項のすべてが記載されていない場合にあっては，当該目論見書および当該事項のうち当該目論見書に記載されていない事項のすべてが記載されている書面を一体のものとして交付している場合を含む）または金商法15条２項２号に掲げる場合（目論見書の交付を受けないことについて顧客が同意した場合など）にも，契約締結前交付書面の交付を要しない。

③　契約変更書面に係る特例

特定信託契約の一部の変更を内容とする特定信託契約を締結しようとする場合において，契約締結前交付書面の記載事項に変更すべきものがないときまたは当該顧客に対し「契約変更書面」を交付しているときには，契約締結前交付書面の交付を要しない。

5　契約締結時の書面交付義務の不準用

特定信託契約による信託の引受けに関しては，信託業法26条に基づく信託契約一般の引受けに関する契約締結時交付書面の交付義務と同法27条に基づく受託する信託財産一般に関する信託財産状況報告書の交付義務が適用され，金商法37条の４に基づく特定信託契約の引受けに関する契約締結時の交付書面の交

(240)　三井ほか・一問一答438頁

付義務は準用されない（信託業法24条の２，兼営法２条の２・２条）。

6　書面による解除（クーリング・オフ）の準用

金商法制の下では，特定信託契約による信託の引受けについて，書面による解除（クーリング・オフ）の規定が準用される（準用金商法37条の６）。この点，適用対象となる特定信託契約については「政令で定めるものに限る」とされているが，信託業法施行令や兼営法施行令はこれに相当する規定を定めていないため，特定信託契約による信託の引受けについて，書面による解除（クーリング・オフ）の適用はない。

7　禁止行為の準用

特定信託契約による信託の引受けについて，準用金商法38条により金商法における禁止行為が準用されている。

特定信託契約による信託の引受けについて，準用金商法38条３号は，無登録格付業者が付与した格付を，当該格付を付与した者が無登録格付業者である旨などを告知することなく提供して特定信託契約の締結を勧誘することの禁止を規定している。準用金商法38条９号の委任を受けた内閣府令は，⑴特定信託契約以外の信託契約と同等以上の規制を維持するため，特定信託契約以外の信託契約について適用される禁止行為（信託業法規則30条，兼営法規則12条）の内容を引用する(241)（信託業法規則30条の26第１号，兼営法規則31条の25第１号）とともに，⑵特定信託契約に固有の規制として，①契約締結前交付書面などの交付に関し実質的説明を行う義務（信託業法規則同条２号，兼営法規則同条２号，信託会社監督指針3-9-2(2)・4-7-2・11-8-1）や，②迷惑時間勧誘の禁止を規定している（信託業法規則同条３号，兼営法規則同条３号）。

準用金商法38条４号～６号（不招請勧誘の禁止，勧誘受諾意思確認義務および再勧誘の禁止）に関し，適用対象となる特定信託契約については，「政令で定め

---

(241)　信託業法24条１項５号の委任に基づく内閣府令で定める禁止行為（信託業法規則30条，兼営法規則12条）の適用を除外したうえでかかる引用を行っている（信託業法24条１項柱書，兼営法２条）。

るものに限る」とされているが，信託業法施行令や兼営法施行令はこれに相当する規定をしていないため，現在のところ，これらの行為規制の適用はない。

8　損失補塡などの禁止の準用

信託業法および兼営法は，特定信託契約による信託の引受けについて，顧客の要求に係る損失補塡などの禁止に関する金商法の規定（39条２項１号・３号・５項）を準用している。

この点，金商法39条のうち，信託会社などによる損失補塡の禁止（同条１項）や事故確認に係る規定（同条３項ただし書・７項）は準用されていない。これらの規定を準用しない理由は信託業法24条１項４号（兼営法２条で準用する場合も含む）が信託会社などによる損失補塡の禁止に相当する事項について別途定めており，また，損失補塡が許容される要件として事故確認を規定していないためと思われる。

9　適合性の原則などの不準用

信託業法および兼営法は，特定信託契約による信託の引受けに関して，適合性の原則に関する金商法の規定（40条１号）を準用していない。これらの規定を準用しない理由は信託業法24条２項（同項を準用する兼営法２条を含む）が信託の引受けに関する行為準則として適合性の原則に相当する行為準則を別途定めているためであると思われる。

一方，信託業法および兼営法は，特定信託契約による信託の引受けに関して，金商法40条２号を準用している。もっとも適用対象となる状況は「内閣府令で定める状況」とされているが，信託業法規則や兼営法規則は現在のところこれに対応する定めをしていないため，同号に基づく行為規制の適用はない。

10　特定投資家制度の準用

信託業法24条の２および兼営法２条の２は，特定信託契約による信託の引受けについて特定投資家制度に関する規定（金商法３章１節５款・45条）を準用している。

金商法では，特定投資家と一般投資家の間の移行は，内閣府令で定める「契約の種類」（34条）ごとに行われるが，信託業法および兼営法ならびに関係内閣府令において規定されている「契約の種類」は特定信託契約の１種類のみである（信託業法規則30条の３，兼営法規則31条の２）。

❖第５節❖　その他の法律における準用など

1　商品先物取引法

商品先物取引法の対象である商品先物取引は，金商法の対象である「デリバティブ取引」と同様の経済的性格を有する投資性の強い金融商品・取引である。商品先物取引は，その一方で，農産物や鉱物の生産や流通において発生する価格変動リスクに対する保障機能を担うなどの役割も果たしており，農工業の政策と密接に関連している。そこで，金商法の施行に伴い，商品取引所法は独自の法律として残し，一方，行為規制を横断化する観点[242]から，商品先物取引に対して金商法と同等の行為規制が実質的に適用されるよう平成19年９月に商品取引所法が改正された。さらに，商品取引所法は，平成23年１月に商品先物取引法に改組されている。以下，現行の商品先物取引法の内容について説明する。

まず，商品先物取引業者並びにその役職員に対して誠実公正義務が課され（商品先物取引法213条），商品先物取引業者が行う商品先物取引業について広告等の規制（同法213条の２）が課されるとともに，不確実な事項についての断定

(242)　商品先物取引は金融商品販売法の適用対象には含まれていないが，民事ルールの横断化の観点から金融商品販売法との同等性も確保されている。現行の商品先物取引法の条文を前提にすると，たとえば，商品先物取引業者の説明義務に際して適合性の原則が定められ（商品先物取引法218条２項），断定的判断の提供等の禁止違反について損害賠償責任が課されることとなり（同条４項），さらに，金融商品販売法の損害額の推定，損害賠償についての民法の適用，勧誘の適正の確保および勧誘方針の策定などに関する定め（金融商品販売法６条〜９条）が準用されている（商品先物取引法220条の３）。

的判断の提供の禁止，虚偽告知の禁止，不招請勧誘の禁止，再勧誘の禁止，迷惑勧誘の禁止などの不当な勧誘等の禁止（同法214条）が定められている。また，損失補塡の禁止（同法214条の３），適合性の原則（同法215条）が定められている。

さらに，商品取引契約の契約締結前交付書面の交付義務（同法217条），説明義務（同法218条）やプロ・アマ移行に類似の制度（同法197条の３～197条の10・220条の４）も定められている。

なお，上記の行為規制に関する制度は金商法の制度と類似はするものの詳細な要件は異なるものもあるため，実際の適用関係を確認する際には注意を要する。

2　不動産特定共同事業法

不動産特定共同事業法の対象となる不動産特定共同事業は，金商法の対象である「集団投資スキーム持分」と同様の経済的性格を有する投資性の強い金融商品・サービスとしての性格を有する。一方，不動産特定共同事業法は，不動産特定共同事業者の許可要件として宅地建物取引業者であることを要求するなどの不動産に固有の規制を定めている。そこで，金商法の施行に伴い，不動産特定共同事業法は独自の法律として残すとともに，行為規制を横断化する観点から，不動産特定共同事業に対して金商法と同等の行為規制が実質的に適用されるよう不動産特定共同事業法が改正された(243)。

具体的には，同改正前の不動産特定共同事業法においてすでに規定されていた不動産特定共同事業契約成立前の書面交付義務（同法24条）や契約成立時の書面交付義務（同法25条）などの行為規制に加えて，再勧誘の禁止の規定（同法21条２項）や損失補塡などの禁止および適合性の原則などの金商法の行為規制を準用する規定（不動産特定共同事業法21条の２）が新設された（ただし，不動産特定共同事業者が行う不動産特定共同事業契約のうち，特例事業者が締結する

(243)　なお，不動産特定共同事業契約に基づく権利の中には集団投資スキーム持分（金商法２条２項５号）と同様の経済的性質を有するものがあるが，これら権利については不動産特定共同事業法において出資者の保護が図られているため，集団投資スキーム持分の定義から除外されている（同号ハ）。

ものであって，金銭などを出資の目的とするものの締結またはその代理もしくは媒介については，損失補塡などの禁止および適合性の原則などの金商法の行為規制は準用されない）。

なお，不動産特定共同事業者の業務に関する広告規制については，同改正前から変更がない（不動産特定共同事業法18条）。

3　商品ファンド法

金商法の施行に伴う改正前の商品ファンド法は，⑴商品投資販売業（商品ファンドの販売・勧誘に係る業務），および⑵商品投資顧問業（商品投資に係る投資一任業務）という二つの業務について規制を設けていた。この点，金商法の施行により，従来商品ファンド法が対象としてきた商品ファンドに係る権利（商品投資受益権）のうち信託型のものは，金商法上の信託受益権（2条1項14号・17号・2項1号・2号）に該当し，組合型のものは金商法上の集団投資スキーム持分（同条2項5号・6号）に該当し，金商法上，有価証券として取り扱われることとなった。そのため，商品ファンドに係る権利の販売・勧誘（募集・私募，その取扱い，売出しなど）を業として行う場合には，原則として，第二種金融商品取引業（28条2項）に該当し，登録が必要となる（29条）。そこで，金商法の施行に伴う商品ファンド法の改正により商品投資販売業に係る規定（金商法の施行前の商品ファンド法第2章）は削除された。

一方，商品投資顧問業（商品投資に係る投資一任業務）に関しては，主として有価証券またはデリバティブ取引に係る権利に対する投資運用に該当しない限り，金商法上の投資運用業に係る登録は必要とされない（28条4項3号・2条8項15号）。そこで，金商法の施行に伴い改正された商品ファンド法は，引き続き⑵の商品投資顧問業を規制している。

具体的には，同改正により商品ファンドに係る契約の締結などを業として行う者が商品投資顧問業者などに対して商品投資に係る投資判断を一任することなく当該契約の締結などを行うことを原則として禁止する規定（商品ファンド法33条）[(244)]や当該契約の締結を業として行う者が財産の分別管理義務を負うこと（同法34条）に関する規定が新設された。また，これらの行為規制の実効性を確保するため，主務大臣（内閣総理大臣，農林水産大臣または経済産業大臣）による監督権限が定められた（同法35条〜37条・42条１項）。

4　宅建業法

金商法施行前の宅建業法では，宅地建物取引業者が，実物不動産を販売する場合は当該不動産についての説明義務が課されていたが（同法35条１項・２項），不動産信託受益権などの不動産投資商品を販売する場合には説明義務は課されていなかった。

この点，宅地建物取引業者が自ら保有する宅地または建物を信託した受益権を販売する場合についても，顧客にとって，信託財産である宅地または建物に関する権利関係や土地利用規制などの情報が，購入の判断にとって重要なものとなる。そこで，金商法の施行に伴い，宅建業法も改正され，宅地建物取引業者が，自ら委託者として宅地または建物を信託し，その信託受益権を販売[245]する場合について，当該宅地または建物の権利関係や土地利用規制などに関する説明義務が課されることとなった（同法35条３項）。

さらに，同改正では，金融商品取引業者または金融商品仲介業者である宅地建物取引業者が，宅地または建物に係る信託の受益権または当該受益権に対する投資事業を目的とする組合契約（民法上の組合契約），匿名組合契約または投資事業有限責任組合契約に基づく権利（以下，本節において「不動産信託受益権等」という）を販売する場合についても，宅建業法35条３項と同様の説明義務が課されることとなった（同法50条の２の４）。同条については，不動産信託受益権等の売主となる場合のみならず，売買の代理または媒介をする場合にも適用される。なお，不動産信託受益権等の売買の媒介を行う場合，同条の「媒介に係る売買の各当事者に対して」との文言により買主および売主の双方に対し

---

(244)　平成20年６月13日公布の金商法改正に伴い商品ファンド法も改正され，金商法上の投資運用業者が投資信託または投資法人スキームにより商品投資運用を行う場合について，商品投資顧問業者等への投資判断の一任を行うことなく商品投資契約の締結等や商品投資受益権の販売等を業として行うことができるようになった（商品ファンド法33条）。

(245)　当初委託者兼受益者による不動産を主たる信託財産とする受益権の譲渡は，金商法上は，有価証券の「募集（私募）」に該当するが（定義府令14条４項１号イ），同譲渡行為は宅建業法35条３項の「売買」に含まれると考えられる。

て重要事項の説明が必要になるように思える。もっとも，宅建業法上の重要事項の説明は，買主が取得しようとしている不動産信託受益権等の原資産である宅地または建物に関して行うものであり，売買の媒介に関しては原資産の保有者である売主に対して説明する実益はなく，買主に対してのみ説明すれば足りると解すべきであろう。

不動産信託受益権の売買その他の取引に係る契約締結前交付書面では，不動産信託受益権固有の記載事項の記載が求められるが（37条の３第１項７号，金商業等府令85条），これらの記載が求められる趣旨は宅建業法35条３項や同法50条の２の４に基づく事前説明義務と整合性を図るためである[246]。たとえば，宅地建物取引業者である第二種金融商品取引業者が行う不動産信託受益権の売買では，金商法上の契約締結前交付書面の記載事項や金融商品販売法３条に基づく重要説明事項と宅建業法に基づく重要事項説明書の記載事項に共通記載項目が多々あるため，実務上これらの事項を同一の書面に盛り込んで，顧客に交付することが考えられる。

---

(246)　平成19年７月パブコメ310頁No.223参照

第7編 信用格付業者

■本編では，金商法第３章の３「信用格付業者」について解説する。

本編のサマリー

◇信用格付業者は，信用格付を付与し，かつ，提供しまたは閲覧に供する行為を業として行う者である。平成21年金商法改正により，信用格付業者に対する登録制が導入され，登録を受けた信用格付業者に対する行為規制・監督規定が設けられた。

❖第１節❖　規制の概要

米国におけるサブプライムローン問題に端を発する世界的な金融危機に関連して，格付機関による格付の付与プロセスにおける品質の問題や格付の提供における透明性の問題，また投資者などによる格付への過度の依存の問題などが指摘された。かかる問題に対応するため，証券監督者国際機構（IOSCO）は，平成20年５月に「信用格付機関の基本行動規範」を改訂し，さらに，米国における信用格付機関改革法の改正や平成22年７月に成立したドッド・フランク・ウォール街改革および消費者保護法の制定を始めとして，EUやアジア諸国においても，格付機関の規制に向けた取組みがなされている。

日本では，従前より，主として開示規制の関係で用いられる指定格付機関制度および，銀行などに対する自己資本比率規制（バーゼルⅡ）で用いられる適格格付機関制度が存在したものの，格付機関を規制・監督する枠組みは設けられていなかった。そこで，平成21年金商法改正において，信用格付業者に対する公的規制として，信用格付業者に対する登録制が導入されるとともに，登録を受けた信用格付業者に対する行為規制・監督規定の整備がなされた。また，同じく平成21年金商法改正により，無登録業者の格付を利用した勧誘の制限（第６編第４章第１節■４参照）が導入されたほか，その後の府令改正などにおいて，指定格付機関制度に係る見直しがなされている。

❖第2節❖　登録制

1　概　　要

金商法における信用格付業者に係る規制は，信用格付業を公正かつ的確に遂行するための体制が整備された格付会社について，内閣総理大臣の登録を受けることができるとの登録制度の枠組みの下，登録を受けた格付会社（信用格付業者）に対して，規制・監督を行うものである。

金商法において信用格付業とは，信用格付を付与し，かつ，提供しまたは閲覧に供する行為を業として行うことをいう（2条35項）。ただし，いわゆる私的格付や中小企業スコアリングについては，信用格付業の対象から除外される（定義府令25条）。また，信用格付とは，金融商品または法人（法人でない団体，事業を行う個人，法人または個人の集合体，信託財産を含む）の信用状態に関する評価の結果について，記号または数字（順序を示す簡易な文章または文字を含む）を用いて表示した等級をいう（2条34項，定義府令24条1項・2項）。ただし，市場リスクや資産運用能力に関する評価を示す格付，サービサー格付，トラスティ格付，主として信用状態以外の事項に関する評価の結果について表示した等級などは，信用格付の定義から除外されている（定義府令24条3項）。

金商法は，信用格付業を行うためには「登録を受けなければならない」との参入規制を設けることとはせず，信用格付業を行う者が「登録を受けることができる」こととしている。他方で，投資者保護の観点から，無登録業者の信用格付の利用に際して金融商品取引業者等に追加的な説明義務を課すこと（第6編第4章第1節■4参照）により，金融・資本市場において重要な影響を及ぼしうる格付会社の登録を確保する枠組みが採用されている。

登録を受けることができるのは，国内外の法人および，法人でない団体で代表者または管理人の定めのあるものに限られており，個人は登録を受けることができない。また，格付会社の中には，複数の法人がグループとしてグローバルに業務展開をしているものもあるが，登録は法人（または団体）単位で受ける必要がある。

2　外国法人が付与する信用格付と規制の適用範囲

信用格付業者に対する金商法の規制の適用範囲については，我が国の資本市場の機能の十全な発揮や投資者保護を図るための規制であることに照らし，外国法人である信用格付業者が付与する信用格付のうち，国外拠点で付与され，かつ，我が国に持ち込まれる可能性のないものについては，金商法の規制の対象外となると考えられる（格付業者監督指針Ⅲ-2-1⑷3（注）参照）。

すなわち，外国法人である信用格付業者が国外拠点で付与する信用格付のうち，①国内の金融商品取引業者等が勧誘を行うことを前提とする金融商品の信用格付でないこと，②格付関係者が国内に住所を有しないこと，③資産証券化商品の場合には，主な原資産が国内に存在しないことのいずれの要件も満たす信用格付（非日本関連格付）に係る信用格付行為に対しては，金商法の規制は適用されないと考えられる。他方で，外国法人である信用格付業者が付与する信用格付であっても，国内の拠点で付与されるものについては，非日本関連格付に該当せず，金商法の規制が適用されることとなると解される。

❖第3節❖　行為規制・監督

信用格付業者に対する主な規制として，①格付方針等の公表（66条の36），説明書類の公衆縦覧（66条の39）といった情報開示義務，②利益相反防止，格付プロセスの品質管理・公正性確保などの体制整備義務（66条の33），③格付対象の金融商品を保有している場合などの密接な関係を有する場合の格付提供の禁止などの禁止行為（66条の35）が定められている。これらの規制の詳細については政令・内閣府令で規定されているところ，政令・内閣府令においては，欧米の規制の動向や格付会社規制の国際的整合性を踏まえた規定が設けられている。

また，信用格付業者に対する規制の実効性を確保するため，信用格付業者に対する報告徴取・立入検査（66条の45），業務改善命令（66条の41），業務停止命令・登録取消・役員解任命令（66条の42）などの監督規定が設けられている。

金融庁長官は，監督権限行使に関して，個別の信用格付または信用評価の方法の具体的な内容に関知しないよう配慮することとされており（金商業等府令325条），当局が個別の信用格付の実質的な内容を規制することが適切でないことが明確化されている。

第8編 金融商品取引業協会

■本編では，金商法第４章「金融商品取引業協会」について解説する。

第１章

金融商品取引業協会

本章のサマリー

◇本章では，金商法第４章「金融商品取引業協会」第１節「認可金融商品取引業協会」および第２節「認定金融商品取引業協会」を対象とし，金商法における自主規制機関について解説する。

◇金商法では，従前の各業法の規制対象業者を構成員とする自主規制機関の概念が「金融商品取引業協会」という概念に統合されている。金融商品取引業協会は，法的性格の違いに応じて「認可金融商品取引業協会」と「認定金融商品取引業協会」に分類されているが，両者の自主規制機関としての機能については基本的に横断化が図られている。

◇金商法では，自主規制機関の業務の効率的・効果的な運営を図るため，金融商品取引業協会の業務の一部について，一定の手続により他の自主規制機関に委託できる旨が明確化されている。

❖第１節❖　総　　論

1　自主規制機関の概念の統合

金商法では，従前の縦割り業法の統合に伴い，各業法の規制対象業者を構成員とする自主規制機関の概念（証取法における証券業協会，旧金先法における金融先物取引業協会，投信法における投資信託協会，旧投資顧問業法における証券投資顧問業協会など）が，「金融商品取引業協会」という概念に統合されている。

2　自主規制機関の法的性格

従前の各業法における自主規制機関は，大別すると，⑴業法に設立根拠がある法人（証取法における証券業協会），⑵（2008年12月1日施行の公益法人制度改革関連法により廃止された）旧民法34条の公益法人として設立されるもの（旧金先法における金融先物取引業協会，投信法における投資信託協会，旧投資顧問業法における証券投資顧問業協会など）に分類される。金商法では，⑴が「認可金融商品取引業協会」（以下，本編において「認可協会」という），⑵が「認定金融商品取引業協会」（以下，本編において「認定協会」という）として，それぞれ引き継がれている。この認可協会と認定協会を合わせた概念が，「金融商品取引業協会」である。

なお，公益法人制度改革により民法上の公益法人制度が廃止された2008年12月1日以降は，⑵の認定協会は，一般社団法人及び一般財団法人に関する法律に基づき設立される一般社団法人として性格付けられている。

平成31（2019）年4月1日時点で，認可協会としては，日本証券業協会が存在し，認定協会としては，一般社団法人投資信託協会，一般社団法人日本投資顧問業協会，一般社団法人金融先物取引業協会，一般社団法人第二種金融商品取引業協会が存在する。

3　自主規制機関の機能

認可協会と認定協会の法的性格は上記のとおり異なるが，両者の自主規制機関としての機能については基本的に横断化が図られている。具体的には，両者とも下記の機能を有するものとされている（67条の8第1項・68条の2・78条2項・79条の2・64条の7）[(1)]。

⑴　規則の制定

⑵　法令・自主規制機関の定める規則についての会員の遵守状況の調査

⑶　法令・自主規制機関の定める規則への違反などがあった会員への制裁

---

(1)　山口己喜雄ほか「金融商品取引法制の解説(9)金融商品取引業協会・金融商品取引所」旬刊商事法務1780号15頁（2006）

⑷　会員の業務に関する苦情の解決に向けた対応

⑸　会員の行う取引に関する紛争の解決に向けた対応

⑹　行政庁から委任を受けた場合の外務員に関する事務

上記のほか，認可協会および認定協会はいずれも，「金融に係る知識の普及，啓発活動及び広報活動を通じて，金融商品取引業の健全な発展及び投資者の保護の促進に努めなければならない」とされ（77条の４・78条の２第１項），金融経済教育の担い手としての機能も期待されている。

一方，認可協会のみに認められた機能として，店頭売買有価証券市場の開設が可能とされている（67条２項）。平成20年金商法改正では，この店頭売買有価証券市場についても，プロ投資家のみが取引に参加できる市場（いわゆるプロ向け市場）とすることができることとされ，所要の規定が整備されている（67条３項・67条の12第５号）。ただし，かつて日本証券業協会が開設していた店頭売買有価証券市場（ジャスダック市場）は，2004年12月に証券取引所の免許を取得して「株式会社ジャスダック証券取引所」となり，さらに2010年４月に株式会社大阪証券取引所（当時）に吸収合併されたため，平成31（2019）年４月１日時点で，店頭売買有価証券市場は存在しない。

なお，自主規制機関の機能の同等性を確保し，業務の適正を確保するため，認可協会および認定協会に対しては，監督処分，報告徴取・検査などの当局による監督が及ぶこととされている（73条～76条・79条の３～79条の６）。

❖第２節❖　金融商品取引業協会の設立

認可協会は，金融商品取引業者等が当局の認可を受けて設立するものとされている（67条の２）。

認定協会は，金融商品取引業者等が一般社団法人及び一般財団法人に関する法律に基づき設立した一般社団法人について，当局の認定を受けるものとされている（78条１項・67条の２第３項）。

なお，金融商品取引業協会については，一定の名称の使用が義務付けられていないため，既存の自主規制機関が用いている名称は，金商法施行後も引き続き使用することができる。一方，認可協会・認定協会でない者は，その名称中に認可協会・認定協会であると誤認されるおそれのある文字を使用することができない（67条５項・78条の２第３項）。

❖第３節❖　金融商品取引業協会の構成員

1　構成員の資格

認可協会および認定協会のいずれについても，構成員（認可協会の協会員・認定協会の会員）は，金融商品取引業者に限定されている（68条１項・78条１項２号）。

なお，登録金融機関は，登録金融機関業務を行う範囲において，金融商品取引業者とみなされる（67条の２第３項）。一方，金融商品仲介業者は，金融商品取引業協会の構成員とはならず，構成員である所属金融商品取引業者等を通じて金融商品取引業協会の自主規制を受ける（68条４項・78条２項）。

2　構成員の加入義務

金融商品取引業者等に金融商品取引業協会への加入を直接義務付ける規定はない。

しかし，第一種金融商品取引業，第二種金融商品取引業，投資運用業および登録金融機関業務については，認可協会・認定協会に加入しない者であって，協会規則に準ずる内容の社内規則を作成していないものまたは当該社内規則を遵守するための体制を整備していないものであることが，登録拒否要件とされている。これは，自主規制機関への加入を促進し，もって自主規制機関における牽制機能の確保を図るとともに，自主規制機関に加入しない金融商品取引業者等であっても，協会規則に準ずる社内規則の作成・遵守のための体制整備を求めることにより，投資家保護を図るものであると考えられる。

❖第４節❖　業務の委託

金商法では，自主規制機関の業務の効率的・効果的な運営を図るため，下記のとおり，金融商品取引業協会の業務の一部について，一定の手続により他の自主規制機関に委託できる旨が明確化されている。

認可協会は，定款の定めるところにより，下記の業務の一部を他の認可協会または認定協会に委託することができる（協会府令３条１項）。

⑴　苦情解決・あっせん業務

⑵　協会員の役員・使用人・金融商品仲介業者などの資質の向上に関する業務

⑶　協会員・金融商品仲介業者の有価証券の売買その他の取引の勧誘に関する業務

⑷　協会員・金融商品仲介業者の法令などの遵守状況の調査に関する業務

認定協会は，業務規程の定めるところにより，下記の業務の一部を認可協会または他の認定協会に委託することができる（協会府令23条１項）。

⑴　苦情解決・あっせん業務

⑵　法令遵守のための会員・金融商品仲介業者に対する指導，勧告などの業務

⑶　会員・金融商品仲介業者の契約の内容の適正化，資産運用の適正化，その他投資者の保護を図るため必要な調査，指導，勧告などの業務

⑷　会員・金融商品仲介業者の法令などの遵守状況の調査に関する業務

上記の規定は，金融商品取引業協会の業務の委託が可能であることを明確化するとともに，①許容されるのはあくまでも上記業務の一部の委託であり全部の委託は許容されないこと，②委託を行うためには一定の手続が必要であることを定める点に意義があるものと解されている[(2)]。②の一定の手続とは，認可協会であれば定款の変更，認定協会であれば業務規程の変更であるが，いずれについても当局の認可を受けることが必要とされている（67条の８第２項・79

⑵　松尾直彦ほか「金融商品取引法制と実務上の論点⑵」Lexis企業法務24号34頁〔松尾発言〕(2007)

条の３第１項)。

なお，上記の規定により業務の委託を受けた認可協会または認定協会は，当該委託に係る業務を再委託することが禁止されている（協会府令３条２項・23条２項)。また，上記の規定にかかわらず，認可協会が苦情解決・あっせん業務を委託することのできる委託先は他の認可協会または認定協会に限定されず，77条の３第１項に定めるとおり，「これらの業務を適確に遂行するに足りる財産的基礎及び人的構成を有する者」（たとえば認定投資者保護団体）に対し苦情解決・あっせん業務を委託することも可能であるとの解釈が金融庁から公表されている（一般的な法令解釈に係る書面照会手続に基づく照会に対する回答（2008年７月４日))。この解釈は認定協会についても妥当するものと考えられる（78条の８第１項参照)。実際にも，特定非営利活動法人証券・金融商品あっせん相談センター（略称：FINMAC）は，認可協会，認定協会のいずれにも該当しないが，５つの金融商品取引業協会（日本証券業協会，一般社団法人投資信託協会，一般社団法人日本投資顧問業協会，一般社団法人金融先物取引業協会，一般社団法人第二種金融商品取引業協会）から委託を受けて苦情解決・あっせん業務を行っている。

第２章

認定投資者保護団体

本章のサマリー

◇本章では，金商法第４章「金融商品取引業協会」第３節「認定投資者保護団体」を対象とし，認定投資者保護団体の制度について解説する。

◇金商法では，苦情解決・あっせん業務の業態横断的な取組みを推進するため，民間団体が行う苦情解決・あっせん業務を当局が認定する枠組みとして，認定投資者保護団体の制度を導入している。

◇認定投資者保護団体による苦情解決・あっせん業務の対象となる対象事業者の範囲は，金商法の規制対象業者である金融商品取引業者等・金融商品仲介業者のみならず，投資性の強い商品・サービスを取り扱う業者を幅広く含むものとされている。

❖第１節❖　総　　論

認定投資者保護団体（以下，本章において「認定団体」という）の制度は，民間団体が苦情解決・あっせん業務を行う場合に，当局がこれを認定する枠組みである。民間団体が当局の認定を受けることなく苦情解決・あっせん業務を行うことも禁止されるものではないが，これに金商法に基づく業務という位置付けを与えることにより，業務に対する信頼性を確保しようとするものである。

苦情解決・あっせん業務については，金融商品取引業協会も自主規制機関としてこれを行うものとされている（77条・77条の２・78条の６・78条の７）が，業態横断的な取組みをさらに推進するため，認定団体の制度が導入された(3)。

平成21年金商法改正による金融ADR制度の創設後も，認定団体の制度は存続することとされ，特に，金融ADR制度に基づく指定紛争解決機関が設立・指定される前段階における業界団体等の苦情処理・紛争解決の枠組みとして利用されることが想定されている。現在，認定団体としては，特定非営利活動法人証券・金融商品あっせん相談センター（略称：FINMAC）が存在し，第二種金融商品取引業に関する苦情解決・あっせん業務を行っている。

なお，金商法では，損失補塡の禁止（39条１項）の例外として，「事故」による損失の補塡は当局の確認を受ければ可能とされており，さらに客観的に透明性が確保されている手続を経た一定の場合には当局の確認も不要とされている（同条３項）。この事故確認が不要な場合には，金融商品取引業協会のあっせんによる和解が成立した場合のほか，認定団体のあっせんによる和解が成立した場合も含まれている（金商業等府令119条１項４号）。この規定も，認定団体の制度の積極的な活用を促し，業態横断的な取組みを推進する趣旨のものと位置付けられるであろう。

❖第２節❖　設立・認定

認定団体は，金融商品取引業協会と異なり，金融商品取引業者等が設立した団体である必要はない。認定団体の母体については，たとえば，消費者団体，NPO法人や各種の業界団体などが考えうるが，これらに限らず，認定の要件・基準を満たす民間団体は認定団体となることが可能であるとされている[(4)]。

具体的には，下記の欠格事項に該当せず，かつ，下記の認定基準に適合する金融商品取引業協会以外の法人（法人でない団体で代表者または管理人の定めのあるものを含む）であれば，認定団体の認定を受けることができる（79条の７第

(3)　金融ADR・オンブズマン研究会（金融ADR機関のあるべき姿について研究している任意団体であり，弁護士，実務専門家，学識経験者などにより構成される）が2008年11月28日に公表した提言書では，認定団体の制度の利用を前提とした「金融専門ADR機関」のあるべきモデルと実現手段が提言されている。

(4)　松尾直彦ほか「金融商品取引法関係政府令の解説（12・完）金融商品取引業協会等・金融商品取引所・有価証券の取引等に関する規制」旬刊商事法務1820号10頁（2007）

１項・79条の８・79条の９）。

<欠格事項>

⑴　金商法の規定により刑に処せられ，その執行を終わり，または執行を受けることがなくなった日から２年を経過しない者

⑵　79条の19第１項の規定により認定を取り消され，その取消しの日から２年を経過しない者

⑶　その業務を行う役員（法人でない団体で代表者または管理人の定めのあるものの代表者または管理人を含む）のうちに，下記のいずれかに該当する者があるもの

①　禁錮以上の刑に処せられ，もしくは金商法の規定により刑に処せられ，その執行を終わり，または執行を受けることがなくなった日から２年を経過しない者

②　79条の19第１項の規定により認定を取り消された法人において，その取消しの日前30日以内にその役員であった者でその取消しの日から２年を経過しない者

<認定基準>

⒜　認定団体の業務を適正かつ確実に行うに必要な業務の実施の方法を定めているものであること

⒝　認定団体の業務を適正かつ確実に行うに足りる知識および能力ならびに経理的基礎を有するものであること

⒞　認定団体の業務以外の業務を行っている場合には，その業務を行うことによって認定団体の業務が不公正になるおそれがないものであること

なお，認定団体については，一定の名称の使用が義務付けられていない一方，認定団体でない者は，認定投資者保護団体という名称またはこれに紛らわしい名称を使用することができない（79条の15）。

❖第３節❖　対象事業者

認定団体による苦情解決・あっせん業務の対象となる対象事業者は，⑴認定

団体の構成員である金融商品取引業者または金融商品仲介業者，⑵対象となることについて同意した金融商品取引業者，金融商品仲介業者その他内閣府令で定める者とされている（79条の11）。

なお，登録金融機関は，登録金融機関業務を行う範囲において，金融商品取引業者とみなされている（67条の２第３項）。

⑵の内閣府令では，業態横断的な取組みを推進するため，金商法の行為規制が準用される業務など投資性の強い商品・サービスを取り扱う業務を行う者が，下記のとおり幅広く定められている（協会府令31条，金商法施行令18条の４の15第５項）。

① 投資性の強い預貯金を取り扱う業者（農業協同組合・農業協同組合連合会・農業協同組合法上の特定信用事業代理業者，漁業協同組合・漁業協同組合連合会・水産加工業協同組合・水産加工業協同組合連合会・水産業協同組合法上の特定信用事業代理業者，信用協同組合・信用協同組合連合会・信用協同組合代理業者，信用金庫・信用金庫連合会・信用金庫代理業者，長期信用銀行・長期信用銀行代理業者，労働金庫・労働金庫連合会・労働金庫代理業者，銀行・銀行代理業者，農林中央金庫・農林中央金庫代理業者，株式会社商工組合中央金庫）

② 投資性の強い保険・共済を取り扱う業者（農業協同組合・農業協同組合連合会，消費生活協同組合・消費生活協同組合連合会，漁業協同組合・水産加工業協同組合・共済水産業協同組合連合会，中小企業等協同組合法上の組合・共済代理店，保険会社・少額短期保険業者・保険募集人・保険仲立人）

③ 投資性の強い信託を取り扱う業者（信託会社，信託兼営金融機関，保険金信託業務を行う生命保険会社等）

④ その他投資性の強い商品・サービスを取り扱う業者（投信法上の特定設立企画人等，不動産特定共同事業者・小規模不動産特定共同事業者，資産流動化法上の特定目的会社・特定譲渡人・原委託者）

❖第４節❖　認定団体の業務

1　認定業務

認定団体の認定の対象となる業務（以下，本章において「認定業務」という）は，下記のとおりとされている。対象事業者のうち金融商品取引業者等・金融商品仲介業者に関する苦情解決・あっせん業務は下記(1)・(2)，それ以外の対象事業者に関する苦情解決・あっせん業務は下記(3)として位置付けられるものと考えられる。認定団体がこれらの認定業務を他者に委託することは認められていない（認可協会が苦情解決・あっせん業務を他者に委託することを認めた77条の３の規定は，認定団体について準用されていない。79条の12・79条の13参照)。

(1)　金融商品取引業者等・金融商品仲介業者の行う金融商品取引業に対する苦情の解決

(2)　金融商品取引業者等・金融商品仲介業者の行う金融商品取引業に争いがある場合のあっせん

(3)　(1)・(2)のほか，金融商品取引業の健全な発展または投資者の保護に資する業務

2　兼業業務

認定団体は，認定業務以外の業務（以下，本章において「兼業業務」という）を行うこともできる。ただし，第２節で述べたとおり，兼業業務を行うことによって認定業務が不公正になるおそれがないことが，当局の認定基準とされており（79条の９第３号），認定の申請にあたってはこの認定基準に適合するかどうかを審査するための資料として認定申請書に兼業業務の種類および概要を記載した書類を添付する必要がある（金商法施行令18条の４の15第２項８号）。

たとえば，認定団体は，裁判外紛争解決手続の利用の促進に関する法律（いわゆるADR法）に基づく認証紛争解決手続の業務を兼業することができるが，その場合には当該業務の種類および概要を記載した書類を認定申請書に添付す

る必要がある[5]。

また，認定団体は，商品先物取引に関する苦情解決・あっせん業務を兼業することもできるが，その場合には，当該業務の種類および概要を記載した書類のほか，商品デリバティブ取引等に関する苦情解決・あっせん業務を適正かつ確実に行うに足りる知識・能力を有するかどうかについて農林水産大臣および経済産業大臣の意見が記載された書面を認定申請書に添付する必要がある（金商法施行令18条の４の15第２項８号，協会府令30条）。

3　その他

認定団体は，金融商品取引業の健全な発展および投資者の保護のために，対象事業者による金融商品取引の契約内容，対象事業者による資産運用のあり方その他投資者の保護を図るため必要な事項に関し，金商法の規定の趣旨に沿った投資者保護指針を作成・公表すること，また対象事業者に対し，この投資者保護指針を遵守させるため必要な指導，勧告その他の措置をとることが努力義務とされている（79条の17第１項・２項）。

また，認定団体は，金融商品取引業協会と同様，「金融に係る知識の普及，啓発活動及び広報活動を通じて，金融商品取引業の健全な発展及び投資者の保護の促進に努めなければならない」とされ（79条の17第３項），金融経済教育の担い手としての機能も期待されている。

なお，認定団体に対しては，必要に応じて業務改善命令，報告徴取などの当局による監督が及ぶこととされている（79条の16・79条の18・79条の19）。

---

(5)　平成19年７月パブコメ562頁No.２

第9編 金融商品取引所・外国金融商品取引所

■本編では，金商法第５章「金融商品取引所」および第５章の２「外国金融商品取引所」について解説する。

第１章

金融商品取引所

本章のサマリー

◇本章では，金商法第５章「金融商品取引所」をカバーしている。

◇金商法では，証取法および旧金先法の統合に伴い，証券取引所と金融先物取引所についても金融商品取引所として横断的な規制を受けるものとされ，また，有価証券およびデリバティブ取引の範囲の拡大に伴い，金融商品取引所の取引対象範囲も拡大されることとなった。平成21年金商法改正では，諸外国における取引所の状況を踏まえ，本邦取引所においても同様に取扱商品の多様化を図り，利便性の向上を図るために，金融商品取引所と商品取引所の相互乗入れを可能とする改正がなされ，取引所本体や子会社において商品市場を開設することが可能となった。さらに，平成24年金商法改正は，金融商品取引所において，商品またはこれに係る金融指標を原資産または参照指標とする市場デリバティブ取引を取り扱うことができるものとしたうえで，かかる「総合的な取引所」について金商法と商先法の二重規制を解消し，金商法による一元的な規制に服することとした。

◇金商法では，株式会社形態の金融商品取引所については，営利追求，株主利益の保護と，取引所金融商品市場の開設者としての自主規制業務の遂行との間に利益相反が生じ，自主規制業務が独立して適切に行われないおそれがあるため，自主規制業務を適切に行うことを明示的に義務付け，また，自主規制業務の独立性を確保するため，自主規制業務を自主規制法人に委託すること，または，株式会社金融商品取引所の場合は，自主規制委員会を置き，自主規制業務に関する事項の決定を委任することができることとされた。また，平成20年金商法改正により，特定取引所金融商品市場（プロ向け市場）に関する自主規制業務のうち，上場基準などへの適合性の調査や上場有価証券の発行者の情報開示に関する審査基準への適合性の調査などの特定業務については，自主規制法人以外の者へ委託することができることとされた。

◇株式会社金融商品取引所の主要株主規制について，認可金融商品取引業協会，金融商品取引所および金融商品取引所持株会社（ならびに，平成21年金商法改正により，商品取引所および商品取引所持株会社）を除き，20％以上の議決権の取得・保有を原則禁止とし，地方公共団体（および，平成20年金商法改正により，金融商品取引所などと共同して取引所を設立する場合には一定の外国金融商品取引所など）に限り認可を得て20％以上50％以下の議決権の取得・保有を認めることとした。

◇平成24年金商法改正により，商品に係る市場デリバティブ取引を取り扱う「総合的な取引所」の実現に向けた制度整備が行われた。

◇平成26年金商法改正では，金融商品取引所が内閣総理大臣の認可を受けて行うことができる業務に，金融商品の取引（取引所金融商品市場における取引を除く）の当事者を識別するための番号を指定する業務が追加された。

◇平成29年金商法改正では，情報通信技術の進展や国際化などの環境変化を踏まえ，取引所グループの業務範囲の柔軟化およびグループにおける経営管理の充実のために，①システム開発業務などのグループ内の共通・重複業務について，金融商品取引所本体での実施を可能とし，②出資先の外国取引所等の子会社が当該金融商品取引所または金融商品取引所持株会社の子会社に認められている業務範囲を超える業務を行っている場合であっても，原則として５年間は当該子会社を保有することを可能とする一方で，③グループ頂点の金融商品取引所または金融商品取引所持株会社は，グループの経営の基本方針の策定およびその適正な実施の確保等，グループの経営管理を行わなければならないこととされた。

❖第１節❖　金融商品取引所の開業・運営に関する規制

1　取引所金融商品市場の開設に係る規制

金商法において，金融商品取引所とは，内閣総理大臣の免許を受けて金融商品市場を開設する金融商品会員制法人または株式会社をいうとされており（２条16項），金融商品市場を開設する主体を意味する。そして，金融商品市場とは，有価証券の売買または市場デリバティブ取引を行う市場（商品関連市場デリバティブ取引のみを行うものを除く）をいうとされており（同条14項），多数の取引を集中して行う物理的な場所（立会場）がある伝統的な取引所の市場や，インターネットを接続することで同時に多数の投資家の取引を成立させる電子的な場所を提供する金融商品取引業者の私設取引システム（PTS）業務における市場など，かかる取引が行われる市場であれば広く含まれる。金融商品市場は，多数の金融商品の取引が集中的に行われることにより，金融商品の公正な価格形成が行われ，適正な資本の配分に寄与することが期待される。よって，金融商品市場およびその開設者に対し，その開設および運営に関して，適切な規制・監督を行うことにより，公正で円滑な取引が行われる市場を維持し，投資家の保護を図ることが必要となる。

なお，金商法施行前は，有価証券の売買，有価証券指数等先物取引または有価証券オプション取引を行う市場が有価証券市場と定義され，証券取引所はかかる市場を開設するものとされていたが，金商法施行後は，証取法と旧金先法が統合されたことに伴い，証券取引所と金融先物取引所が金融商品取引所として統合され，金融商品取引所の取引対象範囲は有価証券の売買および市場デリバティブ取引に拡大され，上記の有価証券に関するデリバティブ取引以外の金融商品に関するデリバティブ取引（通貨などを対象とする先物取引など）も含まれることとなった。また，有価証券の範囲の拡大に伴い，金融商品取引所の取引対象範囲も拡大されることとなった。

平成24年金商法改正により，商品またはこれに係る金融指標を原資産または参照指標とする市場デリバティブ取引（商品関連市場デリバティブ取引。２条８項１号）も市場デリバティブ取引に含まれることとなり，金融商品取引所において商品関連市場デリバティブ取引を取り扱うことができることとなった。なお，同改正後においても，商品関連市場デリバティブ取引のみを行う市場は，金融商品市場に該当しないこととされており（同条14項），かかる市場は改正後も商先法上の商品取引所として引き続き規制される。

上記のような金融商品市場の資本経済における重要性から，その開設には内閣総理大臣の免許が必要とされる（80条１項）。そして，何人も無免許の金融商品市場において取引を行ってはならないとされる（167条の３）。ただし，認可金融商品取引業協会が金融商品市場を開設する場合や金融商品取引業者等が金商法に従って有価証券の売買やその媒介，取次ぎもしくは代理などを行う場合は，例外とされる。したがって，認可金融商品取引業協会は認可により店頭売買有価証券市場を開設することができ（67条２項・67条の12），金融商品取引業者は認可によりPTS業務を行うことができる（２条８項10号・30条）。

取引所金融商品市場の開設の免許の申請を行うための免許申請書には，定款，業務規程および受託契約準則が添付される（81条２項）。取引所金融商品市場を適切に運営するために，定款，業務規程および受託契約準則の作成が必要となる。

定款の記載事項は，金融商品取引所が金融商品会員制法人であるか株式会社であるかにより異なるが，当該取引所の組織に関する基本事項のほか，⑴会員等（会員および取引参加者を意味する。81条１項３号）が法令，法令に基づいてする行政官庁の処分，当該金融商品取引所の定款，業務規程，受託契約準則その他の規則および取引の信義則を遵守しなければならない旨，ならびにこれらに違反しまたは背反する行為をした会員等に対し，過怠金の賦課，その者の取引の停止もしくは制限，または除名もしくは取引資格の取消しを行う旨（87条），⑵会員等または取引参加者の法令，法令に基づく行政官庁の処分もしくは定款その他の規則または取引の信義則の遵守の状況の調査に関する事項，⑶規則の作成に関する事項，⑷取引所金融商品市場に関する事項（88条の３第２項・103条）の記載が必要とされる。

また，業務規程には，①取引参加者に関する事項，②信認金に関する事項，③取引証拠金に関する事項，④有価証券の売買に係る有価証券の上場および上場廃止の基準および方法，⑤有価証券の売買または市場デリバティブ取引の種類および期限，⑥有価証券の売買または市場デリバティブ取引の開始および終了ならびに停止，⑦有価証券の売買または市場デリバティブ取引の契約の締結の方法，⑧有価証券の売買または市場デリバティブ取引の受渡しその他の決済方法，⑨その他有価証券の売買または市場デリバティブ取引に関し必要な事項を定めなければならない（117条１項）。

さらに，商品関連市場デリバティブ取引を行う金融商品市場を開設する場合には，上記①～⑨に加えて商品関連市場デリバティブ取引の種類ごとに，当該取引に係る金融商品等（金融商品，金融指標またはオプションを意味する。84条２項１号）に関する細則を定めなければならない（117条２項）。これは，金商法では，市場デリバティブ取引の対象となる金融商品等については，その上場の際に内閣総理大臣に届出を行えば足りるとされている（121条）一方で，商先法では，商品デリバティブ取引が原資産の受渡しによる決済（現引き，現渡し）が認められていることから，商品デリバティブ取引の相場変動が対象商品の価格や生産・流通に影響を及ぼす可能性があることを考慮し，商品取引所は業務規程において取引の種類だけでなく取引の対象とする商品たる物品もしくは電力，商品指数またはオプションに関する細則を規定する必要があり（商先法102条１項４号・５号），その変更は主務大臣の認可を要するものとされていることから，これと同様の規制とするものである[(1)]。

受託契約準則は，金融商品取引所の会員等が，当該取引所金融商品市場における有価証券の売買または市場デリバティブ取引の受託を行うに際して従わなければならないものであるが，これには，(a)有価証券の売買または市場デリバティブ取引の受託の条件，(b)有価証券の売買または市場デリバティブ取引の受渡しその他の決済方法，(c)有価証券の売買の受託についての信用の供与に関する事項，(d)有価証券の売買または市場デリバティブ取引の受託に関し必要な事項を定めることが必要とされる（133条）。

免許申請の審査にあたっては，これらの定款，業務規程および受託契約準則の規定が，法令に適合し，取引所金融商品市場における有価証券の売買および市場デリバティブ取引を公正かつ円滑にし，投資者を保護するために十分であるか否かが審査される（82条１項１号）。

なお，平成20年金商法改正により，金融商品取引所が開設する市場のうちプロ投資家のみが取引に参加できる市場（いわゆるプロ向け市場）が認められ，かかるプロ向け市場に上場される有価証券については法定開示を免除するなどの取扱いを行うこととなった。具体的には，金融商品取引所が，業務規程により，会員等が特定投資家等以外の者（「特定投資家等」とは，特定投資家および一定の非居住者をいう（２条３項２号ロ(2)，金商法施行令１条の５の２第１項，第２編

(1)　笠原基和ほか「平成24年改正金商法等の解説(2)「総合的な取引所」の実現に向けた制度整備」旬刊商事法務1981号10頁・11頁（2012）

第１章第１節■１(3)②(b)(vi)参照)。ただし，「特定投資家等以外の者」に，当該有価証券の発行者，発行者のオーナー（一定の取締役など)・親会社・役職員持株会は含まない（117条の２第１項，取引所等府令63条の２)）の委託を受けて行う有価証券の買付け（一般投資家等買付け）を禁止する取引所金融商品市場を「特定取引所金融商品市場」，特定取引所金融商品市場のみに上場されている有価証券を「特定上場有価証券」と定義し（２条32項・33項)，特定上場有価証券については，継続開示義務を免除したうえで，発行者情報の提供・公表を必要とした（詳細については，第２編第２章第４節参照)。そして，特定取引所金融商品市場を開設する金融商品取引所は，業務規程により，117条に掲げる事項のほか，(i)有価証券の売買の受託の制限に関する事項，(ii)特定上場有価証券の発行者が提供・公表すべき特定証券情報・発行者情報の内容，提供・公表の方法・時期その他特定上場有価証券に係る情報の提供・公表に関し必要な事項を定めなければならない（117条の２第１項・２項)。なお，特定証券情報・発行者情報の具体的な内容，様式，財務情報に係る会計基準，言語，提供・公表の方法などについては，特定取引所金融商品市場を開設する金融商品取引所が定める規則などに委ねられている（証券情報府令２条・３条・７条・８条)。

現在，特定取引所金融商品市場としては，東京証券取引所が開設する株式市場であるTOKYO PRO Marketと債券市場であるTOKYO PRO-BOND Marketがある。これは，平成21年に東証がロンドン証券取引所と共同で設立・運営を開始したTOKYO AIM取引所を前身としており，その後平成24年に東証がロンドン証券取引所との合弁を解消し，子会社とした後に吸収合併により，東証内の市場としたものである。当該市場に関する上場規程およびその施行規則では，(1)特定証券情報・発行者情報の様式は有価証券届出書・有価証券報告書・第２四半期報告書に準じたもの（内部統制報告書や第２四半期を除く四半期報告書は不要）その他取引所が適当と認める様式，(2)会計基準は，日本会計基準・国際会計基準・米国会計基準・これら３基準と同等と判断される会計基準のいずれでもよく，また財務諸表には監査法人による監査報告書などの添付が必要，(3)言語は日本語と英語を選択可能，(4)公表は発行者のウェブサイトまたは東証のウェブサイトへの掲載のいずれかを継続して行う方法によるものとされる。

金融商品取引所の業務範囲は，取引所金融商品市場の開設およびこれに附帯する業務に限られている（87条の２）。ただし，平成20年金商法改正により，内閣総理大臣の認可を得て，算定割当量に係る取引および算定割当量に類似するものに係る取引を行う市場の開設およびこれに附帯する業務を行うことができることとされ，平成26年金商法改正では，金融取引の実態を効率的・効果的に把握するため，金融取引主体に世界共通の識別方式による取引主体識別子（LEI：Legal Entity Identifier）を付番する国際的な取組が進展しており，諸外国では取引所が付番業務を行っている実例があることを踏まえ，内閣総理大臣の認可を得て，金融商品の取引（取引所金融商品市場における取引を除く）の当事者を識別するための番号を指定する業務を行うことができることとされた（87条の２第１項ただし書，取引所等府令９条の２）。また，子会社による業務範囲規制の潜脱を防止するため，金融商品取引所が子会社とできる会社は，取引所金融商品市場の開設およびこれに附帯する業務を行う会社に限定されている（87条の３第１項）。したがって，金融商品取引所は他の金融商品取引所を子会社とすることができる。上記の子会社規制の例外として，金融商品取引所は，内閣総理大臣の認可を受けて，取引所金融商品市場の開設に関連する業務を行う会社を子会社とすることができ，また，自主規制法人を設立することができる（87条の３第１項ただし書・４項）。

また，平成21年金商法改正により，金融商品取引所と商品取引所の相互乗入れが可能となった。これにより，株式会社金融商品取引所は，内閣総理大臣の認可を得て，商品先物取引をするために必要な市場の開設の業務を兼業することができることとなり（87条の２第１項ただし書），また，内閣総理大臣の認可を得て，商品先物取引市場の開設業務や当該開設に関連する業務を行う会社を子会社とすることも可能となった（87条の３第１項ただし書）。なお，商品先物取引市場を兼業する金融商品取引所が商品先物取引市場の開設業務を行う会社を子会社とする場合には，内閣総理大臣の認可は不要である（同条２項）。

平成29年金商法改正では，情報通信技術の進展や国際化などの取引所グループをめぐる環境変化を踏まえ，取引所グループの業務範囲の柔軟化およびグループにおける経営管理の充実のために，以下の改正が行われた。まず，①システム開発業務などの規模の経済が働きやすいものについてグループ内で人材やノウハウ等を有するエンティティへの集約を可能とするため，金融商品取引所は，内閣総理大臣の認可を得て，その属する金融商品取引所グループ（金融商品取引所およびその子会社の集団）または金融商品取引所持株会社グループ（金融商品取引所持株会社およびその子会社の集団）に属する二以上の会社（金融商品取引所を含む場合に限る）に共通する業務であって，当該業務を当該金融商品取引所において行うことがグループの業務の一体的かつ効率的な運営に特に資するものとして内閣府令で定めるものを，当該会社に代わって行うことができることとした（87条の２，取引所等府令９条の２第４項）。次に，②わが国の金融商品取引所による外国取引所や市場開設に附帯・関連する業務を行う外国企業への出資の柔軟化のため，金融商品取引所または金融商品取引所持株会社が，取引所金融商品市場もしくは商品先物取引市場の開設またはこれに附帯・関連する業務を行う外国会社（その持株会社または外国会社であって持株会社と同種のものもしくは持株会社に類似するものを含む）を子会社とすることにより，当該外国会社の子会社として，当該金融商品取引所または金融商品取引所持株会社の子会社に認められている業務範囲を超える業務を行っている外国会社を子会社とする場合には，原則として５年間，子会社の業務範囲に係る規制を適用しないこととされた（87条の３第６項・106条の24第３項）。また，③金融商品取引所グループおよび金融商品取引所持株会社グループにおける経営管理機能を実効的なものとするため，グループ頂点の金融商品取引所または金融商品取引所持株会社は，グループの経営管理として，(a)グループの経営の基本方針その他これに準ずる方針としての内閣府令で定めるものの策定およびその適正な実施の確保，(b)グループに属する会社相互の利益が相反する場合における必要な調整，(c)グループの業務の執行が法令に適合することを確保するために必要なものとして内閣府令で定める体制の整備，(d)その他グループの業務の公共性に対する信頼および健全かつ適切な運営の確保に資するものとして内閣府令で定めるものを行わなければならないものとされた（87条の４の２・106条の23，取引所等府令60条の２）。

2　取引所金融商品市場の運営に係る規制

取引所金融商品市場は，有価証券の売買および市場デリバティブ取引を公正かつ円滑にし，投資者の保護に資するよう運営されなければならないとされる(110条)。このように取引所金融商品市場において取引が公正および円滑に行われることを維持し，投資家の保護を図るために，取引所金融商品市場の運営を適切に行う必要があり，金商法上かかる取引所金融商品市場の適切な運営を確保するための規制が定められている。

(1)　自主規制業務

まず，金融商品取引所は，金商法および定款その他の規則に従い，取引所金融商品市場における有価証券の売買および市場デリバティブ取引を公正にし，投資者を保護するため，自主規制業務を適切に行わなければならないとされる(84条１項)。この自主規制業務とは，①金融商品等の上場および上場廃止に関する業務，②会員等の法令，法令に基づく行政官庁の処分もしくは定款その他の規則または取引の信義則の遵守の状況の調査，③その他取引所金融商品市場における取引の公正を確保するために必要な業務として内閣府令で定めるものと規定されている（同条２項）。そして，③の内閣府令で定めるものとして，(a)会員等が行う取引所金融商品市場における有価証券の売買または市場デリバティブ取引の内容の審査，(b)会員等の資格の審査，(c)会員等に対する処分その他の措置に関する業務，(d)上場する有価証券の発行者が行う当該発行者に係る情報の開示・提供に関する審査および上場する有価証券の発行者に対する処分その他の措置に関する業務，(e)自主規制業務に関する業務規程その他の規則（金融商品等の上場および上場廃止に関する基準ならびに会員等の資格の付与に関する基準を除く）の作成，変更および廃止，(f)自主規制業務に関する定款の変更（金融商品等の上場および上場廃止に関する基準ならびに会員等の資格の付与に関する基準に関する定款の変更を除く）に係る総会または株主総会の議案の概要の作成が定められている（取引所等府令７条）。

このように，取引所金融商品市場における公正・円滑な取引，および当該取引における投資家保護を図るためには，行政当局ではなく，取引所金融商品市場を開設する者自身が自主規制業務を適切に行うことが重要であると考えられている。ただし，平成12年証取法改正により，金融商品取引所の組織形態として株式会社によることが認められるようになり，その運営においても，営利追求，株主利益の保護が求められ，取引所金融商品市場の開設者としての公益目的を十分に達成できないという利益相反が生じるおそれがある。自主規制業務についてもこのような懸念があるため，金商法の施行により，金融商品取引所は自主規制業務を適切に行わなければならない旨の明示の規定が置かれ，また，自主規制業務の独立性を確保するため，内閣総理大臣の認可を得て，自主規制業務を自主規制法人に委託することができることとされた（85条）。さらに，株式会社金融商品取引所は，自主規制業務を自主規制法人に委託している場合を除き，定款の定めるところにより，自主規制委員会を置き（105条の４第１項），自主規制業務に関する事項の決定を取締役会から委任することができる（同条３項）。

なお，プロ向け市場の創設に係る平成20年金商法改正により，特定取引所金融商品市場に係る自主規制業務のうち，投資家保護の根幹にかかわる事項以外のものを取り扱う業務として内閣府令で定めるもの（特定業務。85条４項）について，金融商品取引所は，当該特定業務の適正な実施を確保するための措置を講じたうえで，自主規制法人以外の者へ委託することができることとされた（同条４項・５項）。自主規制法人からの再委託についても同様に許容される（102条の19第１項ただし書・２項）。これは，プロ向け市場がプロ投資家の自己責任に基づく自由度の高い市場であるという趣旨を踏まえて，取引の公正確保や投資家保護に支障のない限度で，自主規制業務について金融商品取引所の創意工夫を認めることが適当と考えられたためである。なお，特定業務の具体的な内容としては，①上場または上場廃止基準への適合性に関する調査，②上場有価証券の発行者の情報開示・提供に関する審査基準への適合性に関する調査，③上場有価証券の発行者に対する処分その他の措置を行うための基準への適合性に関する調査などとされている（取引所等府令７条の２）。これは，ロンドン証券取引所の新興企業向け市場AIMにおけるNomad制度（取引所が指定するアドバイザー（Nominated Adviser（Nomad））が，取引所に代わって上場審査・上場管理などを行う制度）を参考にしつつ，上場の最終判断を伴わない上場審査の適合性に関する事前調査などの業務を第三者に委託することを可能とするものである[(2)]。東京証券取引所が開設する株式市場であるTOKYO PRO Marketにおいては，取引所から資格取得の承認を得た指定J-Adviserに対して，上場適格性要件の充足に関する調査・確認，適時開示に関する義務の履行に関する調査・確認などの事務を委託することとしている。

なお，金融商品取引所の適時開示に関する規制については，第２編第２章第５節参照。

⑵　金融商品取引所における有価証券の売買等に関する規制

取引所金融商品市場において取引を行うことができる者は，以下の商品取引参加者を除き，会員ならびに当該取引所から取引資格を与えられた金融商品取引業者，取引所取引許可業者および登録金融機関（取引参加者。２条19項）に限られており（111条～113条），会員等は，定款などの定めに従い，信認金を預託しなければならない（114条１項）。会員等に取引所金融商品市場における取引の委託をした顧客は，その委託により生じた債権に関し，当該会員等の信認金に対して先取特権を有する（同条４項）。なお，平成24年金商法改正により，商品関連市場デリバティブ取引も市場デリバティブ取引とされたが，商先法上，商社や事業者などの当事者であっても，商品先物取引業者の許可を受けることなく，商品取引所における取引に直接参加することができることから，改正後においても，このような当事者の「総合的な取引所」における取引への直接参加が可能となるよう[(3)]，金融商品取引所が商品関連市場デリバティブ取引を行う金融商品市場を開設する場合には，当該取引のみを行うための取引資格を，上記の会員等以外の者（商品取引参加者。151条）に与えることができることとされた（112条２項・113条２項）。

取引所金融商品市場における有価証券の上場および上場廃止の基準および方法については，当該金融商品取引所がその業務規程において定めることを要し，金融商品取引所が，かかる基準その他の規則に基づき，有価証券の売買のために有価証券を，または市場デリバティブ取引のために金融商品等を上場するとき，およびこれらの上場を廃止するときには，内閣総理大臣への届出が必要となる（121条・126条１項）。上場されている株券等の発行者の株券等で未上

⑵　谷口義幸ほか「改正金融商品取引法の解説⑵プロ向け市場の創設」旬刊商事法務1838号27頁(2008)，黒沼悦郎ほか「〔座談会〕金融商品取引法の改正――金融・資本市場の競争力強化に向けて――」旬刊商事法務1840号21頁〔静正樹発言〕(2008)

⑶　笠原ほか・前掲注⑴９頁

場のものを上場することが公益または投資者保護のために必要かつ適当であると認める場合，内閣総理大臣はその株券等について上場命令を出すことができる（125条）。また，金融商品取引所が業務規程に違反して金融商品等の上場または上場廃止を行おうとする場合または行った場合，内閣総理大臣は当該金融商品等の上場廃止命令または再上場命令その他違反を是正するために必要な措置をとることの命令を行うことができる（127条）。

ただし，金融商品取引所がその開設する取引所金融商品市場に，当該金融商品取引所自身，当該金融商品取引所を子会社とする金融商品取引所持株会社および株式会社金融商品取引所，当該金融商品取引所の子会社である株式会社金融商品取引所または金融商品取引所持株会社が発行する有価証券などをその売買などのために上場する場合は，内閣総理大臣の承認が必要とされる（124条１項）。これは，上場の結果，議決権を通じた影響力の行使などにより，上場する有価証券などを発行する金融商品取引所やその子会社である金融商品取引所などの業務の健全かつ適切な運営を損なうおそれがあること，上場申請が行われる有価証券の発行者と上場を審査する者との間に密接な関係があることにより，上場審査が適切に行えないおそれがあるなど，取引の公正が確保されないおそれがあるため，当該上場については内閣総理大臣の承認事項とされたのである。また，金融商品取引所の主要株主または子会社が発行する有価証券などの上場についても，同様に，上場申請が行われる有価証券の発行者と上場を審査する者との間に密接な関係があることにより，上場に際し取引の公正が確保されないおそれがあるため，当該上場について内閣総理大臣の承認が必要とされる（同条３項）。なお，平成21年金商法改正により，当該金融商品取引所を子会社とする商品取引所および商品取引所持株会社，当該金融商品取引所もしくはその親会社の20％以上の議決権を保有する株式会社金融商品取引所もしくは金融商品取引所持株会社，当該金融商品取引所もしくはその親会社の20％以上の議決権を保有する親商品取引所等（金融商品取引所を子会社とする商品取引所または商品取引所持株会社。102条の３第１項），当該金融商品取引所の子会社である親商品取引所等が発行する有価証券などの上場についても，上記と同様，内閣総理大臣の承認が必要とされた（124条１項・３項）。

また，金商法の施行により，金融商品取引所または金融商品取引所持株会社が発行する有価証券などを他の取引所金融商品市場に上場する場合にも，内閣総理大臣の承認が必要とされた（122条・123条）。これは，金融商品取引所やその親会社である金融商品取引所持株会社の発行する有価証券の上場により，その業務の健全かつ適切な運営を損なうおそれがありうるため，設けられた規定である。なお，平成21年金商法改正により，親商品取引所等が発行する有価証券の上場についても，内閣総理大臣の承認が必要とされた（123条２項）。

金融商品取引所は，その取引所金融商品市場における有価証券の売買または市場デリバティブ取引を停止し，または停止を解除したときは，遅滞なく内閣総理大臣に対する届出を行わなければならない（128条）。また，金融商品取引所の上場有価証券の発行者が金商法，同法に基づく命令または当該金融商品取引所の規則に違反した場合で，公益または投資者保護のために必要かつ適当と判断したときは，内閣総理大臣は当該金融商品取引所に対して，取引所金融商品市場における当該有価証券の売買の停止または上場廃止を命ずることができる（129条）。

さらに，金融商品取引所は，その開設する取引所金融商品市場における毎日の総取引高，上場する金融商品等の銘柄別の毎日の最高，最低および最終の価格，約定数値および対価の額その他の事項を，会員等に通知し，公表しなければならず（130条），かつ内閣総理大臣に報告しなければならない（131条）。内閣総理大臣は，かかる報告事項のうち，商品関連市場デリバティブ取引に関する事項として内閣府令に定めるものについて，商品市場所管大臣（農林水産大臣・経済産業大臣）に通知することとされている（同条２項）。

(3)　監　　督

金融商品取引所による定款，業務規程または受託契約準則の変更は，内閣総理大臣の認可を要する（149条１項）。

金融商品取引所が法令，法令に基づく行政官庁の処分，兼業市場開設などもしくは子会社保有の認可の条件，もしくは定款その他の規則に違反した場合，会員等もしくは当該金融商品取引所の上場有価証券の発行者が法令，法令に基づく行政官庁の処分もしくは当該金融商品取引所の定款，業務規程，受託契約準則その他の規則に違反し，もしくは定款その他の規則に定める取引の信義則に背反したにもかかわらず，これらの者に当該法令などを遵守させるために必要な措置をとることを怠った場合で，公益または投資者保護のために必要かつ適切であると認める場合，内閣総理大臣は，免許取消し，業務停止命令その他の必要な措置をとることを命ずることができる（152条１項１号）。

さらに，金融商品取引所の行為または取引所金融商品市場における取引の状況が公益または投資者保護のため有害であると認める場合，内閣総理大臣は，10日以内の期間について取引の全部または一部の停止を命ずることもできる（152条１項２号）。

兼業市場開設などの認可を得て行う業務または子会社保有の認可を得て保有する子会社の行為が，当該金融商品取引所の業務の公共性に対する信頼を損なうおそれもしくは市場開設業務の健全かつ適切な運営を損なうおそれがあると認める場合，または当該認可の条件に違反した場合，内閣総理大臣は，当該認可を取り消すことができる（同項３号・４号）。

金融商品取引業者などとして業規制を及ぼすことができない商品取引参加者については，金融商品取引所を通じて行政上の監督を及ぼすことができるよう，商品取引参加者が金商法または同法に基づく命令に違反した場合，内閣総理大臣は，金融商品取引所に対して，当該商品取引参加者の取引資格の取消しをすべき旨を命じ，または６カ月以内の期間を定めて当該商品取引参加者の商品関連市場デリバティブ取引を停止もしくは制限すべき旨を命ずることができる（153条の５）。

なお，商先法では，商品デリバティブ取引の相場変動が対象商品の価格や生産・流通に影響を及ぼす可能性があることを考慮し，商品の生産および流通の円滑を図る観点から必要な規制を行っていることから，内閣総理大臣が，商品関連市場デリバティブ取引やそれに係る金融商品等に関する業務規程の変更の認可を行う場合や，金融商品取引所に対して商品関連市場デリバティブ取引に関して定款その他の規則に定める必要な措置を命ずる場合もしくは商品関連市場デリバティブ取引に関する取引の停止を命ずる場合などは，原則として，商品市場所管大臣（農林水産大臣・経済産業大臣）に協議し，その同意を得るものとされている（194条の６の２）。また，内閣総理大臣が，商品取引参加者が自己計算取引・過当数量取引の制限に違反したことを理由として上記の153条の

５の命令を行う場合などは，あらかじめ商品市場所管大臣に通知するものとされている（194条の６の３）。

❖第２節❖　金融商品取引所の組織

1　金融商品取引所の組織形態

金融商品取引所の組織形態は，会員組織である金融商品会員制法人または株式会社のいずれかであり，株式会社の場合は，取締役会，監査役会もしくは委員会および会計監査人を設置する資本金が10億円以上の株式会社でなければならない（83条の２，金商法施行令19条）。金融商品取引所は，長年，会員組織のみが認められてきたが，金融取引の国際化，それに伴う国際的な市場間競争が進展する状況を踏まえ，設備投資に必要な資金調達や市場間の合従・連衡を促進するために，平成12年証取法改正により，取引所の株式会社化が認められるようになった。現在では，東京証券取引所，大阪取引所および名古屋証券取引所（名証）は株式会社となっているが，札幌証券取引所（札証）および福岡証券取引所（福証）は会員組織のままである。なお，現在の金融商品取引所としては，上記の５取引所のほかには，株式会社東京金融取引所がある。

2　金融商品会員制法人

金融商品会員制法人は，金融商品取引業者等のみにより設立される営利の目的を有さない法人であり（88条の２・97条），その会員は金融商品取引業者等に限られる（91条）。会員は，定款の定めに従い，出資する義務を負い，原則としてその出資額を限度として当該金融商品会員制法人の責任を負担する（92条）。会員の持分は，当該金融商品会員制法人の承認を受けた場合か，脱退する場合に限り，譲渡することができる（93条）。脱退には，定款の定めによる任意脱退（94条）と，当該会員が金融商品取引業者等に該当しないこととなった場合や解散・除名の場合などの強制脱退（95条）がある。会員が脱退する場合は，当該持分につき払戻しを受ける（96条）。会員制金融商品取引所の開設する取引所金融商品市場において有価証券の売買または市場デリバティブ取引を行うことができるのは，会員等に限定されている（111条，112条）。なお，商品関連市場デリバティブ取引のみを行う商品取引参加者が認められる点につき，第１節■２(2)参照。

金融商品会員制法人の事務は，定款により役員に委任したものを除き，すべて総会の決議によることとされており（88条の17），総会には毎年１回開催される通常総会（88条の14）と臨時的に開催される臨時総会（88条の15）がある。総会における議決権は，各会員の頭数により平等に付与される（88条の19）。金融商品会員制法人は，役員として，理事長１人，理事２人以上，監事２人以上を置く（98条）。理事長および理事はいずれも，金融商品会員制法人を代表し，理事は理事長を補佐して金融商品会員制法人の事務を執行し，監事はその事務を監査する（99条）。

3　自主規制法人

自主規制法人は，自主規制業務およびその附帯業務のみをその業務範囲とし，金融商品取引所，金融商品取引所持株会社または親商品取引所等のみにより設立される非営利目的の法人である（102条の３，102条の21）。現在は，日本取引所自主規制法人が唯一の自主規制法人である。会員の出資義務，責任，持分譲渡，脱退，持分の払戻し，ならびに，総会および議決権については，上記の金融商品取引所会員制法人に適用されるルールが準用される（102条の６，102条の13）。

役員については，理事長１人，理事３人以上および監事２人以上を置くことが必要であり，理事の過半数は外部理事でなければならない（102条の23）。また，理事の任期は２年であり，再任も２回に制限される（102条の25）。また，自主規制法人は，理事会を３カ月に１回以上開催し，その議事については，議事録を作成し，理事会の日から10年間主たる事務所に備置しなければならない（102条の27，102条の31）。

自主規制法人が自主規制業務を行うには，内閣総理大臣の認可が必要である

(102条の14)。自主規制法人は，金融商品取引所の委託を受けて，当該金融商品取引所の自主規制業務を行い (102条の18)，当該委託を受けた自主規制業務を第三者に再委託することは禁止される (102条の19)。なお，特定取引所金融商品市場 (プロ向け市場) に係る自主規制業務のうち特定業務の再委託が認められる点につき，第１節■２(1)参照。自主規制業務を委託した金融商品取引所 (委託金融商品取引所) は，業務執行の状況について，定期的に自主規制法人の理事会に報告することを要し，理事会は委託金融商品取引所の理事・取締役・執行役・支配人その他の使用人に，職務執行に関する事項の報告を求めることができ (102条の34)，また，自主規制法人の理事は，必要があるときは，委託金融商品取引所の取締役会または理事会に出席し意見を述べることができる (102条の26)。委託金融商品取引所がその業務規程その他の規則に定める自主規制業務に関する事項を変更または廃止するときは，自主規制法人の同意を要する (102条の32)。

また，自主規制法人の理事会は，委託金融商品取引所が開設する金融商品市場における有価証券の売買または市場デリバティブ取引を公正かつ円滑にし，投資者の保護に資するために行うべき措置について，委託金融商品取引所に助言することができ，その場合，委託金融商品取引所は，助言に従って措置を講じたか否かを自主規制法人の理事会に報告しなければならない (102条の33)。

４　取引所金融商品市場を開設する株式会社および金融商品取引所持株会社

(1)　株式会社金融商品取引所

上記のとおり，平成12年証取法改正により，金融商品取引所の株式会社化が認められた。所有と経営の分離により，資金調達や市場間の提携などを容易にするためであるが，その結果，株主となりうる者についての制限がなくなり，かつ資本多数決の原理により，公益目的を有する金融商品取引所が多くの株式を保有する私人に支配されるおそれが生じた。かかる危険を防止するために，主要株主規制および議決権保有届出制度が定められている。

すなわち，主要株主規制として，認可金融商品取引業協会，金融商品取引所および金融商品取引所持株会社を除き，原則として，何人も，株式会社金融商品取引所の総株主の議決権の20%以上の議決権を取得し，保有することはできない（103条の２第１項）。ただし，地方公共団体は，内閣総理大臣の認可を受けて，20%以上50%以下の議決権を取得し，保有することができる（106条の３第１項，金商法施行令19条の３の３第１号）。また，株式会社金融商品取引所の総株主の議決権の５%を超える議決権の保有者は，対象者議決権保有届出書を，遅滞なく内閣総理大臣に提出しなければならない（103条の３）。

金商法改正前は，株式会社証券取引所の50%超の議決権の取得・保有が原則禁止され，20%以上50%以下の議決権の取得・保有には認可が必要とされていた。しかしながら，私企業による取得については利益相反のおそれなどから認可がなされない可能性が高く，規定を明確化し予測可能性を高める観点から，金商法では，20%以上の議決権の取得・保有を原則禁止とし，地方公共団体については認可を得て20%以上50%以下の議決権の取得・保有を認めることとした。なお，平成20年金商法施行令改正により，金融商品取引所などが外国金融商品取引所などと共同して金融商品取引所を設立することを認めるために，自己の取得・保有する金融商品取引所の議決権に合算すべき特別関係者の取得・保有議決権について金融商品取引所などを除外し（金商法施行令19条の３第１項・５項），また，取得・保有の対象となる金融商品取引所が金融商品取引所の子会社であることその他の一定の要件を満たす当該外国金融商品取引所などは認可を得て50%以下の議決権の取得・保有が認められることとなった（106条の３第１項，金商法施行令19条の３の３第２号・３号）。

また，平成21年金商法改正では，親子形態や持株会社を通じた金融商品取引所と商品取引所の相互乗入れを可能とする改正がなされ，20%以上の議決権の取得・保有制限の例外に，商品取引所および商品取引所持株会社が追加された（103条の２第１項ただし書）。また，商品取引所や商品取引所持株会社が，外国の商品取引所や商品取引所持株会社と共同して金融商品取引所を設立・保有することも可能となった（金商法施行令19条の３第５項，19条の３の３第４号・５号）。

106条の３第１項の認可を受けて株式会社金融商品取引所の20%以上50%以下の議決権を取得・保有する株主（主要株主），20%以上の議決権を有する商品取引所および商品取引所持株会社などに対して，内閣総理大臣は，報告聴取，検査，監督上の処分を行うことができる（106条の６・106条の７）。

株式会社金融商品取引所は，自主規制業務を自主規制法人に委託している場合を除き，定款の定めるところにより，自主規制委員会を置き（105条の４第１項），自主規制業務に関する事項の決定を委任することができる（同条３項）。すなわち，株式会社金融商品取引所は，自主規制業務を自主規制法人に外部委託することもできるし，自主規制委員会という独立性のある内部組織に委任することもできるし，これらの方策をとらずに自ら行うこともできる。自主規制委員会は３人以上の自主規制委員で組織され，その過半数は社外取締役でなければならない（105条の５）。現在，東証および大阪取引所は日本取引所自主規制法人に自主規制業務を外部委託しており，東京金融取引所は自主規制委員会に内部委任しており，名証は自ら自主規制業務を行っている。なお，札証と福証は金融商品会員制法人であり自ら自主規制業務を行っている。

株式会社金融商品取引所がその業務規程その他の規則に定める自主規制業務に関する事項を変更または廃止するときは，自主規制委員会の同意を要する（105条の11）。また，自主規制委員は，株式会社金融商品取引所の執行役または取締役が自主規制業務に関し，自主規制委員会の決定に違反する行為をし，またはその行為をするおそれがある場合に，当該行為により自主規制業務の適正な運営に著しい支障をきたすおそれがあるときは，当該執行役または取締役に，当該行為をやめることを請求することができる（105条の10）。

⑵　金融商品取引所持株会社

内閣総理大臣の認可を得て（ただし，認可金融商品取引業協会，金融商品取引所，商品取引所または商品取引所持株会社は不要），株式会社金融商品取引所を子会社とすること，または株式会社金融商品取引所を子会社とする会社の設立をすることができる（106条の10）。これらの者を金融商品取引所持株会社といい，その主要株主規制や議決権保有届出制度は株式会社金融商品取引所と同じである。もっとも，金融商品取引所持株会社や商品取引所持株会社が金融商品取引所持株会社の20％以上の議決権を保有することは認められていない（106条の14第１項ただし書）。複雑な資本関係を認める意義に乏しいと考えられたためである。金融商品取引所持株会社の業務範囲は，子会社の経営管理およびこれに附帯する業務に限定され（106条の23第２項），その子会社の範囲は，取引所金融商品市場の開設およびこれに附帯する業務を行う会社以外の会社を子会社とすることはできない（106条の24第１項）。ただし，内閣総理大臣の認可を受けた場合は，取引所金融商品市場の開設に関連する業務を行う会社を子会社とすることができ，平成21年金商法改正により，商品市場開設業務を行う会社や商品市場の開設に関連する業務を行う会社を子会社とすることも可能となった（同項ただし書。106条の12第１項１号ロ～ニ）。また，平成29年金商法改正では，出資先の外国取引所等の子会社が金融商品取引所持株会社の子会社に認められている業務範囲を超えている業務を行っている場合であっても，原則として５年間は当該子会社を保有することが可能とされる（106条の24第３項）一方で，グループ頂点の金融商品取引所持株会社は，その属するグループの経営の基本方針の策定およびその適正な実施の確保等，当該グループの経営管理を行わなければならないこととされた（106条の23）。金融商品取引所持株会社としては，現在，株式会社東京証券取引所グループと株式会社大阪証券取引所との統合により発足した株式会社日本取引所グループがある。

5　金融商品取引所の組織変更・解散・合併

(1)　金融商品取引所の組織変更

平成12年証取法改正により，取引所の株式会社化が認められるようになったことから，会員金融商品取引所は株式会社金融商品取引所に組織変更することができる（101条）。他方，金商法は株式会社金融商品取引所が会員金融商品取引所に組織変更するための特別の規定を定めておらず，かかる組織変更を行うには，株式会社の解散後に金融商品会員制法人を新しく設立する必要がある。

会員金融商品取引所の株式会社金融商品取引所への組織変更には，組織変更計画を作成し，原則として総会員の４分の３以上の賛成による総会の承認が必要である（101条の２第１項・２項）。組織変更計画では，組織変更後の株式会社の目的・商号・本店所在地・発行可能株式総数，その他の定款で定める事項，組織変更後の株式会社の取締役の氏名・会計監査人の氏名または名称その他の機関の氏名など，会員が組織変更に際して取得する株式の種類・数など，かかる株式の割当てに関する事項，組織変更の効力発生日などを定めなければならない（同条４項）。

加えて，債権者保護手続を踏むことも必要である（101条の４）。会員金融商品取引所の会員は，上記の組織変更計画の定めに従い，組織変更後の株式会社の株式の割当てを受け（101条の６），組織変更の効力発生日に株主となる（101条の19第２項）。また，組織変更計画に一定の規定を定めることにより，組織変更の際に，会員への株式の割当てとは別に，新株を発行することができる（101条の９～101条の16）。

組織変更が効力を生じるには，内閣総理大臣の認可が必要となる（101条の17）。かかる認可基準は，基本的に，金融商品取引所の新設時における免許審査基準と同様である（101条の18・82条参照）。かかる認可があり，債権者保護手続が終了していることを前提に，効力発生日に会員金融商品取引所は株式会社金融商品取引所となる（101条の19第１項・３項）。

⑵　金融商品取引所の解散

金融商品取引所の免許は，①株式会社金融商品取引所の場合，取引参加者が５名以下となったとき，②取引所金融商品市場の全部を閉鎖したとき，③解散したとき，④設立・金融商品取引所が設立される合併・金融商品取引所が設立される新設分割を無効とする判決が確定したとき，⑤免許を受けた日から６カ月以内に取引所金融商品市場を開設しなかったときは，その効力を失う（134条）。③の解散については，金融商品会員制法人は，⒜定款で定めた解散事由の発生，⒝総会決議，⒞金融商品会員制法人が消滅する合併，⒟会員数が５以下となったこと，⒠破産手続開始決定，⒡成立の日から６カ月以内に開設の免許の申請を行わなかったこと，⒢開設の免許が与えられなかったこと，⒣免許の取消しまたは失効により，解散する（100条）。

株式会社金融商品取引所の場合は，金商法において解散事由は定められておらず，会社法の規定が適用される。金融商品取引所の解散についての総会決議および金融商品取引所を当事者とする合併（合併後存続する者または合併により設立する者が金融商品取引所である場合を除く）には，内閣総理大臣の認可がなければ，その効力を生じない（135条１項)。

⑶　金融商品取引所の合併

会員金融商品取引所は他の会員金融商品取引所または株式会社金融商品取引所と合併契約を締結して合併することができる（136条１項)。ただし，存続会社または新設会社は，会員金融商品取引所間の合併の場合は会員金融商品取引所，会員金融商品取引所と株式会社金融商品取引所との合併の場合は株式会社金融商品取引所でなければならない（同条２項)。

上記合併において会員金融商品取引所は，原則として総会員の４分の３以上の賛成による総会の承認が必要である（139条の３第４項・139条の４第３項・139条の５第４項)。また，債権者保護手続を踏むことも必要である（139条の３第６項・139条の４第５項・139条の５第６項・101条の４)。会員金融商品取引所と株式会社金融商品取引所との合併の場合は，会員金融商品取引所の会員は，合併契約における株式の割当ての定めに従い，存続会社または新設会社の株式の株主となる（142条６項)。

合併後存続する者または合併により設立する者が金融商品取引所である場合，かかる合併が効力を生じるには，内閣総理大臣の認可が必要となる（140条)。かかる認可基準は，金融商品取引所の新設時における免許審査基準に加えて，合併により消滅する金融商品取引所の開設している取引所金融商品市場における有価証券の売買などに関する業務の承継が円滑かつ適切に行われる見込みが確実であることが追加される（141条・82条参照)。かかる認可を受けて設立された金融商品取引所は，当該設立の時に取引所金融商品市場の開設の免許を受けたものとみなされる（142条１項)。合併後の金融商品取引所は，合併により消滅した金融商品取引所の権利義務（合併により消滅した金融商品取引所がその行う業務に関し，行政官庁の認可その他の処分に基づいて有する権利義務を含む）を承継する（同条２項・４項)。合併により消滅した金融商品取引所の開設していた取引所金融商品市場において成立した有価証券の売買および市場デリバティブ取引であって決済を結了していないものは，合併後の金融商品取引所の開設する取引所金融商品市場において同一の条件で成立した取引とみなされる（同条８項)。

なお，上記の合併により消滅した金融商品取引所の権利義務の承継や未決済取引の取扱いに関する規定は，金融商品取引所同士の合併についてのみ適用される（136条２項参照）が，金融商品取引所と商品取引所の合併も可能とされており，金融商品取引所と商品取引所の新設合併において，新設される金融商品取引所は消滅する金融商品取引所の権利義務を承継する（142条５項）。また，合併により消滅する商品取引所の商品市場の未決済取引のうち，「商品」またはそれに係る金融指標に関する取引は，合併後の金融商品取引所の金融商品市場で同一の条件で成立した市場デリバティブ取引とみなされ，また，合併により消滅する商品取引所の商品市場で当該市場デリバティブ取引とみなされる取引を行った商品先物取引業者は，金融商品取引業登録を行わない場合であっても，無登録業者として処罰されることのないよう，取引の決済を結了する目的の範囲内で合併後の金融商品取引所の取引参加者である金融商品取引業者とみなされる（同条９項）[(4)]。

(4)　笠原ほか・前掲注(1)11頁～12頁

第2章
外国金融商品取引所

本章のサマリー

◇本章では，金商法第５章の２「外国金融商品取引所」をカバーしている。

1　外国金融商品取引所入出力装置の国内設置に係る規制

外国金融商品市場を開設する者は，内閣総理大臣の認可を受けて，その使用する電子情報処理組織と金融商品取引業者等の使用に係る入出力装置（外国金融商品取引所入出力装置）とを接続して，当該金融商品取引業者等に当該入出力装置を使用して外国金融商品市場において有価証券の売買および外国市場デリバティブ取引を行わせることができる。この場合，金商法上登録または取引所有価証券市場の開設の免許を取得する必要はない。証券取引の国際化および市場間競争の進展に伴い，外国証券取引所が端末を日本国内に設置し，日本国内から注文を直接受注することができるようにするため，平成15年の証取法改正により，外国金融商品取引所の規定が創設された。

外国金融商品取引所入出力装置の国内設置の認可の申請を行うには，国内における代表者を定めたうえで，認可申請書には，定款，業務規程および受託契約準則（これらに準ずるものを含む）（業務規則）の添付が必要である（155条の２第２項１号）。認可申請の審査にあたっては，(1)認可申請者がその本店または主たる事務所が所在する国において取引所金融商品市場の開設の免許と同種類の免許またはこれに類する許可などを受けているか否か，(2)認可申請者が，法令もしくは法令に基づく行政官庁の処分または業務規則に違反した外国金融商品取引所参加者に対し法令等または業務規則を遵守させるために必要な措置をとることができるか否か，(3)これらの定款，業務規程および受託契約準則の規定が，外国金融商品市場における有価証券の売買および市場デリバティブ取引（外国市場取引）を公正かつ円滑にし，投資者を保護するために十分であるか否かが審査される（155条の３第１項）。

これらの審査基準が満たされる場合であっても，日本国が行う金商法を執行するために行う行政調査に関する協力要請に応じる旨の，認可申請者の本店または主たる事務所が所在する国の金商法に相当する外国法を執行する当局の保証がない場合などは，認可が拒否される（同条第２項第５号）。

2　監　　督

外国金融商品取引所による業務規則の重要な変更があった場合は，２週間以内の内閣総理大臣への届出を要する（155条の７）。また，(1)外国金融商品取引所が法令等もしくは業務規則に違反した場合，外国金融商品取引所参加者が法令等もしくは業務規則に違反したにもかかわらず，これらの者に当該法令等もしくは業務規則を遵守させるために必要な措置をとることを怠った場合，または，(2)外国金融商品取引所の行為またはその開設する外国金融商品市場における外国市場取引の状況が公益または投資者保護のため有害であると認める場合などであって，公益または投資者保護のために必要かつ適切であると認める場合，内閣総理大臣は，認可取消し，６カ月以内の期間を定めた外国市場取引の全部または一部停止命令，外国市場取引に係る業務変更もしくは一部禁止を命ずることができる（155条の10第１項４号）。

外国金融商品取引所の国内における代表者が法令等に違反したときは，内閣総理大臣は，当該外国金融商品取引所に対して，当該国内の代表者の解任を命ずることができる（155条の10第２項）。

第10編　金融商品取引清算機関等・取引情報蓄積機関等

■本編では，金商法第５章の３「金融商品取引清算機関等」および第５章の６「取引情報蓄積機関等」について解説する。

本編のサマリー

- 金融商品取引においては，売買の注文を受け，約定がなされた後，清算の手続，すなわち，債務（有価証券の引渡債務および売買代金支払債務）の引受け，ネッティング，決済保証，相手方指定，決済指図，決済照合など金融商品の受渡しや資金の決済に向けた手続へと移行する。金融商品取引所が各々清算業務を行うことは非効率であり，市場横断的な決済機関の必要性が生じていたため統一清算機関の創設を目的として，平成14年の証取法改正により，清算機関について法律上の根拠を明確化し，必要な監督規定を設けている。
- なお，清算関連の基盤整備を目的として，平成22年金商法改正により，主要株主規制・最低資本金規制が導入されるとともに，外国清算機関の清算業務への参入が認められた。
- 平成22年金商法改正により，一定の店頭デリバティブ取引についての金融商品取引清算機関等における清算が義務付けられることとなった。
- 平成22年金商法改正により，金融商品取引業者等や金融商品取引清算機関等に対し，店頭デリバティブ取引についての情報の保存・報告が義務付けられるとともに，金融商品取引業者等に代わって取引情報の収集・保存を行う取引情報蓄積機関についての規定が新設された。
- 平成29年金商法改正により，ETF市場の流動性の向上を図るため，ETFの決済期間の短縮および決済リスクの低減を目的として，金融商品債務引受業の対象取引にETFの設定・交換に係るETF・株式等の授受が加えられ，金融商品取引清算機関が介在できることとされた。

❖第１節❖　金融商品取引清算機関の業務

金融商品取引清算機関とは，金融商品債務引受業を行うことにつき，内閣総理大臣の免許または承認を受けた者をいう（２条29項・156条の２・156条の19)。金融商品債務引受業とは，金融商品取引業者，登録金融機関または証券金融会社を相手方として，これらの者が行う対象取引（有価証券の売買，デリバティブ取引，信用取引等の決済に必要な金銭の証券金融会社による貸借や有価証券の貸借，これらに係る担保の授受など）に基づく債務を引受け，更改その他の方法により負担することを業として行うことである（２条28項，金商法施行令１条の19)。なお，平成22年金商法改正により，債務引受け以外の更改などで行う場合も債務引受業に含まれるとともに，取引の状況およびわが国の資本市場に与える影響等を勘案し，公益・投資者保護のために支障を生ずることがない場合には適用除外とすることとされた。同改正においては，外国の清算機関によるわが国市場における清算業務への参入が認められたが，各国の法制度に差異が存在することからすれば，従来国内の清算機関により行われてきた債務引受方式だけでなく債務者の交代による更改等の他のスキームによる場合も考えられることから，これらを含めることにより金融商品債務引受業の概念の実質化が図られたものである。他方，取引の内容や国内での取引実態等にかんがみ，我が国の市場へ与える影響が軽微であると考えられる取引については，必ずしもその債務引受けをわが国の免許を受けた清算機関が行わないこととしても，公益または投資者保護に支障が生じるおそれは小さいと考えられる場合がありえ，常に免許を受けなければならないとすると，わが国の金商業者等の活動がかえって制約されるおそれもあることから，適用除外規定が設けられた。

金融商品取引清算機関は，金融商品取引の当事者から，金融商品取引によって生じる金融商品の引渡債務および売買代金支払債務を負担するとともに，それに対応する金融商品の引渡請求権および売買代金支払請求権を取得し，当事者の間に入って売買成立により発生した債権・債務の当事者となる債務引受けなどを行い，その決済を保証することによる取引の安定性の向上や，金融商品取引清算機関における金融商品・資金のネッティングを通じた参加者の事務および決済コストの軽減といった効率性の向上などのメリットを提供する。

平成14年の証取法改正を受け，日本証券業協会や各証券取引所が出資して，株式会社日本証券クリアリング機構が設立され，証券取引清算機関（金商法における金融商品取引清算機関）として，有価証券債務引受業（金商法における金融商品債務引受業）の免許を受けて平成15年１月14日から業務を開始している。

❖第２節❖　金融商品取引清算機関の規制

金融商品取引清算機関が上記のような高い公共性を有することにかんがみ，その業務を行う場合には，内閣総理大臣の免許（ただし，金融商品取引所については承認でよい）を受けなければならないとしている（156条の２・156条の19）。免許の審査においては，⑴定款および業務方法書が法令に適合し，かつ，金融商品債務引受業を適正かつ確実に遂行するために十分であること，⑵金融商品債務引受業を健全に遂行するに足る財産的基礎を有し，かつ，金融商品債務引受業に係る収支の見込みが良好であること，⑶人的構成に照らして，金融商品債務引受業を適正かつ確実に遂行することができる知識および経験を有し，かつ，十分な社会的信用を有すること，未決済債務等の決済が適正かつ確実に行われるための仕組みおよび体制が十分に整備されていることなどについて審査される（156条の４）。

金融商品取引清算機関は，業務方法書に定めるところによりその業務を行わなければならない（156条の７）。また，その役員もしくは職員またはこれらの職にあった者は，その業務に関して知りえた秘密を漏らし，または盗用してはならず，また，業務の目的以外に利用してはならないといった秘密保持義務（156条の８）や，特定の清算参加者に対し不当な差別的取扱いをしてはならない（156条の９）といった業務規制がなされている。

また，金融商品取引清算機関は，報告の徴取および立入検査（156条の15）や業務改善命令（156条の16），免許の取消し（156条の17）などの監督を受ける。

さらに，清算関連の基盤整備を目的として，平成22年金商法改正により，特定の大株主による清算機関の運営への不当な影響力の行使を避けるため，金融商品取引清算機関の総株主の議決権の20％（その財務および営業の方針の決定に対して重要な影響を与えることが観測される事実として内閣府令で定める事実がある場合には15％）以上の議決権を取得しまたは保有しようとする者は，あらかじめ内閣総理大臣の認可を受けなければならないこととし，また当該主要株主に対して報告徴取・検査やその他の監督上の処分を行うことができるなどの主要株主規制が導入された（156条の５の５～156条の５の11）。併せて，金融商品取引清算機関の総議決権の５％を超える議決権を保有することとなった者に，遅滞なく対象議決権保有届出書の提出義務が課されることとなった（156条の５の３）。また，最低資本金規制が導入され，金融商品取引所を除く金融商品取引清算機関の資本金の額は10億円以上でなければならないこととされ，資本金の減少は認可事項とされている（156条の５の２・156条の12の３第１項，金商法施行令19条の４の２）。

加えて，直接参入（この場合，免許を受けた外国清算機関は「外国金融商品取引清算機関」と定義される）または国内清算機関との連携方式による外国清算機関の清算業務への参入が認められ，これらに関する免許，認可手続や，業務・監督に関する規定が整備された（156条の20の２～156条の20の22）。

1　清算集中義務

平成22年の金商法改正（平成24年11月施行）において，日本における取引規模が多額で，その取引に基づく債務不履行が本邦の市場に重大な影響を及ぼすおそれがある一定の店頭デリバティブ取引については，清算集中により資本市場全体へのリスクの波及を防止する観点から，金融商品取引清算機関等（以下「清算機関」という）の利用が義務づけられることとなった（156条の62）。これは，金融危機においてCDS（クレジット・デフォルト・スワップ）などの店頭デリバティブ取引の決済リスクが発生したことを踏まえ，標準化されたすべての店頭デリバティブ契約の中央清算機関を通じての決済」が2009年（平成21年）９月のG20ピッツバーグ・サミットで国際的に合意されたことによる。

(1)　国内の清算機関での清算が義務づけられた取引

清算要件が日本の企業の破綻要件と密接に関連している取引など，取引の性質上，日本の実情に照らした扱いが必要な取引については，国内の清算機関の利用が義務づけられている（156条の62第１号，以下「１号取引」という）。

１号取引としては，クレジット・デフォルト・スワップのうち，iTraxx Japanのうち50以下の内国法人の信用状態に係る事由または定義府令20条に規定する事由をクレジット・イベントとする取引であって，株式会社日本証券クリアリング機構（以下「日本証券クリアリング機構」という）が当該取引に基づく債務をその行う金融商品債務引受業の対象としているものが指定されている。

⑵　国内または外国の清算機関での清算が義務づけられた取引

国内の清算機関での清算が義務づけられていない取引であっても，その取引に基づく債務の不履行が日本の資本市場に重大な影響を及ぼす取引については，決済の安定を確保する趣旨から，国内の清算機関，国内の清算機関と外国の清算機関の連携による方式（156条の20の16第１項の認可を受けた方式），外国金融商品取引清算機関（156条の20の２の免許を受けた者）による清算集中が義務付けられている（156条の62第２号，以下「２号取引」という）。

２号取引については，プレーン・バニラの金利スワップとして，日本証券クリアリング機構が当該取引に基づく債務をその行う金融商品債務引受業の対象としている，①３カ月物の円LIBOR，②６カ月物の円LIBOR，③３カ月物のユーロ円TIBOR，④６カ月物のユーロ円TIBORにかかるスワップ（③および④については，約定日から効力消滅日までの期間が一定の期間のものに限る）が指定されている。

１号取引および２号取引はいずれも，取引の両当事者が金融商品取引業者等である取引（金融商品取引業として行われるか否かにかかわらない）であり，また，金融商品取引業者等が自らの勘定で取引を行っている取引のみこれに該当する。

上記のとおり，１号取引および２号取引についても，当該各取引に該当する取引は日本証券クリアリング機構が金融商品債務引受業の対象とする取引であると定めている。日本証券クリアリング機構が金融商品債務引受業の対象を変更するには，日本証券クリアリング機構の金融商品債務引受業に係る業務方法書の変更が必要となる。金融商品債務引受業に係る業務方法書の変更が内閣総理大臣の認可事項とされていることから，業務方法書の変更の申請に係る認可申請があった際には，金融当局がその審査の過程で金融商品取引業者等が対応可能なスケジュールとなっているかなどについて精査することにより，影響を受ける金融商品取引業者等に配慮することを想定されている。

⑶　清算集中義務の適用除外

金融商品取引業者等が両当事者である１号取引および２号取引には原則として清算集中義務が課されるが，①取引の一方当事者において信託勘定に属するものとして経理される取引，②金融商品取引業者等がその親会社等，子会社等，または親会社等の子会社等を相手方として行う取引および③自己またはその親会社等もしくは子会社等のいずれも清算機関の清算参加者ではなく，かつ清算参加者ではないことについて合理的理由があるといえる金融商品取引業者等が行う取引については，清算集中義務が課されない（店頭デリバティブ取引等の規制に関する内閣府令（以下「店頭デリバティブ府令」という）２条３項）。

2　取引情報保存・報告制度

金融危機を受けて国際的に店頭デリバティブ取引に係る決済リスクへの懸念が高まったことを背景に，店頭デリバティブ取引の取引実態を把握できるようにするため，店頭デリバティブ取引は取引情報蓄積機関に報告されるべきことが2009年９月のG20ピッツバーグ・サミットで国際的に合意された。かかる合意を踏まえ，平成22年の金商法改正により，①清算機関において清算集中の対象としている店頭デリバティブ取引については当該清算機関に取引情報の保存・報告義務を負わせ（156条の63），②それ以外の店頭デリバティブ取引については取引を行った金融商品取引業者等に保存・報告義務を負わせている（156条の64）。また，取引情報の記録・保存を義務づけられている清算機関および金融商品取引業者等は，かかる保存・記録を義務づけられた取引情報の内閣総理大臣への報告を義務付けられた（156条の63第２項，156条の64第２項）。金融商品取引業者等の取引情報保存・報告義務は，第一種金融商品取引業者および一定の登録金融機関以下「取引情報作成対象業者」という）が当事者の一方または双方である店頭デリバティブ取引に限られ，かつ，取引情報作成対象業者のみに取引情報の保存・報告義務が課されている。ただし，金融商品取引業者等が取引情報蓄積機関または指定外国取引情報蓄積機関（以下「取引情報蓄積機関等」という）に対して情報提供した場合には，金融商品取引業者等は取引情報の保存・報告義務が免除される（156条の64第３項）。この場合には，取引情報蓄積機関が取引情報を作成・保存し，内閣総理大臣に報告するからである（156条の65）が，指定外国取引情報蓄積機関はかかる内閣総理大臣への報告義務は負わない。

(1)　対象取引

取引情報の保存・報告義務の対象となる取引は，次に掲げる取引（2条22項2号，4号および5号に掲げる取引にあっては，同条25項2号・3号または4号（同項2号および3号に係る部分に限る）に掲げる金融指標に係るものを除く）である（店頭デリバティブ府令3条・6条1項）。

①　2条22項1号および2号に掲げる取引（約定の日から受渡しの日までの期間が2営業日以内のものを除く）

②　2条22項3号および4号に掲げる取引（権利行使期間が2営業日以内のものを除く）

③　2条22項5号に掲げる取引

④　2条22項6号に掲げる取引（同号イに掲げる事由を同号に規定する事由とするものに限る）

ただし，たとえば，いわゆる天候デリバティブ取引や地震デリバティブ取引は，取引情報の保存・報告義務の対象とはならないほか，取引情報の保存・報告義務の対象とならない店頭デリバティブ取引もある（店頭デリバティブ府令6条）。清算機関が債務を負担した取引については，当該清算機関が取引情報の保存・報告の義務を負う（156条の63）ことから，金融商品取引業者等は取引情報の保存・報告義務を負わない。また，取引情報の保存・報告義務は，当該取引が金融商品取引業として行われるか否かとは無関係であるため，金融商品取引業から除外される店頭デリバティブ取引（たとえばプロ相手の取引）についても，取引情報の保存・報告義務の対象となる。

(2)　適用除外

取引情報作成対象業者が行う取引であっても，国，地方公共団体などや当該取引を行う金融商品取引業者等の親会社等，子会社等または親会社等の子会社等を相手方として行う取引については，取引情報の保存・報告義務の対象外とされている（店頭デリバティブ府令６条２項）。

内閣総理大臣は，清算機関，金融商品取引業者等および取引情報蓄積機関から報告を受けた情報に基づいて，店頭デリバティブ取引の規模その他の取引の概要を明らかにするために必要な事項を公表する（156条の66第１項）。

内閣総理大臣は，取引情報蓄積業務を行う者を指定することができる（156条の67）。何人も，かかる指定の有無にかかわらず店頭デリバティブ取引の情報収集・保存サービスを提供することができるが，金融商品取引業者等が取引情報の保存・報告義務を免れる効果を生ずるのは，同条の指定を受けた取引情報蓄積機関に取引情報を提供した場合のみである（156条の64第３項）。内閣総理大臣の指定を受けた取引情報蓄積機関には，兼業規制が課されるとともに（156条の72），業務の委託について制限を受ける（156条の73）。そのほか，役職員・元役職員には法律上の秘密保持義務が規定されている（156条の70）などの規制に服している。また，取引情報蓄積機関は，報告の徴取および立入検査（156条の80），業務改善命令（156条の81），指定取消し（156条の83）および他の取引情報蓄積機関への業務の移転命令（156条の84）の対象となるなどの監督を受ける。

第11編 特定金融指標算出者

■本編では，金商法第５章の７「特定金融指標算出者」について解説する。

本編のサマリー

◇平成26年金商法改正により，特定金融指標の算出および公表を行う業務を行う者の指定制度やその者に対する規制・監督に関する規定が新設された。

❖第１節❖　規制の新設に至る経緯

従来，日本を含めた世界各国の金融規制において，金融指標を算出する行為は規制の対象とされていなかった。しかしながら，LIBOR（London Interbank Offered Rate）など主要な金融指標の不正操作事案が明らかになり，日本を含めた複数の国で金融機関に対する調査・処分[(1)]が行われ，また，平成25年７月にIOSCO（the International Organization of Securities Commissions）によって公表された「金融指標に関する原則の最終報告書（Principles for Financial Benchmarks － Final Report）」などに示されているとおり，金融指標を規制対象とすることが国際的な議論の動向になったことを受け，日本においても，平成26年金商法改正により，特定金融指標の算出および公表を行う業務を行う者の指定制度やその者に対する規制・監督に関する規定が新設されるに至った。

❖第２節❖　特定金融指標

特定金融指標とは，金融指標（２条25項）のうち，デリバティブ取引または有価証券の取引の態様に照らして，その信頼性が低下することにより，我が国の資本市場に重大な影響を及ぼすおそれがあるものとして内閣総理大臣が定めるものをいう（２条40項）。平成31年４月１日時点において，特定金融指標として指定されているのは，日本円TIBORおよびユーロ円TIBORである（平成27年５月29日金融庁告示33号）。平成26年４月１日以降，TIBORの算出および公表

(1)　日本における行政処分の実例は，「金融指標に関する原則の最終報告書（Principles for Financial Benchmarks － Final Report）」の脚注３において挙げられている。

は，一般社団法人全銀協TIBOR運営機関によって行われている。

❖第３節❖　特定金融指標算出者の指定

内閣総理大臣は，特定金融指標算出業務（特定金融指標の算出および公表を行う業務）を行う者の特定金融指標算出業務の適正な遂行を確保することが公益または投資者保護のため必要であると認められるときは，当該者を特定金融指標算出者として指定することができる（156条の85第１項）。金融庁のウェブサイトによれば，平成29年６月19日現在，特定金融指標算出者として指定されているのは，一般社団法人全銀協TIBOR運営機関のみである。

❖第４節❖　特定金融指標算出者に対する規制

特定金融指標算出者は，156条の86以下の規定による規制に服することになる。これら規定のうちもっとも重要と考えられるのは，特定金融指標算出業務に関する業務規程の作成およびその遵守である（156条の87）。特定金融指標算出者は，指定を受けた日から原則６カ月以内に，特定金融指標の算出および公表に係る方針および方法に関する事項など法令に定める事項を内容とする業務規程を定め，認可を受けなければならず，また，認可を受けた業務規程の定めるところにより特定金融指標算出業務を行わなければならない。

特定金融指標算出者に対する規制の実効性を確保すべく，特定金融指標算出者は，報告の徴取および検査（156条の89），改善命令等（156条の90），業務移転の勧告（156条の91）の対象となる。

❖第５節❖　情報提供者

特定金融指標の算出は，38条７号において「算出基礎情報」と定義される一定のデータを基に行われる。たとえば，一般社団法人全銀協TIBOR運営機関によるTIBORの算出に関しては，複数のリファレンス・バンクから呈示を受けた市場実勢レートについて，上位２行と下位２行の値を除外して，それ以外の呈示レートを単純平均することによって算出されることになる。

特定金融指標算出者は，算出基礎情報を提供する者（情報提供者）が遵守すべき事項（行動規範）を業務規程において規定する必要があり（156条の87第２項３号），また，業務規程に従い，情報提供者との間で行動規範を内容とする契約を締結することが予定されている（同項４号）。法令が直接の規制対象としているのは特定金融指標算出者のみであるが，上記のとおり，特定金融指標算出者が情報提供者との間で行動規範を内容とする契約を締結することを通じて，情報提供者に間接的な規律を及ぼし，特定金融指標の信頼性の確保を目指している。

第12編 証券金融会社

■本編では，金商法第５章の４「証券金融会社」について解説する。

本編のサマリー

◇証券金融会社は，金融商品取引所の会員等に対して，その顧客である投資者に対する信用の供与に必要な金銭または有価証券を貸し付ける業務を行うものである。昭和30年の証取法改正で，信用取引の育成強化のため，証券金融会社の規定が置かれ，証券金融会社の免許制やその監督について定められている。

❖第１節❖　証券金融会社の業務

金融商品取引所の会員等（会員および取引参加者。81条１項３号）または認可金融商品取引業協会の協会員に対し，金融商品取引業者が顧客の信用取引その他一定の取引（金融商品取引業者が自己の計算において行う有価証券の売買または有価証券関連市場デリバティブ取引，金融商品取引所の会員等による一定の有価証券等清算取次ぎ，認可金融商品取引業協会の協会員による一定の有価証券等清算取次ぎ）の決済に必要な金銭または有価証券を，金融商品取引所の取引所金融市場または認可金融商品取引業協会の店頭売買有価証券市場の決済機構を利用して貸し付ける業務を行う場合には，内閣総理大臣の免許を受けなければならない(156条の24，金商法施行令19条の６)。かかる免許を受けた者を証券金融会社という（２条30項)。

❖第２節❖　証券金融会社の規制

証券金融会社の活動は，証券会社が投資者に対して行う有価証券の売買その他の取引についての信用の供与に，ひいては有価証券の流通市場に重要な影響を及ぼすことから，上記のとおり免許制とされている。免許の審査においては，人的構成，信用状態および資金調達の能力に照らして，証券金融会社としての業務を行うにつき十分な適格性を有するものであるかどうかなどについて審査される（156条の25)。

業務に関しては，兼業制限（156条の27），業務内容の変更等の認可（156条の28）などの規制がなされており，また，廃業等には認可が必要とされている(156条の36)。さらに，内閣総理大臣は，証券金融会社の金銭または有価証券の貸付けの方法または条件について，一般の経済状況にかんがみて適正を欠くに至ったと認められる場合，または市場に不健全な取引の傾向がある場合において，市場における売買を公正にし，または有価証券の流通を円滑にするために特に必要があると認めるときは，その変更を命ずることができるものとされている（156条の29）。その他，取締役の兼職制限や，免許の取消しまたは業務停止命令，業務改善命令，報告の徴取および検査などの監督に服する（156条の31～156条の35）。なお，平成21年金商法改正による金融ADR制度の創設により，新たに苦情処理・紛争解決に関する行為規制が設けられたが（156条の31の２），その内容は，金商業者等に対する行為規制（37条の７）と同様である。

第13編 有価証券の取引等に関する規制

■本編では，金商法第６章「有価証券の取引等に関する規制」と，これに関連する課徴金・罰則などの規定について解説する。

第１章

内部者取引規制

本章のサマリー

◇本章では，金商法第６章「有価証券の取引等に関する規制」のうち，内部者取引規制（166条・167条・167条の２），主要株主・役員の短期売買規制など（163条〜165条の２）およびこれらに関連する課徴金・罰則などの規定について解説する。

◇内部者取引規制については，平成18年７月施行の証取法改正により，刑事罰における量刑が引き上げられた。平成19年９月施行の証取法改正（金商法の施行）では，デリバティブ取引の範囲の拡大に伴い，特定有価証券等に係るクレジット・デリバティブ取引が内部者取引規制の対象となり，また，上場会社等の議決権の10%以上を保有する組合等について，主要株主と同様に，売買報告書の提出義務・短期売買利益の提供義務・空売り規制が適用されることになった。また，平成20年の金商法改正では，内部者取引に適用される課徴金の金額水準の引上げなどが行われた。また，平成24年金商法改正では，会社の組織再編に関して，事業譲渡による保有株式の承継のうち，内部者取引の危険性が低い場合については，適用除外とする一方で，かかる危険性が低いとはいえない場合については，事業譲渡だけでなく，合併や会社分割による保有株式の承継についても内部者取引規制の対象とすること，合併，分割，事業譲渡または株式交換の対価として自己株式の交付が行われる場合を適用除外に追加すること，金融商品取引業者等以外の者であっても，他人の計算で内部者取引規制違反となる売買等を行った場合を広く課徴金の対象者とすること，他社株公開買付けにおける公表措置の見直しなどを内容とする改正が行われた。そして，平成25年金商法改正（１年以内施行分）では，情報伝達・取引推奨行為に対する規制の導入，資産運用業者の違反行為に対する課徴金の引上げ，投資法人の発行する投資証券を内部者取引規制の対象とすること，公開買付等関係者の範囲の拡大，その他近年の実務を踏まえた規制の見直しが行われた。また，平成25年金商法改正（１年６カ月以内施行分）では，投信法改正により投資法人について自己投資口の取得やライツ・オファリングを可能とする見直しが行われることに伴う改正が行われた。平成27年の取引規制府令改正では，知る前契約・計画について包括的な適用除外規定が設けられる改正が行われた。

❖第１節❖　会社関係者などによる内部者取引

１　総　　論

(1)　規制の趣旨

会社関係者・情報受領者による内部者取引（インサイダー取引）は，金商法上禁止されており，これに違反した者に対しては刑事罰または課徴金による制裁，また会社の計算において会社の代理として行った場合には当該会社に対しても同様の制裁が課されうることとなっている。そして，かかる刑事罰は，金商法上２番目に厳しいものとなっており，また，平成18年７月４日施行の証取法改正により，量刑の引上げの対象となったものでもある。

このように内部者取引が禁止されるのは，会社関係者・情報受領者は，投資判断に影響を及ぼす情報を容易に知りうる特別の立場にあり，当該事実を知って公表前に有価証券の取引を行えば，一般投資家との間で不公平を生じ，証券市場の公正性・信頼を損なうためである。

金商法では，内部者取引規制について，その対象者，対象となる行為，適用除外となる場合などに関する詳細な規定を置いている。これは，罪刑法定主義の要請から，内部者取引につき刑事罰をもって処罰するためには，処罰範囲を明確に定め，形式的に当該処罰範囲に含まれる行為を処罰するという立法措置がとられたためである。会社関係者・情報受領者が未公表の重要事実を知って株券などの売買をすれば，ただちに内部者取引規制に違反するものとされ，当該重要事実を利用して当該売買により利得を得ることは犯罪成立のための要件とされていない。

(2)　概　　要

金商法上，内部者取引規制の対象となる行為は，概略，次の三つの行為である。

①　会社関係者・情報受領者の内部者取引（166条）

上場会社等の会社関係者・情報受領者が，上場会社等の未公表の重要事実をその職務などに関して知ったうえで，当該上場会社等の株券その他の有価証券の売買その他の取引を行う行為。

②　公開買付者等関係者・情報受領者の内部者取引（167条）

公開買付者等の関係者・情報受領者が，未公表の公開買付けまたは上場株券等の買集めの実施または中止の決定の事実をその職務などに関して知ったうえで，当該株券等の買付け等（実施の場合）または売付け等（中止の場合）を行う行為。

③　会社関係者・公開買付等関係者の情報伝達・取引推奨行為（167条の2）

(a)　上場会社等の会社関係者が，上場会社等の未公表の重要事実をその職務などに関して知ったうえで，他人に対し，当該上場会社等の株券その他の有価証券の売買その他の取引をさせることにより当該他人に利得を得させ，または損失の発生を回避させる目的をもって，当該重要事実を伝達し，または当該売買等をすることを勧める行為

(b)　公開買付者等に係る公開買付等関係者が，当該公開買付者等の未公表の公開買付け等の実施または中止に関する事実をその職務などに関して知ったうえで，他人に対し，当該公開買付け等に係る株券等の買付け等（実施の場合）または売付け等（中止の場合）をさせることにより当該他人に利得を得させ，または損失の発生を回避させる目的をもって，当該事実を伝達し，または当該買付け等もしくは当該売付け等をすることを勧める行為

③は，近年のインサイダー取引事案などを踏まえて，平成25年金商法改正により新たに導入されたものである。

上記のうち，本節においては，166条により禁止される，①会社関係者・情報受領者の内部者取引について解説することとし，②については第2節，③については第3節において解説することとしたい。

①について，禁止の対象となる行為をさらに詳細に述べると，下記の四つが対象となる。

(a)　会社関係者の内部者取引（166条1項前段）

会社関係者であって，上場会社等に係る業務等に関する重要事実を知った者が，当該業務に関する重要事実の公表がなされる前に，当該上場会社等の特定有価証券等に係る売買その他の有償の譲渡もしくは譲受け，合併もしくは分割

による承継またはデリバティブ取引（売買等。166条１項前段）をすること。

(b)　元会社関係者の内部者取引（166条１項後段）

重要事実を知った会社関係者であって，会社関係者でなくなった後１年以内の者（以下，本章において「元会社関係者」という）が，重要事実の公表がなされる前に，当該上場会社等の特定有価証券等に係る売買等をすること。

(c)　情報受領者の内部者取引（166条３項）

会社関係者（元会社関係者を含む）から当該会社関係者が知った重要事実の伝達を受けた者（以下，本章において「情報受領者」という）が，重要事実の公表がなされる前に，当該上場会社等の特定有価証券等に係る売買等をすること。

(d)　情報受領者の所属法人の役員等の内部者取引（166条３項）

会社関係者（元会社関係者を含む）から当該会社関係者が知った重要事実の伝達を職務上受けた者が所属する法人の他の役員等であって，その役員等の職務に関し重要情報を知った者が，重要事実の公表がなされる前に，当該上場会社等の特定有価証券等に係る売買等をすること。

なお，令和元年金商法改正では，暗号資産や，暗号資産を対価としてイニシャル・コイン・オファリング（ICO）において企業等が発行する収益分配等を受ける権利が表章されたトークンであって，集団投資スキーム持分または電子記録移転権利（令和元年金商法改正後２条３項）に該当するものについて，不公正取引を禁止する改正がなされたが，内部者取引規制については，暗号資産の発行者の特定が困難な場合があることや，投資家の投資判断に著しい影響を及ぼす重要事実を特定することが困難であることなどから（「仮想通貨交換業等に関する研究会報告書」（平成30年12月21日公表）12頁・13頁・26頁），内部者取引規制の対象とすることは見送られた（なお，平成31年４月１日時点で，資金決済法に基づく認定資金決済事業者協会である一般社団法人日本仮想通貨交換業協会の自主規則により，同協会加入の暗号資産交換業者は暗号資産に関する未公表の重要な情報の管理体制の整備が求められている）。

(3)　「上場会社等」の意義

上記のそれぞれの要件の詳細については，以下において順次解説するが，ここではまず，「上場会社等」の意味について触れておく。

「上場会社等」とは，以下の有価証券のうち，上場有価証券（金融商品取引所に上場されている有価証券。平成20年金商法改正により創設された特定上場有価証券を含む），店頭売買有価証券（２条８項10号ハ。店頭有価証券市場を開設する認可金融商品取引業協会が店頭売買有価証券登録原簿に登録した有価証券）または取扱有価証券（67条の18第４号，協会府令11条。認可金融商品取引業協会がその規則において，売買その他の取引の勧誘を行うことを禁じていない株券，新株予約権付社債券，新株予約権証券，出資証券，資産流動化法に規定する優先出資証券，投信法に規定する投資証券（上場有価証券，店頭売買有価証券および当該規則において流通性が制限されていると認められる有価証券として内閣総理大臣が定めるものを除く）をいう。フェニックス銘柄は，これに含まれる。なお，グリーンシート銘柄制度は，平成30年３月31日に廃止された）の発行者をいう（163条１項，金商法施行令27条の２）。

① 社債券（社債券の性質を有する資産流動化証券（金商法施行令27条１号，取引規制府令25条１項）を除く），優先出資証券，株券もしくは新株予約権証券，または投資証券，新投資口予約権証券もしくは投資法人債券（(a)その資産の総額の50％を超える額を不動産等資産（投資信託及び投資法人に関する法律施行規則105条１項へ）に対する投資として運用することを規約に定めた投資法人，(b)最近営業期間の決算等においてその資産の総額のうちに占める不動産等資産の価額の合計額の割合が50％を超える投資法人，(c)(a)または(b)に掲げる投資法人に類する外国投資法人が発行者であるもの以外のものを除く（金商法施行令27条２号，取引規制府令25条２項・３項））（金商法施行令27条の２第１号）

② ①を受託有価証券とする有価証券信託受益証券（金商法施行令27条の２第２号）

③ 外国の者の発行する証券・証書のうち，社債券（社債券の性質を有する資産流動化証券（金商法施行令27条１号，取引規制府令25条）を除く），優先出資証券，株券もしくは新株予約権証券の性質を有するもの，または外国投資証券（①に記載する金商法施行令27条２号に掲げるものを除く）（金商法施行令27条の２第３号）

④　③（③で，上場有価証券，店頭売買有価証券または取扱有価証券に該当するものを除く）を受託有価証券とする有価証券信託受益証券（いわゆるJDR（日本版預託証券）を含む）（金商法施行令27条の２第４号）

⑤　③（③で，上場有価証券，店頭売買有価証券または取扱有価証券に該当するもの，および④の受託有価証券であるものを除く）に係る権利を表示する預託証券（金商法施行令27条の２第５号）

このように，内部者取引規制が適用されるのは，上場有価証券，店頭売買有価証券または取扱有価証券の発行者に関する重要事実が問題となる場合に限定されている。上記のとおり，上場有価証券には東証のTOKYO PRO Marketに上場される株式やTOKYO PRO-BOND Marketに上場される内国法人および外国法人が発行する社債も含まれるため，これらの発行者も上場会社等に該当する。他方，外国の金融商品取引所に上場されている有価証券であっても，金商法上の免許を受けた金融商品取引所に上場されておらず，店頭売買有価証券または取扱有価証券のいずれにも該当しない場合は，かかる有価証券の発行者は上場会社等に該当しないこととなる。

また，平成25年金商法改正以前は，上場投資法人の投資証券については，運用資産の純資産価額に基づく価格形成が行われ，内部者取引の余地が比較的小さいと考えられていたため，内部者取引規制の対象外とされていた。しかし，金融審議会投資信託・投資法人法制の見直しに関するワーキング・グループの最終報告（平成24年12月12日公表）12頁において，上場投資法人の投資証券について実際の価格動向では，スポンサー企業の変更等によっても相当程度変動しており，内部者取引規制の対象とすることが適当であるとされた。これを受けて，平成25年金商法改正（１年以内施行分）では，上場投資法人の発行する投資証券などを内部者取引規制の対象とすることとされ，前記の①～⑤に，投資証券，新投資口予約権証券または投資法人債券または外国投資証券（２条１項11号）などが追加されることとなった。もっとも，運用資産が不動産である場合には，投資口の価格が不動産の純資産価額のみでなく，資産の運用や巧拙等の影響を受けると考えられるため，インサイダー取引規制の対象とする必要性が高いが，運用資産がそれ以外の場合にはその必要性が高いとは言えないため(1)，上記のとおり，運用資産が不動産等資産である上場投資法人以外については適用除外とされている。

なお，平成26年金商法改正により，新規・成長企業へのリスクマネーの供給促進策の一つとして，日本証券業協会の規則により流通性が制限されていると認められる新たな非上場株式の取引制度における株式については，内閣総理大臣の指定により，内部者取引規制の適用対象外とされることとなった（67条の18第４号）[(2)]。

2　規制の対象者

規制の対象となっている者は，大きく分けて，⑴会社関係者，および⑵情報受領者である。

⑴　会社関係者

このうち，まず会社関係者とは，次の者であり，これらの者が，それぞれに述べるところにより未公表の重要事実を知った場合に，規制の対象者となる。

①　上場会社等の役員，代理人，使用人その他の従業者（役員等。166条１項１号）

ここで上場会社等とは，当該上場会社等の親会社および子会社ならびに当該上場会社等が上場投資法人等（投信託２条12項に規定する投資法人である上場会社等。163条１項）である場合における当該上場会社等の資産運用会社およびその特定関係法人を含む（以下②～⑤においても同様）（166条１項１号かっこ書）。会社関係者に親会社や子会社の会社関係者が含まれることについては，平成10年の証取法改正により単体ベースから連結ベースでの開示制度へ移行されることとなったことに伴うものである。

「親会社」とは，当該上場会社等が提出した有価証券届出書，有価証券報告書，四半期報告書または半期報告書で公衆の縦覧に供されたもの，または，公

⑴　中谷衛ほか「平成25年改正金商法政府令の解説⑵投資証券等の取引に関するインサイダー取引規制の導入等」旬刊商事法務2030号54頁（2014）

⑵　小長谷章人ほか「平成26年改正金商法等の解説⑵新規・成長企業へのリスクマネー供給促進等」旬刊商事法務2039号33頁・34頁（2014）

表した特定証券情報もしくは発行者情報（これらの意味について，第２編第１章第２節■**3**・同編第２章第４節参照）で，直近のものにおいて記載された親会社をいう（166条５項，金商法施行令29条の３第１項)。「子会社」とは，上場会社等が提出した有価証券届出書，有価証券報告書，四半期報告書または半期報告書で公衆の縦覧に供されたもの，または，公表した特定証券情報もしくは発行者情報で，直近のものにおいて，当該上場会社等の属する企業集団に属する会社として記載されたもの（すなわち子会社として届出書などに記載されたもの）をいう（166条５項・５条１項２号，企業開示府令８条の２第１項，財務諸表等規則８条４項を参照)。罪刑法定主義の観点から，直近の届出書などに親会社または子会社として記載されたか否かを形式的に判断することになる。したがって，文言解釈すると直近の届出書などに親会社または子会社として記載されている場合には，その後親会社または子会社でなくなったとしても，内部者取引規制の関係においては親会社または子会社に該当することになり，また，その逆の場合は親会社または子会社に該当しないことになってしまい（子会社でなかった会社の全株式を取得しても，開示書類に即座に記載されるわけではないので，子会社には該当せず，上記行為は子会社の異動に該当しないこととなってしまう)，かかる結果の不都合な点については立法的解決が望まれる[(3)]。なお，平成20年金商法改正により，上場会社等が27条の31または27条の32の規定により公表した特定証券情報または発行者情報のうち直近のものにおいて，親会社または子会社として記載または記録されたものも，それぞれ親会社または子会社に含まれることとなった。

また，投資証券等を内部者取引規制の対象とすることを提言した金融審議会投資信託・投資法人法制の見直しに関するワーキング・グループの最終報告（平成24年12月12日公表）12頁において，(i)投資法人では，主として業務委託先である資産運用会社で取得物件に関する重要事実の取得・保有・管理が行われており，規制対象とする取引主体の範囲を定めるにあたり，資産運用会社を投資法人の契約締結先との位置付けではなく，投資法人自体と同様に取り扱うこ

---

(3)　「子会社」の意義につき，重要性の乏しい子会社で直近の有価証券報告書等の「関係会社の状況」欄に名称が記載されず，社数に含める形でのみ記載され，その他の箇所にもその名称が記載されていない子会社は含まない旨の金融庁見解につき，金融商品取引法に関する法令適用事前確認手続に係る平成20年12月９日付照会に対する金融庁の平成20年12月25日付回答参照。

とが適当であること，(ii)スポンサー企業については，その変更等により投資証券の価格に相当程度の変動がみられることや，人員・ノウハウや投資対象物件の提供などの面で大きな役割を果たしていることも踏まえ，職務に関し重要事実を知ったスポンサー企業の関係者も規制対象とするべきであるとされた。これを受けて，平成25年金商法改正（１年以内施行分）により，上場会社等が投信法上の投資法人（上場投資法人等。163条１項）である場合には，その資産運用会社（投信法２条21項に定める資産運用会社を意味する。163条１項）およびその特定関係法人（166項５号）も，上場会社等に含まれることとなった（これは，後記②～④においても同じ）（166条１項１号かっこ書）。金商法166条５項においては，「特定関係法人」とは，(a)上場法人等の資産運用会社を支配する会社として政令で定めるもの，または(b)上場法人等の資産運用会社の利害関係人等（投信法201条１項に規定する利害関係人等）のうち，当該資産運用会社が当該上場法人等の委託を受けて行う運用の対象となる特定資産の価値に重大な影響を及ぼす取引を行い，または行った法人として政令に定めるものと定義された。これを受けて，金商法施行令および取引規制府令により，(a)については，上場投資法人等が提出した届出書，有価証券報告書もしくは半期報告書で公衆の縦覧に供されたもの，金商法27条の31第２項の規定により公表した特定証券情報または金商法27条の32第１項もしくは２項の規定により公表した発行者情報のうち，直近のものにおいて当該上場投資法人等の資産運用会社の親会社として記載され，または記録された会社と定められた（金商法施行令29条の３第２項，有価証券取引府令55条の７第１項）。また，(b)については，上場投資法人等が提出した届出書，有価証券報告書もしくは半期報告書で公衆の縦覧に供されたもの，金商法27条の31第２項の規定により公表した特定証券情報または金商法27条の32第１項もしくは２項の規定により公表した発行者情報のうち，直近のものにおいて，上場投資法人等の資産運用会社の利害関係人等のうち，以下の表に記載するいずれかに掲げる取引（ただし，当該資産運用会社が当該上場投資法人等の委託を受けて行う運用の対象となる特定資産の価値に及ぼす影響が重大なものとして，取引規制府令55条の８に定める以下の表に記載する基準に該当するものに限る）を行い，または行った法人として記載され，または記録された会社（金商法施行令29条の３第３項，取引規制府令55条の７第２項）と定義された。

<table>
<tr><th>取引</th><th>基準</th></tr>
<tr><td>①当該上場投資法人等との間における不動産，不動産の賃借権又は地上権（②において「不動産等」という）の取得または譲渡の取引（金商法施行令29条の３第３項１号）</td><td rowspan="2">前営業期間の末日から過去３年間において当該上場投資法人等が左の①および②の取引の対価として支払い，および受領した金額の合計額に対する，前営業期間の末日から過去３年間において当該上場投資法人等が当該利害関係人等との間で左の①および②の取引の対価として支払い，および受領した金額の合計額の割合が20％以上であること（取引規制府令55条の８第１項）</td></tr>
<tr><td>②当該上場投資法人等との間における不動産等を信託する信託の受益権の取得または譲渡の取引（同項２号）</td></tr>
<tr><td>③当該上場投資法人等との間における不動産の貸借の取引（同項３号）</td><td rowspan="2">前営業期間における当該上場投資法人等の営業収益の合計額に対する，次に掲げる金額のいずれか多い金額の割合が20％以上であること（取引規制府令55条の８第２項）
(a)前営業期間の末日から過去３年間において当該上場投資法人等および左の④に規定する信託の受託者が当該利害関係人等から左の③および④に掲げる取引の対価として受領した金額の合計額の１営業期間当たりの平均額
(b)当営業期間の開始の日から３年間において当該上場投資法人等および左の④に規定する信託の受託者が当該利害関係人等から左の③および④に掲げる取引の対価として受領することが見込まれる金額の合計額の１営業期間当たりの平均額</td></tr>
<tr><td>④当該上場投資法人等の特定資産である②に規定する信託の受益権に係る信託の受託者との間における当該信託の信託財産である不動産の貸借の取引（同項４号）</td></tr>
</table>

「役員」とは，取締役・監査役・執行役や会計参与を指し，一時取締役・一時監査役や取締役の職務代行者も含む。「使用人その他の従業者」とは，会社との雇用関係の有無や形式上の地位・呼称のいかんを問わず，実際に会社の業務に従事している者をいい，アルバイト・パート・派遣社員などもこれに当たり[(4)]，また執行役員や顧問，相談役なども含まれる。また，最高裁決定（最決平27・４・８刑集69巻３号523頁）によれば，「その他の従業者」とは，現実に上場会社等の業務に従事している者を意味し，当該上場会社等との委任，雇用契約等に基づいて職務に従事する義務の有無や形式上の地位・呼称のいかんを問わないものと解するのが相当であるとし，上場会社の実質的な大株主であり，

(4)　横畠・インサイダー取引規制36頁

代表取締役と随時協議するなどして同社の財務および人事等の重要な業務執行の決定に関与するという形態で現実に同社の業務に従事していた者は「その他の従業者」に該当すると判示した。

なお，特定有価証券等を発行している上場会社等自体は，会社関係者に含まれない。もっとも，会社の役員等が内部者取引規制違反の行為を行った場合には，会社自体が課徴金納付命令の対象となり，また両罰規定の対象ともなる。

この①の役員等は，その者の職務に関し未公表の重要事実を知ったときに，規制の対象者となる。「職務に関し知ったとき」には，職務と密接に関連する行為により知った場合を含むと解されている(5)。重要事実に関する担当職員同士の会話をまったく別の部署の職員が偶然聞いたような場合は，これに含まれないと解されている。

②　上場会社等の会計帳簿閲覧請求権（会社法433条１項）を有する株主，優先出資法に規定する普通出資者のうちこれに類する権利を有するものとして内閣府令（取引規制府令48条）で定める者，または会計帳簿閲覧請求権のある親会社の株主その他の社員（会社法433条３項，金商法166条１項２号）

これらの株主などが法人（法人でない団体で代表者または管理人の定めのあるものを含む）の場合は，その役員等を，法人以外の場合は，その代理人または使用人を含む。

会社法433条１項に定める会計帳簿閲覧請求権を有する株主とは，総株主の議決権の３％以上の議決権または発行済株式（自己株式を除く）の３％以上の株式を有する株主である（これらの３％という基準については，会社の定款により下げることができる）。また，会計帳簿閲覧請求権のある親会社の株主その他の社員は，裁判所の許可を得て，子会社の会計帳簿を閲覧することができる（同条３項）。なお，ここで社員とは，従業員のことではなく，株式会社の株主や持分会社の社員のことを意味する。投資法人の発行する投資証券に内部者取引規制を導入した平成25年金商法改正（１年以内施行分）により，上場会社等が上場投資法人等である場合には，その資産運用会社およびその特定関係法人

(5)　横畠・インサイダー取引規制36頁

も，上場会社等に含まれることとなったため（166条１項１号かっこ書），それらの株主等についても本号の対象となる。

この②の株主などは，当該会計帳簿閲覧権の行使に関し未公表の重要事実を知ったときに，規制の対象者となる。「当該権利の行使に関し知ったとき」には，当該権利の行使と密接に関連する行為により知った場合を含み，当該権利を行使するための準備・調査・交渉などの過程で知った場合を含むと解されている(6)。

③　上場会社等の投資主（投信法２条16項）または会計帳簿閲覧請求権のある親法人（他の投資法人を子法人とする投資法人，投信法81条１項）の投資主（投信法128条の３第２項，会社法433条３項，金商法166条１項２号の２）

これらの投資主が法人（法人でない団体で代表者または管理人の定めのあるものを含む）の場合は，その役員等を，法人以外の場合は，その代理人または使用人を含む。

本号は，平成25年金商法改正（１年以内施行分）により，上場投資法人等の投資主は，上記②の会社の株主と異なり，投資口の保有割合等にかかわらず，すべての投資主が会計帳簿閲覧請求権を有することから（投信法128条の３第１項），すべての投資主を会社関係者とすることとしたものである。また，親法人の投資主は，内閣総理大臣の許可を得て，会計帳簿を閲覧することができる（投信法128条の３第２項，会社法433条３項）。

この③の投資主は，当該会計帳簿閲覧請求権の行使に関し未公表の重要事実を知ったときに，規制の対象者となる。

④　上場会社等に対する法令に基づく権限を有する者（166条１項３号）

本号には，法令に基づく行政権限などを有する公務員や子会社調査権を有する親会社の監査役，監査委員会が選定する監査委員，会計監査人および会計参与などが含まれる。

この④の者は，当該権限の行使に関し未公表の重要事実を知ったときに，規

(6)　横畠・インサイダー取引規制38頁

制の対象者となる。「当該権限の行使に関し知ったとき」には，当該権限の行使と密接に関連する行為により知った場合を含み，当該権限を行使するための準備・調査・交渉などの過程で知った場合を含むと解されている(7)。

⑤　上場会社等と契約を締結している者，または締結の交渉をしている者であって，当該上場会社等の役員等以外の者（166条1項4号）

これらの者が法人（法人でない団体で代表者または管理人の定めのあるものを含む）の場合は，その役員等を，法人以外の場合は，その代理人または使用人を含む。

本号の契約には，その内容や形式を問わず，あらゆるものが含まれるのであり，重要事実を前提として締結される契約に限定されない(8)。これには，たとえば，上場会社等の顧問弁護士，監査法人，融資銀行，引受金融商品取引業者，取引先企業，また，業務・資本提携先企業，組織再編に関する契約の相手方などが含まれる。

この⑤の契約締結者または交渉中の者は，当該契約の締結・交渉・履行に関し未公表の重要事実を知ったときに，規制の対象者となる。「当該契約の締結・交渉・履行に関し知ったとき」には，当該契約の締結・交渉・履行に密接に関連する行為により知った場合を含み，当該契約の締結・交渉・履行のための準備・調査などの過程で知った場合を含むと解されている(9)。裁判例によれば，企業買収交渉に際して締結される秘密保持契約も含まれ，対象会社の情報だけでなく当該企業買収の交渉に関する情報も当該秘密保持契約の「履行に関し知った」情報に含まれる(10)。また，167条が問題となった裁判例であるが，銀行の企業買収に関するアドバイザリーグループに属する従業員が，ある企業買収を直接に担当していなかったが，当該グループにおける会議で担当者から当該企業買収の情報を知ったという事案において，167条1項4号と6号のいずれが適用されるかが問題となった。この点，裁判所は，4号の「当該契約の締結・交渉・履行に関し知ったとき」には，契約の締結または交渉について権限

(7)　横畠・インサイダー取引規制39頁
(8)　インテック事件（最決平15・12・3判時1845号147頁）
(9)　横畠・インサイダー取引規制42頁参照
(10)　日本織物加工事件差戻控訴審判決（東京高判平12・3・24金判1123号37頁）

を有し，その履行について義務を負う者がそれらの行為の際に知ったときだけでなく，これを補助する担当者が知ったときを含み，さらに，この担当者などからその職務上当該契約の締結，交渉または履行の状況などについて報告を受ける立場にある上司や同僚などがその報告などの機会に知った場合も含むとした（東京地判平15・５・２判タ1139号311頁）。

⑥　②，③または⑤に該当する者が法人である場合で，その法人の役員等がそれぞれ②，③または⑤に記載するとおり重要事実を知った場合の，その法人の他の役員等（166条１項５号）

この⑤の役員等は，②，③または⑤に記載するとおり重要事実を知った当該法人の他の役員等から，その者の職務に関し未公表の重要事実を知ったときに，規制の対象者となる。

②，③の会計帳簿閲覧権を有する株主などまたは投資主や⑤の契約締結者などが法人の場合，当該会計帳簿閲覧権の行使に関して，または，当該契約の締結・交渉・履行に関して，当該法人の担当の役員等が未公表の重要事実を知ったときは，これらの者は内部者取引規制に服することとなるが，当該法人の他の役員等についても，その者の職務に関して，当該担当の役員等から未公表の重要事実を伝え聞いたときには，同様に内部者取引規制に服することとなる。したがって，②，③や⑤に該当する法人については，その組織内部に重要事実を知りうる部門とそれ以外の部門との間での情報遮断措置（いわゆるチャイニーズ・ウォール）を講じることが重要である。なお，東京電力事件（平25・６・27課徴金納付命令決定）では，契約締結者に該当する証券会社の担当者が契約の締結交渉に関して知った重要事実を同社の別の部署の職員が当該担当者の発言と自己の推察等を組み合わせて認識したとされた事案につき，同社に部署間の情報漏洩防止のための各種措置を講じていたとしても，ただちに，当該職員の職務に関して知ったことが否定されるものではないと判断された。もっとも，当該課徴金納付命令の取消訴訟（東京高判平29・６・29金融・商事判例1527号36頁，原審は東京地判平28・９・１判タ1434号172頁）では，上場会社等の契約締結の交渉中の法人等の他の役員等がその者の職務に関し重要事実を知ったとして166条１項５号に該当するというためには，その者が職務に関し重要事実

を構成する主要な事実を単に認識したというだけでは足りず，その者を会社関係者と位置づけることを正当化する状況，すなわち，その方法や態様等を問わないものの，当該契約の締結もしくはその交渉をする役員等が知った重要事実が法人内部においてその者に伝播したものと評価することができる状況のもとで重要事実を構成する主要な事実を認識した場合であることを要するものと解するのが相当であるとし，重要事実が証券会社内部において担当者に伝播したものと評価できる状況のもとで，当該担当者が当該重要事実を構成する主要な事実を認識したことが必要と判断した。さらに，166条３項と異なり，同条１項は職務に関し重要事実を「知った」としか規定されておらず，伝達を要件とはしていないとの主張に対して，166条３項は，会社関係者から流れた内部情報を外部の者が取得した場合であるのに対し，同条１項５号は，法人内部において契約の締結，交渉をしている役員等から流れた内部情報を他の役員等が取得した場合であって，内部情報の伝播（流通，取得）という点では異なるものではないから，同号の職務に関し「知った」の意義を法人内部における内部情報の伝播を前提にするものととらえることは合理的であって，法の規定の構造や趣旨等に何ら反するものではなく，法人内の複数の断片的な情報を取得しそれらを組み合わせることによって重要事実を認識するという場合は，上場会社等に由来しない法人内部の事実や，重要事実とは関係がないような事実も含み得るものであって，外部情報の収集力や分析力といった営業員個人の資質に左右される主観的な推測との区別を曖昧なものとし，客観性，明確性に欠けるものであり，その程度の認識をもって「知った」に当たると解することは，法がその禁止の対象とする個々の内部者取引について，内部情報の流通形態ごとにその主体や禁止行為の類型等の構成要件の細目を具体的に規定している趣旨に沿うものとはいえないとした。

　またすでに述べたとおり，重要事実を①～⑥で述べたところにより知ったこれら①～⑥の会社関係者が，内部者取引をした時点で会社関係者でなくなっていた場合でも，会社関係者でなくなった後１年以内に取引をした場合には，元会社関係者として内部者取引規制の対象となる（166条１項後段）。なお，会社関係者でなくなった後に知った重要事実については，元会社関係者の問題ではなく，後述する情報受領者の問題となる。

⑵　情報受領者

次に，以下の情報受領者が内部者取引規制の対象者となる（166条３項）。

① 会社関係者または元会社関係者から，当該会社関係者または元会社関係者がその職務等に関して知った重要事実の伝達を受けた者（会社関係者であって，その職務等に関して重要事実を知った者を除く）

② ①の情報受領者が法人に所属している場合で職務上重要事実の伝達を受けた場合には，その所属する法人の他の役員等で，その職務に関し当該重要事実を知った者

これは，会社関係者から重要事実の伝達を受ける情報受領者は，通常，会社関係者との間で何らかの特別の関係があるものと考えられるため，かかる情報受領者による内部者取引についても規制の対象とすることにより，会社関係者に対する内部者取引規制の潜脱を防ぎ，当該規制を補完することを目的としている。かかる立法趣旨から，情報受領者から重要事実の伝達を受けた者であるいわゆる第二次情報受領者については，会社関係者との間で特別の関係があるとは限らないこと，また，第二次情報受領者まで処罰の対象とした場合には，処罰範囲が不明確となることなどから，②の場合を除き，規制の対象となっていない。ただし，第一次情報受領者に該当するか否かについては実質的に判断され，会社関係者が重要事実を情報受領者に伝達する意思で他人を通じて伝達した場合には，当該会社関係者から他人を通じて情報の伝達を受けた者も，第一次情報受領者に含まれると解されている。この点について，前掲東京電力事件（平25・６・27課徴金納付命令決定）では，証券会社の職員ＡがＣに伝達される可能性を認識したうえでＢに重要事実を伝達し，ＣもＢを通じてＡからの情報の取得を意図していた状況で，ＡからＢを経由してＣに伝達された事案について，ＡからＣに伝達されたものと同視しうると判断された。

会社関係者から重要事実の伝達を受けた者とは，当該会社関係者の意思に基づき当該重要事実の伝達を受けた者をいい，会社関係者の会話を偶然に聞いた者は含まれないと解されている。また，重要事実の一部の伝達を受けた者も含まれると解されている。なお，会社関係者から重要事実の伝達を受けた者に該当すれば，その者がすでに当該重要事実を知っていたか否かは問題とされないと解されている[(11)]。

3　重要事実

内部者取引規制の対象となる情報は，上場会社等に係る業務等に関する「重要事実」であり，これについては，金商法上，「重要事実」に該当する事実が列挙されており（166条２項），これ以外の事実は重要事実に該当しないものとされている。これは，刑法上の理念である罪刑法定主義に基づくものである。この「重要事実」として列挙されるものは，上場投資法人等以外の上場会社については，当該上場会社等自体に関する決定事実，発生事実，決算情報，バスケット条項，および当該上場会社等の子会社に関する決定事実，発生事実，決算情報，バスケット条項の八つに大きく区別される（166条２項１号～８号）。子会社の決定事実，発生事実，決算情報およびバスケット条項については，平成10年の証取法改正により単体ベースから連結ベースでの開示制度へ移行されることとなったことに伴い，重要事実に追加された。

なお，上場会社等の子会社の会社関係者・元会社関係者で，当該上場会社等自体の会社関係者・元会社関係者に該当しない者については，規制の対象となる重要事実は，当該子会社に関する決定事実，発生事実，決算情報，バスケット条項に限られる。また，上場会社等または上場会社等の子会社に関する決定事実および発生事実については，投資者の投資判断に及ぼす影響が軽微なものとして取引規制府令に定める基準（軽微基準）に該当するものは除外される。

なお，上記の平成10年の証取法改正により開示制度が連結ベースに移行することとなり，子会社の決定事実などが重要事実に追加された後も，上場会社の軽微基準には単体ベースでの基準が適用され（決算情報に関する重要基準については，連結ベースの基準も適用される），子会社の軽微基準に連結ベースでの基準が適用されてきた。これに関して，インサイダーWG・23年報告では，純粋持株会社への投資判断は連結ベースの経営や業績をベースに行われていることや，子会社や関連会社から構成されるグループ経営が一般化してきている実態を踏まえ，円滑なグループ経営を行う上で，内部者取引規制を適切なものとするため，純粋持株会社などについては連結ベースの基準のみを適用する（ただし，決算情報のうち剰余金の配当については，引き続き単体ベースの基準のみを適

---

(11)　横畠・インサイダー取引規制123頁～125頁

用する）のが適当であるとした。

これを受けて，平成25年9月施行の取引規制府令改正により，純粋持株会社の場合の軽微基準のうち，会社の規模との対比で定められる基準，および決算情報（剰余金の配当を除く）に関する重要基準については，連結ベースの数値を用いることとなった（取引規制府令49条5号～14号・50条1号・3号～9号・51条）。また，上記の純粋持株会社の範囲については，直近の有価証券報告書またはこれに類する書類（認可金融商品取引業協会の規則により取扱有価証券に関して提出しなければならないとされているもの。具体的には，投資家の投資判断は公表された数値をベースに行われることを踏まえて，フェニックス銘柄に係る会社内容説明書[(12)]）で公衆の縦覧に供されているものに含まれる最近事業年度の損益計算書において，関係会社に対する売上高（上場会社等が製品を製造し，関係会社が販売する場合があることを踏まえて，製品売上高および商品売上高を除くものとされている。なお，製造業でない会社については，それらに相当する売上高を除く）[(13)]がその売上高の総額の80％以上である上場会社等をいうものとした（取引規制府令49条2項。なお，同府令上，当該要件を充足する純粋持株会社を「特定上場会社等」と定義している）。なお，上場会社等が有価証券報告書を提出することにより，上記の要件を充足し，特定上場会社等に該当することとなる場合には，その旨およびその内容を当該有価証券報告書に記載する必要がある（企業開示府令第3号様式記載上の注意(7)・第2号様式記載上の注意(27)）。上記の特定上場会社等に関する規定，および有価証券報告書などにおける開示は，平成25年9月6日以後に終了する事業年度に係る有価証券報告書などから適用される。

上記の純粋持株会社に関する軽微基準および重要基準は，上記の要件を充足する有価証券報告書を提出した日以降に決定または発生する重要事実から適用されることになる[(14)]。また，当該有価証券報告書が公衆の縦覧に供されている限り，その提出後の事情により最近事業年度後の事業年度においては上記の売上高の要件を満たさないこととなったとしても，当該新しい事業年度に係る有価証券報告書が提出されるまでは，純粋持株会社に関する軽微基準および重要

---

(12)　齊藤将彦ほか「平成24年改正金商法政府令の解説(1)インサイダー取引規制に関する見直し等」旬刊商事法務2012号48頁注6（2013）

(13)　平成25年8月30日パブコメ3頁No.6

(14)　平成25年8月30日パブコメ3頁No.8

基準が適用される[15]。さらに，特定上場会社等が，それに該当する旨を有価証券報告書に記載しなかった場合であっても，有価証券報告書の損益計算書における売上高が上記の要件を満たしていれば，特定上場会社等に該当する[16]。

なお，上記のとおり，特定上場会社等の軽微基準のうち会社の規模との対比で定められる基準，および決算情報（剰余金の配当を除く）に関する重要基準については，連結ベースの数値を用いることとなったが，単体ベースで重要な影響のある事象が発生した場合にバスケット条項がなお適用されることがあるか問題となる。この点については，バスケット条項の適用に関する最高裁判例などに基づけば（後記(4)参照），連結ベースの基準を満たさない事実などはバスケット条項に該当しないが，バスケット条項以外の列挙事由に包摂・評価されないものがあれば，バスケット条項が適用される可能性は残るであろう。

また，上場投資法人等に該当する上場会社等に関する「重要事実」については，金融審議会投資信託・投資法人法制の見直しに関するワーキング・グループの最終報告（平成24年12月12日公表）13頁において，投資法人特有の事情を考慮して，投資法人自体に関するものだけでなく，資産運用会社の運営や業務の変化やスポンサー企業の交代などが投資家の投資判断に影響を与えていることを踏まえることが適当とされた。これを受けて，平成25年金商法改正（１年以内施行分）により，上記八つに区分された重要事実ではなく，当該上場会社等自体に関する決定事実，発生事実，決算情報，バスケット条項，および当該上場会社等の資産運用会社の決定事実，発生事実の六つに大きく区別されて，新たに規定されることとなった（166条２項９号～14号）。

(1)　上場会社等（上場投資法人等を除く）の決定事実

上場会社等の決定事実とは，上場会社等の業務執行を決定する機関が，166条２項１号および金商法施行令28条に列挙する次に掲げる事項を行うことについての決定をしたこと，または当該機関が当該決定を行い公表された事項を行わない（中止する）ことを決定したことである。なお，この「公表」とは，■

(15)　平成25年８月30日パブコメ３頁No.８

(16)　平成25年８月30日パブコメ３頁No.８，齊藤ほか・前掲注(12)43頁

4において述べる166条４項に定める方法による公表を意味する。したがって，かかる方法による公表がなされていない場合は，事実上決定事実が流布され株価に影響を与えている場合であっても，決定事実の中止は規制の対象とならない[17]。

図表13−1　上場会社等の決定事実

事項	軽微基準
株式（優先出資を含む）・新株予約権を引き受ける者の募集（166条２項１号イ）	①払込金額の総額（注１）が１億円未満と見込まれること（取引規制府令49条１号イ） ②優先出資を券面額で優先出資者の有する口数に応じて発行する場合は，割当比率が0.1未満であること（同号ロ）
資本金の額の減少（同号ロ）	なし
資本準備金・利益準備金の額の減少（同号ハ）	なし
自己の株式の取得（同号ニ）	なし
株式無償割当て・新株予約権無償割当て（同号ホ）（注２）	①株式無償割当ての割当比率が0.1未満であること（同条２号イ） ②新株予約権無償割当てにより割り当てる新株予約権の行使価額の総額が１億円未満と見込まれ，かつ，１株に対して割り当てる新株予約権の目的である株式の割合が0.1未満であること（同条２号ロ）
株式の分割（同号ヘ）	割当比率が0.1未満であること（同条３号）
剰余金の配当（同号ト）	１株当たりの配当額が，前事業年度の対応する期間に係る額からの増減額が20%未満であること（同条４号）
株式交換（同号チ） ・完全親会社となる場合	①完全子会社となる会社の最近事業年度末の総資産の帳簿価額が完全親会社

(17)　横畠・インサイダー取引規制53頁・54頁

	（特定上場会社等の場合は，その企業集団）の最近事業年度末の純資産額の30%未満であり，かつ，完全子会社となる会社の最近事業年度の売上高が完全親会社（特定上場会社等の場合は，その企業集団）の最近事業年度の売上高の10%未満である場合（同条５号イ） ②子会社との間で行う株式交換（同号ロ）
・完全子会社となる場合	なし
株式移転（同号リ）	なし
合併（同号ヌ） ・吸収合併で存続会社となる場合	①合併による会社（特定上場会社等の場合は，その企業集団）の資産の増加額が最近事業年度末の純資産額の30%未満であると見込まれ，かつ，合併予定日の属する事業年度および翌事業年度のいずれも合併による会社（特定上場会社等の場合は，その企業集団）の売上高の増加額が最近事業年度の売上高の10%未満であると見込まれること（同条６号イ） ②完全子会社との合併（同号ロ）
・吸収合併で消滅会社となる場合 ・新設合併	なし
会社分割（同号ル） ・分割会社となる場合	最近事業年度末の会社分割に係る資産の帳簿価額が会社（特定上場会社等の場合は，その企業集団）の同日の純資産額の30%未満であり，かつ，分割予定日の属する事業年度および翌事業年度のいずれも会社分割による会社（特定上場会社等の場合は，その企業集団）の売上高の減少額が最近事業年度の売上高の10%未満であると見込まれること（同条７号イ）
・分割承継会社となる場合	会社分割による会社（特定上場会社等の

	場合は，その企業集団）の資産の増加額が最近事業年度末の純資産額の30%未満であると見込まれ，かつ，分割予定日の属する事業年度および翌事業年度のいずれも会社分割による会社（特定上場会社等の場合は，その企業集団）の売上高の増加額が最近事業年度の売上高の10%未満であると見込まれること（同号ロ）
事業の譲渡・譲受け（同号ヲ） ・譲渡する者となる場合	最近事業年度末の譲渡に係る資産の帳簿価額が会社（特定上場会社等の場合は，その企業集団）の同日の純資産額の30%未満であり，かつ，譲渡予定日の属する事業年度および翌事業年度においていずれも譲渡による会社（特定上場会社等の場合は，その企業集団）の売上高の減少額が最近事業年度の売上高の10%未満であると見込まれること（同条８号イ）
・譲り受ける者となる場合	①譲受けによる会社（特定上場会社等の場合は，その企業集団）の資産の増加額が最近事業年度末の純資産額の30%未満であると見込まれ，かつ，譲受予定日の属する事業年度および翌事業年度においていずれも譲受けによる会社（特定上場会社等の場合は，その企業集団）の売上高の増加額が最近事業年度の売上高の10%未満であると見込まれること（同号ロ） ②完全子会社からの事業の全部または一部の譲受け（同号ハ）
解散（合併による解散を除く）（同号ワ）	なし
新製品・新技術の企業化（同号カ）	新製品の販売または新技術を利用する事業の開始予定日の属する事業年度を含みその後３事業年度においていずれも当該企業化による会社（特定上場会社等の場合は，その企業集団）の売上高の増加額が最近事業年度の売上高の10%未満であ

	ると見込まれ，かつ，当該企業化のために特別に支出する額の合計額が会社（特定上場会社等の場合は，その企業集団）の最近事業年度末の固定資産の帳簿価額の10％未満であると見込まれること（同条９号）
業務上の提携・業務上の提携の解消（金商法施行令28条１号） ・業務上の提携	業務上の提携の予定日の属する事業年度を含みその後３事業年度においていずれも，当該業務上の提携による会社（特定上場会社等の場合は，その企業集団）の売上高の増加額が最近事業年度の売上高の10％未満であると見込まれ，かつ， ①相手方の株式などを新たに取得する場合は，新たに取得する相手方の株式などの取得価額が会社（特定上場会社等の場合は，その企業集団）の最近事業年度末の純資産額と資本金の額の少なくないほうの10％未満であると見込まれること ②相手方に新たに株式を取得される場合は，当該株式数が最近事業年度末の発行済株式総数の５％以下であると見込まれること ③共同して新会社を設立する場合（子会社の設立に該当する場合を除く）は，新会社の設立予定日から３年以内に開始する当該新会社の各事業年度末の総資産の帳簿価額に新会社設立時の出資比率を乗じた額がいずれも会社（特定上場会社等の場合は，その企業集団）の最近事業年度末の純資産額の30％未満であると見込まれ，かつ，当該各事業年度の売上高に新会社設立時の出資比率を乗じた額がいずれも会社（特定上場会社等の場合は，その企業集団）の最近事業年度の売上高の10％未満であると見込まれること（同条10号イ）

・業務上の提携の解消	業務上の提携の解消の予定日の属する事業年度を含みその後３事業年度においていずれも，当該業務上の提携の解消による会社（特定上場会社等の場合は，その企業集団）の売上高の減少額が最近事業年度の売上高の10％未満であると見込まれ，かつ， ①相手方の株式などを取得している場合は，取得している相手方の株式などの帳簿価額が会社（特定上場会社等の場合は，その企業集団）の最近事業年度末の純資産額と資本金の額の少なくないほうの10％未満であること ②相手方に株式を取得されている場合は，当該株式数が最近事業年度末の発行済株式総数の５％以下であること ③共同して新会社を設立している場合は，新会社の最近事業年度末の総資産の帳簿価額に新会社設立時の出資比率を乗じた額が会社（特定上場会社等の場合は，その企業集団）の最近事業年度末の純資産額の30％未満であり，かつ，当該新会社の最近事業年度の売上高に出資比率を乗じた額が会社（特定上場会社等の場合は，その企業集団）の最近事業年度の売上高の10％未満であること（同号ロ）
子会社の異動を伴う株式・持分の譲渡・取得（同条２号）	次の子会社の異動を伴う場合 ①子会社または新たに子会社となる会社の最近事業年度末の総資産の帳簿価額が会社（特定上場会社等の場合は，その企業集団）の最近事業年度末の純資産額の30％未満であり，かつ，当該子会社または新たに子会社となる会社の最近事業年度の売上高が会社（特定上場会社等の場合は，その企業集団）の最近事業年度の売上高の10％未満であ

	る場合の当該子会社（同条11号イ） ②新たに設立する子会社の設立予定日から３年以内に開始する当該子会社の各事業年度末の総資産の帳簿価額がいずれも会社（特定上場会社等の場合は，その企業集団）の最近事業年度末の純資産額の30%未満であると見込まれ，かつ，当該各事業年度の売上高がいずれも会社（特定上場会社等の場合は，その企業集団）の最近事業年度の売上高の10%未満であると見込まれる場合の当該子会社（同号ロ）
固定資産の譲渡・取得（同条３号） ・譲渡の場合	会社（特定上場会社等の場合は，その企業集団）の最近事業年度末の当該固定資産の帳簿価額が同日の純資産額の30%未満であること（同条12号イ）
・取得の場合	当該固定資産の取得価額が会社（特定上場会社等の場合は，その企業集団）の最近事業年度末の純資産額の30%未満であると見込まれること（同号ロ）
事業の休止・廃止（同条４号）	休止・廃止予定日の属する事業年度を含みその後３事業年度においていずれも当該休止・廃止による会社（特定上場会社等の場合は，その企業集団）の売上高の減少額が最近事業年度の売上高の10%未満であると見込まれること（同条13号）
上場廃止申請（同条５号）	なし
店頭登録取消申請（同条６号）	なし
取扱有価証券としての指定取消申請（同条７号）	なし
破産手続開始，再生手続開始または更生手続開始の申立て（同条８号）	なし
新たな事業の開始（同条９号）	新事業の開始予定日の属する事業年度を含みその後３事業年度においていずれも当該新事業の開始による会社（特定上場

	会社等の場合は，その企業集団）の売上高の増加額が最近事業年度の売上高の10%未満であると見込まれ，かつ，当該新事業の開始のために特別に支出する額の合計額が会社（特定上場会社等の場合は，その企業集団）の最近事業年度末の固定資産の帳簿価額の10%未満であると見込まれること（同条14号）
防戦買い（166条６項４号・167条５項５号）の要請（金商法施行令28条10号）(注３)	なし
預金保険法74条５項による申出（預金払戻停止などの申出）（金商法施行令28条11号）	なし

（注１）「払込金額の総額」とは，募集時に払い込まれる金額の総額をいい，新株予約権の権利行使価額を含まないと解されている（平成19年７月パブコメ570頁No.10）。したがって，無償での新株予約権の発行は常に軽微基準に該当する。もっともこの点，取引所の適時開示ルールは異なっているので注意を要する。また，新株予約権無償割当ては，別途，重要事実に該当する（166条２項１号ホ）。

（注２）平成23年金商法改正および平成23年４月取引規制府令改正により，新株予約権無償割当てを利用したライツ・オファリングについて，重要事実として明確化するとともに，軽微基準を整備した。

（注３）内部者取引規制の適用除外事由としての防戦買いには対象会社の取締役会（これに相当するものとして金商法施行令で定める機関を含む）による正式機関決定が必要であるが，決定事実としての防戦買いの決定の時点は下記の議論のとおり，これよりも早い場合がある。

図表13－1に列挙した事項については，上場会社等の業務執行を決定する機関が，これを行うことについての決定をしたこと，または当該機関が当該決定を行い公表がなされた事項を行わない（中止する）ことを決定したときに，重要事実となる。ここで，「上場会社等の業務執行を決定する機関」，および上記事項を「行うことについての決定」の範囲について判断を行ったのが，日本織物加工事件の最高裁判決（最判平11・６・10刑集53巻５号415頁）である。

この事件は，日本織物加工のM&Aに伴う新株の第三者割当発行の決定の公表前に，割当先の監査役兼顧問弁護士が同社の株券を買い付けたという事件である。この事件では，①第三者割当発行に関する同社取締役会の正式機関決定がなされる以前の同社社長による決定が「上場会社等の業務執行を決定する機関」による決定に該当するか，また，②同社社長の決定において第三者割当発行が確実に実行されるという予測が成り立つことが「行うことについての決定」の要件において必要かという２点が争点となった。

これらのうち①については，最高裁判所は，商法所定の決定権限のある機関には限られず，実質的に会社の意思決定と同視されるような意思決定を行うことのできる機関であれば足りると判断し，控訴審判決（東京高判平10・９・21判時1679号15頁）を正当なものとした。しかし，②については，控訴審判決が，一般投資家の投資判断に著しい影響を与える重要事実の決定があって初めて「決定」に該当すると解されるから，そのためには，当該決定に係る事項が確実に実行されるであろうとの予測が成り立つものでなければならないとしたのに対して，最高裁判所は，株式の発行を行うことについての決定とは，株式の発行それ自体や株式の発行に向けた作業等を会社の業務として行う旨の決定をいい，この決定というためには株式の発行の実現を意図して行ったことを要するが，株式の発行が確実に実行されるとの予測が成り立つことは要しないと判断した。

この裁判例について，実現可能性がきわめて低い場合であっても重要事実となることを認めるものであり，内部者取引規制の適用範囲を不当に拡大するものとの批判もある。しかし，最高裁判所は，実現可能性を考慮しないことは，規制範囲の明確化の見地から株式の発行を行うことについての決定自体を重要事実と明示した法の趣旨にも沿うと理由付けている。

決定事実となる決定がなされたというためにはどの程度の実現可能性が必要であるかという問題については，公開買付け等を「行うことについての決定」（株式の買集め行為の実施に関する事実）があったとするためにはどの程度の実現可能性が必要かについて判断したがどの時点で発生したといえるかという点が争点となったのが，村上ファンドによるニッポン放送株式の取得が問題となったニッポン放送事件の裁判例が参考となる。この点について，東京地裁（東京地判平19・７・19資料版商事法務329号90頁）は，公開買付け等が確実に実行されるとの予測が成り立つことは要さず，実現可能性がまったくない場合は除かれるが，あれば足り，その高低は問題とならないとの判断を示した。他方，その控訴審で東京高裁（東京高判平21・２・３判タ1299号99頁）は，決定はある程度の具体的内容を持ち，その実現を真摯に意図しているものでなければならないから，そのためには，その決定にはそれ相応の実現可能性が必要であると解され，当該決定が投資者の投資判断に影響を及ぼしうる程度のものであるか否かを個別具体的に判断するべきであるとした。これらに対して，最高裁（最決平23・６・６刑集65巻４号385頁）は，167条が，禁止される行為の範囲について，客観的，具体的に定め，投資者の投資判断に対する影響を要件として規定していないのは，規制範囲を明確にして予測可能性を高める見地から，同条２項の決定の事実があれば通常それのみで投資判断に影響を及ぼしうると認められる行為に規制対象を限定することによって，投資判断に対する個々具体的な影響の有無程度を問わないこととした趣旨と解されると判断した上で，公開買付け等の実現可能性がまったくあるいはほんど存在せず，一般の投資者の投資判断に影響を及ぼすことが想定されないために，「公開買付け等を行うことについての決定」というべき実質を有しない場合がありうるのは別として，「決定」をしたというためには，公開買付け等を意図して，公開買付け等またはそれに向けた作業等を会社の業務として行う旨の決定がされれば足り，公開買付け等の実現可能性があることが具体的に認められることは要しないと解するのが相当であるとした。

この裁判例については，上記の日本織物加工事件の平成11年最高裁判決の延長線上にある判断であり，同判決に関する最高裁調査官の解説においても，「決定」自体を重要事実とした法の趣旨からして，会社の決定がすぐに取消し変更されるようなものであってはならず，その限度で実現可能性を考慮することは許されないわけではないが，あくまでも決定事実の核心は会社の意思決定であるから，その趣旨を損なうまでに実現可能性を考慮することは適当とはいえないことになると解説されているが（法曹会編『最高裁判所判例解説刑事篇平成11年度』107頁〔三好幹夫〕（法曹会，2002）），上記の平成23年最高裁決定によれば，実現可能性がまったくあるいはほんど存在せず，決定というべき実質を有しない場合がありうるのは別として，「決定」をしたというためには，実現可能性があることが具体的に認められることは要しないと判断された。

これらの裁判例を前提に考えると，決定事実については，会社法上の正式機関決定以前であっても，当該決定事項に実現を意図して，それに向けた作業等を会社の業務として行う決定がなされた段階で発生している場合がありうることとなる。実務的には，かかる決定事実が発生した後も正式機関決定までは公表がなされないことが多い。その場合，その期間中は未公表の重要事実が存在することとなり，当該期間中の当該上場会社等の株券等の売買は内部者取引規制違反となる可能性があることに注意が必要である。なお，決定事実が発生したというには，ある程度の具体的な内容を持つものでなければならず，合併の手続の一般的な調査や合併相手としての候補会社の基礎資料の収集についての決定という程度では，決定事実とならない[18]（もっとも，法曹会・前掲書107頁〔三好〕は，候補会社の資産財務内容等を調査検討することの決定については，具体的な相手方との合併の検討の段階に入ったとみられ，その決定の具体性にもよるが，決定があったといえる場合もあるとする）。

⑵　上場会社等（上場投資法人等を除く）の発生事実

上場会社等の発生事実とは，上場会社等に，166条２項２号および金商法施行令28条の２に列挙する，次に掲げる事実が発生したことである。

図表13－2　上場会社等の発生事実

事実	軽微基準
災害に起因する損害・業務遂行の過程で生じた損害（166条２項２号イ）	損害額が会社（特定上場会社等の場合は，その企業集団）の最近事業年度末の純資産額の３％未満であると見込まれること（取引規制府令50条１号）
主要株主（総株主等の議決権の10％以上の議決権を保有している株主）の異動（同号ロ）	なし
特定有価証券・特定有価証券に係るオプションの上場廃止・登録取消しの原因となる事実（同号ハ）	社債券・優先株に係る上場廃止・登録取消しの原因となる事実（優先株以外の株券および優先出資証券の上場廃止の原因となる事実を除く）が生じたこと（同条２号）
財産権上の請求に係る訴えの提起・判	訴額が会社（特定上場会社等の場合は，

⒅　横畠・インサイダー取引規制53頁

決・裁判によらない完結（金商法施行令28条の２第１号） ・訴えが提起された場合	その企業集団）の最近事業年度末の純資産額の15％未満であり，かつ，当該訴えが提起後ただちにそのとおり認められて敗訴したとした場合，訴え提起日の属する事業年度を含めその後３事業年度においていずれも当該敗訴による会社（特定上場会社等の場合は，その企業集団）の売上高の減少額が最近事業年度の売上高の10％未満であると見込まれること（同条３号イ）
・判決または裁判によらない完結（「判決等」）の場合	①上記の訴えの提起に係る軽微基準に該当する訴えの提起に係る判決等の場合，または，②上記軽微基準に該当しない訴えの提起に係る訴訟の一部が裁判によらず完結した場合で，当該判決等により会社（特定上場会社等の場合は，その企業集団）の給付する財産の額が最近事業年度末の純資産額の３％未満であると見込まれ，かつ，当該判決等の日の属する事業年度を含めその後３事業年度においていずれも当該判決等による会社（特定上場会社等の場合は，その企業集団）の売上高の減少額が最近事業年度の売上高の10％未満であると見込まれること（同号ロ）
事業差止めその他これに準ずる処分を求める仮処分命令の申立て・裁判・裁判によらない完結（同条２号） ・仮処分命令の申立ての場合	仮処分命令が申立て後ただちにそのとおり発せられたとした場合，当該申立日の属する事業年度を含めその後３事業年度においていずれも当該仮処分命令による会社（特定上場会社等の場合は，その企業集団）の売上高の減少額が最近事業年度の売上高の10％未満であると見込まれること（同条４号イ）
・裁判または裁判によらない完結（「裁判等」）の場合	当該裁判等の日の属する事業年度を含めその後３事業年度においていずれも当該裁判等による会社（特定上場会社等の場

	合は，その企業集団）の売上高の減少額が最近事業年度の売上高の10％未満であると見込まれること（同号ロ）
免許取消し・事業停止その他これらに準ずる行政庁による法令に基づく処分（同条３号）	処分を受けた日の属する事業年度を含めその後３事業年度においていずれも当該処分による会社（特定上場会社等の場合は，その企業集団）の売上高の減少額が最近事業年度の売上高の10％未満であると見込まれること（同条５号）
親会社の異動（同条４号）	なし
上場会社等以外の者による破産手続開始・再生手続開始・更生手続開始・企業担保権の実行の申立て（破産手続開始の申立て等。同施行令14条１項３号ハ）（同令28条の２第５号）	なし
手形・小切手の不渡り・手形交換所による取引停止処分（不渡り等。同施行令14条１項３号ニ）（同令28条の２第６号）	なし
親会社に係る破産手続開始の申立て等（同条７号）	なし
債務者に対する債権・保証債務に係る主債務者に対する求償権について債務不履行のおそれが生じたこと（同条８号）	債務不履行のおそれのある額が会社（特定上場会社等の場合は，その企業集団）の最近事業年度末の純資産額の３％未満であると見込まれること（同条６号）
主要取引先（前事業年度における売上高・仕入高が売上高・仕入高の総額の10％以上である取引先）との取引停止（同条９号）	主要取引先との取引停止の日の属する事業年度を含めその後３事業年度においていずれも当該取引停止による会社（特定上場会社等の場合は，その企業集団）の売上高の減少額が最近事業年度の売上高の10％未満であると見込まれること（同条７号）
債権者による債務免除・第三者による債務の引受け・弁済（同条10号）	債務免除・債務引受け・弁済の額が会社（特定上場会社等の場合は，その企業集団）の最近事業年度末における債務の総額の10％未満であること（同条８号）

資源の発見（同条11号）	発見された資源の採掘・採取を開始する事業年度を含めその後３事業年度においていずれも当該資源を利用する事業による会社（特定上場会社等の場合は，その企業集団）の売上高の増加額が最近事業年度の売上高の10%未満であると見込まれること（同条９号）
特定有価証券・特定有価証券に係るオプションの取扱有価証券としての指定の取消しの原因となる事実（同条12号）	優先株に係る取扱有価証券としての指定の取消しの原因となる事実（優先株以外の株券の取扱有価証券としての指定の取消しの原因となる事実を除く）(同条10号)
特別支配株主（会社法179条１項に規定する特別支配株主をいい，当該特別支配株主が法人であるときは，その業務執行を決定する機関をいう）が当該上場会社等に係る株式等売渡請求を行うことについての決定をしたことまたは当該特別支配株主が当該決定（公表がされた（166条４項に規定する「公表がされた」をいう。金商法施行令29条の２の５第６号において同じ）ものに限る）に係る株式等売渡請求を行わないことを決定したこと（同令28条の２第13号）	なし

特別支配株主による上場会社等に係る株式等売渡請求を行うことについての決定等については，平成26年の会社法改正に伴い，上場会社等の発生事実とされたが，他方で，株式等売渡請求により当該株券等を買い集める行為は買集め行為の定義からは除外された(19)。

決定事実および発生事実についての軽微基準に関して，たとえば，ある事象による売上高の増加額が最近事業年度の売上高の10%未満であると見込まれることという軽微基準があった場合，当該増加額を８%から12%と見込んでいた場合には，軽微基準を満たさない。また，売上高の増加額の予測が困難で，

---

(19)　金商法施行令31条（会社法の一部を改正する法律及び会社法の一部を改正する法律の施行に伴う関係法律の整備等に関する法律の施行に伴う金融庁関係政令の整備に関する政令による改正）

10%未満であることが明確ではない場合も，軽微基準は満たさない。さらに，上記見込みは，通常，当該会社による合理的な予想を意味し，特に不合理でなければ会社の目標値であってもよいとされる[20]。また，上記見込みの判断時点は，決定事実の決定または発生事実の発生の時点とされている[21]。

(3)　上場会社等（上場投資法人等を除く）の決算情報

上場会社等の決算情報とは，上場会社等の売上高，経常利益もしくは純利益（売上高等。166条2項3号）もしくは剰余金の配当または上場会社等の属する企業集団の売上高等（すなわち，連結ベースの売上高等）について，公表された直近の予想値（当該予想値がない場合は，公表された前事業年度の実績値）に比較して，当該上場会社等が新たに算出した予想値または当該事業年度の決算における数値につき，次に掲げる重要基準を満たす程度の差異が生じたことである（同号）。上記の「予想値」とはいずれも当該事業年度の通期の予想値を意味する。したがって，翌事業年度以降の予想値が当該事業年度の予想値との間で次の重要基準を満たす差異が生じたとしても，本号の重要事実には該当しない。なお，上記の「公表」とは，■4において述べる意味を有する。

平成10年の証取法改正以前は，上場会社の単体ベースの売上高等の予想値などに差違が生じた場合のみを重要事実としていたが，同改正により連結ベースでの開示制度へ移行されることとなったことに伴い，連結ベースでの売上高等の予想値などに差違が追加されることとなった。

また，上記のとおり，平成25年9月施行の取引規制府令改正により，特定上場会社等の決算情報（剰余金の配当を除く）に関する重要基準については，連結ベースの重要基準のみを適用することとなった（取引規制府令51条）。

図表13－3　上場会社等の決算情報

決算情報	重要基準
売上高	10%以上の増減（特定上場会社等の場合を除く。取引規制府令51条1号）

(20)　横畠・インサイダー取引規制55頁・56頁

(21)　三國谷勝範編著『インサイダー取引規制詳解』38頁（資本市場研究会，1990）

経常利益	30％以上の増減であり，かつ，増減額が前事業年度末の純資産額と資本金の額の少なくないほうの５％以上であること（特定上場会社等の場合を除く。同条２号）
純利益	30％以上の増減であり，かつ，増減額が前事業年度末の純資産額と資本金の額の少なくないほうの2.5％以上であること（特定上場会社等の場合を除く。同条３号）
剰余金の配当	20％以上の増減（同条４号）
企業集団の売上高	売上高の重要基準と同じ
企業集団の経常利益	経常利益の重要基準と同じ
企業集団の純利益	純利益の重要基準と同じ

一定の幅のある予想が行われ，これが上記の重要基準の前後にまたがる場合は，重要事実に該当すると解されている[22]。経常利益，純利益および剰余金の配当に関する増減率については，公表された直近の予想値または当該予想値がない場合における公表された前事業年度の実績値がゼロの場合はすべて当該基準を満たすこととされている（取引規制府令51条２号・３号・４号）。

上記の「当該上場会社等が新たに算出した予想値」に関して，その算出主体である「会社」の意義について，マクロス事件の東京地裁判決（東京地判平４・９・25判時1438号151頁）は，各会社の業務運営の実態に即して判断すべきであるとしたうえで，当該事件においては，売上高などの予想値の公表数値は公表直前に取締役会により承認されていることから，算出主体は取締役会であると判断した。

また，上記事件においては，会社内部における算出結果の決定過程において「算出した」ことになる時期について，現に修正公表される予想値が取締役会の決議により最終的に確定される必要があるか，その段階に至る前でも取締役会において予想値の修正公表が避けられない事態の報告がなされてそれが承認されれば足りるかという点が争われた。この点につき，上記東京地裁判決は，

(22)　横畠・インサイダー取引規制116頁

内部者取引規制の立法趣旨から，後者の見解を採用した。

この裁判例を前提に考えると，決定事実と同様に，決算情報についても，修正予想値に関する取締役会などによる正式機関決定以前に，当該上場会社等の取締役会，または担当役員・部長などが修正・公表は避けられない旨の認識を抱いた時点で重要事実としての決算情報が発生している場合がありうることとなる。

実務のポイント・13－1

◆業績予想開示の見直しと内部者取引規制

上場会社は，東証の要請により，翌期の通期および第2四半期（なお，通期以外の業績数値に関する情報は内部者取引規制において個別列挙された重要事実には該当しないが，フェアディスクロージャー・ルールの重要情報や法人関係情報には該当しうる）の売上高や各種の利益，1株当たり配当金に関する見通し（「次期の業績予想」）を開示することが実務慣行となっている。しかしながら，上場会社を取り巻く昨今の環境変化により，従来の形式による業績予想を行うことが難しくなる場合もあり，上場会社の実情に応じた多様な形式による業績予想が行われることが望ましいとの考えに基づき，平成24年3月，業績予想開示に関する実務上の取扱いの見直しが行われた。

当該見直しにおいて，業績予想開示は，上場会社の実情に照らして，従来行われてきた次期の業績予想の表形式によるか，自由記載形式によるかは上場会社が選択することができることが明示され，従来行われてきた次期の業績予想の形式以外の形式による場合に，東証に事前相談する義務が廃止された。また，上場会社の開示する将来予測情報には業績予想だけでなく幅広い性質のものが含まれうることから，将来予測情報の開示の際には，当該情報の前提条件や，当該情報と実績が乖離するおそれのあるリスク要因，当該情報の上場会社における位置付け（客観的予想，目標，保守的なコミットメントなど）の説明や注意文言（ディスクレーマー）を記載することが推奨されている。

他方，次期の業績予想の形式による開示を行わない場合であっても，期中に社内で算出した次期の業績予想の数値が前期の実績値と乖離していた場合には，その水準に応じて，東証の有価証券上場規程上，開示が必要となる場合があり，また，内部者取引規制との関係においても開示が必要となる場合がある（多くの上場会社では，月次または四半期毎に，それまでの実績を取りまとめ公表済みの業績予想との差異を把握し，業績達成に向けた措置を講じる過程で新たな予想を算出することがあることから，業績予想の修正は定期的に生じ得るものであり，証券取引等監視委員会による過去の勧告事案でも一定の勧告数が存在する[(23)]）。なお，次期の業績予想の形式による開示を行わない場合において，社内で算出した予想値のうちどの程度の確実性がある場合に内部者取引上の重要事実に該当することとなるかという問題について，金融庁は，会社の将来業績がさ

(23)　鍛冶雄一ほか「インサイダー取引規制の適用に関する分類別考察(2)業績予想等の修正に関するインサイダー取引規制」旬刊商事法務2148号4頁・9頁

まざまな要因により大きく影響を受け，蓋然性が必ずしも高いとは考えていない前提・仮定を設けたうえで試算した試算値・参考値や，社内での精査・検討の結果，確定するに至らず外部に合理的に説明するに至らない試算値などは，一般的には「予想値」に該当しない可能性が高いと考えられるとの見解を示している（東京証券取引所「業績予想開示に関する実務上の取扱いについて」（平成24年３月21日，同年４月５日一部追記）11頁）。

また，次期の業績予想以外の形式による開示を行った場合において，開示済みの数値と期中に新たに算出した予想値が乖離しており，それが投資者の投資判断に重要な影響を与える可能性がある場合には，当該予想値の開示が必要とされる。開示が必要となる基準について，明文の定めはないが，通期の売上高や利益などにかかる重要性の基準を援用することが考えられるとされている。

⑷　上場会社等（上場投資法人等を除く）のバスケット条項

重要事実のうち，決定事実，発生事実および決算情報は，定型的に投資判断に重要な影響を及ぼしうる具体的な事実を列挙したものである。他方，バスケット条項とは，前三者により投資判断に重要な影響を与える具体的な重要事実のすべてをあらかじめ網羅的に列挙することは困難であることから，上場会社等の決定事実，発生事実および決算情報以外の事実で，「上場会社等の運営，業務又は財産に関する重要な事実であって投資者の投資判断に著しい影響を及ぼすもの」を重要事実として包括的に定めるものである（166条２項４号）。

このとおり，バスケット条項に該当するには，まず，上場会社等の決定事実，発生事実および決算情報以外の事実で，上場会社等の運営，業務または財産に関する重要な事実である必要がある。したがって，競合他社の情報や当該上場会社等の格付機関による格付に関する情報などの外部情報は，当該上場会社等の会社関係者がその特別の立場に基づき知りうる特別の情報ではないため，これに含まれないと解される(24)。また，大株主による保有株式の売却に関する情報は，株価に影響を与える情報ではあるが，株式の市場需給に関する情報であり，原則として，上場会社等の運営，業務または財産に関する重要な事実に含まれないとの考えがある(25)。他方，大量契約の受注，多額の含み益を実現する財産の処分，重要な子会社株式の公開，主要な製品についての重大な欠陥の発生，重要な業務についての業務停止処分，他の会社に対する大規模な企

(24)　神崎ほか・金商法1245頁・1247頁注⑷

業買収などが含まれるとされる[26]。また，支払停止・支払不能の発生，任意整理の決定，多額の債務免除の要請を行うことの決定，多額の債務免除を内容とする特定調整の申立てなども含まれるとされる[27]。そして，「投資者の投資判断に著しい影響を及ぼすもの」とは，投資者であれば当然に売りまたは買いの投資判断をすると考えられるものと解されている。

また，「前３号に掲げる事実を除き」と規定しているため，上場会社等の決定事実または発生事実で軽微基準に該当する事実や重要基準を満たさない決算情報は，バスケット条項には該当しないと解するのが多数説である。しかし，日本商事事件の最高裁判決（最判平11・２・16刑集53巻２号１頁）は，決定事実，発生事実，決算情報に該当する事実であっても，これらに包摂・評価されえない側面がある事実については，バスケット条項が適用される旨の判断を示した。

この日本商事事件は，日本商事株式会社が開発し販売していた新薬を投与された患者につき副作用とみられる死亡例が発生したところ，会社関係者からこの事実を知った医師が，当該事実の公表前に信用取引を利用して同社の株式を売り付けたという事件である。この事件では，新薬の副作用症例の発生が，発生事実としての「災害または業務に起因する損害」に該当しながら軽微基準により，結局重要事実には該当しないと判断される場合に，改めてバスケット条項を適用することができるかが争点となった。

この点につき，最高裁は，まず，ある事実が，発生事実としての損害の発生に包摂・評価される面とは異なる別の面を有している場合で，決定事実，発生事実，決算情報に該当しない場合には，これについてバスケット条項を適用することができるとの一般論を示した。そして，本件については，前記新薬が同社が多額の資金を投じて実質上初めて開発したものであり，同社の株価の高値維持に寄与していたという事情や，同社の規模，当該新薬の売上げ目標の大き

---

(25)　中島史郎「ブロックトレードにかかわる実務上の諸問題――仲介目的のブロックトレードに係る内閣府令の改正と実務」旬刊商事法務1969号14頁（2012）。なお，平成24年２月パブコメ71頁No.190は，５％超33％未満の議決権を有する株式の売却の意図は，「法人関係情報」に該当しないとする。

(26)　神崎ほか・金商法1245頁

(27)　服部秀一『インサイダー取引規制のすべて』148頁（商事法務研究会，2001）

さなどにも照らすと，前記副作用症例の発生は，当該新薬の今後の販売に支障を来し，同社の製薬業者としての信用を低下させ，今後の業務展開および財産状態等に重要な影響を及ぼすことを予測させ，投資者の投資判断に著しい影響を及ぼしうる面があるとし，よって，これについては発生事実としての損害の発生として包摂・評価されえない性質の事実であり，バスケット条項を適用することができると判断した[28]。

バスケット条項は，日本商事事件のほかに，前述のマクロス事件（東京地判平４・９・25）において，多額の架空売上および営業資金の不足という事実につき適用された。また，近時においては，バスケット条項を適用する刑事裁判例や課徴金納付事例が増えており，たとえば，粉飾決算，過年度決算数値の過誤や不適切な会計処理（LTTバイオファーマ事件（東京地判平21・９・14判例集未登載），プロデュース事件（さいたま地判平21・５・27判例集未登載），フタバ産業（平21・12・11課徴金納付命令決定），アリサカ（平22・１・21課徴金納付命令決定）），株式保有に係る有価証券報告書の虚偽記載（西武鉄道事件。東京地判平17・10・27LEX／DB28135404），強度試験の検査数値の改ざん（栗本鐵工所（平21・５・21課徴金納付命令決定）），新株発行またはCB発行における失権（テークスグループ事件（大阪地判平22・９・１判例集未登載），ジェイオーグループホールディングス（平22・９・22，平23・７・20課徴金納付命令決定）），新規資金調達が困難となっていた状況での銀行団からの新規借入れ（リサ・パートナーズ事件（東京地判平23・４・26LEX／DB25471735）），会計監査人の異動に伴う有価証券報告書の提出遅延ならびに株式の整理銘柄への指定（日本風力開発（平24・３・２課徴金納付命令決定）），業務提携の相手方による不動産検索サービスの提供の停止（ジアース（平24・９・13課徴金納付命令決定）），親会社による全部取得条項付種類株式による完全子会社化の決定（バンテック（平24・12・21課徴金納付命令決定）），航空機の購入契約に関する債務不履行状態が解消できる見込みがない状態で同契約が解約されることが確実となった事実（スカイマーク（平27・11・12課徴金納付命令決定）），開発中の新薬の臨床試験の中止（アールテッ

---

(28)　ある事実が決定事実等の具体的重要事実に完全に包摂される場合には，バスケット条項の適用がないことを論じたものとして，小林俊夫「内部者取引規制におけるいわゆるバスケット条項について」東京大学法科大学院ローレビュー３巻156頁（2008）。

ク・ウエノ（平27・12・24課徴金納付命令決定)），有価証券報告書の虚偽記載の嫌疑により証券取引等監視委員会の強制調査を受けた事実（石山ゲートウェイホールディングス（平28・3・3課徴金納付命令決定)），製造する製品が国の認定を受けた性能評価基準に適合していない事実（東洋ゴム工業株式会社（平28・9・15課徴金納付命令決定)）などに，バスケット条項が適用されている。

(5)　上場会社等（上場投資法人等を除く）の子会社の決定事実

上場会社等の子会社の決定事実とは，上場会社等の子会社の業務執行を決定する機関が，166条2項5号および金商法施行令29条に列挙する次に掲げる事項を行うことについての決定をしたこと，または当該機関が当該決定を行い公表がなされた事項を行わない（中止する）ことを決定したことである。ここでの「公表」も，上場会社等自身の決定事実の場合と同様に，■4において述べる意味を有する。

なお，上場会社等の子会社については，上場会社等と異なり，募集株式の発行，自己株式の取得，剰余金配当などは，重要事実とされていないが，これらは当該子会社と親会社である上場会社等との間で行われる取引であり，上場会社等の連結ベースで見るとその事業や財務に与える影響が相対的に小さいと考えられたためであるといわれている。しかし，当該上場会社等以外の株主との間で上記のような取引が行われた場合には，連結ベースでも事業や財務に影響がないとはいえず，子会社のバスケット条項や上場会社等のバスケット条項に該当する場合がある[29]。

図表13－4　上場会社等の子会社の決定事実

事実	軽微基準
株式交換（166条2項5号イ）	①株式交換による当該上場会社等の企業集団の資産の増加額が当該企業集団の最近事業年度末の純資産額の30%未満であると見込まれ，かつ，当該企業集

(29)　黒沼悦郎「インサイダー取引規制に関する証券取引法の改正と問題点」月刊監査役436号21頁(2000)

	団の売上高の増加額が当該企業集団の最近事業年度の売上高の10％未満であると見込まれること（取引規制府令52条１項１号イ） ②株式交換による当該上場会社等の企業集団の資産の減少額が当該企業集団の最近事業年度末の純資産額の30％未満であると見込まれ，かつ，当該企業集団の売上高の減少額が当該企業集団の最近事業年度の売上高の10％未満であると見込まれること（同号ロ）
株式移転（同号ロ）	①株式移転による当該上場会社等の企業集団の資産の増加額が当該企業集団の最近事業年度末の純資産額の30％未満であると見込まれ，かつ，当該企業集団の売上高の増加額が当該企業集団の最近事業年度の売上高の10％未満であると見込まれること（同項２号イ） ②株式移転による当該上場会社等の企業集団の資産の減少額が当該企業集団の最近事業年度末の純資産額の30％未満であると見込まれ，かつ，当該企業集団の売上高の減少額が当該企業集団の最近事業年度の売上高の10％未満であると見込まれること（同号ロ）
合併（同号ハ） ・吸収合併で存続会社となる場合	①合併による当該上場会社等の企業集団の資産の増加額が当該企業集団の最近事業年度末の純資産額の30％未満であると見込まれ，かつ，合併予定日の属する当該企業集団の事業年度および翌事業年度においていずれも合併による当該企業集団の売上高の増加額が当該企業集団の最近事業年度の売上高の10％未満であると見込まれること（同項３号イ） ②合併による当該上場会社等の企業集団の資産の減少額が当該企業集団の最近

	事業年度末の純資産額の30%未満であると見込まれ，かつ，合併予定日の属する当該企業集団の事業年度および翌事業年度においていずれも合併による当該企業集団の売上高の減少額が当該企業集団の最近事業年度の売上高の10%未満であると見込まれること（同号ロ）
会社分割（同号ニ） ・分割承継会社となる場合	会社分割による当該上場会社等の企業集団の資産の増加額が当該企業集団の最近事業年度末の純資産額の30%未満であると見込まれ，かつ，分割予定日の属する当該企業集団の事業年度および翌事業年度においていずれも会社分割による当該企業集団の売上高の増加額が当該企業集団の最近事業年度の売上高の10%未満であると見込まれること（同項4号イ）
・分割会社となる場合	会社分割による当該上場会社等の企業集団の資産の減少額が当該企業集団の最近事業年度末の純資産額の30%未満であると見込まれ，かつ，分割予定日の属する当該企業集団の事業年度および翌事業年度においていずれも会社分割による当該企業集団の売上高の減少額が当該企業集団の最近事業年度の売上高の10%未満であると見込まれること（同号ロ）
事業の譲渡・譲受け（同号ホ） ・譲り受ける者となる場合	譲受けによる当該上場会社等の企業集団の資産の増加額が当該企業集団の最近事業年度末の純資産額の30%未満であると見込まれ，かつ，譲受予定日の属する当該企業集団の事業年度および翌事業年度においていずれも譲受けによる当該企業集団の売上高の増加額が当該企業集団の最近事業年度の売上高の10%未満であると見込まれること（同項5号イ）
・譲渡する者となる場合	譲渡による当該上場会社等の企業集団の

	資産の減少額が当該企業集団の最近事業年度末の純資産額の30%未満であると見込まれ，かつ，譲渡予定日の属する当該企業集団の事業年度および翌事業年度においていずれも譲渡による当該企業集団の売上高の減少額が当該企業集団の最近事業年度の売上高の10%未満であると見込まれること（同号ロ）
解散（合併の場合を除く）（同号へ）	解散による当該上場会社等の企業集団の資産の減少額が当該企業集団の最近事業年度末の純資産額の30%未満であると見込まれ，かつ，解散予定日の属する当該企業集団の事業年度および翌事業年度においていずれも解散による当該企業集団の売上高の減少額が当該企業集団の最近事業年度の売上高の10%未満であると見込まれること（同項５号の２）(注１)
新製品・新技術の企業化（同号ト）	新製品の販売または新技術を利用する事業の開始予定日の属する事業年度を含めその後３事業年度においていずれも当該企業化による当該上場会社等の企業集団の売上高の増加額が当該企業集団の最近事業年度の売上高の10%未満であると見込まれ，かつ，当該企業化のために特別に支出する額の合計額が当該企業集団の最近事業年度末の固定資産の帳簿価額の10%未満であると見込まれること（同項６号）
業務上の提携・業務上の提携の解消（金商法施行令29条１号） ・業務上の提携の場合	業務上の提携の予定日の属する当該上場会社等の企業集団の事業年度を含めその後３事業年度においていずれも，当該業務上の提携による当該企業集団の売上高の増加額が最近事業年度の売上高の10%未満であると見込まれ，かつ， ①相手方の株式などを新たに取得する場合は，新たに取得する相手方の株式などの取得価額が当該企業集団の最近事

	業年度末の純資産額と資本金の額の少なくないほうの10%未満であると見込まれること（注２） ②相手方に新たに株式を取得される場合は，当該株式数の取得価額が当該企業集団の最近事業年度末の純資産額と資本金の額の少なくないほうの10%未満であると見込まれること（注２） ③共同して新会社を設立する場合（孫会社の設立に該当する場合を除く）は，新会社の設立予定日から３年以内に開始する当該新会社の各事業年度末の総資産の帳簿価額に新会社設立時の出資比率を乗じた額がいずれも当該企業集団の最近事業年度末の純資産額の30%未満であると見込まれ，かつ，当該各事業年度の売上高に新会社設立時の出資比率を乗じた額がいずれも当該企業集団の最近事業年度の売上高の10%未満であると見込まれること（同項７号イ）
・業務上の提携の解消の場合	業務上の提携の解消の予定日の属する当該上場会社等の企業集団の事業年度開始の日から３年以内に開始する各事業年度においていずれも，当該業務上の提携の解消による当該企業集団の売上高の減少額が当該企業集団の最近事業年度の売上高の10%未満であると見込まれ，かつ， ①相手方の株式などを取得している場合は，取得している相手方の株式などの帳簿価額が当該企業集団の最近事業年度末の純資産額と資本金の額の少なくないほうの10%未満であること（注２） ②相手方に株式を取得されている場合は，当該株式の取得価額が当該企業集団の最近事業年度末の純資産額と資本金の額の少なくないほうの10%未満で

	あると見込まれること（注２） ③共同して新会社を設立している場合は，新会社の最近事業年度末の総資産の帳簿価額に出資比率を乗じた額が当該企業集団の最近事業年度末の純資産額の30%未満であり，かつ，当該新会社の最近事業年度の売上高に出資比率を乗じた額が当該企業集団の最近事業年度の売上高の10%未満であること（同号ロ）
孫会社（取引規制府令54条）の異動を伴う株式・持分の譲渡・取得（金商法施行令29条２号）	次の孫会社の異動を伴う場合 ①孫会社または新たに孫会社となる会社の最近事業年度末の総資産の帳簿価額が当該上場会社等の企業集団の最近事業年度末の純資産額の30%未満であり，かつ，当該孫会社または新たに孫会社となる会社の最近事業年度の売上高が当該企業集団の最近事業年度の売上高の10%未満であると見込まれる孫会社（同項８号イ） ②新たに設立する孫会社の設立予定日から３年以内に開始する当該孫会社の各事業年度末の総資産の帳簿価額がいずれも当該上場会社等の企業集団の最近事業年度末の純資産額の30%未満であると見込まれ，かつ，当該各事業年度の売上高がいずれも当該企業集団の最近事業年度の売上高の10%未満であると見込まれる孫会社（同号ロ）
固定資産の譲渡・取得（同条３号）	当該固定資産の譲渡・取得による当該上場会社等の企業集団の資産の減少額または増加額が当該企業集団の最近事業年度末の純資産額の30%未満であると見込まれること（同項９号）
事業の休止・廃止（同条４号）	休止・廃止予定日の属する事業年度を含めその後３事業年度においていずれも当

	該休止・廃止による当該上場会社等の企業集団の売上高の減少額が当該企業集団の最近事業年度の売上高の10％未満であると見込まれること（同項10号）
破産手続開始，再生手続開始または更生手続開始の申立て（同条５号）	なし
新たな事業の開始（同条６号）	新事業の開始予定日の属する事業年度を含めその後３事業年度においていずれも当該新事業の開始による当該上場会社等の企業集団の売上高の増加額が当該企業集団の最近事業年度の売上高の10％未満であると見込まれ，かつ，当該新事業の開始のために特別に支出する額の合計額が当該上場会社等の企業集団の最近事業年度末の固定資産の帳簿価額の10％未満であると見込まれること（同項11号）
預金保険法74条５項による申出（金商法施行令29条７号）	なし
子会社連動株式（いわゆるトラッキング・ストック）の対象である連動子会社の剰余金の配当（同条８号）	子会社連動株式以外の特定有価証券等の売買等を行う場合における連動子会社の剰余金の配当についての決定（同項12号）

（注１）　平成20年金商法改正により，解散につき軽微基準が設けられた。

（注２）　平成25年９月施行の取引規制府令改正により，子会社の業務上の提携またはその解消に関して，相手方が株式を取得する場合または取得している場合の軽微基準が，相手方の株式を取得する場合または取得している場合に合わせて，株式の保有割合（発行済株式総数の５％）を基準とするものから，株式の取得価額が上場会社等の企業集団の純資産額または資本金の額に対する割合に改正された。これは，上場会社等自身の株式を取得する場合の業務上の提携または当該株式を取得している場合の業務上の提携の解消の場合における軽微基準と異なり，子会社の場合は，相手方に５％を超える株式を取得されたとしても，上場会社等の子会社であることは変わらず，その親会社である上場会社等の投資判断に影響を及ぼすわけではないと考えられたためである[30]。

なお，子会社連動株式（上場会社等が発行する株式で，剰余金の配当が特定の子会社の剰余金の配当に基づき決定される旨が当該上場会社等の定款で定められた株式

(30)　齊藤ほか・前掲注(12)46頁

をいう。取引規制府令52条１項12号）の売買等を行う場合に適用される軽微基準は，上記と異なり，「企業集団」が「連動子会社」に変更され，連動子会社の剰余金の配当に適用される軽微基準は，１株当たりの配当額の前事業年度の対応する期間に係る額からの増減額が20％未満であること（ただし，当該連動子会社の最近事業年度の１株当たりの配当額と上場会社等が当該連動子会社の配当額に基づき決定した最近事業年度の１株当たりの配当額が同額の場合に限る）とされるなどの違いがある（同条２項各号）。

⑹　上場会社等（上場投資法人等を除く）の子会社の発生事実

上場会社等の子会社の発生事実とは，上場会社等の子会社に，166条２項６号および金商法施行令29条の２に列挙する，次に掲げる事実が発生したことである。

図表13－5　上場会社等の子会社の発生事実

事実	軽微基準
災害に起因する損害・業務遂行の過程で生じた損害（166条２項６号イ）	損害額が当該上場会社等の企業集団の最近事業年度末の純資産額の３％未満であると見込まれること（取引規制府令53条１項１号）
財産権上の請求に係る訴えの提起・判決・裁判によらない完結（金商法施行令29条の２第１号） ・訴えが提起された場合	訴額が当該上場会社等の企業集団の最近事業年度末の純資産額の15％未満であり，かつ，当該訴えが提起後ただちにそのとおり認められて敗訴したとした場合，訴え提起日の属する事業年度を含むその後３事業年度においていずれも当該敗訴による当該企業集団の売上高の減少額が当該企業集団の最近事業年度の売上高の10％未満であると見込まれること（同項２号イ）
・判決または裁判によらない完結（「判決等」）の場合	①53条１項２号イに掲げる上記軽微基準に該当する訴えの提起に係る判決等の場合，または，②53条１項２号イに掲げる上記軽微基準に該当しない訴えの提起に

	係る訴訟の一部が裁判によらず完結した場合で，当該判決等により子会社の給付する財産の額が当該上場会社等の企業集団の最近事業年度末の純資産額の３％未満であると見込まれ，かつ，当該判決等の日の属する事業年度開始の日から３年以内に開始する各事業年度のいずれも当該判決等による当該企業集団の売上高の減少額が当該企業集団の最近事業年度の売上高の10%未満であると見込まれること（同号ロ）
事業差止めその他これに準ずる処分を求める仮処分命令の申立て・裁判・裁判によらない完結（同条２号） ・仮処分命令の申立ての場合	仮処分命令が申立て後ただちにそのとおり発せられたとした場合，当該申立日の属する事業年度開始の日から３年以内に開始する各事業年度のいずれも当該仮処分命令による当該上場会社の属する企業集団の売上高の減少額が当該企業集団の最近事業年度の売上高の10%未満であると見込まれること（同項３号イ）
・裁判または裁判によらない完結（「裁判等」）の場合	当該裁判等の日の属する事業年度を含むその後３事業年度においていずれも当該裁判等による当該上場会社の属する企業集団の売上高の減少額が当該企業集団の最近事業年度の売上高の10%未満であると見込まれること（同号ロ）
免許取消し・事業停止その他これらに準ずる行政庁による法令に基づく処分（同条３号）	処分を受けた日の属する事業年度を含むその後３事業年度においていずれも当該処分による当該上場会社の属する企業集団の売上高の減少額が当該企業集団の最近事業年度の売上高の10%未満であると見込まれること（同項４号）
子会社以外の者による破産手続開始の申立て等（同条４号）	なし
不渡り等（同条５号）	なし
孫会社に係る破産手続開始の申立て等	なし

（同条６号）	
債務者に対する債権・保証債務に係る主債務者に対する求償権について債務不履行のおそれが生じたこと（同条７号）	債務不履行のおそれのある額が当該上場会社等の企業集団の最近事業年度末の純資産額の３％未満であると見込まれること（同項５号）
主要取引先との取引停止（同条８号）	主要取引先との取引停止の日の属する事業年度を含むその後３事業年度においていずれも当該取引停止による当該上場会社の属する企業集団の売上高の減少額が当該企業集団の最近事業年度の売上高の10％未満であると見込まれること（同項６号）
債権者による債務免除・第三者による債務の引受け・弁済（同条９号）	債務免除・債務引受け・弁済の額が当該上場会社等の企業集団の最近事業年度末の債務総額の10％未満であること（同項７号）
資源の発見（同条10号）	発見された資源の採掘・採取を開始する事業年度を含むその後３事業年度においていずれも当該資源を利用する事業による当該上場会社の属する企業集団の売上高の増加額が当該企業集団の最近事業年度の売上高の10％未満であると見込まれること（同項８号）

なお，子会社連動株式の売買等を行う場合に適用される軽微基準は，上記と異なり，上記の「企業集団」は「連動子会社」に変更される（取引規制府令53条２項各号）。

⑺　上場会社等（上場投資法人等を除く）の子会社の決算情報

子会社の決算情報が重要事実に該当するのは，当該子会社自体が「上場会社等」に該当する場合，および子会社連動株式に係る売買等をする場合に限り，連動子会社に該当する場合に限られる（166条２項７号，取引規制府令55条１項）。重要基準は，親会社の単体決算情報に関するものと考え方は同じである（⑶参照）。ただし，単体ベースでの売上高等の差異のみが対象であり，連結ベースでの売上高等の差異は重要事実に含まれない(31)。

図表13−6　重要事実に該当する子会社の決算情報

決算情報	重要基準
売上高	10%以上の増減（取引規制府令55条２項１号）
経常利益	30%以上の増減であり，かつ，増減額が前事業年度末の純資産額と資本金の額の少なくないほうの５%以上であること（同項２号）
純利益	30%以上の増減であり，かつ，増減額が前事業年度末の純資産額と資本金の額の少なくないほうの2.5%以上であること（同項３号）

(8)　上場会社等（上場投資法人等を除く）の子会社のバスケット条項

子会社のバスケット条項とは，上場会社等の子会社の決定事実，発生事実および決算情報以外の事実で，「上場会社等の子会社の運営，業務又は財産に関する重要な事実であって投資者の投資判断に著しい影響を及ぼすもの」をいう（166条２項８号）。(4)参照。上場会社等の子会社のバスケット条項が初めて適用された課徴金事案として，上場会社等の子会社が施工した工事の一部に施工報告書の施工データの転用および加筆があった事実に関する事案がある（旭化成株式会社（平29・３・30課徴金納付命令決定））。

(9)　上場投資法人等の決定事実

上場投資法人等である上場会社等の決定事実とは，上場会社等の業務執行を決定する機関が，平成25年金商法改正後（１年以内施行分）の166条２項９号に列挙する次に掲げる事項を行うことについての決定をしたこと，または当該機

(31)　当該子会社の決算情報について，親会社である上場会社等の企業集団における連結ベースでの影響を考慮しない点は問題と思われる。岩原ほか・セミナー（開示制度・不公正取引・業規制）393頁〜394頁〔武井一浩発言〕

関が当該決定を行い公表がなされた事項を行わない（中止する）ことを決定したことである。ここでの「公表」も，上場会社等自身の決定事実の場合と同様に，後記■4において述べる意味を有する。

①　資産運用委託契約の締結または解約（166条２項９号イ）

②　投資口を引き受ける者の募集（同号ロ）

③　投資口の分割（同号ホ）

④　金銭の分配（同号ヘ）

⑤　合併（同号ト）

⑥　解散（合併による解散を除く。同号チ）

⑦　同号イからチまでに掲げる事項に準ずる事項で政令で定める事項（同号リ）

また，平成25年金商法改正（１年６カ月以内施行分）では，投信法改正により投資法人について自己投資口の取得やライツ・オファリングが導入されることに伴い，以下の事項が決定事実に追加された。

⑧　自己投資口の取得（166条２項９号ハ）

⑨　新投資口予約権無償割当て（同号ニ）

⑦の政令で定める事項，および上記の決定事実に関する軽微基準は，以下のとおりである。

図表13－7　上場投資法人等の決定事実

事項	軽微基準
資産運用委託契約の締結または解約(166条２項９号イ）	なし
投資口を引き受ける者の募集（同号ロ）	投資口を引き受ける者の募集の払込金額の総額が１億円（外国通貨をもって表示される投資証券の募集の場合にあっては，１億円に相当する額）未満であると見込まれること（取引規制府令55条の２第１号）
自己投資口の取得（同号ハ）	なし

新投資口予約権無償割当て（同号ニ）	新投資口予約権無償割当てにより割り当てる新投資口予約権の行使に際して払い込むべき金額の合計額が１億円（外国通貨をもって表示される新投資口予約権証券に係る新投資口予約権を割り当てる場合にあっては，１億円に相当する額）未満であると見込まれ，かつ，当該新投資口予約権無償割当てにより１口に対し割り当てる新投資口予約権の目的である投資口の数の割合が0.1未満であること（同条２号）
投資口の分割（同号ホ）	分割割合が0.1未満であること（同条３号）
金銭の分配（同号ヘ）	１口当たりの金銭の分配額が，前営業期間に係る額からの増減額が20%未満であること（同条４号）
合併（同号ト） ・吸収合併で存続会社となる場合	合併による投資法人の資産の増加額が当該投資法人の最近営業期間の末日における純資産額の30%未満であると見込まれ，かつ，当該合併予定日の属する営業期間及び翌営業期間の各営業期間（当該投資法人の営業期間が６カ月である場合にあっては，当該合併予定日の属する営業期間開始の日から開始する特定営業期間（連続する２営業期間）および翌特定営業期間の各特定営業期間）においていずれも当該合併による当該投資法人の営業収益の増加額が当該投資法人の最近営業期間の営業収益（当該投資法人の営業期間が６カ月である場合にあっては，最近２営業期間の営業収益の合計額）の10%未満であると見込まれること（同条５号）
・吸収合併で消滅会社となる場合 ・新設合併	なし

解散（合併による解散を除く）（同号チ）	なし
最低純資産額の減少（金商法施行令29条の２の２第１号）	なし
上場廃止申請（同条２号）	なし
店頭登録取消申請（同条３号）	なし
取扱有価証券としての指定取消申請（同条４号）	なし
破産手続開始または再生手続開始の申立て（同条５号）	なし
防戦買い（166条６項４号・167条５項５号）の要請（金商法施行令29条の２の２第６号）	なし

⑽　上場投資法人等の発生事実

上場投資法人等である上場会社等の発生事実とは，上場会社等に，平成25年金商法改正（１年以内施行分）後の166条２項10号に列挙する，次に掲げる事実が発生したことである。

①　災害に起因する損害または業務遂行の過程で生じた損害（166条２項10号イ）

②　特定有価証券・特定有価証券に係るオプションの上場廃止・登録取消しの原因となる事実（同号ロ）

③　①②に準ずる事項で政令で定める事項（同号ハ）

なお，平成25年金商法改正（１年以内施行分）においても，「主要株主の異動」に相当するような投資主の異動は，上記の発生事実に含まれていない。これは，投資法人における投資主総会決議事項や頻度が，会社における株主総会のそれらよりも少なく，また，多くの投資主については受動的な投資家であることが想定されており，議決権行使についてみなし賛成の規定（投信法93条）が存在するなどの理由により，10％の議決権を有する投資主の異動が上場投資法人等の投資証券への投資判断に重要な影響を及ぼすものではないと考えられているからと思われる（臨時報告書の提出事由にも該当しない）。

③の政令で定める事項，および上記の発生事実に関する軽微基準は，以下のとおりである。

図表13－8　上場投資法人等の発生事実

事実	軽微基準
災害に起因する損害・業務遂行の過程で生じた損害（166条２項10号イ）	損害額が投資法人の最近営業期間末日の純資産額の３％未満であると見込まれること（取引規制府令55条の３第１項１号）
特定有価証券・特定有価証券に係るオプションの上場廃止・登録取消しの原因となる事実（同号ロ）	投資法人債券に係る上場廃止・登録取消しの原因となる事実（投資口の上場廃止の原因となる事実を除く）が生じたこと（同項２号）
財産権上の請求に係る訴えの提起・判決・裁判によらない完結（金商法施行令29条の２の３第１号） ・訴えが提起された場合	訴額が投資法人の最近営業期間の末日の純資産額の15％未満であり，かつ，当該訴えが提起後ただちにそのとおり認められて敗訴したとした場合，訴え提起日の属する営業期間開始の日から３年以内に開始する各営業期間においていずれも当該敗訴による投資法人の営業収益の減少額が最近営業期間の営業収益の10％未満であると見込まれること（同項３号イ）
・判決または裁判によらない完結（「判決等」）の場合	①上記の訴えの提起に係る軽微基準に該当する訴えの提起に係る判決等の場合，または，②上記軽微基準に該当しない訴えの提起に係る訴訟の一部が裁判によらず完結した場合で，当該判決等により投資法人の給付する財産の額が最近営業期間の末日の純資産額の３％未満であると見込まれ，かつ，当該判決等の日の属する営業期間開始の日から３年以内に開始する各営業期間においていずれも当該判決等による投資法人の営業収益の減少額が最近営業期間の営業収益の10％未満であると見込まれること（同号ロ）

資産の運用の差止めその他これに準ずる処分を求める仮処分命令の申立て・裁判・裁判によらない完結（同条２号） ・仮処分命令の申立ての場合	仮処分命令が申立て後ただちにそのとおり発せられたとした場合，当該申立日の属する営業期間開始の日から３年以内に開始する各営業期間においていずれも当該仮処分命令による投資法人の営業収益の減少額が最近営業期間の営業収益の10%未満であると見込まれること（同項４号イ）
・裁判または裁判によらない完結（「裁判等」）の場合	当該裁判等の日の属する営業期間開始の日から３年以内に開始する各営業期間においていずれも当該裁判等による投資法人の営業収益の減少額が最近営業期間の営業収益の10%未満であると見込まれること（同号ロ）
登録取消しその他これらに準ずる行政庁による法令に基づく処分（同条３号）	処分を受けた日の属する営業期間開始の日から３年以内に開始する各営業期間においていずれも当該処分による投資法人の営業収益の減少額が最近営業期間の営業収益の10%未満であると見込まれること（同項５号）
上場投資法人等以外の者による破産手続開始・再生手続開始の実行の申立て（同条４号）	なし
不渡り等（同条５号）	なし
債務者に対する債権・保証債務に係る主債務者に対する求償権について債務不履行のおそれが生じたこと（同条６号）	債務不履行のおそれのある額が投資法人の最近営業期間の末日の純資産額の３%未満であると見込まれること(同項６号)
主要取引先（前営業年度における営業収益・営業費用が営業収益・営業費用の総額の10%以上である取引先（営業期間が６カ月である上場投資法人等にあつては，最近２営業期間における営業収益又は営業費用の合計額が当該最近２営業期間における営業収益の総額または営業費用の総額の10%以上である取引先。取引	主要取引先との取引停止の日の属する営業期間開始の日から３年以内に開始する各営業期間においていずれも当該取引停止による投資法人の営業収益の減少額が最近営業期間の営業収益の10%未満であると見込まれること（同項７号）

規制府令55条の３第２項）との取引停止（同条７号）	
債権者による債務免除・第三者による債務の引受け・弁済（同条８号）	債務免除・債務引受け・弁済の額が投資法人の最近営業期間の末日における債務の総額の10％未満であること（同項８号）
資源の発見（同条９号）	発見された資源の採掘・採取を開始する営業期間開始の日から３年以内に開始する各営業期間においていずれも当該資源による投資法人の営業収益の増加額が最近営業期間の営業収益の10％未満であると見込まれること（同項９号）
特定有価証券・特定有価証券に係るオプションの取扱有価証券としての指定の取消しの原因となる事実（同条10号）	なし

なお，取引規制府令55条の３第１項３号・４号・５号・７号および９号に定める軽微基準について，投資法人の営業期間が６カ月であるときは，当該各号中「各営業期間」とあるのは「各特定営業期間（一の特定営業期間の末日の翌日に開始するものに限る。）」と，「最近営業期間の営業収益」とあるのは「最近二営業期間の営業収益の合計額」と読み替えて，当該各号の規定を適用することとされている（取引規制府令55条の３第３項）。これは，その営業期間が６カ月であることが多い投資法人の軽微基準を，事業年度が１年であることが一般的な株式会社と同様の基準とするためであり，他の上場投資法人等に関する重要事実やその軽微基準においても，同様の基準が定められている（取引規制府令55条の２第５号・55条の３第２項・３項・55条の５第２項・55条の６第２項）[32]。

⑾　上場投資法人等の決算情報

上場投資法人等である上場会社等の決算情報とは，上場会社等の営業収益，経常利益もしくは純利益（営業収益等。平成25年金商法改正後（１年以内施行分）166条２項11号）もしくは金銭の分配について，公表された直近の予想値（当該

⑶2)　中谷ほか・前掲注⑴57頁・58頁

予想値がない場合は，公表された前営業期間の実績値）に比較して，当該上場会社等が新たに算出した予想値または当該営業期間の決算における数値につき重要基準を満たす程度の差異が生じたことである（同号)。なお，上記の「公表」とは，後記■４において述べる意味を有する。上記の重要基準は，以下のとおりである。

図表13－9　上場投資法人等の決算情報

決算情報	重要基準
営業収益	10％以上の増減（取引規制府令55条の４第１号）
経常利益	30％以上の増減であり，かつ，増減額が前営業期間の末日の純資産額の５％以上であること（同条２号）
純利益	30％以上の増減であり，かつ，増減額が前営業期間の末日の純資産額の2.5％以上であること（同条３号）
金銭の分配	20％以上の増減（同条４号）

⑿　資産運用会社の決定事実

上場投資法人等の資産運用会社の決定事実とは，資産運用会社の業務執行を決定する機関が，当該資産運用会社について平成25年金商法改正後（１年以内施行分）の166条２項12号に列挙する次に掲げる事項を行うことについての決定をしたこと，または当該機関が当該決定を行い公表がなされた事項を行わない（中止する）ことを決定したことである。ここでの「公表」も，上場会社等自身の決定事実の場合と同様に，次の■４において述べる意味を有する。

① 資産運用であって，特定資産の取得・譲渡・貸借が行われることとなるもの（166条２項12号イ）[33]

② 資産運用委託契約の解約（同号ロ）

---

(33) 「特定資産の取得・譲渡・貸借」については，上場投資法人等に関する業務であるが，投資法人は資産運用業務を外部に委託しなければならない（投信法117条）とされており，資産運用会社により決定されることとなっているため，資産運用会社の決定事実とされているものと思われる。

③　株式交換（同号ハ）

④　株式移転（同号ニ）

⑤　合併（同号ホ）

⑥　解散（合併による解散を除く。同号ヘ）

⑦　①〜⑥に準ずる事項で政令で定める事項（同号ト）

⑦の政令で定める事項，および上記の決定事実に関する軽微基準は，以下のとおりである。なお，上場投資法人等の資産運用会社の決定事実としては，資産の運用に関する決定（166条２項12号イ・ロ，金商法施行令29条の２の４第３号・４号・６号）のほか，資産の運用に影響を及ぼす場合もあり得ることから，資産運用会社自身に関する組織再編や解散・倒産などの決定（166条２項12号ハ・ニ・ホ・ヘ，金商法施行令29条の２の４第１号・２号・５号）も定められている。また，軽微基準については，前者は投資法人の資産の運用に関するものであるため，投資法人の資産や収益を基準に定められている一方，後者のうち組織再編については，運用業務の承継が行われない場合や資本的影響力の変更の程度が軽微と考えられる主要株主の異動が見込まれない場合など，資産運用会社による資産の運用に及ぼす影響が軽微と考えられる場合が定められている[34]。

図表13−10　資産運用会社の決定事実

事項	軽微基準
資産運用であって，特定資産の取得・譲渡・貸借が行われることとなるもの（166条２項12号イ） ・特定資産の取得が行われる場合	当該特定資産の取得価額が当該投資法人の最近営業期間の末日における固定資産の帳簿価額の10%未満であると見込まれること（取引規制府令55条の５第１項１号イ）
・特定資産の譲渡が行われる場合	当該特定資産の譲渡価額が当該投資法人の最近営業期間の末日における固定資産の帳簿価額の10%未満であると見込まれること（同号ロ）

(34)　中谷ほか・前掲注(1)56頁・57頁

・特定資産の貸借が行われる場合	当該特定資産の貸借が行われることとなる予定日の属する当該投資法人の営業期間開始の日から３年以内に開始する当該投資法人の各営業期間においていずれも当該貸借が行われることとなることによる当該投資法人の営業収益の増加額が当該投資法人の最近営業期間の営業収益の10%未満であると見込まれること（同号ハ）
資産運用委託契約の解約（同号ロ）	なし
株式交換（同号ハ） ・完全親会社となる場合	主要株主の異動が見込まれる株式交換以外の株式交換（同条２号）
・完全子会社となる場合	なし
株式移転（同号ニ）	なし
合併（同号ホ） ・吸収合併で存続会社となる場合	主要株主の異動が見込まれる合併以外の合併（同条３号）
・吸収合併で消滅会社となる場合 ・新設合併	なし
解散（合併による解散を除く）（同号へ）	なし
会社分割（金商法施行令29条の２の４第１号） ・分割会社となる場合	投資法人から委託を受けて行う資産の運用に係る業務の承継が行われると見込まれる場合以外の場合（同条４号イ）
・分割承継会社となる場合	主要株主の異動が見込まれる場合以外の場合（同条４号ロ）
事業の譲渡・譲受け（同条２号） ・譲渡する者となる場合	投資法人から委託を受けて行う資産の運用に係る業務の承継が行われると見込まれる場合以外の場合（同条５号イ）
・譲り受ける者となる場合	主要株主の異動が見込まれる場合以外の場合（同条５号ロ）
当該上場会社等から委託された資産の運用に係る事業の休止・廃止（同条３号）	休止・廃止予定日の属する投資法人の営業期間開始の日から３年以内に開始する当該投資法人の各営業期間においていずれも当該休止または廃止による当該投資

	法人の営業収益の減少額が当該投資法人の最近営業期間の営業収益の10%未満であると見込まれること（同条６号）
当該上場会社等から委託を受けて行う資産の運用の全部または一部の休止・廃止（同条４号）	休止・廃止予定日の属する投資法人の営業期間開始の日から３年以内に開始する当該投資法人の各営業期間においていずれも当該休止または廃止による当該投資法人の営業収益の減少額が当該投資法人の最近営業期間の営業収益の10%未満であると見込まれること（同条７号）
破産手続開始，再生手続開始または更生手続開始の申立て（同条５号）	なし
当該上場会社等から委託を受けて行う資産の運用の新たな開始（同条６号）	新たに開始されることとなる予定日の属する当該投資法人の営業期間開始の日から３年以内に開始する当該投資法人の各営業期間においていずれも当該資産の運用が新たに開始されることとなることによる当該投資法人の営業収益の増加額が当該投資法人の最近営業期間の営業収益の10%未満であると見込まれ，かつ，当該資産の運用が新たに開始されることとなるために当該投資法人が特別に支出する額の合計額が当該投資法人の最近営業期間の末日における固定資産の帳簿価額の10%未満であると見込まれること（同条８号）

なお，取引規制府令55条の５第１項１号・６号・７号および８号に定める軽微基準について，投資法人の営業期間が６カ月であるときは，当該各号中「各営業期間」とあるのは「各特定営業期間（一の特定営業期間の末日の翌日に開始するものに限る。）」と，「最近営業期間の営業収益」とあるのは「最近２営業期間の営業収益の合計額」と読み替えて，当該各号の規定を適用することとされている（取引規制府令55条の５第２項）。

⒀　資産運用会社の発生事実

上場投資法人等の資産運用会社の発生事実とは，資産運用会社に，平成25年金商法改正後（１年以内施行分）の166条２項13号に列挙する，次に掲げる事実が発生したことである。

①　登録の取消し・資産運用業務の停止処分その他これらに準ずる行政庁による法令に基づく処分（166条２項13号イ）

②　特定関係法人の異動（同号ロ）

③　主要株主の異動（同号ハ）

④　①～③に準ずる事項で政令で定める事項（同号ニ）

④の政令で定める事項，および上記の発生事実に関する軽微基準は，以下のとおりである。

図表13－11　資産運用会社の発生事実

事実	軽微基準
登録取消し・資産運用業務の停止処分その他これらに準ずる行政庁による法令に基づく処分（166条２項13号イ）	処分を受けた日の属する営業期間開始の日から３年以内に開始する各営業期間においていずれも当該処分による投資法人の営業収益の減少額が最近営業期間の営業収益の10％未満であると見込まれること（取引規制府令55条の６第１号）
特定関係法人の異動（同号ロ）	なし
主要株主の異動（同号ハ）	なし
当該上場会社等から委託された資産の運用に係る財産権上の請求に係る訴えの提起・判決・裁判によらない完結（金商法施行令29条の２の５第１号） ・訴えが提起された場合	当該訴えが提起後ただちにそのとおり認められたとした場合，訴え提起日の属する営業期間開始の日から３年以内に開始する各営業期間においていずれも当該敗訴による投資法人の営業収益の減少額が最近営業期間の営業収益の10％未満であると見込まれること（同条２号イ）
・判決または裁判によらない完結（「判決等」）の場合	上記の訴えの提起に係る軽微基準に該当する訴えの提起に係る判決等の場合，または，上記軽微基準に該当しない訴えの

	提起に係る訴訟の一部が裁判によらず完結した場合で，当該判決等の日の属する営業期間開始の日から3年以内に開始する各営業期間においていずれも当該判決等による投資法人の営業収益の減少額が最近営業期間の営業収益の10%未満であると見込まれること（同号ロ）
当該上場会社等から委託された資産の運用に係る事業の差止めその他これに準ずる処分を求める仮処分命令の申立て・裁判・裁判によらない完結（同条2号） ・仮処分命令の申立ての場合	仮処分命令が申立て後ただちにそのとおり発せられたとした場合，当該申立日の属する営業期間開始の日から3年以内に開始する各営業期間においていずれも当該仮処分命令による投資法人の営業収益の減少額が最近営業期間の営業収益の10%未満であると見込まれること（同条3号イ）
・裁判または裁判によらない完結（「裁判等」）の場合	当該裁判等の日の属する営業期間開始の日から3年以内に開始する各営業期間においていずれも当該裁判等による投資法人の営業収益の減少額が最近営業期間の営業収益の10%未満であると見込まれること（同号ロ）
上場会社等の資産運用会社以外の者による破産手続開始の申立て等（同条3号）	なし
不渡り等（同条4号）	なし
特定関係法人に係る破産手続開始の申立て等（同条5号）	なし
特別支配株主が当該上場会社等の資産運用会社に係る株式等売渡請求を行うことについての決定をしたことまたは当該特別支配株主が当該決定（公表がされたものに限る）に係る株式等売渡請求を行わないことを決定したこと（同条6号）	なし

⑭　上場投資法人等のバスケット条項

上場投資法人等である上場会社等のバスケット条項とは，上場会社等の決定事実，発生事実，決算情報，および上場会社等の資産運用会社の決定事実，発生事実以外の事実で，「上場会社等の運営，業務又は財産に関する重要な事実であつて投資者の投資判断に著しい影響を及ぼすもの」をいう（平成25年金商法改正後（１年以内施行分）166条２項14号）。前記(4)参照。

4　重要事実の公表

内部者取引規制は，上場会社等に係る業務等に関する重要事実を知った会社関係者などが，当該業務に関する重要事実の公表がなされる前に，当該上場会社等の特定有価証券等に係る売買等をすることを禁止している。逆にいえば，重要事実の公表がなされれば，当該重要事実に係る内部者取引規制は解除されることとなり，処罰範囲を決めることとなるものであるから，公表の内容は法令で明確，厳格に定められている。

この「公表」（166条１項柱書・166条２項１号柱書かっこ書・３号・５号柱書かっこ書・７号の「公表」）とは，上場投資法人等を除く上場会社等の重要事実（および上場投資法人等を除く上場会社等の業務執行を決定する機関の決定，上場会社等の売上高等もしくは166条２項１号トに規定する配当，上場会社等の属する企業集団の売上高等，上場会社等の子会社の業務執行を決定する機関の決定または上場会社等の子会社の売上高等）については，⑴上場会社等またはその子会社が多数の者の知りうる状態に置く措置として政令に定める措置がとられたこと，または，⑵上場会社等またはその子会社が提出した有価証券届出書，有価証券報告書その他25条１項に規定する開示書類に記載され，これが同項の規定により公衆の縦覧に供されたことを意味する（166条４項１号）。上記において，子会社による公表の場合は，公表の対象が当該子会社の重要事実（および当該子会社の業務執行を決定する機関の決定または当該子会社の売上高等）である場合に限られる。

また，平成25年金商法改正（１年以内施行分）により，上場投資法人等の決定事実および決算情報の「公表」（および上場投資法人等の業務執行を決定する機関の決定または上場投資法人等の営業収益等もしくは166条２項９号へに規定する分配の「公表」（166条２項９号柱書かっこ書・11号））については，当該上場投資法人等が（166条４項２号），上場投資法人等の資産運用会社の決定事実の「公表」（および上場投資法人等の資産運用会社の業務執行を決定する機関の決定の「公表」（166条２項12号柱書かっこ書））については，当該資産運用会社が（166条４項３号），そして，上場投資法人等の発生事実，バスケット条項，資産運用会社の発生事実の「公表」については，当該上場投資法人等または資産運用会社が（166条４項４号），それぞれ，(1)多数の者の知りうる状態に置く措置として政令に定める措置がとられたこと，または，(2)その提出した有価証券届出書，有価証券報告書その他25条１項に規定する開示書類に記載され，これが公衆の縦覧に供されたこととされた（166条４項柱書）。

(1)の政令に定める措置としては，以下のものが定められている（金商法施行令30条，取引規制府令56条）。

① 上場会社等またはその子会社もしくはその資産運用会社を代表する取締役，執行役もしくは執行役員もしくはこれらの者から重要事実等（金商法166条４項各号に掲げる事項。②，③において同じ）の公開を委任された者が，重要事実等を次の二以上の報道機関に公開し，公開後12時間が経過したこと（金商法施行令30条１項１号・２項）

(a) 国内において時事に関する事項を総合して報道する日刊新聞紙の販売を業とする新聞社および当該新聞社に時事に関する事項を総合して伝達することを業とする通信社

(b) 国内において産業および経済に関する事項を全般的に報道する日刊新聞紙の販売を業とする新聞社

(c) 日本放送協会および基幹放送事業者

①について，重要事実等の公表は，上場会社等として行うべきものであることから，その代表取締役や重要事実等の公表を委任された者（広報担当者など）による報道機関へ公開に限定されている。また，報道機関相互の競争により，会社が公開した重要事実等が実際に報道されることを担保するため(35)，複数の報道機関への公開が必要とされる。また，報道機関への公開は，単なる情報の伝達ではなく，情報を一般にオープンにするものである必要があり，いわゆるオフレコのものは公開にあたらない(36)。

(35) 横畠・インサイダー取引規制139頁

情報源が明らかでない報道機関による報道が①の公表措置に該当するかが争点となった事件において，最高裁判所（最決平28・11・28刑集70巻7号609頁）は，情報源を公にしないことを前提とした報道機関に対する重要事実の伝達は，たとえその主体が前記①に該当する者であったとしても，①の「公開」には当たらないと解すべきであると判示し，情報源が明示されず，特定もできない上記の報道については，仮に情報源が前記①に該当する者であったとしても，報道機関への伝達は情報源を公にしないことを前提としたものと考えられるため，①の「公開」がなされていないと判断した。

② 上場会社等の発行する有価証券を上場する各金融商品取引所の規則で定めるところにより，上場会社等またはその資産運用会社が，重要事実等を当該金融商品取引所に通知し，これが当該金融商品取引所において電磁的方法（具体的には，国内のすべての金融商品取引所が共同利用する適時開示情報伝達システムであるTDnet）により日本語で公衆の縦覧に供されたこと（金商法施行令30条1項2号，取引規制府令56条）

②の公表措置については，平成16年2月施行の改正証取法施行令により導入された。これは，インターネットなどの情報通信手段が発達した中で，上場会社のホームページにおける重要事実の開示が公表措置と認められておらず，①の二以上の報道機関への公開から12時間が経過しない限り，ホームページなどでの開示により重要事実を知った投資家は第一次情報受領者として内部者取引規制の対象となってしまうという不都合があった。かかる問題を解決するため，上場会社が金融商品取引所の構築する情報開示用のホームページにおいて重要事実の開示を行った場合には，即時に公表措置があったものと認めることとしたものである。

なお，当該有価証券が店頭売買有価証券である場合にあっては認可金融商品取引業協会の規則，当該有価証券が取扱有価証券である場合にあっては当該有価証券の取扱有価証券としての指定を行う認可金融商品取引業協会の規則に定める通知および公衆縦覧による公表措置が認められる。

③ 上場会社等でその発行する金商法施行令27条の2各号の有価証券（その意味につき，▩1(3)参照）がすべて特定投資家向け有価証券である者の発行

(36) 横畠・インサイダー取引規制141頁

する有価証券を上場する各金融商品取引所の規則で定めるところにより，上場会社等またはその資産運用会社が，重要事実等を当該金融商品取引所に通知し，これが当該金融商品取引所において電磁的方法により英語で公衆の縦覧に供されたこと（金商法施行令30条１項３号イ，取引規制府令56条）

③の公表措置は，平成20年改正金商法施行令により，プロ向け市場における公表措置として英語での公表を可能としたものである。

公表の内容に関して，内部者取引規制の立法趣旨が，会社関係者がその特別の立場に基づき投資判断に影響を及ぼす会社の重要な情報を公表前に知って有価証券を売買することを許容すると，一般投資家よりも有利となるため，これを防止することにあることからすると，公表があったといえるためには，投資者の投資判断に影響を及ぼすべき事実の内容が，すべて具体的に明らかにされていなければならないと解されており[37]，投資判断するに十分でない断片的・抽象的な情報の開示は公表とみなされない可能性がある。この点に関し，裁判所（東京高判平26・12・15法時87巻７号111頁，原審は，東京地判平25・６・28判時2203号135頁）は，取材源を明示しない新聞報道を受けて，当該各上場会社が行った，報道機関による報道は当社が発表したものではない旨などの適時開示や，当該上場会社の社長が報道関係者や投資家などに対して，公的支援の申請が選択肢の一つである，または現時点では検討中である旨などを説明したことは，決定事実に関して具体化された内容を含んでおらず，公表に該当しないとした。

上場会社等が法令の定めに従った公表措置を取っていないにもかかわらず（例えば，報道機関１社のみに公開した場合），複数の報道機関の後追い報道などにより重要事実が周知の事実となっている場合には，未公表であることの故意がないなどの理由により，処罰されないと解される余地がある[38]。他方，そのような場合は，当該情報は重要事実でなくなるとの見解[39]や，違法性が阻却さ

---

(37)　横畠・インサイダー取引規制130頁

(38)　神崎ほか・金商法1256頁，注釈金融商品取引法３巻160頁〔行澤一人〕。湯原心一「インサイダー取引規制における公表と公知性」旬刊商事法務2131号10頁（2017），田山聡美・判時2362号（判例評論711号）180頁，近藤ほか・金商法入門331頁注(63)は，この場合の責任は否定される可能性が高いとする。

(39)　黒沼悦郎「インサイダー取引規制と法令解釈」金融法務事情1866号53頁（2009）

れるとの見解[40]もある。この点に関して，上記の情報源が明らかでない報道機関による報道が問題となった事件において，最高裁判所（前掲最決平28・11・28）は，法令上規定された公表の方法に基づかずに重要事実の存在を推知させる報道内容が公知となったことにより，内部者取引規制の効力が失われると解することは，公表の方法を限定的かつ詳細な規定を設けた法令の趣旨と基本的に相容れないものであり，上記案件におけるように，会社の意思決定に関する重要事実を内容とする報道がされたとしても，情報源が公にされない限り，内部者取引規制の効力が失われることはないと判示した。

5　規制対象の有価証券・取引

規制の対象となる行為は，上場会社等の「特定有価証券等」に係る「売買等」である（166条1項前段）。ここで，「特定有価証券等」とは，「特定有価証券」および「関連有価証券」の総称である（163条1項）。「特定有価証券」とは，上場会社等が発行する次のものを指す（金商法施行令27条の3）。

(1)　社債券（社債券の性質を有する資産流動化証券（金商法施行令27条1号，取引規制府令25条1項）を除く），優先出資証券，株券もしくは新株予約権証券，または投資証券，新投資口予約権証券もしくは投資法人債券（(a)その資産の総額の50%を超える額を不動産等資産（投信法規則105条1項へ）に対する投資として運用することを規約に定めた投資法人，(b)最近営業期間の決算等においてその資産の総額のうちに占める不動産等資産の価額の合計額の割合が50%を超える投資法人，(c)(a)または(b)に掲げる投資法人に類する外国投資法人が発行者であるもの以外のものを除く（金商法施行令27条2号，取引規制府令25条2項・3項））（金商法施行令27条の3第1号）

(2)　外国の者の発行する証券もしくは証書のうち，社債券（社債券の性質を有する資産流動化証券（金商法施行令27条1号，取引規制府令25条）を除く），優先出資証券，株券もしくは新株予約権証券の性質を有するもの，または外国投資証券（(1)に記載する金商法施行令27条2号に掲げるものを除く）で，上場有価証券，店頭売買有価証券または取扱有価証券に該当するもの（金

(40)　川崎友己・判時2238号（判例評論671号）169頁

商法施行令27条の3第2号）

⑶　外国の者の発行する証券もしくは証書のうち社債券（社債券の性質を有する資産流動化証券（金商法施行令27条1号，取引規制府令25条）を除く），優先出資証券，株券もしくは新株予約権証券の性質を有するもの（⑵を除く）または外国投資証券（⑵を除く）で，当該有価証券を受託有価証券とする有価証券信託受益証券（いわゆるJDR）が上場有価証券，店頭売買有価証券または取扱有価証券に該当するもの（金商法施行令27条の3第3号）

⑷　外国の者の発行する証券もしくは証書のうち社債券（社債券の性質を有する資産流動化証券（金商法施行令27条1号，取引規制府令25条）を除く），優先出資証券，株券もしくは新株予約権証券の性質を有するもの（⑵・⑶を除く）または外国投資証券（⑵・⑶を除く）で，当該有価証券に係る権利を表示する預託証券が，上場有価証券，店頭売買有価証券または取扱有価証券に該当するもの（金商法施行令27条の3第4号）

⑴に記載のとおり，内国会社の場合には，上場会社等が発行するものであれば，未上場の社債や優先株券なども含まれることに注意が必要である。

また，平成25年金商法改正（1年以内施行分）では，上場投資法人の発行する投資証券などを内部者取引規制の対象とすることとされ，前記の⑴～⑷に，投資証券，新投資口予約権証券または投資法人債券または外国投資証券（2条1項11号）などが追加されることとなった。もっとも，運用資産が不動産である場合には，投資口の価格が不動産の純資産価額のみでなく，資産の運用や巧拙等の影響を受けると考えられるため，インサイダー取引規制の対象とする必要性が高いが，運用資産がそれ以外の場合にはその必要性が高いとは言えないため[41]，上記のとおり，運用資産が不動産等資産である上場投資法人以外については適用除外とされている。

次に，「関連有価証券」とは，①当該上場会社等の特定有価証券のみで運用する投資信託・外国投資信託の受益証券（金商法施行令27条の4第1号）または投資法人・外国投資法人の投資証券・投資法人債券・外国投資証券（同条2号），②当該上場会社等の特定有価証券に係るオプションを表示する証券・証

(41)　中谷ほか・前掲注⑴54頁

書（同条３号），③当該上場会社等の特定有価証券に係る預託証券（同条４号），④当該上場会社等の特定有価証券を受託有価証券とする有価証券信託受益証券（同条５号），⑤当該上場会社等以外の会社の発行する社債券（新株予約権付社債券を除く）で，社債権者による当該上場会社等の特定有価証券による償還請求権が付されているもの（いわゆる他社株券償還特約付社債券を含む）（同条６号），⑥外国の者が発行する証券・証書で⑤の性質を有するもの（同条７号）をいう。

また，「売買等」とは，売買その他の有償の譲渡もしくは譲受け，合併もしくは分割による承継（合併または分割により承継させ，または承継することをいう）またはデリバティブ取引をいう（166条１項前段）。「売買その他の有償の譲渡若しくは譲受け」には，有償の所有権の移転が広く含まれ，交換，代物弁済，現物出資，金融商品取引所外での相対取引は含まれる一方，相続や贈与は含まれないと解されている。上場会社等による株式の新規発行は，「売買等」には含まれないと解されている[42]。他方，上場会社等の株式の売出し（自己株式の処分を含む）は，「売買等」に含まれると一般には解されている。ただし，会社法上自己株式の処分も新株発行と同等の規律を課していることから，金商法上も発行市場の問題ととらえ「売買等」に含まれないとの考えもある[43]。

担保権の設定は所有権の移転がなく「売買等」には含まれない[44]。また，貸株のうち貸主が所有権を留保する賃貸借の場合はやはり所有権の移転がなく「売買等」には含まれない。他方で，譲渡担保や借主に所有権が移転する消費貸借型の貸株の場合については議論があるが，前者については「売買等」に含まれないとの考えにほぼ異論がないものの，後者については品貸料は株価を基準として定めることが多く「売買等」に含まれるとの考えもあるが[45]，品貸料を貸借を開始した時と終了した時の株価の差額とするような脱法的な条件を付した場合を除き，仮に株価を基準として品貸料を定める場合であっても固定的な場合には所有権の移転と品貸料に実質的な対価関係がなく「売買等」に含ま

---

(42)　株式の新規発行にも内部者取引規制の適用があるとする反対説もある（服部・前掲注(27)192頁注２）。

(43)　岩原ほか・セミナー（開示制度・不公正取引・業規制）331頁〔藤田友敬発言〕

(44)　木目田裕監修・西村あさひ法律事務所・危機管理グループ編『インサイダー取引規制の実務』255頁（商事法務，2010）

(45)　木目田・前掲注(44)254頁・255頁

れないと考えたい[46]。

平成24年金商法改正において，会社の組織再編に関して，事業譲渡による保有株式の承継のうち，内部者取引の危険性が低い場合については，適用除外とする一方で，かかる危険性が低いとはいえない場合については，事業譲渡だけでなく，合併や会社分割による保有株式の承継についても，内部者取引規制の対象とする改正が行われた。具体的には，上記のとおり，「売買等」に「合併若しくは分割による承継（合併又は分割により承継させ，又は承継することをいう)」を追加したうえで，合併，分割または事業譲渡による特定有価証券の承継のうち，当該特定有価証券等の帳簿価額の当該合併などにより承継される資産の帳簿価額の合計額に対する割合が特に低い割合として内閣府令に定める割合（20%。取引規制府令58条の２）未満の場合には，適用除外とされる。さらに，合併などの契約の決議が重要事実を知る前に行われた場合や，新設分割の場合なども，適用除外とされた（詳細について，■６⑽～⑿参照）。これは，従来は，事業譲渡は「売買等」に含まれるが，合併や会社分割は含まれないと解されていたところ，インサイダーWG・23年報告において，組織再編において，一方当事者が未公表の重要事実を知りながら，上場株券等を承継させ，または承継した場合，証券市場の公正性・健全性に対する一般投資家の信頼を損なうおそれがある点で，事業譲渡と合併・会社分割を区別する必要性が高くないと考えられることから，合併・会社分割の場合も規制対象としたうえで，承継資産に占める上場株券等の割合が20%未満の場合や，合併などの契約の取締役会決議がなされた後に重要事実を知った場合や，共同新設分割を除く新設分割の場合は類型的に内部者取引の危険性が低いと見込まれるため，これらの場合を適用除外とすることが適当であるとされたことを受けて，改正されたものである。

また，「売買等」とは，売買等により権利義務の帰属主体となることに限られず，他人に売買等の委託・指図をすることや，他人のために売買等の行為を行うことを含むと解されている。他方で，他人の指示を受けて単に機械的に売

⑽　岩原ほか・セミナー（開示制度・不公正取引・業規制）301頁～302頁〔藤田発言〕。なお，服部・前掲注㉗193頁，松本真輔『最新インサイダー取引規制――解釈・事例・実務対応』180頁（商事法務，2006），河本一郎ほか「決算情報に関するインサイダー取引規制の考察〔下〕」旬刊商事法務1859号26頁（2009）も，貸株は「売買等」に含まれないとする。

買等に関与するにすぎない場合は，規制の対象とはならないと解されている（ただし，幇助犯として処罰されることがあるのは別論とされる）(47)。

売買契約が成立した時点で「売買等」が既遂となり，現実に株券や代金を受領したり引き渡すことまでは要しないと解されている(48)。これとは別に，売買契約後の株券の引渡しが実行行為に該当するかという点について，該当しないとの見解が有力であり(49)，妥当であると考える。他方で，特定有価証券等に係るクレジット・デリバティブ取引について，クレジット事由が発生した場合の当該契約の履行として現物決済を行う場合が，適用除外とされており（取引規制府令59条1項3号），これからすれば，明示的な適用除外のない契約の履行としての特定有価証券等の引渡しは「売買等」に該当するとの考えもありえなくはない。しかしながら，通常の売買において契約時には内部者取引規制違反でなかったにもかかわらず，その後において当事者のいずれかが未公表重要事実を知ってしまった場合には，当該売買契約の履行をすれば内部者取引規制違反となるとするのは，結論においてあまりに不合理である。上記の現物決済型のクレジット・デリバティブ取引について適用除外規定を設けたのは，特定有価証券等に係るオプションの行使による特定有価証券等の売買等が従来から適用除外とされていること（166条6項2号の2・167条5項2号の2）と同様の趣旨によると説明されている(50)。しかし，クレジット・デリバティブ取引はいわゆるスワップ取引であることが多く，オプションの行使により売買契約が成立する場合とは異なり，現物決済型のクレジット・デリバティブ取引の履行が「売買等」に該当すると解釈する必要はないようにも思われる。また，オプションの行使と同様にクレジット・デリバティブ取引の履行が「売買等」に該当することから，上記の適用除外規定が設けられたのであれば，少なくとも，当該適用除外規定を根拠に売買の履行行為が「売買等」に該当すると解釈すべき理由はないように思われる。したがって，売買契約後の履行行為については，原則として売買等に該当することはなく（平成26年6月27日にインサイダーQ&Aに追加された問3では，自社や取引先の未公表の「重要事実」を知っている上場会社の

---

(47)　横畠・インサイダー取引規制44頁～45頁

(48)　横畠・インサイダー取引規制210頁

(49)　服部・前掲注(27)194頁～195頁

(50)　松尾ほか・実務論点金商法201頁

役職員による当該会社の株式の売買であっても，「重要事実」を知る前に，証券会社に対して当該株式の買付けの注文を行っている場合など，取引の経緯等から「重要事実」を知ったことと無関係に行われたことが明らかであれば，内部者取引規制違反として課徴金納付命令等の対象とされることにはならないとされた)，上記の適用除外は，現物決済型のクレジット・デリバティブ取引の決済に内部者取引規制が適用されないことを確認的に規定したにすぎないと解したい。

さらに，売買等以外でも，特定有価証券等に係るデリバティブ取引（２条20項）も規制の対象となる。金商法施行後は，デリバティブ取引の範囲が拡大され，クレジット・デリバティブも含まれることとなった（同条21項５号・22項６号)。したがって，特定有価証券等を参照証券とするクレジット・デリバティブは，内部者取引規制の対象となる。他方，特定有価証券等を参照しない場合，たとえばローンなどに参照する場合は，内部者取引規制の対象とはならない（もっとも，実質的に上場会社等の社債を参照資産とするクレジット・デリバティブと認められる場合には内部者取引規制の対象となると説明されている)[51]。また，特定有価証券等を参照資産とするトータル・リターン・スワップについても，内部者取引規制の対象となるであろう。現物決済型のトータル・リターン・スワップに係る現物決済については，上記のクレジット・デリバティブ取引の現物決済の適用除外に相当する規定が存在せず，166条６項12号の適用除外に該当するかという問題になるとの考えがあるが[52]，上記のとおり，スワップ取引における履行行為については「売買等」に該当しないと解釈すれば足りるように思われる。なお，株価指数先物取引などについては，個別の特定有価証券に係る重要事実が与える影響は軽微であり，インサイダー取引規制に服さないと解釈すべきであるが，その根拠については，特定有価証券等に係るデリバティブ取引に該当しないと解釈することは困難であり，166条６項12号の適用除外に該当するとの考えが有力である[53]。

---

(51)　平成19年７月パブコメ569頁No. 5

(52)　金商法コンメンタール４巻129頁〔神作裕之〕

(53)　金商法コンメンタール４巻127頁〔神作〕。また，「株先50」や現物と先物の価格差を利用して差益を得る裁定取引を行うことが，166条６項８号の適用除外に該当するとの説について，横畠・インサイダー取引規制159頁。

6　適用除外

上記の要件を満たす場合は原則として内部者取引規制により規制の対象となるが，次に掲げる場合は，例外的に規制の対象とされない（166条６項各号)。

⑴　会社が既存株主に株式の割当てを受ける権利を与えた場合（会社法202条１項１号）で，当該権利の行使により株券を取得する場合（優先出資法に規定する優先出資の割当てを受ける権利の行使により優先出資証券を取得する場合を含む）（166条６項１号）

⑵　新株予約権等（新株予約権または新投資口予約権）を有する者が当該新株予約権等を行使することにより株券または投資証券を取得する場合（166条６項２号）

なお，金融庁のパブコメ回答では，これとは異なる場面であるが，取得条項付新株予約権について，取得条項の行使が行われた場合の「新株予約権の取得」はこの適用除外事由には該当しないと説明される[54]。

また，平成25年金商法改正（１年６カ月以内施行分）では，投信法改正により投資法人について新投資口予約権を使ったライツ・オファリングが導入されたことに伴い，新投資口予約権者が当該新投資口予約権を行使することにより投資証券を取得する場合も適用除外事由に該当することとなった。

⑶　特定有価証券等に係るオプションを有する者が当該オプションを行使することにより特定有価証券等の売買等をする場合（166条６項２号の２）

⑴～⑶に該当するような場合は，重要事実を知っていることと無関係に行われる取引であることが明らかであることから，適用除外とされたものである。あるいは，⑴～⑶に該当するような場合に，重要事実を知っていることを理由に権利の行使ができないというのは不合理であるからとか，⑴および⑵について，権利行使に対して会社は新株を発行することも自己株式を交付することも選択できるが，前者と異なり後者の場合には権利行使ができないとするのは不合理であるからと説明するものもある[55]。なお，⑴～⑶の場合において，株式の交付を行う会社やオプションの付与者の行為については，法令上の義務に基

---

(54)　平成19年７月パブコメ569頁No.６

(55)　木目田・前掲注(44)282頁～288頁

づく行為である[56]，あるいは，端的に166条6項1号や2号を適用すればよいとする考えがある[57]。しかしながら，上記のような行為は，株式の割当てを受けた者，新株予約権者またはオプションを有する者の権利行使により，その相手方は義務として自らの意思に基づかずになされる行為であり，そこに何ら恣意性は存在しないことから，そもそも内部者取引規制の適用はないと考えられる[58]。

実務のポイント・13－2

◆取得条項付種類株式・取得請求権付種類株式・取得条項付新株予約権の取得への内部者取引規制の適用

内部者取引規制は特定有価証券等の「売買その他の有償の譲渡もしくは譲受けまたはデリバティブ取引」（売買等）に適用があるところ，発行者による取得条項付種類株式や取得条項付新株予約権の取得条項に基づく現金または株式などを対価とする取得や，取得請求権付種類株式の所有者による取得請求権の行使に基づく発行者による現金または株式などを対価とする取得に，内部者取引規制の適用があるかについては，明文規定が存在せず，不明確である。

この点について，パブコメ回答によれば，取得条項付新株予約権の取得は，対価として別の有価証券等が交付されるものであるから，特定有価証券等の有償の譲受けに該当し，内部者取引規制の適用除外事由にも該当しないものとされている（平成19年7月パブコメ569頁No.6）。他方で，法令上の義務により売買等をすることはインサイダー取引規制から適用除外されており（166条6項3号），また，平成24年の取引規制府令改正により，ライツ・オファリングに関連して，重要事実を知る前に166条4項に定める公表の措置に準じて公開され，または公衆の縦覧に供された新株予約権無償割当て（取得条項が付されたものに限る）に係る計画（発行者と元引受契約を締結した金融商品取引業者に当該取得をした新株予約権証券の売付けをするものに限る）に基づき発行者が，当該計画で定められた取得をすべき期日または取得をすべき期限の10日前から当該期限までの間において当該取得をする場合は，新たに適用除外とされた（取引規制府令59条1項13号）。これは，ライツ・オファリングに際して行われる発行会社による恣意性のない新株予約権の取得･売却をインサイダー取引規制の適用除外としたものである。また，発行者に取得条項に従って新株予約権を取得される未行使の新株予約権者については，特別の意思表示を行わないため，内部者取引規制の適用はないとされる（平成24年2月

(56)　木目田・前掲注(44)291頁

(57)　金商法コンメンタール4巻143頁〔神作〕

(58)　木目田・前掲注(44)288頁，松本・前掲注(46)196頁も，オプションの付与者の行為について，自らの意思によるものではないため，売買等に該当しないとする。なお，ライツ・オファリングにおいて発行される取得条項付新株予約権に関して，発行者に取得条項に従って新株予約権を取得される未行使の株主については，特別の意思表示を行わないため，インサイダー取引規制の適用はないとされるが（平成24年2月パブコメ35頁No.87），これも本文の考えに整合的である。

パブコメ35頁No.87)。さらに，平成27年の取引規制府令改正により，新しく知る前契約・計画の適用除外規定が整備され，一定の要件，すなわち①発行会社がインサイダー取引規制の対象となる重要事実を知る前に締結された契約の履行または計画の実行として売買等を行うこと，②重要事実を知る前に当該契約または計画の写しが166条４項に定める公表の措置に準じて公衆の縦覧に供されるなどの一定の措置が講じられること，③当該契約の履行または計画の実行として行う売買等につき，売買等の別，銘柄および期日ならびに当該期日における売買等の総額または数が当該契約もしくは計画において特定されるか，または当該契約もしくは計画においてあらかじめ裁量の余地のない方法により決定されること，が満たされた場合にはインサイダー取引規制からの適用除外が認められることとなった（166条６項12号，取引規制府令59条１項14号)。

以上も踏まえて考えると，まず，発行者側も新株予約権の所有者側も何ら裁量を有さない一定の客観的事由が発生した場合（たとえば，一定の日の到来）には発行者側が取得の義務を負うような条件となっている場合における取得については，発行者は義務として自らの意思に基づかずになされる行為であり，そこに何ら恣意性は存在しないことから，内部者取引規制の適用はないか，適用除外されると考えられる。そして，この場合は，種類株式や新株予約権の所有者から発行者へのそれらの移転についても，当該所有者は義務として自らの意思に基づかずになされる行為であり，そこに何ら恣意性は存在しないことから，所有者による発行者への移転についても，内部者取引規制の適用はないか，適用除外されると考えられる。

これと異なり，当該客観的事由として，たとえば，新株予約権の所有者による任意の請求がなされた場合が規定されるような場合については，そもそも，明文で適用除外とされている新株予約権の行使の場合と経済的・実質的には同じと考えることができる。そして，かかる場合による発行者による取得は，発行者の義務として自らの意思に基づかずに行われることとなるのであり，そこに何ら恣意性は存在しないことから，上記の場合と同様，やはり，内部者取引規制の適用はないとされるか，適用除外されるべきと考える。実務的には，このような場合には，知る前計画の適用除外要件を満たす形で行うことができる場合も多いと考えられるので，そのような形で行うのが安全と考える。他方で，上記の取得事由が存在する場合における，新株予約権の所有者から発行者へのそれらの移転については，所有者による取得の請求自体は所有者の任意であり，自らの意思に基づかない行為であると解釈することは難しいと思われるが，上記のとおり，経済的・実質的には，新株予約権の行使による場合（166条６項２号）と同じであり，同号が類推適用されると解釈する余地もあるのではないかと考えるが，実務的には，このような場合で新株予約権の所有者が重要事実を知っている場合には，発行体側も同様に知っている場合が多く，いわゆる知る者同士のクロクロ取引としての適用除外（166条６項７号）となることが多いと考えられる。そして，これらは，取得条項付種類株式の場合も同様にあてはまると考えられる。また，取得請求権付種類株式の所有者による取得請求に基づく取得についても，新株予約権の行使の場合と区別して考える合理的な理由はないと思われ，上記と同様に考えられるべきと思われる。

⑷　会社法上の株式買取請求権（会社法116条１項・182条の４第１項・469条１項・785条１項・797条１項・806条１項）による株式買取請求，投信法上の投資口買取請求権（投信法141条１項・149条の３第１項・149条の８第１項・149条の13第１項）による投資口買取請求，または法令上の義務に基づき売買等をする場合（166条６項３号）

少数株主の利益を保護するために会社法上定められている株式買取請求権による株式買取請求については，内部者取引規制の適用除外とすることにより，少数株主の利益の保護を優先させるものである。また，法令上の義務としては，株主により買取請求が行われた単元未満株式を上場会社等が買い取ること（会社法192条・193条），株主により売渡請求が行われた単元未満株式を上場会社等が売り渡すこと（同法194条），独禁法の規定に違反して所有することになった株式を譲渡することなどが含まれると解されている。株主による単元未満株式の買取請求や売渡請求は，適用除外として列挙されている上記の株式買取請求には含まれておらず，また，かかる買取請求または売渡請求自体は法令上の義務ではないため，適用除外には該当しない。なお，平成25年金商法改正（１年以内施行分）により，上場投資法人の投資証券などを内部者取引規制の対象とすることに伴い，投信法に基づく投資口買取請求権に基づく投資口買取請求についても，適用除外に追加された。

⑸　当該上場会社等の株券等（27条の２第１項に規定する株券等を意味する）に係る公開買付け（同項本文により公開買付届出書の提出が必要な場合に限る）またはこれに準ずる行為（買集め行為。金商法施行令31条）に対抗するため当該上場会社等の取締役会（上場投資法人等の役員会を含む。金商法施行令31条の２）が決定した要請（監査等委員会設置会社にあっては，取締役会の決議による委任に基づいて取締役の決定した要請，指名委員会等設置会社にあっては，取締役会決議による委任に基づいて執行役の決定した要請を含む）に基づいて，当該上場会社等の特定有価証券等・特定有価証券等の売買に係るオプション（当該オプションの行使により当該行使をした者が当該オプションに係る特定有価証券等の売買において買主としての地位を取得するものに限る）の買付け（オプションの場合は，取得）その他の有償の譲受けをする場合（いわゆる防戦買いをする場合）（166条６項４号）

この適用除外の趣旨は，発行会社の役員や取引銀行などは未公表の重要事実を知っていることが多く，内部者取引規制に抵触するためこれらの者が防戦買いを行うことができないとすると被買収側が著しく不利となるため，当該上場会社等の取締役会（これに相当するものとして政令で定める機関を含む）が決定した要請に基づく限りにおいて，非常時における企業防衛のために許容したものであると解されている[59]。取締役会の決議において，買付時期・数量などの特定が必要とする見解もあるが，文理上必ずしも必要ないと解する[60]。上記適用除外の対象は，当該上場会社等の特定有価証券等・特定有価証券等の売買に係るオプションの買付けその他の有償の譲受けをする場合に限られており，かかる譲受けによって取得した特定有価証券等・特定有価証券等の売買に係るオプションの売却は，上記の適用除外の対象ではない。買集め行為とは，議決権の数が総株主等の議決権の数の５％以上となる株券等の買集め行為をいうが，その直前の株券等所有割合が５％未満の場合には，５％を超える買集め行為に限る（買集め行為の意味に関する詳細については，第２節■１を参照）。したがって，３％の株券等を保有していた者による買集め行為に対抗するために防戦買いが可能となるのは，買集めの結果５％を超えた時点ということになる。他方，当該買い集める者が，すでに５％以上の株券等を所有している場合には，買集め行為が開始された段階からただちに防戦買いを行うことができる。防戦買いを口実とした内部者取引規制の脱法行為を防ぐために，５％を超える株券等を所有する状態に至った段階以降に限って防戦買いを認めることにしたとされている[61]。なお，最初から５％超の株券等を所有している者が５％以上の株券等の買集め行為の決定を行った場合には，その決定後買集めの開始前であっても防戦買いを行うことができ，またすでに買集め行為を完了した後でも防戦買いを行ってよいとされている[62]。この点，平成27年９月に公表されたインサイダーQ&A問４において，買集め行為に対して防戦買いを開始することができるのは，公開買付者等が被買付企業の株券等の買集め行為を開始する直前における

---

(59)　横畠・インサイダー取引規制149頁

(60)　服部・前掲注(27)210頁～211頁

(61)　横畠・インサイダー取引規制154頁～155頁

(62)　インサイダー取引規制実務研究会編『インサイダー取引規制実務Q&A』133頁（財経詳報社，1989）

株券等所有割合が５％未満である場合には，公開買付者等が買集め行為を行うことについての決定をしたことに加え，買集め行為により当該公開買付者等の株券等所有割合が５％を超えていることが必要であることが明らかにされた。

なお，買集め行為の有無については外部からその判断をすることは容易ではなく，あるものと誤信して防戦買いを行ったものの実際には存在しなかった場合に，未公表の重要事実を知って防戦買いの要請に従って買付けを行った者は内部者取引規制違反となるおそれがあるため[63]，防戦買いを行うのは，比較的短期間に５％超を買い付ける旨を明言し大量保有報告書によりそれが裏付けられる場合など，相当な客観的証拠がある場合に限るべきであるといわれており[64]，本項の適用除外は必ずしも使い勝手がよくない。この点について，インサイダーWG・24年報告10頁において，防戦買いが実務面で利用し難いとの指摘があることを踏まえ，解釈の明確化等を図っていくことが提言された（上記とは別に，取締役会が決定した防戦買いの要請の決定が適時開示事項となっており，実務面で利用しにくいとの指摘もなされていたが，これについては，インサイダーWG・24年報告ではなんら提言はなされなかった）。かかる提言を受けて，平成27年９月に公表された金商法等ガイドラインに以下の内容の166-１および166-２が追加された。

(i)　上場会社等の取締役会など（これに相当するものとして金商法施行令31条の２で定める投資法人の役員会を含む）が決定した要請が，公開買付け等（公開買付けまたは買集め行為）があることについての合理的な根拠に基づくものであり，かつ，当該公開買付け等に対抗する目的をもって行われたものである場合には，当該要請は，金商法166条６項４号の規定による要請に該当する（金商法等ガイドライン第１章166-１）。

(ii)　(i)の要請を受けた者が，公開買付け等がないことを知りながら行う買付けその他の有償の譲受けは，金商法166条６項４号の規定による買付けその他の有償の譲受けに該当しない（金商法等ガイドライン第１章166-２）。

上記(i)により，防戦買いの要請の決定時点で，上記(i)に記載の合理的な根拠と目的が存在する場合には，公開買付け等が実際には存在しない場合であって

---

(63)　岩原ほか・セミナー（開示制度・不公正取引・業規制）336頁以下

(64)　河本一郎ほか「いわゆる「防戦買い」に関する実務対応」旬刊商事法務1818号８頁（2007）

も，防戦買いの要請に該当することが明確化された。他方，上記(ii)のように，防戦買いの要請を受けた者が公開買付け等が存在しないことを知った上で買付けを行う場合は，当該要請を悪用するものであり，当該要請に基づく買付けには該当しないことが明確化された。

さらに，インサイダーQ&A問４において，上記の金商法等ガイドラインの改正に対する補足説明が追加された。

(i)　公開買付者等が公開買付け等を行うことについての決定をした事実があることについて「合理的な根拠に基づく」場合としては，たとえば，被買付企業が当該企業以外の者から公開買付け等を行うことについての具体的な提案を受けた場合や，当該企業以外の者が公開買付け等を行うことについての決定をした事実を裏付ける具体的な報道が行われた場合，買集め行為により公開買付者等の株券等所有割合が100分の５を超えている事実について「合理的な根拠に基づく」場合としては，たとえば，被買付企業が，当該企業以外の者から大量保有報告書が提出されたことを確認した場合のほか，当該企業以外の者から株券等所有割合が100分の５を超えたことについての具体的な通知を受けた場合や，当該企業以外の者の株券等所有割合が100分の５を超えた事実を裏付ける具体的な報道が行われた場合が考えられる。

(ii)　被買付企業の業務執行を決定する機関が公開買付け等に対抗するための要請を受けた者が買付け等を行うに当たっては，当該要請を行うことについての決定をしたことが，被買付企業の業務等に関する重要事実であり，金融商品取引所における適時開示事項となっていることを踏まえ，要請元である被買付企業が行う当該重要事実の公表等に基づき，当該要請が，公開買付け等があることについての合理的な根拠に基づくものであり，かつ，当該公開買付け等に対抗する目的をもって行われたものであるかにつき，適切に判断する必要がある。

(6)　自己の株式等（株式または投資口）の取得について株主総会・取締役会の決議（監査等委員会設置会社にあっては，取締役会決議による委任に基づく取締役の決定，指名委員会等設置会社にあっては，取締役会決議による委任に基づく執行役の決定を含む）もしくは上場投資法人等の役員会の決議またはこれらに相当する外国法令に基づく決議等について公表がされた後，当該株主総会決議等に基づき当該自己株式等に係る株券等または株券等の売買に係るオプション（当該オプションの行使により当該行使をした者が当該オプションに係る株券等の売買において買主としての地位を取得するものに限る）の買付け（オプションの場合は，取得）をする場合（166条6項4号の2）

ただし，当該自己株式等の取得についての機関決定以外の重要事実について公表がされていない場合には，適用除外とならない（ただし，当該自己の株式等の取得以外の自己の株式等の取得について，本号の規定に基づいて当該自己の株式等に係る株券等又は株券等の売買に係るオプションの買付けをする場合は適用除外となる）。上記の「株券等」とは，①株券および外国の者の発行する株券の性質を有する証券または証書，②①に係る権利を表示する預託証券，③①を受託有価証券とする有価証券信託受益証券，④投資証券等，⑤④に係る権利を表示する預託証券，⑥④を受託有価証券とする有価証券信託受益証券をいう（金商法施行令32条各号）。

この適用除外の趣旨は，株主総会決議等の後に，具体的な取得予定日・取得予定数量・取得方法等を決定することも新たな重要事実となる（166条2項1号ニ）ところ，当該事実を当該自己株式取得の前に公表する必要があるとすると，当該公表により株価が値上がりする可能性があり，実際上株式を買い付けることが困難になるため，かかる具体的な自己株式取得の決定は公表を不要としたものである。また，そもそも，具体的な自己株式取得の決定自体が重要事実であるため，買付けの決定が一般投資家と比べて有利に行われているわけではないからと説明する見解もある[65]。

なお，平成25年金商法改正（1年6カ月以内施行分）では，投信法改正により投資法人について自己投資口の取得が導入されたことに伴い，自己投資口の取得について役員会の決議について公表された後，当該決議に基づき当該自己投資口に係る株券等または株券等の売買に係るオプションの買付けをする場合も適用除外事由に該当することとなった。ただし，上記の場合と同じく，当該自己投資口の取得についての機関決定以外の重要事実が公表されていない場合は，適用除外とならない。

---

(65)　前田雅弘「自己株式取得とインサイダー取引規制」法学論叢140巻5・6号268頁（1997）

実務のポイント・13－3

◆自己株式取得と内部者取引規制

自己株式の取得は，商法下で長らく原則として禁止とされていたが，その政策的な理由の一つとして，上場会社が自己株式を取得する場合，内部者取引の危険が高いため，かかる可能性を未然に防止するということがあった。しかしながら，上場会社の財務政策上の観点から自己株式の取得規制の緩和を要望する経済界の声が強く，自己株式の取得が許容されるようになった。かかる改正と併せて，旧証取法も改正され，自己株式の取得の決定が重要事実に該当するものとされた。ただし，株主総会による自己株式の取得枠の決定後の代表取締役による具体的な自己株式の取得の決定自体も重要事実に該当するものとすると，具体的な取得前にかかる決定自体について公表措置をとる必要があるが，そのような公表をすれば多くの場合で当該株式の株価が上昇することが予想され，これによって自己株式取得の目的が達成できないおそれがあり，相場操縦のおそれもある。したがって，上記旧証取法の改正において，自己株式の取得枠にかかる株主総会の決議について（金商法では取締役会決議での包括的な買付けの決議についても）公表がなされた場合には，その後の具体的な自己株式取得の決定の公表前に自己株式を取得することについては，内部者取引規制の適用除外事由とされた。これにより，上場会社は，自己株式取得枠の株主総会決議（あるいは，当該議案を株主総会に提出する旨の取締役会決議）を公表すれば，その後かかる授権に従って具体的に自己株式を取得する段階で当該決定を公表することなく，具体的な自己株式の取得をすることが可能である。

ただし，上記の適用除外は，自己株式の買主である会社のみに適用され，売主その他には適用されない。したがって，たとえば，持合い株の解消を目的として特定の株主から自己株式を取得するような場合で，具体的な自己株式の取得の決定を事前に売主が知っているような場合には，売主は内部者取引規制の適用を逃れることはできない。このため，かかる取引を行う場合には，具体的な取得決定を事前に公表したうえで，当該売主から取引所市場等において取得する方法がとられている。

また，当該自己株式取得枠の機関決定以外の重要事実については適用除外の対象ではないため，このような重要事実が発生した場合でも自己株式取得を実行するための方法として，信託銀行との間で信託契約を締結し，信託銀行に自己株式取得を委託する方法や投資運用会社との間で投資一任契約を締結する方法がとられることがある。この場合，上場会社等が重要事実を知る前に信託契約等を締結し，かつ，上場会社等に自己株式取得に関する指示権がなく，信託銀行等内部の上場会社等の重要事実から遮断された部署で自己株式取得の決定が行われるような場合には，内部者取引規制の違反とはならないと解される。また，インサイダーQ&A問１では，信託契約・投資一任契約の締結・変更が，上場会社により重要事実を知ることなく行われた場合で，①当該上場会社が契約締結後に注文に係る指示を行わない契約である場合だけでなく，②当該上場会社が注文を行う場合であっても，指示を行う部署が重要事実から遮断され，かつ，当該部署が重要事実を知っている者から独立して指示を行っているなど，その時点において，重要事実に基づいて指示が行われてないと認められる場合には，内部者取引規制に違反しないものとしている。

この関係で，①や②の場合について，当該上場会社の重要事実を知っている者が，注文を止める指示を，契約の相手方や，当該上場会社の重要事実から遮断されている注文を行う部署に出すことを認めてよいかどうかという議論があるが（岩原ほか・セミナー（開示制度・不公正取引・業規制）381頁以下），仮に認めるとすると，重要事実が発生していた場合にも注文を止めることができたのではないかという疑念が生じることともなるため，基本的には認めない方が内部者取引規制違反となるおそれは低くなるものと思われる。

また，これまで，金融機関などでは，純投資を行う部署と他の融資情報などを取り扱う部署との間でチャイニーズ・ウォールを引き，純投資を行う部署は他の部署が知っている情報の内容にかかわらず，独立して株式売買を行うという実務が採用されている（銀行における内部者取引未然防止態勢の事例として，久保淳一ほか「〈事例研究座談会〉３インサイダー取引防止における実務上の留意点と求められる態勢整備」金融法務事情1866号83頁〔水元明俊発言〕(2009）を参照)。この点や，上記の①や②が認められることを前提とすれば，理論的には，信託契約や投資一任契約によらずに，上場会社内部において，自己株式取得の注文・指図を行う部署と他の部署との間にチャイニーズ・ウォールを引き，当該売買部署が他の部署から独立して注文・指図を行うことも認められるはずである。さらには，自己株式取得の場合に限らず，他社の上場株式を保有しつつ，当該会社に役職員を派遣している場合や，当該会社との間の契約に基づき当該会社の未公表重要情報を取得する可能性が相応にあるような場合における，当該上場株式の売買においても，同様に，信託契約や投資一任契約を締結したうえで，あるいは，かかる契約を締結することなく，売買の注文を行う部署とそれ以外の部署の間にチャイニーズ・ウォールを引いたうえで，当該売買部署が独立して注文を行うこととすることも認めてよいはずである。ただし，信託や投資一任業者を利用する場合や，上記の金融機関における純投資の部署とそれ以外の部署とのチャイニーズ・ウォールと比べて，自己株式あるいは他社の上場株式の売買時において，いわば臨時的に上記のような態勢を構築した場合は，実際に情報遮断が有効に機能していたことや，当該部署が独立して注文を行っていたことを証明するのは，より難しい面があることは否定できないものと思われる（岩原ほか・セミナー（開示制度・不公正取引・業規制）386頁・387頁〔藤田発言〕においても，インサイダーQ&A問１が信託などの利用を前提とするが，それは，情報隔離とは別の要件ではなく，情報隔離の実効性の立証のしやすさの問題にすぎないとする）。

(7)　安定操作（159条３項，金商法施行令20条）のために売買等をする場合（166条６項５号）

これは，法定の厳格な要件に従って行われる安定操作取引およびその委託は，重要事実を知っていることと無関係に行われる取引であることが明らかであることから，適用除外とされたものである。

(8)　普通社債券または外国の者の発行する証券若しくは証書で普通社債券の

性質を有するもの（社債券等。金商法施行令32条の２第１号），投資法人債券または外国投資証券で投資法人債券に類する証券（投資法人債券等。同条１号の２），当該上場会社等の社債券等または投資法人債券等のみで運用する投資信託・外国投資信託の受益証券（同条２号），当該上場会社等の社債券等または投資法人債券等のみで運用する投資法人・外国投資法人の投資証券・外国投資証券（同条３号），当該上場会社等の社債券等または投資法人債券等を受託有価証券とする有価証券信託受益証券（同条４号）に係る売買等をする場合（166条６項６号）

ただし，①上場投資法人等以外の上場会社等の解散（合併による解散を除く）に係る決定事実（166条２項１号ワ），②上場投資法人等以外の上場会社等の破産手続開始・再生手続開始・更生手続開始の申立てに係る決定事実（金商法施行令28条８号），③上場投資法人等以外の上場会社等以外の者による破産手続開始・再生手続開始・更生手続開始・企業担保権の実行の申立て・通告に係る発生事実（金商法施行令28条の２第５号），④上場投資法人等以外の上場会社等の手形・小切手の不渡り・手形交換所による取引停止処分（不渡り等。金商法施行令14条１項３号ニ）に係る発生事実（金商法施行令28条の２第６号），⑤上場投資法人の解散（合併による解散を除く）に係る決定事実（166条２項９号チ），⑥上場投資法人の破産手続開始・再生手続開始の申立てに係る決定事実（金商法施行令29条の２の２第５号），⑦上場投資法人等以外の者による破産手続開始・再生手続開始の申立てに係る発生事実（金商法施行令29条の２の３第４号），⑧上場投資法人等の不渡り等に係る発生事実（同条５号）を知って売買等をする場合には，適用除外規定の適用はない（取引規制府令58条）。

この適用除外は，株式や投資口に関する投資判断に影響を及ぼすと考えられる事実であっても，社債・投資法人債に関する投資判断に影響を及ぼさないものについては内部者取引規制を適用する必要がないとの考え方に基づくものである。ただし，①～⑧のいわゆるデフォルト関係情報は社債・投資法人債の投資判断に影響を与えるため，適用除外規定の適用はないとされている。

なお，普通社債などに係るクレジット・デリバティブ取引についても当該適用除外規定が適用され，これらの取引に係る「重要事実」の範囲は，普通社債などの売買等に係る「重要事実」と同様に，いわゆるデフォルト関係情報に限られる[66]。

なお，平成25年金商法改正（1年以内施行分）により，上場投資法人の投資証券などを内部者取引規制の対象とすることに伴い，投資法人債券（2条1項11号）なども，上記の社債に関する適用除外と同様の趣旨に従って，適用除外として追加された。

(9)　重要事実を知った者が当該重要事実を知っている者との間において，売買等を取引所金融商品市場・店頭売買有価証券市場によらないでする場合（166条6項7号）（知る者取引）

これは，上記のような売買等は，通常，証券市場の公正性・信頼を損なうことはないと考えられるために，適用除外とされたものである。しかし，この場合でも，当該売買等をする者の双方が，当該売買等の対象となる特定有価証券等について，さらに内部者取引規制違反の売買等が行われる（たとえば重要事実を知らない第三者に転売される）ことを知っている場合は，証券市場の公正性・信頼を損なうものと考えられ，適用除外とならない。実務的には，双方が特定の重要事実を認識していること，および重要事実を知らない第三者に転売しないこと等を書面により確認することがある。なお，平成25年金商法改正前は，会社関係者または情報受領者の間の売買等のみが本適用除外の対象となっており，情報受領者と第二次情報受領者の間の売買等は本適用除外の対象となっていなかった。これについて，上場会社の大株主が情報受領者である場合，当該大株主が市場外でブロックトレードなどにより保有株式を売却する際などにおいて，当該大株主からの依頼により上場会社が売却先に重要事実を伝達することが必要であり，かかる迂遠な手続が必要となる実務上の障害を解消する観点から[67]，同改正により，会社関係者と情報受領者との間の取引だけでなく，情報受領者と第二次情報受領者との間の取引についても，本適用除外の対象とされることとなった。

(10)　合併，分割または事業の全部または一部の譲渡もしくは譲受け（合併等。166条6項8号）により特定有価証券等を承継させ，または承継する場合であって，当該特定有価証券の帳簿価額の当該合併等により承継される

(66)　平成19年7月パブコメ570頁No.12・No.13

(67)　インサイダーWG・24年報告10頁，齋藤ほか・後掲注(100)35頁・36頁

資産の帳簿価額の合計額に占める割合が特に低い場合として内閣府令で定める割合未満であるとき（同号）

平成24年金商法改正において，会社の組織再編に関して，内部者取引の危険性が低いとはいえない場合について，事業譲渡だけでなく，合併や会社分割による保有株式の承継についても，内部者取引規制の対象とする一方で，組織再編を行うには会社法上の手続やデューデリジェンスなどに相当の時間と費用を要することなどを踏まえ，合併，分割または事業譲渡による特定有価証券の承継のうち，類型的に内部者取引の危険性が低いと考えられるものは適用除外することとされた。かかる場合として，当該特定有価証券等の帳簿価額の当該合併などにより承継される資産の帳簿価額の合計額に対する割合が特に低い場合は，当該特定有価証券等について未公表の重要事実を一方の当事者が知っていたとしても，承継対価全体に与える影響は小さいため，未公表の重要情報を利用して内部者取引を行うインセンティブには乏しいと考えられ，この場合は適用除外とされた(68)。なお，内閣府令で定める割合は，20％である（取引規制府令58条の２）。

実務のポイント・13－4

◆M&A取引と平成24年金商法改正による内部者取引規制の改正

平成24年金商法改正において，会社の組織再編に関して，事業譲渡による保有株式の承継のうち，内部者取引の危険性が低い場合については，適用除外とする一方で，かかる危険性が低いとはいえない場合については，事業譲渡だけでなく，合併や会社分割による保有株式の承継についても，内部者取引規制の対象とする改正が行われた。そして，適用除外としては，①承継資産に占める上場株券などの割合が20%未満の場合や，②合併などの契約の取締役会決議がなされた後に重要事実を知った場合や，③共同新設分割を除く新設分割の場合が規定された。

かかる改正により，今後は，事業譲渡の場合だけでなく，合併や会社分割においても，消滅会社や分割会社からの承継資産に上場株式などが含まれている場合には，内部者取引に該当しないか注意が必要となってくる。そして，注意すべき点としては，まずは，①の適用除外を受けることができるかどうかであろう。この点に関して，①が適用除外とされた趣旨は，会社法上，承継資産の帳簿価額が総資産額に占める割合が20%以下という要件を満たす簡易事業譲渡や簡易分割は基礎的変更とはいえないことから，株主総会決議は不要とされていることを踏まえ，承継資産に占める上場株券などの割合が20%未満の場合には承継資産全体にとって重要性が乏しいものと考えられ，適用除外と

(68)　高木悠子ほか「平成24年改正金商法等の解説(3)店頭デリバティブ取引の整備，インサイダー取引規制の見直し，課徴金制度の見直し(1)」旬刊商事法務1982号11頁（2012）

されたものである（インサイダーWG・23年報告７頁）。そして，会社法上，簡易事業譲渡や簡易分割の要件に該当する，承継資産の帳簿価額および総資産額の計算日については，前者は事業譲渡や会社分割の効力発生日の前日と解釈されており，後者は事業譲渡・会社分割の契約日または契約において別途定めた日（会社法467条１項２号かっこ書・784条２項）と規定されているが，①における承継資産と上場株券などの計算時点については，金商法令上の定めはなく不明確である。この点については，実務的には，保守的に，合併または会社分割の効力発生日の前日と考え，合併契約，分割契約の締結時点（あるいはそれらに係る取締役会決議時点）において，その直近の時点における帳簿価額をベースに①を満たすか否かを検討し，満たす場合であっても，その後の承継資産や上場株券などの追加取得や処分などによる帳簿価額の変動があったとしても，効力発生日においても①を満たすように，消滅会社・分割会社において配慮する必要があるだろう。なお，合併契約・分割契約の締結時点（あるいはそれらに係る取締役会決議時点）以降，効力発生日までの間に，決算期などを挟む場合，承継資産や上場株券などの帳簿価額が変動する可能性もあるため，①を満たすか否かを判断する際には，かかる点も考慮する必要があろう。

次に，①の適用除外に該当しないと判断する場合には，合併および会社分割の当事会社それぞれにおいて，自らが，承継の対象となる特定有価証券等との関係で，会社関係者または公開買付等関係者に該当しないか否か，また，その役職員が未公表重要事実を知っていないか否かを，チェックする必要がある。ここで，当事会社の役職員においては，未公表重要事実を知らなかったとしても，当事会社の株主が未公表重要事実を知っていた場合，当該株主について，内部者取引規制違反となるかについては，不明確である。「売買等」とは，売買等により権利義務の帰属主体となることに限らず，他人に売買等の指図を行うことや他人の計算で売買等を行うことを含むとされているが，少なくとも，自らの行為として売買等を行うことや売買等の指図を行うことは必要とされている。合併や会社分割に係る契約を締結するのは，通常，当事会社の役職員であり，株主はあくまでも株主総会決議において承認しているにすぎない（また，株主総会が不要とされる場合には，かかる承認すらない）。そうだとすれば，株主が未公表重要事実を知っていたとしても，内部者取引規制違反と解するのは不合理であると思われる。ただし，上場会社の実質的な大株主であり，代表取締役と随時協議するなどして同社の財務および人事などの重要な業務執行の決定に関与する形態で現実に同社の業務に従事していた者は，「その他の従業者」に該当し，役職員と同様の取扱いを受けることとなる（最決平27・４・８判時2265号127頁）。

上記のチェックの結果，当事会社のいずれかにつき，会社関係者または公開買付等関係者に該当し，かつ，その役職員が未公表重要事実を知っているとの判断がなされた場合には，上記①以外の適用除外を利用できないか否か，あるいは，承継される上場株券などの発行会社において当該重要事実を契約前に公表することができないか否か，などを検討することとなろう。なお，上記①以外の適用除外としては，知る者取引を利用することがまず考えられるであろう（知る者取引と情報伝達規制との関係について，**実務のポイント・12−5**を参照）。

⑾　合併等の契約（新設分割にあっては，新設分割計画）の内容の決定についての取締役会の決議が上場会社等に係る重要事実を知る前にされた場合において，当該決議に基づいて当該合併等による当該上場会社の特定有価証券等を承継させ，または承継するとき（166条6項9号）

平成24年金商法改正により，合併等の契約（新設分割の場合は，新設分割計画）について取締役会決議がなされた後に，当該決議に基づいて当該合併等により特定有価証券等の承継を行う場合は，当該決議後に会社の代表取締役等が未公表の重要事実を知ったとしても，そのこととは無関係に特定有価証券等の承継が行われるため，類型的に内部者取引の危険性が低いと考えられ，適用除外とされた。なお，合併等の契約の内容を変更する取締役会決議を行う場合は，当該変更内容が，合併に関する投資判断を変更したといえるようなものであれば，当該決議が重要事実を知る前になされている必要があるとの考えがあるが(69)，その区別をするのは難しい場合もあろう。

⑿　新設分割（他の会社と共同してするものを除く）により新設分割設立会社に特定有価証券等を承継させる場合（166条6項10号）

これは，平成24年金商法改正により，新設分割は基本的に第三者との取引の性質を有しない一方，共同新設分割の場合は，複数の分割会社間の取引としての性質を有するため(70)，共同新設分割を除く新設分割の場合については，類型的にインサイダー取引の危険性が低いと見込まれ，この場合を適用除外とすることとされたものである。なお，新設分割後に，新設会社の株式を譲渡する場合において，当該譲渡が特定有価証券等の「売買等」に該当しないといえるのかも不明確であるが，たとえば，吸収分割を行えば内部者取引規制に該当してしまうような場合において，かかる結果を回避することのみを目的として，上記の方法による株式譲渡を行うような場合は，内部者取引規制違反とされるおそれはあるように思われる。

⒀　合併等または株式交換に際して当該合併等または株式交換の当事者である上場会社等が有する当該上場会社等の特定有価証券等を交付し，または

(69)　黒沼悦郎ほか「座談会・インサイダー取引規制の見直しと今後の課題〔上〕――平成24年・25年改正を中心に――」旬刊商事法務2011号20頁〔黒沼発言〕(2013)

(70)　高木ほか・前掲注(68)11頁

当該特定有価証券等の交付を受ける場合（166条6項11号）

この適用除外は，インサイダーWG・23年報告における提言を受けて，平成24年金商法改正において，合併，分割，事業譲渡または株式交換の対価として新規に発行される株式等を交付する場合は，「売買等」に含まれないが，自己株式等の交付を行う場合は含まれるとの解釈を前提として，組織再編の対価として行う自己株式の交付・取得を新株発行と同じく「売買等」に該当しないこととするために改正されたものである。すなわち，自己株式が組織再編の対価として交付される場合は，会社法上，組織再編の対価の相当性に関する事項等の事前開示義務が課されたうえで，原則として株主総会の特別決議が必要とされることなど，投資者保護が図られており，また，組織再編の当事者間では通常相手方に対してデューデリジェンスを行うため，相手方の内部情報については相当程度把握することが可能であり，内部者取引の抑止効果があることを考慮し，組織再編の対価として自己株式の交付を行うことは，内部者取引に利用される危険性は類型的に低いと考えられ，適用除外とされた。また，組織再編の対価として自己株式の交付を受ける場合については，①組織再編の対価として新株発行が行われる場合に，その新株の原始取得は内部者取引規制の適用対象ではないこと，②組織再編の対価は，自己株式のほか，新株や金銭等もありうるところ，対価の交付を受ける者は受動的に自己株式の交付を受けるにすぎないこと，③対価の交付を受ける者のみが自己株式の発行者である組織再編の相手方の重要事実を知っていることはきわめて例外的であることなどを踏まえ，内部者取引規制の適用除外とされた[(71)]。

なお，株式交換における完全子会社の株式の株主から完全親会社への移転については，上記の適用除外の対象とはされていない。しかしながら，株式交換の対価として完全親会社の自己株式を交付することを適用除外とする上記の趣旨は，この場合にも妥当するものと思われる。また，この適用除外は，合併や株式交換の当事者が自己株式を交付する場合にのみ適用があり，親会社の株式を交付する三角合併や三角株式交換の場合について適用がないが，この場合についても上記の趣旨は同様に妥当するのであり，これらの場合について，立法的な手当てが望まれる。

---

(71)　高木ほか・前掲注(68)11頁～12頁

⒁　①知る前契約の履行として売買等をする場合，②知る前計画の実行として売買等をする場合，または，③その他これに準ずる特別の事情に基づく売買等であることが明らかな売買等をする場合（内閣府令に定める場合に限る）（166条６項12号）

①または②については，内閣府令に定める場合として，以下⒜～⒪の場合が規定されている（取引規制府令59条１項各号）。

他方，③については，内閣府令の定めがない。このことから，③の適用除外はないとの見解もあるが[72]，多数説は，特別の事情により一般的に重要事実を知ったことと無関係に行われる売買等であることが明らかな売買等を除外するものであると解している[73]。

しかし，この説も，上記の特別の事情は，会社関係者が重要事実を利用して売買等を行ったのではないという内心の意思や動機ではなく，一般的に重要事実を知ったことと無関係に行われる売買等であることが明らかであるという客観的な事情であることを要するものと解しており，この適用除外に該当することとなる売買等はきわめて限られたものであると考えている（たとえば，「株先50」の取引や現物と先物の価格差を利用して差益を得る裁定取引など）[74]。なお，平成26年６月27日にインサイダーQ&Aに追加された問３では，自社や取引先の未公表の「重要事実」を知っている上場会社の役職員による当該会社の株式の売買であっても，①「重要事実」が，その公表により株価の上昇要因となることが一般的に明白なときに，当該株式の売付けを「重要事実」の公表前に行っている場合や，②「重要事実」を知る前に，証券会社に対して当該株式の買付けの注文を行っている場合など，取引の経緯等から「重要事実」を知ったことと無関係に行われたことが明らかであれば，内部者取引規制違反として課徴金納付命令等の対象とされることにはならないとされた。

⒜　重要事実を知る前に上場会社等との間で当該上場会社等の発行する特定有価証券等に係る売買等に関し書面による契約をした者が，当該契約の履

⑺2)　服部・前掲注⒇222頁

⑺3)　横畠・インサイダー取引規制159頁，三國谷・前掲注㉑125頁，金商法コンメンタール４巻148頁〔神作〕，木目田・前掲注㊹319頁は，文理解釈上も適用除外はないとの見解に説得力はないとする。

⑺4)　横畠・インサイダー取引規制159頁～160頁，三國谷・前掲注㉑125頁

行として当該書面に定められた当該売買等を行うべき期日・期限の10日前から期限までに売買等を行う場合（取引規制府令59条1項1号）（知る前契約）

銀行等による政策投資や事業会社同士の資本提携などの際に，上場会社等との間の契約により，当該上場会社等の発行する特定有価証券等を取得する場合の適用除外規定である。上記契約は，上場会社等の株主などとの間ではなく，上場会社等との間で行う必要があるが，特定有価証券等の売買等を当該上場会社等との間で行う必要はなく，金融商品市場などにおいて売買等を行う場合も含まれる。売買等の期日または期限は書面上確定している必要があり，それらを複数定めることができるが，それらの定めがない場合や売買等の実行の時期が何らかの条件にかからしめられている場合は，この適用除外の対象にならないとの説が有力である(75)。

(b)　重要事実を知る前に金融商品取引業者との間で信用取引の契約をした者が，当該契約の履行として金融商品取引所または認可金融商品取引業協会の定める売付け有価証券または買付け代金の貸付けに係る弁済の繰延期限の10日前から期限までに反対売買を行う場合（取引規制府令59条1項2号）

信用取引において，追加保証金の差入義務が生じたにもかかわらずその差入れをしないときなど，顧客が期限の利益を喪失した場合に，当該顧客が未公表の重要事実を知っているか否かにかかわらず，金融商品取引業者が当該顧客の計算において一律に反対売買を行い，不足金が生じる場合には顧客が差し入れた代用有価証券を売却する場合があるが，かかる金融商品取引業者が行う取引については，この適用除外の対象ではない(76)。

(c)　重要事実を知る前に特定有価証券等に係る市場または店頭クレジット・デリバティブ取引に関し書面による契約を締結した者が，クレジット事由が発生した場合に当該契約の履行として当事者間において金銭の授受とともに，当該特定有価証券等を移転する場合（取引規制府令59条1項3号）

金商法施行の際に新たに追加された適用除外であり，クレジット・デリバティブ取引であって，特定有価証券等による現物決済を行う場合は，特

(75)　横畠・インサイダー取引規制162頁
(76)　平成19年7月パブコメ571頁No.20

定有価証券等に係る売買等に形式的に該当することから，かかる場合を適用除外とするために追加されたものであると説明される[(77)]。しかし，かかる説明が妥当であるかについては疑問である（■５参照）。なお，現金決済型については，この適用除外の対象となっていないが，現金決済型の場合は決済時にそもそも特定有価証券の売買等がないからとされている[(78)]。

(d)　上場会社等の役員・従業員が他の役員・従業員と共同して当該上場会社等の株券または投資証券の買付けを行う場合（上場会社等が会社法156条１項の規定に基づき買い付けた自己株式以外の株券の買付けの場合は，金融商品取引業者に委託などをする場合に限る）であって，当該買付けが一定の計画に従い，個別の投資判断に基づかず，継続的に行われる場合（各役員・従業員の１回あたりの拠出金額が100万円未満の場合に限る）（いわゆる証券会社方式の役員・従業員持株会および持投資口会による買付け）（取引規制府令59条１項４号）

上場会社等が総株主等の議決権の50％超を有する子会社，当該子会社が総議決権の50％超を有する当該子会社の子会社（孫会社），さらに，平成25年１月施行の取引規制府令改正により，当該孫会社が総議決権の50％超を有する会社（曾孫会社）（取引規制府令59条２項各号）の役員・従業員も，上記の上場会社等の役員・従業員に含まれるものとされており，上記の役員・従業員持株会による買付けの適用除外を受けることができ，これは(e)の場合も同様である。この「総株主等の議決権」には，完全無議決権株式は含まれないが，相互保有株式は含まれる（取引規制府令30条２項１号，金商法29条の４第２項）。

対象は上場会社等の役員・従業員持株会による自社の株券または投資証券の買付けのみであり，株券または投資証券以外の特定有価証券等の売買等や株券の売付けは含まれない。

平成25年金商法改正（１年以内施行分）により，上場投資法人の投資証券などを内部者取引規制の対象とすることに伴い，上場投資法人の役員による持投資口会を組織・運営することを可能とするため，投資証券の買付

(77)　平成19年７月パブコメ571頁No.16・No.17

(78)　松尾ほか・実務論点金商法201頁

けも対象に追加された。

重要事実を知りながら持株会に新規入会したり，拠出金を増額することは，適用除外の対象とならないと解されている[79]。役員・従業員が株券を持株会から引き出して売付けを行うに際して，当該引出し自体は売買等に該当しないと解されているが[80]，引き出した後の売付けについては上記適用除外の対象とならない。

(e)　上場会社等の役員・従業員が信託業者と信託財産を当該上場会社等の株券または投資証券に投資することを目的として締結した信託契約に基づき，当該役員・従業員が当該信託業者に当該上場会社等の株券または投資証券の買付けの指図を行う場合であって，当該指図が一定の計画に従い，個別の投資判断に基づかず，継続的に行われる場合（これらの役員・従業員の信託財産すべてが合同運用される場合に限る）（いわゆる信託銀行方式の役員・従業員持株会および持投資口会による買付け）（取引規制府令59条1項5号）

(f)　上場会社等（上場投資法人を除く。以下の(g)・(h)において同じ）の関係会社の従業員が当該関係会社の他の従業員と共同して当該上場会社等の株券の買付けを金融商品取引業者に委託などをして行う場合（上記(d)に該当する場合を除く）であって，当該買付けが一定の計画に従い，個別の投資判断に基づかず，継続的に行われる場合（各従業員の1回あたりの拠出金額が100万円未満の場合に限る）（いわゆる証券会社方式の関係会社の従業員持株会による買付け）（取引規制府令59条1項6号）

関係会社とは，上場会社等以外の会社であって，(i)上場会社等が総株主等の議決権の25%以上を有する他の会社，(ii)上場会社等に対する前事業年度における他の会社の売上高が当該他の会社の売上高の総額の50%以上である場合の当該他の会社，(iii)上場会社等からの前事業年度における他の会社の仕入高が当該他の会社の仕入高の総額の50%以上である場合の当該他の会社を意味する（取引規制府令59条3項各号）。

(g)　上場会社等の関係会社の従業員が信託業者と信託財産を当該上場会社等

(79)　服部・前掲注(27)228頁，三浦州夫＝吉川純「株式の公開買付け・買集めとインサイダー取引規制〔下〕」旬刊商事法務1722号45頁（2005）

(80)　横畠・インサイダー取引規制164頁

の株券に投資することを目的として締結した信託契約に基づき，当該従業員が当該信託業者に当該上場会社等の株券の買付けの指図を行う場合（(e)に該当する場合を除く）であって，当該指図が一定の計画に従い，個別の投資判断に基づかず，継続的に行われる場合（これらの従業員の信託財産すべてが合同運用される場合に限る）（各従業員の１回あたりの拠出金額が100万円未満の場合に限る）（いわゆる信託銀行方式の関係会社の従業員持株会による買付け）（取引規制府令59条１項７号）

(h)　上場会社等の取引関係者（当該上場会社等の指定する当該上場会社等と取引関係にある者。法人その他の団体にあってはその役員を含み，個人にあってはその事業に関して当該上場会社等と取引関係にある場合に限る）が他の取引関係者と共同して当該上場会社等の株券の買付けを金融商品取引業者に委託などをして行う場合であって，当該買付けが一定の計画に従い，個別の投資判断に基づかず，継続的に行われる場合（各取引関係者の１回あたりの拠出金額が100万円未満の場合に限る）（いわゆる取引先持株会による買付け）（取引規制府令59条１項８号）

平成23年７月施行の取引規制府令改正により，取引先持株会の出資対象者に事業者以外の者が含まれないことが明確化された。

(i)　上場投資法人等の資産運用会社またはその特定関係法人の役員または従業員が当該資産運用会社または当該特定関係法人の他の役員または従業員と共同して当該上場会社等の投資証券の買付けを金融商品取引業者に委託などをして行う場合であって，当該買付けが一定の計画に従い，個別の投資判断に基づかず，継続的に行われる場合（各役員または従業員の１回当たりの拠出金額が100万円に満たない場合に限る）

平成25年金商法改正（１年以内施行分）により，上場投資法人の投資証券などを内部者取引規制の対象とすることに伴い，上場投資法人の資産運用会社またはその特定関係法人の役員または従業員による持投資口会を組織・運営することを可能とするために追加された。

(j)　累積投資契約により上場会社等の株券（優先出資証券を含む）または投資証券の買付けを金融商品取引業者に委託などをして行う場合であって，当該買付けが一定の計画に従い，個別の投資判断に基づかず，継続的に行

われる場合（各顧客の１銘柄に対する払込金額が１月あたり100万円未満の場合に限る）（取引規制府令59条１項９号）

(k)　重要事実を知る前に公開買付開始公告を行った発行者以外の者による公開買付けの計画に基づき買付け等を行う場合（取引規制府令59条１項10号）

(l)　重要事実を知る前に公開買付届出書の提出を行った発行者による公開買付けの計画に基づき買付け等を行う場合（取引規制府令59条１項11号）

この適用除外に関して，重要事実が発生する前に自社株公開買付けの届出書を提出した場合でも，その後に買付条件等を変更する場合は含まれないとの見解がある[81]。

(m)　重要事実を知る前に発行者の同意を得た，または金商法施行令30条の公表の措置に準じ公開された特定有価証券の売出しもしくは特定投資家向け売付け勧誘等の計画に基づき当該特定有価証券の売出し（金融商品取引業者が売出しの取扱いを行うものに限る）または特定投資家向け売付け勧誘等（金融商品取引業者が特定投資家向け売付け勧誘等の取扱いを行うものに限る）を行う場合（取引規制府令59条１項12号）

この「公開」は，■４に述べた金商法施行令30条１項１号に定める二以上の報道機関に公開されることが必要であるが，公開後12時間が経過することは不要とされる。また，売出しを口実とした脱法行為を防止するため，金融商品取引業者が売出しの取扱いを行うものに限られる[82]。

(n)　重要事実を知る前に166条４項に定める公表の措置に準じて公開され，または公衆の縦覧に供された新株予約権無償割当てまたは新投資口予約権無償割当て（取得条項が付されたものに限る）に係る計画（発行者と元引受契約を締結した金融商品取引業者に当該取得をした新株予約権証券または新投資口予約権証券の売付けをするものに限る）に基づき発行者が，(i)当該計画で定められた取得をすべき期日または取得をすべき期限の10日前から当該期限までの間において当該取得をする場合，および(ii)当該計画で定められた売付けをすべき期日または売付けをすべき期限の10日前から当該期限までの間において当該売付けをする場合（取引規制府令59条１項13号）

(81)　松本・前掲注(46)219頁
(82)　横畠・インサイダー取引規制165頁

これは，平成24年４月の取引規制府令改正により，ライツ・オファリングに際して行われる発行会社による恣意性のない新株予約権の取得・売却を内部者取引規制の適用除外としたものである。「166条第４項に定める公表の措置に準じ公開され，または公衆の縦覧に供された」とは，①金商法施行令30条１項１号に準じ，二以上の報道機関に公開されること（ただし，公開後12時間が経過することは不要），②金商法166条４項または金商法施行令30条１項２号・３号に準じ，公衆の縦覧に供されたことを指す(83)。また，上記(i)に関して，発行者に取得条項に従って新株予約権を取得される未行使の株主については，特別の意思表示を行わないため，内部者取引規制の適用はないとされる。また，上記(ii)に関して，発行者が取得した新株予約権の金融商品取引業者による買付けについては，本号の適用はないが，取引規制府令59条１項１号の知る前契約の対象となりうる(84)。

また，平成25年金商法改正（１年６カ月以内施行分）では，投信法改正により投資法人について新投資口予約権を使ったライツ・オファリングが導入されたことに伴い，新投資口予約権を使ったライツ・オファリングも本適用除外の対象に追加された。

(o)　(a)～(n)に掲げる場合のほか，次に掲げる要件の全てに該当する場合（取引規制府令59条１項14号）（包括的な知る前契約・計画）

イ　業務等に関する重要事実を知る前に締結された特定有価証券等に係る売買等に関する書面による契約の履行または業務等に関する重要事実を知る前に決定された特定有価証券等に係る売買等の書面による計画の実行として売買等を行うこと。

ロ　業務等に関する重要事実を知る前に，次に掲げるいずれかの措置が講じられたこと。

(1)　当該契約または計画の写しが，金融商品取引業者（第一種金融商品取引業（有価証券関連業に該当するものに限り，第一種少額電子募集取扱業務のみを行うものを除く）を行う者に限る。(2)において同じ）に対して提出され，当該提出の日付について当該金融商品取引業者による確認

(83)　平成24年２月パブコメ34頁No.85

(84)　平成24年２月パブコメ35頁No.87

を受けたこと（当該金融商品取引業者が当該契約を締結した相手方または当該計画を共同して決定した者である場合を除く）。

⑵　当該契約または計画に確定日付が付されたこと（金融商品取引業者が当該契約を締結した者または当該計画を決定した者である場合に限る）。

⑶　当該契約または計画が金商法166条４項に定める公表の措置に準じ公衆の縦覧に供されたこと。

ハ　当該契約の履行または当該計画の実行として行う売買等につき，売買等の別，銘柄および期日ならびに当該期日における売買等の総額または数（デリバティブ取引にあっては，これらに相当する事項）が，当該契約もしくは計画において特定されていること，または当該契約もしくは計画においてあらかじめ定められた裁量の余地がない方式により決定されること。

本適用除外は，インサイダー WG・24年報告において，⒜～⒩に掲げる適用除外規定に該当しない取引であっても，規制の必要性が乏しい知る前契約・計画について包括的な適用除外規定を設けることが提言されたことを踏まえ，平成27年９月に施行された取引規制府令改正により追加された。なお，かかる知る前契約・計画については，それ以外の適用除外規定などにより内部者取引規制が適用されないことが明らかでない取引，例えば，上場会社等の役職員による持株会への新規入会や拠出金の増額，ストックオプションの行使による取得した株式の売却や，取得条項付新株予約権の取得などに活用することが考えられる[(85)]。また，特別支配株主の株式等売渡請求による株式等の取得の場合において活用することも考えられる[(86)]。

イに関して，知る前計画を法人が作成する場合は，必ずしも取締役会などを経る必要はなく，会社の権限分掌規程等に基づき決定されれば足りる。また，知る前契約・計画の書面の書式については何ら限定はなく，会社内の権限分掌

⒇85　船越涼介「取引規制府令および金商法等ガイドライン一部改正の解説――いわゆる『知る前契約・計画』および『対抗買い』に係るインサイダー取引規制の適用除外規定の見直し等――」旬刊商事法務2079号40頁（2015），小西真機「インサイダー取引規制の一部緩和に関する実務上の論点〔上〕――知る前契約・計画に係る適用除外規定の活用と留意点――」旬刊商事法務2082号７頁～12頁（2015）

⒇86　谷口達哉「株式等売渡請求に関する金融商品取引法上の諸論点」旬刊商事法務2114号35頁（2016）

規程に基づき作成された稟議許可書などの社内書類で足りるが，電磁的記録による契約・計画は認められない。なお，外部的な事情により，やむを得ず契約・計画で予定した数量の取引を行えなかったことは，契約または計画の履行または実行として売買等が行われたという要件との関係で問題とならないが，意図的に予定数量以下の取引を行ったような場合は，当該要件を満たさないと考えられる(87)。さらに，複数の期日に分けて売買等を行うことを内容とする契約または計画を準備した上で，有利な期日の売買等のみを行い，不利な期日の売買等を行わないこととするなど，全体として見れば当該契約の履行または計画の実行として売買等を行っているとは認められないときも，当該要件を満たさないと考えられる(88)。いったん締結・決定した契約・計画を履行・実行しないことは，基本的に内部者取引規制に違反するものではない。

ロの(1)ないし(3)は，知る前契約・計画の事後的なねつ造を防止するため，いずれかの措置を取ることが必要とされる。(1)は，知る前契約・計画の写しが証券会社に提出され，提出日付について確認を受けることである。ただし，証券会社が当該契約を締結した場合や当該計画を決定した場合は，(1)は利用することができない一方で，このような場合に限って，(2)の措置を利用することができる。(3)は，具体的には，金商法施行令30条１項２号ないし５号の規定に準じて公衆の縦覧に供されたことであり，一般的にはTDnetによる適時開示が利用されるものと考えられ，同項１号の二以上の報道機関に対して公開されたことやホームページ上の公開は含まれないとされる(89)。

ハのうち，「期日」とは，特定の具体的な日を指し，１日を超える期間を定めることは認められない。期日が裁量の余地がない方式により決定される場合とは，たとえば，売買等を行う本人の裁量によらない条件の成就により決定される場合をいうとされる(90)。また，「売買等の総額又は数」は，期日単位（一日単位）で特定または裁量の余地のない方式により決定される必要があり，一定の期間の総額や，一日の上限や下限を定めるのみでは足りない(91)。なお，あ

(87)　平成27年９月パブコメ７頁No.30
(88)　平成27年９月パブコメ４頁No.19・９頁No.37
(89)　平成27年９月パブコメ５頁No.21・No.22
(90)　平成27年９月パブコメ５頁No.26・No.27
(91)　平成27年９月パブコメ７頁No.29・８頁No.31

らかじめ複数の契約・計画を準備し，不利な契約・計画を履行・実行しない場合（同一期日における同一銘柄について売付けと買付けの両方の計画を準備し，有利な方のみを実行する場合など）は，全体としてみれば，ハの要件を具備しないとされる。

また，インサイダー Q&Aにおいては，金商法166条６項12号に規定する「知る前に締結された」または「知る前に決定された」とは，「売買等を行う時点において知っている未公表の重要事実を知る前」に締結または決定されたことを意味するものであり，契約の締結または計画の決定の時点において何らかの重要事実を知っていたとしても，当該重要事実が全て公表または中止された後に売買等を行うことを内容とする契約または計画を締結または決定する場合には，本適用除外の対象となることが明らかにされた（インサイダー Q&A問５）。

7　内部者取引に関する責任

(1)　刑事責任

内部者取引規制違反は，金商法上刑事罰の対象となっている。平成18年７月施行の証取法改正において，刑事罰の厳罰化が図られ，内部者取引規制に違反した者は，懲役５年以下，罰金500万円以下，またはこれらの併科の対象となっている（197条の２第13号）。また，法人の代表者や代理人，使用人その他の従業者が，法人の業務または財産に関して，内部者取引違反を犯した場合には，当該法人に対しても５億円以下の罰金刑を科すこととされている（207条１項２号）。いわゆる両罰規定であるが，これも平成18年７月施行の証取法改正により，刑事罰の厳罰化が図られた。さらに，内部者取引規制の違反行為により行為者が得た財産については没収され（198条の２第１項１号），それが没収できないときは，その価額を追徴することになっている（同条２項）。

実際の内部者取引規制違反の刑事事件における量刑について，これまでの裁判例をみると，内部者取引規制が導入された当初は，当該規制が罪刑法定主義の要請に基づき形式的に違反行為に該当する行為を処罰する構造となっており，157条のように取引の実質的な不正をとらえて処罰するものではないことから，刑事罰は６月以下の懲役または50万円以下の罰金とされていたこともあり，略式命令により罰金刑のみを科すという裁判例が多かった。しかし，その後は内部者取引規制違反の刑事罰が強化されてきたこともあり，１年～３年程度の懲役刑が科せられることが多い。

(2) 課徴金

内部者取引規制違反のペナルティは，刑事罰のほか，金銭的負担を課す行政処分としての性格を有する課徴金がある。これは，刑事罰がより厳格なペナルティであり，その行使に際して慎重さが求められるところ，ペナルティのメニューを増やし，内部者取引規制の実効性を担保するため，平成17年４月施行の証取法改正により導入された。なお，内部者取引に関する課徴金制度は，平成20年金商法改正により金額水準と一部要件の見直しが行われており，さらに，平成24年金商法改正により課徴金の対象が拡大され，また，平成25年金商法改正（１年以内施行分）により資産運用業者の違反行為に対する課徴金の引上げが行われている。

上記のとおり，課徴金は刑事罰と異なり行政処分であるため，明文で必要とされている場合を除き，違反行為についての故意やこれに相当する認識の存在は不要であると解されている[92]。

課徴金の対象者は，①自己の計算により重要事実の公表前６カ月以内に内部者取引規制違反となる有価証券の売付け等を行った者（175条１項１号），②自己の計算により重要事実の公表前６カ月以内に内部者取引規制違反となる有価証券の買付け等を行った者（同項２号）である。166条１項各号や３項に該当する者は法人も含むことがあり，その役員等が当該法人の計算で内部者取引を行った場合には，当該法人が①・②に該当するものとされている[93]。また，166条の会社関係者には上場会社等自体は含まれていないことから，上場会社等（166条１項１号に規定する親会社，子会社，資産運用会社および特定関係法人を

---

(92)　三井秀範編著『課徴金制度と民事賠償責任――条解証券取引法』53頁（金融財務事情研究会，2005）。ジェイオーグループホールディングス事件（平23・７・20課徴金納付命令決定）では，第一次情報受領者において，同人に対して重要事実を伝達した者が会社関係者であることの認識は不要であるとされた。

(93)　三井・前掲注(92)。なお，近年の公募増資に関連した内部者取引事案（具体的には，後掲注(135)参照）においては，公募増資における引受証券会社から第一次情報受領者として情報の伝達を受けた運用担当者が属する運用業者などが，法人として課徴金の制裁を受けている。

含む）の計算によりその役員等が①・②の行為を行った場合には，175条1項を準用する旨の規定を置いたうえで，当該上場会社等（同条9項）も課徴金の対象とされている。なお，上記のとおり，課徴金の対象者には法人が含まれるため，当該法人の役員などが当該法人の計算で有価証券の売買を行った際，当該役員などとは別の役員などが未公表の重要事実を知っていた場合に，当該法人に課徴金が課されるかという問題が指摘されているが(94)，立案担当者によれば，課徴金は刑事罰と異なり行政処分であるから，一般的には法人に対して課徴金の納付を命ずる際に行使者を特定する必要はないが，内部者取引規制は，重要事実を職務に関し知った会社関係者が重要事実の公表前に取引することを禁止しており，行為者を特定し，重要事実を職務に関し知っていたことなどを認定しなければ，課徴金の納付を命ずることは実務上できないとされている(95)。

課徴金の対象者について，平成20年金商法改正により，次のような改正が行われた。まず，①・②のほかに，③その顧客の計算により内部者取引規制違反となる売買等を行った金融商品取引業者等が，課徴金の対象者として追加された（175条1項3号）。また，他人の計算による違反類型の中には，違反行為を通じて自己の利益を実現していると評価できるものが存在するため，これらも課徴金の対象とするべく(96)，(a)内部者取引をした者が総株主等の議決権の過半数を保有している会社その他の当該者と密接な関係を有する者として内閣府令で定める者（親会社・子会社・兄弟会社など（課徴金府令1条の23第1項)），または(b)内部者取引をした者と生計を一にする者その他の当該者と特殊な関係にある者として内閣府令で定める者（親族・内縁の配偶者・役員・従業者など（同条2項)）の計算において内部者取引をした者は，自己の計算により当該取引を行ったものとみなされる（175条10項）。ただし，(a)または(b)の者が自己の計算により内部者取引を行った場合には，当該取引は除かれる。

さらに，上記③に関して，金融商品取引業者等に該当しない者（登録を受けていない運用業者など）が顧客など，他人の計算で不公正取引を行った事例が

(94)　木目田・前掲注(44)427頁～430頁
(95)　三井・前掲注(92)94頁
(96)　大来志郎＝鈴木謙輔「改正金融商品取引法の解説（4・完）課徴金制度の見直し」旬刊商事法務1840号34頁（2008）

あることを踏まえ[(97)]，平成24年金商法改正により，金融商品取引業者等がその顧客の計算により内部者取引規制違反となる売買等を行った場合に限らず，金融商品取引業者等以外の者であっても，他人（上記の(a)または(b)以外の者，たとえば知人等を含む）の計算で内部者取引規制違反となる売買等を行った場合を広く（ただし，上場会社等の計算によりその役員等が売買等を行った場合を除く），課徴金の対象者とする改正が行われた（175条１項３号）。

また，①・②の場合，重要事実の公表日中の当該重要事実の公表前に行われた売買等は課徴金の対象となることが明らかとされた。①・②は，重要事実が公表された日の６カ月より前になされた当該買付け等・売付け等は，重要事実の公表日までの期間が離れすぎており，これを課徴金の対象とするのは不適当と考えられたため，課徴金の対象とはならないが[(98)]，③は，下記(iii)のとおり，課徴金の額の計算方法が異なるので，かかる限定は付されていない。

課徴金の額は法定されており，内部者取引による経済的利得相当額と類型的に考えられる金額であるとされている。当該金額は，平成20年金商法改正前は，(i)重要事実の公表前６カ月以内に行われた有価証券の売付け等が内部者取引規制違反となる場合は，当該売付け等の価格に売付数量を乗じた額から当該公表された日の翌日における金融商品取引所または認可金融商品取引業協会が公表する最終の価格に売付数量を乗じた額を控除した金額であり（改正前の175条１項１号・５項），(ii)重要事実の公表前６カ月以内に行われた有価証券の買付け等が内部者取引規制違反となる場合は，当該公表された日の翌日における金融商品取引所または認可金融商品取引業協会が公表する最終の価格に買付数量を乗じた額から当該買付け等の価格に買付数量を乗じた額を控除した金額とされていた（改正前の175条１項２号・５項）。

これに対し，平成20年金商法改正では，重要事実公表に伴う市場価格への影響は，必ずしも重要事実公表日翌日にすべて反映されるとは限らず，むしろ過去の事例に照らすと，重要事実公表日翌日以降も数日は継続する傾向がみられたことを踏まえ[(99)]，(i)および(ii)の公表日の翌日の最終の価格について，(i)の場

(97)　平成23年12月20日付証券取引等監視委員会建議「顧客等の計算において不公正取引を行った者に係る課徴金賦課について」

(98)　高橋康文ほか『平成16年証券取引法改正のすべて』38頁（第一法規，2005）

(99)　大来＝鈴木・前掲注(96)34頁

合は，公表された時から２週間を経過するまでの間の各日における金融商品取引所または認可金融商品取引業協会が公表する最低の価格のうちもっとも低い価格（同改正後同条５項），(ii)の場合は，公表された時から２週間を経過するまでの間の各日における金融商品取引所または認可金融商品取引業協会が公表する最高の価格のうちもっとも高い価格（同改正後同条６項）に改正された。また，(iii)金融商品取引業者がその顧客の計算により行った売買等が内部者取引規制違反となる場合は，当該売買等に係る手数料，報酬その他の対価の額として内閣府令で定める額が課徴金の額とされ，(a)資産運用として売買等が行われた場合には，当該売買等が行われた月の運用報酬額に運用財産の総額に対する当該売買等の対象銘柄の総額の割合を乗じた金額，(b)(a)以外の場合には，当該売買等の対価の金額とされた（同改正後同条１項３号，平成26年改正前課徴金府令１条の21第１項）。課徴金の対象となる行為として，上記①～③のうち複数のものに該当する行為を行った場合には，当該各場合の課徴金の額として定められている額の合計額が課徴金の額とされた（平成20年金商法改正後175条１項柱書かっこ書）。

また，上記のとおり，平成24年金商法改正により，金融商品取引業者等以外の者であっても，他人の計算で内部者取引規制違反となる売買等を行った場合を広く課徴金の対象者とする改正が行われたが，その場合に適用される上記(iii)の課徴金の額に関する課徴金府令における具体的な定めは，上記(iii)の内容から実質的な改正は行われていない。かかる課徴金の額について，インサイダーWG・24年報告６頁において，最近の違反事案を踏まえると，資産運用業者が他人の計算で内部者取引規制に違反する行為を行った場合の課徴金額は，違反行為に対する抑止効果が不十分であり，資産運用業者の違反行為による利得は違反行為に係る対象銘柄に対応する運用報酬だけでなく，顧客からの報酬全体であり，かつ資産運用の委託が継続的な契約であることを踏まえれば，相当期間の運用報酬に及ぶものであるとした。これを受けて，平成25年金商法改正（１年以内施行分）では，上記(iii)について，(イ)運用対象財産の運用として売買等が行われた場合は，当該売買等が行われた月における当該運用対象財産のうち内閣府令で定めるものの運用の対価の額に相当する額として内閣府令で定める額に３を乗じて得た額とされた。これは，運用委託の実務において，３カ月ごとに運用状況の報告が求められ，投資家による運用成績の評価を受けることがあることを踏まえ，少なくとも3カ月間の運用報酬は資産運用業者の違反行為による利得であると考えられたものである[(100)]。かかる改正を受けて，課徴金府令において，上記の運用対象財産として，資産運用業者が業として行った行為が，投資法人からの委託による場合，投資一任契約による場合，投資信託委託業による場合，自己運用による場合ごとに，違反行為に係る利益または損失が帰属する運用財産と定められた（課徴金府令1条の21第1項各号）。また，上記の運用の対価の額に相当する額としては，違反取引が行われた日の属する月（違反取引が二以上の月にわたって行われたものである場合には，これらの月のうち最後の月）について違反者に運用の対価として支払われ，または支払われるべき金銭その他の財産（運用報酬）の価額の総額とされた（改正前と異なり，運用財産の総額に対する当該違反取引の対象銘柄の総額の割合を乗じることは行わない）。なお，当該総額が算出できない場合にあっては，当該違反取引をした価格にその数量を乗じて得た額の10％とするとされた（同条2項）。これはファンドのサンプル調査から得られた資産運用業者の手数料の平均値等のデータに照らし，当該金額が1カ月分の運用報酬額の近似値と考えられたためである[(101)]。(ロ)(イ)以外の場合は，当該売買等に係る手数料，報酬その他の対価の額として内閣府令で定める額と改正された（改正後175条1項3号イ・ロ）。上記の額としては，改正前と同様，違反取引の対価として違反者に支払われ，または支払われるべき金銭その他の財産の価額の総額とされた（課徴金府令1条の21第3項）。

175条1項1号・2号の「売付け等」・「買付け等」とは，金商法施行令33条の15・33条の16に列挙された行為を意味する（175条3項・4項）。なお，平成24年金商法改正により，合併または分割により有価証券を承継させること，および承継することが，「売付け等」および「買付け等」に追加された（金商法施行令33条の15・33条の16）。また，同一事件について，財産の没収または価額の追徴の確定裁判があるときは，当該没収または追徴された財産相当額を控除

(100)　齊藤将彦ほか「平成25年改正金商法等の解説(6)公募増資に関連したインサイダー取引事案等を踏まえた対応」旬刊商事法務2012号38頁注24（2013）

(101)　小長谷章人ほか「平成25年改正金商法政府令の解説(1)公募増資に関連したインサイダー取引事案等を踏まえた対応，ファンド販売規制の見直し」旬刊商事法務2029号55頁（2014）

した金額が課徴金の金額となる（185条の７第17項）。

⑶　民事責任

内部者取引規制違反により未公表の重要事実を知って取引が行われた場合，それを知らずに取引を行った者は，仮にそれを知っていたとしたならば取引をしなかったとして，知っていれば被らずに済んだ損害を被る場合がありうる。しかしながら，そのような投資家の損害に対する賠償責任の規定は金商法上特に定められておらず，通常，民法の不法行為責任に基づいて賠償請求するしかない。もっとも，取引所市場における売買の場合，内部者取引と損害との間の因果関係を立証することは困難である。かかる因果関係を否定したものとしてジャパンライン事件（東京地判平３・10・29金判898号29頁）がある。また，全日空対プリンスホテル（旧コクド）事件第一審判決（東京地判平19・９・29）では，株式持合いの合意に基づき全日空が西武鉄道の親会社であるコクドから西武鉄道株式を購入した際，西武鉄道の有価証券報告書においてコクドが所有する株式が過小に記載されており，それが上場廃止基準に該当しうる行為であることをコクドの代表取締役などが説明しなかった行為について，内部者取引に該当するとの判断を示さなかったが，条理上の説明義務違反があるとした。

⑷　氏名公表措置

内部者取引などの不公正取引を反復して行った者など[102]については，将来の取引相手となる証券会社や投資家などに対して注意喚起し，違反抑止を図る観点から（インサイダーWG・24年報告７頁），平成25年金商法改正（１年以内施行分）により，内閣総理大臣は公益または投資家保護のため必要かつ適当であると認めるときは，内閣府令で定めるところにより，金商法または同法に基づく命令に違反する行為（法令違反行為）を行った者の氏名その他法令違反行為による被害の発生もしくは拡大を防止し，または取引の公正を確保するために必要な事項を一般に公表することができることとなった（192条の２）。

---

(102)　齊藤ほか・前掲注(100)39頁注26では，具体的には，①情報伝達・取引推奨規制に違反する行為に関わった証券会社等の役職員，②取引上の立場を利用して未公表の重要事実を要求するなどにより，内部者取引を行った者，③内部者取引等の不公正取引を反復して行った者が想定されるとする。

かかる改正に伴い，平成26年４月に施行された氏名公表府令において，金融庁長官，証券取引等監視委員会または財務局長もしくは財務支局長は，金商法192条の２の規定に基づき，法令違反行為を行った者の氏名その他法令違反行為による被害の発生若しくは拡大を防止し，または取引の公正を確保するために必要な事項を一般に公表するときは，インターネットの利用その他の適切な方法により行うものと規定された（氏名公表府令１条）。また，金融庁長官は，金商法178条１項各号に掲げる事実（課徴金の対象となる違反事実）のいずれかがあると認める場合において，金商法192条の２の規定に基づき，当該事実に係る法令違反行為を行った者の氏名を一般に公表しようとするときは，あらかじめ，当該法令違反行為を行った者に対して意見を述べる機会を与えなければならない（氏名公表府令２条）。課徴金の対象者と氏名公表の対象者が異なる可能性があることから，課徴金の審判手続とは別の事前手続を設けることとしたものである[(103)]。

❖第２節❖　公開買付者等関係者による内部者取引

1　総　　論

167条は，公開買付者等関係者など（元公開買付者等関係者，これらの者から公開買付け等の事実の伝達を受けた者を含む）であって，⑴公開買付け等の実施の事実を知った者は，当該事実の公表がなされる前に，当該公開買付け等に係る株券等の買付け等をすることを禁止し，また，⑵公開買付け等の中止の事実を知った者は，当該事実の公表がなされる前に，当該公開買付け等に係る株券等の売付け等をすることを禁止する。

上記のそれぞれの要件の詳細については，以下において順次解説するが，ここではまず，この内部者取引規制の対象となる「公開買付け等」の意味について触れておく。「公開買付け等」とは，次の三つを含む。

---

(103)　小長谷ほか・前掲注(101)55頁

①　発行者以外の者による「上場等株券等」の公開買付け

②　①に準ずる行為として政令で定めるもの

③　発行者による「上場株券等」の公開買付け

①の「上場等株券等」とは，発行者以外の者による公開買付けの対象となる27条の２第１項に規定する株券等（株券，新株予約権証券および新株予約権付社債券，投資証券など。金商法施行令６条。詳細は，第３編第２章第１節参照）のうち，上場有価証券，店頭売買有価証券または取扱有価証券のみを指す（167条１項柱書)。したがって，有価証券報告書の提出を要する株券等であって，公開買付規制の適用がある場合であっても，上場有価証券，店頭売買有価証券または取扱有価証券でなければ，内部者取引規制の対象とならない。また，平成25年金商法改正前は，投資法人の投資証券は公開買付けの対象にはなっているが（27条の２第１項，金商法施行令６条１項３号)，内部者取引規制が適用される売付け等または買付け等の対象となる「株券等」に含まれていないため，167条は適用されなかった。しかし，平成25年金商法改正（１年以内施行分）では，投資法人の発行する投資証券を内部者取引規制の対象とすることとされたため，投資証券も「株券等」に含まれることとなった。また，平成25年金商法改正（１年６カ月以内施行分）では，投信法改正により投資法人についてライツ・オファリング（新投資口予約権証券）が導入されたことに伴い，新投資口予約権証券も公開買付けの対象になるとともに，内部者取引規制の対象とするため，「株券等」に含まれることとなった（金商法施行令33条)。

他方，③の「上場株券等」とは，発行者による公開買付けの対象となる上場有価証券・店頭売買有価証券である株券またはその有価証券信託受益証券・預託証券など（24条の６第１項，金商法施行令４条の３第１項・２項。詳細は，第２編第２章第３節参照）で，新株予約権証券などを含まない。また，平成25年金商法改正（１年６カ月以内施行分）における投信法改正により投資法人について自己投資口の取得が導入されたことに伴い，上場投資証券なども「上場株券等」に含まれることとなった（金商法施行令４条の３第２項各号)。

②における「①の公開買付けに準ずる行為」とは，自己または他人の名義をもって買い集める株券等に係る議決権の数（投資証券については投資口に係る議決権の数，新株予約権証券・新投資口予約権証券などについては，取引規制府令57

条７項各号の定めにより換算した株式または投資口に係る議決権の数）の合計が総株主等の議決権の数の５％以上となる場合の当該買集め行為（株式等売渡請求により当該株券等を買い集める行為を除く）（買集め行為。金商法施行令31条）を指す（同条）。共同して買い集める者がいる場合には，当該共同して買い集める者が自己または他人の名義をもって買い集める株券等に係る議決権を合算する。新規発行株式の原始取得は買集め行為に該当せず，買集め株数の５％の算定においても加算されない(104)。

ただし，買集め行為を開始する直前における株券等所有割合（自己または他人の名義をもって所有する当該株券等に係る議決権の数の合計の総株主等の議決権の数に対する割合。金商法施行令31条）が５％未満である場合には，当該買集め行為のうち株券等所有割合が５％を超える部分に係るものに限る（同条ただし書）。したがって，０％から５％ちょうどまでを買い集める行為は，買集め行為に該当しない。もっとも，５％を超える部分の買集めの決定があればその決定時から167条は適用される(105)。

ここで買集め行為の対象となる「株券等」（金商法施行令31条）とは，上場有価証券，店頭売買有価証券もしくは取扱有価証券に該当する株券（外国株券を含む）または投資証券および外国投資証券で投資証券に類する証券（投資証券等。金商法施行令１条の４第１号柱書）の発行者の発行する株券，新株予約権証券，新株予約権付社債券（外国の者の発行するこれらの性質を有する証券・証書を含む）（他方で，完全無議決権株式，完全無議決権株式のみを取得の目的とする新株予約権証券・新株予約権付社債券，外国の者の発行するこれらの性質を有する証券・証書を除く。取引規制府令57条１項～３項），投資証券等，新投資口予約権証券および外国投資証券で新投資口予約権証券に類する証券（新投資口予約権証券等。金商法施行令１条の４第２号柱書）（ただし，外国投資証券で完全無議決権の投資口またはこれのみを取得の目的とする新投資口予約権の性質を有するものを除く。取引規制府令57条４項・５項），これらに係る有価証券信託受益証券・預託証券（同条６項）を意味する。①の上場等株券等と異なり，上場会社の未上場株券

(104)　三浦州夫＝吉川純「株式の公開買付け・買集めとインサイダー取引規制〔中〕」旬刊商事法務1720号53頁（2005）

(105)　横畠・インサイダー取引規制176頁

(たとえば，上場会社の発行する未上場種類株式など。ただし，完全無議決権株式は含まない）や，未上場の新株予約権証券，新株予約権付社債券も対象となる。なお，平成25年金商法改正（１年以内施行分）では投資証券を内部者取引規制の対象とすることとされたため，投資証券等および新投資口予約権証券等も「株券等」に含まれることとなった。また，平成26年の会社法改正に伴い，特別支配株主による上場会社等に係る株式等売渡請求により当該株券等を買い集める行為は，買集め行為の定義からは除外された(106)。

2　規制の対象者

規制の対象となっている者は，166条の内部者取引規制と同様に，公開買付け等をする者の内部者とその内部者から情報の伝達を受けた者という地位の違いにより，大きく，⑴公開買付者等関係者，⑵情報受領者の二つに分けることができる。

⑴　公開買付者等関係者

公開買付者等関係者とは，次の者であり，これらの者が，それぞれに述べるところにより未公表の公開買付け等の実施または中止の事実を知った場合に，規制の対象者となる。

①　公開買付者等（その者が法人の場合は，その親会社を含む）の役員，代理人，使用人その他の従業者（役員等。167条１項１号）（当該公開買付者等が法人以外の場合は，その代理人または使用人）（同号）

「公開買付者等」とは，公開買付け等をする者である。166条の規制対象である上場会社等と異なり，法人の場合とそうでない場合がありうる。法人の場合には，その親会社の役員等も規制対象者となるが，同条の内部者取引規制と異なり，子会社の役員等は規制対象とならない。親会社の意味については，同条

(106)　金商法施行令31条（会社法の一部を改正する法律及び会社法の一部を改正する法律の施行に伴う関係法律の整備等に関する法律の施行に伴う金融庁関係政令の整備に関する政令による改正）

の内部者取引規制において使用される場合と同じである（同条５項）。

①の役員等は，その者の職務に関し未公表の公開買付け等の実施または中止の事実（公開買付け等事実。167条３項）を知ったときに，規制の対象者となる。

②　公開買付者等の会計帳簿閲覧請求権を有する株主，または会計帳簿閲覧請求権のある親会社の株主その他の社員（これらの株主などが法人の場合は，その役員等を，法人以外の場合は，その代理人または使用人を含む）（167条１項２号）

②の株主などについては，166条の内部者取引規制において解説したとおりである（第１節■**2**(1)②）。なお，同規制においては規制対象となっていた優先出資法に規定する普通出資者のうちこれに類する権利を有するものとして内閣府令で定める者は，規制の対象者に含まれていない。

②の株主などは，当該会計帳簿閲覧請求権の行使に関し未公表の公開買付け等事実を知ったときに，規制の対象者となる。

③　公開買付者等に対する法令に基づく権限を有する者（167条１項３号）

③の者については，166条の内部者取引規制において解説したとおりである（第１節■**2**(1)④）。当該権限の行使に関し未公表の公開買付け等事実を知ったときに，規制の対象者となる。

④　公開買付者等と契約を締結している者，または締結の交渉をしている者（その者が法人の場合は，その役員等を，法人以外の場合は，その代理人または使用人を含む）であって，①以外の者（167条１項４号）

④の契約締結者または交渉中の者についても，166条の内部者取引規制において解説したとおりである（第１節■**2**(1)⑤）。

この④の契約締結者または交渉中の者は，当該契約の締結・交渉・履行に関し未公表の公開買付け等事実を知ったときに，規制の対象者となる。

⑤　当該公開買付け等（上場株券等の公開買付けを除く）に係る上場等株券等の発行者（その役員等を含む）（167条1項5号）

⑤の者については，当該公開買付者等からの伝達により知ったとき（当該役員等にあっては，その者の職務に関し当該公開買付者等からの伝達により知ったとき）に，規制の対象者となる。これは，近年，(a)公開買付対象者の役職員やその情報受領者による内部者取引が増加していること，(b)日本では，友好的な公開買付けであっても敵対的な公開買付けであっても，公開買付者が公開買付対象者に公表前に公開買付けについて告知する場合が一般的であることや，買集め行為においてもそのような場合があり，公開買付け等の対象者は未公表の公開買付け等事実を公開買付者等からの伝達により知りうる特別の立場にあると考えられることから（インサイダーWG・24年報告10頁），平成25年金商法改正（1年以内施行分）により，公開買付け等の対象者であれば，公開買付者等との間で守秘義務契約等を締結していなくとも，公開買付者等関係者に該当することとしたものである。なお，自社株公開買付けの際の対象会社は公開買付者本人であるため，また，その役員等は①の公開買付者等の役員等に含まれるため，⑤に含まれない[107]。また，上記の公開買付対象者やその役職員が，公開買付け等事実を公開買付者等からの伝達により知った場合に，公開買付者等関係者に該当するものとされており，公開買付者等以外の公開買付者等関係者からの伝達により知った場合は，公開買付者等関係者に該当するものとはされていない。もっとも，公開買付者等の役職員から伝達を受けた場合は，通常，公開買付者等からの伝達を受けたものと解釈されるであろうし，その他の公開買付者等関係者から伝達を受けた場合も，公開買付者等が当該公開買付者等関係者を通じて伝達を行ったと実質的に判断される場合もあろう。

⑥　②，④または⑤に該当する者が法人である場合で，その法人の役員等がそれぞれ②，④または⑤に記載するとおり公開買付け等事実を知った場合の，その法人の他の役員等（167条1項6号）

「役員等」は，②，④または⑤に記載するとおり公開買付け等事実を知った当該法人の他の役員等から，その者の職務に関し未公表の公開買付け等事実を

(107)　齊藤ほか・前掲注(100)39頁注29

知ったときに，規制の対象者となる。

公開買付け等事実を①～⑥で述べたところにより知ったこれら①～⑥の者で，①～⑥の者でなくなった後6カ月以内の者（元公開買付者等関係者）も規制の対象者となる（167条1項後段）。この点，平成25年金商法改正（1年以内施行分）前は，166条の場合と同じく，公開買付者等関係者でなくなって後1年以内の者について規制の対象者とされていた。しかし，平成25年金商法改正（1年以内施行分）により，公開買付者等関係者（167条1項1号の者を除く）または情報受領者が公開買付け等事実を知った後，6カ月が経過した後の株券等の買付けについては，内部者取引規制の適用除外の対象とされたことを踏まえて（167条5項9号），公開買付者等関係者でなくなって後6カ月以内の者に限り，元公開買付者等関係者として内部者取引規制の対象者となることと改正された（同条1項）。

なお，公開買付者等本人は，内部者取引規制の対象となっておらず，公開買付け等の公表前に行う公開買付者等本人によるまたは公開買付者等の役員等が公開買付者等のために行う買付けは許容されている。公開買付者等自身による株券等の買付けの決定により当該買付けが禁止されるのは不合理であるからであり，公開買付者等の役員等が公開買付者等のために行う買付けも，形式的には167条1項1号に該当するが，上記の理由から許容されていると解されている[(108)]（この点，上場会社等の計算でその役員等が未公表重要事実を知ってその株券等の売買等をする場合に，166条が適用される点で，166条とは異なる）。

買集め行為における共同して買い集める者（金商法施行令31条）も同様である。ところで，共同して買い集める者については，定義規定がないためその意味が問題となるが，①少なくとも応援買いと同程度の一体性（すなわち，買集め行為を行う者の取締役会決議による要請に基づき当該買集め行為を行う者に株券等を売り付ける目的を持って買付けをすること）が必要であるとする説[(109)]，②少なくとも買集め行為を行う者に対して売付けなどをする合意が必要であるとする説[(110)]，③単に対象となる株券等の買付けについての合意があれば足りるとす

(108)　黒沼悦郎「インサイダー取引規制と法令解釈」金融法務事情1866号51頁（2009）
(109)　村上ファンド事件第一審判決（前掲東京地判平19・7・19）
(110)　木目田・前掲注(44)362頁

る説[111]などがあるが，文理や公開買付規制の特別関係者，大量保有開示制度の共同保有者の範囲との整合性の観点から，③が妥当であると解する。

⑵　情報受領者

次に，以下の情報受領者が内部者取引規制の対象者となる（167条３項）。

①　公開買付者等関係者または元公開買付者等関係者から，当該公開買付者等関係者または元公開買付者等関係者がその職務等に関して知った公開買付け等事実の伝達を受けた者（公開買付者等関係者であって，その職務等に関して公開買付け等事実を知った者を除く）

②　①の情報受領者が法人に所属している場合で職務上重要な公開買付け等事実の伝達を受けた場合には，その所属する法人の他の役員等で，その者の職務に関し公開買付け等事実を知った者

3　公開買付け等事実

167条の内部者取引規制の対象となる情報は，公開買付け等の実施または中止の事実であるが，これは，公開買付者等（当該公開買付者等が法人の場合は，その業務執行を決定する機関をいう）がそれぞれ公開買付け等を行うことについての決定をしたこと，または，公開買付者等が当該決定を行い公表がなされた公開買付け等を行わないこと（中止すること）を決定したことである（167条２項）。ただし，買集め行為のうち，①各年に買い集める株券等が，総株主等の議決権の2.5％未満のとき，および②有価証券関連業を行う第一種金融商品取引業者が有価証券の流通の円滑を図るために顧客を相手方として行うものであって，当該買集め行為により買い集めた株券等を当該買集め行為後ただちに転売することとするときは，投資者の投資判断に及ぼす影響が軽微なものとして公開買付け等事実から除外される（同項ただし書，取引規制府令62条）。

①により，たとえば，３年間にわたって毎年２％ずつ株券等を買い集めることの決定は，公開買付け等の実施に該当せず，１年目に１％，２年目に２％，３年目に３％の買集めをそれぞれその時点で決定した場合も，公開買付け等の

(111)　三浦＝吉川・前掲注(104)55頁，黒沼・前掲注(108)52頁

実施に該当しないが，１年目に３年目までの取得分を決定していた場合には，公開買付け等の実施に該当することとなる。もっとも，買集め行為については，いつどこまで買い集める決定があったかを外部から判断することは実務上は困難であり，各年の買付数が2.5％以上となり，かつ結果的に５％超を保有することとなる場合には，買集め行為の該当性について慎重に検討すべきとされる[(112)]。

②は，いわゆる金融商品取引業者が行うブロックトレードのことであり，かかる取引を円滑化するために，平成24年４月の改正取引規制府令により買集め行為から除外された。株主が一定の数量の株式を譲渡する際，市場で売却するのがそもそも難しい場合や，可能であるが当該譲渡自体によって株価が下落することにより希望する売却価格で売却できない場合，金融商品取引業者に一括して譲渡したうえで，当該金融商品取引業者が売出しに該当しない方法で大口の購入を希望する投資家に転売するという取引がなされることがあるが，これを一般にブロックトレードという。上記改正前は，かかる取引において，たとえば，当該株式の数量が５％以上の場合には，金融商品取引業者による５％以上の株式の取得は，買集め行為に該当することとなっていたため，当該事実を当該金融商品取引業者が公表しない限り，投資家が当該事実を知って金融商品取引業者から株式を取得することは内部者取引に該当するのではないかという問題があった。しかし，上記のような取引は金融商品取引業者の通常の業務であり，業務執行機関による決定もなく，適時開示が義務付けられるものではない。また，かかる事実を投資家に伝えて当該株式譲渡を行う場合には，いわゆる知る者取引として内部者取引規制の適用除外となるものの，金融商品取引業者がかかる買集め行為を投資家に伝えたうえで株式譲渡をする行為が，顧客に有価証券の発行者の法人関係情報を提供して当該有価証券の売買を勧誘する行為として禁止されることとなるのではないかという問題もあった（金商業等府令117条１項14号)。このような問題点を背景として，そもそも，上記のような金融商品取引業者による取得は，投資家への転売までの一時取得にすぎず，経営支配権の取得を目的としていないため，買集め行為に該当せず，内部者取引規制の適用がないとの見解も存在したが[(113)]，法律の文言上買集め行為をその

(112)　三浦＝吉川・前掲注(104)54頁

ように限定的に解釈することは困難であると思われ，立法的解決が望まれていたところである。

前記の平成24年４月の取引規制府令改正および金商業等府令改正により，ブロックトレード（ディーリング取引は含まれず，また，ただちに転売するものでない場合も含まれない[114]）については，買集め行為から除外され，同時に法人関係情報からも除外されたために（第６編第４章第１節■９⑹参照），金融商品取引業者は，公表措置を取ることなく，その株式の取得に関する事実を顧客に伝えたうえで，ブロックトレードを行うことができることとなった。かかる改正に伴い，証券会社に対する規制として，①当該買集め行為を行うに際し，その相手方に対して，当該買集め行為が当該買集め行為により買い集めた株券等を当該買集め行為後ただちに転売することを目的とするものであることを約すること（実務的には，証券会社が相手方に転売目的による取得を確認する書面を差し入れることが必要とされる[115]），②当該買集め行為により買い集めた株券等を当該買集め行為後直ちに転売することができない可能性がある場合にあっては，当該買集め行為を行った後，直ちに，当該株券等の銘柄，買い集めた株券等に係る議決権数などを金商法施行令30条に定める公表の措置に準じ公開することが義務づけられた（金商業等府令123条１項27号ロ）。ここで,「直ちに転売する」とは，買集め行為とほぼ同時かその直後に転売することを意味し，買い集めた株式の一部や，複数の買集め行為がある場合にはその一部の買付け行為について，ただちに転売できないリスクがあれば，その旨の開示が必要となり[116]，当該公開が不要となるのは，買付けと転売がほぼ同時に行われるなど，きわめて限定的なケースとされている[117]。金商法施行令30条に定める公表の措置に準じた公開の方法としては，東証内の記者クラブへのプレスリリースの投込み（その後12時間の経過は不要）が通常は取られるものと思われる[118]。他方で，上

---

(113)　三浦＝吉川・前掲注(79)46頁

(114)　齊藤将彦ほか「平成23年改正金商法政府令の解説⑵ライツ・オファリング〔下〕，市場の信頼性確保に向けた見直し等」旬刊商事法務1962号42頁（2012）

(115)　中島・前掲注(25)17頁，日本証券業協会・仲介目的のブロックトレードの取扱いに関する規則３条

(116)　平成24年２月パブコメ69頁No.186・No.187・70頁No.188

(117)　齊藤ほか・前掲注(114)44頁

(118)　中島・前掲注(25)17頁

記の改正は，顧客Ａによる５％以上の株式の買集め行為についての取扱いを変更するものではないため，金融商品取引業者がかかる事実を知って，別の顧客Ｂから株式の買付けを行う場合には，当該事実について当該顧客により公表がなされない限り，内部者取引に該当することとなる。また，この場合，当該別の顧客Ｂに対してかかる買集め行為の事実を伝え，その保有する株式の自らへの売付けを勧誘することにより，知る者取引の適用除外とすることはできるが，当該事実は法人関係情報に該当するため，顧客に有価証券の発行者の法人関係情報を提供して当該有価証券の売買を勧誘することを禁止する規定（金商業等府令117条１項14号）に違反するだけでなく，法人関係情報に基づいて自己の計算で有価証券の売買などを行うことを禁止する規定（同項16号）にも違反することとなる[(119)]（なお，知る者取引の場合であっても，上記の法人関係情報に基づく有価証券の売買の禁止は適用除外となる旨の解釈を取ることは，明文の根拠がなく難しいとされる[(120)]）。したがって，金融商品取引業者としては，顧客Ｂから株式の買付けの約定をするまでは，顧客Ａから５％以上の株式の買集め行為の決定事実の伝達を受けないように留意する必要がある[(121)]。

上記のうち，株式の買集め行為の実施に関する事実がどの時点で発生したといえるかという点が争点となったのが，ライブドアによるニッポン放送株式の買集め行為に絡む村上ファンドによるニッポン放送株式の取得が問題となったニッポン放送事件であるが，最高裁（前掲最決平23・６・６）は，167条が，公開買付け等の実現可能性がまったくあるいはほんど存在せず，一般の投資者の投資判断に影響を及ぼすことが想定されないために，「公開買付け等を行うことについての決定」というべき実質を有しない場合がありうるのは別として，「決定」をしたというためには，公開買付け等を意図して，公開買付け等またはそれに向けた作業等を会社の業務として行う旨の決定がされれば足り，公開買付け等の実現可能性があることが具体的に認められることは要しないと解するのが相当であるとした。なお，第一審および控訴審判決については，第１節■**3**(1)参照。

(119)　平成24年２月パブコメ71頁No.190

(120)　中島・前掲注(25)15頁注(18)

(121)　中島・前掲注(25)15頁・16頁

この判断は，決定事実の発生について，決定事項が確実に実行されるとの予測が成り立つことは要しないとした前述の日本織物加工事件の最高裁判決（前掲最判平11・6・10）を踏襲して，その具体的な実現可能性は要しないとしたものであり，公開買付けに関する167条の内部者取引規制においても，166条と同様に，公開買付けや株式買集め行為の実施の事実の範囲が広く解釈されうることに注意すべきである。

4　公開買付け等事実の公表

167条の内部者取引規制においても，公開買付け等事実を知った公開買付者等関係者が，当該公開買付け等事実の公表がなされる前に，当該公開買付け等に係る株券等の買付け等または売付け等をすることを禁止している。逆にいえば，公開買付け等事実の公表がなされれば，当該事実に係る内部者取引規制は解除されることとなる。

この「公表」とは，公開買付け等事実について，(1)公開買付者等により多数の者の知りうる状態に置く措置として政令に定める措置がとられたこと，または(2)公開買付開始公告・撤回の公告・公表がされたこと，または公開買付届出書・公開買付撤回届出書が公衆の縦覧に供されたことを意味する（167条４項）。

(1)の政令に定める措置としては，以下のものが定められている（金商法施行令30条，取引規制府令56条）。

① 公開買付者等（法人の場合は当該法人を代表する者または管理人）または公開買付者等から公開買付け等事実の公開を委任された者が，公開買付け等事実を次の二以上の報道機関に公開し，公開後12時間が経過したこと（金商法施行令30条１項１号・２項）

(a) 国内において時事に関する事項を総合して報道する日刊新聞紙の販売を業とする新聞社および当該新聞社に時事に関する事項を総合して伝達することを業とする通信社

(b) 国内において産業および経済に関する事項を全般的に報道する日刊新聞紙の販売を業とする新聞社

(c) 日本放送協会および一般放送事業者

② 上場会社等の発行する有価証券を上場する各金融商品取引所の規則で定めるところにより，上場会社等またはその資産運用会社が，公開買付け等事実（当該上場会社等が公開買付者等となるものに限る）を当該金融商品取引所に通知し，これが当該金融商品取引所において電磁的方法（TDnet）により日本語で公衆の縦覧に供されたこと（金商法施行令30条１項２号，取引規制府令56条）

③ 上場会社等であって，(a)上場株券等の自社株公開買付けを行う者であり，かつ，その発行する上場株券等がすべて特定投資家向け有価証券である者の，または，(b)公開買付け等（上場株券等の自社株公開買付けを除き，当該公開買付け等に係る上場等株券等の発行者の発行する上場等株券等がすべて特定投資家向け有価証券である場合に限る）をする者の，発行する有価証券を上場する各金融商品取引所の規則で定めるところにより，上場会社等またはその資産運用会社が，公開買付け等事実（当該上場会社等が公開買付者等となるものに限る）を当該金融商品取引所に通知し，これが当該金融商品取引所において電磁的方法により英語で公衆の縦覧に供されたこと（金商法施行令30条１項３号ロ・ハ，取引規制府令56条）

④ 公開買付者等（上場会社等であるものを除く）が，その公開買付け等に係る上場等株券等の発行者または当該公開買付者等の親会社に対し，公開買付け等事実を当該発行者または当該親会社の発行する有価証券を上場する各金融商品取引所に通知することを要請し，当該発行者または当該親会社が，当該要請に基づいて，当該金融商品取引所の規則で定めるところにより，当該公開買付け等事実を当該金融商品取引所に通知し，かつ，当該公開買付け等事実が，当該金融商品取引所において電磁的方法により日本語で公衆の縦覧に供されたこと（金商法施行令30条１項４号，取引規制府令56条）

⑤ 公開買付者等（上場会社等であるものを除く）が，その公開買付け等に係る上場等株券等の発行者の発行する上場等株券等がすべて特定投資家向け有価証券である場合において，当該発行者または当該公開買付者の親会社に対し，公開買付け等事実を当該発行者または当該親会社の発行する有価証券を上場する各金融商品取引所に通知することを要請し，当該発行者ま

たは当該親会社が，当該要請に基づいて，当該金融商品取引所の規則で定めるところにより，当該公開買付け等事実を当該金融商品取引所に通知し，かつ，当該公開買付け等事実が，当該金融商品取引所において電磁的方法により英語で公衆の縦覧に供されたこと（金商法施行令30条1項5号，取引規制府令56条）

②～⑤については，平成25年9月施行の金商法施行令改正および取引規制府令改正による見直しが行われている。当該改正前においては，発行者による自社株の公開買付けについてのみ，②および③に規定する金融商品取引所の規則に従ったTDnetによる開示が，公表措置に該当することとなっていた。そして，発行者以外の者による他社株の公開買付けについては，当該公開買付者が上場会社であったとしても，②または③の金融商品取引所の規則に従った開示が公表措置に該当することにはならなかったため（ただし，TDnetでの開示は報道機関に伝達される仕組みとなっているため，12時間経過すれば公表となる），①の報道機関への公開後12時間経過した場合か，(2)の公開買付開始公告などによる場合に限られていた。また，買集め行為については，①の報道機関への公開後12時間経過した場合に限られていた。公開買付けの実務においては，公開買付者である上場会社は金融商品取引所の開示規則に従った開示が必要であり，対象会社が当該公開買付けに対する賛同表明を行う場合は，金融商品取引所の開示規則に従って公開買付者の開示資料を添付の上で，開示を行うことが必要とされているが，上記のとおり，これらが②または③として公表措置に該当するものではなかったため，当該開示自体が内部者取引規制を解除する効果がなく，当該開示に基づいて取引を行った者について内部者取引規制違反となる可能性があった。

かかる点について，インサイダーWG・23年報告10頁～11頁では，発行者以外の者による他社株の公開買付けについて，上場会社が公開買付者となる場合は当該上場会社自身の②の金融商品取引所への通知・適時開示を，上場会社以外の者が公開買付者となる場合は対象会社となる上場会社との連名による金融商品取引所への通知・適時開示を，公表措置として認めることが適当であり（非上場会社が上場会社と連名で取引所に通知・公表する場合は，取引所が上場会社を通じて一定の管理を行うことができ，公表内容の正確性が担保されるためと説明される）[122]，買集め行為に関する公表措置についても同様の見直しをすることが適当であるとした。これを受けて，平成25年９月施行の金商法施行令改正および取引規制府令改正により，②および③の金融商品取引所の規則に従った開示が，上場会社等による自社株の公開買付けの場合だけでなく，上場会社等による他社株の公開買付けや買集め行為についても適用されることとなった。さらに，④および⑤が追加され，他社株の公開買付けまたは買集め行為を行う者が上場会社等でない場合であっても，その対象会社または当該公開買付者等の親会社に対して，当該対象会社または親会社が上場する金融商品取引所の規則に従った開示を要請し，当該対象会社または親会社がかかる開示を行った場合を，公表措置として新たに認めることとした。なお，親会社を通じた開示を認めることとしたのは，親会社は子会社による公開買付け等の決定に関与していることが多く，また，公表を行う親会社も開示内容について責任を有することとなるため，その開示内容の正確性が確保されると考えられるためであるとされる[123]。

もっとも，上場会社等やその子会社による自社株の公開買付けや他社株の公開買付けの場合は，当該上場会社等は，通常，取引所の規則により開示義務を負うが，上場会社の買集め行為は開示義務を負わないことが多く，また，非上場会社による公開買付けや買集め行為については，そもそも開示義務は負わないため，公表を強制する措置がないことは従来と同じである。また，非上場会社による敵対的な公開買付けや買集め行為については，上記④⑤の適用はない。ただし，平成25年金商法改正（１年以内施行分）により，公開買付け等の実施に関する事実の公表がなされない場合における，当該事実の伝達を受けた者による買付け等に係る適用除外が新設された（■６⑼⑽参照）。

②および③の公表のうち上場会社等による買集め行為の公表については，平成25年９月に改正された東証の「会社情報適時開示ガイドブック」において，資料の表題に被買付会社の名称および証券コードを記載したうえで，買集め行為の実施または中止の内容を記載した資料をもって，取引所に通知することが

(122)　黒沼ほか・前掲注(69)27頁〔黒沼発言〕，齊藤ほか・前掲注(12)44頁
(123)　齊藤ほか・前掲注(12)45頁

新たに追加された。また，④および⑤の公表に関する具体的な方法に関しては，公表措置はあくまでも公開買付者等が主体となって，公開買付け等の内容に関して行うことが必要とされており，対象会社や親会社との連名によることなどが必要とされているわけではない[124]。このことからすると，公開買付け等の内容を公開買付者等と対象会社または親会社による連名で行うことが認められるのはもちろんであろうが，そうでなくとも，(i)公開買付け等が行われることのみを記載した資料は連名で公表した上で，(ii)その内容を記載した資料は公開買付者等のみが作成するものとして添付して開示する場合も[125]，公表措置として認められる。他方，敵対的なTOBなどにおいて，対象会社が公開買付者等の要請なく，そのプレスリリースを添付のうえ，反対表明の適時開示を行った場合は，④および⑤の「要請」の要件を充足しない[126]。なお，上記の東証「会社情報適時開示ガイドブック」に新たに追加された，非上場会社が対象会社に行った要請に基づく公開買付け等の通知様式例は，(i)に(ii)を添付したうえで，①において公開買付者が対象会社に行った要請に基づき公表されている旨の注記が挿入されており，④に含まれる「要請」の要件が充足され公表措置に該当することが外部から認識できる様式になっている。

さらに，投資証券等を内部者取引規制の対象とすることとした平成25年金商法改正（１年以内施行分）にともない，上場投資法人等が公開買付け等を行う場合には，当該上場投資法人等またはその資産運用会社が公開買付け等事実を公表することとし（金商法施行令30条１項１号～３号），また，非上場会社が投資証券等の公開買付け等を行う場合は，当該投資証券等の発行者または当該公開買付者等の親会社に要請して当該発行者または当該公開買付者等の親会社が公表を行うことを可能とする改正が行われた（同項４号・５号）。

また，買集め行為について，買集め行為を行う者が，大量保有報告書の提出を行った場合でもこれは「公表」とは取り扱われない。平成19年７月パブコメにおいても，金融庁はこの立場を採っている[127][128]。買集め行為を行う者が金

(124)　平成25年８月30日パブコメ１頁No.２・２頁No.３
(125)　平成25年８月30日パブコメ１頁No.１
(126)　齊藤ほか・前掲注(12)45頁
(127)　平成19年７月パブコメ572頁No.１・No.２

融商品取引所の適時開示規則の適用を受けない者である場合には，かかる公表を一切行わないことも十分にありうるところである。また，上記のとおり，買集め行為をする者が上場会社であっても，公開買付けの決定とは異なり，買集め行為の決定については金融商品取引所の適時開示規則において当該上場会社が開示すべきものと規定されていない。したがって，金商法上の「公表」がなされないまま，買集め行為を知った公開買付者等関係者・情報受領者について，平成25年金商法改正（1年以内施行分）により認められることとなった167条5項8号・9号に定める適用除外に基づく場合を除き（■6(9)(10)参照），当該株式の買付けが禁止され続けることになりうる。もっとも，大量保有報告書で開示され，買集め行為の事実が公知となっている場合には，違法性が阻却されると解する余地はある。

■5　規制の対象行為

規制の対象となる行為は，公開買付等関係者・情報受領者が知っている未公表の事実が公開買付け等の実施に関する事実の場合には，当該公開買付け等に係る株券等の買付け等であり，中止に関する事実の場合には，当該公開買付け等に係る株券等の売付け等である（167条1項前段）。なお，166条の内部者取引規制の場合は，どのような未公表の重要事実を知っていても会社関係者は買付け・売付けの両方が禁止されるが，167条の場合は，公開買付等関係者・情報受領者が知っている未公表の事実が公開買付け等の実施に関する事実の場合に株券等の売付け等をすることは禁止されず，中止に関する事実の場合に株券等の買付け等をすることは禁止されない。

ここで，「株券等」とは，特定株券等および関連株券等をいう。このうち，「特定株券等」とは，上場等株券等または上場株券等の発行者の発行する以下の有価証券をいう。

(1)　株券，新株予約権証券および新株予約権付社債（金商法施行令33条1号）

---

(128)　また，買集め行為の公表につき，買集め行為を行う趣旨のみで足りるとする見解（三浦＝吉川・前掲注(104)58頁）と，取得する議決権数や時期等のある程度の具体的な内容の開示が必要とする見解（松本・前掲注(46)250頁）がある。

⑵　投資証券および新投資口予約権証券（金商法施行令33条２号）

⑶　外国の者の発行する⑴の性質を有する証券または証書または外国投資証券のうち⑵に類するもので，上場有価証券，店頭売買有価証券または取扱有価証券に該当するもの（金商法施行令33条３号）

⑷　外国の者の発行する⑴の性質を有する証券または証書（⑶を除く）または外国投資証券のうち⑵に類するもの（⑶を除く）で，当該有価証券を受託有価証券とする有価証券信託受益証券（いわゆるJDR）が上場有価証券，店頭売買有価証券または取扱有価証券に該当するもの（金商法施行令33条４号）

⑸　外国の者の発行する⑴の性質を有する証券または証書（⑶・⑷を除く）または外国投資証券のうち⑵に類するもの（⑶・⑷を除く）で，当該有価証券に係る権利を表示する預託証券が上場有価証券，店頭売買有価証券または取扱有価証券に該当するもの（金商法施行令33条５号）

166条と異なり，167条においては，普通社債券，優先出資証券，投資法人債券は規制対象ではない（ただし，下記の他社有価証券償還社債などは，関連株券等に含まれる）。平成25年金商法改正により，投資法人の発行する投資証券および新投資口予約権証券を内部者取引規制の対象とすることとされ，投資証券および新投資口予約権証券も「特定株券等」に含まれることとなった。

また，「関連株券等」とは，①当該公開買付け等に係る特定株券等のみで運用する投資信託・外国投資信託の受益証券（金商法施行令33条の２第１号）または投資法人・外国投資法人の投資証券・投資法人債券・外国投資証券（同条２号），②当該公開買付け等に係る特定株券等に係るオプションを表示する証券または証書（同条３号），③当該公開買付け等に係る特定株券等に係る預託証券（同条４号），④当該公開買付け等に係る特定株券等を受託有価証券とする有価証券信託受益証券（同条５号），⑤当該公開買付け等に係る特定株券等の発行会社以外の会社の発行する社債券（新株予約権付社債を除く）で，社債権者による当該公開買付け等に係る特定株券等による償還請求権が付されているもの（いわゆる他社株券償還特約付社債券を含む）（同条６号），⑥外国の者が発行する証券・証書で⑤の性質を有するもの（同条７号）をいう。

株券等の「買付け等」とは，⒜特定株券等の買付けその他の有償の譲受け，

(b)合併または分割により特定株券等を承継すること，(c)関連株券等の買付けその他の有償の譲受け（特定株券等の売買に係るオプションを表示する関連株券等については，当該オプションの行使により当該行使をした者が当該売買において買主としての地位を取得するものに限る），(d)合併または分割により関連株券等を承継すること（特定株券等の売買に係るオプションを表示する関連株券等については，当該オプションの行使により当該行使をした者が当該売買において買主としての地位を取得するものに限る），(e)特定株券等の売買に係るオプションを表示する関連株券等の売付けその他の有償の譲渡であって当該オプションの行使により当該行使をした者が当該売買において売主としての地位を取得するもの，(f)合併または分割により特定株券等の売買に係るオプションを表示する関連株券等を承継させることであって当該オプションの行使により当該行使をした者が当該売買において売主としての地位を取得するもの，(g)その他(a)〜(f)に掲げる取引に準ずるものとして内閣府令に定めるものと定められており（金商法施行令33条の３），(g)については，取引規制府令60条各号において，株券等に関するデリバティブ取引で株券等の買付けと経済的には同視しうる取引が列挙されている。

また，「売付け等」とは，(ⅰ)特定株券等の売付けその他の有償の譲渡，(ⅱ)合併または分割により特定株券等を承継させること，(ⅲ)関連株券等の売付けその他の有償の譲渡（特定株券等の売買に係るオプションを表示する関連株券等については，当該オプションの行使により当該行使をした者が当該売買において買主としての地位を取得するものに限る），(ⅳ)合併または分割により関連株券等を承継させること（特定株券等の売買に係るオプションを表示する関連株券等については，当該オプションの行使により当該行使をした者が当該売買において買主としての地位を取得するものに限る），(ⅴ)特定株券等の売買に係るオプションを表示する関連株券等の買付けその他の有償の譲受けであって当該オプションの行使により当該行使をした者が当該売買において売主としての地位を取得するもの，(ⅵ)合併または分割により特定株券等の売買に係るオプションを表示する関連株券等を承継することであって当該オプションの行使により当該行使をした者が当該売買において売主としての地位を取得するもの，(ⅶ)その他(ⅰ)〜(ⅵ)に掲げる取引に準ずるものとして内閣府令に定めるものと定められており（金商法施行令33条の

４)，(vii)については，取引規制府令61条各号において，株券等に関するデリバティブ取引で株券等の売付けと経済的には同視し得る取引が列挙されている。

なお，平成24年金商法改正により，合併または分割による特定有価証券等を承継させ，または承継する行為について，166条１項の「売買等」に含まれることとされ，166条の内部者取引規制の対象とされたが，167条の内部者取引規制においても，同様にこれらを対象とするために，平成25年９月施行の金商法施行令改正により，「買付け等」および「売付け等」に上記の(b)(d)(f)，(ii)(iv)(vi)がそれぞれ追加された。

167条の規制対象となっている「買付けその他の有償の譲受け」または「売付けその他の有償の譲渡」の意味と，166条の「売買その他の有償の譲渡若しくは譲受け」は，同じ意味であるとされる(129)。

6　適用除外

これまで説明した要件を満たす行為は原則として内部者取引規制の対象となるが，166条の場合と同様，一定の場合は，例外的に規制の対象とされない。その一定の場合とは，次の場合である。

(1)　会社が既存株主に株式の割当てを受ける権利を与えた場合（会社法202条１項１号）で，当該権利の行使により株券を取得する場合（167条５項１号）

(2)　新株予約権（新投資口予約権を含む）を有する者が当該新株予約権を行使することにより株券（投資証券を含む）を取得する場合（167条５項２号，金商法施行令33条の４の２）

　平成25年金商法改正（１年６カ月以内施行分）では，投信法改正により投資法人について新投資口予約権を使ったライツ・オファリングが導入されることに伴い，166条６項２号の場合と同様に，政令の定めにより，新投資口予約権者が当該新投資口予約権を行使することによる投資証券を取得する場合を適用除外事由とすることとされた。

(3)　株券等に係るオプションを有する者が当該オプションを行使することにより株券等の買付け等・売付け等をする場合（167条５項２号の２）

---

(129)　岩原ほか・セミナー（開示制度・不公正取引・業規制）305頁〔武井発言〕

⑷　会社法上の株式買取請求権（会社法116条１項・182条の４第１項・469条１項・785条１項・797条１項・806条１項）による株式買取請求（投信法141条１項・第149条の３第１項・第149条の８第１項・第149条の13第１項の規定による投資口の買取りの請求を含む）または法令上の義務に基づき株券等の買付け等・売付け等をする場合（167条５項３号）

平成25年金商法改正（１年以内施行分）により，上場投資法人の投資証券などが内部者取引規制の対象とされたことに伴い，投信法に基づく投資口買取請求権に基づく投資口買取請求が適用除外に追加された。

⑸　公開買付者等の要請（公開買付者等が会社の場合は，その取締役会または執行役が決定した要請（監査等委員会設置会社にあっては取締役会の決議による委任または定款の定めに基づく取締役会の決議による委任に基づいて取締役の決定したものを含み，指名委員会等設置会社にあっては取締役会の決議による委任に基づいて執行役の決定したものを含む）に限る）に基づき，当該公開買付け等にかかる上場等株券等（上場等株券等の売買に係るオプションを含む）の買付け等をする場合（いわゆる応援買いをする場合）（167条５項４号）

なお，この適用除外は，当該公開買付者等に当該上場等株券等の売付け等をする目的をもって上場等株券等の買付け等をする場合に限られる。

⑹　公開買付け等に対抗するため，当該公開買付け等に係る上場等株券等の発行者の取締役会（上場投資法人等の役員会を含む。金商法166条６項４号，金商法施行令31条の２）が決定した要請（監査等委員会設置会社にあっては取締役会の決議による委任または定款の定めに基づく取締役会の決議による委任に基づいて取締役の決定した要請を含み，指名委員会等設置会社にあっては取締役会の決議による委任に基づいて執行役の決定した要請を含む）に基づき，当該上場等株券等（上場等株券等の売買に係るオプションを含む）の買付け等をする場合（いわゆる防戦買いをする場合）（167条５項５号）

この適用除外についても，金商法166条６項４号に規定する防戦買いの適用除外と同様，インサイダーWG・24年報告10頁において，公開買付け等の事実の有無について判断をすることは容易ではなく，防戦買いが実務面で利用し難いとの指摘があることを踏まえ，解釈の明確化等を図っていくことが提言された。これを受けて，平成27年９月に公表された金商法等ガイドラインにおいて，上場等株券等の発行者の取締役会などが決定した要請が，公開買付け等（公開買付けまたは買集め行為）があることについての合理的な根拠に基づくものであり，かつ，当該公開買付け等に対抗する目的をもって行われたものである場合には，当該要請は，金商法167条５項５号の規定による要請に該当するものとされた（金商法等ガイドライン第１章167-1)。これにより，公開買付け等が実際には存在しない場合であっても，その存在の合理的な根拠とそれへの対抗目的があれば，防戦買いの要請に該当することが明確化された。

なお，金商法166条６項４号の場合と異なり，本適用除外については，防戦買いの要請を受けた者が，公開買付け等がないことを知りながら買付け等を行う場合についての留意事項が記載されていない（金商法等ガイドライン第１章166-２が存在するのに対し，同167-2が存在しない)。これは，金商法167条１項・３項の規定によるインサイダー取引規制は，公開買付け等があることを前提とする規制であり，公開買付け等がない場合には，当該規制の適用の前提を欠き，当該規制の対象にならず，よって，本適用除外が問題となることもないためである（インサイダーQ&A問４(4))。

⑺　安定操作（159条３項・金商法施行令20条）のために株券等の買付け等または売付け等をする場合（167条５項６号）

⑻　167条１項に規定する公開買付け等の実施に関する事実を知った者が当該公開買付け等の実施に関する事実を知っている者から買付け等を取引所金融市場・店頭売買有価証券市場によらないでする場合または，同項に規定する公開買付け等の中止に関する事実を知った者が当該公開買付け等の中止に関する事実を知っている者に売付け等を取引所金融市場・店頭売買有価証券市場によらないでする場合（知る者取引）（167条５項７号）

この場合でも，当該売付け等をする者の双方が，当該売付け等の対象となる株券等について，さらに内部者取引規制違反の売付け等が行われる（たとえば公開買付け等の中止に関する事実を知らない第三者に転売される）ことを知っている場合は，適用除外とならない。なお，平成25年金商法改正前は，166条の場合と異なり，本号については，第二次情報受領者以降の者が買付け等の当事者となる場合も含まれていたが，同改正により，166

条６項７号についても，第二次情報受領者以降の者が買付け等の当事者となる場合も166条の適用除外とされた（第１節■６(9)参照)。

(9)　公開買付者等関係者であって167条１項各号に定めるところにより公開買付け等の実施に関する事実を知ったもの（特定公開買付者等関係者）から当該公開買付け等の実施に関する事実の伝達を受けた者（その者が法人であるときはその役員等を，その者が法人以外の者であるときはその代理人または使用人を含む）が株券等に係る買付け等をする場合で，当該伝達を受けた者が行う公開買付開始公告において，①当該伝達を行った者の氏名または名称，②当該伝達を受けた時期，③当該伝達を受けた公開買付け等の実施に関する事実の内容として取引規制府令に定める事項が明示され，当該事実が記載された当該伝達を受けた者の提出した公開買付届出書が公衆の縦覧に供された場合（平成25年金商法改正後（１年以内施行分）167条５項８号）

③の事項は，次に掲げる場合の区分に応じ，次に掲げる事項とされる（取引規制府令62条の２)。

(a)　上場等株券等の公開買付けの実施に関する事実の内容の伝達を受けた場合

当該公開買付けに係る特定公開買付者等関係者から伝達を受けた事項であって次に掲げるもの

(i)　当該公開買付けに係る公開買付者等の氏名または名称および住所または所在地

(ii)　当該公開買付けに係る買付け等の対象となる株券等の発行者の名称および当該株券等の種類

(iii)　当該公開買付けに係る買付け等の期間，買付け等の価格，買付予定の株券等の数並びにその下限および上限

(b)　買集め行為の実施に関する事実の内容の伝達を受けた場合

当該買集め行為に係る特定公開買付者等関係者から伝達を受けた事項であって次に掲げるもの

(i)　当該買集め行為に係る公開買付者等の氏名または名称および住所または所在地

(ii)　当該買集め行為の対象となる株券等の発行者の名称および当該株券等の種類

(iii)　当該買集め行為に係る買付けの期間，買付けの価格および買付予定の株券等の数

(c)　上場株券等の公開買付けの実施に関する事実の内容の伝達を受けた場合当該公開買付けに係る特定公開買付者等関係者から伝達を受けた事項であって次に掲げるもの

(i)　当該公開買付けに係る公開買付者等の名称および所在地

(ii)　当該公開買付けに係る買付け等の対象となる上場株券等の発行者の名称および当該上場株券等の種類

(iii)　当該公開買付けに係る買付け等の期間，買付け等の価格，買付予定の上場株券等の数およびその上限

(10)　①特定公開買付者等関係者であって167条１項１号の者以外のもの，または②特定公開買付者等関係者から公開買付け等の実施に関する事実の伝達を受けた者（特定公開買付者等関係者を除き，その者が法人であるときはその役員等を，その者が法人以外の者であるときはその代理人または使用人を含む）が株券等に係る買付け等をする場合（①については167条１項各号に定めるところにより公開買付け等の実施に関する事実を知った日から，②については当該伝達を受けた日から，６カ月が経過している場合に限る。平成25年金商法改正後（１年以内施行分）167条５項９号）

(9)と(10)の適用除外は，平成25年金商法改正（１年以内施行分）により新たに導入されたものである。その趣旨は，公開買付け等の実施を決定した者が他の潜在的な買収者に未公表の公開買付け等事実を伝達することなどにより，当該他の買収者の株券等の買付けを妨げることができるのは，企業買収の公正な競争に反するため，かかる弊害を是正しようとするものである。そして，上記(9)のように公開買付け等事実の情報受領者が公開買付けを行う場合で，公開買付開始公告や公開買付届出書に当該事実を記載し開示した場合には，一般投資家との関係で取引の有利性が相当程度解消される。また，上記(10)のように公開買付者等関係者（ただし，公開買付者等の役員等を除く。公開買付者等の役員等においては，公開買付け等事実の継続の

有無が不明となる可能性は低いためである[130]）または情報受領者が公開買付け等事実を知った後，６カ月が経過しても公開買付者等により公表されない場合には，当該事実は劣化し有用性を失っており，上記の公開買付者等関係者または情報受領者がかかる事実に基づいて投資判断をすることは想定されにくいと考えられる（インサイダーWG・24年報告９頁〜10頁）。よって，これらの場合を適用除外としたものである。なお，公開買付け等の実施に関する事実が公表された後，その中止が決定された場合は，公開買付け等の実施に関する事実が公表されている以上，中止決定も通常は遅滞なく公表されると考えられるため，適用除外の対象とされていない[131]。

なお，⑽について，公開買付者等関係者（167条１項１号の者を除く）または情報受領者が公開買付け等事実について，複数回伝達を受けた場合または知った場合は，最後に当該事実を知った日から６カ月の経過が必要である[132]。また，166条の重要事実についてはさまざまなものがあり，６カ月の経過により有用性を失うと一概にいうことはできないため，同種の適用除外は設けられていない[133]。

かかる改正に伴い，上記⑼の適用除外を受けようとする場合には，公開買付届出書に「伝達を受けた公開買付け等の実施に関する事実の内容等」として167条５項８号イからハまでに掲げる事項を記載することとされた（自社株買付府令２号様式記載上の注意(18)，他社株買付府令２号様式記載上の注意(34)）。

⑾　合併，分割または事業の全部または一部の譲渡もしくは譲受け（合併等。166条６項８号）により特定有価証券等を承継させ，または承継する場合であって，当該特定有価証券の帳簿価額の当該合併等により承継される資産の帳簿価額の合計額に占める割合が特に低い場合として内閣府令で定める割合未満であるとき（167条５項10号）

⑿　合併等の契約（新設分割にあっては，新設分割計画）の内容の決定についての取締役会の決議が上場会社等に係る重要事実を知る前にされた場合に

(130)　齊藤ほか・前掲注(100)39頁注34

(131)　齊藤ほか・前掲注(100)39頁注32

(132)　齊藤ほか・前掲注(100)39頁注36

(133)　齊藤ほか・前掲注(100)39頁注37

おいて，当該決議に基づいて当該合併等による当該上場会社の特定有価証券等を承継させ，または承継するとき（167条５項11号）

⒀　新設分割（他の会社と共同してするものを除く）により新設分割設立会社に特定有価証券等を承継させる場合（167条５項12号）

⒁　合併等または株式交換に際して当該合併等または株式交換の当事者である上場会社等が有する当該上場会社等の特定有価証券等を交付し，または当該特定有価証券等の交付を受ける場合（167条５項13号）

⑾～⒁については，平成24年金商法改正により，166条の内部者取引の適用除外として同様のものが規定されたが，167条の内部者取引規制についても，公開買付者等関係者が未公表の公開買付け等事実を知りながら，組織再編により当該公開買付け等に関する株券等を承継させ，または承継する場合や，組織再編の対価として当該公開買付け等に係る株券等を自己株式として交付を受け，または交付する場合がありうるため，これらの場合が適用除外とされた。なお，⑾の内閣府令で定める割合は，20％である（取引規制府令58条の２）。

⒂　①知る前契約の履行として買付け等または売付け等をする場合，②知る前計画の実行として買付け等または売付け等をする場合，または，③その他これに準ずる特別の事情に基づく買付け等または売付け等であることが明らかな買付け等または売付け等をする場合（内閣府令に定める場合に限る）（167条５項14号）

上記①または②については，内閣府令に定める場合として，以下の場合が規定されている（取引規制府令63条１項各号）。

(a)　公開買付け等事実を知る前に当該公開買付け等に係る上場等株券等・上場株券等の発行者との間で当該発行者の発行する株券等に係る買付け等・売付け等に関し書面による契約をした者が，当該契約の履行として当該書面に定められた当該買付け等・売付け等を行うべき期日・期限の10日前から期限までに当該買付け等・売付け等を行う場合（取引規制府令63条１項１号）（知る前契約）

(b)　公開買付け等事実を知る前に金融商品取引業者との間で信用取引の契約を締結した者が，当該契約の履行として金融商品取引所または認可金融商品取引業協会の定める売付け有価証券または買付け代金の貸付けに係る弁済の繰延期限の10日前から期限までに反対売買を行う場合（取引規制府令63条１項２号）

(c)　公開買付け等事実を知る前に当該公開買付け等に係る株券等の市場または店頭クレジット・デリバティブ取引に関し書面による契約を締結した者が，クレジット事由が発生した場合に当該契約の履行として当事者間において金銭の授受とともに，当該株券等を移転する場合（取引規制府令63条１項３号）

(d)　公開買付け等に係る上場等株券等・上場株券等の発行者の役員・従業員が他の役員・従業員と共同して当該発行者の株券または投資証券の買付けを行う場合（当該発行者が会社法156条１項の規定に基づき買い付けた自己株式以外の株券の買付けの場合は，金融商品取引業者に委託などをする場合に限る）であって，当該買付けが一定の計画に従い，個別の投資判断に基づかず，継続的に行われる場合（各役員・従業員の１回あたりの拠出金額が100万円未満の場合に限る）（いわゆる証券会社方式の役員・従業員持株会による買付け）（取引規制府令63条１項４号）

(d)および下記(e)について，上場会社等以外の会社であって，公開買付け等に係る上場等株券等・上場株券等の発行者が総株主等の議決権（これには，完全無議決権株式は含まれないが，相互保有株式は含まれる（取引規制府令30条２項１号，金商法29条の４第２項））の50％超を有する子会社，当該子会社が総議決権の50％超を有する当該子会社の子会社（孫会社），さらに，平成25年１月施行の取引規制府令改正により，当該孫会社が総議決権の50％超を有する会社（曾孫会社）（取引規制府令63条２項各号）の役員・従業員も，上記の上場等株券等・上場株券等の発行者の役員・従業員に含まれるものとされており，これらの者も上記の役員・従業員持株会による買付けの適用除外を受けることができる。

(e)　公開買付け等に係る上場等株券等・上場株券等の発行者の役員・従業員が信託業者と信託財産を当該発行者の株券または投資証券に投資することを目的として締結した信託契約に基づき，当該役員・従業員が当該信託業者に当該発行者の株券または投資証券の買付けの指図を行う場合であって，当該指図が一定の計画に従い，個別の投資判断に基づかず，継続的に行われる場合（これらの役員・従業員の信託財産すべてが合同運用される場合に限る）（いわゆる信託銀行方式の役員・従業員持株会による買付け）（取引規制府令63条１項５号）

(f)　公開買付け等に係る上場等株券等・上場株券等の発行会社の関係会社の従業員が当該関係会社の他の従業員と共同して当該会社の株券の買付けを金融商品取引業者に委託などをして行う場合（上記(d)に該当する場合を除く）であって，当該買付けが一定の計画に従い，個別の投資判断に基づかず，継続的に行われる場合（各従業員の１回あたりの拠出金額が100万円未満の場合に限る）（いわゆる証券会社方式の関係会社の従業員持株会による買付け）（取引規制府令63条１項６号）

「関係会社」とは，上場会社等以外の会社であって，(i)公開買付け等に係る上場等株券等・上場株券等の発行会社が総株主等の議決権の25%以上を有する他の会社，(ii)公開買付け等に係る上場等株券等・上場株券等の発行会社に対する前事業年度における他の会社の売上高が当該他の会社の売上高の総額の50%以上である場合の当該他の会社，(iii)公開買付け等に係る上場等株券等・上場株券等の発行会社からの前事業年度における他の会社の仕入高が当該他の会社の仕入高の総額の50%以上である場合の当該他の会社を意味する（取引規制府令63条３項各号）。

(g)　公開買付け等に係る上場等株券等・上場株券等の発行会社の関係会社の従業員が信託業者と信託財産を当該会社の株券に投資することを目的として締結した信託契約に基づき，当該従業員が当該信託業者に当該会社の株券の買付けの指図を行う場合（上記(e)に該当する場合を除く）であって，当該指図が一定の計画に従い，個別の投資判断に基づかず，継続的に行われる場合（これらの従業員の信託財産すべてが合同運用される場合に限る）（各従業員の１回あたりの拠出金額が100万円未満の場合に限る）（いわゆる信託銀行方式の関係会社の従業員持株会による買付け）（取引規制府令63条１項７号）

(h)　公開買付け等に係る上場等株券等・上場株券等の発行会社の取引関係者（当該上場会社等の指定する当該上場会社等と取引関係にある者。法人その他の団体にあってはその役員を含み，個人にあってはその事業に関して当該会社と取引関係にある場合に限る）が他の取引関係者と共同して当該会社の株券の買付けを金融商品取引業者に委託などをして行う場合であって，当該買付けが一定の計画に従い，個別の投資判断に基づかず，継続的に行われる場合（各取引関係者の１回あたりの拠出金額が100万円未満の場合に限る）（いわゆる取引先持株会による買付け）（取引規制府令63条１項８号）

(i)　公開買付け等に係る上場等株券等の発行者である投資法人の資産運用会社またはその特定関係法人の役員または従業員が当該資産運用会社または当該特定関係法人の他の役員または従業員と共同して当該投資法人の投資証券の買付けを金融商品取引業者に委託等をして行う場合であって，当該買付けが一定の計画に従い，個別の投資判断に基づかず，継続的に行われる場合（各役員または従業員の一回当たりの拠出金額が百万円に満たない場合に限る）（取引規制府令63条１項８号の２）

(j)　累積投資契約により公開買付け等に係る上場等株券等・上場株券等の発行者の株券または投資証券の買付けを金融商品取引業者に委託などをして行う場合であって，当該買付けが一定の計画に従い，個別の投資判断に基づかず，継続的に行われる場合（各顧客の１銘柄に対する払込金額が１月あたり100万円未満の場合に限る）（取引規制府令63条１項９号）

(k)　公開買付け等事実を知る前に，これとは別の公開買付けに関して公開買付開始公告を行った発行者以外の者による公開買付けの計画に基づき買付け等を行う場合（取引規制府令63条１項10号）

(l)　公開買付け等事実を知る前にこれとは別の公開買付けに関して公開買付届出書の提出を行った発行者による公開買付けの計画に基づき買付け等を行う場合（取引規制府令63条１項11号）

(m)　公開買付け等事実を知る前に発行者の同意を得た，または金商法施行令30条の公表の措置に準じ公開された，上場等株券等の売出しもしくは特定投資家向け売付け勧誘等の計画に基づき当該上場等株券等の売出し（金融商品取引業者が売出しの取扱いを行うものに限る）または特定投資家向け売付け勧誘等（金融商品取引業者が特定投資家向け売付け勧誘等の取扱

いを行うものに限る）を行う場合（取引規制府令63条１項12号）

(n) 公開買付け等事実を知る前に166条４項に定める公表の措置に準じて公開され，または公衆の縦覧に供された新株予約権無償割当てまたは新投資口予約権無償割当て（取得条項が付されたものに限る）に係る計画（発行者と元引受契約を締結した金融商品取引業者に当該取得をした新株予約権証券または新投資口予約権証券の売付けをするものに限る）に基づき発行者が，(i)当該計画で定められた取得をすべき期日または取得をすべき期限の10日前から当該期限までの間において当該取得をする場合，および(ii)当該計画で定められた売付けをすべき期日または売付けをすべき期限の10日前から当該期限までの間において当該売付けをする場合（取引規制府令63条１項13号）

会社関係者による内部者取引規制の適用除外事由と同様に，これも平成24年４月の取引規制府令改正により，ライツ・オファリングに際して行われる発行会社による恣意性のない新株予約権の取得・売却をインサイダー取引規制の適用除外としたものである。

(o) (a)～(n)に掲げる場合のほか，次に掲げる要件の全てに該当する場合（取引規制府令63条１項14号）

(i) 公開買付け等事実を知る前に締結された当該公開買付け等に係る株券等に係る買付け等もしくは売付け等に関する書面による契約の履行または公開買付け等事実を知る前に決定された当該公開買付け等に係る株券等に係る買付け等もしくは売付け等の書面による計画の実行として買付け等もしくは売付け等を行うこと

(ii) 公開買付け等事実を知る前に，次に掲げるいずれかの措置が講じられたこと

イ 当該契約または計画の写しが，金融商品取引業者（第一種金融商品取引業（有価証券関連業に該当するものに限り，第一種少額電子募集取扱業務のみを行うものを除く）を行う者に限る。(2)において同じ。（取引規制府令59条１項14号ロ(1)））に対して提出され，当該提出の日付について当該金融商品取引業者による確認を受けたこと（当該金融商品取引業者が当該契約を締結した相手方または当該計画を共同して決

定した者である場合を除く）

ロ　当該契約または計画に確定日付が付されたこと（金融商品取引業者が当該契約を締結した者または当該計画を決定した者である場合に限る）

ハ　当該契約または計画が金商法167条４項に定める公表の措置に準じ公衆の縦覧に供されたこと

(iii)　当該契約の履行または当該計画の実行として行う買付け等または売付け等につき，買付け等または売付け等の別，銘柄および期日ならびに当該期日における買付け等または売付け等の総額または数（デリバティブ取引にあっては，これらに相当する事項）が，当該契約もしくは計画において特定されていること，または当該契約もしくは計画においてあらかじめ定められた裁量の余地がない方式により決定されること

本適用除外は，会社関係者による内部者取引規制の適用除外事由（取引規制府令59条１項14号）と同様に，インサイダー WG・24年報告において，(a)～(n)に掲げる適用除外規定に該当しない取引であっても，規制の必要性が乏しい知る前契約・計画について包括的な適用除外規定を設けることが提言されたことを踏まえ，平成27年９月に施行された取引規制府令改正により追加されたものである。上記，(i)ないし(iii)の要件に関して，会社関係者による内部者取引規制の適用除外事由（取引規制府令59条１項14号）における議論は，本適用除外についても基本的にはあてはまると解される。

7　内部者取引に関する責任

(1)　刑事責任

167条の内部者取引規制違反に対する責任については，166条の場合と同様に，金商法上，刑事責任と課徴金が規定されている。このうち刑事責任については，同条の内部者取引規制違反の場合と同様であり，５年以下の懲役もしくは500万円以下の罰金またはこれらの併科の対象であり（197条の２第13号），ま

た法人に対しては５億円以下の罰金（207条１項２号）の両罰規定の対象である。

⑵　課 徴 金

166条と同様に，自己の計算により167条の内部者取引規制違反の行為を行った者に対しては，その違反行為による経済的利得相当額と類型的に考えられる法定の金額を課徴金として納付させるものとしている（175条２項）。なお，166条と同様に，167条の内部者取引規制違反に関する課徴金制度についても，平成20年金商法改正により金額水準と一部要件の見直しが行われており，さらに，平成24年金商法改正により課徴金の対象が拡大されている。

課徴金の対象者は，①自己の計算により公開買付け等事実の公表前６カ月以内に内部者取引規制違反となる有価証券の売付け等を行った者（175条２項１号），②自己の計算により公開買付け等事実の公表前６カ月以内に内部者取引規制違反となる有価証券の買付け等を行った者（同項２号）とされている。なお，公開買付者等の役員等が公開買付者等の計算により対象となる株券等の買付けまたは売付けなどを行うことは，167条において規制されておらず，上記の①または②にも該当しない。

かかる課徴金の対象者について，平成20年金商法改正により，次のような改正が行われた。まず，①・②のほかに，③その顧客の計算により内部者取引規制違反となる売付け等・買付け等を行った金融商品取引業者等が，課徴金の対象者として追加された（175条２項３号）。また，(a)内部者取引をした者が総株主等の議決権の過半数を保有している会社その他の当該者と密接な関係を有する者として内閣府令で定める者（親会社・子会社・兄弟会社など（課徴金府令１条の23第３項）），または，(b)内部者取引をした者と生計を一にする者その他の当該者と特殊な関係にある者として内閣府令で定める者（親族・内縁の配偶者・役員・従業者など（同条４項））の計算において内部者取引をした者は，自己の計算により当該取引を行ったものとみなされる（175条11項）。ただし，(a)または(b)の者が自己の計算により内部者取引を行った場合には，当該取引は除かれる。

さらに，上記③に関して，平成24年金商法改正により，金融商品取引業者等がその顧客の計算により内部者取引規制違反となる売買等を行った場合に限らず，金融商品取引業者等以外の者であっても，他人の計算で内部者取引規制違反となる売買等を行った場合を広く，課徴金の対象者とする改正が行われた（175条２項３号）。

また，①・②の場合について，公開買付け等事実の公表日中の当該事実の公表前に行われた売付け等・買付け等は，課徴金の対象となることが明らかとされた。なお，①・②については，公開買付け等事実が公表された日の６カ月より前になされた当該買付け等・売付け等は課徴金の対象とはならないが，③については，かかる限定は付されていない。

課徴金の額は，平成20年金商法改正前は，(i)公開買付け等事実の公表前６カ月以内に行われた有価証券の売付け等が内部者取引規制違反となる場合は，当該売付け等の価格に売付数量を乗じた額から当該公表された日の翌日における金融商品取引所または認可金融商品取引業協会が公表する最終の価格に売付数量を乗じた額を控除した金額であり（同改正前175条２項１号・６項），(ii)公開買付け等事実の公表前６カ月以内に行われた有価証券の買付け等が内部者取引規制違反となる場合は，当該公表された日の翌日における金融商品取引所または認可金融商品取引業協会が公表する最終の価格に買付数量を乗じた額から当該買付け等の価格に買付数量を乗じた額を控除した金額とされていた（同改正前175条２項２号・６項）。

これに対し，平成20年金商法改正後は，(i)および(ii)の公表日の翌日の最終の価格について，(i)の場合は，公表された時から２週間を経過するまでの間の各日における金融商品取引所または認可金融商品取引業協会が公表する最低の価格のうちもっとも低い価格（同改正後175条７項），(ii)の場合は，公表された時から２週間を経過するまでの間の各日における金融商品取引所または認可金融商品取引業協会が公表する最高の価格のうちもっとも高い価格（同改正後175条８項）に改正された。また，③は，当該売付け等・買付け等に係る手数料，報酬その他の対価の額として内閣府令で定める額が課徴金の額とされ，(イ)資産運用として売付け等・買付け等が行われた場合には，当該売付け等・買付け等が行われた月の運用報酬額に運用財産の総額に対する当該売付け等・買付け等の対象銘柄の総額の割合を乗じた金額，(ロ)(イ)以外の場合には，当該売付け等・買付け等の対価の金額とされた（同改正後175条２項３号，平成26年改正前課徴金府令1条の21第2項)。課徴金の対象となる行為として,①〜③のうち複数のものに該当する行為を行った場合には,当該各場合の課徴金の額として定められている額の合計額が課徴金の額とされた(平成20年金商法改正後175条2項柱書かっこ書)。

また,上記のとおり,平成24年金商法改正により,金融商品取引業者等以外の者であっても,他人の計算で内部者取引規制違反となる売買等を行った場合を広く課徴金の対象者とする改正が行われたが,その場合に適用される上記③の課徴金の額に関する課徴金府令における具体的な定めは,上記③の内容から実質的な改正は行われていない。かかる上記③の課徴金の額については,平成25年金商法改正(1年以内施行分)により,資産運用業者による166条の内部者取引規制の課徴金の引上げと同様の趣旨に基づき,167条違反の行為についても,ⓐ運用対象財産の運用として売付け等・買付け等が行われた場合は,当該売付け等・買付け等が行われた月における当該運用対象財産のうち内閣府令で定めるものの運用の対価の額に相当する額として内閣府令で定める額に3を乗じて得た額とされ,ⓑⓐ以外の場合は,当該売付け等・買付け等に係る手数料,報酬その他の対価の額として内閣府令で定める額と改正された(平成25年金商法改正後175条2項3号イ・ロ)。かかる改正を受けて,課徴金府令において,上記のⓐの運用対象財産として,資産運用業者が業として行った行為が,投資法人からの委託による場合,投資一任契約による場合,投資信託委託業による場合,自己運用による場合ごとに,違反行為に係る利益または損失が帰属する運用財産と定められた(課徴金府令1条の21第4項各号)。また,上記のⓐの運用の対価の額に相当する額としては,違反取引が行われた日の属する月(違反取引が二以上の月にわたって行われたものである場合には,これらの月のうち最後の月)について違反者に運用の対価として支払われ,または支払われるべき金銭その他の財産(運用報酬)の価額の総額とし,当該総額が算出できない場合にあっては,当該違反取引をした価格にその数量を乗じて得た額の10%とするとされた(同条5項)。またⓑの額としては,改正前と同様,違反取引の対価として違反者に支払われ,または支払われるべき金銭その他の財産の価額の総額とされた(課徴金府令1条の21第6項)。

なお,175条2項の「買付け等」・「売付け等」の意味と,167条の「買付け等」・「売付け等」の意味が異なることに注意が必要である（金商法施行令33条の３・33条の４・33条の15・33条の16参照）。また，167条においては，公開買付者等本人による株券等の買付け等・売付け等はもともと規制の対象となっていない。したがって，公開買付け等を行う予定のある者が，当該事実を未公表のまま当該公開買付け等の対象となる株券の買付け等をする場合も内部者取引規制の対象とならない。また，166条の場合と異なり，167条に違反して公開買付者等の計算により当該公開買付者等の役員等が株券等の買付け等または売付け等を行った場合でも，課徴金による制裁は課されていない（166条の場合は，上場会社等自体は「会社関係者」には含まれていないが，上場会社等の役員等は上場会社等の計算において売買等をした場合も内部者取引規制の対象となると解されており，かかる場合，当該上場会社等は課徴金の対象となる（175条９項））。なお，平成24年金商法改正により，合併または分割により有価証券を承継させること，および承継することが，「売付け等」および「買付け等」に追加された（金商法施行令33条の15・33条の16）。

⑶　氏名公表措置

内部者取引などの不公正取引を反復して行った者などについては，将来の取引相手となる証券会社や投資家などに対して注意喚起し，違反抑止を図る観点から，平成25年金商法改正（１年以内施行分）により，公益または投資家保護のため必要かつ適当であると認めるときは，それらの者の氏名その他法令違反行為による被害の発生もしくは拡大を防止し，または取引の公正を確保するために必要な事項を一般に公表することができることとなる（192条の２）。

❖第３節❖　会社関係者・公開買付等関係者の情報伝達・取引推奨行為

１　総　　論

167条の２は，平成25年金商法改正（１年以内施行分）により新たに導入された内部者取引規制の一類型であり，166条および167条の内部者取引規制のそれそれに関する情報伝達行為および取引推奨行為に区分して，以下の行為が規制の対象とされる。

⑴　上場会社等の会社関係者（元会社関係者を含む）が，上場会社等の未公表の重要事実をその職務などに関して知ったうえで，他人に対し，当該重要事実の公表前に当該上場会社等の特定有価証券の売買等をさせることにより当該他人に利得を得させ，または損失の発生を回避させる目的をもって，当該重要事実を伝達し，または当該売買等をすることを勧める行為（167条の２第１項）

⑵　公開買付者等に係る公開買付等関係者（元公開買付等関係者を含む）が，当該公開買付者等の未公表の公開買付け等事実をその職務などに関して知ったうえで，他人に対し，当該公開買付け等事実の公表前に，公開買付け等の実施に関する事実の場合は，当該公開買付け等に係る株券等の買付け等をさせ，または，公開買付け等の中止に関する事実の場合は，当該公開買付け等に係る株券等の売付け等をさせることにより当該他人に利得を得させ，または損失の発生を回避させる目的をもって，当該公開買付け等事実を伝達し，または当該買付け等もしくは当該売付け等をすることを勧める行為（167条の２第２項）

167条の２が平成25年金商法改正（１年以内施行分）により導入された背景には，近年におけるインサイダー取引事案では，会社関係者や公開買付者等関係者による内部者取引よりも，これらの者から情報伝達を受けた情報受領者による内部者取引が増加していることと，リーマン・ショック後に続いた複数の日本企業による公募増資案件に関連して，引受主幹事証券会社の営業職員による情報伝達に基づいてその顧客が内部者取引を行った事案[134]が発生し，これにより日本の証券市場に対して国内外の投資家の信認が損なわれかねない状況が生じたことがあった。それ以前においては，情報伝達・取引推奨行為は，内部者取引の教唆犯または幇助犯として刑事罰を科すことができると解されていたものの，内部者取引とは別に情報伝達行為自体をただちに処罰するまでの必要

---

(134)　国際石油開発帝石事件（平24・６・27課徴金納付命令決定），日本板硝子事件（平24・６・26課徴金納付命令決定，平25・１・８課徴金納付命令決定），みずほフィナンシャルグループ事件（平24・６・27課徴金納付命令決定），東京電力事件（平25・６・27課徴金納付命令決定），エルピーダメモリ事件（平25・４・19課徴金納付命令決定）

性は乏しいと考えられており[135]，実際に教唆犯または幇助犯として処罰された事案も１件（トーア・スチール株事件）あるだけとされていた[136]。これらを背景として，金融審議会インサイダー取引規制に関するワーキング・グループにおいて議論がなされ，重要事実や公開買付け等事実を知りうる特別の立場にある会社関係者や公開買付者等関係者の情報伝達・取引推奨行為により，その者と特別の関係にある第三者が当該事実の公表前に取引を行えば，一般投資家との間で不公平が生じ証券市場の公正性・信頼を損なうおそれがあることや，米国や欧州においては情報伝達行為が規制対象とされていることを踏まえ，日本においても内部者取引とは別にこれらの行為自体を規制対象とすることが必要であるとされた（インサイダーWG・24年報告２頁)。これを受け，平成25年金商法改正（１年以内施行分）により，167条の２に定める情報伝達・取引推奨行為が内部者取引規制の一類型として新たに規制対象とされた。

2　規制の対象者

規制の対象となっている者は，166条および167条の内部者取引規制のそれぞれに関する情報伝達行為および取引推奨行為に区分して，以下の者とされる。

⑴　会社関係者および元会社関係者（167条の２第１項）

167条の２第１項の情報伝達・取引推奨行為規制の対象となるのは，166条１項に規定する上場会社等の会社関係者であって，同条１項各号に定めるところにより未公表の重要事実を知ったものが該当することとなる。また，未公表の重要事実を同号に定めるところにより知った会社関係者であって，会社関係者でなくなった後１年以内のもの（元会社関係者）も，同様に規制の対象者となる。

⑵　公開買付等関係者および元公開買付等関係者（167条の２第２項）

---

(135)　横畠・インサイダー取引規制127頁・211頁・212頁

(136)　インサイダーWG・24年報告が公表された後，バンテック株式の公開買付けに関連して当該株式を内部者取引として買い付けた事案に関して，証券会社の元執行役員が公開買付けに関する事実を当該買付者に伝達し，当該株式の買付を唆した事実につき，教唆犯に該当すると判断された裁判例がある（横浜地判平25・９・30判タ1418号374頁，東京高判平27・９・25判時2319号123頁)。

167条の２第２項の情報伝達・取引推奨行為規制の対象となるのは，166条２項に規定する公開買付者等に係る公開買付者等関係者であって，同条１項各号に定めるところにより未公表の公開買付け等事実を知ったものが該当することとなる。また，未公表の公開買付け等事実を同号に定めるところにより知った公開買付等関係者であって，公開買付等関係者でなくなった後１年以内のもの（元公開買付等関係者）も，同様に規制の対象者となる。

会社関係者には法人が含まれるため，当該法人の一部の役職員が重要事実を知った場合に，当該重要事実を知らない他の役職員が取引推奨を行った場合に規制違反となるか問題となり得るが，規制違反とならないとされる（情報伝達取引推奨Q&A問４）。なお，⑴および⑵のいずれの場合についても，情報受領者は規制の対象者となっていない。これは，情報受領者から重要事実または公開買付け等事実の伝達を受けた者は，第二次情報受領者となり，166条および167条の内部者取引規制の対象者とならないためである[137]。

3　規制の対象行為

規制の対象行為は，166条の内部者取引規制に関する情報伝達行為および取引推奨行為については以下⑴の行為，167条の内部者取引規制に関する情報伝達行為および取引推奨行為については以下⑵の行為とされる。

⑴　未公表の重要事実を知った上場会社等の会社関係者が，他人に対し，当該重要事実の公表前に当該上場会社等の特定有価証券の売買等をさせることにより当該他人に利得を得させ，または損失の発生を回避させる目的をもって，当該重要事実を伝達し，または当該売買等をすることを勧める行為（167条の２第１項）

⑵　①未公表の公開買付け等の実施に関する事実を知った公開買付者等に係る公開買付等関係者が，他人に対し，当該公開買付け等の実施に関する事実の公表前に，当該公開買付け等に係る株券等の買付け等をさせることにより当該他人に利得を得させ，または損失の発生を回避させる目的をもって，当該公開買付け等事実を伝達し，または当該買付け等もしくは当該売

⑴37)　齊藤ほか・前掲注⑴00)27頁

付け等をすることを勧める行為（167条の２第２項），②未公表の公開買付け等の中止に関する事実を知った公開買付者等に係る公開買付等関係者が，他人に対し，当該公開買付け等の中止に関する事実の公表前に，当該公開買付け等に係る株券等の売付け等をさせることにより当該他人に利得を得させ，または損失の発生を回避させる目的をもって，当該公開買付け等事実を伝達し，または当該買付け等もしくは当該売付け等をすることを勧める行為（167条の２第２項）

⑴および⑵①②においては，まず，会社関係者または公開買付者等関係者が，「他人」に対して，重要事実または公開買付け等事実を「伝達」する行為が，規制の対象行為となる。ここで，「他人」には限定はなく，自然人および法人，ならびに会社関係者である法人内部の役職員を含むとされる[138]。また，「伝達」とは，166条３項および167条３項の伝達と同じ意味を有するものと解される。重要事実の全部でなく，一部を伝える場合であっても，情報受領者が有する他の情報や推測する能力によっては内部者取引に利用されることが考えられるため，規制の対象行為に含まれる。

次に，売買等または買付け等もしくは当該売付け等をすることを「勧める」行為が，規制の対象行為となる。これは，重要事実または公開買付け等事実の内容は伝達せずに，これを仄めかしたり，または，自らが会社関係者または公開買付者等関係者であることを示しつつ取引を推奨するなど，上記の情報伝達行為の潜脱的な行為が行われることを防ぐために（インサイダーWG・24年報告２頁），情報伝達でなくとも，取引推奨をする行為が，規制の対象とされるものである。

⑴および⑵①②のいずれの場合であっても，他人に対して，重要事実または公開買付け等事実の公表前に売買等または買付け等もしくは売付け等をさせることにより当該他人に利得を得させ，または損失の発生を回避させる目的（目的要件）が必要とされる。これは，情報伝達・取引推奨行為全般を規制対象とした場合には，業務提携の交渉や投資家向け説明（いわゆるIR活動）による情報伝達までもが規制対象となり，企業の通常の業務または活動に支障が出るおそれがあるため，目的要件が設けられることとなったものである（インサイ

---

(138)　齊藤ほか・前掲注(100)28頁，情報伝達取引推奨Q&A問１参照

ダーWG・24年報告3頁)。一般に，情報伝達や取引推奨により他人が内部者取引を行う可能性がないとは言い切れないが，会社の業務遂行の必要性からそれらの行為を行う際，そのような未必的認識を持っていたとしても，目的要件を充たすものではなく，それらの行為により他人が取引を行うことにつき積極的な意思を有していた場合に限り，目的要件を充たすとされる[139]。また，当該他人が得る利得は，重要事実または公開買付け等事実の公表前に売買等または買付け等もしくは売付け等をさせることにより得られるものであり，重要事実または公開買付け等事実の存在やその公表のタイミングとは無関係の利益は含まれないとされる[140]。

情報伝達取引推奨Q&A問1・問3においても，業務上必要な社内外での情報共有や，IR活動は（自社への投資の一般的な推奨を伴う場合であっても），通常の場合，目的要件を満たさないとされている。また，当該他人によるこのような売買などにより得られる利得には，投資運業者がファンドの計算で売買などをすることにより得られる運用報酬などの利益も含まれるとされる[141]。また，証券取引等監視委員会による勧告事案によれば，情報伝達・取引推奨を行った者に何らかの経済的な見返りがあることが必ずしも明らかではないが，情報受領者・被取引推奨者との間における緊密な人間関係を背景とした情実的な動機によって情報伝達・取引推奨を行った事案においても，目的要件が充足したと認定されている[142]。

なお，情報伝達取引推奨Q&A問4では，証券会社等の一部の役職員が上場会社等の未公表の重要事実を知っていた場合でも，当該事実を知らない営業部門の他の役職員が取引推奨行為を行うことは可能であるとされる（かかる場合は，目的要件を充たさないためである。なお，平成25年金商法改正（1年以内施行分）による情報伝達・取引推奨行為の導入に伴い，有価証券の売買等につき，当該有価証券の発行者の法人関係情報について公表がされたこととなる前に当該売買等

(139)　齊藤ほか・前掲注(100)28頁，情報伝達・取引推奨Q&A問7参照

(140)　齊藤ほか・前掲注(100)28頁，情報伝達・取引推奨Q&A問3・問7参照

(141)　齊藤ほか・前掲注(100)28頁。佐伯仁志「刑法から見たインサイダー取引規制」金融法務事情1980号11頁（2013）も同旨。

(142)　志村聡ほか「インサイダー取引規制の適用に関する分類別考察（4・完）情報伝達・取引推奨規制に関するインサイダー取引規制等」旬刊商事法務2150号9頁（2017）

をさせることにより顧客に利益を得させ，または当該顧客の損失の発生を回避させる目的をもって，当該顧客に対して当該売買等をすることを勧めて勧誘する行為が，証券会社の禁止行為として新設された（金商業等府令117条１項14号の２）が，法人関係情報を知らない証券会社の営業部門の役職員が取引推奨をした場合であっても，前記の目的を欠くこととなる(143)）。また，情報伝達取引推奨Q&A問５では，上場会社等の未公表重要事実を知った証券会社の営業職員について，投資判断を示さずに一般的な会社の評価に触れることは取引推奨行為に該当しないが，明示的な取引推奨行為を行わない場合でも，顧客に早期のまたは一定期間内の売買を促す言動などを行った場合には，取引推奨行為に該当するおそれがあるとする。証券会社においては，通常，上場会社等の未公表重要事実を取り扱う部署（投資銀行セクション）と営業部署との間にチャイニーズ・ウォールを引いているため，上場会社等の未公表重要事実が営業部署に伝達されることは通常ないであろう。日本証券業協会制定の「協会員における法人関係情報の管理態勢の整備に関する規則」６条では，物理的な隔離などにより，法人関係情報が，それを取得する可能性の高い部門（法人関係部門）から業務上不必要な部門に伝わらないようにすることを求めている。また，平成25年４月16日に公表された「『協会員における法人関係情報の管理態勢の整備に関する規則』に関する考え方」第４条６は，法人関係情報は，業務上必要な場合に管理部門の承認などの手続に則るときを除き，社内外ともに伝達禁止であり，営業部門などが法人関係情報を取得する部門に対して，法人関係情報やそれを示唆する情報などについて不正な情報追求や詮索を行ってはならないとしている。しかし，もし上場会社等の未公表重要事実が営業部署に伝達されてしまった場合には，当該伝達を受けた営業職員については取引推奨行為を行ったとみなされないような対応をする必要があろう。

また，会社関係者または公開買付者等関係者による取引推奨行為は，重要情報を伝達せずに，取引を推奨するのみであるから，当該推奨を受けた第三者による取引は，通常，内部者取引規制違反とはならない。このような行為であっても規制の対象とする趣旨は，会社関係者などが重要事実または公開買付け等

(143)　小長谷ほか・前掲注(101)54頁

事実の内容は伝達せずに，取引推奨を行うことにより，情報伝達行為の潜脱的な行為が行われ，その結果，第三者による公表前の取引が引き起こされた場合，それら一連の行為を全体としてみれば，証券市場の信頼を害する程度に違法性を有すると考えられたためである[144]。この観点から，取引推奨を行う会社関係者などにおいて，他人に取引を行わせて利得を得させる積極的な意思を有しているだけではなく，当該他人において当該取引推奨を行う者が会社関係者であることの認識を有することなど，当該他人において公表前の取引が行われる客観的な可能性が一定程度存在することが必要であるとの見解がある[145]。

4　情報伝達・取引推奨行為に対する責任

(1)　刑事責任

167条の２第１項または第２項に違反した者は，当該違反により伝達を受けた者または取引を勧められた者が，当該違反に係る重要事実の公表前に当該違反に係る特定有価証券等の売買等をした場合（166条６項の適用除外の場合を除く），または，当該違反に係る公開買付け等事実の公表前に当該違反に係る株券等の買付け等または売付け等をした場合（167条５項の適用除外の場合を除く）には，刑事罰の対象となる（197条の２第14号・15号）。罰則は，166条違反および167条違反の場合と同じく，懲役５年以下，罰金500万円以下，またはこれらの併科とされる。また，法人の代表者や代理人，使用人その他の従業員が，法人の業務または財産に関して，情報伝達・取引推奨行為を行った場合も，166条違反および167条違反の場合と同じく，当該法人に対しても５億円以下の罰金が科せられる（207条１項２号）。内部者取引の幇助犯の法定刑は，正犯の法定刑の２分の１に減刑（必要的減刑）される一方，情報伝達・取引推奨規制の違反は内部者取引に準じる違法性を有する行為であると考えられたため，上記のとおりその法定刑は内部者取引違反の場合と同等とされた。また，教唆犯・幇助犯に対する法人両罰規定の適用の有無については疑義があるが，情報伝達・取引推奨規制違反について，上記のとおり法人両罰規定が適用されること

(144)　齊藤ほか・前掲注(100)37頁注４
(145)　佐伯・前掲注(141)15頁

が明確化された[146]。なお，内部者取引の教唆犯・幇助犯は，情報伝達・取引推奨行為違反の罪に吸収され，一罪と評価される[147]。

167条の２に違反して情報伝達・取引推奨行為を行っただけでは，刑事責任の対象となるものではなく，当該行為により情報伝達や取引推奨を受けた者が，上記のとおり，特定有価証券等の売買等の取引を行った場合（ただし，166条６項・167条５項の適用除外の場合を除く。取引要件）に限って，刑事責任の対象とされる。これは，情報伝達・取引推奨行為が行われただけで刑事罰の対象とすると，本来制裁を課すべきでない通常の業務や活動まで対象としてしまう可能性や影響を及ぼしてしまう可能性があり，情報伝達・取引推奨行為があったとしても実際に取引が行われない場合には処罰の対象とする必要性は必ずしも高くないことから（インサイダーWG・24年報告３頁），刑事罰の対象とするためには取引要件が必要とされた。ここで，情報伝達・取引推奨行為を受けた者が，当該行為を受けたことが決め手となって取引を行ったことまでを必要とするものではなく，当該行為を受けたことが１つの考慮要素となったという程度の関連性があれば足りるとされる[148]。

なお，取引要件を充足しない場合であっても，167条の２に違反する情報伝達・取引推奨行為は違法であり，後述の氏名公表措置の対象となりうるほか，かかる行為を行った金融商品取引業者等については行政処分などの対象となりうる（情報伝達取引推奨Q&A問６）。

⑵ 課 徴 金

167条の２第１項または第２項に違反して，伝達または取引を勧める行為（違反行為）をした者（違反者）は，当該違反行為により当該伝達を受けた者または当該取引を勧められた者（情報受領者等）が，当該違反行為に係る重要事実の公表前に当該違反行為に係る特定有価証券等の売買等をした場合（166条６項の適用除外の場合を除く），または，当該違反行為に係る公開買付け等事実の公表前に当該違反行為に係る株券等の買付け等または売付け等をした場合（167

---

(146)　齊藤ほか・前掲注(100)30頁
(147)　齊藤ほか・前掲注(100)30頁
(148)　齊藤ほか・前掲注(100)29頁

条５項の適用除外の場合を除く）には，課徴金の対象となる（175条の２第１項・２項)。課徴金についても，刑事責任と同じく，167条の２に違反して情報伝達・取引推奨行為を行っただけでは，課徴金の対象となるものではなく，当該伝達や取引推奨を受けた者が166条または167条違反の内部者取引を行った場合に限って，課徴金の対象とされる。

なお，自己の計算で166条または167条違反の内部者取引を行った者に対して，175条１項１号・２号または２項１号・２号に基づき課徴金が課されるのは，重要事実または公開買付け等事実が公表された日以前６カ月以内に当該内部者取引が行われた場合に限られる一方，他人の計算で166条または167条違反の内部者取引を行った者に対する175条１項３号または２項３号に基づく課徴金の制裁については，上記のような制限はない。情報伝達・取引推奨行為については，その後に情報受領者等による内部者取引が行われれば，それが公表以前６カ月より前であったとしても，課徴金が課せられることとなっているが，これは，情報伝達・取引推奨行為が，課徴金の計算方法も含めて，他人の計算による内部者取引と類似する点があることが考慮されたのであろうか（もっとも，下記③の場合については，課徴金の計算方法は，自己の計算による166条・167条違反の場合のそれに類似する)。情報伝達・取引推奨を受けた情報受領者等による内部者取引が，重要事実や公開買付け等事実の公表以前６カ月より前に行われ，その結果，当該行為自体については課徴金が課せられない場合まで，情報伝達・取引推奨行為について課徴金の対象とするのは，均衡を失する面があるのではないだろうか。

課徴金の額については，次のとおり，違反者を３つの類型に区分したうえで，それぞれに応じて法定されている。

①　違反者が特定有価証券等または株券等に係る仲介関連業務（売買もしくはデリバティブ取引またはそれらの委託の媒介，取次ぎもしくは代理，または私設取引システムにより行うそれらの行為，その他これらに類するものとして政令で定める行為[149]に係る業務（有価証券に関連する情報の提供または助言に係る業務を含む（課徴金府令１条の24，金商法35条１項８号)))に関し違反行為をした場合（②の場合を除く）

当該情報受領者等から当該違反者に支払われる当該違反行為をした日の

属する月（当該月が２以上ある場合は，そのうち最後の月）における仲介関連業務の対価の額に相当する額として内閣府令で定める額の３倍の額（175条の２第１項１号・２項１号）

② 違反者が当該有価証券等または株券等に係る募集等業務（募集もしくは売出しの取扱いまたは私募もしくは特定投資家向け売付け勧誘等の取扱いに係る業務）に関し違反行為をした場合

(a)当該情報受領者等から当該違反者に支払われる当該違反行為をした日の属する月（当該月が２以上ある場合は，そのうち最後の月）における仲介関連業務の対価の額に相当する額として内閣府令で定める額の３倍の額，および，(b)当該募集等業務および当該募集等業務に併せて行われる引受業務の対価の額に相当する額として内閣府令で定める額の２分の１の額の合計額（175条の２第１項２号・２項２号）

課徴金の額については，情報伝達・取引推奨行為により行為者が得られる利得相当額がその額とされているが，①および②のように，仲介関連業務や募集等業務を営む者の役職員が当該業務に関連してかかる行為を行う場合には，元来それらの者が証券市場において不公正取引を防止すべき立場にあることからすれば，証券市場に対する信認の失墜につながる可能性があることも考慮して，より抑止効果の高いものとすべく（インサイダーWG・24年報告４頁），上記のように違反行為のあった月の仲介関連業務の対価の３倍の額，あるいは，募集等業務および引受業務の対価の額の２分の１の額とされた。これは，実務上，証券会社が資産運用業者などから３カ月ごとにブローカー評価を受けており，仲介業務に関する違反行為により当該期間につき評価を高め仲介手数料の確保・増加という利得を得ることができると考えられたこと，また，実務上，募集等の業務の対価は引受手数料の半分を占めることが多く，募集等業務に関する違反行為により引受手数料の半分の利得を得ることができると考えられたものである(150)。

---

(149)　この「政令で定める行為」とは，金商法２条８項18号において金融商品取引業となる行為が政令で追加された場合に，仲介関連業務とするべき行為を政令で追加することを可能とするものであるが，平成31年４月１日時点で，この政令で追加される行為はない（小長谷ほか・前掲注(101)58頁注５）。

上記①および②(a)の「仲介関連業務の対価の額に相当する額として内閣府令で定める額」として，課徴金府令において，情報受領者等から違反行為をした者に対し，仲介関連業務の対価として支払われ，または支払われるべき金銭その他の財産（算定の基礎となる期間が1月を超える場合にあっては，当該仲介関連業務報酬を当該期間の月数で除す方法その他の合理的な方法により算出した額）の総額と規定された（課徴金府令1条の25第1項・3項）。また，上記②(b)の「当該募集等業務および当該募集等業務に併せて行われる引受業務の対価の額に相当する額として内閣府令で定める額」については，違反行為に係る特定有価証券等の発行者から当該違反行為をした者に対し，募集等業務および当該募集等業務に併せて行われる引受業務の対価として支払われ，または支払われるべき金銭その他の財産の価額の総額から，当該違反行為をした者がその募集等業務に関して他の者に引受業務をさせた場合において，当該違反行為をした者から当該他の者に対し，当該業務の対価として支払われ，または支払われるべき金銭その他の財産の価額の総額を控除した金額と規定された（課徴金府令1条の25第2項・4項）。

③　①および②以外の場合

当該違反行為により当該情報受領者等が行った当該売買等または当該買付け等もしくは当該売付け等によって得た利得相当額の2分の1の額（175条の2第1項3号・2項3号）

③については，情報伝達・取引推奨行為により行為者が得られる利得相当額は，情報受領者等が売買等により得る利得相当額の2分の1であると擬制し，当該利得相当額については，166条および167条違反に係る課徴金の額（175条1項1号・2号・2項1号・2号）と同種の定め方がなされている(151)。すなわち，情報受領者等による売付け等が行われた場合には，当該売付け等の価格に売付数量を乗じた額から当該違反行為に係る重要事実または公開買付け等事実の公表後の2週間における最も低い価格に売付数量を乗じた額を控除した額である（175条の2第3項1号・4項1号）。また，情報受領者等による買付け等が行われた場合には，当該違反行為に係る重要事実または公開買付け等事実の公

(150)　齊藤ほか・前掲注(100)30頁・31頁
(151)　齊藤ほか・前掲注(100)30頁

表後の２週間における最も高い価格に売付数量を乗じた額から当該買付け等の価格に買付数量を乗じた額を控除した額である（175条の２第３項２号・４項２号）。

会社関係者または公開買付等関係者には法人も含まれるため，法人の役職員が法人の業務として167条の２第１項または２項に規定する情報伝達・取引推奨行為を行った場合には，課徴金が行政処分であるため，法人に課徴金が課される(152)。また，上場会社等または公開買付者等の役員等が，当該上場会社等または当該公開買付者等の業務として情報伝達・取引推奨行為を行った場合には，当該上場会社等または当該公開買付者等に課徴金が課される（175条の２第13項・14項）。166条の会社関係者には上場会社等は含まれていないが，上場会社等の役員等が当該上場会社等の計算において内部者取引を行った場合には，当該上場会社等に課徴金が課されることとなるが（175条９項），167条の２第１項の情報伝達・取引推奨行為についてもこれと同様に，上場会社等の役員等が当該上場会社の業務として当該行為を行った場合には，当該上場会社等が課徴金の対象となる。他方，167条の公開買付等関係者には公開買付者等は含まれておらず，公開買付者等の役員等が当該公開買付者等の計算において株券等の買付け等または売付け等を行った場合は，当該公開買付者等（および当該役員等）は課徴金の対象ではない（第２節■７参照）。しかし，公開買付者等の役員等が当該公開買付者等の業務として167条の２第２項の情報伝達・取引推奨行為を行った場合は，当該公開買付者等が課徴金の対象となる。ただし，上場会社等または公開買付者等の役員等が，当該上場会社等または当該公開買付者等の業務として167条の２第１項または第２項に規定する情報伝達・取引推奨行為を行うことは通常考えにくいとされる(153)。

⑶　氏名公表措置

情報伝達・取引推奨行為に係る規制に違反した証券会社の役職員や，機関投資家などの運用担当者などが取引上の立場を利用して未公表重要事実を要求するなどにより内部者取引を行った場合などについては，将来の取引相手となる

(152)　齊藤ほか・前掲注(100)31頁・32頁・38頁注20

(153)　齊藤ほか・前掲注(100)32頁

証券会社や投資家などに対して注意喚起し，違反抑止を図る観点から，平成25年金商法改正（１年以内施行分）により，公益または投資家保護のため必要かつ適当であると認めるときは，それらの者の氏名その他法令違反行為による被害の発生もしくは拡大を防止し，または取引の公正を確保するために必要な事項を一般に公表することができることとなる（192条の２）。

実務のポイント・13－5

◆M&A取引と情報伝達・取引推奨規制

上場会社のM&A取引においては，実務上，まず買収者が当該上場会社（対象会社）と守秘義務契約を締結したうえで，当該上場会社についてデューデリジェンスを行うことが多い。そして，その過程で当該上場会社の未公表の重要事実が発見されることがあり，その態様によっては，当該上場会社の会社関係者による情報伝達に該当する場合もありうる。以下においては，かかる場合の情報伝達・取引推奨規制との関係を考えてみたい。

まず，情報伝達行為は，重要事実の公表前に当該上場会社の株券などの売買等をさせることにより，他人に利益を得させ，または他人の損失を回避させる目的が必要である（目的要件）。そして，業務上必要な社内外での情報共有は，通常の場合，目的要件を満たさないとされている（情報伝達取引推奨Q&A問１）。上記においても，デューデリジェンスにおける情報共有の目的は，M&A取引を実行するか否かを検討することであり，上記のような目的要件は満たさないと思われる。また，そもそも，M&A取引の実行において，買収者が内部者取引を行い利益を得ることが予定されていないのであれば，上記の目的要件は満たさないと考える。なお，実務的には，守秘義務契約においては，M&A取引が内部者取引により行われることがない旨を明確に規定し，上場会社からの情報伝達が目的要件を充足しないことを明らかにしておくことも考えられる。

そして，買収者が上場会社の未公表重要事実を知った場合，M&A取引により上場会社の株券などの譲受けを行うにあたって，当該上場会社において事前に重要事実を公表したうえで，実行することが考えられる（たとえば，公開買付けの場合など）。他方で，株券などの譲渡人が特定少数であって，未公表重要事実を共有することが実務的に可能な場合には，重要事実を公表することなく，知る者取引により実行することが可能であり，実務的にもよく行われている。知る者取引によるM&A取引を実行することにより，買収者が利得を得ることは当然ありうることだが，ここで，上場会社の会社関係者による未公表重要事実の伝達が，買収者による利得を得させることを目的としていることとなるのかが問題となる（なお，知る者取引が行われる場合には，取引要件を満たさないため，刑罰や課徴金が適用されることはない）。

この点については，情報伝達取引推奨Q&A問７において，会社関係者が，未公表の重要事実を伝達したうえで保有株式を売却する場合において，単に，情報受領者が売却に起因した利益を得る可能性があることを認識していたというだけでは，通常の場合，目的要件を満たさないと考えられるとされている。ただ，取引価格が市場価格よりもディスカウントされた価格の場合は，単にディスカウント価格で取引されただけで目的要件を満たすわけではないが，目的要件を満たすか否かは，とくに重要事実の公表前に売買等を行わせて，それに起因した利益を得させる目的があったか否かによるとされ，当該結果の発生に対する積極的な意思が認められる場合に限り，目的要件が満たされるとされる（齊藤将彦ほか「平成25年改正金商法等の解説(6)公募増資に関連したインサイダー取引事案等を踏まえた対応」旬刊商事法務2012号28頁（2013））。この問題を考えるに，知る者取引は内部者取引規制の適用除外とされている。他方，情報伝達・取引推奨取引は，情報伝達や取引推奨を受けた者により取引が行われること自体が処罰・課徴金の要件であるが，そもそも，内部者取引が実施されることを防止することが目的であり，他方で，内部者取引規制が適用除外となる取引がなされる場合は処罰・課徴金の適用はなく，証券市場の公正性・信頼を損なうおそれもない。そうであれば，内部者取引規制が適用除外となる知る者取引が実行される場合で，かかる知る者取引が行われることを認識して未公表重要事実を伝達する場合については，ことさらに，情報伝達行為として規制すべき理由はないのではなかろうか。

❖第４節❖　内部者取引の未然防止のための制度と役員・主要株主などの取引規制

1　概　　要

金商法上，内部者取引を防止するための補完的な制度として，上場会社等（上場投資法人等の資産運用会社の役員を含む）の役員・主要株主の売買報告書の提出義務および短期売買利益の提供義務が規定されている（163条・164条）。上場会社等の役員・主要株主は，当該上場会社等の未公表の重要な情報を容易に知ることができる特別の立場にあることから，未公表の重要事実を知っていたか否かにかかわらず，当該役員・主要株主が当該上場会社等の株式の６カ月以内の売買により利益を得た場合には，当該利益を当該上場会社等に提供しなければならないこととして，当該役員・主要株主による内部者取引規制違反の取引の防止を図っている。また，上場会社等の役員・主要株主が空売りを行う場合，未公表の重要事実を知って行っている可能性があることから，これらの者が行う空売りも規制されている（165条）。また，金商法の施行により，組合等で，組合等の財産として保有する議決権が上場会社等の総株主等の議決権の

10％以上の組合（特定組合等）についても，主要株主と同様に上記規制が適用されることとなった（165条の２）。さらに，平成25年金商法改正（１年以内施行分）では，上場投資法人の発行する投資証券などを内部者取引規制の対象とすることとされたことに伴い，上場投資法人の役員およびその資産運用会社の役員についても上記規制の対象とされることとなった。なお，上場投資法人の投資主や資産運用会社の主要株主は上記規制の対象とはされていない[154]。

さらに，金商法は，内部者取引を防止するための補完的な制度として，金融商品取引業者に対する行為規制として，⑴顧客の有価証券の売買その他の取引等が内部者取引規制に違反すること，または違反するおそれがあることを知りながら，当該売買その他の取引等の受託等をする行為，⑵有価証券の売買その他の取引または有価証券に係るデリバティブ取引もしくはその媒介・取次ぎ・代理につき，顧客に対して当該有価証券の発行者の法人関係情報（上場会社等の運営，業務または財産に関する未公表の重要な情報であって顧客の投資判断に影響を及ぼすと認められるもの，ならびに未公表の公開買付け等の実施・中止の決定に係る情報を指す。金商業等府令１条４項14号）を提供して勧誘する行為が禁止され，さらに，平成25年金商法改正（１年以内施行分）により情報伝達・取引推奨行為が規制されたことに伴い，⑶有価証券の売買その他の取引もしくは有価証券に係るデリバティブ取引（売買等）またはこれらの媒介，取次ぎもしくは代理につき，当該有価証券の発行者の法人関係情報について公表がされたこととなる前に当該売買等をさせることにより顧客に利益を得させ，または当該顧客の損失の発生を回避させる目的をもって，当該顧客に対して当該売買等をすることを勧めて勧誘する行為（上記⑵に掲げる行為を除く）が禁止されることとなった（38条９号，金商業等府令117条１項13号・14号・14号の２。その詳細については，第６編第４章参照）。

また，上場会社等の重要事実は公表がなされれば内部者取引規制は解除されることとなることから，かかる公表により内部者取引の防止を図る措置として，金融商品取引所の規則において，上場会社は重要事実について適時開示が義務付けられている（その詳細については，第２編第２章第５節参照）。なお，

⒁ 有賀正宏ほか「平成25年改正金商法等の解説（７・完）投資法人の資金調達・資本政策手段の多様化等」旬刊商事法務2013号39頁（2013）

フェニックス銘柄の発行会社についても，日本証券業協会の規則により同様の適時開示義務が課されている。

■2　役員・主要株主の売買報告書の提出義務

上場会社等の役員・主要株主は，特定有価証券等の買付け等または売付け等をした場合，報告書を当該買付け等または売付け等があった日の属する月の翌月15日までに内閣総理大臣に提出しなければならない（163条）。これは，■３において解説する役員・主要株主の短期売買利益の提供義務の実効性を担保するために設けられている。「特定有価証券等」の意味については，第１節■５参照。「上場会社等」の意味については，第１節■１(3)参照。また，「役員」の意味については，第１節■２(1)①参照。なお，平成25年金商法改正（１年以内施行分）により，上場投資法人等の資産運用会社の役員も，「上場会社等」の「役員」に含まれることになる（■３の役員の短期売買利益の提供義務，■４の役員による空売り規制における上場会社等の役員についても同様）。

「主要株主」とは，自己または他人（仮設人を含む）の名義により総株主等の議決権の10％以上の議決権を保有している株主をいう。議決権の保有の有無は，その所有者の名義や株主名簿上の名義ではなく，実質的に所有しているか否かで判断される[155]。ただし，(1)信託業者が信託財産として所有する株式，(2)有価証券関連業を行う者が引受けまたは売出しを行う業務により取得した株式，(3)証券金融会社がその業務として所有する株式に係る議決権については，保有の対象から除外される（取引規制府令24条）。なお，平成25年金商法改正（１年以内施行分）において，「主要株主」に上場投資法人等の投資主が含まれる旨の改正は行われていない。これは，投資法人における投資主総会決議事項や頻度が，会社における株主総会のそれらよりも少なく，また，多くの投資主については受動的な投資家であることが想定されており，議決権行使についてみなし賛成の規定（投信法93条）が存在するなどの理由により，10％の議決権

---

(155)　注釈金融商品取引法３巻90頁〔野崎竜一〕，東京地判平４・10・１判時1444号139頁（株主名簿の記載にかかわらないことを示した判例），東京高判平４・５・27判時1428号141頁（株式購入資金が自己資金か否か，購入した株式が担保に供されたか否かにかかわらないことを示した判例）

を有する投資主が上場投資法人等の未公表重要事実を知りうる特別の立場にあるとは考えられていないからと思われる。

特定有価証券等の「買付け等」とは，①特定有価証券の買付け，②関連有価証券の買付け（特定有価証券の売買に係るオプションを表示する関連有価証券については，当該オプションの行使により当該行使をした者が当該売買において買主としての地位を取得するものに限る），③特定有価証券の売買に係るオプションを表示する関連有価証券の売付けであって当該オプションの行使により当該行使をした者が当該売買において売主としての地位を取得するもの，④その他①～③に掲げる取引に準ずるものとして内閣府令に定めるものと定められており（金商法施行令27条の5），④については，取引規制府令26条各号において，特定有価証券等に関するデリバティブ取引で特定有価証券等の買付けと経済的には同視しうる取引が列挙されている。

また，「売付け等」とは，①特定有価証券の売付け，②関連有価証券の売付け（特定有価証券の売買に係るオプションを表示する関連有価証券については，当該オプションの行使により当該行使をした者が当該売買において買主としての地位を取得するものに限る），③特定有価証券の売買に係るオプションを表示する関連有価証券の買付けであって当該オプションの行使により当該行使をした者が当該売買において売主としての地位を取得するもの，④その他①～③に掲げる取引に準ずるものとして内閣府令に定めるものと定められており（金商法施行令27条の6），④については，取引規制府令27条各号において，特定有価証券等に関するデリバティブ取引で特定有価証券等の売付けと経済的には同視しうる取引が列挙されている。

買付け等または売付け等は，自己の計算で行われる必要がある[156]。上場会社等の役員（上場投資法人等の資産運用会社の役員を含む）・主要株主自身が特定有価証券等の買付け等または売付け等を行っていなくても，それらの者が受益者となる運用方法が特定された信託で，それらの者の指図により受託者が買付け等または売付け等を行う場合も，実質的には自己の計算で行っているものと考えられるから，報告書の提出義務が適用される（取引規制府令28条）。なお，金銭を対価とする売買ではなく，交換や代物弁済，相続や贈与による取得，株

(156)　注釈金融商品取引法3巻93頁〔野崎〕

式配当による取得，株式分割や株式併合による取得，合併新株の取得，持株会からの引出し，新株発行の引受けによる原始取得などは，上記の「買付け等」または「売付け等」には含まれないと解されている(157)。また，株式買取請求権の行使による売付けは，売付け等に該当すると解されている（なお，これが適用除外とされるか否かについては，後述のとおり議論がある）(158)。

ただし，①単元未満株のみの売買（取引規制府令30条１項１号），②役員持株会（上場投資法人役員の持投資口会を含む）・従業員持株会・関係会社従業員持株会・取引先持株会および上場投資法人等の資産運用会社・特定関係法人の役員・従業員による持投資口会を通じた，一定の計画に従い，個別の投資判断に基づかず，継続的に行われたものと認められる買付け（同項２号～６号の２），③累積投資契約を通じた，一定の計画に従い，個別の投資判断に基づかず，継続的に行われたものと認められる買付け（同項７号），④金融商品取引所で行われる銘柄の異なる複数の株券の集合体を対象とする先物取引（同項８号），⑤安定操作取引（同項９号），⑥普通社債券，投資法人債券ならびに外国社債券および外国投資法人債券の現先取引（当該役員または主要株主がもっぱら自己の資金調達のために行う場合に限る）（同項10号），⑦新株予約権の募集による取得・行使による株券の買付けおよび新投資口予約権の行使による投資証券の買付け（同項11号・12号），⑧上場会社等の役員の当該上場会社等に対する役務の提供の対価として当該役員に生ずる債権の給付と引換えに取得することとなる当該上場会社等の株券の買付け（同項13号），⑨特定有価証券等に係る市場または店頭スワップ取引（同項14号），⑩銀行等保有株式取得機構による上場会社等の株券もしくは投資証券の買付けまたは当該買付けを行った株券もしくは投資証券の売付け（同項15号）については，例外的に報告書の提出は不要となる。なお，⑧は，コーポレートガバナンスの強化のために進められている，経営陣に対する株式による報酬，業績に連動した報酬等の柔軟な活用を可能とするための仕組みの整備の一環として，特定譲渡制限付株式，パフォーマンスシェア，株式報酬（所定の時期に確定した数の株式を報酬として付与するもの）等

---

(157)　注釈金融商品取引法３巻92頁〔野崎〕

(158)　証券取引法等に関する法令適用事前確認手続に係る平成14年７月15日付照会に対する金融庁の平成14年９月６日付回答，金商法コンメンタール４巻71頁〔中東正文〕。なお，反対株主の株式買取請求権の行使は適用除外に該当するとの見解もある。

による株式の割り当てを行う場合に，ストックオプションの付与と同様に，売買報告書の提出制度および短期売買利益の返還請求制度の適用除外とするために，平成29年７月に改正されたものである。

3　役員・主要株主の短期売買利益の提供義務

上場会社等の役員または主要株主が，自己の計算により当該上場会社等の特定有価証券等について，⑴買付け等をした後６カ月以内に売付け等をし，または，⑵売付け等をした後６カ月以内に買付け等をして利益を得た場合，当該上場会社等はその利益を当該上場会社等に提供することを請求できる（164条１項）。上場会社等の株主（投資法人の投資主および外国投資法人の社員を含む。平成25年金商法改正（１年以内施行分）により追加）が利益の請求をなすべきことを上場会社等に対して要求してから60日以内に上場会社等がその請求をしないときは，当該株主が代位して請求できる（同条２項）。

上場会社等の役員・主要株主は，当該上場会社等の未公表の重要な情報を容易に知ることができる特別の立場にある。したがって，当該役員・主要株主による内部者取引規制違反の取引を行うことを防止するため，当該役員などが当該上場会社等の株式を６カ月以内に売買して得た利益があった場合，未公開の重要事実を知って取引していなくても，当該利益を当該上場会社等に提供しなければならないこととされている。最判平14・２・13民集56巻２号331頁も，本条の規定が客観的な適用要件を定めて上場会社等の役員または主要株主による秘密の不当利用を一般的に予防しようとする規定であって，当該規定の迅速かつ確実な適用を損なうことがないように，当該役員または主要株主が本条に定める取引により利益を得た場合には，適用除外に該当しない限り，その者が秘密を不当に利用したか否かを問うことなく，本条の適用があると判示している。

なお，主要株主による短期売買利益の提供については，買付け等および売付け等のいずれかの時期において主要株主でなかった場合には，適用が除外される（164条８項）。したがって，主要株主でない者が買付け等により新たに主要株主となる場合には，主要株主による買付け等にはならない。ただし，主要株主が売付け等により主要株主でなくなる場合には，主要株主による売付け等に該当する[159]。他方，役員の場合は，このような適用除外はなく，買付け等・売付け等のいずれかの時に役員であれば足りると解されている[160]。また，■２において解説した報告書の提出が不要とされる①～⑩の場合（取引規制府令30条１項）も，短期売買利益の提供は不要となる（164条８項，取引規制府令33条）。また，前述の最判平14・２・13は，本条が適用除外とされる取引は内閣府令で定められた場合に尽きるものではなく，類型的に取引の態様自体から秘密を不当に利用することが認められない場合には，本条は適用されないと解するのが相当であると判示している。学説においては，内閣府令に定めのない適用除外取引としては，独占禁止法による株式保有制限に反したとして公正取引委員会が命じた是正措置に従って株式を売却した場合など，個別的な投資判断の余地がない場合とする見解[161]や，適用除外とされるには，取引の非任意性に加えて内部情報へのアクセス可能性がないことが必要であるとする見解がある。また，反対株主による株式買取請求権の行使について，適用除外に該当するとの見解があるが[162]，類型的に秘密を不当に利用しないと解することは難しいとの見解もある[163]。

財務局長が■２の報告書により短期売買利益を得ていると認める場合，当該報告書のうち利益に係る部分（「利益関係書類」）の写しを当該役員・主要株主に送付し，受領日から20日以内に，当該役員・主要株主から短期売買がない旨の申立て（164条５項）がなければ，利益関係書類を当該上場会社等に送付する（同条４項）。そして，当該利益関係書類の上場会社等への送付日から30日を経過した日から短期売買利益の提供請求権が除斥期間の満了により消滅する日まで（利益の取得日から２年間。同条３項）または請求権が消滅する日前において当該利益が提供されたことを財務局長が知った場合には，当該知った日まで，利益関係書類は公衆縦覧に供される（同条７項）。

利益の算定方法は，取引規制府令34条において規定されており，特定有価証券等の売付け等の単価から，６カ月前以降または６カ月以内に行われた買付け

(159)　神崎ほか・金商法1278頁
(160)　横畠・インサイダー取引規制232頁
(161)　注釈金融商品取引法３巻106頁〔野崎〕
(162)　注釈金融商品取引法３巻106頁〔野崎〕
(163)　金商法コンメンタール４巻80頁～81頁〔中東〕

等の単価を引いたうえで，売付数量と買付数量のうちいずれか大きくない数量（売買合致数量。同条４項）を掛けて，売付け等または買付け等に係る手数料を控除した金額を利益とする（同条１項）。６カ月以内に複数回の売買が行われた場合には，複数の売付け等または買付け等のうちもっとも早い時期に行われたものから順次売買合致数量まで割り当て，同一日に複数回の買付け等または売付け等が行われたときは，買付け等はもっとも単価が低いものから順に買付け等を行ったとみなし，売付け等はもっとも単価が高いものから順に売付け等を行ったとみなす（同条２項）。このように売付け等と買付け等を割り当てた結果，売買合致数量を超える部分は，別個の買付け等または売付け等とみなして，さらに利益の算定を行う対象とする（同条３項）。

4　役員・主要株主による空売りに関する規制

上場会社等の役員・主要株主は，以下の行為が禁止される。

⑴　当該上場会社等の特定有価証券等の売付けその他の取引で政令で定めるもの（特定取引）で，当該特定取引に係る特定有価証券の額（特定有価証券の売付けについてはその売付けに係る特定有価証券の額を，その他の取引については内閣府令で定める額をいう）が，その者が有する当該上場会社等の同種の特定有価証券の額として内閣府令で定める額を超えるもの（165条１号）

⑵　当該上場会社等の特定有価証券等に係る売付け等（特定取引を除く）で，その売付け等において授受される金銭の額を算出する基礎となる特定有価証券の数量として内閣府令で定める数量が，その者が有する当該上場会社等の同種の特定有価証券の数量として内閣府令で定める数量を超えるもの（165条２号）

162条が空売りに関する一般的な規制を定めているのに対し，本条は上場会社等の役員・主要株主の空売りに関する特別の規制を定めている。上場会社等の役員・主要株主は，当該上場会社等の未公表の重要な情報を容易に知ることができる特別の立場にあり，役員・主要株主が当該会社の株式などを所有せずに売却する場合には，未公表の重要事実を知って行っている可能性があることから，当該役員・主要株主による内部者取引規制違反の取引を行うことを防止するため，上記空売りは規制されている。

⑴の規制の対象となる行為である「売付けその他の取引で政令で定めるもの」（特定取引）とは，①特定有価証券の売付け，②関連有価証券の売付け（特定有価証券の売買に係るオプションを表示する関連有価証券については，当該オプションの行使により当該行使をした者が当該売買において買主としての地位を取得するものに限る），③特定有価証券の売買に係るオプションを表示する関連有価証券の買付けであって当該オプションの行使により当該行使をした者が当該売買において売主としての地位を取得するもの，④特定有価証券等の売買に係る市場オプション取引または店頭オプション取引のうち，オプション（当該オプションの行使により当該行使をした者が当該オプションに係る特定有価証券等の売買において売主としての地位を取得するものに限る）の取得およびオプション（当該オプションの行使により当該行使をした者が当該オプションに係る特定有価証券等の売買において買主としての地位を取得するものに限る）の付与である（金商法施行令27条の７，取引規制府令35条）。また，⑵の規制の対象となる行為は，「売付け等」（その意味は，役員・主要株主の売買報告書の提出義務が発生する「売付け等」（163条）と同じである。■２参照）であって，特定取引に該当しないものとされている。

ただし，上記のような行為であっても，役員・主要株主が保有する当該上場会社等の同種の特定有価証券の範囲内であれば，ヘッジ目的の取引として許容するために，当該取引の対象となる特定有価証券の額または数量，および役員・主要株主が有する同種の特定有価証券の額または数量として許容される上限額または上限数量が，取引規制府令36条～39条において定められている。

■5　特定組合等の短期売買・空売りに関する規制

⑴　特定組合等の売買報告書の提出義務

金商法の施行により，組合等（民法上の組合，投資事業有限責任組合，有限責任事業組合，外国法に基づく団体でこれらに類似するものを意味する。165条の２第１項，金商法施行令27条の８）が組合等の財産として議決権の10％以上を保有する場合は，組合等自体に短期売買規制および売買報告書制度が適用されることとなった（165条の２）。

金商法施行前は，組合等がその財産として議決権を保有している場合は，組合等自体に法人格はなく，また他の組合員の保有分を合算することとなっていなかったため，各組合員が組合持分に応じて議決権を保有しているものとの考えが金融庁から示されていた[(164)]。しかし，組合等は一体的に行動し，組合財産として議決権を保有している場合は，当該議決権も一体として行使されると考えられる。よって，短期売買規制の徹底を図り，また法人との取扱いの公平性を確保するため，組合等に対しても短期売買規制および売買報告書制度が適用されることとなった。

なお，組合等の組合員として保有する議決権を含めると議決権の10％以上を保有することとなる主要株主については，主要株主に適用される売買報告書の提出義務および短期売買利益の提供義務は適用されないこととなっており，これらと組合に関する規制とが重複して適用されることがないようにされている（165条の２第16項）。

組合等の売買報告書の提出義務として，具体的には，組合等の財産として保有する株式に係る議決権が上場会社等の総株主等の議決権の10％以上の組合等（特定組合等）については，当該特定組合等の組合員が当該特定組合等の財産に関して特定有価証券等の買付け等または売付け等をした場合には，その買付け等または売付け等を執行した組合員は，翌月15日までに報告書の提出義務を負う（165条の２第１項）。「買付け等または売付け等を執行した組合員」とは，当該買付け等または売付け等を行うことについて対内的に執行することであり，特定組合等を対外的に代表して注文などを行うことを意味するのではないと解されている[(165)]。主要株主に対する売買報告書提出義務の場合と同様に，特定組合等の組合員自身が特定有価証券等の買付け等または売付け等を行っていなくても，それらの者全員が受益者となる運用方法が特定された信託で，それらの者の指図により受託者が買付け等または売付け等を行う場合も，報告書の提

(164)　証券取引法等に関する法令適用事前確認手続に係る平成14年７月15日付照会に対する金融庁の平成14年９月６日付回答参照

(165)　三井ほか・一問一答394頁

出義務が適用され（取引規制府令40条２項），この場合，受託者に指図を行った組合員が報告書の提出義務者となる（同条３項１号）。

なお，匿名組合は組合等に含まれないため，営業者については，本条ではなく，163条・164条の短期売買規制の適用対象となる[166]。

当該報告書の提出が不要となる例外事由は，■２の売買報告書の提出義務で解説した場合とほぼ同様であり，単元未満株のみの売買や，役員持株会・従業員持株会・関係会社従業員持株会・取引先持株会を通じた，一定の計画に従い，個別の投資判断に基づかず，継続的に行われたものと認められる買付けなどが規定されているが，役員持株会・従業員持株会・関係会社従業員持株会・取引先従業員持株会については，特定組合等自体がこれらに該当することが必要とされている（165条の２第１項ただし書，取引規制府令40条４項）。

⑵　特定組合等の短期売買利益の提供義務

特定組合等の財産に関し，上場会社等の特定有価証券等について６カ月以内の売買で利益が出た場合には，当該上場会社等は利益の提供を請求できる（165条の２第３項）。

この利益提供の請求は，第一次的には特定組合等の財産をもって当該利益を提供することを請求することとなるが，当該特定組合がその財産をもって当該請求に係る債務その他の債務を弁済できなかった場合，または当該特定組合の財産に対する強制執行が効を奏しなかった場合に限り，第二次的に，短期売買利益を生じた時の各組合員（ただし，投資事業有限責任組合の有限責任組合員，有限責任事業組合の組合員，および外国法に基づくこれらに類似する団体の構成員で出資額を限度に当該団体の債務につき責任を負う者を除く）に対して，当該各組合員が当該特定組合等の債務について負う責任に応じて，利益提供の請求ができる（165条の２第４項・５項）。

なお，主要株主による短期売買利益の提供義務と同様に，特定組合等についても，その財産に関して行われた買付け等・売付け等のいずれかの時期において特定組合等でなかった場合，および⑴において述べた報告書の提出が不要とされる場合も，短期売買利益の提供は不要となる（165条の２第13項，取引規制

(166)　平成19年７月パブコメ568頁No.６

府令45条）。

財務局長が(1)の報告書により短期売買利益を得ていると認める場合，当該報告書のうち利益に係る部分（「組合利益関係書類」）の写しを提出した組合員に送付し，受領日から20日以内に，当該組合員から短期売買がない旨の申立て（165条の２第10項）がなければ，利益関係書類を当該上場会社等に送付すること（同条９項），そして，当該組合利益関係書類の上場会社等への送付日から30日を経過した日から短期売買利益の提供請求権が除斥期間の満了により消滅する日まで（利益の取得日から２年間。同条８項）または請求権が消滅する日前において当該利益が提供されたことを財務局長が知った場合には，当該知った日まで，組合利益関係書類は公衆縦覧に供されること（同条12項）は，■**3**に記載した役員・主要株主の短期売買利益の提供義務に関する規制と同様である。

(3)　特定組合等の空売りに関する規制

■**4**において解説したとおり，上場会社等の主要株主による当該会社の株式などの空売りは，内部者取引規制違反の取引である可能性があることから，当該主要株主による空売りは規制されているが，特定組合等の組合員についても同様の趣旨から，金商法の施行により，空売りが規制されるようになった。

具体的には，特定組合等の組合員が当該特定組合等の財産に関して，①特定取引であって，当該特定取引に係る特定有価証券の額（特定有価証券の売付け以外の取引については，内閣府令で定める額をいう）が，その者が有する当該上場会社等の同種の特定有価証券の額として内閣府令で定める額を超えるもの（165条の２第15項１号），および，②当該上場会社等の特定有価証券等に係る売付け等（特定取引を除く）で，その売付け等において授受される金銭の額を算出する基礎となる特定有価証券の数量として内閣府令で定める数量が，その者が有する当該上場会社等の同種の特定有価証券の数量として内閣府令で定める数量を超えるもの（165条の２第15項２号）を行うことは禁止される。ヘッジ目的として許容する取引の対象となる特定有価証券の額または数量，および特定組合等の組合員が有する同種の特定有価証券の額または数量として許容される上限額または上限数量は，主要株主の空売りの規制に適用される取引規制府令36条～39条と同種の規定が，取引規制府令47条において定められている。

6　罰　　則

⑴主要株主・役員・特定組合等に係る上述の売買報告書を提出しなかった者，⑵虚偽の記載をした同売買報告書を提出した者，⑶短期売買がない旨の申立て（164条５項・165条の２第10項）において虚偽の申立てをした者は，６カ月以下の懲役もしくは50万円以下の罰金またはこれらの併科の対象であり（205条19号），また法人に対しては50万円以下の罰金（207条１項６号）の両罰規定の対象である。また，主要株主・役員・特定組合等の組合員に係る空売り規制に違反した者についても同様である（205条20号・207条１項６号）。

第２章

相場操縦規制

本章のサマリー

◇本章では，金商法158条～162条の２をカバーしており，相場操縦規制，風説の流布および安定操作取引などについて解説する。

◇証取法では，有価証券に関連するデリバティブ取引のみが規制対象とされていたが，金商法では，対象となる有価証券の定義自体が拡大されているほか，市場デリバティブ取引（２条21項）および店頭デリバティブ取引（同条22項）の範囲が旧金先法の統合に伴い金融先物取引を含み，さらに通貨・金利スワップやクレジットデリバティブ，天候デリバティブなどを含むものと拡大されており，相場操縦の規制対象となりうる取引が拡大されている。さらに，平成24年金商法改正により，政令で定める一定のコモディティ（商品）も金融商品と位置付けられることになり，これらの商品またはこれに係る金融指標を原資産または参照指標とする市場デリバティブ取引も，相場操縦の規制対象に追加された。また，令和元年金商法改正により，暗号資産（いわゆる仮想通貨）についても，157条～159条と同様の不正行為の禁止，風説の流布・偽計取引などの禁止および相場操縦行為の禁止に関する規定が設けられた（令和元年金商法改正後第６章の３（185条の22～185条の24））。

◇平成20年金商法改正により，仮装取引・馴合い取引による相場操縦や違法な安定操作取引についても課徴金の対象とされるなど，課徴金の適用対象が拡大され，また，課徴金の金額水準の引上げがなされた。また，平成24年金商法改正により，金融商品取引業者等以外の者が他人の計算において行った相場操縦，風説の流布および安定操作取引についても課徴金の対象として追加された。

❖第１節❖　相場操縦

相場操縦とは，上場有価証券などの取引の状況に関し他人に誤解を生じさせる目的や上場有価証券などの取引を誘引する目的などをもって，上場有価証券などの相場に不正な影響を与えうる一定の類型の行為であり，何人もこれらの相場操縦行為を行うことは禁止される（159条１項・２項）。

相場操縦規制は，相場に不当な影響を与え，公正な相場における価格形成を阻害することを禁止するものであるため，対象となる取引は，上場有価証券，店頭売買有価証券または取扱有価証券（認可金融商品取引業協会がその規則において，売買その他の取引の勧誘を行うことを禁じていない株券，新株予約権付社債券，新株予約権証券，出資証券，資産流動化法に規定する優先出資証券，投資証券，新投資口予約権証券で上場有価証券・店頭売買有価証券以外のもの。67条の18第４号，協会府令11条）（以下，これらを本節において「上場有価証券等」という）の売買，市場デリバティブ取引または店頭デリバティブ取引（上場有価証券等（これらの価格または利率などに基づき算出される金融指標を含む）または金融商品取引所が上場する金融指標に係る取引に限る。以下，本節において同じ）に関するものとされている。なお，平成24年金商法改正により，金融商品取引所において商品に係る市場デリバティブ取引を取り扱うことができることとなるため，一定のコモディティ（商品）で政令で定めるものも金融商品と位置付けたうえで（２条24項３号の２），これらの商品またはこれに係る金融指標を原資産または参照指標とする市場デリバティブ取引も市場デリバティブ取引の定義に含まれることとしたため（２条21項４号の２），商品に係る市場デリバティブ取引も対象となることとされた。また，令和元年金商法改正により，暗号資産（いわゆる仮想通貨）を金融商品の一つに位置づけるとともに（令和元年金商法改正後２条24項３号の２），暗号資産の売買その他の取引および暗号資産または暗号資産の金融指標に係るデリバティブ取引等についても157条～159条と同様の不正行為の禁止，風説の流布・偽計取引などの禁止および相場操縦行為の禁止の対象とされた（同改正後第６章の３（185条の22～185条の24））。

相場操縦の取引の類型には，おおむね，①仮装取引・馴合い取引による相場操縦，②現実の取引による相場操縦，③不実の表示などによる相場操縦がある。以下では，これらの類型ごとに禁止される有価証券取引に係る相場操縦行為について概説する。

1　仮装取引・馴合い取引による相場操縦

仮装取引は，権利の移転などを目的としない（仮装の）取引を行い，外形的に，現実の取引と区別することができない記録上の取引を作出する行為である。また，馴合い取引は，（たとえば売主と買主が）あらかじめ通謀のうえで，取引またはその申込みを行う行為である。

これらの取引が相場のある有価証券などについての正当な取引として，金融商品取引業者の店頭での掲示や報道などによって広範囲の投資者に伝われば，相場における公正な価格形成を害することとなる。より具体的には，仮装取引・馴合い取引など159条１項各号に掲げる以下の行為を，上場有価証券等の売買，市場デリバティブ取引または店頭デリバティブ取引（有価証券売買等。同条２項）が繁盛に行われていると他人に誤解させるなどこれらの取引の状況に関し他人に誤解を生じさせる目的をもって行う場合には，相場操縦規制に違反することとなる（同条１項）。

＜仮装取引＞

⑴　権利の移転を目的としない仮装の上場有価証券等の売買，市場デリバティブ取引（先物取引に限る）または店頭デリバティブ取引（先渡取引に限る）（159条１項１号）

⑵　金銭の授受を目的としない仮装の市場デリバティブ取引または店頭デリバティブ取引（指数先物・先渡取引，スワップ取引およびクレジットデリバティブ取引に限る）（159条１項２号）

⑶　オプションの付与または取得を目的としない仮装の市場デリバティブ取引または店頭デリバティブ取引（オプション取引に限る）（159条１項３号）

＜馴合い取引＞

⑷　自己のする売付けまたは買付けと同時期に，それと同価格において，他人が当該金融商品を買い付けまたは売り付けることをあらかじめその者と

通謀のうえで行う，当該売付けまたは買付け（159条１項４号・５号）

⑸　市場デリバティブ取引または店頭デリバティブ取引の申込みと同時期に，当該取引の約定数値（先物取引・先渡取引の場合），対価の額（オプション取引の場合）または条件（スワップ取引・クレジットデリバティブ取引の場合）と同一の約定数値，対価の額または条件において，他人が当該取引の相手方となることをあらかじめその者と通謀のうえで行う，当該取引の申込み（159条１項６号～８号）

市場デリバティブ取引または店頭デリバティブ取引については，市場デリバティブ取引または店頭デリバティブ取引の目的・内容に応じて，取引類型ごとに各号において該当する市場デリバティブ取引または店頭デリバティブ取引が整理されている。

また，仮装取引および馴合い取引だけでなく，その媒介，取次ぎまたは代理の申込み（委託等。44条１号）および委託等を受けること（受託等。44条の２第１項１号）をすることも，相場操縦規制の違反を構成するものとされている（159条１項９号）。

馴合い取引は，上記のとおり，通謀のうえで，同時期に，同価格（またはその他の条件）で取引の申込みを行うことであるが，これらは双方の注文・申込みが対当して成約する可能性のある時間内や価格（条件）であれば足りる。通謀は黙示であっても成立するものとされる。

なお，自己両建ての有価証券オプション取引が，証取法159条１項３号にいう「オプションの付与または取得を目的としない仮装の有価証券オプション取引」に該当するか否かについて争点となった大阪証券取引所仮装・馴合い取引事件では，第１審判決（大阪地判平17・２・17判タ1185号150頁）と控訴審判決（大阪高判平18・10・６判時1959号167頁）とで見解が分かれていたが，最高裁決定（最決平19・７・12刑集61巻５号456頁）は，当該取引により売建玉と買建玉が発生し，これらが対当することなく別個に転売などにより処分されうるオプションという新たな権利が発生するため仮装の取引ではないとして，仮装取引に該当しないとした１審判決の立場を否定し，自己両建ての有価証券オプション取引は仮装の有価証券オプション取引に該当するとした。両建取引は市場における価格変動リスクをとらない取引であり，実質的にはオプションの付与または取得を目的としない仮装の取引であると解すべきであり，妥当な結論であると考えられる。

上記のとおり，仮装取引，馴合い取引またはそれらの委託等・受託等が相場操縦規制に違反することとなるのは，有価証券売買等が繁盛に行われていると他人に誤解させるなどこれらの取引の状況に関し他人に誤解を生じさせる目的をもって行う場合である。もっとも，これ以外の目的で仮装取引や馴合い取引などが行われることは現実にはほとんど考えられないため，仮装取引や馴合い取引などの行為についての立証がなされれば，かかる目的も事実上推認されると考えられ，実質的には，相場操縦を否定する者の側でそのような目的がなかったことを反証する必要があるものと考えられる[167]。

なお，大阪証券取引所仮装・馴合い取引事件では，大阪証券取引所の株券オプション市場全体の出来高を引き上げる意図を有する場合につき，上記の目的があるといえるかについても争われ，この点についても第１審判決と控訴審判決とで見解が分かれていたが，最高裁決定は，現実に行われた取引は特定の銘柄の出来高の操作にほかならないことや，このように出来高が操作された場合の弊害などにかんがみ，特定の銘柄についての価格操作ないし相場操縦の目的を伴わない場合でも相場操縦罪は成立するものと判断した。

2　現実の取引による相場操縦

仮装取引や馴合い取引は，単独または複数の者の通謀により取引を偽装するものであるが，大量の買い注文を集中的に出すことにより相場を人為的に上昇させる場合などのように，現実の取引が相場における公正な価格形成を阻害する場合もある。もっとも，有価証券などを大量に継続して取引すれば相場を変動させることになるが，正当な投資や投機などのために行う現実の取引を禁止することは妥当でなく，規制すべき取引は人為的に相場に影響を与えるようなものに限定する必要がある。

すなわち，相場操縦として禁止される取引は，⑴有価証券売買等の取引を誘引する目的（誘引目的）をもって，⑵これらの取引が繁盛であると誤解させ，

(167)　神崎ほか・金商法1298頁など

または，取引所金融商品市場における金融商品取引所が上場する金融商品，金融指標もしくはオプション（上場金融商品等。159条２項１号）または店頭売買有価証券市場における店頭売買有価証券の相場を変動させるべき一連の有価証券売買等またはその申込み，委託等もしくは受託等（変動取引）とされている(同号)。同一銘柄の有価証券について少なくとも２回以上にわたって買付けまたは売付けなどをした場合には，「一連の」取引に該当するとされる。

なお，「取引が繁盛であると誤解させるべき一連の有価証券売買等」は，出来高が多く売買取引が活発に行われていると誤解させるような一連の取引であるが，実際には相場の変動をもたらすことのない取引が問題となることはなく，変動取引の要件充足と別個に検討する必要はほとんどない(168)。

これらの要件が適法な取引と違法な相場操縦の区別の基準となるが，その具体的内容については，協同飼料株価操作事件の第１審判決（東京地判昭59・7・31判時1138号25頁）と控訴審判決（東京高判昭63・7・26判時1305号52頁）とで，誘引目的と変動取引のいずれに違法要素を含ませるかにつきその判断が分かれていた。同事件の最高裁決定（最決平６・７・20刑集48巻５号201頁）は，第１審判決とほぼ同様の立場をとり，誘引目的については，「人為的な操作を加えて相場を変動させるにもかかわらず，投資者にその相場が自然の需給関係により形成されるものであると誤認させて有価証券市場における有価証券の売買取引に誘い込む目的」として，誘引目的を違法性の基準として重視し，変動取引については，「相場を変動させる可能性のある売買取引等」として，控訴審のように「相場を支配する意図をもってする」ものであることを必要としない旨の判断を示した。なお，課徴金審判事例（金融庁長官決定平29・8・9）ではあるが，株式会社デジタルデザインの株式に関する現実取引による相場操縦事件において，「誘引目的とは，人為的な操作を加えて相場を変動させるにもかかわらず，投資者にその相場が自然の需給関係により形成されるものであると誤認させて有価証券の売買取引に誘い込む目的のことをいい，この目的があるというためには，投資者を積極的に取引に誘い込む意図までは必要でなく，投資者に誤解を与え，それに基づいて取引に参加する可能性があるものであるこ

(168)　田中誠二＝堀口亘『再全訂コンメンタール証券取引法』954頁（勁草書房，1996)。なお，藤田観光株価操作事件第１審判決（東京地判平５・５・19判タ817号221頁）参照。

とを認識しながら，相場変動の意図に基づいて取引を行ったことが認められれば足りると解される」とされている。

誘引目的という主観的要素の認定については，当事者の供述のほか，取引の動機，取引の態様，取引に付随した前後の事情などを考慮して判断されることとなるが，特に，売買取引の態様が経済的合理性を持ったものかどうかが重要な要素として考慮される。なお，誘引目的があれば，他に併存する目的があるか，また，併存する目的がある場合にどちらが主たる目的であるかといった点は，問題とはならない。

協同飼料株価操作事件第１審判決（前掲東京地判昭59・７・31）では，時価発行公募増資に際し希望する調達額となるよう市場価格を引き上げるとの動機の下，証券会社の支店幹部と共謀し，証券会社担当者において会社とその関連会社の資金で，寄り付き前から前日終値より高い指値で買い注文を出す，ざら場の気配をみて直近値段より相当高い指値買いの大量注文を出し指値以下の買い注文を買いさらう，指値を１円刻みに高くした買い注文を同時刻にまとめて発注するなどの取引で市場から浮動株を大量に買い付けるという経済合理性に欠ける取引を行ったことが認定されている。

藤田観光株価操作事件第１審判決（前掲東京地判平５・５・19）では，債務返済のため藤田観光の株式を第三者に高値で買い取ってもらうこととし，買取先の税務対策上市場価格で取引する必要があったために株価を引き上げようとの動機の下，知人から取引名義を借りて大量の株式を直前の約定値と同一かそれより高い値段で発注し市場価格を急騰させ，さらに上記の買取日の後場に大量の買い注文を出し，買取先による買取価格で売買が成立するとただちにその余の注文を取り消すといった異常な取引を行ったことが認定されている。

日本ユニシス株価操作事件（東京地判平６・10・３判タ875号285頁）では，ファイナンス会社の取締役が融資先に対する不良債権（株式担保債務）問題を回避するために，仕手筋に当該債務の一部を引き受けさせ，その見返りとして仕手戦のための資金を融資し仕手筋において株価を人為的に操作し利益を出させて債務の返済に充てさせるとの意図が認定されている。仕手筋が相場操縦について争わなかったため，相場操縦行為の態様などについて詳細な認定はなされていないが，一連の売買取引とともに仮装売買を反復し株価を高騰させたことや，株式情報紙の記者に日本ユニシス株式を推奨する記事を書かせたことなどが認定されている。

志村化工株価操作事件（東京地判平15・11・11判時1850号151頁）では，志村化工の第三者割当に関与した被告人が株価下落により自己に対する評価が失墜することを避けたいといったことや，株価操作により自らの経済的苦境を打開したいといった動機が，また，キャッツ株価不正操作事件（東京地判平17・3・11判時1895号154頁）では，自らが保有する株式を高値で売却したいとの動機や，公募増資に併せて売出しを計画していたとの経緯が認定されている。なお，いずれもその取引の手口は典型的な相場操縦であり，相場操縦の成否については争われていない。

なお，金融商品取引業者または登録金融機関（金融商品取引業者等。34条）に対する行為規制として，金融商品取引業者等またはその役員もしくは使用人は，金融商品取引所が上場する金融商品，金融指標もしくはオプション（上場金融商品等。金商業等府令117条1項19号）の相場などを変動させ，もしくはくぎ付けし，固定し，もしくは安定させ，または，取引高を増加させる目的をもって，上場金融商品等の買付け，売付けやデリバティブ取引またはこれらの申込みや委託等をする行為や，実勢を反映しない作為的なものとなることを知りながら上記取引の受託等をする行為を禁止されている（38条9号，金商業等府令117条1項19号・20号）。この場合，取引誘引目的がなくとも，行為規制に違反することとなる。

■3　不実の表示などによる相場操縦

何人も，誘引目的をもって，⑴取引所金融商品市場における上場金融商品等または店頭売買有価証券市場における店頭売買有価証券の相場が自己または他人の操作によって変動するべき旨を流布すること，および，⑵有価証券売買等を行うにつき，重要な事項について虚偽であり，または誤解を生じさせるべき表示を故意にすることは禁止される（159条2項2号・3号）。⑴，⑵のいずれについても，■2の現実の取引による相場操縦の場合と同様に誘引目的が要件とされている（同項柱書）。

⑴については，相場が変動するべき旨を不特定または多数の者に伝播させる（流布）ことを要するが，それが有価証券売買等に伴うことを要しない。また，自己または他人が実際に相場を変動させる市場操作をする意図を有することも，実際に相場が変動することも要しない。逆に実際に相場が変動したからといって適法となるわけでもない。

これに対し，⑵については，不実の表示が特定かつ少数の者に対してのみなされる場合も含まれるが，有価証券売買等に伴うことを要する。ただし，かかる表示が有価証券売買等の相手方に対してなされることは要しない。他の者による有価証券売買等の取引を誘引するものであれば足りる。また，「重要な事項」とは，他の投資者が株価が変動するであろうと予測するような事項であると解される。

4　見せ玉

見せ玉とは，市場の株価を誘導するために，約定する意思がないにもかかわらず，市場に注文を出して売買を申し込み，約定する前に取り消す行為をいう。市場における公正な価格形成を阻害する点で，実際に取引を約定して行われる相場操縦と悪性は異ならず，また，市場の電算システムに無用の負担をもたらすという弊害もある。

証取法159条２項１号・３項は，「上場有価証券売買等又はその委託等若しくは受託等」を規制対象としていたため，証券会社の顧客が「見せ玉」を行った場合については「委託等若しくは受託等」に該当することから規制の対象となっていたが，証券会社が自己の計算で「見せ玉」として売買の申込みを行った場合，文言上，上記のいずれにも該当せず，相場操縦規制の対象とならないという問題があった。また，相場操縦に対する課徴金の規定（同法174条１項）も，「上場有価証券売買等をした者」，すなわち，上場有価証券売買等が成立した場合のみが対象となっていたため，「見せ玉」については対象になっていなかった。

そこで，平成18年証取法改正により，まず，証券会社による自己の計算による「見せ玉」については，159条２項１号・３項の「上場有価証券売買等又はその委託等若しくは受託等」が「上場有価証券売買等又はその申込み，委託等若しくは受託等」と改正され，「申込み」をなす行為が相場操縦（安定操作を含む）の対象とされた。なお，いずれの場合も，誘引目的または安定操作の目的をもってなされることが要件となっており，単なる誤発注は対象とならない。

また，課徴金についても174条１項の対象となる違反行為に159条２項１号の規定に違反する有価証券売買等の申込みまたは委託等が含まれる旨改正され，証券会社による自己の計算による見せ玉（申込み），証券会社の顧客による見せ玉（委託等）がいずれも課徴金の対象となった。

なお，平成20年金商法改正前においては，売買が成立しない場合である「見せ玉」を課徴金の対象とするのであれば，立法論としては，金商法上も課徴金の対象となっていない159条１項の仮装取引・馴合い取引についても課徴金の対象とすべきとの指摘もあった(169)が，平成20年金商法改正により，仮装取引・馴合い取引についても課徴金の対象となっている。なお，相場操縦に違反した場合の刑事責任・民事責任・課徴金などについては，第６節参照。

❖第２節❖　風説の流布

何人も，有価証券の募集，売出しもしくは売買その他の取引もしくはデリバティブ取引等のため，または有価証券等の相場の変動を図る目的をもって，風説を流布し，偽計を用い，または暴行もしくは脅迫をしてはならない（158条）。ここで，デリバティブ取引等とは，市場デリバティブ取引，店頭デリバティブ取引，外国市場デリバティブ取引およびこれらの媒介，取次ぎ，代理などの一定の行為をいい（33条３項），有価証券等とは，有価証券もしくはオプションまたはデリバティブ取引等に係る金融商品（有価証券を除く）もしくは金融指標をいう（158条）。なお，前述のとおり，平成24年金商法改正により，一定の商品で政令で定めるものに係る金融指標を参考指標とする市場デリバティブも，上記のデリバティブ取引等に含まれ，当該市場デリバティブ取引に

(169)　証券取引法研究会編『平成17年・18年の証券取引法等の改正』別冊・商事法務No.299・113頁〔黒沼悦郎発言〕（商事法務，2006）

係る商品または金融指標も有価証券等に含まれることとなり，また，令和元年金商法改正により，暗号資産の売買その他の取引および暗号資産または暗号資産の金融指標に係るデリバティブ取引等についても風説の流布・偽計などの禁止の対象とされた（令和元年金商法改正後185条の23)。

風説の流布における「風説」は，刑法233条（信用毀損および業務妨害罪）とは異なり，虚偽の風説であるとはされておらず，合理的根拠のない事実であれば風説に該当すると解される。この点，ティエスデー事件では，エイズワクチンの臨床試験が開始されていないにもかかわらず開始されたなどの虚偽の事実を公表しているため，そもそも合理的な根拠の有無は問題とならないと考えられるが，裁判所（東京地判平８・３・22判時1566号143頁）は，合理的な根拠のない虚偽の事実を公表したとして風説の流布が成立するものとしている。この事件における事実関係と異なり，仮にエイズワクチンの臨床試験の準備を進めている中でエイズワクチンの臨床試験が近々開始される見込みであるとの公表を行った場合（かかる情報でも株価は高騰する可能性が十分ある）には，それが合理的な根拠を有するものであるかが問題となり，合理的な根拠がない場合には風説の流布に該当する可能性があろう。

このように上場企業が株価に重要な影響を与えうる未確定の情報を公表する場合（特に，それが，有価証券の募集，売出しもしくは売買その他の取引もしくはデリバティブ取引等に関連して行われる場合)，それが実現しなかった場合には風説の流布に該当するおそれがあるため，公表には慎重であるべきであり，また，公表する場合にはその合理的な根拠の有無を十分に確認したうえで，公表の内容を慎重に吟味すべきである。

また，「流布」は不特定多数の者に伝播させることを意味するが，記者会見など直接には特定少数の者に伝達する場合であっても，それが不特定多数の者に伝達されることが通常想定される場合や，インターネット上の掲示板への書込みなど誰でもアクセスできる形で情報を提供する場合には，「流布」に当たると解される。

風説の流布の罪は，虚偽の情報や合理的な根拠のない事実を，⑴有価証券の募集，売出し，売買その他の取引等のため，または，⑵相場の変動を図る目的をもって，不特定多数の者に伝播させる場合に成立する。

(1)の「取引等のため」については，その文言から「取引等について」よりも狭く，風説の流布がなかった場合と比べて，取引などを自己または第三者が有利に行うため，または他人の取引などを不利に行わせるためと解すべきであろう[(170)]。また，(2)の「相場の変動を図る目的」に相場を固定させることを目的とする場合が含まれるかという点については，「変動」との文言や，相場の固定について別途規定している159条３項などとの関係から，含まれないものと解する見解もあるが[(171)]，相場を固定する意図は，何もしなければ下落または上昇する相場の変動を図る意図であるとして，含まれるとする見解もあり，結論としては後者の方が妥当であろう[(172)]。

「偽計」については，他人を錯誤を生じさせる詐欺的ないし不公正な策略，手段であると解される[(173)]。風説の流布や偽計が問題となった事件は最近増加しており，以下のようなものが挙げられる。

①　日本レアメタル工業事件（東京地判昭40・４・５判例集未登載）

日本レアメタル工業の代表取締役などが，同社株式の相場価格を騰貴させようと企図し，証券業者や証券業界紙記者を招致して事業説明会を開催し，新規事業のために大手商社と資本提携が実現したなどという架空の内容の説明を行ったとされた事件である。

②　ティエスデー事件（前掲東京地判平８・３・22）

満期前繰上償還請求権（プット・オプション）が付された転換社債を発行していたティエスデーの代表者が，株式への転換を促進させることを目的として同社株式の市場価格を騰貴させるために，取引所の記者クラブにおいて，エイズワクチンの事業化に関し，臨床試験の開始や合弁会社の設立などの虚偽の公表を行った事件である。

③　東天紅事件（東京地判平14・11・８判時1828号142頁）

仕手筋が共謀して，信用取引として差し入れていた東天紅株式の担保価値を増加させ，さらには時機をみて高値で売り抜けることなどを目論んで，公開買付けを行う意思がないにもかかわらず，公開買付けを実施するとの記者発表を

---

(170)　大杉謙一「ライブドア事件判決の検討〔下〕」旬刊商事法務1811号17頁（2007）
(171)　大杉・前掲注(170)18頁参照
(172)　注釈金融商品取引法３巻13頁〔久保田安彦〕
(173)　注釈金融商品取引法３巻12頁〔久保田〕

する旨の虚偽の内容のファクシミリを取引所の記者クラブの幹事社宛に送信するなどした事件である。

④　ライブドア事件（東京高判平20・７・25判時2030号127頁，最判平23・４・25判例集未登載）

ライブドアの代表取締役などが，上場子会社であるライブドアマーケティング（LDM）とライブドア傘下の投資事業組合で買収したマネーライフ社との株式交換にあたり，投資事業組合が株式交換により取得したLDM株を売却して現金化することを予定し，その売買のため，あるいは，株価の維持上昇を図るため，交換比率につき第三者機関が算出した結果を踏まえ公正な評価方法によって適正な交換比率を決定した旨の虚偽の公表を行い，また，LDMの業績につき虚偽の公表を行ったとして，偽計および風説の流布に該当するとされた事件である。

⑤　ジャパンメディアネットワーク（大盛工業）事件（東京地判平20・９・17判タ1286号331頁）

ジャパンメディアネットワークの実質的な経営者が，その親会社である大盛工業の株価上昇等を図る目的で，当時実現の見込みがなかったIP携帯電話の定額料金サービスを開始するとの虚偽の事実を内容とする文書を記者多数に配布するとともにホームページに掲載し，同社の株価を不正につり上げたとして，風説の流布に該当するものとされた事件である。

⑥　ペイントハウス事件（東京地判平22・２・18判タ1330号275頁）

経営不振に陥ったペイントハウスから事業再生等のための指導援助等を行っていたアドバイザーが，時価総額を回復させて上場廃止を回避するとともに，増資に伴う株価の大幅な下落を阻止する目的で，新株予約権の行使による増資の払込金の大半につき，あらかじめ何の対価もなくただちに流出させることを予定しており，実際に流出させたにもかかわらず，その情を秘し，外観上は資産取得のための支出であるように偽装した開示を行い，ペイントハウスに相応の資金の確保が図られたかのような錯誤を生じさせる事実を公表したとして，偽計に該当するとされた事件である。なお，上記目的については，真実が明らかになった場合に想定される本来の相場の動きを変えようとするものであり，有価証券等の相場の変動を図る目的に当たるものと認定されている。

なお，上記のほかに，公表され，確定した事案としては，偽計に該当すると認定した第三者割当による架空増資の事案として，ユニオンホールディングス事件（大阪地判平22・８・18判例集未登載），トランスデジタル事件（東京地判平22・11・24判例集未登載），NESTAGE事件（大阪地判平23・10・11判例集未登載ほか），井上工業事件（東京地判平24・２・14判例集未登載ほか）などがあり，また，虚偽の目論見書を交付して有価証券の募集を行ったことが偽計に該当すると認定した事案として，エフオーアイ事件（さいたま地裁平24・２・29判例集未登載）がある。

❖第３節❖　安定操作取引

取引所金融商品市場における上場金融商品等または店頭売買有価証券市場における店頭売買有価証券の相場をくぎ付け，固定または安定させる目的をもって，一連の有価証券売買等またはその申込み，委託等もしくは受託等をすることは，政令で定める場合を除き，相場操縦と同様に禁止されている（159条３項）。

安定操作取引が原則として禁止される理由は，安定操作取引は人為的な有価証券売買等により相場の下落を防ぎまたは遅らせるものであるから，安定操作取引が終了して価格の下支えがなくなると相場が下落する可能性が高く，これにより人為的にくぎ付けされた価格で取得した投資家が損失を被る危険があり，また，安定操作取引により取引が繁盛であると誤信して取引した投資家が損失を被る危険があるためである。なお，「安定させる目的」は，市場原理に反して人為的に相場を形成する意図の下で有価証券の価格の下落を防ぎまたは遅らせる目的をいい，「一連の有価証券売買等」とは，継続した安定目的の発現と客観的に認められる複数の取引をいう（協同飼料株価操作事件の第１審判決（前掲東京地判昭59・７・31））。

違法な安定操作取引を行ったとされた事例としては，協同飼料株価操作事件のほか，東京時計製造事件（東京地判昭51・12・24金判524号32頁）や日本熱学工業事件（大阪地判昭52・６・28旬刊商事法務780号30頁）などがある。

1　許容される安定操作取引の目的

金商法施行令は，有価証券の募集・売出しまたは特定投資家向け取得勧誘・売付け勧誘等を容易にするために行う場合に限って安定操作取引を認めている（同施行令20条1項）。この場合に安定操作取引が認められるのは，募集・売出しなどが実施される場合には，証券市場に一時的な供給過剰が生じ需給バランスが崩れることにより市場価格が下落しやすく，募集・売出価格よりも市場価格が下落すると，投資者としてはより価格の安い流通市場で買うほうが有利となるため，募集・売出しの実施が困難となるからである。なお，かかる安定操作取引が許容される趣旨にかんがみ，安定操作取引が許容される募集・売出しおよび特定投資家向け取得勧誘，特定投資家向け売付け勧誘等はいずれも50名以上の者を相手方とするものに限られている。

2　安定操作取引を行うことができる者

安定操作取引を行うことができる者は，以下のとおり，募集・売出しに必要と認められる合理的な範囲のものに限定されている。

⑴　自己の計算において安定操作取引を行うことができる者（金商法施行令20条2項）

募集・売出しについて有価証券届出書が提出される場合には，元引受契約を締結する者として有価証券届出書に記載された金融商品取引業者，その他の場合は，発行者がその有価証券を上場する金融商品取引所（店頭登録銘柄の場合は登録されている認可金融商品取引業協会。■3においても同じ）の規則に従い元引受契約を締結する者としてあらかじめ通知した金融商品取引業者

⑵　安定操作取引の委託等をすることができる者（金商法施行令20条3項，取引規制府令4条）

①　発行者の役員

②　売出しまたは特定投資家向け売付け勧誘等に係る有価証券の所有者（その者が売出しまたは特定投資家向け売付け勧誘等をすることを内容とする

契約により当該有価証券を取得した場合には，当該契約の相手方）

③　発行者の関係会社（財務諸表等規則８条８項に規定する関係会社）の役員

④　発行者の子会社（財務諸表等規則８条３項に規定する子会社）以外の関係会社(174)

⑤　発行者が金融商品取引所の規則で定めるところにより，安定操作取引の委託等を行うことがある者としてあらかじめ当該金融商品取引所に通知した者

なお，元引受金融商品取引業者が，安定操作期間中に行う発行者からの買付けの受託等や①～⑤の安定操作取引委託可能者からの安定操作取引以外の取引の受託等をすることは禁止されており（38条９号，金商業等府令117条１項22号），また，取引所の規則においても，取引参加者たる金融商品取引業者がこれらの行為を行うことを禁止しており（東京証券取引所「取引の信義則に関する規則」７条１号など），安定操作期間中に行われる取引が安定操作取引に係る以下の規制に従い行われることを確保している。

3　安定操作期間

安定操作取引は，株主割当てで行う募集の場合などには申込期日の２週間前の日から払込期日まで，その他の場合には申込期間が終了する日の20日前の日から申込期間の終了日までの期間に限って行うことができる（金商法施行令22条２項）。ただし，発行価格・売出価格などの価格（新株予約権付社債の場合は発行価格および新株予約権の内容または売出価格）（「発行価格等」。同条３項）が決定されていないときは，金融商品取引所の規則に従い発行者から金融商品取引所が発行価格等の通知を受ける日までは安定操作取引をしてはならない（同項）。

安定操作取引が許容されるのは，市場価格が発行価格等を下回ることにより募集・売出しなどが困難となることを回避するためであり，また，発行価格等

(174)　子会社は，会社法上，親会社株式の取得を原則として禁止されている（会社法135条１項）ため，除外されている。

が決定される前に安定操作取引が行われると，公正に決定されるべき発行価格等に人為的な操作がなされることになるためである。

もちろん，安定操作期間において安定操作取引を行うことが義務付けられるものではなく，安定操作取引を行わないことや，開始した安定操作取引を安定操作期間終了前に中止することも可能である。

4　安定操作取引価格

安定操作取引は，需給バランスが崩れて市場価格が下落することを防止して募集・売出しなどの実行が困難となることを避けるために例外的に許容されるものであるから，その買付価格は，以下の価格を超えてはならないものとされている（金商法施行令24条）。

⑴　安定操作取引が開始された日（安定操作開始日。金商法施行令23条）における最初の安定操作取引

安定操作期間の初日の前日の主たる取引所金融商品市場における最終価格（その日に売買がない場合には直近日の最終価格。以下「最終価格」という）と安定操作取引を開始する日の前日の最終価格の低い方の価格

⑵　安定操作開始日におけるその後の安定操作取引

安定操作取引を行った金融商品取引業者の最初の安定操作取引の成立価格（安定操作開始価格。金商法施行令23条）

⑶　安定操作開始日後における安定操作取引

安定操作開始価格（安定操作開始日に複数の金融商品取引業者が安定操作取引を行った場合には，それらの安定操作開始価格のうちもっとも低いもの）と安定操作取引を行おうとする日の前日の最終価格の低い方の価格

安定操作期間の開始日に安定操作取引を開始する場合には，安定操作期間開始日の前日の最終価格が上限となる（⑴参照）。

発行価格等は，安定操作取引価格の基準とはなっておらず，安定操作期間の開始日（一般的には発行価格等の条件決定日）の前日の最終価格が基準となっているため，発行価格等が開始日前日の最終価格を下回っている場合には発行価格等を超えて安定操作取引を行うことができることとなる。

取引価格の制限は，安定操作開始期間の開始日の前日の最終価格もしくは安定操作開始価格（⑴・⑵参照）または安定操作取引を行おうとする日の前日の最終価格（⑶参照）のみが基準となるため，取引時間中に株価が下落しても最終価格が回復すれば，いったん下落した市場価格が制限を及ぼすことはなく，また，上記の制限の範囲内であれば直前に行った安定操作取引の価格を超えて安定操作取引を行うこともできる。

実務的には，安定操作期間中の最終価格（⑶参照）は安定操作取引により安定操作開始価格に維持することができることが多いため，実質的に重要となるのは安定操作期間の開始日の前日の最終価格または安定操作取引を開始する日の前日の最終価格（⑴）である。

5　安定操作取引の開示

⑴　目論見書への記載

安定操作取引を行う場合，募集・売出しなどに係る目論見書または特定証券等情報に，①安定操作取引が行われることがある旨，②安定操作取引が行われる取引所金融商品市場およびそれを開設する金融商品取引所の全部の名称または商号，③主たる安定操作取引が行われると見込まれる取引所金融商品市場およびそれを開設する金融商品取引所の名称または商号などを記載しなければならない（金商法施行令21条）。有価証券届出書を提出する場合には，有価証券届出書の表紙にもこれを記載することとなる（企業開示府令第２号様式記載上の注意(6)，企業開示ガイドラインＢ5-4など参照)。

目論見書などへの記載は，募集・売出しなどに応じて有価証券を取得しまたは買い付けようとする者に対して，有価証券の発行価格等に関して合理的な投資判断資料を提供することを目的とするものである。なお，発行開示に関して目論見書を作成・交付する義務がない場合（13条・15条参照）であっても，安定操作取引は可能であるが，安定操作取引を行うためには，安定操作取引に関する上記の記載をした目論見書（発行者の事業その他の事項に関する説明を記載する文書（２条10項））を作成して交付しなければならない。

⑵　安定操作届出書

安定操作開始日に安定操作取引を行った金融商品取引業者は，最初の安定操作取引を行った後，ただちに，その商号，安定操作取引に係る有価証券の銘柄および安定操作開始価格その他の事項を記載した安定操作届出書を財務（支）局長に提出するとともに，当該有価証券を上場する金融商品取引所などにその写しを提出しなければならない（金商法施行令23条，取引規制府令５条・７条）。

複数の金融商品取引業者が同じ日に安定操作を開始した場合には，それぞれ安定操作届出書の提出が必要となるが，他の金融商品取引業者が安定操作取引を行ったことにより安定操作が開始された場合において，安定操作開始日より後に安定操作を開始した金融商品取引業者には提出義務はない。

なお，その取引が自己の計算によるものであるか，委託者の計算によるものであるかを問わず金融商品取引業者には提出義務がある（委託者には提出義務はない）。

安定操作届出書は財務（支）局長がこれを受理した日から１カ月間，管轄財務（支）局において公衆の縦覧に供され，金融商品取引所などに写しが提出された日から１カ月間，当該取引所などにおいて当該写しが公衆の縦覧に供される（金商法施行令26条，取引規制府令８条）。

⑶　安定操作報告書

安定操作取引を行った金融商品取引業者は，その最初に行った安定操作取引の日から安定操作期間の末日までの間における安定操作取引に係る有価証券の売買について，当該売買を行った日の翌日までに，売買の内容その他の事項を記載した安定操作報告書を財務（支）局長に提出するとともに，当該有価証券を上場する金融商品取引所などにその写しを提出しなければならない（金商法施行令25条，取引規制府令６条・７条３項）。

安定操作報告書は，安定操作取引のみの報告をするものではなく，一度でも安定操作取引をすればその後に安定操作取引をしたか否かにかかわらず，安定操作取引の対象となった有価証券について，安定操作期間が終了するまでの間に市場で行った売買のすべてを毎日報告する必要がある（取引規制府令別紙様式第１号参照）。

安定操作報告書は，安定操作期間が終了した日の翌日から１カ月間，安定操作届出書と同様に公衆の縦覧に供される（金商法施行令26条，取引規制府令８条）。安定操作期間が終了した後に開示されるものであり，投資者に対して投資判断資料を提供することよりも，金融商品取引業者による安定操作取引の適法性を確保することを主な目的としている。

(4)　金融商品取引業者による表示義務

安定操作取引またはその受託等をした金融商品取引業者は，その最初に行った安定操作取引のときから安定操作期間の末日までの間において，安定操作取引に係る有価証券またはその発行者が発行する関連する有価証券の買付けの受託等または売付けをする場合や関連するデリバティブ取引の受託等をする場合には，その相手方に対して安定操作取引が行われた旨を表示しなければならない（38条９号，金商業等府令117条１項23号）。相手方に対して買付けなどにつき合理的な判断をする機会を提供することを目的とするものである。

また，取引所の規則などでは，安定操作取引またはその受託等をした金融商品取引業者に限らず，会員である金融商品取引業者が，安定操作取引が行われたことを知りながら，その旨を表示しないで買付けの受託や売付けをすることが禁じられている（東京証券取引所「取引の信義則に関する規則」７条２号など）。

❖第４節❖　自己株式取得に係る規制

平成13年の商法改正により，自己株式の取得・保有が可能となった。他方，発行者が，自社の株価を上昇させるため，あるいは，下落を防止するために，発行者の資金で自己株式を売買するなどの相場操縦の危険があるため，これを防止するために規制が設けられている。

すなわち，金融商品取引所に上場されている株券または店頭売買有価証券に該当する株券（上場等株券等。162条の２）の発行者が自己株式を取得する場合における，上場等株券の売買もしくはその委託等，信託会社等が信託契約に基づいて発行者の計算において行うこれらの取引の委託等または金融商品取引業者などが行うこれらの取引の受託等その他の行為について，上場等株券の相場を操縦する行為を防止するため，取引の公正の確保のため必要かつ適当であると認める事項について内閣府令において規制が定められている（162条の２，取引規制府令第５章）。

なお，この規制の対象は，相場操縦規制とは異なり，上場または店頭登録されている「株券」のみに限定されている。平成25年金商法改正（１年半以内施行）により，規制対象となる「上場等株券等」につき，「その他政令で定める有価証券」が含まれることとされ，平成25年投信法改正（１年半以内施行）により投資法人による自己投資口取得が解禁されたことから，投資証券についても規制対象となっている。

この規制は，これらに従ってなされる取引が相場操縦・安定操作などの不公正取引に該当しなくなるという意味でのいわゆるセーフ・ハーバーではない。この規制を遵守することにより，相場操縦・安定操作などに該当するものとされる懸念は相当程度軽減されるものの，具体的な取引にあたっては，これらの規制の遵守に加え，相場操縦などに該当することのないよう留意する必要がある。他方，これらに従わなかったからといって，必ずしも相場操縦などに該当するわけではない。

取引規制府令では，取引所金融商品市場および店頭有価証券市場のそれぞれについて，上場等株券等の買付け等（買付けまたはその委託等のこと。取引規制府令17条）およびマーケットメイク銘柄である上場等株券の買付け等に分けて規定を設けている（取引規制府令17条～20条）。取引所金融商品市場における上場株券等の買付けを例にとると，市場価格に影響を及ぼす取引を制限するという観点から，注文の方法，時間，価格および数量につき，おおむね**図表13－12**のような規制がなされている（取引規制府令17条）。

これらの規制は，一定の要件を満たすものとして金融商品取引所が適当と認める方法による買付け等の場合には適用されない（取引規制府令23条）。

東証が適当と認める方法は，⑴事前公表型のオークション市場における買付け，⑵事前公表型の終値取引（ToSTNeT-2），⑶事前公表型の自己株式立会外買付取引（ToSTNeT-3）の三つである。

ToSTNeT-2を利用する方法では，立会市場で決まった前日の最終価格で，

図表13－12　自己株式取得に係る規制の概要

金融商品取引業者の数	１日に二以上の金融商品取引業者を通じて買付け等を行ってはならない
買付け等の注文の価格	①　始値決定前（寄り付き前） ・前日の最終価格（最終気配値段を含む）を上回る価格でないこと ・指値注文のみ ②　始値決定後（寄り付き後） ・買付け等の注文時における当日の高値を上回らないこと ・直前の公表価格を上回る価格で反復継続して行われないこと
買付け等の注文の数量	１日の買付け等の注文の数量が，以下のいずれか多いほうの数量を超えないこと（売買高からは立会外売買分は除かれる） 当該取引所金融商品市場における (1)　買付日の属する週の直前４週間の１日平均売買単位数（注） (2)　買付日の属する月の直前６カ月の月間平均売買高の区分に応じ，以下の数量 ①　月間平均売買高400売買単位以上 10売買単位と直前４週間の１日平均売買高の50%（３売買単位を下回る場合は３売買単位）のいずれか少ない数量 ②　月間平均売買高200売買単位以上400売買単位未満 ５売買単位と直前４週間の１日平均売買高の50%（３売買単位を下回る場合は３売買単位）のいずれか少ない数量 ③　月間平均売買高200単位未満 ３売買単位

（注）　平成25年９月１日施行の取引規制府令の改正前においては25%とされていたが（同改正前取引規制府令17条４号イなど），株式市場の状況にかんがみ，平成20年10月14日から時限措置として100%に引き上げられていた。同改正により，恒久的な措置として当該注文数量につき100%に引上げがなされたことに加え，同じく時限措置として適用しないこととされていた買付等の注文の時間に関する制限（立会終了時刻の30分前以降の買付等の注文の禁止。同改正前取引規制府令17条２号など）も撤廃された。

立会時間外に売り注文と買い注文を集めて取引を成立させ，原則として，売り注文と買い注文が対当するたびに，時間的に早くに発注されたものから優先して成立させることになる。ToSTNeT-2にはVWAP取引もあるが，VWAP取引はクロス取引に限定されており，株主平等原則の趣旨に反するとの考えにより自己株式取得には利用できないこととされている。

ToSTNeT-3は，平成20年１月15日から，自己株式取得のための売買のみが行われる立会外市場として取引が開始されたものであり，買付注文が買付会社の注文に限定される（したがって，売付注文があれば発行者の買付注文は必ず成立し，発行者以外の第三者が取得することはない），売付注文数量が買付注文数量を超えた場合は按分方式により対当させる（終値取引（ToSTNeT-2）の場合は時間優先の原則により対当させる）といった点に特徴がある。

東証市場を利用した自己株式の取得については，東証から「東証市場を利用した自己株式取得に関するQA集」が公表されている。

❖第５節❖　空売り・逆指値注文

何人も，政令で定めるところに違反して，有価証券を有しないでまたは有価証券を借り入れるなどして，その売付けをすることまたは当該売付けの委託等もしくは受託等をしてはならない（162条１項１号）。有価証券を有しないで売付けをする空売りは，有価証券の価格の下落に際して行われるときは，相場の下落傾向を不当に激化させることになるため，相場操縦の一般予防的観点から規制されている。

金融商品取引所の会員等（会員または取引参加者。81条１項３号）は，当該金融商品取引所の開設する取引所金融商品市場においてする自己の計算による有価証券の売付け，売付けの受託をした有価証券の売付けなどについて，当該取引所に対し，それが空売り（信用取引（156条の24）を含む）であるか否かを明らかにしなければならず（金商法施行令26条の３第１項），また，売付けの受託に当たって，空売りであるか否かの確認をしなければならない（同条２項）。取引所金融商品市場において空売りを行う場合，当該取引所が空売りの直近に公表した当該市場における価格以下の価格で行うことは原則として禁止されていたが，平成25年の金商法施行令及び取引規制府令の改正により，空売りに係る有価証券の価格が一定の水準（前日終値比10％以上低い価格）に達した段階で，原則としてその時点から翌日の取引終了時点まで，直近に公表した当該市場における価格以下での空売りが禁止される枠組み（トリガー方式）が採用されている（金商法施行令26条の４，取引規制府令12条）。また，同改正により，私設取引システム（PTS）における取引も規制対象とされている（金商法施行令26条の４第６項）。

なお，適格機関投資家以外の者が行う信用取引については，価格制限の適用が除外される一方，売付数量について規制がなされている（取引規制府令15条２号）。このほか，明示・確認義務や価格制限の適用除外について内閣府令において詳細に規定されている（金商法施行令26条の３第５項・26条の４第４項，取引規制府令11条・15条）。

また，株式市場の状況を受け，平成20年10月30日以降の時限措置として，売付けの際に株の手当てがなされていない空売り（Naked Short Selling）の禁止や，一定規模（発行済株式総数の原則0.25％）以上の空売りポジションの保有者に対する取引所への報告の義務付けなどの措置がとられてきたが，平成25年の取引規制府令の改正により，空売りの禁止（金商法施行令26条の２の２）につき時限の枠組みが廃止された（私設取引システム（PTS）における取引についても同様に禁止された。同条７項）。また，空売りポジションの報告・公表制度についても時限の枠組みを廃止するとともにその内容が見直され，発行済株式総数の0.2％以上（ならびに，その後0.1％の変更がある都度，および0.2％を下回ったとき）については取引所に対する報告，0.5％以上（および0.5％を下回ったとき）については取引所による公表の対象とされた（二段階化。取引規制府令15条の２～15条の４）。

さらに，平成23年12月１日施行の公募増資時の空売り規制に関する金商法施行令等の改正により，何人も，募集・売出しに係る価格未決定の期間（具体的には，有価証券の募集・売出しに係る有価証券届出書または臨時報告書の公衆縦覧開始日の翌日から発行価格・売出価格決定に係る訂正届出書（または訂正報告書）の公衆縦覧開始時までの期間）において取引所市場（私設取引システムにおける取引を含む）における空売りまたはその委託等の申込みを行った場合には，原則として，当該募集・売出しに応じて取得した有価証券によって，当該空売りに係る有価証券の借入れまたはこれに準ずるものとして内閣府令で定める取引の決済を行ってはならないものとされた（金商法施行令26条の６，取引規制府令15条の５～15条の７）。かかる規制は，公募増資により取得する新株で借株の決済を行う空売りは，市場で売付けを行う一方，借株の返済のための買付けは市場で行わず，市場価格よりさらにディスカウントされた価格で発行体から直接に株式を調達することになり，公募増資手続中の短期間に，全体として市場に一方的な価格下落圧力を加えるものであり，市場の需給を崩し，公正な価格形成を歪めるおそれがあるため，禁止されることとなったものである。

なお，金商法は，相場が騰貴して自己の指値以上となったときにはただちにその買付けをし，または相場が下落して自己の指値以下となったときにはただちに売付けをする，いわゆる逆指値注文を政令で定めるところに違反して行うことを禁止する旨規定している（162条１項２号）。逆指値注文が多くなると相場の暴落を激化させる要因になり得るとの懸念によるものとされるが，現在のところ逆指値注文を規制する政令がないため，規制の対象となっていない。

❖第６節❖　相場操縦などに関する責任

１　罰　　則

平成18年１月に偽計および風説の流布の容疑で摘発されたライブドア事件などの一連の不正事件を受け，証取法等改正法では不公正取引に関する罰則の法定刑が，ディスクロージャー関係の罰則とともに引き上げられた。なお，罰則の引上げにかかる改正は，金商法の施行に先立ち平成18年７月４日に施行された。また，令和元年金商法改正により，暗号資産の売買その他の取引および暗号資産または暗号資産の金融指標に係るデリバティブ取引等に係る相場操縦，風説の流布・偽計などの禁止の違反についても同様の罰則が設けられている（令和元年金商法改正後197条１項６号・２項２号）。

(1)　相場操縦，偽計・風説の流布および安定操作

これらの規制（158条・159条）に違反した者は，10年以下の懲役もしくは1,000万円以下の罰金に処されまたはこれを併科される（197条1項5号）。また，財産上の利益を得る目的で相場操縦，偽計・風説の流布または安定操作により変動または安定などさせた相場により有価証券の売買その他の取引またはデリバティブ取引等（当該違反が商品関連市場デリバティブ取引のみに係るものである場合を除く）を行った者は，10年以下の懲役および3,000万円以下の罰金に処される（令和元年金商法改正後同条2項2号）。なお，当該違反が商品関連市場デリバティブ取引のみに係るものである場合，違反者は，5年以下の懲役もしくは500万円以下の罰金に処され，またはこれを併科される（197条の2第13号）。

さらに，これらの罪の犯罪行為により得た財産およびその対価として得た財産（オプションその他の権利である場合には当該権利の行使により得た財産）は，原則として没収または追徴される（198条の2）。没収・追徴の対象につき争われた事例として，前掲の志村化工株価操作事件（東京地判平15・11・11）やキャッツ株価不正操作事件（東京地判平17・3・11）などがある（いずれも没収・追徴の範囲を売買差益相当額に限定するものとされた）。

また，両罰規定として，代表者または代理人，使用人その他の従業員が，法人などまたは人の業務または財産に関して上記の罪を犯したときは，その法人などに対しては7億円以下の罰金刑が，人に対しては上記各条の罰金刑が，それぞれ科される（207条1項1号）。

なお，相場操縦行為等は，「何人も」これを行ってはならないとされている（159条）が，取引所金融商品市場における金融商品の売買取引などは，原則として当該市場を開設する取引所の会員等に限り行うことができる（111条1項）こととの関係で，相場操縦行為等が「身分によって構成すべき犯罪」（刑法65条1項）とのいわゆる身分犯に該当するかどうかについて議論があった。身分犯であると解する立場（協同飼料株価操作事件の控訴審判決・前掲東京高判昭63・7・26）では，金融商品取引業者に委託注文を出す投資者は，金融商品取引業者の従業員との共同正犯や間接正犯（身分なき共犯）になる。

もっとも，同事件の最高裁決定（前掲最決平6・7・20）は，職権で，「いずれも禁止行為の主体を「何人も」と規定しており，証券取引所の会員以外の者

は右会員に委託することによって有価証券市場において売買取引を行うことができるのであるから，証券取引所の会員以外の者も右各条項の保護法益を侵害することができる」ことなどを理由に，身分犯ではなく，投資者にも直接に相場操縦罪の適用があると判断し，この問題については決着がついた。

⑵　自己株式取得に係る規制および空売り規制

これらの規制に違反した者は，30万円以下の過料に処せられる（208条の２第２号・３号）。自己株式取得に係る規制は，相場操縦とされるおそれの少ない取引態様を類型化して定めこれを遵守させるものであり，仮にこれに違反したとしても必ずしも相場操縦にはならないこと，また，相場操縦に該当する場合には，その罰則も適用されることとなるため，自己株式取得に係る規制違反の罰則については特に重くはしていないものと考えられる。

2　課 徴 金

⑴　課徴金の対象範囲

平成20年金商法改正により，159条に違反する，相場操縦・安定操作などの行為につき，課徴金の対象範囲が拡大された（174条～174条の３）。平成20年金商法改正前においては，課徴金の対象となるのは現実の取引による相場操縦のみであったが，平成20年金商法改正により，仮装取引・馴合い取引による相場操縦や違法な安定操作取引についても課徴金の対象とされた。

利得相当額を金額水準としている課徴金制度の下において，仮装取引・馴合い取引などは現実の取引を伴わないものであるため対象とはされていなかったが，これらの取引も相場操縦行為の一類型であり，その抑止の必要性や違反の性質については現実の取引による相場操縦と本質的に異ならないこと，また，平成20年金商法改正における課徴金の金額水準の見直しにおいて，確定した利得のみならず，保有している株式などに係る利得も課徴金の額に取り込むこととされたことによる[175]。すなわち，平成20年金商法改正後においては，以下のいずれかの行為をした者は課徴金の対象となっている。

---

(175)　大来＝鈴木・前掲注(96)30頁以下

①　159条１項の規定に違反する有価証券の売買，市場デリバティブ取引もしくは店頭デリバティブ取引またはこれらの取引の申込みもしくは委託等（仮装取引・馴合い取引による相場操縦）（174条）

②　159条２項１号の規定に違反する一連の有価証券売買等またはその申込みもしくは委託等（現実取引による相場操縦）（174条の２）

③　159条３項の規定に違反する一連の有価証券売買等またはその申込みもしくは委託等（違法な安定操作取引）（174条の３）

また，風説の流布・偽計などについては，平成20年金商法改正前より，これらの違反行為により有価証券等の相場を変動させ，変動させた相場により取引を行った者が課徴金の対象となっていた。しかしながら，「相場を変動させ，変動させた相場により取引を行ったこと」との立証が困難であるといったこともあり適用事例がなかった[176]。平成20年金商法改正により，風説の流布または偽計により有価証券等の価格に影響を与えた者が課徴金の対象とされ，適用要件が緩和されている（173条１項）。

さらに，平成24年金商法改正前は，他人の計算において相場操縦，風説の流布または安定操作取引を行った者については，金融商品取引業者等がその顧客などの計算において行った場合に限り課徴金の対象となっていたが，同改正により，金融商品取引業者等以外の者が他人の計算において行った相場操縦，風説の流布および安定操作取引についても課徴金の対象として追加され，平成25年９月６日から施行されている。

なお，令和元年金商法改正により，暗号資産の売買その他の取引および暗号資産または暗号資産の金融指標に係るデリバティブ取引等に係る相場操縦，風説の流布・偽計などの禁止規制が導入されているが，これらの行為は課徴金の対象とはなっていない。

(2)　課徴金の金額

平成20年金商法改正前は，現実の取引による相場操縦について，課徴金の金額は，

(176)　黒沼悦郎ほか「〔座談会〕金融商品取引法の改正――金融･資本市場の競争力強化に向けて――」旬刊商事法務1840号10頁〔黒沼発言〕(2008)

①　有価証券の売付け等の価額から買付け等の価額を控除した額（違反行為に係る売買対当数量に係るものに限る）に，

②(a)　当該違反に係る有価証券の売付け等の数量が買付け等の数量を超える場合，当該超える数量に係る売付け等の価額から違反行為が終了した日から１カ月以内に行われた当該違反に係る上場金融商品等の買付け等の価額を控除した額，

(b)　当該違反に係る有価証券の買付け等の数量が売付け等の数量を超える場合，違反行為が終了した日から１カ月以内に行われた当該違反に係る上場金融商品等の売付け等の価額から当該超える数量に係る買付け等の価額を控除した額

を加えた額とされていた。すなわち，現実取引による相場操縦により違反者が得る利益には，(i)違反行為期間中に損益が確定するもの（①）と，(ii)相場操縦終了時点でポジションを有している部分（②）に係るものが想定されるが，(ii)については，実際に違反者が行った取引により実現した利益を基準として課徴金が算定されていた。

平成20年金商法改正は，違反抑止の観点から，(ii)の部分の算定方法を見直し，違反者が最大の利益を得ることが可能となる価格を基準とすることとし，以下(イ)〜(ハ)の合計額を(ii)の部分に係る課徴金の額としている。

(イ)　違反行為に係る自己の計算による有価証券の売付け等の数量が当該違反行為に係る自己の計算による有価証券の買付け等の数量を超える場合には，当該超過数量（売りポジション）に係る売付け等の価額から，当該数量に違反行為後１カ月間の最安値を乗じた価額を控除した額（マイナスとなる場合は０）（174条の２第１項２号イ）

(ロ)　違反行為に係る自己の計算による有価証券の買付け等の数量が当該違反行為に係る自己の計算による有価証券の売付け等の数量を超える場合には，当該超過数量（買いポジション）に違反行為後１カ月間の最高値を乗じた価額から，当該数量に係る買付け等の価額を控除した額（マイナスとなる場合は０）（同号ロ）

(ハ)　違反行為開始時から違反行為後１カ月が経過するまでの間に，募集，組織再編成などにより違反行為を行った有価証券を取得させまたは交付した

場合，当該取得または交付に係る有価証券の数量につき，違反行為後１カ月間の最高値から違反行為開始時の価格を控除した額（マイナスとなる場合は０）（同号ハ）

なお，違反行為開始時において有するポジション（開始時における保有有価証券や空売り等の数量）も合算して算出することとされている（174条の２第７項・８項）。したがって，課徴金の金額は違反行為に係る損益（同条１項１号）に，上記により計算される金額の合計額となる。

仮装・馴合い取引による相場操縦については，違反行為に係る損益がないため，これが加算されることはないが，(ii)の相場操縦終了時点でポジションを有している部分に係るものの部分の算定方法と同様の方法により計算される金額とされている（174条）。

風説の流布・偽計については，平成20年金商法改正前においては，風説の流布・偽計によって変動した相場で違反者が実際に行った取引により実現した利益を基準として課徴金額が算定されていたが，平成20年金商法改正では，違反行為後，もっとも価格が高くまたは安くなったところで売付け等または買付け等を行うことにより，利得の最大化を図ることが可能であることを想定して，(ii)の相場操縦終了時点でポジションを有している部分に係るものの部分の算定方法と同様の方法により計算される金額とされている（173条）。

違法な安定操作取引については，違法な安定操作取引がなければ実現されていた市場価格を違反後の市場価格の平均で近似させることが可能であると考えられること，違反者が自己の計算により買支え（売押え）を行う場合，その損益は直接違反者に帰属すると考えられることなどを勘案して，以下の①・②の合計額を課徴金の額としている（174条の３）。

①　違反行為の開始時から終了時までの間における違反行為に係る自己の計算による売付け等の価額から買付け等の価額を控除した額（174条の３第１項１号）

②　以下の金額の合計額

(a)　違反行為開始時における違反行為に係る上場金融商品等または店頭有価証券についての違反者の売付等数量（同条５項）が買付等数量（同条６項）を超える場合（売りポジションが生じている場合），当該超過数量に違反行為後1カ月間の平均価格から違反行為期間中の平均価格を控除した額を乗じた額（マイナスとなる場合は0）（同条1項2号イ）

(b)　違反行為開始時における違反行為に係る上場金融商品等または店頭有価証券についての違反者の買付等数量が売付等数量を超える場合（買いポジションが生じている場合），当該超過数量に違反行為期間中の平均価格から違反行為後1カ月間の平均価格を控除した額を乗じた額（マイナスとなる場合は0）（同号ロ）

(c)　違反行為開始時から違反行為後1カ月が経過するまでの間に，募集，組織再編成などにより違反行為を行った有価証券を取得させまたは交付した場合，当該取得または交付に係る有価証券の数量につき，違反行為期間中の平均価格から違反行為後1カ月間の平均価格を控除した額（マイナスとなる場合は0）（同号ハ）

これらの課徴金は，自己の計算において行われた違反行為について課されるが，平成20年金商法改正により，違反者がその総株主等の議決権の過半数を保有している会社その他の違反者と密接な関係を有する者として内閣府令で定める者（親会社・子会社・兄弟会社など）または違反者と生計を一にする者その他の違反者と特殊の関係にある者として内閣府令で定める者（親族・内縁の配偶者・役員・従業者など）の計算において違反行為を行った場合についても，違反者が自己の計算において違反行為を行った者とみなして課徴金額を算出するものとされた（173条5項～7項・174条5項～7項・174条の2第6項～8項・174条の3第7項～9項，課徴金府令1条の11・1条の14・1条の17・1条の20など）。

また，平成24年金商法改正前は，金融商品取引業者または登録金融機関が，その顧客の計算において違反行為を行った場合は，手数料，報酬その他の対価の額として内閣府令で定める額が課徴金額とされていた。平成24年金商法改正では，この点について金融商品取引業者以外の者が顧客等の他人の計算において行った場合についても同様に課徴金の対象とされることとなった（173条1項4号・174条1項4号・174条の2第1項2号のニ・174条の3第1項2号ニ）。

なお，課徴金納付命令の決定手続や，追徴・没収，他の課徴金との調整，課徴金の減算・加算制度などについては，第14編第3章参照。

3　民事責任

相場操縦および安定操作の規制（159条）に違反した者は，当該違反行為により形成された金融商品などの額により，当該金融商品などについて，取引所金融商品市場などにおける有価証券の売買，デリバティブ取引などをしまたはその委託をした者が受けた損害を賠償する責任を負う（160条１項）。

この賠償請求権は，違反行為があったことを知ったときから１年間，行為があったときから３年間行使しないときは，時効により消滅する（160条２項）。もっとも，立証責任の転換がなされているわけではないため，実際に賠償を得ることは必ずしも容易ではない。

なお，令和元年金商法改正により，暗号資産の売買その他の取引および暗号資産または暗号資産の金融指標に係るデリバティブ取引等に係る相場操縦，風説の流布・偽計などの禁止規制が導入されているが，これらの行為に係る民事上の損害賠償責任に関する規定は設けられていない。

第３章

その他の不公正取引規制

本章のサマリー

◇本章は，金商法第６章「有価証券の取引等に関する規制」のうち，不正行為の禁止（157条），自己計算取引・過当数量取引の制限（161条），信用取引などにおける金銭の預託（161条の２），虚偽公示・虚偽文書の禁止（168条），証券記事などの制限（169条），勧誘における一定の表示の禁止（170条・171条），無登録業者による未公開有価証券の売付け等の効果（171条の２）の各規定について解説する。

◇平成23年金商法改正では，無登録業者による未公開株式等の販売を行うことによるトラブルが多発していることを受けて，投資家保護を図り，被害救済を迅速に進めるため，無登録業者が行った未公開株式等の販売は，原則として無効とするルールが導入された。

◇平成24年金商法改正（１年半以内施行分）では，「総合的な取引所」の実現に向けた制度整備として，一定の商品またはこれに係る金融指標を原資産または参照指標とする市場デリバティブ取引（商品関連市場デリバティブ取引）が市場デリバティブ取引に含まれることとなることに伴い，商品関連市場デリバティブ取引も不正行為の禁止（157条），自己計算取引・過当数量取引の制限（161条）の対象となり，当該取引の原資産または参照指標である商品またはそれに係る金融商品も虚偽公示・虚偽文書の禁止（168条）の対象となる。

◇令和元年金商法改正では，暗号資産の取引において不公正な取引事例が存在していたことを踏まえ，暗号資産の取引または暗号資産に関するデリバティブ取引などに関する不正行為の禁止（令和元年金商法改正後185条の22）が新設された。また，暗号資産を対価としてイニシャル・コイン・オファリング（ICO）において企業等が発行する収益分配等を受ける権利が表章されたトークンであって，集団投資スキーム持分または電子記録移転権利（同改正後２条３項）に該当するものも，有価証券に含まれることが明確化され，それらの売買その他の取引についても157条その他の不公正取引規制の対象に含まれることとなる。

❖第１節❖　不正行為の禁止

1　不正の手段・計画・技巧

157条１号は，何人も有価証券の売買その他の取引またはデリバティブ取引等（市場デリバティブ取引等（市場デリバティブ取引または当該取引の媒介，取次ぎもしくは代理または委託の媒介，取次ぎもしくは代理。33条３項１号），店頭デリバティブ取引等（店頭デリバティブ取引またはその媒介，取次ぎもしくは代理。２条８項４号），外国市場デリバティブ取引等（外国市場デリバティブ取引または当該取引の媒介，取次ぎもしくは代理または委託の媒介，取次ぎもしくは代理。33条３項３号）を総称する。同項柱書）について，不正の手段，計画または技巧をすることを禁止する。これは，金融商品取引一般についてのあらゆる詐欺的行為を包括的に禁止する規定であると解されている。

金商法では，157条１号以外においても，金融商品に関する詐欺的な行為を禁止する規定を多く置いている。たとえば，157条２号・３号では不正行為の禁止に関するより具体的な規定が定められ，158条以下でも風説の流布の禁止，相場操縦行為の禁止，内部者取引規制を始めとした各種詐欺的行為の禁止規定が置かれている。また，金融商品取引業者に対する行為規制として，金融商品取引業者による金融商品取引契約の締結または勧誘に関して，顧客に虚偽のことを告げる行為その他の詐欺的な行為が禁止されている（38条各号，金商業等府令117条１項各号）。さらに，有価証券の発行市場および流通市場において，金商法上の各種開示書類に虚偽記載があった場合について，当該開示書類の作成者などに対する刑事責任および民事責任が規定されている（これらの詳細については，それぞれ第６編第４章，第２編第３章，第３編第５章および第４編第７章を参照のこと）。

しかしながら，金融商品取引には多種多様なものがあり，また日々新しい類型の取引が生まれるため，個別の規定であらゆる金融商品取引に関する詐欺的な行為をすべてカバーすることは困難である。このような中，投資家保護を徹底し，公正な金融商品市場を維持するためには，157条１号のような一般的・

包括的な規定による規制が必要であると解されている。

157条1号に定める詐欺的行為は，それが何人によるものか，すなわち発行会社またはその役員もしくは従業員によるものか，金融商品取引業者またはその役員もしくは従業員によるものかを問わない。また，詐欺的行為の対象となる有価証券は，上場されているか否かを問わず，金商法上のあらゆる有価証券が含まれる。さらに，「有価証券の売買その他の取引」は，取引所における売買や取引所外における売買に限られず，有価証券の募集または売出しや公開買付けが含まれる。また，新株予約権付社債の新株予約権の行使などもこれに含まれると解されており，会社の発行した転換社債の転換の促進するため，会社の役員が取引先と共謀して，取引先に会社の株式を多量に購入させて価格をつり上げることは，本号違反に該当するとの見解がある(177)。

平成24年金商法改正（1年半以内施行分）では，一定の商品またはこれに係る金融指標を原資産または参照指標とする市場デリバティブ取引（商品関連市場デリバティブ取引）が市場デリバティブ取引に含まれることとなることに伴い，商品関連市場デリバティブ取引も不正行為の禁止（157条）の対象となる。

令和元年金商法改正では，イニシャル・コイン・オファリング（ICO）において企業等が発行する収益分配等を受ける権利が表章されたトークンは，投資家に暗号資産を拠出させる場合であっても，集団投資スキーム持分または電子記録移転権利（令和元年金商法改正後2条3項）に該当し得ることが明確化された（同改正後2条の2参照）。さらに，有価証券の売買の対価として暗号資産が使用される場合，当該暗号資産は金銭とみなされることとなる（同改正後2条の2・2条8項1号）。それらの結果，集団投資スキーム持分または電子記録移転権利に該当するトークンの売買その他の取引は，暗号資産を対価とする売買も含め，157条の不正行為の禁止の対象に含まれることとなる。

金融商品取引について，「不正の手段，計画又は技巧をする」とは，金融商品取引につき他人を欺罔して錯誤に陥れる態様の行為を行うことをいうとする学説がある(178)。他方，無価値の株式について偽装の株価をつけるため，証券会社の外務員と共謀して，当該株式について，権利の移転を目的としない仮装

---

(177)　鈴木＝河本・証取法550頁，神崎ほか・金商法1194頁

(178)　鈴木＝河本・証取法551頁，神崎ほか・金商法1195頁

売買を行わせた事案で，最高裁判例は，「不正の手段」とは，社会通念上不正と認められる一切の手段をいうとし，これを支持する学説もある(179)。本号が適用されるには，不正の手段，計画または技巧が金融商品取引について行われること，かつ行為者がそれを認識していることが必要であり，不正の手段，計画または技巧が他人の金融商品取引に影響を及ぼし，それにより他人が証券取引に関して損害を被っただけでは足りないと解されている。

しかし，不正の手段，計画または技巧が行われる限り，その行為者が実際に金融商品取引を行わない場合でも，投資家の利益が害される可能性があるため，当該行為者が金融商品取引を行うことは要しないと解されている。

2　不実の表示による財産の取得，虚偽の相場の利用

157条2号・3号は，同条1号で一般的・包括的に規定されている詐欺的行為禁止に関するより具体的な規定である。

157条2号は，何人も，有価証券の売買その他の取引またはデリバティブ取引等について，重要な事項について虚偽の表示があり，または誤解を生じさせないために必要な重要な事実の表示が欠けている文書その他の表示を使用して金銭その他の財産を取得することを禁止する。

「重要」な事項または「重要」な事実とは，一般的な投資者の金融商品取引の判断に通常影響を及ぼすと考えられる事項または事実である。また，表示が将来の事項について，または予想に基づくものについて行われる場合でも，表示の当時において合理的な根拠を欠く場合には，虚偽の表示に該当する。

157条2号が適用されるには，不実の表示により金銭その他の財産を取得することが必要である。金銭その他の財産の取得の対価が提供されるか否かは問わず，対価として提供されたものが取得したものよりも大きな価値を有する場合でも本号は適用されうる。たとえば，有価証券の発行の対価として金銭を取得したり，公開買付けにより有価証券を取得したり，会社の合併により消滅会社の財産を取得するような場合などでも同号は適用されうる(180)。

(179)　最決昭40・5・25裁判集刑事155号831頁，近藤ほか・金商法入門360頁

(180)　神崎ほか・金商法1200頁～1201頁

157条3号は，何人も，有価証券の売買その他の取引またはデリバティブ取引等を誘引する目的をもって，虚偽の相場を利用することを禁止する。

3　暗号資産の取引などに関する不正行為の禁止

暗号資産の取引において不公正な取引事例が存在していたことを踏まえ，令和元年金商法改正では，行為主体を限定することなく，不公正な行為を罰則付きで禁止することが必要であるとされ，有価証券取引と同様に，暗号資産の取引についても不正行為の禁止（令和元年金商法改正後185条の22）が新設された。

不正行為の禁止の対象となる取引は，暗号資産の売買その他の取引または暗号資産関連デリバティブ取引等（暗号資産もしくは暗号資産の価格および利率等ならびにこれらに基づいて算出した数値に係るデリバティブ取引等。同条1項1号）とされ，暗号資産の現物取引および市場デリバティブ取引や店頭デリバティブ取引を含むデリバティブ取引について広くその対象とされた。他方で，暗号資産関連デリバティブ取引等については，157条の規定は適用されない（令和元年金商法改正後185条の22第2項）。

禁止される不正行為の態様としては，有価証券の取引に関する場合と基本的に同様であり，不正の手段，計画または技巧をすること（同条1項1号），重要な事項について虚偽の表示があり，または誤解を生じさせないために必要な重要な事実の表示が欠けている文書その他の表示を使用して金銭その他の財産を取得すること（同項2号），暗号資産の売買その他の取引または暗号資産関連デリバティブ取引等を誘引する目的をもって，虚偽の相場を利用すること（同項3号）である。

4　刑事責任・民事責任

157条に違反した者（商品関連市場デリバティブ取引のみに係るものである場合を除く）は，10年以下の懲役もしくは1,000万円以下の罰金，またはこれらの併科の対象となっており（197条1項5号），平成24年金商法改正（1年半以内施行分）により，商品関連市場デリバティブ取引のみに係る157条に違反した者は，５年以下の懲役もしくは500万円以下の罰金，またはこれらの併科の対象となっており（197条の２第13号），また，法人に対する両罰規定もある（207条１項１号・２号）。さらに，本条の違反行為により行為者が得た財産などについて没収（198条の２第１項），それが没収できないときは，その価額を追徴することになっている（同条２項）。

かかる157条違反（商品関連市場デリバティブ取引のみに係るものである場合を除く）の際の刑事罰は金商法上もっとも重いものであるが，このことと，同条の規定上の文言が抽象的であることに伴う罪刑法定主義の観点から，同条の適用については消極的な見解が少なくないとされている。158条との比較でいえば，同条違反を認めた判例が，とくに最近積み重なっており（第２章第２節参照），また，同条違反については課徴金の規定もある一方で，157条については，同条違反を認めた公刊されている判例は１件しかなく（前掲注(179)の判例），同条違反につき課徴金の規定も存在しない。他方で，上記のとおり，金融商品取引には多種多様なものがあり，また日々新しい類型の取引が生まれるため，同条のような一般的・包括的な規定により，投資家保護を徹底し，公正な金融商品市場を維持することに意義を認める見解もある[181]。

157条は，その違反行為が民事上の損害賠償その他の直接の根拠規定とはならないと解されている[182]。もっとも，その違反行為が民法96条の要件を満たす場合には，契約を取り消すことができ，また，同法709条や会社法429条の要件を満たす場合には，損害賠償責任を追及することができる。

令和元年金商法改正では，行為主体を限定することなく，不公正な行為を罰則付きで禁止することが必要であるとされ，暗号資産の取引に係る不正行為の禁止の規定（令和元年金商法改正後185条の22第１項）に違反した者も，157条に違反した者と同様，10年以下の懲役もしくは1,000万円以下の罰金またはこれらの併科の対象とされ（同改正後197条１項６号），違反行為により得た財産などについても没収・価額追徴の対象とされた（同改正後198条の２第１項１号・２項）。

なお，有価証券の取引に係る不正行為と同様，暗号資産の取引に係る不正行為も，課徴金の対象とはされていない。

---

(181)　近藤ほか・金商法入門361頁

(182)　近藤ほか・金商法入門362頁

❖第２節❖　自己計算取引・過当数量取引の制限

内閣総理大臣は，金融商品取引業者等（金融商品取引業者または登録金融機関をいう。34条）もしくは取引所取引許可業者による自己の計算での有価証券の売買（以下，本章において「自己計算取引」という）を制限し，または金融商品取引業者等もしくは取引所取引許可業者の行う過当数量の売買（以下，本章において「過当数量取引」という）であって，取引所金融商品市場または店頭売買有価証券市場の秩序を害するものを制限するため，公益または投資者保護に必要な事項を内閣府令で定めることができる（161条１項）。

過当数量取引の制限については，取引規制府令９条１項において一定の取引一任契約などにより有価証券の売買を行う場合，当該契約の委任の本旨または当該契約の金額に照らし過当と認められる数量の売買で，取引所金融商品市場または店頭売買有価証券市場の秩序を害すると認められるものが禁止される。また，この規定は市場デリバティブ取引および店頭デリバティブ取引について準用される（同条２項）。なお，平成31年４月１日時点で，自己計算取引の制限に関する内閣府令はない。

平成24年金商法改正（１年半以内施行分）により，商品関連市場デリバティブ取引が市場デリバティブ取引に含まれることとなることに伴い，金融商品取引業者等または取引所取引許可業者による自己の計算での商品関連市場デリバティブ取引についても，161条１項が適用されることとなる（同条２項）。また，商品取引参加者（金融商品取引業者等または取引所取引許可業者以外の者で，金融商品取引所が商品関連市場デリバティブ取引のみを行うために取引資格を与えた者。改正後151条）による自己の計算での商品関連市場デリバティブ取引も規制対象とするため，内閣総理大臣は，商品取引参加者による自己の計算での商品関連市場デリバティブ取引を制限し，または商品取引参加者の行う過当数量の取引で，取引所金融商品市場の秩序を害するものを制限するため，公益または投資者保護に必要な事項を内閣府令で定めることができることとなる（161条３項）。平成31年４月１日時点で，かかる内閣府令はない。

❖第３節❖　信用取引などにおける金銭の預託

金融商品取引業者が信用取引または発行日取引を行う場合，顧客から当該取引の有価証券の時価に内閣総理大臣が有価証券の売買その他の取引の公正を確保することを考慮して定める率を乗じた金額以上の預託金を受けなければならない（161条の２，金融商品取引法第百六十一条の二に規定する取引及びその保証金に関する内閣府令２条１項）。この率は，信用取引および発行日取引のいずれについても，30％と定められている（同項）。信用取引または発行日取引が過当投機の手法となることを抑制・防止することが，本条の趣旨である。

❖第４節❖　虚偽公示・虚偽文書の禁止

何人も，有価証券等の相場を偽って公示し，または公示しもしくは頒布する目的をもって有価証券等の相場を偽って記載した文書を作成し，もしくは頒布してはならない（168条１項）。また，何人も，有価証券の発行者，売出人，特定投資家向け売付け勧誘等をする者，引受人または金融商品取引業者等の請託を受けて，公示しまたは頒布する目的をもってこれらの者の発行，分担または取扱いに係る有価証券に関し重要な事項について虚偽の記載をした文書を作成し，または頒布してはならない（168条２項）。さらに，有価証券の発行者，売出人，特定投資家向け売付け勧誘等をする者，引受人または金融商品取引業者等は，この請託をしてはならない（同条３項）。

168条１項の「有価証券等」とは，第２章第２節において述べている，有価証券等の相場の変動を図る目的を持った風説の流布の禁止（158条）における，「有価証券等」の意味と同じであり，有価証券もしくはオプションまたはデリバティブ取引に係る金融商品（有価証券を除く）もしくは金融指標を意味する（同条）。平成24年金商法改正（１年半以内施行分）では，商品関連市場デリバティブ取引の原資産または参照指標となる一定の商品またはそれに係る金融指標も「有価証券等」に含まれることとなる。令和元年金商法改正では，暗号資産を対価としてイニシャル・コイン・オファリング（ICO）において企業等が発行する収益分配等を受ける権利が表章されたトークンであって，集団投資スキーム持分または電子記録移転権利（令和元年金商法改正後２条３項）に該当するものも，有価証券に含まれることが明確化され，また，暗号資産やその価格または利率等もデリバティブ取引に係る金融商品または金融指標に含まれることとなったため，これらも「有価証券等」に含まれることとなる（なお，暗号資産やその価格または利率等については，158条の風説の流布の禁止は適用されないこととの関係で，なぜ168条１項は適用することとされているのかは定かでない）。

168条１項における「公示」とは，不特定または多数の人の知りうべき状態において表示すれば足り，現にそれらの人が認識したことまでは必要なく，また，「頒布」とは，不特定または多数の人に配布し，同時に現実に交付されることを要すると解されている。風説の流布の禁止（158条）と異なり，有価証券の募集その他の取引や有価証券等の相場の変動を図ることを目的とすることを要件としていない。そのような目的がなくとも，有価証券等の相場に関する虚偽の公示，または虚偽の文書作成もしくは頒布を許すと，投資家の投資判断を誤らせ投資家に不利益を与え，誤った価格形成が行われるおそれがあるため，禁止される。

このように，目的が要件とされないため，158条と比べて違反の場合の刑事罰が軽減されている。すなわち，158条に違反した者は，10年以下の懲役もしくは1,000万円以下の罰金，またはこれらの併科の対象となっているのに対し（197条１項５号），168条に違反した者は，１年以下の懲役もしくは100万円以下の罰金，またはこれらの併科の対象となっている（200条20号）。なお，法人に対する両罰規定もある（207条１項５号）。

168条２項については，第１節■**2**において述べた，重要な事項の虚偽表示による財産の取得の禁止（157条２号）に類似するが，しかし，同号とは異なり，有価証券の発行者，売出人，特定投資家向け売付け勧誘等をする者，引受人または金融商品取引業者などの請託を受けて，有価証券に関する重要な事項についての虚偽の文書を作成または頒布することが要件とされる。他方で，同号とは異なり，文書の虚偽の表示を使用して金銭その他の財産を取得することは要件とされていない。財産的な利益を得ない場合であっても，有価証券の発行者，売出人，引受人または金融商品取引業者などの請託を受けて，有価証券に関する重要な事項についての虚偽の文書を不特定または多数の人に公示または頒布する目的で当該文書を作成すること，またはこれを頒布することを許せば，やはり，投資家の投資判断を誤らせ投資家に不利益を与え，誤った価格形成が行われる恐れがあるため，禁止される。

168条２項・３項に違反した者についても，１年以下の懲役もしくは100万円以下の罰金，またはこれらの併科の対象となっており（200条20号），また，法人に対する両罰規定もある（207条１項５号）。

❖第５節❖　証券記事などの制限

何人も，有価証券の発行者，売出人，特定投資家向け売付け勧誘等をする者，引受人，金融商品取引業者等または公開買付者等（公開買付者，特別関係者，公開買付者のために株券等の保管・返還や買付代金の支払い等の事務を行う金融商品取引業者または銀行等および公開買付者を代理して公開買付けによる株券等の買付け等を行う者。27条の３第３項，金商法施行令10条）から対価を受け，または受けるべき約束をして，有価証券，発行者または公開買付者に関し投資についての判断を提供すべき意見を，新聞紙もしくは雑誌に掲載し，または文書，放送，映画その他の方法を用いて一般に表示する場合には，当該対価を受け，または受けるべき約束をして行う旨の表示があわせて必要となる（169条）。

有価証券，発行者または公開買付者に関する投資判断についての意見を一般に表示する場合で，有価証券の発行者，売出人，その他上記の者から対価を得ている場合には，当該意見は，客観的意見にみえるものの，対価を支払う者に不利な意見を書いていないおそれがあり，結果として，投資家の投資判断を誤らせ投資家に不利益を与えるおそれがある。したがって，この点を防止するため，当該表示が，当該対価を受けることについての開示が必要とされる。ただし，広告料を受け，または受けるべき約束をしている者が，当該広告料を対価とし，広告として表示する場合については，上記のような問題はないので，上記の規制の適用はない（169条ただし書）。

169条に違反した者は，６月以下の懲役もしくは50万円以下の罰金，またはこれらの併科の対象となっており（205条20号），また，法人に対する両罰規定もある（207条１項６号）。

❖第６節❖　勧誘における一定の表示の禁止

1　有利買付けなどの表示の禁止

何人も，国債証券，地方債証券，特別の法律により法人の発行する債券，資産流動化法上の特定社債券，社債券，特別の法律により設立された法人の発行する出資証券，および取引規制府令64条各号の一定の有価証券を除き，不特定かつ多数の者に対して行われる，新たに発行される有価証券の取得の申込みの勧誘またはすでに発行された有価証券の売付けの申込みもしくはその買付けの申込みの勧誘（有価証券の不特定多数者向け勧誘等。170条）に際して，これらの者が取得する有価証券を，自己または他人が，あらかじめ特定した価格またはそれらを超える価格で，買い付けまたは売り付けることをあっせんする旨の表示をすること，またはその表示と誤認されるおそれがある表示をすることは禁止される（同条）。

株式などの市場価格が大きく変動する可能性のある有価証券について，あらかじめ特定した価格またはそれを超える価格で買い付けまたは売り付けることをあっせんするという表示を実現することは困難なことが多い。そこで，不特定または多数の投資家に対する有価証券の取得の申込みの勧誘または売付けの申込みもしくは買付けの申込みの勧誘に際して，このような実現が困難な表示をすることは，詐欺的な行為として禁止されている。

取引規制府令64条各号は適用除外の有価証券として，⑴元本補填の契約の存する貸付信託の受益証券，⑵コマーシャル・ペーパー，⑶外国または外国の者が発行する証券または証書で，国債証券，地方債証券，特別の法律により法人の発行する債券，資産流動化法上の特定社債券，社債券，特別の法律により設立された法人の発行する出資証券，または⑴・⑵の性質を有するもの，⑷外国の者が発行する証券または証書で，金融機関の貸付債権を信託する信託受益権またはこれに類する権利を表示するもの，⑸国債証券，地方債証券，特別の法律により法人の発行する債券，資産流動化法上の特定社債券，社債券，特別の法律により設立された法人の発行する出資証券，⑴～⑷，または下記⑹～⑼に係るオプションを表示する証券または証書，⑹国債証券，地方債証券，特別の法律により法人の発行する債券，資産流動化法上の特定社債券，社債券，特別の法律により設立された法人の発行する出資証券，上記⑴～⑸に係る権利を表示する預託証券，⑺外国法人発行の譲渡性預金証書，学校債，⑻元本補塡の契約の存する信託の受益権または外国信託の受益権，⑼学校債権を列挙している。これらは，確定利付け債券であり，発行体のデフォルトリスクを除けば，償還時における元本の返済や一定の時期における利息の支払いが予定されているため，上記規制の適用が除外される。

このような不当表示が禁止されるのは，有価証券の不特定多数者向け勧誘等に際して行われる場合であるが，その勧誘が有価証券届出書の提出が必要な募集または売出しに該当するか否かは問わない。また，表示は，不特定かつ多数の者に対して行われることが必要であるが，新聞やテレビなどで同時に不特定かつ多数の者に対して行うことを必要とせず，各投資者に対して文書または口頭で個別的に行う場合も含まれる。

170条に違反した者は，１年以下の懲役もしくは100万円以下の罰金，またはこれらの併科の対象となっており（200条21号），また，法人に対する両罰規定もある（207条１項５号）。

2　一定の配当などの表示の禁止

国債証券，地方債証券，特別の法律により法人の発行する債券，資産流動化法上の特定社債券，社債券，特別の法律により設立された法人の発行する出資証券，および取引規制府令65条各号の一定の有価証券を除き，有価証券の不特定多数者向け勧誘等を行う者またはその役員，相談役，顧問その他これらに準ずる地位にある者もしくは代理人，使用人その他の従業員は，当該不特定多数者向け勧誘等に際し，不特定かつ多数の者に対して，当該有価証券に関し一定の期間につき，利益の配当，収益の分配その他いかなる名称をもってするかを問わず，一定の額（一定の基準によりあらかじめ算出することができる額を含む）またはこれを超える額の金銭（処分により一定の額またはこれを超える額の金銭を得ることができるものを含む）の供与が行われる旨の表示をすること，またはその表示と誤認されるおそれがある表示をすることは禁止される（171条）。

株式などの収益の分配がその発行者の収益状況などに応じて変動する可能性のある有価証券については，収益の分配をする事業年度の発行者の財務状態などを確定しなければ，分配額を最終的に確定することはできない。そこで，不特定または多数の投資家に対する有価証券の取得の申込みの勧誘または売付けの申込みもしくは買付けの申込みの勧誘に際して，このような不確定な事項の表示をすることは，詐欺的な行為として禁止されている。ただし，当該表示の内容が予想に基づくものである旨が明示されている場合は，171条違反とはならない（同条ただし書）。

予想に基づくものである旨の表示がある場合であっても，当該予想が合理的な根拠を欠く場合には，なお虚偽の表示であり，金融商品取引についての重要な事項についての虚偽の表示を行うもの（157条2号），または不正の手段，計画または技巧を行うもの（同条1号）として，違法となりうる。

なお，取引規制府令65条各号は適用除外の有価証券として，⑴コマーシャル・ペーパー，⑵外国または外国の者が発行する証券または証書で，国債証券，地方債証券，特別の法律により法人の発行する債券，資産流動化法上の特定社債券，社債券，特別の法律により設立された法人の発行する出資証券，または上記⑴の性質を有するもの，⑶外国の者が発行する証券または証書で，金融機関の貸付債権を信託する信託受益権またはこれに類する権利を表示するもの，⑷国債証券，地方債証券，特別の法律により法人の発行する債券，資産流動化法上の特定社債券，社債券，特別の法律により設立された法人の発行する出資証券，上記⑴～⑶，または下記⑸～⑻に係るオプションを表示する証券または証書，⑸国債証券，地方債証券，特別の法律により法人の発行する債券，資産流動化法上の特定社債券，社債券，特別の法律により設立された法人の発行する出資証券，⑴～⑷に係る権利を表示する預託証券，⑹外国法人発行の譲渡性預金証書，学校債，⑺利益を補足する契約の存する信託の受益権または外国信託の受益権，(8)学校債権を列挙している。

171条に違反した者は，１年以下の懲役もしくは100万円以下の罰金，またはこれらの併科の対象となっており（200条21号），また，法人に対する両罰規定もある（207条１項５号）。

❖第７節❖　無登録業者による未公開有価証券の売付け等の効果

平成23年金商法改正では，無登録業者による未公開株式等の販売を行うことによるトラブルが多発していることを受けて，無登録業者による広告・勧誘行為の禁止や無登録業者に対する罰則の引上げなどの違法行為に対する抑止効果のある制裁措置を導入するとともに，投資家保護を図り，被害救済を迅速に進めるための民事ルールを整備するために，無登録業者が行った未公開株式等の販売は，当該株式等やその発行体に関する情報が乏しく，販売業者が投資家の誤認等を誘って不当に高値で販売を行うということにつながりやすいことから，民法上の不法行為の一類型である暴利行為に該当するものと推定し，その点の具体的な立証を要せず，原則として無効とするルールが導入された。具体的には，無登録業者（登録を受けないで第一種金融商品取引業または第二種金融商品取引業を行う者）が，未公開有価証券につき売付け等を行った場合には，対象契約（当該売付け等に係る契約または当該売付け等により締結された契約であって，顧客による当該未公開有価証券の取得を内容とするものをいう）は無効となる（171条の２第１項）。

上記において，無登録業者に該当するか否かは，未公開有価証券の売付け等を業として行うことについて必要となる登録の有無で判断されるものと解され，第二種金融商品取引業の登録を受けていたとしても，無登録で第一種金融商品取引業の登録が必要な未公開有価証券の売付け等を行っていた場合には，本条の適用を受ける[183]。

「未公開有価証券」とは，適正な取引を確保することが特に必要な有価証券として政令で定める有価証券であり，(1)社債券，(2)株券，(3)新株予約権証券，

(183)　古澤ほか・逐条解説2011年金商法改正205頁注(2)

⑷外国の者の発行する証券または証書でこれらの性質を有するもの，⑸これらの有価証券に表示されるべき権利であって金商法２条２項により有価証券とみなされるものが政令で指定されているが（金商法施行令33条の４の５第１項），投資家が売買価格や発行体情報を容易に取得しうるものであれば，有価証券の適正な価値を判断しうるため，①金融商品取引所に上場されている有価証券，②店頭売買有価証券または取扱有価証券，③売買価格または発行者に関する情報を容易に取得することができる有価証券として政令で定める有価証券は除外される（171条の２第２項）。売買価格または発行者に関する情報を容易に取得することができる有価証券として政令で定める有価証券としては，⒜社債券，外国の者の発行する社債券（新株予約権付社債券を除く），これらの有価証券に表示されるべき権利であって金商法２条２項により有価証券とみなされるもののうち，有価証券届出書または有価証券報告書で公衆の縦覧に供されているものの提出者が発行者であるもの，⒝指定外国金融商品取引所に上場されている有価証券が規定されている（金商法施行令33条の４の５第２項）。なお，指定外国金融商品取引所とは，金融商品取引所に類するもので外国の法令に基づき設立されたもののうち，上場されている有価証券およびその発行者に関する情報の開示の状況ならびに売買高その他の状況を勘案して金融庁長官が指定するものであり（金商法施行令２条の12の３第４号ロ），具体的には「金融商品取引法施行令第２条の12の３第４号ロに規定する外国の金融商品取引所を指定する件」（平成22年金融庁告示第41号）において指定されている。

「売付け等」とは，売付けまたはその媒介もしくは代理，募集または売出しの取扱いその他これらに準ずる行為として政令で定める行為をいい（171条の２第１項），政令で売出しまたは私募の取扱いが定められている（金商法施行令33条の４の４）。これらの行為は，業として行うもののみが対象になると解される[184]（「業として」の意味については，第５編第１章第２節参照）。

無効となる対象契約は，当該売付け等に係る契約または当該売付け等により締結された契約であって，顧客による当該未公開有価証券の取得を内容とするものである。無登録業者が売付けの媒介もしくは代理，または募集もしくは私募の取扱いなどを行う場合には，無登録業者と投資家は直接の契約関係には立

⒅ 古澤ほか・逐条解説2011年金商法改正206頁，金商法コンメンタール４巻194頁〔黒沼悦郎〕

たず，媒介等を委託した売主または発行体と契約関係に立つこととなるが，この場合はかかる契約が原則として無効となる。

ただし，判例上，暴利行為として契約が無効となるための要件として，相手方の窮迫，軽率または無経験に乗じたという主観的要素と，著しく過当の利益を獲得する行為という客観的要素が必要と解されていることから，本条の無効ルールにおいても，当該無登録業者または当該対象契約に係る当該未公開有価証券の売主もしくは発行者（当該対象契約の当事者に限る）が，(1)当該売付け等が当該顧客の知識，経験，財産の状況および当該対象契約を締結する目的に照らして顧客の保護に欠けるものではないこと，または(2)当該売付け等が不当な利得行為に該当しないことを証明したときは，対象契約は無効とならない(171条の2第1項ただし書)。(1)については，金融商品取引業者等によって販売・勧誘が適切に行われることを確保するために，いわゆる狭義および広義の適合性原則が適用されるが，この趣旨は無登録業者による販売にも当てはまり，かかる販売が適切に行われたというためには，顧客の適合性を確認したうえで，適切な説明を行うことが必要とされる。なお，日本証券業協会の自主規制では，内国法人の未上場の株券，新株予約権証券および新株予約権付社債券の協会員による投資勧誘については，適格機関投資家に対して投資勧誘を行う場合や発行体が継続開示義務に服しているなどの場合を除き，禁止されており(店頭有価証券に関する規則)，未公開有価証券の勧誘における適合性の確認については一般的には厳しい基準が適用されるものと解される。また，(2)に関して，「売付け等が不当な利得行為に該当しないこと」とは，売買契約などに客観的な給付の不均衡がないこと，すなわち，未公開有価証券について配当還元方式や類似企業比較法などの評価方法を用いて算定した価値とその支払対価との間に不当な不均衡がないこと[(185)]，または後者が前者を大きく上回らないこと[(186)]をいうと解されている。無登録業者が売付けの媒介もしくは代理，または募集もしくは私募の取扱いなどを行う場合には，投資家は無登録業者ではなく無登録業者に媒介等を委託した売主または発行体と契約関係を有することとなるが，かかる場合には，売主または発行体が顧客から不当な利得を得ていれ

(185)　古澤ほか・逐条解説2011年金商法改正210頁

(186)　近藤ほか・金商法入門413頁，金商法コンメンタール4巻197頁〔黒沼〕

ば足りるものと解される[187]。

なお，本条は投資家保護を目的とするものであるから，本条に基づいて無登録業者や売主・発行体から無効を主張することはできないと解される（相対的無効）[188]。対象契約が無効とされる場合，その民事上の効果として，同契約に基づき引き渡された代金は不当利得として返還することとなる（民法703条，708条ただし書）。他方，同契約に基づき引き渡された未公開有価証券，またはそれをすでに転売しているときはその売却代金について不当利得として返還する義務を負うとの見解もあるが[189]，暴利行為などの公序良俗に反する契約に基づき給付をした物については，その不法性がもっぱら当該給付を行った者にあり，当該給付を受けた者に存在しない場合には，その返還を請求することはできず（不法原因給付，民法708条），その反射的効果として給付をした物の所有権は給付を受けた者に帰属すると解されている（最判昭45・10・21民集24巻11号1560頁）。もっとも，返還される代金の額については，その支払を行った者の損失額を限度とするものと解される。また，その損失額の計算については，受領した未公開有価証券の価値が，その損失と同一の原因により受けた利益であるとして，損益相殺により支払った代金額から控除して計算することになるものと考えられる。

なお，集団投資スキーム持分への出資に171条の２の取引無効ルールを適用すると，当該スキームの組合等の外形を信頼して取引した第三者による出資も含めた組合等の契約全体に影響を与えるおそれがあるため[190]，集団投資スキームなどの二項有価証券は同条の対象とされていない。

かかる無登録業者による未公開株券等の取引を無効とするルールと併せて，平成23年金商法改正において，無登録業者による広告・勧誘行為の禁止規定も新たに設けられた（31条の３の２。第５編第２章第２節■１参照）。

また，無登録業で金融商品取引業を行った者については，平成23年金商法改正前は，３年以下の懲役もしくは300万円以下の罰金，またはこれらの併科の

---

(187)　古澤ほか・逐条解説2011年金商法改正210頁注(1)

(188)　古澤ほか・逐条解説2011年金商法改正208頁（注），近藤ほか・金商法入門405頁，金商法コンメンタール４巻196頁〔黒沼〕

(189)　金商法コンメンタール４巻198頁〔黒沼〕

(190)　平成23年11月パブコメ33頁No.94～No.96

対象となっており（198条１号），また，法人に対しては300万円以下の罰金の両罰規定が定められていたが（207条１項６号），同改正により，当該違反者に対する罰則は，５年以下の懲役もしくは500万円以下の罰金，またはこれらの併科とすることとし（197条の２第10号の４），また，法人に対する両罰規定も５億円以下の罰金に引き上げられた（207条１項２号）。

第14編 金融商品取引業者等の監督と投資者保護

■本編では，金融商品取引業者等の監督・検査の権限，課徴金制度，投資者保護基金などの規定について解説する。

第1章 金融庁と証券取引等監視委員会

本章のサマリー

◇本章では，金融庁と証券取引等監視委員会（以下，本編において「証券監視委」という）の組織，証券検査，開示検査，課徴金調査，犯則事件調査および市場分析審査などの各種の検査・調査に関する権限および手続を扱う。

◇証券監視委は，金融商品取引業者等に対する検査，報告・資料徴取や市場における金融商品取引，有価証券に関するディスクロージャーなどに関し，幅広く監視を行う。これらの権限は，内閣総理大臣が金融庁長官に委任し，さらに証券監視委に委任されており，証券監視委が検査，調査を行った結果行われる勧告を通じ，金融庁が監督上の処分を行う構造となっている。

❖第1節❖　金融庁と証券監視委の組織

金融庁は，内閣府の外局として，国家行政組織法３条に基づき設置されたいわゆる「３条組織」である。金融庁は，金融機能の安定，投資者保護および金融の円滑の観点から，金融商品取引業者等，金融商品仲介業者，金融商品市場を開設する者，認可金融商品取引業協会，認定金融商品取引業協会および認定投資者保護団体等の検査その他の監督等を行うことをその任務とする（金融庁設置法４条）。

これに対し，証券監視委は，金融庁に設置された委員長および２人の委員で構成される合議制の機関であり，国家行政組織法８条に基づき設置されたいわゆる「８条委員会」である（金融庁設置法10条）。証券監視委は，金融商品取引業者等に対する検査，課徴金調査，開示検査，犯則事件調査などの事務を処理することをその任務とする（同法８条）。証券監視委の委員長および委員は，衆参両議院の同意を経て内閣総理大臣が任命し，その任期は３年である（なお，再任可能である）。証券監視委の委員長および委員は，独立して職権を行使するものとされている（同法９条）。

❖第２節❖　金融庁と証券監視委の権限

金商法上，金融商品取引業者等に対する検査・監督権限は，内閣総理大臣に付与されている。これらの権限は，政令で定めるものを除き，内閣総理大臣から金融庁長官に包括的に委任され，そのうち，金融商品取引業者等の検査や調査に関する事項など一定の権限が，金融庁長官から証券監視委に再委任されている（194条の７）。また，金商法上，犯則事件の調査権限や勧告・告発・建議のように，証券監視委のみに付与されている権限もある。

1　検査・調査に関する権限

金融庁および証券監視委の検査・調査権限は，証券検査，いわゆる187条調査（192条申立てなどのための調査），開示検査，課徴金調査，犯則事件調査および市場分析審査に分けることができる。

これらは，職務の遂行上必要な情報の収集を直接の目的として行われるものであり，犯則事件調査を除き，行政手続法ではいわゆる行政調査に分類されるものである。行政調査に当たる行為は包括的に行政手続法の適用を受けないものとされている（行政手続法３条１項14号）。

証券監視委が行う報告・資料提出命令についての行政不服審査法による不服申立ては，証券監視委に対してのみ行うことができるものとされている（195条）。なお，検査を行う審判官または職員は，身分を示す証票を携帯し，検査に際してその相手方に提示しなければならない（190条）[(1)]。

(1)　報告・資料徴取に際しては，かかる証票の携帯・提示義務はない。

⑴　証券検査

証券監視委には，金融庁長官から，金融商品取引業者等などに対する検査権限，報告・資料の徴取権限（56条の２第１項）が委任されている（194条の７第１項～３項，金商法施行令38条の２第１項）。ただし，委任された権限について，金融庁長官が自ら行うことを妨げないものとされている（194条の７第２項本文・ただし書，金商法施行令38条の２第２項ただし書）。なお，金融商品取引業者等に対する報告・資料の徴取権限は金融商品取引業者等の業務委託先（二段階以上の委託を受けた者を含む）に対しても及ぶのに対し検査権限は及ばないなど報告・資料の徴取権限の対象者の範囲と検査権限の対象者が異なることもあるので留意が必要である。

これらの検査は，あくまで捜索・差押えのような物理的強制力を伴わない行政調査として行われるが，検査を拒み，妨げ，または忌避した場合には罰則の制裁[(2)]がある（198条の６第11号・207条１項４号）。また，報告・資料聴取については，報告もしくは資料の提出をせず，または虚偽の報告もしくは資料の提出をした場合にも罰則の制裁がある（198条の６第10号・207条１項４号・199条）。

⑵　187条調査

証券監視委には，金融庁長官から，192条申立てのための関係人，参考人などに対する調査権限（187条１項）が委任されている（194条の７第４項，金商法施行令44条の５第３項・４項）。また，証券監視委は，公務所または公私の団体に照会して必要な事項の報告を求めることができる（187条２項）。これらの委任された権限について，金融庁長官が自ら行うことを妨げないものとされている（194条の７第４項ただし書）。

「関係人」とは，当事者に準じる者，すなわち192条申立ての被申立人となるべき者またはこれに準じる者を指すと考えられている[(3)]。また，行政手続法の「関係人」には当事者を含まないが，本条の「関係人」には当事者を含むものと考えられている[(4)]。関係人には旅費の請求が認められず（191条），また，

---

(2)　１年以下の懲役もしくは300万円以下の罰金またはこれの併科。

(3)　神田秀樹監修『注解証券取引法』1305頁・1306頁（有斐閣，1997）

(4)　金商法コンメンタール４巻457頁

187条1項4号による立入検査を受忍する義務がある（立入検査の忌避については罰則がある（198条の6第11号））。

「参考人」とは，当事者以外の者であって，当該事案に間接的に関連する者と考えられる[(5)]。たとえば，関係人と取引をする者や業務委託先は参考人に含まれると考えられるのではないか。「鑑定人」とは，特別な専門的知識・学識・経験に基づき知ることができる法規や経験則の存否，内容またはこれらの判断，意見を報告する者である[(6)]。

「提出命令」は，関係人に対し，物件の提出を命じる処分である。提出命令を受けた関係人には，当該物件の提出義務が生じるが，物件の占有を強制的に取得する差押えとは異なり，その提出自体は関係人の意思に基づくものである。

「留置」は，提出命令に基づき関係人から提出され，当該職員が占有を取得した物件について，当該占有を保持することである。

これらの検査は，あくまで捜索・差押えのような物理的強制力を伴わない行政調査として行われるが，187条1項4号の検査を拒み，妨げ，または忌避した場合には罰則の制裁がある（198条の6第11号・207条1項4号）。また，187条1項1号～3号の措置に違反した場合には，過料の制裁が科せられている（198条の6第17号の5～17号の7）。

⑶　開示検査

開示検査については，有価証券届出書等の提出者に対する報告等の徴取または検査を行う権限（26条1項）が，金融庁長官から証券監視委に委任されている（194条の7第1項・3項，金商法施行令38条の2第1項）。また，証券監視委は，公務所または公私の団体に照会してこれらに関し必要な事項の報告を求めることができる（26条2項）。なお，報告徴取権限および公益または投資者保護のため緊急の必要があると認められる場合における検査権限は，金融庁長官が自ら行うことを妨げない（金商法施行令38条の2第1項ただし書）。

これらの検査，報告・資料聴取も捜索・差押えのような物理的強制力を伴わ

---

(5)　神田・前掲注⑶1308頁

(6)　神田・前掲注⑶1308頁

ない行政調査であるが，検査を拒み，妨げ，または忌避した場合には罰則の制裁[(7)]がある（205条5号・6号・207条1項6号）。

なお，以下の権限については，課徴金に係る事件についての検査に係るものを除き，証券監視委に委任されていない。

① 有価証券届出書などの効力発生前における届出者などに対する報告権限および検査権限（金商法施行令38条の2第1項1号・2号）

② 公開買付期間中における公開買付者などおよび意見表明報告書の提出者などに対する報告権限および検査権限（金商法施行令38条の2第1項3号）

(4) 課徴金調査

証券監視委は，課徴金に係る事件について必要な調査をするため，事件関係人もしくは参考人に対する質問または報告等の徴取権限および事件関係人の営業所その他必要な場所に立入検査を行う権限（177条1項）を金融庁長官から委任されている（194条の7第2項8号）。ただし，委任された権限について，金融庁長官が自ら行うことを妨げないものとされている（同項本文・ただし書）。なお，平成24年金商法改正により事件関係人または参考人に対して出頭を求める権限が追加された（177条1項1号）。また，平成25年金商法改正（1年以内施行分）により，事件関係人に対し，帳簿書類その他の物件の提出を命じまたは提出物件を留置する権限が追加されたほか，当該調査について公務所または公私の団体に照会して必要な事項の報告を求めることができるものとされた（177条1項2号・2項）。

課徴金調査としての立入検査も行政手続法上の捜索・差押えのような物理的強制力を伴わない行政調査であるが，検査を拒み，妨げ，または忌避した場合には罰則の制裁[(8)]がある（205条6号・207条1項6号）。なお，事件関係人もしくは参考人が，質問，報告・意見聴取に対して陳述をせず，虚偽の陳述をし，または報告をせず，もしくは虚偽の報告をした場合にも罰則の制裁[(9)]がある（205条の3第1号）。

---

(7) 6月以下の懲役もしくは50万円以下の罰金またはこれの併科。
(8) 6月以下の懲役もしくは50万円以下の罰金またはこれの併科。
(9) 20万円以下の罰金。

「事件関係人」とは，当該事件に係る審判手続の被審人となる可能性のある者である[10]。「参考人」とは，自己の知見に基づいて当該事件に係る調査事項について回答・意見・報告する事件関係人以外の第三者であり，刑事訴訟法や民事訴訟法における「証人」に類似する概念である[11]。

⑸　犯則事件調査

証券監視委は，犯則事件の調査権限を固有の権限として有する。犯則事件とは，インサイダー取引，相場操縦，損失補塡，ディスクロージャー違反など，有価証券の売買その他の取引またはデリバティブ取引等の公正を害する事件を指す（210条，金商法施行令45条）。

犯則事件調査に関する権限には，任意調査権限と強制調査権限の２種類がある。任意調査権限としては，犯則嫌疑者または参考人（以下「犯則嫌疑者等」という）に対し出頭を求め，犯則嫌疑者等に対し質問し，犯則嫌疑者等が所持しまたは置き去った物件を検査し，犯則嫌疑者等が任意提出または置き去った物件を領置することができる（210条）。強制調査権限としては，犯則事件の調査のため裁判官があらかじめ発する許可状を受けて，臨検，捜索または差押えを実施することができる（211条）。

また，郵便物等の保管，所持をしている通信事務を行う者に対する差押えも可能である（211条の２）。

なお，上述の証券検査，開示検査および課徴金調査については，その報告等の徴取に応じない場合や虚偽報告を行った場合，検査の忌避を行った場合などには，罰則の制裁が設けられているが，犯則事件調査については，任意調査権限に基づく調査であっても，これらの忌避等の行為に対する制裁規定は置かれていない。これは，任意調査権限に基づく質問等において任意の協力が得られない場合には，許可状の発布を受けて強制調査を実施することによって調査の目的を達成することができるためと考えられる。

⑽　金商法コンメンタール４巻332頁〔芳賀良〕
⑾　金商法コンメンタール４巻332頁〔芳賀〕

(6) 市場分析審査

証券監視委は，上述のほか，金融商品取引業者，登録金融機関，金融商品取引業協会，金融商品取引所などに対し，金融商品取引に関し報告を求め，または資料を徴取し，取引の内容を審査することにより，日常的に幅広く市場監視を行っている。

具体的には，一般からの情報受付け，日常の市場動向の監視による取引審査，自主規制機関との連携，海外当局との連携などを通じて相場操縦やインサイダー取引など市場の公正性を害する取引が行われていないか，また，こうした取引に関与している金融商品取引業者等に行為規制違反などが存在しないかを審査している。

2　検査・調査結果に基づく処理

(1) 勧　　告

証券監視委は，検査，報告命令・資料提出命令，質問・意見徴取または犯則事件の調査を行った場合，その結果に基づき，行うべき行政処分その他の措置について内閣総理大臣および長官に勧告することができる（金融庁設置法20条１項)。当該勧告を受けて，これに基づき行政処分を行うか否かは，金融庁長官の裁量事項であるが，証券監視委は，当該勧告に基づいてとった措置につき，内閣総理大臣および長官に報告を求めることができる（同条２項)。外務員に対して個人勧告を行う場合は，外務員に対する監督上の処分の勧告を日本証券業協会に対して行う。そのため同項は「行政処分その他の措置」と定めている。

(2) 告　　発

証券監視委は，犯則事件の調査により，犯則の心証を得たときは，告発する義務を負う（226条１項)。

「犯則の心証を得たとき」とは，犯則調査によって収集された証拠に基づき，犯則事実の存在と内容を客観的に認定しうることを必要とすると解されている。この点，行政目的を達成する観点から，犯則の心証を得たにもかかわらず告発しないことが許されるか，実務上問題となるが，国家公務員の告発義務（刑事訴訟法239条２項）に関しても，一般に，職務上正当と考えられる程度の裁量はあると考えられていることから，同様に解すべきであろう。

なお，犯則調査以外の金商法に基づく行政調査に係る検査権限は，犯罪捜査のために認められたものと解してはならないとされている（190条２項）。もっとも，同項は当初より犯則事件の調査を目的としながら確証が得られないため行政調査を行ってはならない旨を定め，当初は行政調査目的で検査を行ったが，検査の結果「犯則の心証を得た」ため，行政調査時に知りえた情報を刑事告発に利用することまでは禁止されていないと考える(12)。

⑶　192条申立て

証券監視委は，187条調査の結果をもとに，裁判所に対して緊急差止命令の申立て（192条申立て）を行うことができる。192条申立ては，英米法におけるインジャンクション（injunction）の制度に倣って導入されたものであり，条文番号の変遷はあるものの，証券取引法の制定当初から存在していた制度である。

緊急差止命令の発令の要件は，①緊急の必要性があること，②公益および投資者保護のため必要かつ適当であると認めること，③被申立人が金商法違反行為を行うまたは行おうとすることである。

この点，本条は，公益および投資者保護の双方の観点から必要性（必要かつ適当）が認められ，行政処分だけでは対応できない場合に，緊急の救済として裁判所がとる措置であると考えられる。したがって，上記①および②の要件が認められるのは，金商法の法益実現のために当該違反行為を裁判所の命令により差し止める以外に十分な手段が存在しない場合，と考えられる(13)。

「差止命令以外に十分な手段が存在しない場合」については差止命令以外に行政処分などの手段が存在しない場合と考えられる。

緊急差止命令の申立権者および同申立ての前提となる187条調査の調査権者は，もともと内閣総理大臣や金融庁長官であったが，証券監視委，財務局長な

---

(12)　注釈金融商品取引法３巻474頁〔松尾健一〕，神田・前掲注⑶1325頁

(13)　萩原秀紀「緊急差止命令（金商法192条１項）の活用」旬刊商事法務1923号20頁（2011）

どにも権限が拡張された（金商法施行令44条の５）。

緊急差止命令違反については，刑事罰（198条８号，３年以下の懲役もしくは300万円以下の罰金または併科）および近時追加された法人に対する両罰規定がある（207条１項３号，３億円以下の罰金）。このような制度改正の後，証券監視委により平成22年11月に証取法の施行以降初めて192条申立てが行われ，裁判所による緊急差止命令が発令された。

裁判所は，禁止・停止命令の取消し，変更を行うことができる（192条２項）。

裁判管轄については被申立人の住所地または金商法違反行為が行われもしくは行われようとするところである（同条３項）。

192条申立ての裁判手続のうち裁判管轄以外の規定は非訟事件手続法が準用される（同条４項）。

⑷　建　　議

証券監視委は，証券検査，開示検査，課徴金調査または犯則事件の調査結果に基づき，必要があると認めるときは，金融商品取引の公正を確保するため，または投資者の保護その他の公益を確保するために必要と認められる施策について内閣総理大臣，長官または財務大臣に建議することができる（金融庁設置法21条）。たとえば，平成24年金商法改正の金融商品取引業者等以外の者が他人の計算により不公正取引を行う場合にも課徴金の適用対象の拡大および信用格付業者による信用格付の提供などに係る正確性の確保に関する平成25年９月の金商業等府令の改正などはそれらの改正に先立ち，証券監視委が当該各事項に関する建議を行っている。

⑸　開示に関する命令

財務局長は，届出書類等に形式上の不備があり，または，重要事項の記載が不十分であると認める場合，訂正のための訂正届出書や訂正報告書等の提出命令を発することができる（９条１項・10条１項・23条の９第１項・24条の２第１項・27条の８第３項・４項・27条の29など）。

上記命令を発する場合には，行政手続法13条１項の規定による意見陳述のための手続の区分にかかわらず，聴聞を行わなければならないものとされている。なお，上記の処分を行う場合には，当該縦覧書類の全部または一部を公衆の縦覧に供しないものとすることができる（25条６項・27条の14第５項・27条の28第４項）。

3　不服申立て

証券監視委が行う検査は，継続的性質を有しない事実上の行為であり，行政不服審査法に基づく不服申立ての対象とはならないが，報告または資料の徴取命令は行政庁の処分であり不服申立ての対象となる。この場合，不服申立ては証券監視委に対してのみ行うことができるものとされている（195条）。

第2章

監督上の処分等

本章のサマリー

◇本章では，金融商品取引業者等に対する監督上の処分について扱う。

◇金融庁長官は，金商法の各種規制を実効化するため，金融商品取引業者等に対する登録の取消し，業務停止命令を始めとする監督上の処分を行うことができる。従来は法令違反行為に対し監督上の処分を行ってきたが，金商法の施行により，新たに51条・51条の2が新設されたことで，内部管理態勢が十分に整備されていない場合などにも業務改善命令を発出することができるようになった。

❖第1節❖　概　　要

金融庁長官は，金融商品取引業者，登録金融機関など[(14)]に対して，金商法に規定された監督上の処分を行う権限を有する。金融庁長官は，公益または投資者保護のため必要かつ適当と認める場合その他行政処分の発動の要件を充足していると判断した場合，業務停止命令を始めとする各種の監督上の処分を行うことができる。

なお，金融商品取引業者等の監督を所掌するのは，金融庁監督局証券課であ

(14)　金融庁長官が監督上の処分を行うことができる対象は，金融商品取引業者，登録金融機関，外国証券業者，取引所取引許可業者，外務員，金融商品仲介業者，認可金融商品取引業協会，認定投資者保護団体，投資者保護基金，株式会社金融商品取引所の主要株主，金融商品取引所，金融商品取引所持株会社およびその主要株主，株式会社金融商品取引所を子会社とする認可金融商品取引業協会および金融商品取引所ならびに金融商品取引所持株会社を子会社とする認可金融商品取引業協会および金融商品取引所，外国金融商品取引所，証券金融会社と広範囲にわたる。

る（金融庁組織令23条)。証券監視委による勧告が行われた場合，金融庁長官は，その事実関係について調査するため，金融商品取引業者等に対し，報告・資料徴取命令を発する権限を有する（194条の７第２項ただし書)。

❖第２節❖　金融商品取引業者に対する監督上の処分

金融商品取引業者および登録金融機関に対する監督上の処分を分類し整理すると，以下のとおりとなる。

1　金融商品取引業者に対する処分

図表14−1　金融商品取引業者に対する行政処分の根拠規定

根拠規定	行政処分の発動要件	行政処分の内容
51条	公益または投資者保護のため必要かつ適当であると認めるとき	業務改善命令（業務の方法の変更その他業務の運営または財産の状況の改善に必要な措置）
52条１項	①登録拒否事由に該当することとなったとき（29条の４第１項各号） ②不正の手段により登録を受けたとき ③金融商品取引業またはこれに付随する業務に関し法令または法令（46条の６第２項を除く）に基づく行政官庁の処分に違反したとき ④支払不能に陥るおそれがあるとき ⑤投資助言・代理業または投資運用業の運営に関し投資者の利益を害する事実があるとき ⑥金融商品取引業に関し不正または著しく不当な行為をした場合で，その情状が特に重いとき ⑦30条１項の認可に付した条件に違反した	①登録の取消し ②認可の取消し ③６カ月以内の期間を定めた業務の全部または一部の停止命令

	とき ⑧30条１項の認可を受けた金融商品取引業者が認可基準に適合しないこととなったとき	
52条２項	①役員が欠格事由（29条の４第１項２号イ～リのいずれか）に該当することとなったとき ②登録時すでに上記欠格事由に該当していたことが判明したとき ③役員が上記52条１項の欄記載の③，⑤～⑦に該当することとなったとき	当該役員の解任命令
52条４項	金融商品取引業者の営業所または事務所の所在地を確知できないとき，個人である金融商品取引業者または法人を代表する役員の所在を確知できないとき	登録取消し（その事実を公告し，公告の日から30日経過しても申出がないとき）
53条１項	（第一種金融商品取引業者が）自己資本規制比率の規制（46条の６第２項）に違反している場合	業務改善命令（業務の方法の変更，財産の供託その他監督上必要な事項）
53条２項	（第一種金融商品取引業者が）自己資本規制比率規制（46条の６第２項）の違反の程度が，自己資本規制比率が100％を下回る場合	３カ月以内の期間を定めた業務の全部または一部の停止命令
53条３項	53条２項に基づく停止命令の日から３カ月経過した日における自己資本規制比率が引き続き100％を下回り，かつ，回復する見込みがないと認められるとき	登録取消し
54条	正当な理由なく業務開始可能な日から３カ月以内に業務を開始しない場合，または引き続き３カ月以上業務を休止した場合	登録取消し
56条の３	49条の５に定めるもののほか公益または投資者保護のため必要かつ適切であると認める場合	資産のうち政令で定める部分の国内保有命令

2　登録金融機関に対する処分

図表14－2　登録金融機関に対する行政処分の根拠規定

根拠規定	行政処分の発動要件	行政処分の内容
51条の２	公益または投資者保護のため必要かつ適当であると認めるとき	業務改善命令（業務の方法の変更その他業務の運営の改善に必要な措置）
52条の２第１項	①登録拒否事由に該当することとなったとき（33条の５第１項各号） ②不正の手段により登録を受けたとき ③登録金融機関業務またはこれに付随する業務に関し法令または法令に基づく行政官庁の処分に違反したとき ④投資助言・代理業の運営に関し投資者の利益を害する事実があるとき ⑤登録金融機関業務に関し不正または不当な行為をした場合で，その情状が特に重いとき	①登録金融機関の登録の取消し ②６カ月以内の期間を定めた業務の全部または一部の停止命令
52条の２第２項	登録金融機関の役員が上記52条の２第１項の欄記載の③～⑤に該当することとなったとき	当該役員の解任命令
52条の２第３項	登録金融機関の営業所もしくは事務所の所在地を確知できないときまたは登録金融機関を代表する役員の所在を確知できないとき	登録取消し（その事実を公告し，公告の日から30日経過しても申出がないとき）

3　法令違反行為を行った者の氏名等の公表

公益または投資者保護のために必要かつ適当であると認めるときは，監督上の処分の一つとして，金商法または金商法に基づく命令に違反する行為を行った者の氏名その他法令違反行為による被害の発生もしくは拡大を防止し，または取引の公正を確保するために必要な事項を一般に公表することができるものとされた（192条の２）。行政機関による個人名等の公表は，その対象者の権利義務に対して直接の法効果を及ぼすものではないため，基本的には行政処分に該当しないものの，その対象者の社会的信用等に影響を与える等の配慮から，証券会社や投資家に対する注意喚起のため，繰り返し違反行為を行う可能性が高いと考えられる者について，将来的な違反行為の未然防止を図る観点から法令上の根拠を設けることとしたものである。

❖第３節❖　監督上の処分の手続

金融庁長官，証券監視委，その職員，財務局長または財務支局長が行う監督上の処分については，行政手続法上の不利益処分に該当する場合には，原則として行政手続法13条に従い聴聞，弁明の機会の付与を行わなければならない。ただし，営業所，所在地，代表役員の所在を確知することができないとき等における登録の取消し（52条５項・52条の２第４項）など，行政手続法第３章の適用がない場合があることが規定されている。

たとえば，業務改善命令，登録取消し，認可取消し，自己資本改善命令，業務の不開始または休止に基づく登録取消し，資産の国内保有命令，業務の全部または一部の停止については，聴聞の機会が設けられている（57条２項）。聴聞の審理は，行政手続法上は原則非公開であるが（行政手続法20条６項），金商法上は原則として公開することとされており，聴聞の相手方から非公開の申出があった場合（相当の理由があるときに限る）または公益上必要あるときのみ非公開とすることができる（186条の２）。

また，登録，認可，変更登録を拒否しようとするときは，通知のうえ，当該登録申請者または当該金融商品取引業者につき，審問を行うものとしている（57条１項）。審問は，処分の相手方から事実関係を確認するための手続であり，原則として公開で行われ，審問の通知，審問記録の作成および保管義務が規定されている（186条）。登録・認可の取消しが行われたときまたは業務停止命令が発せられた場合，公告することとされている（54条の２）。登録失効や登録取消しがなされた場合，登録等の抹消を行い，認可失効や認可取消しの場合には認可の付記の抹消を行う（55条）。

❖第４節❖　行政処分の発動基準

金融庁は，「金融上の行政処分について」を発出し，基本的な考え方や行政処分の基準を明らかにしている。

ここでは，行政運営の基本的な考え方として「明確なルールに基づく透明かつ公正な金融行政の徹底」と「利用者保護と市場の公正性の確保に配慮した金融のルールの整備と適切な運用」を挙げており，この行政運営の基本的な考え方に基づき，金融機関等の業態や規模の如何，外国企業であるか国内企業であるかを問わず，法令に照らして，利用者保護や市場の公正性確保に重大な問題が発生しているという事実が客観的に確認されれば，厳正かつ適切な処分を行うものとしている。

さらに，行政処分の基準として，以下のものを挙げている。なお，金商業者監督指針Ⅱ－５－２は「金商法51条から52条の２第１項までの規定に基づく行政処分（業務改善命令，業務停止命令等)」で行政処分を発動する要素としてほぼ下記と同様の要素を掲げている。また，証券監視委も「証券検査に関する「よくある質問」」において，証券監視委が勧告を行うか否かについての基準につき，以下と同様の要素を挙げている。

⑴　当該行為の重大性・悪質性

公益侵害の程度，利用者被害の程度，行為自体の悪質性，当該行為が行われた期間や反復性，故意性の有無，組織性の有無，隠蔽の有無，反社会的勢力との関与の有無などの基準が挙げられている。

⑵　当該行為の背景となった経営管理態勢および業務運営態勢の適切性

代表取締役や取締役会の法令等遵守に関する認識や取組みは十分か，内部監査部門の体制は十分か，また適切に機能しているか，コンプライアンス部門やリスク管理部門の体制は十分か，また適切に機能しているか，業務担当者の法令等遵守に関する認識は十分か，また，社内教育が十分になされているかなどの基準が挙げられている。

⑶　軽減事由

行政による対応に先行して金融機関自身が自主的に利用者保護のために所要

の対応に取り組んでいるといった軽減事由があるかを挙げている。特に，金融機関が，行政当局と共有されたプリンシプルに基づき，自主的な対応を的確に行っている場合は，軽減事由として考慮するものとするとしている。

❖第５節❖　不服申立て

金融庁，証券監視委，財務局長などが行う処分に不服がある者は，行政不服審査法または他の法律に不服申立てをすることができない旨の定めがある処分を除き，不服申立てをすることができる（行政不服審査法２条）。また，課徴金納付命令に対する行政不服審査法による不服申立てもできないものとされている（185条の21）ほか，一定の処分に関し金商法上不服申立てを行えないものが存在する（152条３項・100条の19など）。証券監視委が194条の７第２項または３項の規定により行う報告または資料の提出の命令（同条７項の規定により財務局長または財務支局長が行う場合を含む）についての行政不服審査法による不服申立ては，委員会に対してのみ行うことができることとされている（195条）。

第３章

課徴金制度

本章のサマリー

◇本章では，金商法第６章の２の課徴金制度を扱う。
◇課徴金制度は，インサイダー取引・相場操縦行為などの不公正取引やディスクロージャー規制違反などの法令違反行為に対し，金銭的負担を行為者に課すことにより規制の実効性を確保する行政上の措置である。
　なお，平成20年金商法改正により，課徴金の対象の拡大，課徴金額の引上げ，早期申出制度などが導入され，また，平成24年金商法改正および平成25年金商法改正においても課徴金の対象の拡大，課徴金額の計算方法の見直しが行われ，課徴金制度の充実が図られている。

❖第１節❖　課徴金制度の趣旨と導入の経緯

1　課徴金の法的性格

課徴金制度は，インサイダー取引・相場操縦行為などの不公正取引やディスクロージャー規制違反などの法令違反行為に対し，当該違反行為によって得られる経済的利益相当額の金銭的負担を行為者に課すことにより規制の実効性を確保する行政上の措置である。

課徴金制度導入以前も，インサイダー取引や相場操縦行為に対し，違反行為については刑事罰を科し，不公正取引によって得た財産の没収・追徴などを行う制度が存在していたが，一口に違反行為といっても現実の悪質性の程度は千差万別であり，刑事罰は対象者に与える影響がきわめて大きいため，抑制的に運用する必要があった。このため，刑事罰を科すに至らない行為は，行政上の処分が行われる場合を除き，結果として放置されてきた。

このような状況は規制の実効性確保，法適用の公平性の観点からみて望ましいとはいえないものであったため，平成16年の証取法改正により，平成17年４月１日を施行日として，インサイダー取引等に対する制裁として課徴金制度が導入された。

金商法の違反行為に対しては，課徴金に加え刑事罰の定めが置かれているものがあるため，課徴金制度が憲法39条に定める二重処罰の禁止に違反しないか問題となる。この点に関しては，課徴金は行為の反社会性や反道徳性に着目して課される制裁という性格を有するものではなく，刑事罰とはその趣旨・目的，性質，内容等を異にするものであることから，二重処罰の禁止には該当しないと説明されている[15]。

2　課徴金制度の改正

課徴金制度の導入当初の課徴金の対象範囲は，⑴有価証券の募集・売出し時の開示書類への虚偽記載（発行開示違反），⑵風説の流布・偽計，⑶相場操縦行為，⑷インサイダー取引に限定されていたが，その後，平成17年および平成18年の証取法改正により，継続開示書類の虚偽記載や一定の見せ玉行為などによる相場操縦行為に関しても課徴金を課すこととなった。

また，平成20年金商法改正により，課徴金の算定方法の見直しによる課徴金の金額水準の引上げ，発行開示・継続開示書類の不提出，公開買付制度・大量保有報告制度における不提出・虚偽記載などの追加による課徴金の対象範囲の見直し，早期申告による課徴金の半額減免措置の新設などが行われた。さらに，平成24年金商法改正により，虚偽開示書類等の提出等に加担する行為（172条の12）や他人の計算において不公正取引を行い対価を得た者全般に対する課徴金の適用，不公正取引に対する課徴金に係る調査権限の拡大（出頭命令

⒂　高橋康文編著『平成16年証券取引法改正のすべて』24頁（第一法規，2005）

の追加，177条１号）[(16)]が行われた。平成25年金商法改正では，インサイダー取引に係る情報伝達・取引推奨行為に対する規制の導入に対応し，かかる規制の対象となる情報伝達・取引推奨行為が行われ，実際にインサイダー取引等が行われた場合，課徴金を課すこととされた（175条の２）。また，資産運用業者が他人の計算でインサイダー取引規制に違反する行為を行った場合の課徴金額の引上げが行われた（173条～175条）。

❖第２節❖　課徴金の対象・賦課手続

1　課徴金制度の対象範囲

図表14－3　課徴金の対象範囲

条項	課徴金の対象範囲
172条	発行開示書類の届出が受理されていないのに募集・売出しまたは適格機関投資家取得有価証券一般勧誘，特定投資家等取得有価証券一般勧誘を行い，有価証券を取得させ，売り付ける行為等
172条の２	虚偽の有価証券届出書（募集・売出しの発行開示）等の提出等により有価証券を取得させ，売り付ける行為
172条の３	有価証券報告書等の提出義務に違反する行為
172条の４	虚偽の有価証券報告書等（継続開示）の提出等
172条の５	公開買付開始公告を行わないで実施した株券等の買付け
172条の６	虚偽等のある公開買付開始公告をする行為，虚偽の公開買付届出書等の提出，公開買付届出書等の不提出
172条の７	大量保有報告書または変更報告書の提出義務に違反する不提出
172条の８	虚偽記載のある大量保有報告書または変更報告書の提出
172条の９～11	①特定投資家向け有価証券に係る特定証券情報の提供または公表前の特定勧誘等 ②虚偽等のある特定証券等情報[(注)]の提供または公表をした発行者

(16)　出頭命令に応じなかった者については，罰則の定めも置かれた（205条の３第１号）。また，出頭命令に関する手続についての詳細な規定が，課徴金府令63条に新設された。

	が，当該特定証券等情報に係る特定勧誘等（特定売付け勧誘等の場合は，発行者が所有する有価証券の特定売付け勧誘等に限る）により有価証券を取得させまたは売り付ける行為 ③虚偽等のある特定証券等情報の提供または公表を行った発行者の役員等で，当該特定証券等情報に虚偽等があることを知りながらかかる提供または公表に関与した者が，特定売付け勧誘等により有価証券を取得させまたは売り付ける行為 ④発行者による，虚偽等のある発行者等情報の提供または公表
172条の12	虚偽開示書類等の提出等を容易にすべき行為または唆す行為
173条	風説の流布または偽計
174条	仮装・馴合い取引による相場操縦行為（取引の状況に関し他人に誤解を生じさせる目的をもって有価証券の売買等を行う行為）
174条の２	現実売買などによる相場操縦行為（取引を誘引する目的をもって一連の有価証券売買等を行う行為）
174条の３	違法な安定操作取引
175条	内部者取引
175条の２	情報伝達・取引推奨行為の禁止違反

（注）「虚偽等のある特定証券等情報」とは，重要な事項につき虚偽の情報があり，または提供しもしくは公表すべき重要な事項に関する情報が欠けている特定証券等情報をいう（172条の10第１項）。

課徴金の対象となる違反事実の一部につき，その主体，要件などは以下のとおりである。

⑴　届出受理前などに有価証券の募集・売出しなどをする行為に係る課徴金

４条１項により届出を必要とする有価証券の募集もしくは売出し，４条２項により届出を必要とする適格機関投資家取得有価証券一般勧誘，同条３項により届出を必要とする特定投資家等取得有価証券一般勧誘について，届出が受理されていないにもかかわらずこれらの行為を行った者は，172条の課徴金の対象となる。課徴金の額は，①募集により有価証券を取得させた場合，その有価証券が株券等[17]であるときは，その発行価額の総額（新株予約権証券の場合は新

⒄　株券，優先出資法に規定する優先出資証券その他これらに準ずるものとして政令で定める有価証券をいう。以下，本章において同じ。

株予約権の行使に際して払い込むべき金額を含む）の4.5%，それ以外の有価証券は2.25%，②売出し，適格機関投資家取得有価証券一般勧誘，特定投資家等取得有価証券一般勧誘により自己の所有する有価証券を売り付けた場合，その有価証券が株券等であるときは，その売出価額の総額（新株予約権証券の場合は新株予約権の行使に際して払い込むべき金額を含む）の4.5%，それ以外の有価証券は2.25%となる。

また，届出後効力発生前の募集により取得させた発行者または売出しにより自己の所有する有価証券を売り付けた者については172条２項，目論見書を交付しないですでに開示された有価証券にかかる売出しにより自己の所有する有価証券を売り付けた者については同条３項により，課徴金の対象となる。また，発行登録の効力発生前・発行登録追補書類の提出前の募集・売出しの場合も同条２項が準用される。第２編第３章第５節■３参照。

⑵　発行開示書類の虚偽記載に係る課徴金

発行開示書類の虚偽記載に係る課徴金の対象となるのは，発行者および発行者の役員等（役員，代理人，使用人その他の従業者）である[18]。

172条の２第１項の要件は，「重要な事項につき虚偽の記載があり，又は記載すべき重要な事項の記載が欠けている発行開示書類を提出した発行者」が，「当該発行開示書類に基づく募集又は売出し」により「有価証券を取得させ，又は売り付けた」ことである。ただし，「売出し」については発行者が所有する有価証券に限るものとされており，たとえば発行会社が重要事実の虚偽記載を行っていた場合に第三者が売出しを行ったとしても当該発行会社に対し課徴金が課せられることはない。

172条の２第２項の要件は，当該「発行者の役員等」で「当該発行開示書類に虚偽の記載があり，又は記載すべき事項の記載が欠けていることを知りながら当該発行開示書類の提出に関与した者」が，「当該発行開示書類に基づく売出しにより」「当該役員等が所有する有価証券を売り付けた」ことである。「知りながら」との要件が付加されているのは，開示書類の提出に関与した者は，

⒅　なお，発行開示違反に係る刑事罰については，代表者等に科される（197条１項）だけでなく，両罰規定により発行会社にも科される（207条１項）。

提出されることを前提として虚偽記載のある文書の作成に関与した者であると広く解されており，虚偽記載のある開示書類が提出された場合に，開示書類の作成に関与した者すべてを課徴金納付命令の対象とするのは適切でないと考えられ，適用範囲を限定するためである⒆。「知りながら」の内容については，未必的認識で足りると解する見解⒇がある一方，過失により認識しなかった場合には適用がないとの見解もある(21)。先例であるビックカメラ事件審判決定（平成22年６月25日決定）では，結論として虚偽記載のある開示書類の提出会社の役員（会長）について「知りながら」の要件を満たさないとの判断が下された。

172条の２第１項・２項のいずれも「重要な事項につき虚偽の記載」があったことが要件とされているが，ここでいう「重要な事項」とは，一般的に，投資者の投資判断に影響を与えるような基本事項，すなわち，仮に当該事項について真実の記載がなされれば，投資者の投資判断が変わるような事項であるとされている。なお，誤解を生じさせないために必要な重要な事実の記載が欠けている場合については，「誤解を生じさせない」との要件の認定に幅がありうることから，当面は課徴金の対象とはされず，訂正届出書の提出命令・効力停止命令により対処するものとされている(22)。

172条の２の「発行開示書類」とは，①有価証券届出書，参照書類，添付書類，②訂正届出書，参照書類，③発行登録書，参照書類，添付書類，④訂正発行登録書，参照書類，⑤発行登録追補書類，参照書類，添付書類である（172条の２第３項）。また，すでに開示された有価証券の売出しに係る目論見書（13条１項）も対象となる（172条の２第４項）。

172条の２第６項では，訂正届出書または訂正発行登録書の不提出も課徴金の対象とされている。

課徴金の額は，⒜本条に違反する募集により取得させた有価証券が株券等である場合はその発行価額の総額（新株予約権証券の場合は新株予約権の行使に際

⒆　三井秀範編著『課徴金制度と民事賠償責任 ── 条解証券取引法』59頁（金融財政事情研究会，2005）

⒇　注釈金融商品取引法３巻235頁〔田中利彦〕

(21)　弥永真生「ビックカメラ事件決定が提起した問題点」旬刊商事法務1908号８頁（2010）

(22)　池田ほか・逐条解説2008年金商法改正306頁

して払い込むべき金額を含む）の4.5%，それ以外の有価証券の場合は2.25%，⒝売出しにより売り付けた有価証券が株券等である場合はその売出価額の総額（新株予約権証券の場合は新株予約権の行使に際して払い込むべき金額を含む）の4.5%，それ以外の有価証券の場合は2.25%である（172条の２第１項・２項・６項）。

第２編第１章第１節■３，同編第３章第５節■１参照。

⑶　有価証券報告書等の提出義務に違反する行為に係る課徴金

172条の３第１項の要件は，24条１項または３項の規定（準用を含む）に反し発行者が有価証券報告書を提出しないことである。課徴金の額は，提出すべきであった有価証券報告書に係る事業年度の直前の事業年度における監査報酬額（該当するものがない場合は400万円）である[23]。また，172条の３第２項の要件は，24条の４の７第１項または24条の５第１項（準用を含む）に反し発行者が四半期報告書または半期報告書を提出しないことである。課徴金額は，四半期・半期報告書に係る期間の属する事業年度の直前の事業年度における監査報酬額の半額（該当するものがない場合は200万円）である。

第２編第３章第５節■４参照。

⑷　継続開示書類の虚偽記載等に係る課徴金

172条の４第１項の要件は，「発行者が，重要な事項につき虚偽の記載があり，又は記載すべき重要な事項の記載が欠けている有価証券報告書等」（有価証券報告書およびその添付書類または訂正報告書をいう）を「提出した」ことである。

172条の４第２項の要件は，「発行者が，重要な事項につき虚偽の記載があり，又は記載すべき重要な事項の記載が欠けている四半期・半期・臨時報告書等」（四半期報告書，半期報告書，臨時報告書または訂正報告書をいう）を「提出した」ことである。

「重要な事項」の意義については，172条の２第１項・２項と同様である。

㉓　課徴金府令１条の２・１条の２の２参照

本条に係る課徴金の算定方法は，有価証券報告書等については，600万円または時価総額の10万分の６のうちいずれか大きい額である。四半期・半期・臨時報告書等については，その半額となる（172条の４第１項・２項）。また，一定の臨時報告書の不提出についても，四半期・半期・臨時報告書等の虚偽記載と同様の課徴金の対象とされている（172条の４第３項）。

第２編第３章第５節■**2**参照。

⑸　公開買付開始公告を行わないで実施した株券等の買付け，虚偽の公開買付開始公告等に係る課徴金

公開買付けによることが必要な取引について，「公開買付開始公告を行わないで株券等又は上場株券等の買付け等」をした者に対しては，当該公告を行うことなく買付け等を行った株券等または上場株券等の総額の100分の25の課徴金が課される（172条の５）。

また，重要な事項につき虚偽の表示・記載があり，または表示・記載すべき重要な事項の表示・記載が欠けている公開買付開始公告・公開買付届出書等を行いまたは提出した者に対しては，公開買付けの対象である株券等または上場株券等の基準価額（当該公告日の前日の最終の価格）に，当該公開買付けにより買付け等を行った株券等または上場株券等の数を乗じて得た額の100分の25の課徴金が課される（172条の６第１項）。公開買付届出書等の不提出についても，同様の課徴金の対象とされている（同条２項）。

⑹　大量保有・変更報告書の提出義務違反，虚偽記載に係る課徴金

提出義務に反して大量保有報告書または変更報告書（以下本⑹において「大量保有・変更報告書」という）を提出しなかった者に対しては，当該大量保有・変更報告書に係る株券等の発行者が発行する株券等の時価総額（当該株券等の提出期限の翌日の終値に，当該翌日における発行済株式等の総数を乗じた金額）の10万分の１の課徴金が課される（172条の７）。

また，重要な事項について虚偽の記載がありまたは記載すべき重要な事項の記載が欠けている大量保有・変更報告書または訂正報告書を提出した者に対しても，当該大量保有・変更報告書等に係る株券等の発行者が発行する株券等の

時価総額（当該株券等の提出期限の翌日の終値に，当該翌日における発行済株式等の総数を乗じた金額）の10万分の１の課徴金が課される（172条の８）。

詳細は、第４編第７章第３節参照。

⑺　虚偽開示書類等の提出等を容易にすべき行為または唆す行為に係る課徴金

オリンパス事件などを契機に，外部協力者の加担行為を抑止する必要性が高まり，平成24年金商法改正において，虚偽開示書類等の提出等を容易にすべき行為または唆す行為をした者（以下「特定関与者」という）に対して，対価として内閣府令で定める額の課徴金が課されることとなった（172条の12）。172条の12第１項各号に掲げる者が当該各号に定める書類または情報（以下「虚偽開示書類等」という）を提出し，提供しまたは公表した場合に，同条２項に掲げる特定関与行為を行った者に課徴金を課すこととしている。すなわち，特定関与行為とは，虚偽開示書類等の提出等を容易にすべき行為であって，①会計処理の基礎となるべき事実の全部もしくは一部を隠蔽し，または仮装するための一連の行為に基づいて発行者等が虚偽開示書類等を作成することに関し助言を行うこと，および②会計処理の基礎となるべき事実の全部もしくは一部を隠蔽し，または仮装するための一連の行為（監査証明を行う行為を除く）の全部または一部を知りながら行うことと定義されている（172条の12第２項）。そして，発行者が重要な事項につき虚偽の記載があり，もしくは記載すべき重要な事項の記載が欠けている発行開示書類（特定証券等情報を含む）・継続開示書類（発行者等情報を含む）を提出すること，または，公開買付者が重要な事項につき虚偽の記載がありもしくは記載すべき重要な事項の記載が欠けている公開買付届出書等を提出することに関して特定関与行為を行った者には課徴金を課される。

かかる課徴金の額は，課徴金府令１条の８の２に基づき，特定関与者またはその密接関係者（同条２項）に対し，特定関与行為および特定関与行為が開始された日以後に特定関与者が開示書類提出者等のために行った特定関与行為以外の行為であって特定関与行為に密接に関連するもの[24]（監査証明を行う行為を除く）の手数料，報酬その他の対価として支払われ，または支払われるべき金銭その他の財産の価額の総額と規定されている。

⑻　風説の流布，偽計の禁止違反に係る課徴金

173条の要件は，「第158条の規定に違反して，風説を流布し，又は偽計を用い，当該風説の流布又は偽計により有価証券等の価格に影響を与えた」ことである。

風説の流布，偽計に係る課徴金は，違反行為の開始時から終了時までの間（以下，本項目において「違反行為期間」という）において違反者が行った行為などに応じて異なる。158条に違反して風説を流布し，または偽計を用いる行為（以下，本項目において「違反行為」という）を行った者（以下，本項目において「違反者」という）が違反行為期間に当該違反行為にかかる有価証券等について，①自己の計算において売付け等（173条２項）や買付け等（同条３項）を行い，売りポジションまたは買いポジションが生じた場合（同条１項１号・２号），②有価証券発行勧誘等により取得させ，または組織再編により交付した場合（同項３号），および③自己以外の計算において売付け等または買付け等を行った場合（同項４号）に分けて，それぞれ課徴金額の計算方法が定められている。

風説の流布，偽計の禁止にかかる課徴金額は，上記①については違反行為後１カ月の当該違反行為に係る有価証券の価格の最高値または最低値に，当該買いポジションまたは売りポジションの数量を乗じて得た額と，当該買いポジションまたは売りポジションの買付け等または売付け等の価額の差額である。法人の役員等が法人の業務で違反行為および取引を行った場合には，法人に対して課徴金が課される。また，違反者が議決権の過半数を有している会社や生計を一にする者などの計算で取引を行った場合には，自己の計算においてしたものとみなされる（173条５項）。さらに，仮名・借名の取引など実質的にみて自己の計算によると評価される場合には，課徴金の対象となる。

また，上記②については，違反行為後１カ月の当該違反行為にかかる有価証券の価格の最高値に，取得させまたは交付した有価証券の数量を乗じて得た額

---

(24)　平成25年８月パブコメ２頁No. 5

から，違反行為の直前の価格として政令で定めるもの（金商法施行令33条の６）に，取得させせまたは交付した有価証券の数量を乗じて得た額を控除した額である。上記③については，平成24年金商法改正前は金融商品取引業者等が顧客等の計算で取引を行う場合に適用が限られていたが，他人の計算で取引を行う場合について広く課徴金の対象とすることとされ，売付け等または買付け等に係る手数料・報酬等の対価の額を基準として課徴金が課される。かかる改正により，金融商品取引業者等ではない外国の投資運用会社や特例業務届出者が顧客や出資者の計算で行う取引についても課徴金の対象となる。さらに，平成25年金商法改正において，投資運用（28条４項各号に掲げる行為）を業として行う者が権利者のために運用を行う運用対象財産の運用として違反行為を行った場合，当該違反行為を行った日の属する月（取引が２以上の月にわたって行われたものである場合には，最後の月）における当該運用対象財産のうち内閣府令で定めるものの運用の対価の額に相当する額として内閣府令で定める額に３を乗じて得た額（３カ月分の運用報酬額）が課徴金の額と定められている。

金商法は，上記の158条が禁止する風説の流布または偽計に対する課徴金納付命令に関する規定（173条）のほか，174条以下にも不公正取引にかかる課徴金納付命令に関する規定をおいている。具体的には，159条１項が禁止する仮装取引および馴合い売買（取引の状況に関し他人に誤解を生じさせる目的をもって有価証券の売買等を行う行為）に対する課徴金納付命令に関する規定（174条），159条２項１号が禁止する現実取引による相場操縦（取引を誘引する目的を持って一連の有価証券売買等を行う行為）に対する課徴金納付命令に関する規定（174条の２），および159条３項が禁止する安定操作取引等に対する課徴金納付命令に関する規定（174条の３），後記(9)において詳述するインサイダー取引規制違反行為に対する課徴金納付命令に関する規定（175条），(10)において詳述する情報伝達・取引推奨行為の禁止違反に係る課徴金納付命令に関する規定（175条の２）があり，それぞれについて自己の計算で取引を行った場合や自己以外の計算で取引を行った場合など，取引類型ごとに課徴金の額に関する定めが置かれている。第13編第２章第６節■**2**参照。

(9)　インサイダー取引規制違反行為に係る課徴金

175条1項の要件は，166条1項または3項の規定（内部者取引の禁止）に違反して，「同条第1項に規定する売買等」をしたことである。「売買等」とは，「売買その他の有償の譲渡若しくは譲受け，合併若しくは分割による承継（合併又は分割により承継させ，又は承継することをいう）又はデリバティブ取引」（166条1項）である。

175条1項1号および2号は，「自己の計算において」売買等をしたことが要件とされていることから，他人のために売買等の行為を行うことは原則として含まれない（なお，上場会社等の計算において役員等が売買等を行った場合は含まれる。同条9項）。ただし，違反者が議決権の過半数を有している会社や生計を一にする者などの計算で行った場合には自己の計算においてしたものとみなされる（同条10項）。課徴金が課せられるのは，これらの違反行為のうち，重要事実の公表がされた日以前6カ月以内に行われた取引である。

175条2項の要件は，167条1項または3項の規定（公開買付けにおける内部者取引の禁止）に違反して「同条第1項に規定する特定株券等若しくは関連株券等に係る買付け等」または「同項に規定する株券等に係る売付け等」をしたことである。175条1項と同様，1号および2号は「自己の計算において」買付け等または売付け等をしたことが要件であり，1号および2号に該当するのは，違反行為のうち，公開買付け等の実施または中止に関する事実の公表がされた日以前6カ月以内に行われた取引である。

175条1項1号および2号，ならびに同条2項1号および2号のインサイダー取引規制違反行為に係る課徴金額については，第13編第1章第1節■7(2)・同章第2節■7(2)参照。

175条1項3号および同条2項3号は，金融商品取引業者等がその行う金融商品取引業（登録金融機関業務を含む）の顧客または権利者の計算において売買等をした場合に関する規定であったが，平成24年金商法改正により，金融商品取引業者等に限らず，他人の計算で取引を行う場合が広く課徴金の対象とされた。具体的には，166条1項または3項に違反し，自己以外の者の計算において売買等をした場合には，金融商品取引業者等以外であっても課徴金の対象となり，当該売買等に係る手数料・報酬等の対価の額を基準に課徴金を課すこととされた。なお，上場会社等の役員等が上場会社等の計算で166条違反のインサイダー取引を行った場合，上述のとおり175条１項１号または２号に該当するため，本号には該当しないことが条文上明確にされている。

また，平成25年金商法改正において，投資運用（28条４項各号に掲げる行為）を業として行う者が権利者のために運用を行う運用対象財産の運用として売買等を行った場合，当該取引を行った日の属する月（取引が２以上の月にわたって行われたものである場合には，最後の月）における当該運用対象財産のうち内閣府令で定めるものの運用の対価の額に相当する額として内閣府令で定める額に３を乗じて得た額（３カ月分の運用報酬額）が課徴金の額と定められている（175条１項３号イ）。また，投資運用を業として行う者以外が他人の計算で売買等を行った場合の課徴金については，当該売買等に係る手数料，報酬その他の対価の額として内閣府令で定める額とされている（175条１項３号ロ）。改正の趣旨等については第13編第１章第１節■７(2)・同章第２節■７(2)参照。

なお，175条１項および２項のいずれも，同各項各号に掲げる場合のうち２以上の号に該当する場合にはこれらの合計額が加算される（各項柱書かっこ書）。

⑽　情報伝達・取引推奨行為の禁止違反に係る課徴金

平成25年金商法改正により，上場会社等の特定有価証券等に係る売買等をさせることにより当該他人に利得を得させ，または当該他人の損失の発生を回避させる目的をもって未公表の重要事実を他人に伝達し，または売買等をすることを勧める行為が禁止されることとなった（167条の２第１項。詳細は第13編第１章第３節参照）。当該違反行為により未公表の重要事実の伝達を受けた者または売買等をすることを勧められた者（以下，本章において「情報受領者等」という）が当該違反行為にかかる重要事実が公表される前に当該違反行為にかかる特定有価証券等に係る売買等をした場合（166条６項各号に掲げる場合を除く）に限り，当該違反者には課徴金が課される（175条の２）。すなわち，条文上「により」とされているのは，情報伝達・取引推奨が情報受領者等の投資判断の要素となって取引が行われたことを必要とする趣旨であり，取引を行う考慮要素となった程度の関連性があれば満たされるとされている[25]。平成25年金商法改正では，公開買付け等事実に関する伝達行為の禁止（167条の２第２項）に関しても，同様に課徴金が課される旨の規定が追加されている（175条の２第２項）

具体的な課徴金額については，違反行為の類型に応じ，一般的・抽象的に想定される経済的利得相当額の課徴金を課すこととされている（175条の２第１項・２項各号)。詳細については第13編第１章第３節■４(2)参照。

■2　課徴金の賦課手続・不服申立制度

内閣総理大臣は，課徴金の対象となる違反事実があると認めるときに，審判手続を開始する（178条１項)。審判手続の開始決定は違反事実および課徴金額が記載された文書により行われる（179条)。

審判手続は，簡易な事件を除き，３人の審判官をもって構成する合議体によって，公開で行われる（180条・182条)。審判手続を経て，審判官は決定案を内閣総理大臣に提出し（185条の６)，内閣総理大臣は，違反事実があると認めるときは，決定案に基づき（185条の７第19項)，課徴金納付命令の決定をしなければならない（同条１項)。

課徴金納付命令の決定は，被審人に当該決定に係る決定書の謄本を送達することにより効力が発生し，決定書の謄本を発した日から２カ月を経過した日がその納付期限となる（185条の７第21項・22項)。納付期限までに課徴金を納付しない場合には，年14.5％の延滞金が徴収される（185条の14)。

課徴金の納付命令については，行政手続法の規定は適用されず（185条の20)，また，審査請求を行うことはできない（185条の21)。課徴金納付命令の決定の取消しの訴えは，決定の効力が生じた日から30日の不変期間のうちに提起しなければならないとされている（185条の18)。

課徴金の対象となる違反行為の日から５年を経過したときは，審判手続開始の決定を行うことができない（178条３項～21項・23項～29項)。ただし，特定関与者の違反行為の除斥期間については，虚偽開示書類等の提出日などから７年

---

(25)　齊藤将彦ほか「平成25年改正金商法等の解説(6)公募増資に関連したインサイダー取引事案等を踏まえた対応」旬刊商事法務2012号29頁（2013）

とされている（同条22項）。

3　再度の違反による課徴金の加算

過去５年間に課徴金の対象となった者が再度違反した場合には，課徴金の額につき1.5倍に加重される（185条の７第15項）。過去５年間に課徴金の対象となった者とは，違反行為の日からさかのぼり５年以内に課徴金納付命令を受けたことがある者および185条の７第18項に規定する決定（違反事実がない旨の決定を除く）を受けた者を意味する。過去の課徴金納付命令等は同種の違反であることを要しない。たとえば，過去にインサイダー取引規制に違反した者が，今度は大量保有報告書の不提出による課徴金を課された場合にも，本条による加算を受けることとなる。

4　早期申告による課徴金の減算

従来，企業が課徴金対象となる違反行為を発見した場合にこれに対する再発防止策を社内において講じることは当然としても，自らこれを通報するインセンティブは必ずしも大きくはなかった。これは，違反行為が発覚する可能性が限定的であったのに対して，当局に通報する具体的なメリットが違反者側になかったことにも一因がある。

平成20年金商法改正では，課徴金の対象となる行為の違反者が，当局の調査等が行われる前に，(1)自己株式取得に係るインサイダー取引，(2)発行開示書類，継続開示書類（特定証券等情報・発行者等情報を含む）の虚偽記載，(3)大量保有報告書等の不提出を報告した場合には，課徴金を半額に減算する規定を新設した（185条の７第14項）。また，平成24年金商法改正では，(4)特定関与者が当局の調査前に特定関与行為（公開買付届出書等の虚偽記載等に係るものを除く）の事実を当局に報告した場合に，課徴金額を半額に減額する規定が新設されている（185条の７第14項）。

このうち，(1)については，177条の課徴金調査（事件関係人もしくは参考人に対する出頭命令，質問または報告等の徴取権限，事件関係人に対する物件提出命令権限等および事件関係人の営業所その他必要な場所に立入検査を行う権限）が行われる前に内閣総理大臣に対し報告すること，⑵〜⑷については，報告，資料提出命令，帳簿書類その他の物件の検査または177条１項各号に掲げる処分が行われる前に報告することがそれぞれ要件となっている（185条の７第14項）。

5　没収・追徴との調整

金商法上，刑法19条の没収の規定の特則として，必要的没収・追徴が規定され（198条の２），刑法上の没収の制裁的側面が強化されているが，同一の違反行為について，課徴金の対象となると同時に没収の対象となることがありうる。課徴金制度は違反行為によって得られる経済的利得相当額の金銭的負担を課すことにより違反行為の抑止を目的とするものであり，没収が行われた場合にさらに課徴金を課す必要はないことから，185条の７第17項・185条の８第７項に基づき，必要的没収・追徴が行われた場合には没収等相当額を控除した額に課徴金の額は調整される。また，同一の違反行為につき，罰金の確定裁判があったときにも，185条の７第16項・185条の８第６項に基づき必要な調整が行われる。

6　複数の課徴金が課される場合の調整

経済的利得が同一である一連の違反であっても，二以上の違反行為に該当し，複数の課徴金納付命令がなされる場合については，課徴金額の調整規定が置かれている（185条の７第２項〜13項）。たとえば，同一の募集・売出しについて，無届出募集（４条違反）と効力発生前の売付け等（15条違反）の双方が存在するような場合については，172条１項の規定により算出した額を，172条１項または２項の規定による算出額に応じて案分して得た額になるよう課徴金額が調整される（185条の７第２項）。

第４章

投資者保護基金

本章のサマリー

◇本章では，金商法第４章の２の規定に基づく投資者保護基金について扱う。

◇投資者保護基金は，金融商品取引業者の破綻の際において，一般顧客に対する支払いの確保により投資者保護を図り，証券取引に対する信頼性を維持するために置かれる基金である。有価証券関連業または商品関連市場デリバティブ取引取次ぎ等に係る業務を行う金融商品取引業者は，いずれか一の投資者保護基金への参加義務を負う。

❖第１節❖　投資者保護基金制度

投資者保護基金は，平成10年の証取法改正において新設された制度である。それまで，証券会社の破綻に対する投資者保護の制度として証券会社の寄附による財団法人である寄託証券補償基金が存在していたが，加入が任意であること，補償が投資者に直接行われる仕組みとなっていなかったことなどから，必ずしも投資者保護としては十分な仕組みとはいえなかった。

平成10年の金融システム改革法施行後に予想された証券会社間の競争の激化，証券会社の破綻などの懸念から，諸外国の例にならい強制加入かつ強制拠出方式による投資者保護基金制度を創設したものとされている。また，従来，商品先物取引法において委託者保護基金への加入義務を負っていた商品先物取引業者は，平成24年金商法改正により，第一種金融商品取引業の登録によって「総合的な取引所」において商品関連市場デリバティブ取引取次ぎ等に係る業務を行うことができるようになったが，同業者についても投資者保護基金への加入義務が課された。

投資者保護基金は，20以上の金融商品取引業者を発起人として設立される金商法上の法人であり，設立につき内閣総理大臣の認可を受けなければならない（79条の22・79条の29・79条の30)。また，投資者保護基金は，金融商品取引業者の業務内容や財務内容の差異にかんがみ，その業務の範囲を，有価証券関連業に関する業務または商品関連市場デリバティブ取引に関する業務のいずれかに限定する旨を定款で定めることができる（79条の20など)。

有価証券関連業または商品関連市場デリバティブ取引取次ぎ等に係る業務を行う金融商品取引業者は，いずれか一の投資者保護基金に会員として参加しなければならない（79条の27第１項，金商法施行令18条の７の２)。また，金融商品取引業の廃止，金融商品取引業者の解散，金融商品取引業登録の取消し，内閣総理大臣および財務大臣の承認を受けて他の基金の会員となる場合を除き，その所属する基金を脱退することはできない（79条の28)。

なお，登録金融機関は，金商法上の業務に関する顧客からの預かり資産が限定されていること，金融機関の破綻時における預金者保護の制度として，預金保険機構が存在することから，加入対象とされていない（79条の26)。

❖第２節❖　投資者保護基金の業務

投資者保護基金の業務としては，登録取消しや破綻など一定の場合における一般顧客に対する補償対象債権の支払い，顧客資産の返還に係る債務の迅速な履行のための金融商品取引業者に対する融資（返済資金融資)，一般顧客の債権の保全などがある。

1　補償対象債権の支払い

投資者保護基金は，登録取消し，破産手続開始，再生手続開始，更生手続開始または特別清算開始の申立て等の一定事由が発生し，基金に対して通知がなされた金融商品取引業者（以下，本章において「通知金融商品取引業者」という）の一般顧客の請求に基づき，その一般顧客が当該金融商品取引業者に対して有する債権のうち，円滑な弁済が困難であると認められる債権（補償対象債権）について，支払いを行う（79条の56）。一般顧客の請求は，公告された届出期間内に，届出場所に対して行われなければならないが，災害その他のやむをえない事情があると投資者保護基金が認める場合はこの限りでない（同条３項）。顧客に対する支払額の最高限度額は，政令で定める1,000万円である（79条の57第３項，金商法施行令18条の12）。

2　返済資金融資

投資者保護基金は，通知金融商品取引業者が内閣総理大臣による適格性の認定を受けた場合，その申込みまたは信託の受益者代理人の申込みに基づき，顧客資産の返還に係る債務の迅速な履行に必要な資金の貸付けを行うことができる（79条の59）。ただし，顧客資産の返還に係る債務の迅速な履行に必要ではないと認められた場合，または迅速な履行のために使用されることが確実でないと認められた場合，当該通知金融商品取引業者は，申込みを行うことができない（同条２項）。

3　一般顧客の債権の保全

投資者保護基金は，一般顧客の債権の保全のため，その必要の限度において当該一般顧客のため，当該債権の実現を保全するために必要な一切の裁判上または裁判外の行為を行う権限を有する（79条の60第１項）。

具体的には，当該一般顧客を代理して，第三者異議の訴えの提起や取戻権の行使を行うことができる。投資者保護基金は，かかる権限の行使にあたって，公平・誠実に，善良な管理者の注意義務をもって行使しなければならない（79条の60第２項・３項）。

投資者保護基金は，裁判上の行為を行う場合，事前に一般顧客に対し通知するものとされている（79条の60第４項）。この通知を受けた一般顧客は，投資者保護基金に対して，その代理権を消滅させる旨を通知することにより，自ら裁判上の行為を行うことができる（同条５項）。

また，投資者保護基金は，金融商品取引業者の更生・破産手続について当該一般顧客を代理して参加することができるなど金融機関等の更生手続の特例等に関する法律（更生手続特例法）の規定に基づく行為を行うことができる（更生手続特例法414条）。投資者保護基金は，かかる権限の行使にあたって，公平・誠実に，善良な管理者の注意義務をもって行使しなければならない（同法415条）。

索　引

あ 行

か 行

さ 行

た 行

な　行

は 行

ま 行

や 行

ら 行

A～Z

【執筆者紹介(50音順)】

新木　伸一(あらき　しんいち)：1999年東京大学法学部卒業(法学士)，2001年弁護士登録，2007年Columbia Law School卒業(法学修士)，2008年ニューヨーク州弁護士登録。2007年～2008年Sullivan & Cromwell LLP(New York)勤務。

主要著作：「『業績連動発行型』の株式報酬の導入――シンプルで透明性の高いパフォーマンス・シェアの普及のために――」旬刊商事法務2119号(2016)，「各国規制にみる制度設計の視点　報酬制度のグローバル展開」(共著)ビジネス法務2018年10月号

石塚　洋之(いしづか　ひろゆき)：1989年中央大学法学部卒業(法学士)，1993年弁護士登録，1997年Columbia Law School卒業(法学修士)，1998年ニューヨーク州弁護士登録。1998年～1999年Schulte Roth & Zabel LLP(New York)勤務。

主要著作：『Q&A民法改正の要点　企業契約の新法対応50のツボ』(共著)(日本経済新聞出版社，2017)，『公開買付けの理論と実務〔第3版〕』(商事法務，2016)，『アドバンス会社法』(共著)(商事法務，2016)，『Q&A130　金融商品取引法ポイント解説』(日本経済新聞出版社，2007)

梅澤　拓(うめざわ　たく)：1997年東京大学文学部卒業(文学士)，1999年弁護士登録，2004年University of Pennsylvania Law School卒業(法学修士)。2004年～2005年Simpson Thacher & Bartlett LLP(New York)勤務。2005年～2006年金融庁検査局総務課　金融証券検査官。2006年～2007年専門検査官。

主要著作：『営業責任者・内部管理責任者必携』『外務員必携』(共著)(日本証券業協会，2018)，『金融検査マニュアル便覧』(共著)(金融財政事情研究会，2008)，「情報伝達・取引推奨行為に関するインサイダー取引規制の強化と実務対応」金融法務事情2013年10月25日号)

小川　和也(おがわ　かずや)：2001年一橋大学法学部卒業(法学士)，2005年弁護士登録，2011年Boston University School of Law卒業(法学修士)，2012年ニューヨーク州弁護士登録。2011年～2012年Paul, Weiss, Rifkind, Wharton & Garrison LLP(New York)勤務。

主要著作：『日本のLBOファイナンス』(共著)(きんざい，2017)

門田　正行(かどた　まさつら)：1996年東京大学法学部卒業(法学士)，1998年弁護士登録，2003年Duke University School of Law卒業(法学修士)，2004年ニューヨーク州弁護士登録。2003年～2004年Herbert Smith LLP(現Herbert Smith Freehills LLP)(London)勤務。

主要著作：『アドバンス新会社法〔第3版〕』(共著)(商事法務，2010)，『事業再生と社債』(共著)(商事法務，2012)

木村　聡輔（きむら　そうすけ）：2006年京都大学法学部卒業，2007年弁護士登録，2013年Duke University School of Law卒業（法学修士），2014年ニューヨーク州弁護士登録。2013年Paul, Weiss, Rifkind, Wharton & Garrison LLP（New York）勤務，2014年～2015年シティグループ証券株式会社投資銀行本部勤務。

小西　真機（こにし　まさき）：1995年東京大学法学部卒業（法学士），1997年弁護士登録，2001年Columbia Law School卒業（法学修士），2002年ニューヨーク州弁護士登録。2001年～2002年Simpson Thacher & Bartlett LLP（New York），2002年～2003年Linklaters（London）勤務。

主要著作：『アドバンス新会社法〔第３版〕』（共著）（商事法務，2010），「インサイダー取引規制の一部緩和に関する実務上の論点（上）（下）── 知る前契約・計画に係る適用除外規定の活用と留意点 ──」旬刊商事法務2082号，2083号（2015）

斉藤　元樹（さいとう　もとき）：2006年東京大学法学部卒業（法学士），2007年弁護士登録，2013年Columbia Law School卒業（法学修士），2014年ニューヨーク州弁護士登録。2011年～2012年外資系証券会社勤務，2013年～2014年Simpson Thacher & Bartlett LLP（New York）勤務。

酒井　敦史（さかい　あつし）：1999年東京大学法学部卒業（法学士），2001年弁護士登録。2005年～2007年金融庁総務企画局市場課金融商品取引法令準備室勤務。

主要著作：『一問一答　金融商品取引法〔改訂版〕』（共著）（商事法務，2008），『金融商品取引法コンメンタール１』（共著）（商事法務，2016），『注釈金融商品取引法〔第２巻〕』（共著）（きんざい，2009）

清水　啓子（しみず　けいこ）：1996年東京大学法学部卒業（法学士），1998年弁護士登録，2003年Columbia Law School卒業（法学修士）。2003年Davis Polk & Wardwell LLP（New York）勤務，2015年～2018年長島・大野・常松法律事務所ニューヨークオフィス勤務。

主要著作：「金融ADR制度への金融商品取引業者向け実務対応のポイント」（共著）金融法務事情2010年８月10日号，『金融商品取引法コンメンタール２』（共著）（商事法務，2014），「金融商品取引法入門　アセット・マネジメント業務への影響」ビジネス法務2006年12月号

鈴木　謙輔（すずき　けんすけ）：1999年東京大学法学部卒業（法学士），2000年弁護士登録，2006年Stanford Law School卒業（法学修士）。2006年～2007年Kirkland & Ellis LLP（Chicago）勤務，2007年～2009年金融庁総務企画局市場課勤務。

主要著作：「平成27年金商法改正における外国籍ファンド規制強化と対応手法」（共著）ビジネス法務2016年３月号，『アメリカ投資顧問法』（共訳）（弘文堂，2015），「改正金融商品取引法関係政府令の解説（2）　課徴金制度の見直し」旬刊商事法務1855号（2009）

藤井　豪（ふじい　ごう）：2001年中央大学法学部卒業（法学士），2002年弁護士登録，2008年New York University School of Law卒業（法学修士），2009年ニューヨーク州弁護士登録。2008年～2009年Davis Polk & Wardwell LLP（New York）およびデービス・ポーク・アンド・ウォードウェル外国法事務弁護士事務所勤務，2015年三菱UFJモルガン・スタンレー証券株式会社勤務，2016年～2018年金融庁企画市場局市場課勤務。

主要著作：「顧客本位の業務運営に関する原則およびパブリックコメントの概要」（共著）金融法務事情2017年７月10日号，「転換社債型新株予約権付社債（CB）のリパッケージスキームの検討」（共著）旬刊商事法務1917号（2010）

水谷　和雄（みずたに　かずお）：1993年東京大学法学部卒業（法学士），1995年弁護士登録，2000年Georgetown University Law Center卒業（法学修士），2001年ニューヨーク州弁護士登録。2000年～2001年Brobeck, Phleger & Harrison LLP（Los Angeles）勤務。

主要著作：「社外取締役制度の現行規律と実務への影響」企業会計2012年11月号

水野　大（みずの　おおき）：2000年東京大学法学部卒業（法学士），2004年弁護士登録，2006年～2007年日本銀行金融研究所勤務，2011年New York University School of Law卒業（企業法学修士），2013年ニューヨーク州弁護士登録。2016年～2019年東京大学大学院法学政治学研究科准教授，2019年～東京大学法学部非常勤講師。

主要著作：「分散台帳技術を用いた証券取引」（共著）ジュリスト 2019年３月号（No.1529），『ニューホライズン　事業再生と金融』（共著）（商事法務，2016），「履行確保のための信託・決済のための信託」ジュリスト2013年２月号（No.1450），「持合解消信託スキームの活用」ビジネス法務2010年６月号，『債権・動産・知財担保利用の実務』（共著）（新日本法規，2008），『新しい信託30講』（共著）（弘文堂，2007）

南　繁樹（みなみ　しげき）：1994年東京大学法学部卒業（法学士），1997年弁護士登録，2002年・2003年New York University School of Law卒業（企業法学修士，租税法学修士）。2003年～2004年Masuda & Ejiri（New York）勤務，2005年～LEC会計大学院客員教授，2006年，2008年～東京大学法学部非常勤講師，2016年～神戸大学法科大学院客員教授，2017年～上智大学法科大学院非常勤講師。

主要著作：「LBOによるMBOにおける買収後の経営問題への対処」M&A Review 2008年９月号，「解説　会社法施行規則・計算規則の改正」ビジネス法務2008年６月号，『実務解説　会社法と企業会計・税務Q&A』（共著）（青林書院，2007），『現代租税法講座 国際課税〔第４巻〕』（共著）（日本評論社，2017）

山下　淳（やました　あつし）：2000年東京大学法学部卒業（法学士），2001年弁護士登録，2007年Columbia Law School卒業（法学修士），2008年ニューヨーク州弁護士登録。2007年～2008年Paul, Weiss, Rifkind, Wharton & Garrison LLP（New York）勤務，2009年～2010年金融庁監督局証券課勤務。

主要著作：「Getting the Deal Through - Debt Capital Markets 2018 Japan」（共著）Law Business Research Ltd（2018），「主要行等向けの総合的な監督指針等の一部改正について～デリバティブ取引等に関する顧客への説明態勢整備等～」（共著）金融2010年６月号（No.759），「『金融商品取引法』入門（第２回）　金融商品取引法における開示規制」ビジネス法務2006年10月号，「新会社法で変わる種類株式　新旧比較でわかる活用法」ビジネス法務2005年10月号

【編者紹介】

長島・大野・常松法律事務所

2000年1月1日に設立され，2019年6月1日現在で弁護士485名（日本人弁護士451名，外国弁護士34名）が所属する日本有数の総合法律事務所です。東京，ニューヨーク，シンガポール，バンコク，ホーチミン，ハノイおよび上海にオフィスを構えるほか，ジャカルタに現地デスクを設け，北京にも弁護士を派遣しています。企業法務におけるあらゆる分野のリーガルサービスをワンストップで提供し，国内案件および国際案件の双方に豊富な経験と実績を有しています。
URL : http://www.noandt.com/

アドバンス
金融商品取引法〔第3版〕

2009年4月30日　初　版第1刷発行
2014年2月20日　第2版第1刷発行
2019年9月20日　第3版第1刷発行
2021年9月15日　第3版第2刷発行

編　　者　長島・大野・常松法律事務所

発 行 者　石　川　雅　規

発 行 所　株式会社 商 事 法 務

〒103-0025 東京都中央区日本橋茅場町3-9-10
TEL 03-5614-5643・FAX 03-3664-8844〔営業〕
TEL 03-5614-5649〔編集〕
https://www.shojihomu.co.jp/

落丁・乱丁本はお取替えいたします。　印刷／三英グラフィック・アーツ㈱

Shojihomu Co., Ltd.
ISBN978-4-7857-2736-9
＊定価はカバーに表示してあります。